中华人民共和国海船船员适任考试培训教材

主推进动力装置

中国海事服务中心组织编写
中华人民共和国海事局审定

大连海事大学出版社
人民交通出版社

图书在版编目(CIP)数据

主推进动力装置 / 李斌等主编 . —大连 : 大连海事大学出版社;北京:人民交通出版社,
2012.8(2018.8 重印)
中华人民共和国海船船员适任考试培训教材
ISBN 978-7-5632-2733-4

Ⅰ.①主… Ⅱ.①李… Ⅲ.①船舶推进—动力装置—技术培训—教材 Ⅳ.①U664.1

中国版本图书馆 CIP 数据核字(2012)第 204209 号

大连海事大学出版社出版

地址:大连市凌海路1号 邮编:116026 电话:0411-84728394 传真:0411-84727996
http://www.dmupress.com E-mail:cbs@dmupress.com

大连华伟印刷有限公司印装 大连海事大学出版社发行

2012 年 8 月第 1 版 2018 年 8 月第 6 次印刷
幅面尺寸:185 mm × 260 mm 印张:49.75 字数:1262 千

责任编辑:苏炳魁 版式设计:海 大
封面设计:王 艳 责任校对:黎 为

ISBN 978-7-5632-2733-4 定价:149.00 元

编委会成员

前言

《中华人民共和国海船船员适任考试和发证规则》(简称11规则)已于2012年3月1日起生效,新的《中华人民共和国海船船员适任考试大纲》也将于2012年7月1日开始实施。为了更好地指导帮助船员进行适任考试前的培训,进一步提高船员适任水平,在交通运输部海事局领导下,中国海事服务中心组织全国有丰富教学、培训经验和航海实际经验的专家共同编写了与《中华人民共和国海船船员适任考试大纲》相适应的培训教材。本教材编写依据STCW公约马尼拉修正案,采用图文并茂的形式,改变了长期以来以文字为主的教材编写方式。本教材的创新模式对今后的船员适任培训具有重要的指导意义。

本套教材知识点紧扣考试大纲,具有权威、准确、系统、实用的特点,重点突出船员适任考前培训和航海实践需掌握的知识,旨在培养船员具备在实践中应用知识的能力,并可作为工具书帮助船员上船工作使用。

本套教材由航海英语、船舶操纵与避碰、航海学、船舶结构与货运、船舶管理(驾驶)、(高级)值班水手业务、高级值班水手英语,轮机英语、船舶动力装置、主推进动力装置、船舶辅机、船舶电气与自动化、船舶管理(轮机)、(高级)值班机工业务、高级值班机工英语,电子电气员英语、船舶电气、船舶机舱自动化、信息技术与通信导航系统、船舶管理(电子电气)、电子技工业务、电子技工英语组成。

本套教材在编写、出版工作中,得到了各直属海事局、航海院校、海员培训机构、航运企业以及人民交通出版社、大连海事大学出版社等单位的关心和大力支持,特致谢意。

中国海事服务中心

2012年3月

编者的话

《主推进动力装置》是我国船员考试的培训系列教材之一，是在中国海事服务中心组织指导下，由航海类院校、海事局、航运公司等单位共同承担编写而成。为了便于船员使用，教材严格按照新修订的《中华人民共和国海船船员适任考试大纲》的框架组织编写。

本教材综合考虑到船员培训的特点和航海实践的要求，以及主推进动力装置的最新技术发展，不仅很好地融合了原教材的经典内容，而且反映了当前船舶主推进动力装置发展的最新成果和运行管理经验，具有内容全面，技术领先，适应性强的特点。适用于全国海船船员考试，培训和学习，并可作为船员上船工作的工具书。本书还可作为航海类院校相关专业的课程参考教材，也可作为船舶管理公司、船舶修造厂等人员进行学习和培训的教材。

全书由大连海事大学李斌、王宏志，上海海事大学傅克阳、梅国梁共同主编(主编排名不分先后)。本书由武汉理工大学王克、田野，大连海事大学任福安主审。中国海事服务中心张凤羽、申益群参与了主要的审定工作。

本书内容包括三篇共二十三章。第一篇为基础理论，共七章。第一至三章由梅国梁编写，第四章由王宏志、王国有编写，第五至七章由王宏志编写。第二篇为船舶柴油机，共十一章。其中第一、四、六章由李斌编写，第二、三、五章由李斌、张凤羽、申益群共同编写，第七章由周美荣编写，第八章由贺献忠编写，第九章由孙秀成编写，第十章由邓建民编写，第十一章由楼海军编写。第三篇为船舶推进动力装置，共五章。第一，五章由傅克阳编写，第二章由石磊编写，第三章由黄俊强编写，第四章由江国和编写。

本书在编写过程中得到了中远集团中远散货运输有限公司、大连远洋运输公司、青岛远洋运输公司、上海远洋运输公司、广州远洋运输公司的大力支持，有关专家对本教材及大纲提出了许多中肯的意见和建议，并提供了大量的电子版资料。在此，向上述单位和所有关心、帮助本教材编写和出版的专家和老师表示衷心的感谢！

由于编者学识水平有限，书中难免有不当之处，恳请各位读者批评指正。

编　者

2012 年 5 月

目录

第一篇　基础理论

第二篇 船舶柴油机

第三篇　船舶推进动力装置

第一篇　基础理论

第一章 理论力学

第一节　力学基础

一、静力学基本概念

静力学的任务是研究力的基本性质、力系的简化和力系的平衡条件,它是物体受力分析的基础。在学习静力学之前,首先介绍几个与静力学有关的基本概念。

(一)刚体

所谓刚体是指在力的作用下不变形的物体。在静力学中,常把研究的物体抽象为刚体,所以静力学又称刚体静力学。刚体是一个抽象化的理论力学模型,实际上并不存在真正的刚体。任何物体受力后都会发生变形,但是许多物体的变形十分微小。例如一般桥梁、厂房内的吊车梁等在载荷和自重的作用下,通常产生铅垂方向的最大挠度不允许超过梁跨度的1/700~1/500。对静力学研究的问题来说,略去变形不会对研究的结果有显著的影响,同时能大大减小问题的复杂性,因此,把实际的物体抽象化为刚体不仅是合理的,而且是必要的。

(二)平衡

静力学研究物体机械运动的特殊情况,即物体的平衡问题。所谓物体的平衡,是指物体相对于地球保持其静止或做匀速直线运动的状态。例如,相对于地面静止的厂房、桥梁,在直线轨道上匀速行驶的火车等都处于平衡状态。但是,在宇宙中没有绝对的平衡,一切平衡只是相对的和暂时的。

(三)力

人们经过长期的生产实践与理论概括,认为力是物体间相互的机械作用,作用的结果使物体的运动状态发生改变,或使物体发生变形。力作用于物体而使物体的运动状态发生变化,称为力的外效应(运动效应);力作用于物体而使物体的形状发生变化,称为力的内效应(变形效应)。力的外效应又分移动效应和转动效应。

若作用在物体上有几个力时,这一群力称为力系。如果物体在某力系的作用下处于平衡状态,则这样的力系称为平衡力系。若一个力系能用另一个力系来代替而对物体产生相同的运动效应,则这两个力系互为等效,或称等效力系。若一个力与一个力系等效,则此力称为该力系的合力,该力系中所有的各力称为该合力的分力。求合力的过程称为力的合成;反之,将一个力分成几个分力的过程称为力的分解。

(四)力偶

两个大小相等,方向相反,相互平行,但不在同一直线上的力,组成一个既简单又特殊的力系,如图 1.1-1 所示,称为力偶。同时作用在物体上的一群力偶,称为力偶系。力偶对刚体的作用效果与力对刚体的作用效果不同。力能使刚体移动,又能使刚体转动,而力偶只能使刚体转动。由于力偶与力对刚体的作用效果不同,所以力偶的作用不能用一个力来代替,也不能用一个力来平衡。力偶只能用力偶来平衡。因此力偶是一个很特殊的力系,它既没有合力,本身又不平衡。力偶和力是静力学的两个基本要素。

二、静力学的基本公理

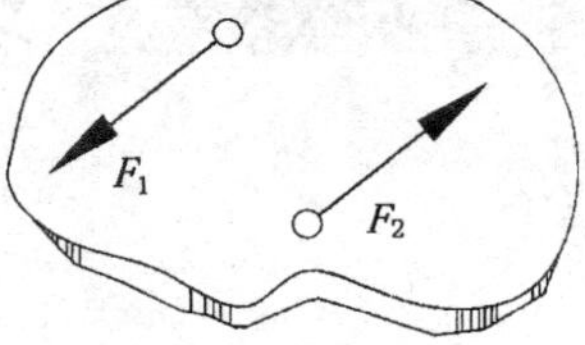

图 1.1-1

人们通过长期的生活和生产实践,总结概括出以下一些静力学基本公理。这些公理十分简单、明确,它们是静力学的基础。

(一)力的三要素公理

力对物体作用的效应取决于力的三要素:力的大小、方向和作用点;对刚体来说,作用点可换为作用线。只要两个力的三要素相同,它们就是等效的。

该公理解释了力的基本性质,它表明力可用一定位矢量表示。通过一有向线段的长度、方向和始端(或末端)分别表示力的大小、方向和作用点。过力的作用点沿力的方向所画的直线,称为力的作用线。该公理指出,力的作用点可沿作用线移到刚体上的任意一点而不改变力对该刚体的作用效应。这一结论揭示了力的可传性。这条性质不适用于变形体。例如,决不能移动软绳两端所受的拉力而变为压力。因此,对刚体来说,力可用一滑动矢量表示。在本章中矢量均用黑体字母表示,矢量的大小用普通字母表示。

(二)二力平衡公理

作用在一个刚体上的两个力,使刚体处于平衡状态的必要和充分条件是:两个力大小相等,方向相反,而且在同一直线上,如图 1.1-2 所示。这个公理总结了作用在刚体上最简单的力系平衡时所必须满足的条件。

(三)加减平衡力系公理

在作用于刚体的任何一个力系中添加或除去一个平衡力系,并不改变原力系对刚体的作用。这个公理对于研究力系的简化问题很重要。

(四)力的平行四边形法则

作用于物体上同一点的两个力,可以合成为一个合力,合力也作用于该点,合力的大小与方向由这两个力为边构成的平行四边形的对角线确定。

在图 1.1-3 中力 R 为力 F_1 和 F_2 的合力,A 为力的作用点,这个公理可表示为

$$R = F_1 + F_2 \tag{1.1-1}$$

即可表述为:作用于物体上同一点两个力的合力等于这两个分力的矢量和(几何和)。

这个公理总结了最简单的力系简化的规律,它是复杂力系简化的基础。

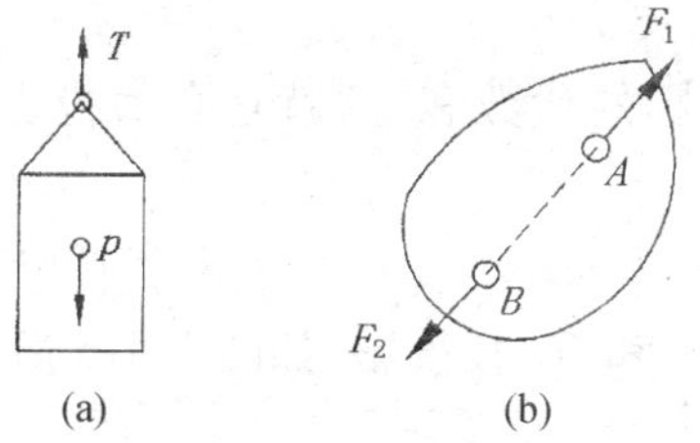

图 1.1-2

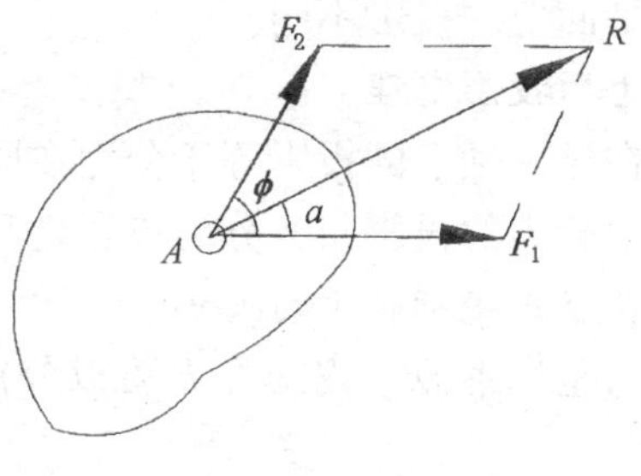

图 1.1-3

(五)作用与反作用定律

两个物体间的作用力与反作用力总是同时存在、大小相等、方向相反，在同一条作用线上，分别作用在两个物体上。作用力与反作用力是力学中普遍存在的一对矛盾，相互依存，同时出现，同时消失。这个定律是力学中的一个基本定律，工程机械中力的传递是通过各零部件间的相互作用与反作用的关系而实现的。借助这个定律，才可从机械的一个零部件的受力分析过渡到另一个零部件的受力分析。应该指出，作用与反作用定律中的一对力与二力平衡公理中的一对力是截然不同的，前者是分别作用在两个物体上，而后者是同时作用在同一个物体上。

第二节　刚体的平衡

一、力的投影、力的合成与分解、力矩

(一)力的投影

1. 力在平面上的投影

如图 1.1-4 所示，有一力 F 和一平面 H。A'和 B'分别为力矢 F 的两端 A 和 B 在平面 H 上的投影，连接 $A'B'$为一新矢量 F'，则 F'为力 F 在平面 H 上投影。

2. 力在轴上的投影

如图 1.1-5 所示，同一平面上有一力 F 和一 x 轴。a 和 b 分别为力矢 F 的两端 A 和 B 在 x 轴上的投影，则线段 ab 的长度并冠以正负号为力 F 在 x 轴上的投影，用 X 或 F_x 表示。当 a 到 b 的指向与 x 轴的正向一致时，X 为正值；反之为负值。当力 F 与 x 轴的正向夹角为 α 时，则有

$$X = F\cos\alpha \tag{1.1-2}$$

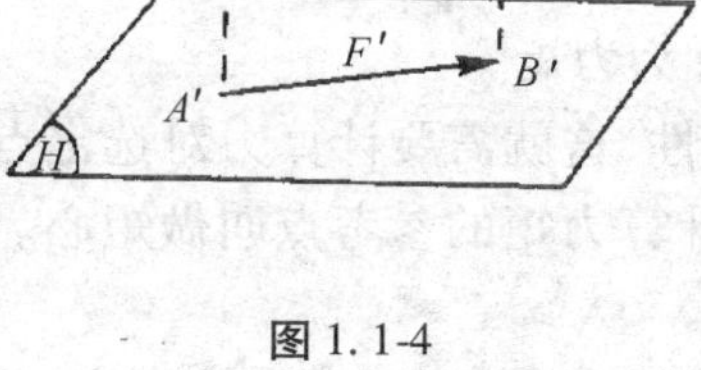

图 1.1-4

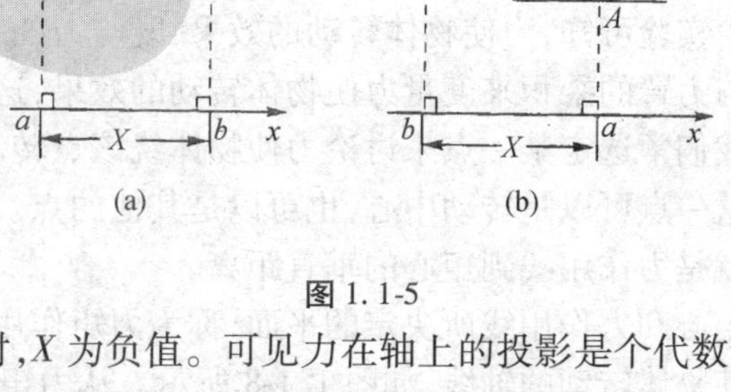

图 1.1-5

当 α 为锐角时，X 为正值；当 α 为钝角时，X 为负值。可见力在轴上的投影是个代数量，这

点和力在平面上的投影不同。

3. 合力的投影定理

合力在任一轴上的投影等于分力在同一轴上的投影的代数和，这就是合力投影定理。该定理表达了合力的投影与各分力投影之间的关系。

4. 力在直角坐标轴上的投影

在直角坐标系 Oxy 内的力 F 可以分别向正交的 Ox 和 Oy 轴投影，如图 1.1-6 所示，则

$$X = F\cos\alpha \tag{1.1-3}$$

$$Y = F\cos\beta \tag{1.1-4}$$

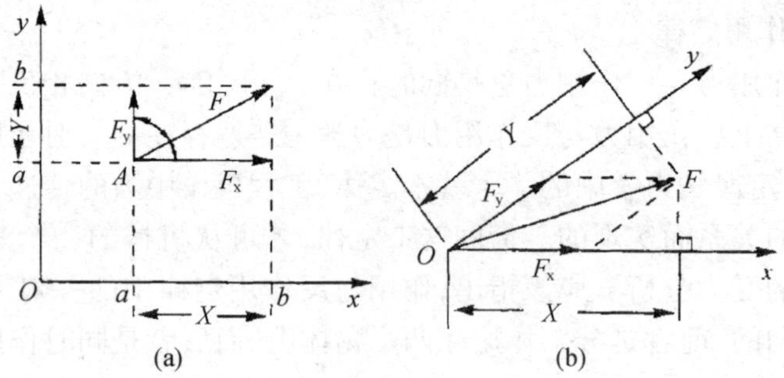

图 1.1-6

(二) 力的合成与分解

如前所述，由力的平行四边形法则，作用于物体上同一点的两个力，可以合成为一个合力，合力也作用于该点，合力的大小与方向由这两个力为边构成的平行四边形的对角线确定，这一合力是可以唯一确定的。而要把一个已知的力分解成两个力，在没有限定条件下，这种分解是不确定的。这是因为在平行四边形法则中，通过同一点且共面的三个力，共有六个要素，因此必须已知四个才能确定另外两个。当已知合力大小和方向时，还必须知另外两个要素，如两个分力的方向，如图 1.1-6 所示。图中 F_x 和 F_y 是力 F 分别在 Ox 和 Oy 轴上的投影。当 Ox，Oy 正交时，两个分力 F_x，F_y 的大小分别等于力 F 在这两个轴上得投影 X，Y 的绝对值，如图 1.1-6(a)图所示；当 Ox，Oy 不是正交时，两个分力 F_x，F_y 的大小并不等于力 F 在这两个轴上得投影 X，Y 的绝对值如图 1.1-6(b)图所示。由此可见，力的投影和分力是两个不同的概念。

(三) 力矩

经验告诉我们，要使物体绕某一点(或轴)发生转动，必须使所受力的作用线与该点(或轴)之间有一定的垂直距离。如图 1.1-7 所示，物体上作用有 3 个力，只有 F_1 能使物体绕转动中心 O 点转动，F_2、F_3 都不能使物体绕 O 点转动，因为它们的作用线通过 O 点。我们把转动中心与力作用线间的垂直距离 h 称为力臂。力和力臂是使物体发生转动的两个必不可少的因素。

由实验可知，力使物体转动的效果，既与力的大小成正比，又与力臂的大小成正比。所以用力与力臂的乘积来度量力使物体转动的效果，这个乘积称为力矩。

我们常选定某一点来讨论力使物体绕该点转动的可能性，这就需要计算力对选定点的力矩。这一点可以是转动中心，也可以是其他的点。被选定计算力矩的参考点叫做矩心。这时力臂就是力作用线到矩心的垂直距离。

矩心和力作用线所决定的平面，称为力矩作用面，过矩心而与此平面垂直的直线，就是该力矩使物体转动的轴线，如图 1.1-8 所示。从力矩作用面内来看，物体绕矩心转动的方向有逆

时针和顺时针两种。通常规定逆时针转向的力矩为正值,顺时针转向的力矩为负值。因此在同一平面内几个力矩的代数和称为它们的合力矩。

常用符号 $M_0(F)$ 表示力 F 对于 O 点的力矩,这样,力矩的计算公式为

$$M_0(F) = \pm F \cdot h \tag{1.1-5}$$

在国际单位制中,其单位为 N · m

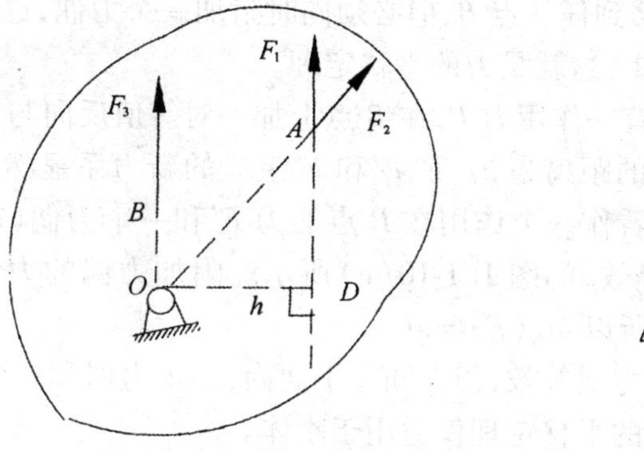

图 1.1-7

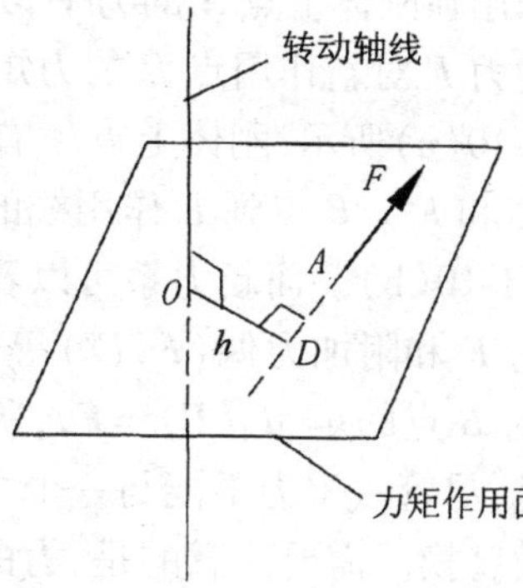

图 1.1-8

二、力偶、力偶的等效条件

(一)力偶矩

力偶(F,F')所在的平面通常称为力偶的作用面,两力作用线之间的距离 d 称为力偶臂。力偶的两个力对其作用面内任一点 O 力矩(图 1.1-9)的代数和为

$$M_0(F) + M_0(F') = F(a+d) - Fa = Fd$$

由此看出,力偶对其作用面内任一点的力矩与该点的位置无关,它恒等于力偶中力的大小与力偶臂的乘积。我们用这个乘积作为力偶对刚体转动效应的度量,称为力偶矩。以符号 M 表示。力偶矩的单位和决定力偶矩正负号的方法与力矩的规定完全相同,逆时针转向为正值,顺时针转向为负值。因此作用在同一平面内的各力偶矩也可以看成代数量。力偶矩的计算公式表示为

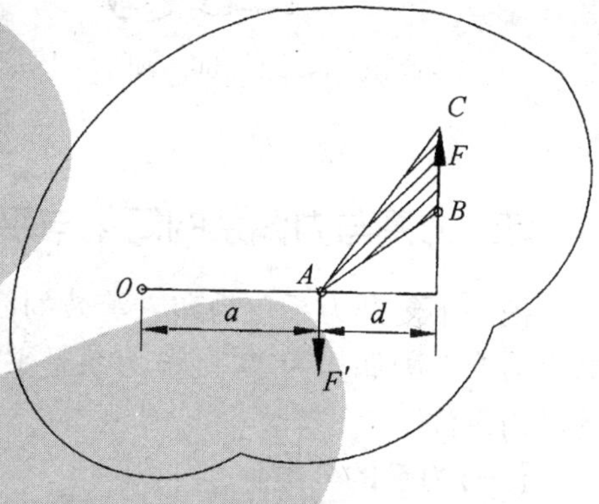

图 1.1-9

$$M = \pm Fd \tag{1.1-6}$$

(二)力偶的性质

力偶在其作用面内具有如下特性:

(1)任一力偶可以在其作用面内任意转移,而不改变它对刚体的作用。即力偶对刚体的作用与它在作用面内的位置无关,可见,力偶矩矢量为自由矢量。

(2)只要保持力偶矩不变,力偶中力的大小和力偶臂的长短可以同时改变,而不影响它对刚体的作用效果。

(三)力偶的等效定理

由力偶的性质(2)可知,在同一平面内的两个力偶,只要它们的力偶矩大小相等,转动方

向相同，则两力偶必等效；对空间力偶，作用在同一刚体的两个平行平面内的两个力偶，若它们的转向相同且力偶矩的大小相等，则两力偶等效。这就是力偶的等效定理。

力偶的三要素：力偶矩的大小、转向和作用平面。三要素相同的两力偶为等效力偶。

三、力的平移定理

可以把作用在刚体上点 A 的力平移到任一点 B，但必须同时附加一个力偶，这个附加力偶矩等于原来的力 F 对新作用点 B 的力矩，这就是力的平移定理。

如图 1.1-10(a)所示，刚体上点 A 有一作用力 F，在 B 点上加一对等值反向与 F 平行且大小相等的力 F'和 F''。B 点到 F 作用线的距离为 d。F、F'和 F''组成的新力系显然与原来一个力 F 等效，图 1-10(b)。而新力系可以看作一个作用在 B 点的力 F'和一个力偶(F,F'')，故原来的力 F 与力 F'和附加力偶(F,F'')等效，如图 1.1-10(c)所示。附加力偶的力偶矩为 $M=Fd$。而力 F 对 B 点的矩 $M_B(F)=Fd$，所以 $M_B(F)=M$。

由此可见，尽管一个力不能与一个力偶等效，但在同一平面内，一个力偶和一个力，可以用一个力来等效替换。需要注意的是，力的平移定理仅适用于刚体。

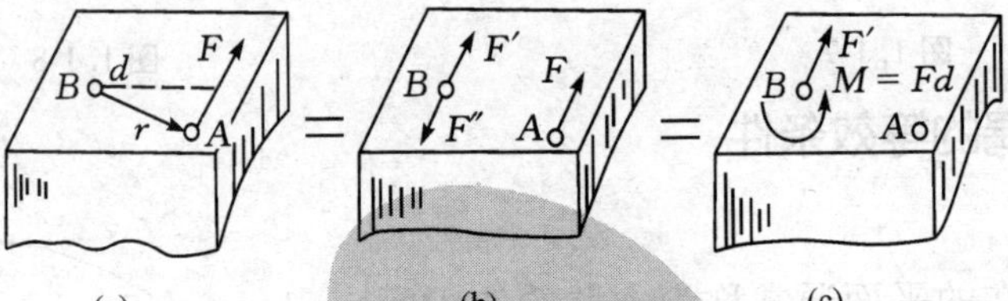

图 1.1-10

四、力系与力偶系的简化与平衡条件

把一个复杂力系化为和它等效的简单力系或基本力系，称为力系的简化。若力系简化后的合力或合力偶均为零，则该力系是平衡的，称为平衡力系。研究力系简化问题又可得出力系的平衡条件。

(一)力系的分类

按照各力作用线的分布情况，可将力系分为以下几类：

各力作用线相交于同一点的力系称为汇交力系；各力作用线互相平行的力系称为平行力系；各力作用线既不完全平行又不汇交于一点的力系称为一般力系或任意力系。

以上各种力系又可分为平面力系和空间力系两类。各力作用线在同一平面内的力系称为平面力系；各力作用线不在同一平面内的力系称为空间力系。很多实际问题可以看作平面力系问题，或转化为平面力系问题来研究，所以以下着重介绍平面力系的分析方法。

(二)汇交力系的简化与平衡条件

1.平面汇交力系简化与平衡的几何法

设刚体上受到 F_1、F_2、F_3及 F_4等许多力的作用，它们的作用线在同一平面内，且汇交于 O 点[图 1.1-11(a)]。求合力时，只需连续利用力的三角形法则，先求出 F_1、F_2的合力 R_1，再求 R_1和 F_3合力 R_2，最后求出 R_2和 F_4的合力 R，它即为整个力系的合力[图 1.1-11(b)]，合力的作用点，显然即为原力系的汇交点。从中可以看出，欲求整个力系的合力，中间的合力 R_1R_2可以不必画出，可顺次将力 F_1、F_2、F_3……F_n等顺次首尾相接，最后将 F_1的起点和 F_n的终点连接起来，即得合力 R[图 1.1-11(c)]。所得出的多边形 $ABCDE$ 称为力多边形，AE 称为力多边形的封闭边。用力多边形求合力的作图规则称为力多边形法则。由此可得结论：平面汇交力系的合成结果是一个力，它的作用线通过汇交点，其大小和方向可由力多边形的封闭边来表示，即等于各力的矢量和。其矢量公式可表示为

$$R = F_1 + F_2 + F_3 + \cdots\cdots + F_n = \sum_{i=1}^{n} Fi \tag{1.1-7}$$

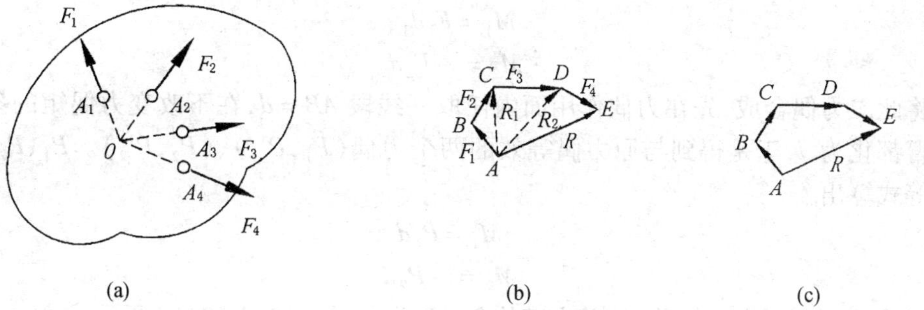

图 1.1-11

若平面汇交力系按力的多边形法则合成时，其第一个力的起点与最后一个力的终点恰好互相连接而构成一个自行封闭的力多边形，即表示力系的合力 R 等于零，则此力系为平衡力系，受到这种力系作用的物体将处于平衡状态。由此可得结论：平面汇交力系平衡的必要与充分条件是：该力系的力多边形自行封闭，即该力系的合力等于零。如用矢量等式表示，即

$$R = 0 \text{ 或 } \sum F = 0 \tag{1.1-8}$$

2. 平面汇交力系简化与平衡的解析法

求平面汇交力系合力的解析法，是用力在直角坐标轴上的投影，计算合力的大小，确定合力的方向。

合力投影定理指出：合力在任一轴上的投影等于各分力在同轴上投影的代数和。由此可求出合力在 x 轴和 y 轴上的投影 R_x 和 R_y，最后求出合力的大小和方向为

$$R = \sqrt{(R_x^2 + R_y^2)} = \sqrt{(\sum F_x)^2 + (\sum F_y)^2}$$

$$\cos\alpha = \frac{R_x}{R}$$

$$\cos\beta = \frac{R_y}{R}$$

由此可得

$$\sum F_x = 0$$

$$\sum F_y = 0 \tag{1.1-9}$$

平面汇交力系平衡的必要与充分条件是力系的合力等于零，即 $R=0$，则由式(1.1-9)应有

$$R = \sqrt{(\sum F_x)^2 + (\sum F_x)^2} = 0$$

由此可得

$$\sum F_x = 0$$

$$\sum F_y = 0 \tag{1.1-10}$$

上式表明，平面汇交力系平衡的必要与充分条件是：各力在两个坐标轴上投影的代数和分别等于零。式(1.1-10)称为平面汇交力系的平衡方程。这是两个独立的方程，可以求解两个未知量。

(三)力偶系的简化与平衡条件

设在同一平面内有两个力偶(F_1，F'_1)和(F_2，F'_2)，如图1.1-12(a)所示，它们的力偶矩分别为M_1和M_2，即

$$M_1 = F_1 d_1,$$
$$M_2 = -F_2 d_2$$

现将此二力偶合成，先在力偶作用面内任取一线段$AB=d$，在不改变力偶矩的条件下，将各力偶臂都化为d，于是得到与原力偶等效的两个力偶(P_1，P'_1)、(P_2，P'_2)。P_1、P_2的大小可由下列等式算出

$$M_1 = P_1 d$$
$$M_2 = -P_2 d$$

然后将此两个新力偶转移，使其力臂均与AB重合，如图1.1-12(b)所示。

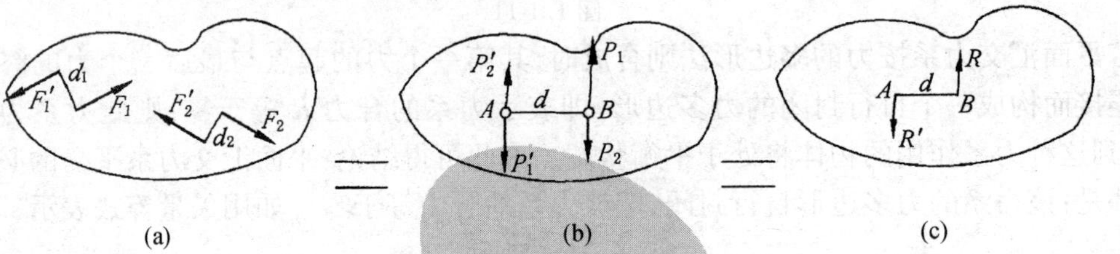

图1.1-12

再分别将作用于A和B两点上的力合成，得两个合力R及R'[图1.1-12(c)]，且有

$$R = P_1 - P_2$$
$$R' = P'_1 - P'_2$$

由于$R=R'$，所以组成一新力偶(R，R')，它就是原力偶系的合力偶。合力偶矩用M表示，则有

$$M = Rd = (P_1 - P_2)d = P_1 d - P_2 d = M_1 + M_2$$

若平面力偶系由几个力偶组成，其力偶分别为M_1、M_2、…、M_n，则它们的合力偶矩为

$$M = M_1 + M_2 + \cdots M_n$$

即

$$M = \sigma = E\varepsilon_i \qquad (1.1\text{-}11)$$

于是可得出：平面力偶系的合成结果为一合力偶，合力偶矩等于各力偶矩的代数和。

平面力偶系的合成结果既然是一合力偶，所以要使力偶系平衡，则其合力偶矩必须等于零，即

$$\sum M = 0 \qquad (1.1\text{-}12)$$

(四)一般力系的简化与平衡条件

为了便于分析一般力系对刚体的作用效果，把平面一般力系简化为最简单的力系，基本力系，即把平面一般力系简化为平面汇交力系与平面力偶系的组合。这样，就可以应用前面讨论这两种特殊力系时所得到的结论了。我们把这种方法称为力向一点简化的方法。

力的平移定理告诉我们：作用在刚体上的力可以向刚体上的任一点平行移动，平移时需附

加一力偶。附加力偶的力偶矩等于原来的力对平移点的力矩。

设刚体上作用有平面一般力系 F_1、F_2、… …F_n[图 1. 1-13(a)],在力系作用面内任取一点 O,作为简化中心,应用力的平移定理,把力系中各个力都平移到 O 点,这样就得到了作用于 O 点的平面汇交力系 F'_1、F'_2、……F'_n以及相应的附加力偶系 M_1、M_2、……M_n[图 1. 1-13(b)],附加力偶矩分别等于 F_1、F_2、……F_n对 O 点的矩,即

$$M_1 = M_0(F_1), M_2 = M_0(F_2), \cdots \cdots M_n = M_0(F_n)$$

由此可见,平面一般力系向一点简化后,就被分解成了两个力系:平面汇交力系和平面力偶系。

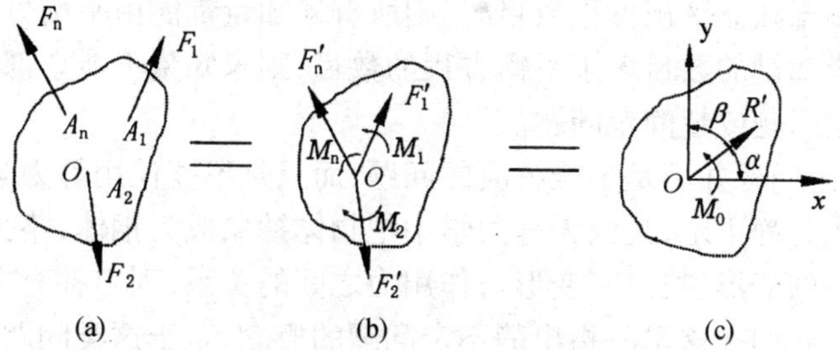

图 1. 1-13

平面一般力系向作用面内任一点 O 简化的结果是一个力和一个力偶,如图[1. 1-13(c)]所示。这个力作用在简化中心 O,它的矢量等于原力系中各力的矢量和,并称为原力系的主矢;这个力偶矩等于原力系中各力对简化中心 O 的力矩的代数和,并称为原力系对简化中心 O 的主力矩。

应该指出,由于主矢等于各力的矢量和,所以,它与简化中心的位置选择无关,而主矩等于各力对简化中心的力矩的代数和,取不同的点为简化中心,则各力对简化中心的力矩就有改变,所以主力矩的大小及转向与简化中心的位置选择有关。

下面进一步讨论力系简化的最后结果。

(1)若 $R' = 0, M_0 = 0$,则力系平衡,物体既不受力的作用又不受力偶的作用。

(2)若 $R' = 0, M_0 \neq 0$,则力系可合成为一力偶,其力偶矩等于主矩 $M_O = M_0(F_i)$。此时力系没有合力。

(3)若 $R' \neq 0, M_0 = 0$,则力系合成为一力,作用于简化中心,合力的大小和方向由主矢 R' 确定。

(4)$R' \neq 0, M_0 \neq 0$,此时原力系简化为作用线通过简化中心的一力 R'和一力偶 M_0,根据力向一点平移的方法,反过来把此力与力偶合成一力,这个力就是原力系的合力。

根据上述讨论(1)可知,要保持物体平衡,必须满足下面两个条件

$$R' = 0 \quad 及 \quad M_O = 0$$

因此,平面一般力系平衡的必要与充分条件是:力系的主矢和力系对于作用面内任一点的主矩都等于零。欲使 $R' = 0$ 与 $M_0 = O$,必须有

$$\sum F_x = 0$$
$$\sum F_y = 0$$
$$\sum M_0(F) = 0 \qquad (1.1\text{-}13)$$

在应用平衡方程解平衡问题时 ,为了使计算简化,通常将矩心选在两个未知力的交点上,

而坐标轴则尽可能选取与该力系中多数未知力的作用线平行或垂直的位置来建立。

(五)刚体系统的平衡

所谓刚体系统就是由若干个刚体通过一定的连接而组成的系统。在这类平衡问题中,不仅要求出刚体系统所受的未知外力,而且还要求出它们中间相互作用的内力。因此研究刚体系统平衡问题时,我们不仅要研究整个系统的平衡问题,并且还要研究系统内每个刚体的平衡问题。当刚体系统平衡时,组成该系统的每一个刚体都处于平衡状态,因此对于每一个受平面一般力系作用的刚体,均可写出 3 个平衡方程。如刚体系统由 n 个刚体组成,则共有 $3n$ 个独立方程。如系统中有的刚体受平面汇交力系作用时,系统的平衡方程数目则相应减少。当系统中未知量数目不多于独立平衡方程数目时,则所有未知量都能由平衡方程求出,这样的问题称为静定问题。如未知量的数目多于平衡方程的数目,则未知量不能全部由平衡方程求出,这样的问题称为静不定问题或超静定问题。

必须指出,静不定问题并不是不能解决的问题,而只是不能仅用静力学平衡方程来解决的问题。问题之所以成为静不定,是因为静力学中把物体抽象成为钢体,略去了物体的变形。如果考虑到物体受力后的变形,找出其变形与作用力之间的关系,列出补充方程,这样,静不定问题还是可以解决的。我们在这里只指出静不定问题的概念,至于这类问题如何解决,将在材料力学中去研究。在求解刚体系统的平衡问题时,可以将刚体系统拆开,分析系统中每一刚体的受力情况,写出相应的平衡方程,然后联立求解;也可以先取整个系统为研究对象,解出部分未知量后,再从系统中选取某些刚体为研究对象,写出其他平衡方程,直到求出所有的未知量为止。应当指出的是,在选择平衡方程时,应尽可能避免解联立方程。

第三节 刚体的基本运动

刚体的运动通常有两种基本的形式,即刚体的平动和刚体的定轴转动。研究它们的目的,一方面在于其在工程实际中应用最广泛,另一方面在于它们是研究刚体复杂运动的基础。

一、刚体的平动

刚体运动时,如果其上任一直线始终保持与初始位置平行,则这种运动称为刚体的平行移动,简称平动。刚体做平动时,其上各点的轨迹可以是直线,也可以是曲线,它们分别称为刚体的直线平动和曲线平动。例如气缸内活塞的运动、刨床工作台的移动是前一种情况;而机车车轮平行连杆 AB 的运动(图 1.1-14)、摆式输送机的料槽 AB 的运动(图 1.1-15)则是后一种情况。

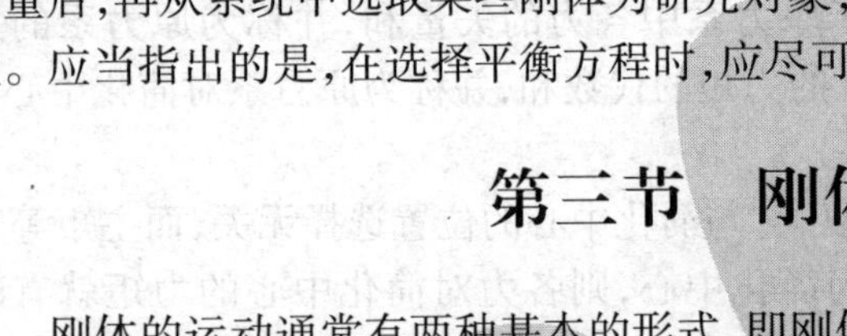

图 1.1-14

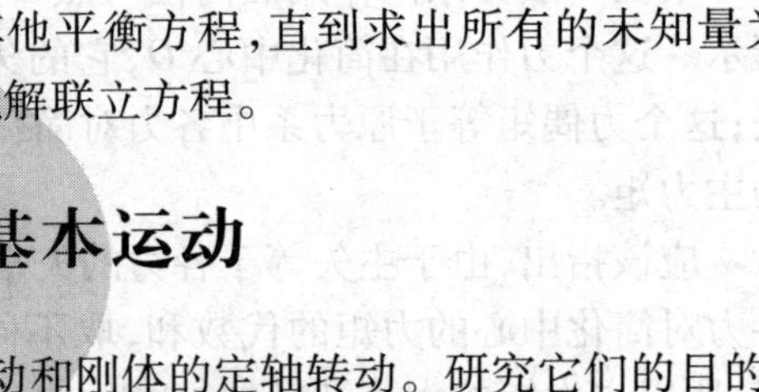

图 1.1-15

现在研究刚体作平动时其上各点运动的关系。在刚体上任取两点 A 和 B,以 r_A 和 r_B 分别

表示 A 点和 B 点的矢径。由图 1.1-16 可知。

$$r_A = r_B + \overrightarrow{BA} \tag{1.1-14}$$

画出线段 AB 在连续不同瞬时 t_1、t_2、t_3……的位置 A_1B_1、A_2B_2、A_3B_3……。由刚体平动的定义可知，这些线段都彼此平行且等长，因此

$$AA_1 = BB_1, A_1A_2 = B_1B_2, \ldots\ldots$$

即折线 $AA_1A_2\cdots A_n$ 和折线 $BB_1B_2\cdots\cdots B_n$ 相同。两折线的极限分别为点 A 和点 B 的轨迹，它们的形状也完全相同。

为了度量刚体平动的快慢和方向，我们引出速度的概念。在一定的时间间隔 Δt 内，某动点矢径的改变量为 Δr，则该动点的瞬间速度 v 为

$$v = \lim_{\Delta t \to 0} \frac{\Delta r}{\Delta t} = \frac{\mathrm{d}r}{\mathrm{d}t} \tag{1.1-15}$$

由此可见，动点的速度等于它的矢径对时间的一阶导数，其方向为沿着轨迹在该点的切线并指向点的运动方向。类似地，动点的瞬时加速度 v，可定义为

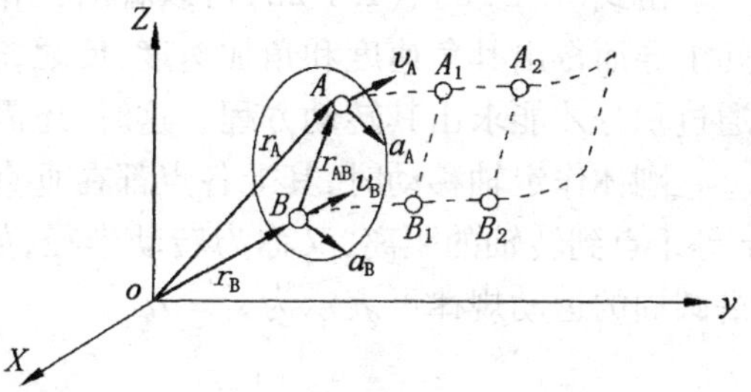

图 1.1-16

$$\alpha = \lim_{\Delta t \to 0} \frac{\Delta v}{\Delta t} = \frac{\mathrm{d}v}{\mathrm{d}t} \tag{1.1-16}$$

因此，动点的加速度矢即为它的速度矢对时间的一阶导数，也为它的矢径对时间的二阶导数，其方向与速度矢端曲线在相应点 m 的切线平行。加速度的单位为 $\mathrm{m/s^2}$。

将式(1.1-14)对时间求一阶和二阶导数，由于 $\overrightarrow{BA}$ 是常矢量，它的导数为

$$v_{\mathrm{A}} = v_{\mathrm{B}} \tag{1.1-17}$$

$$\alpha_{\mathrm{A}} = \alpha_{\mathrm{B}} \tag{1.1-18}$$

综上所述，可得如下结论：当刚体作平动时，其上各点的轨迹形状相同；在每一瞬时，各点的速度相同、加速度也相同。因此，刚体上任一点的运动就可以代表整个刚体的运动，即刚体的平动可以归结为点的运动。

二、刚体的定轴转动

刚体运动时，如其上(或其扩大部分)某一直线始终保持不动，则这种运动称为刚体的定轴转动，这条直线被称为转轴。如电机转子、机床主轴、齿轮以及飞轮等的运动都是定轴转动的实例。

(一)角速度与角加速度

如图 1.1-17 所示，为了确定转动刚体的位置，通过转轴作两个平面：平面"Ⅰ"在空间不动，平面"Ⅱ"则固连在刚体上随之一起转动。于是，刚体的位置可由这两平面的夹角 φ 完全确定。φ 角称为刚体的转角，以 rad 表示。φ 角为代数量，可根据右手螺旋法则确定其正负。即由 OZ 轴正端俯视，若刚体逆向转动，φ 角取正值；反之取负值。刚体转动时，φ 角随时间 t 而变化，即

$$\varphi = f(t) \tag{1.1-19}$$

$$\omega = \lim_{\Delta t \to 0} \frac{\Delta \varphi}{\Delta t} = \frac{\mathrm{d}\varphi}{\mathrm{d}t} \tag{1.1-20}$$

即刚体的角速度等于其转角对时间的一阶导数。w 是代数量,其正负号表示转动方向,由右手规则确定。角速度的单位为 rad/s。在工程中还常用转速,即 r/main 来表示,转速 n 与角速度 ω 之间存在以下关系:

$$\omega = \frac{2\pi n}{60} = \frac{\pi n}{30} \tag{1.1-21}$$

$$\varepsilon = \lim_{\Delta t \to 0} \frac{\Delta \omega}{\Delta t} = \frac{d\omega}{dt} = \frac{d^2\varphi}{dt^2} \tag{1.1-22}$$

由式(1.1-20)、(1.1-22)可以看出,当刚体的转动方程式(1.1-19)已知时,可以通过对时间求导而得出其角速度和角加速度;反之,若已知刚体的角速度或角加速度的变化规律,则需通过积分才能求出其转动方程。这时,还需利用初始条件来确定积分常数。

刚体作定轴移动时,其上各点都在垂直于转轴的平面内作圆周运动,圆心在转轴上。半径 r 等于点到转轴的距离,又称为转动半径,如图 1.1-18(a)所示。取 M_0 为弧坐标的原点,则点沿圆周的运动规律可表示为 $s = r\varphi$

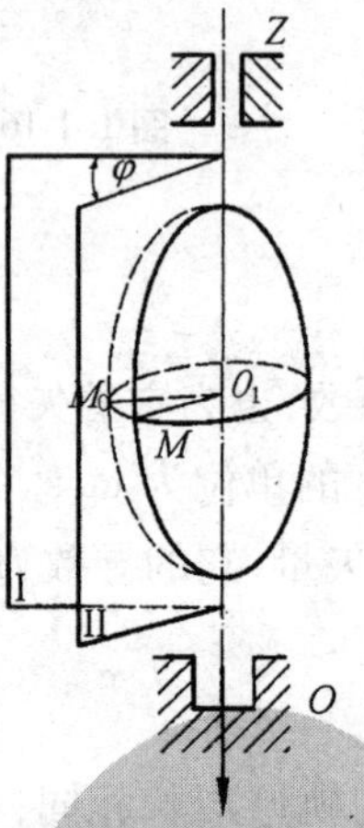

图 1.1-17

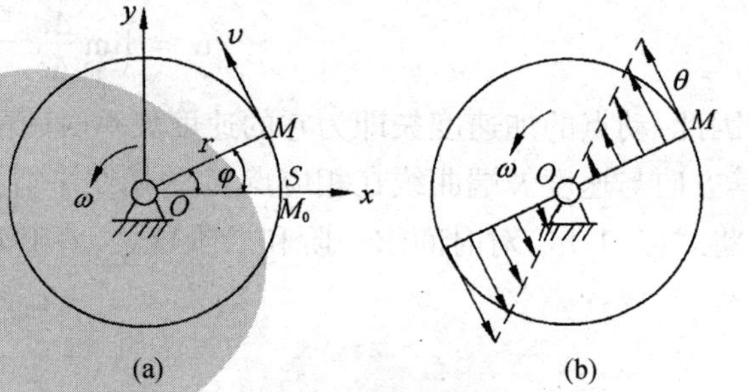

图 1.1-18

因此点 M 的速度为

$$v = \frac{ds}{dt} = r\frac{d\varphi}{dt} = r\omega \tag{1.1-23}$$

由上式可知,转动刚体上各点的速度与其转动半径成正比,因此转动刚体上通过且垂直于转轴的任意一条直线上的各个点,在同一瞬时的速度是按三角形规律亦即所谓线性规律分布的,如图 1.1-18(b)所示。

转动刚体上任意点 M 的加速度公式可表示为[如图 1.1-19(a)]

$$\alpha_\tau = \frac{dv}{dt} = r\frac{d\omega}{dt} = r\varepsilon \tag{1.1-24}$$

$$\alpha_n = \frac{v^2}{r} = \frac{(r\omega)^2}{r} = r\omega^2 \tag{1.1-25}$$

因此,M 点加速度的大小和方向可按下式确定[如图 1.1-19(b)]

$$\alpha = \sqrt{\alpha_\tau^2 + \alpha_n^2} = r\sqrt{\varepsilon^2 + \omega^4}$$
$$\tan\theta = \frac{|\alpha_\tau|}{\alpha_n} = \frac{|\varepsilon|}{\omega^2} \tag{1.1-26}$$

（二）刚体的转动惯量

刚体的转动惯量是转动惯性的度量，刚体对任一轴 Z 的转动惯量定义为

$$J_Z = \sum m_K r_K^2 \qquad (1.1\text{-}27)$$

刚体的转动惯量不仅与它的质量大小有关，并且与转轴的位置以及质量的分布有关。质量分布越靠近轴，转动惯量越小；反之，则越大。例如机器中的惯性飞轮，要使其边缘较厚、中间较薄且挖有空洞，使大部分质量分布在轮缘上，飞轮便具有较大的转动惯量；相反，某些仪表中的转动零件，为提高灵敏度，要求零件的转动惯量尽量小些，设计时应使较多的质量靠近转轴并采用轻金属材料。

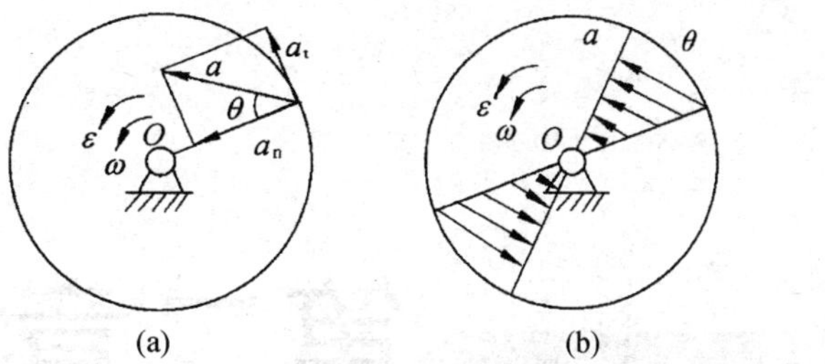

图 1. 1-19

刚体对 Z 轴的转动惯量可以看作整个刚体的质量 m 与某一长度 ρ 的平方之积，即

$$J_Z = m\rho^2 \qquad (1.1\text{-}28)$$

转动惯量是质量与距离平方的乘积，其单位为 $kg \cdot m^2$。

（三）飞轮的作用

在机器轴上安装飞轮，目的是利用飞轮的转动惯量。例如在柴油机曲轴末端安装飞轮，其主要作用有以下几点。

（1）转速变化均匀，机器运动平稳。从柴油机动力学可知，柴油机输出的转矩 M_n 时刻都在变化，被驱动机械的阻力矩 M 时刻也在变化，即使在每分钟转速不变的情况下，任何瞬时两者的转矩都不会相等。当 $M_n > M$ 时，柴油机转速增加，飞轮储存多余的能量，使整个轴系转速不易升高；当 $M_n < M$ 时，柴油机转速减少，飞轮释放多余的能量，使整个轴系的转速不易降低。可见，利用飞轮的转动惯性使转速变化均匀，机器运转平稳。

（2）消除机器振动，改善扭振特性。飞轮转动惯量的大小对整个轴系的固有频率和振型都有一定的影响。配备不同档次惯量的飞轮，以供传动不同装置时的需要，可以把危险的共振转速移到常用转速之外，使柴油机获得良好的扭振特性。

（3）选择适当转动惯量的飞轮，可以改善柴油机的起动和操纵性能。

除上述主要作用外，飞轮轮缘上的齿圈供盘车机啮合带动之用，以便于柴油机检修和调整；在飞轮圆周上还刻有各缸上、下止点的标记和转角刻度，以供调整定时使用。

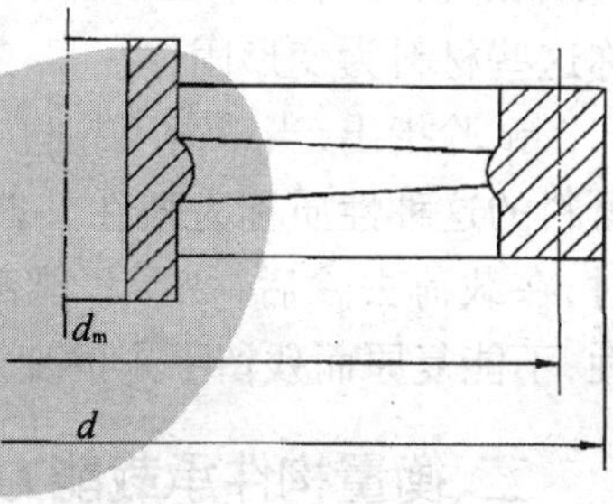

图 1. 1-20

飞轮转动惯量的大小，常用飞轮矩 J 来衡量。显然，轮缘的平均直径 d_m 和轮缘质量 m 越大，则飞轮矩 J 越大。如图 1. 1-20 所示，若不计轮幅的质量，则飞轮矩的计算公式，可近似地表达为

$$J = m\frac{d_m^2}{4} \qquad (1.1\text{-}29)$$

第二章 材料力学

材料力学主要是研究构件在外力作用下的变形和破坏的规律，为合理设计构件提供强度、刚度和稳定性分析的基本理论和方法，是轮机工程基础理论中必须掌握的重要内容之一。

第一节　材料力学的基本概念

本节主要介绍弹性、塑性、载荷、内力和应力等概念，以及衡量构件承载能力的标准、杆件变形的基本形式等内容。

一、弹性与塑性

在理论力学中，把所研究的物体看作刚性，即在任何载荷作用下物体均不产生任何变形。实践证明，任何物体在载荷作用下都会发生形状和尺寸的改变。因此，在材料力学范畴内，统称这些材料为变形固体。

试验指出，当载荷不超过某一限度时，多数材料在去除载荷后能恢复原有的形状和尺寸，材料的这种性质称为弹性。去除载荷后能够消失的变形称为弹性变形。当载荷超过一定限度时，在载荷去除后，变形只能部分复原，而残留一部分变形不能消失，材料的这种性质称为塑性；不能复原而残留下来的变形称为塑性变形。

二、衡量构件承载能力的标准

构件是由不同的可变形固体材料制成的，如钢、铸铁、混凝土等，这些材料在外力的作用下都会发生几何形状及尺寸的变化，即产生变形，如果构件所受的外力超过了它的承载能力，构件将产生较大的变形，甚至发生破坏。因此，要保证构件在外力作用下正常工作，构件必须满足以下 3 个基本要求。

（一）构件应具有足够强度

强度是指构件在载荷作用下抵抗破坏（断裂或产生明显塑性变形）的能力。工程上所遇到的构件或零件，要保证其能正常工作，首先要求在一定载荷作用下不发生破坏。例如，起重钢索不允许被重物拉断；齿轮的轮齿不允许破损；梁和轴不允许断裂。

（二）构件应具有足够的刚度

刚度是指构件在载荷作用下抵抗变形的能力。构件在载荷作用下尽管不发生断裂，但当其变形过大时，也会影响构件的正常工作。例如车床主轴变形过大就会影响加工精度，齿轮轴发生弯曲变形后齿轮就不能正常啮合，并造成轴承磨损不均匀等。

（三）构件应具有足够的稳定性

稳定性是指构件在载荷作用下保持其原有平衡状态、抵抗失稳的能力。有些构件在载荷作用下，虽然有足够的强度和刚度，但却不能保持其原有的平衡状态，而会突然发生弯曲。例如柴油机顶杆在压力不太大时可以保持原来直线状态而平衡，而当压力达到某一临界值后，则会发生突然弯曲的现象，这种现象称为丧失稳定。在工程实际中，有许多受压杆件需要考虑其稳定性，如船上起货机吊杆、千斤顶的螺杆、液压装置的活塞杆以及桁架结构的压杆等。为了防止压杆的失稳，我们要尽量提高压杆在发生失稳现象时的载荷（即临界载荷），其措施包括：①将压杆的材料布置得离轴线远一些，如采用圆环状截面。②沿轴向，中间截面放大，两端缩小。

构件的强度、刚度、稳定性是材料力学所要研究的主要内容。在工程实际中，若构件的截面尺寸过小，或选用材料不当，在外力作用下将不能满足强度、刚度和稳定性的要求，从而影响构件的正常工作；反之，为提高构件的强度、刚度和稳定性，可选用优质材料或加大构件截面尺寸，但构件的承载能力却未必能充分发挥，既浪费了材料，又增加了机械的重量和成本。材料力学的任务就是在满足强度、刚度和稳定性的要求下，以最经济的代价，为构件确定合理的形状和尺寸；选择适宜的材料，为构件设计提供必要的理论基础和计算方法。在材料力学中，将实际固体材料看作是连续、均匀、各向同性的可变形固体，是对实际固体材料的一种科学抽象。实践证明，在此前提下建立的有关理论和由它们所得到的分析结果是适宜的。

三、载荷、内力和应力

在材料力学中，将所有其他物体作用在所研究物体上的力和力偶，统称为外力。外力可分为主动力（载荷）和反作用力两大类。物体因受外力作用而变形，其内部各部分之间因相对位置改变而引起的相互作用，称为内力。

（一）载荷

载荷是作用于构件和机件上的主动力，它是外力的一种形式。外力的另一种形式是支座反力，即支座对于构件的反作用力，它是非主动力。常见的载荷有重力、惯性力、汽压力、水压力和液压力等。

1. 静载荷与动载荷

载荷按其是否随时间的变化可分为静载荷和动载荷。

（1）静载荷

不随时间变化或随时间缓慢变化的载荷称为静载荷，例如拉伸试验时施加于试件上的载荷、锅炉的压力等。

（2）动载荷

随时间作周期性变化或非周期性变化的载荷为动载荷。动载荷又可分为交变载荷和冲击载荷。交变载荷是随时间作周期性变化的载荷，例如柴油机连杆、活塞销承受的载荷等。冲击载荷是不随时间作周期性变化的载荷，但引起物体的运动在瞬时内发生突然变化的载荷，例如打桩、冲压等。

2. 集中载荷与分布载荷

载荷按其在构件上的分布情况分为集中载荷和分布载荷。

(1)集中力载荷

作用在构件上很小面积或近似当作在某一点上的载荷,称为集中力载荷。集中力载荷是一种近似的简化,无论作用的面积如何小,也不可能小到一点,例如对横梁的压力。

(2)分布载荷

均匀分布在结构物上的载荷称为分布载荷,简称均布载荷。它又可分为体积力载荷、表面力载荷和线载荷。体积力载荷:连续作用在构件内部每一个质点上的载荷,例如重力、磁力、惯性等。表面力载荷:作用于构件表面上的载荷如船底、水库堤坝上的液压力等。线载荷如分布在梁上的载荷。

3. 名义载荷与计算载荷

载荷按设计计算情况可分为名义载荷和计算载荷。

(1)名义载荷

根据额定功率用力学公式计算出作用在构件上的载荷,称为名义载荷。名义载荷并没有反映出载荷随时间作用的不均匀性、载荷在构件上分布的不均匀性及其他影响构件受力情况等因素。这些因素的综合影响,通常用载荷系数 K 来估算。

(2)计算载荷

名义载荷与载荷系数的乘积,称为计算载荷。它是考虑实际情况,对构件进行计算用的载荷。

(二)内力与截面法

1. 内力

内力是指构件内部两相邻部分之间的相互作用力。构件在受外力之前,内部各相邻质点之间,已存在着相互作用的内力。正是这种内力使各质点保持一定的相对位置,并使构件具有一定的几何尺寸和形状。构件受外力作用后,在其产生形变的同时,在其内部也因各部分之间相对位置的改变而引起内力的改变。内力的变化量即为外力引起的附加内力。这种附加内力将随外力的增加而增大,当其达到某一限度时,就会引起构件的破坏。可见它与构件的强度、刚度和稳定性密切相关。在材料力学中所研究的内力就系指这种附加内力。

2. 内力计算的截面法

为了揭示构件在外力作用下所产生的内力,并确定其大小和方向,我们采用截面法来分析两端受轴向拉力 P 作用后的直杆。

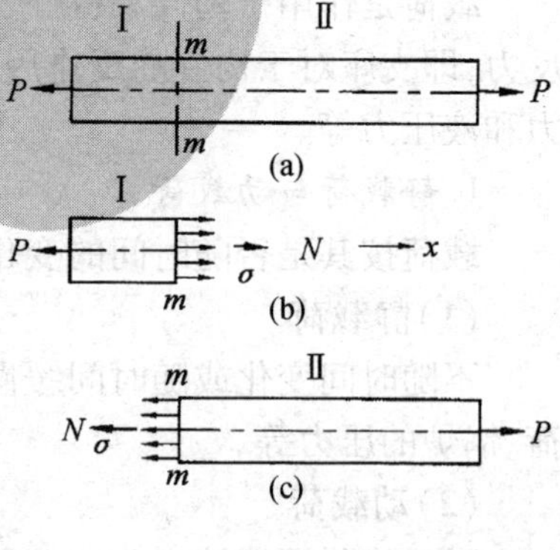

图 1.2-1

如图 1.2-1 所示,欲求横截面 mm 上的内力,首先必须将其内力显露出来。为此,假想把杆件沿横截面 mm 分成Ⅰ和Ⅱ两部分。任取一部分,例如取部分Ⅰ为研究对象。部分Ⅱ用于部分Ⅰ的内力沿截面连续分布。为维持保留部分Ⅰ的平衡,分布内力的合力应为沿杆轴线作用的力 N。根据作用与反作用定律可知,部分Ⅰ对部分Ⅱ作用的内力,必然大小相等,方向相反。然后根据任一部分(如部分Ⅰ)的平衡条件求内力 N 的大小,即

$$N = P$$

上述求横截面内力的方法称为截面法。截面法可归纳为以下 3 个步骤:

(1)截开:欲求某一截面的内力,可假想地沿该截面可把构件分成两部分,弃去任一部分,

保留另一部分作为研究对象。

(2)代替:以作用在截面上的内力,代替弃去部分对保留部分的作用。

(3)平衡:建立保留部分的平衡条件,确定未知内力。

(三)应力

通过上述截面法求出的横截面上的内力还不能确定其强度的高低。例如,有2根材料相同而截面大小不同的杆件承受相同的拉力作用,则这2根杆件横截面上的内力是相等的。但当拉力不断增加时,很明显,截面小的杆件首先被拉断。这说明构件的强度取决于内力在截面上分布的密集程度,若同样的内力聚集于较大的横截面上,就比较安全。这样,我们就引出应力的概念。所谓应力是指内力在截面上的分布密集程度,即单位面积上的内力。

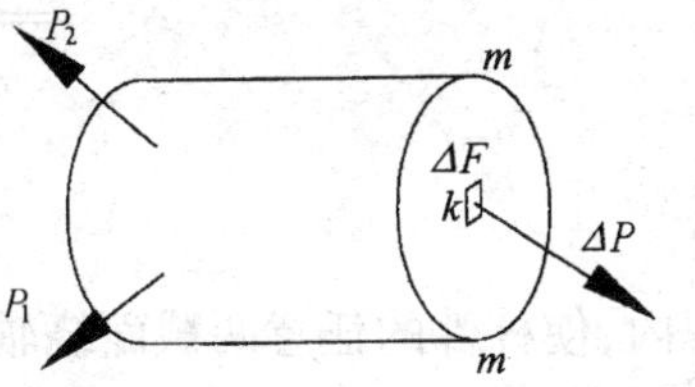

图 1.2-2

如图 1.2-2 所示,为了表示截面 mm 上某点 k 的应力,围绕点 k 取一微小面积 ΔF,设 ΔP 是作用在该微小面积 ΔF 上的内力,那么

$$p_{\mathrm{m}} = \frac{\Delta P}{\Delta F}$$

p_{m}称为作用在微小面积 ΔF 上的平均应力。当内力分布不均匀时,平均应力 p_{m}值将随 ΔF 的大小而变化,因此它不能确切地反映点 k 内力的集度。只有当 ΔF 无限趋于零时,p_{m}的极限 p 才能代表点 k 的内力集度,故称 p 为截面 mm 上点 k 的总应力,用公式表示为

$$p = \lim_{\Delta F \to 0} \frac{\Delta P}{\Delta F_{\mathrm{m}}} \tag{1.2-1}$$

总应力 p 是向量,常用两个分量来表示:一个是沿截面法线方向的分量,称为正应力或法向应力,用 σ 表示;另一个是沿截面切线方向的分量,称为剪应力或切向应力,用 τ 表示。应力单位为 Pa、kPa 或 MPa,且 1 MPa = 10^3 kPa = 10^6 Pa。

四、杆件变形的基本形式

实际构件的尺寸和形状多种多样,但按构件的几何形状可以把它们分为4类:杆件、平板、壳体及块体。凡是细长的构件,即其长度远大于横截面尺寸的构件称为杆。如传动轴、连杆、活塞杆、螺栓、梁等。如果杆的轴线为直线时,则为直杆;否则称为曲杆。

在工程结构和机械中,杆件受力的情况是多种多样的。因而所引起的变形也是各式各样的。但是,不管构件变形怎样复杂,它们常常是由轴向拉伸和压缩、剪切、扭转和弯曲4种基本变形形式所组成。

(一)轴向拉伸或压缩

这种变形是由一种大小相等、方向相反、作用线与杆轴重合的外力作用在杆的两端,使杆在轴线方向发生伸长变形或缩短变形。如图 1.2-3(a)、(b)所示。

(二)剪切

这种变形是由一种大小相等,方向相反、作用线相距很近且垂直于杆轴的外力作用在杆的两侧,使杆件相邻两截面沿外力作用方向产生相对错位,如图 1.2-3(c)所示。例如活塞销、铆钉、螺栓、键等受力后主要产生剪切变形。

(三)扭转

这种变形又在杆件两端的一对大小相等、转向相反的力偶作用在垂直于杆件轴线的平面

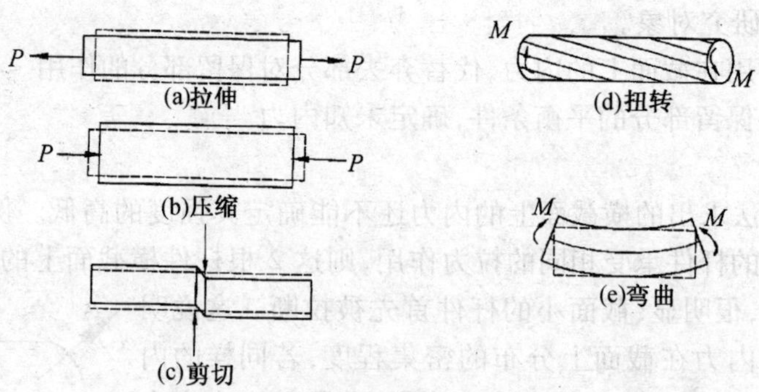

图 1.2-3　杆件变形基本形式

内,使杆件的任意两截面绕轴发生相对转动,如图 1.2-3(d)所示。例如柴油机的曲轴、中间轴、机械设备中的转动轴等,主要产生扭转变形。

(四)弯曲

这种变形是由横向力或一对转向相反的力偶作用于杆的纵向对称平面内,使原来为直线的轴线变成弯曲,如图 1.2-3(e)所示。例如房屋的大梁、楼板、架空管道、单梁吊车的横梁等,在载荷作用下会产生弯曲变形。

第二节　轴向拉伸与压缩

在船用各种机器和设备中,受轴向拉伸或压缩的杆件是很常见的。如受轴向压缩的柴油机活塞杆和受轴向拉伸的汽缸盖紧固螺栓,都是轴向拉伸与压缩的实例。轴向拉伸或轴向压缩的受力特点是:外力(或合外力)的作用线沿着杆件的轴线;变形特点是:杆件沿轴线方向伸长或缩短,而且变形前横截面是平面,变形后横截面仍保持为平面。本节主要介绍直杆受轴向拉伸与压缩时的强度计算和变形计算以及材料的力学性能等问题。

一、杆件在拉压时的内力与应力

(一)横截面上的内力

本章第一节以杆件拉伸为例求出了等截面直杆截面 mm 上的内力 N,如图 1.2-4 所示,由

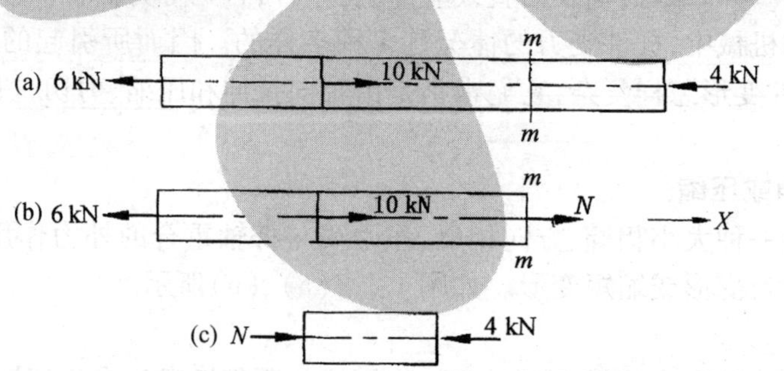

图 1.2-4　杆件的受力分析

于 N 的作用线与杆轴线重合,因此该内力 N 被称为轴向内力,简称轴力。截面两侧上的内力是一对大小相等、方向相反的作用力与反作用力。通常规定,当轴线方向离开截面时为拉力,

用正号表示；而当轴线方向指向截面时为压力，用负号表示。

(二)横截面上的应力

前面已提到，对于两根材料相同、截面不同的杆件，当轴力相等时截面小的就易破坏，而截面大的则不易被破坏。这说明杆件的破坏与否，不但与内力大小有关，而且与杆件截面的大小有关。为此，采用横截面上的应力作为强度计算的一个主要依据。

为了确定横截面各点的应力，还必须知道内力在横截面上的分布规律。首先观察下列实验：图1.2-5所示为轴向受力拉杆，在未加力前，先在杆件的侧面划两道横线 ab 和 cd，受力后观察到横线在杆件变形后仍为直线，且分别移到 $a'b'$ 和 $c'd'$。为此可作如下假设：杆件横截面在变形前是平面，变形后仍保持平面。根据这个平面假设可以认为杆件截面内各点的纵向变形是均匀的，即横截面上任一点的正应力都相等，其值为

$$\sigma = N/F \tag{1.2-2}$$

式中，σ 为横截面上的正应力，拉伸取正号，压缩取负号，Pa；N 为横截面上的轴力，N；F 为横截面面积，m^2。

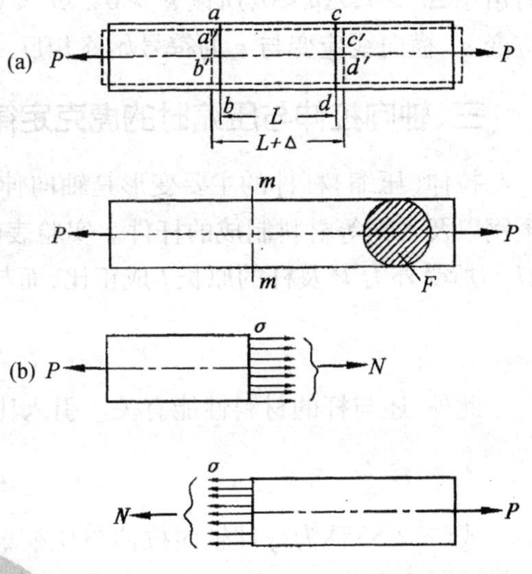

图1.2-5 横截面上的应力

二、杆件在拉压时的变形与应变

(一)杆件在拉压时的变形

由前述可知，直杆在沿轴线的外力作用下，将产生轴向伸长或缩短。实验表明：当杆伸长时，其横向尺寸就略有缩小；而当杆缩短时，其横向尺寸就稍有增大，如图1.2-6所示。设 l、d 为直杆变形前的长度与直径，l_1、d_1 为变形后的长度与直径，则纵向与横向变形分别为 Δl 与 Δd 称为绝对变形，即总的伸长量或缩短量。

$$\Delta l = l_1 - l$$

$$\Delta d = d_1 - d$$

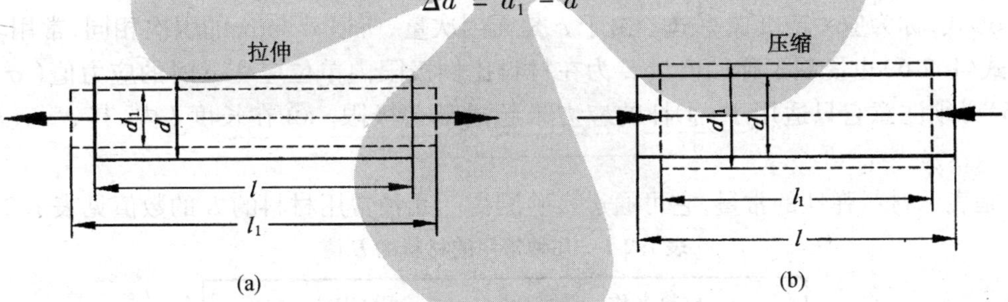

图1.2-6

(二)杆件在拉压时的应变

绝对变形的大小与杆的原始尺寸 l、d 有关。为了度量杆的变形程度，还需计算单位长度内的变形量。对于轴力为常量的等截面直杆，其变形处处相同。因此可将 Δl 除以 l，Δd 除以 d 表示单位长度变形量，即

$$\varepsilon = \frac{\Delta l}{l} \tag{1.2-3}$$

$$\varepsilon_1 = \frac{\Delta d}{d} \tag{1.2-4}$$

ε 称为纵向线应变，ε_1 称为横向线应变。线应变是单位长度的变形，是无因次的量。拉伸时由于 $\Delta l > 0$，$\Delta d < 0$，所以 $\varepsilon > 0$，$\varepsilon_1 < 0$；而压缩时则相反，$\varepsilon < 0$，$\varepsilon_1 > 0$。总之，纵向线应变 ε，横向线应变与 ε 的符号始终相反。

三、轴向拉伸与压缩时的虎克定律

拉伸（压缩）杆件的主要变形是轴向伸长（缩短）。对于工程上常用的材料，如低碳钢、合金钢以及青铜等材料制成的杆件。实验表明当杆上外力未超过某一限度时，杆的纵向伸长量 Δl 与所受外力 P 及杆的原长 l 成正比，而与杆的横截面面积 F 成反比，即

$$\Delta l \propto \frac{Pl}{F}$$

此外，还与杆的材料性能有关。引入比例系数 E，并以 $P = N/E$ 代入得

$$\Delta l = \frac{Nl}{EF} \tag{1.2-5}$$

式(1.2-5)称为杆件轴向拉伸与压缩的虎克定律。其中常数 E 称为弹性模量，其数值随材料不同而变化。由式(1.2-5)可看出，当其他条件相同时，E 大则 Δl 小。这说明 E 是表征材料拉伸（压缩）刚度的量，E 大则材料抵抗拉伸（压缩）变形能力大，杆变形就小。同理，EF 是表示杆件抵抗拉伸（压缩）变形能力大小的量，故称为杆的抗拉（压）刚度。若将 $\frac{N}{F} = \sigma$，$\varepsilon = \frac{\Delta l}{l}$ 代入式(1.2-5)，便得

$$\varepsilon = \frac{\sigma}{E} \text{或} \sigma = E\varepsilon \tag{1.2-6}$$

式(1.2-6)表明，当杆的应力未超过某一定限度时，其线应变与应力成正比。是虎克定律的另一形式，称为应力应变关系式。由于 ε 是无因次量，所以 E 与 σ 的因次相同，常用单位是 GPa。式(1.2-6)也说明了弹性模量 E 为在材料比例极限内单位应变 ε 时的应力值（σ）。式(1.2-6)必须注意它只适用于：①杆的应力未超过某一极限。②在长度 l 内，其 N、E、F 均为常量。

E 是表示材料弹性的常量，它可通过实验测得。几种常用材料的 E 的数值见表 1.2-1。

表 1.2-1　几种常用的材料的 E 值

材料名称	E(GPa)
碳钢	196 ~ 216
合金钢	186 ~ 216
灰铸铁	113 ~ 157
铜及其合金	73 ~ 128
橡胶	0.007 85

四、杆件在拉压时的力学性质

试验表明，材料的力学性质，不仅因材料的种类不同而变化，而且还与载荷性质（静载荷或动载荷）及温度等外界条件有密切关系。下面介绍两种常用的典型材料低碳钢（塑性材料）和铸铁（脆性材料）在温室、静载荷作用下受拉伸、压缩时的力学性质。

（一）拉伸时的力学性质

拉伸试验是研究材料抵抗破坏的能力及受力后的变形规律，研究材料从开始受力到破坏整个过程力学性质的试验。

1. 低碳钢拉伸时的力学性质

低碳钢是工程上使用较广的材料，它在拉伸试验中所表现的力学性能较全面，因此以低碳钢来研究材料在拉伸时的力学性能。

由于材料的某些性质与试件的形状、尺寸有关，为了使不同材料的试验结果能相互比较，国家标准《金属拉力试验法》规定了标准试件的形状与尺寸，如图 1.2-7 所示。试件中段为等直杆，其截面形状有圆形和矩形两种，用于测量变形的长度 Δl 称为标距。对于圆截面试件，标准规定 $l = 10d$ 或 $5d$。前者称为 10 倍试件，后者称为 5 倍试件。对于矩形截面试件，则 $l = 11.3\sqrt{F}$ 或 $5.65\sqrt{F}$ 。F 为试件中段的横截面面积。

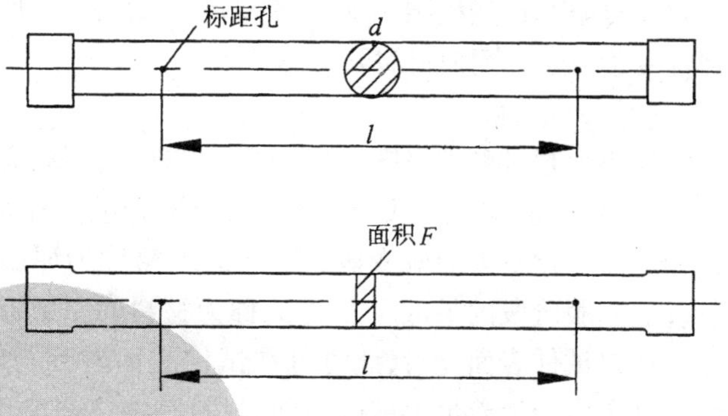

图 1.2-7

当试件夹持在试验机上进行试验时，试件受到由零渐增的拉力 P，同时发生变形。若记录各时刻的拉力 P，以及与各拉力 P 对应的试件标距 l 长度内的绝对变形破坏为止。由此便能画出 P 与 Δl 的关系曲线，如图 1.2-8 所示，称为拉伸图或 $P-\Delta l$ 曲线。一般试验机上都备有自动绘图装置，在试件拉伸过程中自动地绘出拉伸图。

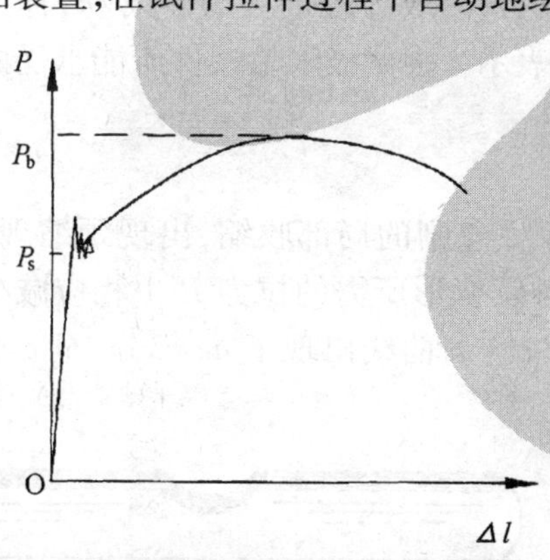

图 1.2-8

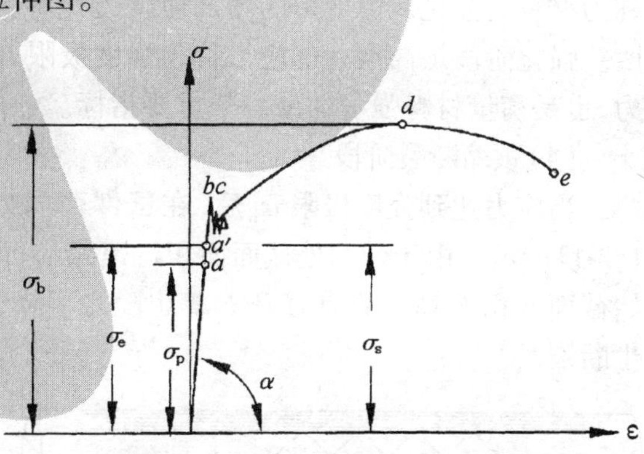

图 1.2-9

由于 Δl 与试件的长度 l 和截面积 F 有关，因此即使是同一材料，当试件尺寸不同时，其拉伸图也不同。为了消除试件尺寸的影响，以反映材料本身的性能，将拉伸图的纵坐标 P 除以试件的横截面面积 F，即 P/F；横坐标 Δl 除以试件的标距 l，即 $\Delta l/l$。由于 $P/F=\sigma$，$\Delta l/l=\varepsilon$ 故

纵坐标为 σ，横坐标 ε，于是得到 $\sigma-\varepsilon$ 关系曲线，如图 1.2-9 所示，称为应力—应变图。它表明从加载开始到破坏为止，应力与应变的对应关系。

下面根据图 1.2-9 以及实验过程中的现象，讨论低碳钢拉伸时的力学性能。

(1)弹性阶段

拉伸时对应于图上的直线 oa 阶段，试件的应变与应力成正比关系，材料符合虎克定律 $\sigma=E\cdot\varepsilon$。图上直线部分的最高点 a 对应的应力值 σ_p，是材料符合虎克定律的最大应力值，称为材料的比例极限。当应力超过比例极限后，图上 aa' 已不是直线，说明应力和应变不再成正比关系，此时材料已不符合虎克定律。但是，当应力值不超过 a' 点对应的应力值 σ_e 时，拉力解除后，变形也随之消失，材料只出现弹性变形。如超过 σ_e，即使把拉力全部解除，试件仍保留有残余变形，即所谓塑性变形。这样，以 a' 点对应的应力值 σ_e 是材料只出现弹性变形的极限值，称为弹性极限。实际上，由于 a、a' 两点非常接近，因此在工程上常认为两者是重合的，对弹性极限和比例极限不加严格区分。试件的应力在从零增加到弹性极限的过程中，只产生弹性变形，故称为弹性阶段。

(2)屈服阶段

当应力超过弹性极限 σ_e 后，图上出现一段接近水平线的小锯齿形线段 bc，说明这阶段的应力虽有波动，但几乎没有增加，而变形却继续在增长，材料好像失去了对变形的抵抗能力。这种应力变化不大而应变显著增加的现象称为屈服或流动。图上 bc 所对应的过程称为屈服阶段。屈服阶段的最低应力值 σ_s 称为材料的屈服极限。

如果试件表面光滑，此时可在试件表面看到与轴线约成 45°倾角的条纹，如图 1.2-10 所示。这是由于沿着最大剪应力面，材料晶格之间发生相对滑移所致。而晶格之间的相对滑移是发生塑性变形的根本原因，因此，屈服阶段不仅变形大，而且主要是塑性变形，机器与工艺设备的零件一般都不允许变形过大或发生塑性变形，故屈服极限是材料重要的强度指标。

(3)强化阶段

屈服阶段之后，图上为向上凸的曲线 cd，这表明材料由于塑性变形使内部晶格结构发生了相对滑移，材料又恢复了对变形的抵抗能力。如果继续增加变形，必须增加拉力，这种现象称为材料的强化。但变形的增加速度远比弹性阶段为快，成为较平缓的曲线 cd，称为强化阶段。强化阶段最高点 d 的应力称为强度极限，以 σ_b 表示。强度极限是试件所能承受的最大应力，也是衡量材料强度的另一个重要指标。

(4)颈缩断裂阶段

当应力达到强度极限 σ_b 后，在试件薄弱处将发生急剧的局部收缩，出现颈缩现象，如图 1.2-11所示。由于颈缩处截面面积迅速减小，试件继续变形所需的拉力 P 也相应减少。用原始截面面积 F 算出的应力 P/F 等也随之下降，所以 $\sigma-\varepsilon$ 曲线出现了 de 部分，至 e 点试件发生断裂。

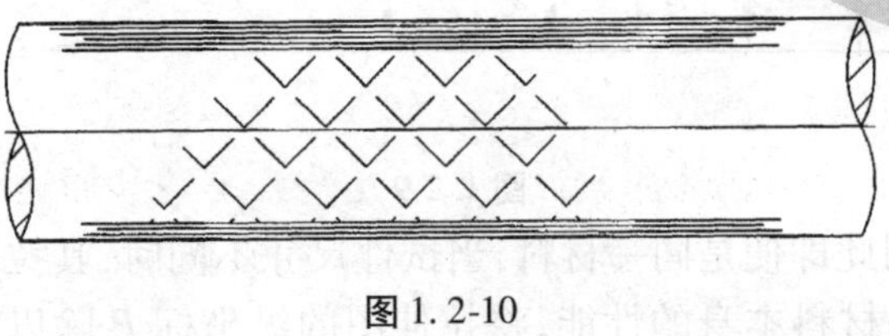

图 1.2-10

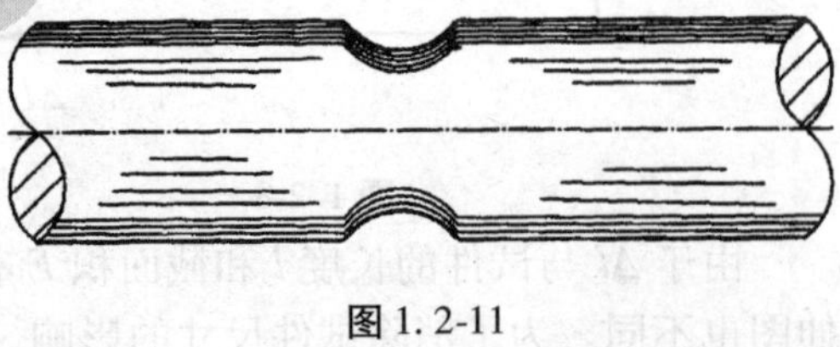

图 1.2-11

试件拉断之后，弹性变形全部消失，残余留下的是塑性变形，试件的标距由 l 变为 l_1，断口

处的截面面积变为 F_1，如图 1.2-12 所示。$l-l_1$ 是试件拉断时的塑性变形量，它与 l 之比称为材料的延伸率，用符号 δ 表示：

$$\delta = \frac{l_1 - l}{l} \times 100\% \qquad (1.2\text{-}7)$$

试件断口处横截面面积的相对变化率为

$$\psi = \frac{F - F_1}{F} \times 100\% \qquad (1.2\text{-}8)$$

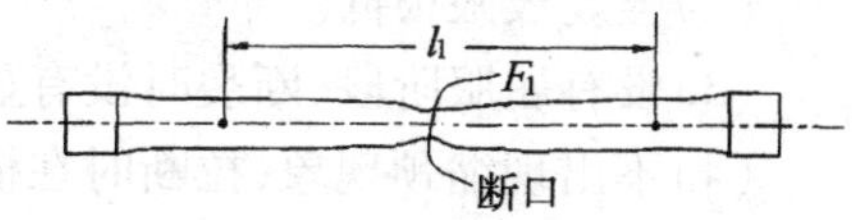

图 1.2-12

称为截面收缩率。延伸率 δ、截面收缩率 ψ 都是衡量材料塑性性质的主要指标。δ、ψ 大，说明材料断裂时产生的塑性变形大，塑性好。

工程上，通常将常温、静载、简单受力情况下，延伸率 $\delta > 5\%$ 的材料称为塑性材料，如钢材、铜、铝等；$\delta < 5\%$ 的材料称为脆性材料，如混凝土、砖、灰口铸铁、玻璃等。

(5)冷作硬化

在试验过程中，如在强化阶段某点 f 停止加载，如图 1.2-13(a)所示，并将载荷逐渐减小至零，称为卸载。可以看到，卸载过程中应力和应变仍保持直线关系，沿着几乎与 oa 平行的直线 fg 回到 g 点。图中 gh 代表消失的弹性变形，og 代表残留下来的塑性变形。如果卸载后立即加载，则 $\sigma-\varepsilon$ 曲线将基本上沿着卸载时的同一直线 gf 上升至 f 点，f 点以后的曲线与原来的 $\sigma-\varepsilon$ 曲线相同，如图 1.2-13(b)所示。与图 1.2-13(a)相比较，可看到材料的比例极限、屈服极限有所提高，而断后的塑性变形减小，塑性降低，这种现象称作冷作硬化。

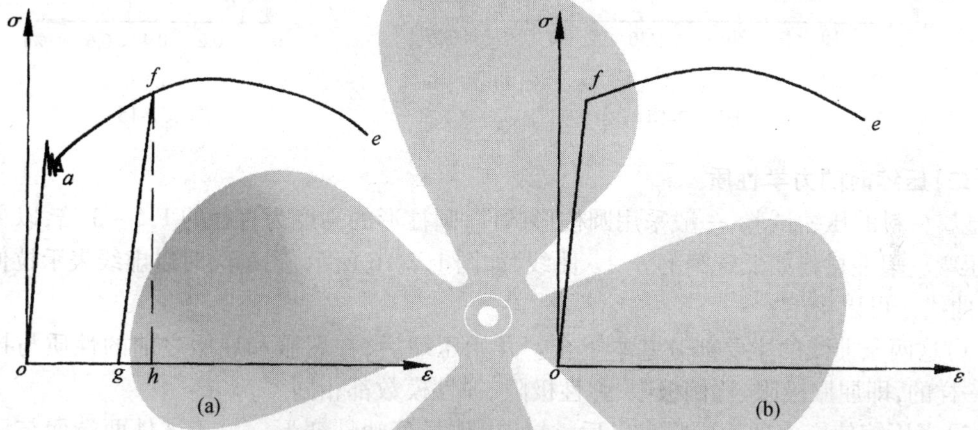

图 1.2-13

工程上常用冷作硬化来提高某些构件在弹性阶段内的承载能力。例如起重机用的钢丝绳、建筑用的钢筋及薄壁容器等，通过冷作硬化工艺可以提高弹性阶段的抗力，节省材料。但是由于冷作硬化现象会使材料失去良好的塑性性能而变硬、变脆，有时会给以后的加工造成困难。如抽拉、辗轧、冲孔等冷加工工艺过程就需要退火处理，使材料恢复原来的塑性性能。

2. 其他几种材料在拉伸时的力学性质

图 1.2-14 是几种塑性材料拉伸时的 $\sigma-\varepsilon$ 曲线。它们的延伸率虽然各不相同，但都大于 10%。另外，有些塑性材料，如青铜、锰钢等并没有明显的屈服阶段。对于这些没有明显屈服阶段的塑性材料，工程上规定，产生 0.2% 塑性应变时的应力值为材料的名义屈服极限，常用符号 $\sigma_{0.2}$ 表示。

灰口铸铁是一种典型的脆性材料，如图 1.2-15 所示，是灰口铸铁拉伸时的 $\sigma-\varepsilon$ 曲线是一条微弯曲线，它与低碳钢的拉伸试验比较，有显著的不同，主要体现在：

(1)图中没有明显的直线部分。

(2)强度极限很低。

(3)没有屈服阶段，断裂时没有显著的残余变形，延伸率通常只有0.5% ~0.6%。

(4)不出现缩颈现象，拉断时在横截面上发生脆性断裂。

拉伸时它只有一个强度指标，就是断裂时的最大应力值 σ_{b1}，即拉伸强度极限。

没有明显的直线部分说明铸铁不符合虎克定律。但由于灰铸铁构件总是在较小应力范围内工作，当应力较小时，可近似地以直线 $\overline{oa}$ 代替 $\sigma-\varepsilon$ 曲线 oa，也就是认为在较小应力时仍符合虎克定律，且有不变的弹性模量 E。

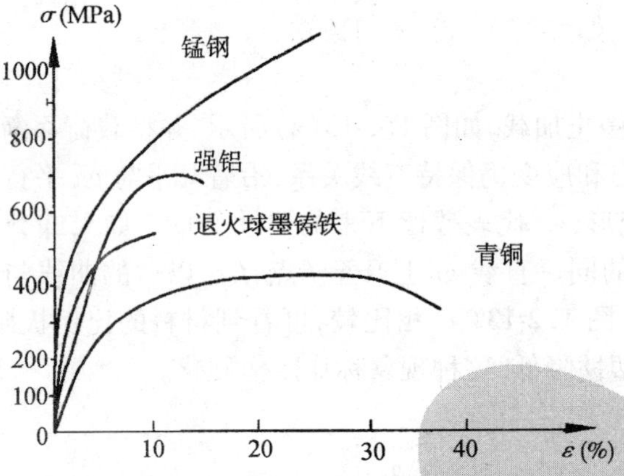

图 1.2-14

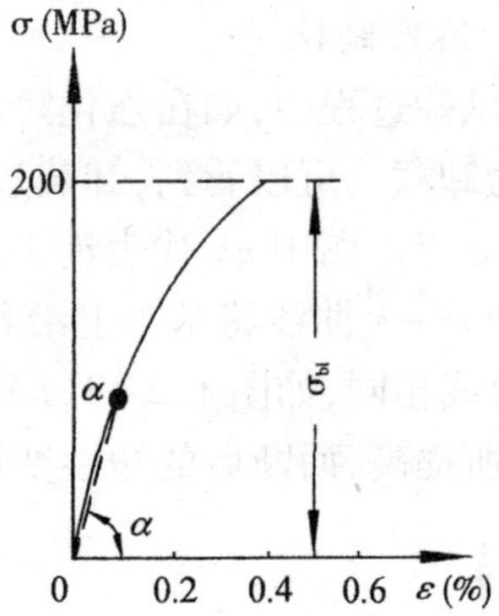

图 1.2-15

(二)压缩时的力学性质

金属材料的压缩试验，一般采用圆柱形试件，圆柱形的高度为直径的1.5 ~3 倍，以免试验时被压弯。塑性材料如低碳钢的 $\sigma-\varepsilon$ 曲线，如图 1.2-16 所示，图中同时以虚线表示拉伸时的 $\sigma-\varepsilon$ 曲线。可以看出：

(1)这两条曲线的主要部分基本重合。开始压缩后，在屈服和屈服之前的性质与拉伸几乎是一样的，即屈服极限、比例极限、弹性极限、弹性模数都相同。

(2)当压缩使应力到达屈服点以后，试件出现显著塑性变形。由于试件两端面与压头间摩擦力的影响，试件两端横向变形受到阻碍，故试件被压成鼓形。随着压力的增大，越压越扁，因此塑性材料不存在强度极限。

与塑性材料相比较，脆性材料如铸铁在压缩时的力学性质与拉伸时有较大的区别。灰口铸铁压缩时的 $\sigma-\varepsilon$ 曲线，如图 1.2-17 实线所示。可以看出：

(1)铸铁压缩时，材料的强度极限 σ_{by} 与延伸率 δ 都比拉伸时大得多，其压缩强度极限为拉伸时的4 ~5 倍，所以脆性材料宜作受压构件。

(2)铸铁压缩时的 $\sigma-\varepsilon$ 图是一条曲线，没有明显的直线部分。工程上常把这条曲线近似地当作直线处理。因此在计算中仍认为服从虎克定律。

(3)相对来说，铸铁压缩时的延伸率比拉伸时大很多，但其实铸铁在压缩时的变形也不是很大，当变形很小时试件就突然发生破坏，铸铁压缩破坏是有一点残余变形，其断裂面与试件轴线约成45°角。

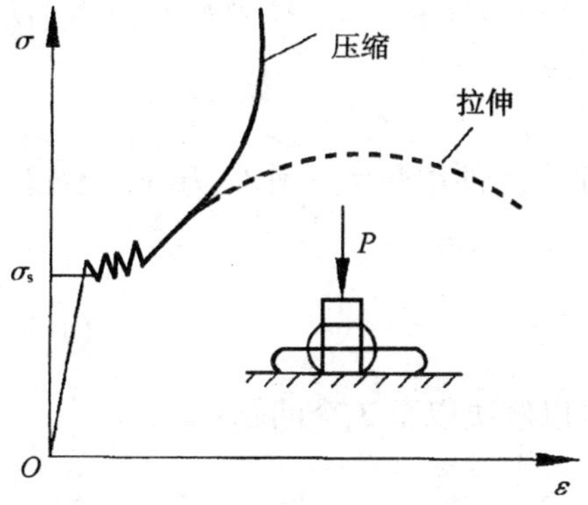

图 1.2-16

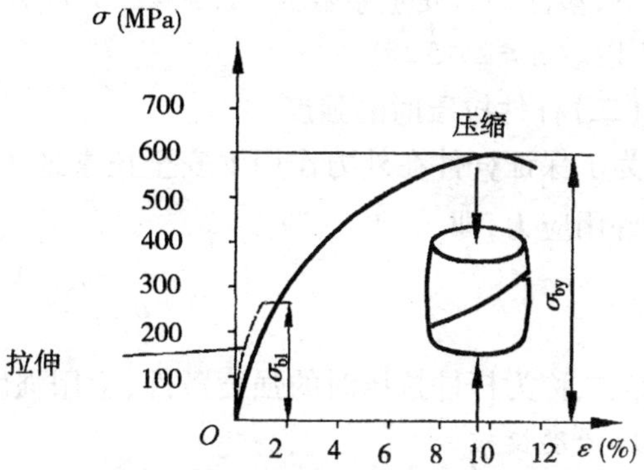

图 1.2-17

(三)塑性材料与脆性材料的比较

根据上述材料拉伸和压缩试验,将塑性材料与脆性材料的主要区别归纳如下:

(1)塑性材料在破坏前将产生显著的变形,而脆性材料在破坏前变形极小,且破坏是突然发生的。

(2)塑性材料有明显的屈服阶段,且抗拉和抗压的屈服极限基本相同。脆性材料没有屈服极限,抗压强度远高于抗拉强度。

塑性材料由于抗拉性能好,塑性变形大,故多用于拉伸、弯曲和承受动载荷的构件中。塑性材料的工艺性能也较好,易于加工。

脆性材料,如铸铁、混凝土等,因具有良好的抗压性能,价格低廉,在工程上多用来制造机床机身、机器底座和阀体等配件。

五、杆件在拉压时的强度

(一)许用应力与安全系数

材料丧失工作能力时的应力,称为极限应力或危险应力,由上述可知,对塑性材料,当应力达到屈服极限时,构件会产生过大的塑性变形,将影响构件的正常工作,所以屈服极限 σ_ε是塑性材料的危险应力;对脆性材料,在变形很小时就断裂,所以强度极限 σ_b是脆性材料的危险应力。危险应力用 σ° 表示。

显然,构件工作时的最大应力必须低于危险应力。但这还不够,因为构件的实际工作情况与设计时所设想的条件难以完全符合,而且也不可能确切地估计这种差异;另一方面构件也必须有足够的强度储备。所以令

$$[\sigma] = \frac{\sigma^\circ}{n} \tag{1.2-9}$$

式中,$[\sigma]$称为许用应力,是构件安全工作时所允许的最大应力;n 是大于 1 的数,称为安全系数。

安全系数取得越小,则许用应力越接近于危险应力,且用料少,但构件将偏于危险;反之,如果安全系数选得过大,构件则偏于安全,但用料多。所以安全系数的选择是安全与经济矛盾的关键问题,也是一个复杂的实际问题,必须全面地考虑影响构件强度的各个因素,如材料的均匀程度、载荷确定和应力计算的精确性,构件的工作条件和使用年限以及发生破坏时后果的严重程度等等。在实际应用中,安全系数的选择可参考有关的设计规范,对一般机械在常温、

静载下，塑性材料安全系数 $n=1.5\sim2.0$，脆性材料由于均匀性差，且突然破坏有更大的危险性，所以取 $n=2\sim5$。

（二）杆件拉压时的强度

为了保证杆件在外力作用下安全正常地工作，必须使杆件中最大工作应力 σ_{max} 不超过材料的许用应力，即

$$\sigma_{max} = \frac{N_{max}}{F} \leqslant [\sigma] \qquad (1.2\text{-}10)$$

上式称为杆件拉压时的强度条件，运用强度条件可以解决以下 3 个问题：

1. 强度校核

已知杆件的材料、尺寸和所受载荷（即已知 $[\sigma]$、F 及 N_{max}），可以应用公式（1.2-10）校核杆件是否安全。

2. 选择截面

已知杆件的材料和所受载荷（即已知 $[\sigma]$、N_{max}），确定杆件所需要的截面积，即

$$F \geqslant \frac{N_{max}}{[\sigma]}$$

由上式算出的 F 值选用截面尺寸时，有时也可以稍小于这个值，但相应的应力不得超过许用应力的 5%。

3. 确定许用载荷

已知杆的材料和尺寸（即已知 $[\sigma]$ 和 F），求出杆件所能承受的最大内力，再由 N_{max} 确定杆件所能承受的最大载荷，为此，可将强度条件式（1.2-10）改写成

$$N_{max} \leqslant F[\sigma]$$

第三节　剪切与挤压

剪切变形是杆件的基本变形形式之一。工程上有些连接件，如螺栓、销、平键等，在受到力作用后，主要产生剪切变形。剪切变形的主要受力特点是：构件受到与轴线相垂直、大小相等、方向相反、作用线相距很近的一对外力作用。构件的变形主要表现为：沿着与外力作用线平行的剪切面发生相对错动，两截面间的矩形块变形成为平行四边形。

受剪构件除了承受剪切外，挤压也是相伴随而存在的，两者都会使构件发生破坏。本节主要介绍剪切和挤压的实用计算。

一、材料在剪切时的内力与应力

图 1.2-18 表示了连接两钢板的精制螺栓，两块钢板在力 P 作用下有相对滑移的趋势，而螺栓限制其滑移，因此螺栓就受剪切。用截面法将螺栓沿剪切面切开，研究任意一段的平衡，如 1.2-18（b）所示。在剪切面上存在着与外力大小相等、方向相反的沿剪切面的内力，称为剪力，用 Q 表示。由平衡条件

$$\sum F_y = 0,\ Q - P = 0$$

得

$$Q = P$$

由于在构件剪切面上，剪应力的分布情况比较复杂，在实用上假定剪切力 τ 均匀分布在剪

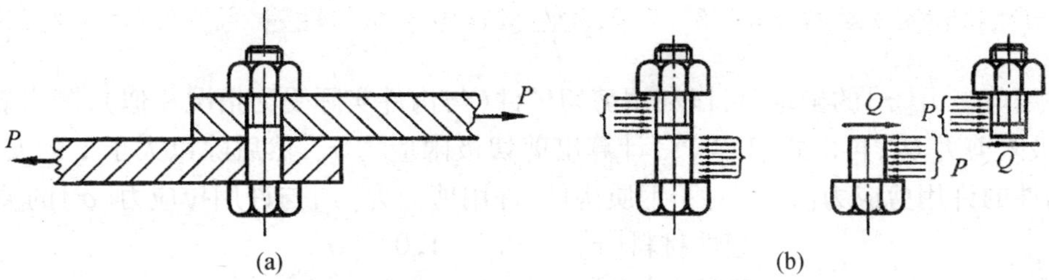

图 1.2-18

切面上。由此得剪应力计算公式为

$$\tau = \frac{Q}{F} \tag{1.2-11}$$

式中，Q 为剪切面上的剪力，(N)；F 为剪切面面积，(m^2)；τ 为剪应力，(Pa)。

二、材料在剪切时的变形与应变

为了分析剪切变形，在构件的受剪部位(图 1.2-19)，围绕 A 点取一直角六面体，如图 1.2-19(a)所示，将它放大，如图 1.2-19(b)所示。剪切变形时，截面发生相对滑动，致使直角六面体变成平行六面体，如图 1.2-19(b)细实线所示。图中线段 ee'(或 ff')为平行于外力的面 $efgh$ 相对于 $abcd$ 的滑移量，称为绝对剪切变形。相对剪切变形为

$$\frac{\overline{ee'}}{dx} = \tan\gamma \approx \gamma$$

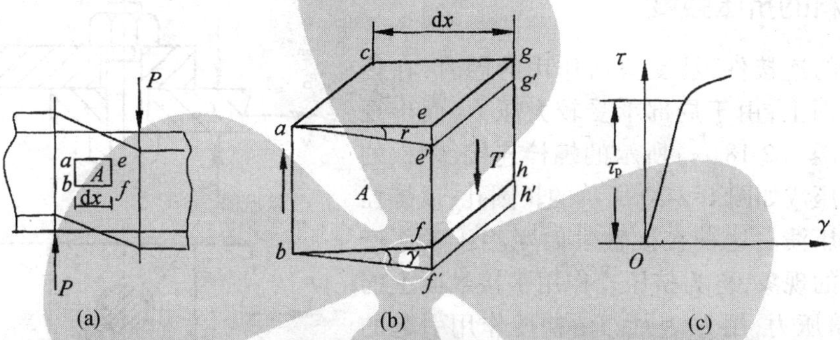

图 1.2-19

矩形直角的微小改变量，称为剪应变或角应变，用弧度(rad)来度量。角应变 γ 与线应变 ε 是度量构件变形程度的两个基本量。

实验证明：当剪应力不超过材料的剪切比例极限 τ_p 时，剪应力 τ 与剪应变 γ 成正比，如图 1.2-19(c)所示，称为剪切虎克定律，用下式表示

$$\tau = G\gamma \tag{1.2-12}$$

式中 G 称为材料的剪切弹性模量，是表示材料抵抗剪切变形能力的量，它的量纲与应力 τ 相同。当剪应力不变时，剪切弹性模量 G 值越大，剪应变 γ 就越小。

三、材料的剪切强度

如图 1.2-19 所示，为了保证螺栓工作时安全可靠，要求螺栓在工作时受剪面上的剪应力不超过材料的许用剪应力[τ]，因此其剪切强度条件为

$$\tau = \frac{Q}{F} \leqslant [\tau] \qquad (1.2\text{-}13)$$

对许用剪应力[τ]的确定，可以利用剪切试件（与构件实际受力情况相似），测出破坏载荷P_b，得到极限剪力Q_b，再由式(1.2-13)计算出剪切极限应力τ_b，然后除以大于1的安全系数，即可得构件的许用剪应力[τ]。对于钢质构件，许用剪应力[τ]与许用拉应力[σ]的关系为

$$塑性材料[\tau] = (0.8 \sim 1.0)\ [\sigma]$$

$$脆性材料[\tau] = (0.5 \sim 0.6)\ [\sigma]$$

运用强度条件可以解决以下3个问题。

1. 强度校核

已知构件的材料，受剪面面积和所受的载荷（即已知[τ]、F及Q），可以应用公式(1.2-13)校核构件是否安全。

2. 截面设计

已知构件所受的载荷及许用剪应力，确定受剪面的面积。由强度条件可得构件受剪面面积的公式为

$$F \geqslant \frac{Q}{[\tau]}$$

3. 确定许用载荷

已知构件的受剪面面积和许用剪应力，确定受剪构件所能承受的最大载荷。

$$Q \leqslant F[\tau]$$

四、材料的挤压强度

机械中的连接件，承受剪切作用的同时，在传递力的接触面上，由于局部承受较大压力，而出现塑性变形。图1.2-18(a)所示的螺栓连接，钢板的圆孔可能挤压成如图1.2-20所示的长圆孔；或螺栓的侧表面被压溃。这种在接触表面互相压紧而产生局部变形的现象，称为挤压。作用于接触面上的压力，称为挤压力，用P_j表示。由挤压作用引起的应力叫做挤压应力，用σ_j表示。

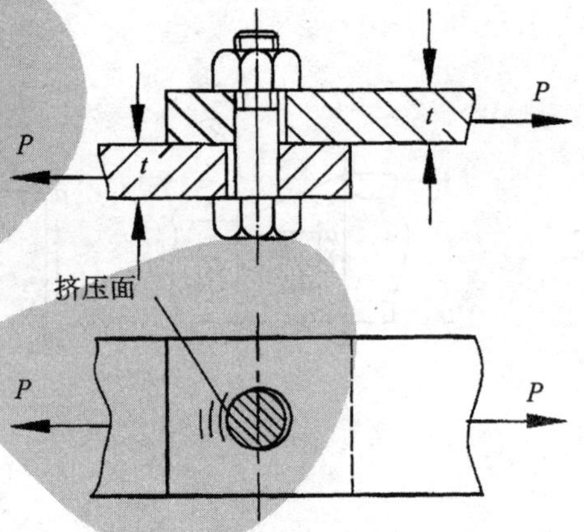

图1.2-20

挤压应力与压缩应力不同，挤压应力只分布于两构件相互接触的局部区域，而压缩应力是分布于整个构件内部。在工程实际中往往由于挤压破坏使连接松动而不能正常工作。因此，除了进行剪切强度计算外，还要进行挤压强度计算。

和剪切一样，挤压应力在挤压面上的分布很复杂。为了简便计算，可近似地认为挤压应力是均匀地分布在挤压面上。由此得到挤压的强度条件为

$$\sigma_j = \frac{P_j}{F_j} \leqslant [\sigma] \qquad (1.2\text{-}14)$$

挤压面面积由具体接触面情况而定。对于键，如图1.2-21(a)所示，就是接触面面积$F_j = hl/2$；对于圆柱形螺栓，实际的挤压面为半圆柱面。这个挤压力沿周边分布情况如图1.2-21(b)所示，中间的挤压应力值最大。为了简化计算，一般用直径平面来代替半圆柱表面，并

假设挤压应力均匀地分布在直径平面上，如图 1.2-21(c)所示，故 $F_j = dt$。事实证明，这样求得的挤压应力与按精确理论分析所得的最大挤压应力颇为接近。许用挤压应力$[\sigma_j]$，其数值由试验确定。一般$[\sigma_j]$与许用应力$[\sigma]$之间的关系为：

$$[\sigma_j] = (1.7 - 2.0)[\sigma]$$

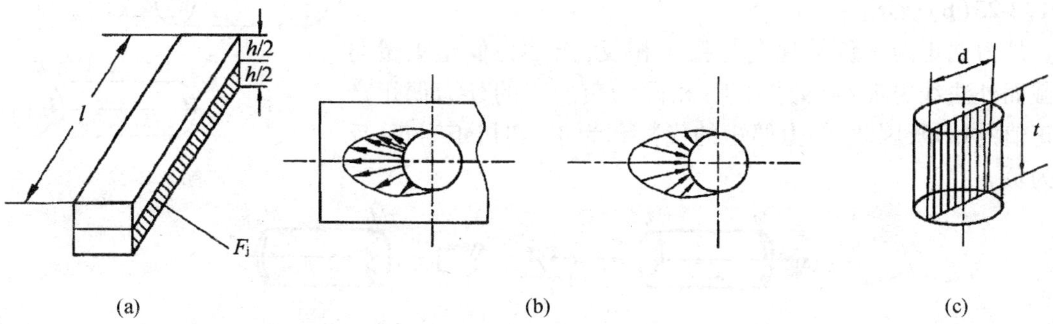

图 1.2-21

第四节 扭 转

机舱中有许多机件工作时受到扭转作用，例如柴油机的曲轴、中间轴、传动轴等。扭转变形的受力特点是作用在杆两端的一对力偶，大小相等、方向相反，而且力偶作用面与杆的轴线垂直；变形特点是杆件的轴线保持不变，其上任意两个横截面产生围绕着轴线的相对转动。

工程上，把主要发生扭转变形的杆件称为轴。在扭转问题中，最常见的是圆截面轴，但也有非圆截面轴。本节主要讨论圆轴扭转时的强度和刚度。

一、轴的内力、应力、变形与应变

(一)外力偶矩的计算

作用在扭转轴上的外力一般是力偶，其外力偶距通常不是直接给出其数值，而是给出轴的转速和传递的功率，此时需要按照理论力学中的功率、转速、力矩三者的关系来计算外力偶矩的数值。

$$M = 9\,549\,\frac{N}{n} \quad (\mathrm{N \cdot m}) \qquad (1.2\text{-}15)$$

式中，M 为外力偶矩，(N·m)；N 为轴传递的功率，(kW)；n 为轴的转速(r/min)。

在确定外力偶矩的方向时，应注意输入功率的齿轮、皮带轮作用的力偶矩为主动力矩，方向与轴的转向一致；输出功率的齿轮、皮带轮作用的力偶矩为阻力矩，方向与轴的转向相反。

(二)轴的内力——扭矩

当作用于圆轴上的所有外力偶矩都求出后，即可用截面法研究横截面上的内力。如图 1.2-22所示，作用在轴上的外力偶矩 M_e，取轴上任一截面将轴分成两部分，由于整个轴是平衡的，这两部分也必然处于平衡状态，所以截面上内力合成的结果应是一个力偶 M_T，可得

$$\sum M = 0\,,\ M_T = M_e$$

方向与 M_e 相反。力偶矩 M_T 称为该截面上的扭矩。它是作用在横截面上的内力偶矩，是切于截面作用的内力合成的结果，大小等于截面左侧(或右侧)所有外力偶矩的代数和。

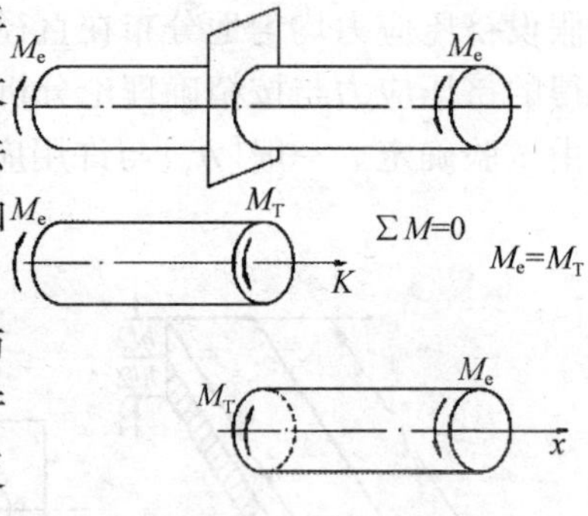

图 1.2-22

对扭矩的正负号做出如下规定，如图 1.2-23 所示：用右手螺旋法则将扭矩表示为矢量，即四指弯向表示扭矩的转向，大拇指表示扭矩矢量的指向。若扭矩矢量的方向与横截面外法线方向一致，则扭矩为正，如图 1.2-23(a)所示；反之为负，如图 1.2-23(b)所示。

外力偶矩的正负号规定与扭矩相反，当外力偶矩矢量与横截面外法线方向相反时为正；相同为负。正的外力偶矩产生正值的扭矩，因此，外力偶矩的代数和为正，则扭矩为正；反之为负。

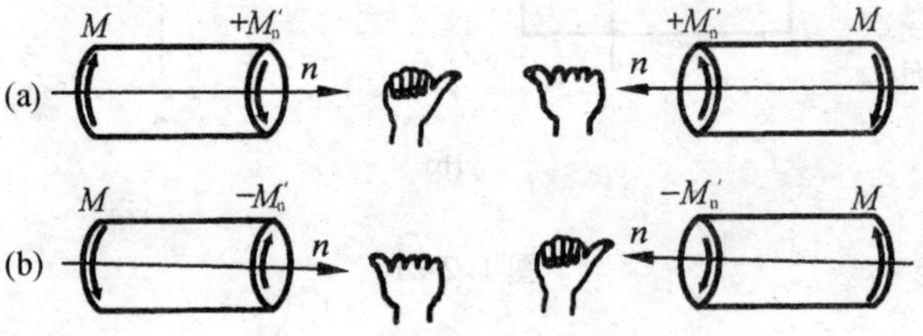

图 1.2-23

(三)圆轴扭转时的应力与应变

1. 圆轴扭转实验

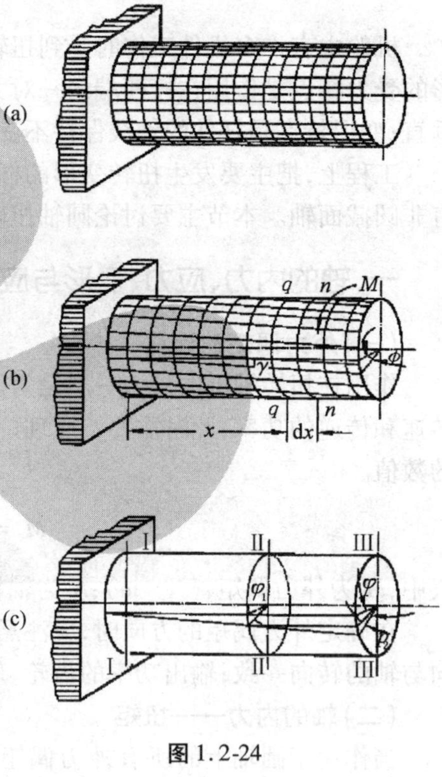

图 1.2-24

我们从观察实验现象着手，取一等直圆轴在其圆柱表面画上一组平行于轴线的纵向线和一组代表横截面的圆周线，形成许多矩形，如图 1.2-24(a)所示。然后将其一端固定，在另一端作用一个力偶面与轴线垂直的外力偶矩 M，如图 1.2-24(b)所示。此时圆轴产生变形。在小变形的情况下，可以看到：

(1)各圆周线的形状、大小以及两圆周线间的距离均无变化，只是绕轴转了不同的角度。

(2)所有纵向线仍近似地为一条直线，只是倾斜了同一角度，使原来的矩形变成平行四边形。

根据观察得到的表面变形现象，横截面边缘上各点(即圆周线)变形后仍在垂直于轴线的平面内，且离轴线的距离不变，推论横截面上各点也如此，从而得到如下假设：圆轴受扭前的横截面，变形后仍为平面，且大小与形状不变，半径仍保持直线，这就是平面假设。按照这个假设，扭转变形可视为各横截面像刚性平面一样，一个接着一个产生绕轴线的相对转动，如图 1.2-24(c)所示，截面Ⅱ相对截面Ⅰ转过角度 φ_1，而截面Ⅲ又相对截面Ⅱ转过角度 φ_2，相对截面Ⅰ则转过角度 φ。通常用任意两横截面相对转过的角位移 φ 来度量扭转变形，φ 称为扭转角。

根据平面假设，可得如下两点推论：

①由于扭转变形时，相邻横截面发生旋转式的相对滑动，而出现了剪切变形，所以横截面

上必然有与剪切变形相对应的剪应力存在；又因半径长度不变，故剪应力方向必然与半径垂直。②由于变形时，相邻两截面间的距离不变，线应变 $\varepsilon = 0$，所以横截面上没有正压力。

2. 圆轴扭转时横截面上各点剪应变、剪应力分布规律

为了分析横截面上的剪应力与剪应变，我们从受扭圆轴中取出长为 dx 的一段来分析其变形，如图 1.2-25(a)所示。设截面 $n-n$ 相对于截面 $m-m$ 转动了一个角度 $d\varphi$。由于这种转动，圆轴表面上的矩形 $ABCD$ 变为平行四边形 $ABC'D'$，原来的直角变成角度 γ，把 γ 叫做剪应变。由图 1.2-25(b)可以知道，当 γ 很小时

$$\gamma = \tan\gamma = \frac{CC'}{AC} = \frac{R \cdot d\varphi}{dx} = R\frac{d\varphi}{dx}$$

同理，在半径为 ρ 的圆周上方格 $EFGH$ 的剪应变

$$\gamma_\rho = \frac{GG'}{EG} = \rho\frac{d\varphi}{dx} \tag{1.2-16}$$

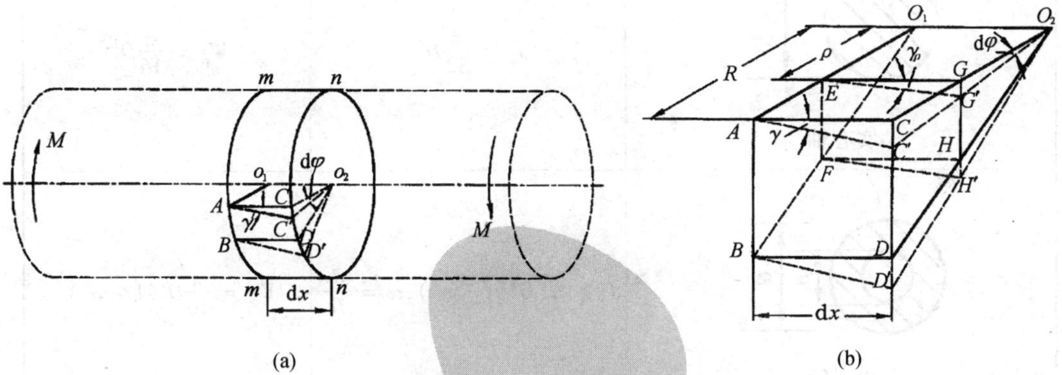

图 1.2-25　横截面上的剪应力与剪应变

在式(1.2-16)中，$\frac{d\varphi}{dx}$ 表示扭转角随轴的变化率。由于在同一截面上 φ 是常量，故剪应变 γ_ρ 与 ρ 成正比关系。轴心处剪应变为零，轴表面上剪应变最大，在同一半径 ρ 的圆周上各点的剪应变相等。根据剪切虎克定律 $\tau_\rho = G\gamma_b$，式中 G 为材料的剪切弹性模量，将式(1.2-16)代入后得

$$\tau_\rho = G\frac{d\varphi}{dx} \cdot \rho \tag{1.2-17}$$

由式(1.2-17)可知，横截面 E 各点的剪应力 τ_ρ 与 ρ 成正比。在 $\rho = 0$ 处，剪应力等于零。在 $\rho = R$ 的圆周上，剪应力为最大，$\tau_{max} = G\frac{d\varphi}{dx} \cdot R$。截面上剪应力沿着半径按直线规律分布，如图 1.2-26 所示。

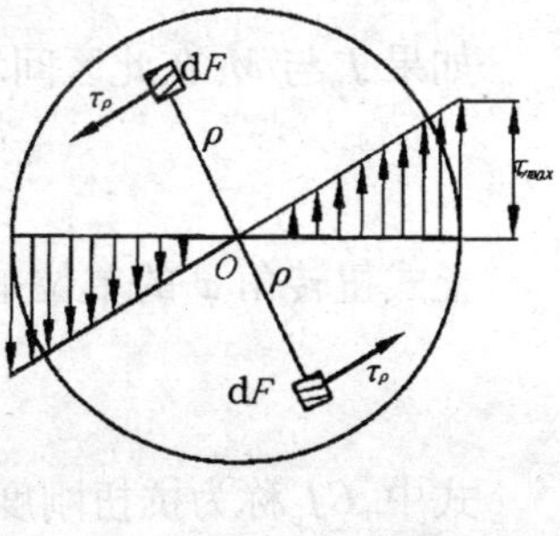

图 1.2-26　剪应力在截面上的分布

3. 圆轴扭转剪应力计算公式

同样参阅图 1.2-26，可推导出当圆轴发生扭转时，横截面上任一点处的剪应力计算式为

$$\tau_\rho = \frac{M_n \rho}{J_\rho} \tag{1.2-18}$$

式中，M_n 为横截面上的扭矩；W_ρ 为横截面对形心的极惯性矩。

由式(1.2-18)可知，当半径 $\rho=0$ 时，$\tau_\rho=0$；当 $\rho=R$ 时，剪应力达到最大值，即

$$\tau_{\max}=\frac{M_n\rho}{J_\rho}=\frac{M_n}{W_\rho} \tag{1.2-19}$$

式中 $W_\rho=J_\rho/R$ 称为截面的抗扭模量。由式(1.2-19)可以看出，最大剪应力 $\tau_{\max}$ 与横截面上的扭矩 M_n 成正比，与 W_ρ 成反比。当 M_n 一定时，M_n 越大，$\tau_{\max}$ 就越小。而 W_ρ 是只与截面几何尺寸有关的量，可见，W_ρ 是表征圆轴横截面抵抗扭转破坏能力的几何量，单位是 m^3。表 1.2-2 列出了实心轴与空心轴的 J_ρ 和 W_ρ。在同样的材料条件下，空心轴的 W_ρ 比实心轴大，因此，一些粗短轴，例如汽轮机轴，往往制成空心。

表 1.2-2　实心轴和空心轴的 J_ρ 与 W_ρ

图形	$J_\rho(m^4)$	$W_\rho(m^3)$
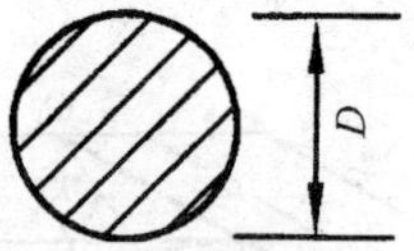 实心轴	$J_\rho=\frac{\pi}{32}D^4$	$W_\rho=\frac{\pi}{16}D^3$
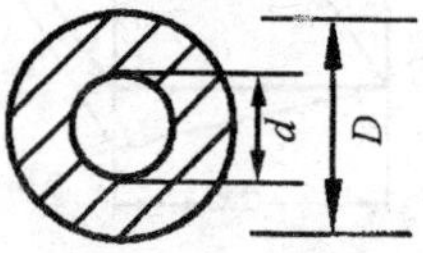 空心轴	$J_\rho=\frac{\pi}{32}D^4(1-\alpha^4),\alpha=\frac{d}{D}$	$W_\rho=\frac{\pi}{16}D^3(1-\alpha^4)$

(四)圆轴扭转时的变形

圆轴扭转时的变形用两个横截面间扭转角 φ 来度量，由式(1.2-17)可知，相距 dx 的两个横截面间相对扭转角

$$d\varphi=\frac{M_n}{GJ_\rho}dx$$

因此相距 l 的两截面间的扭转角为

$$\phi=\int_0^l\frac{M_n}{GJ_\rho}dx$$

如果 J_ρ 与 M_n 在此区间均为定值，则

$$\varphi=\frac{M_n l}{GJ_\rho} \tag{1.2-20}$$

上式扭转角 φ 的单位是弧度，如用度表示，则

$$\varphi=\frac{M_n l}{GJ_\rho}\cdot\frac{180}{\pi}(°) \tag{1.2-21}$$

式中，GJ_ρ 称为抗扭刚度，GJ_ρ 越大，相对扭转角 φ 越小，越不易变形。

轴在扭转变形时，即使满足了强度要求，也不一定能保证正常工作。有些轴若扭转变形过大，就会影响机器的正常工作，所以，轴在正常工作时需要把扭转变形限制在一定的范围内。

二、圆轴扭转时的强度和刚度

(一) 强度

圆轴扭转时的强度条件是:危险截面上的最大剪应力 τ_{max} 不得超过材料的许用剪应力 $[\tau]$。由于最大剪应力产生在危险截面的周边上,根据式(1.2-19),可得强度条件为

$$\tau_{max} = \frac{M_n}{W_\rho} \leqslant [\tau] \quad (1.2\text{-}22)$$

式中,许用剪应力 $[\tau]$ 由扭转试验测定,设计时可查有关手册。在静载荷作用下,它与许用拉应力有如下关系:

$$塑性材料[\tau] = (0.8 \sim 1.0)\ [\sigma]$$

$$脆性材料[\tau] = (0.5 \sim 0.6)\ [\sigma]$$

应用轴扭转时的强度条件式(1.2-22),可以解决扭转强度计算中的三类问题。

1. 进行强度校核

已知轴的材料、最大扭矩 M_n 与截面尺寸可按式(1.2-22)校核轴是否满足强度要求。

2. 设计截面尺寸

已知最大扭矩 M_n 及材料的许用剪应力 $[\tau]$,设计截面的尺寸。即按(1.2-23)计算。

$$W_\rho \geqslant \frac{M_n}{[\tau]} \quad (1.2\text{-}23)$$

3. 确定许用载荷

已知截面尺寸和材料的 $[\tau]$,求容许扭矩 $[M_n]$,即

$$M_n \leqslant W_\rho[\tau]$$

(二) 刚度条件

圆轴扭转时的刚度条件是:最大的单位长度扭转角 θ_{max} 不得超过材料的单位长度许用扭转角 $[\theta]$。单位长度许用扭转角 $[\theta_{max}]$ 的单位为(°)/m,一般规定

精密机械的轴 $[\theta] = 0.15 \sim 0.50$ (°)/m;

一般传动轴 $[\theta] = 0.5 \sim 1.0$ (°)/m;

精密较低的轴 $[\theta] = 2 \sim 4$ (°)/m。

将 $l = 1$ m 代入(1.2-21)式,便得刚度条件

$$\theta_{max} = \frac{M_n}{GJ_\rho} \times \frac{180}{\pi} \leqslant [\theta] \quad (1.2\text{-}24)$$

按刚度条件同样可以进行刚度校核和截面设计及确定容许扭矩等计算。

(三) 提高圆轴扭转强度和刚度的措施

1. 合理安排主动轮和从动轮的位置

圆轴设计中,在满足它的技术要求的情况下,往往可能有不同的设计方案。如图 1.2-27 所示,如果能够合理地安排主动轮和从动轮的位置,可以降低轴的危险截面上的扭矩,减小轴所需的直径,达到减轻轴的质量和节约材料的目的;在圆轴直径相同时,这样安排的话可以提高圆轴承受载荷的能力。

2. 合理地选用截面形状

从剪应力的分布规律(如图 1.2-26)可知,剪应力是按线性分布的,在圆心处剪应力为零,在横截面周边处剪应力最大。若轴为实心截面,当该截面周边处的剪应力达到许可值时,靠近

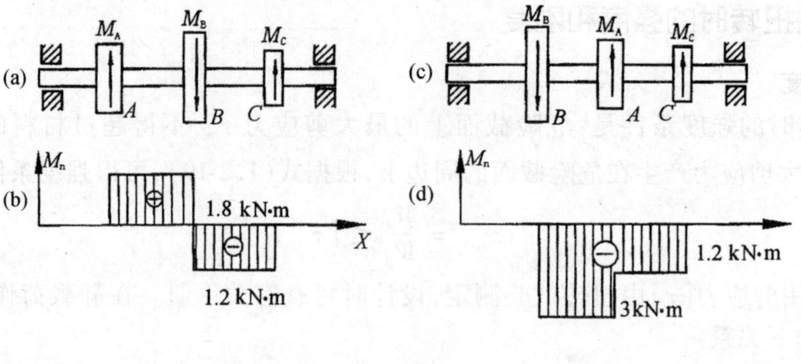

图 1.2-27

圆心附近处的剪应力仍远小于许可值，很显然，这样使靠近圆心附近处的材料没有充分发挥作用。如果把圆心附近处的材料移到周边处，即把轴改成空心圆截面。这样，在截面积不变的情况下，极惯性矩 J_ρ 和截面抗扭模量 W_ρ 都将增大，而应力与变形则减小，从而提高了轴的强度和刚度。

经比较当两种截面具有相同的截面抗扭模量时，空轴所用材料的质量只有实心轴质量的1/3。因此采用空心圆截面比较经济，而且可以减轻轴质量。如采用相同的截面面积，则空心圆轴比实心圆轴的承载能力就要大得多。但在构件的合理设计中，不仅要从强度和刚度方面考虑，还要从具体的工作条件、加工工艺、结构要求及成本核算等方面综合考虑。

第五节 弯 曲

弯曲是工程实践中最常见的基本变形之一。弯曲变形的受力特点是杆件受到与其轴线垂直的外力（通常称为横向力）的作用，或受到作用面过直杆轴线的力偶的作用。弯曲变形特点是直杆的轴线由原来的直线变为曲线。

一、梁与梁的分类

梁是指以弯曲为主要变形的构件。梁上的载荷经过简化以后，有下列几种类型（图 1.2-28 和图 1.2-29）。

（1）集中力。即作用在梁的表面上，分布面积很小，可近似地认为作用在梁上一点的载荷，如图 1.2-28 中的力 P。

（2）集中力偶。即作用在梁的纵向对称平面内的力偶，如图 1.2-28 中的力偶 M。

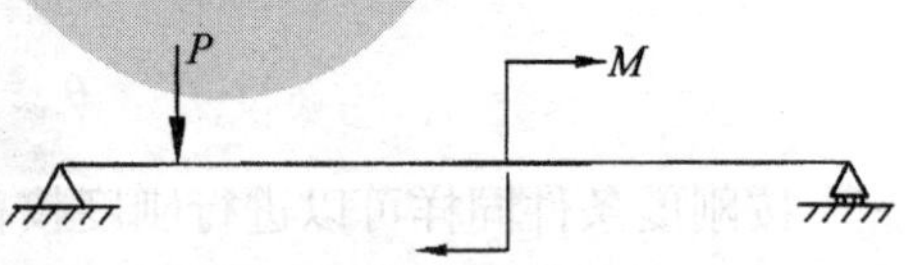

图 1.2-28

（3）线分布载荷。即载荷沿梁长连续分布的横向力，如图 1.2-29 所示。其大小可由载荷集度来度量。设作用在梁的某微段 Δx 上的分布载荷的合力为 Δp，当 Δx 趋近于零时，$\frac{\Delta p}{\Delta x}$ 的极限值就是该处分布载荷的集度，即

$$q(x) = \lim \frac{\Delta P}{\Delta x}$$

梁上的支座按它对梁在载荷平面内的约束作用不同，可简化为下列 3 种（图 1.2-30）。

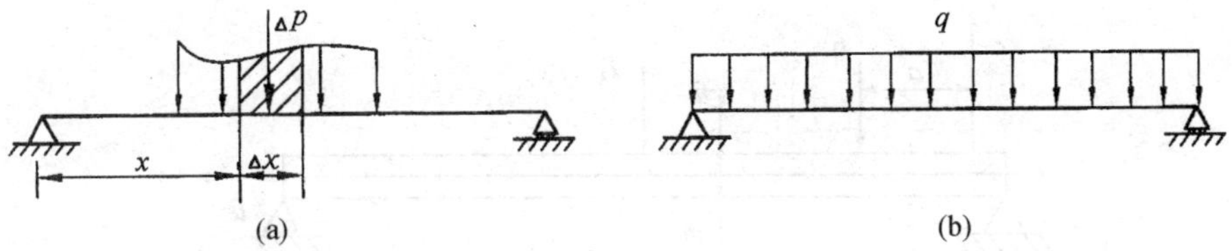

图 1. 2-29

(1)固定铰支座。梁在支承处不能作任何方向的移动，但能绕铰支座中心 A 转动，反力通过铰的中心，大小和方向均为未知，通常将约束反力分解为 x 方向和 v 方向的两个分量。计算简图如图 1. 2-30(a)所示。

(2)可动铰支座。梁在支承处不仅能围绕铰支座中心 A 转动，而且还可以沿支座平面移动。这种支座有一个垂直于支座平面并通过铰中心的约束反力。计算简图如图 1. 2-30(b)所示。

(3)固定端。梁在支承处既不能转动，也不能沿任何方向移动，约束反力一般有 3 个，即两个分力 R_{AX}、R_{AY} 及一个约束反力偶 M_A。计算简图如图 1. 2-30(c)所示。

经过对支座及载荷简化，梁可分为 3 种基本类型：

①简支梁。梁的一端是固定铰支座，另一端是可动铰支座，如图 1. 2-31(a)所示。

②外伸梁。简支梁的一端或两端伸出支座以外，如图 1. 2-31(b)所示。

③悬臂梁。一端固定，另一端自由的梁，如图 1. 2-31(c)所示。

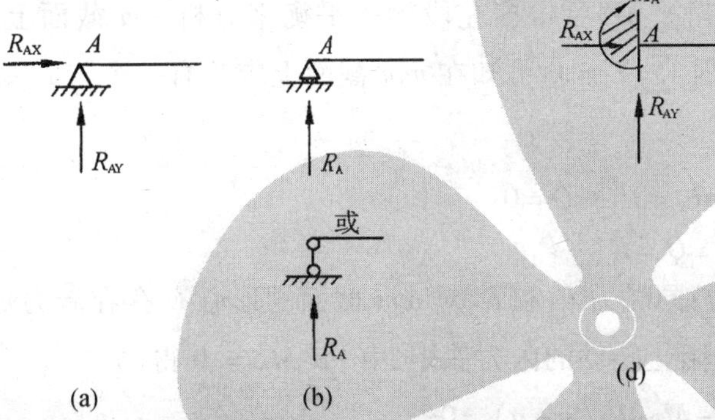

图 1. 2-30

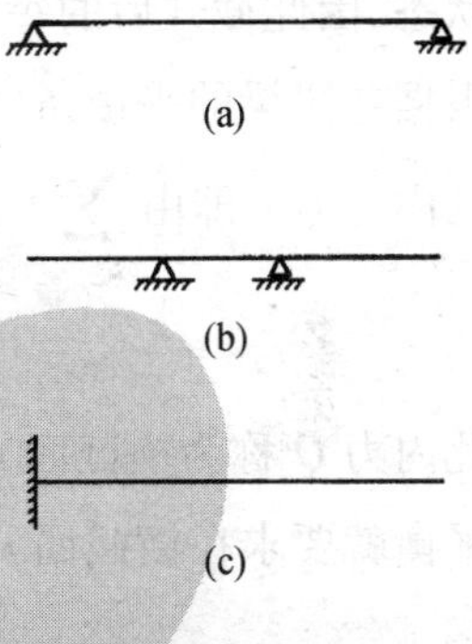

图 1. 2-31

梁在载荷作用下，约束反力可由静力学方程全部解出，称为静定梁。有时工程实际需要梁上设置较多的支座，这些支座的约束反力不能由静力学平衡方程完全确定，这种梁称为超静定梁或静不定梁。

二、弯曲时的内力

(一)剪力和弯矩

对于一个静定梁，根据静力学平衡方程，可求出梁上的外力。其任一横截面上的内力也可用截面法求出来。

现以图 1. 2-32 所示简支梁 AB 为例，梁在载荷 P_1、P_2 和约束反力 R_A、R_B 的作用下处于平衡状态。现讨论距支点 A 为 z 的横截面 mm 上的内力。在求内力的截面优优处将梁分成左、右两段，取其中任一段梁，例如左段梁为研究对象。左段梁上除作用有反力 R_A、主动力 P_1 外，在

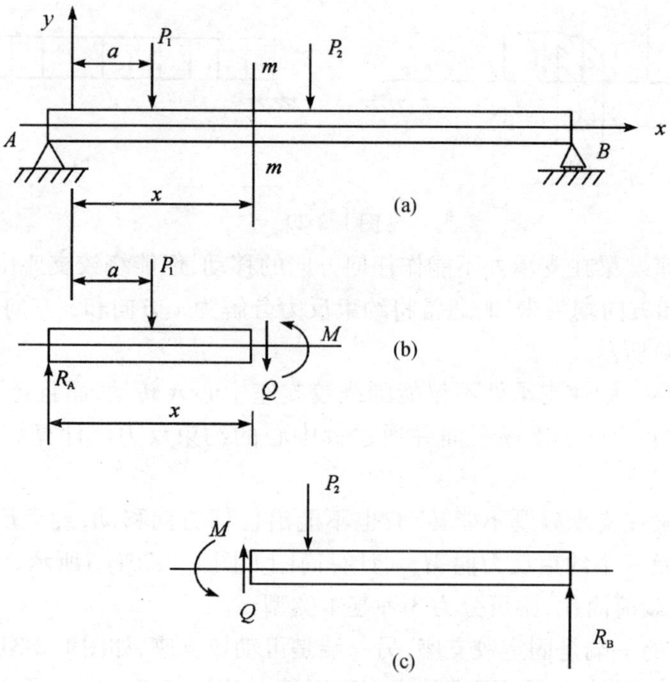

图 1. 2-32

截开的截面上还有右段梁对左段梁的作用力,此力正是梁在截面上的内力。因为梁 AB 处于平衡状态,因此截开后的每部分也应保持平衡,可根据左段梁的平衡来分析 mm 截面上的内力。根据左段梁的平衡条件,由平衡方程 $\sum Y=0$ 可知在 mm 截面上应该有一个与 R_A、P_1 相平行的内力 Q。即由 $\sum Y=0$ 得

$$R_A = P_1 - Q = 0$$
$$Q = R_A - P_1$$

此内力 Q 称为横截面 mm 上的剪力;同时力 P_1 和 R_A 对 mm 截面的形心 O 存在着力矩,要保持平衡就要求在横截面 mm 上有一个阻止转动的内力偶矩,由 $\sum M_0=0$ 得

$$R_A x - M - P_1(x-a) = 0$$
$$M = R_A x - P_1(x-a)$$

力偶矩 M 称为弯矩。剪力 Q 和弯矩 M 是梁平面弯曲时横截面上的两个内力。如图 1. 2-32(c)所示,mm 截面上的内力同样可以取右段梁,为研究对象求得。内力的数值与通过左段梁求得的完全相同,但方向或转向相反。

为了保证由左、右两段求得的同一横截面上的内力,不但数值相等,而且符号也一致,把剪力和弯矩与梁的变形联系起来,对内力符号规定如下:

(1)剪力的符号。截面上的剪力使考虑的梁段有顺时针方向转动趋势时为正,如图 1. 2-33(a)所示;反之为负,如图 1. 2-33(b)所示。

(2)弯矩的符号。截面上的弯矩使考虑的梁段的弯曲向下凸时(即下边受拉,上边受压)为正,如图 1. 2-33(c)所示;反之为负,如图 1. 2-33(d)所示。

根据上述正负号的规定,横截面上的内力,不论取此截面的左侧梁还是右侧梁所得内力的正负号总是一致的。

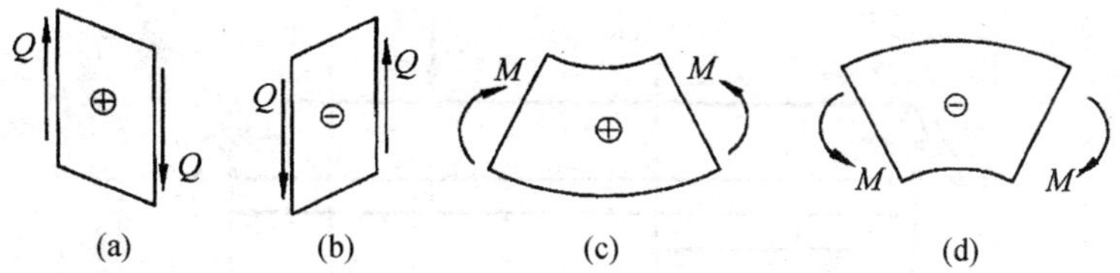

图 1.2-33

综上所述，梁任一横截面上的剪力 Q 是考虑该截面一侧所有力的平衡条件 $\sum Y=0$ 求得的；弯矩 M 是考虑截面一侧所有力矩的平衡条件 $\sum M_0=0$ 求得的。实际计算时，可直接从横截面的左侧或右侧来求该截面的内力——剪力和弯矩，而不需画受力图和列平衡方程。故可得如下结论：

（1）梁任一横截面上的剪力数值上等于该截面一侧（左侧或右侧）所有竖向外力（包括斜向外力的竖向分力）的代数和。根据正负号规定，横截面左侧梁上向上的外力或右侧梁上向下的外力引起的剪力为正；反之为负。

（2）梁任一横截面上的弯矩数值上等于该截面一侧（左侧或右侧）所有外力对该截面形心取力矩的代数和。根据弯矩正负号规定，不论在截面的左侧或右侧，梁上向上的外力均产生正弯矩；而向下的外力均产生负弯矩。对于截面一侧的外力偶，若其转向与截面同侧向上的外力对截面形心取力矩的转向相同时，产生正值弯矩；反之为负值。

利用上述结论来求任一指定截面上的内力非常方便。只要梁上外力已知，任一横截面上的内力均可根据梁上的外力直接求出。

（二）剪力图和弯矩图

在一般情况下，梁横截面上的剪力和弯矩是随截面位置变化的。若以横坐标 x 表示横截面沿梁轴线的位置，则梁各个横截面上的剪力和弯矩可以表示为坐标 x 的函数，即

$$Q=Q(x) \tag{1.2-25}$$

$$M=M(x) \tag{1.2-26}$$

式（1.2-25）和（1.2-26）分别称为剪力方程和弯矩方程。

为了更形象地表示内力的变化规律，通常根据剪力方程和弯矩方程绘出它们的图线，这种图线分别称为剪力图和弯矩图。从而可看到整个梁横截面上的剪力和弯矩沿梁长的变化情况，以及最大内力的数值和所在的截面位置。

剪力图和弯矩图都是函数图形，绘图时以平行于梁轴的横坐标表示横截面的位置，以纵坐标表示相应截面上的剪力或弯矩，对于水平梁，正值的剪力和弯矩画在 x 轴的上侧。如图 1.2-34（a）所示一简支梁，在 C 处受集中力 P 作用，如图 1.2-34（b）所示和图 1.2-34（c）所示分别为此梁的剪力图和弯矩图（计算过程略）。

三、弯曲时的应力

当梁受横向外力作用产生平面弯曲时，横截面上内力有剪力和弯矩。由于剪力是横截面上切向内力系的合力，所以它必然与剪应力有关；而弯矩是横截面上法向内力系的合力偶矩，所以它必然与正应力有关。对于比较细长的梁，剪应力较小，常不予考虑，仅讨论正应力。通常将这种截面上只有弯矩与正应力的情况称为纯弯曲。研究纯弯曲时梁的横截面上正应力分布规律需从两方面着手。

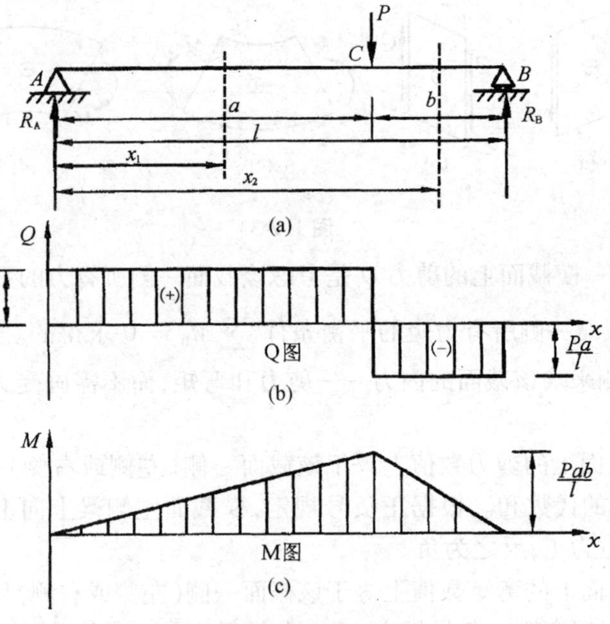

图 1. 2-34

(一)由实验、观察和假设导出正应力分布规律

观察梁的纯弯曲实验。实验前,先将梁的侧面画上纵向线 aa 和 bb,以及垂直于纵向线的横向线 mm 和 nn,如图 1. 2-35(a)所示。纯弯曲的变形情况如图 1. 2-35(b)所示,纵向线 aa 和 bb 变形后为圆弧线 $a'a'$ 和 $b'b'$;横向线 mm 和 nn 仍为直线,且仍然垂直于变形后的弧线 $a'a'$ 和 $b'b'$,它们只是相对地转动了一个角度,相互倾斜。从上述观察可以提出梁在纯弯曲时的平面假设:梁变形前的横截面变形后仍保持为平面且仍然垂直于变形后梁的轴线,即设想每一横截面只是绕其自身平面内的某一轴刚性地转过了一个角度。

假想用两个横截面 mm 和 nn 从梁中取出长度为 dx 的一段,并设想这段梁是由无数纵向纤维集合而成。根据平面假设,这两个截面将相对地刚性转动,设其夹角为 $d\theta$,如图 1. 2-35(b)所示,由于两截面的刚性转动,其中处于凹边的纵向纤维将缩短,处于凸边的纵向纤维将伸长。从凹边到凸边,由于变形的连续性,中间必有一层纵向纤维既不伸长也不缩短,仅形状由直线变为圆弧线,但长度仍为 dx。这一层纤维称为中性层。中性层与横截面的交线称为中性轴。由于外力是作用在梁的纵向对称面内,梁弯曲后的形状相对于这平面仍然是对称的,因此中性轴应垂直于横截面的对称轴。选取坐标系如图 1. 2-35(c)所示,横截面的对称轴为 y 轴,中性轴为 z 轴(其位置待定),x 轴垂直于横截面。现研究横截面上距中性轴为 y 的任一点的纵向应变。如图 1. 2-35(b)所示,长度为 dx 的那段梁内距中性层为 y 的纵向纤维变形后的长度 $b'b'$ 应为 $(\rho+y)d\theta$,这里 ρ 为中性层的曲率半径。而其原长度 $dx=\rho d\theta$,所以距中性层为 y 的纤维纵向应变为

$$\varepsilon=\frac{(\rho+y)d\theta-\rho d\theta}{\rho d\theta}=\frac{y}{\rho}$$

若忽略纵向纤维间相互挤压,可以认为纵向纤维只受简单的拉伸或压缩,当作用应力小于材料比例极限时,正应力与线应变服从虎克定律 $\sigma=E\varepsilon$,将其应用于上式得

$$\sigma=E\frac{y}{\rho} \tag{1. 2-27}$$

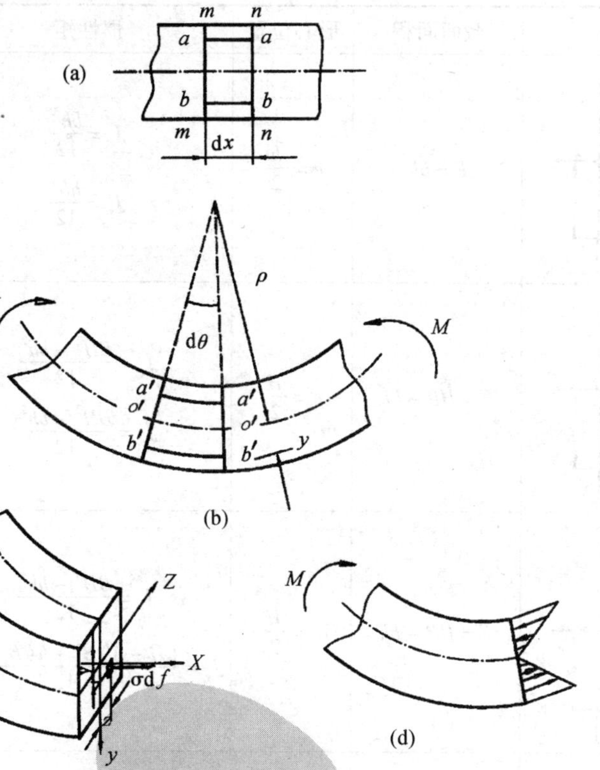

图 1. 2-35

该式反映了梁纯弯曲时横截面上正应力的变化规律。

(二)由应力与内力的关系得出正应力计算公式

如图 1. 2-35(c)所示,由应力与内力的关系,经研究推导可得梁纯弯曲时横截面上的正应力计算公式为

$$\sigma = \frac{My}{Jz} \tag{1. 2-28}$$

式中,M 为横截面上的弯矩,Jz 为截面对 z 轴(中性轴)的惯性矩,单位为 m^4。实际应用时,可不考虑 M 和 y 的符号,而由所求点是处于梁弯曲后的凸边还是凹边来决定正应力是拉应力还是压应力,而后给定 σ 的符号。

由式(1. 2-28)可以看出,横截面中性轴上各点处 $y=0$,正应力为零。随着 y 值增大,正应力依线性规律增大,如图 1. 2-35(d)所示,在截面上下边缘处,y 达到最大值 y_{max}(绝对值),正应力也增大到最大值(绝对值)。

$$\sigma_{max} = \frac{My_{max}}{Jz} \tag{1. 2-29}$$

式中,$W_z = \frac{Jz}{y_{max}}$称为截面抗弯模量,其值取决于截面的形状和尺寸,表 1. 2-3 列出常见截面的 W_z 值。则

$$\sigma_{max} = \frac{M}{W_z} \tag{1. 2-30}$$

表 1.2-3　一些图形的面积、惯性矩、抗弯截面系数表

截面图形	截面面积	形心位置	惯性矩	抗弯截面模数
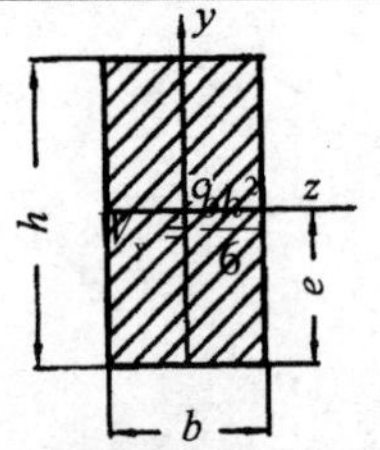	$F=bh$	$e=\dfrac{h}{2}$	$J_z=\dfrac{bh^3}{12}$ $J_y=\dfrac{hb^3}{12}$	$W_z=\dfrac{bh^2}{6}$ $J_y=\dfrac{hb^3}{12}$
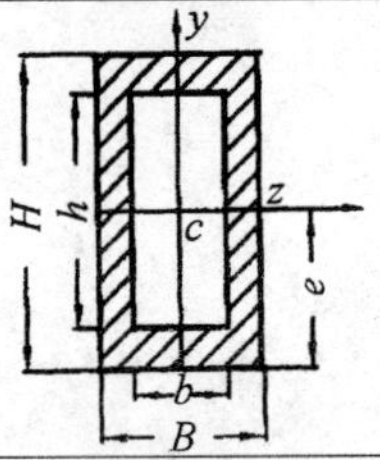	$F=HB-bh$	$e=\dfrac{H}{2}$	$J_z=\dfrac{BH^2-bh^2}{12}$ $J_y=\dfrac{BH^2-bh^2}{12}$	$W_z=\dfrac{BH^3-bh^3}{6H}$ $W_y=\dfrac{BH^3-bh^3}{6H}$
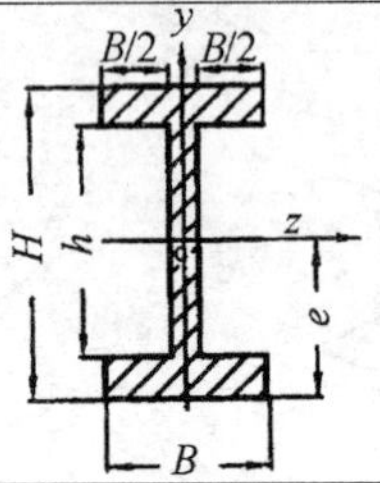	$F=HB-bh$	$e=\dfrac{H}{2}$	$J_z=\dfrac{BH^3-bh^3}{12}$ $J_y=\dfrac{(H-A)B^3+h(B-b)^3}{12}$	$W_z=\dfrac{BH^3-bh^3}{6H}$ $W_y=\dfrac{(H-h)B^3+h(B-b)^3}{6B}$
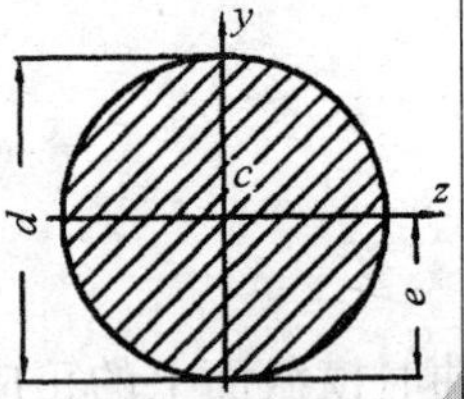	$F=F=\dfrac{\pi d^2}{4}$	$e=\dfrac{d}{2}$	$J_z=J_y=\dfrac{\pi d^4}{64}$	$W_z=W_y=\dfrac{\pi d^3}{32}$
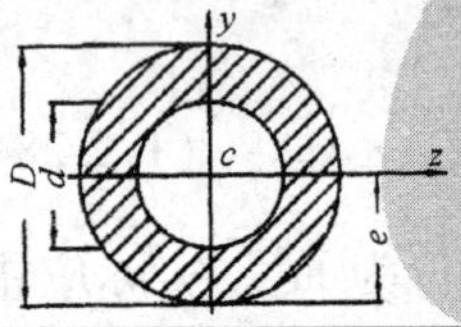	$F=\dfrac{\pi}{4}(D^2-d^2)$	$e=\dfrac{D}{2}$	$J_z=J_y=\dfrac{\pi(D^4-d^4)}{64}$	$W_z=W_y=\dfrac{\pi(D^4-d^4)}{32D}$

四、矩形截面梁的剪应力

如图 1.2-36(a)所示,是一个承受横向载荷的矩形截面梁。在研究矩形截面梁中的剪应力分布规律时,将作如下两点假设:

(1)截面上各点处剪应力的方向都平行于截面上的剪力 Q。

(2)剪应力沿截面宽度均匀分布,即距中性轴等距离各点的剪应力相等。

在弹性力学中已经证明,以上两条假设对于高度大于宽度的矩形截面是足够准确的。在上述假设的基础上推导剪应力公式将是一个静定问题,利用静力学条件即可得到。

根据图 1.2-36(b)、(c)、(d)、(e),经研究推导可得到矩形横截面上任一点的剪切力计算公式为

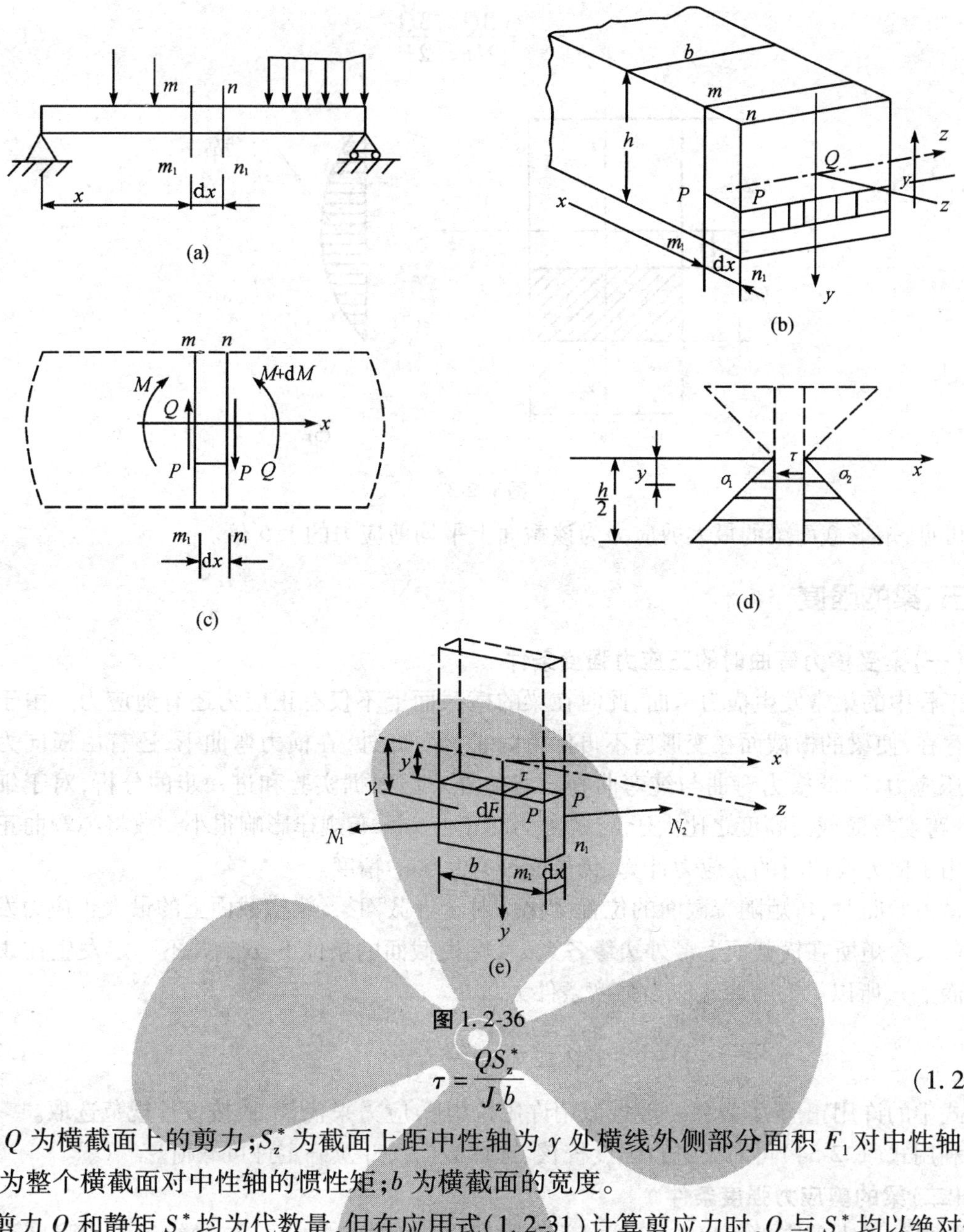

图 1.2-36

$$\tau = \frac{QS_z^*}{J_z b} \tag{1.2-31}$$

式中，Q 为横截面上的剪力；S_z^* 为截面上距中性轴为 y 处横线外侧部分面积 F_1 对中性轴的静矩；J_z 为整个横截面对中性轴的惯性矩；b 为横截面的宽度。

剪力 Q 和静矩 S_z^* 均为代数量，但在应用式(1.2-31)计算剪应力时，Q 与 S_z^* 均以绝对值代入，剪应力 τ 的方向与截面上剪力 Q 的方向一致。

对于矩形截面，取 $dF = bdy$，如图 1.2-37(a)所示。$S_z^* = \int_{F1} y_1 dF = \int_y^{\frac{h}{2}} by_1 dy_1 = \frac{b}{2}\left(\frac{h^2}{4} - y^2\right)$代入式(1.2-31)，简化后得

$$\tau = \frac{Q}{2J_z}\left(\frac{h^2}{4} - y^2\right) \tag{1.2-32}$$

从式(1.2-32)可看出，剪应力 τ 沿截面高度按二次抛物线变化，如图 1.2-37(b)所示。在截面的上、下边缘处$\left(y = \pm\frac{h}{2}\right)$，$\tau = 0$；在中性轴上的各点处($y = 0$)剪应力最大，其值为

$$\tau_{max} = \frac{3Q}{2bh} = \frac{3Q}{2F} \tag{1.2-33}$$

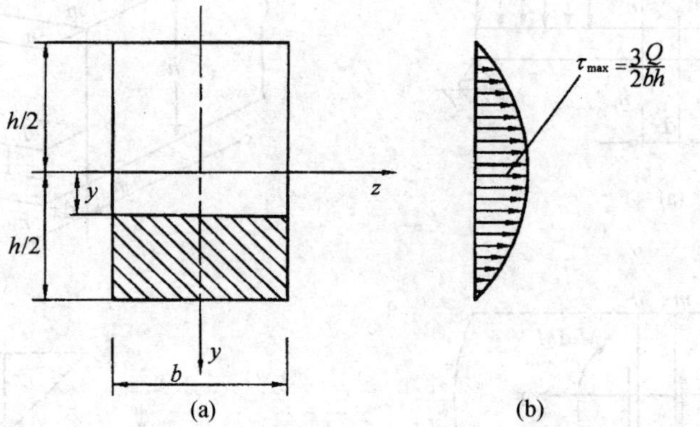

图 1.2-37

可见,矩形截面梁的最大剪应力为该截面上平均剪应力的 1.5 倍。

五、梁的强度

(一)梁受横力弯曲时的正应力强度条件

工程中的梁常发生横力弯曲,此时在梁的横截面上不仅有正应力还有剪应力。由于剪应力的存在,使梁的横截面在变形后不再保持为平面。此外,在横力弯曲下,还有由横向力引起的挤压应力,因此横力弯曲与纯弯曲存在着差异。但根据实验和进一步的分析,对于细长梁(梁的跨度与横截面高度之比大于5)的剪力对正应力分布规律影响很小。故将纯弯曲正应力公式用于横力弯曲时的正应力计算,仍能保证有足够的精度。

横力弯曲时,弯矩随着截面的位置变化。对于等截面梁,梁横截面上的最大正应力发生在全梁最大弯矩所在横截面上最外边缘各点处(在变截面的条件下,σ_{max}并不一定发生在M_{max}所在截面上),所以梁的弯曲正应力强度条件为

$$\sigma_{max} = \frac{M_{max}}{W_z} \leqslant [\sigma] \tag{1.2-34}$$

式中的许用正应力$[\sigma]$,一般近似用许用拉(压)应力来代替,或按设计规范选取。

利用式(1.2-34)可对梁进行强度校核、选择截面尺寸及确定许可载荷。

(二)梁的剪应力强度条件

梁内的最大剪应力发生在剪力绝对值最大的截面中性轴上。与梁的正应力强度计算一样,梁在载荷作用下产生的最大剪应力也不能超过材料的许用剪应力。如以$S^*_{Z\max}$表示中性轴一侧的面积对中心的静矩,则梁的弯曲剪应力条件为

$$\tau_{max} = \frac{Q_{max}S^*_{Z\max}}{J_Z b} \leqslant [\tau] \tag{1.2-35}$$

先按正应力强度条件选择截面,然后再进行剪应力强度校核。

(三)提高梁弯曲强度的措施

在很多情况下,梁的强度取决于弯曲正应力强度。因此从正应力强度的角度讨论梁的合理设计,要求既要保证梁具有足够的强度,又要充分发挥材料的潜力,节省材料,减轻自重。

解决这个问题的合理途径是对支承的安排、载荷的布置以及截面的形状力求合理。

1. 支承和载荷的合理布置

从梁的正应力强度条件

$$\sigma_{max} = \frac{M_{max}}{W_Z} \leqslant [\sigma]$$

可知,若合理安排支承,合理布置载荷,可使 M_{max} 尽管降低,从而降低弯曲正应力,相对而言,就提高了梁的强度。如图 1. 2-38(a)所示的梁,最大弯矩 $M_{max} = \frac{1}{8}ql^2 = 0.125ql^2$,若将两端支座向跨内移动 0. 2l ,如图 1. 2-38(b)所示,最大弯矩减少为 $M_{max} = \frac{ql^2}{40} = 0.025ql^2$,仅为前者的 $l/5$,于是梁的截面尺寸可相应地减小。

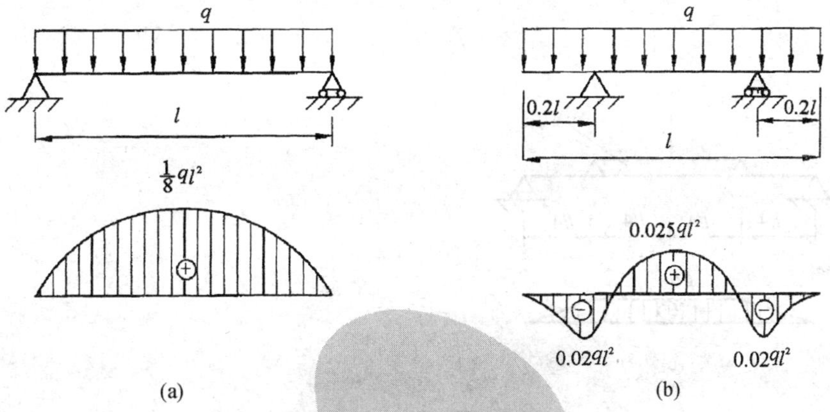

图 1. 2-38

改善梁的受力情况同样可以降低梁的最大弯矩。如图 1. 2-39(a)所示,跨度中点承受集中力 P 的简支梁,最大弯矩 $M_{max} = \frac{Pl}{4}$;若把 P 作用在靠近支座的 $l/6$ 处,如图 1. 2-39(b)所示,则最大弯矩为 $M_{max} = \frac{Pab}{l} = \frac{5Pl}{36}$,显然比前者的 M_{max} 小得多。此外若在此梁上设置一个半跨长的副梁,如图 1. 2-39(c)所示,则主梁上的最大弯矩变为 $M_{max} = \frac{pl}{8}$,比原来的降低了一半。

2. 选择合理的截面形状

(1)选择截面抗弯模量 W_z 与截面积 F 比值高的截面,因为截面抗弯模量是控制弯曲强度的一个重要因素,它的大小不仅与截面积有关,而且与截面形状有关。用料的多少只决定于截面积。比值 W_z/F 大,说明在相同截面积的条件下,截面抗弯模量大,也就是在用料相同的条件下,梁的承载能力高。所以比值 W_z/F 大的截面合理。

由表 1. 2-4 可见,工字形截面比矩形截面合理,矩形截面比圆形截面合理。这也可从应力分布来说明,由于在中性轴附近的弯曲正应力值很小,若截面在中性轴附近面积大,则截面上大部分的应力远远低于许用应力,许多材料没得到充分的利用。所以圆形截面的构件用料最不经济,而工字形截面较好。如把截面中心部分挖空成圆环形、框形,如图 1. 2-40 所示,则更合理。故起重机的大梁常采用如图 1. 2-40 所示的工字形截面;受弯的机床床身常用框形截面。表 1. 2-4 还表明矩形与工字形截面的 W_z/F 之值正比于截面高度 h,说明垂直于中性轴方向的尺寸大,则截面形状合理。所以在工程中常将钢料用焊接或铆接的方法拼成工字型截面,目的是为了使截面具有比轧制的工字型钢有更大的截面高度。当然也应注意截面过分高会导致失稳和剪应力强度不够的问题。

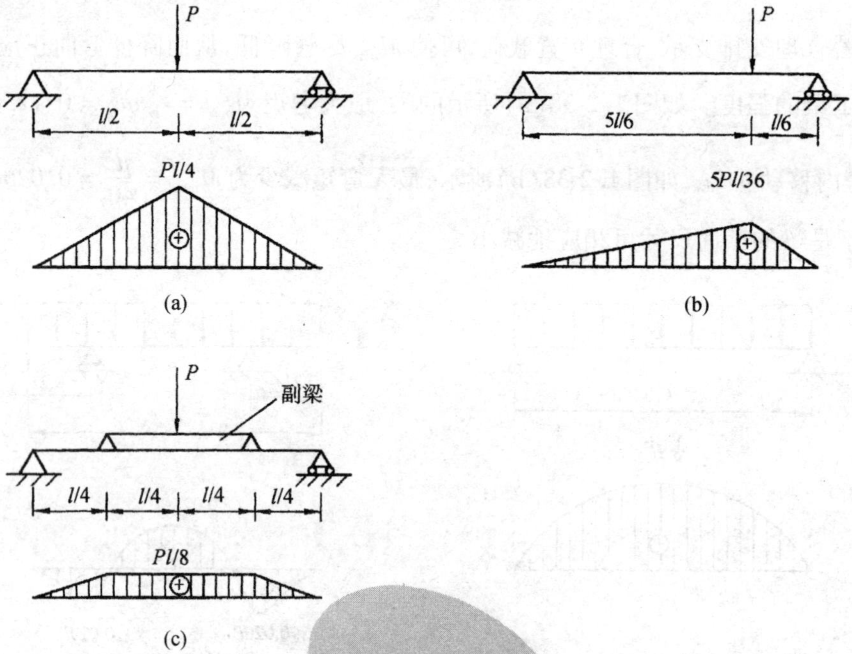

图 1. 2-39

表 1. 2-4　抗弯矩面模量 W_Z 与截面积 A 的比值

截面形状	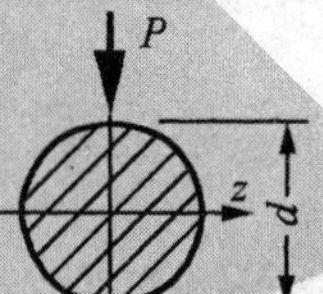	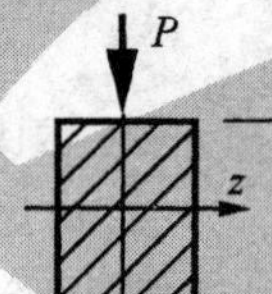	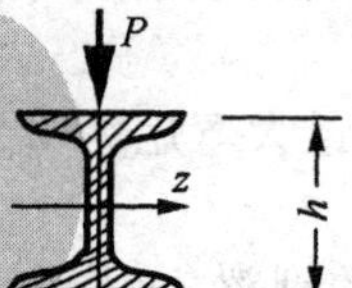
W_Z/A	$0.125d$	$0.167h$	$(0.27\sim0.31)h$

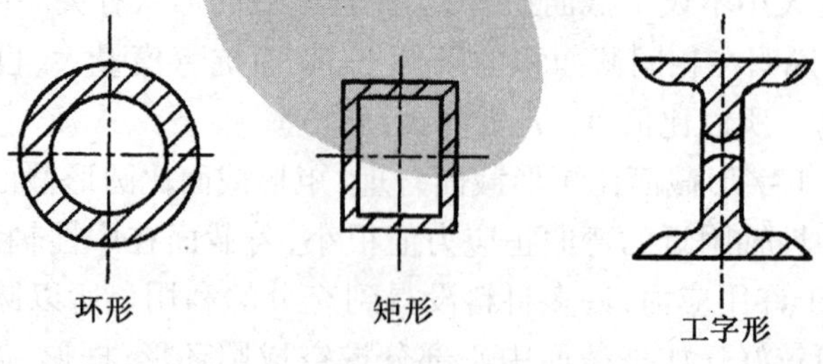

图 1. 2-40

(2)根据材料的特性选择截面。由正应力的强度条件 $\sigma_{max} = \frac{M_{max}}{W_z} \leqslant [\sigma]$ 可知,当截面的最大拉压力与压应力同时达到其许用值时,材料才得到充分利用,这样的截面形状才是合理的。因此,对于抗拉强度和抗压强度相等的材料,应选用对中性轴对称的截面,如矩形、工字形截面。对于拉、压许用应力不相等的材料采用对中性轴不对称的截面,如 T 字形、槽形截面。

(3)从等强度确定截面尺寸。等截面尺寸是由最大弯矩 M_{max} 确定的,其他截面由于弯矩小,最大应力都未达到许用值,材料未得到充分利用。因而从整体来说,等截面梁是不合理的,故工程中出现了变截面梁。若各截面的最大应力都达到许用值,则称为等强度梁,它是最理想的变截面梁。当材料的拉压强度相等时,其正应力强度条件为

$$\frac{M(x)}{W(x)} \leqslant [\sigma]$$

式中,$M(x)$ 为任意截面的弯矩,$W(x)$ 为任意截面的抗弯模量。

(四)增加梁的刚度的措施

梁的变形与梁材料的弹性模量、梁的几何形状(横截面形状及梁长)、约束情况及载荷情况有关,因此,若要增加梁的刚度以减少梁的变形,可采取以下措施:

(1)选用弹性模量较大的材料。例如,在其余条件相同的情况下,钢梁比铝梁的变形要小。就各种钢材而论,因为它们的弹性模量 E 相差不大,所以采用较昂贵的高强度钢虽可以成倍地提高梁的强度,但在增加梁的刚度方面效果并不显著。

(2)增大惯性矩。虽然加大横截面尺寸可使惯性矩加大,从而增加了梁的刚度,但是材料的使用量也加大。采用工字形、槽形、T 形、环形或箱形截面,以增大单位横截面积的惯性矩是增加梁的刚度的更经济的措施。

(3)减小梁的长度。

(4)增加约束。

(5)合理布置载荷。

第六节 薄壁容器的强度计算

在工程上常见的许多容器,如果它们的壁厚 t 与平均直径 D_m 相比很小,为 $D_m \geqslant 20\,t$,则通常将这样的容器称为薄壁容器。现在我们研究圆筒式薄壁容器在内压力 P 的作用下筒壁的强度计算。当容器受内压力作用,圆筒在圆周方向均匀膨胀,导致壁内圆周方向产生拉伸应力,该应力称为切向应力 σ_t;而在筒的两端板将承受轴向压力,导致容器在轴向产生拉伸形变,该拉伸应力称为轴向应力 σ_x。薄壁容器应力计算的最大特点为壁内应力沿壁厚均匀分布。

一、轴向应力和切向应力

(一)轴向应力

假想用任一垂直截面 mm 将容器切开,如图 1.2-41(a)所示,保留左段,并把该段容器及气体当成一整体。令圆筒壁横截面上的拉应力为 σ_x,考虑圆筒左段的平衡,由

$$\sum F_X = 0, \quad \sigma_x \pi D t = p\frac{\pi D^2}{4}$$

所以轴向应力

$$\sigma_x = \frac{pD}{4\,t} \tag{1.2-36}$$

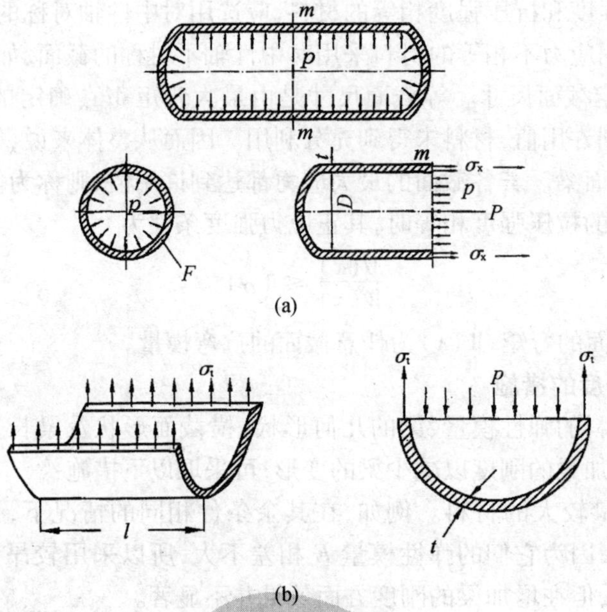

图 1.2-41　薄壁容器

(二)切向应力

假想用两平行横截面截取长为 z 的一段,再沿直径平面将圆筒纵向切开成为上下两半,如图 1.2-41(b)所示。令纵截面上拉应力为%并考虑圆筒下半部分的平衡,由

$$\sum F_y = 0, 2\sigma_t lt = plD$$

所以切向应力

$$\sigma_t = \frac{pD}{2t} \tag{1.2-37}$$

(三)二者比较

比较式(1.2-36)和式(1.2-37)可见,圆筒形薄壁容器的切向应力 σ_t 比轴向应力 σ_x 大 1 倍。实践证明圆筒形容器的破坏一般都是纵向破裂的。所以薄壁圆筒的强度条件为

$$\sigma_t = \frac{pD}{2t} \leqslant [\sigma] \tag{1.2-38}$$

二、设计薄壁容器时应当遵循的原则

从前面分析得知 $\sigma_t > \sigma_x$,故通常在设计薄壁圆筒时,应遵守下列两项原则:

(1)纵向焊缝的强度必须高于横向焊缝的强度。

(2)在圆筒上开有椭圆孔时,孔的长轴必须与圆筒轴线垂直。由于孔的存在会引起应力集中,考虑到 $\sigma_t > \sigma_x$,又考虑到椭圆孔长轴端部引起的应力集中较大,因此把椭圆孔的长轴安排在与应力 σ_x 平行的方向(即垂直于圆筒轴线方向),这样可以减小筒壁内应力集中所引起的应力最大值。

第七节　应力集中

一、应力集中的概念

等截面杆在轴向拉伸或压缩时，可以认为横截面上的应力是均匀分布的，如图 1.2-42(a)所示。但在工程实际中，常因结构需要在一些杆件上制成切口、切槽、开孔和螺纹等，因而截面尺寸有突然改变。由实验指出：这种杆件在截面突变处，应力数值急剧增大，而离开切口、圆孔较远处，应力就明显降低并趋于均匀，如图 1.2-42(b)、(c)所示，这种现象称为应力集中。有应力集中时最大应力 σ_{max} 与无应力集中时的应力 σ 之比，称为应力集中系数，用 α_k 表示，即

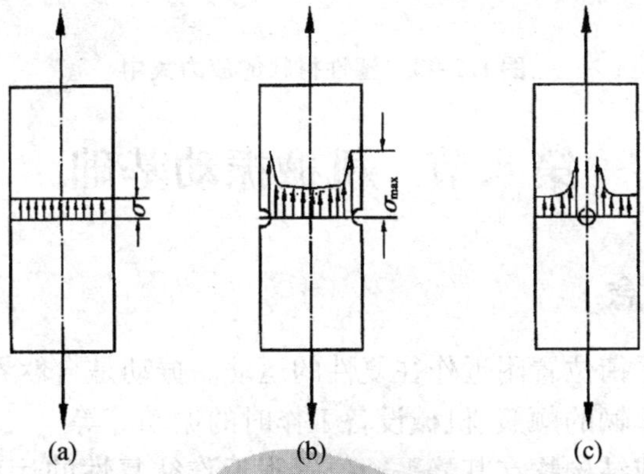

图 1.2-42　应力集中

$$\alpha_k = \frac{\sigma_{max}}{\sigma} \tag{1.2-39}$$

二、应力集中对构件强度的影响

在静载荷作用下，应力集中对构件强度的影响随材料性能不同而异。脆性材料对应力集中的敏感性甚强，即由脆性材料所制的杆件在有应力集中时，容易出现裂痕或毁坏。而塑性材料由于有屈服阶段，在应力集中的地方当某点最大应力 σ_{max} 到达屈服极限 σ_s 时，将发生塑性变形，应力不再增加，如图 1.2-43(a)所示；而处于弹性变形的其他部分的应力继续增大，如图 1.2-43(b)所示，直至整个截面上的应力都达到屈服极限 σ_s，截面的应力趋于均匀分布，如图 1.2-43(c)所示。这种应力重新分布的现象，对材料的破坏起了一定的缓冲作用。因此，应力集中对塑性材料的强度影响很小。

由上述可知，应力集中产生在杆件横截面发生急剧改变的地方，它将使脆性材料的强度大大降低，或使塑性材料产生局部的塑性变形。

三、应力集中的消除方法

为了消除应力集中的影响，除了设计时尽量减少切口、开孔、突变之外，常在杆件截面突变的部分采用渐变、导角或圆弧结构，这样可使应力集中大为降低。

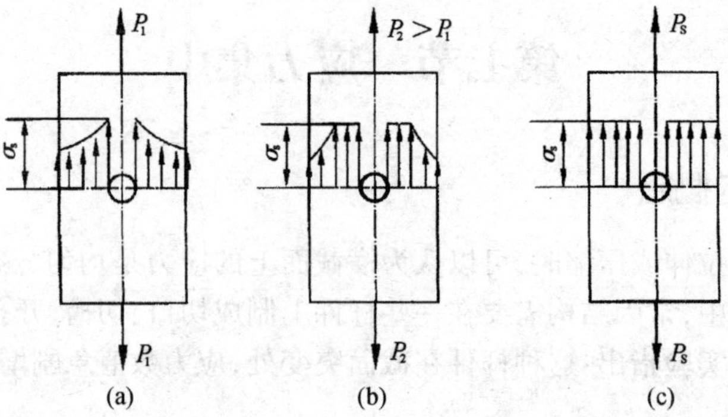

图 1. 2-43　塑性材料的应力集中

第八节　机械振动基础

一、机械振动的概念

振动是指物体在其平衡位置附近作往复性的运动。振动是自然界和工程中经常遇到的现象,如钟的摆动、船舶和车辆的颠簸、机械设备工作时的振动等等。

机械振动是指机器或结构物在其静平衡位置附近作往复性的运动。一般来说,各种机器设备及其零部件、基础及结构,由于具有弹性和质量,在一定条件下就会发生振动。

下面介绍几个机械振动的概念:

(1)振幅:指振体偏离平衡位置的最大距离,它反映了振体的振动范围和强弱,单位为米(m)。

(2)频率:振体在每秒内振动的次数,称为频率,用符号 f 表示,单位为赫兹(Hz)。

(3)周期:振体每振动一次(重复一次运动状态)所需的时间称为周期,用符号 T 表示,单位为秒(s)。频率和周期互为倒数关系,即

$$T = 1/f。$$

(4)圆频率:振动的圆频率是指振体在 2π 秒内振动的次数,用符号 ω 表示,单位为弧度/秒(rad/s)。

圆频率与频率的关系为

$$\omega = 2\pi f。$$

二、机械振动产生的原因

引起机械振动的外因可能是:(1)旋转构件的不平衡和负载分布不均匀。(2)安装精度不够,结构中存在间隙。(3)物体表面质量和润滑不够理想,因而造成滑动或滚动的不平衡。造成机械振动的内因是振动物体的质量及结构的刚度。

三、机械振动的危害

在许多情况下,振动的存在是有害的,主要体现在:

(1)耗能。振动要消耗原能量以维持其往复性的运动,增加额外的功率损耗,浪费能源。

(2)破坏。振动产生有损于机械或结构的动载荷,影响机械设备或结构物的工作性能,缩

短设备使用寿命，严重时会使零件失效甚至破坏而造成事故。

(3)噪声。振动会对环境造成噪声污染，破坏其他设备、仪表的正常工作；降低控制、监测系统的精度；恶化工作条件，降低工作效率，影响人—机系统的总体性能。

此外，作为运输动力的内燃机，其振动将损害船舶、汽车的舒适性；振动诱发的噪声也会破坏乘客的安静环境和某些特殊军事设备所需的隐蔽性。

四、机械振动的分类

机械振动可以从不同的角度来进行分类，通常有四种分类方法，即：按振动产生的原因分类（分为自由振动、受迫振动和自激振动），按振动的规律分类（分为简谐振动、非简谐振动和随机振动），按振动的位移特征分类（分为纵向振动、横向振动和扭转振动）和按振动系统的自由度多少来分类（分为单自由度系统振动和多自由度系统振动）。

（一）按振动产生的原因分类

(1)自由振动：当系统受到暂时干扰，系统的平衡状态遭到破坏时，仅靠其弹性恢复力来维持的振动。(2)受迫振动：系统在持续的外界干扰力的作用下，被迫产生的振动。(3)自激振动：由于系统具有非振荡性能源和反馈特性，从而引起的一种稳定的周期性的振动。

（二）按振动的规律分类

(1)简谐振动：能用一项正弦或余弦函数来描述其运动规律的周期性振动。(2)非简谐振动：不能用一项正弦或余弦函数来描述其运动规律的周期性振动。(3)随机振动：不能用简单函数或简单函数的组合来描述其运动规律，只能用统计的方法来研究的非周期性振动。

（三）按振动的位移特征分类

(1)纵向振动：振动体上的质点只作沿轴线方向的振动。(2)横向振动：振动体上的质点只作垂直于轴线方向的振动。(3)扭转振动：振动体上的质点只作绕轴线的振动。

（四）按振动系统的自由度分类

(1)单自由度系统振动：确定系统在振动过程中任何瞬间的几何位置只需要一个独立坐标的振动。(2)多自由度系统振动：确定系统在振动过程中任何瞬间的几何位置需要多个独立坐标的振动。

五、机械振动的利用与消除

振动的存在是有害的，因此，对大多数机械设备来说，应尽可能避免振动或将其振动量控制在允许的范围内。但是，从另一方面也可以利用振动原理制造了大量的有利于生产发展的振动设备，如振动筛、振动打桩机、混凝土振捣器等，这里的振动则是有益的。研究振动的目的就是认识和掌握振动的规律，充分利用振动有益的一面，抑制或消除不利的一面。

机械振动消弱与消除的途径主要有：消弱振动源、避免共振、减少振动响应、控制振动的传递率及安装调频飞轮等。

第三章 机构与机械传动

随着社会的不断进步与发展,机器已成为人们日常生活和生产劳动中不可缺少的重要工具。汽车、拖拉机、缝纫机、各种机床等都是机器,船舶机舱里的柴油机、空气压缩机、造水机、舵机等也是机器。为了便于研究,可以把机器的概念归纳为:机器是由两个以上有确定相对运动(即能完成预定运动)构件组成的,并能完成有效功或转换能量的装置。机构和机器一样,也是由两个以上有确定相对运动的构件组成,但机构不能独立地完成有效功或转换能量。由此可知,机器与机构的主要区别在于:机器可同时产生运动和能的变化,它的目的是完成有效功或转换能量;而机构只产生运动的变化,它的目的是传递或变换运动。此外,在一般的情况下,一台机器包含有若干个机构。例如:往复式内燃机为把燃料燃烧时产生的热能转变为机械能并向外输出,就必须通过曲柄滑块机构,将活塞的往复直线运动转变为曲轴的旋转运动。为了使内燃机的进、排气定时准确,必须通过凸轮机构定时启闭进、排气阀。从结构和运动的观点来看,机器与机构之间是没有区别的,因此通常把机器与机构统称为机械。

组成机构的各个相对运动部分称为构件。构件可以是单一的整体,如内燃机中的整体式曲轴,也可以是由若干个零件组成的刚性结构,如内燃机中的连杆总成。当构件运动时,组成同一构件的各个零件之间不允许有相对运动。由此可见,构件是运动的单元,而零件是制造的单元。

要使机构中各构件具有确定的相对运动关系,构件之间必须具有能作相对运动的连接。两构件之间有相对运动的连接处称为运动副。如图 1.3-1 所示,两构件用销轴和孔连接的称为回转副,如图 1.3-1(a)所示;两构件用滑块和导路连接的称为移动副,如图 1.3-1(b)所示;两构件用轮齿和轮齿连接的称为齿轮副,如图 1.3-1(c)所示;两构件用凸轮和从动件连接的称为凸轮副,如图 1.3-1(d)所示。其中,回转副和移动副都是面接触,称为低副;齿轮副和凸轮副都是线接触或点接触,称为高副。

第一节 平面连杆机构

平面连杆机构是全部由回转副和移动副组成的机构,其上各构件均在同一平面或平行平面内运动。由于这种机构的结构简单,易于加工,能近似地完成各种给定的运动或轨迹,而且各构件为面接触,压力强度和磨损较小,使用寿命较长,因此它被广泛地应用在牛头刨床、曲柄压力机、搅拌机等机器以及各种农业机械、矿山机械和生产自动线中。平面连杆机构在轮机工

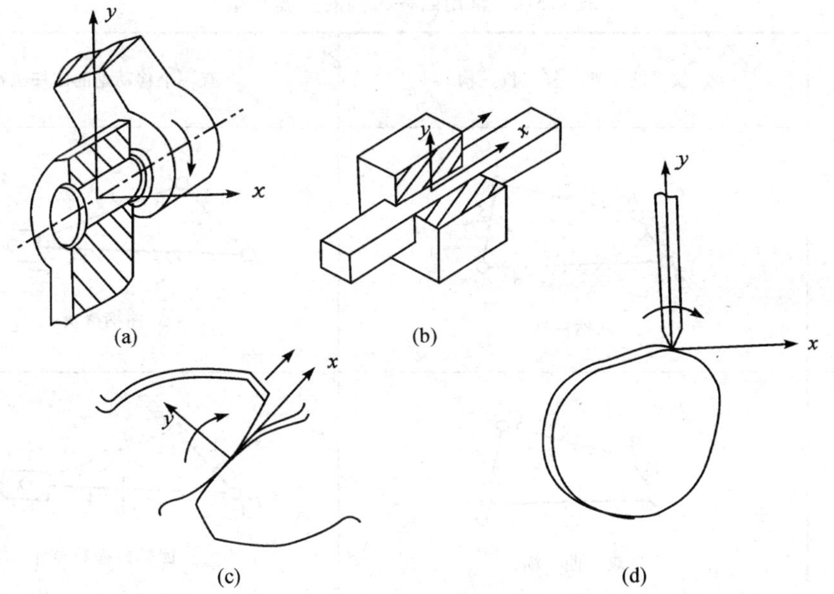

图 1.3-1　运动副形式

(a)回转副;(b)移动副;(c)齿轮副;(d)凸轮副

程中也有很多应用,如活塞式内燃机、空气压缩机中的曲柄滑块机构、液压舵机和回转式油泵中的导杆机构、示功器中的直接导路机构等。

但是,平面连杆机构与其他机构相比,设计过程比较复杂;而且完成给定的运动或轨迹多为近似的,如要较精确地按给定的运动或轨迹进行设计,往往需要增加构件和运动副数目。这又使机构复杂、效率降低,甚至出现自锁而不能工作,同时,机构的平衡比较困难,所以速度高时将引起较大的振动。

一、铰链四连杆机构的主要类型

全由回转副组成的铰链四连杆机构是四连杆机构的基本形式,如图 1.3-2 所示,其他形式的四连杆机构都可以由这种形式演化和派生出来。常用四杆机构的主要类型如表 1.3-1 所示。

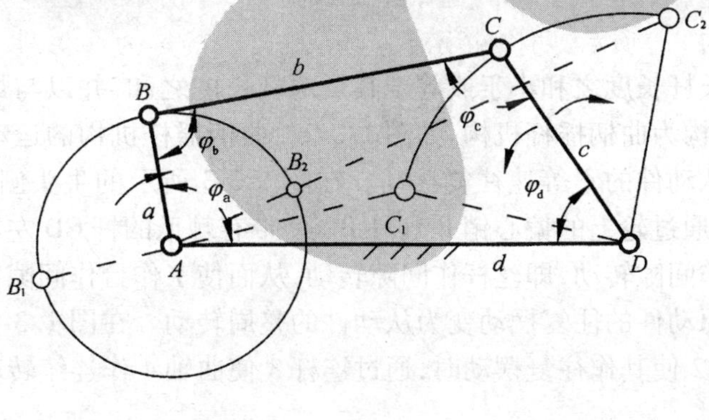

图 1.3-2　曲柄摇杆机构

表 1.3-1　常用四杆机构的主要类型

固定构件	铰　链　四　杆　机　构	有一个移动副的四杆机构
4	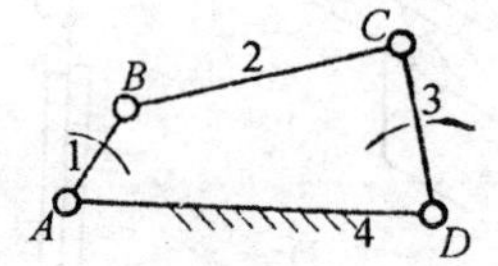 曲柄摇杆	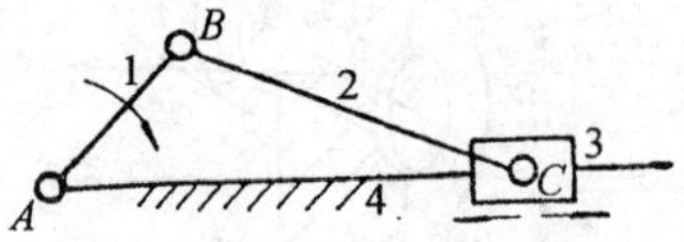 曲柄滑块
1	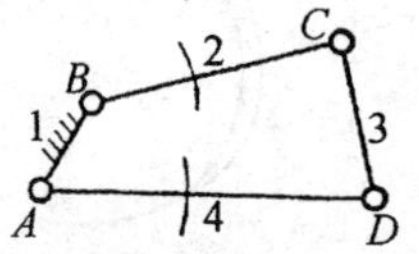 双　曲　柄	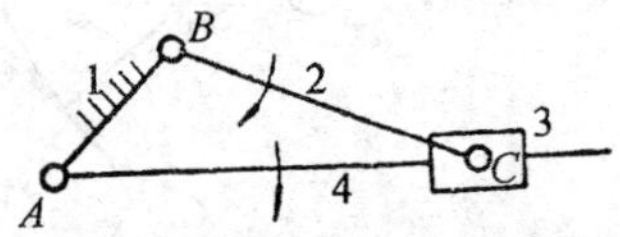 回转或摆动导杆
2	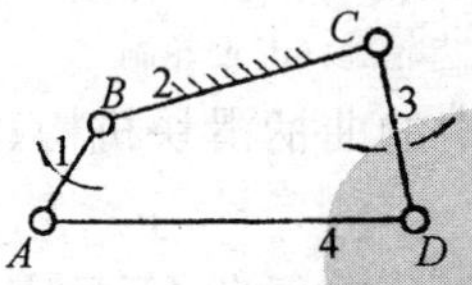 曲 柄 摇 杆	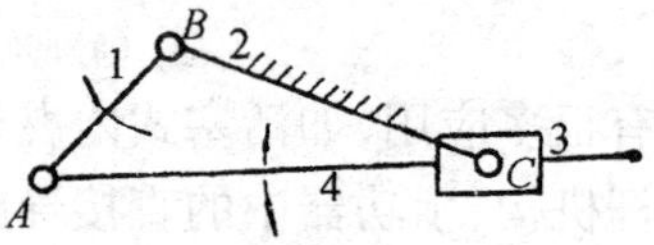 曲 柄 摇 块
3	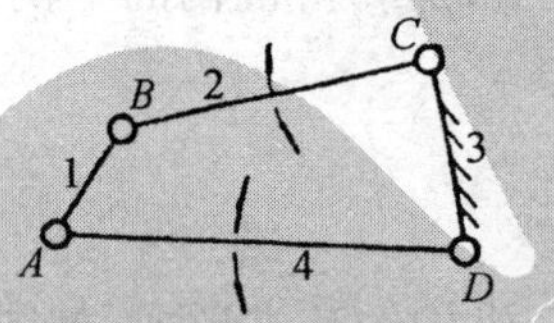 双　摇　杆	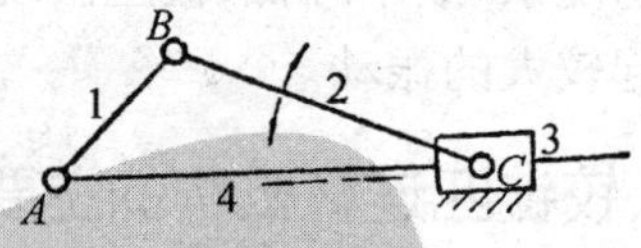 移 动 导 杆

1. 曲柄摇杆机构

当最短杆与最长杆长度之和小于或等于其余两杆长度之和，并以与最短杆相邻的杆为机架时，铰链四连杆机构为曲柄摇杆机构，如图 1.3-2。曲柄摇杆机构的运动特点是能够将原动件的等速转动变为从动件的不等速往复摇动。在图 1.3-3 所示的牛头刨床横向进给机构中，当轮子绕 A 转动时，通过轮上的偏心销 B 和杆 BC 使带有棘爪的杆 CD 左右摆动。棘爪推动固定在丝杆上的棘轮作间隙转动，即丝杆作间隙转动，从而使工作台作间隙性进给移动；反之，曲柄摇杆机构也可将原动件的往复摆动变为从动件的整周转动。在图 1.3-4 所示的缝纫机踏板机构中，当脚踏摇杆 2 使其作往复摆动时，通过连杆 3 使曲轴 4 作连续转动。

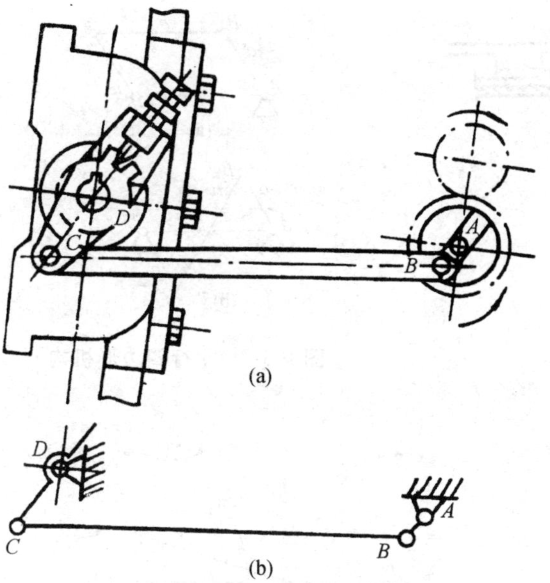

图 1.3-3 牛头刨床横向进给机构

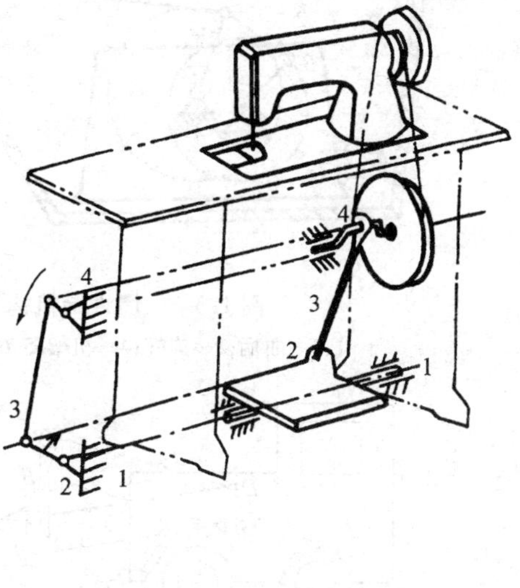

图 1.3-4 缝纫机踏板机构

1—机架;2—踏脚摇杆;3—连杆;4—曲轴

2. 双曲柄机构

当最短杆与最长杆长度之和小于或等于其余两杆长度之和,并以最短杆为机架时,铰链四杆机构为双曲柄机构,如图 1.3-5 所示。

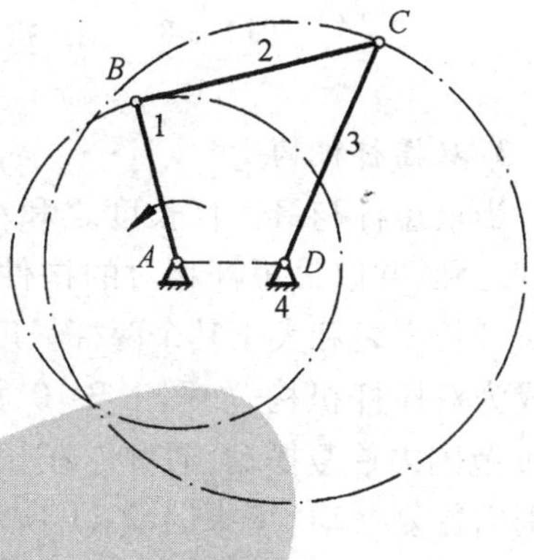

图 1.3-5 双曲柄机构

1,3—曲柄;2—连杆;4—机架

双曲柄机构的运动特点是能够将原动件的等速整周转动变为从动件的变速整周转动。图 1.3-6 所示的惯性筛机构即为双曲柄机构的应用实例。当曲柄 1 等速转动时,另一曲柄 3 将作变速转动,从而通过构件 5 使得构件 6(筛子)作变速往复移动。

在双曲柄机构中,如果两相对构件的长度分别相等,则成为如图 1.3-7(a)所示的正平行四边形机构。这是双曲柄机构的特殊情况,这时不论机架是否为最短,两连架杆均能回转 360°。它的运动特点是能够将原动件的等速转动变为从动件的等速转动,且连杆 b 恒作平移运动。图 1.3-8 所示为挖土机的驱动铲头机构。由于平行四边形机构的特点,与铲头连接的连杆 BC 移动时始终处于平行状态。所以不论铲头处于上升或下降位置,它始终处于水平状态,而不使所载的东西掉出来。机车车轮的联动机构也是平行四边形机构。当平行四边形机构的两曲柄反向回转时,称为反平行四边形机构,如图 1.3-7(b)所示。它的运动特点是能够将原动件的等速转动变为从动件的反向变速转动。一种汽车车门的启闭机构就是利用反平行四边形机构的特点工作的,如图 1.3-9 所示。

在正平行四边形机构运转过程中,当两曲柄与连杆同时位于一条直线时,从动曲柄可能逆转,即由正平行四边形机构运转变为反平行四边形机构运转。为防止这种现象发生,通常采用以从动曲柄本身质量或附加飞轮的惯性来导向等措施加以预防。

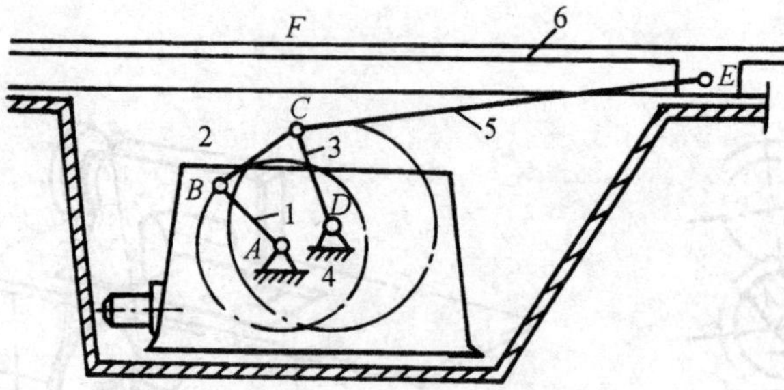

图 1.3-6　惯性筛机构

1,3—曲柄;2—连杆;4—机架;5,6—构件

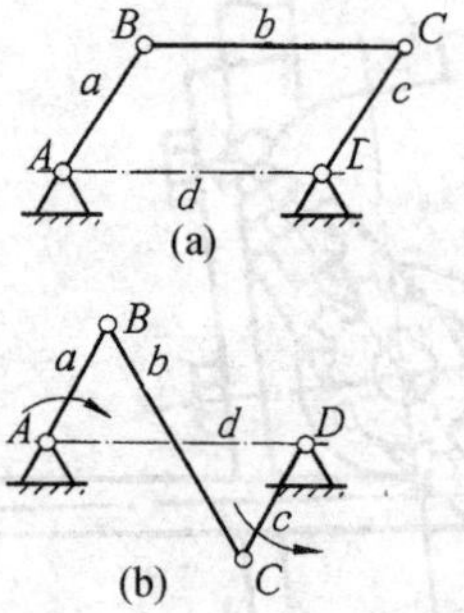

图 1.3-7　平行四边形机构

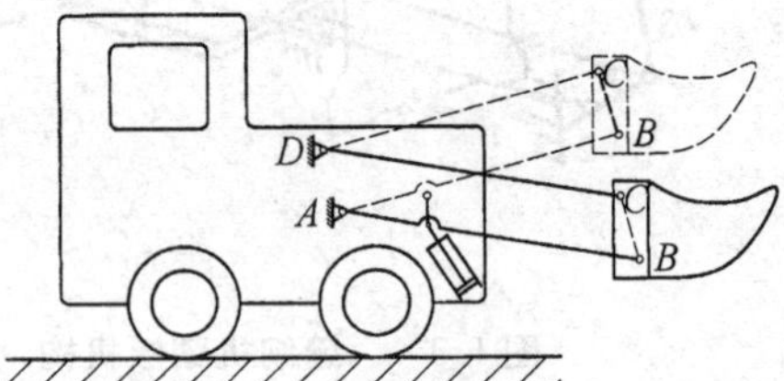

图 1.3-8　挖土机

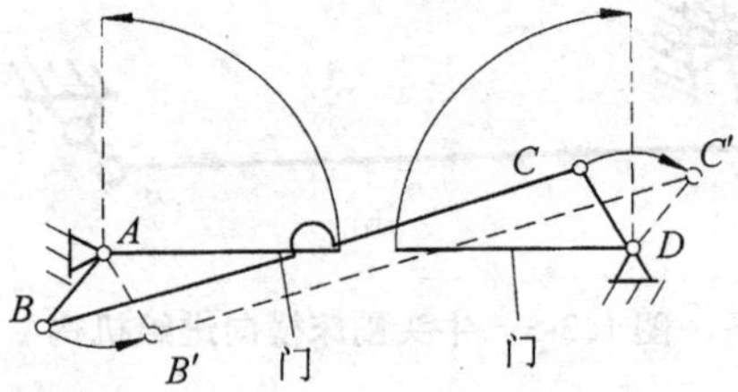

图 1.3-9　车门启闭机构

3. 双摇杆机构

当最短杆与最长杆长度之和小于或等于其余两杆长度之和,并以最短杆相对的构件为机架;或最短杆与最长杆长度之和大于其余两杆长度之和时,铰链四杆机构成为双摇杆机构,如图 1.3-10 所示。原动件 a 在角度 ψ 范围内往复摆动,通过连杆 b 使从动件 c 在角度 ψ 范围内往复摆动。在图 1.3-11 所示的港口用鹤式起重变幅机构中,当变幅机构的摇杆 AB 摆动时,另一摇杆也一起摆动,使悬挂在 *E* 点物体 Q 沿一近似水平直线移动,将货物由船上卸至码头。汽车前轮的转向机构也是双摇杆机构的应用实例。

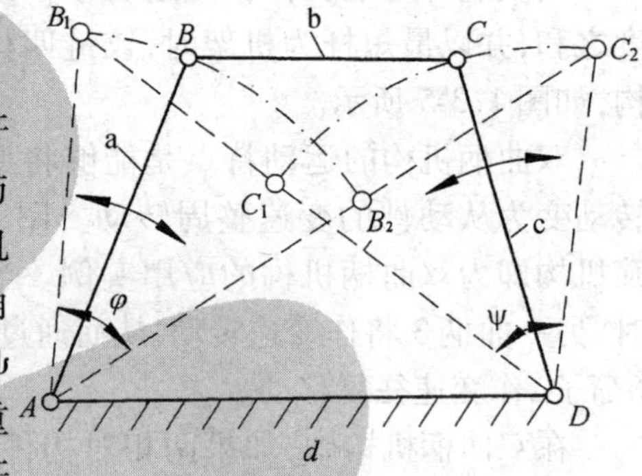

图 1.3-10　双摇杆机构

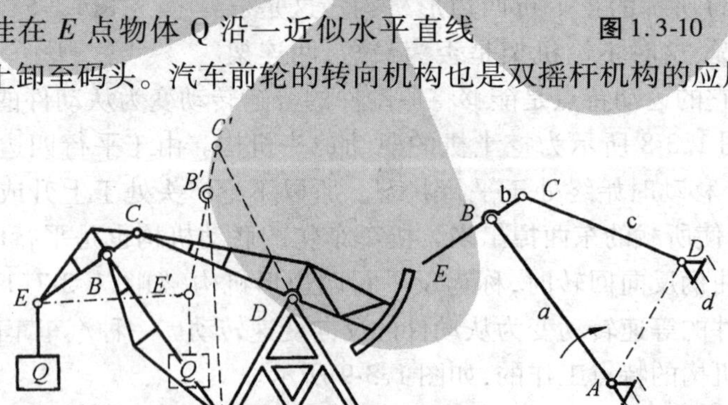

图 1.3-11　鹤式起重机

二、铰链四连杆机构的演化

通过改变某些运动副的尺寸、改变构件的相对长度以及取不同构件作为机架等方法，可以由铰链四连杆机构演化出其他类型的平面四连杆机构。

(一)扩大转动副

在图 1.3-12(a)所示的曲柄摇杆机构中，构件 1 为曲柄，构件 3 为摇杆。若将转动副 D 的半径加大，则如图 1.3-12(b)所示。继续加大转动副 D 的半径，使之超过构件 3 的长度时，则构件 3 变为盘形构件，而机架 4 变为圆环状，如图 1.3-12(c)所示。若再将构件 3 的形状由盘形改为块状，并将机架改为环形槽，则构成图 1.3-12(d)所示的机构。因为构件 3 仅能在某一角度范围内作往复摆动，因此可以将环形槽截取为弧形槽，并使其具有足够的弧长，以供构件 3 在其间作往复摆动。这样就演变成如图 1.3-12(e)所示的机构。

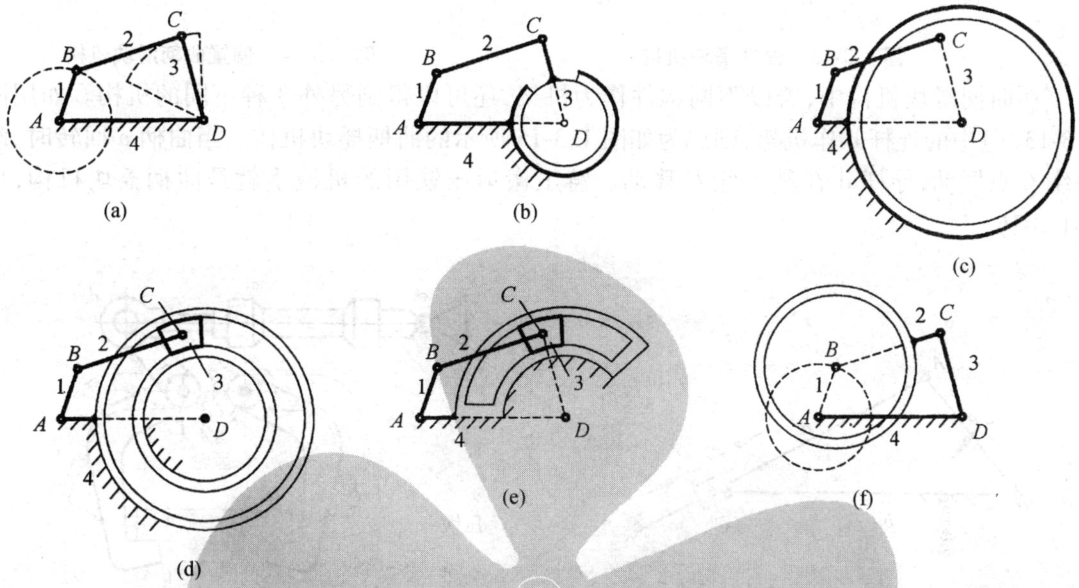

图 1.3-12　铰链四连杆机构的演化

1—曲柄；2—连杆；3—摇杆；4—机架

如将图 1.3-12(a)所示的曲柄摇杆机构中的转动副 B 的半径加大，并使之超过曲柄 1 的长度，如图 1.3-12(f)所示，曲柄 1 将演化为一个圆盘，其几何中心 B 与转动中心 A 不相重合，圆盘称为偏心轮，两中心之间的距离 AB 称为偏心距。图 1.3-12(f)所示的机构称为偏心轮机构。由于偏心轮的偏心距仍等于原曲柄的长度，其他构件的相对长度也不变，故偏心轮机构的运动与曲柄摇杆机构的运动完全相同。在传力较大而行程较小的传动中应采用偏心轮机构。偏心轮机构一般只能以偏心轮作为主动件。偏心轮机构多用于曲柄销承受较大冲击载荷，或曲柄长度较短以及曲柄需要装在直轴中部的机器中，如小型往复泵、变向变量油泵等轮机机械。偏心轮滑块机构可以用作回油阀式高压油泵的回油调节机构。矿山腭式破碎机的主传动机构也是偏心轮机构的具体应用。

(二)转动副转化为移动副

在图 1.3-13(a)所示的曲柄摇杆机构中，若摇杆 c 越长，则 C 点的轨迹越平直。当摇杆 c 的长度曲无限长时，C 点轨迹变为直线，如图 1.3-13(b)所示。若将摇杆 c 改为滑块，回转副 C

改为移动副,如图 1.3-13(c)所示,这时 c 点的运动轨迹与图 1.3-13(b)的相同,这种机构称为曲柄滑块机构。如果曲柄滑块机构中滑块导路与曲柄回转中心点 A 的距离 e >0 时,该机构称为偏置曲柄滑块机构,如图 1.3-14 所示。当 e = 0 时,称为对心曲柄滑块机构。如图 1.3-13(c)所示。曲柄滑块机构可将曲柄的回转运动变换为滑块的直线运动,或者将滑块的直线运动变换为曲柄的回转运动。活塞式空压机属于前者,活塞式内燃机属于后者。

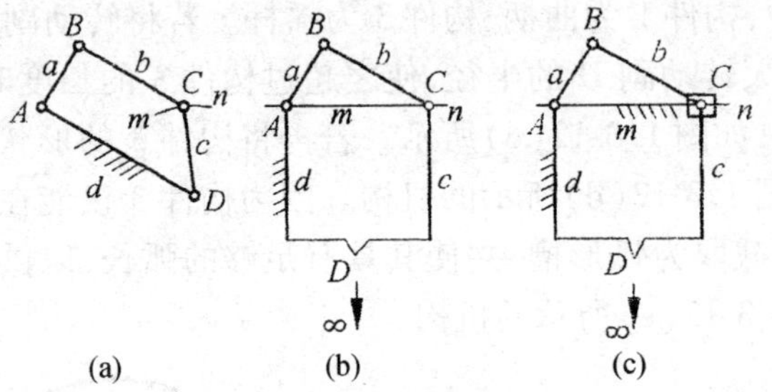

图 1.3-13　曲柄滑块机构

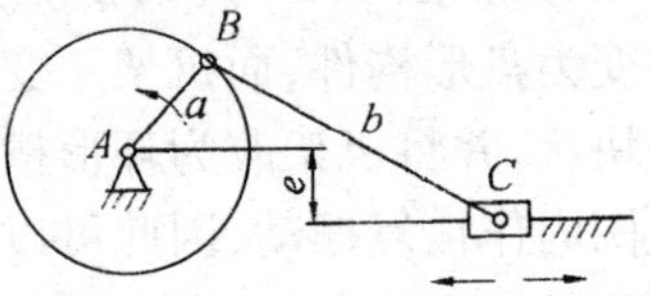

图 1.3-14　偏置曲柄滑块机构

在曲柄滑块机构中,若以不同构件作为机架,还可以得到另外 3 种不同的机构。如用图 1.3-13(c)中的连杆 b 作机架,则成为如图 1.3-15 所示的曲柄摇块机构。当曲柄 a 回转时,滑块绕 C 点摆动,导杆 d 在其上相对移动。铸工搬运压铁用的机械手就是曲柄摇块机构,见图1.3-16。

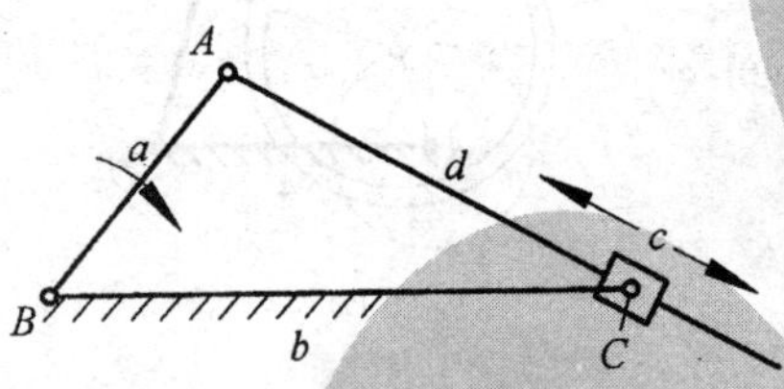

图 1.3-15　曲柄摇块机构

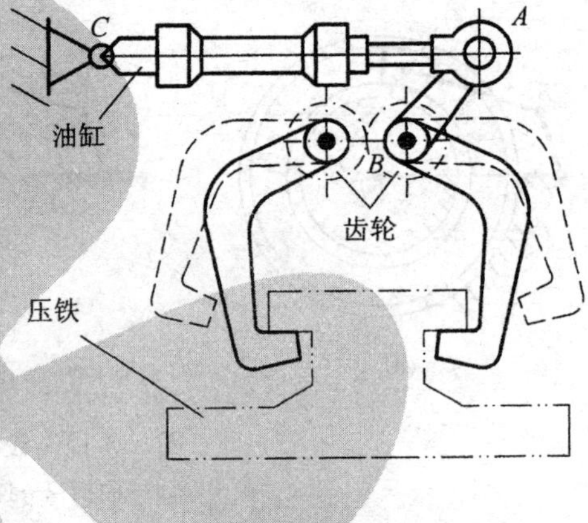

图 1.3-16　铸工机械手

如用图 1.3-13(c)中的曲柄 a 作为机架时,则成为如图 1.3-17 所示的导杆机构。导杆机构的传动性能最好。当 b 杆回转时,滑块在导杆 d 上移动,并随它一起绕 A 点转动。当 b 杆之长大于机架 a 杆之长时,导杆可作 360°回转,此机构称为回转导杆机构,如图 1.3-17(a)所示。当 b 杆之长小于机架 a 杆之长时,导杆只能在小于 360°的角度内摆动,此机构称为摆动导杆机构,如图 1.3-17(b)所示。一种牛头刨床中的主机构 ABC 是回转导杆机构,如图 1.3-18 所示;另一种牛头刨床中的主机构 ABC 是摆动导杆机构,如图 1.3-19 所示。

如用图 1.3-13(c)中的滑块作为机架时,则成为如图 1.3-20 所示的移动导杆机构。当曲柄 a 转动时,导杆 d 在定块 C 内往复运动。图 1.3-21 所示的手动抽水机就是其应用实例。

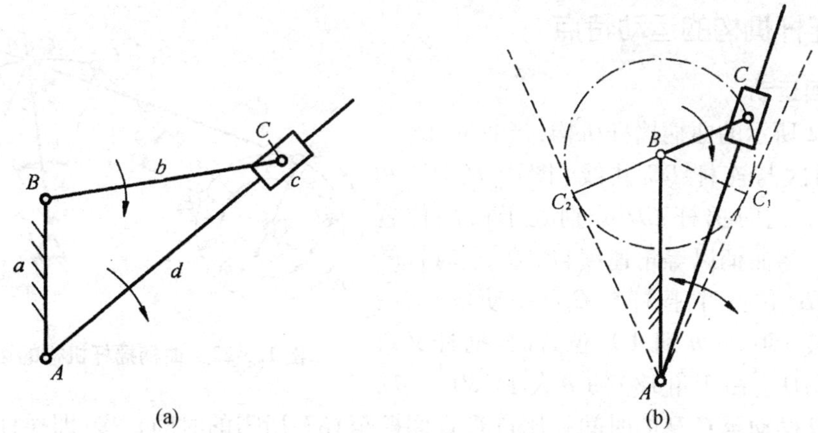

图 1.3-17

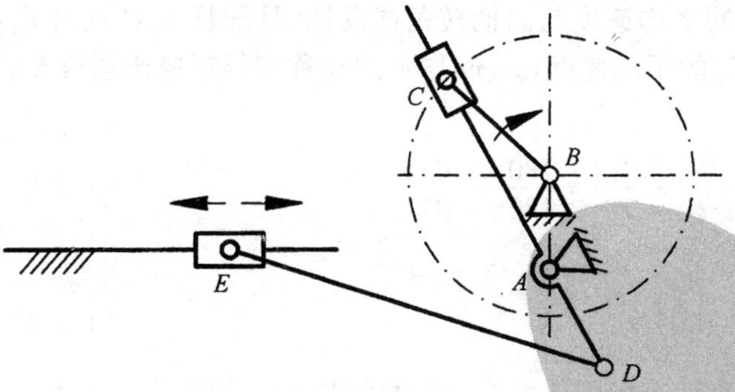

图 1.3-18　牛头刨床的回转导杆机构

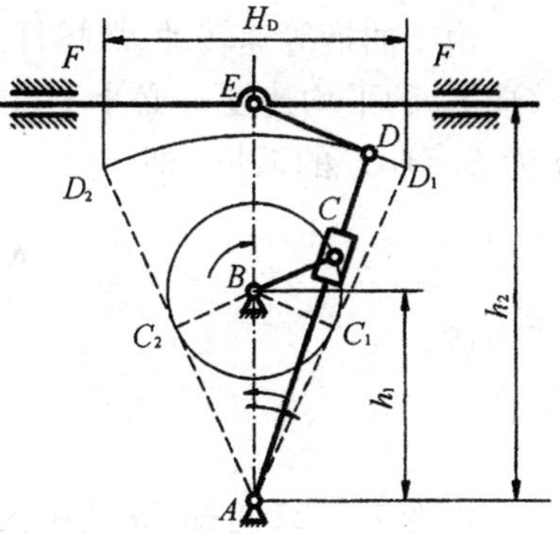

图 1.3-19　牛头刨床的摆动导杆机构

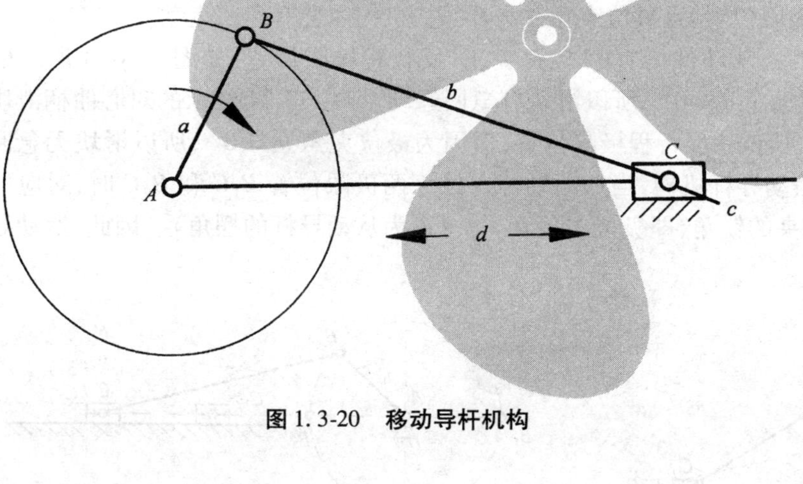

图 1.3-20　移动导杆机构

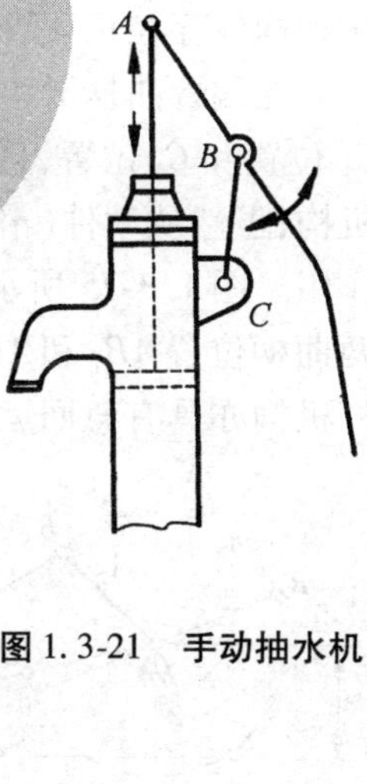

图 1.3-21　手动抽水机

三、四连杆机构的运动特点

(一)急回运动

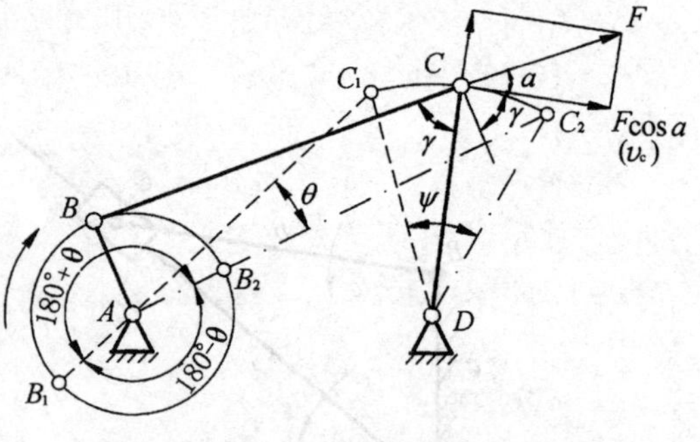

图 1.3-22 曲柄摇杆机构的运动特性

图 1.3-22 所示的曲柄摇杆机构,当曲柄 AB 在回转时,有两次与连杆 BC 共线(图中 B_1AC_1 和 AB_2C_2 位置)。这时摇杆 CD 分别处于极限位置 C_1D 和 C_2D 。当曲柄以等角速度自 AB_1 顺时针转 $180° + \theta$ 到 AB_2 位置时,摇杆自 C_1D 摆动至 C_2D ;而当曲柄再转 $180° - \theta$ 到 AB_1 位置时,摇杆又自 C_2D 回摆至 C_1D 。由于角 $180° + \theta$ 大于 $180° - \theta$,故摇杆自 C_1D 摆动至 C_2D 的时间 t_1 比自 C_2D 回摆至 C_1D 所需的时间 t_2 多,即摇杆来回摆动的平均速度 v_1 和 v_2 不等。平面四杆机构的这种特性称为急回运动。在曲柄摇杆运动中,当曲柄为主动件时,从动件摇杆会有急回特性。

由于曲柄等速转动,故摇杆来回摆动的平均速度与曲柄转角成反比,且摇杆上 C 点自 C_1 移向 C_2 的平均速度 v_1 必小于自 C_2 移向 C_1 的平均速度 v_2 。v_2 与 v_1 之比称为行程速比系数 K ,l 为 C_1 到 C_2 的弧长,即

$$K = \frac{v_2}{v_1} = \frac{l/t_2}{l/t_1} = \frac{t_1}{t_2} = \frac{180° + \theta}{180° - \theta} \tag{1.3-1}$$

或

$$\theta = 180° \times \frac{K - 1}{K + 1} \tag{1.3-2}$$

由图 1.3-22 可知,θ 是和从动摇杆 CD 两个极限位置相对应的两曲柄位置间所夹的锐角,称为极位夹角。根据式(1.3-1),行程速比系数 K 与极位夹角 θ 有关,即与各构件长度比有关。当 $\theta \neq 0°$ 时,$K \neq 1$,机构有急回作用。由上述分析可知,平面四杆机构有无急回运动,一方面取决于从动构件是否存在正、反行程的极限位置,另一方面则取决于极位夹角 θ 。只有当机构从动构件存在正、反行程极限位置,且极位夹角 $\theta \neq 0°$ 时,机构才会有急回运动。

在偏置曲柄滑块机构中,从动件(滑块)也存在正、反行程极限位置,如图 1.3-23 所示的 C_1 位置和 C_2 位置,且极位夹角 $\theta \neq 0°$,所以滑块有急回运动。图 1.3-24 所示的对心曲柄滑块机构,虽然从动件(滑块)也有正、反行程极限位置,但因为极位夹角 $\theta = 0°$,所以滑块无急回作用。图 1.3-25 所示的摆动导杆机构,当从动导杆 3 处于两极限位置 B_1C 和 B_2C 时,对应的两曲柄位置 AB_1 和 AB_2 所夹的锐角,即极位夹角 $\theta = \psi$ (ψ 为从动导杆的摆角)。因此,摆动导杆机构亦具有急回运动。

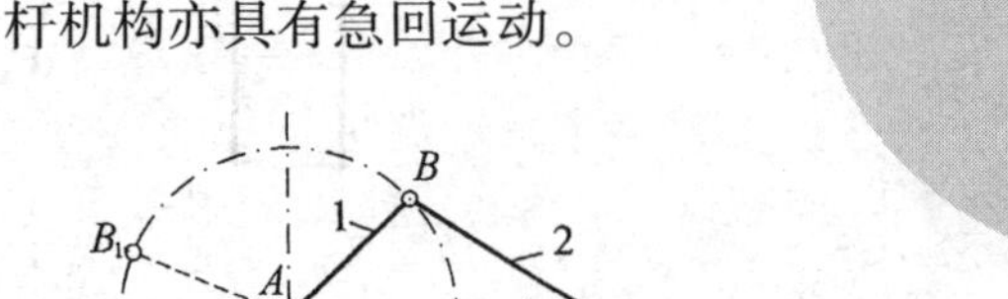

图 1.3-23 偏置曲柄滑块机构的急回运动

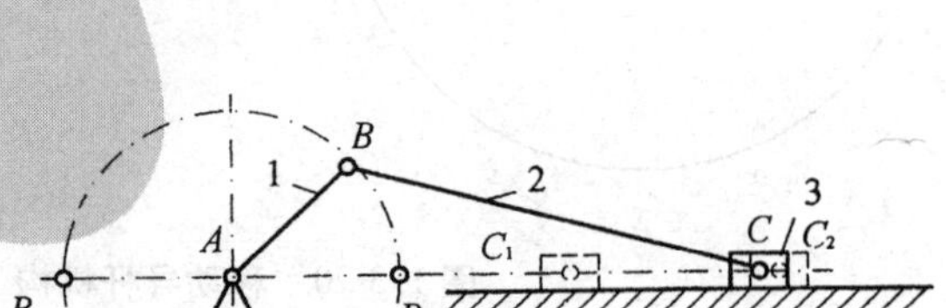

图 1.3-24 对心曲柄滑块机构

转动导杆机构和双曲柄机构，由于它们的从动构件作单向变速转动，没有正、反行程，也无极限位置，所以没有急回作用。

在工程实践中，通常利用机构的急回运动特性来缩短非生产时间，提高劳动生产率。例如牛头刨床和插床等单向工作机械就常利用机构的急回运动特性。

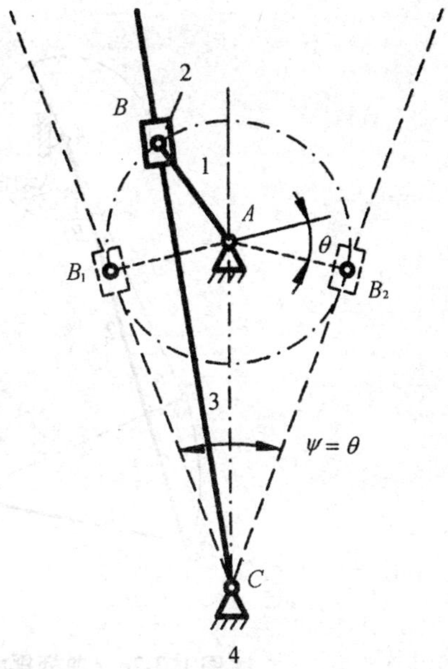

图 1.3-25　摆动导杆机构

（二）传动角和死点位置

1. 传动角

在图 1.3-22 所示的曲柄摇杆机构中，当曲柄 AB 为主动件时，若略去构件重力、惯性力和运动副的摩擦力，则驱动力 F 必通过连杆 BC 的轴线方向传到从动摇杆 CD 上。驱动力 F 与连杆受力点 C 的速度 v_c 所成的夹角称为压力角，用 α 表示；压力角的余角称为传动角，用 γ 表示（$\gamma = 90° - \alpha$）。γ 角必等于连杆与从动摇杆轴线所夹的锐角。显然，这种机构在运动时传动角 γ 是变化的。由于驱动力 F 的有效分力为 $F\cos\alpha = F\sin\gamma$，因此 γ 越大，有效分力越大。当 $\gamma = 90°$时，有效分力为最大值；相反，γ 越小，有效分力亦越小。当 $\gamma = 0$ 时，有效分力为零，这时，不管驱动力 F 有多大，机构也不能运动，这种现象称为自锁。为避免所设计的机构发生自锁，保证机构具有良好的传力性能，机构运动时最小传动角应不小于规定传动角的最小许用值。同时，传动角过小，构件长度误差和运动副间隙对机构运动精度影响将十分敏感；机构高速运动时还会引起振动和噪声。通常，对于低速机构而言，许用传动角取 $[\gamma] \geq 50°$。高速机构的许用传动角可取 $[\gamma] \geq 40°$。传动功率较大时，$[\gamma]$应取较大值；反之可取较小值。

2. 止点位置

当机构的从动件与连杆成一直线时，其传动角 $\gamma = 0$，驱动力 F 对从动件的有效分力为零，此时机构自锁。这个位置称为机构的死点位置。例如当四杆机构的曲柄为从动件时，凡从动曲柄与连杆处于共线位置，传动角 $\gamma = 0$，机构处于死点位置。图 1.3-26 所示为缝纫机中的曲柄摇杆机构，摇杆 3 是原动的踏板，曲柄 1 是从动的带轮曲轴。当主动踏板 3 与连杆 2 两次成一直线状态，在这两个位置上，传动角 $\gamma = 0$，机构处于死点位置。如图 1.3-27 所示，机构处于死点位置除了有自锁的可能外，还由于从动曲柄通过此位置时可不改变方向地继续回转，或者反向回转，即此时机构具有运动不确定现象，故死点位置亦称转折点。

对于传动机构来说，机构有死点是不利的，应该采取措施使机构能顺利通过死点位置。克服死点的办法很多，例如：单缸活塞式内燃机通常在从动曲柄上装一个转动惯量较大的飞轮，利用飞轮的惯性来通过死点位置和保证曲柄转向不变。多缸活塞式内燃机则可利用各组曲柄滑块机构死点位置的不同来克服死点。

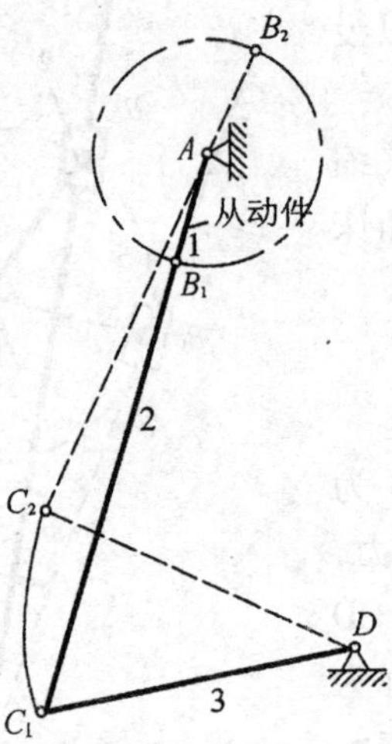

图 1.3-26　曲柄摇杆机构

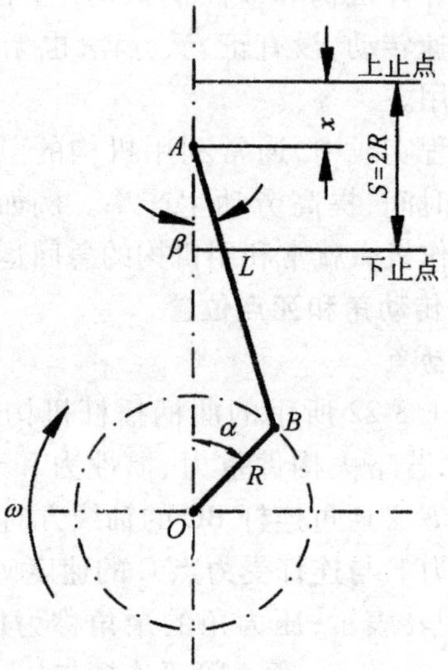

图 1.3-27　正置式曲柄连杆机构几何关系图

第二节　凸轮机构

在很多工程机械中,常要求从动构件的位移、速度或加速度按照预设的规律变化,在这种情况下,特别是当从动件需按复杂的运动规律运动时,通常采用凸轮机构。

一、凸轮机构的组成和应用

凸轮结构属高副机构,它一般由凸轮 1、从动件 2 和机架 3 组成,如图 1.3-28 和图 1.3-29 所示。凸轮是一个具有曲线轮廓或凹槽的构件,它通常作连续的等速转动,也有的作摆动或往复直线移动。从动件则按预定的运动规律作间隙的(也有作连续的)直线往复移动或摆动。

图 1.3-28 所示的是柴油机的配气机构,当凸轮 1 在曲轴的带动下作等速转动时,通过凸轮轮廓与气阀杆平底的接触,推动气阀 2 在固定的气阀导管 3 中作间歇的直线往复移动,从而随气阀开启和关闭,以完成柴油机工作时所要求的定时进、排气任务。

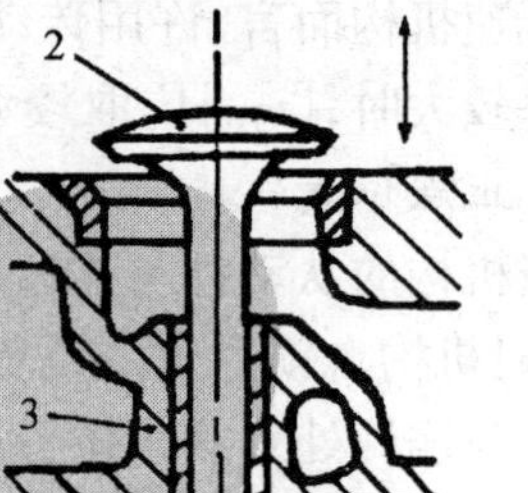

图 1.3-28　柴油机的配气机构

1—凸轮;2—从动件;3—机架

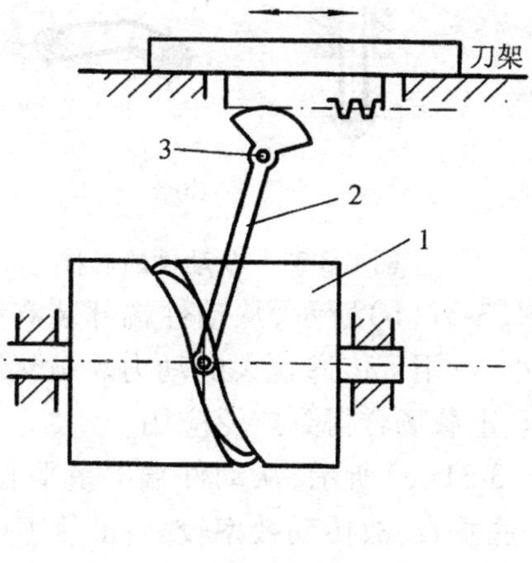

图 1. 3-29　刀架移动控制机构

1—凸轮;2—从动件;3—机架

图 1. 3-29 所示的是刀架移动控制机构,当圆柱凸轮 1 连续回转时,依靠凸轮轮廓(即圆柱体上的曲线凹槽),迫使凹槽中的滚子连同从动件 2 一起绕 3 点作往复摆动,此外,凸轮机构在轮机工程中亦有很广泛的应用。除上述的柴油机配气机构外,还有喷油泵凸轮、起动空气分配器凸轮、主机遥控油门的凸轮等。自动机床送料机构亦是凸轮机构的应用之一。

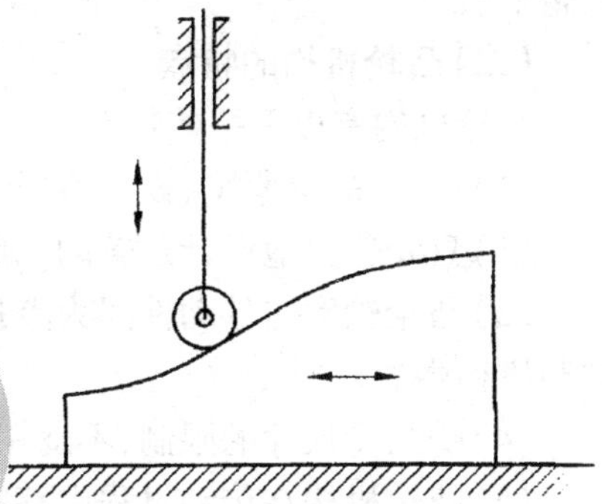

图 1. 3-30　移动凸轮

二、凸轮机构的类型和特点

(一)凸轮机构的分类

1. 按凸轮的形状分

(1)盘形凸轮:如图 1. 3-28 所示,这种凸轮是具有径向尺寸变化的盘状构件。当凸轮转动时,推动从动件在垂直于凸轮轴线的平面内往复移动。盘形凸轮由于结构简单,故应用较广,且多用于从动件行程较短的情况。

(2)移动凸轮:如图 1. 3-30 所示,当盘形凸轮的转动中心趋于无穷远时,凸轮相对于机架作直线移动,这种凸轮称为移动凸轮,当凸轮作往复直线运动时,推动从动件在同一平面内作往复直线移动,蒸汽机中的气阀机构就是采用移动凸轮

(3)圆柱凸轮:如图 1. 3-29 所示,圆柱凸轮可以看成是将移动凸轮卷成圆柱体而得到的。从动件可以作与凸轮轴线平行的往复直线移动。也可以绕与凸轮轴线垂直相错的轴线作摆动。

2. 按从动件的形状分

(1)尖端从动件:如图 1. 3-31(a)所示,从动件带有尖端。这种从动件与任何曲线形状的凸轮轮廓接触,实现预定的运动规律。但因它与凸轮轮廓之间为点接触,产生滑动摩擦,易于磨损,故只用在低速和受力不大的场合。

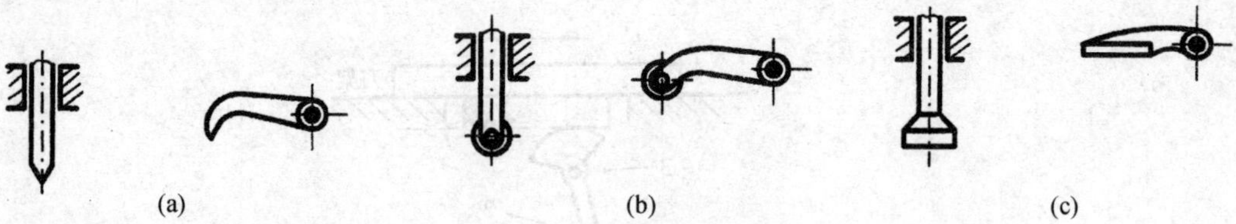

图 1.3-31　从动件的形状

(2)滚子从动件:如图 1.3-31(b)所示,从动件端部装有滚子与凸轮轮廓之间为线接触,产生滚动摩擦,固而磨损较小,可用于传递较大的动力。虽然滚子从动件的结构稍为复杂,尺寸、质量较大,但仍然在低速、重载场合得到广泛应用。

(3)平底从动件:如图 1.3-31(c)所示,从动件端部呈平底,当忽略摩擦因素时,这种凸轮作用于从动件的力始终与平底垂直,故传动效率较高;虽然工作时凸轮轮廓与从动件平底之间产生滑动摩擦,但如果设计恰当,可使接触处形成油膜,有减摩作用,且磨损分布在平底和凸轮的较大接触面上,所以适用于高速传动。其缺点是只能用在没有内凹轮廓和直线轮廓的盘形凸轮上。

(二)凸轮机构的特点

凸轮机构有以下一些特点:

(1)机构简单、紧凑,设计方便,工作可靠。

(2)只要适当地设计凸轮的轮廓曲线,便可使从动件获得预定的运动规律。

(3)凸轮轮廓与从动件间为点接触或线接触,容易磨损,所以凸轮机构多用于传力不大的控制机构中。

(4)受凸轮尺寸的限制,不适用于从动件工作行程较大的地方。

(5)凸轮机构在传动过程中存在惯性力,易产生冲击和振动,高速时尤为突出。

(6)凸轮轮廓曲线加工较困难。

三、凸轮机构的运动分析

图 1.3-32(a)所示的是一对心直动尖端从动件盘形凸轮机构。

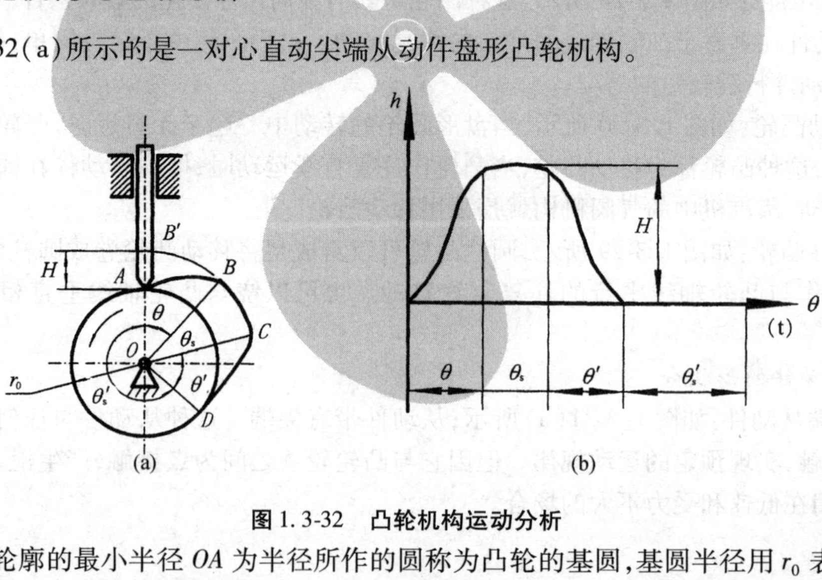

图 1.3-32　凸轮机构运动分析

以凸轮轮廓的最小半径 OA 为半径所作的圆称为凸轮的基圆,基圆半径用 r_0 表示,而曲线 $ABCD$ 则称为凸轮的轮廓曲线。从动件与凸轮在 A 点接触时,从动件处在最低位置。当凸轮作逆时针旋转时,从动件开始上升,从动件上升的距离称为升程,用 h 表示。当凸轮转过 θ 角,从动件与 B 点接触,升程达到最大值 H,H 就称为最大升程,而 θ 角则称为升程角。由于 BC 是与基圆同心的圆弧,故从 B 转到 C,从动件的升程不变,相对应的圆心角 θ_s 称为远休止角。凸轮继续转过 θ' 角,从动件逐渐下落到基圆,升程变为零,θ' 角称为回程角。凸轮轮廓曲线所对应的圆心角 Θ 称为凸轮作用角,由上述可得

$$\Theta = \theta + \theta_s + \theta' \tag{1.3-3}$$

基圆的圆心角 θ'_s 称为近休止角。从动件与基圆接触时,升程总是为零。近休止角与凸轮作用角的关系为

$$\theta'_s = 360° - \Theta \tag{1.3-4}$$

从动件的最大升程 H 等于凸轮轮廓曲线的最大半径 r_{max} 与凸轮基圆半径之差,即

$$H = r_{max} - r_0 \tag{1.3-5}$$

所谓从动件运动规律是指从动件由最低位置上升到最高位置,又从最高位置回到最低位置时,其运动参数——升程(位移)h、速度 v 和加速度 α 随凸轮转角 θ 变化的规律。图 1.3-32(b)所示的是从动件升程 h 与凸轮转角 θ 之间的关系曲线,称为从动件升程线图,图中纵坐标表示从动件的升程,横坐标表示凸轮转角。

第三节 间歇运动机构

作周期性的时动时停的机构,称为间歇运动机构。这种机构能将主动件的等速连续转动变为从动件的周期性间歇运动。间歇运动机构的种类很多,下面仅介绍常用的棘轮机构和槽轮机构。

一、棘轮机构

(一)棘轮机构的组成和工作原理

图 1.3-33 所示的棘轮机构是将摇杆的往复摆动转换为棘轮的单向间歇运动的机构。它主要由棘轮 1、棘爪 2、摇杆 3、止回爪 4 组成,弹簧 5 的作用是保证棘爪与棘轮接触良好。当摇杆作往复摆动时,连接于摇杆上的棘爪随摇杆一同作往复摆动。摇杆顺时针摆动,棘爪插入棘齿中,推动棘轮作顺时针转动。摇杆逆时针摆动,棘爪从棘齿上滑过,这时由于有止回爪抵住,棘轮不能作逆时针转动。因此,棘轮只能作顺时针间歇转动。

如要使棘轮能作双向间歇运动,则可把棘轮的齿制成矩形,而棘爪制成如图 1.3-34 所示的形状。当棘爪处在图示的实线位置时,棘轮可作逆时针方向的间歇转动;而当把棘爪绕其轴心 A 翻转到虚线所示的位置时,棘轮可作顺时针方向的间歇运动。

(二)棘轮机构的特点及其应用

齿式棘轮机构具有如下的特点:

1. 优点

结构简单、加工方便、运动可靠。

2. 缺点

(1)棘轮机构传动平稳性差,传递动力不大。

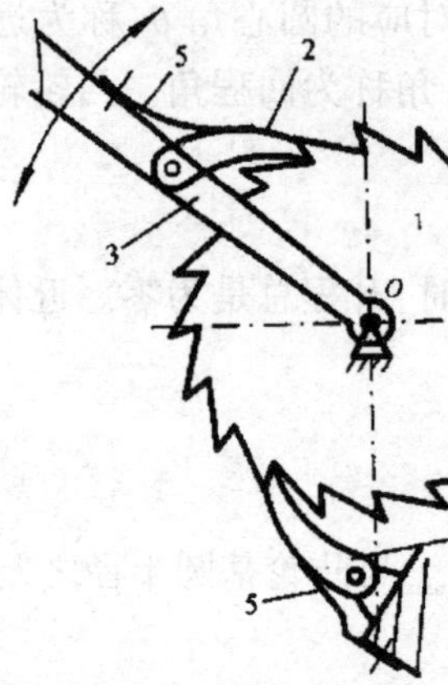

图 1. 3-33　棘轮机构

1—棘轮；2—棘爪；3—摇杆；4—止回爪；5—弹簧

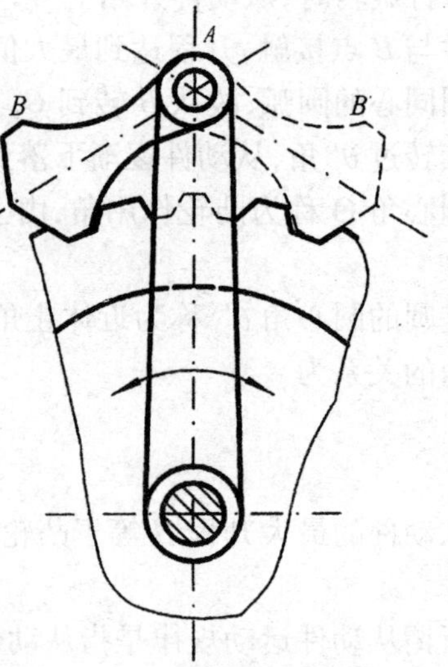

图 1. 3-34　双向棘轮结构

(2)棘爪在齿面滑行时引起噪声和齿尖磨损，不宜用于高速传动。

(3)为使棘爪顺利落入棘齿，摇杆摆角总要比棘轮的运动角大，有空程损失。

(4)棘轮的运动角以齿数为单位成有级变化。

上述缺点中，前两个缺点在高速时显得尤为明显。因此，齿式棘轮机构不宜用于高速和质量很大的传动轴上。齿式棘轮机构常用于各种机床的进给机构，如图 1. 3-3 所示的牛头刨床的横向进给机构、分度机构、自动机床的送料机构、自动计数机构等。此外，在起重设备中也常用棘轮机构来阻止鼓轮反转。

在轮机工程中，棘轮机构用于主机气缸注油器、储油箱内的凸轮轴转动等场合。

二、槽轮机构

(一)槽轮机构的组成和工作原理

图 1. 3-35 所示的槽轮机构由开有若干径向槽的槽轮 2、带有滚子 A 的销轮 1 和机架组成。主动销轮 1 作等速连续回转，当滚子 A 进入从动槽轮 2 的径向槽时，推动槽轮转动：滚子离开径向槽后，槽轮停止转动，从而将主动轮 1 的等速转动变换为从动轮的间歇转动。为使槽轮停歇在准确的位置上，并防止工作过程中槽轮发生偏移，机构应有定位装置。

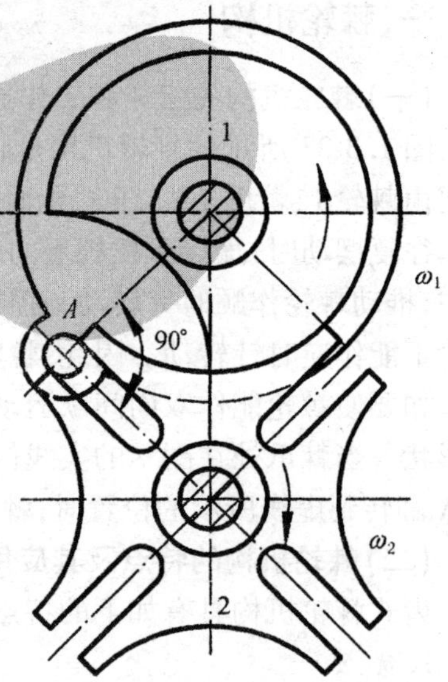

图 1. 3-35　槽轮机构

(二)槽轮机构的特点及其应用

槽轮机构具有结构简单、外形尺寸小、效率高、转动平稳等优点，故多用于各种自动机械的进给机构和转位机构。图 1. 3-36 是六角自动车床的转位机构。轴Ⅰ的转动通过齿轮 1、2 传给轴Ⅱ，再通过销轮 3 使槽轮 4 作间歇运动，以实现六角刀架 8 的转位。定位销 7 由凸轮 5 通过连杆控制。

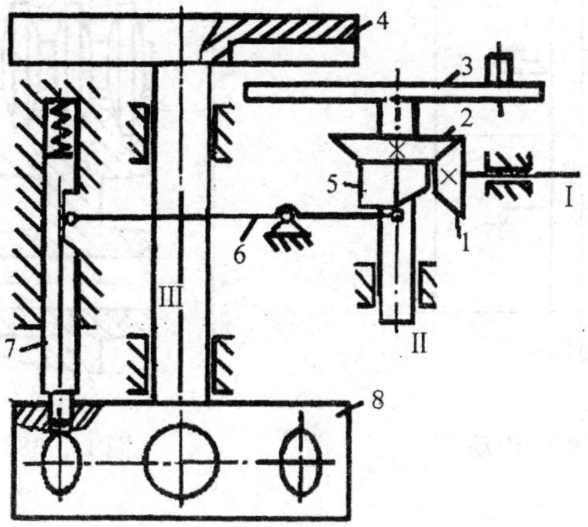

图 1. 3-36　六角自动车床的转位机构

第四节　摩擦轮传动

一、摩擦轮传动的工作原理、类型及特点

（一）摩擦轮传动的工作原理

图 1. 3-37 是最简单的摩擦轮传动，它由 2 个互相压紧的圆柱摩擦轮组成。正常工作时，动轮 1 可借摩擦力的作用带动从动轮 2 回转，并使传动基本上保持固定的传动比。设 N 为两轮接触面的法向压力，f 为轮面材料的摩擦系数，则传动在接触面间的最大摩擦力为 f_N，此摩擦力应大于或等于带动从动轮所需的工作圆周力 F，即

$$f_N \geqslant F \tag{1. 3-6}$$

如果 $f_N < F$，那么主动轮就带不动从动轮回转，而在从动轮的轮面上打滑。

（二）摩擦轮传动的类型

常见的摩擦轮传动可分为圆柱平摩擦轮传动（图 1. 3-37）、圆柱槽摩擦轮传动（图 1. 3-38）和圆锥摩擦轮传动（图 1. 3-39）。前两种传动用于平行轴之间，后一种传动用于相交轴之间。在动力传动中，摩擦轮传动的传动比可达 7，传递的功率一般不超过 20 kW，圆周速度最高可达 25 m/s。

图 1. 3-40 所示的是由圆盘和圆柱所组成的摩擦无级变速传动。设圆盘为主动轮，并以一定的转速回转，则从动轮的轮速可随圆柱在圆盘上的位置不同而改变。

（三）摩擦轮传动的特点

1. 摩擦轮传动优点

（1）传动平稳无噪声。（2）结构简单，成本低廉。（3）过载时打滑，从而避免了其他机件的过载损坏。（4）有些结构形式能连续不断地改变从动轮的速度，即能进行无级调速。

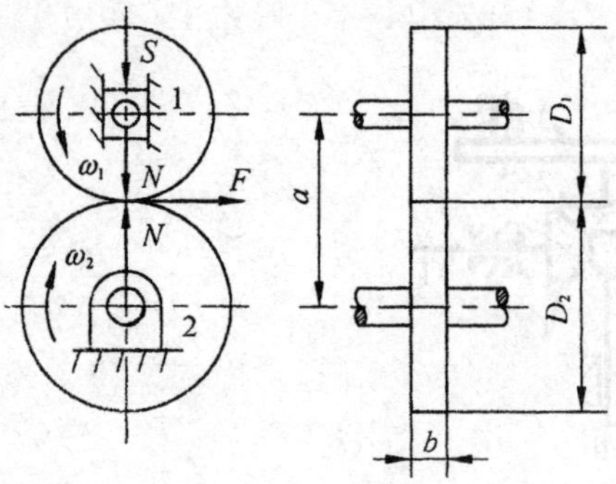

图 1.3-37 圆柱平摩擦轮传动

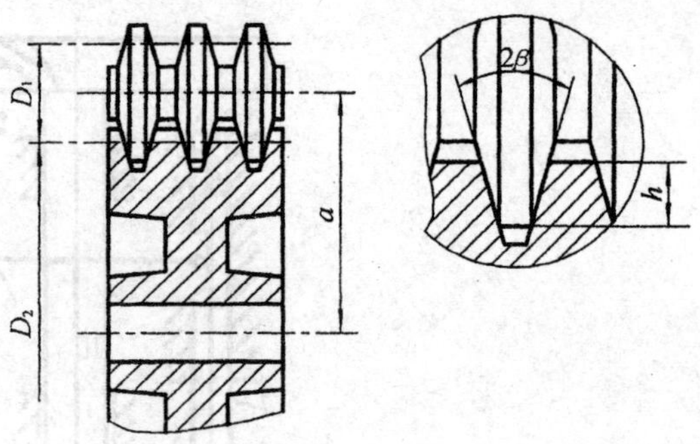

图 1.3-38 圆柱槽摩擦轮传动

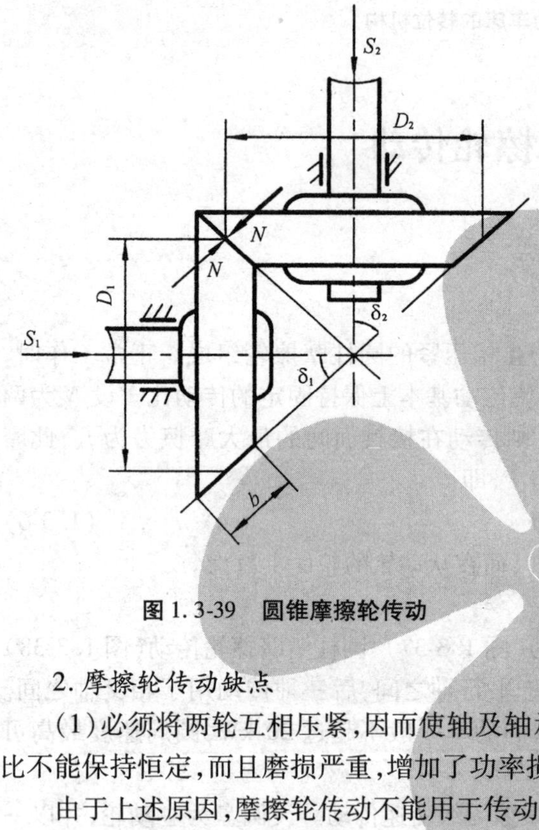

图 1.3-39 圆锥摩擦轮传动

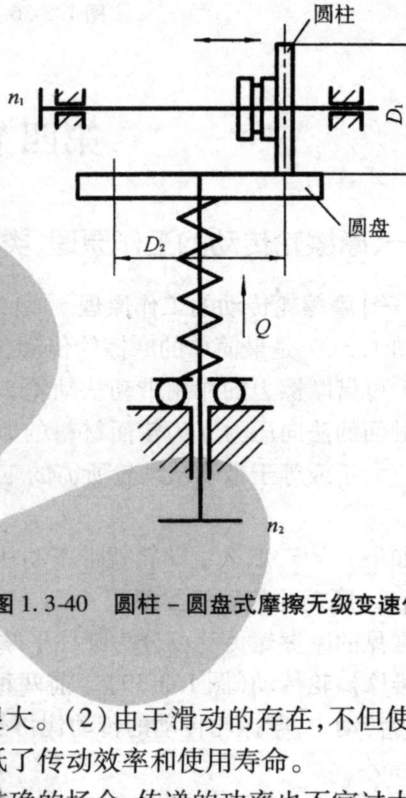

图 1.3-40 圆柱－圆盘式摩擦无级变速传动

2. 摩擦轮传动缺点

(1)必须将两轮互相压紧,因而使轴及轴承受力很大。(2)由于滑动的存在,不但使传动比不能保持恒定,而且磨损严重,增加了功率损失,降低了传动效率和使用寿命。

由于上述原因,摩擦轮传动不能用于传动比要求准确的场合,传递的功率也不宜过大。

二、摩擦轮传动中的滑动

摩擦轮传动工作时,在 2 个摩擦轮的接触面间可能产生弹性滑动、打滑和几何滑动。

(一)弹性滑动

在压力的作用下,一对摩擦轮的接触处将因材料的弹性变形而构成形如平面的接触区,如图 1.3-41 所示。当传递功率时,在该平面上受有摩擦力的作用,从而使主动轮 1 表面上任一微块在通过接触区的过程中由压缩逐渐变为拉伸,而从动轮 2 上的对应微块则由拉伸逐渐变为压缩,因此彼此之间就产生了相对滑动。这种由于材料弹性变形而产生的滑动称为弹性滑动。由于弹性滑动的存在，导致了从动轮的速度落后于主动轮的速度。设 v_1 为主动轮的圆周速度，v_2 为从动轮在有弹性滑动时的圆周速度，则速度损失率（或称滑动率）为

$$\varepsilon = \frac{v_1 - v_2}{v_1} \times 100\%$$

在其他条件相同时，不同的摩擦轮材料有不同的 ε 值。

弹性滑动在使摩擦轮传动产生速度损失的同时，还导致功率损失。摩擦轮材料的弹性模量越低，这两项损失将越大。弹性滑动可以通过采用高弹性模量材料制造轮面的方法予以减轻，但不能根除。

（二）打滑

当传动不过载时，接触面上的诸微摩擦力之和等于从动轮上的圆周阻力。如果该圆周力增大并大于最大摩擦力 f_n 值时，从动轮停转，全部接触表面将发生滑动，称为打滑。刚要打滑时的载荷是传动的极限载荷。经常发生打滑会使轮面产生严重磨损，从而降低使用寿命。通常在起动和剧烈变速等短时间内出现过载而引起短时的打滑是难以避免的，但在正常工作时则不应发生打滑现象。

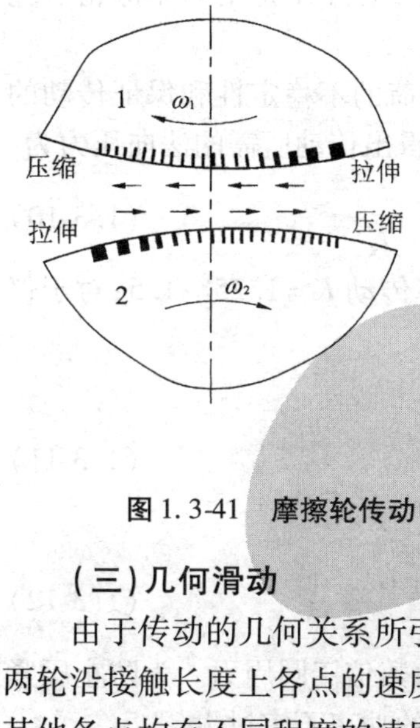

图 1.3-41　摩擦轮传动中的弹性滑动

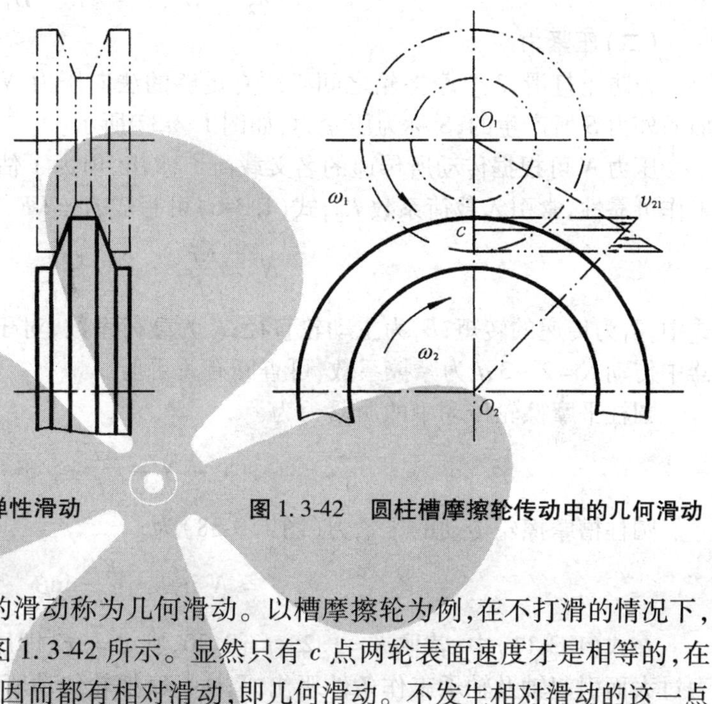

图 1.3-42　圆柱槽摩擦轮传动中的几何滑动

（三）几何滑动

由于传动的几何关系所引起的滑动称为几何滑动。以槽摩擦轮为例，在不打滑的情况下，两轮沿接触长度上各点的速度如图 1.3-42 所示。显然只有 c 点两轮表面速度才是相等的，在其他各点均有不同程度的速度差，因而都有相对滑动，即几何滑动。不发生相对滑动的这一点 c 称为节点，过节点的摩擦轮直径称为节圆直径。节点位置随着传递扭矩的大小而改变，节圆直径也相应改变，所以有几何滑动的摩擦轮传动的传动比不可能为常数。几何滑动并不是在所有摩擦轮传动中都存在，如在圆柱平摩擦轮和锥顶交于一点的圆锥摩擦轮传动中就没有几何滑动。

几何滑动不仅影响传动比的准确性，而且会加剧磨损，降低效率和使传动发热。因此，在设计有几何滑动的传动时，应尽量减少接触长度。

三、摩擦轮传动的传动比和压紧力

(一)传动比

如图 1.3-37 所示,设主动轮和从动轮的直径分别为 D_1 和 D_2(对圆柱槽摩擦轮是指平均直径),主动轮和从动轮的实际转速分别为 n_1 和 n_2。当忽略弹性滑动时,可认为 2 个摩擦轮的圆周速度相等,故可得其传动比为

$$i = \frac{n_1}{n_2} = \frac{D_2}{D_1} \tag{1.3-7}$$

当考虑弹性滑动时,由于存在速度损失率 ε,则两摩擦轮的圆周速度不等,故其实际传动比为

$$i = \frac{n_1}{n_2} = \frac{D_2}{D_1(1-\varepsilon)} \tag{1.3-8}$$

由于摩擦轮传动正常工作时速度损失率 ε 较小,因此式(1.3-8)可表示

$$i = \frac{n_1}{n_2} = \frac{D_2}{D_1(1-\varepsilon)} \approx \frac{D_2}{D_1} \tag{1.3-9}$$

(二)压紧力

为防止打滑,2 个摩擦轮之间必须有足够的法向压力 N。法向压力 N 是由对摩擦轮所施加的外力 S 所产生的,S 称为压紧力,如图 1.3-37 所示。

压力 N 可根据传动所传递的名义载荷 F 求出,但为了估计载荷的不稳定性和保证传动的工作可靠性,常引入载荷系数 K_0,式(1.3-6)可写成 $f_N = KF$,由此得出传动所需的法向压力为

$$N = \frac{KF}{f} = \frac{K}{f} \cdot \frac{2T_1}{D_1} \tag{1.3-10}$$

式中,T_1 为传递的转矩;D_1 为主动轮直径;K 为载荷系数,对于功率传动 $K = 1.25 \sim 1.5$;对于仪器中传动 $K = 2 \sim 3$;f 为摩擦系数,可查阅有关手册。

圆柱平摩擦轮传动中的压紧力为

$$S = N = \frac{KF}{f} \tag{1.3-11}$$

圆柱槽摩擦轮传动的压紧力(图 1.3-38)为

$$S = N\sin\beta = \frac{KF}{f}\sin\beta \tag{1.3-12}$$

在式(1.3-11)中,若取 $K = 1.25$,$f = 0.20$,则 $S = 6F$,即压紧力数倍于圆周力。为防止压紧力过大而引起轴及轴承工作条件恶化,圆柱平摩擦轮传动所传递的功率不宜过大。

比较式(1.3-11)与式(1.3-12),若取 $\beta = 15°$,则在相同的工作条件下,槽摩擦轮传动所需的压紧力约为圆柱平摩擦轮传动的 1/4。若 β 角再取小些,压紧力还可进一步减小。但当 $p \leq \arctan f$ 时,两轮在卸去压紧力后,仍将互相楔紧,需借助外力才能使其分离,因此 β 角也不宜过小,通常取 $\beta = 12° \sim 18°$。由于槽摩擦轮传动有较大的几何滑动,故只宜用于低速传动。

四、摩擦轮传动的传动效率

摩擦轮传动中的功率损失主要包括滚动摩擦损失、弹性滑动损失和轴承摩擦损失 3 部分。对于槽摩擦轮传动,还有接触面间的几何滑动损失。

包括轴承损失,摩擦轮传动的效率一般在 70% ~95% 范围内。要提高摩擦轮传动的效

率，可以从材料选择和结构设计两方面着手。选用弹性模量高、轮面硬度大的材料时，可使接触面间的损失降低，但同时会因摩擦系数小而需增大压紧力，致使轴承损失增加。如果选用摩擦系数大的材料，虽能使压紧力降低而减少轴承损失，但往往又会使接触面间的损失增加。在结构设计方面，尽量采用直径大的摩擦轮，这样可以减少压紧力和提高传动效率。在载荷较大而且有变化的传动中，如能采用压紧力可随载荷变化的压紧方法或采用能卸除轴上载荷的结构，对提高传动效率是十分有利的。

第五节　皮带传动

一、带传动的工作原理和传动带的类型

（一）带传动的工作原理

如图 1.3-43 所示，带传动一般是由主动带轮 1、从动带轮 2 及紧套在 2 个带轮上的带 3 组成。带传动静止时，由于带张紧在带轮上，带与带轮接触面间产生压力。当主动轮回转时，带与带轮接触面间产生摩擦力，主动轮依靠摩擦力拖动带运动。同理，带又依靠摩擦力拖动从动轮转动。因此，带传动是靠带与带轮接触面间的摩擦力将主动轴的运动和动力传递给从动轴，即带传动是通过中间挠性件进行摩擦传动的。

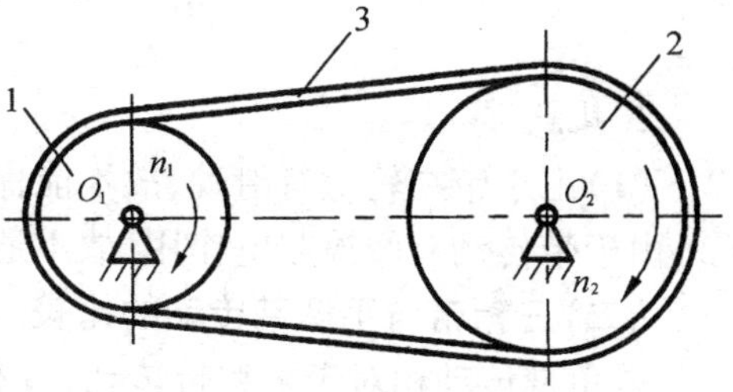

图 1.3-43　带传动的工作原理

（二）传动带的类型

带传动分为靠摩擦传动和靠啮合传动的两类。平型带、三角带、圆带和多楔带等都是靠摩擦传动的，如图 1.3-44(a)、(b)、(c)和(d)所示。其中，平型带和三角带应用最广，圆带只能传递很小的功率，多楔带兼有平型带和三角带的优点，传动平稳，结构尺寸小。而同步齿形带则是靠带的内面的凸齿与带轮轮齿啮合传动的，如图 1.3-44(e)所示。同步齿形带传动兼有链传动的优点，传动比准确，轴上压力小，但制造和安装要求较高。

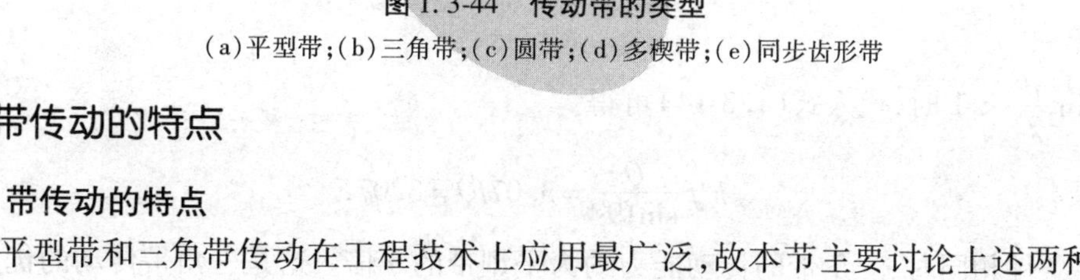

图 1.3-44　传动带的类型

(a)平型带；(b)三角带；(c)圆带；(d)多楔带；(e)同步齿形带

二、带传动的特点

（一）带传动的特点

由于平型带和三角带传动在工程技术上应用最广泛，故本节主要讨论上述两种带传动。如图 1.3-45 所示，平型带和三角带传动相对于其他类型的机械传动（如齿轮传动）具有以下一些特点：

1. 优点

(1)带富有弹性,能吸振缓冲,运转平稳,无噪声。(2)过载时,带在轮上打滑,能保护其他零件免遭破坏。(3)允许中心距较大,结构简单,制造和维修都较方便。

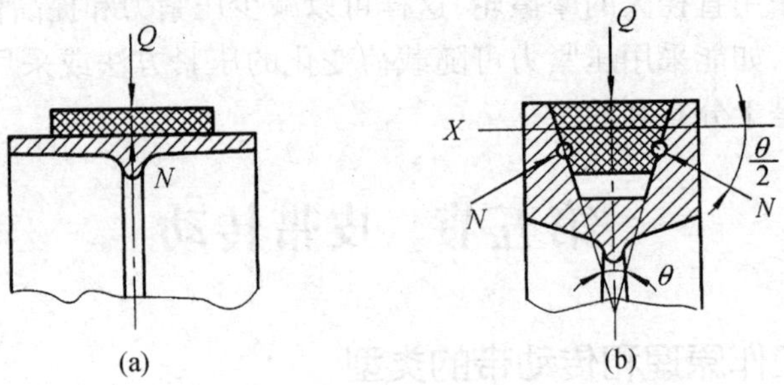

图 1.3-45　平型带与三角带摩擦力的比较

(a)平型带;(b)三角带

2. 缺点

(1)由于带在轮上有滑动,故不能保证准确的传动比。(2)传动效率较低,带的寿命较短。(3)由于带传动有摩擦起电作用,故不适用于有爆炸危险的场合。

(二)三角带与平型带传动的比较

三角带传动相对于平型带传动,具有如下特点:

(1)三角带传动的传动能力较强

平型带以带的内表面与轮缘接触,三角带则以带的两侧面与轮槽接触,如图 1.3-45 所示。设平型带对轮的压紧力为 Q,则平型带工作面上产生正压力 N,且 $N=Q$,故平型带与轮缘之间产生的摩擦力为

$$F=fN=fQ \tag{1.3-13}$$

式中,f 为带与轮缘之间的摩擦系数。

当三角带对带轮的压紧力同为 Q 时,在三角带每个工作面上产生正压力 N,且 $N=\dfrac{Q}{2\sin\frac{\theta}{2}}$,故三角带与轮槽之间产生的摩擦力为

$$F'=2fN=f\frac{Q}{\sin\frac{\theta}{2}} \tag{1.3-14}$$

式中,f 为带与轮槽的摩擦系数;θ 为轮槽夹角。

因为 $\sin\frac{\theta}{2}<1$,所以在摩擦系数 f 相同的情况下,$F'>F$。一般轮槽夹角口取 34°~38°。

当 $\sin\frac{\theta}{2}<1$ 时,代入式(1.3-14)可得

$$F'f\frac{Q}{\sin19°}=3.07fQ=3.07F$$

故在条件相同时,三角带的传动能力约为平型带的 3 倍。这是三角带传动的优点之一。

(2)三角带为环形,没有接头,运行平稳。

(3)通常三角带数根同时使用,其中一根损坏不会导致机器立即停车。但三角带根数过

多时，会使受载不均匀。

(4)三角带寿命较短。带轮有槽，加工不如平型带轮简单。传动效率亦较低。

三、带传动的受力分析及其弹性滑动和打滑

(一)受力分析

由带传动的工作原理可知，带传动是靠带与带轮接触面间的摩擦力来传递运动和动力的。因此，带必须以一定的初拉力 F_0 紧套在带轮上，使带与带轮间产生一定的正压力，如图 1.3-46(a)所示。当带传动静止时，带两边的拉力相等，且都等于初拉力 F_0。当带传动传递动力时，主动带轮转动通过带与带轮接触面间摩擦力带动从动带轮转动。故带两边的拉力也相应地发生变化。在带进入主动带轮的这一边被拉紧，拉力由 F_0增至 $F_1(F_1>F_0)$，称为紧边。带进入从动带轮的一边被放松，拉力由 F_0减至 $F_2(F_2<F_0)$，称为松边。紧边拉力与松边拉力之差就是带所传递的圆周力 F_t，即 $F_t=F_1-F_2$。

图 1.3-46(b)所示为传递动力后带与带轮的受力图。取左半部的带(即主动带轮一边)为分离体，其上作用有紧边拉力 F_1、松边拉力 F_2以及带轮作用于带的摩擦力总和 $\sum F$(如图中

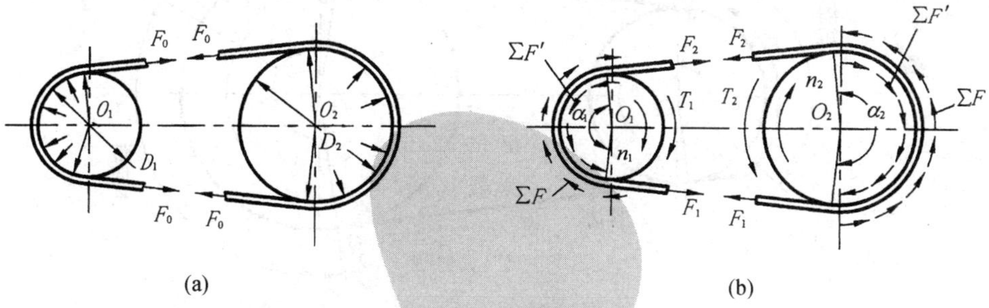

图 1.3-46 带传动的受力分析

轮外箭头所示)。由力的平衡条件得

$$F_1=F_2+\sum F$$

即

$$F_1-F_2=\sum F \tag{1.3-15}$$

带轮作用于带的摩擦力总和等于紧边拉力与松边拉力之差。带所传递的圆周力 F。称为有效圆周力，等于带轮作用于带的摩擦力的总和 $\sum F$，即

$$F_t-\sum F=F_1-F_2 \tag{1.3-16}$$

由理论分析可知，$\sum F$ 随摩擦系数 f 和包角 α(传动带与带轮接触弧所对应的中心角称为包角，如图 1.3-46(b)的增大而增大，因而应设法增大摩擦系数 f 和包角 α 来提高带传动的承载能力。此外，$\sum F$ 还随初拉力 F_0 的增大而增大。因为 F_0 越大，带压在带轮上的压力也就越大，所以摩擦力的总和也越大。另外，在最大摩擦力范围内，$F_t=\sum F$ 将随着带传动所传递的功率的增大而增大。

(二)弹性滑动

带是具有弹性的物体，受力后将产生弹性变形。当拉力增加时，其弹性伸长也增加。当拉力减少时，带的弹性伸长将会减少，如图 1.3-47 所示。传动带的紧边速度 v 与主动轮轮面的

圆周速度 v_1 相等。当传动带由紧边过渡到松边时，拉力由 F_1 逐渐降低到 F_2。因此，自某点 B' 开始，带的弹性拉伸变形逐渐减小。传动带由点 B' 到点 C，因弹性拉伸变形的减小而向点 B' 缩回。收缩时的弹力克服 $B'C$ 弧上的摩擦力 $\sum F$，使带与轮面产生相对滑动。这种由于拉力差及带的弹性变形量的改变而引起传动带与轮面在局部接触弧上的相对滑动，称为弹性滑动。在带传动的过程中，松、紧边拉力不相等的现象始终存在，带的弹性变形量也必然会改变，故弹性滑动是不可避免的。

与主动轮相似，从动轮上自某点 E' 开始。带的伸长量逐渐加大。因此，在 $E'G$ 弧上也要产生弹性滑动。弹性滑动除造成功率损失和带的磨损外，还能引起从动轮圆周速度的损失。当不考虑弹性滑动的影响时，主动轮与从动轮的圆周速度相等，即 $v_1 = v_2$。但由于弹性滑动的存在，在主动轮面上的传动带有收缩，使带的松边速度 v_2 小于主动轮的圆周速度 v_1。在从动轮的 EE' 弧上，带与轮面无相对滑动，所以从动轮的圆周速度与松边速度相等，亦为 v_2，而小于主动轮圆周速度 v_1，造成圆周速度损失。速度损失的程度用滑动率 ε 表示。

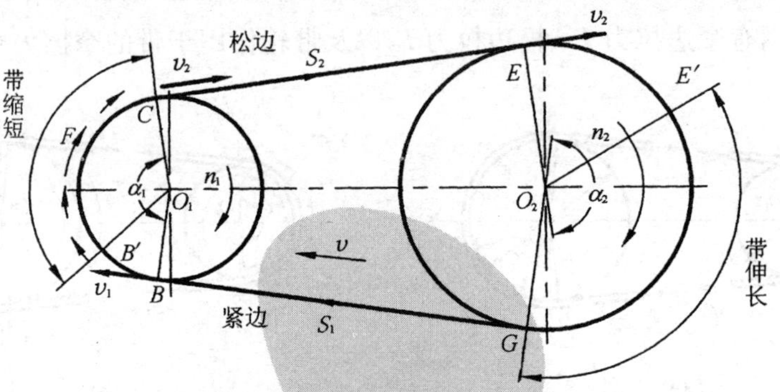

图 1.3-47　传动带的弹性变形

$$\varepsilon = \frac{v_1 - v_2}{v_1}$$

将 $v = \pi Dn$ 代入上式，可得考虑弹性滑动影响时带传动的传动比公式

$$n_2 = \frac{D_1}{D_2}(1-\varepsilon)n_1, i = \frac{n_1}{n_2} = \frac{D_2}{(1-\varepsilon)D_1}$$

式中，n_1、n_2 分别为主、从动带轮的转速；D_1、D_2 分别为主、从动带轮的直径。

滑动率 ε 的值与弹性滑动的大小有关，亦即与带的材料和受力大小等因素有关，不能得到准确的数值。因此，靠摩擦的带传动不能得到准确的传动比。因为 ε 值很小，粗略计算时可忽略不计，故传动比公式可简化为

$$I = \frac{n_1}{n_2} \approx \frac{D_2}{D_1} \tag{1.3-17}$$

（三）打滑

当带传动传递的载荷增大时，紧边与松边的拉力 F_1 与 F_2 的差值增大，弹性滑动的范围亦将扩大。当载荷大到某一数值时，带传动所传递的圆周力 F_t 大于摩擦力总和的最大值 $\sum F_{max}$，带与小带轮在整个接触弧上产生相对滑动。这种由于载荷过大，引起传动带与小带轮轮面在整个接触弧上的相对滑动，称为打滑。

带传动产生打滑以后，不能再继续正常工作。因此，打滑应尽量避免。

四、带传动的失效形式

(一)打滑

如前所述,当带传动所传递的圆周力 F_t 大于传动带与带轮轮缘间摩擦力总和的最大值 $\sum F_{max}$ 时,带传动将出现打滑现象而不能正常工作,从而导致失效。

产生打滑的原因除和带传动传递的载荷过大有关以外,还和传动带的初拉力 F_0(即传动带的预张紧力)不够、传动带长期工作后产生蠕变而使传动带长度增加、传动带的磨损造成松弛等因素有关。打滑严重时,温度急剧升高,传动带断裂。

(二)疲劳破坏

1. 应力分析

带传动工作时,传动带受有3种不同的应力,如图1.3-48所示。

(1)紧边拉应力 σ_1 和松边拉应力 σ_2

传动带在绕过主动轮时,拉应力由 σ_1 逐渐降低为 σ_2。而在从动轮上,拉应力则由 σ_2 逐渐增大到 σ_1。

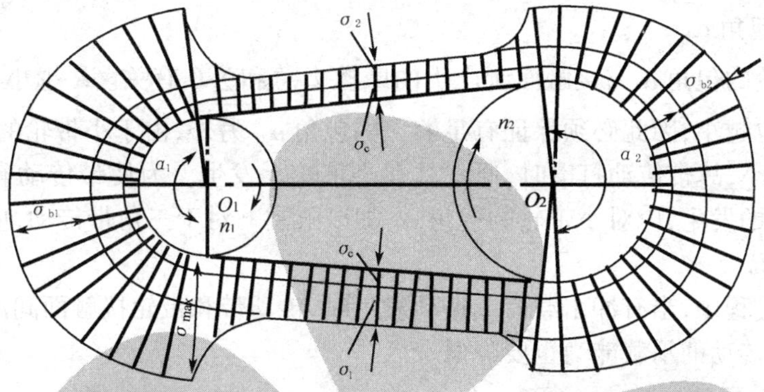

图1.3-48 传动带的应力分布

(2)由离心力产生的拉应力 σ_c

当传动带沿轮缘作圆周运动时,将产生离心力,此离心力使传动带在全长上均受到拉应力 σ_c,且 σ_c 与传动带的速度 v 的平方成正比。

(3)弯曲应力 σ_b

传动带绕过带轮时产生弯曲应力 σ_b,显然传动带在小带轮上的弯曲应力较大,而且带轮直径越小,传动带的厚度越厚,弯曲应力越大。

由上述分析可知,在减速带传动中,带的最大应力发生在带进入主动轮处(即带向小轮缠绕的开始点)。

2. 疲劳破坏

由传动带的应力分析可知,带传动在工作时,带中的应力是变化的,因此传动带是在交变应力状态下工作。在传递的功率一定时,应力循环次数达到一定值后,传动带将因疲劳而发生脱层、松散甚至断裂。传动带的疲劳破坏会随着带速的提高和带轮直径的减小而加快。

三角带传动中,影响传动带疲劳寿命的主要因素是弯曲应力。

五、影响带传动能力的因素

(一)传动带初拉力 F_0

如前所述,初拉力 F_0 的大小将影响到传动带与带轮轮缘间产生的摩擦力总和 $\sum F$ 的大小。F_0 越小,所能产生的 $\sum F$ 也越小,带传动的传动能力也就越小,同时,F_0 过小时还将使带传动产生打滑现象。为使传动带套在带轮上有一定的初拉力,一些带传动还设有张紧装置。提高 F_0 可以提高带传动的承载能力。但 F_0 过大将会使传动带的寿命降低,使作用在轴上的压力增大,从而轴承负荷增大。另外,F_0 过大还容易使传动带失去弹性,在短期内即松弛,其结果还是使 F_0 降低。为了保证带传动的正常工作,传动带的初拉力 F_0 应取一个合适的值。

(二)传动带速度 v

传动带速度 v 的增大将会使传动带的离心拉应力 σ_c 增大,同时会使传动带与带轮间的压力减小,摩擦力也随之减小,带传动的承载能力降低。因此带传动的带速 v 不宜取得过高。但是,带传动传递的功率 $N = F_t \cdot v$,当 F_0 一定时,v 的减小又导致带传动传递功率的降低,故 v 过低对带传动的工作也不利。对于三角带传动,v 应限制在 5 ~ 25 m/s 范围内。

(三)小带轮包角 α_1

传动带与带轮的包角 α 与接触面所产生的摩擦力总和 $\sum F$ 有关。α 越小,$\sum F$ 越小,带传动的承载能力也越小,因此必须保证有足够大的包角 α。另外,由于小带轮的包角 α_1 总比大带轮的包角 α_2 要小,故带传动打滑时,通常是在小带轮上发生。为使带传动有足够的承载能力,防止打滑现象的发生,应对小带轮的包角 α_1 加以限制。对于三角带传动,应使 $\alpha_1 \geqslant 120°$。

(四)工作情况

带传动工作过程中,当有冲击载荷或振动发生时,传动带和带轮接触面间所产生的摩擦力就要降低,因而带传动的承载能力也要降低。

(五)传动带的寿命

带传动工作时,传动带的各截面均处于交变应力状态。为保证传动带的使用寿命。防止疲劳破坏过早发生,应对每秒钟内传动带所受交变应力的循环次数加以限制。通常,传动带每秒钟绕轮的次数以小于 10 ~ 15 次为好。

第六节　链传动

一、链传动的工作原理及特点

(一)链传动的工作原理

如图 1.3-49 所示的链传动是由主动链轮 1、从动链轮 2 和链条 3 所组成。通过链条的链节与链轮上的轮齿相啮合来传递运动和动力,因此链传动是一种依靠中间挠性件(链条)的啮合传动。

(二)链传动的特点

与带传动比较,链传动有下述特点。

1. 优点

(1)能保持准确的平均传动比。(2)结构紧凑,承载能力大。(3)链轮张紧力较小,故轴上作用力亦较小。(4)传动效率较高，且能在温度较高、湿度较大的环境中使用。

2. 缺点

(1)只能用于平行轴间传动，且两轴转向相同。(2)要求安装精度高，制造费用较大。(3)工作时有噪声。(4)瞬时传动比是变化的，故传动平稳性较差(不能用于高速传动)。(5)无过载保护作用。

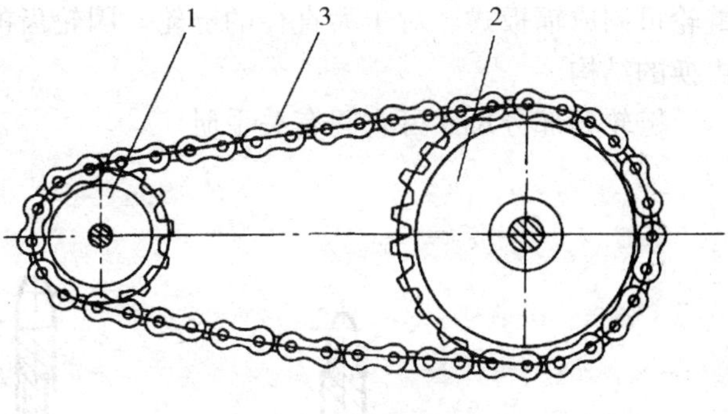

图 1.3-49　链传动

1—主动链轮；2—从动链轮；3—链条

因此，链传动主要用于两轴中心距较大，而又要求平均传动比准确的场合，一般传动比 $i \leqslant 6$，传递功率 $N \leqslant 100$ kW，链速 $v \leqslant 12 \sim 15$ m/s。链传动广泛应用于矿山机械、石油机械、农业机械和轻工机械中。在船舶机械中，链传动主要用于某些柴油机凸轮轴的驱动、进排气定时的传动以及液压升降机的传动等。

二、传动链和链轮

(一)传动链

传动链按结构不同主要有套筒滚子链和齿形链 2 种。在一般的机械传动中，套筒滚子链的应用最广。如图 1.3-50 所示。套筒滚子链是由内链板 1、外链板 2、销轴 3、套筒 4 和滚子 5 组成。滚子与套筒之间以及销轴与套筒之间均为间隙配合，而套筒与内链板、销轴与外链板之间则均用过盈配合连接。当链条与链轮轮齿啮合时，轮齿表面与滚子之间为滚动摩擦，从而减小了磨损。相邻两滚子轴线间的距离称为链的节距 p，它是链传动的主要参数。

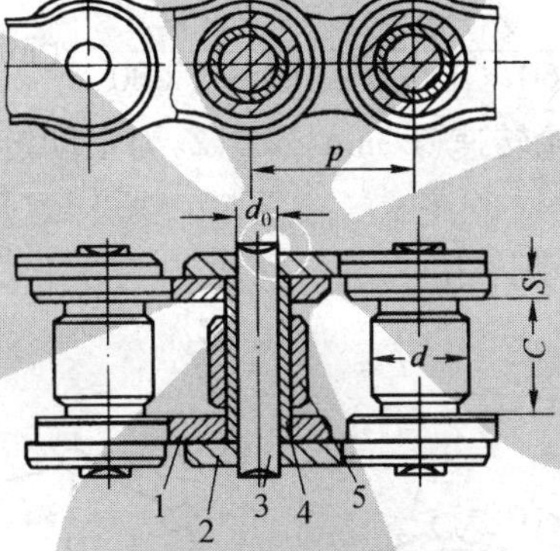

图 1.3-50　套筒滚子链

1—内链板；2—外链板；3—销轴；4—套筒；5—滚子

套筒滚子链已标准化，其结构、基本参数和尺寸可查阅有关手册。

(二)链轮

链轮的基本参数是节距 P、齿数 Z 和配用链条的滚子外径 d。链轮公称链节距和配用链条的公称链节距必须相等。

链轮的齿形直接影响链传动的质量。为此，链轮的齿形应满足链条进入和退出啮合时不发生干涉、尽量减少与链节啮合时的冲击和接触应力、齿形加工工艺性良好等要求。

链轮轮辐结构形式有多种，如图 1.3-51 所示。其中，小直径链轮可制成整体式，中等尺寸链轮可制成辐板式。对于大直径的链轮。因轮齿的磨损是主要失效形式，故常采用齿圈可以更换的结构。

链轮各部分尺寸可查阅有关手册。

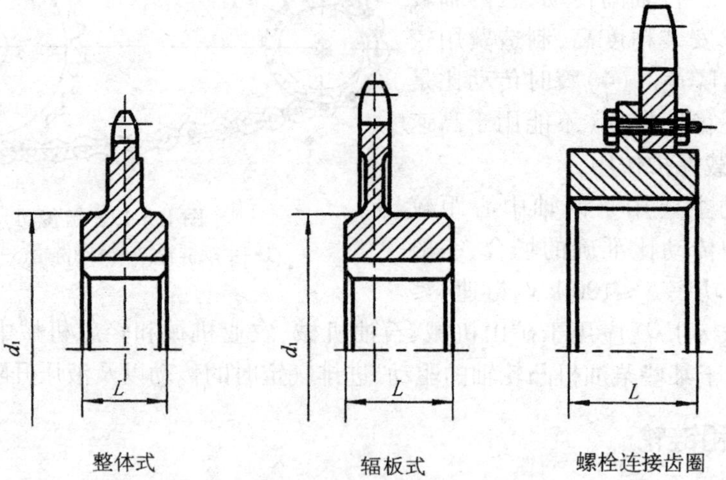

图 1. 3-51　链轮的结构

三、链传动的运动特性

(一) 平均传动比

链传动的运动情况相当于绕在多边形带轮上的带传动，如图 1. 3-52 所示。多边形的每边长度相当于链节距 P，边数相当于链轮齿数 Z。轮每转一周，带转过的长度应为 ZP，故链速为

$$v = \frac{Z_1 P n_1}{60 \times 1\,000} = \frac{Z_2 P n_2}{60 \times 1\,000} \quad (\mathrm{m/s})$$

式中，n_1、n_2为主动链轮、从动链轮转速(r/min)；Z_1、Z_2为主动链轮、从动链轮齿数；P 为链节距(mm)。

由此，可得链传动的平均传动比为

$$i = \frac{n_1}{n_2} = \frac{Z_2}{Z_1} \tag{1. 3-18}$$

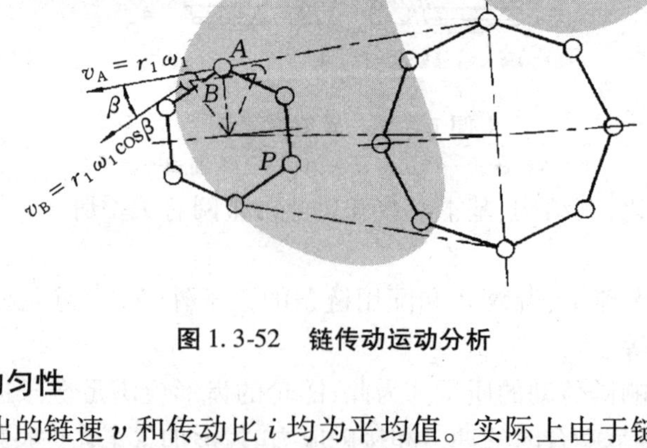

图 1. 3-52　链传动运动分析

(二) 运动的不均匀性

显然，由上述求出的链速 v 和传动比 i 均为平均值。实际上由于链传动的多边形效应瞬时链速和瞬时传动比均是变化的。如图 1. 3-52 所示，当主动链轮以等角速度 ω_1 匀速转动时

铰链点 A 的速度(即链轮节圆的圆周速度)也是链条的瞬时速度,其值为 $v_A = r_1\omega_1$ 。当铰 A 点转到 B 点时,链轮节圆的圆周速度不变,此时链条的瞬时速度为 $v_B = r_1\omega_1\cos\beta$,铰链由 A 到 B 点 β 角是变化的,所以链的瞬时速度是随 β 角的改变而不断地变化。因此,引起了链传动运动的不平稳。由于链传动瞬时传动比的变化,使链传动产生附加的动载和冲击,并将加速链的损坏和链轮轮齿的磨损。链轮的转速越高,链节距越大,链轮齿数越少,工作时的动载荷将会越大。故链传动不适用于高速传动。

第七节　齿轮传动

齿轮传动是最重要的一种传动机构,它的应用范围非常广泛。所传递的功率可以从几千瓦到十万千瓦;圆周速度可以从很低到 300 m/s;直径可由数毫米到 20 多米。因此,在金属切削机械、交通运输机械、矿山冶金机械、纺织轻工机械等机械设备中,无论是主要机构还是辅助机构,都大量采用齿轮传动。

齿轮是圆周上有齿的轮。工作时利用一个齿轮轮齿的侧面推动另一个齿轮轮齿的侧面来传递运动和动力,而轮齿的顶部和根部是不发生接触的。

一、齿轮传动的类型和特点

(一)齿轮传动的类型

齿轮传动的类型很多,通常可以从下述 3 个方面进行分类。

1. 按两轴相对位置分类

(1)平行轴传动

如图 1.3-53 所示,平行轴传动是利用 2 个圆柱齿轮来实现的。圆柱齿轮由于轮齿的齿向不同,又可分为直齿圆柱齿轮[图 1.3-53(a)]、斜齿圆柱齿轮[图 1.3-53(b)]、人字齿圆柱齿轮[图 1.3-53(c)]。圆柱齿轮传动按两轮转向的异同,又可分为外啮合圆柱齿轮传动(图 1.3-53)和内啮合圆柱齿轮传动(图 1.3-54)。前者两轮转向相反,后者两轮转向相同。若一对外啮合齿轮传动中的一个齿轮半径为无限大时,齿轮即变为齿条,这种传动称为齿轮齿条传动(图 1.3-55),当齿轮转动时,齿条作直线运动。

(a)　　(b)　　(c)

图 1.3-53　外啮合圆柱齿轮传动

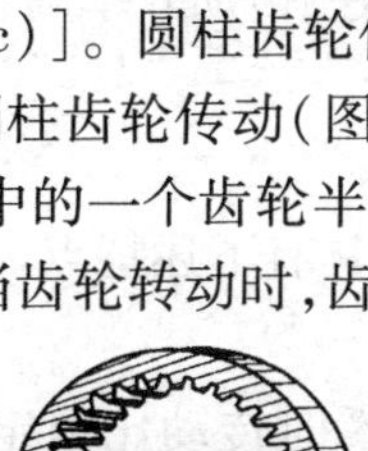

图 1.3-54　内啮合圆柱齿轮传动

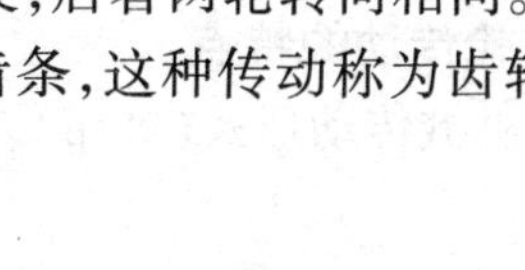

图 1.3-55　齿轮齿条传动

(2)相交轴传动

如图 1. 3-56 所示。相交轴传动是利用 2 个圆锥齿轮来实现的。圆锥齿轮根据轮齿的齿向形状不同,可分为直齿圆锥齿轮[图 1. 3-56(a)]、斜齿圆锥齿轮[图 1. 3-56(b)]和螺旋齿圆锥齿轮[图 1. 3-56(c)]。

(3)交错轴传动

交错轴传动通常有螺旋圆柱齿轮传动(图 1. 3-57)和蜗轮蜗杆传动(见第八节)等。

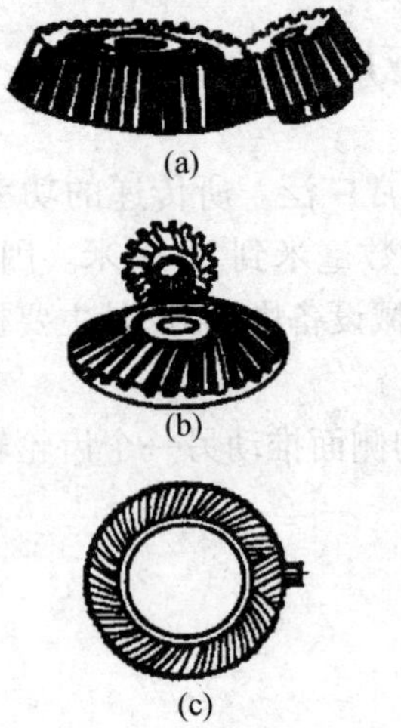

图 1. 3-56 圆锥齿轮传动

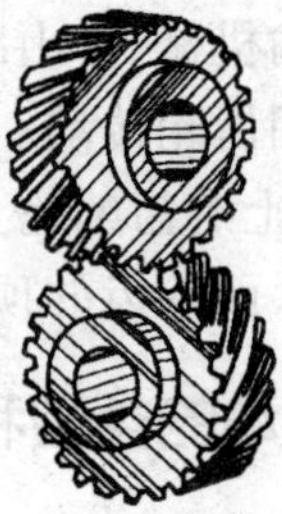

图 1. 3-57 螺旋圆柱齿轮传动

2. 按轮齿齿廓曲线分类

按齿廓曲线的不同可将齿轮传动分为渐开线齿轮传动、摆线齿轮传动和圆弧齿轮传动。其中,以渐开线齿轮传动的应用最为广泛,故本节主要介绍渐开线齿轮传动。

3. 按工作情况分类

(1)开式齿轮传动

齿轮全部外露,灰尘、杂质等容易落入,且只能采用定期润滑,因此轮齿齿面易磨损。多用于低速、低传动精度要求的传动中。在船舶机械中,锚机末级齿轮、柴油机盘车齿轮等都是开式传动。

(2)闭式齿轮传动

齿轮全部装在密封的刚性箱体内,安装精度高、润滑条件良好、传动效率高,多用于重要的传动中。

(二)齿轮传动的特点

与其他机械传动形式(如带传动、链传动等)相比,齿轮传动具有下述特点。

1. 优点

(1)工作可靠,使用寿命长。(2)传动效率高。(3)能保证瞬时传动比恒定不变。(4)采用不同的齿轮传动可传递空间位置任意的两轴间的运动。(5)结构紧凑,外廓尺寸小。(6)传递功率和圆周速度的范围很大。

2. 缺点

(1)需要专门制造齿轮的设备和刀具,制造成本较高。(2)对于精密和高速传动齿轮,要求有较高的制造精度和安装精度;当精度不高时,传动的振动和噪声较大。(3)不适用于远距离的传动。

二、齿轮的失效形式

齿轮的失效主要发生在轮齿部分，至于齿轮的其余部分如轮毂、轮辐和轮缘等处，一般很少出现失效。轮齿部分的失效形式分为两大类：一类是齿体失效，通常指轮齿的折断；另一类是齿面失效，常见的有齿面点蚀、齿面磨损和齿面胶合等。

（一）轮齿折断

如图 1. 3-58 所示，齿轮啮合传动时，轮齿相当于一个悬臂梁，受载后在轮齿根部产生的弯曲应力为最大。随着轮齿啮合点位置的变化，轮齿根部所受弯矩也在不断变化，因此齿根弯曲应力也是变化的。又由于齿根的过渡圆处具有较大的应力集中。因此，当轮齿重复受载后，齿根处将会出现疲劳裂纹。随着裂纹的不断扩展，最终引起轮齿折断。这种折断称为弯曲疲劳折断。

另外，当齿轮是由脆性材料（如铸铁、淬火钢等）制成时，因脆性材料抗冲击和过载能力较差，故在轮齿受到过载和冲击时，常会突然折断。一般闭式硬齿面齿轮传动的主要失效形式为轮齿折断。

（二）齿面点蚀

齿轮传动是靠两啮合轮齿表面的直接接触进行的，因此当齿轮传递动力时，轮齿表面将有接触应力产生。当齿轮转向一定时，齿面上任一点所产生的接触应力均逐渐由零（当该点尚未进入啮合时）变到最大值（在该点啮合时），然后又逐渐由最大值变为零（当该点完全脱离啮合时），所以表面接触应力按脉动循环变化。当齿面接触应力超过了表层材料的接触持久极限时，齿面就会出现微小的疲劳裂纹。以后随着裂纹的蔓延扩展，进而使表层金属微粒剥落，形成凹坑，破坏了轮齿工作表面，使啮合情况恶化，造成轮齿的失效。这种现象称为齿面点蚀。实践证明，齿面点蚀多发生在节线附近的齿根表面处，如图 1. 3-59 所示。对于闭式传动且润滑良好的齿轮，齿面点蚀是轮齿失效的主要形式（主要发生在软齿齿面上）。

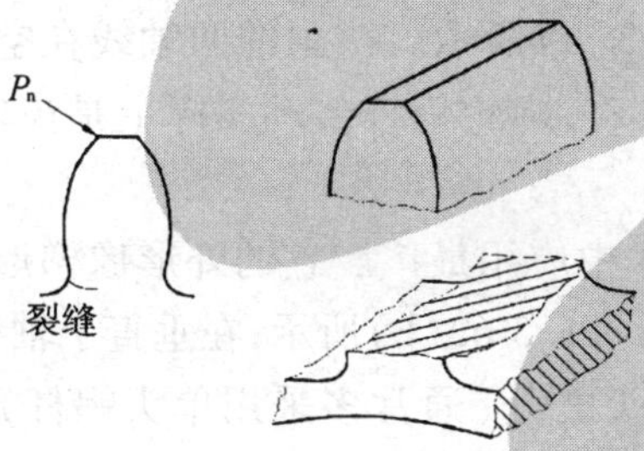

图 1. 3-58 轮齿折断

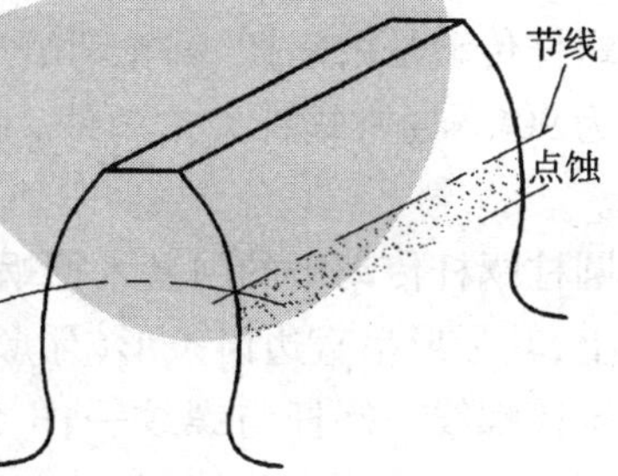

图 1. 3-59 齿面点蚀

（三）齿面磨损

齿轮在传动过程中，轮齿上不仅受到载荷的作用，且接触的两齿面间有相对滑动，因而使齿面产生磨损，如图 1. 3-60 所示。如果润滑不良或金属微粒、灰尘、砂粒等硬颗粒进入齿面啮合处就会加剧齿面磨损。齿面磨损将使渐开线齿廓发生明显变化，齿侧间隙加大，易产生强烈冲击，此外它还使轮齿变薄，抗弯强度降低，进而发生轮齿弯曲折断。

在开式传动中，轮齿全部暴露在外，灰尘、砂粒等易进入齿面啮合处。所以，齿面磨损是开式传动的主要失效形式。

在闭式传动中，润滑不良是齿面磨损的主要原因。因此，提高齿面硬度和光洁度，正确选择润滑油或润滑方式，保持润滑油的清洁等，可以防止或减轻齿面磨损。

（四）齿面胶合

在高速、重载的齿轮传动中，轮齿表面所受压力大，啮合齿面间的相对滑动速度高，使啮合区温度升高，润滑油黏度降低。当导致润滑油膜破坏时，致使两齿面的金属直接接触并互相黏接。于是，两齿面相对滑动时，在较软的轮齿表面上的金属将被撕下，形成胶合沟痕（图1.3-61），使轮齿工作表面破坏，从而造成轮齿失效。这种现象称为齿面胶合。提高齿面硬度和降低齿面粗糙度（即提高齿面光洁度），以及采用黏度较大或抗胶合能力强的润滑油等可以防止或减轻轮齿的胶合破坏。

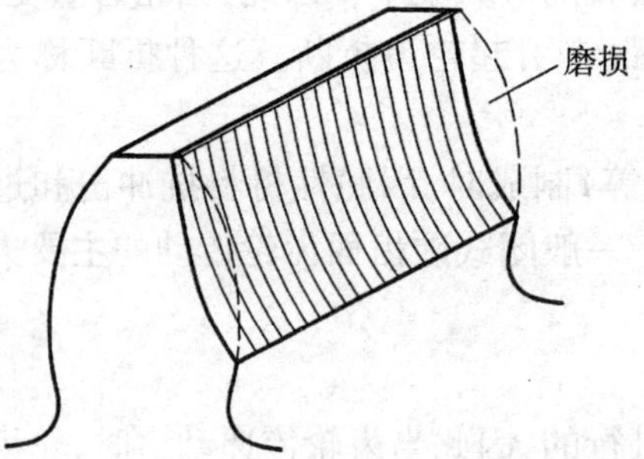

图1.3-60 齿面磨损

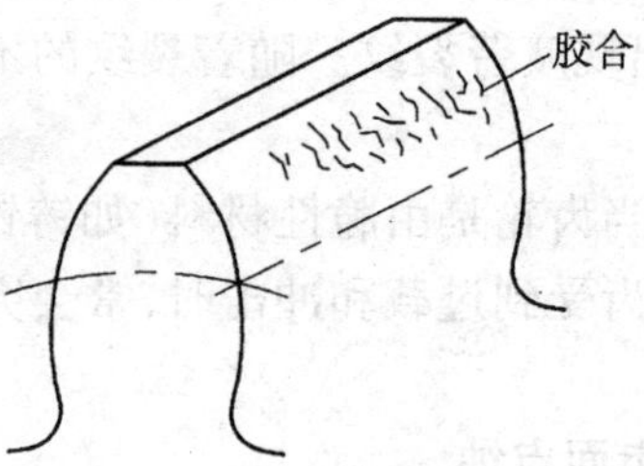

图1.3-61 齿面胶合

第八节 蜗轮蜗杆传动

一、蜗轮蜗杆传动的组成及特点

（一）蜗轮蜗杆传动的组成

蜗轮蜗杆传动是由蜗杆、蜗轮副组成，如图1.3-62(a)所示。该副的两轴线在空间交错，其交错角为90°。通常蜗杆为主动件。从传动性质来看，蜗轮蜗杆传动实际上是齿轮传动的一个特例。

普通圆柱蜗杆传动中的阿基米德蜗杆在工程技术中应用最广。它的外形像梯形螺杆，在轴向剖面上，其牙形呈直边齿条形（牙形角为40°），如图1.3-62(b)所示；在垂直于轴线的剖面上为阿基米德螺线。蜗杆与螺纹一样，既有单头、多头之分（通常多采用单头蜗杆），也有左旋、右旋之分（通常多用右旋蜗杆）。

蜗轮的形状如斜齿轮，它的螺旋角 β 的大小、方向与蜗杆螺旋升角 λ 的大小、方向相同（$\beta = \lambda$），为了改善蜗杆与蜗轮的啮合情况，通常将蜗轮圆柱表面的母线做成圆弧形，部分地包围着蜗杆，故在轴向剖面中，蜗轮轮齿沿齿宽方向呈圆弧形，如图1.3-62(c)所示。通过蜗杆轴线并垂直于蜗轮轴的平面称为主平面，如图1.3-62(b)。由于在主平面内，蜗杆的形状呈标准的直边齿条形，故蜗轮在主平面内的齿形亦为一般的渐开线齿形。在与主平面相平行的其他截面内，蜗杆截面形状不是直边齿条形，蜗轮的齿形也不是渐开线齿形。

（二）蜗轮蜗杆传动的特点

与齿轮传动相比，蜗轮蜗杆传动具有以下一些特点。

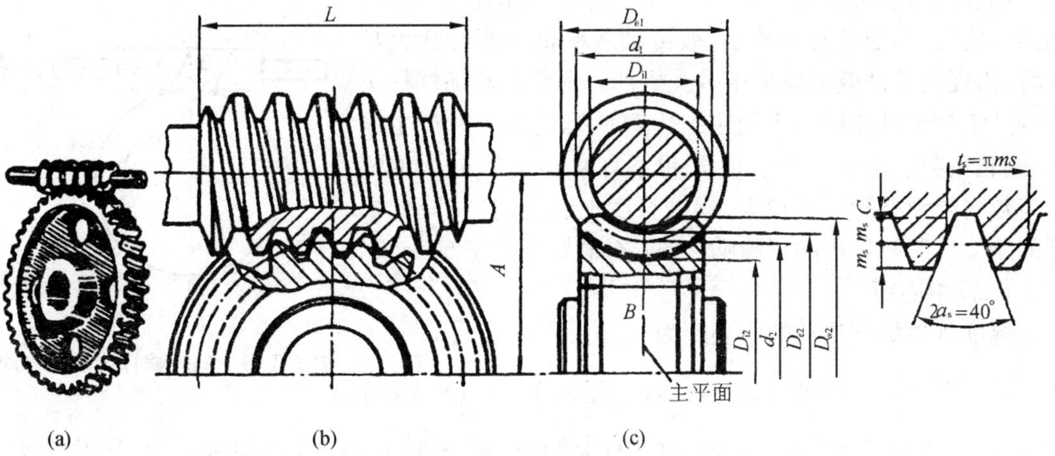

图 1.3-62　蜗轮蜗杆传动

1. 优点

(1)传动比大、结构紧凑。在一般动力传动中,传动比 $i=10\sim80$;在分度机构中,i 可达 1 000。

(2)传动平稳、噪声小。由于蜗杆的齿是连续的螺旋形,故工作平稳、噪声小。

(3)具有自锁能力。在蜗轮蜗杆传动中,蜗杆如同螺旋,具有自锁功能,即蜗轮不能带动蜗杆。在起重装置中,就是利用蜗杆的自锁使重物停留在空间而不会自行下降。

2. 缺点

(1)传动效率低、摩擦损失大、发热量大。蜗轮蜗杆传动的主要缺点是传动效率低,一般效率 $\eta=0.7\sim0.8$;自锁时 $\eta<0.5$。当连续工作时,要求有良好的润滑和散热。

(2)传动功率不宜很大。由于效率低、功率损耗大,故传动功率一般不超过 50 kW。

(3)制造成本较高。因轮齿之间相对滑动速度高,故磨损严重。为减少摩擦损失并增加耐磨性,蜗轮常采用青铜等材料制造,因此制造成本较高。

(4)不能任意互换啮合。在蜗轮蜗杆传动中,由于蜗轮的轮齿是呈圆弧形包围着蜗杆,所以切制蜗轮的蜗轮滚刀其参数必须与工作蜗杆的参数完全相同(即不仅模数、压力角相同,滚刀与蜗杆的分度圆直径、螺旋的头数、升角等也都要求相同),因此蜗轮滚刀的专用性大,且仅是模数相同的蜗杆与蜗轮是不能任意互换啮合的。

二、蜗轮蜗杆传动的传动比和中心距

(一)传动比

在图 1.3-63 所示的蜗轮蜗杆传动简图中,设蜗杆的头数为 Z_1(蜗杆的头数实际上也就是它的齿数)、转速为 n_1(r/min),蜗轮的齿数为 Z_2、转速为 n_2(r/min)。在图示的 P 点处,蜗杆每转一圈便有 Z_1 个齿经过 P 点,故每分钟将有 n_1Z_1 个齿经过 P 点;蜗轮每转一圈就有 Z_2 个齿经过 P 点,故每分钟将有 n_2Z_2 个齿经过 P 点。在啮合过程中,这两个数目必然相等,即

$$Z_1n_1=Z_2n_2$$

故蜗轮蜗杆传动的传动比为

$$I=\frac{n_1}{n_2}=\frac{Z_2}{Z_1} \tag{1.3-19}$$

蜗杆头数通常取 $Z_1 = 1 \sim 4$。由上式可知,蜗杆头数少,则传动比大,但因螺旋升角小,故传动效率低。当传递大功率时,为提高传动效率应采用多头蜗杆。蜗轮齿数随蜗杆头数的选定和传动比的要求而定。为避免蜗轮加工时产生根切,蜗轮齿数应不少于 26。但 Z_2 也不宜取得太大,过大的蜗轮齿数将导致蜗轮尺寸过大,蜗杆长度加长,这样将降低蜗杆的刚度而影响轮齿的正确啮合,故 Z_2 最好不大于 60 ~ 80。

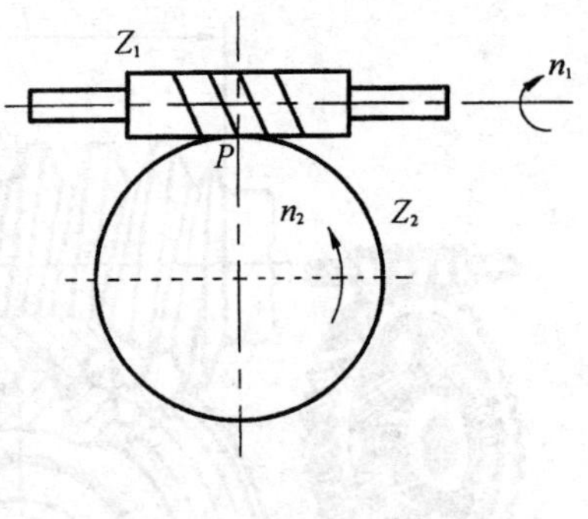

图 1.3-63　蜗轮蜗杆传动的传动比

(二)中心距

标准蜗轮蜗杆传动的中心距为

$$A = \frac{1}{2}(d_1 + d_2) = \frac{1}{2}m_s(Z_2 + q) \qquad (1.3\text{-}20)$$

式中,m_s 为蜗轮端面模数;q 为蜗杆特性系数(已标准化,可查阅有关手册);d_1、d_2 分别为蜗杆和蜗轮的分度圆直径。

如前所述,蜗轮除了在主平面上是渐开线齿形外,在与主平面平行的其他截面上,齿廓都不是渐开线。故与渐开线齿轮的啮合有所不同,蜗轮蜗杆传动的中心距没有可分性。因此蜗轮蜗杆传动的加工和安装精度的要求都较高。

三、蜗轮蜗杆传动的失效形式

和齿轮传动一样,蜗轮蜗杆传动也是通过两轮齿齿面间的直接接触进行啮合传动的,因此它的主要失效形式也是轮齿折断、齿面点蚀、齿面磨损和齿面胶合。由于传动中齿面之间有较大的相对滑动速度,故摩擦和发热比齿轮传动厉害,更容易产生磨损和胶合破坏。实践证明:在闭式传动中,失效形式主要是胶合饱和点蚀;在开式传动中,失效形式主要是磨损。为提高蜗杆传动的抗胶合能力,可提高蜗杆齿面的硬度和降低粗糙度,蜗轮齿面采用青铜制造,同时,可使用抗胶合的润滑剂。

第九节　液力传动

一、液力传动的基本原理

液力传动是以液体为工作介质的叶片式传动机械。它有一个工作腔,其中有几个叶轮,扭矩的传递是靠工作液体的动量变化来进行的。叶轮是液力传动的核心,按其职能分有泵轮、涡轮和导轮 3 种。泵轮与输入轴相连接,把输入的机械能变为工作液体的能量(动能和势能),使工作液体的动量矩增加,其作用类似离心泵的叶轮,故称为泵轮。涡轮与输出轴相连接,把工作液体的能量转变为输出的机械能,使工作液体的动量矩减小,作用与水涡轮相同,故称为涡轮。导轮不转动,壳体的反作用扭矩通过导轮作用于液体,使动量矩改变,工作液体按照一定方向由导轮流出,起着导向作用,故称导轮。

其实,液力传动是从离心泵和涡轮机的工作原理中得到启发而创造出来的。图 1.3-64 所示的是它的工作原理示意图。离心泵把动力机的机械能变为液体的能量,而水涡轮则使水的能量转变为机械能。把离心泵和水涡轮用管 6 连接起来,就可以把动力机 1 的动力传给工作机 11。后经不断改进,仅保留了离心泵和水涡轮的核心部分——泵轮、涡轮和导轮,从而使液力传动的结构简化,效率也有了很大的提高。

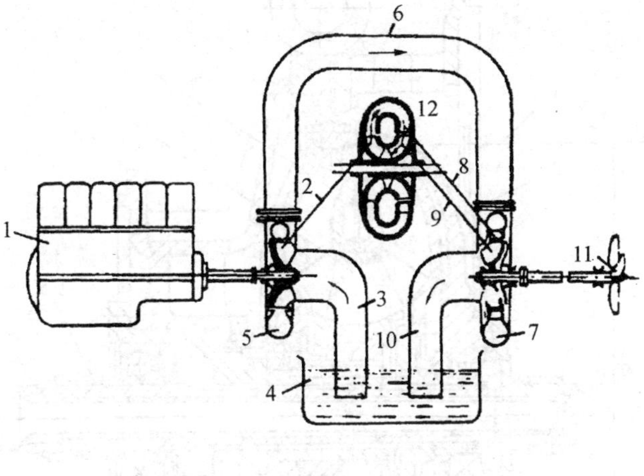

图 1.3-64 液力传动工作原理示意图

1—柴油机;2—离心泵叶轮;3—离心泵吸水管;4—水槽;5—泵的涡壳;6—连接管路;7—水轮机的涡壳;8—导轮;9—水轮机的叶轮;10—水轮机的尾水管;11—工作机;12—液力传动示意图

二、液力传动的基本类型

液力传动可分为液力变矩器、液力偶合器和液力机械传动 3 类。本节仅介绍液力变矩器和液力偶合器。

(一)液力变矩器

液力变矩器的种类很多,图 1.3-65 所示的是最常见的一种形式。液力变矩器的工作腔是由泵轮 3、涡轮 1、导轮 4 的流道和旋转外罩 2 的导流表面共同组成。动力从弹性连接板输入,然后经过旋转外罩传到泵轮。泵轮中的工作液在离心力的作用下,由泵轮中心甩向泵轮外缘。液体流经泵轮获得能量后进入涡轮,工作液对涡轮的作用扭矩克服输出轴 5 上的阻力矩而作功。作功后工作液的能量降低。由涡轮流出来的工作液体进入导轮,沿着导轮叶片的方向流出再进入泵轮。工作液连续不断地在工作腔中作上述循环运动,它又同时绕着叶轮的旋转轴心旋转。由图 1.3-65 可知:泵轮是离心式,涡轮是向心式,而导轮是轴流式的。另外,液力变矩器输入部分与输出部分没有刚性的机械连接,而是通过工作液体这样的工作介质来传递动力。旋转外罩传递动力,同时也起着封闭工作液和导向的作用,是工作腔的组成部分。

由于液力变矩器有导轮,故与液力偶合器相比,液力变矩器的输出扭矩可以自动地随外界的阻力矩而改变,而输入扭矩基本保持不变。液力变矩器的特性如图 1.3-66 所示。有 3 个外部扭矩作用于液力变矩器,即动力机传给泵轮轴的扭矩 M_B、工作机传给涡轮轴的扭矩 M_T 以及固定支架传给导轮的扭矩 M_D。根据平衡条件,由外部作用于液力变矩器的扭矩之和 $\sum M_1$ 应该等于零,即

$$\sum M_1 = M_B + M_T + M_D = 0 \qquad (1.3\text{-}21)$$

液力变矩器的输入功率 $N_B = M_B \cdot n_B$。(n_B 为动力机的转速),现规定凡是与动力机转速方向一致的转速、扭矩为正;反之为负。对泵轮轴而言,因其是主动件,故 $M_B n_B > 0$。对于正向

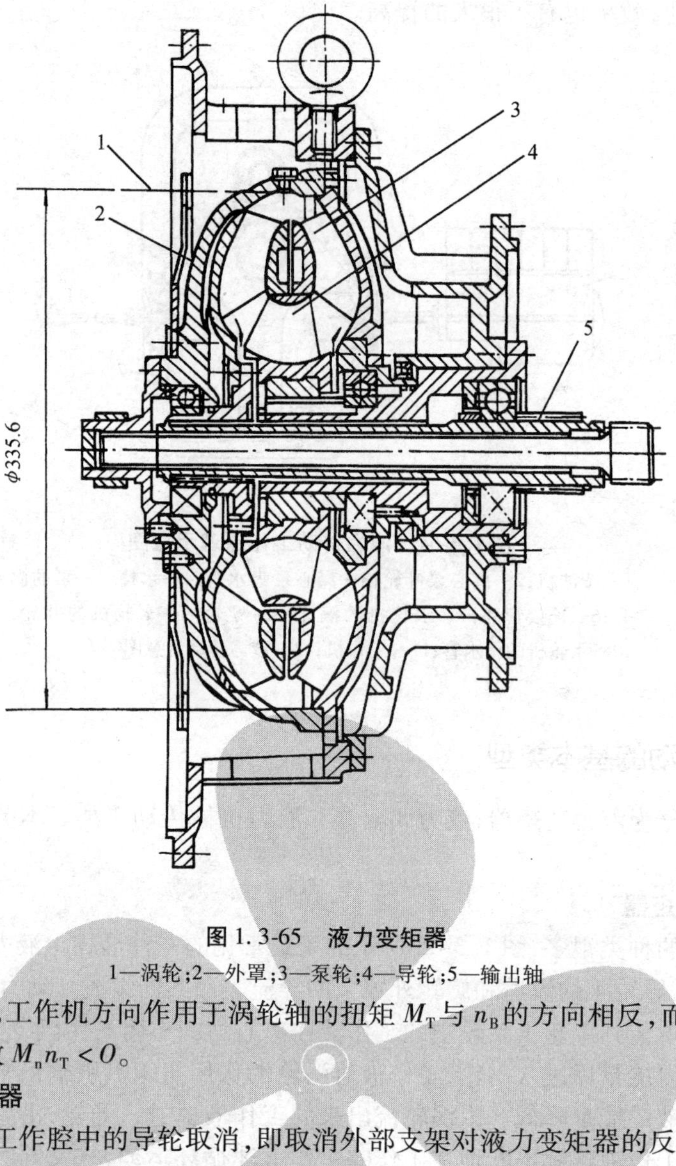

图 1.3-65　液力变矩器

1—涡轮；2—外罩；3—泵轮；4—导轮；5—输出轴

转动的液力变矩器，工作机方向作用于涡轮轴的扭矩 M_T 与 n_B 的方向相反，而涡轮的转速与泵轮轴的转向相同，故 $M_n n_T < O$。

（二）液力偶合器

把液力变矩器工作腔中的导轮取消，即取消外部支架对液力变矩器的反作用扭矩，这时液力变矩器就转变为液力偶合器，如图 1.3-66 所示。

由于取消了导轮，故 $M_D = 0$，由式（1.3-21）可得

$$\sum M_1 = M_B + M_T = 0$$

即

$$M_B = -M_T$$

液力偶合器的泵轮扭矩等于涡轮扭矩，且大小相等方向相反，其主、从动轴之间无任何机械联系，这是液力偶合器的基本特性之一。如果将液力偶合器中作为中间工作介质的油放去，那么主、从动轴就分开了。因此，液力偶合器可以分为两种类型：

（1）离合器型。油可以放出，使主、从动轴完全脱开。

（2）联轴器型。油不能放出，仅起联轴功能。

由于液力偶合器的变矩系数 $K = -\dfrac{M_T}{M_B} = 1$，故其传动效率为

$$\eta = -\frac{M_T n_T}{M_B n_B} = K \cdot i = i \quad (1.3\text{-}22)$$

液力偶合器的传动效率 η 等于速比 i 是液力偶合器的另一重要特性。由于液力偶合器在工作过程中有能量损失，故其传动效率只能小于1，即 $\eta = \frac{n_T}{n_B} < 1$。通常液力偶合器的最高传动效率为 $\eta_{max} = 0.985$。液力偶合器的传动效率小于1意味着其输出转速 n_T 必定小于输入转速 n_B，这种转速差的程度通常可用滑差 Δn 或滑动度 S 来表示：

$$\Delta n = n_B - n_T \quad (1.3\text{-}23)$$

$$S = \frac{\Delta n}{n_B} = \frac{n_B - n_T}{n_B} \quad (1.3\text{-}24)$$

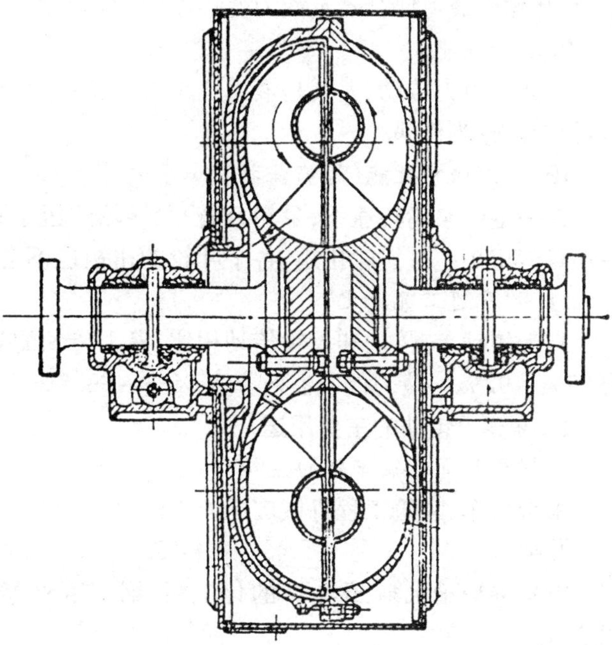

图 1.3-66　液力偶合器

三、液力传动的特点及主要用途

(一) 液力传动的特点

1. 自动适应性

液力变矩器具有自动变矩、变速的特性：涡轮扭矩能随外界负载扭矩的增加而自动增加，同时其转速自动降低；负载扭矩减小时，涡轮扭矩随着自动减小，同时转速自动增加，趋近理想传动装置的特性（M_n = 常数）。液力偶合器有自动无级变速的特性（没有自动无级变矩的作用，不具备自动适应性）。

2. 无级调速性能

在动力机外特性和工作机负荷特性不变的情况下，可以通过液力传动的特性来无级调节工作机的转速。

3. 无磨损

因为液力传动是利用工作液体作为介质传递动力，泵轮与涡轮之间没有机械接触，不存在磨损。

4. 防振隔振作用

液力传动能够减弱动力机的扭振和隔离载荷振动，故可提高动力机和传动装置的寿命。

5. 透穿性能

泵轮扭矩随工作机载荷而变化的性能叫做透穿性能。液力变矩器类型不同，其透穿性能也不一样，有可透的，也有不可透的。液力偶合器具有可透性。

6. 反转制动性能

一般离心涡轮式和轴流涡轮式液力变矩器，涡轮反转制动性能稳定。

7. 良好的起动性能

由于泵轮的扭矩与其转速的平方成正比，故动力起动时，其载荷很小，起动时间短。

8. 有一定的转向要求

对普通径向布置的直叶片的液力偶合器旋转方向没有要求。对带杓管的调速型液力偶合器、斜叶片的液力偶合器及液力变矩器的旋转方向有一定要求。

9. 反传性能

大部分液力传动,尤其是液力变矩器的反传性能很差,不宜反向传递功率。不能把涡轮当作泵轮,泵轮当作涡轮。

10. 限矩保护性能(过载保护)

在一定的泵轮转速下,泵轮、涡轮及导轮的扭矩只能在一定的范围内随着工况而改变,如果外载荷扭矩超过涡轮扭矩,各个叶轮的扭矩也不会超过其固有的变化范围。

11. 效率随工况变化

与带传动、链传动和齿轮传动相比,液力传动的效率受工况的影响最大。液力变矩器效率为85% ~92%。液力偶合器效率为96% ~98.5%

(二)液力传动的主要用途

1. 作为交通运输车辆的主传动

重型卡车、建筑工程机械广泛应用液力变矩器。

2. 调速

电站锅炉给水泵、化工厂的化工泵、钢厂风机等往往都用液力偶合器或液力变矩器进行调节。

3. 起动

惯性大的设备起动困难,利用液力传动十分有利。大型设备若直接用电机驱动,起动时间长、起动电流大,配备的电机容量也要增大,遇到故障电机可能会烧坏。采用液力传动,可大大改善起动性能。

4. 过载保护

如工程机械的负荷变化幅度很大,常常出现过负荷,使用液力传动对传动装置能起保护作用。

5. 反转换向

工作机若需正反转,可利用正反转液力变矩器,也可以利用正转变矩器和反转变矩器进行换向。

6. 并车

在船舶、钻机及其他机械中采用几个动力机驱动一个工作机时,常用液力传动并车,这样动力机的工作容易协调。

7. 制动

液力制动器虽然与液力偶合器有不同之处,但是它的工作原理和液力偶合器没有本质的不同。液力制动器已广泛地应用在重型汽车及内燃机车上,同时,利用液力变矩器涡轮反转制动特性来控制重物下放的速度,在起重机和工程船上也普遍应用得很成功。

第四章
轮机工程材料

材料、能源与信息是现代科学技术的三大支柱，其中材料包括金属和非金属两大类。材料是人类用于制造生活和生产工具赖以生存和发展的重要物质基础，人类的文明时代就曾以主导的材料来命名，如石器时代、铜器时代、铁器时代，以及现在的硅时代（电子材料时代），它是人类创造力与发展的主要标志。

材料科学与工程是关于材料成分、制造与加工、组织结构与性能，以及材料使用性能诸要素和它们之间相互关系的有关知识的开发和应用的分科知识体系。

金属材料是指金属元素或以金属元素为主构成的具有金属特性的材料的统称。包括纯金属、合金、金属间化合物和特种金属材料等。金属材料的分类按使用性能可分为结构和功能材料两大类，按发展历程可分为传统材料和新型材料。

非金属材料由非金属元素或化合物构成的材料。自19世纪以来，随着生产和科学技术的进步，尤其是无机化学和有机化学工业的发展，人类以天然的矿物、植物、石油等为原料，制造和合成了许多新型非金属材料，如水泥、人造石墨、特种陶瓷、合成橡胶、合成树脂（塑料）、合成纤维等。这些非金属材料因具有各种优异的性能，为天然的非金属材料和某些金属材料所不及，从而在近代工业中的用途不断扩大，并迅速发展。

第一节　金属材料的性能

金属材料包括黑色金属和有色金属材料。特别是钢铁，在船舶乃至机械制造工业中得到了广泛的应用。作为黑色金属的钢铁，生产和应用数量居金属材料之首。

金属材料的性能主要是指其在加工过程和使用过程中所表现出的特性，主要包括机械性能、工艺性能和物理化学性能。

研制生产金属材料时需要金属材料性能的定量定性表征，零部件设计选材时需要金属材料性能的量化指标，零部件加工制造时也需要金属材料性能的量化描述。

一、金属材料的机械性能

金属材料的机械性能是其在外力作用下，所表现出来的力学特性，主要性能指标有刚度、塑性、强度、硬度、冲击韧性、疲劳强度、断裂韧性等，统称为力学性能。

金属零部件在工作时承受各种不同的外力的作用，在零部件内部会相应地产生拉应力、压应力、弯曲应力、剪应力和扭转应力等。由于受力复杂，一般都不是单一应力，往往同时存在多种应力。例如柴油机曲轴在工作中就同时承受弯曲和扭转应力。

金属材料在外力作用下的基本力学行为是变形和断裂，其中变形包括弹性变形和塑性变形，断裂包括塑性(韧性)断裂和脆性断裂。

金属材料能否满足零部件工作条件下的应力要求，取决于金属材料在外力作用下抵抗变形和断裂的能力，取决于金属材料本身的机械性能或力学性能。

金属材料的机械性能指标是通过各种试验测定的，常用的有拉伸试验、硬度试验、冲击试验和疲劳试验等。根据试验温度条件不同，分为室温和高温机械性能指标。

(一)室温下的机械性能指标

金属材料室温下的机械性能指标是通过拉伸试验获得的。图 1. 4-1 是用低碳钢制作的标准试样进行的拉伸试验曲线。

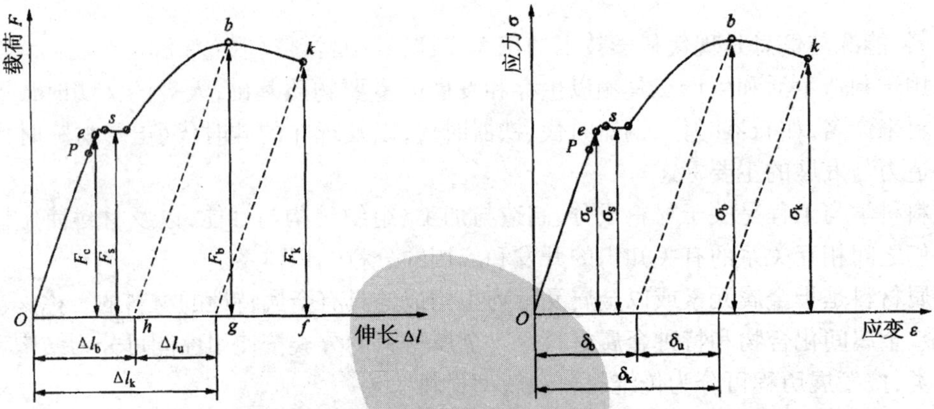

图 1. 4-1　低碳钢标准试样拉伸试验曲线

由图 1. 4-1 可以看出，低碳钢在拉伸过程中，其应力与应变的关系可分为以下几个阶段。

(1)*Oe*——弹性变形阶段。在此阶段若卸除载荷，试样能完全恢复到原来的形状和尺寸。*e* 点所对应的应力为材料承受最大弹性变形时的应力，称为弹性极限，用 σ_e 表示。其中 O*p* 部分为一斜直线，应力与应变呈比例关系，*p* 点所对应的应力为保持这种比例关系的最大应力，称为比例极限，用 σ_p 表示。由于大多数材料的 *e* 点和 *p* 点几乎重合在一起，一般不作区分。

(2)*ek*——塑性变形阶段。当应力超过 σ_e 后，试样将继续伸长。但此时若卸除载荷，试样将有少量变形而不能完全恢复到原来的尺寸。这种不能恢复的变形称为塑性变形或永久变形。其中：

es——微量塑性变形阶段。由于此阶段，塑性变形量较少，故称为微量塑性变形阶段。

ss'——屈服阶段。当应力增大到 σ_s 时，曲线上出现水平(或锯齿状)线段，即表示载荷不增加，试样却继续伸长，此现象称为“屈服”。

s'b——均匀塑性变形阶段。当应力超过 σ_s 时，应力的增加量不大，而试样的伸长量却很大，表明当应力超过 σ_s 后，试样已开始产生大量的塑性变形。并且当应力增加到 σ_b 时，试样的局部截面积缩小，产生“颈缩”现象。

bk——局部塑性变形阶段。当试样发生“颈缩”现象后，以后的变形就局限在颈缩部分，试样产生不均匀塑性变形，使变形所需应力减小，故 *bk* 呈下降趋势。

(3)*k* 点——试样断裂。

不同的金属材料其试样拉伸曲线不同。塑性好的材料在断裂前有明显的塑性变形,此种断裂称韧性断裂;塑性差的材料断裂前无明显塑性变形,则称脆性断裂。

1. 刚度

刚度是指金属材料在外力作用时抵抗弹性变形的能力。衡量材料刚度的指标是弹性模量 E,其值大小反映了金属材料弹性变形的难易程度。在弹性变形阶段内,弹性模量 E 为应力与应变之比,即 $E=\sigma/\varepsilon$。E 越大,材料刚度越大,即在一定的应力作用下产生的弹性变形越小。一般机器零件大都在弹性变形状态下工作,故应具有一定的刚度。工程上将构件产生弹性变形的难易程度称为构件刚度,E 是决定构件刚度的材料性能。所以,构件刚度除与材料刚度 E 有关外,还与构件截面积大小有关。

因为

$$E=\frac{\sigma}{\varepsilon}=\frac{\dfrac{P}{F_0}}{\dfrac{\Delta L}{L_0}}=\frac{PL_0}{\Delta LF_0}$$

所以

$$\Delta L=\frac{PL_0}{EF_0}$$

由上式可知,当外力 P 和试样长度 L_0 一定时,构件的弹性变形量 ΔL 取决于材料的弹性模量 E 和试样截面积 F_0。材料的弹性模量 E 主要取决于材料金属本性、晶格类型和原子间距,而与显微组织关系不大。

2. 弹性

物体在外力作用下改变其形状和尺寸,当外力卸除后物体又回复到其原始形状和尺寸,这种特性称为弹性。表示材料弹性的指标是比例极限 σ_p 或弹性极限 σ_e 。

比例极限表示应力与应变成正比关系的最大应力。弹性极限表示开始产生塑性变形的抗力,也可以说是表征材料微量塑性变形的抗力。

在实际生产中比例极限很难测定,通常是测量材料的弹性极限。由于测出的弹性极限受测量精度的影响,为了便于比较,根据零件的工作条件要求,规定产生一定的残余变形量的应力,作为规定弹性极限,在国家标准中把产生残余伸长为0.01%的应力作为规定弹性极限,用 $\sigma_{0.01}$ 表示。

对于工作条件不允许产生微量塑性变形的零件,例如,设计选用弹簧材料时,应根据规定弹性极限数据选材。如果材料的规定弹性极限低,弹簧工作时就可能产生塑性变形,尽管每次变形很小。但时间长了塑性积累,弹簧的尺寸将发生明显变化,导致弹簧失效。

3. 强度

强度是金属材料在外力作用下抵抗永久变形和断裂的能力。根据外力的作用方式,有多种强度指标,如抗拉强度、抗压强度、抗弯强度、抗剪强度等。通常以零件承受拉力时的屈服强度和抗拉强度为代表对材料性能进行分析。

(1)屈服强度。屈服强度又称屈服极限,用 σ_s 表示。屈服强度是材料抵抗微量塑性变形的能力,也就是材料在外力 P 作用下刚刚开始产生塑性变形时的应力。

$$\sigma_s=\frac{F_s}{S_0}\quad(\text{MPa})$$

式中,F_s 为材料产生屈服时的外力,N;S_0 为试件的原始截面积,mm^2。

在 $\sigma - \varepsilon$ 曲线上,当应力达到 s 点时,应力即使不再增加,试样的塑性变形也会继续增大,使曲线产生微小波动的水平段。此种现象称为屈服。不同材料的 $\sigma - \varepsilon$ 曲线可有不同的屈服情况。除退火或热轧的低碳钢和中碳钢等少数合金有屈服现象外,大多数金属合金都没有屈服点和屈服现象。因此,工程上规定将产生0.2%残余伸长的应力值作为屈服强度,用 $\sigma_{0.2}$ 来表示,如图1.4-2所示。σ_s 是具有屈服现象的材料特有的强度指标。所以,$\sigma_{0.2}$ 和 σ_s 均是表征金属产生微量塑性变形的抗力,是机械设计和选材时的主要依据。

(2)抗拉强度。抗拉强度又称强度极限,用 σ_b 表示。抗拉强度是金属材料抵抗断裂的能力,也就是材料从开始受力到断裂为止所能承受的最大应力值,是 $\sigma - \varepsilon$ 曲线上 b 点对应的应力。σ_b 由下式求出

$$\sigma_s = \frac{F_b}{S_0} \quad (\text{MPa})$$

式中,F_b 为试样在断裂时所承受的最大拉力,N。

脆性材料在拉伸过程中,一般不产生颈缩现象,因此抗拉强度 σ_b 就是材料的断裂强度。用脆性材料制造机器零件或工程构件时,常以 σ_b 作为选材和设计的依据,并选用适当的安全系数。

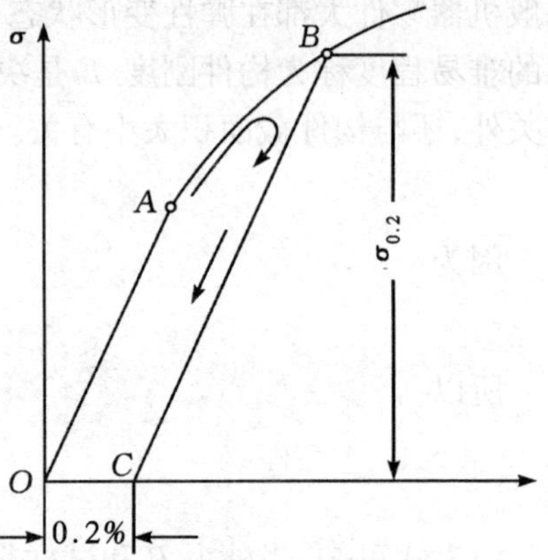

图1.4-2　条件屈服强度的确定

屈强比是 σ_s 与 σ_b 之比,即 σ_s / σ_b,是工程上常用的参数。材料的屈强比越小,表示材料的 σ_s 较小,零件的储备强度大,工作可靠性大,因而可避免由于超载而突然断裂的危险,然而材料潜力未能充分发挥。一般制造弹性零件的材料应具有较高的屈强比,通常的 $\sigma_s / \sigma_b \geqslant 0.8$。

屈服强度 σ_s 和抗拉强度 σ_b 是金属材料两个重要的指标,也是机械设计和选材时的主要依据。在大多数情况下,机件是不允许产生塑性变形的,如柴油机连杆、齿轮、轴、紧固螺栓等零件。因此,零件不能在超过 σ_s 的条件下工作,否则会因塑性变形而丧失对尺寸和公差的控制导致失效。零件更不能在超过 σ_b 的条件下工作,否则会导致机件的破坏。

强度是对组织、成分敏感的性能指标,可以通过热处理、合金化以及塑性变形等方法在很大范围内使之根据需要改变。

4. 塑性

金属材料在外力作用下,产生塑性变形而不被破坏的能力称为塑性,衡量金属材料塑性的指标有延伸率和断面收缩率。

(1)延伸率。在拉伸试验时,试验拉断后的标距增长量与原标距长度之比,用 δ 表示,即

$$\delta = \frac{L - L_0}{L_0} \times 100\%$$

式中,L_0 为试样原标距长度,mm;L 为试样拉断后的标距长度,mm。

根据试样标距长度与其直径相比的倍数不同,延伸率又分为 δ_5(标距长度为其直径的5倍)和 δ_{10}(标距长度为其直径的10倍)。通常 δ_{10} 写成 δ,一般 $\delta_5 = (1.2 \sim 1.5)\delta_{10}$,两者不能直接进行比较。比较不同材料的延伸率时,应采用尺寸规格一样的试样。通常,试样时优先选取短的试样。

(2)断面收缩率。在拉伸试验时,试验拉断后的截面积缩小量与原截面积之比,用 ψ 表示,即

$$\psi = \frac{S_0 - S}{S_0} \times 100\%$$

式中，S_0 为试样原截面积，mm^2；S 为试样拉断处的截面积，mm^2。

材料的 δ 和 ψ 越大，则其塑性越好。两者相比，用 ψ 表示塑性比用 δ 表示更接近于真实应变。塑性好的金属可以发生塑性变形而不被破坏，便于通过各种压力加工获得形状复杂的零件，如铜、铝、铁等。工业纯铁的 δ 可达 50%，ψ 可达 80%，可以拉成细丝、压成薄板，进行深冲成型。铸铁塑性很差，δ 和 ψ 几乎为零，不能进行塑性变形加工。此外，从零件工作的可靠性来看，在超载时，塑性好的材料由于首先产生塑性变形而不致发生突然断裂，因此比较安全。

5. *硬度*

硬度是金属表面抵抗局部塑性变形的能力，是衡量金属材料软硬程度的指标。

金属材料硬度的测定方法简单、方便。测定的基本原理都是采用一定的形状的压头在一定力的作用下压入金属表面，测定压痕面积或深度，通过计算获得硬度值。压痕面积越大或越深，材料的硬度越低，依测量方法不同，有不同的硬度指标。

常用的硬度指标有以下几种。

(1)布氏硬度

布氏硬度是根据国家标准(GB/T 231.1－2009)通过金属布氏硬度试验测得的，其测定原理如图 1.4-3 所示。对一定直径的硬质合金球施加试验力压入试样表面，经规定保持时间后，卸除试验力，测量试样表面压痕的直径，根据表面压痕的平均直径计算出压痕表面积，布氏硬度与试验力除以压痕表面积的商成正比，用 HBW 表示。即

$$\text{HBW} = 常数 \times \frac{试验力}{压痕表面积} = 0.102\,\frac{2F}{\pi D(D - \sqrt{D^2 - d^2})} \quad (\text{MPa})$$

式中，F 为外力，N；D 为压头直径，mm；d 为压痕表面的直径，mm。

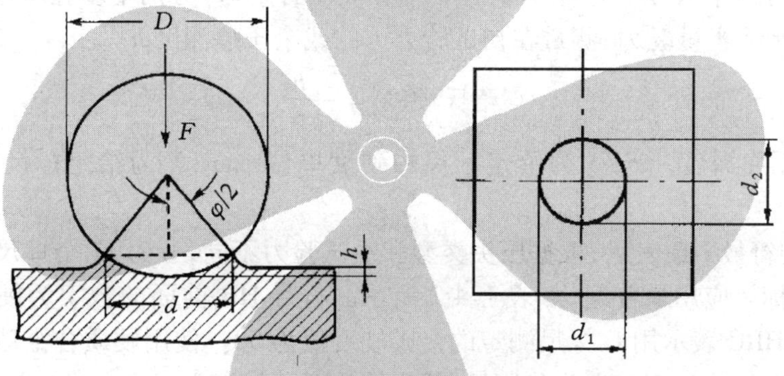

图 1.4-3　布氏硬度试验原理

布氏硬度试验时，应根据被测金属材料的种类和试件厚度，选用不同直径的压头、试验力及试验力保持时间。压头尺寸有 4 种(10 mm、5 mm、2.5 mm 和 1 mm)；$0.102F/D^2$ 的比值有 6 种(30、15、10、5、2.5 和 1)，可根据金属材料种类和布氏硬度范围选定，见表 1.4-1。试验力保持时间钢铁材料为 10～15 s，有色金属为 30 s，布氏硬度值小于 35HBW 时为 60 s。

布氏硬度值的单位为 MPa，但习惯上不标注单位，其表示方法为：在符号 HBW 前面为硬度值，符号后面依次是表示试验条件的指标：压头直径、试验力、保持时间(10～15 s 不标注)。如：350HBW5/75 表示用直径 5 mm 的硬质合金球做压头，在 75 kgf(7.355 kN)试验力下保持 10～15 s 测定的布氏硬度值为 350；600HBW1/30/20 表示用直径 1 mm 的硬质合金球在 30 kgf

(294.2 N)试验力下保持 20 s 测定的布氏硬度值为 600。

表 1.4-1　布氏硬度试验规范

材料种类	布氏硬度	试验力 - 压头球直径平方的比率 $0.102F/D^2$
钢、镍合金、钛合金		30
铸铁	<140	10
	≥140	30
铜及铜合金	<35	5
	35～200	10
	>200	30
轻金属及合金	<35	2.5
	35～80	5、10、15
	>80	10、15
铅、锡		1

注:当试样尺寸允许时,应优先选用直径 10 mm 的球压头进行试验。

布氏硬度因压痕面积较大,其硬度值比较稳定,测量精度较高,特别适合于测定像灰铸铁和轴承合金这样的具有粗大晶粒或粗大组成相的材料硬度,但操作不够简便。又因压痕较大,故不宜测试薄件(试样厚度至少应为压痕深度的 8 倍)、成品件及硬度大于 650HBW 的材料。

此外,某些材料的布氏硬度与抗拉强度之间存在着大致的比例关系,如低碳钢 $\sigma_b \approx 3.6$HBW,合金调质钢 $\sigma_b \approx 3.25$HBW,高碳钢 $\sigma_b \approx 3.4$HBW,灰铸铁 $\sigma_b \approx 1.7$HBW,冷变形铜合金 $\sigma_b \approx 4.0$HBW,因此得到广泛应用。

(2)洛氏硬度

洛氏硬度是根据国家标准(GB/T 230.1-2009)通过金属洛氏硬度试验测得的,其测定原理如图 1.4-4 所示。将压头(金刚石圆锥、钢球或硬质合金球)分两个步骤压入试样表面,经规定保持时间后,卸除主试验力,测量在初试验力下的残余压痕深度 h。

$$\text{洛氏硬度} = -\frac{h}{S}$$

式中,h 为残余压痕深度,mm;S 为给定标尺的硬度单位,mm;N 为给定标尺的硬度数(见表 1.4-2)。

洛氏硬度用符号 HR 表示,根据压头类型和主试验力不同,分为 11 个标尺,常用的标尺为 A、B、C,并以 C 标尺应用最普遍,如表 1.4-2 所示。符号 HR 前面的数字为硬度值,后面为使用的标尺,如 50HRC 表示用 C 标尺测定的洛氏硬度值为 50。使用硬质合金球压头的标尺,硬度符号后面加“W”,使用钢球压头的标尺,硬度符号后面加“S”。

表 1.4-2　各种洛氏硬度的压头、载荷及适用范围

符号	压头	载荷/N	适用范围
HRA	120°金刚石圆锥体	600	较硬材料,如硬质合金
HRB	Φ1.59 mm 淬火钢球	1 000	较软材料,如退火钢、有色金属等
HRC	120°金刚石圆锥体	1 500	软硬材料,如淬火钢,白口铸铁等

洛氏法测硬度简便、迅速、压痕小,可测定的材料范围广。洛氏硬度中以 HRC 应用最普遍,但不宜测定硬脆薄层,如渗氮层、渗碳层等。由于压痕小,只表示试样局部的硬度,当材料组织或成分不均时,容易产生误差。

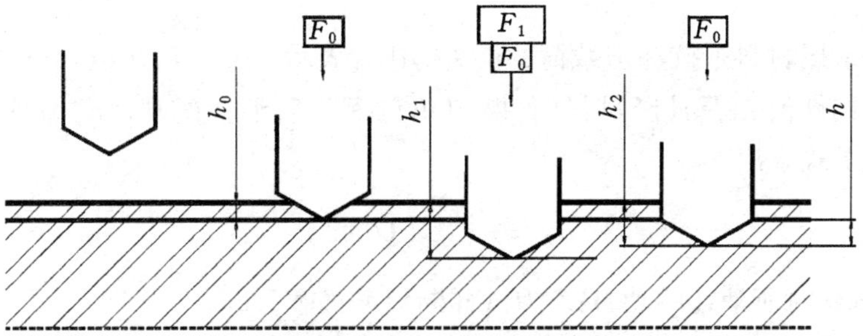

图 1.4-4　洛氏硬度试验原理

①首先加载初试验力 F_0，将压头（金刚石圆锥压头或球压头）压入试件表面，计初始位移 h_0；

②然后加载主试验力 F_1，保持一定时间，此时压头位移为 h_1，之后卸除主试验力 F_1；

③保持初试验力 F_0，测量此刻的压头位移 h_2；

④残余压痕深度 $h = h_2 - h_0$

（3）维氏硬度

采用夹角为 136°的四棱锥体金刚石压头，在 50 ~ 1 200 N 的载荷作用下压入材料表面，计算出单位压痕面积上的力，即为维氏硬度，用 HV 表示。

维氏法测硬度较布氏、洛氏精确，压入深度浅，适用于测定薄件或经处理的表面层硬度，可测定从极软到极硬的各种材料，但操作较麻烦。

（4）显微硬度

利用显微硬度计可测定材料内部的组织或相组成物的硬度，显微硬度用 HM 表示。

以上各种硬度在工厂生产、科学研究及学校实验室广泛应用。表 1.4-3 给出部分 HRC、HB 和 HV 3 种硬度值的对照。

表 1.4-3　3 种硬度的对照表

HRC	HB	HV	HRC	HB	HV	HRC	HB	HV
70		1037	52		543	34	314	320
69		997	51	501	525	33	306	312
68		959	50	488	509	32	298	304
67		923	49	474	493	31	291	296
66		889	48	461	478	30	283	289
65		856	47	449	463	29	276	281
64		825	46	436	449	28	269	274
63		795	45	424	436	27	263	268
62		766	44	413	423	26	257	261
61		739	43	401	411	25	251	255
60		713	42	391	399	24	245	249
59		688	41	380	388	23	240	243
58		664	40	370	377	22	234	237
57		642	39	360	367	21	229	231
56		620	38	350	357	20	225	226
55		599	37	341	347	19	220	221
54		579	36	332	338	18	218	218
53		561	35	323	329	17	211	211

6. 冲击韧性

冲击韧性是金属材料抵抗冲击载荷的能力，用 α_k 表示。冲击韧性值 α_k 采用一次摆锤冲击试验测定。冲击韧性值 α_k 是冲断试样时，断口单位面积所消耗的功。α_k 值越大，材料的冲击韧性越好。α_k 由下式求出

$$\alpha_k = \frac{A_k}{F} \quad (\mathrm{J/cm^2})$$

式中，A_k 为冲断试样时所消耗的功，J；F 为试样断口截面积，cm^2。

材料的冲击韧性随温度下降而下降。在某一温度范围内 α_k 值发生急剧下降的现象称为韧脆转变，发生韧脆转变的温度范围称为韧脆转变温度，如图 1.4-5 所示。常在低温下服役的船舶、桥梁等结构材料的使用温度应高于其韧脆转变温度，如果使用温度低于韧脆转变温度，则材料处于脆性状态，可能发生低应力脆性破坏。应当指出的是，并非所有材料都有韧脆转变现象，如铝和铜合金等就没有韧脆转变。

在生产实践中，绝大多数在动载荷下工作的零件与构件都是在小能量多次重复冲击载荷下工作，很少因一次超载冲击而破坏，所用材料的冲击韧性应以最小能量多次冲击试验来测定，实验证明，材料在小能量多次重复冲击时的冲击抗力主要取决于材料的强度。

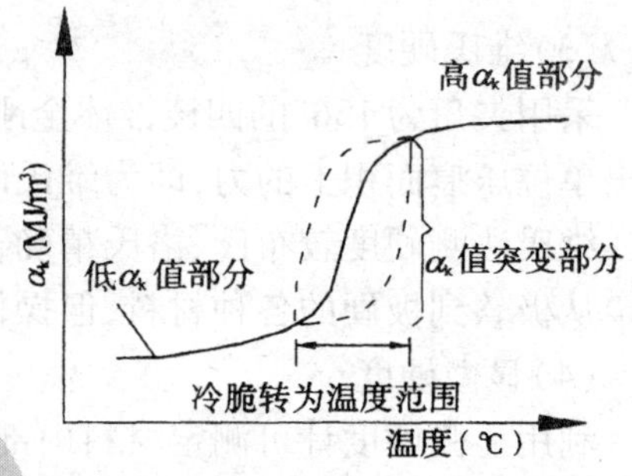

图 1.4-5　韧脆转变温度曲线示意图

7. 疲劳强度

零件在大小和方向周期变化的交变载荷作用下，在小于 σ_b 或 σ_s 的情况下发生突然断裂，这种现象称为疲劳断裂。材料在无限次交变载荷作用下，不致引起破坏的最大应力称为疲劳强度。而在实际工作中材料的材质不可能绝对均匀，一般规定材料在额定应力循环次数 N（钢铁材料 N 取 10^7 次，有色金属及其合金 N 取 10^8 次）的交变载荷作用下不致引起断裂的最大应力为疲劳强度。疲劳强度又称疲劳极限，用 σ_{-1} 来表示。一般钢铁材料的 σ_{-1} 为其 σ_b 的一半，非金属材料的疲劳极限低于金属材料。

（二）高温下的机械性能指标

有些零件长期在高温下工作，如柴油机的排气阀、活塞、气缸套，以及涡轮增压器的涡轮叶片。仅仅具备室温条件下的机械性能是不能满足高温条件下的工作要求。表 1.4-4 是 20 号钢在室温和高温条件下的强度比较。

表 1.4-4　20 号钢在不同温度和时间下工作时的强度比较

温度/时间	室温/短时	室温/长时	450 ℃/短时	450 ℃/300 h	450 ℃/1 000 h
σ_b/MPa	420	420	330	230	120

由表 1.4-4 可知，温度越高，材料的强度越低；室温下的材料的强度与外力作用的时间长短无关，而高温下的强度则与外力作用的时间长短有关。

金属材料长时间在高温和一定应力作用下，即使应力小于 σ_s，也会发生缓慢的塑性变形，此种现象称为蠕变。温度越高，蠕变越大，严重时甚至会导致零件断裂破坏。通常当材料温度超过 $0.3T_m$（以绝对温度表示材料的熔点）时，蠕变才显著。

金属材料在高温下的机械性能指标有：

1. 高温强度

高温强度又称热强度，它是应力、应变、温度和时间综合作用的反映。其指标有蠕变极限

和持久强度。

(1)蠕变极限。蠕变极限又称蠕变强度,是金属材料长期在高温和应力作用下抵抗塑性变形的能力,用σ_{δ}^{T}/t表示,单位为MPa。意思是在一定温度T下,一定的时间t内,产生一定塑性变形量δ时所能承受的最大应力。例如,用1Cr13制作涡轮叶片,材料的蠕变极限$\sigma_{0.1}^{500}/10\ 000=57$ MPa,即在500 ℃下工作10 000 h,承受0.1%的变形量时最大应力为57 MPa。

(2)持久强度。持久强度是金属材料长期在高温和应力作用下抵抗断裂的能力,用σ_{t}^{T}表示,单位为MPa。意思是在一定的温度T下,工作一定的时间t后产生断裂的应力。例如,1Cr13的持久强度$\sigma_{100000}^{500}=190$ MPa,即在500 ℃下工作100 000 h发生断裂的应力为190 MPa。

2. 热硬度

热硬性又称红硬性或高温硬度。是金属材料在高温下仍具有较高硬度的性能。热硬性是高温下工作的零件,如高温轴承、高速切削刀具等材料的主要高温性能指标。

二、金属材料工艺(冷加工工艺、铸造工艺、锻造工艺、焊接工艺)

(一)铸造

将液态金属浇注到具有与零件形状、尺寸相适应的铸型型腔中,待其冷却凝固,以获得毛坯或零件的生产方法,称为铸造。

铸造是历史最为悠久的金属成形方法,直到今天仍然是毛坯生产的主要方法。在机器设备中铸件所占比例很大,如机床、内燃机中,铸件占总重量的70% ~90%,压气机占60% ~80%。铸造所以获得如此广泛的应用,是由于它有如下优越性:

(1)可制成形状复杂,特别是具有复杂内腔的毛坯,如箱体、气缸体等。

(2)适应范围广。如工业上常用的金属材料铸造,其中广泛应用的铸铁件只能用铸造方法获得。铸件的大小几乎不限,从几克到数百吨;铸件的壁厚可由1 mm到1 m左右;铸造的批量不限,从单件、小批,直到大量生产。

(3)铸造可直接利用成本低廉的废机件和切屑,设备费用较低。同时,铸件加工余量小,节省金属,减少切削加工量,从而降低制造成本。

在铸造生产中,最基本的工艺方法是砂型铸造,用这种方法生产的铸件占总产量的90%以上。此外,还有多种特种铸造方法,如熔模铸造、压力铸造、金属型铸造、离心铸造、低压铸造、陶瓷型铸造等,它们在不同条件下各有其优势。

1. 金属型铸造

用金属材料(铸铁或钢)制造铸型生产铸件的方法。亦称永久型铸造(可使用上千次)。

按分型面的状态,金属型可分为水平式、垂直式和复合式,见图1.4-6所示。

金属材料导热速度快,无退让性,无透气性,耐火性比型砂差等,易产生浇不足、冷隔、裂纹及白口等缺陷。由于金属型反复受灼热金属液的冲刷,寿命会降低,应采用相应的工艺措施。

金属型铸造节省造型材料、设备及工时,可“一型多铸”,便于自动化生产,生产效率高;金属型冷却速度快,获得铸件的组织致密,晶粒细小,力学性能好,较砂型铸件的强度提高约20%;铸件尺寸精度高,公差等级为IT12 ~ IT16,表面粗糙度较低,$Ra<12.5$ μm。缺点是铸型制造周期长、成本高、工艺参数要求严格,易出现大量同一缺陷的废品等。

主要用于熔点较低的有色金属的大批量生产铸件,如飞机、汽车、内燃机等用的铝合金活塞、汽缸体、汽缸盖、水泵壳体及铜合金轴瓦、轴套等。黑色金属类铸件只限于形状简单的中、小型铸铁件。

2. 熔模铸造(精密铸造、失蜡铸造)

采用易熔的蜡料制成模样来生产铸件的工艺方法。该法制作的铸型无分型面,从而提高了铸件的精度,故又称为"精密铸造"。生产过程中模样主要由蜡质材料来制造,经熔化从铸型中流出,故又称为"失蜡铸造"。

用来制造模样的易熔材料有蜡基模料、树脂(松香)基模料、含水无机盐模料及水银模料等。目前工业生产中主要采用前两种模料制造模样。

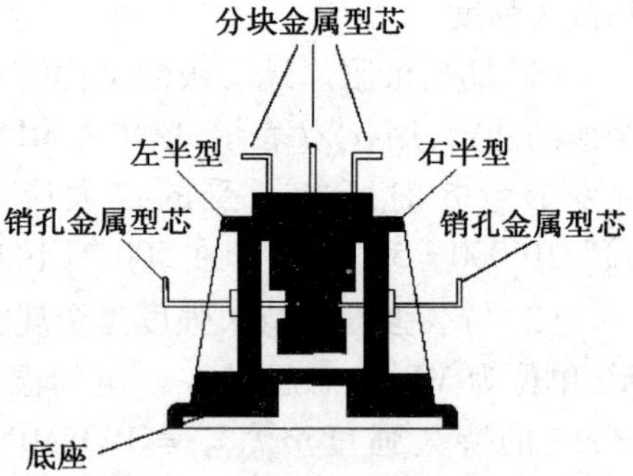

图 1.4-6　铸造铝活塞简图

熔模铸造的铸型没有分型面,型腔表面极为光洁,起模过程无振动,型腔变形很小,故铸件精度及表面质量好;铸型在预热(600 ~ 700 ℃)后浇注,可生产出形状复杂的薄壁件(最小壁厚可达 0.7 mm);适用各种合金的铸造,结壳材料耐火度高,可浇注高熔点合金及难切削合金如(高锰钢、耐热合金等);生产批量不受限制,既适应成批生产,又适应单件生产;原材料价格昂贵,工艺过程复杂,生产周期长,铸件成本高,铸件尺寸、重量受限。

适用于高熔点合金精密铸件的成批、大量生产。形状复杂、难以切削加工的小零件。

3. 压力铸造(压铸)

压铸机可分为热压室式和冷压室式两大类。

热室式压铸机压室与合金熔化炉成一体或压室浸入熔化的液态金属中,用顶杆或压缩空气产生压力进行压铸。热压室式压铸机压力较小,压室易被腐蚀,一般只用于铅、锌等低熔点合金的压铸,生产中应用较少。

冷室式压铸机压室和熔化金属的坩埚是分开的。压铸机结构简单,生产率高,液体金属进入型腔流程短,压力损失小,故使用较广。

压铸的精度和表面质量高于其他铸造方法,少、无切削加工;压铸件强度、硬度较高,力学性能好;可压铸出形状复杂的薄壁件,镶嵌件,最小壁厚 0.4 mm;生产率很高;设备投资高,铸型制造周期长。

适合压铸的合金种类有限,压铸件不能采用热处理改性,不能承受冲击载荷。常用于大批量的有色金属铸件,缸体、齿轮、箱体、支架等。

4. 低压铸造

低压铸造是介于重力铸造(如砂型、金属型铸造)和压力铸造之间的一种铸造方法。液态合金在压力作用下,自下而上地充填型腔,并在压力下结晶形成铸件的工艺过程。所用压力较低,一般为 0.02 ~0.07 MPa。

低压铸造充型时的压力和速度便于控制和调节,充型平稳,液体合金中的气体较容易排出,气孔、夹渣等缺陷较少;低压作用下,升液管中的液态合金源源不断地补充铸型,有效防止了缩孔、缩松的出现,尤其是克服了铝合金的针孔缺陷;省掉了补缩冒口,使金属利用率提高到 90% ~98%;铸件组织致密、力学性能好;压力提高了液态合金的充型能力,有助于大型薄壁件的铸造。

主要用于质量要求较高的铝、镁合金铸件的大批量生产,如气缸、曲轴、高速内燃机活塞、纺织机零件等。

5. 离心铸造

将液态金属浇入高速旋转(250～1 500 r/min)的铸型中,使金属液体在离心力作用下充填铸型,以获得铸件的铸造方法。

该方法在铸造圆筒形铸件时,可节省型芯和浇注系统,省工省料,降低成本;铸件组织致密,极少有缩孔、缩松、气孔、夹渣等缺陷;合金充型能力得到了提高,可以浇注流动性较差的合金铸件和薄壁铸件,如涡轮、叶轮等;便于制造双金属件,如轧辊、钢套、镶铜衬、滑动轴承等。

用于铸铁管、气缸套、双金属轴承、特殊钢的无缝管坯。

6. 陶瓷型铸造

在砂型铸造和熔模铸造基础上发展形成的一种精密铸造工艺。

由于陶瓷材料耐高温,故可浇注高熔点合金;铸件大小不受限制,从几千克到数吨;投资少,生产周期短。

主要用于厚大精密铸件,广泛用于铸造冲模、锻模、玻璃器皿模、压铸模等。

7. 磁型铸造

用铁丸代替型砂,依靠磁力进行紧实。

磁型铸造不用型砂,无粉尘造成的危害,造型材料可反复使用;设备简单,占地面积小,造型、清理等操作简便;不需起模,无分型面造成的披缝,铸件精度及表面质量好。但不适于厚大复杂件,烟气污染空气。

适合中、小型铸钢件大批量生产。

(二)塑性加工

利用金属在外力作用下所产生的塑性变形,来获得具有一定形状、尺寸和力学性能的原材料、毛坯或零件的生产方法,称为金属塑性加工,又称金属压力加工。

各类钢和大多数非铁金属及其合金都具有一定的塑性,因此它们都可以在热态或冷态下进行压力加工。

金属压力加工的基本生产方式有以下几种:锻造、轧制、拉拔、挤压和板料冲压。

一般常用的金属型材、板材、管材和线材等原材料,大都是通过轧制、挤压、拉拔等方法制成的。机械制造业中的许多毛坯或零件,特别是承受重载荷的机件,如机床的主轴、重要齿轮、连杆、炮管和枪管等,通常采用锻件作毛坯。板料冲压广泛用于汽车、电器、仪表零件及日用品工业等方面。

1. 锻造

利用冲击力或压力使金属在抵铁间或锻模中变形,从而获得所需形状和尺寸的锻件,这类工艺方法称为锻造。锻造是金属零件的重要成型方法之一,它能保证金属零件具有较好的力学性能,以满足使用要求。

自由锻是利用冲击力或压力使金属在上、下两个抵铁之间产生塑性变形,从而得到所需锻件的锻造方法。其特点是金属流动自由;形状、尺寸精度由操作者操作技术保证;生产率、产品精度较低;通用性强,小到大型、巨型锻件都可以生产,特别在重型机械制造中特别重要。

模锻是在高强度金属锻模上预先制出与锻件形状一致的模膛,使坯料在模膛内受压变形的锻造方法。与自由锻相比模锻的特点:生产率较高;锻件尺寸精确,加工余量小;可锻出形状复杂锻件;材料利用率高。

2. 板料冲压成形

板料冲压是利用冲模使板料产生分离或变形的加工方法。这种加工方法通常是在冷态下进行的,所以又叫冷冲压。只有当板料厚度超过 8 ~ 10 mm 时,才采用热冲压。

特点:零件形状复杂,废料少;产品精度高,互换性好;产品质量小,材料消耗少,强度、刚度高;操作简单,生产率高,成本低

板料冲压所用原材料,特别是制造中空杯状和钩环状等成品时,必须具有足够的塑性。板料冲压常用的金属材料有低碳钢、铜合金、铝合金、镁合金及塑性好的合金钢等。从形状上分,金属材料有板料、条料及带料等。

3. 挤压成形

挤压是指坯料在强大压力作用下,从模具的出口或缝隙挤出,从而获得所需形状、尺寸的零件的加工方法。

挤压的特点:挤压时金属坯料在三向压应力作用下变形,可以提高金属坯料的塑性;可以挤压出各种形状复杂、深孔、薄壁、异型断面的零件;零件的力学性能好;零件精度高,节省材料,材料利用率 70%。

4. 轧制成形

金属坯料(或非金属坯料)在旋转轧辊的作用下产生连续塑性变形,从而获得要求的截面形状并改变其性能的方法,称为轧制。用轧制的方法可将钢锭轧制成板材、管材和型材等产品。常用的轧制工艺有辊轧、横轧、斜轧及旋锻等。

5. 拉拔成形

在外加拉力作用下,迫使金属坯料通过模孔,以获得相应形状与尺寸制品的塑性加工方法称之为拉拔。拉拔是管材、棒材、型材以及线材的主要生产方法之一。

按制品截面形状分为实心材拉拔与空心材拉拔。实心材拉拔主要包括棒材、型材及线材的拉拔;空心材拉拔主要包括管材及空心异型材的拉拔。

拉拔与其他压力加工方法相比较具有以下特点:拉拔制品的尺寸精确,表面光洁;拉拔生产的工具与设备简单,维护方便,在一台设备上可以生产多种品种与规格的制品;拉拔道次变形量和两次退火间的总变形量受到拉拔应力的限制。一般道次加工率在 20% ~ 60%,过大的道次加工率将导致拉拔制品的尺寸、形状不合格,甚至频繁地被拉断;过小的道次加工率会使拉拔道次、退火和酸洗等工序增多,成品率和生产率降低;最适合于连续高速生产断面非常小的长制品。

6. 特种塑性加工方法

(1)超塑性成形。超塑性是指金属或合金在特定条件下进行拉伸试验,其伸长率超过 100% 以上的特性。目前常用的超塑性成形材料主要是锌铝合金、铝基合金、钛合金及高温合金。超塑性状态下的金属在变形过程中不产生缩颈现象,变形应力可比常态降低几倍至几十倍。因此此种金属极易成形,可采用多种工艺方法制出复杂零件。

超塑性模锻工艺有以下特点。

扩大了可锻金属的种类。如过去认为只能采用铸造成形的某些合金,也可以进行超塑性模锻成形。金属填充模膛性能好,锻件尺寸精度高,机械加工余量小,甚至可以不再加工。这种成形工艺比普通模锻降低金属消耗 50% 以上,这对很难加工的钛合金和高温合金特别有利。能获得均匀细小的晶粒组织,零件整体力学性能均匀一致。金属的变形抗力小,可充分发挥中、小设备的作用。

(2)旋压成形。旋压成型是一种利用旋压机使坯料和模具以一定的速度共同旋转,并在旋轮的作用下使坯料在与旋轮接触的部位上产生局部变形,获得空心回转体零件的加工方法。

分为普通旋压和变薄旋压两大类。普通旋压:板厚基本不变,成形主要依靠坯料圆周方向与半径方向上的变形来实现。旋压过程中坯料外径有明显变化是其主要特征。变薄旋压:主要依靠板厚的减薄来实现。旋压过程中坯料外径基本不变。壁厚减薄是变薄旋压的主要特征。

旋压成形特点:局部连续塑性变形,变形区很小,成形力小,设备也小。旋压工装简单,工具费用低,旋压设备柔性大,适于形状复杂的零件和大型封头类零件。旋压件尺寸精度高,与切削相当,力学性能好

(3)液态模锻。液态模锻是一种介于铸造和模锻之间的加工方法。它是将定量的金属直接浇入金属模内然后在一定时间内以一定压力作用于液态或半液态金属上使之成型,并在此压力下结晶和塑性流动。由于结晶过程是在压力下进行的,所以改变了常态下结晶的宏观及微观组织,使柱状晶变为细小的等轴晶。

用于液态模锻的金属可以是各种类型的合金,如铝合金、铜合金、灰口铸铁、碳钢,不锈钢等。

与一般模锻相比,液态模锻有以下特点:

液态模锻可以利用金属废料熔炼成液态后直接进行模锻,不像模锻对于下料要求严格,因而减少了工序及设备,节约了材料。液态模锻工件的强度指标可以接近或达到模锻件的水平。组织致密,性能优良。液态模锻件外形准确,表面粗糙度值低,有时可不用进行机械加工。液态模锻可以一次成型,不像一般模锻要多个模膛,从而可提高生产率,减少劳动强度,也节省了大量模具钢。液态模锻是在封闭的模具内成型,液态金属充满模膛要比一般模锻容易得多,因而所需设备吨位较小,为一般模锻设备的1/5 ~1/8。

与压力铸造相比,液态模锻则又具有以下的特点:液态模锻不像压铸那样由于金属高速流入模型,气体来不及排出,因而容易产生气孔。液态模锻不像压铸那样快速冷却凝固,它是在充分的压力下结晶成形,晶粒细化,组织均匀。液态模锻结构简单、紧凑。不像压铸需要浇口、浇道,使模具复杂。液态模锻不会产生压铸时易出现的液体正面冲击和涡流现象。液态模锻不需要用专门的压铸机,而采用通用设备。

(4)高能率成形。高能率成形是指在极其短的时间内释放高的能量使金属变形的成形方法。高能率成形主要有爆炸成形、电液成形和电磁成形等几种方式。

爆炸成形是利用物质爆炸瞬间所释放出的巨大化学能使金属坯料变形成为所需形状的加工方法。以水作为成形的介质,使坯料固定在压边圈和凹模之间,爆炸时形成高速、高压冲击波在水中传播,使毛坯在极短时间内成形。

爆炸成形的特点:模具、设备简单,其中模具仅用凹模即可;能提高材料的塑性变形能力,适用于塑性差的难成形材料;可以用于大型零件成形,爆炸成形不受模具的限制,不需要专用设备。

爆炸成形可以用于板材剪切、冲孔、弯曲、拉深、翻边、胀形、扩口、缩口、压花等工艺,也可用于爆炸焊接、表面强化、构件装配及粉末压制等。

电液成形是将高压电加到两电极上产生高压放电,于是在放电回路中形成强大的冲击电流,在电极周围的液体介质中产生冲击波及液流冲击,使毛坯成形。电液成形主要应用于板材的拉深、胀形、翻边和冲孔等。

电磁成形是利用脉冲磁场对金属坯料进行高能成形的一种加工方法。成形线圈放电时,管坯内表面的感应电流与线圈内的放电电流方向相反,这两种电流产生的磁场在线圈内部空

间因方向相反而抵消，在线圈和管坯之间因方向相同而加强，其结果是管坯内表面受到强大的磁场压力，使管坯胀形。电磁成形主要用于管坯胀形和缩径以及坯料成形。此外还用于管材的缩口、翻边等。

（三）焊接

通过加热或加压，或两者并用，并且用或不用填充材料，使连接件达到原子结合的加工方法，称为焊接。其实质是使被焊金属的原子之间相互扩散，相互结合，并形成整体的过程。它属于永久性连接金属的工艺方法。

根据实现原子结合基本途径的不同，可将种类繁多的焊接方法归纳为3大类。

(1)熔焊。即在焊接过程中，把焊件接头局部加热到熔化状态，不加压力，靠熔化金属冷却结晶成一体而完成焊接的方法，例如电弧焊、埋弧自动焊、气体保护焊等。

(2)压焊。焊接过程中必须对焊接接头施加压力（或同时加热）以完成焊接的方法，称为压焊，例如锻焊、电阻焊、冷压焊等。

(3)钎焊。采用比母材熔点低的金属材料作钎料，把钎料与焊件加热到高于钎料熔点、低于母材熔点的温度，使液态钎料润湿母材、填充接头间隙并与母材相互扩散，然后冷却结晶而形成接头。图1.4-7为主要焊接方法分类框图。

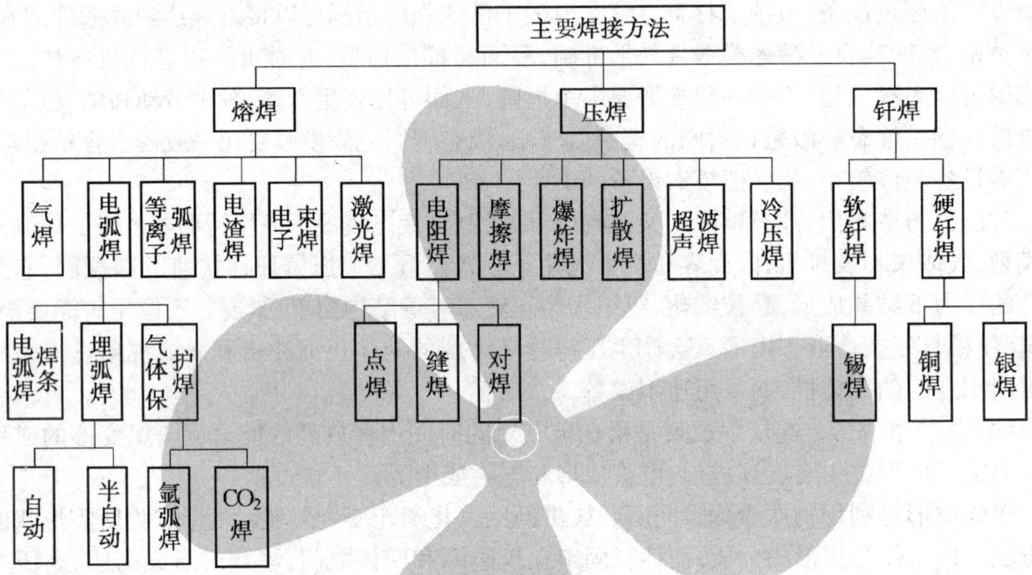

图1.4-7　主要焊接方法分类框图

1.熔焊

(1)电弧焊

电弧焊是以电极与工件之间燃烧的电弧作焊接热源，是目前应用最广泛的焊接方法，主要有手弧焊、埋弧焊、钨极气体保护电弧焊、熔化极气体保护焊和等离子弧焊等。

①焊条电弧焊

焊条电手弧焊是各种电弧焊方法中发展最早、目前仍然应用最广的一种焊接方法。它是以外部涂有涂层（药皮）的焊条作电极和填充金属，电弧是在焊条的端部和被焊工件表面之间燃烧。涂层在电弧热作用下一方面可以产生气体以保护电弧，另一方面可以产生熔渣覆盖在熔池表面，防止熔化金属与周围气体的相互作用。熔渣的更重要作用是与熔化金属产生物理化学反应或添加合金元素，改善焊缝金属性能。

焊条电弧焊设备简单、轻便,操作灵活,可以用于难以达到的部位的焊接。焊条电弧焊配用相应的焊条可适用于大多数工业用碳钢、不锈钢、铸铁、铜、铝、镍及其合金。

②埋弧焊

埋弧焊是以连续送进的焊丝作为电极和填充金属。焊接时,在焊接区的上面覆盖一层颗粒状焊剂,电弧在焊剂层下燃烧,将焊丝端部和局部母材熔化,形成焊缝。

在电弧热的作用下,焊剂熔化形成熔渣。熔渣浮在金属熔池的表面,一方面可以保护焊缝金属,防止空气的污染,并与熔化金属产生物理、化学反应,改善焊缝金属的成分及性能;另一方面还可以使焊缝金属缓慢冷却。

埋弧焊可以采用较大的焊接电流。与手弧焊相比,其最大的优点是焊缝质量好,焊接速度高。因此,它特别适于焊接大型工件的直缝或环缝,多数采用机械化焊接。

③钨极气体保护电弧焊

这是一种不熔化极气体保护电弧焊,是利用钨极和工件之间的电弧使金属熔化而形成焊缝的。焊接过程中钨极不熔化,只起电极的作用;同时由焊炬的喷嘴送进氩气或氦气作保护,还可根据需要另外添加金属。

钨极气体保护电弧焊由于能很好地控制热输入,所以它是连接薄板金属和打底焊的一种极好方法。这种方法几乎可以用于所有金属的连接,尤其适用于焊接铝、镁等能形成难熔氧化物的金属以及像钛和锆等的活泼金属。这种焊接方法的焊缝质量高,但与其他电弧焊相比,其焊接速度较慢。

④熔化极气体保护电弧焊

这种焊接方法是利用连续送进的焊丝与工件之间燃烧的电弧作热源,由焊炬喷嘴喷出的气体保护电弧来进行焊接的。

熔化极气体保护电弧焊通常用的保护气体有氩气、氦气、CO_2 气或这些气体的混合气。以氩气或氦气为保护气时称为熔化极惰性气体保护电弧焊;以惰性气体与氧化性气体混合气为保护气体时,或者以 CO_2 气体或 $CO_2 + O_2$ 混合气为保护气时,统称为熔化极活性气体保护电弧焊。

熔化极气体保护电弧焊的主要优点是可以方便地进行各种位置的焊接,同时也具有焊接速度较快、熔敷率高等优点。熔化极活性气体保护电弧焊可适用于大部分主要金属,包括碳钢、合金钢。熔化极惰性气体保护焊适用于不锈钢、铝、镁、铜、钛、锆及镍合金。利用这种焊接方法还可以进行电弧点焊。

(2)电渣焊

电渣焊是利用电流通过液态熔渣产生的电阻热加热熔化母材与电极法。

电渣焊一般都是在垂直立焊位置焊接,两工件相距 25 ~ 35 mm。引燃电弧熔化焊剂和工件,形成渣池和熔池,待渣池有一定深度时,增加送丝速度,使焊丝插入渣池,电弧便熄灭,转入电渣过程。这时, 电流通过熔渣产生电阻热, 将工件和电极熔化,形成金属熔池沉在渣池下面。渣池既作为焊接热源,又起机械保护作用。随着熔池和渣池上升,远离渣池的熔池金属便冷却形成焊缝。电渣焊可使很厚的焊件一次焊成, 焊接速度慢,过热区大, 接头组织粗大,因此,焊后要进行正火处理。

电渣焊的特点:宜在垂直位置焊接;厚件能一次焊成;焊缝成形系数调节范围大;渣池对被焊工件有较好的预热作用;焊缝和热影响区晶粒粗大。

(3)等离子弧焊

等离子弧焊也是一种不熔化极电弧焊。它是利用电极和工件之间的压缩电弧实现焊接的,所用的电极通常是钨极。产生等离子弧的等离子气可用氩气、氮气、氦气或其中二者之混合气,同时还通过喷嘴用惰性气体保护。焊接时可以外加填充金属,也可以不加填充金属。

等离子弧焊焊接时,由于其电弧挺直、能量密度大,因而电弧穿透能力强。等离子弧焊焊接时产生的小孔效应,对于一定厚度范围内的大多数金属可以进行不开坡口对接,并能保证熔透和焊缝均匀一致。因此,等离子弧焊的生产率高,焊缝质量好。但等离子弧焊设备(包括喷嘴)比较复杂,对焊接工艺参数的控制要求较高。

钨极气体保护电弧焊可焊接的绝大多数金属,均可采用等离子弧焊接。与之相比,对于1 mm以下极薄金属的焊接,用等离子弧焊可较易进行。

(4)电子束焊

常用的电子束焊有高真空电子束焊、低真空电子束焊和非真空电子束焊。电子束焊与电弧焊相比,主要的特点是熔深大,熔宽小,焊缝金属纯度高。它既可以用于很薄材料的精密焊接,又可以用于很厚的(最厚达300 mm)构件焊接。所有用其他焊接方法能进行熔化焊的金属及合金都可以用电子束焊接。电子束焊接主要用于要求高质量的产品的焊接,还能解决异种金属、易氧化金属及难熔金属的焊接问题。

(5)激光焊

激光焊方法通常有连续功率激光焊和脉冲功率激光焊。激光焊的优点是不需要在真空中进行;缺点则是穿透力不如电子束焊强。激光焊时能进行精确的能量控制,因而可以实现精密微型器件的焊接、切割等加工。

经聚焦后的激光束光斑小(0.1~0.3 mm),功率密度高,比电弧焊(5×102~104 W/cm^2)高几个数量级,因而激光焊接具有传统焊接方法无法比拟的显著优点,即加热范围小,焊缝和热影响区窄,接头性能优良;残余应力和焊缝变形小,可以实现高精度焊接;可对高熔点、高热导率的热敏感材料及非金属进行焊接;焊接速度快,生产率高;具有高度柔性,易于实现自动化。

2. 压焊

(1)电阻焊

电阻焊一般是使工件处在一定电极压力作用下并利用电流通过工件时所产生的电阻热将两工件之间的接触表面熔化而实现连接的焊接方法。这是以电阻热为能源的一类焊接方法,主要有点焊、缝焊、凸焊及对焊等。

对焊是指把两工件端部相对放置,利用焊接电流加热,然后加压完成焊接的电阻焊方法。包括电阻对焊及闪光对焊两种。

电阻对焊是将焊件装配成对接接头,使其端面紧密接触,利用电阻加热至塑性状态,然后迅速施加顶锻力完成焊接的方法。电阻对焊主要用于对接截面较小(一般小于250 mm^2)、氧化物易于挤出的工件(例如碳钢、紫铜、铝等)对焊。

闪光对焊是指焊件装配成对接接头,接通电源,并使其端面逐渐移近达到局部接触,利用电阻热加热这些接触点(产生闪光),使端面金属熔化,直到端部在一定深度范围内达到预定温度时,迅速施加顶锻力完成焊接的方法。主要用于中、大截面的各种实心棒料(圆形或方形)和展开形件(管料或带料)的对接,还可对接异种材料,例如铜和铝、铜和钢、碳钢和镍合金、碳钢和不锈钢等。

(2)其他压焊方法

除电阻焊外，常见的压焊方法还有摩擦焊、超声波焊、爆炸焊、扩散焊等。

摩擦焊是利用焊件表面相互摩擦产生的热，使端面达到热塑性状态，然后迅速顶锻，完成焊接的一种焊接方法。它具有质量好、稳定、生产率高、易于实现自动化、表面清理要求不高等优点，特别适于异种材料焊接，但设备投资大，工件必须有一个是回转体，不宜焊摩擦系数小或脆性的材料。

超声波焊接是利用超声波的高频振荡能对焊件接头进行局部加热和表面清理，然后，施加压力实现焊接的一种压焊方法。由于焊接表面无变形，无热影响区，因此焊接质量好，并且表面无需严格清理，适于厚度小于 0.5 mm 的工件焊接，尤其适于异种材料焊接，但其功率小，应用受限。

爆炸焊是利用炸药爆炸产生的冲击力造成焊件的迅速碰撞，实现连接焊件的一种压焊方法。该方法主要用于材料性能差异大而用其他方法难焊的场合，如：铝 - 钢，钛 - 不锈钢，钽、锆等的焊接，也可用于制造复合板，无需专用设备，工件形状、尺寸基本不受限制，但以平板、圆柱、圆锥形为宜。

扩散焊一般是以间接热能为能源的固相焊接方法，通常是在真空或保护气氛下进行。焊接时使两被焊工件的表面在高温和较大压力下接触并保温一定时间，以达到原子间距离，经过原子相互扩散而结合。

3. 钎焊

钎焊是利用熔点比母材低的金属作钎料，加热将钎料熔化，利用液态钎料润湿母材，填充接头间隙，并与母材相互扩散实现连接的焊接方法。

钎焊接头的质量在很大程度上取决于钎料。钎料应具有合适的熔点和良好的润湿性。母材接触面要求很干净，焊接时使用钎焊钎剂除氧化膜和油污等杂质，保护接触面，并改善钎料润湿性和毛细流动性。钎焊按钎料熔点分为软钎焊和硬钎焊两大类。

钎料熔点在 450 ℃以下的钎焊叫软钎焊。常用钎剂是松香、氯化锌溶液等。软钎焊强度低，工作温度低，主要用于电子线路的焊接。由于钎料常用锡铅合金，故通称锡焊。

硬钎焊的钎料熔点在 450 ℃以上，接头强度较高，都在 200 MPa 以上。常用钎料有铜基、银基和镍基钎料等。常用钎剂有硼砂、硼酸、氯化物、氟化物等组成。硬钎焊主要用于受力较大的钢铁和铜合金构件以及刀具的焊接。

钎焊焊接变形小，焊件尺寸精确，生产率高。主要用于精密仪表、电气零部件、异种金属构件、复杂薄板结构及硬质合金刀具的焊接。

(四) 金属切削加工

金属切削加工是利用切削刀具从毛坯上切除多余的金属，以获得要求的形状、尺寸和表面粗糙度的零件的加工方法。铸造、锻压和焊接等方法通常只能用来制造毛坯和较粗糙的零件。凡是精度要求较高的零件，一般都需要进行切削加工，因此切削加工在机械制造业中占有重要的地位。金属切削加工虽然有着各种不同的形式，如车、钻、刨、铣、磨以及齿轮加工等，但是也存在着共同的现象和规律。掌握这些现象和规律，以便正确地进行切削加工，对保证零件的加工质量，提高生产率和降低成本，都有着重要的意义。

金属切削过程实际上是切屑形成过程。比较典型的切削过程是：被切削金属层受到刀具挤压而产生弹性变形。随着刀具的切入，应力、应变逐渐加大。当剪应力达到材料的屈服强度时，开始产生塑性变形——滑移。刀具再继续切入，当剪应力达到材料的抗拉强度时，金属层经过剪切滑移后被挤裂而形成切屑。实际上，由于加工材料等条件不同，切削过程的这 3 个阶段并不完全显示出来。例如,加工铸铁等脆性材料时,被切层在弹性变形后很快形成切屑离开母材。而加工塑性很好的钢材时,滑移阶段特别明显。

1. 车削加工

车削加工是在车床上利用工件的旋转运动和刀具的连续移动来加工工件的，主要加工各种回转面。车削时，工件的旋转为主运动，车刀的移动为进给运动。

车削加工适应性好,切削加工的精度范围大,容易保证零件加工表面之间的位置精度;生产效率高;生产成本低。

2. 钻削加工

钻削加工是用钻头或扩孔钻在工件上加工孔的方法。它主要在钻床上进行。

钻削加工钻头容易产生“引偏”,孔径易扩大,孔壁质量差。

3. 镗削加工

镗削加工的适应性强,能修正孔中心位置,但刀具工作条件差。

4. 刨削加工

刨削加工是用刨刀对工件作水平相对直线往复运动的切削加工方法。刨削加工主要在刨床上进行。

刨削加工的加工质量处于中等水平,成本低、生产率低、加工范围窄,仅局限于加工平面,直线型成形面和平面沟槽。因此,多用于单件或小批量生产和修配中。

5. 铣削加工

铣削加工是在铣床上利用铣刀的旋转运动和工件的移动的切削加工方法。它是平面加工的主要方法之一。

铣削加工生产率较高,适应性好,加工质量中等,成本较高。

6. 磨削加工

磨削是用砂轮作为切削工具对工件表面进行切削加工的加工方法。它是机械零件精加工的主要方法之一。随着科学技术的发展，磨削加工有取代车削、铣削、刨削等加工方法的趋势。特别是毛坯生产新工艺的出现，毛坯的精度有明显的提高，毛坯直接经磨削加工达到技术要求已成为可能。因此，目前工业发达国家的磨床在机床中占有很大的比重。

磨削不受工件材料硬度的限制,加工精度高和表面粗糙度低,磨削温度高。磨削过程中磨削速度,产生较大的径向磨削分力。

三、金属材料的工艺性能

金属零件和构件在加工制造过程中要经受各种冷、热加工,如铸造、锻造、焊接、切削加工及热处理等。材料不同接受各种加工的能力也不同。金属材料在加工过程中的特性称为金属材料的工艺性能。材料的工艺性能直接影响零件的加工方法、加工质量及制造成本。因此是选材时应考虑的重要方面。金属材料的工艺性能主要包括以下几种。

(一)铸造性

金属材料的铸造性是指材料用铸造方法获得完好铸件的能力。常用的金属材料如灰铸铁、锡青铜等具有优良的铸造性。铸造性可由材料的以下特点显示:

(1)流动性。材料熔化后进行浇注时具有很好的填充铸型的能力称为流动性。材料的流动性好能够铸造出薄壁、形状复杂的精致铸件,不会产生浇注不足、夹渣和气孔等缺陷。

(2)收缩率。液态金属在铸型内冷却过程中,内部产生缩孔和铸件形状尺寸缩小的程度称收缩率。材料的收缩率小，铸件内的缩孔、缩松和应力小。由于铸件各部分的冷却速度不同，收缩不同，以致使铸件内部产生应力。当此铸造应力过大时会使铸件产生变形或开裂。

(3)偏析。液态金属凝固后化学成分不均匀的现象称偏析。偏析小，铸件各处的性能均匀一致。

(二)可锻性

金属材料的可锻性是其承受压力加工(锻造)的能力。可锻性好坏取决于材料的塑性和变形抗力。材料的塑性好变形时不易开裂；变形抗力小，则锻造时省力，消耗动力少。常用的金属材料中，中、低碳钢的可锻性好，而高碳钢差，灰铸铁不能锻造。

(三)可焊性

指在一般工艺条件下，金属材料焊接时获得优质焊缝的能力。金属材料的可焊性是依焊接过程中承受裂纹的倾向和焊缝的使用可靠性而定。低碳钢和普通低合金钢具有优良可焊性，而灰铸铁和铝合金的可焊性很差。

(四)热处理性

金属材料的热处理性能主要用淬透性、淬硬性、晶粒长大倾向及回火脆性等来衡量。

(五)切削加工性

切削加工性是指金属材料进行切削加工的难易程度。切削加工性与材料的种类、成分、硬度、塑性、组织等有关。切削加工性好的材料硬度在 HB160～230 之间时切屑易断，加工表面光洁，刀具寿命长和消耗动力少。

(六)管材与型材的冷变形工艺性

船舶建造中需要大量的钢板与型钢，机舱中有大量的各种管路系统。在造船和安装管路时要进行钢板和管子的各种冷变形加工，因此要求材料具有良好的冷变形工艺性能。

对船用钢管依规范进行扩口、卷边、压扁和弯曲试验。对型材依规范进行 180°冷弯试验。在规定弯心直径 d 的条件下进行试验后，要检查外表面的完好程度。

第二节　金属学基础

一、金属的晶体结构与结晶过程

(一)金属的晶体结构

金属材料的性能不仅与材料的化学成分有关，而且与其内部的微观结构有密切的关系。化学成分不相同的材料具有不同的性能，化学成分相同而内部微观结构不同的材料也会有不同的性能。所以了解金属材料的成分、微观结构与性能的关系是认识和使用材料的前提。

1. 金属晶体的基本概念

(1)晶格

由于晶体内部原子是周期地有规则地排列，为了了解和分析金属晶体内部原子排列的规律，把原子(或离子)用假想的空间直线连结成空间的格子。这种用来研究晶体结构的空间格子，称为晶格或空间点阵，如图 1.4-8 所示。晶体的结点为原子(离子)平衡中心位置。

(2)晶胞

晶格中代表原子排列规则的最基本单元称为晶胞。也就是说晶格是由无数晶胞堆积而成，如图 1.4-9 所示。

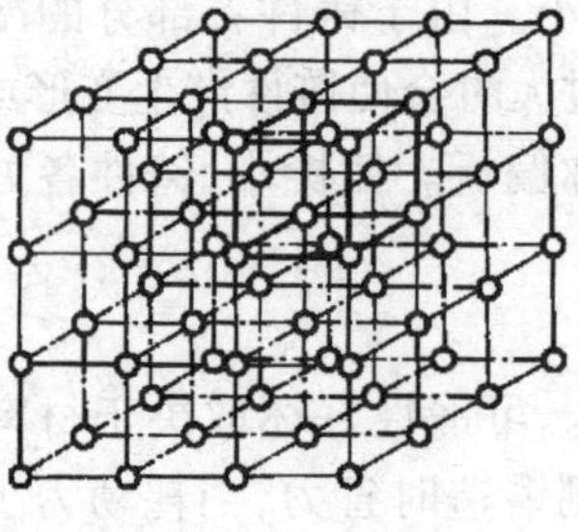

图 1.4-8　晶格

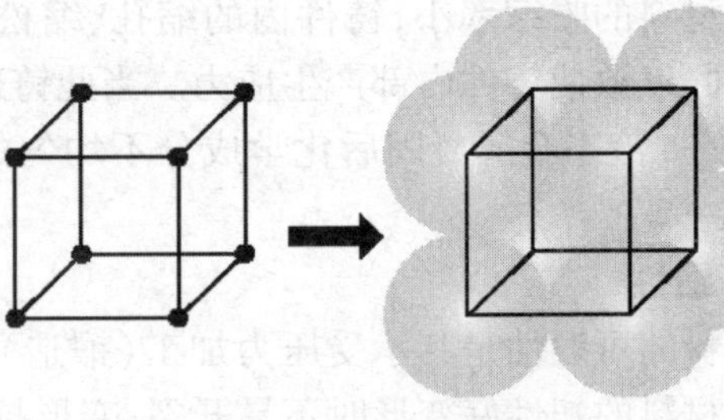

图 1.4-9　晶胞

(3)晶格常数

晶胞的大小由是晶胞的各边的尺寸即长、宽、高表示，称为晶格常数，单位为 Å($1Å = 10^{-8}$ cm)。

(4)晶胞原子数

晶胞原子数是指一个晶胞中所包含的原子数。

(5)晶格致密度

晶格致密度是指在一个晶胞体积中晶胞原子所占体积的百分数。即

$$致密度 = \frac{晶胞原子数 \times 原子体积}{晶胞体积} \times 100\%$$

晶格致密度是晶胞中原子排列紧密程度的参数。

(6)晶面和晶向

晶面是指晶格中各个方位的原子面。由此，可以把晶体看成是由一层层晶面堆砌而成。晶向是指晶格中沿各个方向的原子排列。

晶面和晶向反映了晶格中各个方位面上和各个方向上原子排列的情况，因此也就一定程度地反映了晶体结构的规律。

2. 常见的金属晶格类型

金属中原子是靠强大的金属键连结，有着促使金属晶体中原子趋于紧密排列的倾向，以致几类原子排列成高对称性的晶格。常见典型晶格类型有以下 3 种。

(1)体心立方晶格

体心立方晶格的晶胞如图 1.4-10 所示。晶胞是由 8 个原子构成的一个立方体，除在立方

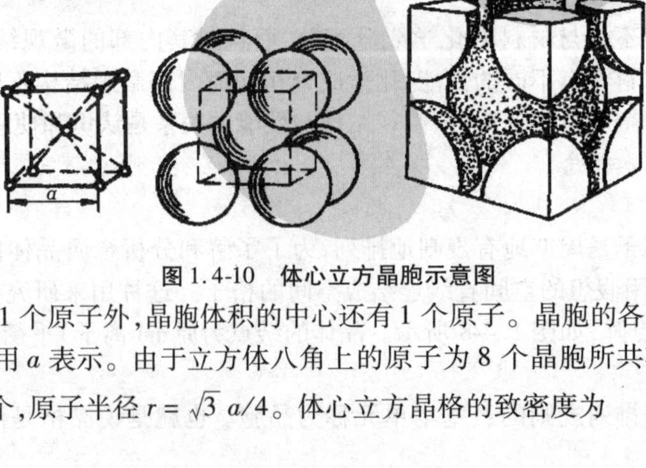

图 1.4-10　体心立方晶胞示意图

体的 8 个角上各有 1 个原子外，晶胞体积的中心还有 1 个原子。晶胞的各边成相等，即 $a = b = c$，所以晶格常数只用 a 表示。由于立方体八角上的原子为 8 个晶胞所共有，所以晶胞原子数为：$1/8 \times 8 + 1 = 2$ 个，原子半径 $r = \sqrt{3}\, a/4$。体心立方晶格的致密度为

$$致密度=\frac{2\times\frac{4}{3}\pi r^3}{a^3}=\frac{2\times\frac{4}{3}\pi\times(\frac{\sqrt{3}}{4}a)^3}{a^3}=0.68\ (或68\%)$$

属于这类晶格的金属有 α－Fe、W、α－Cr、V、Mo、Nb、Ta 等。

(2)面心立方晶格

面心立方晶格的晶胞如图 1.4-11 所示。该晶胞也是一个立方体,在立方体的 8 个角上各有 1 个原子外,在立方体的 6 个面的每个面的中心还有 1 个原子。晶格常数也是用 a 表示。原子半径 $r=\sqrt{2}\,a/4$。每个晶胞的原子数为:$1/8\times8+1/2\times6=4$ 个。致密度为 0.74 或 74%。

属于这类晶格的金属有 γ－Fe、Al、Cu、Ni、Pb、Ag、Au 等。

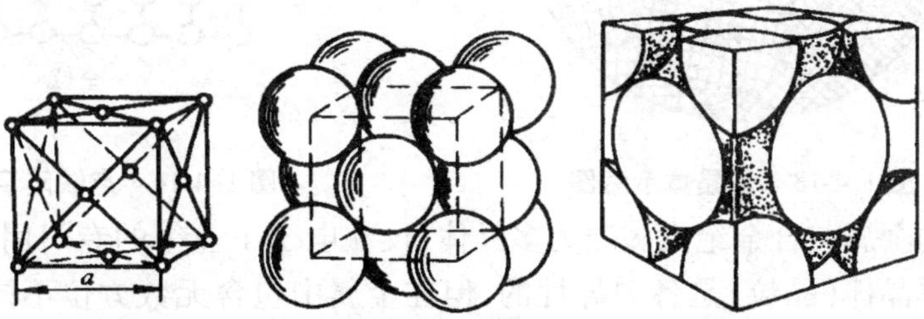

图 1.4-11　面心立方晶胞示意图

(3)密排六方晶格

密排六方晶格的晶胞如图 1.4-12 所示。该晶胞为一正六棱柱体,在上、下两个正六边形底面的 6 个顶点和中心各有一个与相邻晶胞共用的原子,在上下两个底面的中间还有 3 个独有的原子。晶格常数用正六边形底面的边长 a 和上下底面之间的距离(即晶胞高度)c 来表示。原子半径 $r=a/2$。晶胞原子数为 $1/6\times12+1/2\times2+3=6$ 个。致密度为 0.74 或 74%。

属于这类晶格的金属有 Mg、Zn、Be、Cd、α－Co 和 α－Ti 等。

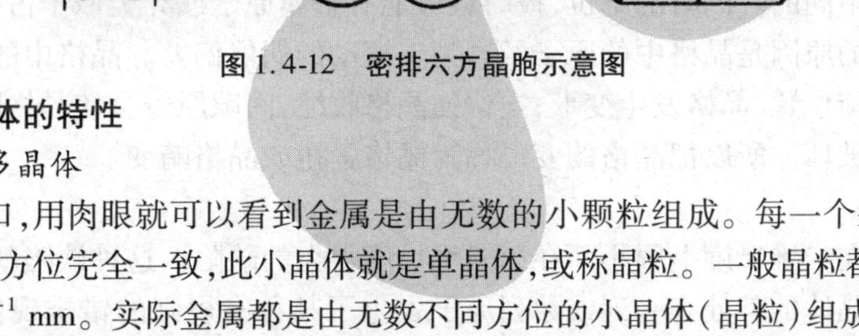

图 1.4-12　密排六方晶胞示意图

(二)金属晶体的特性

1. 单晶体和多晶体

观察金属断口,用肉眼就可以看到金属是由无数的小颗粒组成。每一个颗粒就是一个小晶体,其内部晶格方位完全一致,此小晶体就是单晶体,或称晶粒。一般晶粒都较细小,其平均直径为 $10^{-2}\sim10^{-1}$ mm。实际金属都是由无数不同方位的小晶体(晶粒)组成,所以金属是多晶体。在多晶体金属中晶粒与晶粒之间的界面称晶界,如图 1.4-13 所示。

2. 金属晶体的特性

金属晶体的物理性能与机械性能是与晶体的晶格类型、晶面和晶向上的原子排列方式及排列密度有密切关系的。因此,对于只含一个晶粒的单晶体来说,由于晶体中不同晶面和晶向上的原子密度不同、原子间距不等及原子间作用力弱强不等,造成它在不同方向上的性能差异,这种现象称为单晶体的各向异性。例如,具有面心立方晶格的纯铜单晶体的抗拉强度在不同方向上的数值在 140 ~ 350 MPa 之间变化,延伸率则在 10% ~ 50% 范围内变化。金属单晶体的各向异性,不仅表现在机械性能的差异上,也表现在理化性能方面。

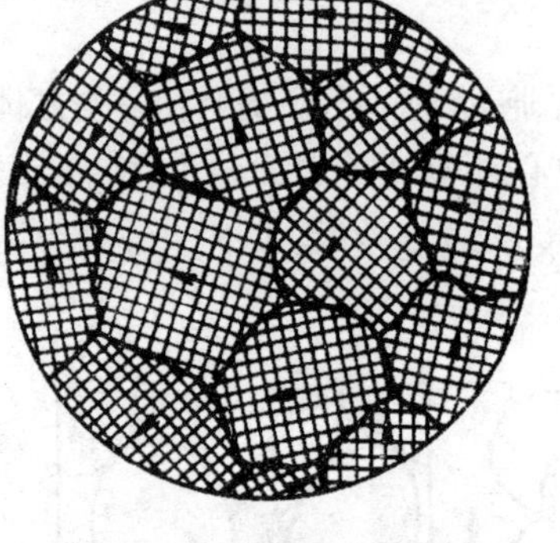

图 1.4-13　多晶体示意图

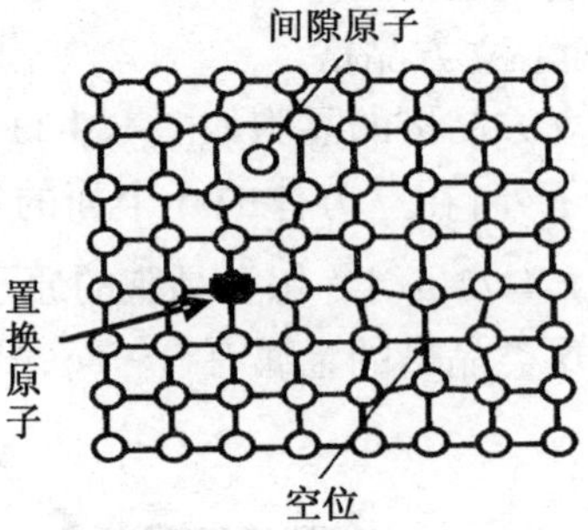

图 1.4-14　点缺陷示意图

工程上使用的金属与合金绝大多数为多晶体,仅在电子工业等的专门用途上特制单晶体金属。虽然每个单晶体(晶粒)是各向异性的,但在金属中包含无数方位不同的小晶体,彼此相互参错的结果,致使金属多晶体表现出各向同性的特点。

(三)晶体缺陷

从理论上讲,金属晶体内的原子呈规则排列,是理想的晶体结构。然而生产实际中使用的金属与合金的晶体结构并非如此。由于晶体形成条件和不同加工工艺的影响,会使金属晶体内部出现原子排列不规则的区域,称为晶体缺陷。按照晶体缺陷的几何特征分为 3 类。

1. 点缺陷

点缺陷是指在三维尺度上都很小的一种缺陷。常见的点缺陷有空位、间隙原子和置换原子,如图 1.4-14 所示。

空位是指在晶格结点上没有原子占据的空位置。间隙原子是脱离了平衡位置的原子从晶格结点上进入原子间隙中形成间隙原子,或者是金属中杂质元素的原子进入晶格间隙形成间隙原子。当然,金属中的杂质元素的原子也可能取代金属原子而占据结点位置,这种原子称为置换原子。

晶体中的点缺陷并非固定不变,由于原子是不停地运动,所以在不同瞬间点缺陷的性质、发生的部位都是不同的。此时的空位,彼时就可能有金属原子或异类原子占据;或相反。

造成点缺陷的原因是晶格中的原子的高频热振动的偶然偏差。晶格中的点缺陷将会引起周围原子偏离平衡位置,晶格发生变形;空位使晶格收缩,间隙原子会使晶格膨胀,使原有的原子规则排列遭到破坏。所以把晶格的变形称为晶格歪扭或晶格畸变。

2. 线缺陷

线缺陷是指在二维尺度上很小而在第三维尺度很大的缺陷。这种缺陷就是位错。

位错是指在晶体的某处有一列或数列原子发生了某种有规则的错排现象。位错有两种:刃型位错和螺型位错。

刃型位错如图 1.4-15 所示。在就是晶体中,由于某种原因,晶体的一部分沿一定晶面相对晶体的另一部分(不动的部分)逐渐地发生了一个原子间距的错动。从图中可以看出在晶体的两部分中间多出半个原子面 *ABCD*,好似一刀刃插入其间,迫使周围原子偏离平衡位置,从而发生原子错排现象。这种错排称为刃型位错,刀刃的刃口线 *CD* 称为位错线。

刃型位错分为正刃型位错——多余的半个原子面在晶体上方,用符号“⊥”表示;负刃型位错——多余的半个原子面在晶体下方,用符号“⊥”表示。

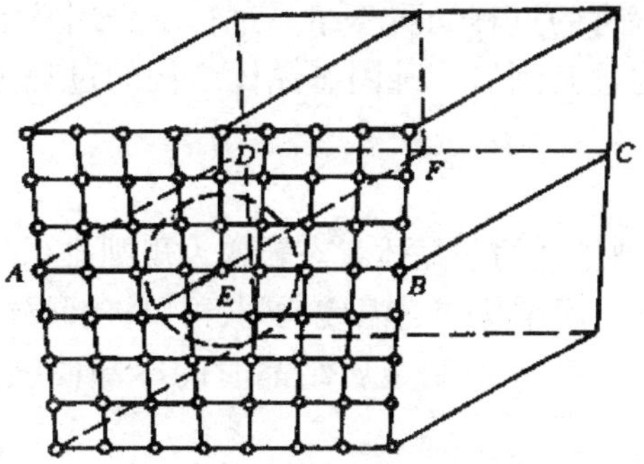

图 1.4-15　刃型位错示意图

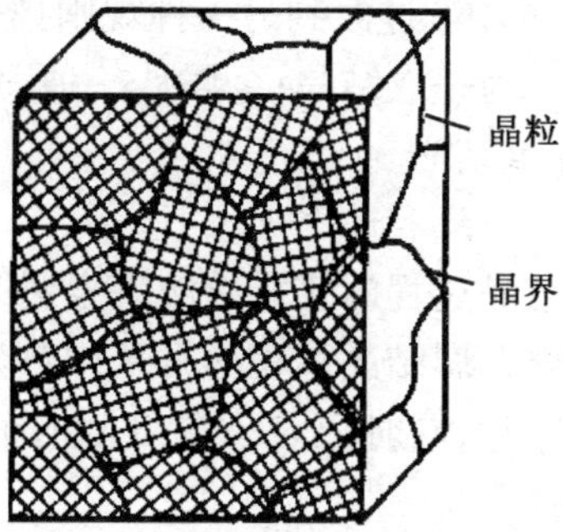

图 1.4-16　晶界

位错在晶体受外力作用时进行运动,当两种相反符号的位错相遇时,彼此抵消,位错消失。

位错在金属的结晶、塑性变形和相变工程中形成,在金属中大量存在。位错同样引起晶格的畸变,是影响金属机械性能的重要的晶体缺陷。

3. 面缺陷

金属晶体中面缺陷是指在二维尺度较大而第三维尺度较小的缺陷。主要有晶界和亚晶界。

(1)晶界。金属晶粒之间的交界面即为晶界。晶界宽度一般为 5 ~ 10 个原子间距。晶界在金属中呈网状。晶界上原子处于两种方位晶粒的边缘位置,同时受两侧不同位向晶粒的影响,使晶界原子排列的规则性较差,处于两侧晶粒原子排列的过滤状态。由于晶界上原子处于不平衡位置,使晶界具有较高能量。此外,晶界容易被腐蚀,便于制备相试片。晶界如图 1.4-16 所示。

晶界上一般积累较多的位错,同时晶界也是杂质原子聚集的地方,它们的存在加剧了晶界原子排列不规则性,使晶界结构复杂化。

(2)亚晶界。晶粒是一个单晶粒,也并非理想晶体,而是有许多位向差很小的小晶块组成。晶粒内位向差很小的小晶块称为亚晶粒,其尺寸为 $10^{-7} \sim 10^{-4}$ mm。相邻亚晶粒位向差非常小,最多为 $1° \sim 2°$。亚晶粒之间的交界面称为亚晶界,也是一种面缺陷。亚晶界是小角度晶界,其结构可视为位错规则排列。

在晶界、亚晶界或金属中的其他界面上,原子排列不规则,晶格畸变较大,位错密度较高,所以原子处于高能状态,对金属中的许多过程(如塑性变形过程)的进行都有很重要的影响。

实际金属晶体中除点、线、面缺陷外,还有一些其他晶体缺陷,它们破坏了晶体的完整性,影响金属的性能。

(四)金属的结晶过程与同素异构转变

物质由液态转变成固态的过程称为凝固。凝固的产物可能是晶体,也可能是非晶体。把凝固后获得晶体的过程称为结晶。生产中使用的金属材料通常都要经过液态和固态的加工过程。

液态金属中原子间的相互作用微弱,原子无规则运动,呈混乱的排列。近代研究表明,液态金属在温度接近凝固点时,原子间距、原子间的作用力和原子运动状态等均与固态金属接近。在液态金属中,短距离的小范围内,原子呈近似固态的规则排列,即为近程有序的原子集团。这种原子集团不稳定，瞬时形成又瞬时消失。所以金属从液态转变为固态的凝固过程，实质上是原子由近程有序状态过渡到长程有序状态的过程。所以，金属原子从一种排列状态（晶体或非晶体）过渡到另一种规则排列状态（晶态）的过程均属于结晶过程。金属从液态到固态的过程为一次结晶；金属从一种固态晶体结构过渡到另一种固态晶体结构的过程为二次结晶，或称重结晶。

1. 冷却曲线和过冷度

金属结晶过程的实质是液态金属原子由不规则排列的非晶体状态转变为规则排列的晶体状态。研究金属结晶过程通常采用热分析方法：将金属熔化使之温度均匀，再以极缓慢的冷却速度进行冷却，同时记录下温度随时间变化的情况，依此绘制金属结晶时的冷却曲线，如图1.4-17所示。

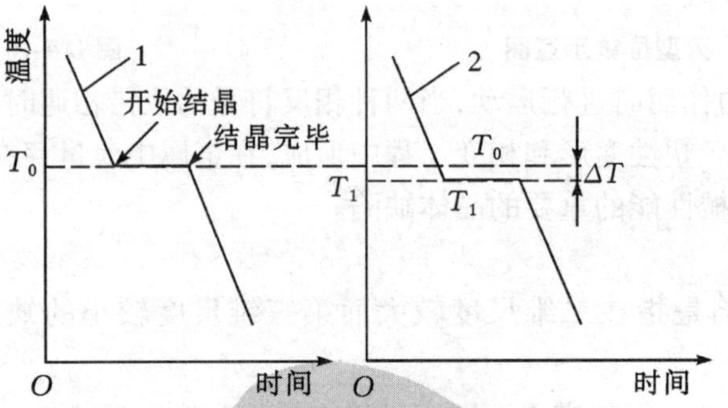

图 1.4-17　金属结晶时的冷却曲线

（1）冷却曲线

由图 1.4-17 可以看出液态金属的温度随时间增加而不断下降，结晶时是液态与固态共存并向固态转化，此时放出大量结晶潜热使曲线出现水平线段，结晶完毕的固态金属的温度又随时间增加而下降。

金属的熔点是其理论结晶温度 T_0，或称平衡结晶温度。水平线段对应的温度 T_1 为实际结晶温度。

（2）过冷度 ΔT

在实验条件下控制冷却速度使之极为缓慢，液态金属可在 T_0 结晶。而在实际生产中，冷却速度较快，以致液态金属温度达到 T_0 时也不能结晶，或者说来不及结晶，而是继续冷至 T_0 以下 T_1 时才结晶。液态金属冷至 T_0 以下某一温度才开始结晶的现象称为过冷度，理论结晶温度与实际结晶温度的差值称为过冷度 ΔT，即

$$\Delta T = T_0 - T_1$$

过冷度越大，实际结晶温度越低。生产中液态金属不过冷就不能结晶，所以，过冷是实际液态金属结晶的必要条件。

过冷度 ΔT 的大小于冷却速度有关，冷却速度越大，过冷度也就越大。一般条件下，过冷度大约在摄氏几度之间变动，最多在 10 ~ 30 ℃之间变动。

2. 结晶时的能量条件

金属的熔化与结晶是金属状态的变化，它与状态的能量有关。热力学定律指出，一种状态是否稳定取决于系统自由能（系统能够自动向外界释放出多余的能量或能够对外界作功的能量）的高低。系统自由能越高，状态越不稳定；而系统自由能越低，则状态越稳定。系统的自

由能总是自发地由高能状态向低能状态转化。

液态金属与固态金属中的原子排列不同，系统的自由能也不同。金属在同一状态下系统的自由能会因稳定不同发生变化，如图 1.4-18 所示。液态金属自由能和固态金属自由能随稳定变化的曲线相交于 A 点，A 点对应温度 T_0。也就是说在 T_0温度时两种状态具有相同的自由能和相同的的稳定性。此时的固态金属熔化速度等于液态金属的结晶速度，两种状态处于动态平衡。

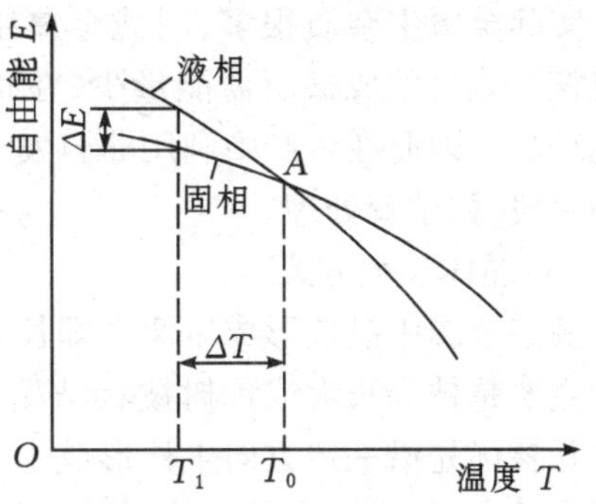

图 1.4-18 金属自由能 F 与温度 T 的关系曲线

当系统的温度大于 T_0时，系统过热，$\Delta E<0$，液态金属处于稳定状态，熔化自发进行；当系统温度小于 T_0时，系统过冷，$\Delta E>0$，固态金属处于稳定状态，结晶自发进行。所以，在过冷度 ΔT 时，固、液态金属之间存在的自由能差 ΔE 是液态金属结晶的驱动力。过冷度 ΔT 越大，自由能差 ΔE 也越大，所以液态金属结晶的倾向越大。这充分说明，只有在过冷的条件下，才能满足金属结晶的能量条件。

3. 结晶过程

(1)结晶的基本规律

金属结晶不是瞬间完成的，结晶过程包括晶核形成与晶体长大两个基本过程。图 1.4-19 为金属结晶过程的示意图。

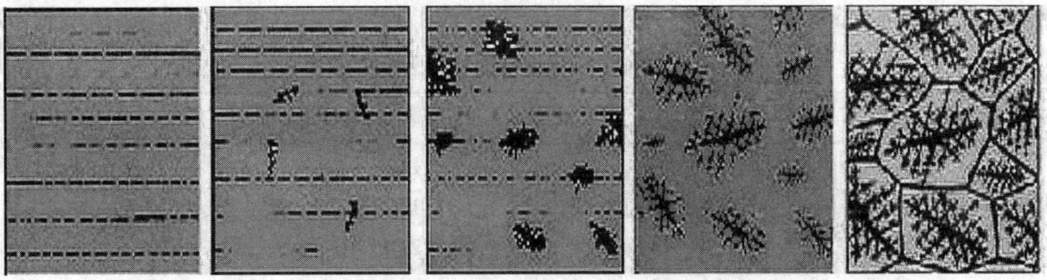
图 1.4-19 金属结晶过程示意图

当液态金属温度稍高于熔点时，在原子无规则排列的液态金属中开始出现不稳定的近程有序的微小原子团。随着温度的降低，微小原子团的尺寸增大，稳定性增高。尺寸增大稳定性增高的近程有序原子团称为晶胚。当液态金属过冷到 T_0以下时，某些稳定性高的晶胚进一步成长为尺寸极小、原子排列规则的小晶体，即晶核。

随后，晶核周围的原子按一定的规律在晶核上堆积，这便是晶体的长大。形成晶核与晶体长大这两个过程既紧密联系又互相区别，在晶体长大的同时又不断形成新的晶核，液态金属逐渐地减少，晶体也不断长大，直到各晶体互相接触为止，最终形成了多晶体结构的固态金属。

对一个晶粒的形成来说，它具有严格区分的成核和长大两个阶段，但对整体液态金属结晶过程来说，成核与长大过程始终交叉进行，所以说结晶是成核与长大并进的过程。

(2)晶核

金属在结晶过程中，由于结晶的条件不同，晶核的条件不同，晶核的形成方式有两种：

①自发成核。当液态金属很纯净并有足够大的过冷度时，晶核在液态金属中由近程有序的微小原子团自发形成晶核。

②非自发成核。由液态金属中未熔固态杂质微粒作为晶核为非自发成核,或称人工晶核。

实际金属中杂质很多,因此金属结晶主要靠非自发成核。非自发成核所需能量少,在很小的过冷度下便能结晶。因此在生产中利用非自发成核作为细化组织的手段,如孕育处理。

图 1.4-20 晶体的树枝状结晶示意图

(3)晶体长大方式

液态金属中晶核形成后便立即长大。晶体长大的方式主要是枝晶长大或称树枝状结晶,如图 1.4-20 所示。晶核优先沿一定方向生长形成主干,即一次晶轴。然后在主干上生出枝干,即二次晶轴。进而生长出三次、四次晶轴等,如此不断生长和分枝,直至液态金属全部消失。由一个晶核长成的单晶体形成一个树枝晶。多晶体金属的每个晶粒都是以树枝状结晶,直到相互触及才停止生长。在晶体长大的过程中,过冷度小,固、液态金属的自由能差 ΔE 小,结晶的驱动力小,长大速度就慢了;反之,过冷度大,则长大速度就快了。

4. 晶粒度

(1)晶粒度对金属机械性能的影响

晶粒的大小称为晶粒度。液态金属结晶后的晶粒大小对金属的机械能影响很大。由表 1.4-5 中的数据可以看出金属细小晶粒的机械性能优于粗大晶粒。

由于细晶粒单位体积内的晶界面积多,可阻碍位错运动;晶界上原子排列不规则,并有大量位错和富集杂质,所以晶界能量大;晶界两侧晶粒位向不同也能阻碍位错运动。所以晶粒越细,金属强度越高。

表 1.4-5 晶粒大小对纯铁机械性能的影响

晶粒平均直径/mm	比例极限 σ_p/MPa	强度极限 σ_b/MPa	延伸率 δ/%
9.7	40	164	28.8
7.0	38	180	30.6
2.5	44	210	39.5
0.2	57	263	48.8
0.1	116	278	50

(2)影响晶粒度的因素

液态金属结晶时,每个晶核长大形成一个晶粒,因此晶粒大小就取决于晶核数目和长大的速度。成核率是单位时间单位体积中形成晶核的数目,用 N 表示,单位为:成核数/($mm^3 \cdot s$);长大速率是晶核单位时间生长的长度,用 G 表示,单位为 mm/s。

(3)控制晶粒度的方法

①控制过冷度。成核率 N 和长大速度 G 决定晶粒度,而成核率 N 和长大速率 G 是随过冷度 ΔT 而变化,如图 1.4-21。当过冷度较小时,长大速率 G 较成核率 N 增大显著,结晶后获细晶粒;当 N 和 G 分别达到最大值后,过冷度再继续增大,N 与 G 反而下降。

生产中采用降低浇铸温度、减小铸型温度升高的速度、提高冷却速度的方法,均可以增大过冷度,从而可使晶粒细化。

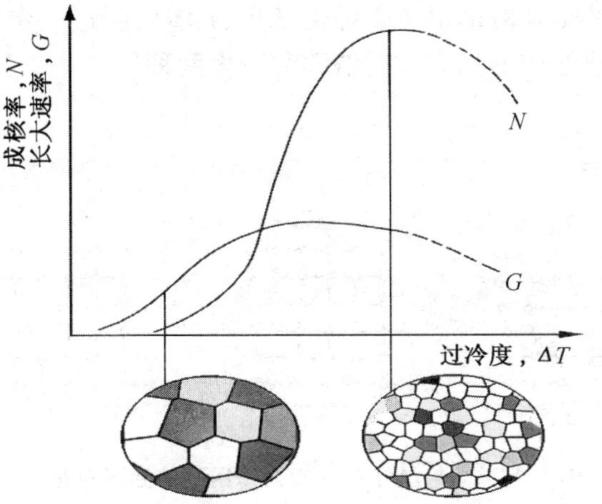

图 1.4-21　过冷度对成核率 N 和长大速度 G 的影响

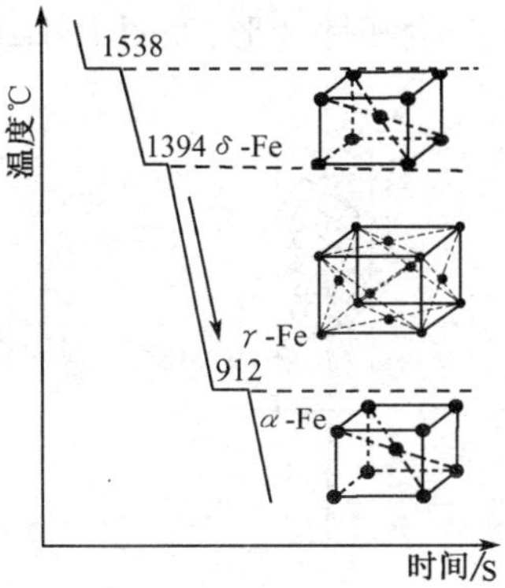

图 1.4-22　纯铁的同素异构转变

②孕育处理。孕育处理又称变质处理，是利用在液态金属中加入难熔固体质点，使之形成大量的人工晶核（非自发晶核）获得细晶粒的方法。所加难熔固体质点称孕育剂或变质剂。孕育剂的作用是促进成核，阻止晶粒长大。

③细化晶粒的其他方法。采用增强金属液的运动，如电磁搅拌、机械振动和超声波处理等方法，或促进形成晶核，或打碎正在生长的树枝晶增加晶核而达到细化晶粒的目的。

5. 同素异构转变

有些金属自液态结晶后继续冷却，还会发生固体下晶体结构的变化。也就是说，这些金属（如 Fe、Cr 等）在固态下有两种或多种晶体结构。固态金属在不同温度或压力下具有不同晶格的现象称为同素异构现象。具有同素异构的金属随温度变化发生晶格形式转变，称为同素异构转变。图 1.4-22 是纯铁的冷却曲线和晶格变化情况。纯铁在 912 ℃以下具有体心立方晶格，称为 γ－Fe；在 912～1 394 ℃具有面心立方晶格，称为 α－Fe；在 1 394～1 538 ℃具有体心立方晶格，称为 δ－Fe。除铁外，还有 Cr、Mn、Ti、Co、Sn 等金属也具有同素异构转变，同素异构转变是进行热处理的基础，有重要的实际意义。

金属的同素异构转变，是金属在固态下晶格形式的变化，是通过原子的重新排列来完成，与液态结晶相似，也是按照成核与长大的规律形成。因此，把同素异构转变过程，即固态下相变称为重结晶，以区别于液态结晶。同素异构转变是在固态下进行，固态下原子的扩散能力比液态时小和困难，因而要求较大的过冷度。转变时，因不同类型晶格的致密度不同，所以会产生体积变化并引起较大的内应力。

二、金属材料的塑性变形和再结晶

金属材料的性能之一是具有塑性。利用金属的塑性变形可以改变金属的形状和尺寸，同时还可以改变金属内部组织和金属的性能。但是金属零件或构件在使用中原则上是不允许产生塑性变形的。工程中采用加热的方法来消除塑性变形造成的不良影响，即恢复和再结晶。

（一）单晶体金属的塑性变形

对单晶体试样拉伸时，外力 P 在一定晶面上分解为切应力 σ 和正应力 σ，如图 1.4-23 所示。正应力 σ 引起晶格的弹性变形，即晶格被拉长；除去 σ，晶格恢复。若 σ 超过晶格原子结合力时,即晶体被拉断。所以,正应力 σ 不能引起单晶胞塑性变形。

单晶体在切应力 τ 的作用之下,当 τ 较小时使晶格歪扭产生弹性变形,τ 增大超过一定值则使晶体产生塑性变形,如图 1.4-24。单晶体塑性变形的方式有滑移和孪生两种。

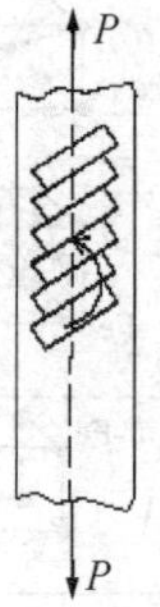

图 1.4-23　单晶体拉伸示意图

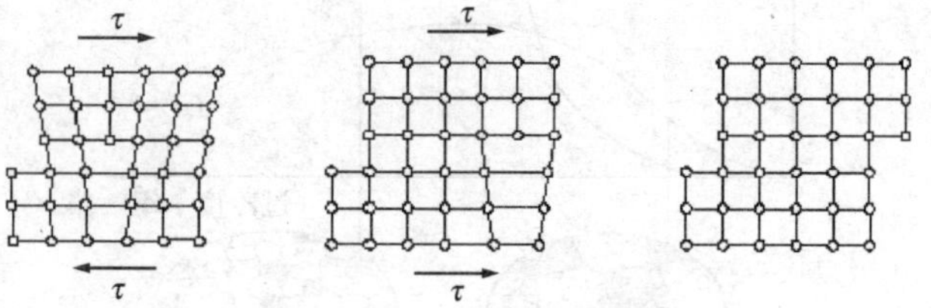

图 1.4-24　单晶体在切应力作用下的变形过程

1. 滑移

滑移是单晶体在切应力的作用下,晶体的一部分沿一定的晶面或晶向相对于另一部分发生滑动的现象,如图 1.4-25。

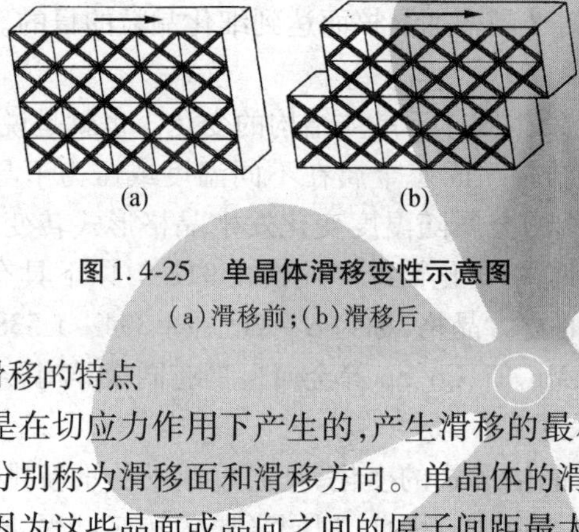

图 1.4-25　单晶体滑移变性示意图

(a)滑移前;(b)滑移后

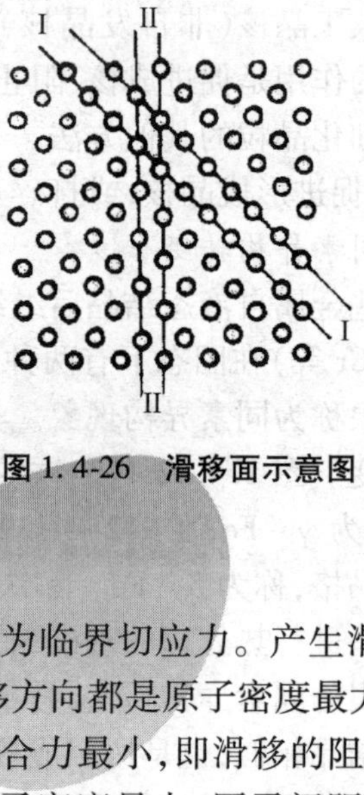

图 1.4-26　滑移面示意图

(1)滑移的特点

滑移是在切应力作用下产生的,产生滑移的最小切应力称为临界切应力。产生滑移的晶面和晶向分别称为滑移面和滑移方向。单晶体的滑移面和滑移方向都是原子密度最大的晶面和晶向。因为这些晶面或晶向之间的原子间距最大,原子间结合力最小,即滑移的阻力最小,所以在切应力 τ 作用下容易滑移。图 1.4-26 中Ⅱ－Ⅱ晶面原子密度最大,原子间距最小,原子结合力最强,而相邻两个Ⅰ－Ⅰ晶面间距较大,原子间结合力较小,在切应力 τ 作用下,沿Ⅰ－Ⅰ晶面容易发生滑移。Ⅱ－Ⅱ晶面为原子紧密排列的晶面。

单晶体金属滑移变形后,在光学显微镜下可观察到一些平行的线条,称为滑移带,它是由许多密集的很细的滑移线组成。

一个滑移面与其上的一个滑移方向构成一个滑移系。表 1.4-6 中给出 3 种典型晶格的滑移系。

一个滑移系表示晶体滑移时的一个空间取向。滑移系越多,滑移的空间取向越多,塑性越好。具有密排六方晶格的金属如镁、锌、钛等的滑移系数目少,塑性最差。体心立方晶格与面心立方晶格的金属滑移系数相同,均为 12。由于滑移方向与滑移面对塑性的影响大,体心立方晶格滑移面虽多,但滑移方向数目少,所以面心立方晶格的铝、铜、镍的塑性优于体心立方晶格的铁。

单晶体金属滑移变形之后,滑移面的上下两部分晶体的位向均未变,原子间的结合也未破坏。滑移面的上下两部分晶体相对位移量是原子间距的整倍数。

滑移时的晶体转动,是由于正应力 σ 所构成的力偶使晶体在滑移的同时还发生转动。

表 1.4-6　3 种典型金属晶格的滑移系

晶格类型	体心立方晶格	面心立方晶格	密排六方晶格
滑移面数目	6	4	1
滑移方向数目	2	3	3
滑移系数目	6×2=12	4×3=12	1×3=3

(2)滑移的机理

若把滑移看成是不含位错的完整晶体的一部分相对另一部分作整体的刚性移动,则通过理论计算所得的临界切应力比实测值大得多。例如,铜滑移时理论临界的切应力为 640 MPa,实测值为 0.1 MPa,理论值为实测值的 6 400 倍,以此看来,实际金属是含有位错的不完整的晶体,而晶体滑移也非刚性移动。

由于实际晶体是含有位错的不完整晶体,晶体的滑移变形是位错在切应力作用下沿滑移面上运动的结果。图 1.4-27 是晶体中的一刃型位错在切应力 τ 的作用下在滑移面上运动的过程。位错运动的结果,只需要位错中心上面两列原子(实为两个半层原子面)向右作微量位移,下面的一列原子向左作微量位移,如图 1.4-28 所示。可见通过位错产生的滑移变形中位错中心移动一个原子间距时,同时移动的原子数目不多,位移量也不大,所需的切应力也就很小。

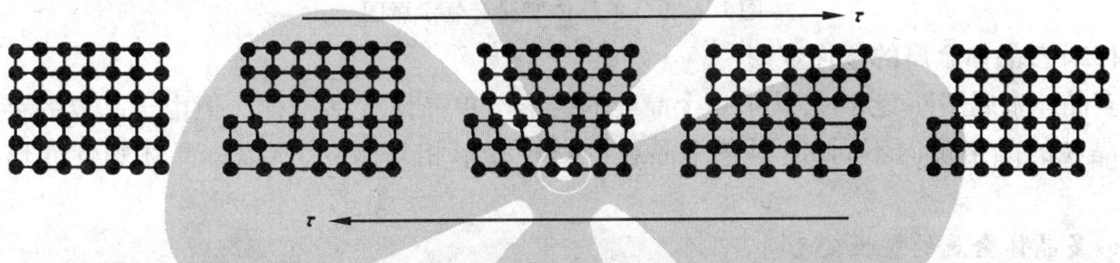

图 1.4-27　晶体中通过位错产生滑移变形的过程

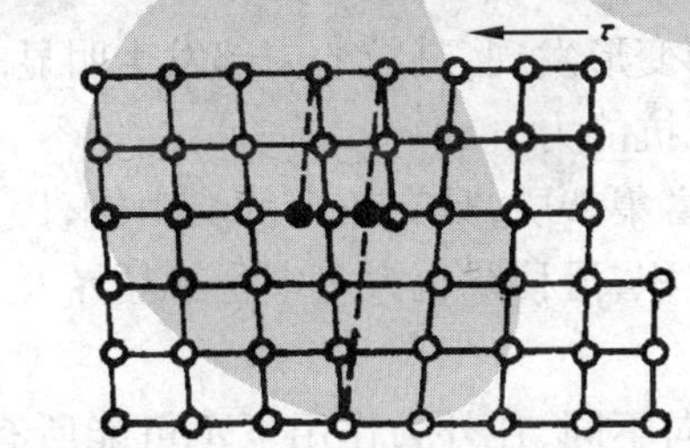

图 1.4-28　位错运动时原子的移动

2. 孪生

孪生是单晶体在切应力作用下,晶体的一部分沿一定晶面和晶向相对于另一部分发生了一定角度的转动的现象。孪生是单晶体的另一种塑性变形方式,亦称孪晶。

晶体发生孪生的部分称为孪生带或孪晶，发生孪生时所沿的晶面称为孪生面。单晶体发生孪生后，以孪生面为对称面，两侧晶体呈镜面对称，如图 1.4-29 所示。

孪生的特点：

(1)孪生也是在切应力作用下产生的塑性变形，但产生孪生所需的切应力比滑移时大得多。

(2)孪生使晶体的一部分发生晶格位向的改变。

(3)孪生时，孪生带中相邻原子面的相对位移只有一个原子间距的几分之一。

(4)孪生的变形速度极快，接近声速。

滑移系较多的金属，容易产生滑移变形。而一些具有密排六方晶格的金属，如锌、镁等的滑移系较少，故多以孪生方式变形。

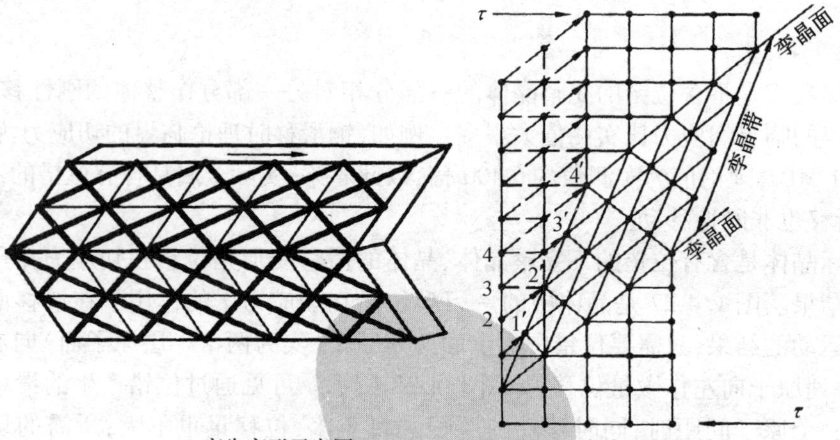

(a) 孪生变形示意图　　(b) 孪生面和孪生带

图 1.4-29　单晶体孪晶产生示意图

(二)多晶体金属的塑性变形

多晶体金属塑性变形时，其中每个晶粒的变形与单晶体变形一样。但由于晶界的存在和每个晶粒的晶格位向不同，使得各个晶粒的塑性变形相互制约，所以多晶体塑性变形较为复杂。

1. 多晶体金属的塑性变形

(1)晶界的影响

双晶粒试样拉伸试验后的变形发现，晶粒的中部发生明显的变形，而晶界处变形很小。表明晶界对塑性变形有较大的抵抗能力。

晶界上原子排列不规则，富集杂质，具有较高的自由能，因而具有较高抗变形能力。所以位错运动到晶界附近受阻而堆积，滑移线也大多中止于晶界处，极少穿过。

(2)晶粒的位向的影响

多晶体中，各晶粒空间位向不同，在外力作用下不可能所有晶粒同时产生滑移，仅那些有利方位的晶粒先开始滑移。而这些晶粒在滑移变形时受到周围不同方位晶粒的约束与阻碍，所以使变形抗力增大。

(3)晶粒大小的影响

金属的晶粒越细，其强度和硬度也越好。因为在相同的体积内，晶粒越细小，晶界的总面积就越大，同时每个晶粒周围的不同方位的晶粒数也越多，对塑性变形的抗力就越高。

金属的晶粒越细,其塑性和韧性也越好。因为晶粒越细小,在相同体积内的晶粒数量就越多。在外力作用下参与塑性变形的晶粒数目也越多,塑性变形分布于更多的晶粒内。所以变形均匀,不会造成局部应力集中而引起裂纹,仅使金属产生塑性变形而不破坏。在金属的强度和塑性同时增大的情况下,冲击韧性也会随之增高,因为要使金属断裂必然消耗很大的能量。

通过使金属晶粒细化的方法可以提高金属的强度、硬度、塑性和韧性等。因此,细化晶粒是强化金属的重要手段。

2. 多晶体塑性变形的过程

多晶体受外力后,首先是晶粒方位与外力最相适应的晶粒发生滑移,然后一批批依次发生滑移,从而完成多晶体的塑性变形。与外力成45°角的切应力最大,凡滑移面和滑移方向与最大切应力一致的晶粒就是方位与外力最相适应的晶粒,也就是首先发生滑移的晶粒。有利于发生滑移的晶粒位向称软位向;反之称为硬位向。

首批发生滑移的晶粒由于受到晶界和周围不同方位晶粒的阻碍,产生大量位错堆集和引起应力集中,达一定程度时促使邻近晶粒滑移面上的位错移动,以致原来不适宜滑移的晶粒发生滑移。从而使晶粒一批批滑移,最后完成多晶体的塑性变形。

(三)塑性变形对金属组织和性能的影响

1. 对金属组织的影响

金属在冷塑性变形时,其内部晶粒发生以下变化:

(1)晶粒变形

金属经塑性变形后,内部晶粒的形状也会随之发生变化。例如,拉拔时晶粒随工件的变形而变长变细;在轧制时,晶粒逐渐变为扁平状,甚至变为薄片状。当变形程度很大时,晶粒可拉长成为线条状或纤维状,晶界变得模糊不清。

(2)晶粒“破碎”

塑性变形不仅使晶粒形状发生变化,并且使晶粒内部产生大量晶体缺陷,如空位、间隙原子,特别是位错。本来在未变形的晶粒内就存在着大量位错,严重的塑性变形后,位错大量增加。由于位错密度激增,分布又极无规则,便产生位错与位错、位错与其他晶体缺陷之间复杂的交互作用,以致造成晶粒“破碎”,即由一个晶粒变成数个位向差为1°左右的小晶块,即亚晶粒或变形亚结构。变形程度越大,变形亚晶粒越小。

(3)晶粒方位趋于一致

当金属的变形程度相当大时(达70%以上),由于金属晶粒在变形过程中会发生转动,使得原来各不相同的方位逐渐趋于一致,这种现象称为“择优取向”,形成的组织称为变形织构,冷拉后形成的组织称为丝织构,冷轧后形成的组织称为板织构。

变形织构使金属产生明显的各向异性,不利于金属的使用,仅在个别场合如制造硅钢片上采用织构,可使铁损大大减小,提高变压器的效率。织构形成后难以消除,生产中应避免产生。

2. 对金属性能的影响

(1)加工硬化

金属在塑性变形后,使其强度和硬度显著提高,韧性和塑性下降的现象称为加工硬化或形变强化。加工硬化是由于塑性变形使金属晶格歪扭、晶粒破碎、位错密度增加,使滑移困难和位错受阻,使金属的抗变形能力增加,从而使金属的强度、硬度增加,韧性、塑性下降。

加工硬化具有重要的使用意义。不仅是重要的强化金属的手段,尤其适用那些不能够热处理强化的金属和合金,而且可保证零部件的安全使用,防止因瞬间超载引发的突然断裂。

(2)各向异性

多晶体金属是各向同性的,但经塑性变形后晶粒呈纤维状,故使金属性能也产生了方向性。沿纤维方向的强度和塑性大于垂直纤维方向的性能。变形越大,形成织构的金属具有更明显的各向异性。

(3)理化性能的变化

塑性变形对金属的物理、化学性能也有很大影响,例如可使电阻增加,耐蚀性降低等。

3. 残余内应力

金属塑性变形时,由于金属表面与心部变形不一致、晶粒内部和晶粒之间变形不一致、零件各部分变形不一致,均会引起内应力。但更主要的还是塑性变形引起的大量晶体缺陷产生的晶格畸变内应力(占 90% 以上)。这些内应力是在外力除去后残留在金属内部并且平衡金属内部的应力,称为残余内应力。金属在各种冷、热加工后都会产生残余内应力。

残余内应力使金属的强度、耐蚀性降低,引起零件的变形和裂纹。一般说来,残余内应力是有害的,生产中常采用退火处理予以降低或消除。

(四)塑性变形金属在加热过程中的变化

金属经冷塑性变形后,使金属的组织处于热力学不稳定状态,具有自发恢复到稳定状态的倾向。但室温下原子的动能小,不能恢复。若将其加热到一定程度,使原子获得能量就将发生组织和性能的变化而达到稳定状态。

如图 1. 4-30 所示,根据加热温度的不同,这些变化变化可分为 3 个阶段。

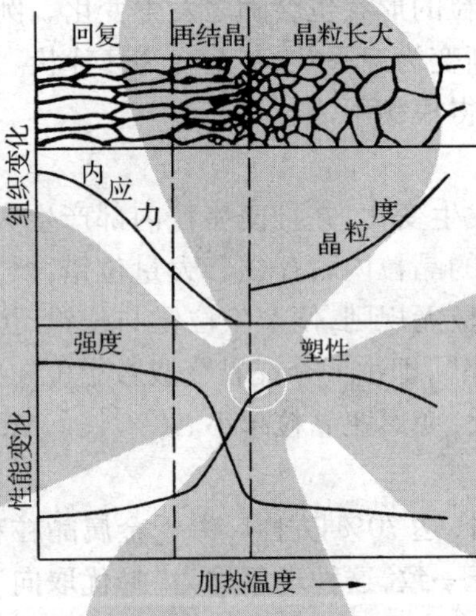

图 1. 4-30 变形金属在不同加热温度时晶粒大小和性能变化的示意图

1. 回复

塑性变形金属的回复阶段是指其在加热温度不高时,由于原子扩散能力较小,内部组织无明显变化,金属的强度和硬度下降不大,塑性略微升高,但电阻和内应力显著降低。生产中的消除应力退火便是利用此阶段产生的变化。

在回复阶段,原子热振动增强,引起晶体缺陷的移动。如点缺陷移动,空位和间隙原子相遇后相互抵消,或陷入晶界或陷入位错中消失;位错也发生移动构成小角度的亚晶界。晶体缺陷的减少和消失,晶格畸变减弱等,使内应力大大降低。

2. 再结晶

再结晶阶段是指塑性变形金属加热温度较高时,原子活动能力增强,内部组织发生明显变化:破碎的、拉长或压扁的晶粒转变为均匀细小的等轴晶粒,加工硬化现象消失。称这一变化为再结晶,生产中的再结晶退火就是利用再结晶过程中的变化。

再结晶也是由成核与长大两个基本过程组成的。晶核主要是在变形后晶格畸变严重、位错缺陷密集的地方先出现,因为那里的能量最高、最不稳定,因而也最易形成晶核。变形程度越大,形成的晶核便越多。晶核形成之后,随着时间的推移,逐渐向四周破碎的、变形的晶粒中长大。同时又不断形成新晶核,新晶核也在不断长大。直到新的内部无畸变的等轴晶粒全部代替破碎、变形的晶粒之后,再结晶过程便告结束。必须指出,冷塑性变形金属在再结晶过程发生的仅是晶粒形状和尺寸的变化,而晶格类型没有变化。

再结晶并不是一个恒温过程,而是在一定温度范围内进行的。再结晶温度是指再结晶开始时的温度,随条件的不同,可在一个相当宽的范围内变化。影响再结晶最低温度的因素有:

(1)金属的熔点。对于纯度大于99%的金属,其最低再结晶温度 $T_{再}$ 与熔点 $T_{熔}$ 间大致有如下经验公式

$$T_{再} = (0.35 \sim 0.40)\,T_{熔} \quad \mathrm{K}$$

式中,温度均用绝对温度表示。金属的熔点越高,其再结晶温度越高。

(2)金属的变形程度。没有塑性变形的金属是不会有再结晶过程的。金属的塑性变形程度越大,金属晶粒破碎的程度越厉害,晶体的缺陷就越多,组织也就不稳定,因此再结晶温度也就越低。

3. 晶粒长大

冷塑性变形金属再结晶终了时,获得细小均匀的等轴晶粒。如果继续升高温度或延长加热时间,再结晶后的晶粒就会不断长大。晶粒长大也是一种自发倾向,因为只有晶界减少,晶粒变大,表面自由能较低,组织才能变得更不稳定。

晶粒长大,实质上是晶界位移的过程,即一个晶粒的边界向另一个晶粒迁移,把另一个晶粒的晶格位向改变成与其晶格位向相同。于是形成晶粒“吞并”,即由于大小晶粒的能量不同,形成大晶粒吞并小晶粒而长大的现象,如图 1.4-31 所示。在晶粒长大过程中,一些晶粒逐渐减少最后消失,另一些晶粒则逐渐长大。

晶粒粗大使金属的机械性能变差,应严格控制加热温度和保温时间,以免晶粒变粗大。此外,不可忽视塑性变形程度对再结晶后的晶粒度的影响。例如,当变形程度较小,为 2% ~ 10% 时,易获粗晶粒;变形程度较大,为 30% ~60% 时,则获细小均匀的晶粒。

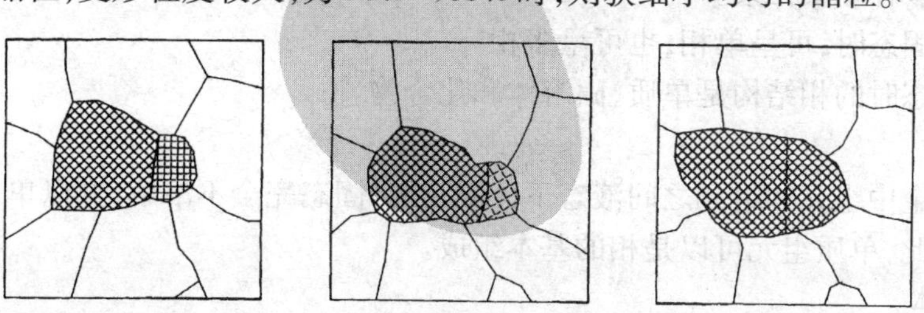

图 1.4-31　晶粒长大示意图

4. 热变形与冷变形

生产中根据金属在变形时的温度不同而分为冷变形和热变形。按照金属学观点来分:冷

变形或冷加工是金属在再结晶温度以下所进行的变形或加工，如钢的冷拉或冷冲压等；热变形或热加工是金属在再结晶温度以上所进行的变形或加工，如钢的热轧、热锻等。

金属在再结晶温度以下的变形，虽然也是金属处于加热状态，但并非热变形或热加工。例如纯铁在 400 ℃时的加工仍为冷加工，因为纯铁的最低再结晶温度是 450 ℃。同样，金属在再结晶温度以上的变形，虽然没有加热金属或在室温下，也并非冷变形或冷加工。例如铅、锡等低熔点的金属在室温下的加工为热加工，因为铅、锡的最低再结晶温度分别为 -63 ℃、-96 ℃。

三、合金与合金的相结构

1. 合金

纯金属成分单一，价格昂贵，且使用性能特别是机械性能远不能满足工业生产的要求。合金成分丰富，机械性能大大超过纯金属，并可以获得优良的使用性能，以满足生产应用中日益增长的各种性能要求。合金，是 2 种或 2 种以上的金属元素，或金属元素与非金属元素所组成的具有金属特征的物质。例如，最常见的碳钢和铸铁就是以铁和碳为主形成的合金，黄铜是在铜的基础上分别加入锌形成的合金。

组元，组成合金的独立的基本物质，称为组元或元，合金中的组元主要是元素或稳定和介稳定的化合物。2 种、3 种和多种组元所形成的合金，分别称为二元合金、三元合金和多元合金。例如 2 种组元按照不同比例可配置出一系列不同成分的二元合金。例如 80% Cu 和 20% Zn 所组成的二元合金称为金色黄铜，70% Cu 和 30% Zn 所组成的二元合金称为弹壳黄铜。由于成分的变化，合金的性能便会相应地发生变化。

合金系，由 2 种或 2 种以上的组元按不同比例配制成的一系列不同成分的合金，称为合金系。2 种、3 种或多种组元构成的合金系分别称为二元、三元或多元合金系。例如，铁碳合金就是由铁和碳 2 个组元构成的二元合金系，其中的铁碳合金有无数种不同的铁碳成分。

2. 合金中的相结构

合金的使用性能，特别是机械性能优于纯金属，其原因在于固态合金具有相结构和复杂的相组织。在金属与合金中，凡具有相同的化学成分、相同的晶体结构和相同的聚集状态并有界面彼此分开的均匀的结构组成物称为相。相的主要特征：

①同一物质可有 3 个相，呈气态为气相、呈液态为液相、呈固态为固相。

②一个相中可包含几种物质，如液态二元或三元合金。空气是一个独立的气相，但其中包括氧、氮、氢等多种物质元素。

③物质在固态时，可呈单相，也可呈多相。

合金在固态时的相结构是单质、固溶体和化合物。

(1) 单质

简单的合金中组元和组元之间液态下无限互溶，固态完全不溶解，并以单质固相形式存在于合金中。因此，单质组元可以是相的基本组成。

(2) 固溶体

金属在固态下像溶剂一样具有溶解元素的能力，被溶解的元素称为溶质。固溶体是溶质原子溶解于溶剂的晶格中所形成均匀单一的固相(体)，如图 1.4-32 所示。固溶体常用希腊字母 α、β、γ、δ 或符号 $A(B)$ 来表示。$A(B)$ 固溶体是溶质 B 溶剂于溶剂 A 中所形成的单相固体。

①固溶体的特点。固溶体是由 2 种元素形成的单相固体；固溶体的晶格与溶剂的晶格相

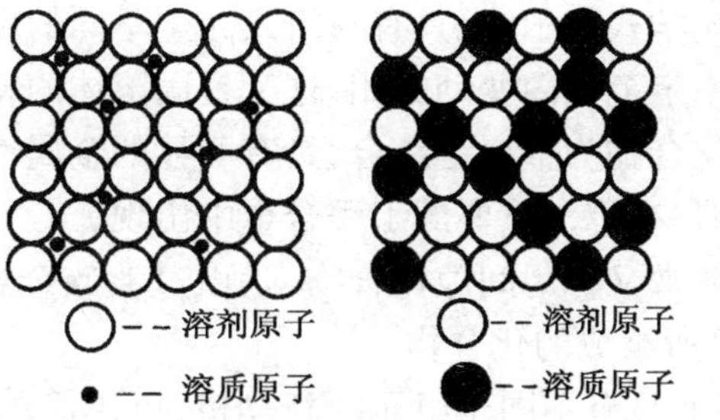

图 1.4-32 固溶体示意图

同;溶质原子使溶剂晶格发生畸变。

②固溶体的种类。依溶质原子在固溶体晶格中的物质不同分为 2 种:

置换固溶体:是溶质原子置换了溶剂晶格结点上的原子而形成单相固体,图 1.4-33(a)所示。

间隙固溶体:是溶质原子钻入溶剂晶格的空隙中所形成的单相固体,图 1.4-33(b)所示。

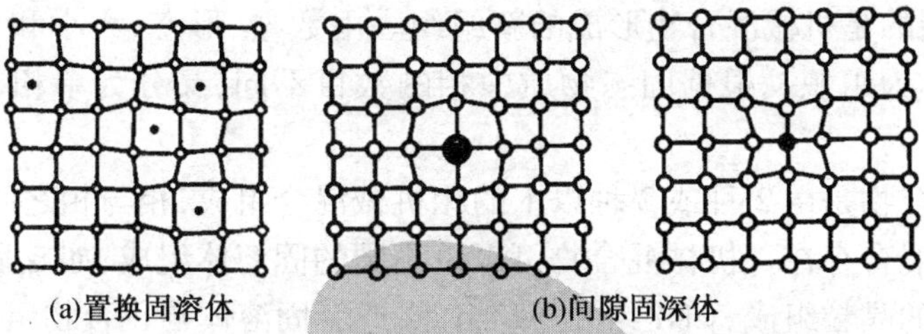

图 1.4-33 置换固溶体和间隙固溶体示意图

溶质溶于固溶体中的量为固溶体的浓度,用重量百分数或原子百分数表示。在一定的温度、压力条件下,溶质在固溶体中的最大浓度即为溶质在固溶体中的溶解度。影响固溶体种类和溶解度的主要因素是组元的原子半径、电化学特征及晶格类型等。原子半径、电化学特征接近和晶格类型相同的组元易形成置换固溶体。原子半径相差较大的组元易形成间隙固溶体。

③固溶体的性能。不论哪一种固溶体,溶质原子都将造成溶剂晶格的畸变和晶格常数的变化,而且随着浓度的增加,晶格畸变更加严重。晶格畸变增大了位错运动的阻力,使金属滑移变形更加困难,从而使固溶体的强度、硬度提高,塑性和韧性下降。溶质溶于溶剂中,使固溶体的强度、硬度升高的现象称为固溶强化。通过形成固溶体可以提高金属的性能,因此固溶强化是工业生产中又一强化金属的重要手段。

(3)化合物

它是 2 种元素(其一为金属)自液态转变成固体时,相互作用形成的一种新相,或称金属化合物。化合物是一定成分按比例组成,而且新相的晶体结构不同于组元中的任一元素。化合物一般具有高熔点、高硬度和高脆性的特点。

化合物是合金中重要的相结构,依其形成条件和特征的不同分为 3 种。

①正常价化合物。正常价化合物是严格遵守化合价规律的化合物,即有严格的化合比,成分固定,可用化学式表示,例如 Mg_2Si、Mg_2Sn、MnS 等。正常价化合物的晶格类型与组元完全不同,并具有熔点高、硬度高和脆性大的特点。

②电子化合物。按照电子浓度的规律形成的化合物称为电子化合物。

电子浓度为化合物中价电子数与原子数之比,电子浓度与晶格类型有关。电子化合物可以呈体心立方晶格,称 β 相;可以呈复杂立方晶格,称 γ 相;可以呈密排立方晶格,称 ε 相。

电子化合物虽然可用化学式表示，也具有与组元完全不同的新晶格和具有化合物的特征，但实际上是一个成分可在一定范围内变动的相，这又是固溶体的特点，故常把它看作以电子化合物为基的固溶体。电子化合物为金属键结合，具有明显的金属性质，且同样是熔点和硬度很高，而塑性低。电子化合物常在许多重要的工程合金中出现。

③尺寸因素化合物。通常又称为间隙化合物，是由过渡族金属元素与原子半径较小的非金属元素(碳、氮、氢、硼等)所组成的化合物。

具有简单晶格的间隙相，具有不同于组元的新晶格，可用简单化学表示，并具有金属特征和极高的熔点和硬度。合金中常用到的间隙相有碳化物(VC、WC、TiC 等)、氮化物(Fe_2N、Fe_3N、Fe_4N、VN 等)、氢化物及硼化物等。具有复杂结构的间隙化合物，称间隙化合物。例如 Fe_3C 具有高硬度和高熔点，但稳定性较差。

合金中的组织结构：

固体合金中的基本相结构是固溶体和化合物，是合金结构的基本组成。然而，在具体合金中，由于化学成分及组元间相互作用不同，合金的组织结构可能是单相固溶体，也可能是单相化合物，但更多应用的是机械混合物形成的新组织。由数量、形态、大小和分布不同的各种单相组成固态物质，称为组织。根据固态物质中相的数目不同，又分为单相、两相、三相或多相组织。

合金中机械混合物是由 2 种或 2 种以上的相机械混合组成，相与相之间不发生作用，而是以各自独立的晶体混合存在。机械混合物可以由不同的固溶体组成，如 α 固溶体 $+\beta$ 固溶体；也可以由不同组元的晶粒组成，如 A 组元 $+B$ 组元；或者固溶体与化合物组成。机械混合物的性能取决于组成相的数量、形态、大小与分布等，并且明显区别于各组成的单相，甚至发生突变。

合金相图：

在平衡条件下，合金系中的相结构随温度变化的相变线图称为合金相图，也称为平衡相图。合金组元不同，合金相图的形状、形式、转变规律也不尽相同。常见的二元合金相图有匀晶相图、共析相图、共晶相图。

匀晶相图的特点：合金中组元和组元之间液态下无限互溶，固态无限互溶。

共析相图的特点：合金中组元和组元之间液态下无限互溶，固态有限互溶或完全不溶，并有从液态同时析出的固相机械混合物，也称共析组织。

共晶相图的特点：合金中组元和组元之间液态下无限互溶，固态有限互溶或完全不溶，并有从固态同时结晶的固相机械化合物，也称共晶组织。

第三节 铁碳合金相图

早在 3500 年前人类就开始使用铸铁，而人类使用钢的历史只有一百余年。

钢铁是国民经济和国防建设中最重要的金属材料，也是国家综合实力的标志之一，它们是以铁和碳为主要成分的合金。2011 年我国粗钢生产 68 327 万吨，比上年增加 5 584 万吨，增长 8.9%；生铁和钢材生产分别为 62 969 万吨和 88 131 万吨，同比分别增长 8.4% 和 12.3%，占全球钢铁产量的 46%。累计进口钢材 1 558 万吨，同比下降 5.2%；出口钢材 4 888 万吨，增长 15.1%；净出口粗钢 3 479 万吨，增长 28%。

铁碳合金相图反映平衡条件下铁碳合金的成分、温度和组织之间的关系图，是学习、应用和研究铁碳合金的基本工具。不仅可以反映组织变化规律，还是制定各种热加工工艺的理论依据。

一、$Fe-Fe_3C$ 相图的特征点线区

$Fe-Fe_3C$ 相图是铁碳合金相图的一部分。生产中使用的碳钢和铸铁（简称钢铁）的含碳量不超过5%，$Fe-Fe_3C$ 相图部分就可满足生产应用的要求。图 1.4-34 是 $Fe-Fe_3C$ 相图，它是由4个基本相图，即匀晶相图、包晶相图、共晶相图、共析相图组成。

（一）铁碳合金相图的组元

1. 纯铁

铁是过渡族元素，熔点为 1 538 ℃，密度为 7.87 g/cm³。固态纯铁具有二种晶格：912 ℃以下和 1 934 ~ 1 538 ℃之间的体心立方晶格的 α - Fe 和 δ - Fe，912 ~ 1 394 ℃之间的面心立方晶格的 γ - Fe。

（1）纯铁在固态下的转变。磁性转变，纯铁在 770 ℃以下具有强磁性，770 ℃以上磁性消失。770 ℃为居里点，用 A_2 表示。磁性转变前后晶格不变。

同素异构转变：α - Fe→γ - Fe→δ - Fe，纯铁的晶格随温度变化。

体心　　面心　体心

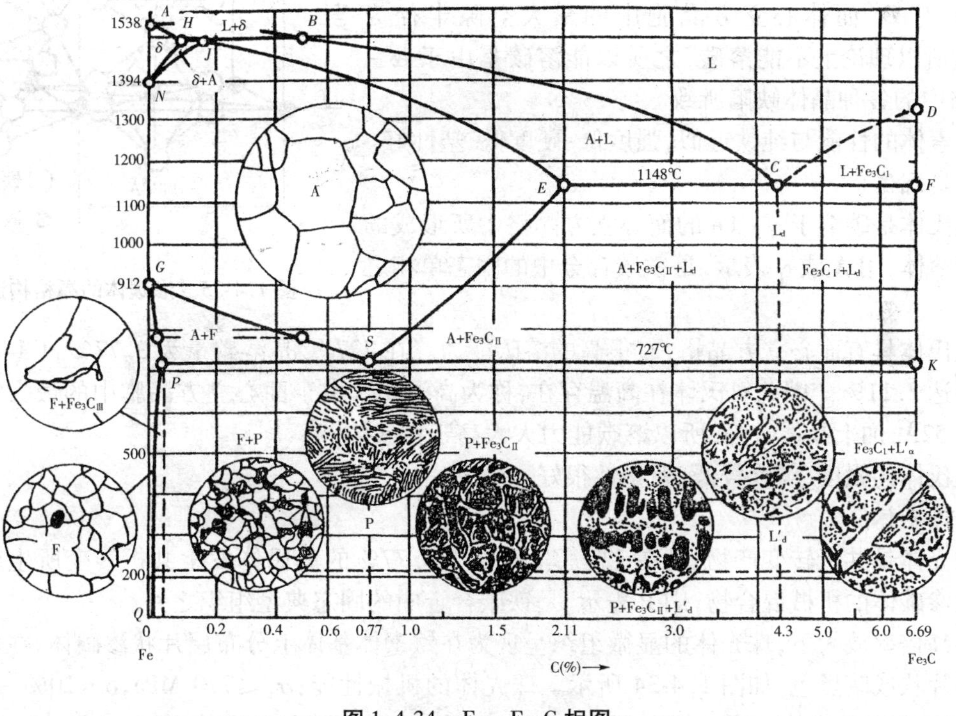

图 1.4-34　$Fe-Fe_3C$ 相图

（2）溶碳能力。纯铁的晶格间隙可固溶碳原子，碳在铁中的溶解度随晶格和温度不同而异。当温度在室温至 727 ℃时，α - Fe 的体心立方晶格中的溶碳量为 0.000 8% ~ 0.021 8%。当温度在 727 ~ 1 148 ℃时，γ - Fe 的面心立方晶格中的溶碳量为 0.77% ~ 2.11%。

（3）性能和用途。目前绝对纯的铁还不能制取，工业纯铁的纯度为 99.8% ~ 99.9%。其性能特点是强度、硬度低，塑性好，所以不能制造工业零件，仅用其磁性制造仪器、仪表的铁芯。纯铁的机械性能如表 1.4-7 所示。

表 1.4-7　纯铁的机械性能

σ_b/MPa	$\sigma_{0.2}$/MPa	δ/%	ψ/%	α_k/(J/cm^2)	HB
180～270	100～170	30～50	70～80	300	50～80

2. 渗碳体

渗碳体是铁与碳的化合物,用 Fe_3C 表示,含碳量为 6.69%,具有复杂晶格。渗碳体具有金属特性(金属光泽和导电性等),熔点为 1 227 ℃,硬度高(HB≈800),脆性大($\delta=0$、$\psi=0$、$\alpha_k=0$),强度低($\sigma_b=30$ MPa)。渗碳体在钢铁中起强化作用,但工程中不能单独用于制造零件。

(二)铁碳合金中的结构组成

1. 铁素体

铁素体是碳溶于 α－Fe 的体心立方晶格中所形成的间隙固溶体,用 F 或 α 表示,是铁碳合金中的固态单相之一。

铁素体具有体心立方晶格,溶碳能力极小,室温下溶碳量为 0.000 8%,727 ℃时为 0.021 8%。因为碳原子半径为 0.77Å。而体心立方晶胞中的最大空隙半径为 0.36Å,所以理论上不能溶碳,之所以能溶碳是由于 α－Fe 晶格中的各种晶体缺陷所致。

铁素体的性能与纯铁近似,强度低、硬度低、塑性好。

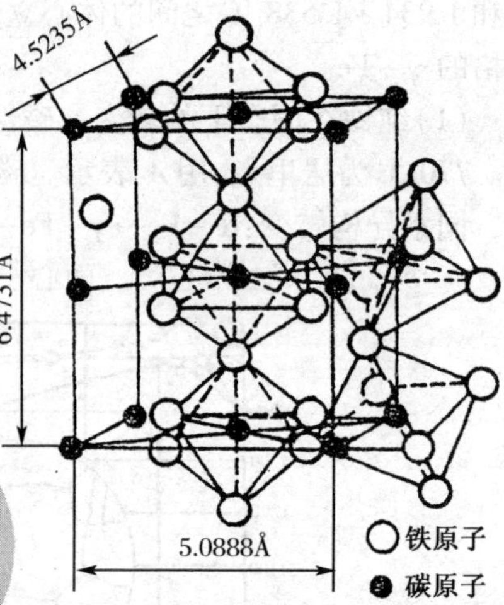

图 1.4-35　渗碳体的晶格构造

2. 奥氏体

奥氏体是碳溶于 γ－Fe 的面心立方晶格中所形成的间隙固溶体,用 A 或 γ 表示,是铁碳合金中的固态单相之一。

奥氏体具有面心立方晶格,有很高的溶碳能力。在 727 ℃是溶碳量为 0.77%,1 148 ℃时溶碳量达 2.11%。因此奥氏体在高温存在,称为高温相。由于面心立方晶胞中的最大空隙半径为 0.52Å,加上晶体缺陷,所以溶碳能力大大高于铁素体。

奥氏体的强度、硬度较低,但塑性很好。

3. 珠光体

珠光体是共析转变产物,是在 727 ℃含碳量为0.77% 的奥氏体发生共析转变所生产的铁素体与渗碳体的机械混合物,用 P 表示,是铁碳合金中的固态典型组织之一。

在高倍率放大下,珠光体的显微组织呈现为在铁素体基体上分布层片状渗碳体,在低倍下呈现层片状或暗黑色,如图 1.4-34 所示。珠光体的机械性能:$\sigma_b \leqslant 770$ MPa,$\delta=20\%\sim35\%$,HB≈180,所以珠光体的强度较高,塑性、韧性和硬度在铁素体与渗碳体之间。

4. 莱氏体

莱氏体是共晶转变的产物,是奥氏体和渗碳体的机械混合物,用 L_d 表示,也是铁碳合金中的固态典型组织之一。在 1 148 ℃存在时其显微组织为渗碳体基体上分布着短棒状或粒状奥氏体,组织细密,性能硬、脆,称为高温莱氏体;室温下,其组织呈现在渗碳体基体上分布着珠光体,称为低温莱氏体或变态莱氏体,用 L'_d 表示。

5. 渗碳体

如图 1.4-35 所示，渗碳体的晶体构造与性能特点如前所述。渗碳体 Fe_3C 可用 C_m 表示，是铁碳合金中的固态单相之一。依 Fe_3C 形态、分布与来源不同，可分以下 5 种，但本质上无区别。

①次渗碳体：用 Fe_3C_I 表示，是 Fe_3C 直接从液态合金中析出，呈粗大的板条状。

②次渗碳体：用 Fe_3C_{II} 表示，是从奥氏体中析出，呈网状分布。

③次渗碳体：用 Fe_3C_{III} 表示，是从铁素体中析出，呈薄片状分布。

④共晶渗碳体：用 $Fe_3C_{共晶}$ 表示，是共晶组织莱氏体的组成相，以莱氏体的基体形态存在。

⑤共析渗碳体：用 $Fe_3C_{共析}$ 表示，是共析组织珠光体的组成相，呈片状分布。

渗碳体的形态和分布对钢的性能有重要影响，是碳钢合金的重要的强化相，同时，渗碳体还是一个亚稳化合物，在一定条件下分解为铁和游离碳——石墨，这对灰口铸铁的形成很重要。

(三)特征点线区

简化的 Fe－Fe3C 相图如图 1.4-36 所示，与图 1.4-34 的主要差别在于简化和包晶反应。

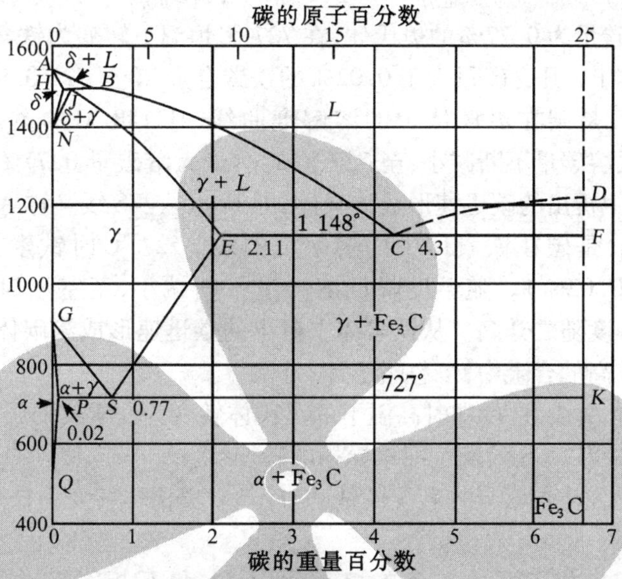

图 1.4-36　简化的 Fe－Fe_3C 相图

1. 相图中的特征点

Fe－Fe_3C 相图的特性点列于表 1.4-8，但其中某些点目前尚未统一，如表中标注 * 的数值。

2. 相图中的特性线

在简化的 Fe－Fe_3C 相图中有 6 条重要的特性线。

(1)共晶转变线，即 ECF 水平线(1 148 ℃)，发生共晶转变，产生莱氏体 L_d：

$$L_{4.3} \xrightleftharpoons{1\ 148\ ℃} L_d(A_{2.11} + Fe_3C_{共晶})$$

共晶转变是含碳量为 4.3% 的液态合金，在 1 148 ℃恒温下转变为奥氏体与共晶渗碳体机械混合物，即高温莱氏体 L_d。凡含碳量大于 2.11% 的液态合金冷却至 1 148 ℃时，均发生共晶转变。

表 1.4-8　Fe－Fe_3C 相图的特性点

符号	温度℃	含碳量%	说明
A	1538	0	纯铁的熔点
C	1148	4.3	共晶点
D	1227 *	6.69	渗碳体的熔点
E	1148	2.11	碳在 γ－Fe 中的最大溶解度
F	1148	6.69	FeC
G	912	0	γ－Fe 互变 α－Fe
K	727	6.69	Fe_3C
P	727	0.0218	碳在 α－Fe 中的最大溶解度
S	727	0.77	共析点
Q	室温	0.0008	室温时，碳在 α－Fe 中的溶解度

(2)共析转变线，即 PSK 水平线(727 ℃)，发生共析转变产生珠光体 P，PSK 线又称 A_1 线。

$$A_{0.77} \xrightleftharpoons{727\ ℃} P(F_{0.02} + Fe_3C_{共析})$$

共析转变是含碳量为 0.77% 的奥氏体，在 727 ℃恒温下转变为铁素体与共析渗碳体的机械混合物，即珠光体 P。凡含碳量大于 0.02% 的铁碳合金，冷至 727 ℃时均发生共析转变。

(3)ES 固溶线，是碳在奥氏体中的溶解度曲线。1 148 ℃的奥氏体中最大溶碳量为 2.11%，随温度降低溶碳量不断减小，至 727 ℃时达最大溶碳量 0.77%；温度升高，溶解度随之升高。从奥氏体中析出的碳迅速形成渗碳体，即 Fe_3C_{II}。ES 线又称 A_{cm} 线。

(4)PQ 固溶线，是碳在铁素体中的溶解度曲线。727 ℃时铁素体中的最大溶碳量为 0.021 8%(简化为 0.02%)。随温度降低溶碳量不断减小，至室温时达最大溶碳量 0.000 8%；温度升高，溶解度随之升高。从铁素体中析出的碳迅速形成渗碳体，即 Fe_3C_{III}。Fe_3C_{III} 沿晶界析出，在含碳较高的合金中，可忽略不计。

(5)GS 线，又称 A_3 线，是冷却时高温下的奥氏体转变为铁素体的开始线，这是由于固溶体溶剂晶格变化所致，所以 GS 为发生同素异构的转变线。

(6)GP 线，也是发生同素异构转变的线，是冷却时奥氏体转变为铁素体的终了线。

3. 相图中的相区

简化的 Fe－Fe_3C 相图形成 3 个单相区，即 L、A 和 F 相区；5 个两相区，即 L＋A、L＋Fe_3C_I、A＋ Fe_3C_{II}、F＋ A、F＋Fe_3C_{III} 相区。在共晶相 ECF 和共析线 PSK 上形成三相共存区，分别为 L＋A＋ Fe_3C 和 A＋F＋ Fe_3C 三相共存。

4. 铁碳合金的分类

在 Fe－Fe_3C 相图中将铁碳合金分为工业纯铁、碳钢和白口铸铁 3 大类，其名称、含碳量及组织如表 1.4-9 所示。

二、成分、组织、性能的相互转换关系

(一)工业纯铁(合金 I)的结晶过程

含碳量小于 0.0218% 的铁碳合金平衡结晶过程：当液态合金 L 冷至 AC 线时，开始自 L 中结晶出 A，至 AE 线时全部形成 A。温度继续下降，在 AE～GS 线之间 A 不变，自 GS 线开始 A 开始变为 F，至 GP 线时全部转变成 F。在 GP～PQ 线之间 F 不变，温度降至 PQ 线以下开始自

表 1.4-9　铁碳合金的分类

名称		含碳量%	平衡组织
工业纯铁		<0.0218	F + 少量 Fe_3C_{III}
钢	亚共析钢	0.021 8 ~ 0.77	F + P
	共析钢	0.77	P
	过共析钢	0.77 ~ 2.11	P + Fe_3C_{II}
白口铸铁	亚共晶白口铸铁	2.11 ~ 4.3	P + Fe_3C_{II} + L'_d
	共晶白口铸铁	4.3	L'_d
	过共晶白口铸铁	4.3 ~ 6.69	L'_d + Fe_3C_I

F 中析出 Fe_3C_{III}。工业纯铁显微组织中 F 呈白色不规则多边行，Fe_3C_{III} 含量极少且多分布于晶界处，故可忽略。其结晶过程可用以下表示

$$L_{<0.02} \xrightarrow{t_1 \sim t_2} L + A_{<0.02} \xrightarrow{t_2 \sim t_3} A_{<0.02} \xrightarrow{t_3 \sim t_4} F_{<0.02} + A \xrightarrow{t_4 \sim t_5} F_{<0.02} \xrightarrow{t_5 \sim 室温} F + Fe_3C_{III}$$

(二)钢的结晶过程

1. 共析钢(合金Ⅲ)

含碳量为 0.77% 的铁碳合金(共析钢)的结晶过程如下：

$$L_{0.77} \xrightarrow{t_1 \sim t_2} L + A_{0.77} \xrightarrow{t_2 \sim 727\ ℃} A_{0.77} \xrightleftharpoons{727\ ℃} P_{0.77}(F_{0.02} + FeC_{共析})$$
$$\xrightarrow{727\ ℃ \sim 室温} P_{0.77}(F_{0.000\,8} + Fe_3C_{III} + Fe_3C_{共析})$$

共析钢室温平衡组织为珠光体 P，其中的极少量的 Fe_3C_{II} 与 Fe_3C 共析不易分辨，故略之。共析钢的平衡结晶过程示意图如图 1.4-37，共析钢的室温平衡组织如图 1.4-38 所示。

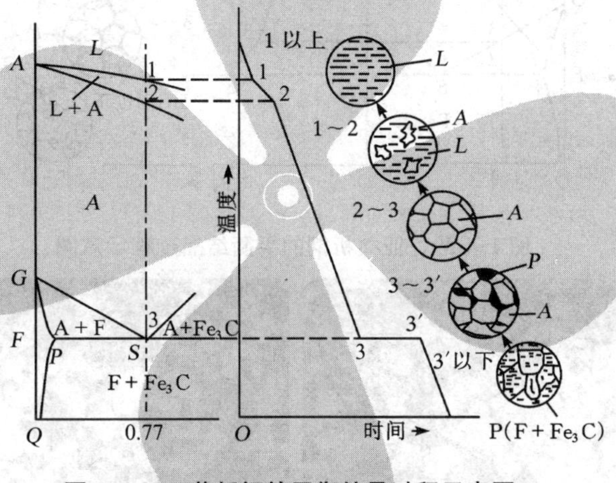

图 1.4-37　共析钢的平衡结晶过程示意图

用杠杆定理可计算出珠光体中的 F 与 Fe_3C 的相对含量为 88% 和 12%。

2. 亚共析钢(合金 II)

含碳量小于 0.77% 的铁碳合金(亚共析钢)结晶过程如下：

$$L_{0.02 \sim 0.77} \xrightarrow{t_1 \sim t_2} L + A_{0.02 \sim} \xrightarrow{t_2 \sim t_3} A_{0.02 \sim 0.77} \xrightarrow{t_3 \sim 727\ ℃} F_{0.02} + A_{0.77}$$
$$\xrightleftharpoons{727\ ℃} P_{0.77} + Fe_3C_{II} F_{0.02} + P_{0.77} \xrightarrow{727\ ℃ \sim 室温} P_{0.77} + F_{0.000\,8} + Fe_3C_{III}$$

亚共析钢在 t_3 ~727 ℃时发生 A→F 的同素异构转变，转变过程中 A 和 F 的含碳量分别沿

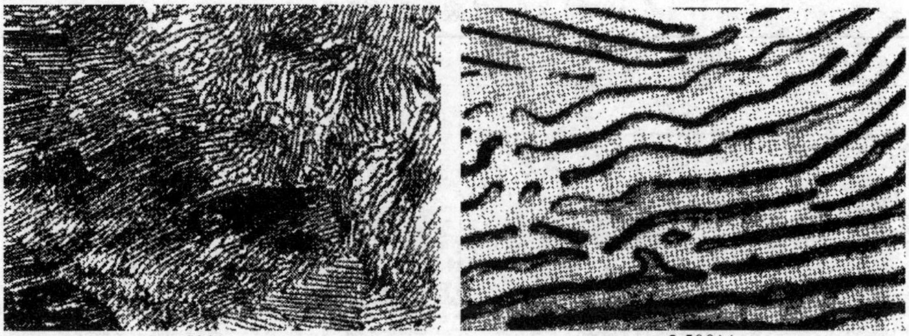

500×　　　　2 500×

图 1.4-38　共析钢的室温平衡组织

GS 和 *GP* 变化，在 727 ℃时所余 A 的含碳量达 0.77%，于是发生共析转变。

亚共析钢的室温平衡组织略去 Fe_3C_{II} 为 F + P。亚共析钢的平衡结晶过程示意图如图 1.4-39，图 1.4-40 为共析钢的室温平衡组织，图中白色不规则多边形为 F 晶粒，暗黑色为 P 团。

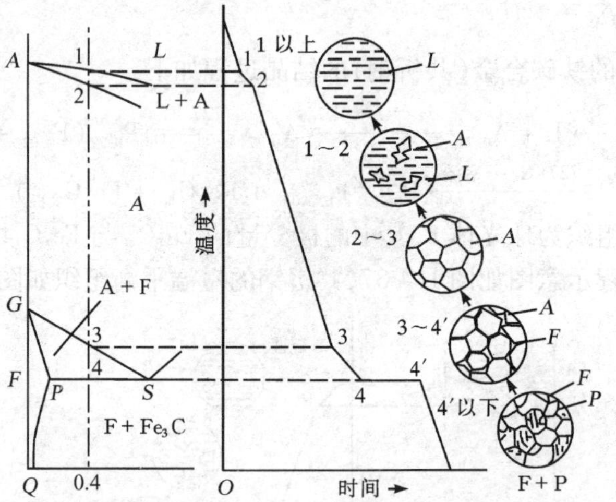

图 1.4-39　亚共析钢的平衡结晶过程示意图

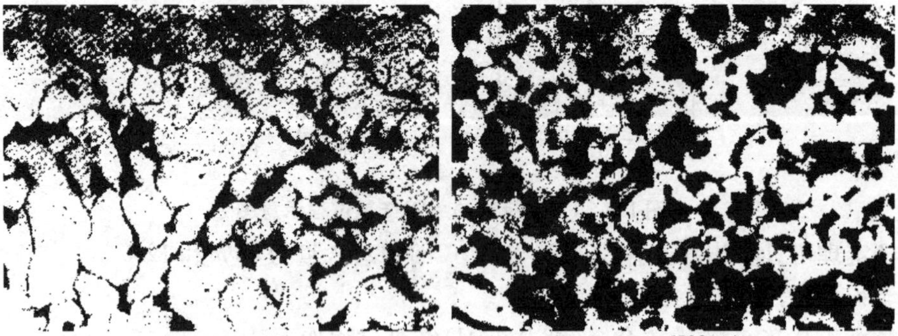

0.20% (500×)　　　　0.40% (500×)

图 1.4-40　亚共析钢的室温平衡组织

依杠杆定理计算出含碳量为 0.45% 的亚共析钢中的 F 和 Fe_3C 的相对含量为 93% 和 7%。

3. 过共析钢(合金Ⅳ)

含碳量大于0.77%的铁碳合金(过共析钢)结晶过程如下：

$$L_{0.77\sim2.11}\xrightarrow{t_1\sim t_2}L+A_{0.77\sim}\xrightarrow{t_2\sim t_3}A_{0.77\sim2.11}\xrightarrow{t_3\sim727\ ℃}A_{0.77}+Fe_3C_{Ⅱ}$$

$$\xrightleftharpoons{727\ ℃}P_{0.77}+Fe_3C_{Ⅱ}\xrightarrow{727\ ℃\sim室温}P_{0.77}+Fe_3C_{Ⅱ}$$

过共析钢在 $t_3\sim727$ ℃时，A将沿 *ES* 线发生溶解度变化，不断地从A中析出 $Fe_3C_{Ⅱ}$。至727℃时A的含碳量达0.77%，于是发生共析转变形成P。冷至室温时不断地从F析出 $Fe_3C_{Ⅲ}$。

过共析钢的室温平衡组织略去 $Fe_3C_{Ⅲ}$，为 $P+Fe_3C_{Ⅱ}$。过共析钢的平衡结晶过程示意图如图1.4-41所示，图1.4-42为过共析钢的室温平衡组织，图中呈白色网状分布的为 $Fe_3C_{Ⅱ}$，暗黑色为P团。

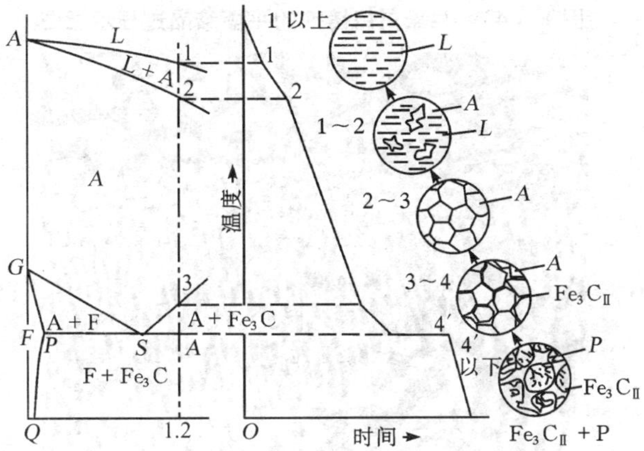

图1.4-41　过共析钢的平衡结晶过程示意图

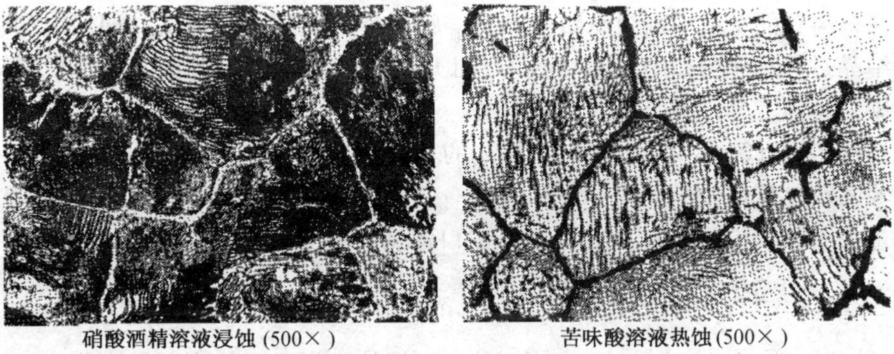

硝酸酒精溶液浸蚀(500×)　　苦味酸溶液热蚀(500×)

图1.4-42　过共析钢的室温平衡组织

(三)白口铸铁(合金Ⅵ)的结晶过程

1. 共晶白口铸铁(合金Ⅵ)

含碳量为4.3%的铁碳合金(共晶白口铸铁)的结晶过程如下：

$$L_{4.3}\xrightleftharpoons{1\,148\ ℃}L_d(A_{2.11}+Fe_3C_{共晶})\xrightarrow{1\,148\sim727\ ℃}A_{0.77}+Fe_3C_{Ⅱ}+Fe_3C_{共晶}\xrightleftharpoons{727\ ℃}$$

$$L'_d(P_{0.77}+Fe_3C_{Ⅱ}+Fe_3C_{共晶})\xrightarrow{727\ ℃\sim室温}L'_d(F_{0.000\,8}+Fe_3C_{Ⅱ}+Fe_3C_{Ⅲ}+Fe_3C_{共析})$$

液态合金冷至1 148℃时发生共晶转变生成 L_d。冷到727 ℃时A沿 *ES* 线变化，在727 ℃

时 A 含碳量达 0.77% 而发生共析转变形成 P，冷至室温时 F 发生溶解度变化析出 $Fe_3C_{Ⅲ}$。

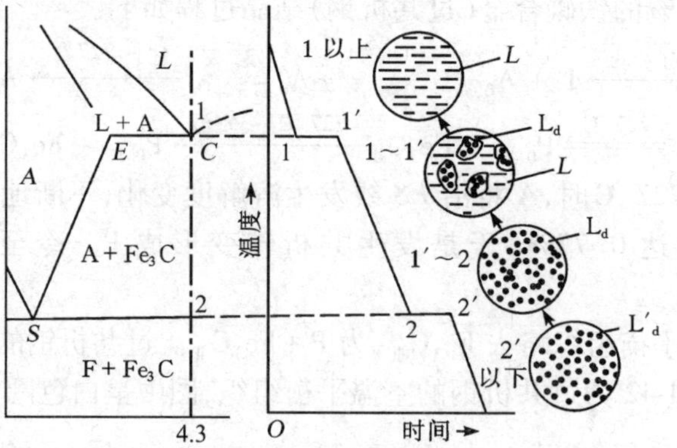

图 1.4-43　共晶白口铸铁的平衡结晶过程示意图

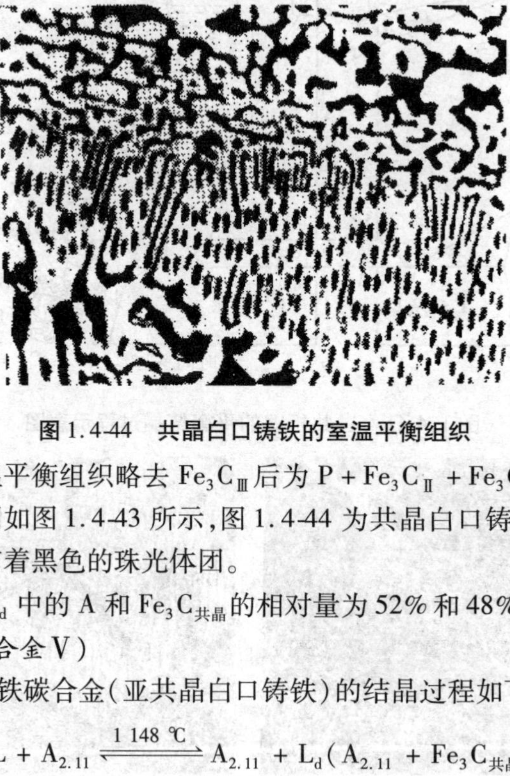

图 1.4-44　共晶白口铸铁的室温平衡组织

共晶白口铸铁的室温平衡组织略去 $Fe_3C_{Ⅲ}$ 后为 $P + Fe_3C_{Ⅱ} + Fe_3C_{共晶}$，即 L'_d。共晶白口铸铁的平衡结晶过程示意图如图 1.4-43 所示，图 1.4-44 为共晶白口铸铁的室温平衡组织，图中白色的渗碳体基体上分布着黑色的珠光体团。

利用杠杆定理计算 L_d 中的 A 和 $Fe_3C_{共晶}$ 的相对量为 52% 和 48%。

2. 亚共晶白口铸铁（合金Ⅴ）

含碳量小于 4.3% 的铁碳合金（亚共晶白口铸铁）的结晶过程如下：

$$L_{2.11\sim4.3} \xrightarrow{t_1\sim t_2} L + A_{2.11} \xrightleftharpoons{1\,148\ ℃} A_{2.11} + L_d(A_{2.11} + Fe_3C_{共晶}) \xrightarrow{1\,148\sim727\ ℃}$$

$$A_{0.77} + Fe_3C_{Ⅱ} + L'_d(A_{0.77} + Fe_3C_{Ⅱ} + Fe_3C_{共晶}) \xrightleftharpoons{727\ ℃} P_{0.77} + Fe_3C_{Ⅱ} +$$

$$L'_d(P_{0.77} + Fe_3C_{Ⅱ} + Fe_3C_{共晶}) \xrightarrow{727\ ℃\sim 室温} P_{0.77} + Fe_3C_{Ⅱ} + L'_d$$

液态合金冷至 t_1 时，首先析出 A，随着温度下降 A 增多，液相成分沿 AC 线变化。冷至 1 148 ℃时液相含碳量达 4.3%，A 含碳量达 2.11%，发生共晶转变后的组织为 $A_{2.11} + L_d$。温度继续降低 A 发生溶解度变化，至 727 ℃时 $A_{0.77}$ 发生共析转变。

亚共晶白口铸铁的室温平衡组织为 $P + Fe_3C_{Ⅱ} + L'_d$。亚共晶白口铸铁的平衡结晶过程示意图如图 1.4-45 所示，图 1.4-46 为亚共晶白口铸铁的室温平衡组织，图中黑色大块为 P 团，$Fe_3C_{Ⅱ}$ 与 $Fe_3C_{共晶}$ 无法分辨，黑白相间部分为 L'_d。

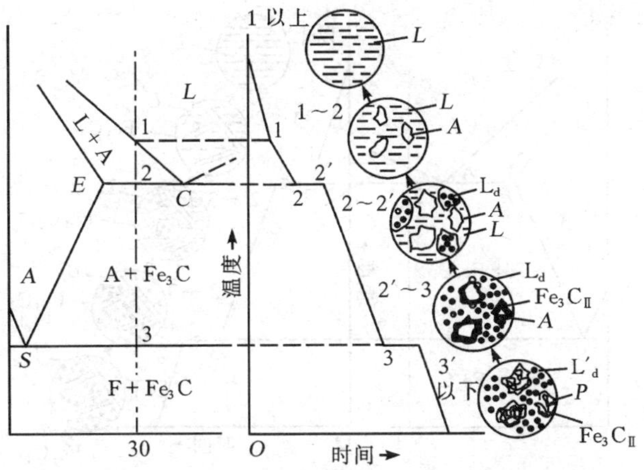

图 1.4-45　亚共晶白口铸铁的平衡结晶过程示意图

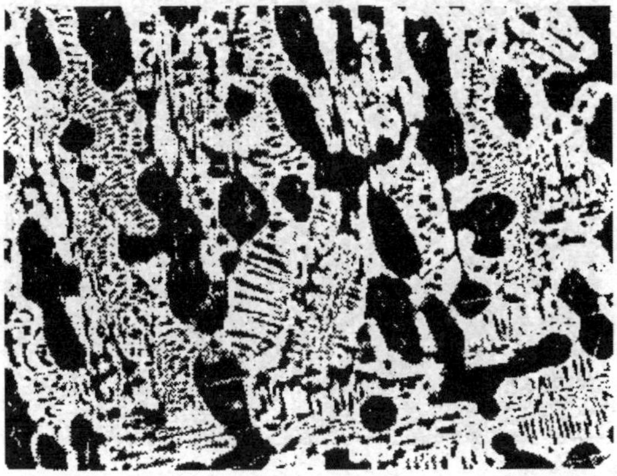

图 1.4-46　亚共晶白口铸铁的室温平衡组织

3. 过共晶白口铸铁(合金Ⅶ)

含碳量大于 4.3% 的铁碳合金(过共晶白口铸铁)的结晶过程如下:

$$L_{4.3\sim6.69} \xrightarrow{t_1 \sim t_2} L + Fe_3C_{Ⅰ} \xrightleftharpoons{1\,148\ ℃} L_d + Fe_3C_{Ⅰ} \xrightarrow{1\,148\ ℃ \sim 727\ ℃} L'_d(A_{0.77} + Fe_3C_{Ⅱ} + Fe_3C_{共晶}) +$$

$$Fe_3C_{Ⅰ} \xrightleftharpoons{727\ ℃} L'_d(P_{0.77} + Fe_3C_{Ⅱ} + Fe_3C_{共晶}) + Fe_3C_{Ⅰ} \xrightarrow{727\ ℃ \sim 室温} L'_d + Fe_3C_{Ⅰ}$$

液态合金温度降至 t_1 时,首先析出 $Fe_3C_{Ⅰ}$,在冷却过程中 $Fe_3C_{Ⅰ}$ 不变化。

过共晶白口铸铁的室温平衡组织为 $L'_d + Fe_3C_{Ⅰ}$。过共晶白口铸铁的平衡结晶过程示意图如图 1.4-47 所示,图 1.4-48 为过共晶白口铸铁的室温平衡组织,图中白色粗大条状部分即为 $Fe_3C_{Ⅰ}$,其余黑白相间部分为 L'_d。

(四)成分对其组织和性能的影响

1. 含碳量对铁碳合金室温平衡组织的影响

铁碳合金的组元和室温下的组织均是由 F 和 Fe_3C 两个基本相构成。由杠杆定理可知,铁碳合金中这两个组成相的量是呈直线关系变化。随铁碳合金的含碳量不断地增加,F 的量由 100%→0,而 Fe_3C 的量则是由 0→100%。由铁碳合金相图可以看出,随着含碳量不断增加,F 和 Fe_3C 的形态和分布也随之变化,因而使得铁碳合金室温平衡组织的组成物也按一定规律变

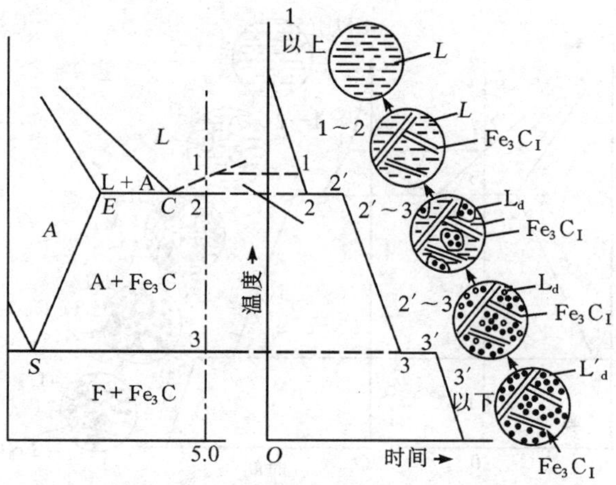

图 1.4-47 过共晶白口铸铁的平衡结晶过程示意图

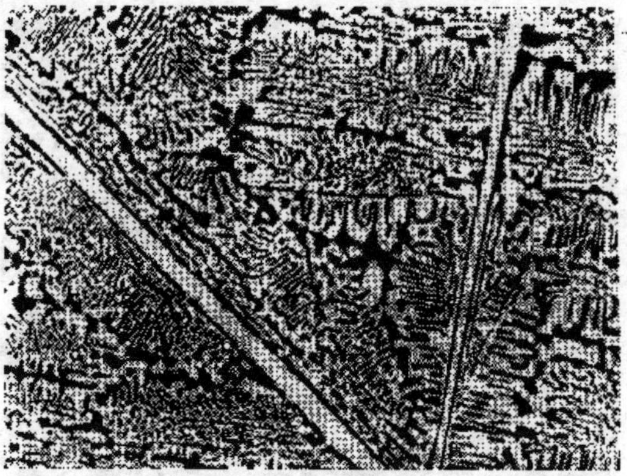

图 1.4-48 过共晶白口铸铁的室温平衡组织

化。其中,除含碳量小于0.0218%的铁碳合金组织全部为 F、含碳量为 0.77% 的铁碳合金组织全部为 P、含碳量为4.3%的铁碳合金组织全部为 L_d、含碳量为6.69%时全部为 Fe_3C 外,其余铁碳合金组织均由其组成物按相应比例混合而成。

2. 含碳量对铁碳合金性能的影响

铁碳合金室温平衡组织是由组成相 F 与 Fe_3C 构成,因此,铁碳合金的性能就与 F、Fe_3C 的性能、形态、数量和分布密切相关,如图 1.4-49 所示。

图 1.4-49 铁碳合金中含碳量与平衡组织及相组分间的关系

Fe_3C 硬而脆，随着含碳量的不断增加，铁碳合金组织中的 Fe_3C 量逐渐增加，使合金的硬度呈直线增加，而 F 硬度低，塑性高，是一个软相。含碳量越低，合金组织中的 F 量越多，含碳量增加，合金中的 F 量逐渐减少，铁碳合金的塑性不断降低，即脆性不断增大。白口铸铁中的 Fe_3C 含量很大，甚至 Fe_3C 以合金的基体组织出现，塑性几乎为零。铁碳合金的强度不仅与强化相 Fe_3C 的数量有关，还与其形态有关。在钢中，随着含碳量的增加，F 量不断减少，P 量不断增加，使钢的强度呈直线增加。当含碳量约达 0.9% 时，钢的强度 σ_b 达到最大值。当含碳量超过 0.9% 以后，由于钢的组织中除片状 $Fe_3C_{共析}$ 外，还出现网状 Fe_3C_{II}，使钢的脆性增加，强度降低。所以工业生产中碳钢的含碳量不超过 1.35%。当含碳量超过 2.11% 时，白口铸铁的组织中出现 L'_d，使强度变得很低。冲击韧性随含碳量的变化同于塑性的情况。

（五）$Fe-Fe_3C$ 相图的应用

1. 在选材方面的应用

由于含碳量对铁碳合金的性能起着决定性的作用，因此应根据生产中的需要选用不同的铁碳合金。制造工程结构件，如船体、桥梁、锅炉及建筑工程构件时，应选用含碳量较低（小于 0.25%）的钢，因为其塑性高，冷变形性及焊接性能好。对于一般机器零件，如船用柴油机的曲轴、连杆、机床上的齿轮、轴类零件等，应选用含碳量中等（0.25% ~ 0.6%）的钢。因为中碳钢具有一定的强度和硬度，又具有一定塑性和韧性，是综合机械性能较好的材料。对于柴油机燃油系统上的精密偶件（柱塞 – 套筒、针阀 – 针阀体等），各种刃具、模具、量具和弹簧等零件，要求硬度高、耐磨性好，或要求强度、疲劳强度高，弹性好，故应选用含碳量较高（通常含碳量大于 0.6%）的中、高碳钢。如图 1.4-50 所示，白口铸铁性脆且硬，不宜制造结构件和各种零件，但其硬度高、耐磨性好，铸造性优良，可以铸造不受冲击的耐磨铸件，如犁铧、球磨机、冷轧辊及货车轮等。

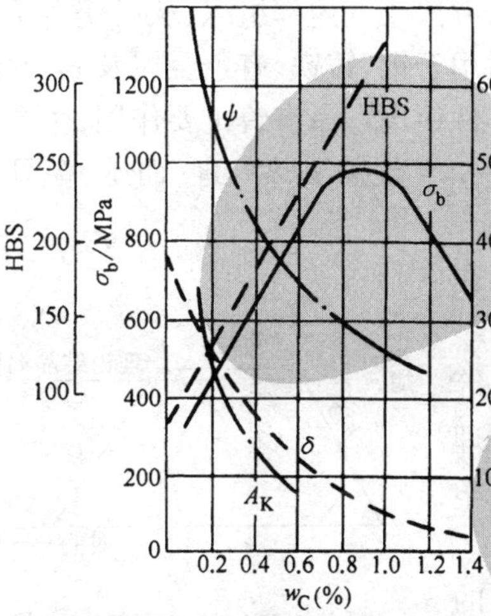

图 1.4-50 含碳量对铁碳合金性能的影响

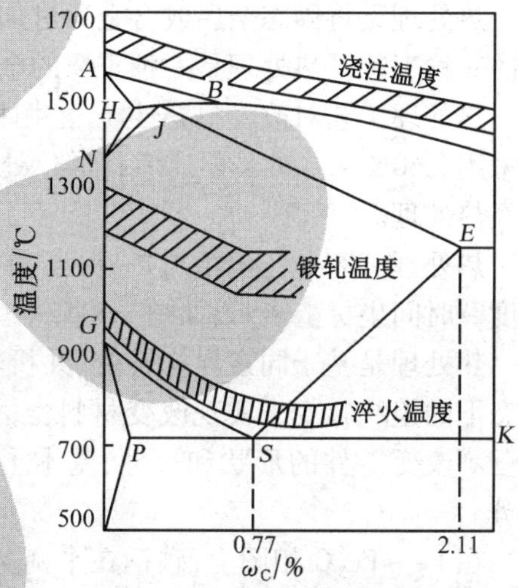

图 1.4-51 铁碳合金的热加工温度范围

2. 在铸造工艺方面的应用

根据铁碳合金相图可以确定液态合金浇注温度及铸造合金的成分。最适宜浇注的温度一般在液相线以下 50 ~ 100 ℃。

从相图可知，纯铁和共晶合金——共晶白口铸铁的铸造性能最佳：流动性好，分散缩孔少，可以获得完好的铸件。所以铸铁在生产中总是选用共晶成分附近的合金。钢的铸造性能远不如铸铁：流动性较差，收缩性较大，容易产生分散缩孔和偏析，且铸件内应力大，容易变形和开裂。生产中，铸钢的含碳量一般在0.15%～0.6%范围内，因为此范围内的合金结晶温度间隔小，上述缺点较小，铸造性能相对较好。

3. *在锻造工艺方面的应用*

根据铁碳合金相图可以确定锻造与轧制钢材的最适宜的温度，这对获得成品锻件是十分重要的。钢的始锻温度一般低于固相线100～200 ℃；钢的终锻温度，对于亚共析钢一般应稍高于 *GS* 线，对于过共析钢一般控制在 *ES* 线和 A_1 线（727 ℃）的温度范围之间。

当钢的组织为单相奥氏体时，强度低、塑性高、最适宜塑性变形，变形抗力小，消耗动力少。所以当锻造或轧制时应使用具有单相奥氏体组织的钢。一般始锻或轧的温度在固相线以下100～200 ℃，以利于充分地塑性变形。若加热温度过高，将会引起严重氧化、过浇（即晶界熔化）。终止锻或轧的温度要有利于保证锻、轧件的质量。终锻、轧温度过高，奥氏体在变形终了后的冷却中晶粒还会长大。终锻、轧温度过低，会因塑性较低而产生锻裂或轧裂。亚共析钢终锻（轧）时会产生大量铁素体，形成带状组织，使钢的机械性能产生方向性，降低韧性。所以终锻（轧）温度应稍高于 *GS* 线。对于过共析钢，为了利用变形时的机械作用击碎组织中的网状 Fe_3C_{II}，所以终锻（轧）温度应控制在 *ES* 线与 A_1 线之间的温度范围，一般为800～850 ℃，如图1.4-51所示。

第四节　钢的热处理

一、钢热处理的原理

（一）钢在加热时的组织转变

热处理是将固态金属或合金通过加热、保温和冷却的方法改变内部组织，从而获得所需性能的一种工艺。热处理是一种重要的金属热加工工艺，适用于钢、铸铁、有色金属及其合金。

热处理工艺对改善材料性能、挖掘材料潜力和延长零件使用寿命有着重要作用，生产中广泛采用。60%～70%的机床零件需热处理，80%以上的轮机零件需要热处理，而工、模具全部需经热处理。

热处理工艺过程包括加热、保温和冷却3个环节，可在温度－时间坐标上表示，如图1.4-52。

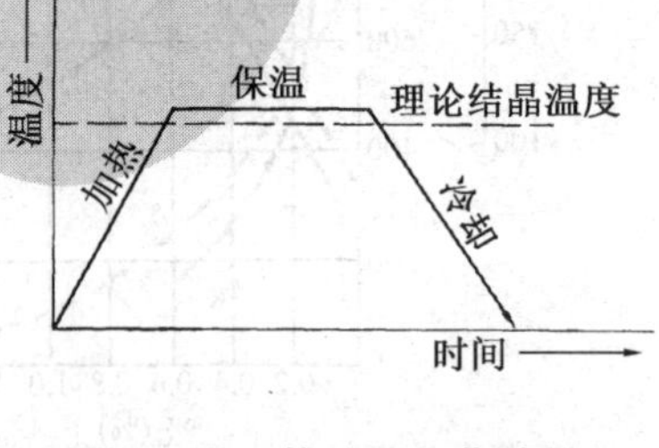

图1.4-52　热处理工艺过程

热处理是基于同素异构转变、共析转变、固溶和脱溶等固态下的组织转变来实现改变材料性能的目的。在热处理过程不改变零件的形状和尺寸，基本上不改变零件的化学成分。

在 $Fe-Fe_3C$ 相图上，碳钢在平衡条件下加热和冷却的相变线有：*PSK* 线——共析转变线（A_1 线）；*GS* 线——同素异构转变线（A_3）；*ES* 线——固溶线（A_{cm}线）。它们是平衡条件下钢的3个固态组织的温度转变线。A_1、A_3、A_{cm}称临界点。然而实际加热和冷却的相变是在不平衡条件下进行的，因此结晶或熔化均滞后于 A_1、A_3、A_{cm}。实际加热的临界点为 A_{c1}、A_{c3}、A_{ccm}，实际冷却的临界点为 A_{r1}、A_{r3}、A_{rcm}，如图1.4-53所示。

加热是热处理工艺的第一个环节，加热至 A_1 以上或以下，钢的组织转变有着本质的不同。把钢分别加热至 A_1、A_3、A_{cm} 以上时，钢的室温组织均转变成奥氏体，称为奥氏体化。

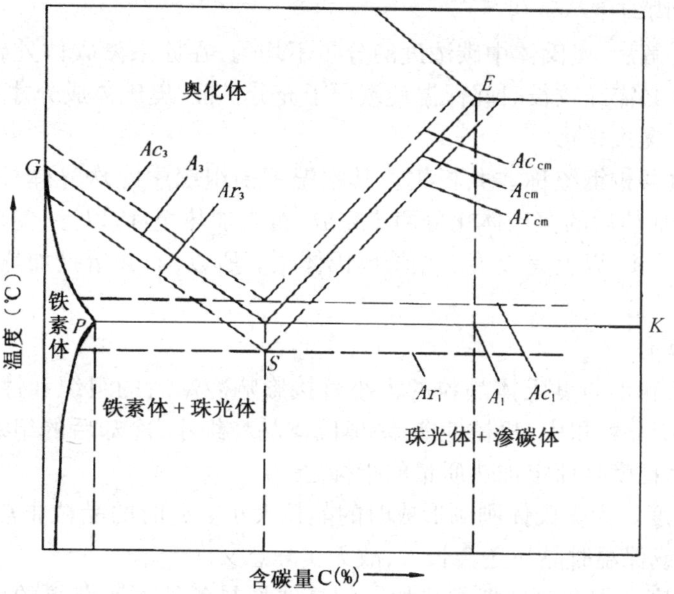

图 1.4-53　加热和冷却速度对钢临界点的影响

1. 共析钢的奥氏体化

共析钢的室温平衡组织为珠光体，加热至 A_{c1} 以上时，全部转变为奥氏体。珠光体是由铁素体和渗碳体组成的机械混合物，在向奥氏体转变时，是由成分相差悬殊、晶格截然不同的两相转变成任一母相不同的单一固溶体相。转变是靠铁、碳原子的扩散和铁原子的晶格改组来完成的。同时，奥氏体的形成是按照成核与长大规律进行，包括成核与长大、剩余渗碳体的溶解和奥氏体均匀化 3 个阶段，如图 1.4-54 所示。

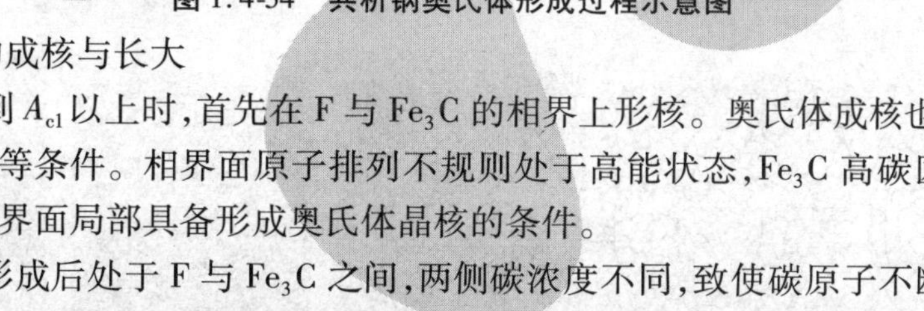

图 1.4-54　共析钢奥氏体形成过程示意图

(1) 奥氏体的成核与长大

共析钢加热到 A_{c1} 以上时，首先在 F 与 Fe_3C 的相界上形核。奥氏体成核也如液态结晶，需要一定能量、浓度等条件。相界面原子排列不规则处于高能状态，Fe_3C 高碳区成核提供所需的碳原子，所以相界面局部具备形成奥氏体晶核的条件。

奥氏体晶核形成后处于 F 与 Fe_3C 之间，两侧碳浓度不同，致使碳原子不断自高碳侧向低碳侧扩散，促使 Fe_3C 不断溶解，奥氏体不断向两侧扩展而长大。与此同时又有新的晶核产生和不断长大，直至奥氏体晶粒彼此相碰，珠光体全部消失为止。

(2) 剩余渗碳体的溶解

由于铁素体的碳浓度与结构均和奥氏体接近，故铁素体先消失，而在所形成的奥氏体中尚有未溶解的渗碳体存在。此时的奥氏体的平均碳浓度低。通过保温，剩余渗碳体的原子扩散，使奥氏体中的碳浓度达到共析成分。

(3)奥氏体的均匀化

剩余渗碳体溶解后,奥氏体中碳浓度的分布不均匀,在原来渗碳体处碳浓度较高,而原来铁素体处则较低。必需经较长时间保温使碳原子充分扩散,奥氏体成分才均匀。

2. 非共析钢的奥氏体化

亚共析钢和过共析钢统称非共析钢。其室温平衡组织中除珠光体外,还有第二相:F 或 Fe_3C_{II}。非共析钢加热后的奥氏体化分两步完成:首先加热至 A_{c1} 以上,使珠光体奥氏体化;然后继续加热至 A_{c3} 或 A_{cm} 以上完成第二相的奥氏体化。所以,非共析钢加热至 A_{c3} 或 A_{cm} 以上才能完成奥氏体化。

3. 奥氏体晶粒度

钢在加热中所获得的奥氏体晶粒的大小直接影响冷却后的组织和性能。奥氏体晶粒粗大,则冷却后的组织晶粒粗大,机械性能差;奥氏体晶粒细小,冷却后的组织晶细小,机械性能好。所以奥氏体晶粒度是评定加热质量的指标之一。

(1)起始晶粒度。为奥氏体刚刚形成时的晶粒大小。此时的晶粒非常细小,难以测定,且不稳定,继续加热或保温时晶粒还会长大,故无实际意义。

(2)实际晶粒度。钢在热处理或热加工的具体加热条件下所获得的奥氏体晶粒的大小,一般比起始晶粒度大,对钢的性能有直接影响。

(3)本质晶粒度。反映钢在加热时奥氏体晶粒长大的倾向。加热时晶粒容易长大的钢称为本质粗晶粒钢;加热时晶粒不易长大的钢称为本质细晶粒钢。

标准晶粒度分为 10 级,1 级最粗,10 级最细。1 ~5 级的钢为本质粗晶粒钢;6 ~10 级的钢为本质细晶粒钢。如图 1.4-55 所示。生产中,用锰硅脱氧的钢、沸腾钢一般为本质粗晶粒钢;用铝脱氧的钢、镇静钢一般是本质细晶粒钢。需经热处理的零件多采用本质细晶粒钢。本质细晶粒钢在 930 ~950 ℃以下加热时晶粒长大倾向小,适于热处理。

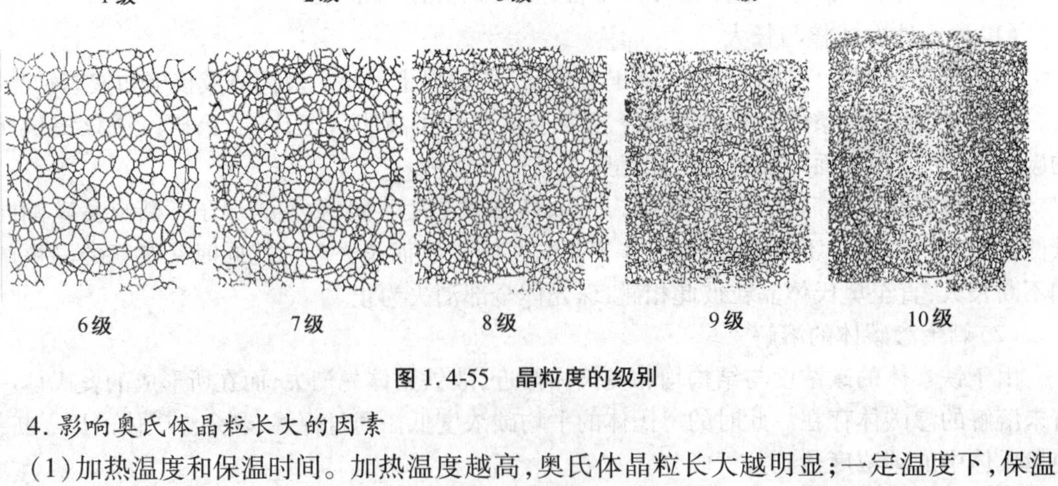

图 1.4-55 晶粒度的级别

4. 影响奥氏体晶粒长大的因素

(1)加热温度和保温时间。加热温度越高,奥氏体晶粒长大越明显;一定温度下,保温时间越长,晶粒也越粗大。

(2)钢的成分。碳及合金元素是影响奥氏体晶粒的重要因素。奥氏体中含碳量越低,其晶粒越细小,随着含碳量的增加晶粒长大倾向变大。若碳以渗碳体形式存在则阻止晶粒长大。钢中的钒、钛、铌、钨、铬、钼等合金元素有阻止奥氏体晶粒长大的作用;锰、磷、碳、氮等有促进晶粒长大的作用。所以钢的成分是形成本质粗或细晶粒钢的主要原因。

5. 奥氏体晶粒度对钢的性能影响

钢在热处理或热加工时,加热后的奥氏体实际晶粒越细小,冷却后转变成珠光体或其他相的晶粒越细小,钢的强度、硬度、塑性和韧性也越优良。

(二)钢在冷却时的组织转变

冷却是热处理工艺的关键,决定着钢在室温下的组织和性能。生产中有连续冷却和等温冷却两种冷却方式。等温冷却是先快速冷却到 Ar_1 以下某一温度,然后等温,使过冷奥氏体发生转变,最后再连续冷却到室温, 如图 1.4-56 曲线 2 所示。

1. 等温冷却 C – 曲线分析

(1)过冷奥氏体。临界温度以上的奥氏体是稳定相,临界温度以下的则为不稳定相,所以把暂存于临界点以下的奥氏体称为过冷奥氏体。过冷奥氏体以不同的冷却速度进行等温冷却时,它的转变产物不同。过冷奥氏体等温冷却转变曲线反映了过冷奥氏体等温转变的规律。因其形似英文字母“C”,故称“C 曲线”,亦称 TTT 图。各类钢的 C 曲线可从有关资料中查找。

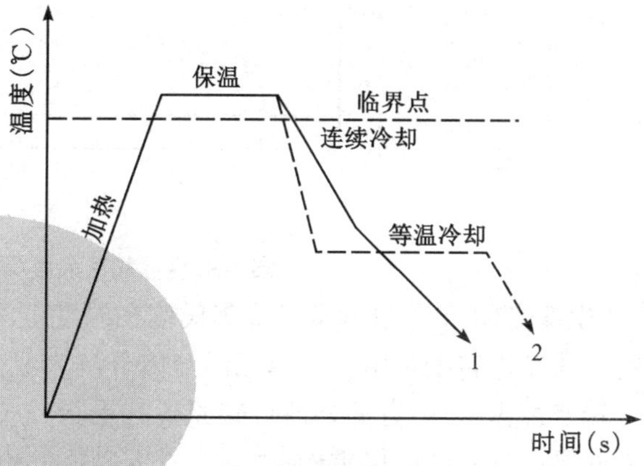

图 1.4-56　热处理的两种冷却方式

在图 1.4-57 共析钢 C 曲线上,转变开始线左侧为过冷奥氏体区,转变终了线右侧为转变产物区,而在转变开始线与终了线之间为过冷奥氏体与转变产物的过渡区。水平线 M_s 为马氏体转变开始线,M_f 为马氏体转变终了线。

(2)孕育期。纵坐标轴与转变开始线之间的时间间隔称为孕育期。它表明在不同温度下过冷奥氏体的稳定性。孕育期随过冷度变化,在靠近 A_1 时,过冷度最小,孕育期最长,过冷奥氏体最稳定。随过冷度增加,孕育期变小,至 550 ℃时孕育期最短,过冷奥氏体最不稳定,此处称为 C 曲线的“鼻子”。在 550 ℃以下,随着过冷度继续增大,孕育期又逐渐变长,过冷奥氏体的稳定性又变大,转变较慢。靠近 M_s 处孕育期最长,过冷奥氏体最稳定。

(3)转变产物区。在 A_1 点以下,过冷奥氏体发生高、中、低温三种转变。

高温转变区(珠光体转变区):在 A_1 ~550 ℃之间,过冷奥氏体发生珠光体转变,转变产物是珠光体。

中温转变区(贝氏体转变区):在 550 ℃ ~ M_s 之间,过冷奥氏体发生贝氏体转变,转变产物是贝氏体。

低温转变区(马氏体转变区):在 M_s ~ M_f 之间,过冷奥氏体发生马氏体转变,转变产物是马氏体。

2. 等温冷却 C – 曲线中的组织转变

(1)珠光体转变。共析成分的奥氏体过冷到珠光体转变区 A_1 ~550 ℃时将发生共析转

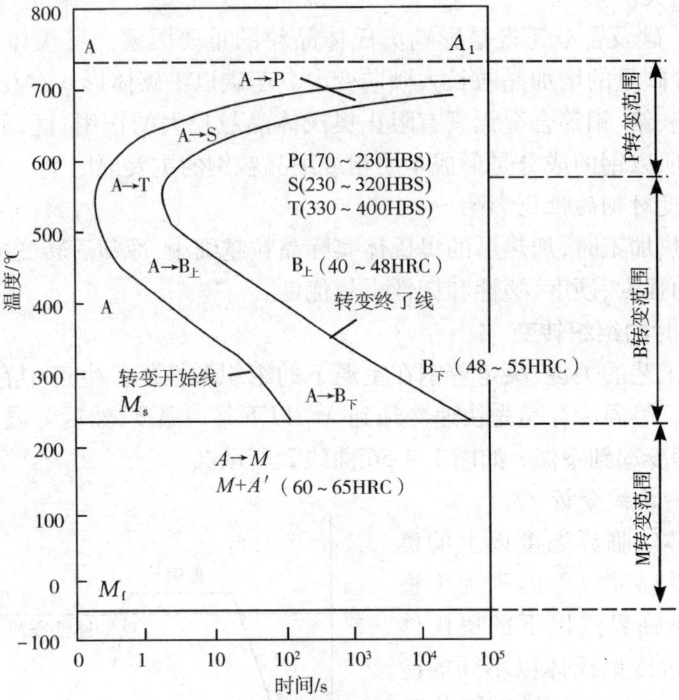

图 1.4-57　共析钢等温冷却转变 C 曲线

变，产生珠光体（P），也就是过冷奥氏体在温度范围分解为片状铁素体和片状渗碳体的机械混合物。珠光体转变是由一个单相固溶体分解为成分相差悬殊、晶格截然不同的两相混合物组织。转变过程中，一方面要进行碳原子的重新分布，以形成高碳的渗碳体和低碳的铁素体；另一方面要进行铁的晶格重构，由面心立方晶格的奥氏体转变为体心立方晶格的铁素体和复杂斜方晶格的渗碳体。这两个过程都是依靠铁、碳原子的扩散来完成的。所以，珠光体转变是典型的扩散型转变。

过冷奥氏体转变成珠光体也是按成核与长大的规律进行的。珠光体晶格首先在奥氏体晶界处形成，因为在晶界上具备成核的能量、成分和结构起伏的条件。然后向晶粒内部长大，同时又不断有新的晶核形成和长大，直至各个珠光体团彼此相遇，奥氏体消失，转变即告完成。每一个珠光体团都是具有相同方向的铁素体与渗碳体层片相间的组织。在该转变区内，过冷度越大，等温转变的温度越低，所形成的珠光体内片层越细，即片层间距越小。

所以，共析钢在 A_1 ~550 ℃范围内的不同温度区间形成不同片层的组织，然而它们只是形态的差异无本质差别。A_1 ~680 ℃之间形成粗片状 $F + Fe_3C$ 的机械混合物组织，即珠光体（P）；680 ~600 ℃之间形成细片状的珠光体组织，称为索氏体（S）；600 ~550 ℃之间形成极细片状的珠光体组织，称为屈氏体（T）。

（2）贝氏体转变区。共析成分的过冷奥氏体在中温区 550 ~230 ℃范围内等温停留，将发生向贝氏体的转变，产生贝氏体（B）。贝氏体转变过程是过冷奥氏体在中温区的分解过程，由单一固相奥氏体分解为含过饱和碳的铁素体与碳化物的两相混合物。转变过程中依靠碳的重新分布和铁的晶格重构来完成转变。由于中温区内温度较低，铁原子已不能扩散，碳原子也只能进行短距离的扩散。贝氏体的形成也是按成核与长大的规律进行。

转变开始前，在过冷奥氏体中的贫碳区，即奥氏体晶界含碳较低处先形成铁素体晶核，此晶核与奥氏体保持共格关系并沿一定方向长大。这种铁素体含碳量虽低于奥氏体的平均含碳量,但高于铁素体平衡状态的含碳量,处于过饱和状态。然而,含过饱和碳的铁素体中的碳原子也可能脱溶向奥氏体扩散,导致铁素体片之间的奥氏体中碳原子不断富集。当碳浓度足够高时便会析出碳化物,形成上贝氏体组织。由于下贝氏体是在更低的温度下形成,碳原子的扩散能力更低,过饱和铁素体中碳原子只能沿一定晶面偏聚,并沿与其长轴成55°~65°夹角方向上沉淀出碳化物粒子,铁素体仍处于含碳过饱和状态。所以,贝氏体有不同的形态和性能。550~350 ℃之间形成上贝氏体,用$B_{上}$表示;350~230 ℃(M_s点)之间形成下贝氏体,用$B_{下}$表示。$B_{上}$和$B_{下}$均是含过饱和碳的铁素体和碳化物的机械混合物,只是组织形态不同:上贝氏体呈羽毛状,下贝氏体呈针状。

(3)马氏体转变。当过冷奥氏体以一定的冷却速度(≥$V_{临}$——临界冷却速度)冷至M_s点以下时发生马氏体转变,产生马氏体,用M表示。即由单一固相奥氏体转变成过饱和碳的铁素体。

马氏体转变发生在低温区内,而且是在连续冷却过程中以极大的冷却速度在极大的过冷度下进行的。所以,马氏体转变过程中铁、碳原子均不能扩散。由于没有浓度变化,因而马氏体与奥氏体有相同的含碳量。马氏体转变过程中仅发生铁的晶格重构,由面心立方晶格的奥氏体转变成体心正方晶格的马氏体,所以马氏体转变是典型的非扩散型相变。

马氏体转变特点:马氏体转变不需孕育期,随着温度不断降低,新的马氏体不断形成。

马氏体转变是在M_s~M_f的温度范围内完成,马氏体转变取决于冷却时所达的温度。钢的M_s和M_f点由其奥氏体成分所决定,随着含碳量的增加,M_s和M_f不断降低。含碳量大于0.5%的碳钢与合金钢,其M_f点均在室温以下。例如共析钢的M_f点为-50 ℃。

奥氏体不能全部转变成马氏体,即便冷却至M_f点也不能得到100%的马氏体。残留在钢中未能转变的奥氏体称为残余奥氏体,用A'表示。钢中的奥氏体比容小于马氏体比容,因马氏体的体积膨胀而使少量奥氏体转变受阻形成残余奥氏体。奥氏体中碳浓度越高,A'越多。

马氏体转变是按照共格切变机理进行晶格重构。相变时,新相马氏体与母相奥氏体的界面保持共格关系(即界面上的原子为二者共有,称共格)。两相共格界面上的原子集团协同地、定向地和有次序地向新相中迁移,完成奥氏体向马氏体的转变。

3. 过冷奥氏体等温转变产物

(1)珠光体类组织形态与性能

在A_1~550 ℃范围内,过冷奥氏体转变为呈层片状的珠光体。珠光体形成温度不同,其层片粗细不同,性能也不同,如见表1.4-10所示。

表1.4-10 共析钢珠光体类型转变产物组织和性能的关系

名称	形成温度℃	组织形态	平均片层间距 μm	硬度 HRC
珠光体 P	A_1~680	粗片状	>0.3	18~24
索氏体 S	680~600	细片状	0.1~0.3	24~32
屈氏体 T	600~550	极细片状	<0.1	32~36

片状珠光体的性能取决于铁素体与渗透体的片层间距,间距越小,强度和硬度越高,塑性和韧性也越好。片状渗碳体分布于较软的铁素体基体内,起强化作用。而渗碳体片越薄,片间距越小,强化作用也越大,也易于变形,如表1.4-11所示。

(2)贝氏体类组织的形态和性能

在550 ℃~M_s范围内,过冷奥氏体转变成贝氏体。钢在等温淬火时发生贝氏体转变。贝氏体的两种组织形态：

上贝氏体($B_{上}$)呈羽毛状，此特征是由于条状过饱和铁素体自奥氏体晶界向晶内平行生长，且细短条状的渗碳体断续地分布其间而形成。上贝氏体含碳的过饱和度低，故强度不高；较粗的渗碳体在铁素体之间分布使脆性增大。所以上贝氏体使用价值不大。

下贝氏体($B_{下}$)呈针状或竹叶状。此特征是由于针状过饱和铁素体较散乱地成角度分布，碳化物小片与铁素体长轴方向呈55°~65°分布形成。下贝氏体有较高的强度、硬度、良好的塑性和韧性。转变过程组织应力小，故在生产中很少变形、开裂。因此下贝氏体是使用价值很高的理想组织，可在350 ℃ ~ M_s范围内等温淬火获得。一般来说下贝氏体的性能优于高碳的针状马氏体，上贝氏体的性能不如低碳的条状马氏体。所以，中、高碳钢适于等温淬火，效果很好，而低碳钢不适于等温淬火，如表1.4-11所示。

表1.4-11　共析碳钢的过冷奥氏体等温冷却转变产物的组织及性能比较

转变类型	转变产物名称	符号	转变温度℃	显微组织特征	性能
珠光体类	珠光体	P	A_1 ~680	片层较粗的铁素体与渗碳体的机械混合物	HRC18~24
	索氏体	S	680~600	片层较细的铁素体与渗碳体的机械混合物	HRC24~32
	屈氏体	T	600~550	片层极粗的铁素体与渗碳体的机械混合物	HRC32~36
贝氏体类	上贝氏体	$B_{上}$	550~350	羽毛状的过饱和铁素体与碳化物的机械混合物	HRC40~45
	下贝氏体	$B_{下}$	350~250	针叶状的过饱和铁素体与碳化物的机械混合物	HRC45~55
马氏体类	马氏体	M	M_s =230 M_f = −50	低碳马氏体，呈条状的含过饱和碳的铁素体 高碳马氏体，呈针状的含过饱和碳的铁素体	HRC50 强而韧 HRC60~65 硬而脆

(3)马氏体类组织的形态和性能

当奥氏体以大于临界冷却速度冷至M_s ~ M_f之间时，发生马氏体转变，形成马氏体(M)。马氏体是碳溶于α－Fe中形成的过饱和固溶体，也可以是含过饱和碳的铁素体。

①马氏体的基体结构。马氏体具有体心正方晶格，过量碳α－Fe的体心立方晶格畸变，c轴拉长，a、b轴缩短，形成体心正方晶格。轴比c/a称为马氏体的正方度。含碳量越高，正方度越大。当含碳量小于0.25%时，c/a=1，此时马氏体具有体心立方晶格。

②马氏体的组织形态。随着含碳量不同，马氏体的组织形态有针状马氏体和条状马氏体。

针状马氏体：采用过热淬火获得的粗大针状马氏体组织。在光学显微镜下呈针状或竹叶状，立体形态呈双凸透镜状。针状马氏体是在200 ℃以下形成的，主要出现在高碳钢的淬火组织中，故称高碳马氏体。奥氏体含碳量大于1.0%的钢的淬火组织几乎全部是针状马氏体。

条状马氏体：光学显微镜下呈一束细条状，立体形态呈细长板条状。条状马氏体大多是在200 ℃以上形成，主要出现在低碳钢的淬火组织中。奥氏体含碳量小于0.2%的钢淬火组织几乎全部为条状马氏体，故又称低碳马氏体。

奥氏体含碳量在0.2%~1.0%的范围内则形成两种马氏体的混合组织，含碳量越高，针状马氏体越多，条状马氏体越少。注意，钢的含碳量不等于奥氏体的含碳量。

③马氏体的性能。马氏体具有很高的硬度和强度，且随其碳浓度而变化。当马氏体中碳浓度小于0.5%时，其硬度、强度随碳浓度增加而提高；当达到0.6%后，变化趋于平缓。合金元素对马氏体的硬度影响不大。针状马氏体的硬度高、脆性大，淬火应力(温差应力和组织应

力)大。条状马氏体具有很好的塑性和韧性,同时强度和硬度也足够高。

4. 过冷奥氏体连续冷却转变

生产实际中,大多数热加工工艺都是在连续冷却过程完成的,过冷奥氏体也是在连续冷却中进行转变的。连续冷却转变曲线测定较晚,直至20世纪50年代才精确完成。连续冷却C曲线又称CCT图。

图1.4-58为共析钢连续冷却*C*曲线。该图仅由珠光体类转变区和马氏体类转变区组成,而无贝氏体类转变区。

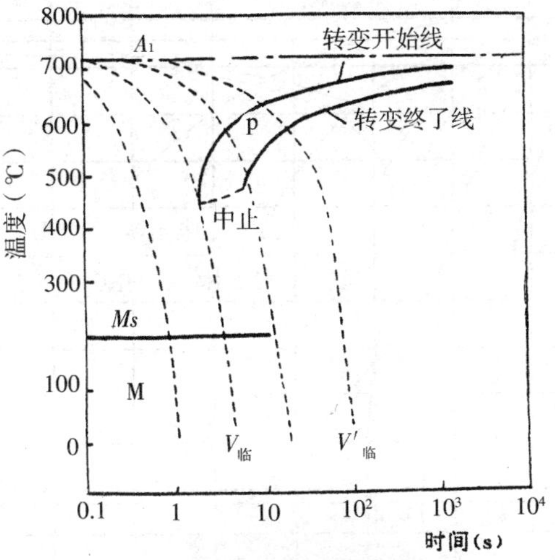

图1.4-58　共析钢连续冷却C曲线

当冷却速度≤33.3 ℃/s时,连续冷却线与转变开始线和终了线相交,可获100%珠光体类组织。所以33.3 ℃/s是保证过冷奥氏体在连续冷却过程中全部分解(转变为珠光体)而不发生马氏体转变的最大冷却速度,称为下临界冷却速度,用$V_{临}$表示。

当冷却速度≥138.8 ℃/s冷至M_s以下时,可获得全部马氏体。所以138.8 ℃/s是保证过冷奥氏体在连续冷却过程中全部转变为马氏体的最小冷却速度,称上临界冷却速度,用$V_{临}$表示。过冷奥氏体在连续冷却过程中不发生马氏体转变的最小冷却速度,称下临界冷却速度,用$V'_{临}$表示。

生产中,钢淬火时的冷速≥$V_{临}$,而在铸、锻、焊后的冷速≤$V_{临}$,以获得所要求的组织。此外,共析钢连续冷却时不会形成贝氏体。

5. 共析钢等温冷却转变*C*曲线应用

利用连续冷却转变*C*曲线,可以直接确定热处理工艺,但可以用等温冷却转变C曲线代替,也能较好的说明连续冷却时组织转变。使用时,将连续冷却速度曲线绘于等温转变C曲线图上,依交点位置可定性分析判断其组织转变及其转变产物,如图1.4-59所示。

V_1:相当于炉冷退火,与等温*C*曲线交于700~650 ℃,发生珠光体转变,生成珠光体。

V_2、V_3:相当于不同冷速的空冷正火,与等温*C*曲线交于650~600 ℃,发生珠光体转变,分别生成索氏体和屈氏体。

V_4:相当于油冷淬火,与等温*C*曲线550 ℃以上的转变开始线相交发生珠光体转变,生成屈氏体。而剩余过冷奥氏体随后极冷至M_s以下,发生马氏体转变,生成马氏体。最终组织为屈氏体和马氏体。

V_5:相当于水冷淬火,冷速大于$V_{临}$,不与等温C曲线相交,发生马氏体转变,组织为马氏体和少量残余奥氏体。

$V_{临}$与C曲线相切,是过冷奥氏体全部转变为马氏体的最小冷却温度。

利用等温C曲线还可以说明等温过程中的组织转变,对定制等温淬火、等温退火工艺有指导意义。等温淬火和等温退火分别是过冷奥氏体等温转变形成贝氏体组织和珠光体组织的热处理工艺。

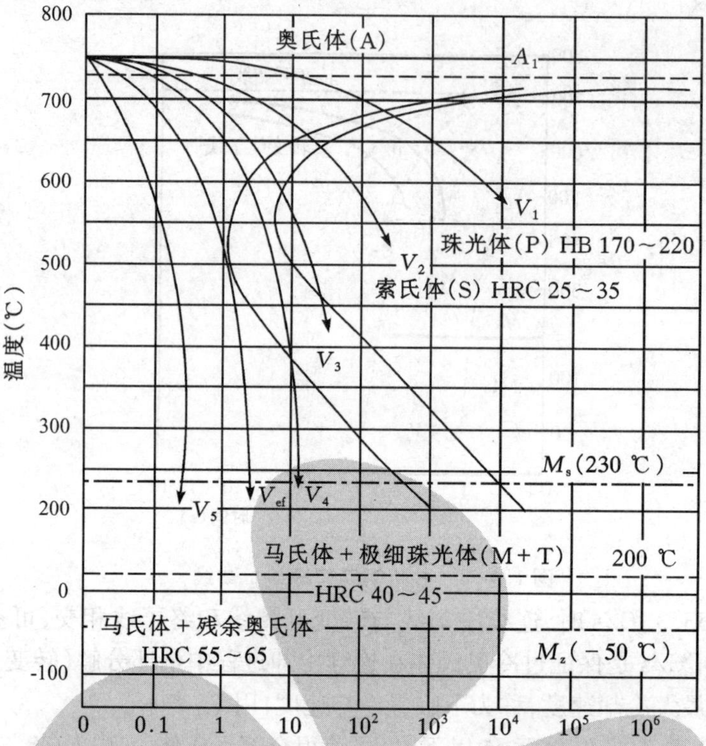

图1.4-59 共析钢等温冷却转变C曲线在连续冷却时的应用

(三)淬火钢在回火时的组织转变

淬火钢在回火时内部组织发生复杂的变化,既有马氏体的分解、残余奥氏体的分解和碳化物的转变,还有铁素体的恢复和再结晶等组织转化。在回火过程中是靠原子扩散来完成组织转变,所以加热温度和时间对组织转变起着决定性作用。依回火温度不同把组织转变过程分为4个阶段。

1.200 ℃以下的马氏体分解阶段

当回火温度小于100 ℃时,钢的组织没有变化。

在100～200 ℃时,马氏体中的碳以ε碳化物(即$Fe_{2.4}C$)形式析出,使马氏体含碳的过饱和度降低,而钢的硬度并不降低。ε碳化物以极细小的片状分布于马氏体基体上,此种组织称为回火马氏体,用M'表示。直到400 ℃时,马氏体分解(脱落)才基本完成。

2.200～300 ℃时的残余奥氏体分解阶段

残余奥氏体主要在此温度范围分解,转变为回火马氏体。这是由于马氏体的不断分解,减轻了对残余奥氏体的压力。残余奥氏体的分解使钢的体积增大,脆性显著增加,出现回火脆性。

3. 250～400 ℃时的碳化物转变阶段

在此温度范围内回火马氏体中的 ε 碳化物由亚稳状态转变为稳定的渗碳体，同时马氏体脱落基本完成恢复铁素体的平衡成分，从而形成在铁素体基体上分布着细粒状渗碳体的两相机械混合物。这种组织称为回火屈氏体，用 T' 表示。

4. 大于400 ℃时的渗碳体长大和铁素体的再结晶阶段

在高于400 ℃时，渗碳体逐渐聚集长大形成较大颗粒，同时，铁素体的成分虽恢复到平衡成分，但形状仍保留马氏体的针状，在回火加热到500 ℃左右时发生再结晶，由针状变为等轴晶粒。这种粒状的铁素体与渗碳体的机械混合物称为回火索氏体，用 S' 表示。

（四）淬火钢回火后的典型组织和性能

1. 回火马氏体 M'

回火马氏体 M' 是在250 ℃以下回火时获得，是由低饱和度的马氏体和 ε 碳化物组成。

低碳钢回火马氏体与淬火马氏体形状基本一样，仍为条状。高碳钢回火马氏体呈黑色针状。回火马氏体硬度较高，可达HRC58～64，淬火应力和脆性较马氏体低。

2. 回火屈氏体 T'

淬火钢在350～500 ℃回火时获得回火屈氏体。它是由铁素体和渗碳体组成的机械混合物。其组织形态呈铁素体基体上弥散分布细小粒状渗碳体。回火屈氏体硬度为HRC35～45，有较高的弹性极限 σ_p 和屈服极限 σ_s。

3. 回火索氏体 S'

淬火钢在550～600 ℃回火时获得回火索氏体。它是铁素体和渗碳体的机械混合物。其组织形态呈铁素体基体上均匀分布着细粒状渗碳体。回火索氏体具有强度、硬度、塑性和韧性都好的综合机械性能，硬度达HB200～350。

4. 回火珠光体 P'

淬火钢在650 ℃～A_1 回火时获得回火珠光体，为粗粒状的珠光体。具有强度低、塑性好和优良的可切削加工性。

二、热处理工艺及应用

（一）钢的退火

将钢加热到一定温度，保温一段时间后缓慢冷却（随炉冷或埋灰冷）的一种操作称为退火。退火的实质是将钢加热使其奥氏体化后进行珠光体转变，或加热到临界点以下进行无相变的低温处理。

1. 退火的目的

（1）调整硬度，便于加工。适于切削加工的硬度为HB180～250，而经铸、锻、焊的零件毛坯硬度较高，难于加工，经退火处理后易于切削加工。

（2）提高塑性，便于冷变形加工。冷变形会使零件产生加工硬化，可采用退火处理消除硬化提高塑性。

（3）消除组织缺陷，改善性能。如消除偏析、晶粒粗大及魏氏组织等缺陷。

（4）消除内应力，防止变形和开裂。

（5）作为预先热处理，为最终热处理作准备。

2. 重结晶退火工艺

加热到 A_1 以上发生相变，然后保温，缓慢冷却的退火称为重结晶退火，如图1.4-60（a）

所示。

(1)完全退火。将亚共析钢零件加热到 A_{c3} 以上 30～50 ℃,保温一段时间后缓慢冷却的操作称为完全退火或重结晶退火。完全退火是为了降低硬度,消除过热缺陷,细化组织等,用于中、小型亚共析钢的铸钢件、锻件及热轧件等。

(2)球化退火。将共析钢或过共析钢的零件加热到略高于 A_{c1}(在 740～870 ℃之间),充分保温后缓冷至 A_{r1} 以下(约 600 ℃),出炉后在空气中冷却的操作称为球化退火。它可使钢中网状二次渗碳体和珠光体中渗碳体球化,以便降低硬度,改善切削加工性能,并为以后的淬火出炉作准备。球化退火的组织为在铁素体基体上分布着细小均匀的球状渗碳体,称粒状珠光体。球化退火时,在过共析钢原始组织中不能有粗大网状渗碳体,因其难于溶解和球化,故过共析钢应先进行正火处理,使粗大网状组织变为断续链状后再球化退火。球化退火主要用于工具钢、滚珠轴承钢等过共析钢。

(3)等温退火。将钢加热至 A_{c3} 或 A_{c1} 以上,保温后迅速转入低于 A_1 以下的某一温度(一般为 600～700 ℃)的恒温炉中长时间保温,出炉后空冷的操作称等温退火。

等温退火是过冷奥氏体在珠光体转变区进行等温转变的工艺。通过准确控制过冷度使零件截面的组织和性能均匀,并且所用工时少,是较合理的工艺,可代替完全或不完全退火。

3. 低温退火工艺

加热到 A_1 以下不发生相变,然后保温,缓慢冷却的退火称为低温退火。

(1)再结晶退火。把经过冷变形的低碳钢(或有色金属)制件加热到再结晶温度以上 100～200 ℃,保温后缓冷的操作,称再结晶退火。主要用于消除经过硬化,以利于继续使用或成形加工。一般低碳钢或低合金钢的再结晶退火温度为 650～700 ℃。

(2)消除应力退火。将经冷、热加工的零件加热至 A_1 以下的某一温度(一般为 500～600 ℃)保温后缓冷的操作,称低温退火或消除应力退火。主要用于消除铸件、锻件、焊接件、冷冲压和切削加工中的残余应力,防止变形和开裂。可消除应力 50%～80%。

(二)钢的正火

将钢加热到 A_{c3}(Ac_1 或 Ac_{cm})以上 30～50 ℃,保温后在静止空气中冷却的一种操作称正火。与退火相比,正火的冷却速度较大,共析转变后产生片层较细的珠光体,即索氏体组织。

1. 正火的目的

正火可细化组织和消除过热缺陷;提高硬度,改善切削加工性能;消除和减少网状渗碳体,使钢的综合机械性能提高。

2. 正火的应用

正火只适用于碳钢和低、中合金钢。

(1)用于低碳钢或低合金钢改善切削加工性能,因其硬度低切削加工性差,采用正火使之硬度提高。

(2)用正火代替中碳钢、中合金钢的大直径或形状复杂零件的调质处理。例如,直径大于 400 mm 的 35 号、40 号的中碳钢曲轴的调质处理效果差,淬火容易变形,采用正火处理效果良好。

(3)用正火代替工时很长的铸、锻件的完全退火。

(4)作为高碳钢的预先热处理,消除网状渗碳体后再进行球化退火。

正火比退火的生产周期短,并能获得较高强度和硬度的组织,故应用广泛。钢的退火和正火是两种常用的普通热处理工艺,常作为预先热处理用于零件毛坯,有时也作为铸铁件、铸钢件和一些不重要锻件的最终热处理。

3. 正火的工艺

碳钢正火的加热温度为 A_{c3}（A_{c1} 或 A_{ccm}）以上 30～50 ℃，如图 1.4-60(b)所示。保温之后，在静止空气中冷却，正常化处理即可。

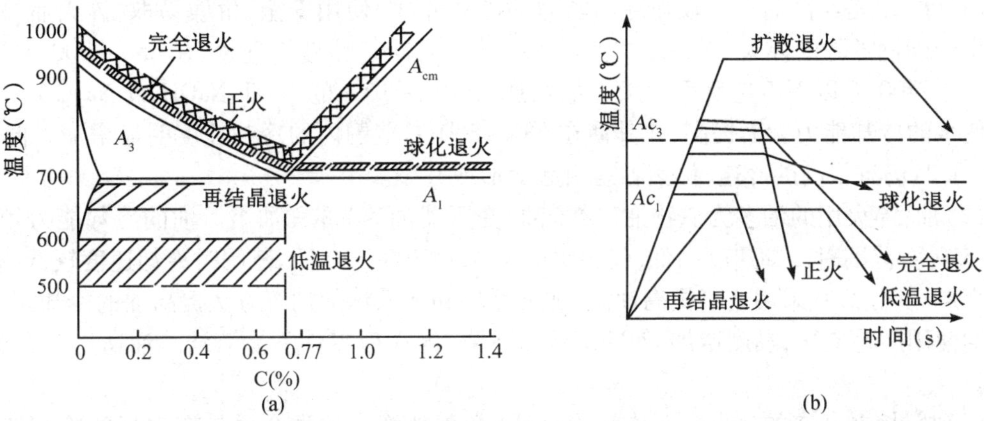

图 1.4-60　钢的退火与正火工艺参数

（三）钢的淬火

淬火是将钢加热到临界点以上，保温一定时间后急速冷却的一种操作。淬火是钢的主要的强化工艺。淬火的实质是使钢中奥氏体急冷后发生马氏体转变，获得不平衡组织——马氏体。因此，淬火的直接目的就是要获得马氏体组织。但由于马氏体是不平衡组织，不稳定，硬度高、脆性大、淬火应力很大，不能使用，所以淬火的最终目的是配以不同的回火处理以便获得不同性能的稳定组织，满足使用要求。

1. 淬火工艺的加热温度

加热是为了使钢的组织奥氏体化，为此应将钢加热至临界点以上。

亚共析钢的加热温度在 A_{c3} +30～50 ℃范围，使钢的组织完全奥氏体化，淬火后获得马氏体和少量的残余奥氏体，此称完全淬火。若加热温度在 A_{c1}～A_{c3}之间，钢的组织没有完全奥氏体化，淬火后获得马氏体和铁素体的组织，使钢的强度和硬度降低，即俗称“没淬上火”。但铁素体的存在使淬火钢的韧性得到改善，所以亚共析钢加热温度在 A_{c1}～A_{c3}时的淬火称为亚温淬火，也是一种强韧化的方法。

过共析钢加热温度在 A_{c1}～30～50 ℃，钢的组织没有完全奥氏体化，称为不完全淬火。淬火后获得马氏体和渗碳体组织。渗碳体的存在使淬火钢的硬度提高，节省能源，而且淬火组织晶粒细小。若过共析钢加热温度在 A_{ccm}以上，虽然可以完全奥氏体化，但是由于加热温度过高和奥氏体溶碳过多而使淬火后的马氏体粗大，残余奥氏体量增多，使马氏体性能变坏，且增大淬火应力，容易产生变形和开裂，并造成能源浪费等。

对于合金钢，大多数合金元素有阻碍铁、碳原子扩散，减缓奥氏体形成和阻碍其晶粒长大的作用，因而加热温度较碳钢高，一般为临界温度以上 50～100 ℃。

生产中可根据零件加热时的火色判断加热温度范围，加热后的保温是为了使奥氏体含碳均匀，以使淬火后的组织、性能均匀一致。保温时间多少由试验和经验确定。

2. 淬火工艺的冷却介质

冷却是淬火工艺中的关键一环，不仅应保证淬硬，而且还不能产生变形与开裂等淬火缺陷。为了获得马氏体,理想冷却介质必须保证在650~400 ℃之间快速冷却,以防止过冷奥氏体在M_s点以上分解转变成其他组织。此外,为了使过冷奥氏体在M_s点以下发生马氏体转变时产生的淬火应力小,要求在M_s点附近的冷却速度缓慢,防止变形和开裂。目前尚未找到符合上述要求的理想冷却介质。目前最常用的冷却介质是水和油。

(1)水:水是经济而又有较强冷却能力的冷却介质,使用安全,价廉易取,淬火后易清洗,广泛用于碳钢零件的淬火,亦称水浴。但水的缺点是冷却特性不理想,在650~400 ℃的冷却速度很小,400 ℃以下冷速反而增大。如水加入5%~10%的NaCl、NaOH或Na_2CO_3等物质,可以使水的冷却能力大大提高,尤其使在650~550 ℃范围内的冷却速度明显增加。但在300~200 ℃时仍有很高的冷速,仍然容易引起变形或开裂。

(2)油:淬火用的油多为矿物油(锭子油、变压器油等)亦称油浴。油的冷却能力较弱,在650~550 ℃范围时冷却速度太低,仅为水的1/4;在300~200 ℃范围时冷却速度较低,有利于减少变形。因此,常采用适当提高油温、加强循环和加入添加剂等方法提高油的冷却能力。油在长期使用后易老化,黏度增加,使冷却能力下降,淬火后零件不易清洁。油适用于合金钢的淬火。

(3)盐:熔融状态的盐也常用作淬火介质,亦称盐浴。这类介质具有理想的冷却速度,常用于形状复杂和变形要求严格的小零件的马氏体分级淬火或下贝氏体等温淬火,具有最小的变形、最小的裂纹倾向,以及最小的残余应力。但是,需要控制有毒有害物质的污染问题。常用的中性盐浴、硝盐浴和碱浴如表1.4-12所示,且应符合国家标准。

表1.4-12　常用盐浴碱浴表

成分	适应炉型	熔点℃	使用温度℃
100% $BaCl_2$	高温	960	1 100~1 300
90% $BaCl_2$ +10% NaCl	中温	760	900~1 100
70% $BaCl_2$ +30% NaCl	中温	680	750~1 000
50% KCl+30% NaCl	中温	670	720~950
50% $BaCl_2$ +50% NaCl	中温	640	750~900
100% KNO_3	低温	337	350~660
100% $NaNO_3$	低温	317	350~660
50% KNO_3 +50% $NaNO_3$	低温	218	230~550
25% KNO_2 +25% KNO_3 +50% $NaNO_3$	低温	175	205~550
50% KNO_3 +50% $NaNO_2$	低温	140	140~550
80% KOH+20% NaOH(6% H_2O)	低温	130	140~250

(4)制冷剂:制冷剂主要用于深冷处理的淬火介质,如干冰、液氧、液氨、液氢、液氮、液化丙烷、液化乙烷等,如表1.4-13所示。

表1.4-13　常用冷处理表

制冷剂	工作温度℃	制冷剂	工作温度℃
20% NH_4Cl+80%冰	-15.4	干冰+酒精	-78
25% NH_4Cl+75%冰	-21.3	液化乙烷	-88.5
氟利昂	-40.8	液氧	-183
液氨	-33	液氮	-195.8
液化丙烷	-42	液氢	-252.8

3. 淬火工艺的分类

生产中，为了保证淬火质量，根据具体淬火零件不同选用不同的淬火方式。

(1)单液淬火。单液淬火是将加入后的零件投入一种冷却介质中冷至室温的方法。此法简单，适用于碳钢及合金钢的简单零件淬火。淬火介质可采用水、盐水、油及空气。

(2)双液淬火。双液淬火是将加热后的零件先投入冷却能力强的介质中，快速冷至 300 ~ 200 ℃，再投入冷却能力较缓和的介质中冷却的方法。

此种冷却方式较为理想。缺点是两种介质的转换时刻难以控制，转变过早不能淬硬，过晚可能产生变形缺陷。此法适于尺寸较大的碳钢件。

(3)分级淬火。分级淬火是将已加热奥氏体化的钢件在 M_s 点附近的低温盐浴或碱浴中淬火，充分保温使零件内外温度均匀后在空气中冷却的操作。由于零件内外温度均匀，且在缓冷条件下进行马氏体转变，使内应力降低，有效地防止了零件变形与开裂。此法用于尺寸较小的刃具或量具。

(4)等温淬火。等温淬火是将已加热奥氏体化的零件投入略高于 M_s 点的恒温盐浴或碱浴中，长时间保温进行贝氏体转变，待全部转变为下贝氏体后在空气中冷却的操作。等温淬火的目的是为了获得强度和硬度高，韧性、塑性好，同时淬火应力和变形最小的下贝氏体组织。此法适用于形状复杂和要求高的小零件。如弹簧、小齿轮、丝锥、螺丝刀及钢锹等。也可用于高合金钢的较大截面零件的淬火。

(5)冷处理。冷处理是将已加热的零件先经常规淬火，然后再进一步深冷至室温以下的操作。目的是减少残余奥氏体量以提高硬度和稳定尺寸。

常规淬火后钢的淬火组织中留有残余奥氏体，这对高碳钢和中、高合金钢来说尤为严重。残余奥氏体不仅使淬火钢的硬度降低，而且因其不稳定易分解致使零件尺寸变化，影响机器正常工作。因此，对这类钢必须在零度以下淬火，即先常规淬火，然后进一步淬火深冷至零度以下，使马氏体充分转变，减少残余奥氏体量。一般在常规淬火后 0.5 ~1 h 进行冷处理。通常深冷到 -60 ~ -80 ℃，或更低。冷处理只能使残余奥氏体量减少，但不能消除。由于成本高，仅适于柴油机精密偶件及贵重工模具的处理。

4. 钢的淬透性

淬透性是钢的热处理工艺性能，对合理选材及制定热处理工艺十分重要。

(1)淬透性

钢的淬透性是指钢接受淬火的能力，或钢在淬火时获得淬硬层深度的能力。钢的淬透性是用在一定条件下钢淬火时获得的淬硬层的深度表示。

零件淬火时，由于表面和心部的冷却速度不同，所获得的组织亦不同。零件表面冷却速度 $\geqslant V_{临}$ 时获得马氏体组织，心部冷却速度 $\leqslant V_{临}$ 时获珠光体类组织。零件尺寸越大，心部就越不容易淬硬；尺寸较小时，零件截面可全部为马氏体组织。

一般规定淬透层深度为零件表面马氏体层与半马氏体层的深度距离。半马氏体层的组织是由 50% 马氏体与 50% 屈氏体(或索氏体)组成。

(2)淬透性对钢的性能的影响

淬透性影响热处理后的钢的机械性能。零件材料淬透性高，可使截面上组织与性能均匀一致，充分发挥材料性能潜力。材料淬透性低，则零件心部机械性能差，整个截面性能不均，影响零件的使用。船用柴油机连杆螺栓要求截面性能一致，故应选用淬透性高的材料；齿轮要求表面强度、硬度高，而心部韧性好，所以可选用淬透性低的材料。

淬硬性是指钢淬火后所能达到的最高硬度。

(3)影响淬透性的因素

钢的淬透性取决于钢的临界冷却速度 $V_{临}$。$V_{临}$越小,则淬透性越好;否则,淬透性越差。由于 C 曲线的位置与钢的化学成分有关,而 C 曲线的位置又决定 $V_{临}$的大小,所以钢的成分不同其淬透性也就不一样。此外,奥氏体化条件越有利,过冷奥氏体稳定性越好,孕育期越长,C 曲线的位置也就越向右移,$V_{临}$也越小,所以钢的淬透性也越好。

5. 淬火缺陷

钢在淬火过程中,由于加热、冷却的工艺不合理或操作不当乃至设备不佳等,均可导致淬火质量不佳,产生淬火缺陷。如硬度低(俗称没淬上火)、变形和开裂等。

(1)淬火后硬度低。淬火钢的硬度一般为 HRC60 左右,常采用锉刀锉削检验钢是否淬上火。如能锉削,表明没淬上火。没淬上火的原因主要有:

①亚共析钢加热温度低(在 $A_{c1}\sim A_{c3}$之间)或保温不充分,使淬火组织(M + F)中有低硬度的铁素体;过共析钢加热不足,淬火硬度低或淬透层太薄等。

②加热时钢的表面产生加热缺陷:氧化、脱碳等;淬火后生成非马氏体组织;过热,使奥氏体晶粒粗大;过烧,使奥氏体晶界局部氧化或熔化。

③淬火时冷速不足($<V_{临}$)或冷却不均匀,未获得全部马氏体组织。

④淬火介质不良或钢件表面不清洁,影响冷却速度而未淬上火。

(2)变形与开裂。

淬火时,过大的淬火应力可引起零件变形与开裂。

淬火应力主要包括温差应力和组织应力。温差应力是由于已加热的零件急冷和零件各部分温度不均、冷速不均以致收缩不均而引起的内应力。组织应力是由于马氏体的比容大于奥氏体的比容,淬火时奥氏体向马氏体转变的同时发生比容的变化。奥氏体含碳量越高,比容变化越大。此外,在转变过程中,马氏体转变不是同时进行的,所以零件表面和心部的体积膨胀相互牵制,以致产生内应力。当淬火应力大于钢的屈服极限 σ_s时,零件产生变形;当大于钢的强度极限 σ_b时,零件产生变形和开裂。

(四)淬火钢的回火

淬火钢的组织是由马氏体和少量残余奥氏体组成。由于马氏体含过饱和碳,残余奥氏体处于过冷状态,以及组织中大量的晶体缺陷和过大的淬火应力等使淬火钢的组织处于不稳定状态。此外,淬火钢硬度较高,脆性很大,无法直接使用。为了改善淬火钢的组织和性能,降低脆性和消除淬火应力使之处于稳定状态,将淬火钢重新加热,创造原子扩散的条件,这就是对淬火钢进行的回火热处理。

把淬火钢重新加热到 A_1以下一定温度,保温一段时间后在空气中冷却的操作称为回火,回火是在钢淬火后立即要进行的热处理。及时回火,不仅保证钢的使用性能,而且防止变形和开裂。除等温淬火外,所有淬火钢都必须进行回火热处理。

1. 回火的种类

淬火钢回火后的组织和性能取决于回火温度,生产中根据回火温度和立即所要求的性能,有以下 4 种回火处理方法。

(1)低温回火。把淬火钢加热至 150 ~250 ℃进行回火,获得回火马氏体 M′组织。目的是消除淬火压力和降低脆性,保持高硬度和耐磨性。主要用于刃具、量具、模具、柴油机精密偶件及渗碳件等。

(2)中温回火。淬火钢在350~500 ℃进行回火，获得回火屈氏体T′组织。目的是提高弹性极限和屈服极限，并具有一定的韧性。主要用于各种弹簧的热处理。

(3)高温回火。淬火钢在500~650 ℃回火，获得回火索氏体S′组织。目的在于使量具具有良好的综合机械性能，即在具有较高强度、硬度的同时，还具有较好的塑性、韧性。通常把淬火后再进行高温回火称为调质处理。调质处理广泛应用于各种重要的结构零件，特别是承受交变载荷的柴油机曲轴、连杆、活塞杆及其他轴类零件、齿轮等。

(4)高温软化回火。淬火钢在640~680 ℃回火，可获得回火珠光体。主要用于马氏体钢的软化和高碳合金钢的淬火返修，以代替球化退火。

2. 回火脆性

(1)低温回火脆性

淬火钢在250~350 ℃回火时产生的脆性称低温(或第一类)回火脆性，或称不可逆回火脆性。几乎所有的钢都不同程度地产生这种脆性。目前尚无消除此种脆性的方法，一般不在该温度范围内回火，或采用等温淬火处理。

(2)高温回火脆性

淬火钢在450~650 ℃回火时产生的脆性称为高温(或第二类)回火脆性，或称可逆回火脆性。它主要发生在含Cr、Ni、Mn、Sn的合金调质钢中。当高温回火时，由于保温时间过长或冷速过低，致使钢中的P、As、Sb、Sn等微量杂质在晶界偏聚或析出，使钢的脆性大增，而钢中的Cr、Ni等元素对杂质偏聚有促进作用。采用重新高温回火并加快冷速可使脆性消除。钢中若含有0.5% Mo或1% W元素，可防止产生此种脆性。

三、钢的表面热处理及其应用

对于承受弯曲、扭转、冲击和表面承受摩擦的零件，要求零件表面具有高的强度、硬度、耐磨性和疲劳强度，而心部在保持一定的强度、硬度的同时具有足够的韧性。为此只要改变和强化零件表面性能，就可满足使用要求。零件表面热处理的途径：一是强化表面，不改变心部组织，如表面淬火；二是改变表面化学成分和组织(配以适当热处理)，如表面化学热处理。

(一)表面淬火

表面淬火是把零件表面迅速加热到相变温度以上，使其表面奥氏体化后急冷的一种操作。这种工艺仅使零件的表面组织发生变化，而其心部组织保持不变。表面淬火仅用于中碳钢(40号、45号钢)、中碳合金钢(40Cr、40CrMo)和铸铁等材料。含碳量过高将使表面淬硬层的脆性增加，心部的韧性、塑性降低及增加淬火开裂的倾向；含碳量过低则会使表面硬度和耐磨性不足。表面淬火前为获得表面和心部所要求的组织应进行预先热处理。一般采用调质或正火处理，调质处理后的机械性能比正火好。如要求不高，可采用正火处理。零件经表面淬火和低温回火后，表面层为回火马氏体组织，心部为预先热处理的组织，即回火索氏体或索氏体组织。

1. 火焰加热表面淬火

火焰加热表面淬火是采用氧－乙炔或氧－煤气的混合气体燃烧的火焰加热零件表面。氧－乙炔焰的温度可达3 100~3 200 ℃，可使零件表面迅速加热达到淬火温度而心部温度却不高，喷水冷却使表面淬硬。

火焰加热表面淬火的淬硬层可达2~8 mm。适用于单件或小批生产的大型零件，或用于局部淬火的零件或工具，如大型曲轴、大模数齿轮及锤子等。此法设备简单，使用方便、灵活，但加热温度不易掌握，淬火质量不稳。目前采用的淬火机床可有效地保证质量。

2. 感应加热表面淬火

感应加热表面淬火是根据电磁感应的原理，将零件置于通有高频（或中频、工频）交流电的感应线圈内。在交变磁场作用下零件表面产生大的感应电流，由于交流电的集肤效应，零件心部几乎不产生电流。又由于零件材料的电阻作用导致零件表面迅速被加热，几秒钟内表面温度达 800～1 000 ℃，随后喷水急冷使组织发生转变。

根据通入电流的频率分为高频、中频和工频 3 种感应加热表面淬火：

(1) 高频淬火，工作电流频率为 250～300 kHz，淬硬层深度 <2 mm。(2) 中频淬火，工作电流频率为 2.5～8 kHz，淬硬层深度为 2～10 mm。(3) 工频淬火，工作电流频率 50 Hz，淬硬层深度为 10～15 mm。

感应加热表面淬火具有加热速度快，生产率高；加热时间短，热影响区小，使表面氧化脱碳极微，变形很小；零件表面硬度高，耐磨、耐冲击和耐疲劳；易于实现自动化生产等优点。其缺点是设备复杂、昂贵，仅适于形状简单且成批生产的零件。

(二) 表面化学热处理

表面化学热处理是把零件置于一定的介质中加热与保温，使介质中的活性原子渗入零件表面层的一种热处理工艺。通过改变零件表面层的化学成分与组织，对零件表面层进行大幅度的改性强化，使由一种材料制成的零件能够具有表面与心部两种不同的性能，不仅扩大了材料适用范围，而且可满足生产上的特殊需求。与表面淬火相比，不仅改变零件表面层的组织，也改变表面层的化学成分。

1. 基本原理

表面化学热处理是由分解、吸收、扩散 3 个基本过程组成。

(1) 介质分解过程：加热介质中作为渗剂的分子分解出活性原子的过程。例如：

$$2CO \rightarrow CO_2 + 【C】$$

$$2NH_3 \rightarrow 3H_2 + 2【N】$$

即由 CO 和 NH_3 分别分解出活性原子【C】和【N】。活性原子具有溶入金属的能力。

(2) 表面吸收过程：活性原子被零件金属表面吸收，进而溶入基体金属的晶格中或与其元素形成混合物的过程。

(3) 内部扩散过程：渗入零件表面的原子达到饱和后，活性原子将继续向零件内部扩散的过程。表面与内部浓度差越大，温度越高，活性原子扩散速度越快，渗层也越厚。

化学热处理的种类很多，渗入元素不同，表面的性能不同。依渗入元素分为：渗碳、渗氮、渗硼或碳氮共渗等。

2. 渗碳

渗碳是将低碳钢零件置于高碳介质中加热到 Ac_3 以上，保温足够的时间，获得零件表面高碳层的热处理工艺。渗碳的目的是为了提高零件表面的硬度、耐磨性和疲劳强度，而心部保持良好的韧性。渗碳工艺仅适于低碳钢（如 15、20、25 号钢）和低碳合金钢。渗碳后可使表面层含碳量达 0.9%～1.05%，一般渗层的厚度可达 0.5～2.5 mm。零件渗碳后，应立即进行淬火和低温回火处理，以保证达到所要求的性能。

低碳钢零件渗碳缓冷后的组织，因零件自表面至心部的碳浓度不同，分为表面过共析钢、中间共析钢、靠近心部的亚共析钢。自表向里含碳量逐渐降低至原有含碳量。

根据渗碳介质的状态不同，分为固体渗碳、液体渗碳和气体渗碳。固体渗碳是把零件埋在固体渗碳剂(包括木炭和催渗剂)中一起装入渗碳箱,密封后加热到900～950 ℃,并依渗碳层深度要求进行保温,使零件表面增碳。固体渗碳设备简单,使用方便,成本低。但此法陈旧,生产率低,质量不稳定。目前广泛采用气体渗碳。气体渗碳是把零件装入密闭的井式加热炉中,通入渗碳剂,如煤气、天然气等,或直接滴入易分解的有机物液体,如煤油、甲醇与丙酮,加热到900～950 ℃时裂解成渗碳气使零件表面增碳。此法生产率高,质量好,便于直接淬火。缺点是渗层浓度与深度不易控制。

3. 氮化

使活性氮原子渗入零件表面的工艺称为氮化或渗氮。氮化的目的是为了提高零件表面的硬度、耐磨性、耐蚀性和疲劳强度。适用于含 Al、Cr、Mo 的合金钢零件,如38CrMoAlA。

钢件氮化后具有很高的硬度(HV1000～1100),并且在600～650 ℃下保持不变,因而具有很高的热硬性和耐磨性;钢氮化后,氮化层体积增大,造成表面压应力,使疲劳强度提高;由于氮化温度低(一般为500～600 ℃),零件变形小;氮化后表面形成致密的化学稳定性较高的 ε 相,具有较好的耐蚀性。然而氮化工艺复杂,时间长,成本高,所以只用于耐磨性、精度均要求较高的零件,或用于要求耐热、抗蚀和耐磨的零件。例如发动机气缸套、曲轴、排气阀等。

氮化工艺主要有:

(1)气体氮化。目前生产中广泛应用气体氮化。它是将零件置于通入氨气的氮化炉中,氨被加热时分解出的活性氮原子【N】渗入零件表面并向心部扩散形成氮化层。氮化一般需20～50 h,氮化层厚度为0.3～0.5 mm。氮化前零件须进行调质处理,以改善加工性和保证较高的强度和韧性。

(2)软氮化。软氮化是同时向零件表面渗入碳、氮原子的碳氮共渗化学热处理。气体碳氮共渗是在570 ℃将零件置于含有活性碳、氮原子的介质中的进行低温碳氮共渗,并以渗氮为主。软氮化速度快、时间短,渗层硬度一般为 HV400～700,渗层脆性小,变形很小和不易脱落。液体碳氮共渗称为氰化。

(3)离子氮化。又称辉光离子氮化,是近年来发展起来的较先进的氮化工艺。是在渗氮气氛中用辉光放电形成的氮离子渗入零件表面的一种化学热处理。具有渗氮迅速,时间短,质量高和变形小,氮化层均匀,脆性小,耐磨性和疲劳强度较高等特点。此外,劳动条件好,无公害。

第五节　常用材料

一、船舶工业用钢

工业用钢包括碳素钢和合金钢。碳素钢简称碳钢,是含碳量小于2.11%,并含有少量的硅、锰、硫、磷等杂质的铁碳合金,生产中用钢的含碳量不超过1.35%。碳钢在工业生产中占有重要地位。因碳钢具有较好的机械性能,良好的工艺性能,品种多,价格低廉等优点,成为船舶工程上广泛使用的重要金属材料,在钢的总用量中约占90%以上。

现代工业和科学技术的发展,对材料的机械性能、理化性能的要求更高。碳钢因其强度低、淬透性低、回火抗力差、高温性能极差等缺点,远不能满足现代船舶工业要求的高强度、超高强度、耐高温、耐低温、耐磨损、耐腐蚀、无磁性等特殊性能。

合金钢就是应运而生的、满足现代工业生产要求的重要金属材料。合金钢是在碳钢的基础上加入一定量的合金元素形成的具有特定性能的钢。

(一)碳素钢

含碳量在0.0218~2.11%之间的铁碳二元合金称为碳素钢,简称碳钢。

1. 碳素钢的分类

碳素钢的分类方法很多、最常用的有以下3种。

(1)按钢的含碳量分类。低碳钢:含碳量<0.25%;中碳钢:含碳量在0.25%~0.60%之间;高碳钢:含碳量>0.60%。

(2)按钢的用途分类。碳素结构钢:主要用以制造各种工程构件(如船舶、桥梁等)和机器零件(如柴油机的曲轴、连杆等),一般选用中、低碳钢;碳素工具钢:主要用以制造各种刃具、量具和模具等,一般选用高碳钢。

(3)按钢的质量分类。普通碳素钢含S≤0.05%,P≤0.045%;优质碳素钢含S≤0.04%,P≤0.04%;高级优质碳素钢含S≤0.03%,P≤0.035%。

2. 普通碳素结构钢

普通碳素结构钢的硫、磷含量较高,非金属夹杂物较多,容易冶炼,价格便宜,其机械性能可满足一般工程结构、日常生活用品和普通机械零件的使用要求,是用量最多的一类钢。

金属材料的代表符号,称为牌号。在牌号末尾加注汉语拼音字母以表示不同的意义,如:F——沸腾钢;b——半镇静钢;S——酸性转炉;J——碱性转炉; Y——氧气吹炼;A——高级优质。镇静钢的符号"Z"和特殊镇静钢的符号"TZ"依规定省略;平炉冶炼不加符号标注。

普通碳素结构钢的牌号用钢材的屈服强度表示,牌号为Q+数字。Q为"屈"字的汉语拼音字首,数字表示屈服强度。例如Q275,表示屈服强度为275MPa的普通碳素结构钢。牌号后面若标注字母A、B、C、D,则表示钢材含硫、磷量不同。A级表示含硫、磷量最高,D级表示含硫、磷量最低。碳素结构钢的牌号、成分、性能及应用见表1.4-14。

表1.4-14 碳素结构钢的牌号、成分、性能及应用(GB 700-1988)

牌号	等级	化学成分,%			脱氧方向	力学性能			应用举例
		C	S	P		σ_s, MPa	σ_b, MPa	δ_5, %	
Q195	—	0.06~0.12	≤0.050	≤0.045	F、b、Z	195	315~390	≥33	用于载荷不大的结构件、铆钉、垫圈、地脚螺栓、开口销、拉杆、螺纹钢筋、冲压件和焊接件
Q215	A	0.09~0.15	≤0.050	≤0.045	F、b、Z	215	335~410	≥31	
	B		≤0.045						
Q235	A	0.14~0.22	≤0.050	≤0.045	F、b、Z	235	375~460	≥26	用于结构件、钢板、螺纹钢筋、型钢、螺栓、螺母、铆钉,拉杆、齿轮、轴、连杆 Q235C、D可用作重要焊接结构件
	B	0.12~0.20	≤0.045						
	C	≤0.18	≤0.040	≤0.040	Z				
	D	≤0.17	≤0.035	≤0.035	TZ				
Q255	A	0.18~0.28	≤0.050	≤0.045	Z	255	410~510	≥24	强度较高,用于承受中等载荷的零件,如键、链、拉杆、转轴、链轮、链环片、螺栓及螺纹钢筋等
	B		≤0.045						
Q275	—	0.28~0.38	≤0.050	≤0.045	Z	275	490~610	≥20	

Q195、Q215、Q235、Q235B塑性较好,焊接性好,有一定强度,通常轧制成钢筋、钢板、钢管等,可用作桥梁、高压线塔、金属构件、建筑物构架等,也可用作受力不大的机器零件,如普通螺钉、螺帽、铆钉、轴套及某些农机零件等。Q235C、Q235D可用于重要的焊接件。Q255、Q275强度较高,可轧制成型钢、钢板作构件用。

普通碳素结构钢常在热扎状态下使用,不再进行热处理。但对某些零件,也可以进行正火、调质、渗碳等处理，以提高其使用性能。

3. 优质碳素结构钢

优质碳素结构钢用平炉或电炉冶炼，保证机械性能和化学成分。尤其严格控制有害杂质硫、磷含量，一般均控制在0.04%以下，钢中的非金属夹杂物也较少，钢的质量较高。

优质碳素结构钢分为普通含锰量钢（0.35% ~0.80%）和较高含锰量钢（0.70% ~1.20%）两类。用两位数字表示钢号和表示钢中平均含碳量的万分数。例如：45号钢，表示平均含碳量0.45%。用两位数字+Mn（或锰）表示较高含锰量的钢号，如20Mn（或20锰）。

优质碳素结构钢中，绝大多数是镇静钢，只有少数几个含碳很低的钢是沸腾钢。优质碳素结构钢主要用来制造各种机械零件，一般都需要进行热处理。

优质碳素结构钢的牌号、化学成分和机械性能如表1.4-15所示。

优质碳素结构钢主要用来制造各种机器零件。从表中可知，08F属于低碳钢，塑性、韧性、焊接性和冷冲压性能良好，但强度较低。可制造冷冲压零件，如汽车外壳、仪器、仪壳等。

10、20号钢冷冲压性与焊接性能良好，可用作冲压件及焊接件，经过热处理（如渗碳），可以提高工件表面硬度和耐磨性，而心部仍具有一定的强度和较高的韧性，可以制造机罩、焊接容器、销子、法兰盘、螺母、垫圈及渗碳凸轮、齿轮等零件。

35、40、45、50号钢属于中碳钢，经调质处理后，可获得良好的综合机械性能，既具有较高强度，又具有较好的塑性和韧性。这部分钢是碳钢中应用最广的一类，主要用来制造齿轮、轴类、连杆、套筒等零件，如机车车轴、汽车、拖拉机的曲轴、内燃机车的低速齿轮等。

60、65号钢属于高碳钢，经淬火和中温回火后，具有较高的强度、硬度和弹性，但可焊性、可切削性差，主要用作各种弹簧、高强度钢丝及其他耐磨件；含锰量较高的钢，其用途与对应钢号的普通含锰量钢基本相同，但淬透性和强度稍高，可制作截面稍大或强度稍高的零件。其中65、70、65Mn钢用得最多。

4. 铸钢

铸钢件是由钢液直接浇注成的各种形状和尺寸的铸件。某些机械零件形状复杂，又对材料的机械性能要求高时，既不能使用铸铁件又难以使用锻钢件，然而采用铸钢件则能很好地满足上述两种要求。例如，船用柴油机的气缸盖、曲轴、螺旋桨、艉轴管、锚链等。工作温度在400 ℃以下的零件使用碳素钢铸件，在400 ℃以上工作的零件使用合金钢铸件。

一般铸钢的含碳量在0.15% ~0.6%之间，钢中的S、P含量均控制在0.04%以下。铸钢具有合适的强度、塑性和韧性，故综合机械性能高。由于铸钢的浇注温度很高，冷却缓慢但不均匀，所以随着钢铸件壁厚的增加，内部的气孔、疏松、晶粒粗大和偏析等加重，从而使其性能下降。铸钢件一般均通过热处理改善组织，消除缺陷，获得适用的性能。

由于钢液的流动性较差，凝固时收缩较大，所以钢的铸造性能不佳。凝固时容易产生各种缺陷，尤其容易产生魏氏组织。浇注后的铸钢件晶粒十分粗大，在继续缓冷至A_{r3}时，铁素体沿着奥氏体的某些晶面析出，并呈针状平行插入所形成的珠光体团内，使铸钢的韧性和塑性大大降低。魏氏组织可采用完全退火或正火予以消除。铸钢的钢号用“铸钢”二字的汉语拼音字头组成“ZG”，其后的数字分别表示为屈服极限σ_s和强度极限σ_b，即“ZG”+“σ_s”+“σ_b”。

表 1.4-15 优质碳素结构钢的化学成分、力学性能和用途(GB/T 699—1999)

牌号	化学成分 %			力学性能					应用举例
	C	Si	Mn	σ_b MPa	σ_s MPa	δ_5 %	φ %	A_{KU2} J	
08F	0.05~0.11	≤0.03	0.25~0.50	295	175	35	60		属低碳钢，强度、硬度低，塑性、韧性好。其中 08F、10F 属沸腾钢、成本低、塑性好，用于制造冲压件和焊接件，如壳、盖、罩等。15F 用于钣金件。08~25 钢常用来做冲压件，焊接件，锻件和渗碳钢，制作齿轮、销钉、小轴、螺钉、螺母等。其中 20号钢用量最大
10F	0.07~0.13	≤0.07	0.25~0.50	315	185	33	55		
15F	0.12~0.18	≤0.07	0.25~0.50	355	205	29	55		
08	0.05~0.11	0.17~0.37	0.35~0.65	325	195	33	60		
10	0.07~0.13	0.17~0.37	0.35~0.65	335	205	31	55		
15	0.12~0.18	0.17~0.37	0.35~0.65	375	225	27	55		
20	0.17~0.23	0.17~0.37	0.35~0.65	410	245	25	55		
25	0.22~0.29	0.17~0.37	0.50~0.80	450	275	23	50	71	
30	0.27~0.34	0.17~0.37	0.50~0.80	490	295	21	50	63	属中碳钢。综合力学性能好。多在正火，调质状态下使用，主要用于制造齿轮，轴类零件，如曲轴、传动轴、连杆、拉杆、丝杆等。其中 45号钢应用最广泛
35	0.32~0.39	0.17~0.37	0.50~0.80	530	315	20	45	55	
40	0.37~0.44	0.17~0.37	0.50~0.80	570	335	19	45	47	
45	0.42~0.50	0.17~0.37	0.50~0.80	600	355	16	40	39	
50	0.47~0.55	0.17~0.37	0.50~0.80	630	375	14	40	31	
55	0.52~0.60	0.17~0.37	0.50~0.80	645	380	13	35		
60	0.57~0.65	0.17~0.37	0.50~0.80	675	400	12	35		属高碳钢，具有较高的强度、硬度、耐磨性，多在淬火、中温回火状态下使用。主要用于制造弹簧、轧辊、凸轮等耐磨件与钢丝绳等，其中 65号钢是最常用的弹簧钢
65	0.62~0.70	0.17~0.37	0.50~0.80	695	410	10	30		
70	0.67~0.75	0.17~0.37	0.50~0.80	715	420	9	30		
75	0.72~0.80	0.17~0.37	0.50~0.80	1080	880	7	30		
80	0.77~0.85	0.17~0.37	0.50~0.80	1080	930	6	30		
85	0.82~0.90	0.17~0.37	0.50~0.80	1130	980	6	30		
15Mn	0.12~0.18	0.17~0.37	0.70~1.00	410	245	26	55		应用范围基本同于相对应的普通含锰量钢。由于其淬透性，强度相应提高了，可用于截面尺寸较大，或强度要求较高的零件。其中 65Mn 最常用
20Mn	0.17~0.23	0.17~0.37	0.70~1.00	450	275	24	50		
25Mn	0.22~0.29	0.17~0.37	0.70~1.00	490	295	22	50	71	
30Mn	0.27~0.34	0.17~0.37	0.70~1.00	540	315	20	45	63	
35Mn	0.32~0.39	0.17~0.37	0.70~1.00	560	335	18	45	55	
40Mn	0.34~0.44	0.17~0.37	0.70~1.00	590	355	17	45	47	
45Mn	0.42~0.50	0.17~0.37	0.70~1.00	620	375	15	40	39	
50Mn	0.48~0.56	0.17~0.37	0.70~1.00	645	390	13	40	31	
60Mn	0.57~0.65	0.17~0.37	0.70~1.00	695	410	11	35		
65Mn	0.62~0.70	0.17~0.37	0.90~1.20	735	430	9	30		
70Mn	0.67~0.75	0.17~0.37	0.90~1.20	785	450	8	30		

铸钢的牌号、化学成分、机械性能和用途如表 1.4-16 所示。

表 1.4-16　铸造碳钢的牌号、成分、机械性能和用途

牌号	主要化学成分/%<				室温机械性能>					用途举例
	C	Si	Mn	P，S	σ_s/MPa	σ_b/MPa	δ_5/%	ψ/%	室温α_k J·cm^{-2}	
ZG200-400	0.20	0.50	0.80	0.04	200	400	25	40	60	机座、变速箱等
ZG230-450	0.30		0.90		230	450	22	32	45	外壳、轴承盖、阀体等
ZG270-500	0.40				270	500	18	25	35	机架、轴承座、曲柄、气缸体
ZG310-570	0.50	0.6			310	570	15	21	30	气缸、联轴器、齿轮
ZG340-640	0.60				340	640	12	18	20	起重运输机中齿轮、联轴器及重要零件

5. 碳素工具钢

工具钢是制造各种刃具、量具、模具和其他工具的钢。依化学成分不同分为碳素工具钢、低合金工具钢和高速钢 3 种。

工具钢应具有一定的强度、韧性，很高的硬度、热硬性，足够的淬透性和切削加工性等。

碳素工具钢含碳量较高，一般为 0.65% ~1.35%。严格控制钢中 S、P 杂质以提高钢的可锻性和防止淬火开裂，严格控制 Si、Mn 含量以免降低钢的淬透性。

碳素工具钢的热处理：

机械加工前的球化退火，目的是降低硬度，并为淬火作好组织上的准备。机械加工后的淬火 + 低温回火，可获得回火马氏体 + 粒状渗碳体 + 少量残余奥氏体的组织，其硬度高（HRC 60 ~65），耐磨性好，并且价格低廉。碳素工具钢的缺点一是热硬性差，当刃部温度达 200℃ 以上时其硬度和耐磨性迅速降低；二是淬透性低，淬火时容易产生变形和开裂。所以，碳素工具钢只适于制造小尺寸、手用和低速、小切削量的刃具。

碳素工具钢的牌号用 T 加数字表示。"T"为"碳"的汉语拼音字头，数字表示钢号和平均含碳量的千分数，牌号末尾的字母 A 表示高级优质，例如 T7、T8、T8A 等。

常用碳素工具钢的牌号、成分及用途如表 1.4-17。

（二）合金钢

1. 合金钢的分类

合金钢的种类很多，依其用途、化学成分及显微镜组织分为 3 类。

（1）依用途分类

合金结构钢：制造工程构件和机械零件的钢，主要有普通低合金钢、合金渗碳钢、合金调质钢、合金弹簧钢和滚动轴承钢等。合金工具钢：制造各种刃具、量具和模具的钢，有低合金工具钢、高速钢、量具钢和模具钢。特殊性能钢：具有特殊物理、化学性能的钢，主要有不锈钢、耐热钢、耐磨钢等。

（2）依化学成分分类

低合金钢：含合金元素总量≤5%；中合金钢：含合金元素总量 5% ~10%；高合金钢：含合金元素总量 >10%。

表 1.4-17　碳素工具钢的牌号、成分及用途

牌号	化学成分/%			硬度		应用举例
	C	Si	Mn	供应状态 HB 不大于	淬火后① HRC 不小于	
T7 T7A	0.65～0.74	≤0.35	≤0.40	187	62	承受冲击，韧性好，硬度适当的工具，如扁铲、手钳、大锤、螺丝刀、凿子、木工工具
T8 T8A	0.75～0.84	≤0.35	≤0.40	187	62	承受冲击，要求较高硬度的工具，如冲头、压缩空气工具、木工工具
T8Mn T8MnA	0.80～0.90	≤0.35	0.40～0.60	187	62	同上，但淬透性较大，可制断面较大的工具
T9 T9A	0.85～0.94	≤0.35	≤0.40	192	62	韧性中等，硬度高的工具，如冲头、木工工具、凿岩工具等
T10 T10A	0.95～1.04	≤0.35	≤0.40	197	62	不受剧烈冲击，高硬度耐磨的工具，如车刀、刨刀、丝锥、钻头、手锯条
T11 T11A	1.05～1.14	≤0.35	≤0.40	207	62	
T12 T12A	1.15～1.24	≤0.35	≤0.40	207	62	不受冲击，要求硬度高高耐磨的工具，如锉刀、刮刀、精车刀、丝锥、量具
T13 T13A	1.15～1.35	≤0.35	≤0.40	217	62	同上，要求更耐磨的工具，如刮刀、剃刀

①淬火后硬度不是指用途举例中各种工具的硬度，而是指碳素工具钢材料在淬火后的最低硬度。

(3)依显微组织分类

正火状态下有珠光体类、贝氏体类、马氏体类及奥氏体类 4 种组织的合金钢。某些高合金钢(如高速钢)的状态组织中有莱氏体，称为莱氏体钢；某些高合金钢(如高铬不锈钢 Cr28)的固态组织为铁素体，称为铁素体钢。同样，只具有奥氏体组织的称为奥氏体钢，如镍铬不锈钢 0Cr18Ni9。

2. 合金钢的牌号

钢的牌号反映钢的主要化学成分和用途。我国合金钢牌号是按含碳量、所含合金元素的种类、数量及质量级别来编排，即为：数字 + 合金元素 + 数字……的排列。

编号原则如下：

(1)钢号中第一位数字表示钢中的平均含碳量。若为合金结构钢，第一位数字表示平均含碳量的万分数。

(2)钢中主要化学成分用国际化学元素符号表示，元素符号后面的数字表示该元素平均含量的百分数：元素符号后面无数字，表示该元素平均元素 <1.5%；元素符号后面标 2，表示该元素平均元素 ≥1.5%；元素符号后面标 3，表示该元素平均元素 ≥2.5%；其余类推。例如合金结构钢 60Si2Mn 表示钢中平均含碳量为 0.60%、平均含硅量 ≥1.5%、平均含锰量 <1.5%。

(3)某些合金工具钢的含碳量大于 1.0% 时，钢号中表示含碳量的第一位数字不标出。如低合金工具钢 CrWMn，表示钢中平均含碳量大于 1.0%，铬、钨、锰的平均含量均小于 1.5%。

(4)特殊性能钢的钢号第一位数字为“0”或“00”时，分别表示钢中的平均含碳量 ≤0.08%

或≤0.03%。例如0Cr18Ni9和00Cr18Ni10。

(5)特殊用途的专用钢的专用编号,如滚动轴承钢在钢号前面标以“滚”或“G”。GCr15表示平均含铬量为1.5%的滚动轴承钢。

3.合金钢的性能特点

合金钢是在碳钢的基础上加入一定量的合金元素而形成的以铁为基的多元合金。合金钢改善和提高了碳钢的性能,并且具有特殊的物理、化学性能,可以满足现代船舶工业生产的各种需求。合金钢以下列特性优于碳钢。

(1)合金钢具有较高的淬透性。合金钢比碳钢具有较高的淬透性,直径在200 mm以下的合金钢量具,淬火后基本都可获得马氏体组织,而碳钢水淬后获得马氏体和半马氏体组织的直径为15~20 mm。因此,要求高强度、高韧性和高耐磨性的量具应采用合金钢制造。

(2)合金钢具有较高的强度和屈强比。合金钢的强度比碳钢高,可使工程结构和机器的体积小、重量轻。例如,普通低合金钢16Mn的屈服极限σ_b为295 MPa,而碳素结构钢Q235的σ_b在235~185 MPa之间。若以普通低合金钢代替碳钢,则在相同受力条件下可使构件重量减轻20%~30%。合金钢的屈强比σ_s/σ_b较高,说明钢强度的有效利用率高,而碳钢的σ_s/σ_b较低。例如,合金钢40Cr的屈强比为0.80,而40号钢仅为0.43。

(3)合金钢具有较高的高温强度和回火抗力。合金钢具有较好的高温工作性能,耐热合金钢的工作温度可达600~800 ℃,而碳钢的工作温度为200 ℃左右,同时合金钢在600 ℃高温下工作时其硬度仍可保持HRC60,碳钢在工作温度超过200 ℃时其硬度、耐磨性显著降低。这是由于碳钢的回火稳定性差,马氏体容易分解,回火抗力低。合金钢中的合金元素使马氏体不容易分解,回火稳定性高,回火抗力高,以至于在高温下硬度都不下降。

(4)合金钢具有特殊的物理、化学性能。合金钢具有高强度、超高强度、耐热、耐磨、耐腐蚀和特殊电磁性等特殊性能,可以满足军民用船舶工业领导对材料越来越高的要求,推动现代工业的发展。

4.普通低合金钢

简称普低钢,或称低合金高强度钢。是在低碳钢中加入少量合金元素冶炼而成。

(1)成分特点

普通低合金钢的含碳量小于0.25%,含合金元素总量小于3%,主要含有少量的Mn、Si、V、Nb、Cu、稀土等合金元素。

主加元素锰溶于铁素体,有较强的固溶强化作用,并可降低钢的低温脆性转变温度。含锰量小于1.8%时,对钢的塑性和韧性无影响。硅亦可强化铁素体,但含量不可过高。少量的钒、铌、钛元素可在钢中形成细小弥散分布的碳化物或氮化物,造成弥散强化和晶粒细化,从而显著提高强度和韧性。加入少量的铜、磷可有效地提高钢耐大气腐蚀的性能。

(2)性能特点

①具有较高的强度和韧性。一般普通低合金钢的屈服极限σ_s大于300 MPa,有低的低温脆性转变温度和较高的断裂韧性。

②良好的焊接性能和冷变形性能。普通低合金钢含碳量低,塑性好,适于冷变形加工成形。冷变形加工后的变形时效敏感性小,可在常温下顺利进行各种焊接工艺。

③较高的抗腐蚀性能,以利于许多大型结构,如海洋结构物、船舶等在大气和海洋环境中使用。

④由于是在热轧空冷状态下使用,一般不需进行热处理。当为了改善焊后的性能时可进

行正火处理。

因此,用普通低合金钢代替普通碳钢,不仅使工程构件重量减轻,节约大量钢材(20% ~30%),而且提高工作可靠性。低温脆性转变温度的降低更有利于低温环境下工作的机械设备。普低钢造船可大幅度降低船舶自重,提高船舶的安全可靠性和寿命。

(3)用途和常用牌号

普通低合金钢用于制造船舶、桥梁、锅炉、高压容器和输油、输气管道及大型钢结构等。

16Mn 是开发最早使用最多产量最大的典型钢种。其 $\sigma_s = 295$ MPa、$\sigma_b = 520$ MPa,比普通提高 Q235 的强度提高 20% ~30%,结构重量减重 20% ~30%,耐大气腐蚀的能力提高 20% ~38%。所以被广泛应用,如用于南京长江大桥和船舶等的大型钢结构。

15MnVN 是具有中等强度级别的钢种。其 $\sigma_b = 600$ MPa、$\sigma_s = 420$ MPa。由于钢种加入 V、N,使晶粒细化和强化,所以强度、韧性和焊接性能进一步提高,广泛用于船体、桥梁等大型焊接结构。常用普低钢的牌号、性能和用途如表 1.4-18。

表 1.4-18 常用低合金结构钢的牌号、性能及用途

GB/T 1591-94	GB 1591-88	σ_s/MPa	σ_b/MPa	σ_5/%	用途举例
Q295	09MnV、09MnNb、09Mn2、12Mn	280 ~300	400 ~420	21 ~23	汽车、桥梁、车辆、容器、船舶、油罐及建筑结构等
Q345	12MnV、14MnNb、16Mn、16MnRE、18Nb	290 ~350	480 ~520	19 ~21	建筑结构、桥梁、车辆、压力容器、化工容器、船舶、锅炉、重型机械、机械制造及电站设备等
Q390	15MnV、15MnTi、16MnNb	380 ~400	520 ~540	19	桥梁、船舶、高压容器、电站设备、起重设备及锅炉等
Q420	15MnVN、14MnVTiRE	430 ~450	580 ~600	17 ~18	大型桥梁和船舶、高压容器、电站设备、车辆及锅炉等
Q460		500 ~520	650	16 ~17	大型桥梁及船舶、中温高压容器(<120 ℃)、锅炉、石油化工高压厚壁容器(<100 ℃)

(4)热处理特点

低合金结构钢一般在热轧空冷状态下使用,不需要进行专门的热处理。使用状态下的显微组织一般为铁素体+索氏体。

5. 合金渗碳钢

柴油机上的凸轮、活塞销和汽车、拖拉机上的变速齿轮等,都是在强烈冲击、接触疲劳和严重的摩擦损条件下工作。要求零件表面硬度高、耐磨,而其心部韧性高、强度高,抗冲击。可采用低碳钢渗碳,造成零件自表面到心部由高碳(0.80% ~1.1%)到低碳(0.10% ~0.05%)连续变化的成分,热处理后达到上述要求。由于渗碳层的含碳量和深度对使用性能的影响,一般渗碳层的含碳量限制在 0.8% ~1.1%,深度控制在 0.6 ~2.0 mm 以内。对于尺寸小,受力小,要求表面硬心部韧的零件,采用普通低碳钢;对于尺寸大、受力大,要求表面硬心部强韧的零件,采用合金渗碳钢。

(1)成分特点

合金渗碳钢是专门用于渗碳处理的低碳合金钢。其含碳量约为 0.1% ~0.25%,含合金元素总量大于 5%,主要的合金元素有 Cr、Ni、Mn、B、Mo、V、W、Ti 等。

主加合金元素 Cr、Ni、Mn、B 可提高钢的淬透性,保证零件淬火后从表面到心部都能被强化,并提高心部的韧性。加入微量的 V、Ti、Mo、W 等辅助合金元素,形成稳定的合金碳化物,防止渗碳时晶粒长大和增加渗碳层硬度,提高耐磨性。

(2)热处理和组织性能

渗碳钢的热处理一般都是在渗碳后直接淬火和低温回火,例如 20CrMnTi、20CrNi 等。对渗碳容易过热的钢,如 20Cr、20Mn2 等,则在渗碳后先进行正火处理以消除过热组织,然后再行淬火和低温回火。

热处理后的零件表面渗碳层组织为回火马氏体 + 合金碳化物 + 少量残余奥氏体。表面硬度高(HRC58 ~62),耐磨性好。心部获得的组织是低碳回火马氏体或屈氏体 + 少量回火马氏体 + 少量铁素体。心部组织显然是有由于零件截面尺寸大未淬透所致,使心部保持较高的韧性,一般均高于 70 J/cm^2。

(3)用途和常用牌号

低碳钢中的 15、20 钢可作为渗碳钢,用于尺寸小、载荷低、主要承受磨损的零件,如活塞销、小轴等。20Cr 为典型的低淬透性合金渗碳钢,表面耐磨,心部韧性较好,但强度较低。适用于承受较小冲击载荷的小尺寸零件,如活塞销、凸轮、齿轮等。20CrMnTi 则是典型的中淬透性合金渗碳钢,具有表面耐磨、心部强韧的性能和良好的工艺性能,适用于承受较高冲击载荷、尺寸较大的耐磨零件,如高速大载荷的齿轮、蜗轮等。

6. 合金调质钢

调质钢是需要经过调质处理(淬火 + 高温回火)的碳素结构钢与合金结构钢,用以满足机械中受力复杂、对材料性能要求较高的重要结构零件。如柴油机曲轴、连杆、活塞杆,机床主轴和汽车后桥半轴等。一般尺寸较大、淬透性要求高的零件多采用合金调质钢。

(1)成分特点

调质钢是含碳量在 0.30% ~0.60% 范围的中碳钢。含碳量过低不易淬硬,回火后达不到要求的强度、硬度;含碳量过高不能保证要求的韧性。而中碳钢可保证调质处理后要求的综合机械性能。碳素调质钢的含碳量接近上限,合金调质钢的含碳量接近下限。

合金调质钢含的合金元素总量小于 5%,主要合金元素有 Cr、Ni、Mn、Si、Mo、W、V、Ti、B 等。其中 Cr、Ni、Mn、Si、B 可提高淬透性,以满足零件截面尺寸大的要求;这些合金元素能够强化铁素体,因而使调质后的回火索氏体组织强化;V、Ti 可以细化晶粒;Mo、W 可以防止第二类回火脆性。

(2)热处理和组织性能

调质钢的最终热处理是淬火 + 高温回火,获得回火索氏体组织。具有优良的综合机械性能,即具有较高的韧性、塑性及相当高的强度。合金调质钢的淬透性较高,一般多用油淬,并应在回火时快冷以免产生高温回火脆性。经调质处理后,欲提高零件表面耐磨性,可采用表面淬火或氮化处理。

根据要求,一些调质钢零件采用淬火 + 低温回火获得回火马氏体组织,具有较高的强度、硬度及适当的韧性和塑性。

(3)常用合金调质钢

40Cr 是一种常用的低淬透性的合金调质钢,油淬最大临界直径为 30 ~40 mm,比 40、45 号钢具有较高的综合机械性能。用于制造一般尺寸的重要零件,如曲轴、连杆、重要螺栓等。为节约铬,常用 40MnB、42SiMn、40MnVB 等钢代替 40Cr。

35CrMo 是中淬透性合金调质钢，油淬最大临界直径为 40 ~ 60 mm，不仅具有更高淬透性和综合机械性能、较高的疲劳强度和高温强度，还可防止高温回火脆性。因此用于高温（500℃以下）和繁重工作条件下的大尺寸零件，如曲轴、大型尾轴、活塞头和汽轮机转子轴等。

37CrNi3 和 40CrNiMo 是高淬透性的合金调质钢，油淬最大临界直径为 60 ~ 100 mm，具有优良的综合机械性能，是国内外制造曲轴、中间轴、汽轮机转子轴和舵轴的重要材料。

白点是某些合金调质钢（铬钢、铬镍钢等）容易产生的严重缺陷。白点使钢的机械性能大大降低，甚至脆断。它是由于钢中含有氢，当钢自高温急冷时来不及析出使钢内产生细微裂纹所致。因其是呈银白色的圆形或椭圆形斑点，故称白点。钢质白点的根本方法是减少钢中含氢量。

7. 合金弹簧钢

弹簧钢是专门用于制造各种弹簧或弹性元件的钢。弹簧以其弹性变形吸收或释放能量，即吸收能量来缓和机械振动和冲击，释放能量以完成某些要求的动作。所以弹簧钢应具有高的弹性极限、高的疲劳强度、足够的塑性和韧性等。

（1）成分特点

弹簧钢分为碳素弹簧钢和合金弹簧钢。为了保证弹簧钢具有高的强度，碳素弹簧钢的含碳量在 0.60% ~0.90% 之间；合金弹簧钢的含碳量在 0.45% ~0.70% 之间。含碳量过高将使塑性、韧性和疲劳强度下降。弹簧钢均为优质或高级优质钢。

合金弹簧钢中加入 Si、Mn、Cr、V、W 等合金元素。Si、Mn 主要提高淬透性和强化铁素体，使钢的屈强比 $\sigma_s/\sigma_b \geqslant 0.8$，而且以 Si 的作用尤为突出。Cr、V、W 等可细化晶粒，防止过热脱碳等。

（2）弹簧钢的热处理和性能

弹簧的加工成形方法不同，热处理工艺也不同，分为：

①热成形弹簧的热处理。由于弹簧尺寸较大，所以采用热成形加工。通常是将热成形与热处理结合起来，即在热卷成形后立即淬火 + 中温回火处理，获得回火屈氏体组织。具有很高的屈强极限和弹性极限，并具有一定的塑性和韧性。

②冷成形弹簧的热处理。钢丝直径≤8 mm 的小尺寸弹簧，一般采用冷拔钢丝卷成形。具体有 3 种方法。

a. 钢丝冷拔前铅浴等温淬火。即将钢丝加热奥氏体化后在 450 ~ 550 ℃铅浴中等温冷却，然后冷拉到要求的直径再冷卷成形，最后进行 200 ~ 300 ℃消除应力退火，并使弹簧定形。

b. 钢丝冷拔至要求尺寸后进行油淬 + 中温回火，然后冷卷成形和消除应力回火。

c. 退火状态供应的钢丝，将其拉至要求尺寸后再冷卷成形，最后淬火 + 中温回火。

冷拔钢丝产生加工硬化，使弹簧钢具有更高的强度。

（3）常用弹簧钢

碳素弹簧钢 65、70、85 钢等，具有较高的强度，但韧性较低，淬透性低，只适用于小截面弹簧。截面具有直径稍大的热成形弹簧多采用 55Si2Mn、60Si2Mn 等合金弹簧钢，具有更高的强度、更大的淬透性和抗氧化性。因其含硅量较高故有脱碳和石墨化倾向。50CrVA 不仅具有较高的淬透性，而且具有较高的高温强度、韧性等。适用于制造重载大型弹簧，如高温排气阀弹簧。

8. 滚动轴承钢

滚动轴承钢是用来制造滚动轴承的专用钢。滚动轴承承受极大的交变载荷和强烈的摩擦，因此要求滚动轴承钢具有足够的抗压强度，很高的疲劳强度，较高的硬度和耐磨性，一定的韧性和耐蚀性等。

(1)成分特点

为了保证轴承钢具有高硬度和高耐磨性，含碳量在0.95% ~1.10%之间，主加合金元素Cr的含量在0.40% ~1.65%之间。铬可提高淬透性和形成细密、均匀分布的合金渗碳体，可使钢的硬度、耐磨性和耐蚀性提高。加入Si、Mn、V等合金元素可进一步提高钢的淬透性、以适于制造大型轴承。Si还可显著提高钢的强度极限、弹性极限和回火抗力。

滚动轴承钢是电炉冶炼的高级优质钢，要求S<0.02%，P<0.027%，且非金属夹杂物很少，以免影响钢的接触疲劳强度。

(2)热处理和性能

滚动轴承钢的常规热处理为球化退火+淬火+低温回火

①球化退火：为预先热处理，以使钢的硬度降低，便于切削加工和获得细粒状的珠光体+渗碳体组织，为淬火作准备。

②淬火+低温回火：获得极细的回火马氏体+均匀的细粒碳化物+少量残余奥氏体的组织，硬度高(HRC62 ~66)、耐磨性好，有较高的韧性和疲劳强度。

滚动轴承钢淬火温度在$Ac_1 \sim A_{ccm}$之间，GCr15钢在820 ~840 ℃之间。淬火温度过高会出现过热组织，使韧性和疲劳强度下降；过低又会使奥氏体中的溶碳、铬量不足而使淬火后硬度降低。

低温回火一般是在150 ~160 ℃，以消除内应力，提高韧性和稳定尺寸。对于柴油机燃油系统中的机密偶件、精密轴承和对尺寸稳定要求高的零件，为保证尺寸稳定性，减少残余奥氏体量，在淬火后立即进行冷处理(-60 ~ -80 ℃)，并在低温回火和磨削加工后再进行低温时效处理(120 ~130 ℃，保温5 ~10 h)，以便进一步稳定尺寸。

(3)常用滚动轴承钢

在铬轴承钢中GCr15应用最多，适用于制造中、小型轴承零件：滚珠、滚柱、内圈和外圈等，也用于制造柴油机的精密偶件和精密量具、模具等。

9.低合金刃具钢

(1)成分特点

低合金刃具钢是在碳素工具钢的基础上加入一定的合金元素构成的。一般含碳量为0.75% ~1.5%，含合金元素的总量小于5%。主要加入的合金元素有Cr、Mn、Si、W、V等。其中Cr、Mn、Si主要是提高淬透性和强度；W、V形成难溶碳化物使硬度、耐磨性进一步提高，并防止过热使晶粒细化；Si还可提高回火稳定性。

(2)热处理和性能

低合金刃具钢的热处理为：球化退火+淬火+低温回火。

球化退火作为预先处理，为淬火进行组织上的准备。最终热处理淬火+低温回火后，形成回火马氏体+未溶的碳化物+少量残余奥氏体的组织。硬度高(HRC60 ~65)，耐磨性好，有一定的热硬性，工作温度可达250 ~300 ℃。

(3)常用低合金刃具钢

9SiCr是典型的钢种，广泛用于制造切削刃具和薄刃刃具，如铿刀、板牙、丝锥等。

10.高速钢

高速钢是高合金刃具钢，具有很高的热硬性，高速切削时，刃部温度达600℃而硬度无明显下降。淬透性高，以致这种钢在空气中就能淬火，故有“风钢”之称。显然，高速钢克服了碳素刃具钢和低合金刃具钢的淬透性低、热硬性差的弱点，从而满足生产需要和提高经济性。

(1)成分特点

高速钢是高碳高合金刃具钢。含碳量在0.70% ~1.5%之间，含合金元素总量大于10%。主要的合金元素有W、Mo、Cr、V等。

高速钢中的含碳量应与合金元素量匹配，形成足够的碳化物，以利于提高钢的硬度、耐磨性和热硬性。所以要求含碳量高，但又不能过高，以免降低钢的韧性、工艺性。

钨是高速钢的主加元素，主要用于提高热硬性。钨在钢中形成WC，不仅阻止奥氏体晶粒长大，而且溶于奥氏体使淬火组织中含有大量钨，从而具有很高的回火稳定性。回火时一部分W以WC形式弥散析出，造成二次硬化。加热未熔的WC起细化晶粒作用。钼的作用与钨类似。

几乎所有的高速钢中均含有4%的铬，不仅提高了钢的淬透性，而且提高钢的抗氧化脱碳的能力。钒也显著提高钢的热硬性、硬度及耐磨性。

(2)热处理

高速钢的热处理较为复杂，锻造后进行球化退火+淬火+回火。

高速钢铸态组织含有鱼骨状莱氏体，粗大的共晶碳化物分布不均，使钢的脆性增加，强度降低。此种缺陷只能采用锻打、轧制将粗大的共晶碳化物打碎并使之均匀分布。所以高速钢锻造的目的是为了成形和改善组织。锻造不良(碳化物颗粒大小不等和分布不均)，将影响淬火质量，造成刀具的强度低、韧性差和易磨损。

①球化退火：高速钢锻后的球化退火是为了消除应力，降低硬度，便于机械加工，并为了淬火作好组织准备。W18Cr4V退火后的硬度为HB207 ~255，呈粒状索氏体基体上均匀分布细小粒状碳化物的组织。

②淬火和回火：高速钢淬火加热温度高达1 200 ℃以上，以使钢中大量W、Mo、Cr、V的难熔碳化物固溶于奥氏体中，保证淬火、回火后获得高的热硬性。由于高速钢塑性低、导热性差，加热时必须缓慢和分段预热、保温，如分一次预热(500 ~600 ℃)或两次预热(500 ~600 ℃、800 ~850 ℃)。如若连续加热至淬火温度则极易产生变形和开裂，所以对于大型或结构复杂的零件要两次预热。高速钢一般多采用油淬和分级淬火，淬火组织为马氏体+粒状碳化物+大量残余奥氏体。

高速钢回火温度高、回火次数多，是由于淬火组织的回火稳定性高，应力大和含有高达25%以上的残余奥氏体。此外，高速钢的硬度随回火温度变化。所以高速钢在550 ~570 ℃下进行3次回火，回火后的组织为回火马氏体+细粒碳化物+少量(1% ~2%)的残余奥氏体。

(3)常用高速钢

高速钢分为钨系和钨钼系两类。W18Cr4V是典型钨系高速钢，也是国际通用钢种，具有很高的热硬性，在600 ℃时仍保持HRC60以上；具有很高的耐磨性和高速切削性，切削速度比碳素刃具钢和低合金刃具钢的刀具切削速度高1 ~3倍，耐用性高7 ~14倍。广泛应用于制造高速切削的车刀、钻头和铣刀等。钨钼系高速钢如W6Mo5Cr4V2的热硬性、耐磨性、热塑性和韧性均较好，用于制造形状复杂的工具，如拉刀，铣刀等。

11. 硬质合金

硬质合金不是工具钢，是一种常用的刃具材料。硬质合金是将高硬度的难熔金属碳化物(如WC、TiC、NbC等)粉末与胶结剂(Co、Ni)混合加压成形后再烧结而成的粉末冶金材料。

硬质合金具有硬度极高(HRA89～91)、热硬性高(切削温度可达1 000 ℃),耐磨性和耐蚀性好,线膨胀系数低等优点,是现代工业生产中不可缺少的刀具材料。硬质合金刀具的切削速度比高速钢高4～5倍。因其硬度极高,难以加工,因此一般只做成硬质合金刀片镶在刀杆上,而不适用制造形状复杂的刀具。硬质合金分类:

(1)钨钴类,牌号有YG6、YG、TG15等。

(2)钨钛钴类,牌号有YT5、YT15、YT30等。

(3)通用类,牌号有YW1、YW2等。

12. 不锈钢

通常将抵抗大气腐蚀的不锈钢和抵抗化学介质腐蚀的耐酸钢称为不锈钢。国标称为不锈耐酸钢,属于特殊性能合金钢。

(1)金属腐蚀

在周围介质作用下零件金属表面受到破坏的现象称为腐蚀。有两类性质的腐蚀:

①化学腐蚀。金属与周围介质发生化学作用而引起破坏。金属在干燥气体中和在非电解质中的腐蚀为化学腐蚀。例如钢的高温氧化、柴油机排气阀的钒腐蚀等。

②电化学腐蚀。金属与周围介质(酸、碱、盐等电解质溶液)发生电化学作用而引起的破坏。它是一种更为普遍的重要腐蚀形式,是基于电池作用原理的结果。

金属的电位不同,在电解质溶液中形成电池。同一金属的不同部位由于组织、化学成分、受力状态和表面膜不均匀都会形成电极电位差。在有电解质的情况下在金属表面就会形成无数的微电池。例如珠光体的腐蚀,图1.4-61所示。

提高金属抗腐蚀能力的基本途径:

①加入合金元素提高金属基体的电极电位,使由阳极变为阴极。如在钢中加入Cr、Ni、Si等;

②加入合金元素使金属在室温下呈单相组织。如在钢中加入9%以上的Ni,使钢在室温下获单相奥氏体组织。

③加入合金元素使金属的表面形成钝化膜,以使其与电解质溶液隔开。如加入Cr、Si、Al使金属表面形成Cr_2O_3、SiO_2、Al_2O_3钝化膜。

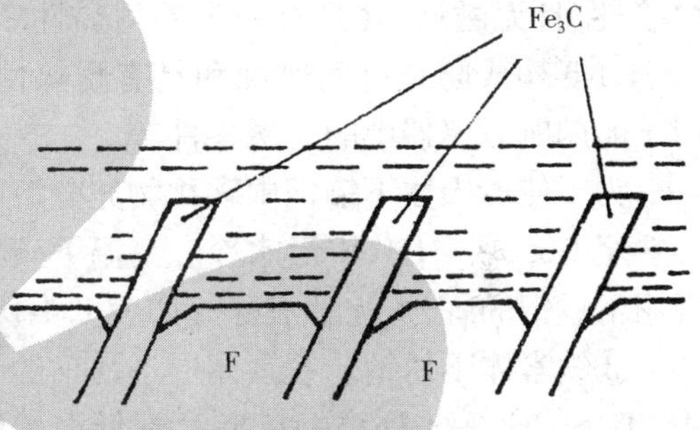

图1.4-61　珠光体微电池示意图

(2)成分特点

不锈钢的含碳量在0.03～1.0之间,含合金元素的总量大于10%。主要的合金元素有Cr、Ni、Mo、Cu、Mn、Ti、Nb等。

碳在不锈钢中与铬形成碳化物,含碳量越高,碳化铬越多,钢的电极电位越低,钢的耐蚀性越低。所以,要求不锈钢的含碳量较低。

合金元素铬是提高不锈钢耐蚀性的主要因素,因为:

①可使钢表面生成一层Cr_2O_3保护膜。

②可提高钢的电极电位。钢的电极电位随溶铬量增加时,电极电位呈台阶式跃增,钢的抗腐蚀能力呈台阶式增加。钢中的溶铬量是指溶入钢中固溶体的铬含量。

③可使钢获得单相基体组织。图1.4-62为碳和铬对钢基体组织的影响。当含铬量小于17%时,随含碳量增加可获单相马氏体不锈钢;当含铬量大于12.7%、含碳量较低时,可获单相铁素体不锈钢;当含铬量达27%时铁素体稳定性增加,钢中的含碳量也相应提高(从0.05%

增至0.20%)。

此外,镍也是提高不锈钢抗腐蚀性的重要元素,当钢中含铬量在18% ~27%,含镍量大于8%时可以获得单相奥氏体不锈钢,具有更高的耐蚀性。钼、铜能提高钢的耐蚀性。钼可提高钢的抗晶间腐蚀能力;铜可显著提高钢的耐酸腐蚀性。钛、铌在不锈钢中优先与碳结合形成稳定碳化物,防止产生 $Cr_{23}C_6$ 形成晶间腐蚀。

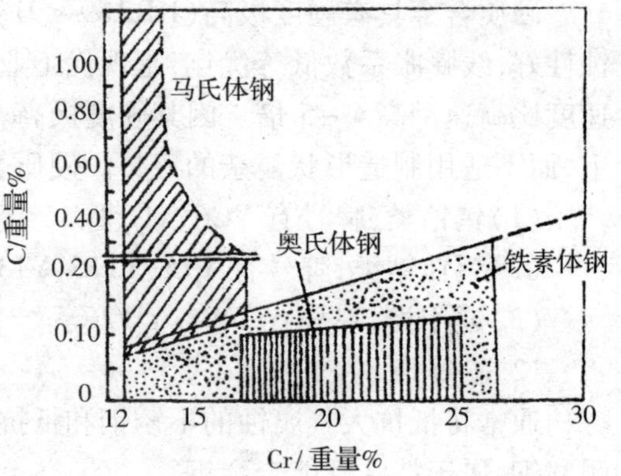

图1.4-62 含碳量和含铬量对钢基体组织的影响

(3)常用不锈钢

①马氏体不锈钢。马氏体不锈钢含碳量为0.1% ~1.0%,含铬量为12% ~18%。大量的铬不仅使钢的淬透性很高,而且使过冷奥氏体较稳定,空冷就能获得马氏体。

马氏体不锈钢具有很高的强度、硬度和耐磨性。1Cr13、2Cr13具有低的耐蚀性能,采用淬火+高温回火获得回火索氏体,用于制造涡轮叶片、不锈结构件等;3Cr13、4Cr13由于含碳量增加使耐蚀性下降,采用淬火+低温回火,获回火马氏体,具有很高的强度、硬度(HRC50),用于制造医疗器械、手术刀、量具等。

②奥氏体不锈钢。奥氏体不锈钢的含碳量较低,大多在0.1%左右,含铬≥18%,含镍量≥8%。利用铬镍配合在室温下能够获得单相奥氏体组织,具有更高的耐蚀性、冷热加工性和焊接性,且无磁性,并具有一定的耐热性。1Cr18Ni9是奥氏体不锈钢的典型钢号。在钢中加入Ti、Nb构成防止晶间腐蚀和具有耐热性的奥氏体不锈钢1Cr18Ni9Ti、1Cr18Ni9Nb等,广泛用于船舶航海仪器中的无磁零件等。

为了使奥氏体不锈钢中碳化物充分溶解,一般采用固溶处理获得单相奥氏体组织,即将钢加热至1 050 ~1 150 ℃后水冷。高温下碳化物溶于奥氏体,快冷后即获室温下的单相奥氏体。常用不锈钢的牌号、化学成分等如表1.4-19所示。

③铁素体不锈钢。铁素体形不锈钢的含铬量为12% ~27%,含碳量小于0.15%,并加入Mo、Ti、Si、Nb等。这类钢从高温到低温始终保持单相铁素体组织。不仅耐酸(如硝酸)能力强,且抗氧化性好,特别是抗应力腐蚀性能较好,塑性也较高,但机械性能和工艺性能较差。多用于受力不大的耐酸结构或作为抗氧化钢使用。铁素体型不锈钢的牌号、化学成分等如表1.4-19所示。其中0Cr13、0Cr13Al等常用作耐热钢,如制造气阀。1Cr17、1Cr17Ti等,可耐大气、淡水、稀硝酸等介质腐蚀。

铁素体型不锈钢在400 ~550 ℃停留时产生脆性,用加热至600℃后快冷消除脆性;由于无相变,当晶粒粗大时无法用热处理方法细化。

通常铁素体型不锈钢采用退火和正火处理。

13. 耐热钢

耐热钢是在高温下具有抗氧化性和热强性的特殊性能合金钢。

金属材料的耐热性是高温抗氧化性和高温强度的综合概念。高温抗氧化性是钢在高温下对氧化作用的抵抗能力;高温强度是高温下钢对机械负荷的抵抗能力。

(1)抗氧化性。金属材料的抗氧化性是保证其在高温下持久工作的重要条件。抗氧化性是指高温下金属表面迅速氧化形成一层保护膜使之不再继续氧化。钢在高于570℃的高温下表面生成结构疏松的 FeO 氧化膜，不起保护作用，表面会继续氧化而使 FeO 氧化膜增厚，最后脱落。氧化和脱落不断交替进行导致零件破坏，表明钢的抗氧化能力很差。为提高钢的抗氧化性，在钢中加入 Cr、Si、Al 等合金元素，生成结构致密的高熔点氧化膜覆盖于钢件表面，使之不再被氧化。

表 1.4-19　常用不锈钢的牌号、化学成分、热处理、机械性能及用途

类别	钢号	主要化学成分%				热处理		机械性能不小于						用途
		C	Cr	Ni	Ti	淬火℃	回火℃	σ_s MPa	σ_b MPa	δ %	ψ %	α_k J/cm^2	HRC	
马氏体型	1Cr13	0.08～0.15	12～14			1000～1050 油、水	700～790 油、水、空气	588	412	20	60	88.3	-	抗弱腐蚀介质，受冲击零件，如汽轮机叶片，柴油机安全阀、起动阀阀杆、阀座
	2Cr13	0.16～0.24	12～14			1000～1050 油、水	660～770 油、水、空气	647	441	16	55	78.5	-	
	3Cr13	0.25～0.34	12～14			1000～1050 油、水	200～300						48	高耐磨性零件，如阀片、泵轴、弹簧、手术刀等
	4Cr13	0.35～0.45	12～14			1000～1050 油、水	200～300						50	
奥氏体型	0Cr18Ni9	≤0.06	17～19	8～11		1080～1130 水	固溶处理	490	196	45	60	-		焊接镍铬钢的焊条芯
	1Cr18Ni9	≤0.12	17～19	8～11		1100～1150 水		539	196	45	50	-		耐硝酸、有机酸等零件，航海仪表的低磁零件
	0Cr18Ni9Ti	≤0.08	17～19	8～11	5×c%～0.7	950～1050 水		490	196	40	55	-		抗磁仪表、输送管道，耐酸容器等，具有较好的抗晶间腐蚀性及作热强钢用，如锅炉换热器管道
	1Cr18Ni9Ti	≤0.12	17～19	8～11	5(c%-0.02)～0.87	1000～1100 水		539	196	40	55	-		
铁素体型	0Cr13	≤0.08	12～14			1000～1050 油、水	700～790 油、水、空气	490	343	24	60	-		耐蒸汽、淡水、稀硝酸设备及用作耐热钢
	1Cr17	≤0.12	16～18			退火处理	750～800 空气	392	245	20	50	-		化工设备的耐腐件
	1Cr25Ti	≤0.12	24～27		5×c%～0.8		700～800 空气	441	294	20	45	-		耐强腐蚀介质的化工设备

（2）高温强度。高温强度反映金属材料在高温下的机械性能，金属在高温下的机械性能与室温下的完全不同。室温下金属受外力，当应力大于 σ_s 时发生塑性变形，引起加工硬化。金属的强度与外力的作用时间无关。金属在高于再结晶温度的高温下受力时，不仅金属的强度下降，而且当应力一定时所产生的塑性变形也随着时间的延长不断增大。表明高温下强度和变形量不仅与温度有关，而且与时间有关。所以，金属长时间受到高温和应力作用时即使应力小于屈服极限，也会发生缓慢的塑性变形。这种现象称为蠕变。蠕变量达一定时金属会产生断裂。这是由于高温下金属因塑性变形而产生加工硬化，又因为高温下再结晶软化，硬化和软化交替进行而产生缓慢的塑性变形。

通常在钢中加入 Mo、W、Ti、V、Cr 等元素来提高再结晶温度，可提高金属的抗蠕变能力。金属的抗蠕变能力越大，其高温强度越高。

耐热钢包括抗氧化钢与热强钢 2 种。

①抗氧化钢。抗氧化钢是在高温下具有较好的抗氧化性和一定的温度强度的钢，又称不起皮钢，主要用于制造锅炉受热零件、燃气轮机与内燃机燃烧室零件等。

抗氧化性取决于氧化膜的稳定性、致密性和与零件表面的结合力。抗氧化钢中含有 Cr、Si、Al 等合金元素，形成稳定、致密的保护膜，有效地提高了钢的抗氧化性。如钢中含有 15% Cr 时，抗氧化稳定达 900 ℃；含有 20% ~25% Cr 时，抗氧化温度高达 1 100 ℃以上，分别用于制造热交换器和锅炉的耐热件。

②热强钢。热强钢是在高温下具有一定的抗氧化能力和较高强度及良好组织稳定性的钢。主要用于燃气轮机的转子和叶片，柴油机的进、排气阀，锅炉的过热器及高温下工作的螺栓、弹簧等。

热强钢中含有 Cr、Mo、W、V、Ti、Nb 等合金元素。Cr 可提高抗氧化性和抗蠕变能力；Mo、W 是高熔点金属，可提高再结晶温度和析出稳定碳化物，进而提高钢的高温强度；V、Ti 形成细小碳化物，亦提高钢的高温强度。

耐热钢按其组织分为珠光体钢、马氏体钢和奥氏体钢。

珠光体耐热钢常用钢号有 15CrMo、12CrMoV 等，是低碳低合金钢，工作温度低于 600 ℃，主要用制锅炉构件，如管道、过热器等。

马氏体耐热钢常用钢号有 1Cr13、2Cr13、1Cr11MoV 等。含铬量为 10% ~13% 的铬钢具有较高的淬透性和热强度。主要用于 580 ℃以下的涡轮叶片。铬硅钢为中碳高合金钢，多用于制造工作温度小于 700 ℃的柴油机排气阀，故又称气阀钢。如 4Cr9Si2、4Cr10Si2Mo 等。

奥氏体耐热钢是含有大量 Cr、Ni 合金元素的高合金钢。1Cr18Ni9Ti、1Cr18Ni12Ti 等主要用于工作温度在 600 ~700 ℃范围的涡轮叶片。4Cr14Ni14W2Mo 主要用于制造工作温度≤750 ℃的柴油机排气阀，这类钢主要进行固溶处理或固溶时效处理。

二、铸铁

铸铁是含碳量大于 2.11%，并含有硅、锰、硫、磷等杂质的铁碳合金。工业上常用的铸铁成分为：2.5% ~4.0% C、1.0% ~3.0% Si、0.5% ~1.4% Mn、0.02% ~0.20% S、0.01% ~0.50% P。铸铁是人类使用最早的金属材料之一，与钢相比虽然强度、塑性和韧性较差，但具有优良的工艺性能和使用性能，生产工艺简单，价格低廉。所以，目前工业生产中仍然广泛应用。例如在船舶主、副柴油机和汽车、拖拉机制造中铸铁占总重量的 50% ~70%，机床制造业中占 60% ~90%。

(一) 铸铁的分类

根据铸铁中碳的存在形式分为：

(1) 灰口铸铁：碳在铸铁中主要以游离态石墨形式存在，断口呈暗灰色，故称灰口铸铁。生产中广泛应用。

(2) 白口铸铁：碳在铸铁中主要以化合态 Fe_3C 形式存在，断口呈银白色，故称白口铸铁。生产中很少使用。

(3) 麻口铸铁：铸铁中的碳以石墨和 Fe_3C 形式存在，断口呈黑白相间的麻点，故称麻口铸铁。它是灰口铸铁与白口铸铁的过渡组织，性能介于二者之间，铸铁中应避免出现这种组织。

如表 1.4-20 所示,根据石墨的形态、大小不同,灰口铸铁又分为普通灰口铸铁、孕育铸铁、可锻铸铁、球墨铸铁和蠕墨铸铁。此外,还有合金铸铁。

表 1.4-20　石墨在铸铁中的石墨形态、基体组织和牌号表示方法

铸铁名称	石墨形态	基体组织	编号方法		牌号实例
灰口铸铁	片状	F	HT + 一组数字；一组数字——表示最低抗拉强度值，MPa；HT——灰铸铁代号		HT100
		F+P			HT150
		P			HT200
可锻铸铁	团絮状	F	KTH + 两组数字	KTH、KTB、KTZ 分别为黑心、白心、珠光体可锻铸铁代号；第一组数字表示最低抗拉强度值，MPa；第二组数字表示最低延伸率值，%	KTH300-06
		表 F、心 P	KTB + 两组数字		KTB350-04
		P	KTZ + 两组数字		KTZ450-06
球墨铸铁	球状	F	QT + 两组数字；两组数字——第一组数字表示最低抗拉强度值，MPa；第二组数字表示最低延伸率值，%；QT——球墨铸铁代号		QT400-15
		F+P			QT600-3
		P			QT700-2
蠕墨铸铁	蠕虫状	F	RuT + 一组数字；一组数字——表示最低抗拉强度值，MPa；RuT——蠕墨铸铁代号		RuT260

(二)石墨在铸铁中的作用

(1)石墨在铸铁中犹如裂缝或空洞而割裂基体,使铸铁的切削加工性好。(2)石墨的比容较大,铸件凝固时析出的石墨可以补偿铸件基体的部分收缩,减少铸件的总收缩率。(3)石墨具有良好的润滑作用,石墨从铸铁件上脱落后的孔洞可储存润滑油,使铸铁具有良好的耐磨性。(4)石墨在铸铁中能吸收振动和阻止振动传播,使铸铁具有优良的消振性。(5)因大量石墨对铸铁基体的割裂作用,使铸铁对缺口不敏感。

(三)普通灰口铸铁

1. 普通灰口铸铁的成分与牌号

普通灰口铸铁的化学成分分为:2.7% ~3.9% C、1.1% ~2.8% Si、0.5% ~1.4% Mn、<0.1% ~0.3% P、≤0.04% ~0.15% S。灰口铸铁的牌号和机械性能如表 1.4-21。“HT”——“灰铁”二字的汉语拼音字头,数字表示最低抗拉强度 σ_b 值。

2. 灰口铸铁的组织与性能

灰口铸铁的组织由基体组织和片状石墨组成。基体组织有铁素体、铁素体 + 珠光体、珠光体 3 种。除 HT100 为 F 基体、HT150 为 F + P 基体外,其余均为 P 基体。这 3 种基体分别为工业纯铁、亚共析钢和共析钢的组织。所以灰口铸铁的组织实为在钢的基体上分布着片状石墨,或把灰口铸铁视为具有无数“微裂缝的钢”,如图 1.4-63 所示。

灰口铸铁与钢相比,强度、塑性和韧性均较低。但灰口铸铁具有优良的铸造性,因其含碳量较高接近关键成分,熔点低和流动性好;有优良的切削加工性、耐磨性、消振性,其消振性能为钢的 10 倍;低的缺口的敏感性。表 1.4-21 中牌号的 HT100、HT150、HT200 为灰口铸铁。

表 1.4-21　普通灰口铸铁的牌号、抗拉强度及用途(GB 9489-1988)

牌号	铸件壁厚 mm	抗拉强度 σ_b,MPa (不小于)	显微组织		应用举例
			基体	石墨	
HT100	2.5 ~ 10	130	F	粗片状	手工铸造用砂箱、盖、下水管、底座、外罩、手轮、手把、重锤等
	10 ~ 20	100			
	20 ~ 30	90			
	30 ~ 50	80			
HT150	25 ~ 10	175	F + P	较粗片状	机械制造业中一般铸件,如底座、手轮、刀架等 冶金业中流渣箱、渣缸、轧钢机托辊等; 机车用一般铸件,如水泵壳、阀体、阀盖等 动力机械中拉钩、框架、阀门、油泵壳等
	10 ~ 20	145			
	20 ~ 30	130			
	30 ~ 50	120			
HT200	2.5 ~ 10	220	P	中等片状	一般运输机械中的汽缸体、缸盖、飞轮等 一般机床中的床身、机床等 通用机械承受中等压力的泵体阀体 动力机械中的外壳、轴承座、水套筒等
	10 ~ 20	195			
	20 ~ 30	170			
	30 ~ 50	160			
HT250	4.0 ~ 10	270	细 P	较细片状	运输机械中薄壁缸体、缸盖、线排气歧管 机床中立柱、横梁、床身、滑板、箱体等 冶金矿山机械中的轨道板、齿轮 动力机械中的缸体、缸套、活塞
	10 ~ 20	240			
	20 ~ 30	220			
	30 ~ 50	200			
HT300	10 ~ 20	290	细 P	细小片状	机床导轨、受力较大的机床床身、立柱机座等;通用机械的水泵出口管、吸入盖等;动力机械中的液压阀体、蜗轮、气轮机隔板、泵壳、大型发动机缸体、缸盖
	20 ~ 30	250			
	30 ~ 50	230			
HT350	10 ~ 20	340	细 P	细小片状	大型发动机汽缸体、缸盖、衬套;水泵缸体、阀体、凸轮等;机床导轨、工作台等摩擦件;需经表面淬火的铸件
	20 ~ 30	290			
	30 ~ 50	260			

(a) 铁素体基体　(b) 铁素体 + 珠光体基体　(c) 珠光体基体

图 1.4-63　3 种基本的普通灰口铸铁

3. 孕育铸铁

为了提高普通灰口铸铁的机械性能,首先应改善石墨片的大小和分布,为此采用孕育处理(变质处理)来细化组织。

在熔融的铁水中加入孕育剂——工业上用含硅量为 75% 的硅铁或硅钙合金(60% ~65%

Si +25% ~35% Ca)。硅钙合金的石墨化能力较硅铁高 1.5 ~2 倍,但价格贵。孕育铸铁的石墨片细小,如图 1.4-64(b)所示,对基体的削弱作用减轻,使孕育铸铁的强度和硬度提高,但塑性无明显改善。常用于铸造柴油机气缸套、活塞环、机床导轨等。表 1.4-21 中 HT250、HT300、HT350 均为孕育铸铁。

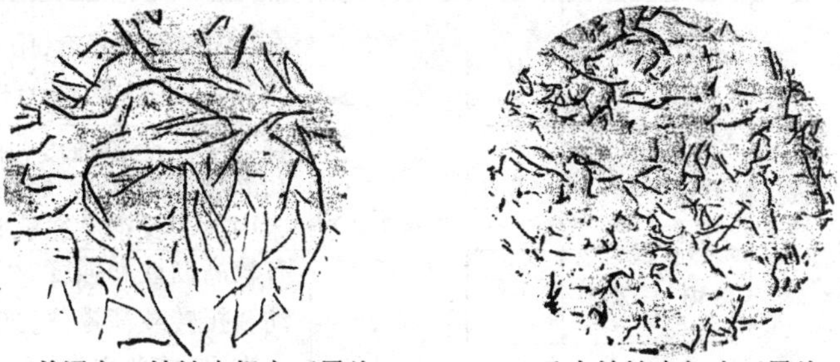

(a) 普通灰口铸铁中粗大石墨片　　(b) 孕育铸铁中细小石墨片

图 1.4-64　孕育处理前后普通灰口铸铁中的石墨片比较

(四) 可锻铸铁

可锻铸铁优于孕育铸铁,具有较高的强度、塑性和冲击韧性,但不能锻造。

1. 可锻铸铁的生产

可锻铸铁是由白口铸铁经石墨化退火得到的一种具有团絮状石墨的铸铁。由于团絮状石墨对铸铁基体割裂作用的降低,使可锻铸铁机械性能大大提高,延伸率可达 12%,冲击韧性达 30 J/cm^2。可锻铸铁的生产分为两步:首先,浇铸纯白口铸件,为此降低铸铁的碳、硅含量和加快冷却速度;其次,进行长时间的石墨化退火。为了缩短退火时间和细化组织,提高机械性能,在铸造时进行孕育处理,常使用的孕育剂有硼、铋、铝等。

由于石墨化退火的工艺不同,可获得铁素体基体 + 团絮状石墨的可锻铸铁,因断口呈黑灰色,称黑心可锻铸铁;珠光体基体 + 团絮状石墨的可锻铸铁,称珠光体可锻铸铁;铁素体 + 珠光体 + 少量渗碳体 + 团絮状石墨的可锻铸铁,因断口白亮,称白心可锻铸铁,如图 1.4-65 所示。

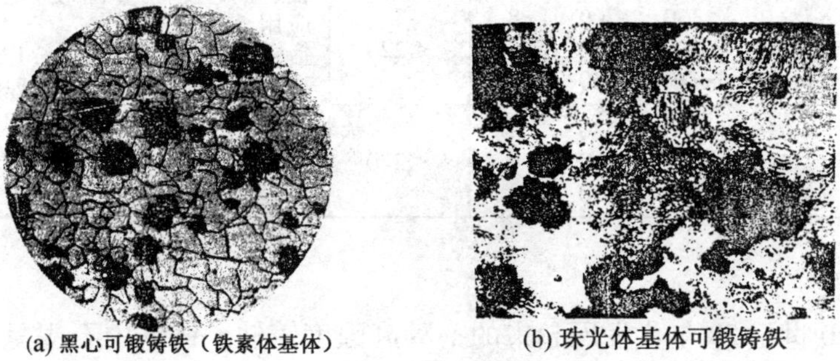

(a) 黑心可锻铸铁（铁素体基体）　　(b) 珠光体基体可锻铸铁

图 1.4-65　可锻铸铁的组织

2. 可锻铸铁的牌号、性能和用途

表 1.4-22 为我国可锻铸铁的牌号、性能与用途。“KTH”表示黑心可锻铸铁;“KTZ”表示珠光体可锻铸铁;“KTB”表示白心可锻铸铁。第一组数字表示最低抗拉强度,第二组数字表示最低延伸率。

黑心可锻铸铁具有一定的强度、较高的塑性与韧性,用于制造承受冲击和振动的零件,如船用电机机壳、船舶管系接头、水箱等。珠光体可锻铸铁具有较高的强度和硬度,但塑性和韧性不如前者。用于制造承受高载荷、耐磨损和有一定冲击的零件,如小型曲轴、连杆、轮轴及齿轮等。白心可锻铸铁生产工艺复杂且生产周期长，强度及耐磨性较差，工业中应用较少。

表 1.4-22　可锻铸铁的牌号、性能和用途

类型	牌号	试样直径/mm	$\sigma_b \geq$ (MPa)	$\sigma_{0.2} \geq$ (MPa)	δ(%) $\geq$	HB	特性和用途
黑心可锻铸铁	KTH300－06	12或15	300	–	6	不大于 150	有一定韧性和强度，用于承受低动载荷、要求气密性好的零件，如管道配件、中低压阀门等
	KTH330－08		330	–	8		有一定韧性和强度，用于承受中等动载荷和静载荷的零件，如犁刀、犁柱、车轮壳、机床用扳手及钢丝绳轧头等
	KTH350－10		350	200	10		有较高韧性和强度，用于承受较大冲击、振动及扭转载荷零件，如汽车、拖拉机后的前轮壳、差速器壳、转向节壳、制动器等，铁道零件、船用电机壳等
	KTH370－12		370	–	12		
珠光体可锻铸铁	KTZ450－06		450	270	6	150～200	韧性低、强度大、硬度高、耐磨性好，且切削加工性好。可用来代替低、中碳钢、低合金钢及有色金属制作承受较高载荷、耐磨和具有韧性的重要零件，如曲轴、凸轮轴、连杆、齿轮、摇臂、活塞环、轴承、犁刀、万向接头、棘轮、扳手、传动链条、矿车轮等
	KTZ550－04		550	340	4	180～230	
	KTZ650－02		650	430	2	210～260	
	KTZ700－02		700	530	2	240～290	
白心可锻铸铁	KTB350－04	9 12 15	340 350 350		5 4 3	≤230	薄壁铸件具有较高韧性 非常优良的焊接性，可与钢钎焊；切削性好 白心可锻铸铁的生产工艺复杂、生产周期长、强度及耐磨性较差。机械工业很少应用 适宜制作厚度在 15 mm 以下的薄壁铸件和焊接后不需要进行热处理的零件
	KTB380－12	9 12 15	320 380 400	170 200 210	15 12 8	≤200	
	KTB400－05	9 12 15	360 400 420	200 220 230	8 5 4	≤220	
	KTB450－07	9 12 15	400 450 480	230 260 280	10 7 4	≤220	

（五）球墨铸铁

球墨铸铁是 20 世纪 50 年代发展起来的一种高强度铸铁。铸铁中石墨呈球状，对基体的割裂作用大大降低，使基体强度利用率达 70%～90%。石墨球引起基体的应力集中也最小。所以球墨铸铁具有很高的强度，良好的塑性和韧性，优良的铸造性，且成本低廉，是工业上广泛应用的材料。

1. 球墨铸铁的生产

球墨铸铁的化学成分为：3.6%～3.9% C、2.0%～2.8% Si、0.6%～0.8% Mn、<0.1% P、<0.07% S、0.03%～0.05% Mg、0.02%～0.04% Re（稀土元素）。比灰口铸铁的碳、硅含量高，锰、硫、磷含量低，并含有稀土元素。

球墨铸铁是熔融铁水经球化处理和孕育处理获得。使铁水中的石墨结晶成球化的物质称为球化剂，我国常用的球化剂有镁、稀土元素、稀土镁合金和稀土硅铁合金。

浇注前在铁水中加入一定量的球化剂使石墨结晶成球的操作称球化处理。我国多用稀土镁合金作为球化剂,克服分别采用镁和稀土元素的缺点,提高球化铸铁的机械性能。但镁和稀土元素是强烈阻碍石墨化元素,故在球化处理后立即进行孕育处理,以获得形状圆整、分布均匀的细小石墨球和防止白口。常用75%的硅铁和硅钙合金作孕育剂。

2. 球墨铸铁的牌号、性能和用途

表1.4-23示出球墨铸铁的牌号和机械性能。"QT"为"球铁"二字的汉语拼音字头,第一组数字表示最低抗拉强度,第二组数字表示最小延伸率。球墨铸铁的组织是由基体和球状石墨组成。依基体不同,有铁素体基体球墨铸铁、珠光体基体球墨铸铁、铁素体+珠光体基体球墨铸铁,如图1.4-66所示。

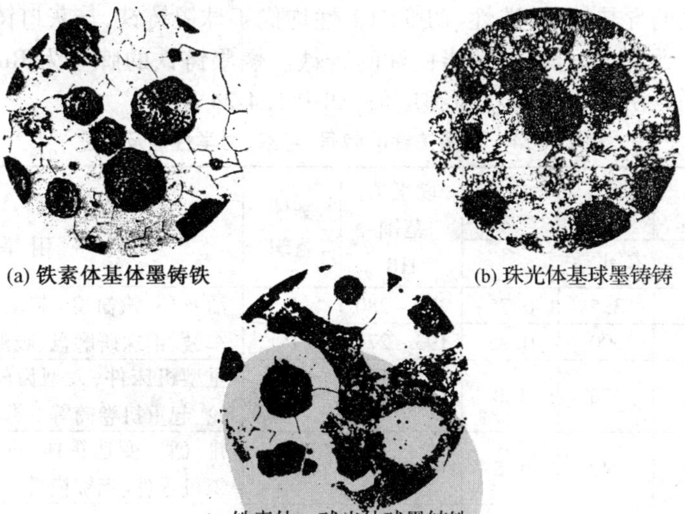

(a) 铁素体基体墨铸铁　(b) 珠光体基球墨铸铸

(c) 铁素体+球光体球墨铸铁

图1.4-66　球墨铸铁的组织

表1.4-23　球墨铸铁的牌号、机械性能及用途举例

基本类别	牌号	机械性能			硬度 HB	用途举例
		σ_b/MPa	$\sigma_{0.2}$/MPa	δ_5/%		
		最小值				
铁素体	QT400-18	400	250	18	130~180	汽车、拖拉机的轮毂。离合器及减速器等的壳体。农具的犁铧和犁柱。高压阀门的阀体、阀盖等
	QT400-15	400	250	15		
	QT450-10	450	310	10	160~210	
铁素体+珠光体	QT500-7	500	320	7	170~230	内燃机机油泵齿轮,汽轮机的气缸隔板,机车的轴瓦等
	QT600-3	600	370	3	190~270	柴油机和汽油机的曲轴、连杆、凸轮轴、气缸套,空压机的曲轴、缸体、钢套,球磨机齿轮及桥式起重机的大小滚轮等
珠光体	QT700-2	700	420	2	225~305	
珠光体或回火组织	QT800-2	800	480	2	245~335	
贝氏体或回火马氏体	QT900-2	900	600	2	280~360	汽车的螺旋伞齿轮,拖拉机的减速齿轮,农具犁铧、耙片,内燃机曲轴、凸轮轴

球墨铸铁除具有灰口铸铁的各种优点外,还具有较高的强度、疲劳强度。尤其屈强比高,

为0.7～0.8，而碳钢为0.3～0.5。因此，可以代替某些碳钢和低合金钢零件的材料。例如用珠光体基体球墨铸铁制造中、高速柴油机的曲轴、连杆等，此外还可制做气缸套、气缸体等。

（六）蠕墨铸铁

蠕墨铸铁是近十几年来新开发的一种高强度铸铁，目前已在生产中大量应用，较成功地应用于制造气缸盖、气缸套、钢锭膜、液压阀等铸件。蠕墨铸铁是用一定成分的铁水经蠕化剂处理和孕育处理后所获得的一种铸铁。蠕化剂主要采用稀土硅铁合金、镁钛稀土硅铁合金和稀土硅铁钙合金等。蠕墨铸铁的显微组织是由基体组织和蠕虫状石墨组成。组织中蠕虫状石墨占全部石墨的比例称蠕化率。铁素体基体较为容易获得，蠕虫状石墨大多与球状石墨共存。

蠕墨铸铁的强度接近球墨铸铁，并具有一定的塑性、弹性模数和弯曲疲劳强度，有较高的耐磨性。蠕墨铸铁的导热性、铸造性、切削加工性均优于球墨铸铁，与灰口铸铁相近。因此，蠕墨铸铁是一种组织致密，综合机械性能良好的铸铁。蠕墨铸铁的牌号为 RuTσ_b，“RuT”为“蠕铁”的汉语拼音自首，σ_b表示最低抗拉强度值，如表1.4-24所示。

表1.4-24　蠕墨铸铁的牌号、组织、力学性能及用途

牌号	σ_b MPa	σ_s MPa	δ %	硬度值范围 HB	基体组织	应用举例
	不小于					
RuT420	420	335	0.75	200～280	P	活塞环、汽缸套、制动盘、玻璃模具、刹车鼓、钢珠研磨盘、吸泥泵体等
RuT380	380	300	0.75	193～274	P	
RuT340	340	270	1.0	170～249	P+F	重型机床件、大型齿轮箱体、盖、座、飞轮、起重机卷筒等
RuT300	300	240	1.5	140～217	P+F	排气管、变速箱体、汽缸盖、液压件、纺织机零件、钢锭模等
RuT260	260	195	3	121～197	F	增压器废气进气壳体、汽车底盘零件等

（七）特殊性能铸铁

为了使特殊性能铸铁具有某些特殊性能以满足工业生产的需要，在灰口铸铁或球墨铸铁中加入一定量的合金元素，如 P、Cu、Mo、Cr、Mn 等以获得特殊性能铸铁。常用的特殊性能铸铁有耐磨铸铁、耐热铸铁、耐蚀铸铁等。

1. 耐磨铸铁

船用柴油机气缸套、活塞环等都是在润滑条件下工作的铸铁零件。为了进一步提高铸铁的耐磨性，使在软基体上牢固嵌有硬的组成物，当软基体磨损后就会形成凹陷的沟槽以利储存润滑油并保持油膜，仅使硬的组成物参与摩擦。珠光体基体灰口铸铁即是符合上述要求的材料，珠光体是铁素体与渗碳体的层片状组织：铁素体为软基体，渗碳体片为硬的组成物。铁素体磨损后形成储油沟槽，石墨片也起润滑作用并在脱落后有储油作用，所以有较好的耐磨性。

（1）高磷耐磨铸铁。高磷耐磨铸铁是在珠光体灰口铸铁（如 HT250、HT300）中加入0.3%～0.6%的磷制成的特殊性能铸铁。

一般情况下，磷在铸铁中的溶解度仅为0.2%。当含磷量超过0.2%时，就会生产Fe_3P，并常以二元磷共晶（Fe_3P+F）或三元磷共晶（Fe_3P+Fe_3C+F）的形式存在。磷共晶硬而脆，在铸铁的珠光体软基体上呈细小不连续网状时，可以显著增强铸铁的耐磨性，即称为软基体上镶嵌硬的组成物。

（2）其他耐磨合金铸铁。在珠光体灰口铸铁中还可以加入其他合金元素，如 V、Cr、Cu、

Mo、Sb、Re 等，形成各种耐磨合金铸铁。

合金元素可使组团基体的珠光体增多并使之细化，也使石墨细化，从而使铸铁的强度、硬度升高，显微组织得到改善。使铸铁具有良好润滑性和抗咬合性能，耐磨性显著提高。这类铸铁有铬钼耐磨铸铁、磷铜钛耐磨铸铁等，广泛应用于气缸套、活塞环、机床导轨等。

2. 耐热铸铁

船舶蒸汽锅炉中的炉条和牵条、换热器、废气管道等零件都是在高温条件下工作的铸铁件，而普通灰口铸铁只能在 400 ℃以下工作，因此必须选用耐热铸铁。

普通灰口铸铁件在高温下不仅会发生表面氧化，而且还会发生“热生长”（或“热长大”），即铸铁件体积增大。热生长现象主要是由于铸铁内的渗碳体高温分解产生石墨和氧化性气体，并沿微小裂缝及石墨边界渗入铸铁内部进行氧化，使铸件变形和裂纹。为了提高铸铁的耐热性，在灰口铸铁中加入硅、铝、铬等合金元素，一方面可以在铸件表面生成 SiO_2、Al_2O_3、Cr_2O_3 致密的氧化膜，防止铸件表面继续氧化；另一方面硅、铝、铬可以提高铸铁的临界温度，使铸铁为单相铁素体基体，在使用温度内不发生固态相变，以减少基体变化及显微裂纹。

耐热铸铁大多为单相铁素体基体的球墨铸铁。耐热铸铁用“RT”表示“热铁”的汉语拼音字首。

3. 耐蚀铸铁

在腐蚀介质中工作的铸铁件，应具有抗腐蚀性能。然而灰口铸铁的抗腐蚀性能极差，因为铸铁组织中的石墨电极电位最高，构成阴极，铁素体电极电位最低，构成阳极，在电解质溶液中就会发生电化学腐蚀，铁素体不断被溶解。铸铁中加入合金元素 Si、Al、Cr、Mo、Cu、Ni 等，可使基体电极电位或在铸件表面形成保护膜，最好获得单相基体，从而可以大大提高铸铁的耐腐蚀性能。常用的耐蚀铸铁有高硅、高铝和高铬耐蚀铸铁。

三、有色金属及其合金

有色金属包括铝、镁、铜、镍、铅、锡、锌、钛等金属。有色金属及其合金具有许多优良性能，是钢、铁等黑色金属不具备也无法替代的。所以，有色金属及其合金是现代工业中不可缺少的重要材料，特别是在船舶工业上应用更广。

（一）铜及铜合金

铜及铜合金是人类生产与应用历史最悠久的一种金属材料。除紫铜（纯铜）外，铜合金主要有黄铜（Cu－Zn 合金）、青铜（Cu－Sn 合金）和白铜（Cu－Ni 合金）。

1. 紫铜

紫铜即工业纯铜，因呈紫色而得名。紫铜具有面心立方晶格，比重 8.96，熔点 1 083 ℃；具有优良的导电性和导热性，仅次于银而位居第二；具有极好的塑性，可进行冷、热加工；因表面形成牢固致密的氧化铜薄膜，对大气、水和水蒸气有很好的耐蚀性。

紫铜的机械性能较低，且随状态不同而异，紫铜中的有害杂质铋和铅即使是万分之几的含量也会导致紫铜的热脆，而硫、氧杂质会引起紫铜的冷脆。

（1）代号与用途。我国国标中依紫铜的纯度不同有 4 种产品，代号为：T1（99.95% Cu）、T2（99.90% Cu）、T3（99.7% Cu）T4（99.5% Cu）。“T”为“铜”字的汉语拼音的字头。

紫铜主要由于制造电线、电缆等导电器材和紫铜管材。船舶动力装置中的柴油机润滑油管、锅炉水管、蒸汽管和密封垫片等采用紫铜制成。紫铜的强度不适于制作零件和构件。

（2）紫铜的热处理。紫铜的热处理有再结晶退火，目的是消除紫铜冷加工硬化，即进行软化。一般最合适退火温度为 600～650 ℃，然后在水中冷却，以除去表面的灰黑色氧化皮

(CuO)。在船上对硬化的紫铜管、紫铜垫等用喷灯加热至发红后立即水冷。

2. 黄铜

黄铜是以铜和锌为主要元素的合金,依化学成分不同,黄铜分为普通黄铜和特殊黄铜。

(1)普通黄铜

普通黄铜是铜和锌的二元合金。

①成分和组织。工业生产中黄铜的含锌量不超过47%。含锌量小于39%时,锌全部溶于铜中,形成α固溶体,称为单相黄铜;含锌量在39%~45%时,黄铜的组织为α+β,称为两相黄铜。α相塑性好,可冷、热加工。β相是以CuZn为基的固溶体,高温下塑性好,可进行热加工,但当温度低时性脆,不可进行冷加工。

②牌号、性能和用途:普通黄铜代号中,"H"表示"黄"字,数字表示平均含铜量。例如,H62为平均含铜量62%、平均含锌量38%的单相黄铜。

普通黄铜的机械性能随含锌量变化。含锌量增加,强度、塑性增加,含锌量达30%时塑性最大;含锌量达45%时强度最高,含锌量继续增加,强度、塑性均下降。黄铜有优良的铸造性,在大气、淡水、海水和蒸汽中有较好的耐蚀性,特别是有机氟化物(氟利昂12-CF_2Cl_2)对黄铜无影响,但切削性较差。普通黄铜在船上应用很多,可制作冷凝器、水泵和冰机的零件和管子。部分加工黄铜的代号、特性、用途如表1.4-25。

表1.4-25 常用加工黄铜的代号、特性和用途

组别	代号	主要特性	用途举例
普通黄铜	H96	强度比紫铜高(是普通黄铜中最低的),导热、导电性好,在大气和淡水中的耐腐蚀性高,塑性好,易于冷、热压力加工,易于焊接、锻造和镀锡,无应力腐蚀破裂倾向	导管、冷凝管、散热气管、散热片及导电零件等
	H68	塑性极佳(是黄铜中最佳者),强度较高,切削加工性能好,能极好地承受热、冷压力加工,易焊接,对一般腐蚀非常安定,但易产生腐蚀开裂	复杂的冷充件和深冲件,如散热器外壳、导管、波纹管、弹壳、垫片、雷管等
	H62	有良好的机械性能,热态下塑性良好,冷态下塑性也可以,切削加工性好,易钎焊和焊接、耐蚀,但易产生腐蚀破裂。价格便宜	销钉、铆钉、垫圈、螺帽、导管、气压表、弹簧、筛网、散热器零件等
	H59	价格最便宜,强度、硬度高而塑性差,但在热态下仍能很好承受压力加工,耐腐蚀性一般,其他性能和H62相似	一般机器零件、焊接件、热冲及热轧零件
特殊黄铜	HPb59-1	切削加工性好,有良好的机械性能,能承受冷、热压力加工,易钎焊和焊接,对一般腐蚀有良好的稳定性,但有腐蚀破裂倾向	适于以热冲压和切削加工制作的各种结构零件,如螺钉、垫片、衬套、螺帽、喷嘴等
	HSn70-1	在大气、蒸汽、油类和海水中有高的耐蚀性,且有良好的机械性能,切削加工性尚可,易焊接和钎焊,在冷热状态下压力加工性好,有腐蚀破裂(季裂)倾向	海船上的耐蚀零件(如冷凝气管),与海水、蒸汽、油类接触的导管、热工设备零件
	HMn58-2	在海水和过热蒸汽、氯化物中有高的耐蚀性,但有腐蚀破裂倾向,机械性能良好,导热、导电性低,易于在热态下进行压力加工,冷态下压力加工性尚可,是应用较广的黄铜品种	腐蚀条件下工作的重要零件和弱电流工业用零件

③黄铜的腐蚀破坏。脱锌是黄铜在酸性或盐溶液中的一种选择性腐蚀。黄铜制件在溶液中表面膜局部破坏后，锌被溶解，使零件表面形成多孔状（如海绵）的现象，称为脱锌。在黄铜中加入少量的砷（0.02%～0.06%）或镁可防止脱锌。

季裂是经冷加工的黄铜零件（含锌量大于7%，特别是大于20%）内存在残余有力，在潮湿的大气或海水中，特别是有氨的环境中，容易因应力腐蚀产生开裂的现象。

（2）特殊黄铜

为了改善和提高普通黄铜的某些性能，在普通黄铜内再添加Mn、Sn、Si、Pb、Al、Fe等1种或几种合金元素所形成的黄铜，称为特殊黄铜。

特殊黄铜的编号为：H＋主加元素符号＋含铜量＋主加元素含量。例如，HSn70－1表示主加元素Sn的含量为1%、含铜量为70%、其余为锌的锡黄铜。铸造黄铜在代号前加“Z”。

特殊黄铜根据主加元素的不同有锡黄铜、锰黄铜、铅黄铜、铝黄铜等。所加元素不同，对改善和提高黄铜性能的作用也不同。常用铸造黄铜的成分和机械性能如表1.4-26。

表1.4-26 常用黄铜的牌号、化学成分、力学性能及用途

类别	牌号	化学成分，%				状态	力学性能（≥）		用途举例
		Cu	Fe	Pb	其他		σ_b/MPa	δ/%	
普通黄铜	H62	60.5～63.5	≤0.15	≤0.08		M Y	294 412	40 10	散热器、垫圈、弹簧、螺钉、各种网
	H68	67～70	≤0.10	≤0.03		M Y	294 392	40 13	弹壳、冷凝器等
	H80	79～81	≤0.10	≤0.03		M Y	265 392	50 3	用于镀层及制装饰品；造纸工业用金属网
特殊黄铜	HPb59－1	57～60	≤0.5	0.8～1.9		M Y	343 588	25 3	又称快削黄铜，适用于热冲压及切削方法制作的零件
	HMn58－2	57～60	≤1.0	≤0.1	Mn 1.0～2.0	M Y	382 588	30 3	海船制造业用零件及电讯器材
	HSn62－1	61～63	≤0.10	≤0.10	Sn 0.7～1.1	M Y	294 392	35 5	船舶零件
	HAl60－1－1	58～61	0.7～1.5	≤0.40	Al 0.7～1.5	R	441	15	在海水中工作的高强度零件
铸造黄铜	ZCuZn38	60～63	≤0.8			S J	295 295	30 30	一般结构件及耐蚀件，如法兰、阀座、螺杆、螺母、支杆、手柄等
	ZCuZn38Mn2Pb2	57～60	≤0.8	1.5～2.5	Mn 1.5～2.5	S J	245 345	10 18	一般用途结构件，船舶、仪表上外形简单的铸件，如套筒、衬套、滑块、轴瓦等
	ZCuZn31Al2	66～68	≤0.8	≤1.0	Al 2.0～3.0	S J	295 390	12 15	适于压力铸造，如电动机、仪表等压铸件及船舶、机械制造业的耐蚀零件
	ZCuZn16Si4	79～81	≤0.6	≤0.5	Si 2.5～4.5	S J	345 390	15 20	接触海水工作的管配件，水泵、叶轮、旋塞及在空气、海水、油、燃料中工作的铸件

注：M—退火态；Y—冷作硬化态；R—热轧态；S—砂型；J—金属型

①锡黄铜。锡可显著提高黄铜在海洋大气、海水中的抗蚀性，并可提高强度。如海军黄铜HSn70-1可用于制造冷却器和冷凝器的管子。

②锰黄铜。锰可提高黄铜的强度和提高在海水、氯化物及过热蒸汽中的耐蚀性。例如

HMn58-2 锰黄铜可铸造亦可锻造加工，用于铸造螺旋桨轴（或尾轴）的轴套；ZCuZn41Mn3Fe1 为铸造黄铜中加工 1% 的铁，用以细化组织提高机械性能，可以制造螺旋桨、蒸汽泵活塞等。

③铝黄铜。铝提高黄铜的强度和硬度、改善在大气中的抗蚀性，但降低塑性。用于制造船用冷凝器管子及管板等耐蚀零件。铝黄铜中加入适量的镍、锰、铁后，还可以获得高强度、高耐蚀性和有一定耐磨性的铝锰铁黄铜，用于制造大小海船和军舰的螺旋桨、大型蜗杆等。

3. 青铜

除黄铜（Cu-Zn）和白铜（Cu-Ni）以外的铜合金均称为青铜。青铜又分为锡青铜（普通青铜）和无锡青铜（特殊青铜）。

加工青铜的牌号为 Q + 主加元素符号及其平均百分含量 + 其他元素平均百分含量，如 QSn4 - 3 为含 4% Sn、3% Zn 的锡青铜。常用加工青铜和铸造青铜的牌号、成分、力学性能及用途列于表 1.4-27。

表 1.4-27　常用青铜的牌号、成分、力学性能及用途

类别	牌号	化学成分，%			状态	力学性能（≥）		用途举例
		Sn	Al	其他		σ_b/MPa	δ/%	
锡青铜	QSn4 - 3	3.5 ~ 4.5		Zn 2.7 ~ 3.3	M Y	350 550	40 4	弹性件，化工机械的耐磨、耐蚀件，抗磁零件
锡青铜	QSn4 - 4 - 2.5	3.0 ~ 5.0		Zn 3.0 ~ 5.0 Pb 1.5 ~ 3.5	Y	600	4	飞机、拖拉机、汽车用轴承和轴套的衬垫
锡青铜	QSn6.5 - 0.4	6.0 ~ 7.0		P 0.26 ~ 0.40	M Y	400 700	65 10	造纸业用铜网，弹簧及耐磨件
铝青铜	QAl7		6.0 ~ 8.5		M Y	420 1 000	70 4	弹簧及其他耐蚀弹性件
铝青铜	QAl9 - 4		8.0 ~ 10.0	Fe 2.0 ~ 4.0	M Y	500 ~ 600 800 ~ 1 000	40 5	船舶及电器零件，耐磨件
铝青铜	QAl10 - 4 - 4		9.5 ~ 11.0	Fe 3.5 ~ 5.5 Ni 3.5 ~ 5.5	M Y	650 1 000	40 10	高强度耐磨件及 500 ℃ 以下工作的零件，其他重要耐磨耐蚀件
铍青铜	QBe2			Be 1.8 ~ 2.1	M Y	500 1 250	40 3	重要的弹簧及弹性件，耐磨件及在高速、高压、高温下工作的轴承
铍青铜	QBe1.7			Be 1.6 ~ 1.85	C CS	440 1 150	50 3.5	各种重要的弹簧和弹性元件
硅青铜	QSi3 - 1			Si2.7 ~ 3.5 Mn 1.0 ~ 1.5	M Y	400 700	50 5	弹簧及弹性件，耐蚀件，蜗轮、蜗杆、齿轮等耐磨件
铸造青铜	ZCuSn10Pb1	9.0 ~ 11.5		P 0.5 ~ 1.0	S J	200 310	3 2	高载荷和高滑动速度下工作的耐磨件，如连杆、轴瓦、衬套、齿轮、蜗轮等
铸造青铜	ZCuPb15Sn8	7.0 ~ 9.0		Pb 13.0 ~ 17.0	S J	170 200	5 6	表面高压且有侧压的轴承，冷轧机的铜冷水管，内燃机双金属轴瓦、活塞销等
铸造青铜	ZCuAl9Mn2	8.0 ~ 10.0		Mn 1.5 ~ 2.5	S J	390 440	20 20	耐磨、耐蚀件，形状简单的大型锻件，管路配件

（1）锡青铜

以锡为主加元素的铜合金称为锡青铜。

工业生产中的锡青铜含锡量在 3% ~ 14% 之间。含锡量 ≤5% 时，塑性好，可进行冷热加工；含锡量大于5% ~7%时，塑性降低，仅适于热加工；含锡量达20%后，强度下降且变得硬脆而无使用价值。所以，锡青铜的含锡量不宜过高，一般含锡量大于10%时适于铸造加工。

锡青铜的铸造性能好，收缩率小，适宜铸造形状复杂的零件。但铸件易产生分散缩孔使青铜的材质不够致密，在高压下容易渗漏；锡青铜在大气、海水、淡水及蒸汽中的耐蚀性较高，优于紫铜和黄铜，但在氨水、硫酸和盐酸的耐蚀性不理想。此外，锡青铜还具有优良的耐磨性。

锡青铜中加入少量的合金元素可以进一步提高和改善锡青铜的性能。主要有：

铅：用以提高耐磨性和改善切削加工性；

锌：能够缩小结晶温度范围，改善铸造性；

磷：可提高耐磨性、流动性和脱氧等。

ZCuSn10P1锡青铜为含锡10%、含磷1%、含铜89%的铜锡合金。具有极好的减摩性、铸造性和较高的硬度、强度，热稳定性好。在大气、淡水中有很好的耐蚀性，在海水中耐蚀性中等。有一定的切削加工性。适用于铸造重要的耐磨、耐冲击零件，如柴油机轴承、齿轮、涡轮等。

(2)无锡青铜

以Al、Pb、Mn、Si、Be等合金元素为主要元素的铜合金称为无锡青铜。分别称为铝青铜、铅青铜、铍青铜、硅青铜等。

无锡青铜大多比锡青铜具有更高的机械性能、耐蚀性、耐磨性和耐热性，常作为锡青铜的代用品而被广泛应用。

铝青铜：以铝为主要合金元素的铜合金称为铝青铜。铝青铜的机械性能与含铝量有关，含铝量低时铝青铜的塑性高，强度低。含铝5% ~7%时塑性最好，适于冷加工；含铝10%左右，强度最高，适于铸造或热加工。所以铝青铜的含铝量一般在5% ~12%之间。

铝青铜的机械性能高于锡青铜和黄铜；结晶温度范围极小，流动性好，缩孔集中，易获得组织致密的铸件；具有优良的耐蚀性，在大气、海水、碳酸及大多数有机酸中的耐蚀性比黄铜、锡青铜高；耐磨性也比黄铜、锡青铜好。

还可在铝青铜中添加Fe、Ni、Mn等合金元素，以提高强度、耐磨性和耐蚀性。

其他无锡青铜：其他无锡青铜在船上应用也很多，例如硅青铜QSi3－1为含硅3%、含锰1%的铜硅合金，可制造船舶辅机零件和排水系统管件；铍青铜QBe2用于制做高速止回阀阀片和重要弹簧；铅青铜ZCuPb30用于大功率高速柴油机轴承。

4. 白铜

以镍为主要合金元素的铜合金称为白铜，包括普通白铜、锌白铜、锰白铜、铁白铜等。

(二)铝及铝合金

1. 工业纯铝

(1)主要特性

①比重小，熔点低。纯铝比重仅为2.72，约为纯铜的1/3，熔点为660.4 ℃。

②良好的导电和导热性。导电性仅次于银、铜、金。

③良好的耐蚀性。纯铝在大气中极易氧化而在表面生成致密的Al_2O_3保护膜，使纯铝在大气、淡水中具有良好的耐蚀性。但在碱、盐溶液中表面氧化膜易被破坏，纯铝很快被腐蚀。

④塑性好而强度低。纯铝具有面心立方晶格，塑性好，ψ达80%。强度σ_b仅为50 MPa，不适于制作零件。纯铝在低温和超低温(0～－253 ℃)下仍能保持塑性和韧性。

⑤优良的工艺性能。纯铝容易铸、锻和切削加工。

(2)代号和牌号

工业纯铝分为冶炼产品和加工产品(铝材),代号是以所含杂质(主要是铁和硅)的量编制的,其中数字越大,纯度越低。

冶炼产品的代号:Al-00、Al-0、Al-1、Al-2、Al-3。对应牌号为特一号铝、特二号铝、一号铝、二号铝、三号铝。

加工产品的代号:L1、L2、L3、L4、L5、L6、L7。对应牌号为一号工业纯铝、……七号工业纯铝。此外、代号为 Al-05、Al-055 是高纯铝。

2. 铝合金

为了提高纯铝的强度,扩大使用范围,在纯铝中加入适量的 Cu、Mg、Si、Mn 等合金元素,获得强度高、加工性好的铝合金。并可通过冷变形和热处理进一步提高其强度,改善性能。

船用铸造铝合金主要是铝硅系铸造铝合金。

(1)ZL102:称为普通硅铝明,含硅量为 10% ~13%,其余为铝。具有优良的铸造性、焊接性,相当好的耐蚀性和耐热性。但强度、塑性不高。生产中采用变质处理细化组织,使强度、塑性显著提高。

(2)ZL108、ZL110:称为特殊硅铝明,主要用于制作船用中高速柴油机、汽车和拖拉机的柴油机或汽油机的活塞,及其他在 250 ℃以下工作的零件等。

ZL108 为铝硅系 8 号铸造铝合金。其比重小,热膨胀系数低,导热率高,耐热性好,铸造性良好,可进行精密铸造。可进行热处理强化,室温和高温下的机械性能较高,强度、硬度较高,耐磨性好。是常用的活塞材料。

ZL110 为铝硅系 10 号铸造铝合金。具有较高的耐热性、耐磨性,切削加工性能良好,铸造性尚好,熔炼简单不需变质处理。但与 ZL108 相比,热膨胀系数较高,比重大,耐磨性也较低。用于制造船用中、高速柴油机活塞。

(三)轴承合金

滑动轴承是船舶动力装置中各种机器的重要部件,例如船舶主柴油机(为船舶动力)、副柴油机(为全船供电)、增压器、空气压缩机、甲板机械(锚机、绞缆机等)、轴系(中间轴、尾轴)等的轴承均采用滑动轴承。轴承合金是制造滑动轴承的重要的耐磨材料,关系着滑动轴承的功能,影响着机器的正常运转和船舶的安全航行。

滑动轴承是由轴承座、上下轴瓦和轴承盖及螺栓组成。正常起支承轴的作用,承受着轴与轴瓦相对运动产生的强烈摩擦并承受轴的重量与外力的作用。轴瓦是由瓦壳和瓦衬——耐磨合金层组成。在瓦壳上浇铸一层耐磨合金或直接把钢板与耐磨合金层轧制在一起,或采用烧结方法制成。用来制造轴瓦耐磨合金层的材料即为轴承合金。

1. 轴瓦的结构形式及对轴承合金的要求

船用滑动轴承轴瓦的结构型式有以下 3 种。

(1)两半式厚壁轴瓦:上、下轴瓦均由瓦壳与合金瓦衬(耐磨合金层)组成。厚壁轴瓦的厚度 $t>0.064D$(D 为轴径),合金层的厚度为 0.75 ~2 mm。这类轴瓦主要用于中、低速柴油机的主轴承、曲柄销轴承和十字头轴承等。瓦壳的材料主要为低碳钢、耐磨合金多为巴氏合金。

(2)两半式薄壁轴瓦:由瓦壳和合金瓦衬组成。薄壁轴瓦厚度 $t=(0.02\sim0.065)D$(D 为轴径),合金层的厚度为 0.2 ~0.7 mm。瓦壳材料选用低碳钢,耐磨合金可采用巴氏合金、铜基轴承合金或铝基轴承合金等。薄壁轴瓦主要用于中、高速柴油机的轴承。

(3)整体衬套式,又称轴套:采用这种轴瓦,轴需自轴瓦一端插入,安装不便。常用铜基轴承合金轴瓦是由钢壳与铅青铜耐磨合金制成,多用于筒形活塞式柴油机连杆小端轴瓦和摇臂轴瓦。

按轴瓦金属可分为:

①单层轴瓦:由一种金属制成的衬套。

②双层轴瓦:是由钢瓦壳和耐磨合金瓦衬组成,以减摩和提高抗咬合作用。

③三层轴瓦:又称三合金轴瓦。是由钢瓦壳、耐磨合金层及在合金层上镀一层极薄的软金属构成(0.02~0.04 mm)。可以改善轴瓦的表面性能,如抗咬合性、磨合性和亲油性等,提高疲劳强度。

④四层金属轴瓦:是由瓦壳、高疲劳强度轴瓦合金、表面性能良好的轴承合金和表面镀层组成。

在巴氏合金上镀表面层是为了提高疲劳强度,防止龟裂和烧熔;在铜基或铝基轴承合金上镀表面层可改善表面性能和防止腐蚀。表面镀层的材料有铅锡、铅锡铜、铅锡锑和铅铟等合金。

对轴承合金的要求:

①在工作温度下具有足够的强度、疲劳强度和硬度,足够的塑性和韧性。

②具有低的摩擦系数,较高的耐磨性,良好的抗咬合性、磨合性和亲油性。

③具有良好的耐蚀性、导热性和较小的膨胀系数。

④良好的工艺性,易于铸造和切削加工。

⑤具有合适的成分和合理的结构。

轴承合金的成分应与钢轴成分的冶金相溶性小,防止运转时轴与瓦发生黏着磨损。冶金相溶性是金属在固态下相互溶解的性能。例如 Sn、Pb、Al、Cu、Zn 等与 Fe 的互溶性很小或不溶,所以它们是制造轴承合金的材料。

轴承合金理想的结构为在软基体上分布着硬质点(占 13%~30%),或在硬基体上分布着软质点。轴运转时,软的部分迅速被磨损而凹陷,可储存润滑油;硬的部分凸出而起支承的作用,不仅保证良好的润滑和极低的摩擦系数,而且不伤轴和延长轴瓦的寿命。

2. 巴氏合金

巴氏合金分为锡基巴氏合金和铅基巴氏合金两种。因呈白色,又称为白合金或乌金,是机器上广泛使用的一种轴承合金。例如 ZChSnSb11-6,其中"Z"、"Ch"分别为"铸"和"承"的汉语拼音字头,基本元素 Sn 为 83%,主加元素 Sb 为 11%,辅加元素 Cu 为 6%。

(1)锡基巴氏合金

锡基巴氏合金是以锡为主,加入少量的锑、铜形成的轴承合金。常用锡基巴氏合金的牌号用途如表 1.4-28。

①组织结构:锡基巴氏合金具有软基体上分布着硬质点的理想组织。图 1.4-62 为 ZSnSb11Cu6 的显微组织。图中黑色为 α 相软基体——锑溶于锡的晶格形成 α 固溶体;大块孤立的方形或三角形为 β 硬质点——以化合物 SnSb 为基的固溶体。

浇铸时,由于 α 相比重大,β 相比重小而形成严重的比重偏析。在合金中加入 6% Cu,使先结晶生成针状 Cu_6Sn_5 并呈树枝状分布,阻止 α 相下沉 β 相上浮,从而有效地消除比重偏析。由于 Cu_6Sn_5 的硬度比 β 相更高,使合金的硬度、耐磨性进一步提高。

②性能和用途:锡基巴氏合金的主要特点:

具有理想的组织结构,摩擦系数小,耐磨性好;基体的塑性和韧性好;有良好的导热性、抗蚀性和工艺性；疲劳强度低，随着温度升高强度下降，最高工作温度小于 110 ℃。

表 1.4-28 常用轴承合金的牌号

种类	合金牌号	用途举例
锡基	ZSnSb12Pb10Cu4	适用于一般中载、中速发动机轴承，但不适用于高温部分
	ZSnSb11Cu6	适于重载、高速的汽轮机、涡轮机、内燃机、透平压缩机等
	ZSnSb4Cu4	韧性要求高、浇注层较薄的重载、高速轴承，如涡轮机、航空发动机轴承
铅基	ZPbSb16Sn16Cu2	承受小冲击载荷的高速轴承、轴衬，如汽车、轮船的轴承、轴衬
	ZPbSb15Sn10	中载、中速、中冲击载荷机械的轴承，如汽车、拖拉机曲轴、连杆的轴承
	ZPbSb15Sn5	低速、轻载机械轴承，如水泵、空压机轴承、轴套
铜基	ZCuPb30	高速、高压下工作的航空发动机、高压柴油机轴承
	ZCuSn5Pb5Zn5	用于常温下受稳定载荷的轴承，如减速机、起重机、发电机、离心机、压缩机
铝基	ZAlSn6Cu1Ni1	高速、高载荷机械轴承，如汽车、拖拉机、内燃机轴承

锡基巴氏合金广泛应用于船用中低速柴油机主轴承、曲柄销轴承和十字头轴承，船舶中间轴承和艉轴承等。

(2)铅基巴氏合金

铅基巴氏合金是在铅锑合金的基础上加入锡、铜而形成的轴承合金。可作为锡基巴氏合金的代用材料。常用的铅基巴氏合金代号、成分和性能见表 1.4-28。

①组织结构：铅基巴氏合金具有软基体上均匀分布着硬质点的理想组织结构。图 1.4-68 为 ZChPbSb16-16-2 的显微组织。图中黑色为$(\alpha+\beta)_{共晶}$软基体。α 相——锑溶于铅形成的固溶体，很软；β 相——铅溶于锑形成的固溶体，硬而脆，比重小易上浮。含锑量在 15% ~17% 的铅锑合金过共晶组织为$\beta+(\alpha+\beta)_{共晶}$。初生相 β 和孤立的白色方块 SnSb 均为软基体上的硬质点。Pb－Sb 二元合金的比重偏析严重，为消除比重偏析，加入 2% Cu 生成白色针状 Cu_6Sn_5 的结晶骨架，其硬度高亦为硬质点的一部分。

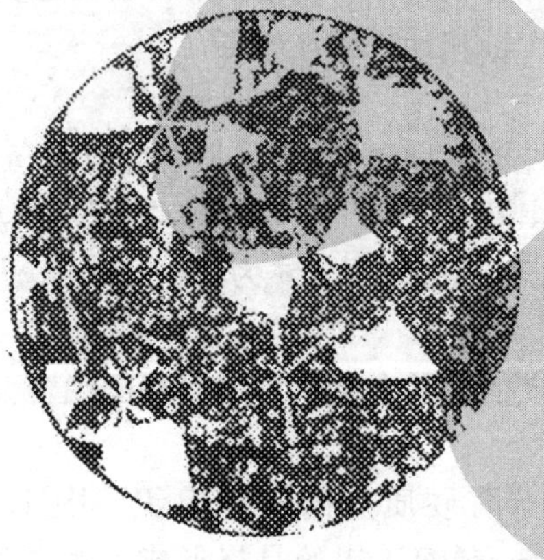

图 1.4-67 ZChSnSb11-6 锡基巴氏合金显微组织

图 1.4-68 ZChPbSb16-16-2 铅基巴氏合金显微组织

②性能与用途：铅基巴氏合金具有较好的抗压强度、耐磨性、嵌藏性，含锡量少，价格低，但其韧性和疲劳强度低，导热性、耐蚀性较差，工作温度小于 120 ℃。总之，铅基巴氏合金的性能不如锡基巴氏合金。一般作为中速、中等负荷、冲击作用不大的机器轴承。如用于船舶辅机的压缩机、起货机、锚机及船舶轴系的轴承上。

3. 铜基轴承合金

铜基轴承合金也是一种常用的轴承耐磨材料，主要有铅青铜、锡青铜和铝青铜。

(1)铅青铜

铅青铜(铜铅合金)ZQPb30是铜基轴承合金的典型材料。成分为30% Pb、70% Cu。在固态下，铜和铅不溶解，消除各自基体的混合物，即在铜的硬基体上分布着粒状铅的软质点。

铅青铜具有较高的疲劳强度和较大的承载能力，优良的导热性，较高的工作温度(250℃)，有较低的摩擦系数和较高的耐磨性。但耐蚀性、磨合性、嵌藏性及抗咬合性均低于巴氏合金。

ZQPb30用于制造承受高速、高载荷及冲击负荷的重要轴承，如高速大功率柴油机的主轴承、连杆轴承。为了改善铅青铜的表面性能，常在表面上镀覆一层0.02~0.03 mm的锡、铅、铟等，使其成为3层(钢壳-铜铅合金-表面镀层)结构的轴瓦。

(2)锡青铜 锡青铜包括磷锡青铜和锌铅锡青铜。用作轴承合金的磷锡青铜ZCuSn10P1、锌铅锡青铜ZCuSn6Zn6P3和ZCuSn5Pb5Zn5。

磷锡青铜ZCuSn10P1的成分包含10% Sn、1% P、89% Cu、显微组织为$\alpha+\delta+Cu3P$，其中α固溶体为软基体，δ相和Cu3P为硬质点。

ZCuSn10P1轴承合金具有较高的强度和疲劳强度，优良的耐磨性，良好的热稳定性。工作温度>280℃。在大气、淡水中有很好的耐蚀性，在海水则为中等。但偏析倾向大。常用作高速、高载荷柴油机轴承，并常制成整体衬套式轴承。

锌铅锡青铜轴承合金ZCuSn6Zn6P3含6% Sn、6% Zn、3% Pb及85% Cu；ZCuSn5Pb5Zn5含5% Sn、5% Zn、5% Pb及85% Cu。这类轴承合金具有良好的耐磨性和铸造性，较高的强度和疲劳强度，在大气、淡水中有良好的耐蚀性，良好的切削加工性，工作温度达280℃。常用于制造中高载荷、中速柴油机的轴承和减速器、起重机及机床的轴承。

4. 铝基轴承合金

铝基轴承合金是20世纪60年代开发的一种新型轴承材料，具有比重小、导热性好、疲劳强度高和耐蚀性好的优点。因我国原料丰富，价格低廉。所以是近代较为理想的轴承合金。其不足之处是膨胀系数较大，运转时易与轴咬合。

(1)低锡铝合金

含Sn小于10%，并含Cu、Mg、Ni及大量Al的轴承合金。具有承载能力强、疲劳强度高、减摩性差的特点，用于中高速重载荷的轴承。

(2)铝锑镁轴承合金

成分为含3.5%~5.5% Sb、0.3%~0.7% Mg，其余为铝的轴承合金。室温组织为Al+AlSb，即在铝的软基体上分布者化合物AlSb的硬质点。Mg可提高合金的强度。

该合金具有高的疲劳强度和耐磨性、耐蚀性，但承载能力不强。适用于低速、中等负荷的轴承，如农机、拖拉机轴承。

(3)高锡铝合金

铝锡合金相图中Al和Sn在固态下几乎完全不溶解，形成各自的基体。20号高锡铝合金含20% Sn、1% Cu，其余为Al的亚共晶合金。其显微组织是在铝的硬基体上均匀分布着粒状锡的软质点。Cu溶于Al可强化基体。

20高锡铝合金具有承载能力强，疲劳强度高，耐热性、耐磨性和耐蚀性良好，切削加工性好和成本低等优点，可代替巴氏合金等轴承材料。广泛用于高负荷的中、高速船用柴油机主轴承和连杆轴承,也用于汽车、拖拉机的轴承上。

为进一步改善20高锡铝合金的性能,目前已将含锡量增至30%~40%。但含锡量增加会导致合金的疲劳强度较低。如40高锡铝合金的疲劳强度已与巴氏合金相近,用于船用大型低速柴油机的十字头轴承上。

四、非金属材料及在船舶上的应用

非金属材料在国民经济各部门中的应用已日益广泛,成为不可缺少的重要材料。在船舶工程上,非金属材料同样也获得广泛应用。利用塑料制成各种船用零件,如螺旋桨、艉轴承、舵轴承、导流帽、阀盘、手柄及各种管子等;利用胶黏剂进行船机零件的修理、安装与装配等。因此有必要介绍非金属材料,以便学生在日后的船上轮机管理工作中更好地使用这些非金属材料。非金属材料主要包括:高分子材料、陶瓷材料和复合材料。

高分子材料主要有合成树脂、合成橡胶和合成纤维。其中以合成树脂的产量最大,应用最广。塑料是以合成树脂为主要成分,加入各种添加剂,在一定温度、压力下加工塑制成型的材料。塑料是在室温玻璃态下使用的高分子材料。塑料的原料丰富,制取方便,加工简单,成本低,种类繁多,具有多种特殊性能,广泛应用于生产和生活的各个领域中。

(一)工程塑料

1. 工程塑料的选用及注意事项

塑料的种类很多,如何根据生产需要选用最佳材料则很重要。使用中可参照表1.4-29选用。

表1.4-29 塑料的选用

名称	零件举例	特性要求	选用塑料
耐磨传动零件	各种轴承、齿轮、蜗杆、齿条、辊子、联轴器等	有较高的强度及热变形温度,刚性、韧性、耐磨性、耐疲劳性均好	各种尼龙、聚甲醛、聚碳酸酯、聚酚氧、氧化聚醛、线型聚酯等
一般结构	罩壳、支架、管接头及手轮、手柄等	强度和耐热性能低,外观美,成本低	改性聚苯乙烯、低压聚乙烯、氯乙烯-醋酸乙烯共聚体(ABS)、聚丙烯、醋酸丁酸纤维素等
减磨自润滑零件	活塞环、机动密封圈、填料函及轴承	一般受力较小,对机械强度要求不高,但运动速度较高,要求具有低的摩擦系数	聚四氟乙烯和各种填充的聚四氟乙烯、用聚四氟乙烯粉末或纤维填充的聚甲醛等
耐腐蚀零部件	容器、管道、泵阀门、管接头、测量用仪表等	耐强酸或强氧化性酸,又要求耐碱	聚四氟乙烯、聚全氟乙丙稀、聚三氟氯乙烯及聚偏乙烯等
耐高温零件	高温环境中工作的结构零件	温度可在150 ℃以上,有的还要求在260~270 ℃下长期工作	氟塑料、聚苯醚、聚砜、聚酰苯胺、芳香尼龙等

在选用工程塑料构件或零部件时要注意以下问题:

(1)塑料的导热性差,不易散热,所以应考虑使用中要有良好的散热条件;塑料的耐热性差,热膨胀系数较大,受热易变形,所以使用中的塑料零件的配合间隙要足够。

(2)工程塑料一般都易吸湿吸水,尤以聚酰胺突出,要求零件尺寸和性能稳定处应慎用。

(3)塑料是非刚性材料。

(4)塑料有一定的机械性能,适用于一定的负荷和转速,在选用塑料轴承时应特别注意。

(5)塑料受到光、氧作用后易老化,使性能变坏。

2. 工程塑料在船舶上的应用

(1)制作船舶构件。玻璃钢可用来制造快艇、工作艇、救生艇的艇体,上层建筑、驾驶台、棚顶、门壁、风斗、导流罩、导流帽、螺旋桨等。

尼龙可制作导流帽、舷窗;泡沫塑料可作舱室地板,以聚氨酯弹性塑料与核桃壳、沥青、废橡胶等配合使用可代替木制甲板;用聚氯乙烯塑料制作扶手等。

(2)制作船机零件。尼龙可以制造艉轴承、舵轴承、阀盘、齿轮、滑块、滑轮、手柄等;ABS塑料管、硬纸聚氯乙烯塑料管作为船舶常温低压管路。此外,常温工作条件下的活塞环,主、辅机中的离合器片和刹车片,主、辅机中的密封垫片等均可用塑料或以塑料为基础制成。

(3)塑料用于防腐

螺旋桨上涂料防止桨叶的穴蚀和电化学腐蚀,目前已取得一定的成果,但还存在一定不足,如耐穴蚀差、附着力不强等。艉轴包覆玻璃钢:对艉轴非摩擦表面采用包覆环氧玻璃钢防腐,既有良好的防腐性能,又适用于各种介质,且工艺简单,局部损坏易于修补。柴油机缸套冷却水侧涂塑料涂层防腐,对防止穴蚀和电化学腐蚀有一定的作用。舵叶防腐:舵叶上涂塑料涂层可提高舵叶抗蚀能力。水舱防腐:船舶水舱壁面采用塑料涂层防腐较原来涂薄层水泥效果好,不影响水质和可局部修理。与海水接触的机件内壁,如管子内壁、主机循环泵内壁、冷凝器及造水机内壁等极易腐蚀,采用内壁面涂塑料层可以防腐,延长机件使用寿命。

(二)合成橡胶

合成橡胶是人工合成的高分子化合物之一,是具有高弹性的高分子材料。线性非晶态高聚物具有高弹态(称为弹性体),橡胶正是这种高弹态高聚物,能在使用温度范围内保持高弹性。合成橡胶的原料主要是石油、天然气和煤,其次是木材和农副产品。我国生产合成橡胶的资源丰富,为其发展提供了坚实的物质条件。

1. 橡胶制品的主要组成

(1)生胶:凡未加配合剂的合成橡胶为生胶。生胶的性能随温度变化很大,如高温发黏,低温时变脆,所以应予以处理。

(2)配合剂:为了提高合成橡胶的使用性能或改善其加工工艺性能而加入的物质。主要的配合剂有硫化剂、硫化催进剂、软化剂、增塑剂、补强剂、着色剂等。每种配合剂都有其独特的作用。例如硫化剂是使橡胶分子产生交联,形成三维网状结构,使具有可塑性的生胶变为具有弹性的硫化胶。

(3)增强材料(骨架材料):用于增加橡胶制品的强度并限制其变形。主要的增强材料有纤维织品、帆布、线绳及钢丝等。例如传动带、运输带、胶管等橡胶制品中的帆布和细布;各种汽车轮胎中的帘布等。增强材料在橡胶制品中的用量依制品不同而异。例如轮胎中的增强材料占其重量的10% ~15%;运输带为65%;雨衣为80% ~90%。

2. 橡胶的性能特点

橡胶最显著的性能是具有高弹性,弹性模数很小,只有1MPa。在外力作用下产生极大的变形量,变形率达100% ~1000%,外力除去后迅速恢复原状。此外,橡胶还具有极高的储能性、耐磨性、绝缘性、不透水和不透气性等。橡胶广泛用于制造密封件、减震件、轮胎、电线和电缆的绝缘材料及生活用品等。

3. 主要的合成橡胶

利用天然橡胶与合成橡胶为原料可以制成各种性能和用途的橡胶制品。天然橡胶是橡胶树上流出的乳胶加工而成。天然橡胶是异戊二稀的高聚体，自然界中含橡胶成分的植物有400余种，大部分生长在热带。天然橡胶具有最好的综合性能，但产量低。合成橡胶主要是稀型的高聚物，在化学结构上与天然橡胶有共同点，所以性能与天然橡胶相近，并且可以合成具有特殊性能的合成橡胶，使其性能在某些方面远远超过天然橡胶，从而扩大了橡胶的应用范围。

目前合成橡胶的种类很多，按其性能和用途分为通用合成橡胶和特种合成橡胶。用于制造特定条件下使用的橡胶制品的合成橡胶，称为特种合成橡胶。可具有耐寒、耐热、耐臭氧等特殊性能。例如硅橡胶可耐低温或高温，在 -90 ~ 300 ℃范围内使用均不失弹性；氟橡胶具有突出的耐腐蚀性能等。一般特种合成橡胶价格较贵，应用不广。

通用合成橡胶主要有丁苯橡胶，丁腈橡胶、氯丁橡胶、丁基橡胶、乙丙橡胶、顺丁橡胶和异戊橡胶等品种。其中，产量最大的是丁苯橡胶，占橡胶总产量的60% ~70%，广泛用于制造汽车轮胎的内、外胎，运输带和各种硬质橡胶制品等。

(三)合成纤维

纤维材料是指长度比直径大很多倍的呈均匀条状或丝状，并具有一定柔韧性的材料。纤维材料种类很多，一般分为天然纤维和化学纤维两大类。

天然纤维是直接从自然界获得，包括矿物纤维(如石棉等)、植物纤维(如棉、麻等)、动物纤维(如丝、毛等)。化学纤维又分为人造纤维和合成纤维。人造纤维是利用自然界中的原料经过化学处理与机械加工制成，如无机纤维(玻璃纤维)；称为“人造丝”、“人造棉”的黏胶纤维、硝化纤维和醋酸纤维等。合成纤维是以石油、煤、天然气及农副产品为原料，经过化学处理提炼出一些单体有机化合物分子，如苯、乙烯、丙烯、苯酚等，通过聚合而成高分子化合物，再经熔融或溶解成纺丝溶液，在一定压力下喷成纤维，如聚酰胺纤维、聚酯纤维、聚丙烯腈纤维等。

合成纤维一般具有强度高、比重小、耐磨、不霉不腐等优点，为纺织品的新型原料，广泛用于服装用料。此外，在工农业生产、交通运输及国防工业上也广为应用，且在有些用途上是天然纤维所不及的。例如，棉纶帘子线汽车轮胎的行驶里程要比一般纤维的多1 ~2倍，并且还可节约橡胶用量达20%。

合成纤维产量最多的为六大品种。

①涤纶又叫的确良，强度高、耐磨、耐蚀、易洗易干、坚挺不皱，是很好的服装衣料。②尼龙在我国称棉纶，强度高、耐磨、弹性好。主要缺点是耐光性差。③腈纶国外称奥纶、开司米纶，质地柔软、轻盈、保暖，有人造毛之称。④维纶的原料易得，成本低，性能与棉花相似，但强度高。缺点是弹性较差，织物易皱。⑤丙纶为后起之秀，发展快，纤维以轻、牢、耐磨著称。缺点是可染性差，日晒易老化。⑥氯纶难燃、保暖、耐磨、耐晒、弹性好。缺点是染色性差，热收缩大，故而限制了它的应用。

(四)合成胶黏剂

胶黏剂又称为黏合剂、黏结剂，是一种具有优良的黏合性能的材料。合成胶黏剂的品种繁多，成分复杂，而且也是目前国内外主要应用的胶黏剂。

1. 胶接特点

用胶黏剂把被粘物结成一体的方法称为胶接或黏接。胶接与焊接、铆接、键连接、螺栓连接等连接技术相比，具有以下特点：

(1)胶接接头的应力分布均匀。因黏结强度高和整个胶接面均匀承载,不会产生应力集中。

(2)可以黏接各种不同种类的材料。不仅可以黏接金属与金属、金属与非金属,而且可以粘接其他方法难以连接的材料。例如各种金属与玻璃、橡胶、陶瓷、木材、织物之间的连接。此外,还可黏接薄形、微形、异型及复杂的零部件。

(3)胶接结构重量轻,外表美观。

(4)密封性、耐蚀性和绝缘性好,可防止金属的电化学腐蚀。

(5)胶接工业简单、操作方便、使用灵活。

胶接的主要特点是使用温度较低,多数胶黏剂的使用温度在60~80 ℃以下,少数在150~250 ℃范围内。一般具有较好的耐低温性能,例如聚氨酯类胶黏剂可在-196 ℃以下工作。此外,胶接质量难于检测,胶黏剂易老化。

2. 常用胶黏剂

(1)环氧树脂胶黏剂。环氧树脂胶黏剂是目前应用最广泛的胶种之一。环氧树脂具有黏合力强、收缩率小、稳定性高等性能,可直接用来配制各种胶黏剂。我国应用最广的双酚A型胶粘剂(俗称“万能胶”),性能较全面,其产量在环氧树脂胶黏剂总产量中约占90%。

(2)改性酚醛树脂胶黏剂。酚醛树脂是第一个人工合成的高分子化合物。酚醛树脂对含纤维素的材料具有较强的黏结力,如胶黏木材、胶合板、纤维板等。由于脆性大,不适于胶黏结构件。耐热性、耐老化性好,固化收缩率大。经改性处理后对金属和非金属材料也具有粘结力,并且柔韧性和弹性大为提高,耐疲劳性突出,可在各种大气条件下长期使用,成本低。但耐热性有所下降。

(3)聚氨酯胶黏剂。聚氨酯胶黏剂是以多异氰酸酯和聚氨基甲酸酯为基本材料的胶黏剂。具有高度的极性和活泼性,能够黏接多种材料,如泡沫塑料、木材、织物等,并且可以黏接表面比较光洁的材料,如金属、玻璃、橡胶等。

聚氨酯胶黏剂对大多数材料都有较强的黏结力;韧性好,耐冲击,可黏接软质材料和热膨胀系数相差较大的两种材料;耐低温性能超过其他胶种,随着温度降低,黏结强度反而增加,所以是超低温环境中的理想黏接材料。

(4)α-氰基丙烯酸酯胶黏剂。该类胶黏剂具有常温下快速固化的特点,又称瞬干胶。固化后胶层具有较好的机械强度和耐寒性、透明性、电绝缘性等。但脆性大,不耐冲击;耐热性差,使用温度不超过70 ℃。不宜在酸、碱及水中长期使用。该类胶应用范围广,适用于大多数金属和非金属材料的快速胶接。

(5)厌氧型胶黏剂。厌氧型胶黏剂又称嫌气性胶黏剂,其特点是在空气中不能固化,与空气接触可存放1~2年也不固化。当被黏接物应用厌氧胶黏接时,黏接面紧密接触,排除空气后,在催化剂的作用下能迅速固化。所以是一种常温下有氧不能固化,除氧后可迅速固化的胶黏剂。厌氧胶具有良好的流动性和密封性,耐蚀性、耐热性和耐寒性也较好,可用于紧固螺栓;因其耐压、密封,用于气、液管道接头的密封及法兰平面的耐压密封垫,可以有效地防止油、水、气的跑、冒、滴、漏;还可用于修复铸件的气孔、砂眼等缺陷。

3. 胶黏剂在轮机工程中的应用

胶黏剂广泛应用在轮机工程修复零件和安装工作中。

(1)修复船机零件。主要用于零件裂纹和断裂的修理,例如柴油机机座、机架、气缸体等的裂纹;船机零件的微动磨损和腐蚀的修理,例如修复由于微动磨损造成的紧固配合的齿轮与轴的松动,修复气缸体、气缸套外表面的腐蚀;水下修补,如船体水下部位的修补。

(2)用于主、辅机和轴系的安装工艺。改进主、辅机机座的安装工艺,用垫片涂环氧树脂来代替繁重的垫片拂刮工作,简化了主机安装工艺和减轻了工人的劳动量;也用于中、小型螺旋桨与尾轴的装配。

(五)陶瓷材料

在现代材料领域中,无机非金属材料或称陶瓷,是指除金属材料和有机材料以外的固体材料。陶瓷已非专指传统的陶器和瓷器,而是指凡是用传统的陶瓷生产方法制成的无机多晶产品,如玻璃、搪瓷、耐火材料、砖瓦、水泥、石灰、石膏等人造无机非金属材料。由于这些材料都是采用天然的硅酸盐矿石,如黏土、石灰石、长石、石英、砂子等作原料,陶瓷材料又称硅酸盐材料。近年来,陶瓷材料发展迅速,已应用到工业生产的各个领域。陶瓷材料与金属材料、高分子材料成为现代工程材料的三大支柱。

(六)复合材料

金属材料、高分子材料和陶瓷材料各具优缺点,各有其应用领域。随着工业、交通运输和尖端科学技术的发展,对材料提出越来越高的要求。传统的、单一的材料已不能满足多方面的性能要求,而复合材料是所要求的新型材料。复合材料是由两种或两种以上的物理和化学性能不同的物质人工制成的一种多相固体材料。复合材料保留组成材料的优点,并且具有优于组成材料的性能。事实上,人类早已使用了复合材料,例如钢筋混凝土、木质层压板等。

复合材料一般是由高强度、高模量、脆性很大的增强材料与强度低、韧性好、低模量的基体材料组成。常用玻璃纤维、碳纤维、硼纤维等作增强材料,用塑料、橡胶、树脂、金属等作基体材料制成各种复合材料。例如玻璃增强树脂,即玻璃钢已在汽车、船舶、管系、电机、传动件等方面广泛应用。随着复合理论与生产工艺的提高,其成本降低、性能完善,复合材料将更加广泛地应用于航空航天和一般工业领域。专家预言,未来飞机上70% ~80%的材料将采用复合材料,21世纪将是复合材料的世纪。

第六节　轮机主要零件的材料及热处理

一、机械零件材料的选用原则

工程上常用的材料主要有:金属材料、高分子材料、陶瓷材料和复合材料等,它们各有其特点。金属材料具有良好的机械性能,工艺性良好,主要用来制造重要的结构零件和工程构件。高分子材料强度、弹性模量、疲劳抗力、韧性等较低,但它密度小,减震性良好,耐腐蚀性好,弹性变形能力强,常用于制造轻载传动齿轮、耐腐蚀的设备与零件和密封元件等。瓷材料质地硬而脆,但耐高温和耐腐蚀性良好,用于制造耐高温、耐腐蚀、耐磨的零件;新型的复合材料,具有优异的性能,单价昂贵,主要用于绝热发动机中的重要零件。

在众多的可选材料中,如何选择一个能充分发挥材料潜能的适宜材料,一般是在满足零件使用性能要求的前提下,再考虑材料的工艺性能和总的经济性,并要充分重视、保障环境不被污染,符合可持续发展要求。一般应遵循以下三个原则。

(一)使用性能

使用性能主要是指零件在使用状态下材料应该具有的机械性能、物理性能和化学性能。对大量机器零件和工程构件,则主要是机械性能。对一些特殊条件下工作的零件,则必须根据要求考虑到材料的物理、化学性能。材料的使用性能应满足使用要求。设计零件进行选材时，主要根据零件的工作条件，提出满足安全性、可靠性、维修性等合理的性能指标。

1. 零件工作条件分析

一个零件的使用性能指标是在充分分析了零件的服役条件和失效形式后提出的。

零件的服役条件包括：

①受力状况——拉伸、压缩、弯曲、扭转。②载荷性质——静载、冲击载荷、循环载荷。③工作温度——常温、低温、高温。④环境介质——有无腐蚀介质或润滑剂的存在。⑤特殊性能要求——导电性、导热性、导磁性、密度、膨胀等。

2. 常用机械性能指标的选配

常用的力学性能指标是强度、硬度、塑性、韧性等。选材时经常要问的一个问题是:强度能否满足抵抗服役载荷的应力。其主要判据就是强度，屈服强度对于成形工序估计所需外力或考虑单个过载的影响时，都是重要的指标。硬度对估计材料的磨损抗力和钢的大致强度都很有用，它最广泛的应用是作为热处理的质量保证。塑性也是材料选择中的重要因素，如某种金属拉伸时具有一定的最小伸长值，则它在服役中将不会发生脆性断裂失效。较高的塑性可对零件起到过载保护作用，使零件成形更为容易。冲击韧性的实质是表征在冲击载荷和复杂应力状态下材料的塑性，它对材料组织缺陷和温度更为敏感，是判断材料脆断的一个重要指标。

以性能指标作为判据选择材料时，应充分考虑试验条件与实际工作条件的差别；热处理工艺改变组织后对性能指标的影响；形状尺寸效应等带来实际情况与实验数据之间的偏差。必要时应对《轮机工程手册》、《船舶工程手册》、《机械工程手册》、《钢质海船入级规范》中的数据进行适当修正，甚至进行模拟试验，以便提供更可靠的选材保证。

（二）工艺性能

材料工艺性能的好坏，对零件加工的难易程度、生产效率高低、生产成本大小等起着重要作用，同使用性能相比，工艺性能处于次要地位，但在特殊情况下，工艺性能也可能成为选材的主要依据。高分子材料、陶瓷材料的工艺路线较简单，而金属材料的工艺路线较复杂，但适应性能很好，常用的加工方法有铸造、压力加工、焊接、切削加工等。

金属材料加工的工艺路线远较高分子材料和陶瓷材料复杂，而且变化多，不仅影响零件的成形，还大大影响其最终性能。

1. 性能要求不高的一般金属材料选材的工艺路线

毛坯→正火或退火→切削加工→零件。

2. 性能要求较高的金属零件选材的工艺路线

毛坯→预先热处理（正火、退火）→粗加工→最终热处理（淬火、回火、固溶、时效或渗碳处理等）→精加工→零件。

3. 性能要求较高的精密金属零件选材的工艺路线

毛坯→预先热处理（正火、退火）→粗加工→最终热处理（淬火、回火、固溶、时效或渗碳处理等）→半精加工→稳定化处理或氮化→精加工→稳定化处理→零件。

这类零件除了要求有较高的使用性能外，还要有很高的尺寸精度和表面光洁度。

从工艺性能出发，若是铸件，成分接近共晶点的合金铸造性能最好，常用的铸造合金中铸造铝合金和铜合金最好，铸铁次之，铸钢最差。锻件或冲压件，最好是纯金属或单相固溶体合金，铝和铜压力加工性良好，低碳钢比高碳钢好，而碳钢比合金钢好。对于焊接结构，碳和合金元素含量越高，焊接性能越差，低碳钢焊接性能良好，中、高碳钢和合金钢较差。切削加工性主要取决于加工表面质量，切屑排除难易程度和刀具磨损大小，钢铁材料硬度控制在 170 ~ 230 HBS 之间便于切削。通过热处理可改善钢铁材料的切削加工性能。机械零件最终使用性能很大程度上取决于热处理工艺，通常碳钢加热时易过热，造成晶粒粗大，淬火时易变形开裂，因此制造高强度、大截面形状复杂的零件，应选用合金钢。

（三）经济性

1. 材料的价格

零件材料的价格无疑应该尽量低。材料的价格在产品的总成本中占有较大的比重，据有关资料统计，在许多工业部门中，材料的成本可占产品价格的 30% ~ 70%，因此设计人员要十分关心材料的市场价格。

2. 零件的总成本

零件选用的材料必须保证其生产和使用的总成本最低。零件的总成本与其使用寿命、质量、加工费用、研究费用、维修费用和材料价格有关。

3. 国家的资源等因素

随着工业的发展，资源和能源的问题日渐突出，选用材料时必须对此有所考虑，特别是对于大批量生产的零件，所用材料应该来源丰富并顾及我国资源状况。另外，还要注意生产所用材料的能源消耗，尽量选用耗能低的材料。例如，汽车发动机曲轴，多年来选用强韧性良好的钢制锻件，但高韧性并非必需要求，因弯曲了的曲轴同样不能再使用，后成功地选用铸造曲轴（球墨铸铁制造），使成本降低很多。综上所述，零件选材的基本步骤如下：①对产品功能要求特性，包括可能互相矛盾的要求，确定相对优先次序。②决定产品每个构件所要求的性能，对各种候选材料在性能上进行比较。③对外形、材料和加工方法进行综合考虑。

二、轮机典型金属零件的选材及其热处理方法

为保证船舶动力装置中的各类机械、设备和系统的正常工作，保障船舶的正常航行，必须了解轮机主要零件的材料及性能、常用的热处理方法，以便于轮机员的日常检修、自修、监修和监造，以及备件或设备采办订购。

（一）曲轴

1. 曲轴的工作条件及其对材料的性能要求

曲轴是柴油机的重要工作零件之一，结构复杂，重量大，造价高。曲轴的作用是汇集和输出柴油机各缸所做的功。图 1.4-69 为曲轴的示意图。

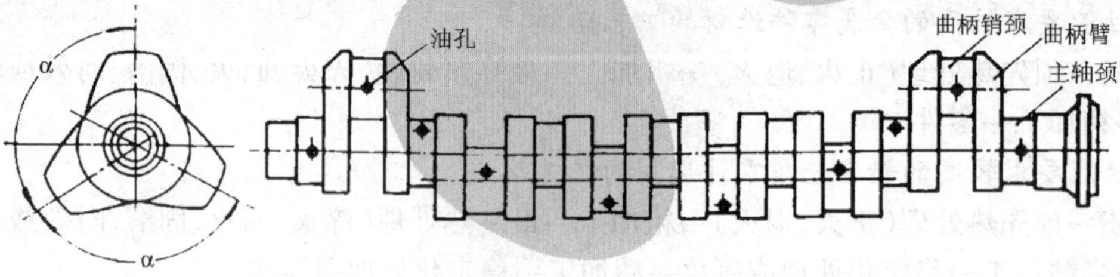

图 1.4-69 曲轴

（1）曲轴的工作条件

曲轴在工作中受交变载荷、弯曲和扭矩的作用，由于曲轴的结构很复杂，所以在横截面变化处，如轴颈与曲柄连接处有较大的应力集中。

（2）对曲轴的性能要求

①具有良好的综合机械性能，即较高的强度、硬度与良好的塑性、韧性。②具有足够的疲劳强度。③具有优良的耐磨性。

2. 曲轴常用的材料及热处理

(1)曲轴的选材

船用大型低速柴油机大多采用半组合式曲轴，主轴颈常采用中碳优质碳素结构钢、30、40、45号钢，曲柄常选用锻钢35MnV、40Cr、35CrMo或铸钢，如ZG270－450、ZG310－570和ZG25MnV等；船用中高速柴油机采用整体式曲轴，采用中碳优质碳素结构钢或合金调质钢，或选用球墨铸铁QT600－03、QT700－02等。曲轴毛坯的制造方法依曲轴的尺寸、材料和生产批量而定。生产批量较大的小型曲轴采用模锻；大、中型整体式曲轴采用自由锻；大型半组合式曲轴生产数量较少，曲柄和主轴颈可选用铸钢或锻钢毛坯，机械加工后采用红套工艺或液压套合工艺连接成整体曲轴。球墨铸铁曲轴则以铸造成型。

(2)曲轴的热处理

曲轴的性能要求是通过热处理来满足的，为了使曲轴具有综合机械性能，曲轴材料的组织必需为S'或为S。常见的热处理有以下几种形式。

①碳钢曲轴锻件应进行正火处理，粗加工后退火处理。②合金钢曲轴锻件先进行退火处理，粗加工后进行调质处理，对轴颈表面要求硬度高的可采用表面淬火或氮化处理。③铸钢曲柄需进行两次正火处理和低温退火处理。或高温扩散退火＋正火处理＋回火处理。④球墨铸铁曲轴进行正火处理，粗加工后退火处理，硬度为HB220～229。轴颈表面要求硬度高时，进行高频淬火。

一般来说，碳钢曲轴由于淬透性差采用最终正火来代替调质，还可以消除组织缺陷和改善切削加工性能，合金钢的曲轴主要采用调质来获得回火索氏体满足综合机械性能的要求。

(3)曲轴轴颈的表面强化处理

曲轴轴颈的表面强化处理可使曲轴的耐磨性和疲劳强度大大提高。主要采用的方法有：

①氮化处理，常用气体氮化、气体软氮化、离子氮化等。②喷丸、滚压强化，可提高曲轴疲劳强度。

(二)连杆

1. 连杆的工作条件

连杆是柴油机的重要工作零件。连杆的作用是把活塞与曲轴连接起来，把作用于活塞上的气体力和惯性力传递给曲轴，从而将活塞的往复运动变成曲轴的回转运动。连杆分为无十字头式和十字头式两种。无十字头式连杆用于四冲程中、高速筒形活塞式柴油机中；十字头式连杆用于二冲程低速柴油机中。连杆的运动和受力复杂，承受周期变化的气体力和惯性力的作用。并且气体力具有冲击性，使连杆内都产生很大的交变拉、压应力和弯曲应力。连杆大、小端分别与曲柄销、活塞销(或十字头销)相对运动，受到摩擦与磨损。

2. 连杆的材料和热处理

(1)连杆材料

船用大型低、中速柴油机连杆一般选用35、40、45号碳钢和45Cr、35CrMo等合金钢；高速大功率柴油机多选用40Cr、35CrMo、42CrMo、18Cr2Ni4WA等合金钢。连杆毛坯锻造成型，小型高速柴油机连杆多采用模锻，大中型柴油机连杆采用自由锻。

(2)热处理

船用大型低速柴油机连杆由于转速低、交变应力频率低，对材料的疲劳强度要求不高，主要保证刚度，所以常选用中碳钢正火处理，粗加工后退火处理。中、高速柴油机连杆由于对疲劳强度要求较高，选用中碳钢时进行调质或正火处理；选用合金钢时进行调质处理。高速柴油机连杆为了进一步提高材料的疲劳强度对连杆表面进行抛光、喷丸或其他表面强化处理。

（三）气缸套

1. 气缸套的工作条件及对材料的要求

气缸套是柴油机燃烧室的组成零件之一，依柴油机类型、结构的不同分为四冲程柴油机缸套和二冲程柴油机气缸套，如图 1.4-70 所示。

（1）气缸套的工作条件

气缸套内圆表面受到高温、高压燃气的作用，同时内圆表面还承受活塞组件的强烈摩擦和燃气的腐蚀。气缸套外表面直接或间接受到冷却水的冷却和腐蚀、穴蚀，还有由于内、外温差引起的热应力，所以气缸套的工作条件十分恶劣。

（2）气缸套材料的要求

①具有较高的强度、刚度。②具有良好的耐磨性、耐蚀性和导热性。

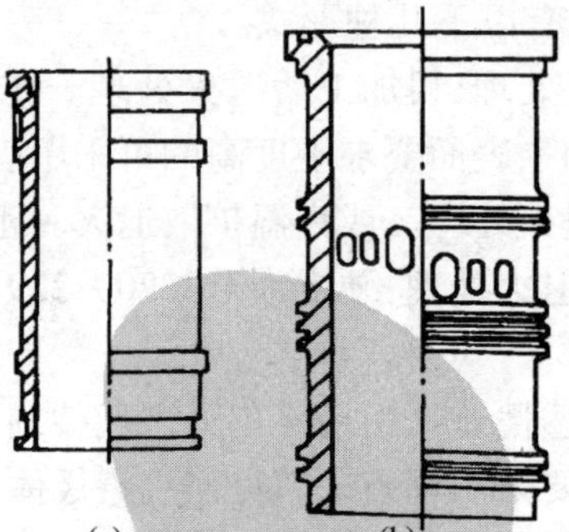

图 1.4-70　气缸套

（a）四冲程柴油机气缸套；（b）二冲程柴油机气缸套

2. 气缸套材料及表面热处理

（1）气缸套材料

除少数高速大功率轻型柴油机采用钢质（38CrMoAl）气缸套外，一般均采用铸铁，因为铸铁具有优良的耐磨性、铸造性和切削加工性，且价格低廉。大型低速柴油机和一般中、高速柴油机气缸套料常选用灰口铸铁 HT250、HT300 和高磷铸铁、钒钛铸铁。中、高速强载柴油机气缸套材料常选用含硼合金铸铁，或选用球铁，如 QT600－03。中、小型柴油机气缸套成批生产，多采用离心铸造；大、中型柴油机气缸套为单件、小批量生产，一般为砂型铸造。

（2）气缸套表面改性处理

为了提高气缸内圆表面的耐磨性和耐蚀性进行气缸套内圆表面强化处理。主要方法有：

①表面热处理强化。如表面淬火（高频淬火、激光淬火、电接触淬火等）和表面化学热处理方法（氮化、离子轰击扩渗处理等）。②松孔镀铬，镀层具有硬度高、摩擦系数小和耐磨性、耐蚀性好的特点。③特种加工，采用珩磨或波纹切削工艺，获得有利于改善润滑的表面结构和形貌。

（四）活塞

活塞是柴油机的主要工作运动部件之一，也是燃烧室的组成零件。活塞的结构形式有筒形活塞和十字头式活塞。而十字头式活塞又分为整体式和组合式，如图 1.4-71 所示。

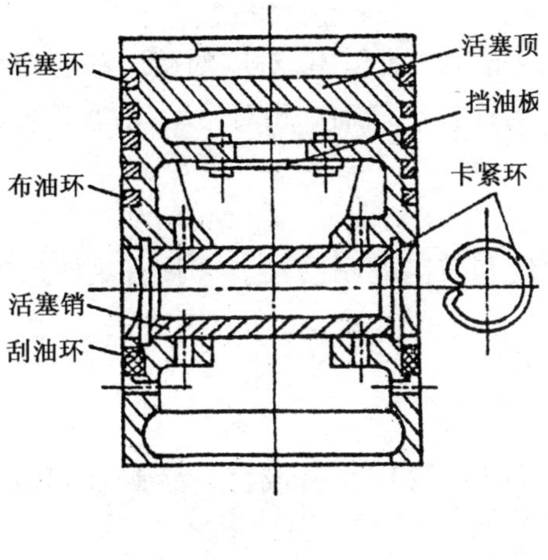

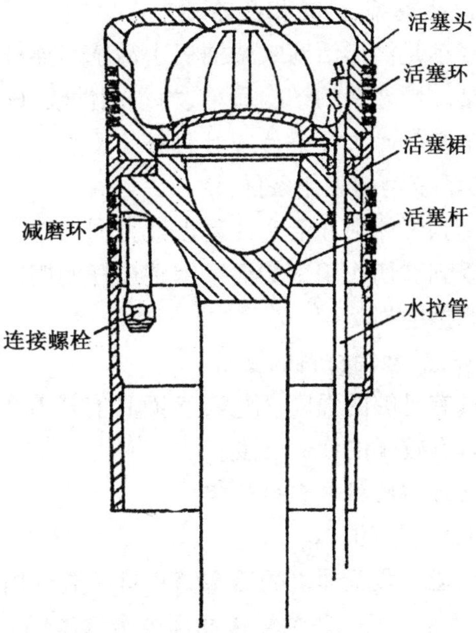

图 1.4-71　活塞

1. 活塞的工作条件及对材料的要求

(1)活塞的工作条件

①活塞直接受到高温高压燃气和往复惯性力的作用，所以活塞承受很高的热应力与机械应力。②活塞在往复运动中承受着摩擦与撞击；在润滑不良的情况下更为严重。

(2)对活塞材料的要求

①具有足够的强度和硬度，较高的疲劳强度和高温工作性能。②优良的导热性，散热快以降低活塞的热负荷，较小的膨胀系数，受热变形小以保持与缸套的正常配合间隙。③具有良好的耐磨性与耐蚀性。④具有较小的比重以减小往复惯性力，对高速柴油机尤为重要。

2. 活塞材料及热处理

(1)活塞材料

船用中、低速柴油机的活塞材料常选用铸铁，如灰口铸铁 HT250、HT300。大型低速十字头柴油机采用组合式活塞，活塞头常采用 ZG230－450、ZG25Mo、ZG35CrMo；裙部采用 HT250、HT300。球墨铸铁活塞在缸径为 100～400 mm 的中速柴油机上获得应用，如采用 QT500－7。

目前国内外中、高速柴油机广泛采用铝合金活塞，如 ZL108、ZL110。有关它们的特性在前面有色金属中已论述。

随着柴油机强载程度的提高，强度高且耐高温的锻铝合金获得应用。如高速强载柴油机活塞常采用 LD8、LD10 和 LD11 等锻铝材料。

整体式铸铁活塞毛坯采用砂模铸造，批量大的小型铸铁活塞毛坯采用金属模铸造。整体式铸铝活塞采用金属模离心铸造。锻铝活塞毛坯采用模锻。

(2)活塞的热处理

①铸铁活塞一般在粗加工后进行退火处理。②铸钢和合金铸钢的活塞头采用正火和粗加工后退火处理，合金铸钢采用调质处理。③铝合金活塞采用淬火加时效处理。

（五）活塞销、凸轮和凸轮轴

活塞销是筒形活塞式柴油机中活塞与连杆之间的连接件，支承连杆小端与其保持一定的相对运动。活塞销的结构简单，为一刚性较好的圆柱体。

1. 活塞销的工作条件及对材料的要求

（1）活塞销的工作条件

①受到气体力和活塞往复惯性力周期性强烈冲击和弯曲作用，对应的销座和连杆小端轴承边缘受到剪切作用。②活塞销是连杆的摆动轴，与连杆小端轴承相对运动，活塞销表面承受较大的摩擦磨损。

（2）对活塞销材料的要求

①具有足够的强度、刚度，表面具有较高的硬度和较高的耐磨性。②具有足够的冲击韧性。③具有较高的疲劳强度。

2. 活塞销的材料和热处理

（1）活塞销的材料

船用活塞式柴油机的活塞销材料一般选用低碳钢 15、20 号钢，或合金渗碳钢 15Cr、20Cr、20CrMnTi 等。强载柴油机多选用合金渗碳钢。

（2）活塞销的热处理

低碳钢和合金渗碳钢作为活塞销的材料，仅能满足冲击韧性。为了满足高硬度、高耐磨性的要求，必须对活塞销表面进行渗碳 + 淬火 + 低温回火处理。

活塞销表面渗碳后，使其含碳量由 0.1% ~0.25% 提高到 0.85% ~1.05%，渗碳层厚度依活塞销壁厚不同而异：活塞销壁厚小于 3.5 mm，渗碳层厚度为 0.6 ~0.8 mm；活塞销壁厚为 3.5 ~8 mm，渗碳层厚度为 0.8 ~1.2 mm；活塞销壁厚大于 8 mm，渗碳层厚度为 1.2 ~1.8 mm。活塞销渗碳后，从表面到心部的组织应均匀过渡，不允许骤然变化。渗碳层组织为过共析钢 + 共析钢 +1/2 过渡层。

热处理以后，活塞销表面获得回火马氏体组织，硬度大于 HRC58 ~62；低碳钢热处理后心部为铁素体 + 珠光体的亚共析钢组织，硬度相当于 HRC10 ~15；合金渗碳钢心部组织为低碳回火马氏体 + 铁素体，硬度为 HRC35 ~45。

3. 凸轮和凸轮轴的材料及热处理

凸轮及凸轮轴用于柴油机换向和燃油喷射机构。中、小型柴油机的凸轮和凸轮轴制成一体；大型柴油机则分别制造，然后按喷油正时要求将凸轮装于凸轮轴上。柴油机运转时，凸轮与顶杆或滚轮紧顶接触，承受较大的、变化的接触应力与摩擦。因此，凸轮和凸轮轴材料除应具有一定的强度和硬度外，还必须具有较高的接触疲劳强度和耐磨性。

船用柴油机凸轮与凸轮轴常选用 15、20、45 号钢和 20Cr、40Cr 等合金钢。对于 15、20 号钢和 20Cr 的凸轮与凸轮轴，一般采用渗碳 + 淬火 + 低温回火处理，使其表面硬度达 HRC58 ~62，渗碳层的厚度在 1 ~2.5 mm 之间。对于 45 号钢和 40Cr 的凸轮与凸轮轴则采用正火 + 表面淬火处理。

（六）活塞环

活塞环是活塞组件之一，活塞环装于活塞上的活塞环槽中。活塞环在气缸中起密封燃烧室的作用；控制和调节与气缸壁之间的润滑油，起布油与刮油的作用，以保证气缸的良好润滑，降低磨损。

1. 活塞环的工作条件及对材料的要求

(1)活塞环的工作条件

活塞环在柴油机气缸燃烧室工作时受到高温高压燃气的作用。活塞环随同活塞运动部件在气缸中作往复运动的同时，还在活塞环槽中作往复、回转、径向和扭曲等运动，使活塞环外圆表面和端面受到摩擦和磨损，润滑不良时则更为严重。所以，活塞环是在有摩擦、腐蚀、机械应力和热应力作用的条件下工作，条件十分恶劣，以致活塞环极易损坏。一般来说，活塞环的正常使用寿命为8 000 ~ 10 000 h。活塞环的使用寿命取决于它的结构、材料、制造质量及使用管理。

(2)对活塞环材料的要求

①具有足够的强度和一定的硬度，一般要求低速柴油机活塞环材料硬度为HB180 ~ 220；中、高速柴油机活塞环材料硬度为HB190 ~ 230，同一活塞环的硬度差不超过HB20。②具有良好的耐磨性与磨合性，一般要求活塞环应比气缸套的硬度高HB10 ~ 20。③良好的耐热性与导热性，在高温下工作时材料的机械性能稳定，并能迅速地将活塞头部的热量散出，以防活塞过热。④良好的抗腐蚀性，具有抵抗气缸中的低温腐蚀的能力。⑤为了提高耐磨性，要求活塞环材料的金相组织为细片状珠光体或在索氏体基体上均匀分布细直片状、棉絮状或旋涡形细片石墨；均匀分布着呈断续网状的二元磷共晶体、三元磷共晶体；不允许有游离渗碳体存在。磨片上的分散、细小铁素体面积不大于5%磨片总面积。

2. 活塞环的材料及其成形方法

(1)活塞环的材料

目前国内外主要采用铸铁。我国常采用灰铸铁，有HT250、HT300；合金铸铁有Cr－Mo、Cr－Mo－Cu等。此外，球墨铸铁、含硼铸铁也有应用。某些高速大功率柴油机采用钢制刮油环，一般多采用共析钢或耐热钢。因为钢具有较高的弹性，可使刮油环的径向弹力和刮油作用提高，从而降低润滑油消耗量和保证正常润滑。

(2)活塞环的成形方法

活塞环是靠弹力来保证气缸燃烧室的密封性。活塞环的弹力难以用铸铁的弹性来实现。活塞环成形是指使活塞环在自由状态下获得一定弹力和形状的方法。生产中使活塞环具有一定弹力的成形方法有：

①铸造成形法。采用椭圆形的单体或筒形活塞环毛坯。机械加工时先加工毛坯的两个端面；在靠模车床上加工毛坯内、外圆(椭圆形)并切割成单个环；按活塞环自由开口尺寸将环开口；最后将椭圆形环压缩成具有工作开口的圆形并在车床上精加工内、外圆到成品尺寸。

②热处理定形法。采用圆形的单体或筒形活塞环毛坯。加工端面、内外圆和切口后，采用热处理方法使环获得具有自由开口的椭圆形，从而获得弹力。热处理前，将环开口处用楔块撑开，楔块的宽度略大于环的自由开口。用夹具将环装在一起。热处理时，将环置于盐浴或电炉中，加热到600 ~ 650 ℃，保温30 ~ 60 min后取出在空气中冷却。此法工艺简单，适于小批量生产，但质量不如铸造成形法。

③机械成形法。采用圆筒形活塞环毛坯。加工端面和内、外圆后，使其外圆尺寸即外径等于具有自由开口时的最大直径；切成单个环后按自由开口尺寸切割环的开口；最后将环压缩到工作开口状态，精加工内、外圆达到成品尺寸。

3. 活塞环的表面处理

活塞环外圆表面强化处理是提供活塞环表面耐磨性、延长寿命的有效途径，主要方法有：

(1)镀铬

活塞环外圆表面和端面镀铬可提高耐磨性。一般外圆表面镀铬层为0.10~0.25 mm。四冲程柴油机活塞环镀硬铬较多。实践证明,第一道环镀铬后可使其使用寿命提高3~5倍,使气缸套磨损量减少一半。我国中、小型柴油机第一、第二道活塞环普遍采用镀铬环。

(2)喷钼

活塞环外圆表面喷钼可提高活塞环的耐磨性和抗拉缸性能。钼的熔点高达2 620 ℃,硬度高,约为HV1070,摩擦系数小,钼层具有存油气孔并与基体结合良好。钼层厚度为0.10~0.20 mm,喷钼活塞环广泛用于高速大功率柴油机的第一道环。此外,还可采用喷涂陶瓷、镀铝(磨合层)渗硫和激光处理等方法强化活塞环表面。

(七)气阀

气阀是柴油机气阀配气机构中的主要零件,用于四冲程柴油机和二冲程直流扫气(为气阀-气口式配气)式柴油机上。四冲程柴油机气阀又分为进气阀和排气阀。

1.气阀的工作条件和对材料的要求

(1)气阀的工作条件

气阀的头部直接与高温高压燃气接触,进气阀的工作温度达400~500 ℃,排气阀的工作温度可达650~800 ℃。所以气阀承受较高的热负荷和机械负荷。排气阀受到高温废气的冲刷与腐蚀,排气阀和阀座容易产生高温腐蚀,特别是燃用重油时更为严重。气阀和阀座受到高压燃气的交变的机械负荷作用,关阀时有撞击与磨损,气阀阀杆与导套相对运动产生磨损。

(2)对气阀材料的要求

具有良好的高温机械性能,即具有足够的高温强度和热硬性;具有高温抗腐蚀的性能;具有较高的耐磨性与抗冲击性能;导热性好,热膨胀系数小。

2.气阀材料及热处理

(1)气阀材料

进气阀材料常选用40Cr、35CrMo、40CrNi等合金调质钢,或选用气阀钢4Cr9Si2等。排气阀材料常选用气阀钢4Cr10Si2Mo、4Cr14Ni14W2Mo等。

(2)热处理

4Cr10Si2Mo排气阀锻造毛坯退火处理:由于锻造后出现部分马氏体,硬度高达HRC40以上,为了便于加工先进行退火处理,后进行调质处理以获得较高的耐热性和耐磨性。4Cr10Si2Mo用于工作温度大于650 ℃的排气阀。

4Cr14Ni14W2Mo用于工作温度小于750℃的排气阀,在1 170~1 200 ℃经固溶处理,并在750 ℃进行时效处理以达到要求的室温和高温机械性能。

(八)精密偶件

高压油泵中的柱塞-套筒、出油阀-阀座和喷油器中的针阀-针阀体是柴油机燃油系统的3对极其精密的偶件。精密偶件的加工精度很高(尺寸精度、几何形状精度),工作表面的粗糙度等级高达Ra0.01~0.05 μm,偶件的配合精度高,配合间隙只有0.002~0.003 mm。精密偶件用于产生和定时定量地供给高压燃油。

1.精密偶件的工作条件及对材料的要求

(1)精密偶件的工作条件

偶件相对运动使工作表面受到严重的摩擦和磨损;偶件受到高压燃油的腐蚀和冲击作用。

(2)对精密偶件材料的要求

具有足够的强度和硬度，一般硬度不低于 HRC60；较高的耐磨性和一定的热硬性；有较好的耐蚀性；较高的疲劳强度和冲击韧性；偶件材料的线膨胀系数相同，金相组织稳定，以防偶件尺寸变化导致偶件咬死。

2. 精密偶件材料和热处理

（1）材料

精密偶件常用的材料有滚动轴承钢 GCr15、低合金工具钢 CrWMn、氮化钢 38CrMoAlA 及高速钢 W18Cr4V 等。

（2）热处理

GCrl5 制造的精密偶件，为满足使用要求需进行以下热处理：（830 ~ 860 ℃）淬火 +（ −70 ℃）冷处理 +（150 ~ 170 ℃）低温回火。

精密偶件在淬火后应立即进行深冷（ −70 ℃的冷处理）以减少钢中 A′，使偶件组织稳定。常用的冷却剂有：干冰，可达 −78 ℃，液氮，可达 −196 ℃。38CrMoAlA 制造的精密偶件，在 600 ℃以下进行氮化处理使其具有较高的硬度、耐磨性、耐蚀性和热稳定性，满足偶件的使用要求。

CrWMn 是高碳低合金钢，在 800 ~ 830 ℃油淬。淬火后立即进行 −70 ~ 80 ℃冷处理和 140 ~ 160 ℃低温回火。热处理后硬度可达 HRC 62 ~ 65，具有较高的耐磨性和尺寸稳定性。

高速钢 W18Cr4V 适用于高温下工作的精密偶件。采用在 1 280 ℃油淬、550 ~ 570 ℃回火处理 3 ~ 4 次，以使残余奥氏体大大减少，不仅硬度高（HRC 大于 62）和热硬性好（可在 600 ℃温度下工作）、耐磨性好，而且尺寸稳定。生产中常采用高速钢针阀和 18Cr2Ni4WA 针阀体。18Cr2Ni4WA 是合金渗碳钢，故在渗碳后经 850 ~ 950 ℃空冷淬火和 200 ℃回火处理。

（九）滑动轴承

船用柴油机主轴承、曲柄销轴承（或称连杆大端轴承）、连杆小轴承（或为十字头轴承，或为活塞销轴承）、推力轴承和推进轴系的中间轴轴承、艉轴承（螺旋桨轴轴承）等均为滑动轴承。各个轴承的轴瓦结构形式和轴承合金材料依机型、功率、转速和轴承负荷不同而异。

1. 厚壁和薄壁轴瓦

（1）瓦壳材料。白合金和铜铅合金轴瓦的瓦壳一般采用低碳钢 10、15、20 钢，铸钢 ZG230 −450、铸造青铜 ZCuSn5Pb5Zn5、ZCuSn6Zn6Pb3。由于铜价较高，故应用较少。

铝合金轴瓦的瓦壳材料为低碳钢 05、08、10、15、20 钢板。

（2）轴承合金材料。目前船用柴油机、辅机和推进轴系的各类滑动轴承的厚壁和薄壁轴承合金材料主要是白合金，如 ZSnSb8Cu4、ZSnSb11Cu6；铜铅合金 ZCuPb30；20 高锡铝合金和铝锑镁合金等。

2. 整体衬套式轴承

（1）瓦壳材料。铜衬套常采用铸造青铜，如 ZCuSn5Pb5Zn5、ZCuSn6Zn6Pb3 等。负荷较大寸采用铸造磷青铜 ZCuSn10P1。钢衬套常采用低碳钢，如 10、15、20 钢。

（2）轴承合金材料。常采用铜铅合金 ZCuPb30 或锡基巴氏合金 ZSnSb11Cu6，合金层的厚度为 0. 4 ~ 1.0 mm。

（十）螺旋桨

船舶航行时，主柴油机通过轴系把功率传至螺旋桨，螺旋桨回转与水作用产生轴向推力，再通过轴系、推力轴承传给船体，实现船舶前进与后退。

螺旋桨是由桨叶和桨毂组成，一般有 3 ~ 6 个桨叶。中小型船舶常用 3 ~ 4 个桨叶，大型船通常用4~5个桨叶。螺旋桨的直径一般为800~6 000 mm,但目前大型船舶的螺旋桨直径已近9 m。

螺旋桨在水下工作,不仅承受来自主机的巨大扭矩,而且与海水或河水有相对作用,受到水动力的作用。此外还受到海水或河水的冲刷和腐蚀。

1.螺旋桨材料的要求

(1)具有高的强度、塑性和冲击韧性。(2)具有良好的抗穴蚀和抗电化学腐蚀的能力。(3)具有良好的铸造性和机械加工性能。

2.螺旋桨材料

船用螺旋桨的主要材料有黄铜、青铜、铸钢和铸铁等,近年来又开发出塑料(如尼龙)、合成材料(如玻璃钢)等。

(1)锰黄铜

在黄铜中加入Mn可提高黄铜的机械性能、工艺性能和对海水和过热蒸汽的耐蚀性;加入Fe可以细化晶垃,使黄铜的强度提高、韧性和塑性适当。所以这类材料强度高,韧性和塑性好,耐海、淡水和过热蒸汽腐蚀,有良好的铸造性和机械加工性。适于制造大型海船和军舰的螺旋桨。但因其耐穴蚀性能差和价格贵,不适于用作高速船的螺旋桨。

(2)铝青铜

在铝青铜中加入Fe、Mn、Ni等,可提高强度和加工工艺性能,抑制大型铸件的缓冷脆性(缓冷时产生粗大共析体使脆性大增)。高锰铝青铜强度高,工艺性能好,耐海水、淡水、过热蒸汽的腐蚀,抗穴蚀性好,疲劳强度高,广泛用于大型高速海船和舰船螺旋桨。

(3)铸铁

铸铁螺旋桨常用HT200、HT250,具有铸造性好、价格低廉的优点;缺点是强度低、脆性大、耐腐蚀性差、寿命低。因强度低,螺旋桨尺寸较大,比相同直径的铜质螺旋桨叶厚度增加30%~35%。所以铸铁螺旋桨笨重,效率低,一般用于内河小船上。球墨铸铁亦是制作螺旋桨的材料。球墨铸铁的性能优于普通灰口铸铁,但耐腐蚀性也差,可制作内河船舶螺旋桨。

(4)铸钢

钢的性能优于铸铁,但铸造性差,耐蚀性低。铸钢螺旋桨较铸铁螺旋桨应用广泛,常用于冰区和内河航行的船舶。常用铸钢有ZG230-450、ZG200-400。某些特殊用途船,如快艇用铸造不锈钢1Cr18Ni9螺旋桨,因其强度高,抗穴蚀性和抗腐蚀性好。

(5)非金属材料

用塑料和复合材料制造螺旋桨具有质轻(只有相同直径铜桨重量的1/5 ~ 1/3),振动小,鸣音小,冲击韧性高,抗穴蚀和抗海、淡水腐蚀性好,制造工艺简单、价格低等优点。但强度和刚性较低,易老化,在浅水道航行易磨损。目前塑料螺旋桨主要采用尼龙6、尼龙610、尼龙1010等。复合材料螺旋桨采用玻璃钢,主要用于小船上。

3.螺旋桨轴或艉轴铜套

与螺旋桨连接的轴称为螺旋桨轴。当螺旋桨轴较短并安装于船体尾部的艉轴管中时,又称艉轴,如单轴系船舶的螺旋桨轴就是艉轴。当螺旋桨轴伸出船体外部较长时,为便于制造和安装,把螺旋桨轴置于船体外部,艉轴装于艉轴管中。如双轴系船舶的艉轴和螺旋桨轴。对于水润滑艉轴承,为了防止艉轴腐蚀破坏,在艉轴工作轴颈部分包以铜套,即轴套或称衬套,如图1.4-72所示。

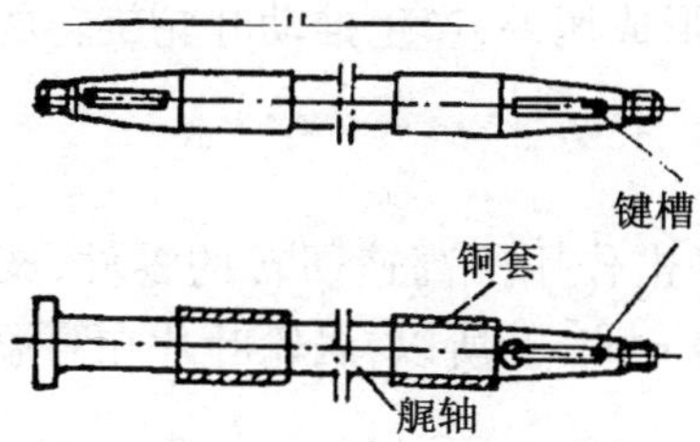

图 1.4-72　**艉轴**

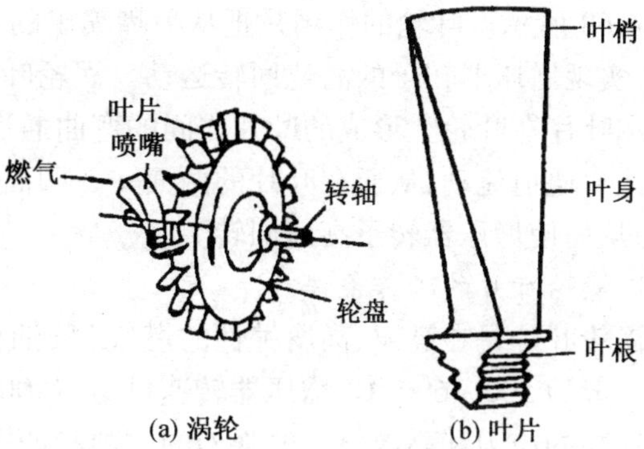

图 1.4-73　**涡轮叶片**

(1)艉轴轴套的基本要求

①艉轴轴套毛坯铸件材料的化学分析和拉力试验。②外观检验。不允许有裂纹、密集气孔、疏松和砂眼等缺陷。③铜套粗加工后，套装在尾轴上之前，进行水压试验：压力为 0.1 MPa，5 min 内不得渗漏。④艉轴铜套套装加热稳定不大于 320 ℃，装于艉轴后应检查其严密性。

艉轴铜套的厚度依表 1.4-30 计算。

表 1.4-30　艉轴铜套厚度(mm)

分类	新制铜套最小厚度	艉轴非工作轴颈部位	光车修理后铜套厚度	铜套极限厚度
计算式	$t \geqslant 0.03d + 0.75$	$t_o \geqslant 0.75t$	$t_1 \geqslant 0.02d + 5$	$t_i = 0.015d + 3.5$

注：d——艉轴直径(mm)

(2)艉轴铜套的材料

大型海船一般采用锡青铜 ZQSn10-2 作为艉轴轴套的材料，内河小般艉轴轴套采用锰黄铜 ZHMn58-2 制造，表 1.4-31 给出上述两种材料的化学成分和机械性能。

表 1.4-31　艉轴铜套材料的成分和性能

材料牌号	主要化学成分/%				铸造方法	机械性能(不小于)		HB
	Cu	Sn	Zn	Mn		σ_b/MPa	σ_5/%	
ZQSn10－2	其余	9～11	1.5～3.5	–	S	200	10	70
					J	250	6	80
ZQMn58－2	57～60	–	其余	1～2	S	340	20	80
					J	390	50	90

锡青铜的强度低于黄铜，但耐蚀性高于紫铜和黄铜。在大气、蒸汽、海水、淡水中耐蚀性好，在盐酸、硫酸及氨水中耐蚀性较差。锡青铜中加入 Zn 可改善铸造性能和提高强度。

锰黄铜具有较高的机械性能，在海水、氯化物及过热蒸汽中耐蚀性较高，铸造性好，切削加工性尚可。但导热、导电性差。黄铜中加入 1%～2% Mn，可提高强度和在海水、氯化物及过热蒸汽中的耐蚀性与耐热性。不仅用于制造艉轴轴套，还可用来制造低于 300 ℃的蒸汽或液体中的耐蚀零件，如泵的活塞、衬套、阀门等。

(十一)涡轮叶片

涡轮叶片是废气涡轮增压器的重要零件之一，它装于转子的涡轮轮盘上构成涡轮叶轮，如

图1.4-68所示。叶轮的作用是把从喷嘴喷出的高速燃气(废气)的速度能和压力能转换成机械功,实现增压器转子的高速回转运动。涡轮叶片是实现能量转换的关键零件。由于叶片的形状和叶片在叶轮上形成的叶片之间的弯曲通道,使来自喷嘴的高速燃气冲向叶轮叶片时被迫沿此弯通道流动,从而在叶片的两面——凹面和凸面上形成压差,产生推动叶轮旋转的冲击力矩,从而使增压器转子高速回转。

1. 涡轮叶片的工作条件

涡轮叶片是在高温、高腐蚀性的燃气(柴油机废气)冲击作用下高速回转的零件,柴油机废气一般为500~600 ℃,增压器转速可达10 000~50 000 r/min。所以,涡轮叶片在高温下承受着很高的应力和高温燃气的强烈的腐蚀和冲刷。

2. 叶片材料的要求

要求叶片在高温、高应力和强烈腐蚀件下具有较高的强度、蠕变强度、疲劳强度,具有较高的冲击韧性和耐蚀性,具有一定的塑性和良好的加工工艺性能。

3. 叶片的选材

增压器涡轮叶片常用材料有1Cr13、4Cr14Ni14W2Mo、15Cr11MoVA和35CrMoA等耐热钢,有的增压器涡轮叶片还采用高温合金材料。

1Cr13是铬13型马氏不锈钢,淬透性高,具有较高的强度、硬度和耐磨性,对大气、海水、淡水等有较好的耐蚀性,工作温度小于580 ℃、4Crl4Ni4W2Mo是奥氏体型热强钢,具有较高的热强度,工作温度≤750 ℃,是目前国产废气涡轮增压器涡轮叶片广泛采用的材料。

(十二)重要螺栓

船舶动力装置中的机器、设备有许多重要的起连接或紧固作用的螺栓。例如,船用柴油机上的气缸盖螺栓,组合式活塞的连接螺栓,连杆螺栓、主轴承螺栓、贯穿螺栓和地脚螺栓,轴系的法兰连接螺栓等。这些螺栓不仅要保证机件的连接和紧固,而且还要承受机器运转时产生的载荷作用。所以,螺栓受力复杂,除承受拉力作用外,还承受惯性力、冲击力和振动等的周期性作用。为了保证机件的连接紧固以使机器安全可靠地运转,要求螺栓材料具有以下性能:

(1)足够的强度和疲劳强度,适当的硬度。

(2)良好的韧性和塑性,良好的切削加工性能。

(3)高的淬透性和低的缺口敏感性。高温下工作的螺栓应具有耐热性,在腐蚀介质中工作的螺栓应具有高的耐蚀性等。

常用的重要螺栓材料有40Cr、35CrMoA、40CrNi和45号钢等中碳钢和中碳合金钢。为满足使用要求均应进行调质处理。调质处理后中碳钢的硬度可达HRC 26~31,合金调质钢的硬度可达HRC 28~32。螺栓横截面上均匀分布回火索氏体组织,允许有少量的(<5%)游离的铁素体和粒状碳化物存在。40Cr具有良好的综合机械性能,淬透性较高,中等塑性,适于在动载荷下工作。35CrMo的强度和韧性较高,淬火变形小,高温性能较高,可在600 ℃长期工作。适于在重载、高温下工作。

一般船用中、高速柴油机的重要螺栓多采用40Cr、35CrMoA、40CrNi等;船用大型低速柴油机的重要螺栓多采用40、45、40Cr等。允许连杆螺栓和贯穿螺栓用正火处理代替调质处理。

(十三)齿轮

船舶动力装置中的机械、设备有许多重要的齿轮传动装置。例如,船用柴油机曲轴上的传动齿轮、盘车机齿轮、减速齿轮箱、轴带发电机组、齿轮泵等等。

由于齿轮通过齿面接触啮合来传递动力,导致两齿面承受交变接触应力,并在相对滑动和滚动过程中产生摩擦和磨损，严重时发生表面疲劳磨损，甚至黏着磨损而胶合。这些齿轮传动机构的工作环境有的是密闭式的，有的是开放式的；有低速运转的($\nu=1\sim9$ m/s)，有中速运转($\nu=6\sim10$ m/s)，有高速运转的($\nu=10\sim15$ m/s)；有轻载荷的，中等载荷，重载荷，超重载荷的，甚至冲击载荷的。要求齿轮材料具有以下性能：

(1)足够的弯曲疲劳强度和接触疲劳强疲，适当的硬度。

(2)表面良好的韧性和耐磨性，芯部具有足够的强度和良好的韧性。

(3)良好的切削加工性能。

(4)较好热处理工艺性。

常用的齿轮材料有渗碳钢 20CrMnTi，中碳调质钢 45、40Cr、35CrMoA，球墨铸铁 QT600－03，铜合金齿轮和蜗轮。

对于转速较高、载荷较大、承受冲击、精度要求较高的重要小尺度齿轮，常采用渗碳钢插齿或滚齿加工，并进行渗碳、淬火＋低温回火处理，表面为高碳马氏体硬而耐磨，芯部为低碳马氏体强而耐疲劳。对于中等转速、中等载荷、承受冲击、精度要求较高的重要小尺度齿轮，常采用合金调质钢插齿或滚齿加工，并进行调质、表面淬火处理。对于转速低、载荷小的大中尺度齿轮，可采用调质钢或球墨铸铁插齿或滚齿加工，并进行正火或等温淬火处理。

(十四)锅炉与压力容器

锅炉钢主要用于制造锅炉的过热器、主蒸汽管、锅筒、炉胆和炉管等。压力容器用钢是用于制造空气瓶、锅炉汽包、石化工业的气体分离或储运设备的压力容器等。

锅炉钢和压力容器钢一般为低碳优质镇静钢，含碳量在 0.16%～0.26% 范围内，严格控制钢中杂质元素 S、P、O、N 等的含量，并应具有良好的冷变形性和焊接性，一定的温度、高温强度和韧性、耐腐蚀性和一定的变形时效值。形变时效对锅炉钢和压力容器钢极为有害，为了使用安全，国标中对钢的形变时效值 α_k 有明确规定，可通过试验测得：首先自钢材上取样，在拉伸试验机上拉伸使产生 10% 的永久变形。将此经过变形的试样加热到 250±10 ℃保温 1 h 后在空气中冷却，最后进行冲击试验测得冲击韧性值 α_k，并应符合相关规定。

(十五)船用管材

1. 管路级别

船舶管路中的管子材料、试验要求、连接形式和热加工工艺等均应依管路级别和用途而定。不同的压力管路的等级如表 1.4-32 所示。

表 1.4-32 管系等级

管系用途	Ⅰ级		Ⅱ级		Ⅲ级	
	设计压力/MPa	设计温度/℃	设计压力/MPa	设计温度/℃	设计压力/MPa	设计温度/℃
蒸汽	>1.6	或>300	≤1.6	≤300	≤0.7	和≤170
燃油	>1.6	或>150	≤1.6	≤150	≤0.7	和≤60
其他介质(空气、水、滑油等)	>4	或>300	≤1.4	≤300	≤1.6	和≤200

注：①当管系中工质的一个参数达到表中Ⅰ级规定时，即定为Ⅰ级管系；Ⅱ、Ⅲ级管系必须 2 个参数同时达到表中规定。②不受压的开式管路如泄水管、溢流管、透气管、锅炉放气管等为Ⅲ级管系。

2. 船用管子材料的选用原则

(1)Ⅰ级和Ⅱ级管系的管子应选用碳钢和碳锰钢的钢管,须为无缝钢管或按照验船部门认可的焊接工艺制造的焊按钢管。碳钢和碳锰钢钢管、阀件和附件一般不能用于流体温度超过450 ℃的管系。

(2)Ⅰ级和Ⅱ级管系的铜管应选用铜和铜合金的无缝管。Ⅲ级管系的钢管应根据验船部门认可的技术标准进行制造和试验。钢管的使用温度一般不超过如下规定:紫铜和铝黄铜管200 ℃;铜镍合金300 ℃;适于高温用途的特殊青铜260 ℃。

(3)Ⅰ级和Ⅱ级管系的管子不得采用灰铸铁管子。灰铸铁管一般可用于Ⅲ级管系和油船货油舱内的货油管路。但不得用于蒸汽管路、消防管路、舱底水管路、压载水管路、锅炉管路、介质温度超过220 ℃的管路及运载闪点低于或等于60 ℃货油的油船露天甲板上的货油管路、遭受水击和振动严重的管路等。

(4)铁素体球墨铸铁管可用于双层底舱和货油舱内的舱底、压载和货油管路,不得用于介质温度超过350 ℃的管路。

(5)船上所用的塑料管应根据其化学成分、机械性能和耐温极限选取。塑料管的最大允许工作压力应不大于在其使用温度下爆破压力的1/5。使用塑料管一般介质温度不得高于60 ℃或低于0 ℃。经认可的塑料管可用于压载水舱的舱内水管、干舷甲板以上卫生管路和排水管等。塑料管不得用于消防管路、舱底和饮水管路等。

3. 船用管子材料

船用管子的材料和使用温度极限如表1.4-33所示。管子的液压试验,分装船前试验和装船后试验。

表1.4-33 船用管子材料

管子种类	材料牌号	使用温度极限/℃
无缝碳素钢管	10、15、20、25、30、35、40、45、50	<350
焊接钢管	Q215A、Q235A、Q255A	
无缝合金钢管	15CrMo、12CrMoV、16Mn、15MnV、0.9MnV 1Cr13、2Cr13、3Cr13、1Cr18Ni9Ti	<450
紫铜管	T2、T3、T4、TUF、TU1、TU2	
铝黄铜管	HAl77－2	
铜镍合金管	NCu40－2-1、NCu28－2.5-1.5(蒙乃尔合金)	最高可用到250
黄铜管	H62、H68、H96、HSn70－1、HSn62-1、HPb59－1、 HFe59－1-1	
双合金管	10＋T2	
铝合金管	L4、L6、LF3、LF6、LF11、LF21(GB3190)	<200
内部涂塑钢管	涂聚氯乙烯	<60
塑料管	硬聚氯乙稀塑料、聚乙烯塑料	

注:内部铜片厚度为0.6~0.8mm。

(1)装船前试验。所有Ⅰ级和Ⅱ级管系用管和设计压力大于0.34 MPa的蒸汽管、给水管、压缩空气管和燃油管连同附件,在制造完工后包扎绝热材料或涂上涂层之前均应进行液压试验。

(2)装船后试验。燃油管系、油舱加热管系、通过双层底或深舱的舱底水管路以及液压管系应依表 1.4-34 的要求进行液压试验。

表 1.4-34　装船后的液压试验

管系	试验压力
燃油管系	1.5 倍设计压力,但不得小于 0.4 MPa
油舱加热管系	
通过双层底或深舱的舱底小管路	不小于该舱的试验压力
液压管系	1.25 倍设计压力,但不必超过设计压力加 7 MPa

第五章 零件的摩擦与磨损

船舶机器运转时，机器上具有相对运动的运动副零件会发生配合表面的摩擦，引起磨损。即使在机器正常运转情况下，也会由于不可避免的摩擦磨损使机器的性能逐渐变坏，效率降低，以致由轻微失效变为完全失效。所以，摩擦磨损是船机零件的故障模式之一，是影响船舶机器正常运转和船舶安全航行的主要因素。此外，据资料介绍：世界能源的 1/3 ~ 1/2 是以不同形式消耗在克服机械零件对偶表面相互作用的摩擦上。对于船用柴油机来说，目前无论是二冲程的低速机还是四冲程的中速机，燃油消耗率已降至 163 g/(kW · h)左右，热效率达到 50% 以上，但能量消耗在运动副的摩擦上约占 10%。为此，轮机人员必须了解船机零件的摩擦磨损机理、磨损规律和减少磨损、提高船机零件的耐磨性的途径，以期在船上的轮机管理和修理工作中认真对待运动副的技术状态。

第一节　摩　擦

一、摩擦表面

相互运动零件配合表面的摩擦、磨损与零件配合表面（摩擦表面）的形貌、表面层的结构和性能有关。

1. 摩擦表面的形貌和表示方法

实际的固体表面不是几何学上的平面，工程上机械零件的表面都是经过各种机械加工，加工后在表面上形成大小不同、高低不等、形状各异的峰和谷，使零件加工表面粗糙不平。例如，外圆表面粗车会使表面产生 100 ~ 25 μm 的粗糙度，抛光或超精研磨加工产生 0.1 ~ 0.012 μm 的粗糙度。机械零件的表面都是经过各种机械加工成型的，即按设计要求，最终获得加工精度下的几何参数和表面粗糙度。零件表面在储存、运输、安装，以及使用过程中，零件的表面形貌也会发生不同程度的变化。

零件表面形貌有宏观与微观形貌之分，零件表面的宏观形貌主要包括几何尺寸、形状、位置参数，以及波纹度，亦称宏观粗糙度；零件表面的微观形貌是通过轮廓几何参数表征的表面粗糙度，以及加工纹理和瑕疵。它们是由形成表面的最后加工方法、刀痕、切屑分裂时的变形、刀具与表面之间的摩擦、加工系统的振动等造成的。

零件表面的几何形态称为表面形貌。它是由形成表面的最后加工方法、刀痕、切屑分裂时的变形、刀具与表面之间的摩擦、加工系统的振动等造成的。

零件表面形貌分为宏观几何形状、表面波度和粗糙度(微观几何形状)三部分,如图 1.5-1 所示。

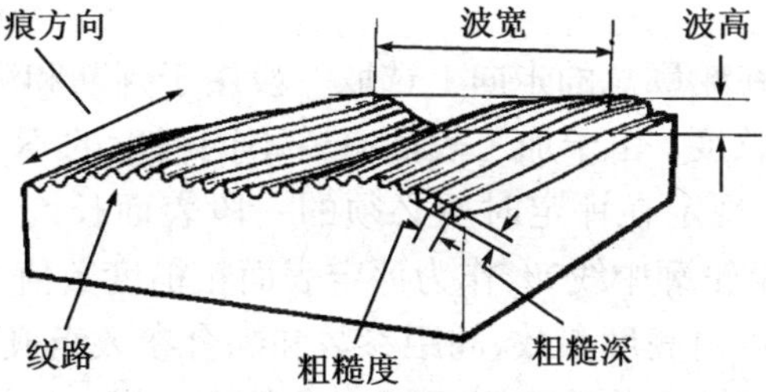

图 1.5-1　零件表面形貌

宏观几何形状是宏观所见表面的轮廓线产生偏离名义几何形状的粗大偏差;表面波度是形成周期性的波状表面峰和谷,是由于机床加工系统振动的结果,为介于形状误差与粗糙度之间的误差;粗糙度是表面轮廓微观几何形状误差。

零件表面粗糙度直接影响摩擦表面的实际接触面积的大小和实际压强的大小。实际接触面积远远小于名义值,为其 0.01% ~0.1%。零件表面粗糙度对其表面的耐磨性、疲劳强度、耐蚀性和配合性质的稳定性均有直接的影响。

(1)表面几何参数

零件表面几何参数由尺寸、形状、位置参数构成,是宏观表面轮廓实际几何参数与理想几何参数的粗大偏差,亦称为加工误差。两轮廓峰或两轮廓谷之间的波距,如图 1.5-2 所示,$L_1 > 10$ mm,波距波高比 $L_1/H_1 > 1\ 000$。该公差则称为加工精度。

零件表面宏观表面轮廓实际几何参数与理想几何参数的公差称为几何精度。其中尺寸精度是指零件直径、长度、间距尺寸的实际值与理想值的公差,共 20 级;形状精度是指零件表面的实际形状与理想形状的公差,包括直线度、平面度、圆度、圆柱度共 13 级,线轮廓度和面轮廓度,共 12 级;位置精度是指零件表面或线的实际位置与理想位置的公差,共 12 级。加工精度等级值越小,精度越高。

(2)表面波纹度

表面波纹度是由宽间随机的或接近周期形式的轮廓峰和轮廓谷构成的表面不平度,也称为表面波度。它是介于宏观几何形状误差和微观表面粗糙度之间的一种误差,如图 1.5-2 所示,$L_2 = 1 \sim 10$ mm,$L_2/H_2 = 50 \sim 1\ 000$,亦称宏观表面粗糙度,主要是机床加工系统低频振动的结果。

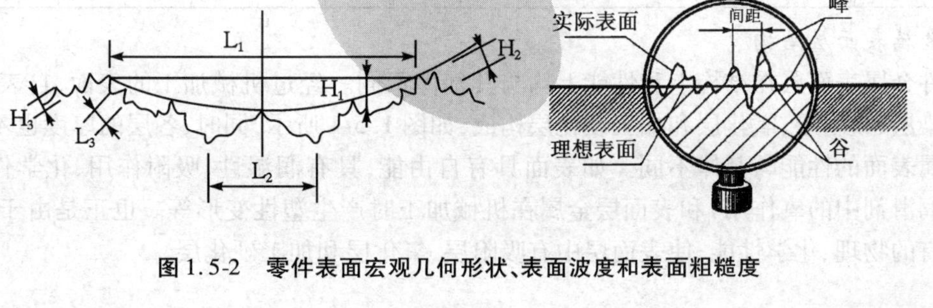

图 1.5-2　零件表面宏观几何形状、表面波度和表面粗糙度

(3)表面粗糙度

表面粗糙度是由微纳米尺度的轮廓峰和轮廓谷构成的表面不平度。如图 1.5-2 所示，$L_3<1$ mm，$L_3/H_3<50$，属于微观几何形状误差，主要是由刀具的形状以及切削过程中塑性变形和振动等因素引起的。

评定表面粗糙度需要在轮廓总的走向上选取一段用于判断和测量表面粗糙度时所规定的基准线长度 l，称之为取样长度。由于加工表面有着不同程度的不均匀性，为了充分合理地反映某一表面的粗糙度特性，规定在评定时所必须的一段表面长度，它包括一个或数个取样长度，称为评定长度 Ln。设定轮廓中线 m，作为评定表面粗糙度数值的基准线。

表面粗糙度的评定参数由高度参数、间距参数和综合参数组成。

a. 与微观不平度高度特性有关的表面粗糙度参数有：轮廓算术平均偏差 R_a、轮廓均方根偏差 R_q、轮廓最大高度 R_y 和微观不平度十点高度 R_z 等 11 个参数。

b. 与微观不平度间距特性有关的表面粗糙度参数有：轮廓微观不平度的平均间距 S_m、轮廓峰密度 D、轮廓均方根波长 l_q 以及轮廓的单峰平均间距 S 等共 9 个参数。

c. 与微观不平度形状特性有关的表面粗糙度参数有：轮廓偏斜度 Sk、轮廓均方根斜率 Dq 和轮廓支承长度率 t_p 等共 5 个参数。

表面粗糙度对机械零件表面的减摩性、耐磨性、耐蚀性、稳定性、抗疲劳性、密封性、接触刚度、承载面积、热导率等摩擦学性能有重要的影响。

在评定表面粗糙度时，一般优先采用高度参数中的轮廓算术平均偏差 R_a，如图 1.5-3 所示。轮廓算术平均偏差 R_a 是指在 l 取样长度内，被测表面轮廓上的各点至轮廓中线 00 距离（$y_1, y_2 \cdots y_n$）绝对值总和的算术平均值。

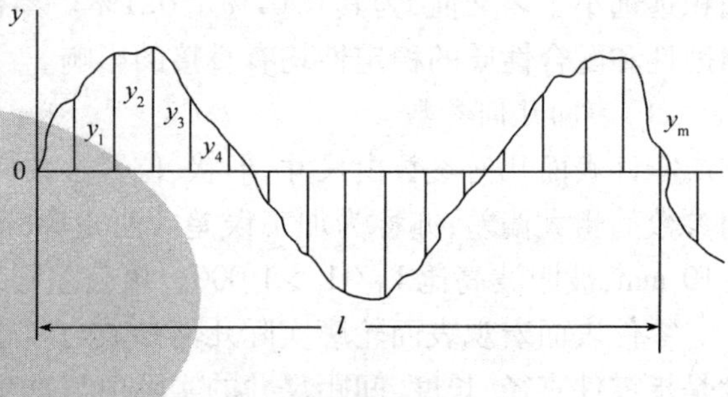

图 1.5-3　轮廓算术平均偏差 Ra

R_a 用下式表示：

$$R_a = \frac{1}{l}\int_0^y |y(x)|\,dx \quad \text{或近似为} \quad R_a = \frac{1}{n}\sum_{i=1}^{n} |y_i|$$

表面粗糙度分为 14 级，如表 1.5-1 所示。

表 1.5-1　表面粗糙度等级与 R_a 表征

R_a [μm]数值与表示方法	100	50	25	12.5	6.3	3.2	1.6	0.8	0.4	0.2	0.1	0.05	0.025	0.012
表面粗糙度等级	14	13	12	11	10	9	8	7	6	5	4	3	2	1

2. 金属表面层结构

零件金属表面层在结构上和性能上均与其基体不同。经过机械加工的表面，自表向里依次由污染层、吸附层、氧化层和加工硬化层构成，如图 1.5-4 所示，同时，各层的厚度也不一样。

金属表面的性能与基体不同。如表面具有自由能，具有润湿性、吸附作用、化学作用（与空气和润滑剂中的氧作用）和表面层金属在机械加工时产生塑性变形等。也正是由于金属表面所具有的物理、化学性能，使表面层中有吸附层、氧化层和加工硬化层。

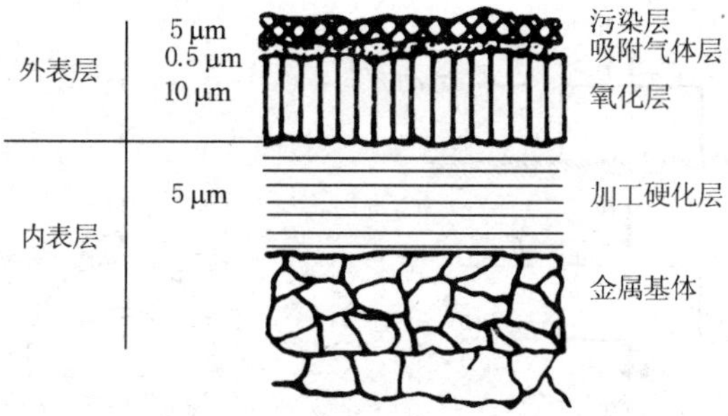

图 1.5-4　金属表面层的结构

二、摩擦的种类及机理

摩擦是两个接触物体在外力作用下产生相对运动(或运动趋势)时,接触表面间产生的相互作用。摩擦作用的切向阻力和阻力矩分别称为摩擦力和摩擦力矩。摩擦有利有弊,人类可以科学利用摩擦。摩擦不是材料的固有特性,而是摩擦副的一种系统响应。

摩擦发热使温度升高,温升是压力 p 与速度 V 之积(pV 值)的函数,根据 pV 值可以对摩擦进行分类。

1. 摩擦分类

(1)按摩擦副的运动状态分为静摩擦和动摩擦。

两个接触物体在外力作用下触发运动时的切向阻力称为静摩擦力 F_s,它出现于界面产生相对运动之前的瞬间。如图 1.5-5 所示,维持相对运动所需要的切向阻力称为动摩擦力 F_k。静摩擦力 F_s 大于或等于动摩擦力 F_k。

(2)按摩擦副的运动形式分为滑动摩擦和滚动摩擦。

滑动摩擦是一个物体在另一个物体表面上滑动时产生的阻力或阻力矩,如图 1.5-6 所示。

第一定律:滑动摩擦力与法向载荷成正比,即 $F=\mu W$ 或 $\mu_s=\tan\theta$,(其中 θ 为摩擦角)。

第二定律:滑动摩擦力与物体的接触面积无关。

第三定律:当运动起始时,动摩擦系数与起始滑动速度无关。

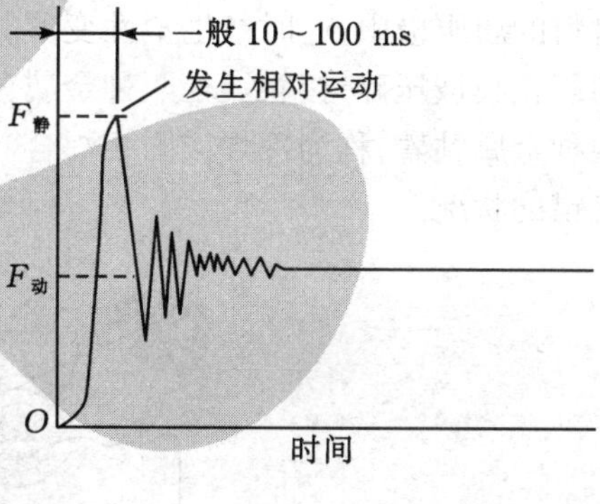

图 1.5-5　切向力与滑动时间(位移)的关系

这三个经典摩擦定律都是由经验确定的,尽管很多实际情况不完全符合这些定律,但是并不意味着它们违背自然界的基本定律。

滚动摩擦是一个物体在另一个物体表面上滚动时产生的阻力或阻力矩。纯滚动属于一种无切向摩擦力和不发生切向滑动的滚动行为。实际的滚动摩擦中,存在局部微滑动或接触区的整体滑动。

(3)按摩擦表面的润滑状态分为纯净摩擦、干摩擦、边界摩擦、液体摩擦、混合摩擦。

纯净摩擦是摩擦表面间没有任何吸附膜或化合物时的摩擦。此种摩擦仅发生于两个接触表面产生塑性变形(表面膜破坏)或真空中。

干摩擦是摩擦表面间没有润滑剂时的摩擦,摩擦系数较大,为 0.1～0.5。

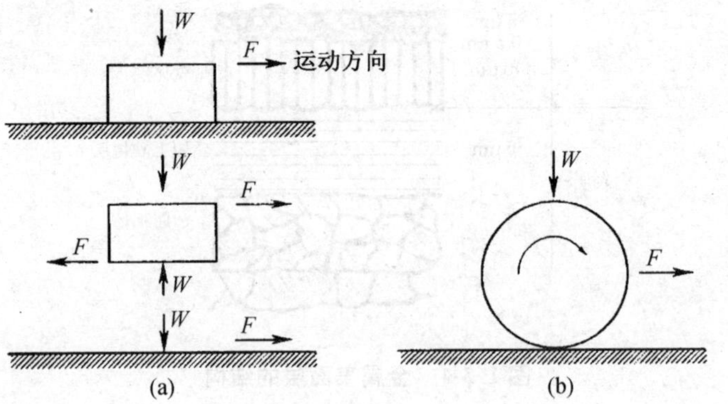

图 1.5-6　滑动摩擦和滚动摩擦

边界摩擦是在边界润滑条件下，摩擦表面间存有一层极薄的极性吸附物形成的物理吸附膜、化学吸附膜或化学反应膜时的摩擦。

流体摩擦是摩擦表面间有一层边界膜和流体膜的润滑剂时，摩擦表面不能直接接触，摩擦发生在润滑剂分子之间的摩擦。摩擦系数最小，为 0.01 ~0.001。

混合摩擦是摩擦表面间同时存在边界摩擦和干摩擦的半干摩擦或同时存在边界摩擦和流体摩擦的半液摩擦，均称混合摩擦。

2. 干摩擦机理

人们很早就利用摩擦，而研究摩擦则较晚。对于摩擦力产生的原因有各种假说，如机械啮合说、分子机械说、粘着说等。其中粘着说较为直观，可解释许多摩擦问题，为多数人接受。配合零件相对运动时，两个摩擦表面不可能形成面接触，只在少数微凸体处形成点接触。如图 1.5-7 所示。实际接触面积很小，接触点上局部应力很大，产生弹性变形；当接触点上应力达到材料的屈服极限 σ_s 时产生塑性变形。接触点的塑性变形使实际接触面积增大，并使接触点上的氧化膜被压碎，接触点处两种金属分子间因吸引力和相互扩散而溶合在一起，即在接触点处两种金属粘着，称为冷焊或固相焊合。在未接触部分摩擦表面的峰谷可能形成相互嵌入、犬牙交错的状况。

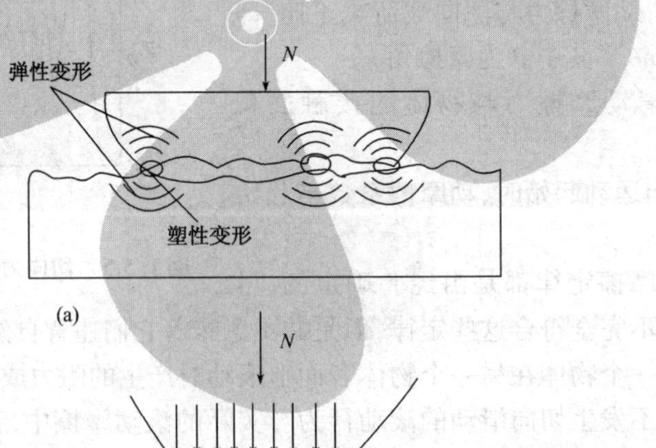

图 1.5-7　干摩擦表面的接触情况

(a)实际接触情况；(b)单个微凸体接触情况

当配合件继续运动，即在切向力作用下滑动时，冷焊点被剪断，犬牙交错的微凸体被剪切掉。随后又在新的接触点粘着，产生新的冷焊点及被剪断，直至实际接触面积增大到足以承受所加载荷为止。摩擦的过程就是粘着与滑动交替的过程，其结果造成表面的磨损。

干摩擦后的金属表面性质发生很大变化。首先是摩擦表面的塑性变形引起表面层加工硬化和释放出的热量使表面温度升高，甚至超过基体温度。当温度升高超过金属的再结晶温度时又会使已经硬化的表面软化，摩擦表面金属发生黏结，温度继续升高达相变温度时摩擦表面金属发生相变。相对运动使接触部分脱开后，相变组织因冷却被淬火使摩擦表面的强度、硬度再次升高。

摩擦过程中周围介质对摩擦表面的作用造成表面更大的磨损，例如空气中的氧会使氧化膜破碎后的裸露金属表面氧化；空气中的水、润滑油中的酸、硫分会使表面腐蚀等。

3. 流体摩擦机理

在充分润滑条件下，摩擦表面间有极薄的边界膜和一定厚度的流体膜，摩擦发生在润滑剂流体膜内，摩擦系数最小，产生的磨损也最小。利用摩擦表面的相对运动使润滑剂流体产生楔形油膜或挤压油膜来承受外部载荷并隔开摩擦表面，这种润滑称为流体润滑。这种条件下的摩擦，亦称为流体摩擦。

流体动压润滑。流体动压润滑是依靠轴承或相对运动表面在运动方向上构成几何收敛楔形而产生的楔形效应，自行产生具有一定承载压力的润滑油膜，使摩擦表面间隔离，能够有效地避免微凸体的接触，这种润滑称为流体动压润滑。或者相对运动零件结构上自然形成，如轴与轴承、推力块与推力环在运转时均能形成楔形油膜，或者在相对运动零件的表面上设计成一定的形状以便运转时产生楔形效应，建立楔形油膜。例如低速二冲程柴油机主轴承采用动压润滑，滑油压力为0.3 MPa。

建立楔形油膜的基本条件。

(1)摩擦表面应具有较高的加工精度和表面粗糙度等级。

(2)摩擦表面间具有一定的合适配合间隙。

(3)保证连续而又充分地供给一定温度下黏度合适的润滑油。

(4)相对运动的零件必须具有足够高的相对滑动速度。

流体静压润滑。流体静压润滑是利用外部压力将具有一定压力的润滑剂流体不断地挤入摩擦表面间，并使之隔开，这种润滑称为流体静压润滑。例如低速二冲程柴油机十字头销轴承采用静压润滑，滑油压力为1.6 MPa。

柴油机实际运转中，在起动、停车或不稳定工况运转时，摩擦副难以实现或保持流体动压润滑，而产生磨损。

4. 边界摩擦机理

当润滑条件不充分，摩擦表面间只有少量润滑剂时，依靠润滑剂和加入到润滑剂中的添加剂的物理、化学性能在摩擦表面上形成牢固的边界膜，以隔开摩擦表面，减少摩擦。

矿物润滑油中常含有一些极性物质，例如硬酯酸($C_{17}H_{35}COOH$)，它是一种长链极性有机化合物，其分子的一端是带有强电荷的极性团(如硬酯酸的COOH端)，与金属表面亲和力强，具有对金属表面垂直取向吸附的特性，在金属表面上形成单层分子或多层分子的吸附膜。由于分子间的引力作用，当单层极性分子吸附膜达到饱和，极性分子紧密排列并与金属表面吸附得更紧，分子间的内聚力使吸附膜具有一定的强度而且具有一定的承载能力，摩擦发生在远离金属表面的极性分子的非极性端，从而有效地防止摩擦表面的直接接触，减少了磨损。

物理吸附是靠分子吸引力使极性分子定向排列吸附于金属表面上。物理吸附膜可以是一个或几个润滑剂分子的厚度,吸附膜越厚越牢固,也越能保护摩擦表面。摩擦表面相对运动时,剪切仅发生在膜内各分子层间,避免了金属之间的直接摩擦。吸附与脱吸完全可逆,受热容易产生脱吸,所以适用于常温、低速、轻载的摩擦副。

化学吸附是润滑剂中的一些极性分子的有价电子与金属或其氧化表面的电子交换产生新的化合物,这种化合物的极性分子定向排列吸附于金属表面上。化学吸附是靠化学键力把周围分子吸附在金属表面上,生成新的化合物。化学键力的作用范围不超过相当于一个分子的厚度,所以化学吸附膜很薄,吸附与脱吸不完全可逆,且受热会发生脱吸。

为了满足高温、高压和高滑动速度的工作条件,常在润滑油中加入含硫、磷、氯等元素的添加剂,在高温下这些元素与金属表面发生化学反应生成厚度较大的化学反应膜,膜的熔点高、抗剪强度低,一般用于高速、重载及高温下的润滑。化学反应膜稳定,且反应不可逆。化学反应膜的润滑性能与膜的抗剪强度有关,抗剪强度低,则摩擦系数小,通常摩擦系数为 0.1 ~ 0.25。

当摩擦副相对运动时,摩擦表面间的边界油膜的极性分子定向排列在金属表面上,摩擦发生在极性分子的非极性端之间,如图 1.5-8(a)所示,起到了润滑作用。当表面粗糙不平时,较大微凸体的凸峰刺破边界膜而发生金属直接接触。接触点的局部压力很大;温度很高而发生粘着,如图 1.5-8(b)所示。此时要使摩擦副运动就必须克服金属粘着点处的剪切力 τ_b、和边界膜中极性分子间的剪切阻力 τ_1,所以摩擦力 F 为

$$F = aAr\tau_b + (1 - a)Ar\tau_1$$

式中,Ar 为表面接触面积;a 为表面接触面积内发生金属直接接触的百分数。

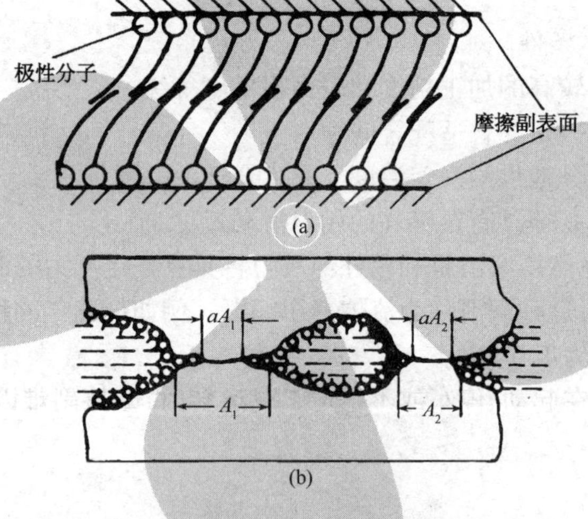

图 1.5-8 边界润滑模型

(a)摩擦发生在边界膜内;(b)边界润滑中的黏结点

当 $a=0$ 时,表面上没有金属直接接触,表面间充满润滑剂,边界膜润滑作用好:当 a 值较大时,摩擦表面黏结点多,摩擦系数增大,边界膜润滑效果差。

润滑油在边界润滑中降低摩擦和磨损的能力称为润滑油的油性。润滑油的极性越强,极性油膜吸附越牢,油性越好;反之油性差。通常用加入油性添加剂来提高润滑油的油性。

抗磨剂的作用是在边界润滑条件下,在金属表面形成化学或物理吸附的表面膜,以降低摩擦副的摩擦与磨损。典型的抗磨剂有氧、硫、氯化石蜡、磷和有机铅的化合物。抗磨剂在液压

泵、齿轮等中广泛使用。在高温重载条件下采用极压添加剂。在边界润滑状态下,一般极压添加剂均有缓和油膜被破坏的作用,犹如增强油膜强度,故又称为油膜增强剂。

第二节 磨 损

一、磨损的基本概念

(一)磨损定义

摩擦副中的一个物体表面,由于摩擦而引起的损耗,称之为磨损。机器运转过程中,相对运动的摩擦表面的损耗包括物质逐渐损耗,使零件尺寸、形状和位置精度以及表面质量发生的变化。

零件的磨损改变了摩擦副的配合性质,影响了机器的使用性能和使用寿命。据统计,大约80%的零件失效是磨损造成的。船舶机械中,磨损是一种普遍存在的失效形式。例如,船舶柴油机的可靠性直接受到活塞环—气缸套、曲轴—轴承等摩擦副磨损的影响,也是维护、保养、修理的重点。

(二)磨损指标

零件磨损后的尺寸和几何形状误差直接影响机器的工作性能和可靠性。在船上的轮机管理工作中为了不使零件产生过大的磨损,通常采用定期测量零件来检查和控制其磨损量,使尺寸和几何形状误差在要求范围内,保证配合件的间隙和工作性能。

1. 磨损量指标

磨损量 Δ 是指零件磨损表面的尺寸变化量。回转结构零件采用径向尺寸变化量来表示。

磨损量的极限值[Δ]是指零件磨损设定的标准值,亦称磨损量界限值。

$$\text{对于轴类零件} \quad \Delta = d_0 - d$$

$$\text{对于孔类零件} \quad \Delta = D - D_0$$

式中,d_0、D_0 为分别为轴、孔的名义直径,mm;d、D 为分别为轴、孔使用后的实测直径,mm。

2. 磨损率指标

磨损率 φ 是指单位时间内零件的最大磨损量 Δ_{max}。

磨损率的极限值[φ]是指零件磨损速度设定的标准值,亦称磨损率界限值。

对于回转结构零件的磨损率

$$\varphi = \Delta_{max}/2t$$

式中,t 为工作时间,h;Δ_{max} 为零件的最大磨损量,mm。

零件的磨损量或磨损率可以用零件自投入使用至报废的时间间隔内两次测量值之差来计算,也可以任一段工作时间间隔内两次测量值之差来计算。依测量值计算出的磨损量或磨损率应与说明书或有关标准、规范中规定的界限值比较,以便判断零件磨损程度。

一般规定:$\Delta <$ [Δ] 且 $\varphi <$ [φ] 合格;

$\Delta =$ [Δ] 且 $\varphi =$ [φ] 临界;

$\Delta >$ [Δ] 且 $\varphi >$ [φ] 超差。

磨损系数 k 是指单位载荷作用下,单位行程内的磨损体积,单位[mm^3/N · m]。磨损系数也可以表达为磨损率。

3. 圆截止面几何形状指标

圆度是指半径差为公差带 t 的两个同心圆之间的区域。

圆度误差是用来反映回转结构的零件横截面（垂直轴线的截面）的几何形状误差，即圆度误差 t'。可采用圆度仪、千分尺或百分表等量具测量零件的圆度误差。

圆度误差 t' 是可以简化为用被测零件上任意横截面的两个相互垂直的直径差之半（或半径差）来近似表示。

$$t' = (D_1 - D_2)/2 \quad (\text{mm})$$

式中，t' 为任意横截面的圆度误差，mm；D_1、D_2 为任意横截面测得的两个相互垂直的直径，mm。

计算出被测零件上数个指定横截面的圆度误差值，取其中最大值 $t'max$ 与说明书、标准或规范给定的圆度值 t 比较，以判断零件横截面圆形状的变化情况。

由此可见，圆度是规定值，是用来限定圆度误差的。圆度误差是通过测量直径计算出来的，而且要求零件最大圆度误差 $t'_{max} < t$（圆度）。

4. 圆柱体几何形状指标

圆柱度是指半径差为公差带 u 的两个同心圆柱面间的区域。

圆柱度误差是用来反映回转零件纵截面（轴线截面）的几何形状误差，用 u' 来表示。可采用圆度仪、千分尺和百分表等量具测量零件的圆柱度误差。圆柱度误差可以简化为用被测零件上不同横截面上测量的最大直径与最小直径差的一半来近似表示。

$$u' = (D_{max}' - D_{min})/2 \quad (\text{mm})$$

式中，u' 为任意横截面的圆度误差，mm；D_{max}'、D_{min} 为不同横截面上测得的最大和最小直径，mm。

计算出被测零件上数个指定横截面间的圆柱度误差值 u'，取其中最大值 u'_{max} 与说明书、标准或规范给定的圆柱度值 u 比较，以判断零件圆柱几何形状的变化情况。

由此可见，圆柱度是规定值，是用来限定圆度误差的。圆柱度误差是通过测量直径计算出来的，而且要求零件最大圆柱度误差 $u'_{max} <$ 圆柱度 u。

5. 平面几何形状指标

平面度是指公差带（距离）为公差值 v 的两个平行平面之间的区域。

平面度是用来表示平面平直的几何精度指标。生产中采用三点法来测量，即将被测平面上相距最远三点上的基准靶调成等高，构成一理想平面或称基准平面，测量被测平面上各点至此基准平面的距离，以其中最大（或最小）值与基准高度的差值作为平面度误差 v'。此外，还可采用水平仪，拉钢丝线等方法进行测量。

（三）磨损规律及磨合

运动副在运转过程中产生磨损是有一定规律的。图 1.5-9 为一正常运转运动副的运转时间与其磨损量的关系曲线，即磨损曲线。

图中横坐标表示运动副零件的运转时间，纵坐标表示零件的磨损量。磨损曲线反映了新造或修理的零件自投入运转到发生故障的三个工作阶段的磨损情况。

1. 磨损曲线

（1）磨合期

磨合期是曲线 OA 所对应的工作时间，是机器或运动副初次投入运转时，最初改变摩擦表面几何形状和表面层理化性能的阶段。由于新造零件工作表面的初始粗糙度使运动副配合面的实际接触面积小而应力大，工作表面很快磨损，同时，运转初期摩擦表面间的油膜难于建立，即使形成油膜往往也会被表面上的尖锋和摩擦热所破坏。所以磨合期的特点是时间短而磨损量较大,可使表面粗糙度减小 65% ~70%。磨合期使摩擦表面的形貌和性质从初始状态过渡到正常使用状态,这个过程称为磨合或跑合。磨合期越短、机器或运动副越早进入正常运转期。所以磨合是机器或运动副进入正常运转阶段的前提。

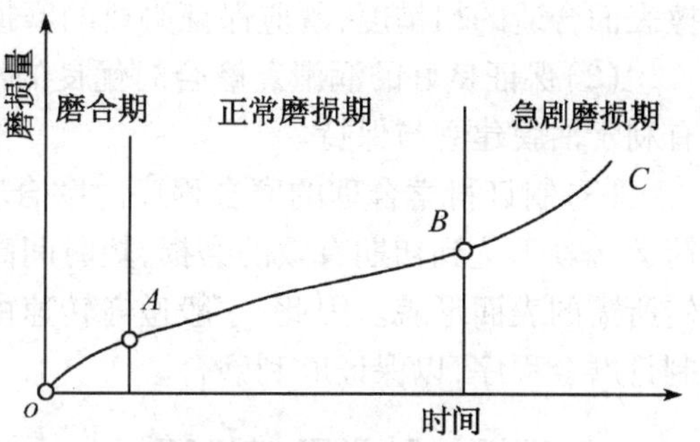

图 1.5-9 磨损规律曲线

(2)正常磨损期

正常磨损期是曲线 AB 所对应的工作时间,是机器或运动副磨合后进入正常运转的阶段。由于磨合使摩擦表面形成适应运转工况的形貌,冷硬层也已形成,表面硬度提高,磨损显著降低,所以该阶段的特点是磨损速度降低,磨损量小而稳定。AB 线段的斜率越小,磨损越缓慢,正常运转时间越长。关键是做好该阶段的维护保养工作,及时排除那些增大磨损的因素。

(3)急剧磨损期

曲线上 B 点以后的线段所对应的工作时间为急剧磨损期。运动副长期运转后,零件的磨损量和几何形状误差均较大,运动副的配合间隙增大,配合性质变坏,以致运转中产生振动、冲击,温度升高,磨损加剧,运动副进入急剧磨损期。此时应立即停机检修;否则将会导致事故发生。

2. 磨合过程

磨合过程是运动副摩擦表面的形貌和性质从初始状态过渡到使用状态必经的运转阶段,是投入正常使用不可缺少的技术措施。这是由于磨合可以提高摩擦表面质量,有效地承载;提高机器和运动副的可靠性和延长使用寿命;发现和排除检修和装配中的缺陷。在磨合过程中调整参数和修整机构,使之相互协调,获得最好的动力性和经济性。因此,机器或运动副投入正常运转前应进行良好磨合。

(1)良好磨合的要求

①消除摩擦表面的初始粗糙度,使实际接触面积增大 80% 以上。②运动副工作表面形成彼此适应、服贴的形貌。③建立工作条件下耐久的润滑油膜,使运动副获得稳定、有效地润滑。

(2)良好磨合的标志

①磨合后的工作表面光滑、洁净和明亮,无加工痕迹和伤损、变色等。②短时间内完成初期有效的磨损。③工作表面的摩擦系数、磨损率和温度均稳定在较低的水平。

磨合过程是一个非常复杂而又精细的摩擦表面再加工过程,是在诸多不同因素共同作用下进行的,这些因素在磨合过程中不仅难于控制,而且还在不断变化。为此,运动副磨合时采取促进良好磨合的措施实为必要。

3. 磨合措施

为了实现良好磨合,需要根据摩擦副的工作特点,采取针对性的措施。

(1)运动副的材料和摩擦表面的初始粗糙度应有利于磨合。

运动副的材料应具有良好耐磨性、抗咬合性,或采用摩擦表面的改性处理来提高耐磨性、抗咬合性,以利于运动副的磨合。如采用表面镀铬、喷丸、氮化等工艺。

摩擦表面应具有最佳初始粗糙度,以便在短时间内完成磨合。初始粗糙度过大,磨合时磨损速度大,产生过量磨损;初始粗糙度过小,磨合时磨损速度小,磨损量小,磨合时间长,所以摩擦表面合适的粗糙度,既应保证必要的磨损,又应保证能在短时间内完成磨合。

(2)保证良好的润滑。磨合时优良的润滑油品质(如黏度、清净性等)和充分连续地供给有利于油膜建立与保持。

(3)制订科学合理的磨合程序。磨合时运转时间和负荷分配要有利于磨合,长时间低负荷运转难于达到初期有效的磨损;短时间高负荷运转又易产生过度磨损,二者均难形成正常运转所需的表面形貌。因此,一般遵守转速由低到高、负荷由小到大,合理分配运转时间的原则制订磨合程序,以保证顺利磨合。

二、磨损的种类及其机理

通过对机械摩擦副的系统分析可以看出,磨损是一种十分复杂的微观动态过程,是摩擦系统中包括摩擦和润滑在内的各种内部和外部因素共同作用的结果。在摩擦条件下,应力相互作用将会导致表面疲劳磨损和磨料磨损,而材料相互作用将会导致腐蚀磨损和粘着磨损。具体来说,引起磨损的主要因素有:

(1)摩擦副所处的运动学和动力学状态,工作表面的几何形貌和装配质量。

(2)摩擦副工作表面所在的环境,如温度、介质、润滑条件等。

(3)摩擦副材料,如材料成分、组织和性能,及它们在磨损过程中的变化等。

摩擦副在磨损过程中可能同时承受多种外界因素的作用,外界因素周期交替地作用,使得磨损过程复杂多变,形形色色,种类繁多,没有完全统一的分类。最常见的磨损分类是按磨损机理来分类,包括粘着磨损、磨粒磨损、腐蚀磨损、表面疲劳磨损等。

1. 粘着磨损

粘着磨损是在润滑条件下产生的一种常见磨损。是摩擦副相对运动时,偶然因素使在法向载荷作用下摩擦表面上某些微小接触点处的金属直接接触形成粘着点(冷焊点),在随后的运动中粘着点又被剪断,摩擦表面的金属发生转移。不断地粘着、剪断和金属转移构成粘着磨损。

根据粘着磨损中粘着点被剪切的部位和表面被破坏的程度不同,粘着磨损分为5种。

(1)轻微磨损。剪切发生在粘着结合面上,摩擦表面有极轻微的金属转移。此时粘着点的结合强度低于摩擦副的两种基体金属的强度。这种磨损是机器中允许的。

(2)涂抹。剪切发生在距粘着面不远的较软金属表面浅层处,金属脱落并涂抹粘附在较硬金属表面上。粘着点处的黏结强度大于较软金属基体。

(3)擦伤。剪切发生在软金属的亚表层处,在软金属表面上产生沿运动方向的细小拉痕(拉毛)或较重拉痕(划痕),这是转移到硬金属表面金属粘着物对软金属表面的犁削作用。粘着点的强度高于两种基体金属。

(4)撕裂。或称粘焊,是比擦伤更重的粘着磨损。剪切发生在运动副之一或双方的表面深处,粘着点的强度高于两基体,肉眼可见金属表面的撕裂、粗糙和明显的塑性变形。

(5)咬死。运动副工作表面粘着面积较大,黏结强度很高,致使运动副不能相对运动而咬死。

柴油机气缸套与活塞组件发生上述前4种形式的粘着磨损称为柴油机拉缸,咬死则称为柴油机咬缸。

影响粘着磨损的因素主要有两个方面的问题。一是运动副本身的材质与特性,二是运动副的工作条件,如载荷、运动速度、工作温度、润滑条件等。以下着重分析运动副材质的影响。

(1)运动副金属的互溶性。互溶性好的运动副,粘着倾向大,容易产生粘着磨损。实验证明,相同材料相互摩擦产生的粘着磨损比不同种材料大得多。所以,在元素周期表中相距较远的元素互溶性小,不容易发生粘着。

(2)金属的晶体结构。晶体结构对粘着磨损有重要的影响。具有密排六方晶格的金属粘着倾向小,而具有体心和面心立方晶格的金属粘着倾向大。

此外,单晶体粘着倾向大于多晶体;单相合金的粘着倾向大于多相合金;固溶体的粘着倾向大于化合物;塑性材料粘着倾向大于脆性材料。

2. 磨粒磨损

运动副相对运动时,硬的粗糙表面或硬的颗粒对软的摩擦表面的微切削和、刮擦作用和造成表面材料的损耗称为磨粒磨损。是在润滑条件下的一种磨损。

在工业领域中磨粒磨损是最重要磨损形式,约占 50%,在大多数机械中存在,尤其是矿山、建筑、粮食加工等机械及行驶在沙漠中的汽车的发动机等的主要磨损形式。

(1)磨粒磨损机理。由于运动副两表面硬度不同,若两表面有金属直接接触时,硬表面上的微凸体嵌入软表面使之发生塑性变形,并在相对运动时对软表面进行微切削和犁划。当两表面间存在磨粒,在相对运动时磨粒对表面进行微切削和挤压,使表面产生塑性变形,不断地作用致使表面疲劳破坏。此外磨粒还在软表面上犁出沟槽,形成拉痕,拉痕两侧金属变形并在其他磨粒作用下脱落而成磨屑。

摩擦表面间的磨粒可能来自润滑油中的机械杂质、空气中的灰尘和砂粒,也可能是摩擦表面脱落的磨损产物或腐蚀产物。特殊工作环境中的物质,如运输的散货矿石粉、面粉、泥砂等也可能称为磨粒。

(2)影响磨粒磨损的因素。实际的磨粒磨损受到多种因素的综合作用,主要是运动副材料硬度和组织,磨粒的硬度、尺寸和形状。运动副材料硬度越高,耐磨性越好。磨粒的硬度是决定磨粒磨损的关键因素,一般磨粒硬度比材料硬度高很多,即便比材料硬度低也会在摩擦表面相对运动中使表面产生磨损。另外,磨粒的尺寸和形状也会对磨损产生影响。

3. 腐蚀磨损

运动副相对运动时,由于摩擦表面金属与周围介质发生化学、电化学和机械作用而使摩擦表面金属损失的现象称为腐蚀磨损。

腐蚀磨损是腐蚀和磨损相互促进共同作用的结果。摩擦表面金属与周围介质发生化学、电化学作用,产生腐蚀产物,摩擦过程中腐蚀产物的脱落形成磨粒构成二次磨粒磨损,新表面又会继续和介质作用而被腐蚀。不断地腐蚀、磨损致使运动副工作表面受到破坏。

腐蚀磨损受到环境、温度、介质、润滑条件、滑动速度和载荷的影响。根据介质的性质、介质与表面的作用及运动副材料性能等的不同,主要有以下几种腐蚀磨损形式。

(1)氧化磨损。在摩擦过程中,摩擦表面与空气或润滑油中的氧或氧化性介质发生化学反应形成氧化膜,摩擦过程中使之脱落,随之又会生成一层新的氧化膜,氧化物不断地脱落使运动副零件金属损失的现象称氧化磨损。

除金、铂等极少数金属外,大多数金属表面均能生成氧化膜。运动副材料成分、氧化膜的结构、性质及与基体的结合强度等决定氧化磨损程度。氧化膜性脆,结构疏松且与基体结合较差,摩擦过程中极易脱落,氧化磨损严重;氧化膜韧性好、结构致密且与基体结合牢固,不仅不易脱落还对摩擦表面起保护作用。

(2)特殊介质的腐蚀磨损。运动副相对运动中,摩擦表面与周围的酸、碱、盐等特殊介质作用生成各种腐蚀产物并在摩擦过程中脱落构成腐蚀磨损。这种腐蚀磨损和氧化磨损类似，但比其磨损速度快。在某些介质中也会形成致密、结合牢固的保护膜，使腐蚀磨损速度减小。

腐蚀介质的性质、温度和运动副材料对腐蚀磨损的影响不容忽视。例如，轴瓦材料中的铅、铜容易被润滑油中的有机酸腐蚀，在轴瓦表面生成黑点，逐渐扩展成海绵状空洞，轴与瓦摩擦时呈小块状剥落，使轴瓦损坏。

4. 表面疲劳磨损

表面疲劳磨损是指表面接触疲劳磨损。两个接触表面相对滚动或滑动时，在接触区形成的循环交变应力超过材料疲劳强度使接触表面产生塑性变形和微裂纹，进而扩展、剥落，这种由于材料表面疲劳产生物质损失的现象称为表面疲劳磨损。表面疲劳磨损是接触表面长期受到交变应力作用的结果，而且即便是存在油膜，应力也能通过油膜作用在表面上，在表面或表层的薄弱处引发裂纹。

点蚀是一种典型的表面疲劳磨损失效形式，点蚀裂纹一般从表面产生并向内部倾斜扩展，而后又折向表面，材料脱落后而成点蚀状的表面局部损耗。剥落裂纹一般从亚表层开始，沿与表面平行的方向扩展，最后材料形成片状剥落。接触应力小、交变次数不多时表面形成小麻点，对机器运转影响不大；接触应力大、交变次数多时表面上麻点和剥落增多并迅速蔓延导致零件失效。表面疲劳磨损是齿轮、滚动轴承、凸轮等零件的主要磨损形式。

5. 关于综合磨损

综合磨损并非独立的磨损机理，而是实际摩擦副表面发生的各种独立磨损机理的综合。由于实际摩擦副摩擦、磨损、润滑的特殊性，发生在实际摩擦副内的磨损机理往往不是一种独立的磨损机理，而是上述四种独立磨损机理的综合集成表现，例如典型的微动磨损和冲击磨损。

(1) 微动磨损。微动磨损现象通常发生在螺纹连接件、紧配合的轴与齿轮、转子轴与叶片配合处，以及柴油机固定件的配合表面间，受振动的键、花键、螺栓、铆钉等联接件的接合面处等等。微动磨损是两个紧密接触表面之间发生小振幅的相对振动所引起的机械化学磨损。如果微动损伤中化学或电化反应起主要作用则称为微动腐蚀。若微动磨损的同时或其后还受到交变应力的作用产生疲劳损坏则称为微动疲劳磨损。

微动磨损初期，紧密接触两表面上真实接触的微凸体发生粘着，在微动中使粘着点被剪切，接触表面金属转移发生粘着磨损。微动摩擦产生的高温使转移金属和新裸露的表面氧化，硬质氧化物颗粒在微动中磨削表面，出现磨粒磨损。当微振应力足够大时，微振磨损处形成表面应力源，出现疲劳裂纹和不断地产生磨屑，出现疲劳磨损。可见微动磨损的机理是复杂的，包含着粘着磨损、腐蚀磨损、磨粒磨损和疲劳磨损，是一种复合型的磨损。

微动磨损不仅改变零件的形状、尺寸，使表面质量恶化，而且使紧配件松动，甚至引起应力集中导致裂纹和疲劳断裂等。其实螺栓的自动松脱现象，实质上就是典型微振磨损作用的结果。螺纹配合表面尽管存在自锁的压力角，但是由于螺纹配合表面间客观存在腐蚀磨损、磨粒磨损、表面疲劳磨损，预紧力过大时甚至存在掳扣引起的粘着磨损。

(2) 冲击磨损。冲击磨损包括冲蚀磨损和撞击磨损。冲蚀磨损是带固体颗粒的射流、细流和液体中的液滴、液泡破碎引起摩擦表面的损耗，包括固体颗粒冲蚀、液体冲蚀、气体冲蚀。例如，增压器中涡轮叶片与压气机叶轮的冲蚀磨损。撞击磨损是摩擦副中一个零件的表面反复冲击另一零件的表面而引起的损耗，是粘着磨损、磨粒磨损、表面疲劳磨损、腐蚀磨损等机理的综合作用结果。例如，柴油机气阀的撞击磨损。

三、气缸套的磨损

1. 摩擦形式

活塞环—气缸套是柴油机中一对重要的具有往复运动的运动副。活塞环与气缸套受到高温、高压燃气的作用和冲刷，产生很大的机械应力与热应力；工作表面受到腐蚀与严重的摩擦。活塞往复运动速度在行程中点最大、止点位置为零。所以，在恶劣的工作条件和低的运动速度下难于形成理想的液体动压润滑。一般来说，活塞行程的中部工作表面易于实现液体摩擦形成液体动压润滑，在上、下止点附近工作表面间形成极薄的边界油膜，实现边界润滑。

柴油机气缸中的高温不利于液体油膜建立。因为高温使润滑油黏度降低或氧化变质，使活塞头部变形影响正常配合间隙，使缸壁上已形成的油膜蒸发、氧化和烧损。形成油膜的有利条件是：行程中点运动速度最大；已形成的油膜在下一个行程被更新之前暴露在高温中的时间极短，仅有几分之一秒；现代气缸油中的添加剂使润滑油的抗氧化安定性大大提高，增强了高温下保持油膜的能力。

2. 气缸套的正常磨损

柴油机的技术状态和使用寿命很大程度上取决于气缸的磨损情况。在正常工作条件下气缸套磨损是不可避免的。一般只要气缸套的磨损量在允许范围之内（最大允许磨损量为0.4% ~0.8%缸套内径），柴油机气缸套就处于正常工作状态。

(1)磨损的标志。气缸套正常运转工况下正常磨损的特征是最大磨损部位在气缸套上部，通常是活塞位于上止点时第1、2道活塞环对应的缸壁处，并沿缸壁向下磨损量逐渐减小，气缸内孔呈喇叭状。气缸套左右舷方向的磨损大于首尾方向的磨损。图1.5-10(a)为气缸套正常磨损后缸壁纵向形状和磨损量示意图。圆度误差、圆柱度误差、缸径最大增量小于说明书或有关标准的规定值，缸套磨损率：铸铁缸套 <0.1 mm/kh、镀铬缸套在0.01 ~0.3 mm/kh之间，磨粒尺寸 <1 μm视为正常磨损。

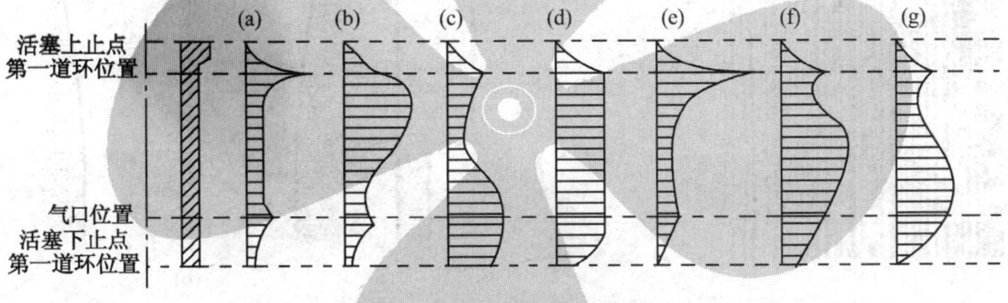

图1.5-10　气缸套磨损后纵截面形状及磨损量示意图

(2)磨损的特征。处于边界润滑部位的局部金属直接接触引起的粘着磨损。其原因是过薄的油膜被工作表面个别凸锋刺破，或者是高温、速度低等原因使油膜未能形成或遭破坏。

燃油中硫分的燃烧产物对缸壁的硫酸腐蚀。由于活塞在上止点时第1道环对应缸壁处含酸量最大，为缸套下部的4倍，造成缸套上部严重的腐蚀磨损。因为气缸上部燃气温度与压力对硫酸露点的影响，使上部凝结较多的酸。正常磨损的特征，气缸工作表面清洁、光滑、湿润，无明显划痕、擦伤等磨损痕迹。

3. 磨损的机理

(1)粘着磨损。处于边界润滑的气缸套与活塞环或活塞裙局部表面直接接触，引起粘着磨损。其原因是过薄的边界润滑油膜被工作表面个别微凸锋刺破，或者是高温使油膜遭到破坏,或者速度低使油膜未能形成而发生干摩擦,运动使之分离,导致气缸套表面金属转移。

①微观形貌:气缸套工作表面金属转移后,鳞片状圆滑边界的属于高温黏着,锥刺状尖锐边界的属于低温黏着,如图 1.5-11(a)所示。

②宏观特征:气缸套上止点附近黏着磨损严重,径向尺寸变化明显,如图 1.5-11(b)所示。

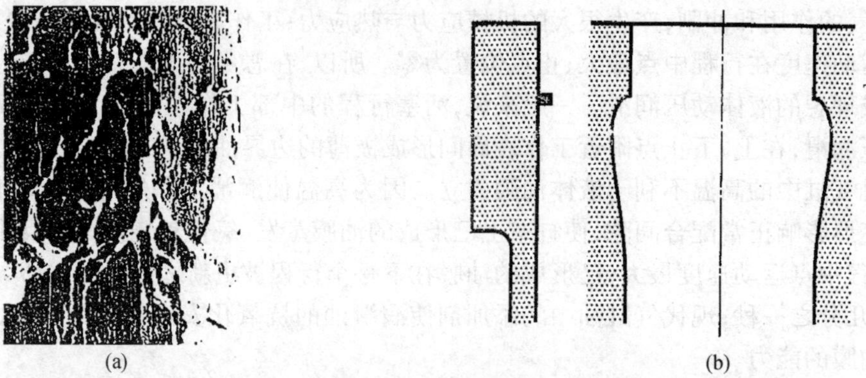

图 1.5-11　气缸套粘着磨损的宏观与微观特征

(2)磨粒磨损。进入气缸的新鲜空气携带的灰尘,燃油或滑油燃烧生成的各种氧化物、炭粒和灰分,润滑油中的机械杂质及运动副的摩擦产物等均会引起磨粒磨损,且以气缸上部最为严重。

①微观形貌:气缸套工作表面产生深浅不一的往复规则的磨痕,如图 1.5-12(a)所示。

②宏观特征:气缸套上止点磨粒磨损最为严重,径向尺寸变化明显,磨损程度主要取决于磨粒的性质,,如图 1.5-12(b)所示。

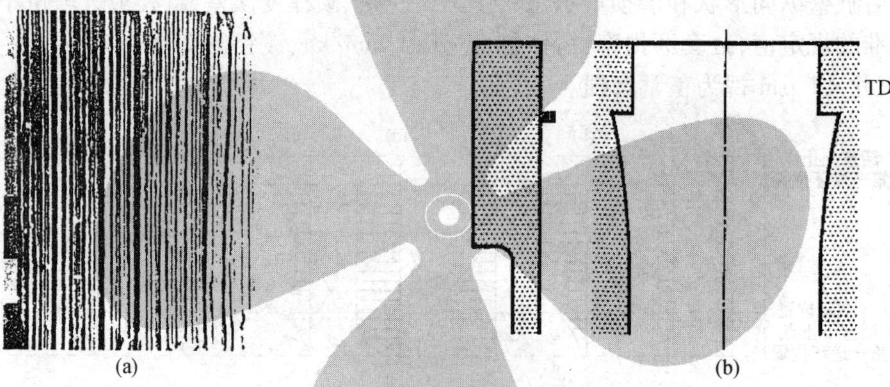

图 1.5-12　气缸套磨粒磨损的宏观与微观特征

(3)腐蚀磨损。燃油中硫分的燃烧产物对气缸工作表面的硫酸腐蚀。由于气缸壁温度越低,结露的硫酸浓度越高,气缸壁的电极电位也越高,从而造成缸套上部产生电化学腐蚀。腐蚀产物引起二次磨粒磨损。

①微观形貌:气缸套工作表面产生不规则的腐蚀痕迹、麻点、麻坑等,如图 1.5-13(a)所示。

②宏观特征:气缸套上止点腐蚀磨损最为严重,径向尺寸变化明显,磨损程度主要取决于硫酸结露的多少,如图 1.5-13(b)所示。

4. 磨损规律

(1)黏着磨损。黏着磨损的磨损曲线如图 1.5-14 两条黑实线所示。一条黑实线说明在磨

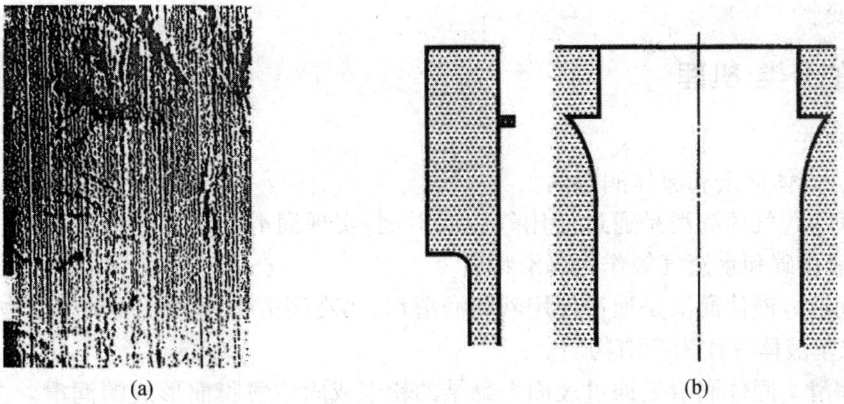

图 1.5-13　气缸套腐蚀磨损的宏观与微观特征

合期发生了黏着磨损，正常磨损期消失，急剧磨损期提前到来，黏着磨损率远远高于正常磨损率；另一条黑实线说明黏着磨损发生在磨合期、正常磨损期之后的急剧磨损期内，黏着磨损率远远高于正常磨损率。

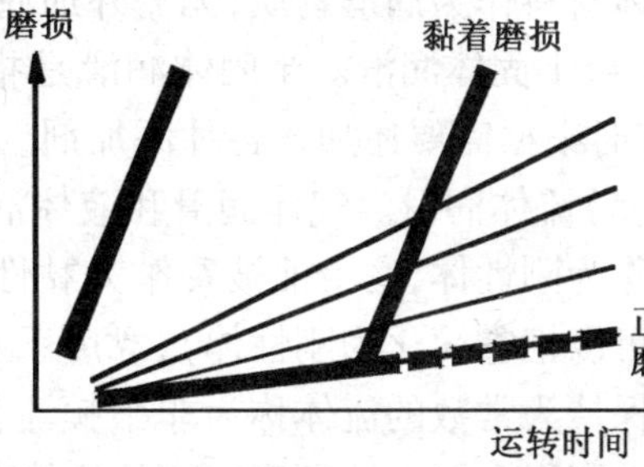

图 1.5-14　气缸套粘着磨损规律曲线

（2）磨粒磨损。磨粒磨损的曲线如图 1.5-15 黑实线所示，符合磨损规律。磨粒磨损发生在磨合期、正常磨损期和急剧磨损期内，磨粒磨损率远远高于正常磨损率。

（3）腐蚀磨损。腐蚀磨损的磨损曲线如图 1.5-16 黑实线所示，符合磨损规律。腐蚀磨损发生在磨合期、正常磨损期和急剧磨损期内，腐蚀磨损率远远高于正常磨损率。

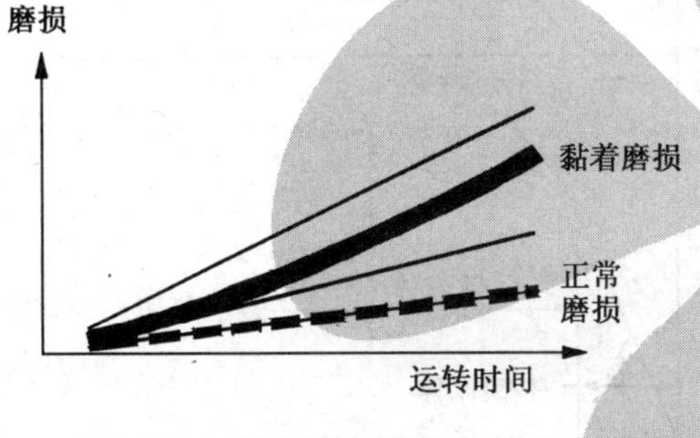

图 1.5-15　气缸套磨粒磨损规律曲线

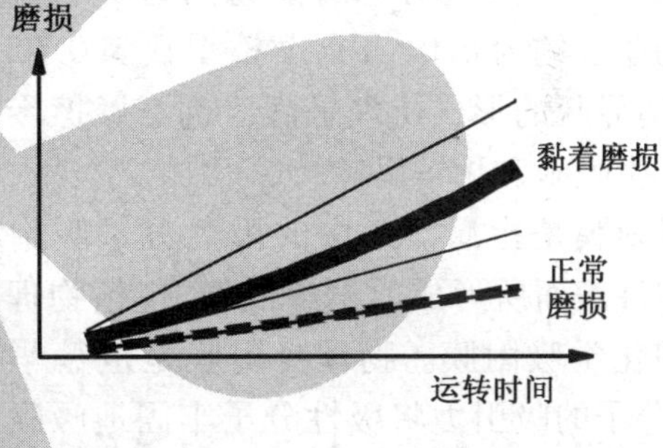

图 1.5-16　气缸套腐蚀磨损规律曲线

第三节　润　滑

润滑是摩擦学内容的三个重要组成部分之一，可以影响和改变所有摩擦和磨损过程。

润滑一般是通过润滑剂改善摩擦副表面的摩擦状态，降低摩擦阻力，减缓磨损作用的科学与技术。充分研究和利用先进的润滑科学与技术，能够显著提高机器设备的使用性能、延长使用寿命并减少能源和材料的消耗。有力推动经济高效、节能降耗、绿色低碳、循环再生发展和增长方式的转变。

一、润滑的分类、机理

1. 润滑的分类

润滑可分为固体润滑和流体润滑两大类。

(1)气体润滑。气体润滑是通过使用气相润滑剂,实现润滑作用。包括采用空气、氢气、氦气、氮气、一氧化碳和水蒸气等作为润滑物质。

(2)液体润滑。液体润滑是通过使用液相润滑剂,实现润滑作用。包括采用矿物润滑油、合成润滑油、水基液体等作为润滑物质。

(3)固体润滑。固体润滑是通过表面上黏结的粉末或固体薄膜而形成的润滑。主要采用石墨、二硫化钼、氮化硼、尼龙、聚四氟乙烯、氟化石墨等自身具有很低摩擦系数和较小磨损率的固体材料作为润滑物质,无需外加润滑。

(4)半固体润滑。半固体润滑是指使用基础油和稠化剂组成的塑性润滑脂作为润滑物质,有时根据需要还加入各种添加剂。

(5)流体润滑。气体润滑和液体润滑的统称。在传统的润滑力学研究中,摩擦副的零件被看作为刚性体,润滑油被看作为黏性牛顿流体。但由于实际摩擦副的零件是弹性体(不过有时可以把它简化为刚性体),黏度系数随剪切率(或剪切应力)的变化称作为流体流变性,而不能保持为常数的流体称为非牛顿流体,如图 1.5-17 所示。摩擦体处于塑性状态时,需要考虑弹性变形和压力对黏度影响的流体动压润滑,称为弹性非牛顿流体动压润滑,摩擦体处于塑性状态时,需要考虑塑性效应的流体动压润滑,称为塑性非牛顿流体动压润滑。

2. 流体润滑的机理

(1)边界润滑。边界润滑的机理是在摩擦表面间产生一层具有承载能力的边界膜。边界膜的厚度约为 0.01 μm,摩擦系数为 0.05 ~ 0.5。边界膜的形成机理是润滑剂与摩擦零件表面产生吸附和化学反应。

吸附膜是指润滑剂中的极性分子吸附在摩擦零件表面所形成的润滑油膜,包括物理吸附膜和化学吸附膜。物理吸附膜是范德华力作用,分子的吸引力将极性分子牢固地吸附在固体表面上,并定向排列形成一至数个分子层后紧密排列的表面膜。当摩擦副相对滑动时,吸附膜如同两个毛刷子相对滑动,能起润滑作用,降低摩擦系数。分子间的内聚力使膜具有一定的承载能力,防止两摩擦表面直接接触,但承载能力较小。

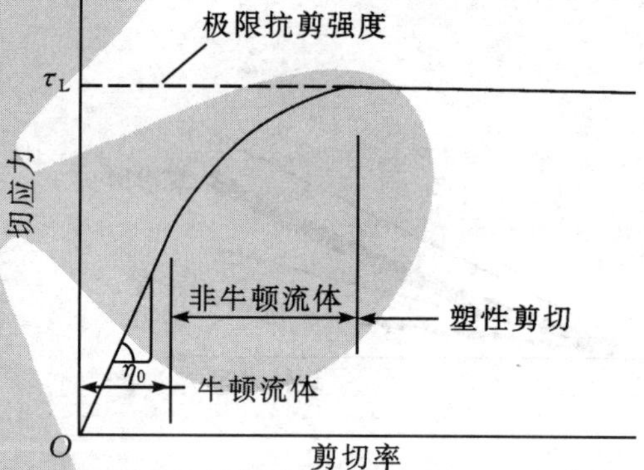

图 1.5-17　非牛顿流体的剪切率与切应力之间的关系

化学吸附膜是润滑油中的某些有机化合物(如二烷基二硫代磷酸盐、二元酸二元醇酯等)降解或聚合反应所生成的表面膜,或润滑油中极性分子的有价电子与金属表面的电子发生交换而产生的化学结合力,使金属皂的极性分子定向排列并吸附在表面上所形成的表面膜,可以承受中等载荷、温度、速度的作用。

化学反应膜是指润滑油中的添加剂,如含硫、磷、氯等有机化合物的极压剂与摩擦零件的金属表面发生化学作用。在两个摩擦面上凸峰直接接触相对运动时所产生的摩擦热作用下，生成能承受较大载荷或重载荷、高温、高速作用的反应膜。反应膜熔点高，不易粘着，剪切强度低，摩擦阻力小，又能不断破坏和形成，故能防止金属表面直接接触而且起润滑作用。

在一定的工作条件下，边界膜抵抗破裂的能力称为边界膜的强度，可用临界 pv 值、临界温度值或临界摩擦系数来表示。

①临界 pv 值：在正常的边界润滑中，当载荷 p 或速度 v 加大到某一数值，摩擦副的温度突然升高，摩擦系数和磨损量急剧增大。边界膜强度达到极限值时相应的 pv 值称为临界 pv 值。

②临界温度值：当摩擦表面温度达到边界膜散乱、软化或熔化的程度时，吸附膜发生脱附，摩擦系数迅速增大，但仍具有某些润滑作用，这时的温度称为第一临界温度。当温度继续升高到使润滑油（脂）发生聚合或分解，边界膜完全破裂，摩擦副发生粘着，磨损剧增时的温度称为第二临界温度。临界温度是衡量边界膜强度的主要参数。

③临界摩擦系数：边界膜达到润滑失效时的摩擦系数称为临界摩擦系数。

(2) 流体润滑。流体润滑的原理是指在摩擦副表面间自行产生连续楔形油膜或挤压油膜（油膜厚度 $h=21.5\sim2\ \mu m$），将摩擦表面微凸体全部隔离开来。流体润滑依靠流体压力平衡外载荷，流体层内的分子大部分不受摩擦表面离子电场的作用而自由连续移动，亦即摩擦只存在于流体分子之间的一种摩擦系数很低（几乎可以低至 0.001）的理想润滑状态，油膜厚度一般比表面粗糙度大许多倍（油膜厚度 $h=5\sim500\ \mu m$），零件表面不发生直接接触。

根据润滑油膜压力的产生机理不同分为楔形油膜压力和挤压油膜压力。楔形油膜压力形成的机理是在载荷稳定的自作用轴承中，在滑动方向需要一个逐渐减小的油膜厚度，这个油膜称之为物理楔，最佳几何形状为小斜度的长而薄的收敛型通道，如图 1.5-18 所示。挤压油膜压力形成的机理是当摩擦副表面相互靠近时，其间的润滑油就会产生正压力，这个油膜称之为挤压膜，如图 1.5-19 所示。但是，当摩擦副表面相互靠近时，其间的润滑油就会产生负压力而穴蚀，破坏油膜。

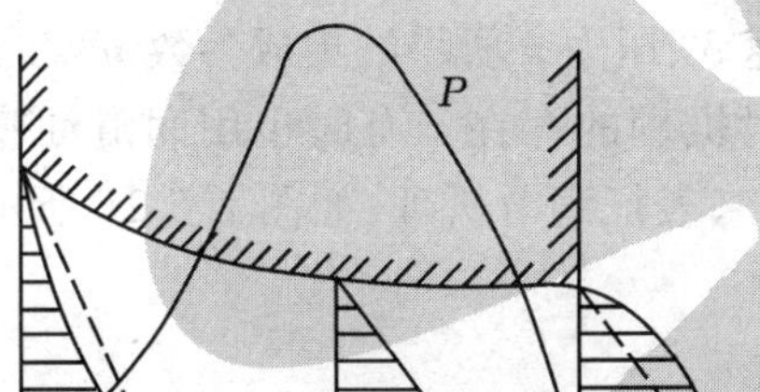

图 1.5-18　物理楔

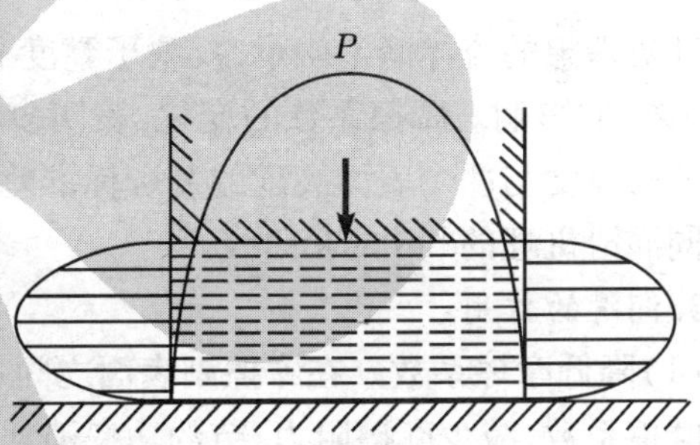

图 1.5-19　挤压膜

根据润滑膜压力的产生方式不同又可分为流体动压润滑和流体静压润滑两种。

流体动压润滑是依靠摩擦表面间在运动方向上构成几何收敛楔形而产生的楔形效应，自行产生具有一定承载压力的润滑油膜，使摩擦表面间隔离，能够有效地避免微凸体的接触，这种润滑称为流体动压润滑。相对运动零件表面之间能够自然形成收敛的结构，如 RTA 58 ~ 84 低速二冲程柴油机主轴承和推力轴承均采用动压润滑 0.3 MPa。轴与轴承、推力块与推力环在运转时均能形成楔形空间和效应，从而形成楔形油膜。

建立楔形油膜的基本条件：a. 摩擦表面应具有较高的加工精度和表面粗糙度等级。b. 摩擦表面间具有一定的合适配合间隙。c. 保证连续而又充分地供给一定温度下黏度合适的润滑油。d. 相对运动的零件必须具有足够高的相对滑动速度。

弹性流体动压润滑(EHL)仍然是一种流体动压润滑,只不过是考虑了摩擦表面的弹性变形与高压引起的润滑油黏度变化在流体动压润滑中的作用。弹性流体动压润滑对于重载的滚动轴承和齿轮很重要,油膜的典型厚度为 0.5 ~5 μm。

流体静压润滑(HDL)是利用外部压力将具有一定压力的润滑剂流体不断地送入摩擦表面间,依靠流体的静压力平衡外载荷,使摩擦表面隔离开来,这种润滑称为流体静压润滑或外压润滑。流体静压润滑在起动和停车阶段,摩擦表面也不会产生任何实际接触,而且低速时还具有很高的承载能力。例如 RTA 58 ~84 低速二冲程柴油机十字头销轴承采用静压润滑 1.6 MPa。无外压介质,即自作用的流体润滑机理可用 Stribeck 曲线描述,如图 1.5-20 所示。

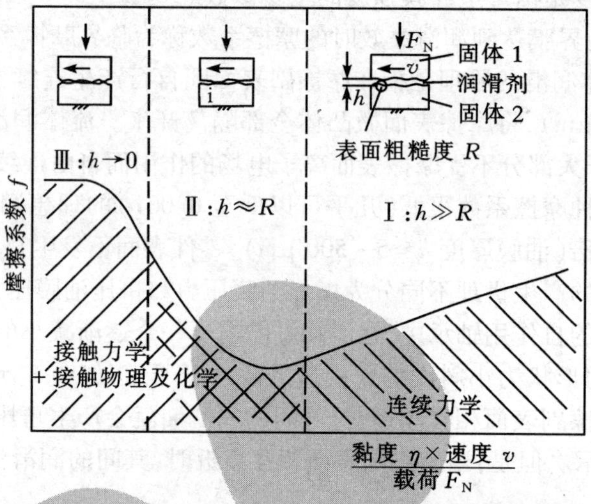

图 1.5-20 Stibeck 曲线及润滑状态简图

针对理想的流体润滑轴承,反映了黏度 η、转速 N、压力 p 所得的集成参数 $\eta N/p$ 对摩擦系数(因数)的影响。摩擦系数的变化,表明多种润滑机理的存在。有时也用润滑油膜参数,即平均油膜厚度与两个表面高度的复合标准差之比,来表征润滑机理,如图 1.5-21 所示,描述流体不同润滑机理的 Stribeck 曲线。

3. 润滑的作用

(1)降低摩擦系数。在摩擦副表面之间加入润滑剂,形成一个润滑油膜的减磨层,就可以降低摩擦系数,减少摩擦阻力,节约功率消耗。例如在良好的液体摩擦条件下,其摩擦系数可以低到 0.001 甚至更低。此时的摩擦阻力主要是液体润滑膜内部分子间相互滑移的低剪切阻力。

(2)减少磨损。润滑剂在摩擦表面之间,可以减少由于硬粒侵蚀、表面锈蚀、金属表面间的咬合与撕裂等造成的严重磨损。因此,在摩擦表面间供应足够的润滑剂,就能形成良好的润滑条件,避免油膜被破坏,保持零件配合精度,从而大大减少磨损。

(3)降低温度。润滑剂能够降低摩擦系数,减少摩擦热的产生。由于克服摩擦所做的功,将全部转变成热量。其中一部分由机体向外扩散,一部分则不断使机械温度升高。采用集中循环润滑系统的液体润滑剂可以带走摩擦产生的热量,起到传热、降温、冷却等作用,使机械控制在所要求的温度范围内运转。

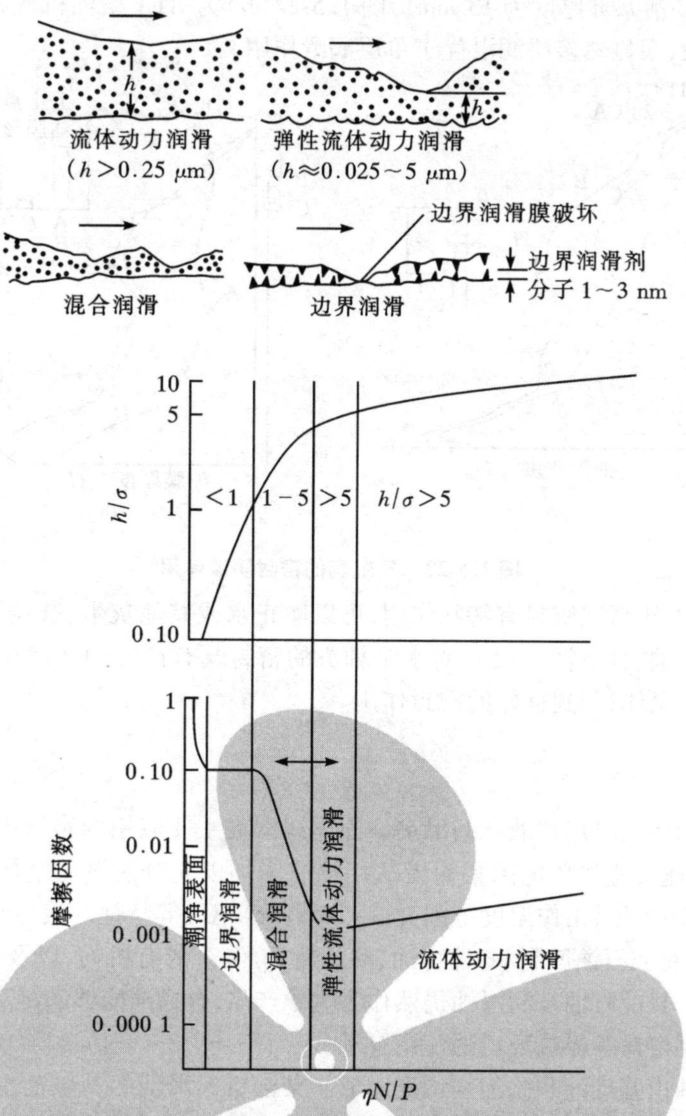

图 1.5-21　描述流体不同润滑机理的 Stribeck 曲线

(4)防止腐蚀。金属零件表面，不可避免地要和周围介质接触（如空气、水、水汽、腐蚀性气体及液体等），使金属表面生锈、腐蚀而损坏。润滑油具有一定的防护作用，特别是专用的防锈油。

(5)清洁冲洗。摩擦副在运动时产生的磨损微粒或外来介质等都会加速摩擦表面的损耗。利用一定速度压力的液体润滑剂，可以把摩擦表面间的磨粒带走，从而减少磨粒磨损。在压力循环系统中，冲洗作用更为显著。例如柴油机气缸润滑油里加入悬浮分散添加剂，使油中生成的结焦和积炭从气缸壁上洗涤下来，并使其分散成小颗粒状悬浮在油中，随同循环油过滤器滤除，以保持油的清洁，减少气缸套的磨损，延长换油周期。

(6)密封作用。柴油机的气缸与活塞润滑油不仅能起到润滑、减摩、耐磨作用，而且还有增强密封效果，防止漏气，提高工作效率的作用。此外，润滑油还有减少振动和噪声的效能。

图 1.5-22(a)为不同活塞环厚度（宽度）对 RTA62 柴油机气缸套润滑作用的影响，B 活塞

环厚度为 17 mm，C 活塞环厚度为 13 mm。图 1.5-22(b)为 RTA 柴油机气缸套单层润滑与多层润滑作用的比较，很显然多层润滑优于单层润滑作用。

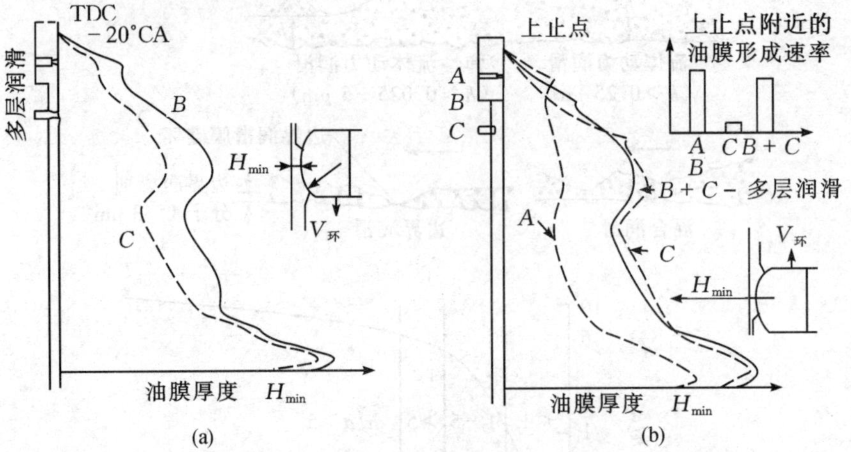

图 1.5-22 气缸套的密封润滑作用

此外，润滑脂对于形成密封有特殊作用，可以防止水或其他灰尘、杂质浸入摩擦副。例如采用涂上润滑脂的油浸填料(盘根)，对水泵轴头的密封既有良好的润滑作用，又可以防止泄漏和灰尘杂质浸入泵体，起到良好的密封作用。

二、润滑剂

润滑剂包括固体润滑剂和液体润滑剂。固体润滑剂主要应用的是石墨和二硫化钼粉末。适用于因重载、低速或恶劣环境因素而无法用油或脂加以充分润滑的金属摩擦表面，具有减摩、耐磨、抗氧化、耐极压，工作温度范围大(-185～450 ℃)等特性。液体润滑剂(润滑油)包括天然有机物(矿物或石油炼制油、植物油、动物油等)和合成有机物，以及两种以上这些基础油的均质混合物。目前石油基润滑油仍然作为主导产品，合成油能够满足高温、高压、高真空、高湿度、高燃点、高寿命等极端环境的使用要求。

柴油机润滑油由基础油和添加剂调配而成。柴油机润滑油的基础油主要分矿物基础油，用量很大(约 95%以上)，但有些应用场合则必须使用合成基础油和生物基础油调配的产品，因而使这两种基础油得到迅速发展。

矿物基础油由原油提炼而成，主要生产过程为：常减压蒸馏、溶剂脱沥青、溶剂精制、溶剂脱蜡、白土或加氢补充精制。矿物基础油的化学成分包括高沸点、高分子量烃类和非烃类混合物。其组成一般为烷烃(直链、支链、多支链)、环烷烃(单环、双环、多环)、芳烃(单环芳烃、多环芳烃)、环烷基芳烃以及含氧、含氮、含硫有机化合物和胶质、沥青质等非烃类化合物。合成润滑油是指通过化学方法合成的基础油，合成基础油有很多种类，常见的有：合成烃、合成酯、聚醚、硅油、含氟油、磷酸酯。合成润滑油比矿物油的热氧化安定性好，热分解温度高，耐低温性能好等优点，可以保证设备部件在更苛刻的场合工作，但是成本较高。

生物基础油(植物油)来源于农业作物资源，它具有矿物油及大多数合成油所无法比拟的特点，可以生物降解而迅速的降低环境污染。

添加剂是近代高级润滑油的精髓，正确选用、合理加入，可改善其物理化学性质，赋予润滑油新的特殊性能，或加强其原来具有的某种性能，满足更高的要求。根据润滑油要求的质量和性能,对添加剂精心选择,仔细平衡,进行合理调配,是保证润滑油质量的关键。一般常用的添加剂有:黏度指数改进剂、倾点下降剂、抗氧化剂、清净分散剂、摩擦缓和剂、油性剂、极压剂、抗泡沫剂、金属钝化剂、乳化剂、防腐蚀剂、防锈剂、破乳化剂等等。

柴油机的润滑油,亦称商业用油(Commercial Oil),主要用于中大型卡车、巴士、工程车、专用车、船舶高速柴油机等等,以 CA、CB、CC、CD、CE、CF、CG、CH、CI、CJ 来代表,如表 1.5-2 ~ 1.5-6 所示。

表 1.5-2 API 柴油机润滑油的分类

API 级别	质量等级	使用说明
CA	轻负荷	适于轻负荷柴油配合使用,具有防腐性能。目前已经淘汰使用,不再拥有 API 许可
CB	中负荷	适于中负荷柴油配合使用,具有防腐、减少沉淀物的功能。目前已经淘汰使用,不再拥有 API 许可
CC	中负荷	适于中负荷的涡轮增压柴油机,防止高低温沉淀、锈蚀和腐蚀。目前已经淘汰使用,不再拥有 API 许可
CD	重负荷	适于涡轮增压四冲程柴油机,抗高温沉淀物形成,防止轴承腐蚀。目前已经淘汰使用,不再拥有 API 许可
CD-II	重(高)负荷	适于二冲程柴油机,符合 CD 及底特律柴油机 6V-53T 发动机测试要求。目前已经淘汰使用,不再拥有 API 许可
CE	重负荷	适于高速、高负荷涡轮增压四冲程柴油机,防止高温,低温沉淀物形成,抗磨损,抗腐蚀,通过马克 T-6,T-7 和康明斯 NTC400 的台架试验。目前已经淘汰使用,不再拥有 API 许可
CF-4	重负荷	于 1990 年引入。用于高速四冲程自然吸气和涡轮增压柴油机,适于使用含硫量低于 0.5% 的柴油,适于四冲程柴油机,有效防止高,低温沉淀物的形成,特别是新型的发动机。通过马克 T-7 和康明斯 NTC-400 和卡特皮勒 1K 台架试验,可代替 CD、CE 润滑油
CF-2	重负荷	于 1994 年引入,适于二冲程柴油机,达到底特律柴油机 6V-92TA 测试要求
CF	重负荷	于 1994 年引入,适于涡轮增压四冲程柴油机,抗高温沉淀物形成,并耐腐蚀。用于非道路非直喷式柴油机,以及其他使用含硫量低于 0.5% 的柴油机,可代替 CD 润滑油
CG-4	重负荷	于 1995 年引入,适于涡轮增压四冲程柴油机,有效防止高、低温沉淀物的形成,应用于 1994 年以来的低排放新型柴油机,使用低硫燃料(硫含量小于 0.05%),通过马克 EO-L 和卡特皮勒 1N 台架试验,可代替 CD、CE、CF-4 润滑油
CH-4	重负荷	于 1998 年引入,适于涡轮增压四冲程柴油机,严格控制高、低温沉淀物和磨损,尤其是控制高烟怠引起的黏度增加和配气机构的磨损,满足 1998 年美国排放要求,兼顾高低硫分燃油的使用,比 CG-4 拥有更好的性能,增加康明斯 M1 和马克 T-9 发动机台架试验,可与含硫量最高达 0.5% 的柴油一起使用,可代替 CD、CE、CF-4、CG-4 润滑油

续表

API 级别	质量等级	使用说明
CI-4	重负荷	2002 年 10 月推出，专门为带有“低温废气再循环”EGR 系统的高级四冲程柴油机研发，符合欧Ⅲ排放要求。亦可与含硫量高达 0.5% 的柴油一起使用，可代替 CD、CE、CF-4、CG-4 和 CH-4 润滑油。一些 CI-4 润滑油亦符合 CI-4 PLUS 的要求
CJ-4	重负荷	2006 年引入，用于高速四冲程柴油机，符合 2007 年美国高速公路废气排放标准，与美国环保署 EPA 发布的 2007 年使用配置尾气后处理技术时间相一致。CJ-4 润滑油经合成精制基础油添加优质黏度指数改进剂及多性能复合添加剂特殊合成，可以含硫量最高达 500 ppm（重量 0.05%）的柴油一起使用。 2010 年，使用含硫量大于 15 ppm（重量 0.0015%）的柴油时，可能影响废气后处理系统的耐久性及/或换油期。如使用微粒筛检程序和其他先进的后处理设备，CJ-4 润滑油在维持排放控制系统耐久性方面则会更有效。在控制催化剂中毒、微粒过滤器阻塞、柴油机磨损、活塞积垢、低高温稳定性、烟灰处理性、氧化增稠、发泡以及因为剪应力引起的黏度降低方面。CJ-4 润滑油的保护能力十分卓越。CJ-4 润滑油的性能优于 CI-4、CH-4、CG-4 和 CF-4，可以有效地润滑需要此 API 类别的柴油机，在与含硫量高于 15 ppm 的柴油一起使用 CJ-4 润滑油时，需要咨询柴油机制造商，了解保养周期。 CJ-4 润滑油要求灰分不大于 1.0%，硫不大于 0.4%，磷不大于 0.12%。可以使用柴油微粒过滤器等尾气后处理装置，同时要求具有优良的抗磨性、高温抗氧性、低温泵送性、低油耗等

表 1.5-3 船用柴油机润滑油的分类

SAE 级别	碱值等级	使用说明
50	70	适于燃用含硫量大于 1.5% 以上的二冲程低速柴油机气缸油
50	40	适于燃用含硫量 0.5% ~2.0% 的二冲程低速柴油机气缸油
40	40	适于燃用含硫量大于 3.5% 以上的筒形活塞四冲程中速柴油机
40	30	适于燃用含硫量大于 3.5% 以下的筒形活塞四冲程中速柴油机
40	12	适于燃用含硫量为 0.5% 的筒形活塞四冲程中速柴油机或新发动机
40	8	适于燃用低含硫量的筒形活塞四冲程中速柴油机，以及二冲程低速柴油机系统油，艉轴管润滑油
30	40	适于燃用含硫量大于 3.5% 以上的筒形活塞四冲程中速柴油机
30	30	适于燃用含硫量大于 3.5% 以下的筒形活塞四冲程中速柴油机
30	12	适于燃用含硫量为 0.5% 的筒形活塞四冲程中速柴油机或新发动机
30	8	适于燃用低含硫量的筒形活塞四冲程中速柴油机，以及二冲程低速柴油机系统油，艉轴管润滑油

表 1.5-4　船用液压油的分类

SAE 级别	碱值等级	使用说明
32	HS	比 HV32、HM32 更优异的高、低温性能，低温起动性、流动性，高温保护性，以及低凝抗磨性，适于液压起锚机、起货机、绞缆机、应急消防泵、防摇鳍等
22	HS	比 HV22、HM22 更优异的高、低温性能，低温起动性、流动性，高温保护性，以及低凝抗磨性，适于液压起锚机、起货机、绞缆机、应急消防泵、防摇鳍等
100	HV	优异的高、低温性能，低温起动性、流动性，高温保护性，高抗磨性，适于液压起锚机、起货机、绞缆机、应急消防泵、防摇鳍等
68	HV	优异的高、低温性能，低温起动性、流动性，高温保护性，高抗磨性，适于液压起锚机、起货机、绞缆机、应急消防泵、防摇鳍等
46	HV	比 HM 更优异的高、低温性能，低温起动性、流动性，高温保护性，高抗磨性，适于液压起锚机、起货机、绞缆机、应急消防泵、防摇鳍等
32	HV	比 HM 更优异的高、低温性能，低温起动性、流动性，高温保护性，高抗磨性，适于液压起锚机、起货机、绞缆机、应急消防泵、防摇鳍等
15	HV	优异的高、低温性能，低温起动性、流动性，高温保护性，高抗磨性，适于液压起锚机、起货机、绞缆机、应急消防泵、防摇鳍等
46	HM	适于高负荷液压系统，系统压力 14～21 MPa 或更高，用于液压起锚机、起货机、绞缆机、应急消防泵、防摇鳍等
32	HM	适于一般液压系统，系统压力 14～21 MPa，用于液压起锚机、起货机、绞缆机、应急消防泵、防摇鳍等

表 1.5-5　船用齿轮油的分类

SAE 级别	碱值等级	使用说明
320	重负荷	适于重负荷、冲击负荷、低速条件，以边界润滑为主的齿轮传动。船舶推进装置、离心分油机、甲板设备等
220	重负荷	适于重负荷、冲击负荷、低速条件，以边界润滑为主的齿轮传动。船舶推进装置、离心分油机、甲板设备等
150	重负荷	适于重负荷、冲击负荷、低速条件，以边界润滑为主的齿轮传动。船舶推进装置、离心分油机、甲板设备等
100	重负荷	适于重负荷、冲击负荷、低速条件，以边界润滑为主的齿轮传动。船舶推进装置、离心分油机、甲板设备等
1000	重负荷	合成齿轮油，适于各种中速、低速重负荷闭式齿轮箱，滑动轴承与滚动轴承
680	重负荷	合成齿轮油，适于各种中速、低速重负荷闭式齿轮箱，滑动轴承与滚动轴承
320	重负荷	合成齿轮油，适于各种中速、低速重负荷闭式齿轮箱，滑动轴承与滚动轴承
220	重负荷	合成齿轮油，适于各种中速、低速重负荷闭式齿轮箱，滑动轴承与滚动轴承
150	重负荷	合成齿轮油，适于各种中速、低速重负荷闭式齿轮箱，滑动轴承与滚动轴承
100	重负荷	合成齿轮油，适于各种中速、低速重负荷闭式齿轮箱，滑动轴承与滚动轴承

表 1.5-6　船用汽轮机油的分类

SAE 级别	碱值等级	使用说明
68	长寿命极压	适于要求改善齿轮承载能力的汽轮机,工业装置等
46	长寿命极压	适于要求改善齿轮承载能力的汽轮机,工业装置等
32	长寿命极压	适于要求改善齿轮承载能力的汽轮机,工业装置等
68	长寿命	适于大中型船舶蒸汽轮机、燃气轮机、水轮机组等
46	长寿命	适于大中型船舶蒸汽轮机、燃气轮机、水轮机组等
32	长寿命	适于大中型船舶蒸汽轮机、燃气轮机、水轮机组等
68	普通	适于大中型船舶蒸汽轮机、燃气轮机、水轮机组等
46	普通	适于大中型船舶蒸汽轮机、燃气轮机、水轮机组等
32	普通	适于大中型船舶蒸汽轮机、燃气轮机、水轮机组等

第六章 零件的腐蚀及其防护

金属与周围介质发生化学作用、电化学作用或物理溶解而产生的变质和破坏称为腐蚀。金属腐蚀是在外部介质作用下发生在金属与介质的相界面上的破坏。所以，金属腐蚀破坏总是从零件表面开始，然后向零件内部扩展或同时向四周蔓延。随着非金属材料的迅速发展和应用，非金属材料与周围介质作用产生的破坏也日益增多和严重，因而也是属于腐蚀破坏。目前，对非金属材料腐蚀的研究已受到重视。

腐蚀是现代工业中一个极为有害的破坏因素，它可使一个零件、一台机器、一艘轮船腐蚀破坏，乃至报废。此外，即便是其他形式的损坏，如磨损、裂纹和断裂，往往也包含着腐蚀破坏的因素。腐蚀破坏使机器寿命大大缩短，同时造成大量金属材料的浪费和巨大的经济损失。例如，全世界每年因腐蚀报废的钢铁大约相当于当年钢铁产量的30%，其中2/3回炉再生，那么仍有10%的钢铁损失了。不仅如此，腐蚀破坏还带来安全性与环境保护的问题。腐蚀造成机器设备的突然破坏，严重危及人身安全，并使地球上的有限资源日渐枯竭，严重威胁着人类的生存。

在船舶机械和设备中腐蚀破坏也相当严重。例如，船体钢板和管路的腐蚀，柴油机气缸盖、气缸套和活塞的冷却水腔的电化学腐蚀，活塞顶部和排气阀的高温化学腐蚀，气缸套外圆表面和螺旋桨桨叶上的穴蚀等。腐蚀的后果，轻者使零件的尺寸、几何形状改变，表面损坏；重者造成零件裂纹、穿孔和断裂而报废，机器不能正常运转。然而，腐蚀的恶果并非是一朝一夕形成的，而是较长时间作用的结果。轮机员学习和了解金属腐蚀的意义和目的就在于增强防止金属腐蚀的观念，为延长船舶机器和设备的使用寿命加强日常的维护保养工作，以减少和防止腐蚀。

第一节　化学腐蚀及其防护

一、化学腐蚀概念

金属与周围介质（非电解质）直接发生化学作用引起的破坏称为化学腐蚀。在化学腐蚀过程中不产生电流。化学腐蚀分为气体腐蚀和有机介质腐蚀。

气体腐蚀是指在干燥气体中或高温气体中的腐蚀。金属与介质中的氧化剂直接作用就在金属表面生成一层氧化物薄膜，即腐蚀产物。金属能否继续被氧化取决于氧化物薄膜的结构和与基体的结合强度。碳钢零件在 560 ℃以下被氧化，生成 Fe_2O_3 或 Fe_3O_4 的结构致密、与基体结合牢固的稳定膜，可阻止原子的扩散，从而保护金属表面不再继续被氧化。而在 560 ℃以上时，氧化生成 FeO 的结构疏松、与基体结合不牢的膜，原子容易穿过膜使金属继续被氧化，达一定厚度后脱落。

金属的高温氧化曾被视为典型的化学腐蚀。近代研究认为：在高温气体中金属最初的氧化属于化学反应，但氧化膜的成长过程则属于电化学机理。因为金属表面的介质已由气相变为既能电子导电又能离子导电的氧化膜。所以，金属的高温氧化不再是单纯的化学腐蚀。

金属在有机介质中的腐蚀，有机介质为不导电的非电解质介质。例如，有机酸、卤代化合物和含硫的化合物等。实际生产中纯化学腐蚀的现象较少，例如铝在四氯化碳、三氯甲烷或乙醇中；镁或钛在甲醇中；金属钠在氯化氢气体中等的腐蚀都属于化学腐蚀，但实际上这些介质中都含有少量水分而使有机介质不纯，使化学腐蚀变为电化学腐蚀。

二、柴油机零件的化学腐蚀

柴油机运转时，燃烧室中的高温、高压燃气直接与燃烧室组成零件——气缸盖及其上的阀件、气缸套和活塞组件接触，燃气中某些低熔点灰分熔化附着在零件金属表面，在高温下发生化学作用使零件表面受到破坏的化学腐蚀，称为高温腐蚀或钒腐蚀。

重油燃烧后产生灰分，灰分是一些氧化物、无机盐或低共熔混合物。重油中含有钒、钠、硫的化合物，燃烧后生成这些元素的氧化物或硫酸盐，如 V_2O_4、V_2O_5、Na_2O 和 Na_2SO_4 等以及低熔混合物。灰分中一些物质的熔点和软化点，如表 1.6-1 所示。

表 1.6-1　灰分中一些物质的熔点或软化点

物质	熔点(℃)	物质	熔点或软化点(℃)
$CaSO_4$	1 450	$Na_2O \cdot V_2O_5$	640
Fe_2O_3	1 565	$Na_2O \cdot V_2O_4 \cdot V_2O_5$	625
NiO	2 090	$2Na_2O \cdot V_2O_5$	600
SiO_2	1 720	$V_2O_5 \cdot Na_2SO_4$	550 ~ 580
Na_2SO_4	880	$5Na_2O \cdot V_2O_4 \cdot 11V_2O_5$	535
V_2O_4	1 970	$60\% Na_2SO_4 + 40\% V_2O_5$	330
V_2O_5	675	$Na_2O \cdot V_2O_4$	630

高温下钢铁零件上附着熔化或软化的钒钠化合物后，由于 V_2O_5 是酸性氧化物，直接与金属接触使其表面上的氧化膜被溶解，并使裸露的基体金属不断氧化而形成腐蚀麻点或凹坑。如排气阀盘面烧成孔洞。零件金属温度越高，腐蚀速度越快，后果越严重。

柴油机燃用重油为发生高温腐蚀提供了条件，但并非燃用重油就必然发生高温腐蚀，还必须具备：

(1)零件温度在 550 ℃以上，足以使钒、钠化合物处于熔化状态附着于零件表面。

(2)灰分的成分影响腐蚀速度。当灰分中 $V_2O_5/Na_2O \approx 3$ 时，软化温度由 600 ℃降至 400 ℃，灰分非常易熔，所以腐蚀速度急剧增加；当 V_2O_5/Na_2O 在 1 左右时，腐蚀速度最小，因为软化温度高，而零件温度低则不会发生高温腐蚀。

三、防止化学腐蚀的措施

根据化学腐蚀的机理，可在零件表面上覆盖一层保护膜，如镀锡、镀锌、发蓝处理等。

排气阀等的高温腐蚀,可选用含钒、钠、硫少的燃油,控制其成分;加强燃烧室零件的冷却使零件温度在 550 ℃以下等。此外,还应注意零件材料的选择,对腐蚀环境下工作的零件应选用耐腐蚀性强的材料。

第二节　电化学腐蚀

一、概述

金属表面与离子导电的电解介质溶液发生电化学作用产生的破坏称为电化学腐蚀。电化学腐蚀过程中产生电流。电化学腐蚀是自然界和生产中最普遍、最常见的腐蚀。破坏作用也最显著,金属在大气、湿空气,海水、土壤及酸、碱、盐溶液中都能发生电化学腐蚀。在船上,船体和船机发生电化学腐蚀的零件和部位也较多,也是一种主要的故障模式。电化学腐蚀亦分为全面腐蚀和局部腐蚀。

局部电化学腐蚀的种类有:

(1)点状腐蚀。金属表面局部有孔径不一的小孔,彼此孤立或集中在一起。孔径一般小于或等于孔深,孔上有腐蚀产物存留。

(2)晶间腐蚀。腐蚀发生在金属晶界上,使晶粒之间结合力丧失或下降,因不易发现,产生突然破坏,造成很大危害。

(3)电偶腐蚀。常见的一种腐蚀,异金属同在电解质溶液中使电位低的阳极发生腐蚀。

(4)应力腐蚀。金属在拉应力和腐蚀介质共同作用下产生的裂纹或断裂。

(5)腐蚀疲劳。金属在交变应力和腐蚀介质共同作用下的破坏。

(6)选择性腐蚀。合金中某些元素在腐蚀介质中优先被溶解的破坏。

(7)缝隙腐蚀。由于金属接触面间的缝隙大小不同,与电解质接触时产生不同电位而发生的电化学腐蚀。

(8)剥层腐蚀。金属在腐蚀介质中沿着与表面平行的晶界进行腐蚀,腐蚀产物呈层状或片状从金属表面上脱落,一般发生在型板和板材上。

二、电化学腐蚀原理

电池作用原理可以充分说明金属在电解质溶液中的腐蚀过程。图 1.6-1 为 Fe-Cu 电池示意图。铁板和铜板分别为阳极和阴极,一同装于有电解质溶液(稀硫酸溶液)的容器中,并用导线连接,此时在导线中有电流通过。电池中所发生的反应:

阳极反应结果是铁被溶解　$Fe \rightarrow Fe^{2+} + 2e$

阴极反应结果是释放出氢　$2H^{+} + 2e \rightarrow H_2 \uparrow$

电池作用使阳极发生氧化反应,阳极铁板不断遭到腐蚀;阴极发生还原反应,氢离子不断从阴极获得电子 e 而还原成氢气。在电化学腐蚀中,腐蚀电池起着重要的作用。根据构成腐蚀电池的电极大小,可将腐蚀电池分为宏观和微观两种。

1. 宏观腐蚀电池

宏观腐蚀电池是肉眼可见电极构成的宏观大电池,它引起金属零件或构件的局部宏观腐蚀破坏。

(1)异金属接触电池。两种具有不同电位的金属或合金相互接触(直接接触或用导线连接),并处于同一电解质溶液中时,便会使电位较低的金属不断遭到腐蚀,这种电池称为异金属接触电池或称腐蚀电偶,引起电偶腐蚀。两种金属的电机电位差越大,电偶腐蚀越严重。例如 Fe-Cu 电池、装有冷却水的冷凝器的碳钢壳体与黄铜管子构成异金属接触电池。

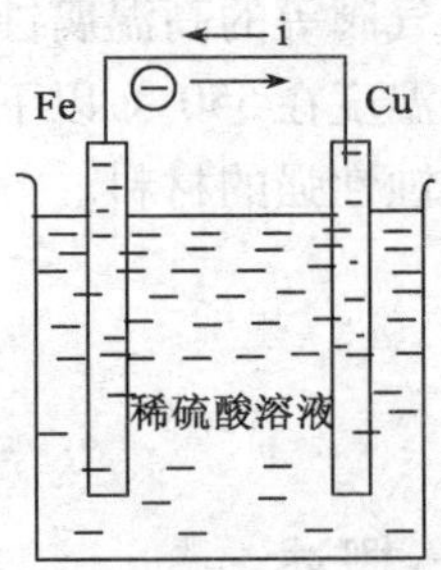

图 1.6-1　Fe-Cu 原电池示意图

(2)浓差电池。同一金属的不同部位与浓度(含氧量或含盐量)或温度不同的介质接触构成的腐蚀电池,最常见的有氧浓差电池、盐浓差电池和温差电池等。这是一种普遍存在的,危害很大的腐蚀电池,也是造成局部腐蚀的重要原因。

金属与含氧量不同的介质接触。在氧浓度较低处金属的电极电位较低为阳极,在氧浓度较高处金属的电极电位较高为阴极,从而构成氧浓度差电池,阳极区的金属遭到腐蚀。例如铁棒埋于土壤中,因土壤深度不同含氧量不同,故在铁棒埋得最深部位的金属腐蚀最严重。一长铜棒,两端分别插入稀、浓硫酸铜溶液中,则稀硫酸铜溶液中的棒端电极电位低为阳极,而棒另一端电极电位高为阴极,阳极棒端遭到腐蚀。浸于电解质溶液中的金属,其不同部位处于不同温度时构成的电池为温差电池。例如换热器的高温端比低温端腐蚀严重。

2. 微观腐蚀电池

微观电池是指零件金属表面由于电化学不均匀性构成许多微小电极的电池,又称为微电池。零件金属表面电化学不均匀性是由于金属的微观不均匀性引起的,主要有以下几点原因:

(1)化学成分的不均匀性。工业上使用的金属材料不同程度地含有杂质、非金属夹杂物或存在偏析,使金属化学成分不均匀。金属、杂质、非金属夹杂物的电极电位不同,当与电解质溶液接触时就构成无数微小电池。

(2)金属组织不均匀性。同一金属或合金中有不同的组织结构和晶体缺陷,如位错、空位、畸变等,因而有不同的电极电位。晶粒内部与晶界的电位不同,例如工业纯铝晶粒内部电极电位为 0.585 V,晶界为 0.494 V,在有电解液时晶界处被腐蚀。又如钢中的铁素体 1 与渗碳体 2 在有电解质溶液时构成无数的微观电池,如图 1.6-2(a)所示。

(3)物理性质或状态不均匀性。金属材料进行冷、热加工后使金属材料各部分的受力和变形不同,一般应力较高和变形较大的部位电位较低成为阳极,容易被腐蚀,如图 1.6-2(b)中变形部位。

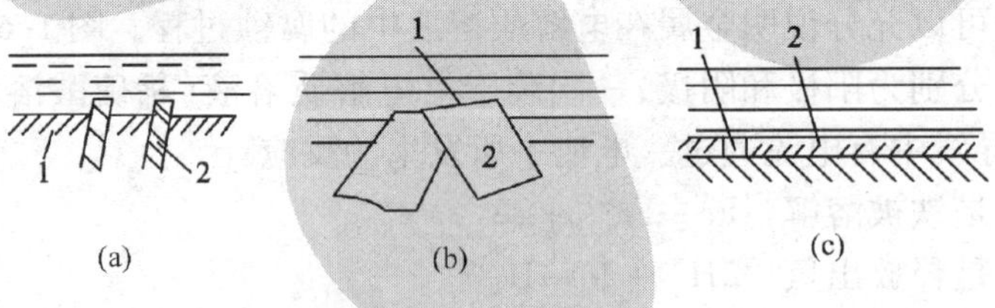

图 1.6-2　微观电池

(a)钢中铁素体与渗碳体构成微电池;(b)钢板弯曲变形构成微电池;
(c)表面膜不完整构成微电池

(4)金属表面膜不完整性。金属表面都有一层氧化膜,当表面膜破裂、有孔而不完整时,破裂处和有孔处的金属电位较低成为阳极。例如船体钢板上的铁锈与铁锈脱落后裸露的钢板构成微观电池,如图 1.6-2(c)所示。

三、极化作用

金属在介质中发生电化学腐蚀时,阳极金属发生氧化反应而被腐蚀,所以电化学腐蚀速度可用阳极电流密度表示。通过计算可以求得电化学腐蚀速度,但其与实测值相比则相差甚远,这在腐蚀电路中也可以观察到。当原电池外电路接通后瞬间有一个很大的起始电流,几分钟后迅速减小约为起始电流的1/30。

(1)极化作用

原电池中电流强度的减小不是因为电阻的变化,它是由于电池中两极间电位差变化所致。电流通过时腐蚀电池两极间电位差减小引起工作电流强度降低的现象称为原电池的极化作用。电流通过时阳极电位向正的方向变化称为阳极极化;电流通过时阴极电位向负的方向变化称为阴极极化。图1.6-3为电池电路接通后,两极电位变化的情况。

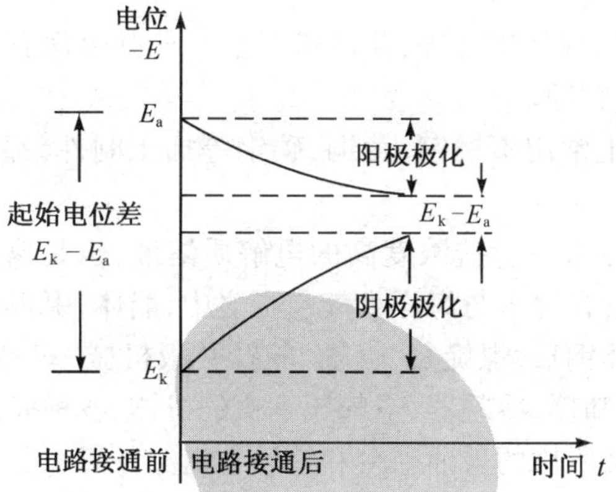

图1.6-3　电极极化的电位-时间曲线

极化作用是由于电池中电子迁移速度(即阳极极化时电子离开阳极的速度;阴极极化时电子流入阴极的速度)比电极反应速度(电解液中物质转移速度)快的结果。

(2)去极化作用

增大回路中的电流以消除或减弱电极极化的作用称为去极化作用。阳极去极化作用就是消除或减弱阳极极化作用。例如,向溶液中加入络合剂或沉淀剂,使与金属离子形成难离解的络合物或沉淀物。不仅大大降低金属阳极表面的离子浓度,而且还加速金属离子进入溶液,即加速阳极金属的溶解,以进一步形成络合物或沉淀物。所以,阳极极化可以减弱金属腐蚀速度,而阳极去极化则加速腐蚀过程。

凡是能够吸收电子使自身还原的物质,也就是消除或减弱极化作用的物质称为去极化剂。如果溶液中含有使金属氧化的氧化剂时,它可迫使阳极金属进行阳极反应以索取其所产生的电子使自身还原,因此氧化剂是去极化剂。

(3)极化作用的意义

腐蚀电池形成后,极化作用立即产生,因而使金属腐蚀速度大大降低。如果没有极化作用,不仅腐蚀速度将比实际的快几十借,甚至几百倍,而且腐蚀也会不断地进行下去,其后果必然是迅速造成零件的失效。从减缓电化学腐蚀来说,极化作用是有益的。

极化作用很大程度取决于电极材料和溶液成分、pH值等,而与初始电位差关系不大。为了有效地防止腐蚀,应利用各种极化因素使稳定电位差和腐蚀电流尽可能小。

四、船上常见的电化学腐蚀

船上常发生的电化学腐蚀一般为局部腐蚀，对船机零件的工作和使用寿命影响很大。主要有以下几种。

(1)电偶腐蚀。船上零件只要能构成异金属接触电池就会发生电偶腐蚀，因此，较为普遍，例如螺旋桨与艉轴、离心泵的叶轮和轴等。

(2)氧浓差腐蚀。金属浸入含氧溶液中就形成氧电极。溶液含氧浓度越高，氧分压就越大，氧电极的电位就越高，为阴极。工程上连接件的结合面缝隙处、柴油机气缸套与气缸体下部密封圈处的缝隙，因充气不足或冷却水停滞而使氧浓度低，此处的金属为阳极与附近氧浓度高处的金属——阴极形成氧浓差电池，发生氧浓差腐蚀。此外，柴油机气缸套工作表面内因燃气结露形成的硫酸形成酸浓差，发生酸浓差腐蚀。在上止点附近结露少，酸浓度低，电极电位低，为阳极，而不断溶解腐蚀。

(3)选择性腐蚀。黄铜制件的脱锌、柴油机气缸套外圆表面石墨化腐蚀(铁素体被腐蚀，仅剩下石墨)，都是选择性腐蚀。

(4)应力腐蚀。工程上常用不锈钢、黄铜、碳钢等加工制件，都会发生应力腐蚀。例如黄铜管的季裂。

(5)海水腐蚀。海水是唯一含盐浓度高的电解质溶液，也是腐蚀性最强的天然腐蚀剂之一。船舶常年航行在海上，在海水与海洋大气包围之中，船体、甲板机械、与海水接触的零部件等受到严重的腐蚀，如船体钢板、螺旋桨、艉轴、舵及甲板机械——起货机、起锚机、绞缆机等。此外，柴油机的空冷器、冷却器、冷凝器、空气压缩机的机体、各种海水管等都要用海水冷却。

近年来，海上石油开发所用的采油平台和输油管道亦在海水之中。所以，海水腐蚀不容忽视。冷却器的铸铁管在海水腐蚀作用下只能使用3~4年；碳钢冷却水箱内壁腐蚀速度为1毫米/年以上。

海水由于含盐高而成为腐蚀性介质，盐分总量为3.5%~3.7%，在世界大洋中海水的成分和总盐度恒定，内海则因地而异。海水中的盐类主要是氯化物($NaCl$、$MgCl_2$)，其次是硫酸盐($MgSO_4$、$CaSO_4$)。由于海水能离解盐类，所以海水是一种导电性很强的电解质溶液。海水中的大量氯离子，能使零件金属表面的氧化膜遭到破坏，因而海水对大多数金属有很强的腐蚀作用。腐蚀可能是微观电池作用，也可能是宏观电池作用。钢铁在海水中的腐蚀速度为0.13毫米/年。如果海水流速增加、海水温度升高等还会加速海水腐蚀。此外，海水中含氧量、pH值、海洋生物等物理、化学诸因素都会影响海水腐蚀速度。

五、防止电化学腐蚀的措施

根据电化学腐蚀原理可知，只要破坏产生电化学腐蚀的条件之一就能有效地阻止腐蚀的发生，这是防止电化学腐蚀的基本原则。另外，由于电化学腐蚀破坏的形式较多，每种破坏形式都有其产生的具体原因和条件，所以防止腐蚀的方法也是多种多样，根据不同情况选用不同方法。生产中主要有以下几种：

1. 合理选材

根据介质和使用条件尽量选用相同材料或电位相近的材料或其他耐腐蚀的材料。

2. 阴极保护

利用电化学腐蚀原理使被保护零件成为阴极则可防止腐蚀。一种方法是将被保护零件与外加直流电源的负极相连,用外加阴极电流使阴极电位向负的方向(降低)变化,可以缩小电极电位差,即实施阴极极化阻止腐蚀过程的进行。另一种方法是牺牲阳极保护法,即在被保护零件上安装电位更低的金属使之成为阳极,被保护零件成为阴极而不被腐蚀。例如,在船体钢板上、气缸套外表面上安装锌块。

3. 阳极保护

将被保护零件与外加直流电源的正极相连,用外加电流使阳极电位向正的方向(升高)变化,可以缩小电极电位差,即实施阳极极化使零件金属腐蚀速度迅速降低并保持一定稳定的低电位,使阳极钝化,降低腐蚀。

4. 介质处理

除去介质中促进腐蚀的有害成分。例如,锅炉给水的除氧处理;调节介质的 pH 值和改变介质的湿度;在介质中添加阻止和减缓腐蚀的物质,例如常在柴油机冷却水中添加铬酸盐、亚硝酸盐等无机缓蚀剂,使在零件金属表面上形成钝化膜,抑制阳极腐蚀。此外,还可在冷却水中添加乳化防锈油。

5. 表面覆盖保护膜

在零件表面上覆盖一层金属或非金属保护膜,使与腐蚀介质隔开以防止腐蚀。如采用电镀、刷镀、喷涂或磷化、氧化处理等工艺在零件表面上形成金属膜或非金属膜。

6. 加强维护和管理

轮机员应对船上容易发生腐蚀的零部件加强维护管理,防止或减少腐蚀。船舶动力装置中凡与海、淡水和湿空气接触的零件、构件和管系均有发生电化学腐蚀的可能。故应:

(1)定期进行柴油机冷却水处理。

(2)适时更换船体钢板和缸套冷却侧上的防腐锌块。

(3)选用低硫燃油,若燃用含硫高的燃油则采用与之匹配的碱性气缸油。

(4)加强柴油机和艉轴润滑油的定期检验。

(5)零件经碱洗后,一定用清水彻底清洗和涂油保护。

第三节　穴　蚀

穴蚀是水力机械或机件与液体相对高速运动时在机件表面上产生的一种破坏。穴蚀又称空泡腐蚀,或气蚀。穴蚀也是一种局部腐蚀。穴蚀的特征是机件金属表面上聚集着小孔群,呈蜂窝状或呈分散状的孔穴。孔穴表面清洁无腐蚀产物附着,孔穴直径一般在 1 mm 以上。例如,柴油机气缸套外表面上穴蚀小孔直径为 1 ~ 5 mm,最大可达 30 mm,孔深可达 2 ~ 3 mm,严重时甚至能够穿透缸壁。

船机零件发生穴蚀破坏的除柴油机气缸套外,还有轴瓦、喷油泵柱塞、螺旋桨桨叶及离心泵叶轮等。机件穴蚀破坏日益引起人们的关注,尤其是缸套穴蚀已是船用发电柴油机的重要问题,引起国内外的重视与研究。表 1.6-2 为三种国产高速柴油机气缸套的穴蚀情况。

一、柴油机气缸套穴蚀

气缸套穴蚀是船用中、高速柴油机普遍存在的严重问题。随着柴油机的功率增加、强载度的提高和高速、轻型化,气缸套穴蚀破坏就成为妨碍柴油机正常运转的首要问题,严重地影响柴油机的工作可靠性和气缸套的使用寿命。

表 1.6-2　三种高速柴油机气缸套穴蚀情况

机型	12V180	轻 12-180	1250
n_{max},r/min	1 500	1 850	1 500
Ne_{max},Hp	1 000	1 200	300
p_z,MPa(kgf/cm^2)	8.2(85)	8.8～9.3(90～95)	7.3(75)
缸套材料	高磷铸铁	38CrMoAlA	38CrMoAlA
抽套壁厚,mm	8	6	6
表面处理	镀 Cd	镀 Cr	镀 Cr
修理周期,h	2 000	1 000	2 400
穴蚀速度,mm/kh	3～5	2～4	3～5
穴蚀深度,mm	5～7	4～3	3～4
穴蚀面积,mm^2	70×35	60×30	40×20
每千小时缸套报率率,%	80～100	40～60	70～80

一般说来,船用中速和高速筒形活塞式柴油机,特别是高速、轻型大功率柴油机,不论是开式冷却还是闭式冷却,气缸套都有不同程度的穴蚀。例如 12V180、6150 等高速柴油机,6300、6250、8NVD48A-2U 等中速柴油机。有的柴油机投入运转不久(仅几十小时)在气缸外圆表面就会出现穴蚀小孔,甚至柴油机运转不足千小时就因缸套穴蚀穿孔而报废,此时缸套内表面尚未磨损。而二冲程十字头式低速柴油机气缸套基本不发生穴蚀破坏。

1. 穴蚀部位

缸套穴蚀发生在湿式气缸套外圆表面上,一般集中在柴油机左右侧方向,特别是承受侧推力最大一侧的偏上方;冷却水进口、水流转向处和水腔狭窄处对应的缸壁上;缸套下部密封圆附近缸壁。穴蚀小孔呈蜂窝状或呈分散状,如图 1.6-4 所示。

图 1.6-4　缸套穴蚀部位

缸套冷却水腔除缸套穴蚀外,不应忽视气缸套和气缸体材料的差异和材料内部的各种电化学不均匀性导致的宏观和微观电化学腐蚀。这两种腐蚀同时存在或交替进行均会加重缸套的腐蚀。此外,冷却水(海水或淡水)的水质、含气量、流速等均对穴蚀有影响。

2. 气缸套穴蚀机理

(1)一般穴蚀机理。迄今为止,关于穴蚀机理的论述很多,其中较为普遍接受的一种理论认为:机件发生穴蚀的先决条件是机件浸于液体中,并与液体有相对运动,或机件在液体中受到某种能量的传递作用,形成液体中的局部瞬时高压或瞬时高真空,在瞬时高真空区,液体汽化形成汽泡,或溶于水中的空气以空泡形式从液体中分离出来。在另一瞬间形成高压时,空泡、汽泡被压缩,泡内气体迅速液化而使泡溃灭,这时周围液体急速冲向溃灭处,产生极强的冲击波作用在金属表面。频繁地冲击,使机件表面金属逐渐剥落。与此同时,金属表面还产生微观电化学腐蚀,两种腐蚀交替进行共同作用致使机件穴蚀破坏。

(2)气缸套穴蚀机理。柴油机气缸套外圆表面与气缸体(或机体)构成冷却水空间,在狭小的环形通道中流动着淡水或海水。柴油机运转时,由于缸套和活塞之间的间隙,活塞在侧推力作用下不断地冲撞着缸壁的左、右侧,使气缸套产生高频振动。缸套高频振动和缸壁的弹性变形使冷却水空间的容积交替地增大和减小,冷却水相应交替地膨胀与被压缩。膨胀时受拉伸作用形成瞬时低压,被压缩时形成瞬时高压。此外,冷却水进口和流动时产生涡漩使冷却水通道内压力变化,也会形成瞬时高压或低压。在瞬时低压时产生空泡,瞬时高压时空泡溃灭使缸套外圆表面频繁受到冲击和微观电化学腐蚀作用而破坏。

灰口铸铁气缸套,在高达 1GPa 冲击力作用下,缸套表面微小局部金属发生塑性变形,不断地作用使金属疲劳而剥落。此外,缸套振动能量的转化、液体间摩擦和空泡破裂时产生大量的热,缸套表面局部产生高温使金属达到熔化状态,高压作用下更易造成金属破坏,剥落后形成针孔。冲击波的继续作用和电化学腐蚀使孔穴增大、增多。

3. 影响缸套穴蚀的因素

生产中并非所有的筒形活塞式柴油机气缸套都发生穴蚀破坏,即便是发生穴蚀破坏其程度也各不相同。缸套穴蚀与柴油机的机型、结构、爆发压力、冷却水腔和冷却介质、柴油机的工艺参数等因素有关。

(1)缸套振动

柴油机运转中缸套高频振动是产生穴蚀的根本原因,缸套振动强度与以下各点有关。

a. 活塞与气缸套之间的配合间隙。活塞在气缸中运动时,活塞对气缸壁的冲击能量的大小取决于活塞质量和活塞在气缸中横摆时的速度。活塞质量固定不变,但速度随着活塞与缸套之间的配合间隙的增加而增大。所以,活塞对缸壁的冲击能量取决于活塞与缸套的配合间隙。配合间隙大,活塞横摆加速度大,冲击缸壁能量大,则缸套振动增强。例如,12V180G 型高速柴油机的铸铝活塞头部与气缸套配合间隙为 0.9 mm,缸套穴蚀严重。当改用线膨胀系数小的锻铝(LD3)活塞时,配合间隙减小到 0.7 mm,穴蚀明显减小,又如 4105 型高速柴油机采用铝活塞时,与缸套冷态配合间隙为 0.52 mm,缸套振动加速度为 58 g(g 为重力加速度),柴油机运转 30 h,缸套外圆表面产生 1 mm 深的穴蚀小孔,改为铸铁活塞时冷态间隙为 0.15 mm,缸套振动加速度为 23 g,缸套振动减弱。改变活塞材料虽然降低穴蚀,但会使活塞惯性力增加,产生其他问题。

b. 缸套刚度。缸套刚度直接影响缸套的振动。刚度大,受活塞冲击时变形小,振动小,可有效地防止穴蚀。缸套刚度除与其材料有关外,还与缸套壁厚和纵向支承跨距有关,缸壁厚度增加,支承跨距缩短,缸套刚度增大。柴油机设计时缸套壁厚 δ 与和缸径 D 之比有一定选取范围:高速柴油机 $\delta/D=3.5\%\sim6.8\%$;中速柴油机 $\delta/D=8\%\sim10\%$。

例如 12V180 型柴油机缸壁厚度为 8 mm 时,穴蚀速度为 3 ~ 5 mm/kh,缸套报废率为每千小时 80% ~ 100%。壁厚增加到 9.5 mm,并在缸套外表面镀铬后,穴蚀情况消失。

缩短缸套支承跨距虽有利于减小缸套振动,降低穴蚀,但支承跨距受缸套冷却水空间设计要求的限制,故在柴油机设计时应综合考虑。气缸套与气缸体(机体)之间的配合间隙对缸套的刚度亦有影响,如果柴油机气缸套与缸体铸成一体,则缸套刚度增大,可有效地防止穴蚀。42-160 型柴油机虽然缸壁很薄(仅为 3.12% D),缸套与缸体配合处采用过盈配合,使缸套刚度大增,有效地防止穴蚀发生。然而 12V180 型柴油机的配合间隙较大,为 0.06 ~ 0.15 mm,导致缸套上部凸缘支承面穴蚀。

c. 冷却水腔结构。冷却水腔通道太窄,水流速度增高,容易产生空泡。柴油机设计时要求冷却水腔内水流速度应小于 2 m/s,水腔宽度 $t=14\%D$ 或不小于 10 mm,各处均匀一致,水流畅通不形成死水区和涡流区,有利降低穴蚀。4115 型柴油机把冷却水腔最窄处由 1.5 mm 增至 7 mm,大大降低了缸套穴蚀。

(2)冷却水温度与压力

冷却水温度过高将加速腐蚀的进程,但也不宜长期水温过低。实验证明,钢铁和铝等金属材料在淡水温度 50 ~60 ℃时穴蚀严重,随着水温的升高,穴蚀破坏减轻。从发挥柴油机的效能和降低腐蚀和穴蚀出发,冷却水腔淡水温度在 80 ~90 ℃为好。冷却水压力高可以抑制空泡的形成,减少穴蚀的发生。但冷却水压力提高将使温度升高而加速穴蚀。

4. 防止缸套穴蚀的措施

除靠材质和结构上的改进来防止和降低穴蚀外,对船用中、高速柴油机气缸套穴蚀,还可采用以下措施:

(1)缸套外圆表面覆盖保护层或强化层。采用镀铬、渗氮、喷陶瓷、涂环氧树脂或涂尼龙等工艺使金属表面与冷却水隔开,或使缸套外圆表面强化,可有效地防止电化学腐蚀与穴蚀。例如 12V180 柴油机缸套外表面镀隔,8300 柴油机机体冷却水腔表面涂环氧树脂,防腐蚀和防穴蚀效果较好。

(2)在冷却水腔内安装锌块实施阴极保护防止电化学腐蚀。例如 6300、8300 型柴油机气缸套外表面安装锌块并坚持定期更换取得防止穴蚀的良好效果。

(3)在冷却水中加入缓蚀剂,例如乳化油缓蚀剂或被膜缓蚀剂,使在缸套外表面上形成一层较薄的连续保护膜,不仅可以防止电化学腐蚀,而且可以减弱空泡破裂时的冲击波对缸套表面的冲击作用,从而减轻穴蚀。在实践中防止或减轻穴蚀的方法很多,选用时必须依具体机型、结构和产生穴浊的原因而定,以取得良好预防效果。

二、燃油系统零件的穴蚀

柴油机燃油系统中的高压油泵柱塞、出油阀、喷油器针阀和高压油管均有穴蚀发生。燃油系统中因喷油需要产生瞬时高压和瞬时低压。喷油时系统中处于高压供油,喷油终了会使系统内油压骤然降低。当压力低于该处温度对应的燃油蒸发压力时,燃油蒸发形成气泡,由于周围燃油压力高或遇到下一个高的燃油压力波时,气泡迅速溃灭产生巨大的冲击波,从而使系统中的零件受到破坏。此外,随着柴油机强载程度不断提高,燃油喷射压力和喷油率也相应提高。高的喷射压力容易引起二次喷射使柴油机性能下降,并造成系统的穴蚀。燃油系统中的穴蚀有以下两种:

1. 波动穴蚀

波动穴蚀主要发生在高压油管上。燃油系统中的高压燃油流动时产生和传播压力波,特别是喷射终了时会使某些部位压力变化很大,甚至产生负压力波,导致气泡产生,高压时又使气泡溃灭产生穴蚀,称为波动穴蚀。柴油机低负荷运转时波动穴蚀较为严重。

2. 流动穴蚀

流动穴蚀主要发生在高压油泵柱塞螺旋槽附近和喷油器针阀截面变化处。燃油系统中,高压燃油流经通道截面变化处产生强烈节流,压力下降并形成气泡,随后的压力升高又使气泡溃灭而发生穴蚀,称为流动穴蚀。柴油机高负荷运转时节流作用增大使穴蚀更加严重。

燃油系统中不适当的压力波动引起穴蚀,而压力波动主要由于卸载不当引起。所以目前对此正在进行大量的研究。例如采用缓冲型出油阀、等压出油阀、控制节流和阶梯型螺旋槽柱塞、双镶形针阀等。此外,还可以对容易穴蚀部位采用保护性措施等。

三、轴瓦和螺旋桨的穴蚀

高速大功率柴油机的铜铅合金薄壁瓦上穴蚀破坏频繁出现。主要发生在主轴瓦和曲柄销轴瓦上油槽和油孔周围，呈小孔群状。轴瓦穴蚀也是由于特定条件下流动的润滑油产生气泡和气泡破灭所致。防止轴瓦穴蚀的措施，目前主要从轴瓦材料的选择、轴瓦上油槽和油孔的位置及保证润滑油品质等方面着手。螺旋桨桨叶的穴蚀破坏是桨的一种较为严重的破坏形式。主要发生在桨叶叶背边缘处，呈蜂窝状孔穴，成片分布，严重时使桨叶边缘烂穿。

桨叶穴蚀亦是空泡作用的结果。当螺旋桨在水中旋转时水流从叶背流过，水流速度增大而压力下降，叶面的水流速度减小压力增大。螺旋桨转速越高，叶背处水流速度越快，压力下降越大。当达到该处水温下汽化压力时水汽化生成汽泡，随后汽泡移至高压区就会破灭，从而使叶背边缘遭到破坏。一般采用在桨叶上涂环氧树脂、改进桨叶叶型和降低螺旋桨转速等方法来防止或减轻桨叶穴蚀。

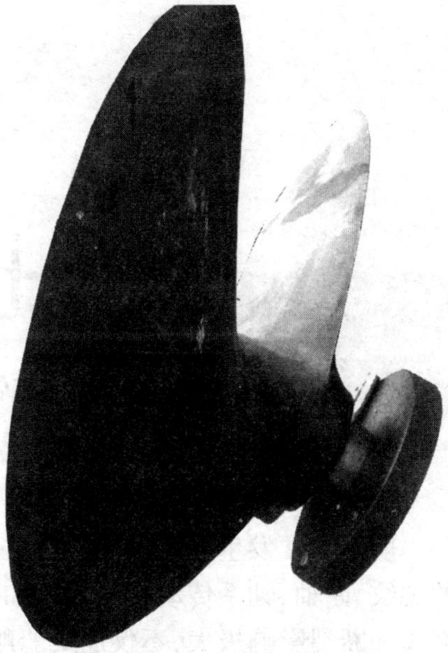

图 1.6-5

第七章 零件的疲劳破坏

船上常常发生船机零件的裂纹和断裂事故,如主、副柴油机的气缸盖、气缸套和活塞组件的裂纹,曲轴、轴系传动轴的裂纹和折断等。船机零件,尤其是主柴油机零件和轴系传动轴的裂纹和断裂影响极大,不仅危及船舶的正常营运,甚至会立即酿成严重事故,造成生命、财产的重大损失。例如,1986 年某船航行在印度洋上,由于减速箱大齿轮轴的折断使船舶失去动力,加之恶劣的海况,造成沉船的恶性事故。因此,轮机员应具备有关船机零件产生裂纹和断裂的原因,防止和减少裂纹的知识。

第一节　零件的疲劳破坏的概述

一、金属疲劳破坏的定义

(1)定义。零件或材料在交变应力的长时间作用下产生裂纹和断裂称为疲劳破坏。据统计,疲劳断裂的零件约占断裂零件总数的 80% 以上,它是一种普遍而又严重的失效形式。

(2)交变应力。大小和方向随时间发生周期性变化的应力称为交变应力。交变应力在最大应力 σ_{max},和最小应力 σ_{min} 的极限值之间变化。最大应力与最小应力之和的一半称为平均应力 σ_m,即

$$\sigma_m = 0.5(\sigma_{max} + \sigma_{min})$$

最大应力与最小应力之差的一半称为应力幅值,即

$$\sigma_a = 0.5(\sigma_{max} - \sigma_{min})$$

应力从最大应力值变化到最小应力值,再回到最大应力值的过程称为一个应力循环。交变应力变化的特点用循环特征 γ 来表征,它对材料的疲劳强度有直接影响。在一个应力循环中最小应力与最大应力之比称为循环特征 γ,即

$$\gamma = \sigma_{min}/\sigma_{max}$$

$\gamma = -1$ 时,为对称循环,即最大与最小应力值相等,方向相反;$\gamma = 0$ 时,为脉动循环,即最小应力为零。除了 $\gamma = -1$ 的对称循环以外的应力循环皆称非对称循环,包括脉动循环。

(3)循环次数。交变应力要求长时间作用,理论上要求无限次循环,但实际无法做到。因此,疲劳试验对于钢铁所谓的无限次循环累积次数确定为 10^7。对于有色金属,所谓的无限次循环累积次数确定为 10^8。

(4)破坏形式。轻者产生裂纹,严重的导致断裂。

二、疲劳断裂的特征

零件或构件疲劳断裂后,其断口形貌呈现了从裂纹产生到裂纹扩展,直至断裂的全过程。可以根据断口形貌特征来分析零件的断裂原因。

1.疲劳断口形貌

图1.7-1(a)、(b)分别示出弯曲疲劳断裂和扭转疲劳断裂的宏观形貌,分为三个区域:

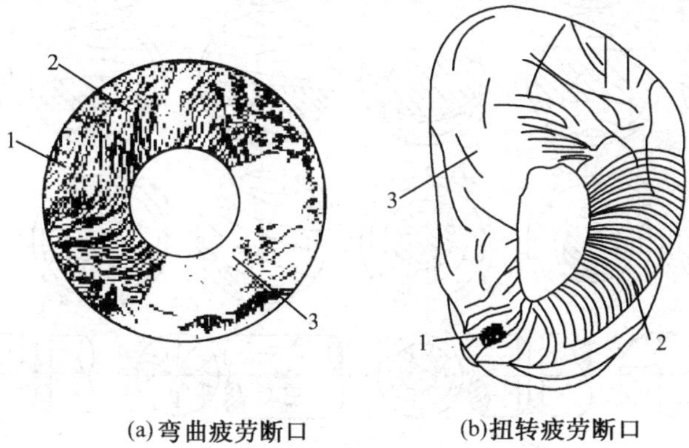

图1.7-1　疲劳断裂口形貌线

1—疲劳源;2—裂纹扩展区;3—最后断裂区

(1)疲劳源区。用肉眼或低倍放大镜在断口上可以找到一个或多个疲劳裂纹的开始点,称为疲劳源。疲劳源一般出现在零件表面或近表面处。

(2)裂纹扩展区。呈光滑状或贝纹状,一般占有较大面积。光滑状是两个断裂表面长时间互相研磨所致;贝纹是负荷变化时裂纹前沿线扩展遗留下的痕迹。贝纹从疲劳源开始后向四周扩展并与裂纹扩展方向垂直。

(3)最后断裂区。零件瞬间突然断裂,断口晶粒较粗大,与发暗的裂纹扩展区明显不同。脆性材料呈结晶状,塑性材料呈纤维状。如果最后断裂区无塑性变形,则称脆断区。

2.疲劳断口特征

(1)零件是在交变载荷作用下经过较长时间的使用。

(2)断裂应力小于材料的抗拉强度σ_b,甚至小于屈服强度σ_s。

(3)断裂是突然的、无任何先兆。

(4)断口形貌特殊,断口上有明显不同的区域。

(5)零件的几何形状、尺寸、表面质量和表面受力状态等均直接影响零件的疲劳断裂。

疲劳断口上三个区域的状况与零件工作时所受载荷、应力状态、零件材料性能及加工情况等有关。图1.7-2为各种交变载荷作用下轴类零件疲劳断裂后的断口宏观形貌示意图。根据零件疲劳断口的宏观形貌可以定性地分析零件断裂前的负荷情况、材料性能和寿命等。对分析产生疲劳断裂的原因十分有帮助。

(1)疲劳源大多分布于零件表面,一般有1~2个。

(2)疲劳裂纹扩展区呈贝纹状时,贝纹线间距小、贝纹细密,表示材料的抗疲劳性能好,疲劳强度高;反之,贝纹线间距大,贝纹稀疏,表明材料抗疲劳性能差,疲劳强度低。

若疲劳源区与裂纹扩展区断面粗糙、疲劳源数较多和贝纹线间距较大时,可能是应力集中

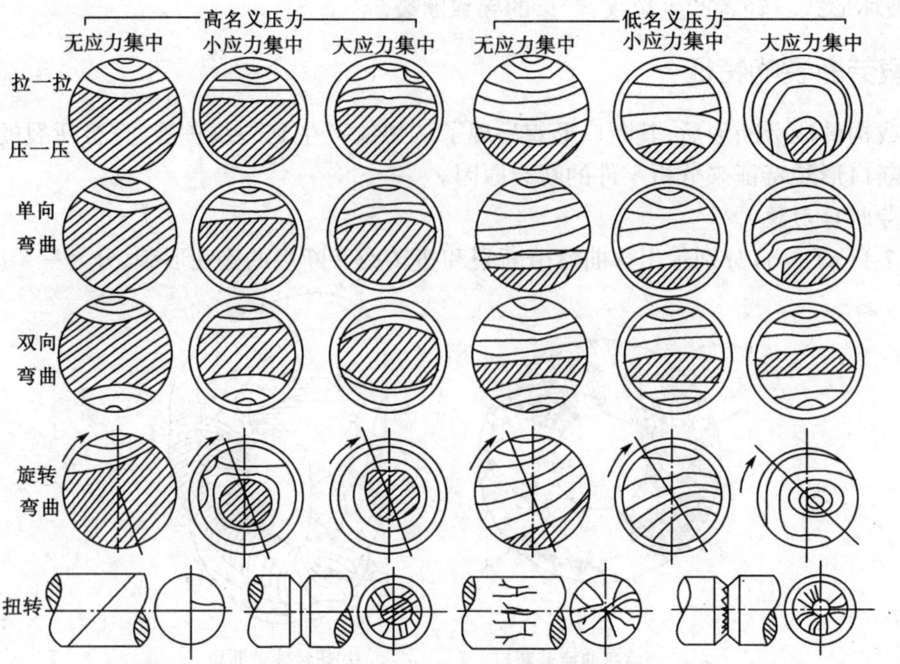

图 1.7-2 各种疲劳断口形貌

较严重和有较大的过载作用。

(3)最后断裂区所占面积越大，甚至超过断口面积一半以上，说明零件承受严重的过负荷，其寿命也越短。若所占面积较小，小于断口面积一半时，说明零件无过载或过载很小。

在相同条件下，高应力状态零件的最后断裂区面积大于低应力状态零件；疲劳源数目不同，单相弯曲仅有1个，而双向弯曲有2个；最后断裂区形状不同，单相弯曲与扭转弯曲相比，后者的疲劳源与最后断裂区相对位置发生偏转，同时由于零件上缺口应力集中的影响较大，最后断裂区很小且与零件断面呈同心状。

三、疲劳断裂的种类

1. 按零件所受应力大小和循环周数分类

(1)高周疲劳。为低应力、高寿命的疲劳破坏。应力较低，小于屈服极限，应力循环周数较高，一般超过 $10^6 \sim 10^7$，为最常见的一种疲劳破坏，如曲轴、弹簧等零件的断裂。

(2)低周疲劳。为高应力、低寿命的疲劳破坏。应力近于或等于屈服极限，应力循环周数少于 $10^4 \sim 10^5$。例如，压力容器、高压管道、飞机起落架、核反应堆外壳等的裂纹和断裂。使用中应力很高，甚至超过材料的 σ_s，但循环周数很少时就发生疲劳破坏。

2. 按零件工作环境和接触情况分类

分为大气疲劳、腐蚀疲劳、热疲劳、接触疲劳、微动磨损疲劳和激冷疲劳等。

(1)热疲劳。由于零件受热温度变化引起热应力的反复作用造成的疲劳破坏。例如，柴油机气缸盖、气缸套受热面的裂纹。

(2)腐蚀疲劳。零件或材料在腐蚀性介质中受到腐蚀，并在交变载荷作用下产生的疲劳破坏。

3. 按应力状态分类

有弯曲疲劳、扭转疲劳、轴向拉压疲劳和复合疲劳等。

四、疲劳抗力指标

表征零件材料抗疲劳性能的力学参数，主要有疲劳极限、超载抗力、疲劳缺口敏感度等。

1. 疲劳极限

在交变载荷作用下材料承受的最大交变应力与断裂前循环周数之间的关系，可由 σ_{max} - lgN 坐标中的疲劳曲线表示，材料承受的最大交变应力 σ_{max} 越大，循环的周数 N 越少，即寿命越短；反之，N 越多，寿命越长。当应力低于某一值时，循环无限次也不会发生疲劳断裂，该应力称为材料的疲劳极限。所以，材料的疲劳极限或称疲劳强度是材料经受无限次应力循环的作用而不破坏的最大应力，用符号 σ_r 表示。注脚 r 为循环特征，对称循环的 $r=-1$，故对称循环应力下的疲劳极限用 σ_{-1} 表示。

材料的疲劳极限是由试验测定。例如，常温下的碳钢、合金结构钢和铸铁，在 N 达 10^7 后曲线出现水平阶段。所以这类材料是以 $N=10^7$ 时不断的最大应力作为疲劳极限。

2. 过载抗力

机器在运转过程中，常常会出现短时间的过载，相应的零件处于短时间高于其材料的疲劳极限的工作应力状态。例如，柴油机紧急刹车、起动或超负荷运转等。为了保证安全运转对偶然短时间过载应考虑其对材料的疲劳抗力的影响。

一般说来，适当过载对材料的疲劳性能没有什么影响，因其未能引发材料内部微裂纹的显著扩展。而不适当过载（包括过载的大小和过载循环次数的多少）将会造成过载损伤，降低材料的疲劳极限，导致零件的疲劳破坏。这是由于过载引发了材料内部的微裂纹扩展达到了一定尺寸，在过载后的正常运转中不断扩展导致疲劳断裂。

采用疲劳过载抗力来衡量过载对零件材料疲劳抗力的影响。过载抗力一般是用通过试验建立的过载损害区和损害界来表示，如图 1.7-3。图中 *cde* 为过载损害区，*cd* 为过载损害界。当零件在过载负荷 σ_i、循环周次 N_a 下工作，即工作点 A 在过载损害区以外时，过载对材料的疲劳极限 σ_{-1} 无影响。短时间过载后恢复正常运转零件也不会发生疲劳破坏。当零件在过载负荷 σ_i、循环周次 N_b 下工作，即工作点 B 进入过载损害区时，过载就会使材料的 σ_{-1} 降低，在恢复正常运转后零件将会发生过早的疲劳破坏，缩短零件的疲劳寿命。

由图可以看出，材料的过载损害区越狭窄，或过载持久线 *ed* 越陡直，则过载抗力越高。过载持久值 *ed* 表示在超过疲劳极限的应力下直到断裂所能经受的最大应力循环周数。由于零件短时间过载不可避免，所以零件选材时宜选用过载损害区狭窄而又较陡直的材料。

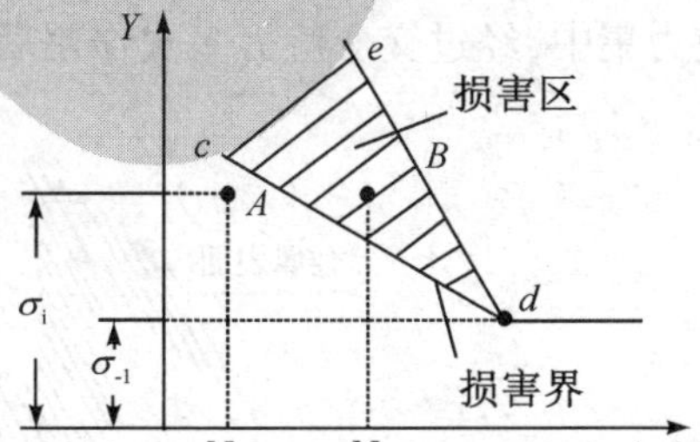

图 1.7-3　材料的过载损害区和损害界

3. 疲劳缺口敏感度

零件上开有键槽、油孔、台阶、螺纹等各种几何形状的缺口时，在使用中就会在缺口的根部产生应力集中，使材料的疲劳强度降低，采用缺口敏感度来表示疲劳强度降低的程度。缺口敏感度 q 表达式为

$$q=(K_f-1)/(K_t-1)$$

式中，K_t 为静力理论应力集中系数，$K_t=\sigma_{max}/\sigma$；K_f 为疲劳应力集中系数，$K_f=\sigma_{-1}/\sigma_{-1H}$。

K_t 是试件缺口根部处的最大应力 σ_{max} 与光滑试件横截面上均匀应力 σ 之比，与缺口的几何形状、尺寸及缺口曲率半径有关，与材料性能无关。K_t 值可从机械工程手册中查得。

K_f 是光滑试件的疲劳极限 σ_{-1} 与缺口疲劳极限 σ_{-1H} 之比，其与缺口的形状、尺寸和材料性能有关。在中等强度范围内，材料强度越高，K_f 值越大。一般 $K_f \leqslant K_t$。当 $K_f = K_t$ 时，$q = 1$，表示此时疲劳应力集中最严重，缺口最敏感；当 $K_f = 1$ 时，$\sigma_{-1} = \sigma_{-1H}$，则 $q = 0$，表明零件虽有缺口但不影响材料的疲劳极限 σ_{-1}，缺口最不敏感。

材料的缺口敏感度 q 在 0 ~ 1 之间。q 值越小，缺口越不敏感。铸铁对缺口极不敏感，$q < 0.1$；一般结构钢对缺口较为敏感，$q = 0.55 \sim 0.80$。

第二节　零件疲劳破坏的机理

零件疲劳断裂是突然的，没有任何先兆的，但是这种破坏形式是在较长时间内酝酿积累逐渐形成。即在交变应力的最大值小于或等于材料的屈服极限，经过长时间反复作用后，在零件表面有应力集中（缺陷）处产生裂纹，逐渐扩展而最终断裂。这一断裂过程从疲劳断口宏观形貌的三个区域得到证实。

一、疲劳裂纹的形成

疲劳裂纹的裂纹源位于零件表面应力最大处，即有应力集中的部位或零件近表面的材料内部，即内部有严重的冶金缺陷或组织缺陷处。零件表面上的裂纹源多是由于零件表面上有油孔、过渡圆角、台阶、粗大的刀痕等应力集中的缺口，或是由于零件材料表面晶粒比内部晶粒容易发生滑移和容易受到腐蚀。零件近表面材料内部萌生的微裂纹是由于以下几方面的原因形成：

1. 零件材料在冶炼、冷热加工过程中产生的气孔、夹杂物、损伤等冶金缺陷

在较低的交变应力作用时产生局部塑性变形，导致缺陷与基体之间沿界面分离或缺陷本身开裂形成的疲劳微裂纹。

2. 晶体滑移产生裂纹

静负荷和疲劳负荷下金属表面产生滑移带的情况不同。在交变应力作用下表面滑移不均匀，滑移局部集中，在金属表面形成“挤出”和“挤入”，如图 1.7-4 所示。在“挤出”和“挤入”处应力集中，经过交变应力多次作用后在该处形成疲劳微裂纹。

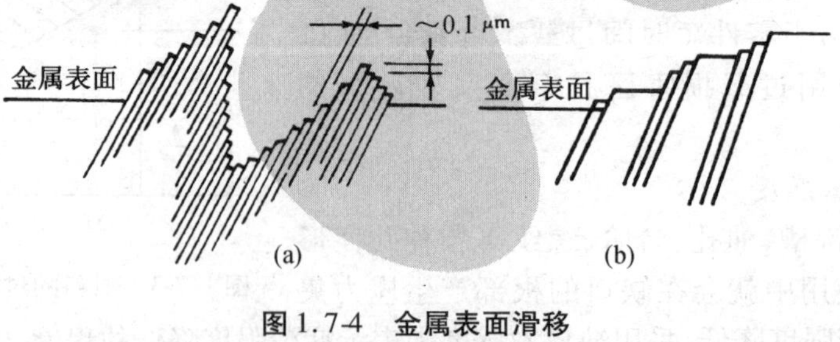

图 1.7-4　金属表面滑移

(a)疲劳负荷作用；(b)静负荷作用

3. 相界面处产生裂纹

在切应力 τ 作用下，材料内粗大的第二相或夹杂物与基体的界面处位错堆积达一定程度后界面强度降低，形成分离，从而产生裂纹。或者材料内部的脆性夹杂物在交变应力作用下形

成的微裂纹,特别是带棱角的硅酸盐类夹杂物。

4. 晶界处产生裂纹

滑移带穿过晶界时,因晶粒位向不同使滑移带方向改变或终止在晶界处形成高应力区。在交变应力作用下变形和应力不断增加,最后在晶界上产生疲劳和微裂纹,同样,位错运动遇到晶界时,会在晶界处堆积造成应力集中,在交变应力作用下形成微裂纹。若晶界上有低熔点夹杂物或偏析时也易产生微裂纹。

二、疲劳裂纹的扩展

零件表面或近表面处一旦出现疲劳微裂纹就会在交变应力的作用下进一步扩展。疲劳裂纹的扩展分为两个阶段,如图 1.7-5 所示。

1. 第一阶段扩展

通常是从金属表面上存在的滑移带、挤入沟或非金属夹杂物等处形成的疲劳微裂纹开始;沿最大切应力方向(和正应力方向近似成45°)向内部扩展。扩展的深度较浅,大约只有几个晶粒厚度,扩展的速率也很小。

2. 第二阶段扩展

疲劳裂纹在第一阶段扩展后将改变方向,沿着与正应力垂直方向扩展。正应力对裂纹的扩展起着重要作用,使裂纹扩展的深度和速率均远远超过第一阶段。在交变的正应力作用下,裂纹时而扩展,时而停滞。零件裂开处的两个面时而闭合,时而分开,以致在两个断面上形成“贝纹状”。裂纹源附近裂纹扩展较慢,两个断裂面长时间相互摩擦与研磨,使断面光滑并有稀疏的贝纹;较远处的裂纹扩展较快,两个断裂面相互研磨时间短使断裂面粗糙、贝纹细密,如图 1.7-6 所示。

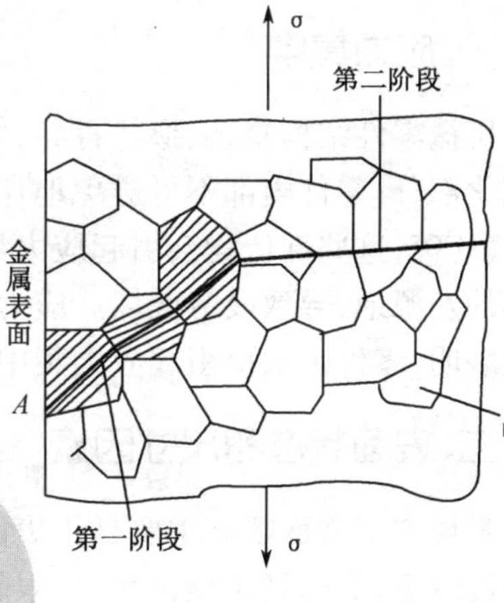

图 1.7-5　疲劳裂纹的扩展

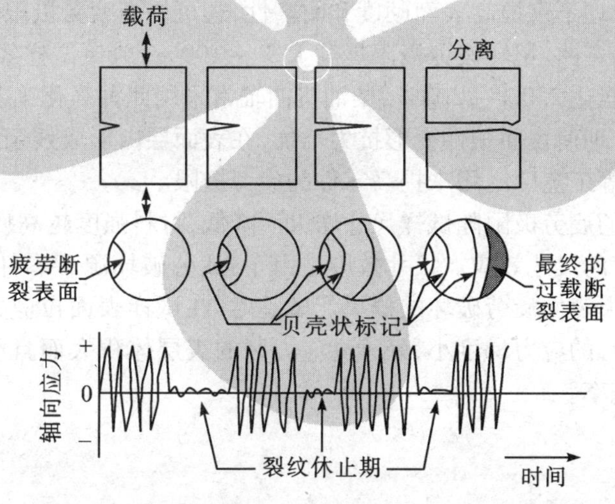

图 1.7-6　以简图说明疲劳试验中贝壳状标记的形成

三、疲劳最后的断裂

疲劳裂纹扩展到临界尺寸后,实际承载面积减小,即断面上剩余面积承受不了所受载荷的作用而发生瞬间断裂,在断面上出现最后断裂区。

第三节　影响疲劳抗力的因素

零件材料疲劳抗力的大小受诸多因素的影响,外部因素主要是零件的形状、尺寸、表面粗糙度和使用条件等;内部因素主要是材料的成分、组织、夹杂物和表面应力状态等。而疲劳强度是零件设计、选材和制订加工工艺时的重要参数,直接关系到零件的使用寿命。

一、应力集中

机械零件结构复杂、形状各异,但其外表面都不可避免地存在台阶、键槽、油孔或螺纹等截面变化部分;零件内部不可避免地存在冶炼、毛坯加工等带来的缺陷,如杂质、夹杂物、微小裂纹、气孔等,这些部位均会引起应力集中。当应力最大值超过材料的许用应力时就会形成疲劳破坏的发源地,导致疲劳破坏。应力集中引起的疲劳破坏居所有导致疲劳失效因素中的首位。试验表明,零件上缺口引起应力集中使疲劳极限降低,缺口越尖锐,降低越厉害。

二、表面状态和尺寸因素

零件加工表面状态主要是指表面粗糙度、表面成分和性能的变化、表面残余应力等。表面粗糙度越低,表面越粗糙,疲劳极限越低。机械加工使表面高低不平,形成无数微小缺口使疲劳极限降低。相同材料的机械加工方法不同,表面粗糙度不同,对疲劳极限的影响也不一样。例如,钢、铝合金粗车后的疲劳极限比抛光低10% ~20%。

表面强化处理使零件表面化学成分和组织发生变化,从而使表面的机械性能变化。渗碳、氮化等表面化学热处理不仅提高表面硬度和耐磨性,还可提高疲劳极限。例如,经渗碳或氮化处理的光滑钢试样的弯曲、扭转疲劳极限提高15% ~100%;缺口试样经渗碳或氮化处理后疲劳极限提高更大,甚至达230% ~300%,柴油机曲轴常采用此种强化工艺。

表面变形强化处理使表面塑性变形抗力增加,在表面层内形成残余压应力,有效地提高疲劳极限。滚压、喷丸等工艺广泛用来提高零件的疲劳极限。

试验表明,材料的疲劳极限随试样尺寸增大而降低,材料强度越高疲劳极限下降越快。这种现象称为疲劳强度的尺寸效应。尺寸效应是由于:疲劳破坏源于零件表面,零件尺寸增加,表面积增加,相应增大表面疲劳破坏的概率。试验时,在试样表面拉应力相等情况下,尺寸大的试样,自表层至中心的应力梯度小,处于高应力区的表层体积大而且相应的内部缺陷多,也增加了疲劳破坏的概率。

三、使用条件

1. 过载和载荷交变频率

过载将造成过载损伤,降低材料的疲劳极限。外加载荷交变频率对疲劳极限的影响,一般在交变频率超过10^4次/分钟(约170次/秒)时,频率增加,疲劳极限增加。其他频率范围则影响不大,如图1.7-7所示。

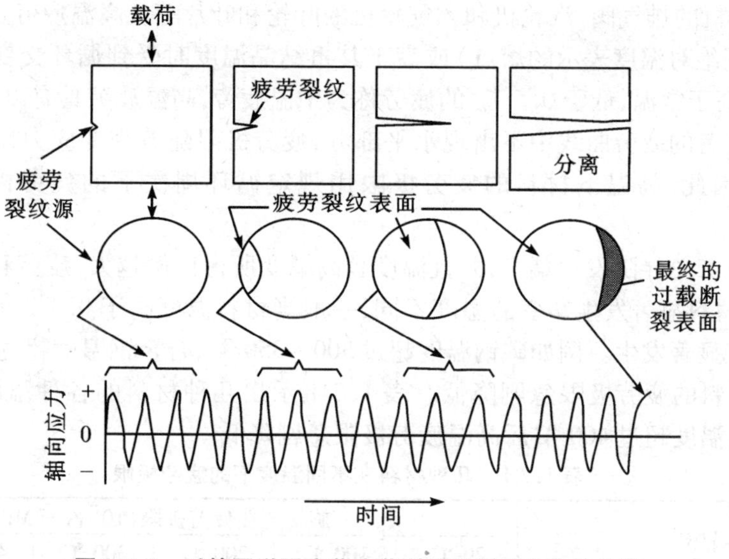

图 1.7-7　以简图说明疲劳疲劳裂纹及循环次数的位置

2. 使用温度

使用温度升高，材料的疲劳极限降低，温度降低则使疲劳极限增加。结构钢的温度由 -120 ℃降至 -180 ℃时，疲劳极限增加 1 倍。而当温度升高到 300 ℃后，每升高 100 ℃疲劳极限下降 15% ~20%。因为材料温度升高后使其变形抗力下降，容易产生疲劳裂纹。碳钢温度升高疲劳极限降低，以至疲劳曲线上的水平部分消失。因此用规定循环周数的应力作为疲劳极限，称为条件疲劳极限。温度升高会使材料局部塑性增加，应力集中的影响减小，故对疲劳极限的影响减小。

3. 环境介质

机器零件的工作环境介质多种多样，其中腐蚀性介质，如酸、碱、盐溶液、海水、潮湿空气等对零件有腐蚀作用。零件在腐蚀介质中工作时的零件表面被腐蚀形成缺口，产生应力集中而使零件材料的疲劳极限下降。腐蚀介质中材料的疲劳曲线无水平部分，因此具有条件疲劳极限。

4. 材料的成分、组织和夹杂物

材料的疲劳强度与其强度之间有着一定的关系，因此一定条件下凡使材料的强度提高的因素，一般来说也可使其疲劳强度提高。钢中的碳和合金元素均可使其强度、疲劳强度提高。钢中含碳量增加，疲劳强度随之增加。热处理对材料疲劳强度的影响较材料成分对疲劳强度的影响大得多。同一成分的材料，热处理工艺不同，其所获的金相组织不同，疲劳强度则有很大的不同。热处理对疲劳强度的影响实质上是显微组织的影响。例如片状珠光体共析钢与粒状珠光体共析钢的疲劳强度分别为 239 MPa 和 292 MPa。钢中的非金属夹杂物是产生疲劳裂纹的发源地，钢中的夹杂物越少其疲劳强度越高。

第四节　高温疲劳和热疲劳

一、高温疲劳

生产中有许多零件是在高温和交变载荷作用下工作。因此，高温疲劳就成其主要失效形式之一,如柴油机的排气阀,汽轮机和燃气轮机的叶轮和叶片等。高温疲劳是指零件在高于材料的0.5 T_m(用绝对温度表示的熔点)或高于其再结晶温度时受到循环交变应力作用所引起的疲劳破坏。高于常温,低于0.5 T_m 的疲劳称为中温疲劳,高温疲劳具有以下特点:

(1)高温疲劳的疲劳曲线中不出现水平部分,疲劳极限随着交变应力作用的循环周次增加不断降低。因此,高温下材料的疲劳极限用规定循环周次下的疲劳极限表示,一般取 5×10^7 或 10^8 次。

(2)高温疲劳总伴随发生蠕变,并且温度越高蠕变所占比例越大,疲劳和蠕变交互作用也越强烈。不同材料显著发生蠕变的温度不同,一般当材料温度高于0.3 T_m(用绝对温度表示的熔点)时蠕变显著发生。例如碳钢温度超过300~350 ℃,合金钢温度超过350~400 ℃时发生蠕变,引起材料的疲劳极限急剧降低。表1.7-1示出几种材料的各种温度下的疲劳极限。碳钢、合金钢在温度超过400 ℃后高温疲劳极限急剧降低。

表1.7-1 几种材料在不同温度下的疲劳极限

名称	旋转弯曲疲劳极限(10^7 次)(MPa)					
	20 ℃	100 ℃	200 ℃	300 ℃	400 ℃	500 ℃
灰铸铁(3.2% C,1.1% Si)	90	90	90	105	110	95
镍铬钢(4.6% Ni,1.6% Cr)	535	500	–	485	420	–
碳钢(0.35% C)	298	–	310	330	–	275
碳钢(0.60% C)	370	355	395	505	425	185
低合金钢(0.14% C,0.5% Mo)	315	–	–	400	370	275

(3)高温下疲劳极限与蠕变极限、持久极限的关系对高温工作的零件具有重要的意义。实验表明,在较低温度时材料的蠕变极限、持久强度比疲劳极限高。而在高温时材料的蠕变极限、持久强度和疲劳极限均下降。但前两者的下降速度远高于后者,如图1.7-8所示。材料的蠕变极限随温度变化曲线1与疲劳极限随温度变化曲线2相交于一点。当温度低于此点对应温度时,材料以疲劳破坏为主,高于此温度时以蠕变破坏为主。

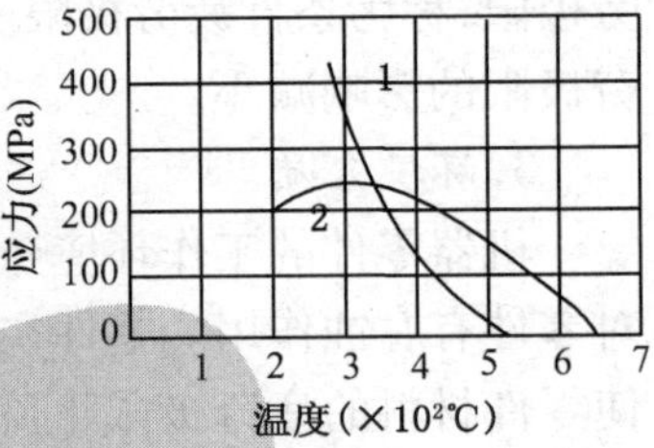

图1.7-8 含碳量为0.15%钢的蠕变极限1和疲劳极限2

此外,高温疲劳对加载频率有较高的敏感性,随着加载频率的降低,材料的疲劳寿命和疲劳极限均会降低。因为加载频率降低相当于延长了载荷作用时间,有利于蠕变损伤的扩展。

二、热疲劳

1. 热应力

零件各部分受热温度不同、产生的变形不同。材料内部一部分金属对另一部分金属变形的约束或牵制产生热应力。零件内外表面的温度不同,产生热应力。例如柴油机气缸盖底面,即触火面温度高达400~500 ℃,冷却面温度为60~80 ℃。触火面金属膨胀受到低温冷却面金属的约束不能自由膨胀产生热压应力;低温面金属受高温面金属牵制产生热拉应力。温差越大,高温面压应力越大,同时气缸盖内外表面的温差热应力也越大。同样,零件上同一截面上温度不均,如气缸盖触火面的中心与边缘,就会在高温的中心部分产生热压应力,在低温的边缘产主热拉应力。

根据热应力与时间的关系分为定常热应力和不定常热应力。定常热应力是指不随时间变化的热应力。柴油机处于稳定运转时，燃烧室组成零件上的温度可视为不变，处于热稳定状态。柴油机由冷态变为热稳定状态后在燃烧室零件上产生的热应力为定常热应力。

不定常热应力是指随时间变化的热应力。根据热应力变化的频率分为高频热应力与低频热应力。柴油机运转时，燃烧室组成零件的触火壁面温度实际上是周期变化的，变化周期与柴油机工作循环的变化周期相同，频率高且壁面受热深度浅。所以，在壁面受热不深的情况下，周期变化的燃气高温作用引起的热应力是高频热应力。零件触火壁面的高频热应力最大，但随着深度的增加而减小。柴油机在起动、停车或变工况运行时，燃烧室组成零件的温度也随时间发生动态变化产生不定常热应力。此种不定常热应力变化周期与柴油机运转中起动、停车或工况变化的周期相同，频率较低，属于低频热应力。低频热应力的大小与负荷变化的速度有关。负荷突变将会引起过大的低频热应力，导致零件热疲劳破坏。

2. 热疲劳过程

热疲劳是零件在循环热应力反复作用下产生的疲劳破坏。循环热应力是零件受到循环变化的温度作用引起的。因此，产生热疲劳必满足两个条件：一是温度循环变化，二是零件热变形受到约束。热疲劳是由于热循环温差 ΔT 引起。零件材料膨胀变形 $\alpha \cdot \Delta T$（α 为材料的线膨胀系数），如果该变形完全被约束就会引起热应力 $\Delta\sigma = -E \cdot \alpha \cdot \Delta T$。当热应力超过材料高温下的屈服极限时产生局部塑性变形，经过一定循环次数或当 ΔT 较大时经过较少的循环次数就会产生疲劳裂纹。所以，热疲劳破坏实际上是由塑性应变引起的，并且是塑性应变损伤累积的结果，是一种高温高应变疲劳。

在热疲劳过程中由于高温引起材料内部组织结构变化，降低了材料的热疲劳抗力；高温促使表面和裂纹尖端氧化，甚至局部熔化，加速热疲劳破坏；零件截面上存在温度梯度，特别是厚壁零件温度梯度更大，在温度梯度最大处造成塑性应变集中，促进热疲劳破坏的发生。

热疲劳裂纹是在受热表面热应变最大区域形成，一般有几个疲劳裂纹源，裂纹沿垂直受热表面方向扩展，并向表面内纵深方向发展。所以，零件热疲劳破坏是以受热表面上产生特有的龟裂裂纹为特征。热疲劳裂纹与循环温差、零件表面缺口状态下材料有关。循环温差越大，表面缺口越尖锐，就越容易发生热疲劳。

金属材料对热疲劳的抗力不但与材料的导热性、比热等热力学性质有关，而且与弹性模量 E、屈服极限等力学性能有关。所以导热性差的脆性材料，如灰口铸铁比钢更容易发生热疲劳破坏。提高金属材料热疲劳抗力的途径主要有：

(1)尽可能地减少甚至消除零件上的应力集中和应变集中。

(2)提高材料的高温强度。

(3)提高材料的塑性。

(4)降低材料的热膨胀系数。

第二篇　船舶柴油机

第一章　柴油机的基本知识

第一节　柴油机的工作原理

一、柴油机的基本概念

1. 柴油机的定义

机械设备通常可分为动力机械和工作机械两大类。动力机械是将其他形式的能量，如热能、电能、风能等转化为机械能，而工作机械则是利用机械能来完成所需的工作。把热能转换成机械能的动力机械称之为热机。热机是最重要的动力机械，蒸汽机、蒸汽轮机以及柴油机、汽油机等都是热机中较典型的机型。

热机通常是以化石燃料作为能源的，它首先通过燃烧将燃料的化学能转化为热能，再通过工质膨胀将热能转化为机械能。如果两次能量转化过程是在同一机械设备的内部完成的，则称之为内燃机；如果两次能量转化过程分别在两个不同的机械设备内部完成，则称之为外燃机。汽油机、柴油机以及燃气轮机同属于内燃机，其工作特点是燃料在发动机内部燃烧并利用产生的高温、高压燃气直接做功。从能量转换观点，此类机械能量损失小，具有较高的热效率，在尺寸和重量等方面也具有明显优势（例如，燃气轮机在热机中的单位重量功率最大）。蒸汽机和蒸汽轮机同属于外燃机，其工作特点是燃料在锅炉中进行燃烧，产生高温、高压的蒸汽，然后利用蒸汽膨胀做功。由于外燃机热能需经中间工质（水蒸气）传递，热损失较大，所以其热效率不高，整个动力装置也十分笨重。内燃机在与外燃机竞争中已经取得了明显的领先地位。

动力机械的运动机构基本上有两种运动形式，一种为往复式，一种为回转式。在往复式发动机中，工质的膨胀做功是通过活塞的往复运动实现的；而回转式发动机则是利用高速流动的工质在工作叶轮内膨胀，推动叶轮转动而工作的。往复式发动机是间歇工作的，其工质的最高温度较高，而回转式发动机是连续工作的，由于受材料热强度的限制，其工质的最高温度不能太高，这就限制了其热效率的进一步提高。

柴油机和汽油机同属往复式内燃机，但又都具有各自的工作特点。汽油机使用挥发性好的汽油做燃料，采用外部混合法（汽油与空气在气缸外部进气管中的汽化器内进行混合）形成可燃混合气,其燃烧为电点火式(电火花塞点火)。这种工作特点使汽油机不能采用高压缩比,因而限制了汽油机的经济性不能大幅度提高,而且也不允许作为船用发动机使用(汽油的火灾危险性大)。但它广泛应用于运输车辆。柴油机使用挥发性较差的柴油或劣质燃料油做燃料,采用内部混合法(燃油与空气的混合发生在气缸内部)形成可燃混合气,缸内燃烧采用压缩式发火(靠缸内空气压缩形成的高温自行发火)。

柴油机是以柴油或劣质燃料油为燃料,压缩发火的往复式内燃机。这种工作特点使柴油机在热机领域内具有最高的热效率,在船用发动机中,柴油机已经取得了绝对统治地位。各种不同类型的发动机的工作特点,如表 2.1-1 所示。

表 2.1-1　不同类型的发动机的工作特点

		蒸汽机	蒸汽轮机	燃气轮机	汽油机	柴油机
能量转化设备	化学能 - 热能	锅炉	锅炉	燃气轮机	汽油机	柴油机
	热能 - 机械能	蒸汽机	蒸汽轮机			
工作介质		水蒸气	水蒸气	燃气	燃气	燃气
运动形式		往复	回转	回转	往复	往复
发火方式		–	–	–	火花塞点火	压缩发火

2. 柴油机的基本工作过程

为了使柴油机燃料获得燃烧所需的空气,柴油机就必须具有进气过程。在柴油机中,燃油不是靠外界火源点燃的,而是在高温条件下自行发火燃烧的,所以进入气缸的空气还必须达到足够高的温度。这是通过压缩过程实现的。在压缩终点,将雾化的燃油喷入高温高压的空气中,就能发火燃烧。燃油燃烧后放出的大量热能,使燃气的温度和压力急剧升高,推动活塞膨胀做功,产生动力。膨胀终了时,气体失去做功能力,成为废气排出气缸。总之,燃油在柴油机气缸中燃烧做功,必须通过进气、压缩、燃烧、膨胀和排气五个过程才能实现,这五个过程称为柴油机的基本工作过程,进行了这五个过程就完成了一个工作循环,接着又重复进行下一个工作循环。

3. 柴油机的主要优缺点

柴油机具有以下突出优点:

(1)经济性好。柴油机的有效热效率可达 50% 以上,热效率是所有的热机中最高的,并能够使用廉价的重油,燃油费用低。

(2)功率范围宽广。目前使用的柴油机的最低单机功率约为 0.6 kW,最高功率已超过 80 000 kW,并具有生产约 100 000 kW 柴油机的能力。可基本满足各个领域对动力的需求。

(3)与蒸汽动力装置相比,尺寸小,重量轻,有利于船舶机舱布置。

(4)机动性好。起动方便,加速性能好。有较宽的转速和负荷调节范围,可直接反转,能适应船舶航行的各种工况要求。

(5)可靠性高,寿命长,维修方便。

同时,柴油机也具有以下缺点:

(1)存在机身振动、轴系扭转振动和噪音。

(2)某些部件的工作条件恶劣,承受高温、高压并具有冲击性负荷。

4. 柴油机的基本结构参数

柴油机的基本结构参数如图 2.1-1 所示。

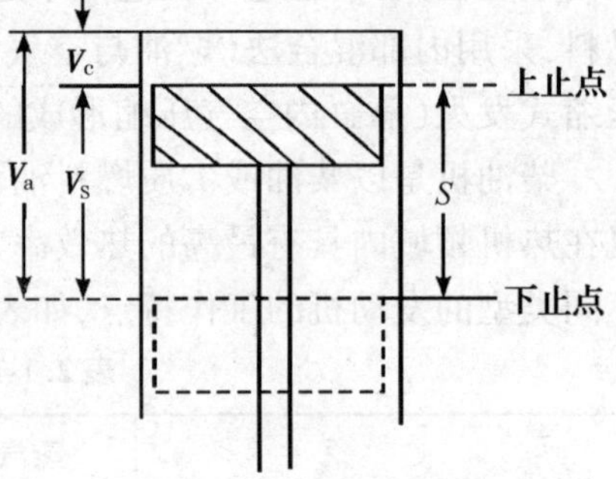

图 2.1-1　柴油机的基本结构参数

(1)上止点(Top Dead Centre,简称 TDC) 立式柴油机活塞在气缸中运动的最上端位置,也就是活塞离曲轴中心线最远的位置。

(2)下止点(Bottom Dead Centre,简称 BDC)立式柴油机活塞在气缸中运动的最下端位置,也就是活塞离曲轴中心线最近的位置。

(3)行程(Stroke,S) 指活塞从上止点移动到下止点间的直线距离。它等于曲轴曲柄半径 R 的两倍($S=2R$)。活塞移动一个行程,相当于曲轴转动 180°CA(曲轴转角)。

(4)缸径(Diameter,D) 气缸的内径。

(5)气缸余隙容积(压缩室容积,V_C) 活塞在气缸内上止点时,活塞顶上部的空间(活塞顶、气缸盖底面与气缸套表面之间所包围的空间)容积。

(6)余隙高度(顶隙) 上止点时活塞最高顶面与气缸盖底平面的垂直距离。

(7)气缸工作容积(V_S)活塞在气缸中从上止点移动到下止点时所扫过的容积。

$$V_s = \frac{\pi D^2}{4} S \tag{2.1-1}$$

(8)气缸总容积(V_a)活塞在气缸内位于下止点时,活塞顶以上的气缸全部容积,亦称气缸最大容积。

$$V_a = V_s + V_c \tag{2.1-2}$$

(9)压缩比(ε)气缸总容积与压缩室容积之比值,亦称几何压缩比。

$$\varepsilon = \frac{V_a}{V_c} = \frac{V_c + V_s}{V_c} = 1 + \frac{V_s}{V_c} \tag{2.1-3}$$

压缩比表示缸内工质压缩程度。柴油机压缩比为 12 ~ 22。

5. 柴油机的类型

根据用途不同,对柴油机的要求也不同,因而柴油机的类型很多。通常有以下几种分类方式:

(1)四冲程柴油机和二冲程柴油机

按工作循环可分为四冲程柴油机和二冲程机两类。柴油机的一个工作循环包括进气、压缩、燃烧、膨胀、排气五个过程,四冲程柴油机是曲轴转两转,也就是活塞运动四个行程完成一个工作循环,而二冲程柴油机是曲轴转一转,也就是活塞运动两个行程完成一个工作循环。

图 2.1-2　筒形活塞和十字头式柴油机简图

(2)增压柴油机和非增压柴油机

增压柴油机和非增压柴油机的主要区别在于进气压力不同,非增压柴油机是在大气压力下进气的,而增压柴油机则是在较高的压力下进气的。

(3)低速、中速和高速柴油机

柴油机的速度通常用曲轴转速 n(r/min)表示。不同国家和地区的分类指标略有不同,按我国的国家标准,根据柴油机的转速可分为:低速柴油机 $n \leqslant 300$ r/min;中速柴油机 $300 < n \leqslant 1\ 000$ r/min;高速柴油机 $n > 1\ 000$ r/min。

(4)筒形活塞柴油机和十字头式柴油机

图 2.1-2(a)为筒形活塞的示意图,它的活塞通过活塞销直接与连杆相连。这种结构的优点是结构简单、紧凑、轻便,发动机高度小。它的缺点是由于运动时有侧推力,活塞与气缸之间的磨损较大。中高速柴油机一般都采用此结构。

图 2.1-2(b)所示为十字头式柴油机。它的活塞设有活塞杆,通过十字头与连杆相连接,并在气缸下部设中隔板将气缸与曲轴箱隔开。十字头柴油机工作可靠,寿命长。它的缺点是重量和高度增大,结构复杂,目前大型低速二冲程柴油机都采用这种结构。

(5)直列式和 V 型柴油机

船用柴油机通常均为多缸机。这样可以增大柴油机单机功率,同时可满足船舶机动性、可靠性的要求。具有两个或两个以上直立气缸,并呈单列布置的柴油机称直列式柴油机,如图 2.1-3(a)所示。直列式柴油机的气缸数因曲轴刚度和安装上的限制一般不超过 12 缸。当缸数超过 12 缸时通常采用 V 型柴油机,如图 2.1-3(b)所示。它具有两列气缸,其中心线夹角呈 V 型,并共用一根曲轴输出功率。V 型机的气缸数可达 18 甚至 24,气缸夹角通常为 90°、60°和 45°。V 型机具有较高的单机功率和较小的比重量(柴油机净重量与标定功率的比值),在中、高速柴油机中用得较多。船用柴油机均为直列式与 V 型两种。增加气缸列数虽然可以进一步提高柴油机的单机功率,但会造成设备的布置和维修保养困难,一般不在船上使用。

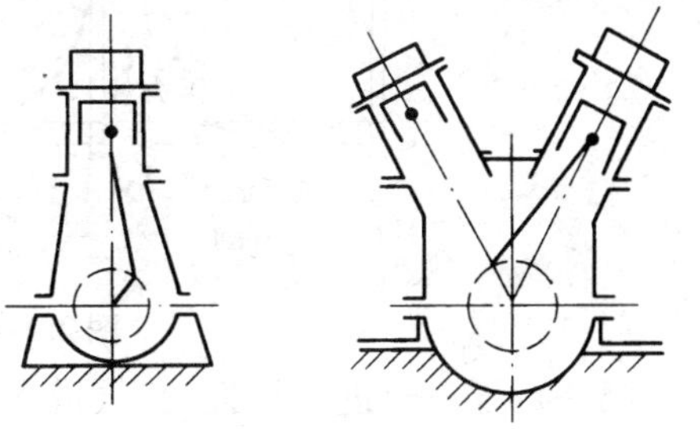

(a)　　(b)

图 2.1-3　直列式和 V 型柴油机

(6)右旋和左旋柴油机

观察者由柴油机功率输出端向自由端看,正车时按顺时针方向旋转的柴油机称右旋(转)柴油机,正车时按逆时针方向旋转的柴油机称左旋柴油机。某些船舶的推进装置采用双机双桨推进装置。在这种船舶上,由艉部向艏部看,布置在机舱右舷的柴油机为右旋柴油机,亦称右机;布置在机舱左舷的柴油机为左旋柴油机,亦称左机。在这种动力装置中,为便于操纵管理,右机的操纵侧即凸轮轴侧布置在柴油机左侧(内侧),而排气侧布置在右侧;左机的操纵侧在柴油机的右侧(内侧)。单台布置的船舶主柴油机通常均为右旋柴油机。

(7)可逆转和不可逆转柴油机

可由操纵机构改变自身转向的柴油机称可逆转柴油机。曲轴仅能按同一方向旋转的柴油机称不可逆转柴油机。

在船舶上凡直接带动螺旋桨的柴油机均为可逆转柴油机;凡带有倒顺车离合器、倒顺车齿轮箱或可变螺距螺旋桨的柴油机以及船舶发电柴油机均为不可逆转柴油机。

二、四冲程柴油机工作原理

四冲程柴油机的一个工作循环是在四个活塞行程中完成的,图 2.1-4 中所示的四个简图以非增压柴油机为例说明四个活塞行程中的工作过程进行情况,以及活塞、曲轴、气阀等部件的有关动作位置。

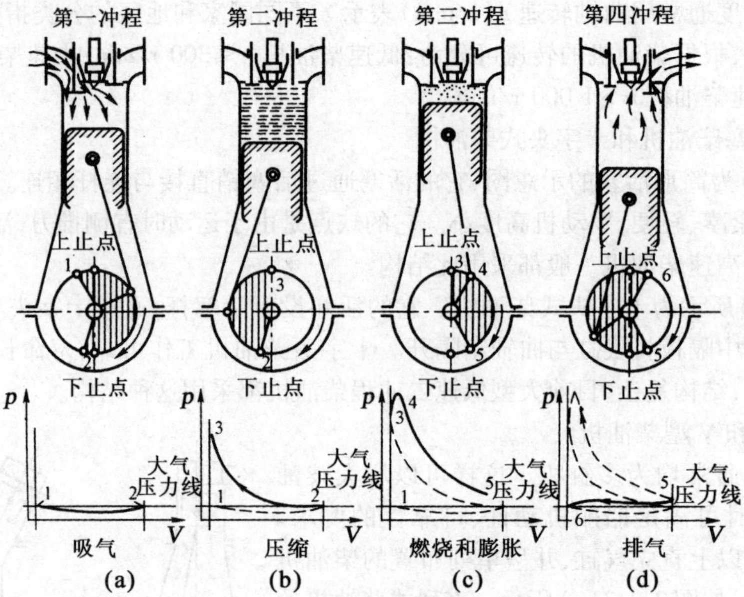

图 2.1-4　四冲程柴油机工作原理

第一行程——进气行程,空气进入气缸时相应的活塞行程。

活塞从上止点下行,进气阀打开。由于气缸容积不断增大,缸内压力下降,依靠气缸内与大气的压差,新鲜空气经进气阀被吸入气缸。进气阀一般在活塞到达上止点前即提前打开(曲柄位于点1),下止点后延迟关闭(曲柄位于点2)。曲轴转角 φ_{1-2}(图中阴影线所占的角度)表示进气持续角 $\Delta\theta_i$,占 220 ~ 250°曲轴转角。

第二行程——压缩行程,工质在气缸内被压缩时相应的活塞行程。

活塞从下止点向上运动,自进气阀关闭(点2)才开始压缩,一直到上止点(点3)为止。第一行程吸入的新鲜空气经压缩后,压力增高到 3 ~ 6 MPa,温度升高到 600 ~ 700 ℃(燃油的自燃温度为 210 ~ 270 ℃)。压缩终点的压力和温度分别用符号 p_c 和 t_c 表示。在压缩过程的后期由喷油器喷入气缸的燃油,与高温空气混合、加热,并自行发火燃烧。曲轴转角 φ_{2-3} 表示压缩过程,占 140 ~ 160°曲轴转角。

第三行程——燃烧和膨胀行程,工质在气缸内燃烧膨胀时相应的活塞行程。

活塞在上止点附近,由于燃油强烈燃烧,使气缸内的压力和温度急剧上升,压力达到 5 ~ 8 MPa。温度为 1 400 ~ 1 800 ℃或更高。燃烧的最高温度和压力分别用 p_z 和 t_z 表示。高温高压的燃气(工质)膨胀推动活塞下行做功。由于气缸容积逐渐增大,压力下降,在上止点后某一时刻(点4)燃烧基本完成。膨胀过程一直到排气阀开启时结束,膨胀终了时的气缸内气体压力 p_b 为 250 ~ 450 kPa,气体温度 t_b 为 600 ~ 700 ℃。与进气阀相似,排气阀是在下止点前开启(点5)的。曲轴转角 φ_{3-4-5} 表示燃烧和膨胀过程。占 130 ~ 150°曲轴转角。

第四行程——排气行程,废气从气缸内排出时相应的活塞行程。

在上一行程末,排气阀 b 开启时活塞尚在下行,废气靠气缸内外压力差经排气阀排出。当活塞由下止点上行时,废气被活塞推出气缸,此时的排气过程是在略高于大气压力(1.05 ~ 1.1 倍大气压)且在压力基本不变的情况下进行的。排气阀一直延迟到上止点后(点6)才关闭。曲轴转角 φ_{5-6} 表示排气持续角 $\Delta\theta_e$,占 230 ~ 260°曲轴转角。

进行了上述的四个行程,柴油机就完成了一个工作循环。当活塞继续运动时,另一个新的循环又按同样的顺序重复进行。

四冲程柴油机每完成一个工作循环,曲轴要回转两转(720°曲轴转角)。每个工作循环中只有第三行程(膨胀行程)是做功的,其他三个行程都是为膨胀行程服务的,都需要外界供给能量。柴油机常做成多缸的,这样,进气、压缩、排气行程的能量可由其他正在作功的气缸供给。如果是单缸柴油机,那就由较大的飞轮供给。图2.1-4下方的$p-V$图表示出一个工作循环内气缸中气体压力随活塞位移(即气缸容积)而变化的情形。工作循环各过程线的综合,就构成了四冲程柴油机的示功图。在工作过程进行时,气缸内气体的压力和容积是同时变化的。$p-V$示功图可用来研究柴油机工作过程进行的情况,也可用来计算柴油机一个工作循环的指示功。

四冲程柴油机的进、排气阀的启闭都不正好在上、下止点,而是在上、下止点前后某一时刻。它们的开启持续角均大于180°曲轴转角。进、排气阀在上、下止点前后启闭的时刻称为气阀定时,通常气阀定时是用距相应止点的曲轴转角(°CA)表示。用曲轴转角表示气阀定时的圆图称气阀定时圆图,如图2.1-5所示。

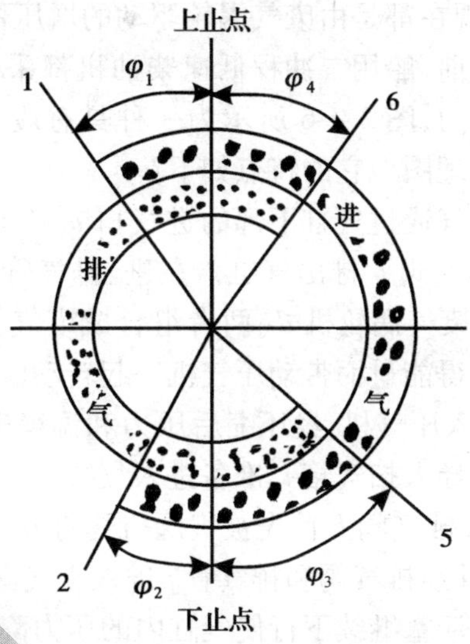

图2.1-5　气阀定时圆图

在图2.1-5中,进气阀在上止点前点1开启,在下止点后点2关闭。其与相应止点的夹角φ_1、φ_2分别称进气提前角、进气滞后角。排气阀在下止点前点5开启,在上止点后点6关闭,其与相应止点的夹角φ_3、φ_4分别称为排气提前角、排气滞后角。气阀提前开启与延后关闭是为了将废气排除干净并增加空气的吸入量,以利于燃油的燃烧,另外还可减少排气耗功。因此,气阀定时是影响四冲程柴油机做功的重要因素。

由图2.1-5还可看出,在上止点前后进气阀与排气阀同时开启着,同一气缸的进、排气阀在上止点前后同时开启的曲轴转角称为气阀重叠角。在气阀叠开期间,进气管、气缸、排气管连通,此时依靠废气的流动惯性,可以利用新鲜空气将燃烧室内的废气扫出气缸,实现燃烧室扫气。这不仅可以提高换气质量,还能利用进气冷却燃烧室的有关部件。因而,四冲程柴油机均有一定的气阀重叠角,增压柴油机的气阀重叠角均大于非增压机。如表2.1-2所示。

表2.1-2　四冲程柴油机气阀重叠角

名称	非增压		增压	
	开启	关闭	开启	关闭
进气阀	上止点前15°~30°	下止点后10°~30°	上止点前40°~80°	下止点后20°~40°
排气阀	下止点前35°~45°	上止点后10°~20°	下止点前40°~55°	上止点后40°~50°
重叠角	25°~50°		80°~130°	

三、二冲程柴油机工作原理

活塞在两个行程内完成一个工作循环的柴油机叫做二冲程柴油机。在四冲程柴油机中新气的吸入与废气的排出是靠活塞的抽吸与推挤作用完成的。在二冲程柴油机中取消了单独的进气与排气行程,而采用新气驱赶废气的方式进行换气,这一过程称之为扫气。为了保证柴油机的压缩与膨胀过程，扫气过程只能在下止点前后120°~150°曲轴转角内进行。为了保证扫气过程的进行，必须满足两个条件，第一，在二冲程柴油机的气缸套下部必须开设气口，这是二冲程柴油机与四冲程柴油机在结构上的根本不同。第二，必须提高进气压力，使进气压力高于缸内废气压力，这样新鲜空气才能从扫气口进入气缸并将废气扫出气缸。提高进气压力早期是由机械驱动的扫气泵实现的，而现在都是由废气涡轮驱动的增压器来实现。

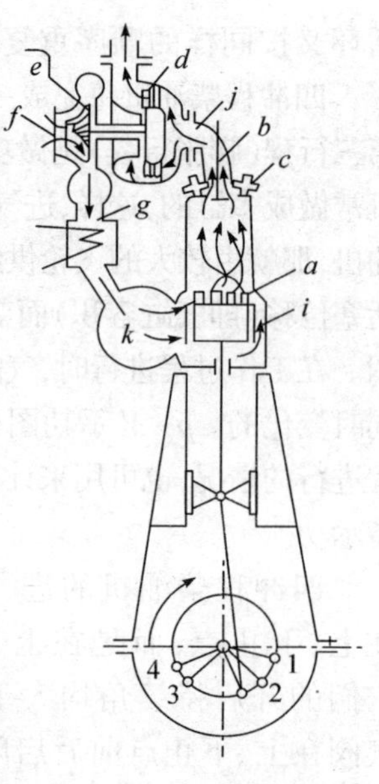

图 2.1-6　废气涡轮增压的二冲程柴油机工作原理图

目前，船用二冲程低速柴油机都采用废气涡轮增压的方式提高进气压力，图2.1-6所示为一种具有废气涡轮增压的二冲程柴油机工作原理图。它的特点如下：

新气通过气缸下部的进气口 a 进入气缸，而废气则通过气缸盖上的排气阀 b 排出气缸。在进、排气管道上分别安装了离心式压气机 e 和废气涡轮机 d（两者组合成废气涡轮增压器），废气涡轮从废气中获得能量而带动压气机一起转动。新鲜空气则从大气通过吸入口 f 吸入压气机，经压缩后压力和温度升高，然后由管 g 经冷却器 k 冷却后导入扫气箱 i，准备进入气缸。当活塞下行还没有打开进气口 a 之前，排气阀 b 首先被气阀机构打开（曲柄在点1），废气大量排出气缸，并经排气阀和排气管 j 进入废气涡轮 d 中。当活塞继续下行使气缸内的压力降低到接近于增压压力时，活塞将扫气口 a 打开（曲柄在点2），等待在扫气口外边的增压空气即进入气缸，并把废气扫出。当活塞运动到下止点并转向上行时，扫气口 a 被关闭（曲柄在点3），接着排气阀关闭（曲柄在点4），换气过程结束，而开始进行压缩、燃烧和膨胀过程。

二冲程柴油机也可以用定时圆图来表示它的定时时刻。图2.1-7为国产ESDZ43/82B型二冲程柴油机的定时圆图。

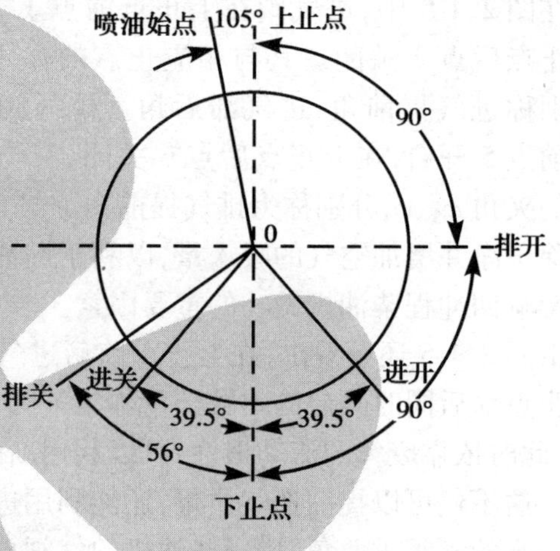

图 2.1-7　ESDZ43/82B 型柴油机的定时圆图

由上述可知，对于二冲程柴油机，它的真正压缩始点不在下止点而在进气口或排气阀（口）全部关闭时刻。通常将进气或排气阀（口）全部关闭瞬时的气缸容积与压缩室容积之比值称有效压缩比 ε_e。对二冲程柴油机

$$\varepsilon_e = 1 + \frac{(1-\varphi_s)V_s}{V_c} \tag{2.1-4}$$

式中，φ_s为行程失效系数，φ_s为气口高度/行程。

在二冲程柴油机中，目前普遍采用气口—气阀直流扫气，但在20世纪80年代以前，出现过多种换气形式。不同的换气形式对换气质量有重要影响。根据气流在气缸中的流动路线，二冲程柴油机的换气形式可分为弯流（扫气空气由下而上，然后由上而下清扫废气）与直流（气流在气缸内呈直线由下而上清扫废气）两大类。每一大类中又有不同的换气形式。即：

弯流{横流:简单横流,扫气口装有单向阀
回流:半回流(新型横流),简单半回流,扫气口有阀控制,排气口有阀控制

直流　　　排气阀—扫气口式　排气口—扫气口式

1. 简单横流扫气

进、排气口位于气缸中心线的两侧,空气从进气口一侧沿气缸中心线向上,然后在靠近燃烧室部位回转到排气口的另一侧,再沿着气缸中心线向下,把废气从排气口清扫出气缸,如图 2. 1-8 所示。

2. 回流式扫气

进、排气口在气缸下部同一侧且排气口在进气口的上方。进气流沿活塞顶面向对侧的缸壁流动并沿缸壁向上流动,到气缸盖转向下流动,把废气从排气口中清扫出气缸。气流在缸内作"回线"流动。如图 2. 1-9 所示。在船用大型柴油机中,MAN KZ 型柴油机即为回流扫气形式。

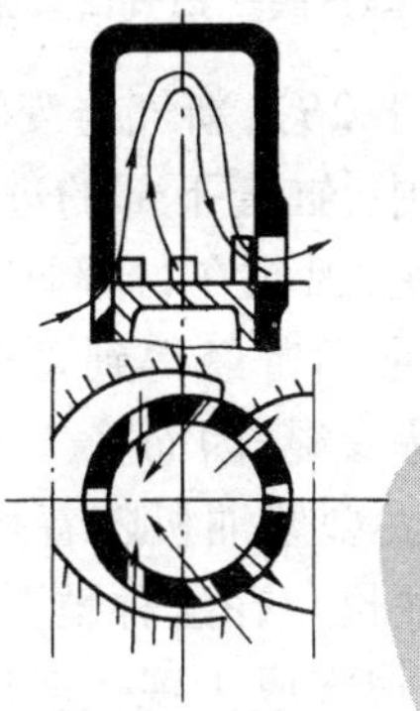

图 2. 1-8　简单横流扫气示意图

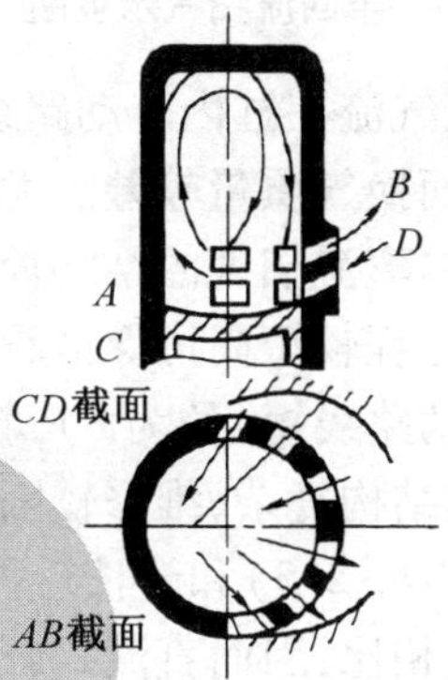

图 2. 1-9　回流扫气示意图

3. 半回流扫气

进气口布置在排气口的下方及两侧,气流在气缸内的流动特征兼有横流与回流的特点,如图 2. 1-10 所示。某些早期的半回流扫气形式,在排气管中装有回转控制阀,该回转阀可在活塞上行活塞裙开启排气口前关闭排气管,防止新鲜空气经排气口流失。在船用大型柴油机中 Sulzer RD、RND、RLA、RLB 等型柴油机均为半回流扫气形式。

4. 排气阀—扫气口直流扫气

气缸下部均布一圈进气口,在气缸盖上有排气阀。空气从气缸下部进气口端进入气缸,沿气缸中心线上行驱赶废气从气缸盖上的排气阀排出气缸。如图 2. 1-11 所示。显然,气流在缸内的流动方向是自下而上的直线流动。进气口在纵向(与气缸轴线成角度)和横向(与气缸半径成角度)两个方向有倾斜角,使扫气空气进入气缸后有向上和绕气缸轴线旋转的运动。这一旋转的气流形成"气垫",使空气与废气不易掺混,扫气效果较好。同时排气阀的启闭由排气凸轮控制不受活塞运动的限制,所以排气阀可以与进气口同时关闭,也可以提早关闭,在船用柴油机中 B&W、UEC 等机型都是传统的排气阀—扫气口直流扫气式柴油机。现代船用超长行程柴油机 MAN B&W MC 系列、Sulzer RTA 系列机型也都采用排气阀—扫气口直流扫气形式。

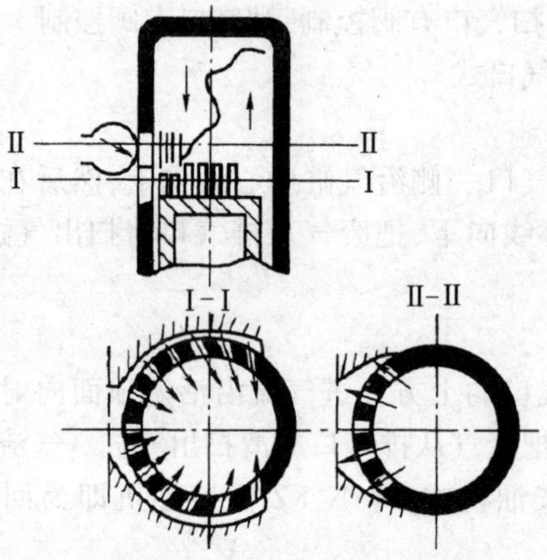

图 2.1-10　半回流扫气示意图

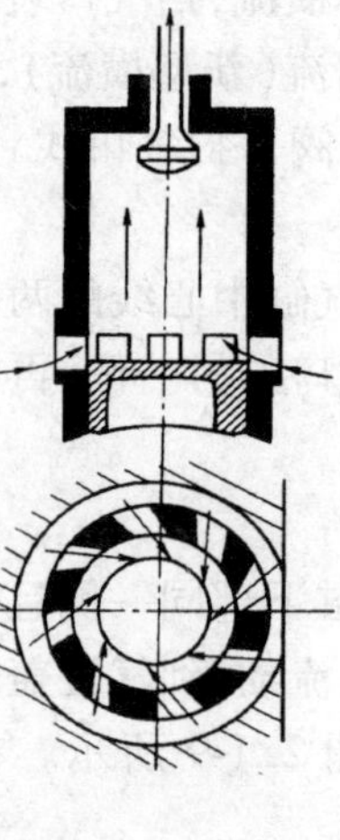

图 2.1-11　排气阀—扫气口直流扫气示意图

弯流扫气柴油机气流在缸内流动路线长（通常均大于 2*S*），新气与废气易掺混且存在死角与气流短路现象，因而换气质量较差。尤其在横流扫气中，缸套下部的进、排气口两侧受热不同，容易产生变形。但弯流扫气的结构简单，维修较方便，因而在行程缸径比 $S/D<2.2$ 的船用大型柴油机中，因行程较短尚可保证较满意的换气质量而曾经得到普遍使用。直流扫气则相反，气流在缸内流动路线短（约为 *S*），新气与废气不易掺混，因而换气质量较好。同时缸套下方受热均匀。但其结构复杂，维修较困难。现代船用大型柴油机随着行程缸径比 S/D 的增加，出现了长行程（$S/D>2.5$）和超长行程（$S/D>3$）柴油机。在这种情况下，弯流扫气的换气质量无法与直流扫气相比，因而直流式（气阀—气口式）扫气成为现代船用大型柴油机的主要换气形式。

四、二冲程与四冲程柴油机的比较

从四冲程与二冲程柴油机工作原理，可以看出两者有以下特点：

（1）二冲程柴油机二个行程即曲轴一转完成一个工作循环，由此可提高柴油机功率。二台气缸尺寸与转速相同的四冲程与二冲程柴油机，计及气口行程损失和扫气损失，则二冲程柴油机的功率为四冲程机的 1.6～1.8 倍。

（2）由于二冲程柴油机曲轴每一转完成一个工作循环，因而它的回转要比四冲程机均匀，可使用较小的飞轮。

（3）二冲程柴油机的换气机构较简单，便于维修保养。

（4）二冲程柴油机的换气质量较四冲程机差。

（5）二冲程柴油机的工作循环比四冲程机多一倍，所以二冲程机的热负荷比四冲程机高。

总之，在提高功率方面二冲程柴油机比四冲程机优越，而在提高柴油机的强化程度方面四冲程机则比二冲程机优越。

五、增压柴油机的工作原理

增压技术始于 19 世纪末，在 20 世纪初得到初步应用。随着材料科学及制造技术的进步，柴油机的涡轮增压技术在 20 世纪中期开始走向大规模商业应用。目前，船用大功率柴油机的绝大部分、车用柴油机的半数以上均采用了增压技术。增压柴油机的比功率（以平均有效压力表示)较之非增压柴油机可增加3倍。由于涡轮增压利用排气能量来增加充气量以提高功率,不仅工作过程得到改善、燃油耗量下降,排放也得到改善。由此可见,采用涡轮增压技术以后,柴油机的性能得到了全面的、大幅度的提高。

1. 提高柴油机有效功率的途径

根据有效功率 P_e 的计算公式

$$P_e \propto i \cdot D^2 \cdot S \cdot m \cdot n \cdot p_e \tag{2.1-5}$$

式中,i、D、S 为柴油机的气缸数、气缸直径、活塞行程;n、m 为柴油机的转速和每转工作冲程数;p_e 为柴油机的平均有效压力。

由上式可知,提高柴油机的有效功率有下列途径:

(1)改变柴油机的结构参数 i、D、S、m。增大这些参数可以提高柴油机的功率,但是提高的幅度受到多种因素的限制。增加气缸数 i 主要受到曲轴刚度的限制,目前直列式柴油机气缸数最多为12缸;增加气缸直径和活塞行程则会使柴油机的尺寸和质量大大增加,同时也增加了柴油机的热负荷。

(2)提高柴油机的转速。柴油机转速的增加可以增大柴油机做功频率,提高功率。但转速增加会使磨损增加,柴油机的惯性力增加,使柴油机寿命缩短,可靠性变差。对于船用主机还受到螺旋桨效率的限制,因而这种方法也是有限度的。目前新型船用低速柴油机大多降低转速以获得更高的经济性。

(3)提高平均有效压力 p_e。提高平均有效压力 p_e 可以增加柴油机的功率。对 p_e 影响最主要的因素是新气的密度 ρ_a。提高进气密度,就可以增加气缸充气量,使更多的燃油完全燃烧,从而大幅度提高柴油机的功率。而空气密度的增加可以通过提高进气压力和降低进气温度来实现。

柴油机所能发出的最大功率受到气缸内所能燃烧的燃料的限制,而燃料量又受到每个循环内气缸所能吸入空气量的限制。如果空气能在进入气缸前得到压缩而使其密度增大,则同样的气缸工作容积可以容纳更多的新鲜空气,从而就可以多供给燃料,得到更大的输出功率。这就是增压的基本目的。

所谓增压,就是用提高气缸进气压力的方法,使进入气缸的空气密度增加,从而可以增加喷入气缸的燃油量,以提高柴油机的平均指示压力 p_i 和柴油机的平均有效压力 p_e。柴油机的增压程度一般以增压度来表示。增压度是柴油机增压后标定功率与增压前标定功率之差值与增压前标定功率的比值。它表示增压后功率增加的程度。

由于空气在增压器中被压缩时压力和温度是同时升高的,这就影响了空气密度的增加和增压的效果。因此,大多数增压器都设有中间冷却器以降低空气温度,提高空气密度。中冷的另一个作用是降低柴油机的循环平均温度。资料表明,当进气温度降低10 ℃时,循环平均温度将降低25 ℃。这使柴油机的热负荷降低很多。因此,中冷是增压柴油机特别是中、高增压柴油机在提高进气压力的同时所必须采用的技术措施。

2. 增压方式

根据驱动增压器所用的能量的不同,柴油机增压主要分为以下三种类型,如图2.1-12所示:

(1)机械增压。柴油机输出轴直接驱动机械增压器(压气机),实现对进气的压缩。

(2)废气涡轮增压。压气机与涡轮同轴相连,构成涡轮增压器。涡轮机在排气能量的推动下,带动压气机工作,实现进气增压。显然,这种增压形式可以从废气中回收部分能量,不仅提高了柴油机的功率，还提高了动力装置的经济性，因而获得广泛应用。

(3)复合增压。这种增压形式既采用涡轮增压，又采用机械增压。根据两种增压器的不同布置方案，可分为串联增压和并联增压。

随着废气涡轮增压技术的发展，目前大型轴流式废气涡轮增压器的效率已达75%，因此，机械增压和复合增压已很少使用。

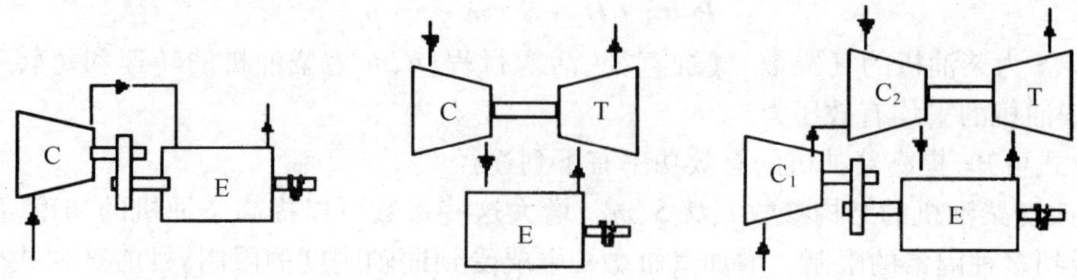

(a)机械增压　(b)涡轮增压　(c)复合增压

图 2.1-12　柴油机增压的基本形式

E—柴油机；C—压气机；T—涡轮机

柴油机增压压力的高低可以用无因次量增压比 π_b 表示

$$\pi_b = p_k/p_0$$

式中，p_k 为增压压力；p_0 为环境条件下大气压力或增压器进口压力。

根据 π_b 的高低，一般将柴油机增压分为四级：低增压 $\pi_b \leq 1.5$；中增压 $\pi_b = 1.5 \sim 2.5$；高增压 $\pi_b = 2.5 \sim 3.5$；超高增压 $\pi_b > 3.5$。现代船用低速柴油机的 π_b 一般在 3.0 上下。

增压柴油机气缸内工作循环的各主要过程——压缩、燃烧和膨胀的进行情况与非增压柴油机一样，只是由于采取了增压，使各过程的压力和温度有所增高。至于换气过程，则与非增压柴油机相似，所不同的是废气排出气缸后不是直接排入大气，而是经排气阀和排气管进入废气涡轮并推动废气涡轮做功，并带动同轴的压气机工作，如图 2.1-6 所示。压气机首先将吸入的新鲜空气压缩，然后将压缩后的空气充入气缸，这样就增加了进入气缸的空气量。

第二节　柴油机的性能指标

柴油机的性能通常可以从动力性、经济性、运转性(冷车起动、排放性、加速性与加载性等)、可靠性和耐久性等方面加以衡量。本节着重分析动力性和经济性指标。

动力性和经济性指标可以分成指示指标和有效指标两类。指示指标是以气缸内工作循环示功图为基础所确定的一系列指标，它只考虑缸内燃烧不完全及传热等方面的热损失，没有考虑各运动副间所存在的摩擦损失，主要用来评定缸内工作循环的完善程度。有效指标是以在柴油机输出轴上所得到的有效功为基础的，它既考虑热损失也考虑机械损失，它是评定柴油机工作性能的最终指标。除上述指标外，柴油机还有一些工作参数用来表征机械负荷、热负荷、基本结构和强化程度等性能。

一、指示指标

指示指标包括平均指示压力 p_i、指示功率 P_i、指示热效率 η_i 和指示燃油消耗率 b_i(简称指示油耗率)。

1. 平均指示压力 p_i

假定一个数值不变的压力作用在活塞上，在一个膨胀行程内所做的功与一个工作循环的指示功 W_i 相等（如图 2.1-13），这个假想的压力就称为平均指示压力。由此

$$W_i = p_i \cdot A \cdot S \quad (\text{N} \cdot \text{m 或 J}) \quad (2.1\text{-}6)$$

$$p_i = W_i/(A \cdot S) = W_i/V_s \quad (\text{N/m}^2\text{或 Pa}) \quad (2.1\text{-}7)$$

式中，p_i 为平均指示压力，Pa；A 为活塞面积，m^2；S 为活塞行程，m；V_s 为气缸工作容积，m^3。

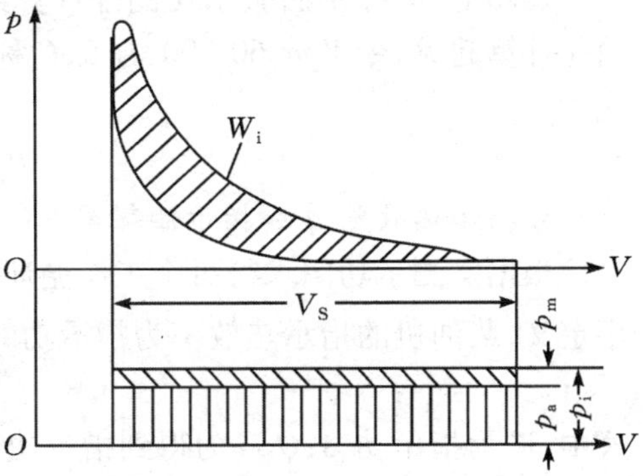

图 2.1-13　平均指示压力 p_i 示意图

由式（2.1-7）可见，平均指示压力 p_i 也就是一个工作循环中每单位气缸工作容积的指示功。它的数值与气缸容积无关，因此可以用 p_i 来比较不同类型和不同气缸尺寸的柴油机气缸工作容积的利用程度。p_i 值大，说明其单位气缸工作容积的做功能力大，其工作循环比较完善。所以 p_i 是评定柴油机工作循环动力性的重要指标。在船舶实践中，p_i 由测取的 $p-V$ 示功图经计算得到。p_i 的影响因素主要是循环供油量或负荷大小，其次是燃烧质量。

一般来说，增压机的 p_i 高于非增压机，四冲程机 p_i 高于二冲程机，直流扫气的 p_i 高于弯流扫气。在标定工况下船用柴油机的平均指示压力 p_i 的数值范围，如表 2.1-3 所示。

表 2.1-3　p_i，p_e 值统计表

机型		p_i（MPa）	p_e（MPa）
四冲程	非增压	0.75～1.12	0.60～0.92
	增压	0.95～3.75	0.80～3.0
二冲程	非增压	0.65～0.95	0.50～0.70
	增压	0.80～2.03	0.70～1.80

2. 指示功率 P_i

指示功率是指柴油机气缸内的工质在单位时间内所做的指示功（kW）。

柴油机的每个气缸每个工作循环工质所做的指示功为

$$W_i = p_i V_s \quad (\text{J})$$

柴油机一个气缸的指示功率为

$$P_i = p_i V_s \frac{nm}{60} \quad (\text{N} \cdot \text{m/s}) \quad (2.1\text{-}8)$$

或

$$P_i = p_i V_s \frac{nm}{60} \quad (\text{W})$$

或

$$P'_i = \frac{p_i V_s nm}{60\,000} \quad (\text{kW})$$

于是，整台柴油机指示功率的一般式为

$$P_i = \frac{p_i V_s nmi}{60\,000} \quad (\text{kW}) \quad (2.1\text{-}9)$$

式中，p_i为平均指示压力，Pa 或 N/m^2；V_s为气缸工作容积，m^3；n 为柴油机的转速，r/min；m 为每转工作行程数，四冲程机 $m=1/2$，二冲程机 $m=1$；i 为气缸数。

如各缸负荷不均匀，则可将各缸功率相加而得到整台柴油机的功率。

在船上，应经常测量示功图并计算柴油机的功率。对既定的柴油机其 V_s和 m 为定值，为简化计算起见，令 $V_s m/60\ 000$ 为 C，C 称为气缸常数。这样，整台柴油机指示功率的公式可简化为

$$P_i = Cp_i ni \quad (\text{kW}) \tag{2.1-10}$$

3. 指示热效率 η_i和指示油耗率 $b_i(g_i)$

根据实测示功图求得每个工作循环工质对活塞所做的指示功 W_i和指示功率 P_i。按照效率定义，柴油机的指示热效率为指示功的热当量与相应消耗的燃料热量之比值，即

$$\eta_i = W_i/Q_{吸入}$$

式中，W_i为指示功，J；$Q_{吸入}$为得到指示功 W_i而加入气缸内的总热量，J。

对于一台柴油机，当测得其指示功率 P_i和每小时燃油消耗量 B 时，根据 η_i的定义，可用下式进行计算

$$\eta_i = 3\ 600P_i/BH_u \tag{2.1-11}$$

式中，B 为柴油机每小时油耗量，kg/h；H_u 为所用燃料低热值，通常取 $H_u = 42\ 700$ kJ/kg；P_i为指示功率，kW。

指示油耗率 b_i以一千瓦指示功率每小时消耗的燃油量表示，即

$$b_i = B/P_i \qquad (\text{kg/kW}\cdot\text{h}) \tag{2.1-12}$$

η_i和 b_i是评定柴油机实际工作循环经济性的重要指标。两者之间的关系为

$$\eta_i = \frac{3\ 600}{b_i H_u} \tag{2.1-13}$$

目前船用柴油机的 η_i与 b_i统计资料，如表 2.1-4 所示。

表 2.1-4 柴油机的 η_i、b_i、η_e、b_e、η_m的资料

机型		η_i	b_i[g/(kW·h)]	η_e	b_e[g/(kW·h)]	η_m
四冲程	非增压	0.43～0.50	204～163	0.30～0.40	272～231	0.78～0.85
	增　压	0.44～0.58	195～147	0.37～0.5	231～160	0.85～0.92
二冲程	非增压	0.36～0.51	238～170	0.29～0.35	300～245	0.70～0.80
	增　压	0.45～0.60	192～143	0.38～0.55	225～155	0.85～0.94

二、有效指标

有效指标包括平均有效压力 p_e、有效功率 P_e、有效热效率 η_e和有效油耗率 b_e。

1. 有效功率 P_e和机械效率 η_m

从柴油机曲轴飞轮端传出的功率称为有效功率，用 P_e 表示。也可以说指示功率减去机械损失功率 P_m 所剩的功率称为有效功率。即 $P_e = P_i - P_m$。

柴油机的有效功率在试验台上用水力测功器（或电力测功器）测出，在船舶上可用扭力计测出，此时

$$P_e = \frac{M_e \cdot n}{9\ 550} \quad (kW) \tag{2.1-14}$$

式中，M_e 为柴油机输出的有效扭矩，N·m；n 为柴油机转速，r/min。

机械损失功率 P_m 是指作用在活塞上的指示功率传递到曲轴的（有效功率）过程中所损失的功率。它包括：

（1）摩擦损失功率是克服柴油机各相对运动部件表面摩擦力所消耗的功率。显然，此损失功率与柴油机转速、摩擦表面压力、滑油质量、机械加工质量及装配质量等多种因素有关。经验表明，活塞、活塞环与气缸套壁间的摩擦损失占全部摩擦损失的55%～65%，而各轴承处的摩擦损失占35%～45%。

（2）拖动损失功率是带动柴油机辅助机械（如喷油泵、注油器、气阀传动机构、扫气泵、空气分配器等）所消耗的功率。其损失随柴油机转速的提高而增加。

（3）泵气损失功率是在非增压四冲程柴油机中进、排气过程所消耗的功率。在增压四冲程柴油机中进气压力大于排气压力，泵气功率是正值，这时泵气功率应从机械损失中除掉。二冲程柴油机，由于没有单独的进气与排气行程，所以泵气损失功率为零。

上述机械损失功率一般不用它的绝对值 P_m 表示，而常用机械效率 η_m 表示。机械效率 η_m 是有效功率 P_e 与指示功率 P_i 之比值，即

$$\eta_m = P_e/P_i = (P_i - P_m)/P_i = 1 - P_m/P_i \tag{2.1-15}$$

机械效率 η_m 的大小不仅决定于设计和制造质量，还受柴油机负荷、转速、滑油温度与冷却水温度等因素影响。

如果转速不变，负荷增加时，机械效率将相应增加。当柴油机空载运行时，$\eta_m = 0$。

如 p_i 不变，当转速提高时，由于摩擦损失功率增大，机械效率随之下降。但是，转速对摩擦损失功率的影响比较复杂，很难用解析法求出。通常，柴油机的 η_m 在出厂时以 $\eta_m - n$ 曲线的形式给出。因而，在求出 P_i 后可用 $P_e = P_i\eta_m$ 计算 P_e。

如适当提高滑油温度与冷却水温度，则可适当提高 η_m。但若温度过高使油膜遭到破坏或过热，则会因破坏了正常润滑状态而大大降低 η_m，甚至引起重大运转事故。

现代柴油机的机械效率值见表2.1-4。

2. 有效燃油消耗率 $b_e(g_e)$ 和有效热效率 η_e

有效油耗率是指每一千瓦有效功率每小时所消耗的燃油量，单位是 kg/(kW·h)，即

$$b_e = B/P_e \text{或} b_e = b_i/\eta_m \tag{2.1-16}$$

式中，B 为柴油机每小时油耗量，kg/h；P_e 为柴油机有效功率，kW。

有效热效率 η_e 是指曲轴有效功与所消耗的热量之比，即

$$\eta_e = W_e/Q_{\text{吸入}} = \frac{W_i}{Q_{\text{吸入}}} \cdot \frac{W_e}{W_i} = \eta_i \cdot \eta_m \tag{2.1-17}$$

或根据 η_i 公式（2.1-13）可得

$$\eta_e = \frac{3\ 600P_e}{B \cdot H_u} \tag{2.1-18}$$

η_e 与 b_e 是评定柴油机经济性的重要指标，两者之间的关系是

$$\eta_e = 3\ 600/b_eH_u$$

目前，船用柴油机的 b_e 与 η_e 数值如表2.1-4所示。

3. 平均有效压力 p_e

知道了平均指示压力 p_i 和机械效率 η_m 之后，就可以求出柴油机的平均有效压力

$$p_e = p_i \eta_m \tag{2-1-19}$$

平均有效压力 p_e 是柴油机在每一工作循环每单位气缸工作容积所做的有效功，仿照指示指标的公式，可以由测得的有效功率 P_e 和转速 n 推算出来，即

$$p_e = P_e / Cni$$

同样，平均机械损失压力 p_m 也可以写成为

$$p_m = P_m / Cni$$

则平均有效压力 p_e 也可以写为 $p_e = p_i - p_m$，见图 2.1-13。

p_e 的数值取决于工作循环进行的完善程度和机械损失的大小，它是衡量柴油机做功能力的重要参数。p_e 值越高，说明柴油机的强化程度越高。目前船用柴油机的平均有效压力 p_e 的范围如表 2.1-3 所示。

三、柴油机的工作参数

1. 最高爆发压力 p_z（最高燃烧压力）

燃烧过程中气缸内工质的最高压力称最高爆发压力 p_z。p_z 是柴油机周期性变化的机械负荷的主要外力，它引起各受力部件的应力和变形，造成疲劳破坏、磨损和振动。

p_z 值的大小对柴油机的结构与性能均有很大的影响，这主要有：

（1）过大的 p_z 值使结构尺寸增大，使柴油机笨重。

（2）过大的 p_z 值使螺栓预紧力相应增大，造成结合面比压过大。

（3）过大的 p_z 值破坏润滑油膜，加剧活塞环与缸套、轴颈与轴瓦等的磨损，使寿命下降。

（4）p_z 值过高，使冲击振动和噪音增大。为了避免工作粗暴，一般限制其平均压力增长率 $\Delta p / \Delta \varphi = (p_z - p_c) / \Delta \varphi$ 不超过（0.4 ~ 0.6）MPa/℃A。

（5）适当提高 p_z、ε 和 λ，可以提高柴油机的热效率，降低燃油消耗。p_z 一般随平均有效压力 p_e 的增长而增长，但增长速度比 p_e 缓慢。一般高速柴油机的 p_z/p_e（或 p_{max}/p_e）= 3 ~ 9；中速柴油机的 p_z/p_e = 5 ~ 7；低速柴油机的 p_z/p_e = 6 ~ 10。

目前柴油机 p_z 值的资料范围是：非增压柴油机 p_z = 6 ~ 8 MPa；增压低速二冲程柴油机 p_z = 7 ~ 18 MPa；增压中、高速柴油机 p_z = 7 ~ 23 MPa。

2. 排气温度 t_r

非增压柴油机的排气温度指排气管内废气的平均温度，增压柴油机的排气温度指气缸盖排气道出口处废气的平均温度。对同一台柴油机而言，排气温度高低反映了缸内负荷的大小与燃烧质量的好坏。因而在船舶上通常用排气温度衡量热负荷的大小。柴油机排气温度过高，不但标志热负荷过高，而且还会引起经济性下降、可靠性下降。因而，排气温度是柴油机运转管理中重要的监测参数。为保证柴油机可靠运转，通常均对排气温度的最高值进行限制。通常船用柴油机排气温度的最高值应低于 550 ℃。

3. 活塞平均速度 V_m

在曲轴一转两个行程中活塞运动速度的平均值称活塞平均速度 V_m，即

$$V_m = 2Sn/60 = Sn/30 \quad (\mathrm{m/s})$$

式中，n 为柴油机转速，r/min；S 为柴油机活塞行程，m。

活塞平均速度是影响柴油机机械负荷、热负荷和寿命的重要参数之一。提高 V_m 可以提高柴油机的功率，但零件的机械负荷、热负荷同时增加，机件的磨损也相应增加，因而靠提高 V_m 来提高功率是有限度的。现代船用大型二冲程柴油机多采用长或超长行程。为了维持较长的

寿命和适当的 V_m 值，均选用较低转速。如标定转速低于 100 r/min，甚至仅为 60 ~ 70 r/min。这对提高螺旋桨的推进效率是有利的。

4. 行程缸径比 S/D

行程缸径比是柴油机的主要结构参数之一。S/D 在不同条件下影响不同，在活塞平均速度 V_m 及缸径 D 为定值的条件下，S/D 对柴油机的影响有：

(1) 影响柴油机的尺寸和重量。S/D 增大，则柴油机的宽度、高度及重量均相应增加。

(2) 影响机械负荷。缸内气体压力不直接受 S/D 的影响，但最大往复惯性力 F_{jmax} 将随 S/D 的增加而减小，即 S/D 增加，机械负荷减小。

(3) 影响热负荷。S/D 增大，气缸散热面增大，热负荷将减小，同时影响燃烧室各部件的传热量分配比例。如 S/D 增大，气缸套的热负荷增大，而气缸盖与活塞顶的热负荷相应减小。

(4) 影响混合气形成。S/D 增大，燃烧室余隙高度增大，对混合气形成有利。

(5) 影响扫气效果。S/D 增大，因气流在缸内流动路线长将降低扫气效果，但此影响随扫气形式不同各异。如对直流扫气的影响较小，允许使用较大的 S/D 值，而对弯流扫气的影响较大，不允许使用较大的 S/D 值（通常不高于 2.2）。

(6) 影响曲轴刚度。S/D 增大使曲柄半径变大，曲轴轴颈的重叠度降低，曲轴刚度下降。

(7) 影响轴系的振动性能。S/D 增大，轴系的纵振及扭振固有频率降低，容易产生不允许的纵振和扭振。船用柴油机的 S/D 值范围，如表 2.1-5 所示。

表 2.1-5　各种机型的 S/D 值

机型	高速机	中速机	低速机		
			弯流	直流	长(超长)行程
S/D	0.9 ~ 1.25	1.0 ~ 1.8	1.71 ~ 2.05	1.88 ~ 2.26	2.42 ~ 4.65

5. 强化系数 $p_e \cdot V_m$

强化系数 $p_e \cdot V_m$ 用来表示柴油机所受热负荷和机械负荷两方面的综合强烈程度。不同类型柴油机的强化系数，如表 2.1-6 所示。

表 2.1-6　各种机型的强化系数值

机　型	低速机	中速机		高速机
		四冲程	二冲程	
p_e(MPa)	1.15 ~ 1.8	1.4 ~ 3.0	0.9 ~ 1.1	1.4 ~ 2.2
$p_e \cdot V_m$ (MPa · m/s)	7.5 ~ 14.7	12.0 ~ 28.2	6.6 ~ 8.5	12.3 ~ 34.3

6. 压缩比 ε

压缩比是一个对柴油机性能影响很大的结构参数，它的影响主要表现在经济性、燃烧、起动及机械负荷等方面。

(1) 经济性。在一定范围内提高 ε 可明显提高经济性，当 $\varepsilon > 12$ 后对经济性的影响程度减弱。ε 过高时将由于余隙高度过小不利于雾化与混合而使经济性降低。

(2) 机械负荷。ε 增加将使压缩压力 p_c 增加，继而使最高爆发压力 p_z 提高，使柴油机的机械负荷增加，磨损加剧。因此，机械负荷限制了 ε 的上限。在柴油机增压技术的发展中对高增压柴油机曾使用过降低压缩比($\varepsilon<10$)以限制其机械负荷的技术措施。当代船用大型超长行程柴油机为了提高经济性,使 ε 提高到 16 ~ 19 的高水平。

(3)燃烧和起动。为了使柴油机燃烧良好以保证冷车起动,ε 不能太低。因此,保证柴油机具有良好的冷车起动性成为限制 ε 的下限。

第三节 现代船用柴油机提高有效功率和经济性的主要途径

一、船舶柴油机提高经济性的主要措施

现代船用大型低速柴油机,近十多年在提高经济性方面取得的成效超过了过去几十年,各种节能措施相继出现并日趋完善。这些措施主要有:

1. 采用定压涡轮增压系统和高效率废气涡轮增压器

在高增压柴油机上采用定压涡轮增压系统代替脉冲涡轮增压系统是现代柴油机的一大显著特点,同时也有利于提高增压器的效率和功率。新型涡轮增压器的发展和使用,使增压器效率由 20 世纪 60 年代的 50% ~60% 提高到 70% ~76%,由此显著降低了柴油机燃油消耗率。

2. 增大行程缸径比 S/D

增大行程缸径比 S/D 的主要目的是在保持活塞平均速度 V_m 不变的情况下大幅度降低柴油机转速,以提高螺旋桨效率,从而提高动力装置的总效率。这是自石油危机以来提高柴油机动力装置经济性的重要措施。因此自 20 世纪 70 年代末期开始,S/D 的增大速度很快,并逐步开发了低速柴油机的长行程和超长行程柴油机系列。S/D 的增加,也使柴油机本身的经济性有所提高,同时,由于气缸行程的增加,也使得柴油机的单缸功率有所提高。目前,Wärtsilä 瑞士公司的 SULZER RTA-T 系列柴油机的 S/D 值已达到了 4. 17,而 MAN 公司的最新推出的 G-ME系列柴油机的 S/D 值甚至达到了 4. 65。然而,增大 S/D 使柴油机结构复杂,造价增加,因而 S/D 的增加是有限度的。

3. 提高最高爆发压力 p_z 与平均有效压力 p_e 之比 p_z/p_e

由柴油机的理论循环研究与实践证实,提高 p_z/p_e 可显著降低燃油消耗率。研究指出,当 p_z/p_e 从 7. 8 提高到 12,油耗率可下降约 12 g/(kW · h)。因而,现代船用柴油机均采用这种措施降低油耗率。但是,大幅度提高 p_z 是十分困难的,它受到了柴油机负荷的限制,必须同时采取相应措施保证柴油机的可靠性。因而从 20 世纪 60 年代到 70 年代中期,船用柴油机的 p_z 虽然逐步增加,但增加幅度不大(在近 20 年内 p_z 仅提高约 2. 5 MPa)。从 20 世纪 70 年代中期到 80 年代中期,柴油机的 p_z 值有了大幅度增长,增加约 5 MPa。目前有些柴油机的 p_z 已达 15 MPa(如 Sulzer RTA 机),甚至 18 MPa。在保持 p_z 不变时降低 p_e 值同样可降低油耗率,这也是目前广泛采用的节能措施。降低 p_e 就是使柴油机降功率运行,如保持标定转速而选用较低(如 80%)的 p_e,或在使用较低转速(如 80%)时选用较低的 p_e 等。

4. 增大压缩比 ε

在增压柴油机上尤其是高增压柴油机上,为了限制 p_z,保证柴油机有足够的机械强度,过去常用的措施是降低柴油机的压缩比,但由此也降低了经济性。显然,这种措施已不符合现代柴油机的发展需求。现代船用低速柴油机为了提高经济性,根据理论循环的结论仍然采用了适当增大压缩比的措施,把压缩比由 10 左右提高到16 ~19 之间。

5. 降低摩擦损失功提高机械效率 η_m

柴油机的摩擦损失约占机械损失的40%，因而降低摩擦损失是提高 η_m 的主要途径。现代船用低速柴油机采用短裙和超短裙活塞、减少活塞环数量（如由 5 道减为 4 道）及改善活塞环的工作条件等措施降低摩擦损失，提高机械效率。

6. 轴带发电机（PTO）

在主柴油机正常运转期间（通常要求主机转速 >70% 标定转速），通过专设的恒速传动装置驱动发电机，可发出满足船舶航行所需要的电力。在主机转速变动或波动时通过恒速传动装置可保证发电机转速恒定，或可通过变频装置保证发出的电压与频率不变。采用轴带发电机在航行期间可停止柴油发电机运转。此装置并不直接降低柴油机油耗率，但提高船舶动力装置的经济性。这种装置的优点主要有：可使用油耗率较低的主柴油机供应电力，可节省柴油发电机运转时的滑油消耗，减少柴油发电机的数量与维修费用。

7. 柴油机废热再利用

柴油机的废气和冷却介质带走了燃料总发热量中 50% 左右的热量。充分利用这一部分废热的能量，对提高整个动力装置的经济性有重要意义。如利用废气涡轮发电机组、废气锅炉发电机等。目前这方面的问题仍在研究与探索之中。

8. 改进喷射与燃烧技术

在高增压柴油机中缩短喷射持续期，改善雾化质量提高燃烧效率是该型柴油机的重大研究课题之一。为此，研发了高喷油压力（达 100 ~ 140 MPa）、高喷油率以缩短喷射持续期的喷射系统，并采取优化喷射系统结构措施提高雾化质量，提高燃烧效率。目前，智能化的电子控制喷射柴油机已开始装船应用。具体机型为 SULZER RT-flex 系列及 MAN 的 ME 系列柴油机。

二、船舶柴油机提高功率的主要措施

提高船舶柴油机的单缸功率和单机功率是船舶柴油机的设计和制造人员的主要课题之一。从柴油机问世以来，它的最大功率一直在不断提高，近 30 年中，柴油机的单机功率不断突破，如在 1981 年最大的柴油机功率为 35 520 kW，1988 年为 45 840 kW，1993 年为 48 600 kW，20 世纪末，世界上两大著名的船舶柴油机公司所生产的 SULZER 12RTA96C 和 MAN B&W 12K98MC 型柴油机的功率分别达到了 65 800 kW 和 68 840 kW。目前正在研制的柴油机最大功率可达 100 000 kW 以上。

近年来，提高船用柴油机的功率主要是为了满足大型集装箱船对主机功率的要求，这是由集装箱船的大型化和高速化决定的。一般来说，研制中的下一代大型集装箱船所需的功率都超出了当时最大的船舶柴油机的功率上限。为了适应大型集装箱船的发展要求，必须进一步提高柴油机动力装置的推进功率。船舶柴油机功率的提高主要通过两方面实现的：

1. 提高柴油机的强化程度

提高柴油机的强化程度是在不改变柴油机重大结构尺寸的条件下提高柴油机功率的唯一途径。提高柴油机的强化程度的核心是增压技术，目前增压柴油机的功率已达到了非增压柴油机的 300%。由于在增压器中利用了柴油机排气中的能量在提高柴油机功率的同时也提高了柴油机的效率。而在近十几年来，增压器本身效率的提高和增压系统的优化也是船舶柴油机效率提高的重要原因。随着计算机技术的发展，计算流体力学 CFD 和有限元方法 FEM 在增压器叶片设计中的应用也使生产高压比、高效率、大流量的增压器成为可能。

为了保证柴油机能够在高增压的条件下良好工作，还需要从燃油的喷射和燃烧过程，材料的性能，零部件的结构等各个方面加以改进，保证柴油机机械负荷和热负荷在允许范围以内。目前，大型低速柴油机的平均有效压力已达 1.9 MPa，活塞平均速度达 8.5 m/s。

2. 提高柴油机的气缸排量

提高柴油机的气缸排量是提高柴油机功率最直接的方法，除了前面提过的增加柴油机的 *S/D* 值外，目前主要考虑下述方案：

(1)增加气缸数

以往的直列柴油机的气缸数一般不超过 12 缸，目前有继续增加的趋势 MAN B&W 准备将 K98MC 和 K98MC-C 型机的缸数范围确定为从 6 缸到 14 缸，并有增加到 18 缸的可能性，功率可达 103 000 kW，SULZER RTA96C 型柴油机也将推出 14 缸的机型，功率为 80 080 kW。为了使曲轴的重量保持在易于控制的水平上，曲轴必须分段制造，尽管这方面的技术是现成的，但是生产这种多缸发动机仍可能遇到技术上的挑战。

(2)增大气缸直径

增大气缸直径可以用较少数目的气缸发出更大的功率，这是目前的提高柴油机功率的另一种考虑，MAN B&W 目前能提供的最大机型是 K108MC 型柴油机，该机型的基本工作参数如表 2.1-7 所示，14K108MC 型机的功率可接近 100 000 kW。

表 2.1-7　K108MC 型柴油机的基本参数

功率	kW/cyl	6 950
	BHP/cyl	9 450
气缸直径	mm	1 080
活塞行程	mm	2 660
平均有效压力	bar	18.2
最高燃烧压力	MPa	14.2
活塞平均速度	m/s	8.33
转速	r/min	94

第二章 柴油机主要部件及检修

柴油机的主要部件是指燃烧室部件(活塞、气缸、气缸盖)、曲柄连杆机构(十字头、连杆、曲轴和轴承)、机架、机座和贯穿螺栓等部件。这些部件构成柴油机的主体,它们工作得好坏不但直接影响柴油机的技术性能指标,而且还和安全航行密切相关。统计表明,船用柴油机主要部件发生的故障占柴油机故障总数的90%左右,其中燃烧室部件故障约占故障总数的50%。因此,轮机管理人员应该深入了解主要部件,这是降低柴油机故障发生率的重要一环。

第一节　柴油机的结构特点

一、现代船用柴油机的结构特点

船舶柴油机在结构上主要可分为十字头式柴油机和筒形活塞式柴油机。十字头式柴油机相对比较笨重,尺寸重量较大,但可靠性好、寿命长,是目前大功率低速柴油机的主要结构;而筒形活塞式柴油机结构简单、紧凑、尺寸小、重量轻,目前中高速强载的柴油机普遍采用这种结构。

现代船用低速柴油机经过不断的发展和优化整合,在总体结构上趋于一致,主要采用二冲程、单作用、定压增压、直流扫气的工作方式,这种柴油机在结构上有以下显著特点:

(1)长行程和超长行程。为了提高船舶动力装置总体的经济性和柴油机本身的经济性,柴油机的行程不断加长。低速柴油机的 *S/D* 值已从1980年代的2.2左右增长到目前的4.65。柴油机行程的加长,使得柴油机的高度和宽度都有所增长,尺寸重量增加,转速降低,经济性不断提高。

(2)普遍采用气口-气阀直流扫气。随着柴油机向长行程化方向发展,柴油机的各种换气方式趋于统一,普遍采用气口-气阀直流扫气方式。即只在柴油机气缸下部设扫气口而在气缸盖中央设旋转式排气阀及液压式气阀传动机构。旋转式排气阀可使排气阀在启闭时有微小的旋转运动,可保证气阀密封面磨损均匀、贴合严密,提高了排气阀的可靠性。采用液压式气阀传动机构改变了沿用几十年的机械式气阀传动机构,减低了排气阀的噪音,延长了气阀机构的使用寿命。

(3)燃烧室部件普遍采用钻孔冷却结构。现代超长行程柴油机燃烧室部件的热负荷和机械负荷已达到了相当高的程度,这成为限制柴油机提高增压度的重要因素。为了解决这一技术难题,燃烧室部件普遍采用了钻孔冷却结构。这是一种最合理的“薄壁强背”结构形式,使燃烧室部件的热负荷和机械负荷维持在可以接受的水平上。

(4)采用全支撑连杆小端结构超长行程柴油机的最高爆发压力 p_z 已增高到 15 MPa,其十字头轴承和曲柄销轴承均承受着巨大的单向冲击性负荷,十字头轴承的工作条件尤为恶劣。为了提高它们的可靠性,目前普遍采用全支撑式连杆小端结构,并广泛使用高锡铝薄壁轴承。

(5)采用独立的气缸润滑系统。良好的气缸润滑是减少缸套和活塞环磨损的必要条件。为了减少在柴油机低负荷时气缸油的耗量,采用了气缸注油量随负荷自动调整,精确控制注油定时的电子注油系统。

(6)曲轴上增设轴向减振器。由于柴油机的长行程化和单缸功率的增加,导致曲轴的轴向刚度变弱,在运转时容易产生轴向振动而使主机及船体产生振动。现代超长行程柴油机在曲轴的前端增设轴向减振器,以有效地消减曲轴的轴向振动。

(7)焊接结构。柴油机的主要固定件包括机座、机架和气缸体普遍采用焊接结构代替原来的铸造结构,这不仅大大减轻了柴油机的重量,还提高了柴油机的总体强度。

(8)定压增压。随着柴油机不断向高增压和超高增压方向发展,采用定压涡轮增压系统代替脉冲涡轮增压系统是现代柴油机的一大显著特点,柴油机的排气系统不断简化,使得柴油机的制造和维护管理都更加容易。

筒形活塞式柴油机目前主要向模块化方向发展,整个柴油机分为前箱,后箱,机体,气缸单元,曲轴等几个模块,使柴油机的生产制造,维护管理更加方便高效,如图 2.2-1 所示。将柴油机的机架和气缸体铸成一个整体,称之为机体,采用倒挂主轴承结构,不再使用机座而代之以轻便的油底壳,使得柴油机的重量大大减轻。柴油机所有的冷却器,泵浦等作为插件插入柴油机的前后箱中,与事先铸造在机体内的管路相连;而气缸盖,气缸套,活塞和连杆组成气缸单元进行整体拆装。筒形活塞式柴油机的模块化使得柴油机的结构更加简单紧凑,维护管理更加方便。

图 2.2-1　筒形活塞式柴油机的模块化

二、筒形柴油机的结构

现代筒形活塞式柴油机的主要结构特点是它的活塞通过活塞销直接与连杆相连，将柴油机的机架和气缸体铸成一个整体，采用倒挂主轴承结构。这种结构的优点是结构简单、紧凑、轻便，发动机高度小。中高速柴油机一般都采用此结构。

目前，Wärtsilä，MAN B&W，Mak 等公司的产品在四冲程中速柴油机市场占主导地位。下面以 Wärtsilä L32 型柴油机为例介绍四冲程柴油机筒形的总体结构。

如图 2.2-2 所示，Wärtsilä 32 型中速柴油机是以在燃烧技术上取得的最新成就为基础而设计制造的。它具有氮氧化物排放低，可靠性高，维护管理方便，运转费用低等优点。在结构上有下列特点：

柴油机的机体用球墨铸铁铸造。将所有的油水管路设置在机体之内，使之成为外部光洁的真正无管路的发动机。柴油机采用弹性底座，确保柴油机的振动不会传到机外。

柴油机的曲轴是整体锻造的并进行了全面的机加工。对曲柄直径和过度圆角进行了仔细优化，对轴承负荷进行了精心计算，并且，每个曲柄臂上都装有平衡重，保证了曲轴在高的气缸压力下的可靠工作，并将轴承负荷控制在允许的范围之内，也使柴油机的总体长度达到最小。主轴承采用倒挂式主轴承，通过选择最合适的轴承材料和对关键区域油槽的优化设计，保证了足够的油膜厚度，确保了轴承的良好工作。

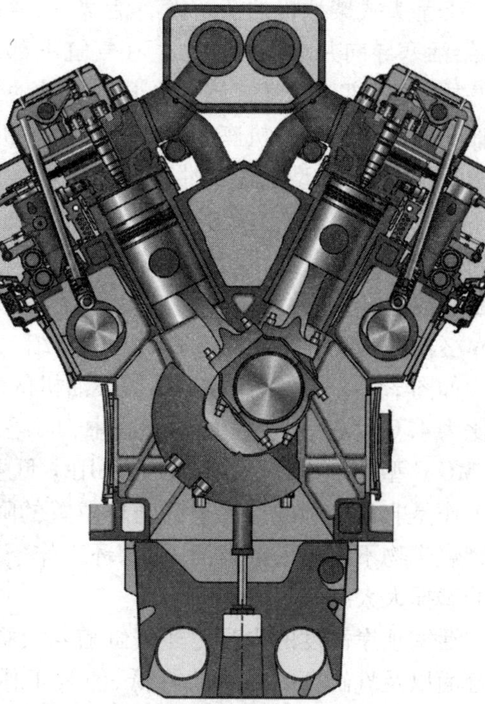

图 2.2-2　Wärtsilä 32 型中速柴油机

活塞是由铸钢的活塞头和铸铁活塞裙制造的组合式活塞，在活塞的裙部设有润滑装置，这确保了活塞环和活塞裙的可靠润滑并使磨擦损失降低到最小。在活塞上仅装有两道压缩环和一道刮油环，第一道环设有特殊的耐磨层，使磨擦损失达到最小。

Wärtsilä 32 型柴油机的气缸套在其上部加高加厚，有足够的强度和刚度承受机械负荷和热负荷，通过钻孔冷却，控制其温度及热负荷。在缸套内部上端设有一个防磨环，可以除去活塞头部的积炭，减少缸套的磨损和滑油的消耗。

连杆采用船用大端连杆，对于这种持续在高燃烧压力下工作的柴油机而言，这种连杆是最安全的。杆身与连杆大端的结合面正处于连杆大端轴承座的上方，可以方便地拆卸和维护。对于 V 型柴油机，两列气缸采用并列连杆，连杆的结构相同。螺栓用液压工具同时上紧。

气缸盖采用四螺栓结构，通过内部结构设计使其具有最大的刚度，可以确保阀和阀座的均匀接触及气缸套的圆度。进排气道在设计上通过计算液体力学的分析，使其流动损失最小。气缸盖上采用多管道元件代替了传统柴油机上单独元件的结构，可以完成空气进入气缸，废气排至排气系统，冷却水从气缸盖排出等多项功能。

增压系统可采用脉冲增压系统和单管脉冲增压系统并带有废气和空气旁通阀，确保了废气侧和空气侧最小的流动损失。

冷却水系统分为两个系统。即高温水系统和低温水系统。气缸套和气缸盖及增压空气冷却器的高温部分等的温度由高温水系统控制，系统温度保持在 95 ℃左右，保证燃用低质燃烧油时的良好工作。而低温系统则用于冷却增压空气冷却器的低温部分及滑油冷却器。对于动力装置总体来说，这种冷却方式能够获得最大的热回收和总体效率。

三、十字头式柴油机的结构

十字头式柴油机的活塞设有活塞杆，通过十字头与连杆相连接，十字头的滑块在导板间滑动，给活塞导向并承受侧推力。在气缸下部设中隔板将气缸与曲轴箱隔开。柴油机的主要固定件如机座，机架和气缸体是分开制造的，并用贯穿螺栓固定在一起。采用正置式主轴承，将曲轴安放在柴油机的机座上。十字头柴油机工作可靠，寿命长。它的缺点是重量和高度增大，结构复杂，目前大型低速二冲程柴油机都采用这种结构。

MAN B&W 公司生产的 MC 系列柴油机是二冲程十字头式柴油机市场的主导产品。占据了当前世界低速柴油机市场的 80% 以上。在近三十年的发展过程中，这一系列的柴油机仍在不断地改进和发展，经验、新技术、新材料都在柴油机的发展过程中得到体现。下面以 MAN B&W 公司的 S50MC-C 型柴油机为例介绍二冲程十字头柴油机的总体结构。

如图 2.2-3 所示，S50MC-C 型柴油机的气缸直径为 500 mm，活塞行程为 2 000 mm，行程缸径比为 4.0。是一款尺寸比较适中，广泛用于各类船舶的超长行程低速十字头柴油机。S50MC-C 型柴油机在活塞结构上采用了低置活塞环组，提高活塞顶岸高度，这对于柴油机气缸工作是非常有利的。由于活塞环位置的降低，活塞环处于温度较低的区域，离燃气区较远，使燃烧产物不易进入磨擦面，活塞环工作条件和润滑性能改善，活塞环组的工作性能提高，活塞的磨损大大减轻。

活塞顶岸高度的提高也使气缸盖与气缸套结合面降低成为可能，这使得气缸盖与气缸套结合面以及气缸套的热负荷降低，使其工作条件改善。主要的热负荷由钢制的气缸盖承受。由于钢制的气缸盖的抗热负荷能力比铸铁缸套要大，这也使其可靠性提高

S50MC-C 型油机采用短连杆结构，其主要目的是降低机器的高度，减轻机器重量，并可以减少振动、质量和降低成本。其十字头销设计成非常简单的直段轴形，省去了两个端销，直径也缩小了。这样既简化了加工过程，又减轻了重量。S50MC-C 型机在结构上的最明显的特征是以双贯穿螺栓代替了传统的单贯穿螺栓，而且与传统的贯穿螺栓的不同之处还在于它不再一直插到机座底部，而是拧入到机座顶部的螺孔之中。机座在不增加宽度的情况下将地脚螺栓移到外侧，这样，简化了焊接工艺并有利于厂家的安装。在气缸体设计上，S50MC-C 的显著特点是气缸体的高度减小，使其重量变轻，加工制造和维护管理更加方便。特别是将凸轮轴箱和气缸体做成一体，并取消了气缸体内的冷却水腔。

新型的 S-MC-C 柴油机中所有的大型轴承普遍采用现代的薄壁轴瓦结构，轴承材料采用 Sn40Al，这种轴承材料具有较低的温度敏感性和很强的抗疲劳能力，大大地提高了主轴承的可靠性。由于 S50MC-C 型柴油机的行程/缸径比已经达到了 4.0，最高燃烧压力达到 15 MPa，对曲轴刚度和轴承负荷影响很大。因此在曲轴设计上采用加大主轴颈和曲柄销的直径方法，并减少轴颈的长度。轴颈直径的增加和长度的缩短增强了曲轴的刚度，弥补了 S/D 值增大对刚度的影响，而轴颈直径的加大又可以增大轴承的承载面积，在相同的轴承负荷下缩短轴颈长度，当然这也和采用新型轴承材料有关。轴颈的缩短使气缸中心距和整机长度减小，减轻了机

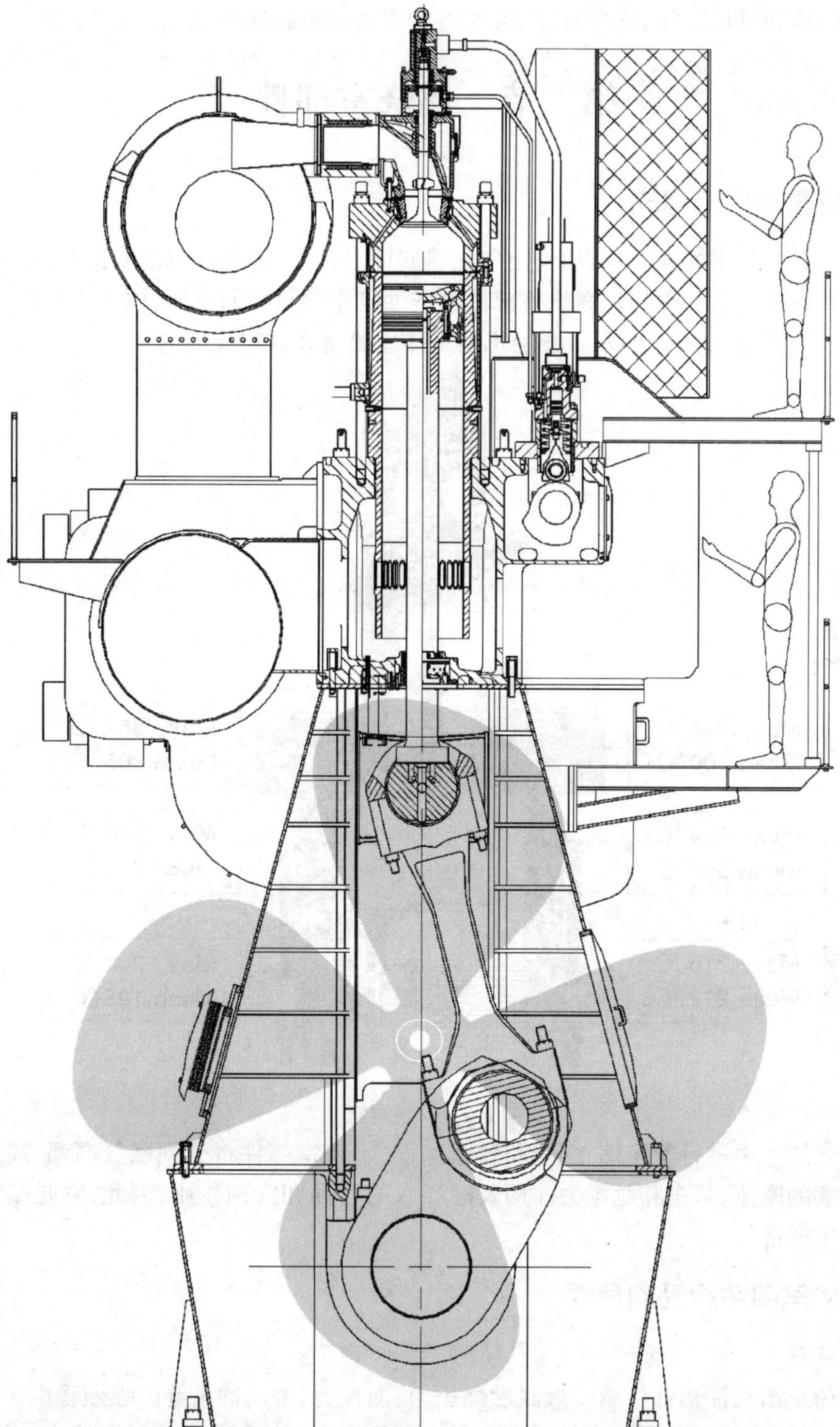

图 2.2-3　S50MC-C 型柴油机

器的重量，也可以使机舱空间减小，从而增大用于营运的船舶容积。

第二节　燃烧室部件

一、燃烧室部件的组成

燃烧室是指当活塞处在上止点时，由气缸盖底面、气缸套内表面及活塞顶共同组成的燃料与空气混合和燃烧的这一空间。燃烧室部件是柴油机中最重要的部件，包括活塞组件、气缸盖组件和气缸组件，如图 2.2-4 所示。柴油机的工作主要是在这里完成的。

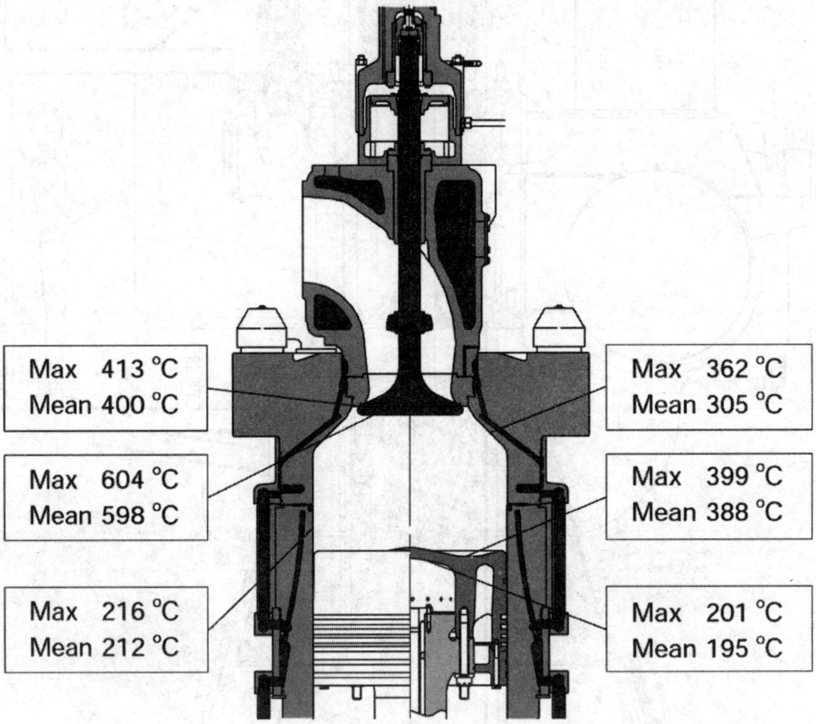

图 2.2-4　燃烧室

由于在燃烧室中进行着压缩、燃烧和膨胀过程，燃烧室部件将受到燃气高温、高压和腐蚀作用以及活塞的摩擦、敲击和侧推力作用及冷却水的腐蚀和穴蚀作用，因此，它是柴油机中工作条件最恶劣的部件。

二、燃烧室部件承受的负荷

1. 机械负荷

机械负荷是指柴油机部件承受最高燃烧压力、惯性力、振动冲击等的强烈程度。燃烧室部件所承受的机械负荷，对气缸盖和气缸套来说主要是来自气体压力和安装预紧力，对活塞来说还有往复惯性力。柴油机的机械负荷有两个特点，其一为周期交变；其二为具有冲击性。

(1) 安装预紧力引起的负荷

为了在柴油机运转中的任何工况下，气缸盖不与气缸套脱开，应保证固定螺栓的预紧力 $p_d=(1.25\sim2)\pi R_1^2p_z$（$R_1$ 为密封带平均半径）。在安装时螺栓预紧力不可过大与过小。当代新型柴油机的气缸盖固紧螺栓均采用液压拉伸器按规定液压力固紧。气缸盖与气缸套的安装应力与最高爆发压力成正比，与其构件的高度成反比。

(2)气体力引起的机械应力

由于气缸内的气体力是周期变化的，其最大值为最高爆发压力 p_z，其变化频率与单位时间内的循环次数(转速)有关。因此由气体力产生的机械应力亦称高频应力。燃烧室部件中由气体压力而产生的机械应力都和最高爆发压力成正比，与部件壁厚成反比。

当柴油机工作时，气缸盖和活塞在气体压力 p 作用下产生弯矩，并使上下表面产生机械应力：水冷面为拉应力，触火面为压应力。气缸套内部在承受最高爆发压力 p_z 作用时，其应力分布，如图 2.2-5 所示。触火面切向应力最大(拉应力)，径向应力最大(压应力)；水冷面切向应力最小(拉应力)，径向应力为零。

(3)运动机构的惯性力

柴油机的活塞组件在缸内的运动是一种变速直线运动，因此必然产生往复惯性力。活塞组件的往复惯性力是一种周期性的交变力，其大小与活塞组件的质量和曲轴转速的平方成正比。当活塞在行程中点附近时，往复惯性力为零，当活塞运动到上止点时，往复惯性力最大，方向向上。因此，中高速四冲程柴油机在换气上止点附近，往复惯性力的作用会对曲柄连杆机构产生很大的拉应力，并可能造成相关零部件的损坏。

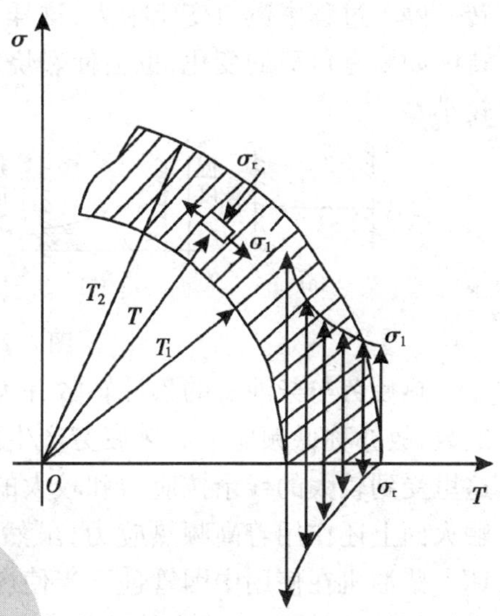

图 2.2-5　气缸套内壁机械应力分布图

2. 热负荷及热疲劳

(1)热负荷

热负荷是指柴油机的燃烧室部件承受温度、热流量及热应力的强烈程度。柴油机强化程度的提高导致柴油机热负荷和机械负荷随之提高。热负荷过高对燃烧室部件所造成的危害是多方面的，主要有：使材料的机械性能降低，承载能力下降；使受热部件膨胀、变形，改变了原来的正常工作间隙；使润滑表面的滑油迅速变质、结焦、蒸发乃至烧掉；使有些部件(如活塞顶)受热面烧蚀；使受热部件承受的热应力过大，产生疲劳破坏等。因此限制运转中柴油机的热负荷使之在一定范围之内，这对柴油机经济、安全、可靠地运转是十分重要的。

热负荷的大小可用热流密度、热应力及温度场来表示。但这些方法不够直观，在船舶上，轮机管理人员通常用柴油机的排气温度来判断热负荷的高低。它对于评定既定的柴油机来说是简单和实用的。因为在正常情况下，当柴油机循环喷油量增加(热负荷相应也提高)时，燃烧室部件的温度和排气温度都增加。通常柴油机说明书给出排气温度的最高值，作为限制热负荷大小的标准。热应力的大小与热流密度、顶板厚度、材料的膨胀系数、材料的弹性系数成正比，而与材料热传导系数成反比。随着柴油机的强化程度愈来愈高，热负荷愈来愈大。为了把热应力保持在原有的水平上，要尽量减少顶板的厚度而采用薄壁结构，且应选用传热系数大，热膨胀系数和弹性系数小的材料。

(2)热疲劳

燃烧室部件在交变的热应力作用下出现的破坏现象称热疲劳。热疲劳的产生和发展过程可用图 2.2-6 来说明。图 2.2-6(a)表示热量从壁的触火面 A 面流向水冷面 B。图 2.2-6(b)表示温度分布,温度沿壁厚近似直线变化。图 2. 2-6(c)表示应力的变化。A 面产生压应力,B 面产生拉应力。当壁面的温度足够高、应力足够大时,就会在运行期间产生较大的蠕变,如图 2. 2-6(d)所示。特别是在触火面因温度高应力大时,在金属晶粒之间发生挤压,产生较大的塑性变形,并使该区域应力下降。当停车冷却后,由于非塑性变形的冷却面要复原,而塑性变形的触火面不能复原,致使壁面产生残余应力。这种残余应力的分布情况如图 2. 2-6(e)所示。它使触火面一侧受到拉伸。由于起动——停车的多次重复,上述现象就多次出现,使壁面受到低频率的脉动应力作用。由于在高温下材料强度降低,而低频应力在柴油机起动—全负荷运转—停车过程中数值变化很大,这样就使一些燃烧室零件在短期内出现了裂纹。柴油机在运转中如果有负荷的变化,也会使燃烧室受热部位受到低频应力的作用,只是此时的应力幅值比较小些。

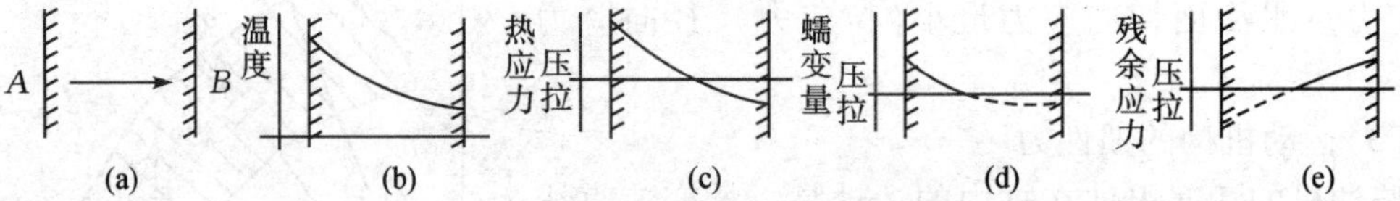

图 2. 2-6　热疲劳的产生和发展过程

热疲劳与柴油机的累计转数并无多大关系,主要取决于机器的起动—运行—停车的循环次数,故亦称低频应力。热疲劳产生的裂纹多数在触火面上形成和发展,以致造成损坏,因为这里受到较大的残余拉应力和较大的热应力与机械应力合成的压应力的交变作用。另外,在触火面上还作用着高频热应力,虽然高频热应力仅涉及很薄的一层,但它会使触火面加速损坏。柴油机在使用中因管理不当使燃烧室部件过热或局部过热,整机或个别缸超负荷运行或进行频繁地起停,这均会加速热疲劳破坏的出现。因此,在管理中注意机器的冷却状态,不超负荷运行,尽量减少起停柴油机的次数,这对提高燃烧室部件的可靠性,延长使用寿命是非常有利的。燃烧室部件上所承受的应力除上面已分析过的之外,在铸造件内还不可避免地存在着铸造应力,柴油机运转时活塞上还要受到因自身惯性力而引起的机械应力。在这些应力中,有高频的,也有低频的。因此,燃烧室部件承受的应力是按一定的关系叠加起来的综合应力。要使燃烧室部件工作可靠,一定要有合理的结构来保证。

三、燃烧室部件的结构特点

当代新型超长冲程柴油机的强化程度已达到非常高的水平,燃烧室部件的机械负荷和热负荷也已接近其材料所允许的极限限度,因而对其结构形式要求日益苛刻。欲降低机械负荷应采用厚壁结构,欲降低热负荷应采用薄壁结构,两者相互矛盾。解决此矛盾的最合理结构是采用“薄壁强背”结构,这是兼顾机械应力和热应力的有效方法。所谓薄壁就是燃烧室部件的受热壁要薄,以减少热应力。而强背就是在薄壁的背面设置强有力的支承,以降低机械应力。在现有各种薄壁强背结构中,钻孔冷却是一种最理想的形式。因而,当代新型超长行程柴油机燃烧室大多采用钻孔冷却结构。图 2. 2-7 表示了在气缸盖和气缸套上所钻出的冷却水孔的分布情况。由图可见,冷却水孔离触火面很近,这些水孔共同构成了一层热屏障,挡住了热流向外传递。也就是说,不论气缸套还是气缸盖,冷却水孔实际上将它们分为冷热两部分,热流差不多可以被限制在燃烧室壁表面与冷却水孔道之间的狭窄区域。因此,热区很薄——薄壁,减少了热应力;冷区很厚——强背,减少了机械应力。由于钻孔冷却效果好,所以已普遍应用在现代大型强载柴油机上。

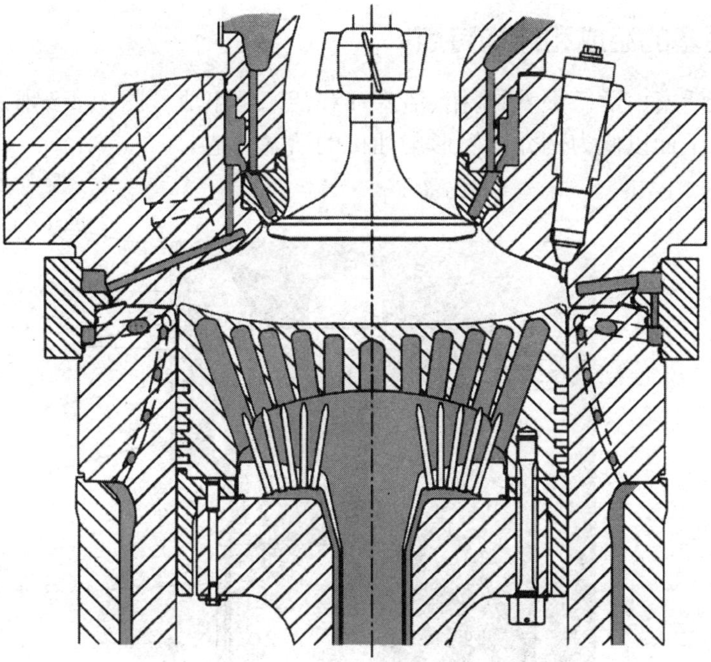

图 2.2-7　气缸盖和气缸套钻孔冷却结构形式

第三节　活塞及活塞的检修

一、活塞的作用和工作条件

活塞是柴油机中的关键部件,可分为十字头式活塞和筒形活塞两大类。它既是燃烧室部件的组成部分,又与连杆、曲轴等部件组成运动机构。活塞的主要作用是在保证密封的情况下完成压缩和膨胀过程,并将气体力经连杆传递给曲轴。在筒形活塞式柴油机中,活塞承受侧推力,起着滑块的作用。在二冲程柴油机中活塞还启闭气口,控制换气。

在柴油机工作中,活塞受到燃气高温、高压、烧蚀和腐蚀作用。它的热负荷和机械负荷很高,而活塞材料在高温下机械性能又有所降低,所以活塞在工作中容易发生裂纹和变形。另外,活塞与气缸之间,在相对运动中也会产生摩擦和撞击。在气缸中,活塞由于温度很高、燃气冲刷、往复运动等原因,它和气缸之间不可能建立液体动力润滑,因此摩擦损失功大,磨损严重。在中、高速柴油机中,活塞具有较大的往复惯性力,使得柴油机的振动加剧。

二、活塞的要求和材料

由于活塞对柴油机的动力性、经济性和可靠性影响很大。因此,要求活塞强度高、刚度大、密封可靠、散热性好、冷却效果好、摩擦损失小、耐磨损。对中、高速柴油机还要求活塞重量轻。

活塞主要由活塞头和活塞裙两部分组成。由于活塞头部与燃气接触,承受高温和高压,活塞裙部与气缸套接触,产生摩擦和磨损,对于大中型柴油机的活塞,为了合理使用材料和方便制造,活塞头部和裙部是分开制造的,活塞头通常由铸钢或耐热合金钢制造,而活塞裙一般用耐磨铸铁制造。中小型柴油机通常将活塞头和活塞裙制成一体,由铸铁制造。某些高速柴油机为了减轻活塞的重量,则使用铝合金制造。

三、筒形活塞的组成和结构特点

筒形柴油机活塞由活塞头、活塞裙、活塞环和活塞销组成。图 2.2-8 所示为 Wärtsilä 32 型柴油机的活塞。下面以此为例介绍筒形柴油机的活塞构造。

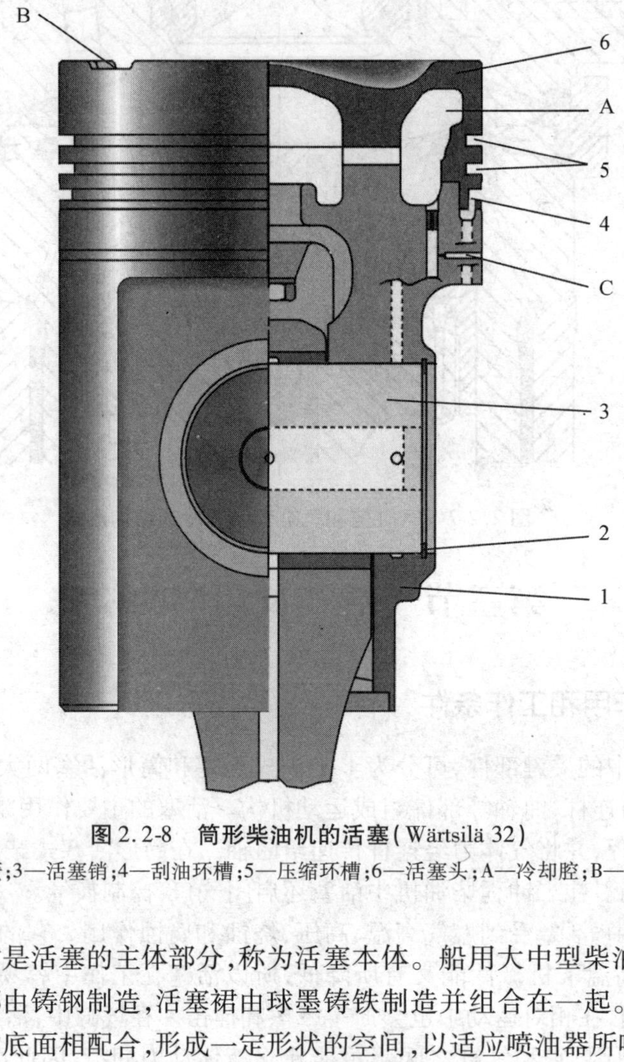

图 2.2-8　筒形柴油机的活塞(Wärtsilä 32)

1—活塞裙;2—卡簧;3—活塞销;4—刮油环槽;5—压缩环槽;6—活塞头;A—冷却腔;B—避让坑;C—注油孔

1. 活塞本体

活塞头和活塞裙是活塞的主体部分,称为活塞本体。船用大中型柴油机的活塞一般是分开制造的。活塞头部由铸钢制造,活塞裙由球墨铸铁制造并组合在一起。活塞顶部的形状通常要考虑与气缸盖的底面相配合,形成一定形状的空间,以适应喷油器所喷出的油束,利于油、气混合和燃烧,一般采用浅盆形或浅 ω 型。活塞顶部四周突起,在与气阀开启相干涉的部位铣出避让坑。活塞头的环带上车有两道压缩环槽和一道刮油环槽,安装两道压缩环和一道刮油环,活塞环表面镀铬。保证气缸的密封和润滑。活塞头和活塞裙之间的空间为冷却腔。活塞采用滑油冷却,滑油由曲轴、连杆、活塞销和活塞裙中的通道送至环形冷却腔,再由此流入中央冷却腔,最后由冷却腔的中央孔泄至曲轴箱中。由于活塞头是钢制的,活塞顶板和侧壁较薄,但在环型腔和中央冷却腔之间有较强的支撑,活塞顶的这种结构也明显体现了薄壁强背的设计思想。环型腔和中央冷却腔之间通孔及中央孔的位置及孔径,保证了振荡冷却的实现。冷却腔较大,使冷却油振荡作用加强,提高了传热效果。

筒形活塞的活塞裙,除承受气体力的作用外,还受到较大的侧推力的作用,所以要造得十分坚韧。对于圆筒形的活塞裙,由于活塞销座处金属较多,当受热时会使活塞裙沿活塞销轴线方向的膨胀较大；活塞裙在侧推力作用下也会使活塞销轴线方向伸长，这样，在工作时活塞裙将会变成椭圆形，使活塞和气缸发生卡阻。为了避免这种现象，Wärtsilä 32 型柴油机的活塞裙在设计阶段就除去了这部分金属。活塞销座采用了阶梯形结构，即上部的工作面较大，而下部的工作面较小，使得活塞销和连杆小端轴承受力更加合理。对于中小型柴油机，其活塞本体也可以整体铸造。由于中小型柴油机活塞的尺寸较小，热负荷较低且散热性好，也可以不进行冷却。Wärtsilä 32 型柴油机活塞的裙部设有四个润滑油孔 C，从连杆钻孔来的润滑油经这四个润滑油孔供向活塞和气缸摩擦表面，这确保了活塞环和活塞裙的可靠润滑，并使磨擦损失降低到最小。

2. 活塞环

根据活塞环所起的作用不同，活寒环可分为压缩环（气环）和刮油环两种。压缩环主要是用来保证活塞和气缸之间在相对运动条件下的密封，对于任何柴油机都是必须的。刮油环的作用是除去气缸套表面过多的滑油，仅用于筒形活塞式柴油机。

活塞环的工作条件十分恶劣，第一道活塞环直接受到高温、高压燃气的作用，其他环由于燃气经环的搭口、气缸壁面和环槽处漏泄，也受到燃气的不同程度的作用。活塞环在工作中被活塞带动相对于气缸套做往复运动。由于气体压力、活塞环往复运动的惯性力、气缸套间产生的擦摩力、活塞横向振动和气口挂碰等作用，使活塞环在环槽中产生十分复杂的运动。其中有轴向运动和轴向振动，径向运动和径向振动，回转运动，扭曲振动等。由于气缸套壁面失圆、有锥度，活塞环在本身弹力作用下还要产生张合的交变运动，另外活塞环在高温下工作，润滑条件较差，在环槽中的运动状态又十分复杂，使它与气缸套、活塞环槽之间产生严重的摩擦和磨损。活塞环因振动、与气口挂碰（二冲程机）、弹性张合等作用有可能产生裂纹或折断。柴油机在运行中，还会因燃烧不良、滑油过多将活塞环粘着在环槽里，使活塞环失去密封作用，造成燃烧室窜气，使活塞环损坏。因此要求活塞环应有良好的密封性能，且要耐磨，特别是抗熔着磨损的性能要高；要有适当的弹性，足够的强度和热稳定性。活塞环的材料要求弹性较好，摩擦系数小，耐磨、耐高温，有良好的初期磨合性、储油性和耐酸腐蚀。一般采用合金铸铁（加硼、高硅）、可锻铸铁、球墨铸铁。为了提高活塞环的工作能力常采用的结构措施和制造工艺有：表面镀铬以提高耐磨性；松孔镀铬，以提高表面储油性加快磨合；内表面刻纹以提高弹性；环外表面开设蓄油沟槽；环外表面镀铜以利磨合，喷镀钼以防止粘着磨损等。目前新型柴油机的活塞环的外表面普遍采用陶瓷涂层技术，以提高活塞环的耐磨性和工作寿命。

（1）压缩环（气环）

压缩环的主要作用是防止气缸中的气体漏泄和将活塞上的部分热量传给气缸。压缩环的密封作用是依靠本身的弹性和作用在它上面以及漏到环的内侧的气体压力，使环紧紧贴合到气缸壁和环槽壁上，如图 2.2-9 所示。这样就阻止了气体通过活塞与气缸壁之间的间隙漏至气缸下部空间。因此，活塞环的密封面是其外圆面和下平面，是不允许修整的，通常在活塞的上平面上会打有标记。由于活塞环在气缸中要留有搭口间隙，因此正常工作的压缩环也不可能完全阻断燃气的漏泄。再加上活塞环可能出现的失效，为了提高密封效果，一个活塞上要设多道压缩环。压缩环也不能设置过多，通常高速柴油机装 2 道 ~4 道，低速柴油机装 4 道 ~6 道。为了减少磨擦损失，现代新型柴油机活塞环的数量趋于减少，高速柴油机装 2 道环，中速柴油机装

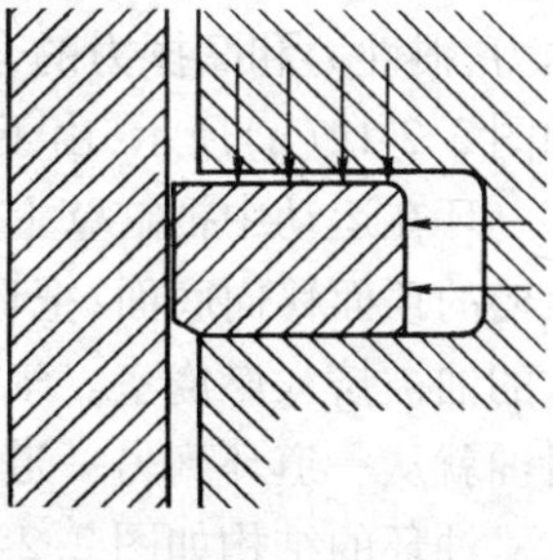
图 2.2-9　压缩环的密封作用

3道环,低速柴油机装4道环。一般每道环的密封作用可由燃气压力在各道环槽中的变化情况看出。第一道环由于高温、高压燃气的直接作用,承受的负荷最大。

压缩环的结构型式是多种多样的,根据其断面形状,可分为矩形环、梯形环、倒角环、扭曲环等。如图2.2-10所示。矩形环制造简单,应用最广,但温度超过200 ℃时容易结焦卡死。梯形环、倒角环和扭曲环用在中、高速柴油机中。压缩环的搭口形状有直搭口、斜搭口和重叠搭口,如图2.2-11所示。直搭口(a)和斜搭口(b)(c)结构简单,加工方便。重叠搭口气密性好,但容易折断,通常用于十字头柴油机。为了减少通过搭口的漏气,安装时活塞环搭口不要摆在上下一条直线上,应该彼此错开。对于斜搭口的活塞环,相邻环的搭口方向要彼此相反。

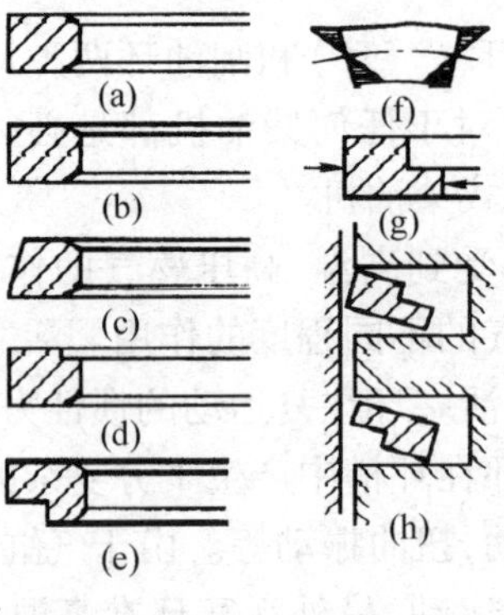

图2.2-10　气环的断面形状

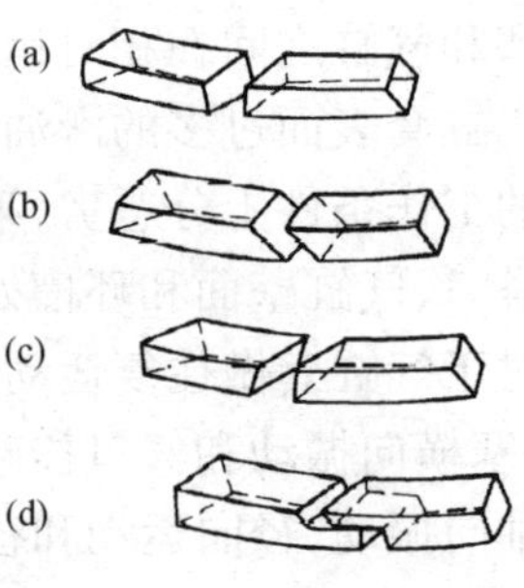

图2.2-11　气环的搭口形式

(2)油环(刮油环)

在筒形活塞柴油机中,做回转运动的曲柄销轴承把润滑油甩到气缸壁上。活塞和气缸套之间就是依靠这样飞溅来的油进行润滑的,因此称飞溅润滑。由于飞溅到气缸壁上的滑油过多,气环会通过泵油作用把它泵入燃烧室,这不仅增加了滑油的消耗量,而且还会严重地污染活塞、气缸、气阀和排气道,因此筒形活塞要在气环下面装设1~2道油环,将过多的滑油刮下,因此也称为刮油环。新型柴油机通常只装设一道刮油环。

气环的泵油作用是由活塞环在缸壁上的刮油作用和在环槽中的挤油作用引起的。活塞环在环槽中的运动是由气体力、惯性力和摩擦力的合力来决定的。如在进气过程中,如图2.2-12(a)所示,由于活塞环和环槽间存在平面间隙,如果合力向上,环紧压在环槽顶面上。环在运动中把缸壁上的油刮到环槽中。当活塞经过下止点上行时,环所受的合力向下,环由槽的顶面移向底面,把环槽中的油由下方挤到上方,如图2.2-12(b)所示。而第一道环槽上方的油被挤入燃烧室。气环在其他工作过程中也有类似的运动,随着柴油机工作循环的进行,滑油就从一道环到另一道环逐渐泵上去,最后被第一道环泵入燃烧室。

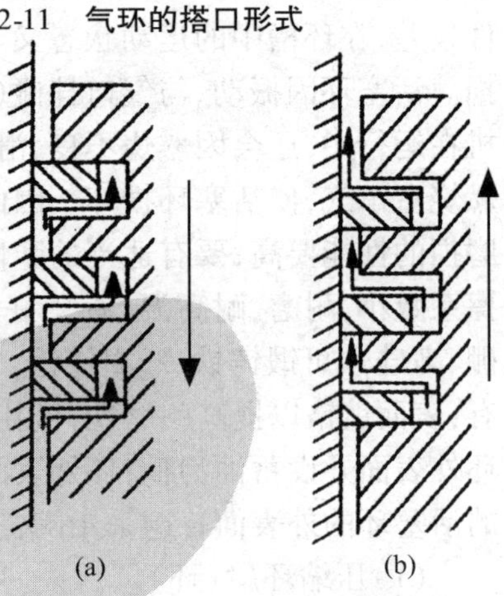

图2.2-12　气环的泵油原理

油环的结构如图2.2-13所示。可分为单刃刮油环和双刃刮油环。油环的特点是:环与缸壁的接触面积小,以增加接触压力,提高刮油效果;环与槽的平面间隙小,以减小泵油作用;油环及环槽开有泄油孔,可将刮在环槽中的油经环与槽上的泄油孔排回曲轴箱。要注意,当安装的刮油环刮刃为锥状表面时,要把刮刃的尖端放在下方,如图(a)、(c)所示,以便油环下行时

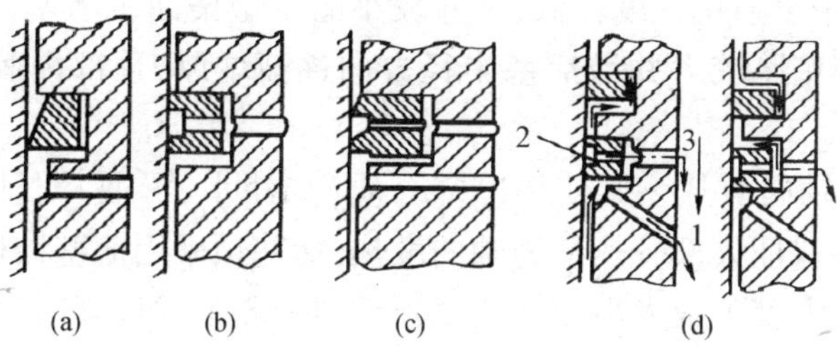

图 2.2-13 油环的结构形式和工作原理

刮油，上行时让滑油从它的倾斜面上流过。如果装反了，它就会向上刮油，加强了气环的泵油作用，使大量的滑油窜入燃烧室中。

图 2.2-14 是 Wärtsilä 32 柴油机的活塞环组。为了减少摩擦，新型柴油机通常采用两道压缩环的结构，压缩环的外圆形状经过优化保证良好的密封，并在压缩环的外部设有特殊的防摩涂层。油环采用双刃刮油环，在其背部装有弹簧确保刮油环的压力。

图 2.2-14 Wärtsilä 32 柴油机的活塞环组

3. 活塞销

在筒形活塞中，活塞和连杆小端是靠活塞销相连的。活塞销要传递周期变化的气体力和惯性力，还受到连杆小端和销座的摩擦和磨损。活塞销受活塞限制，本身尺寸小，润滑条件也较差。因此要求活塞销有足够的耐疲劳强度、抗冲击韧性，耐磨损和重量轻。活塞销多用优质碳钢或低碳合金钢制造，表面渗碳淬火，使表面硬度高而内部韧性好。活塞销的结构形式有浮动式、固定式和半浮动式。活塞销在连杆小端和销座内部可以自由转动的称浮动式活塞销。活塞销固定在连杆小端上称半浮动式，固定在销座上的称固定式活塞销。浮动式结构因销与连杆小端和销座都能相对转动，销的相对转动速度小，因此磨损小而且均匀，提高了销的疲劳强度和使用寿命。这种活塞销在筒形活塞式柴油机中应用最广。图 2.2-8 所示的活塞就用这种结构的活塞销。为了防止这种浮动式活塞销从销座中窜动刮伤气缸，用卡簧轴向定位。活塞销上的径向孔用来润滑活塞销座及连杆小端轴承，并输送润滑油冷却活塞。由于现代柴油机的最高燃烧压力不断增加，活塞销所承受的负荷很高，其主要的受力面是活塞销座的上面和连杆小端轴承的下面。为了保证活塞销、销座和连杆小端轴承的合理受力，一般将销座和连杆小端轴承做成阶梯形，以增加承压面积。由于惯性力相对较小，当活塞处于换气上止点位置时，由活塞销座的下面和连杆小端轴承的上面承受惯性力。

4. 活塞的冷却

活塞按散热方式可分为非冷却式和冷却式活塞。

(1)非冷却式活塞(径向散热型) 活塞头吸收的热量主要通过活塞环传给气缸套并通过

冷却水带走。它主要用于强化程度较低,尺寸较小的小型柴油机活塞。这类活塞为了便于散热,在结构上通常顶部壁厚较大并沿活塞半径方向逐渐增厚,顶部内腔环带的过渡圆角半径较大。

(2)冷却式活塞(轴向散热型)使用冷却介质(如淡水、滑油)对活塞顶内腔进行强制冷却。在此类活塞中,为保证大部分热量为轴向散热,活塞顶采用薄壁结构。同时为减小径向散热,保护第一道活塞环温度不致太高而使活塞顶部内腔环带的过渡圆角半径较小,并有时在第一环上方的活塞头外圆表面车制一道隔热环槽。显然,此种活塞广泛用于大、中型柴油机。

筒形柴油机活塞的冷却方式可大致分为以下三种:

第一种为自由喷射冷却。滑油在压力作用下经连杆杆身内的输油通道,自下而上经连杆小端上部的喷嘴喷出冷却活塞顶,然后落入曲轴箱。此种冷却方式多用在强化度不高的小型柴油机中。第二种为循环冷却。借助于专设的冷却机构把压力滑油送入活塞顶内腔中循环冷却(先周围后中部)。此时需在活塞顶内设循环腔或埋入蛇形管。此种冷却方式可对活塞顶部进行均匀而有效地冷却,但对强化程度很高的现代柴油机仍不能满足要求。第三种为振荡冷却(如图 2.2-8 所示)。在活塞顶内腔中设置大容积的冷却空间,并利用进、出口位置不同,保证冷却腔中的冷却液只充满 40% ~60% ,并以一定的循环速度流过。由于活塞运动的往复惯性力,使得冷却液在腔室中产生上下冲刷振荡,加强对活塞顶的冷却作用。此种振荡速度(与活塞平均速度同量级)与冷却液循环流速叠加可产生较大的冷却液速度,加强了冷却液的扰动作用,从而提高了对活塞顶的冷却效果,因而在大、中型强载柴油机上普通采用。

在筒形活塞中,活塞冷却液的输送方式是通过在曲轴、连杆中钻孔,滑油由主轴承经此孔道送至连杆小端,再经过活塞销和活塞销座中的孔道送至活塞头冷却空间(见图 2.2-8),冷却后的滑油泄回曲轴箱。

四、十字头活塞的组成和结构特点

(一)活塞本体

1. 活塞

十字头式柴油机活塞的结构与筒形活塞不同,它是由活塞头、活塞裙、活塞环、活塞杆和活塞冷却机构组成。图 2.2-15 为 MAN B&W 的 S50MC-C 型柴油机活塞。

活塞主要由活塞头和活塞裙两部分组成。活塞头用螺栓固定在活塞杆的顶部,活塞裙由螺栓固定在活塞头上。由于活塞头部与燃气接触,承受高温和高压,活塞裙部与气缸套接触,产生摩擦和磨损,为了合理使用材料和方便制造,活塞头和活塞裙分别用耐热合金钢和耐磨铸铁制造。活塞头的顶部呈下凹形,利于燃油和空气混合。活塞头的内部支承体现了薄壁强背的设计原则。在活塞头顶部的环槽用于吊缸时安装起吊工具。该活塞在结构上采用了低置活塞环组,提高活塞顶岸(活塞顶至第一道环的距离)高度,活塞顶岸的加高可以使活塞处于上止点位置时活塞头部直接插入气缸盖内,柴油机的燃烧过程只发生在气缸盖和活塞顶组成的空间,这对于柴油机气缸工作是非常有利的。由于活塞环位置的降低,活塞环处于温度较低的区域,离燃气区较远,使燃烧产物不易进入磨擦面,活塞环工作条件和润滑性能改善,活塞环组的工作性能提高,活塞的磨损大大减轻。活塞顶岸的加高也使气缸盖与气缸套的密封面下移,从而保护气缸盖与气缸套的密封面不受高温燃气的直接冲击,活塞裙为圆筒状。因十字头式活塞不受侧推力的作用,对于直流扫气柴油机,活塞裙做得较短。

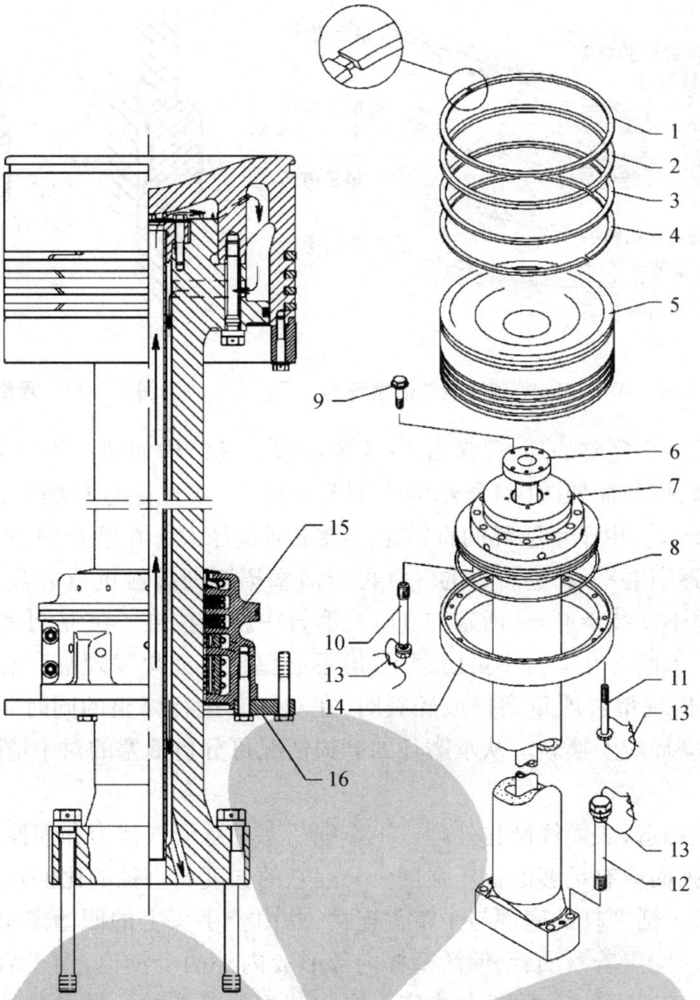

图 2.2-15　MAN B&WS50MC-C 型柴油机活塞

1、2、3、4—第 1 至第 4 道活塞环;5—活塞头;6—冷却油管;7—活塞环;8—密封圈;
9、10、11、12—螺栓;13—锁丝;14—活塞裙;15—活塞杆填料箱;16—填料箱法兰

2. 活塞环

十字头式柴油机由于气缸是采用注油润滑的方式,一般只装气环,没有刮油环。

十字头柴油机的气环一般装有 4-6 道,但新型的直流扫气柴油机的活塞通常只装有 4 道环,以减小活塞气缸之间的摩擦。其活塞环组如图 2.2-16 所示。在这组活塞环中,第一道环被加高以提高其承载能力,采用重叠搭口,并在环的外侧开设四至六道压力释放槽,以使第一、二道环承受的气体压力和受热更加均匀,第二、三、四道环采用斜搭口。为了提高活塞环的耐磨性,不同活塞环的外表面采用了不同的处理工艺,在第一、四道活塞环与气缸壁的摩擦表面采用了硬质的金属陶瓷镀层。由于硬质的金属陶瓷镀层的磨合性能较差,为了改善磨合,在其表面镀有薄的铝磨合层,且活塞环的外圆面导有较大的斜角。

3. 承磨环

十字头式活塞的承磨环是专为活塞与气缸的磨合而设置的。由于十字头柴油机较大,为了保证气缸的良好磨全,通常在活塞裙比较长的活塞上装有承磨环。通常超短裙活塞可不装承磨环,短裙活塞装 1 ~2 道,长裙活塞装 2 ~4 道。

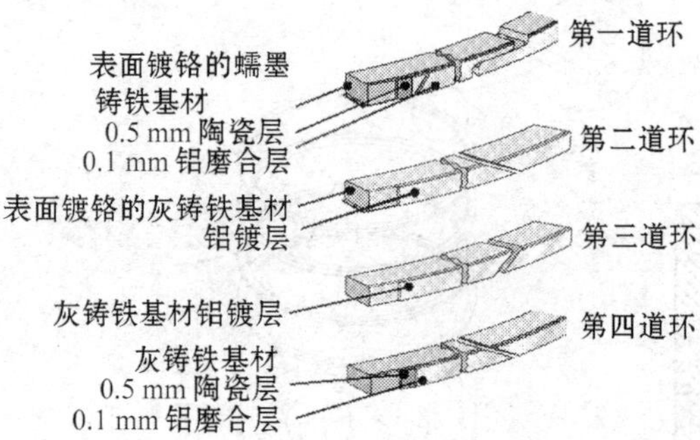

图 2.2-16 MAN B&W 柴油机新活塞环组

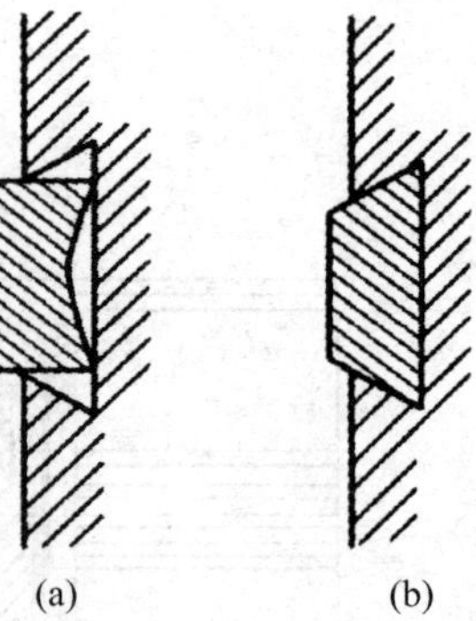

图 2.2-17 承磨环

承磨环并不是一个完整的环,通常由 3 ~4 段组成。其结构如图 2.2-17 所示,在活塞裙上开设燕尾形的环槽,把截面如图(a)所示的青铜条分成 3 ~4 段敲进环槽中,然后再加工到工作尺寸,如图(b)所示。由于承磨环的直径比活塞裙部直径大。在磨合中,先是减磨金属与气缸磨合,待承磨环逐渐磨平后,磨合过的气缸再与活塞裙逐渐接触进行磨合。实践证明,如果在裙较长的活塞上不安装承磨环,活塞与气缸在磨合中就会拉缸。在中、小型筒形活塞的活塞裙上不设承磨环。承磨环在运行中虽已磨平,但不必更换。如果发现缸套有不正常的磨损和擦伤,或当承磨环出现单边严重磨损或碎裂时,在对缸套进行修整的同时应换新承磨环。缸套、活塞换新时承磨环应予换新。从承磨环的磨损情况可分析活塞的对中情况。

4. 活塞杆

活塞杆由锻钢制造,表面经硬化处理。工作中活塞杆承受气体力和惯性力的作用,一般只受压力不受拉力,因而应有足够的抗压强度。又因它的长度与直径的比值较大,所以还要满足压杆稳定性的要求。活塞杆的底部与十字头连接,并由十字头上的凹槽定位。活塞杆是空心的,在活塞杆的顶端固定着滑油管,使活塞杆内部形成内外两个油道,用于活塞冷却滑油的进出。为了适应不同工况,可在活塞杆与十字头之间装配调节垫片以调整柴油机的压缩比。活塞杆用四个螺栓与十字头固紧。

5. 活塞杆填料箱

在十字头式柴油机的气缸套下部均装设横隔板把气缸套下部空间(通常为扫气空间)与曲轴箱隔开。此时在活塞杆穿过横隔板处设有活塞杆填料箱。它的作用是防止扫气空气和气缸漏下来污油、污物漏入曲轴箱,以免加热和污染曲轴箱滑油,腐蚀曲轴与连杆等部件。同时也防止曲轴箱中的滑油溅落到活塞杆上而带到扫气箱中,污染扫气空气。活塞杆填料箱的结构形式虽然繁多,但其基本结构原理大体相同,主要由两组填料环组成,其上组为密封、刮油环;下组为刮油环。图 2.2-18 为 MAN B&W S-MC-C 型柴油机活塞杆填料箱的结构。

6. 十字头柴油机活塞的冷却

十字头柴油机的活塞可采用水或滑油冷却,冷却液的输送需要由专门的机构来完成,这种专门的冷却液输送机构称为活塞冷却机构。归纳起来可分为套管式和铰链式两种。对于水冷活塞,通常采用密封性较好的套管式冷却机构,但由于存在着油、水交叉污染的问题,水冷活塞目前已不再使用。现代新型柴油机通常利用套管或铰链式输送机构将同时用于十字头润滑和活塞冷却的高压滑油送入十字头。经十字头与活塞杆底部的钻孔进入活塞杆中的滑油管内部,再进活塞头的冷却油腔,冷却活塞后经滑油管外的环形空间流出十字头。

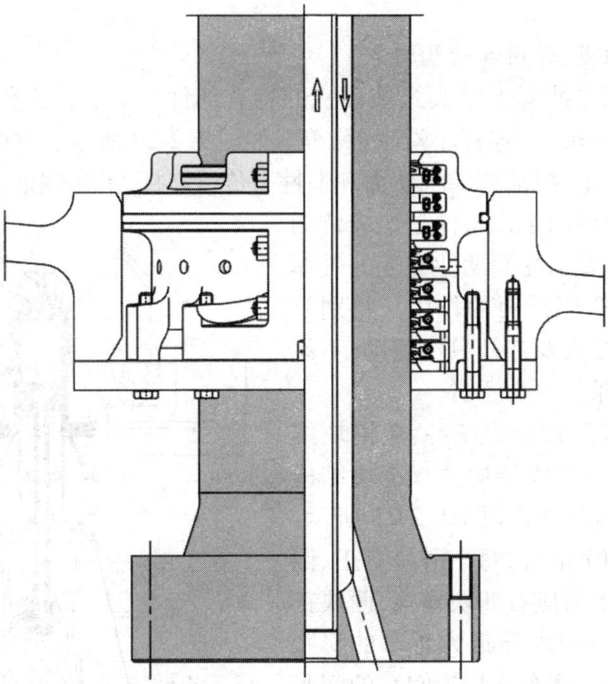

图 2.2-18　活塞杆填料箱

由于现代柴油机强化程度的提高使柴油机的热负荷不断提高，只采用振荡冷却已无法满足柴油机的冷却要求，为了充分降低活塞的工作温度，目前世界上最主要的柴油机公司都对活塞采用了喷射－振荡式冷却，MAN B&W 称之为插管喷射冷却技术，如图 2.2-19 所示。瓦锡兰柴油机则在其钻孔冷却活塞的每个钻孔中都配有一个小喷嘴（如图 2.2-7 所示），将冷却油通过喷嘴直接喷射到活塞顶下部，并且在排出冷却腔之前，在冷却腔内振荡，由于喷射和振荡的双重冷却效果，确保了低的活塞表面温度并避免了表面的烧蚀。

图 2.2-19　插管喷射冷却活塞

(二)十字头组件

1. 十字头组件的组成、作用和结构特点

十字头组件是船用二冲程十字头式柴油机的特有部件。十字头组件主要包括十字头本体,十字头滑块和十字头轴承(连杆小端轴承)等。如图 2.2-20 所示。它的主要作用是将活塞组件和连杆组件连接起来,把活塞的气体力和惯性力传给连杆,承受侧推力并给活塞在气缸中的运动导向。十字头组件的工作条件是比较苛刻的。十字头本体和轴承要承受周期性交变的气体压力;十字头滑块要承受侧推力的作用。特别是十字头轴承,由于单向受力及连杆只作摆动,不易形成良好的润滑,工作条件更为恶劣。

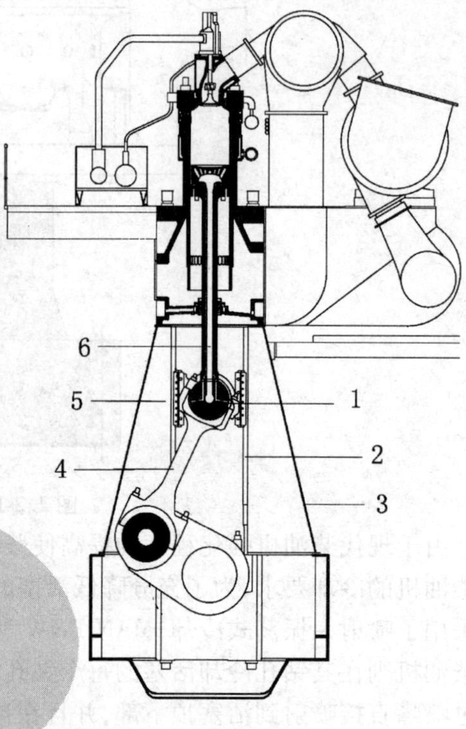

图 2.2-20 十字头柴油机结构

1—十字头;2—倒车导板;3—机架;4—连杆;5—正车导板;6—活塞杆

十字头滑块的结构形式分为三种:单滑块结构、圆筒形滑块结构和双滑块结构。双滑块结构是目前普遍使用的结构形式,如图 2.2-21 所示,在十字头本体上安装两个滑块,每个滑块有正、倒车两个工作面,在机架上对应有四块导板,两块正车导板,两块倒车导板。正车导板为正车的膨胀行程承受侧推力的导板。倒车导板为倒车的膨胀行程承受侧推力的导板。双滑块结构的正倒车承压面相同,比较安全可靠。导板设在机架的横隔板上,使连杆摆动平面宽敞,由机器的两侧进行检修工作比较方便。单滑块式十字头结构简单,制造与安装容易,以前应用较多,现在已很少采用。圆筒形滑块仅为个别机型使用。

十字头与活塞杆的连接方式有两种,一种是活塞杆穿过十字头上的孔用螺帽固定,另一种是利用活塞杆下部凸缘和螺栓与十字头连接。第一种形式由于活塞杆穿过十字头,连杆小端必须采用分叉形式,使十字头轴承工作可靠性降低,现在已基本不用。而第二种形式由于连杆小端采用全支撑式结构,扩大了轴承的承载面积,改善了轴承的受力状况,使十字头轴承的工作可靠性大大提高。目前 MAN B&W 和 Wärtsilä 公司最新生产的柴油机都采用这种结构。

图 2.2-21 为 MAN B&W 公司生产的 S-50MC-C 型柴油机的十字头,它主要由十字头本体 6 和十字头滑块 4、12 组成。十字头有两个滑块,浮动安装在本体两端。十字头本体的中间部分包在十字头轴承内。十字头轴承盖上开有切口,使活塞和十字头本体可安装一起。十字头轴承下瓦为有轴瓦结构,在钢质瓦背上衬有锡铝白合金,在白合金上有铅、锡、铜合金覆层,最上面是一层极薄的锡层。十字头轴承盖为无轴瓦结构,白合金直接浇铸到轴承盖内表面。活塞杆下端落在十字头上,由十字头内的导向环导向。活塞杆和十字头间插有垫片,垫片的厚度可根据不同柴油机的需要而改变。活塞杆用四支螺丝固定在十字头上。向十字头、曲柄销和活塞供润滑和冷却油的套管固定在一个滑块的上端,滑块上安装有平衡重以平衡套管的重量。活塞冷却油的出油管安装在另一个滑块上,出油管在机架内设置的开槽的油管内滑动,润滑油被导入各缸的控制装置以检查流回油柜的滑油温度和流量。十字头本体中有滑油输送孔,将

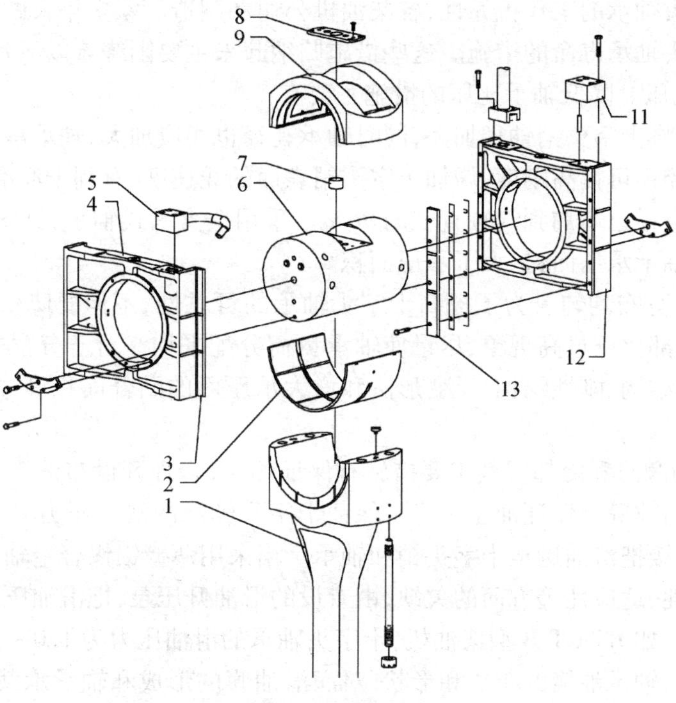

图 2.2-21　十字头的构造

1—连杆;2—下轴瓦;3、13—导板;4、12—滑块;5—出油管;6—十字头本体;7—导环;8—轴承盖;9—垫片;10—套管;11—平衡重

套管供来的滑油一部分送去冷却活塞,一部分送去润滑十字头轴承和滑块,还有一部分经连杆中钻孔送去润滑曲柄销轴承。滑块滑动表面浇铸有白合金。十字头由机架上的导板导向,由固定在滑块上的导轨限位。十字头轴承由四个螺栓固定。

2. 十字头轴承工作条件分析和提高可靠性措施

柴油机故障统计表明,十字头轴承是柴油机各种轴承中发生故障最多的轴承。它之所以易发生故障,是由于它们的工作条件比较差。其工作特点:

(1)轴承的比压大。十字头轴承承受气体力和活塞惯性力的作用,燃烧气体压力很高,而且十字头轴承与十字头销又是同处于往复运动中,其尺寸受到较大的限制。

(2)难以形成足够的润滑油膜。连杆小端轴承绕十字头销摆动,十字头式柴油机都是低速机,连杆的摆角和摆动角速度都很小。当活塞处在上下止点位置时,摆动角速度最大,而曲柄销在左右水平位置时,摆动角速度为零。由于摆动角速度时大时小且不断地改变方向,使十字头轴承往往处于边界润滑状态,因此难以形成足够的润滑油膜,摩擦和磨损比较严重。

(3)单向受力。十字头柴油机都是二冲程机,十字头销始终压在轴承下瓦上,不利于滑油的供应和楔形油膜的形成。

(4)受力不均。在柴油机工作时,由于十字头和轴承受力,使这些部件容易发生变形。特别是对于分岔式十字头轴承,十字头销变形往往很难和轴承变形一致,易使局部受力严重,产生负荷分配不均现象。一般在轴承内侧受力较大,更易发生故障。这种情况在采用全支撑式十字头轴承后已大大改善。

由于以上特点,使十字头轴承成为柴油机中工作条件最恶劣的轴承,也是柴油机安全可靠运转的薄弱环节。因此,该轴承允许有细小裂纹存在,而不必急于换新。

为了提高十字头轴承的工作可靠性，各柴油机公司和制造厂家多年来做了不少努力，采取了一系列延长十字头轴承寿命的措施。这些措施归纳起来主要围绕着以下几个方面。

(1)降低轴承比压。降低轴承比压的措施主要有：

加大轴颈直径，将十字头销轴径加大，同时轴承孔径也相应加大，轴承承压面积增加，因此比压下降。增大轴径还可提高刚度，增加十字头销表面的线速度，有利于润滑油膜的形成。有的柴油机十字头销直径已增加到气缸直径的96%。采用全支承式轴承，见图2.2-21。在轴颈的全长上都设置了轴承承压面，扩大了承压面积。

(2)使轴承负荷分布均匀。为了提高十字头轴承的可靠性，不但要降低轴承比压的平均值，而且还要避免局部比压过高现象，尽量使轴承负荷分配平均。对于分岔式十字头轴承，曾采取过如：采用弹性结构、刚性结构、反变形法和增大承压面的贴合面积等方法使轴承负荷分布均匀。

(3)保证良好的润滑和冷却。其主要措施有保证油压，合理开设布油槽和输油槽，使轴承在工作时有合适的间隙等。保证油压。为了保证十字头轴承的滑油压力，现已普遍采用铰链机构或套管机构，直接把滑油送至十字头销和轴承。当采用薄壁铝锡合金轴瓦后，有的柴油机为了弥补它在嵌入性、适应性等方面的欠缺，由专设的滑油升压泵，把滑油压力大大提高，从而实现液体静力润滑。如RTA-T-B型柴油机，十字头轴承的滑油压力为1.0～1.2 MPa。

合理开设油槽。轴承油槽的布置和形状，对润滑油膜的形成和轴承承载能力有很大的影响。槽数太多，将使承压面削弱太多，承载能力下降。槽数太少，则布油不均匀。轴向油槽不能开到边缘，以防滑油流失，难以形成液体静力润滑。但也不能把滑油封闭在轴承中或使滑油从轴承中流出的数量不足。为此，某些轴承油槽的端部有小直径泄油槽保证良好冷却。在油槽的边缘应开有楔形斜面，以防锐利的棱边刮去滑动表面上的润滑油。为了获得最佳油膜厚度，楔形斜面必须具有适当的角度和长度。选择合适的间隙。间隙太大，油压不易建立，油膜不易形成。间隙太小，轴颈不易浮起，热量不易带走，轴承容易抱轴。因此，保证合适的间隙也是很重要的。

(4)采用薄壁轴瓦。近年来由于轴承负荷的不断提高，在十字头轴承中愈来愈多地采用薄壁轴瓦。薄壁轴瓦是在钢背上浇铸一层较薄的轴承合金。使轴承合金与钢背的贴合力强，疲劳强度高。另外，薄壁轴瓦加工精度高，不需拂刮，互换性好，拆装与更换方便。

(5)提高十字头销颈表面光滑程度。由于十字头轴承润滑条件差，油膜很薄，为了防止十字头销颈擦伤轴承，同时也为了提高十字头销的抗疲劳强度，十字头销颈必须非常光滑。

五、活塞外圆表面的磨损检测和修复方法

1.活塞外表面磨损部位与检测

一般中、小型柴油机的筒形活塞裙部外表面容易发生磨损。这是由于运转中活塞裙部起导向作用和承受侧推力的结果。大型十字头式柴油机活塞运动部件的运动是靠导板、滑块起导向作用和承受侧推力，况且活塞与气缸套之间的间隙较大，所以正常运转中活塞外圆表面是不会磨损的，只有在活塞运动装置不正和拉缸等异常情况下才能发生。

活塞裙外表面磨损后，裙部直径减小，活塞与气缸的间隙增大，活塞横截面产生圆度误差、纵截面产生圆柱度误差等。这些都直接影响活塞的工作性能和柴油机的功率。

(1)圆度误差。圆度误差t'是用被测零件上指定横截面的两个相互垂直直径差的一半来表示。

$$t' = \frac{1}{2}(d_1 - d_2) \quad \text{mm}$$

式中，t'为指定横截面的圆度误差，mm；d_1、d_2为指定横截面上两个相互垂直的直径，mm。

在数个指定横截面的圆度误差值中，取最大值t'_{max}与机器说明书、标准或规范给定的允许值t比较，以判断零件横截面几何形状的变化情况，要求$t'_{max} < t$。

(2)圆柱度误差。圆柱度u是指半径差为公差u的两个同心圆柱间的区域。圆柱度是用来限制回转零件纵截面(包含零件轴线的截面)的几何形状误差。用圆度仪、千分尺(表)和百分表可以测量零件的实际圆柱度，即圆柱度误差u'。

圆柱度误差u'是用被测零件上指定纵截面上数个测量直径中最大与最小直径差的一半表示。

$$u' = \frac{1}{2}(d_{max} - d_{min}) \quad \text{mm}$$

生产中要求测量被测零件两个相互垂直纵截面的圆柱度误差，取其中最大值u'_{max}与说明书、标准或规范的允许值u比较，要求$u'_{max} < u$。

在船上是通过测量活塞直径来检验活塞的磨损程度。通常采用外径千分尺、游标卡尺进行测量。测量部位为活塞的上部、中部和裙部的外径，有减磨环的活塞应测量每道环的外径。测量每一测量点横截面上相互垂直的两个直径：平行曲轴方向的直径和垂直曲轴方向的直径。将测量值记录在表格中，计算出每个横截面的圆度、纵截面的圆柱度，以其最大值与说明书或标准比较，以确定活塞的磨损程度。表 2.2-1 为活塞裙部外圆表面圆度、圆柱度的磨损极限。

表 2.2-1　活塞裙部外圆磨损极限 CB/T 3543-94　(mm)

气缸直径	筒形活塞裙部圆度、圆柱度	十字头式活塞裙部圆度、圆柱度
<100	0.1	–
100～150	0.12	–
150～200	0.12	–
200～350	0.15	0.3
350～400	0.20	0.3
400～500	0.25	0.38
500～550	0.30	0.45
550～600	–	0.50
600～650	–	0.60
650～700	–	0.65
700～750	–	0.75
750～800	–	0.85
800～850	–	0.95
850～900	–	1.05
900～950	–	1.15
950～1 000	–	1.25
1 000～1050	–	1.35
1 050～1 100	–	1.40

2. 活塞外圆表面磨损的修复

活塞裙部外圆表面磨损不太严重时，采用光车裙部外圆，消除几何形状误差。光车后仍满足表 2.2-2 所列活塞与气缸间隙时可继续使用；否则依活塞材料不同采用不同的对策。铝活塞采用换新，铸铁活塞可采用热喷涂、镀铁等工艺恢复尺寸；铸钢活塞采用镀铁、堆焊金属等恢复尺寸；减磨环过度磨损、严重拉伤或松动时应换新。

活塞与气缸的安装间隙和极限间隙如表 2. 2-2 所示。

表 2. 2-2　柴油机活塞与气缸间隙　（mm）

气缸直径	四冲程筒形活塞式柴油机						二冲程筒形活塞式柴油机活塞裙部		十字头式柴油机			
	铸铁及铝合金活塞顶部间隙		活塞裙部						顶部间隙	裙部		减磨环处装配间隙
	顶部有冷却	顶部无冷却	铸铁活塞装配间隙	铸铁活塞极限间隙	铝活塞装配间隙	铝活塞极限间隙	装配间隙	极限间隙		装配间隙	极限间隙	
≤100	0. 50 ~ 0. 64	0. 60 ~ 0. 80	0. 09 ~ 0. 12	0. 18 ~ 0. 22	–	–	–	–	–	–	–	–
100 ~ 125	0. 64 ~ 0. 80	0. 80 ~ 1. 00	0. 12 ~ 0. 15	0. 45	0. 22 ~ 0. 26	0. 50	–	–	–	–	–	–
125 ~ 150	0. 80 ~ 1. 00	1. 00 ~ 1. 20	0. 15 ~ 0. 18	0. 55	0. 26 ~ 0. 32	0. 60	0. 20 ~ 0. 24	0. 75	–	–	–	–
150 ~ 175	1. 00 ~ 1. 16	1. 20 ~ 1. 40	0. 18 ~ 0. 21	0. 65	0. 32 ~ 0. 36	0. 70	0. 24 ~ 0. 28	0. 90	–	–	–	–
175 ~ 200	1. 16 ~ 1. 32	1. 40 ~ 1. 60	0. 21 ~ 0. 24	0. 72	0. 38 ~ 0. 44	0. 80	0. 28 ~ 0. 32	1. 00	–	–	–	–
200 ~ 225	1. 32 ~ 1. 48	1. 60 ~ 1. 80	0. 24 ~ 0. 27	0. 80	0. 44 ~ 0. 50	0. 90	0. 32 ~ 0. 36	1. 10	–	–	–	–
225 ~ 250	1. 48 ~ 1. 64	1. 80 ~ 2. 00	0. 27 ~ 0. 30	0. 88	0. 50 ~ 0. 56	1. 00	0. 36 ~ 0. 40	1. 10	–	–	–	–
250 ~ 275	1. 64 ~ 1. 80	2. 00 ~ 2. 20	0. 30 ~ 0. 33	0. 96	0. 56 ~ 0. 62	1. 10	0. 40 ~ 0. 44	1. 20	–	–	–	–
275 ~ 300	1. 80 ~ 1. 96	2. 20 ~ 2. 40	0. 33 ~ 0. 36	1. 04	0. 62 ~ 0. 68	1. 20	0. 44 ~ 0. 48	1. 20	–	–	–	–
300 ~ 325	1. 96 ~ 2. 12	2. 40 ~ 2. 60	0. 36 ~ 0. 39	1. 12	0. 68 ~ 0. 76	1. 30	0. 48 ~ 0. 52	1. 30	–	–	–	–
325 ~ 350	2. 12 ~ 2. 28	2. 60 ~ 2. 80	0. 39 ~ 0. 42	1. 20	0. 76 ~ 0. 82	1. 40	0. 52 ~ 0. 56	1. 30	–	–	–	–
350 ~ 375	2. 28 ~ 2. 44	2. 80 ~ 3. 00	0. 42 ~ 0. 45	1. 28	–	–	0. 56 ~ 0. 62	–	–	–	–	
375 ~ 400	2. 44 ~ 2. 60	3. 00 ~ 3. 20	0. 45 ~ 0. 48	1. 36	–	–	0. 62 ~ 0. 66	1. 40	–	–	–	–
400 ~ 425	2. 60 ~ 2. 78	3. 20 ~ 3. 40	0. 48 ~ 0. 51	1. 44	–	–	0. 66 ~ 0. 70	1. 50	–	–	–	–
425 ~ 450	2. 78 ~ 2. 95	3. 40 ~ 3. 60	0. 51 ~ 0. 54	1. 50	–	–	0. 70 ~ 0. 74	1. 60	3. 30 ~ 3. 50	0. 72 ~ 0. 75	2. 10	0. 48 ~ 0. 55
450 ~ 475	–	–	–	–	–	–	0. 74 ~ 0. 78	1. 70	3. 50 ~ 3. 76	0. 76 ~ 0. 82	2. 20	0. 51 ~ 0. 58

续表

气缸直径	四冲程筒形活塞式柴油机						二冲程筒形活塞式柴油机活塞裙部		十字头式柴油机			
	铸铁及铝合金活塞顶部间隙		活塞裙部						顶部间隙	裙部		减磨环处装配间隙
	顶部有冷却	顶部无冷却	铸铁活塞装配间隙	铸铁活塞极限间隙	铝活塞装配间隙	铝活塞极限间隙	装配间隙	极限间隙		装配间隙	极限间隙	
475 ~ 500	–	–	–	–	–	–	0. 78 ~ 0. 82	1. 80	3. 70 ~ 3. 90	0. 82 ~ 0. 86	2. 30	0. 55 ~ 0. 62
500 ~ 525	–	–	–	–	–	–	0. 82 ~ 0. 86	1. 90	3. 90 ~ 4. 10	0. 86 ~ 0. 91	2. 40	0. 59 ~ 0. 66
525 ~ 550	–	–	–	–	–	–	–	–	4. 10 ~ 4. 30	0. 91 ~ 0. 95	2. 50	0. 63 ~ 0. 70
550 ~ 575	–	–	–	–	–	–	–	–	4. 30 ~ 4. 50	0. 95 ~ 1. 00	2. 60	0. 67 ~ 0. 74
575 ~ 600	–	–	–	–	–	–	–	–	4. 50 ~ 4. 70	1. 00 ~ 1. 05	2. 70	0. 71 ~ 0. 79
600 ~ 625	–	–	–	–	–	–	–	–	4. 70 ~ 4. 90	1. 05 ~ 1. 10	2. 80	0. 76 ~ 0. 84
625 ~ 650	–	–	–	–	–	–	–	–	4. 90 ~ 5. 10	1. 10 ~ 1. 15	2. 90	0. 81 ~ 0. 88
650 ~ 675	–	–	–	–	–	–	–	–	5. 10 ~ 5. 30	1. 15 ~ 1. 20	3. 00	0. 86 ~ 0. 92
675 ~ 700	–	–	–	–	–	–	–	–	5. 30 ~ 5. 50	1. 20 ~ 1. 30	3. 20	0. 91 ~ 0. 96
700 ~ 750	–	–	–	–	–	–	–	–	5. 50 ~ 5. 70	1. 30 ~ 1. 45	3. 40	0. 95 ~ 1. 02
750 ~ 800	–	–	–	–	–	–	–	–	5. 70 ~ 5. 90	1. 46 ~ 1. 60	3. 80	0. 98 ~ 1. 10
800 ~ 850	–	–	–	–	–	–	–	–	5. 90 ~ 6. 10	1. 60 ~ 1. 75	4. 00	1. 10 ~ 1. 12
850 ~ 900	–	–	–	–	–	–	–	–	6. 10 ~ 6. 30	1. 75 ~ 1. 90	4. 20	1. 12 ~ 1. 14
≥900	–	–	–	–	–	–	–	–	6. 30 ~ 6. 50	1. 90 ~ 2. 05	4. 40	1. 14 ~ 1. 16

六、活塞组件的拆装与解体、活塞销及连杆小端轴承间隙的测量

(一)活塞、连杆组件的拆卸

活塞连杆是柴油机中主要受力运动件之一,拆卸前应首先清除气缸内(尤其是气缸上部边缘处)积炭,避免在吊出活塞时,由于积炭的阻卡而松动气缸套,然后按下列步骤拆卸。

1. 拆卸连杆大端

(1)转动曲轴,使准备拆下的活塞位于气缸内上止点的位置。

(2)由曲柄箱道门处认准连杆大端轴承上下盖之间的记号,以备安装时参考。

用专用扳手从曲柄箱道门两边拧松连杆螺栓的固紧螺帽。为了避免当连杆螺帽拆下后连杆大端轴瓦盖跌落于曲柄箱内造成机件损坏,在螺帽拆下前应用木方垫在连杆大端轴承盖下方,然后均匀拧松两边的连杆螺栓,使大端瓦轴承盖平稳地落在木方上,由曲柄箱道门取出。

2. 吊缸

(1)在活塞顶装上专用提升工具,利用手拉葫芦吊起活塞连杆组件。起吊活塞连杆组件时,注意连杆大瑞轴承的上瓦不要跌落到曲柄箱内,从曲柄箱道门取出。活塞连杆组件起吊,切勿擦伤气缸套内壁,也勿使连杆摆动而碰坏活塞裙部。

(2)拆出活塞连杆组件后,连杆轴承、连杆螺栓应装于连杆上,并小心保护连杆轴瓦,勿使之擦伤。平稳地放置在木板垫上,以备进一步拆捡、清洗和测量。

3. 拆卸活塞销(连杆活塞组分解)

目前柴油机几乎均采用浮动式活塞销,它的两端用弹性卡簧定位。拆卸时,将活塞放置平稳,用内卡簧钳首先拆下活塞两湍的定位卡簧。然后用手锤垫上木块由活塞销的一端敲击,将活塞销从另一端推出。活塞销取下时注意方向位置不要弄错,连杆与活塞、活塞销等零件分别整齐地摆放在木垫板上。

4. 拆卸活塞环

活塞环的拆卸应使用专用工具,如扩张器等。在没有专用工具时,一般可用麻绳或铁丝弯成环形,套在拇指上,分别挂在活塞环开口两端,缓慢地用力使活塞环张开后进行拆装。

张开活塞环时,应尽量使它在能拆卸的条件下张开得小些;否则很易折断或使活塞环受到内伤,使之很快疲劳断裂。拆下的活塞环应按次序放置好以备检查,不要弄乱次序或随意乱放。

(二)活塞销与连杆小端轴承间隙的测量

连杆小端和活塞销相连接,小端轴承孔中装有轴承衬套,通常用铝青铜或锡青铜制成。

连杆小端衬套磨损后与活塞销的装配间隙可用厚薄规进行检查,用如图 2. 2-22 所示的方法进行。连杆小端衬套磨损后与活塞销的装配间隙超过所规定的极限值时,小端衬套应予换新。

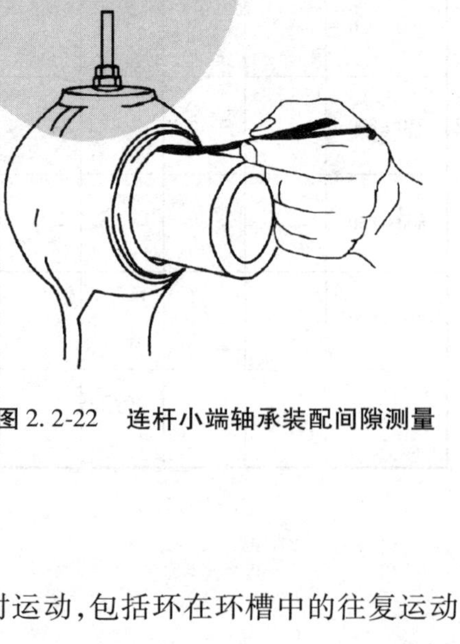

图 2. 2-22　连杆小端轴承装配间隙测量

七、活塞环槽的磨损检测和修复方法

1. 环槽磨损的原因

活塞环槽端面磨损是活塞常见的损坏形式,尤其以铝活塞为多。环槽端面磨损主要是由于环在环槽中的相对运动,包括环在环槽中的往复运动

(即环上、下运动)、环的径向膨胀运动、环在环槽中的转动和扭曲运动。其次是由于新气中的灰尘硬质颗粒、燃气中的炭粒,尤其是燃用重油时的更大更坚硬的炭粒,这些硬质颗粒在环与环槽端面之间形成磨粒,加速环槽端面的磨损。此外,如果燃烧室的高温使活塞头部和环槽变形、材料性能下降、环与环槽端面间的油膜破坏时,则环槽磨损更加严重。

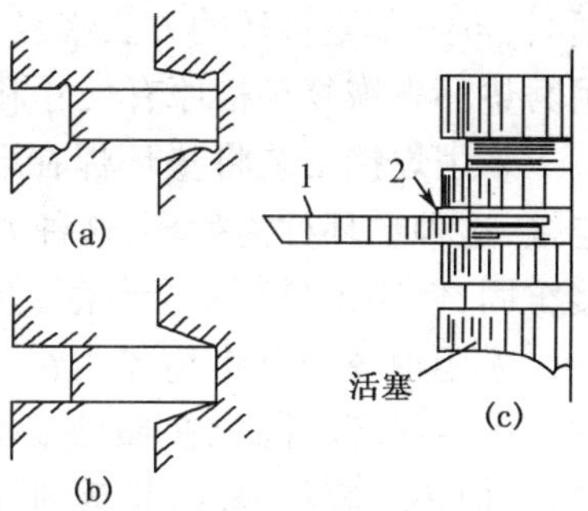

图 2.2-23　活塞环槽的磨损及测量

(a)、(b)环槽磨损后的形状;(c)环槽磨损测量;1—测量样板;2—测量部位

环槽端面磨损使其与环的配合间隙增大,这将使活塞环的密封性下降,产生漏气,使压缩压力和爆发压力降低,同时进入环背面的燃气增多,高压燃气将环压向缸壁致使环容易折断。环槽端面磨损使环槽截面形状由矩形变为梯形或出现磨台,且以第一、第二道环槽磨损为重为快,如图 2.2-23 所示。一般活塞环槽端面的磨损率小于 0.01 mm/kh 为正常磨损。

2. 环槽磨损的测量与修复

环槽磨损程度是利用样板和塞尺测量环槽高度的变化来确定。样板是以新活塞的环槽高度为准制作的,也可用一只新活塞环作为样板。测量时,将样板水平插入环槽并紧贴环槽下端面,用塞尺测量环与环槽上端面之间的距离,即环与环槽的配合间隙,称为平面间隙或天地间隙。测量值与说明书或标准比较(表 2.2-3)。当测量值超过极限值时,说明环槽严重磨损,应予以修复。根据环槽端面的磨损情况可选用以下方法修复:

表 2.2-3　活塞与气缸套间隙　(mm)

缸号		第一缸		第五缸	
测量部分		首	尾	首	尾
上止点	上	0.51	0.83	0.46	0.91
	下	0.20	0	0.31	0
下止点	上	0.46	0.89	0.51	0.84
	下	0.20	0.02	0.28	0

(1)修理尺寸法。光车或磨削环槽端面,以加工后的修理尺寸配制相应加大尺寸的活塞环,保证平面间隙符合原有要求。例如,MAN 型柴油机活塞环磨损后光车使环槽高度比原设计槽大 0.6 mm 以上,就可配一个加大尺寸的活塞环(最多加大 1.0 mm)。采用此法将会使槽脊厚度(环槽之间的轴向高度)减小,强度降低。为了不使槽脊过分减薄,要求槽脊减薄量不得超过原槽脊设计厚度的 20% ~25%,同时要求同一活塞上不得有两个环槽采用此法修复。因为如果同一活塞上各道环槽均采用此法修复时,由于各环槽的修理尺寸不同,新配制的各道活塞环尺寸也不同。一只活塞上有多种规格的活塞环将给备件供应和管理带来麻烦。

(2)恢复尺寸法。光车环槽端面后采用喷焊、堆焊、镀铬等工艺恢复环槽原有尺寸。例如 MAN B&W L60MC/MCE 型柴油机的活塞环与环槽的最大平面间隙超过 0.7 mm 时,可采用恢复尺寸的方法修复环槽端面,使平面间隙值恢复到 0.4 ~0.45 mm。

(3)镶套修理。环槽端面镶垫环恢复原有尺寸。低速柴油机钢质活塞的环槽端面严重磨损时，可采用镶垫环的方法修复：首先光车环槽端面，消除几何形状误差，然后在环槽下端面镶耐磨垫环来恢复环槽原有尺寸和平面间隙。图 2.2-24 为环槽镶垫环法。

采用焊接工艺将垫环焊在环槽下端面上，形成永久性连接，这种垫环称为死环，这种方法称为镶死环法。此法连接牢固，使用中垫环不会脱落，但垫环磨损后则难以修复。

采用过盈配合将垫环镶在环槽下端面上，称为镶活环法。由于垫环不固死在环槽端面上，便于再度磨损后更换垫环，但垫环容易松动，脱落到气缸内引发事故。

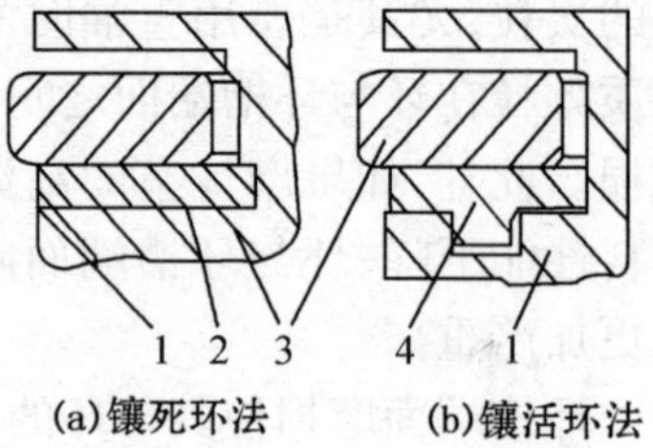

图 2.2-24　环槽镶垫环

(a)镶死环法；(b)镶活环法

1—活塞；2—死垫环；3—活塞环；4—活垫环

八、活塞顶部烧蚀检测和修复方法

1. 烧蚀原因

首先由于活塞顶部直接与燃气和火焰接触，温度很高，尤其当喷油定时不正确或喷油器安装不良或冷却侧结垢使顶部局部过热，温度更高；其次，由于柴油机燃用的重油中含钒、钠过多，就会在活塞顶部温度高达 550 ℃以上的部位产生高温腐蚀，同时，活塞材料过热时发生氧化、脱碳而使其化学成分变化。在以上因素综合作用下，活塞顶部金属产生层层剥落使顶部厚度逐渐减薄，出现钒腐蚀的麻点或凹坑，大小、深浅不一地分布于活塞顶部，这种现象称为活塞顶部烧蚀。严重时可使顶部烧穿。活塞顶部烧蚀使顶部厚度减薄、强度降低，甚至影响气缸压缩比，降低柴油机的工作性能。

2. 烧蚀测量和修复

活塞顶部烧蚀的程度可用活塞顶部样板和塞尺进行测量。图 2.2-25 为 MAN B&W S/L 60MC/MCE 型柴油机活塞顶部烧蚀的测量。测量时，将样板置于活塞顶部，用塞尺测量样板与活塞顶部之间的最大间隙 t。测量时，还应使样板绕活塞轴线转动，每转 45°角测量一次，取其中最大值 t。当超过 15 mm 时应换新活塞。在缺乏备件或应急情况下可采用以下措施。

(1)改变活塞的装置位置。当烧蚀尚不太严重，而且活塞结构又允许的情况下，改变活塞安装角度。例如，B&W 型柴油机活塞顶部烧蚀部位对应于喷油器方向，燃油在此部位集中燃烧和采用冷却效果不良的油冷，致使该部位产生烧蚀。由于活塞结构允许，在产生不太严重的烧蚀时将活塞安装部位转过 90°角，使烧蚀部位避开喷油方向继续使用。

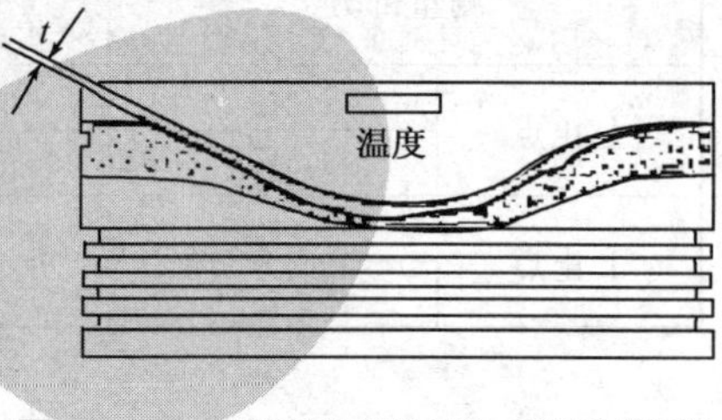

图 2.2-25　MAN B&W S/L 60MC/MCE 型柴油机活塞顶部烧蚀测量

(2)焊补修理。烧蚀严重时(最大厚度接近规定值时)可采用堆焊工艺进行修补，焊后进行机械加工恢复活塞顶部形状。

(3)换新。当活塞顶部最大烧蚀厚度超过说明书规定值或使活塞顶部厚度减至设计厚度的一半时应将活塞报废换新。

九、活塞裂纹部位、产生原因和修理方法

1. 活塞头部触火面裂纹

活塞头触火面产生裂纹是指在活塞顶面产生的径向或圆周向裂纹、起吊孔边缘裂纹及第一道环槽根部裂纹，图 2.2-26 所示。

活塞头部裂纹主要是热应力引起的，同时还有机械应力的作用。柴油机运转时，活塞顶部

温度分布不均匀：顶面中央或边缘温度最高，铸钢活塞可达 450 ℃；铝活塞可达 300 ~ 375 ℃，顶面冷却侧及第一道活塞环槽的温度一般在 200 ℃左右。在正常工作条件下，活塞头部各处存在着温差应力和高压燃气作用的机械应力等，而且这些应力又都是周期性的；当喷油定时不正、燃油雾化不良或火焰接触活塞顶面时就会造成局部过热，引起过大的热应力；当柴油机超负荷运转或活塞顶部冷却不充分时也会引起热应力。过大的热应力会引起裂纹。柴油机频繁起动、停车也会引起热疲劳裂纹。

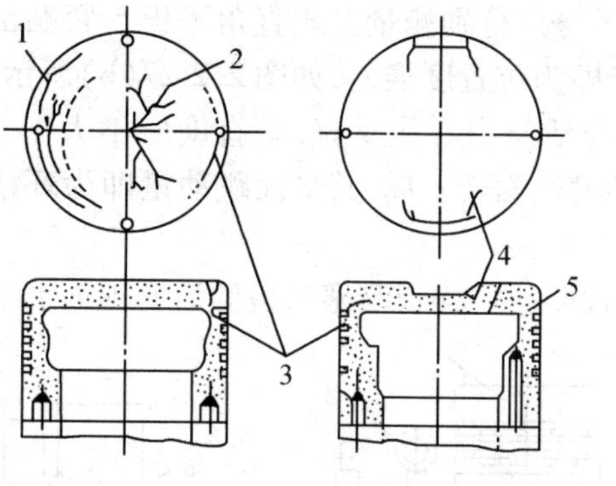

图 2.2-26　活塞头部裂纹

1—周向裂纹；2—径向裂纹；3—冷却侧裂纹；4—顶部尖角处裂纹；5—环槽裂纹

活塞顶面裂纹还会因冷却不充分，活塞顶面散热不良所致。例如水冷活塞冷却侧结垢严重或活塞顶面积炭严重时就会使活塞顶面局部过热，导致裂纹。通常，结垢层或积碳层超过 0.5 mm 时，就会使因过热产生裂纹的可能性急剧增加。所以，为防止裂纹产生，柴油机应定期吊缸检修，加强冷却水的定期处理等维修保养工作。活塞顶面的起吊孔边缘和第一环槽根部就会因应力集中产生裂纹。

2. 活塞冷却侧裂纹

活塞顶面冷却侧、筒形活塞的活塞销座处产生裂纹更是屡见不鲜。主要是由于过大的机械应力引起的，同时还会由于设计不良、材质不佳和毛坯制造缺陷等在这些部位存在应力集中而加速裂纹的产生。

活塞裂纹可通过观察或着色探伤进行检查。钢质、铝质活塞的顶部裂纹较轻，可采用焊补工艺修理，钢质活塞顶部裂纹严重时采用局部更换。活塞环槽根部裂纹、活塞上穿透性裂纹及无法修理的冷却侧裂纹则应将活塞报废换新。

十、活塞验收要求

船上购置的成品活塞或专门配置的活塞在装机前必须进行检验，确保质量合格和装机后的正常运转。

所购置的成品活塞是按照柴油机制造厂的备件编号册订购，由厂家供应，不需专门验收审查，厂家负责产品质量。除此之外购置的成品活塞或配置活塞均应对其材料成分、性能、尺寸形状和位置精度、表面粗糙度等进行验收。

由供应商和制造厂提供活塞材料成分、机械性能检验报告单，轮机员应认真审核。

轮机员除对活塞尺寸、形状和表面粗糙度做一般性检验外，还应对活塞的位置精度进行平台检验。活塞位置精度的技术要求及其检验方法如下：

(1)活塞销孔中心线和活塞中心线应垂直,垂直度要求不大于0.025 mm/100 mm。检验时,将活塞置于平台4上,则活塞中心线垂直于平台4。当活塞销孔中心线与平台4平行时,表明活塞销孔中心线与活塞中心线垂直,测量l长度内百分表的读数差即为垂直度误差,如图2.2-27(a)所示。

(2)活塞销孔中心线应与活塞中心线相交,其位置度要求:活塞直径<200 mm时应不大于0.10 mm,活塞直径>200 mm时应不大于0.20 mm。检验时,将销孔插有心轴3的活塞1垂直平台4放置,用内径千分尺分别测量立式直角平板5紧贴活塞左、右侧时与心轴的距离。两侧距离平均值差的一半即为位置度误差,如图2.2-27(b)所示。

(3)活塞环槽平面应与活塞中心线垂直,垂直度应不大于0.02 mm。如图2.2-27(a)所示,检验时,用百分表沿环槽端面转一周,其平面跳动量即为环槽平面与活塞平面与活塞中心线垂直度误差。

(4)活塞顶面形状的检验。用样板和塞尺检验活塞顶面形状,要求符合图纸要求。

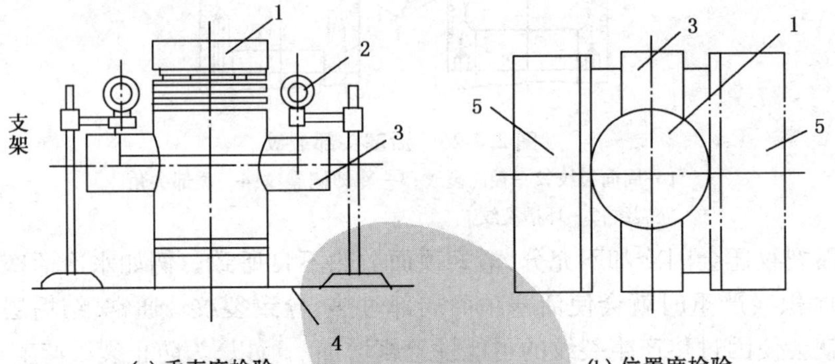

(a) 垂直度检验　　(b) 位置度检验

图2.2-27　活塞位置精度的检验

1—活塞;2—百分表;3—心轴;4—平台;5—立式平台

第四节　活塞环的检修

活塞环是柴油机燃烧室的组成零件之一。具有保持活塞与气缸套之间有效密封的作用和将活塞热量传递给气缸套的散热作用,以及调节气缸润滑油的作用。活塞环又是柴油机的易损零件,主要损坏形式有:过度磨损、折断、黏着和弹力丧失等。活塞环的工作性能直接影响气缸和柴油机的工作性能。为此,应定期地通过扫气口检查和判断活塞环的工作情况。

一、活塞环的工作状况及其检查方法

通过扫气口检查活塞环等零件是获取柴油机运转过程中气缸工作信息的直接、简便和经济的方法。

1. 检查方法

(1)准备。柴油机停车后一段时间,拆除扫气箱上操纵侧的气缸观察孔盖板,清洁观察孔。借助一长柄强光灯泡深入缸中进行观察。此工作应由两人配合进行,一人观察,一人记录观察情况。

检查中应使冷却水或冷却油保持循环,以便检查有无漏泄;关闭主起动阀和起动空气,并啮合盘车机;盘车使活塞处于下止点,并由此位置开始检查。为了观察清楚和判断正确,必须把零件工作表面擦拭干净。

(2)观察部位。观察时,盘车使活塞上行至扫气口下方,自观察孔观看检查气缸壁和活塞头部;当活塞上行通过扫气口时,清洁并查看活塞头、活塞环和活塞裙工作表面;活塞继续上行,查看气缸套下部和活塞杆的情况。

2. 观察活塞环的工作状况

活塞环在气缸中有以下几种可能出现的状况,观察时应仔细观察、分析和判断。

(1)活塞环良好工作状态:活塞环与气缸工作表面光亮、湿润,环在环槽内活动自如,无过度磨损痕迹,环的棱边可能尖锐但无毛刺。

(2)活塞环表面有局部轻微擦伤,且对应棱边尖锐有毛刺,对应缸壁也有轻微磨损。

(3)活塞环表面上有纵向拉痕,是由燃油中硬质颗粒造成的。

(4)活塞环槽内如积炭较厚和较硬使环黏着于环槽中,将会造成气缸密封不良。此时可用木棒触动活塞环检查其是否黏着和黏着的程度。

(5)活塞环裂纹或折断,可用木棒触动进行判断。

(6)活塞环漏气,使环表面干燥发黑,且缸壁上有大面积干燥发黑表面。

(7)活塞头、头几道环和环槽内有带颜色(稍白、黄、褐等色)的灰状堆积物,是气缸油碱性添加剂导致,可引起缸套严重磨损。

(8)润滑情况:观察缸壁和环上油膜是否充分,除第一道环外的棱边上应有润滑油。气缸套内表面上的白色或褐色部分,是硫酸引起的腐蚀磨损。

二、活塞环的磨损检测

活塞环随活塞在气缸内作往复运动,使活塞环外圆工作表面磨损,环的径向厚度减小,活塞环的工作开口即搭口间隙增大;活塞环在环槽内运动,使环的上、下端面磨损,环的轴向高度减小,环与环槽的间隙即平面间隙增大。通常,柴油机正常运转时活塞环的正常磨损率在0.1~0.5 mm/kh之内,活塞环的寿命一般为8 000~10 000 h。

正常磨损的活塞环沿圆周方向各处的磨损均匀,并仍与缸壁完全贴合,所以,正常磨损的活塞环仍具有密封作用。但实际上,活塞环外圆工作表面多为不均匀磨损。

柴油机运转时,若活塞环迅速产生较大的不均匀磨损,磨损率超过正常值,表明活塞环发生异常磨损。活塞环异常磨损大多是维护管理不当造成。例如活塞环换新后磨合不良甚至不进行磨合就投入使用工况运转;柴油机长时间超负荷运转;润滑油品质不佳或供油不充分;燃用劣质燃油、燃烧不良和冷却不足等。第一道活塞环的工作条件尤为恶劣,高温燃气使缸壁温度过高、滑油氧化、润滑条件变坏导致其异常磨损;高温使活塞头和环槽过热变形,破坏环与环槽配合也会发生异常磨损。活塞环磨损可通过以下测量来判断:

1. 搭口间隙测量

搭口间隙是活塞环处于工作状态时的开口大小。它是活塞环工作时的热胀间隙。搭口间隙过小会使活塞环受热膨胀,搭口间隙消失,环两端对顶,严重时会引起拉缸、环卡死和折断;搭口间隙过大会使燃气漏泄。所以说明书或标准中规定了搭口间隙的最小值(装配值)和极限值,如表2.2-4所示。

活塞环外圆面磨损后,径向厚度减小,环的直径 d 减小,但弹力使环仍紧贴缸壁。所以,环的直径胀大与缸径 D 相等,使活塞环搭口间隙增大,由 δ 变为 δ',如图2.2-28所示。

测量搭口间隙的方法:

(1)测量前,先将活塞自缸中吊出,取下活塞环并清洁环和气缸。

(2)将环依其在活塞上的顺序依次放在缸套下部磨损最小部位或缸套上部未磨损的部位,并使环保持水平。

(3)用塞尺依次测量各道活塞环的搭口间隙。

(4)将测得的搭口间隙值与说明书或标准进行比较。超过极限间隙值,说明活塞环外圆表面已过度磨损,应予以换新。

一般要求活塞环搭口间隙值大于或等于装配间隙,小于极限间隙。

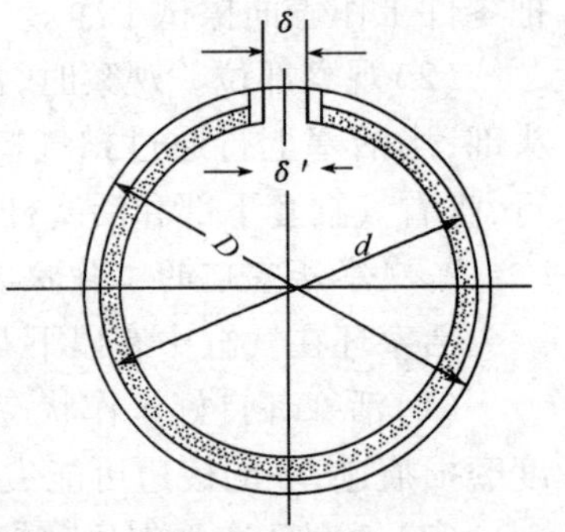

图 2.2-28 活塞环外圆表面磨损与搭口间隙的关系

2. 平面间隙测量

平面间隙俗称天地间隙,它是活塞环紧贴环槽下端面时环与环槽上端面之间的间隙。当活塞环与环槽端面磨损后将使端面配合间隙增大。平面间隙过小使环热膨胀受阻和影响环在环槽中的运动;平面间隙过大会使燃气漏泄。说明书和标准中规定了平面间隙的最小值(即装配值)和最大值(即极限值),如表 2.2-4 所示。

CB/T3540-94

表 2.2-4 活塞环平面间隙和搭口间隙 (mm)

气缸直径 D		气环											
		二冲程								四冲程			
		平面间隙				搭口间隙				平面间隙			
		顶部二根		其余		顶部二根		其余		顶部二根		其余	
		装配	极限	装配	极限	装配	极限	装配	极限	装配	极限	装配	极限
筒形活塞式柴油机	<150	0.15	0.25	0.10	0.25	0.005*D*	0.015*D*	0.004*D*	0.015*D*	0.10	0.20	0.08	0.20
	150~225	0.30	0.35	0.15	0.35					0.15	0.30	0.12	0.30
	225~300	0.35	0.40	0.30	0.40					0.20	0.35	0.16	0.35
	>300	0.30	0.50	0.25	0.50					0.25	0.45	0.30	0.45
十字头式柴油机	400~500	0.20	0.40	0.14	0.40	0.0075*D*	0.025*D*	0.006*D*	0.025*D*				
	550~700	0.27	0.60	0.17	0.50								
	700~850	0.34	0.80	0.30	0.80								
	>850	0.45	0.90	0.40	0.90								

气缸直径 D		气环				油环							
		四冲程				二冲程				四冲程			
		平面间隙				搭口间隙				平面间隙			
		顶部二根		其余		顶部二根		其余		顶部二根		其余	
		装配	极限	装配	极限	装配	极限	装配	极限	装配	极限	装配	极限
筒形活塞式柴油机	<150	0.006*D*	0.015*D*	0.004*D*	0.015*D*	0.05	0.29	0.003*D*	0.015*D*	0.035	0.20	0.003*D*	0.015*D*
	150~225					0.06	0.35			0.05	0.30		
	225~300					0.08	0.40			0.065	0.35		
	>300					0.09	0.50			0.075	0.45		

测量平面间隙的方法依活塞环尺寸大小分为两种,但不论哪种方法在测量前均需先将活塞自气缸中吊出,取下活塞环并分别清洁环和环槽,然后再测量平面间隙。

(1)大尺寸活塞环的平面间隙测量。将环依次装入各道环槽中,使环的下端面与环槽下端面紧贴,用塞尺沿圆周或在圆周上几点处测量平面间隙。

(2)小尺寸活塞环的平面间隙测量。因活塞环的尺寸较小,重量较轻,测量者可一手持环,将环水平局部插入环槽,并使环与环槽下端面紧贴,另一手用塞尺测量。可在环与环槽的圆周上对应几处测量,如图 2.2-29 所示。

实测的平面间隙值应与说明书或标准比较,使之大于或等于装配间隙,小于极限间隙。当实测平面间隙大于极限间隙时,应修复环槽或换新活塞环;实测间隙变小说明环槽变形或因脏污影响测量的准确性。通常第一道环的平面间隙较大,其他环依次减小。

(3)活塞环径向厚度和高度测量。活塞环外圆磨损使其径向厚度减小,所以径向厚度也是衡量活塞环磨损的参数。采用外径千分尺进行测量,如图 2.2-30 所示。依柴油机说明书规定,当活塞环径向厚度小于某定值时换新活塞环。例如。MAN B&W S/L60 MC/MCE 型柴油机活塞环的径向厚度最小值为 17 mm 时换新活塞环(设计值为 20 mm)。

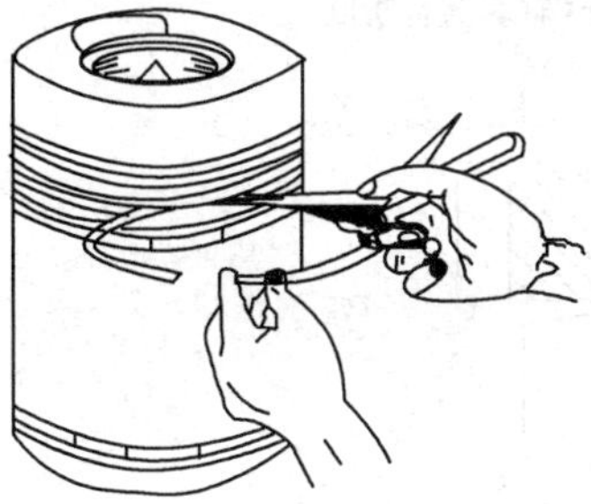

图 2.2-29　活塞环与环槽平面间隙的测量

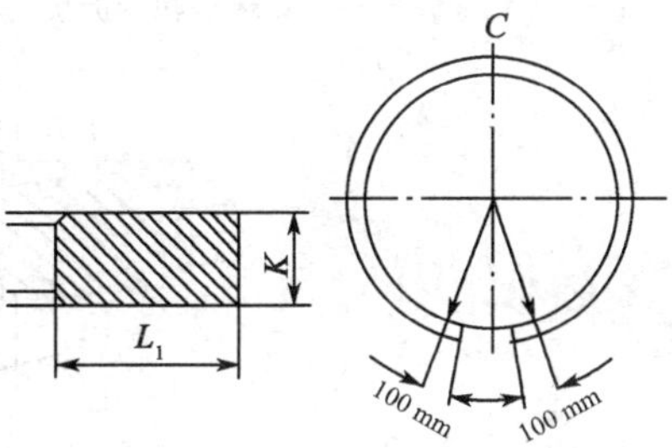

图 2.2-30　活塞环径向厚度测量

三、活塞环折断的原因

活塞环折断是活塞环常见的损坏形式之一。一般多是第一、二道活塞环容易发生折断,断裂部位多在搭口附近。活塞环可折断成几段,也可能呈粉碎状,甚至失踪。活塞环折断会使气缸磨损加剧,二冲程柴油机的断环可能被吹至排气箱或扫气箱,乃至吹入增压器涡轮端打坏涡轮叶片,造成严重事故。活塞环折断的原因很多,除材料缺陷、加工质量低外,主要是使用中维护管理不良和装配质量差所致。

1. 搭口间隙过小

搭口间隙小于装配间隙时,运转中活塞环受热温度升高,由于搭口处金属膨胀无充分的余地,使搭口两端对顶产生弯曲,通常是在搭口附近折断。高增压柴油机燃烧室温度升高,如果搭口间隙过小更易折断。

2. 环槽积炭

燃烧不良、缸壁过热使润滑油氧化或烧损均会使气缸中积炭严重。环槽下端面上的积炭较软时,活塞环在环槽中仍可活动和保持与气缸的密封性;当积炭严重时,环活动受阻,环与缸壁强力作用,刮下的润滑油和金属屑混合,并在漏泄燃气作用下在环槽下端面上形成局部的坚硬积炭,上面受到周期性燃气压力作用,使活塞环上产生弯曲疲劳折断,如图 2.2-31(a)。活塞环一处折断后燃气漏泄量增加,环槽积炭更加严重,加上活塞横摆时的冲击使环多处折断,呈多断状或碎块状,环槽和气缸的磨损更加剧烈。

3. 气缸套磨台

活塞组件与气缸套长期相对运动使气缸套磨损后在缸套上部出现磨台。当活塞上行至上止点时,第一道活塞环碰撞磨台受到冲击而折断,如图 2.2-31(b)所示。

4. 环槽过度磨损

环槽下端面过度磨损后呈倾斜状。当活塞在上止点附近时，燃气压力作用使环紧贴于倾斜的环槽下端面上，活塞环产生扭曲变形。随着活塞下行，燃气压力下降，环的扭曲变形程度减小而逐渐恢复水平状态。活塞环周期性地扭曲（水平变形而疲劳折断，如图 2. 2-31（c）所示。

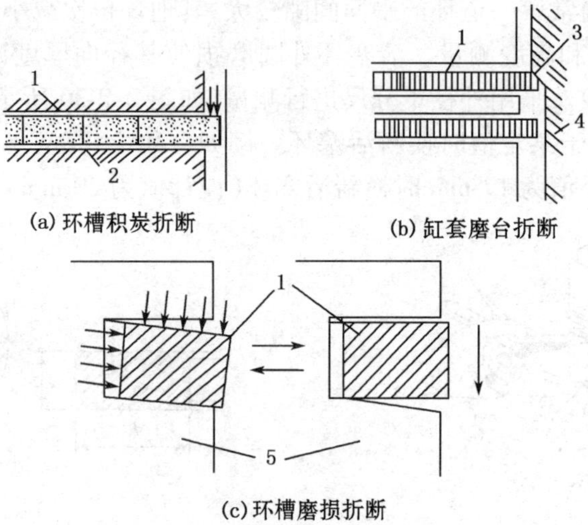

图 2. 2-31　活塞环的折断

1—活塞环；2—积炭；3—磨台；4—气缸套；5—活塞

5. 活塞环挂住气口

二冲程柴油机经常会发生活塞环挂住扫、排气口使环折断的损坏。由于活塞环开口部位张力最大，受热变形大，而气缸套上气口之间的筋受热容易变形，当活塞运动时环与气口相遇，只要环开口处稍微挂住气口就会使环折断。

6. 活塞环径向胀缩疲劳

当活塞环弹力不足或缸套过度磨损时，活塞环与气缸壁不能紧贴，即不能保持气密，以致高压燃气泄漏将环压入环槽。当活塞下行时气缸内燃气压力降低，活塞环又从环槽内弹出。活塞环不断地径向胀缩以致疲劳折断。

四、活塞环粘着

活塞环黏着（或称固着），是环槽内充满油污和积炭使活塞环不能自由运动的现象。活塞环固死在环槽内使其失去密封作用，引起窜气、功率下降、活塞环折断和缸套磨损加重等故障。通常第一、二道环容易黏着，严重时活塞上所有的环均应发生黏着。活塞环黏着的原因大多因活塞和气缸套过热、润滑油过多和燃烧不良等造成。过热的活塞、缸套使润滑油氧化或烧焦，燃烧不良使缸中积炭严重，以致大量油污和积炭填满环槽使环不能运动。检查活塞环是否黏着可以从扫气口观察和用木棒触动活塞环来判断。还可以从活塞环表面发黑情况来识别环是否发生黏着，因为环黏着时引起燃气下窜而将黏着的环表面变黑。

黏着的环应报废换新活塞环。首先应将环从环槽中取出，一般来说不易取出。采用木棒轻轻敲击活塞环使之松动，或先用煤油浸泡使积炭变软后在用木棒敲击使之松动，最后用专用工具将环取出。取环时切勿用扁铲、凿子等工具，以免损坏环槽。防止活塞环黏着的关键是要防止气缸过热和润滑油过多，尤其防止多余的润滑油进入气缸上部。大型二冲程柴油机采用气缸注油器注油润滑，注油量可调节，故环黏着现象较少。但是由于缸径大、功率高，燃烧室温度高，如果活塞冷却不良就会使活塞头部变形，环槽随之变形，致使环卡死在环槽内，如图 2.2-32 所示。为防止环卡死在环槽内采取加强活塞冷却和适当增大平面间隙的措施。

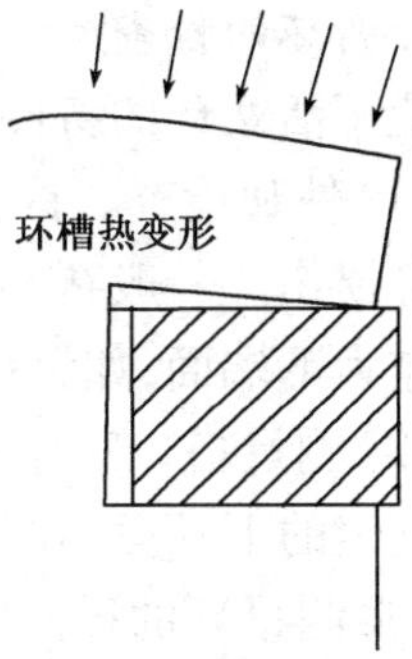

图 2.2-32　环槽变形造成环卡死

五、活塞环弹力

活塞环经过长期使用产生不均匀磨损，或由于过热、黏着和材料疲劳等使其弹力部分或全部丧失，造成活塞环的密封作用下降或消失。

在船上对活塞环弹力的检查方法有以下几种：

(1)测量活塞环自由开口。活塞环自由开口是活塞环在自由状态下开口间的距离，其大小直接影响环的弹力。在弹力范围内，开口越小弹力也越小；反之，弹力越大。所以利用改变自由开口大小来调节环的弹力。活塞环的弹力受其材料和加工方法的限制。一般活塞环自由开口 a_0 与环直径 D 关系为

$$a_0 = (0.10 \sim 0.13)D \quad \text{mm}$$

实测活塞环的自由开口 $a_{实测} < a_0$ 或小于新环的自由开口，表明活塞环的弹力下降；若明显减小，表明活塞环弹力丧失。

(2)吊缸检修时，将从活塞上取下的活塞环进行清洁，人为使其自由开口闭合或扩大一倍，松动后测量变形后的自由开口大小。若变形后的开口增大量超过 $10\% a_0$ 时，表明活塞环的弹力过小。

(3)对比法是用新旧环的弹力对比检查弹力的方法。如图 2.2-33 所示，将新旧环竖立在一起，用力使环开口闭合，如旧环开口已闭合，而新环开口还有一定的间隙，表明旧环弹力不足。

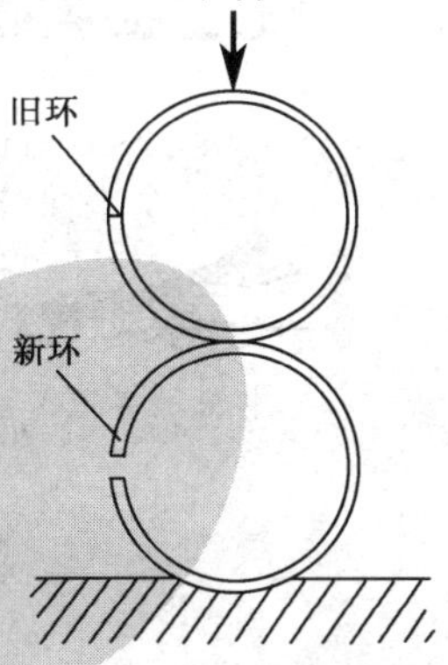

图 2.2-33　对比法检查活塞环的弹力

(4)吊缸后，将活塞环和气缸分别清洁干净，将环装入气缸并用手推动。一般正常弹力的活塞环是不容易装入气缸的，装入缸中也难以用手使之移动。如果是旧环则易于装入缸中且轻轻触动环即沿缸壁移动，表明活塞环弹力过小。

活塞环弹力部分或全部丧失时应换新活塞环。但在无备件的情况下可采用应急方法暂时恢复环的部分弹力。具体做法是用小锤敲击活塞环内圆表面。自搭口对面部位开始重敲，然后逐渐向两侧敲击，用力逐渐减小，使环的开口增大，弹力增加。但应注意，不可用力过大，以免将环敲断。

六、轮机员配换活塞环的工艺

活塞环是易损件，损坏后一般采用换新处理，所以在船上轮机员配换活塞环工作是经常性的检修工作。为了保证装配质量，在配换活塞环时应注意以下问题。

1. 新环的检查

使用活塞环的备件前应对其进行必要的检查:

(1)外观检查。首先清洁新环表面的油脂和锈痕,仔细观察活塞环有无变形和表面碰伤、裂纹等损伤。一般新环上由“直径×宽×高”的尺寸标记和上、下端面标记。如有镀铬端面应使其作为下端面,如无标记,应测量活塞环尺寸及选定下端面。

(2)测量搭口间隙和平面间隙。间隙过小时应分别修锉搭口两端和环的上端面,切不可修锉选定的下端面,并防止修锉时损伤环表面和产生变形。

(3)测量环的径向厚度和环槽深度。要求环的径向厚度比环槽深度小0.5~1.0 mm;否则修锉环的内圆表面使其符合要求。

(4)检查环的弹力。可采用测量活塞环自由开口来检查。

2. 新环的修配

(1)修锉搭口。为了防止活塞环搭口两端锋利的棱边刮伤缸壁及挂住气口,应将塔口两端修锉成较大圆角,一般圆角半径为3~5 mm,如图2.2-34(a)所示。目前,有的新环在制造时已将搭口修锉好,故安装前不需修锉。

(2)修锉上、下两端的棱边。为了减少气缸的磨损和擦伤及有利润滑,应修锉活塞环上、下端棱边的尖锋和毛刺。

(3) 新环检查后为保证各种间隙值而提出的修配工作。

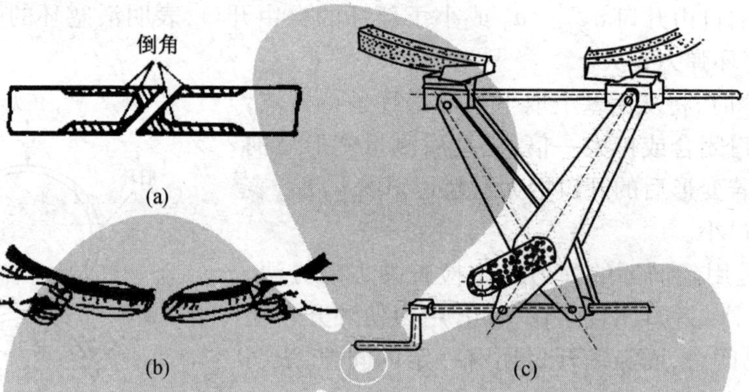

图2.2-34 修锉活塞环搭口及环的安装

(a)修锉搭口;(b)简易装环法;(c)专用工具装环法

3. 新环的安装

(1)简易法是针对中、小尺寸的活塞环,在无专用工具的情况下用结实的绳子套在环的开口两端,用手拉绳将开口过大装入环槽中,如图2.2-34(b)所示;大尺寸活塞环应采用随机专用工具将环的开口过大装入环槽内。如图2.2-34(c)所示。操作时,切勿使环的开口过分开大,以免活塞环变形或折断。尤其用手扩口时,用力不要过猛过大。

(2)应把新环装在第一、二道环槽中,旧环装在其他环槽中,既便于新环磨合又能发挥旧环的密封性。

(3)装到活塞上的各道环的开口位置应错开,切勿使开口在同一位置,以免燃气下窜。

(4)装好环的活塞在未吊入缸中之前,应放于木板上妥善保管,以免损伤活塞和活塞环的工作表面,小型柴油机尤为重要。

4. 新环的磨合运转

活塞环换新后必须经磨合运转才能投入使用工况运转，一般需经 20 ~ 24 h 磨合运转。例如 MAN B&W S/L60MC/MCE 型柴油机换新活塞环后的磨合运转为：在 2 ~ 4 h 内转速逐渐增加至最大转速的 80%；保持 80% 最大转速运转 6 h；在 12 ~ 14 h 内转速继续增加至全速，并且逐渐增加负荷，总计磨合 20 ~ 24 h。在磨合期间应使气缸油供油量达最大量。

七、活塞环的验收

当活塞环备件难于订购或所用机型已不生产时，需到活塞环制造厂或修船厂配置。轮机员对所配置活塞环产品按照活塞环的技术要求进行验收。主要技术要求：

(1) 活塞环尺寸、形状和位置精度及表面粗糙度应符合图纸要求。

(2) 活塞环的材料可用 HT250、HT300 或合金铸铁。活塞环的硬度和金相组织应符合要求。

硬度要求：材料硬度应在 HB180 ~ 250 之间，同一活塞环上硬度差不超过 HB20。并要求活塞环的硬度比缸套的硬度高 HB10 ~ 20，目的是既保护气缸套不被很快磨损，又保证活塞环有较长的寿命。

金相组织要求：在细小状珠光体或索氏体的基体上均匀分布着细直片状或卷曲状的小片石墨，磷共晶体呈小块状分布。分散的细小铁素体晶体不超过试片总面积的 5%。

(3) 活塞环外观检查。活塞环表面不允许有气孔、裂纹、疏松、夹渣、飞边和毛刺等缺陷，环两端面及内圆面上允许有一定大小的气孔。

(4) 活塞环弹力检查，活塞环自由开口值应为 (0.10 ~ 0.13)D(D 为活塞环直径)。

(5) 活塞环密封性检查。采用漏光法检查活塞环的密封性。将活塞环放在规定直径的量规中或气缸中未磨损的部位，在环的下方用强灯管照射，自环的上方观察，要求一处漏光弧度不超过 30°，几处漏光总和不超过 90°，且搭口附近 30°范围内不允许漏光。漏光处的间隙：直径 $D \leq 500$ mm 活塞环，用 0.03 mm 塞尺检查不应通过；$D > 500$ mm 的活塞环用 0.04 mm 塞尺检查不应通过，以保证活塞环工作表面与气缸套内圆表面紧密贴合，从而使柴油机气缸燃烧室有较高的密封和工作效能。

第五节 活塞销、十字头销、活塞杆与活塞杆填料箱的检修

一、活塞销的检修

1. 活塞销的磨损测量

采用外径千分尺沿活塞销轴线方向 Ⅰ、Ⅱ、Ⅲ 三个部位进行测量，如果活塞销与连杆小端轴承配合面较长，可增加二个测量部位 Ⅳ、Ⅴ，如图 2.2-35 所示。测量每一部位横截面上两个相互垂直的直径 D_1、D_2，并计算出圆度误差和圆柱度误差，要求其最大圆度误差和圆柱度误差符合表 2.2-5 的规定。

2. 活塞销裂纹的检测

活塞销虽小，但它是一个极为重要的零件，其上微小的裂纹可引起活塞销断裂，进而引起活塞运动部件打坏机体的严重事故（俗称连杆伸腿的波及性事故），为此对活塞销应进行：

(1)外观检查。通过观察活塞销表面发现有无擦伤、过热氧化变色、渗碳层剥落和表面裂纹等缺陷。

(2)磁粉探伤。要求对活塞销进行磁粉探伤,检查表面有无裂纹。工作表面不允许有裂纹和横向发纹,但允许有数量不多于5条的纵向发纹且同一截面上不多于2条。

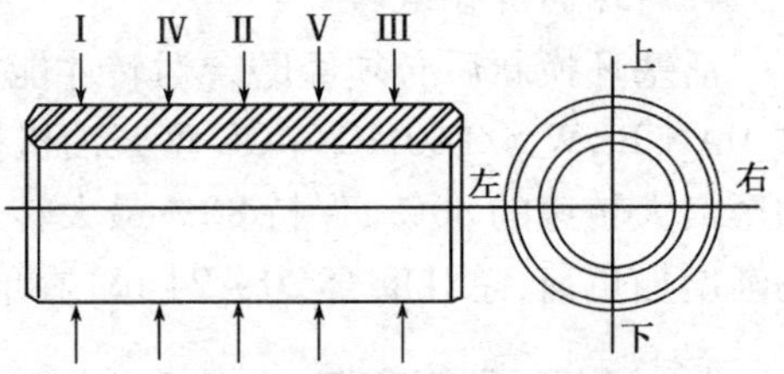

图 2.2-35　活塞销及其磨损测量部位

表 2.2-5　活塞销磨损极限 CB/T3542-94　(mm)

活塞销直径	圆度、圆柱度	活塞销直径	圆度、圆柱度
<50	0.03	175~200	0.06
50~75	0.04	200~225	0.07
75~100	0.04	225~250	0.07
100~125	0.05	250~275	0.08
>125~150	0.05	275~300	0.08
150~175	0.06		

3. 活塞销的修理

活塞销外圆表面过度磨损时可采用镀铬、镀铁或其他方法修复。要求镀铬前活塞销表面粗糙度 Ra 为1.6 μm,镀铬层厚度不大于0.5 mm,镀后机械加工。活塞销表面裂纹和渗碳层剥落应报废换新。

二、十字头销的检修

十字头部件由十字头销和滑块组成,是十字头式柴油机所特有的部件。它的作用是连接活塞组件与连杆,构成活塞运动部件,并把活塞的气体力和惯性力传递给连杆。十字头销一般选用优质碳钢(40号钢、45号钢)或合金调质钢(40Cr、35CrMo)锻造而成。十字头销为短粗的中空圆柱体,刚性好,工作表面粗糙度等级高,一般 Ra 在0.20 μm以下。柴油机运转时,十字头销承受周期性弯曲作用力,并具有冲击性,十字头销颈表面受到摩擦与磨损。十字头销的主要损坏形式是表面磨损和裂纹。

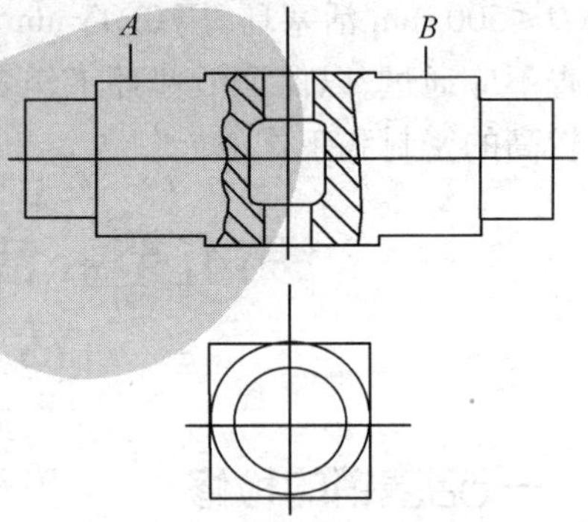

图 2.2-36　十字头销磨损测量部位

(一)十字头销的检测

1. 十字头销的磨损测量

采用外径千分尺测量十字头销颈 A、B 的直径,如图2.2-36所示。计算其圆度、圆柱度误差,并应符合表2.2-6的规定。十字头销圆度误差过大(即失圆)容易引起十字头轴瓦的裂纹。

2. 十字头销颈中心线与活塞杆孔中心线应垂直、相交

测量垂直度和位置度,要求垂直度偏差应不大于0.15 mm,位置度偏差应不大于0.50 mm。此项检查应在车间平台上进行。

3. 十字头销颈裂纹检查

(1)外观检查。检查十字头销颈工作表面、过渡圆角附近有无裂纹、较深的拉痕等损伤。一般不允许有裂纹、拉痕等。过渡圆角附近表面不允许有发纹,其他表面不允许有横向发纹,

只允许有个别的纵向发纹。

(2)磁粉探伤。必要时做无损探伤检查。

表 2.2-6　十字头销颈直径磨损极限 CB/T 3538-94　(mm)

十字头销直径	150～200	200～250	250～300	300～350	350～400	400～450	450～475	>475
圆度、圆柱度	0.06	0.07	0.08	0.09	0.10	0.12	0.13	0.15

(二)十字头销颈的修理

(1)十字头销颈外圆表面过度磨损后,可采用镀铬工艺修复。要求铬层厚度在 0.20～0.30 mm之内。镀前外圆表面粗糙度 $Ra<1.6$ μm,镀层表面不允许有麻点、发纹等缺陷。

(2)十字头销颈圆柱度误差超过规定值时,可采用机械加工方法修复。

(3)十字头销颈外圆表面、过渡圆角附近表面产生裂纹并超过规定要求时,应报废换新。

三、活塞杆与活塞杆填料箱的检修

1. 活塞杆填料箱检修的结构

活塞杆填料箱是安装在气缸体底板(或称横隔板)中心孔内的密封装置,具有密封气缸扫气空气、刮除活塞杆的油污和将气缸与曲柄箱分隔开的作用。

活塞杆填料箱是由上、下两部分组成的。上部填料箱用来密封扫气空气不使其漏入曲柄箱和刮除活塞杆上的油污,以免进入曲柄箱污染润滑油。污油集中在气缸体的倾斜的底板上,可定期用装于气缸体上的旋塞排放。下部填料臬用以防止曲柄箱中飞溅润滑油被活塞杆带入气缸。图 2.2-37(a)为 Sulzer RTA48 型柴油机活塞杆填料箱装置。上部刮油环 3 刮去活塞杆上的油污,密封环 4 用来密封气缸中的扫气空气,防止其漏泄。下部填料臬中的第一组刮油环再一次刮除活塞杆上的剩余油污并通过 SR 孔排放,其余 3 组刮油环则把曲柄箱中飞溅到活塞杆的润滑油刮下来并经 OR 孔流回曲柄箱。填料函中的刮油环 3、密封环 4 及下部 4 组刮油环均是由三段扇形块组成,并各用二道拉紧弹簧 3a、5a 紧压在活塞杆上,如图 2.2-37(b)。所以,检查或更换填料箱中的环时不需拆卸活塞杆装置。

2. 活塞杆填料箱的检修

由于活塞杆与填料箱长时间地相对往复运动和环的径向运动,使刮油环、密封环的内圆面产生磨损、划痕、擦伤和端面磨损,致使各部位的环与环槽的配合间隙发生变化。当各部位的间隙接近或超过说明书规定值时,填料函将失去其原有的功能。

当刮油环和密封环过渡磨损使间隙与规定的间隙接近或超过最大值时、当环内表面产生划痕、擦伤等损坏时均应换新环。对活塞杆填料箱的检修应注意以下两点:

(1)每次吊缸检修活塞时均应拆下活塞杆填料箱进行检查,发现严重磨损的零件或有怀疑的零件均应换新。由于活塞的检修间隔期是 10 000 h,只有在下一次检修活塞时才能再次拆下填料箱进行检修,所以每次吊缸必须检修填料箱,以保证其处于良好的技术状态。

(2)活塞杆填料箱的拆、装应按说明书的顺序和要求进行,并保证各部位的配合间隙符合要求。

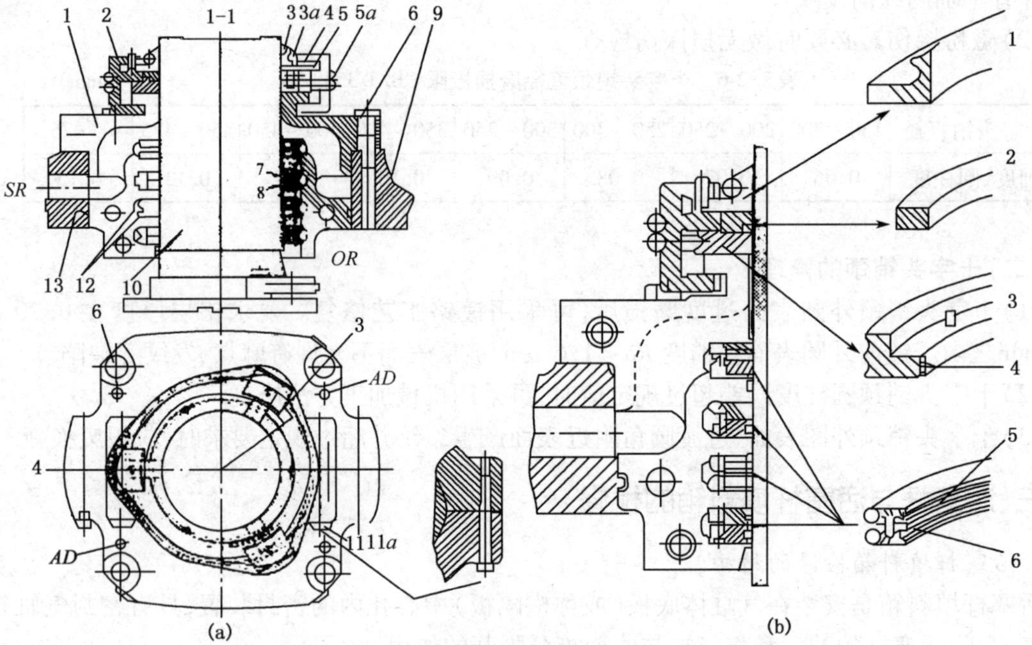

图 2.2-37　Sulzer RTA48 型柴油机活塞杆填料箱装置

1—两半式壳体；2—锁紧块；3—刮油环；3a—用于 3 的拉紧弹簧；4—密封环；5—导环；5a—用于 5 的拉紧弹簧；6—螺栓；7、8—刮油环；9—气缸体；10—活塞杆；11—螺栓；11a—单耳止动垫圈；12—拉紧弹簧；13—O 形密封圈；AD—螺栓孔

第六节　气　缸

一、气缸的作用和工作条件

气缸是柴油机的主要固定部件之一，是燃烧室部件中的主体。柴油机的工作循环是在气缸的工作空间里进行的，活塞在气缸内部往复运动。在筒形活塞式柴油机中气缸起导承作用，承受活塞的侧推力。二冲程柴油机的气缸要开气口，布置气道。有些十字头式柴油机还把气缸下部空间做扫气泵空间用。此外，有的柴油机在气缸的外部还安装扫气箱、排气管、凸轮箱和增压器等。气缸上部受到气缸盖安装预紧力的作用，气缸内壁受到燃气高温、高压和腐蚀作用以及活塞的摩擦、敲击和侧推力作用。气缸的冷却水空间受到冷却水的腐蚀和穴蚀。当采用贯穿螺栓把气缸体、机架和机座紧固到一起时，气缸体承受压力。在非贯穿螺栓结构中，气缸体承受作用在气缸盖和活塞上的气体力所形成的拉力。

二、气缸的要求和材料

由气缸所起的作用和所处的工作条件可知，要求它具有足够的强度和刚度，要有良好的耐磨性和抗腐性，并要对它必须进行良好的润滑和冷却。在气缸套和气缸盖的结合面、气缸体和气缸套的结合面要有可靠的气封和水封。气缸由气缸体和气缸套组成。气缸体有每缸一个的单体式，有几个缸的缸体铸成一体的分组式，还有所有气缸的缸体铸成一体的整体式。在尺寸较大的柴油机中，为了制造、拆装和维修方便，气缸体多做成单体式或分组式。在中小型柴油机中,为了减小尺寸和重量,增加刚性,气缸体不仅做成整体式,而且与机架或曲轴箱制成一体,称为机体。通常气缸体多采用灰铸铁制造,但目前的新型柴油机为了减轻重量,采用焊接结构,并且将凸轮轴箱,扫气箱等与气缸体做成一个整体。气缸套采用灰铸铁、耐磨合金铸铁或球墨铸铁。当发生损坏时,可以单独更换。

三、筒形活塞式柴油机气缸的组成和结构特点

筒形活塞柴油机的气缸由气缸体和气缸套组成,一般来说,筒形活塞柴油机的气缸体与机架制成一体,称为机体,气缸套从上部插入气缸体内,每缸一个。

柴油机的气缸分湿式和干式两种。湿式气缸套的外表面直接与冷却水接触,冷却效果良好,更换和制造也方便。但必须有可靠的冷却水密封措施;干式气缸套的外表面不与冷却水接触,气缸体自身形成一个密封冷却腔,缸套内的热量只能通过气缸体向冷却水散热,散热效果差。目前,干式气缸套已基本淘汰,柴油机广泛使用湿式气缸套结构。

图 2.2-38 所示为筒形柴油机的气缸结构,气缸由气缸体 4 和气缸套 3 组成,气缸体(机体)的下部是曲轴箱,上部支撑气缸套。气缸套用上部的凸缘作轴向定位,由气缸盖压紧以保持气密,气缸盖与气缸套之间通常用紫铜垫圈或软钢垫圈。气缸套的下部是不固定的,可以自由伸长。通常气缸体和气缸套之间形成冷却水空间,但新型柴油机为了减轻低温腐蚀和缸套穴蚀的作用,把冷却水腔 7 上移,只对缸套上部热负荷较大处进行冷却,而缸套的下部不再进行冷却。但对缸套下部的四周仍进行了很好的支撑,使气缸套能够更好地承受侧推力。

缸套内部上端设有一个去炭环,其尺寸略小于缸套直径,可以除去活塞头顶岸的结炭,使缸套的磨损率和滑油的消耗率都有所下降,该环磨损后可单独更换。设置去炭环也是近年来新型中速柴油机缸套结构的主要改进。

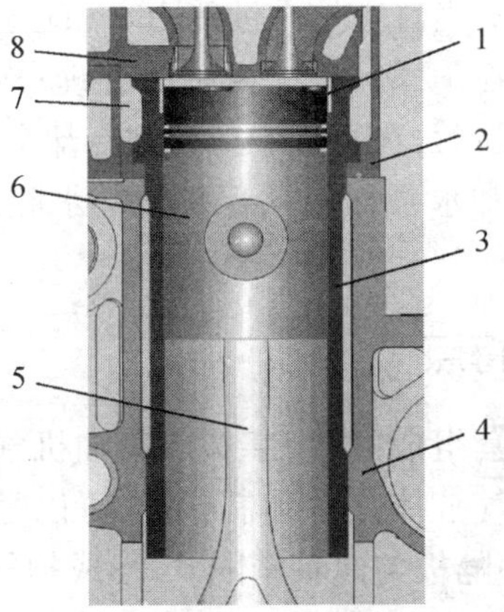

图 2.2-38　筒形柴油机的气缸

1—去炭环;2—水套;3—气缸套;4—气缸体;5—连杆;6—活塞;7—冷却水腔;8—气缸盖

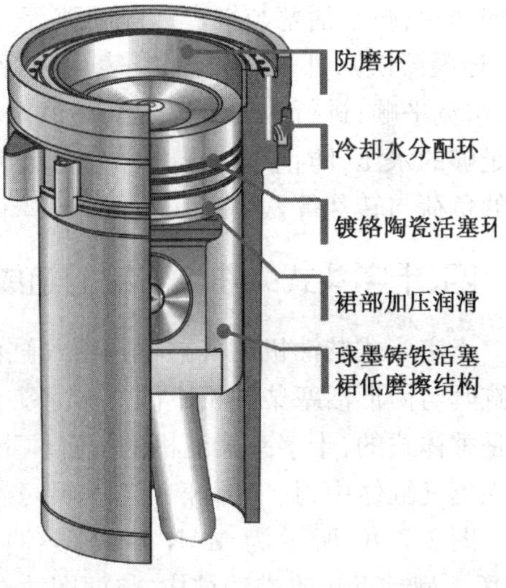

图 2.2-39　Wärtsilä 32 型柴油机的气缸套

图 2.2-39 所示为 Wärtsilä 32 型大功率中速四冲程柴油机的气缸套,该气缸套由特种灰铸铁离心铸造而成。气缸套凸肩较高,既有利于降低机体高度,又保证了缸套足够的刚度,防止柴油机工作时机体变形传到缸套上表面而影响缸盖密封垫的密封。缸套凸肩的厚度足以承受由爆发压力而产生的机械负荷。缸套内部上端设有一个防磨环,其尺寸略小于缸套直径,可以

除去活塞头顶岸的结炭，使缸套的磨损率和滑油的消耗率都有所下降，该环磨损后可单独更换。缸套凸肩部分采用钻孔冷却，冷却水由气缸上部配水环引入，经凸肩下部径向钻孔进入垂向钻孔，沿垂向钻孔流向凸肩上表面。垂向冷却水钻孔离缸套内表面的位置精确选择，以控制缸套内表面的温度，减小形成漆膜的可能性和减轻低温腐蚀。该气缸装入机体内部时在气缸套的上下部都有支撑，为了使气缸套能更好地承受侧推力，缸套壁造得比较厚。气缸套可以向下自由膨胀。

筒形活塞式柴油机的气缸套受到活塞侧推力的作用，当活塞侧推力方向改变时，活塞对缸套产生撞击，引起缸套横向振动，会使缸套出现穴蚀。穴蚀是指在筒形活塞式柴油机气缸套外表面冷却壁上出现光亮无沉淀物的蜂窝状小孔群损伤现象。它是由空泡腐蚀和电化学腐蚀两种因素共同形成的。一般在闭式循环淡水冷却的柴油机中，缸套穴蚀主要由空泡腐蚀引起，在开式海水冷却的柴油机中，缸套穴蚀则主要以电化学腐蚀为主。穴蚀在筒形活塞式柴油机中存在比较普遍。有的柴油机尽管缸套镜面还未磨损多少，但是缸套已被穴蚀击穿，导致缸套漏水。因此穴蚀直接影响着柴油机的寿命和可靠性。空泡腐蚀是由于缸套振动引起的，由于缸套的振动，会在缸套外表面附近的水域中产生交替膨胀与压缩，即在水中产生局部的高真空和高压。当水中压力降低到该温度下饱和蒸汽压力以下时，冷却水蒸发和溶于水中的空气析出而形成空泡。此外，冷却水在流动中，由于方向和流速的突然变化，会引起压力的变化。当压力低于当时温度下水的饱和压力时，也会汽化产生空泡。当空泡受到高压冲击而爆破时，就在破裂区附近产生高压波，它以极短的时间作用在很小的范围内，对缸壁有强烈的破坏能力。在这种高压波的反复作用下，气缸外壁金属表面将不断剥落，形成穴蚀。由此可知，缸套振动是缸套穴蚀的重要原因。为了防止穴蚀可采用以下措施：

首先，应降低缸套振动。如增加缸套壁厚；提高缸套支承刚度及增加支承数量；减小缸套轴向间距；减小活塞与缸套装配间隙等。其次，应提高缸套抗穴蚀能力。如缸套采用抗穴蚀材料（球墨铸铁）；外表面光洁，外表面进行镀铬、渗氮、喷陶瓷、涂树脂等处理；冷却水腔结构合理，水流平顺；进行水处理以提高其消振性能等。最后，在管理中应控制冷却水温不能过高，保证足够的水压，防止冷却水中含有大量空气（如冷却水泵漏气），保护冷却水腔清洁；控制柴油机的负荷与转速等。

四、十字头式柴油机气缸的组成和结构特点

十字头式柴油机的气缸也是由气缸体和气缸套组成的，十字头式柴油机气缸的气缸体和气缸套与筒形活塞柴油机不同。十字头柴油机的气缸体是单独制造的，可以是单体式的也可以是整体式的，十字头柴油机的气缸体下部设有中隔板与曲轴箱隔开，形成扫气空间。气缸套插入到气缸体中，其下部开有气口，用于柴油机的换气。

图2.2-40 所示为 MAN B&W 柴油机的气缸。左侧 S-MC 型是较老一点的结构，右侧 S-MC-C型是近年改进的结构，将两图放在一起可进行相关的比较。它由铸铁制造的单体式气缸体和气缸套组成。气缸体由双贯穿螺栓固定到机架上平面上，在气缸体的上部开有大尺寸的中心孔，孔中插入气缸套。气缸体下部有底板将气缸和曲轴箱隔开，气缸体下部形成扫气空间。底板上的孔中装活塞杆填料函。气缸体在左右方向上设有通道 B 和 C。通道 C 平时由盖板盖住，在检修时打开，使轮机人员很容易接近活塞杆填料函、扫气口等部位，可对填料函、缸套内表面、活塞及活塞环等进行检查，并对气口和活塞下部空间进行清洁。通道 B 和扫气箱相连，在活塞打开扫气口 A 时进行气缸扫气。在气缸体上部安装固定气缸盖的螺栓。

目前,新型的 MAN B&W MC 柴油机也有采用焊接气缸体的。焊接结构有一系列固有的优点,如增加刚性、减轻重量,并且可以将扫气箱与气缸体制成一体而进一步减轻重量和尺寸。焊接和铸造气缸的部件可以互换。

气缸套通过上部的气缸盖压紧在气缸体上,当气缸套受热时,下部可以自由膨胀。由于现代十字头柴油机向长冲程化方向发展,缸套的结构较高,不会全部插入到气缸体中,因此在气缸套外部设有冷却水套。在气缸套中部设有注油器接头,其内表面开有润滑油槽保证气缸油的均匀分布。在缸套的最下部是一圈扫气口,由活塞控制启闭。扫气口在水平和垂直方向有一定的角度用以控制气流,使气流在进气时形成一定的旋转。

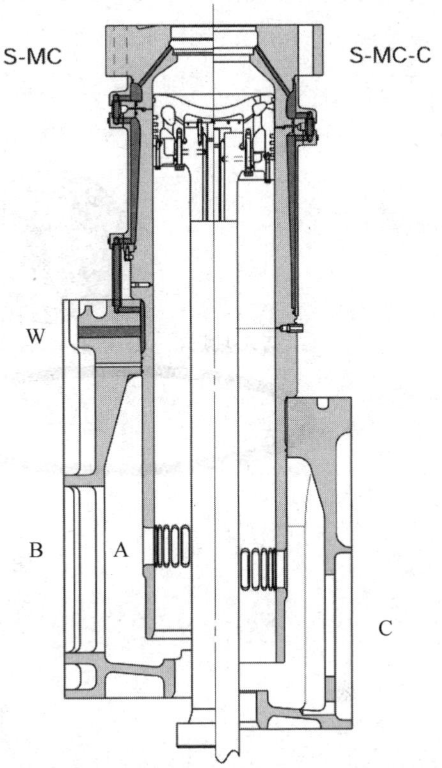

图 2.2-40 MAN B&W S-MC 和 S-MC-C 型柴油机的气缸

A—扫气口;B—扫气通道;C—检修通道;W—冷却水入口

与 S-MC 型柴油机相比,S-MC-C 型柴油机的 S/D 值更大,缸套更高而气缸体更低。S-MC 型柴油机的冷却水由 W 处进入气缸体,然后进入冷却水套,而 S-MC-C 型柴油机,在气缸体内不设冷却水腔,冷却水直接进入冷却水套,在冷却水套上下两端都设有橡胶圈用于密封冷却水。在气缸套下部外表面的槽内也有橡胶圈,用于给缸套导向和用于密封冷却水和扫气空气。在缸套上部通过冷却水接头,将冷却水送至气缸盖。由于气缸套的下部不用冷却,使气缸套中、下部有较高的温度,这对气缸套工况及消除该区域腐蚀磨损有利。

S-MC-C 型柴油机气缸套的最显著特点是缸套与气缸盖的密封面下移,这对于改善密封面的工作条件和气缸套的工作状况非常有利。

新型柴油机在结构上的另一个改进是在缸套与气缸盖的密封面处设置了一道去炭环,它的直径比气缸套的内径略小,可以除去活塞头顶岸的积炭,减少缸套的磨损,如图 2.2-41 所示。因为活塞头顶岸积炭,会刮除气缸壁上的润滑油,破坏气缸的润滑,使缸套磨损加剧。

图 2.2-42 所示为最新的十字头柴油机的气缸结构。新型的 MAN 柴油机的最主要的特点是气缸体已从以前的铸造结构改为焊接式结构。焊接式的气缸体将气缸体和扫气箱做成一个整体,可以大大减轻气缸体的重量,提高机械性能,改善扫气空间的接近性,使得柴油机的检修更加方便。

缸套插入气缸体部分为扫气空间,气缸体内不设冷却水空间,冷却水空间设在水套和气缸套之间。气缸套上部加强并采用钻孔冷却,保证了缸套的机械强度和热强度。8 根气缸盖螺栓,下部拧入气缸体内,上部紧固气缸盖,保证气缸盖和缸套之间的密封。

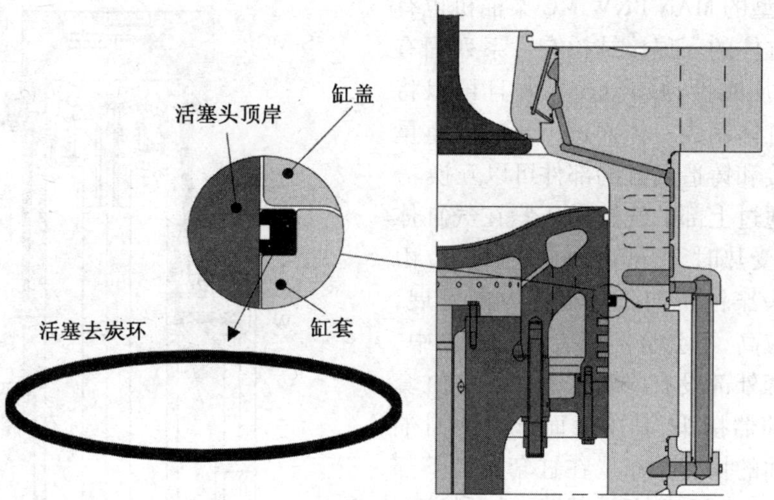

图 2.2-41 去炭环

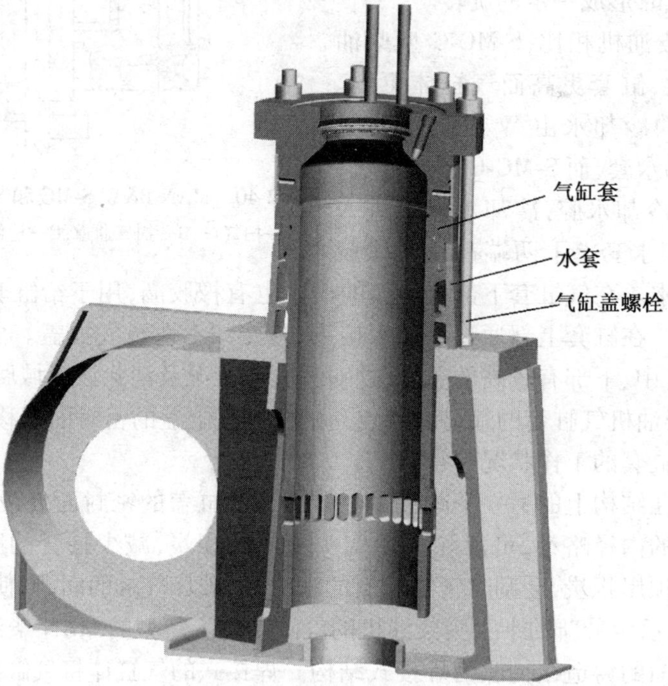

图 2.2-42 十字头柴油机的气缸

第七节 气缸套的检修

一、活塞环与气缸套的摩擦形式

气缸套的磨损是一个非常复杂的过程,就其产生的原因既有物理方面的因素,也有化学方面的因素。根据磨损机理的不同,可将磨损分为以下三种。

熔着磨损：经过精加工的表面用肉眼看起来是很光滑的，但是用显微镜检查，就可以观察到它的表面是由锯齿形的峰和谷所组成。在薄膜润滑（边界润滑）的条件下，摩擦面间只有一层极薄的油膜，摩擦表面的部分尖峰会刺破油膜发生接触，或由于润滑条件差、局部高温等，使滑动表面缺乏充足的润滑油膜，也使摩擦表面间发生金属的直接接触。当两滑动表面在压力下有极微小部分的金属直接接触、摩擦时，便形成局部高温，使两者熔融粘着、脱落，逐步扩大形成熔着磨损。这种磨损在一般情况下，以活塞在上止点第一道活塞环附近最严重。影响熔着磨损的因素很多，主要有气缸套、活塞、活塞环等的材质，机械加工质量、外形尺寸及形状精度，气缸润滑油孔的布置，气缸油的供给数量和品质，气缸套表面的温度，装置对中情况等。熔着磨损发展严重时会引起柴油机拉缸事故。

磨料磨损：硬质颗粒进入气缸套的摩擦面和活塞的摩擦面之间形成磨料，磨料与两摩擦面产生挤压、滚撞，使金属脱落，便造成磨料磨损。磨料主要来源于：燃油在催化裂化过程中留下的催化剂粉末；燃油在储存和运输过程中进入的锈、沙和其他硬质颗粒；磨屑；燃烧生成的灰分和炭粒；随空气进入气缸的灰尘以及被污染的气缸油等。因此，提高燃油（对筒形柴油机还有曲轴箱滑油）净化质量，确保燃油良好燃烧，保持气缸油和进入气缸的空气不被污染等，都是减少磨料磨损的有效措施。磨料磨损可以从在气缸套镜面沿活塞运动方向上有平行直线状的拉伤痕迹来识别。

腐蚀磨损：含硫的燃油在燃烧时，燃油中所含的硫分将生成二氧化硫，燃油中的氢燃烧后生成水蒸气。此外，燃油中存在的钒、铁、钠、镍等微量元素也各自生成自己的氧化物。五氧化二钒和氧化铁是二氧化硫再氧化成三氧化硫的活泼的催化剂。根据实验，在废气中有1%～15%的二氧化硫经进一步氧化变成三氧化硫。二氧化硫、三氧化硫和水蒸气在温度降到各自的露点（在缸内条件下露点为160～180 ℃）以下，就会分别凝结成亚硫酸和硫酸。硫酸比亚硫酸对铁和铁合金腐蚀性强，危害性大。因此，在柴油机工作中，由于燃油中的硫所产生的酸性燃烧产物的凝结，会使气缸套严重腐蚀，这便造成腐蚀磨损。其使缸壁上布满疏松的细小孔穴，这是腐蚀磨损的显著特征。缸壁的腐蚀磨损在缸套上部最严重，这是因为缸套上部的油膜较薄，隔离和中和硫酸的能力低。虽然直接在此处凝结的酸少，但活塞上行时把下部生成的酸刮到了上部。

由硫酸引起的腐蚀称低温硫酸腐蚀或“冷”腐蚀。在气缸套中除由硫酸引起的腐蚀外，当进入气缸中的燃油、空气和气缸润滑油中含有海水或盐时，会使气缸套遭到盐酸腐蚀。

腐蚀磨损和所用燃油的硫分含量有很大关系。近些年来，由于含硫量较大的燃油（有时达5%）的使用，低航速航行（此时柴油机的负荷低，气缸套表面温度也低），节约能源措施的实施等，使腐蚀磨损问题变得更为突出。适当提高冷却水温度，采用适当碱度和数量的气缸润滑油，将气缸润滑油孔设在气缸套的较高位置，使气缸润滑油注入气缸时能沿气缸套内表面圆周均匀分布，这些措施都能使腐蚀磨损减轻。

二、气缸套的检修

活塞环和气缸套工作时，一定会产生磨损。轮机管理人员对此的职责是努力控制该摩擦副处于正常的磨损情况下，避免发生异常磨损。

1. 气缸套正常磨损

活塞环正常磨损的特征是活塞环的厚度基本上均匀，外表面光滑无毛刺，较清洁，无硬化层，其外形呈鼓形。活塞环的正常磨损速度不超过0.1～0.5 mm/kh。气缸套正常磨损的特点是最大磨损部位在活塞上止点第一道活塞环位置附近,并沿缸壁向下磨损量逐渐减小。气缸套工作表面清洁光滑,无明显划痕、擦伤等磨损痕迹。气缸套正常磨损的参数为圆度误差、圆柱度误差,内径增量(缸径最大增量)小于说明书或有关标准的规定值。缸套正常磨损率:铸铁缸套<0.1 mm/kh,镀铬缸套在0.01~0.03 mm/kh之间。

2. 活塞环和气缸套的异常磨损

(1)异常磨损的特征。活塞环和气缸套异常磨损的特征是磨损率很高,大大超过正常磨损率。一般铸铁缸套磨损率>0.1 mm/kh,活塞环的磨损率>0.5 mm/kh;缸套表面脏污,有较明显的划痕、擦伤和撕裂等拉缸或咬缸现象,缸壁有发蓝等明显的烧灼现象;磨损产物颗粒较大,达25~30 μm。

(2)异常磨损的规律和原因。图2.2-43为气缸套沿中心线方向的磨损规律图。图2.2-43(a)为缸套正常磨损的情况,而图2.2-43(b)~(g)为异常磨损的示意。(b)、(c)、(d)为典型

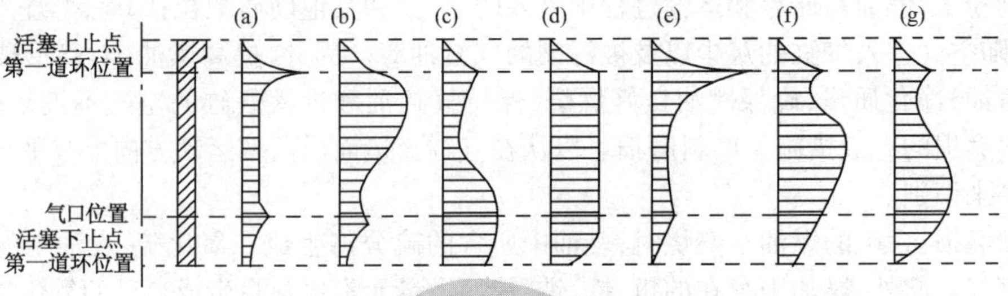

图2.2-43　气缸套沿中心线方向的磨损规律图

的异常磨粒磨损。(b)和(c)分别是缸套上部和下部发生异常磨粒磨损。(b)是缸套上部因新鲜空气携带大量灰尘进入气缸和燃烧不良产生大量积炭所致;(c)是润滑油中机械杂质过多,筒形活塞式柴油机缸套自下而上布油,造成下部严重磨损。(d)为以上两种情况并存时所致。(e)为缸套异常粘着磨损情况,其特点是活塞位于上止点时第一道活塞环对应的缸壁磨损异常增大,甚至出现大面积的拉伤现象。(f)和(g)是典型的腐蚀磨损。(f)是燃油含硫量高或柴油机经常冷车起动,致使缸套上部产生严重的腐蚀磨损,其磨损量为正常磨损的1~2倍。腐蚀产物脱落后,即形成二次磨粒,使缸套中部磨损加剧,其磨损量可为正常磨损的4~6倍。(g)是冷却水温度过低,在缸套下部形成严重的低温腐蚀磨损。

船舶柴油机实际的活塞环和缸套磨损情况,往往是综合而且复杂的,原因也是多方面的,需要轮机员根据当时情况全面考虑和具体分析。一般来说,导致活塞环和气缸套的异常磨损有以下几个原因:

①燃油和燃烧的质量。燃油质量对气缸套磨损的影响主要取决于燃油中硫的含量。当含硫量高于0.7%~1.0%时,气缸套磨损量将急剧增加。由于使用含硫量较大的燃油(有时高达5%),低航速节约能源措施的实施,使腐蚀磨损问题变得更为突出。含硫量高的燃油燃烧时生成较多的炭垢,并使其变得坚硬,加重磨粒磨损。低质燃油中的灰分、机械杂质以及燃油裂化使用的含硅、铝的催化剂等以硅酸铝颗粒存在,会使缸套和活塞部件发生异常磨粒磨损。燃油燃烧不良会使炭粒增加,积炭严重。对燃油使用前的预处理(预热与净化),有助于提高燃烧的质量和降低磨损。

②冷却水温的管理。气缸套冷却水温度的高低对活塞环和气缸套的磨损有很大影响。一般来说缸套冷却水温度过低,缸壁温度低于 H_2SO_4 的露点,会使硫酸腐蚀(低温腐蚀)加重;缸套冷却水温度过高,缸壁冷却不良,会使缸壁上润滑油氧化严重,炭垢增加,滑油黏度下降,油

膜容易破坏,导致粘着磨损。

适当地提高缸套冷却水温度,使缸壁表面温度高于硫酸的露点,可有效地防止腐蚀,减少磨损。一般冷却水出口温度控制在85~90 ℃时,缸套磨损量较小。

③润滑的管理。对润滑油的管理、使用不当,如润滑油品质不良、碱值不当、油压不足、滑油变质不及时更换和气缸注油率不合适、滑油中混入机械杂质,都会引起活塞环和气缸套的异常磨损。

由于活塞环和气缸套在恶劣的工况下工作,为了保证边界润滑条件,近代的气缸油都是选用优质的矿物润滑油作为基础油,再加入各种效能的添加剂制成。

柴油机使用劣质高硫燃油时,气缸油的碱值应与其匹配,以中和燃油燃烧时生成硫酸,有效地降低低温硫酸腐蚀。根据使用经验,使用高硫分(含硫>2.5%)的燃油,气缸油的TBN应为65~70,燃油中硫的含量小于2.5%,气缸油的TBN约为40。气缸润滑油应具有良好的油性、适当的黏度和较高的黏度指数,较好的清净分散性和抗氧化性。

图2.2-44是Sulzer RTA型柴油机气缸套磨损的三维图形。它定性表示了气缸套不同类型磨损的磨损量与缸壁温度和燃油含硫量三者之间的关系。

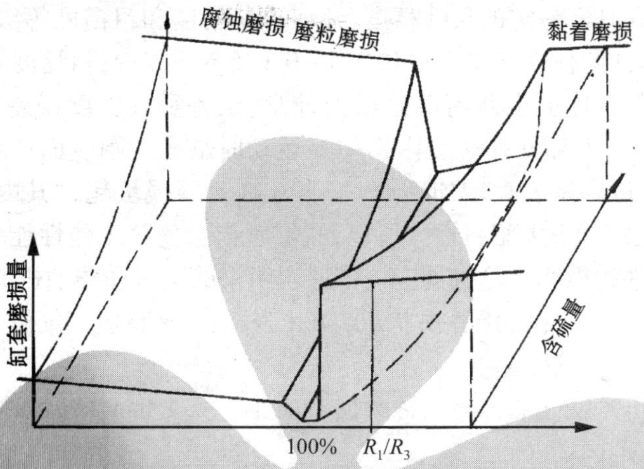

图2.2-44　Sulzer RTA型柴油机气缸套磨损的三维图

从图2.2-44中可以看出,当缸壁温度低时,主要发生腐蚀磨损和由腐蚀产物引起的二次磨粒磨损;当缸壁温度达到某一温度后,活塞环与气缸套工作表面间的油膜被破坏导致粘着磨损;而缸壁温度对应于不同含硫量在某一温度范围时缸套磨损量处于较低水平。

三、减少气缸套磨损的途径

减少气缸套磨损的途径主要有:

1. 制造安装工艺

气缸套常采用合金铸铁,如高磷铸铁、磷铬铸铁和含硼铸铁等。高磷铸铁储油能力、耐磨性都比较好。气缸套可以通过一些强化手段提高性能。常用的手段有内圆表面高频淬火、激光表面淬火、松孔镀铬和内外表面的离子渗氮。这些强化手段可提高气缸套的硬度和耐磨性,提高其疲劳强度。气缸套内圆表面的强化方法一定要和活塞环外圆表面的强化相匹配,形成一个合理的摩擦副。

保证活塞组件和气缸套的装配质量和它们之间的正常配合间隙是不可忽视的。据统计,气缸套总磨损量的1/3是由于装配不正、间隙不合适引起的。活塞和气缸套的轴线不重合，甚至产生倾斜，将使润滑变坏，磨损加剧，以致产生严重的擦伤和拉缸；间隙不合适易产生敲缸、拉缸等故障。因此应定期吊缸检测调整活塞与气缸之间的配合间隙。

2. 日常管理使用

加强柴油机的运转管理是减少气缸套磨损的重要措施。

(1)加强燃油和燃烧的管理。加强燃油品质的选择和净化处理可有效地减少腐蚀磨损和磨粒磨损。使用劣质燃油时应采取相应措施。保证燃油完全燃烧，减少由于燃烧不良引起的缸套磨损。

(2)保证良好的润滑。对气缸润滑油品质的选择、净化处理及供油设备的维护等应按规定认真执行，注意注油定时、注油率的选择。

(3)注意气缸冷却水温度。冷却水温度过低和过高都是不利的。注意水温的变化并使之保持在要求的温度范围内，同时加强对冷却水的管理，定期进行水处理。

四、气缸套磨损的检修

新造气缸套内孔具有一定的尺寸精度、几何形状精度和粗糙度等级。一般几何形状的加工误差，如圆度误差和圆柱度误差应在0.015～0.045 mm以内，粗糙度 Ra 在0.4～1.6 μm之内。气缸套安装到气缸体上后几何误差增大，圆度误差和圆柱度误差应控制在0.05 mm以内。柴油机运转时，活塞部件在缸套内作往复运动时缸套内圆表面产生不均匀磨损，壁厚减薄，圆度误差和圆柱度误差大大增加。通常，当气缸套磨损量超过其内径(0.4%～0.8%)D(D为缸径)时，燃烧室就失去密封性。所以，气缸磨损会使其工作性能变坏，柴油机功率下降和导致其他工作零件的损坏。轮机员应该依照说明书的要求和柴油机的运转情况对气缸套磨损进行检测，掌握和控制气缸套磨损状况，防止发生过度磨损。气缸套内孔磨损标准如表2.2-7所示。

大型低速柴油机铸铁气缸套的正常磨损率应小于0.1 mm/kh，镀铬气缸套正常磨损率在0.01～0.03 mm/kh范围之内。

表2.2-7　气缸套内孔磨损极限 CB/T 3503-92　(mm)

气缸套内径	内径增量	圆柱、圆柱度
85～200	0.60	0.10
200～300	1.00	0.15
300～400	1.50	0.23
400～500	2.00	0.28
500～600	3.00	0.35
600～700	4.00	0.45
700～800	5.00	0.60
800～900	5.70	0.65
900～1 000	6.40	0.70
1 000～1 100	6.80	0.75

(一)气缸套内圆表面磨损测量

目前，无论是船上还是船厂检测气缸套内圆表面的磨损情况均是利用一般的量具，如内径千分尺、内径百分表或随机专用内径百分表。通过测量缸径和计算圆度误差、圆柱度误差或内径增量、磨损率并与说明书或有关标准比较，最后作出能否继续使用的判断。

1. 测量部位

测量气缸套内径是在沿气缸套纵向几个确定的测量点的横截面上首尾方向($y-y$,即平行曲轴方向)和左右方向($x-x$,即垂直曲轴方向)的气缸直径,如图2.2-45所示。

中、小型四冲程筒形活塞式柴油机如无测量用的定位样板,又缺少说明书等资料时,可参考以下4个位置进行缸套磨损测量:

(1)当活塞在上止点时,第一道活塞环所对应的缸壁位置。

(2)当活塞在行程中点时,第一道活塞环所对应的缸壁位置。

(3)当活塞在行程中点时,末道刮油环所对应的缸壁位置。

(4)当活塞在下止点时,末道刮油环所对应的缸壁位置。

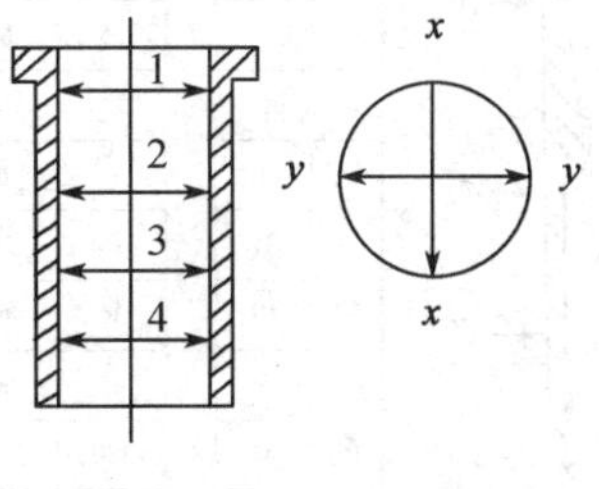

图2.2-45　气缸套测量部位

还可以根据气缸套磨损规律在以下部位测量缸径:

(1)活塞位于上止点时,第一道活塞环所对应的缸壁位置。

(2)第一道活塞环分别在活塞行程的10%、50%和100%的位置。

(3)第一道活塞环在距气缸套下端5~10 mm的位置。

除上述规定点外,还可依气缸套长短和要求,在气缸套上适当部位增加测量点,尤其增加气口上、下部位的测量点。

大型二冲程低速柴油机气缸套磨损测量部位一般在柴油机说明书中有明确规定,并有随机测量用的定位样板。测量时,只需将样板分别安放在气缸套的首尾方向和左右方向的位置上,依样板上的定位孔确定各测量截面,测量其相互垂直的两个缸径。图2.2-46为Sulzer RTA38/48型二冲程柴油机气缸套测量位置和定位样板,表2.2-8为MAN B&W MC/MCE型柴油机气缸套磨损测量点的位置,依此可测量缸套各点的直径,或以此制作测量定位样板。

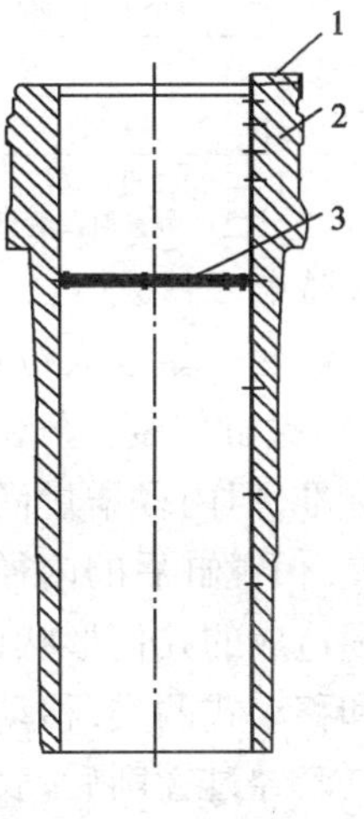

图2.2-46　RTA38/48型柴油机气缸套测量部位

2. 测量、记录与计算

测量时应准确记录各测量点的数据,依此数据计算出各横截面的圆度并求出最大圆度;计算出首尾、左右两个纵截面的圆柱度并找出最大圆柱度;计算出内径增量;与上一次测量比较,确定两次测量的间隔时间,以便计算出这一段时间内缸套的磨损率。将计算出的最大圆度、圆柱度或最大内径增量与说明书或标准比较,以确定磨损程度和修理方案。

(二)气缸套磨损的修复

1. 轮机员自修

当气缸套磨损后各项指标均未超过说明书或标准的要求,只是气缸套内圆表面有轻微拉痕或擦伤时,可在船上由轮机员自修予以修复。

(1)轻微纵向拉痕(宽$\not>$0.2%D、深$\not>$0.5%D、数量$\not>$3条,D为缸径)可用砂纸或油石打磨,使拉痕表面光滑后继续使用。当气缸套内圆表面纵向拉痕超过上述规定时,则应送厂采用机加工方法予以消除或减轻。

(2)较轻擦伤(深度<0.5 mm)时可采用油石、锉刀或风砂轮等手工消除,使表面光滑后继续使用。

表 2.2-8　MC/MCE 型柴油机气缸套磨损测量点　　(mm)

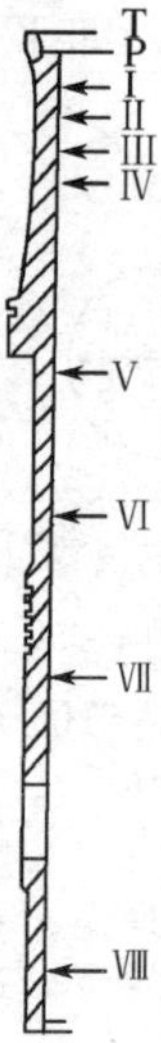

		S26	L35	L42	L50	L60	L70	L80	L90	S50	S60	S70	S80	K80	K90-2	K90
T-P		15	8	23	30	30	30	30	30	30	30	30	30	30	30	30
P-I		35	15	55	60	83	97	108	124	53	74	87	96	75	75	99
至I的距离	I	0	0	0	0	0	0	0	0	0	0	0	0	0	0	0
	II	15	20	20	26	30	34	34	40	26	30	34	40	40	40	40
	III	30	40	40	51	60	68	68	80	51	60	68	80	80	80	80
	IV	45	60	60	77	90	102	120	120	77	90	102	120	120	120	120
	V	370	320	390	500	550	700	800	900	790	948	1106	1264	800	900	900
	VI	420	450	580	700	830	980	1125	1375	830	1000	1170	1340	1000	1012	1110
	VII	750	800	1070	1200	1480	1759	2037	2975	1476	1806	2139	2472	1755	1732	1970
	VIII	1040	1130	1440	1720	2060	2397	2741	3320	2010	2410	2810	3210	2280	2280	2530
X		5	5.5	20	24	30	36	40	46	28	36	44	48	33	36	40

P-I—MC 设计 L_1 点；X—最大的活塞杆垫片。

注意：测量前，测量点 I 应调整到在上止点时第一道环上边缘下 5 mm 处。

2. 造船厂修复

气缸套产生较大拉痕、擦伤、磨台和过度磨损时，应拆下气缸套送船厂修复，主要方法有：

(1)镗缸修复。气缸套内圆表面产生较大拉痕、擦伤和磨台，或者气缸套的圆度、圆柱度超过标准，但内径增量尚符合标准时，采用机械加工(即镗缸)方法消除其表面损伤和几何形状误差，但镗缸后的内径增量仍应在标准之内。镗缸属于粗加工和半精加工，其目的是为了去除磨损造成的几何形状误差并得到基本尺寸精度。镗缸应在专门的镗缸机上进行，镗缸机有立式和移动式两类，移动式镗缸机体积小，重量轻，携带和使用方便。

缸套经过镗削后，表面有螺旋形加工刀痕。为了提高气缸壁的表面加工质量，达到缸套加工的最终尺寸要求，延长柴油机的使用寿命，必须对缸套表面进行最后一次精加工。

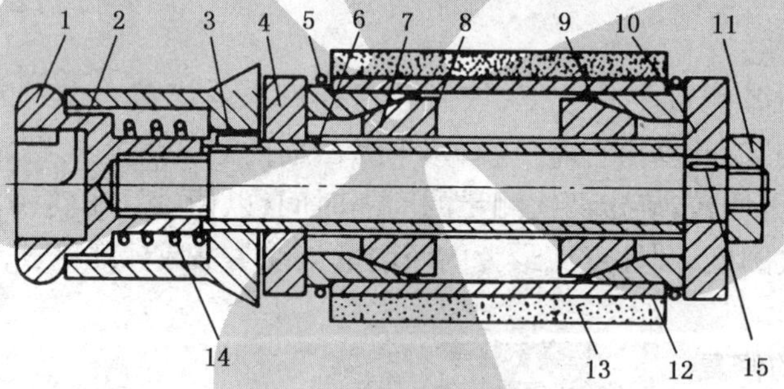

图 2.2-47　珩磨头结构

1—螺套；2—套；3—键；4—隔圈；5—弹簧；6—双旋向螺管；7—外锥套；8—心轴；9—内锥套；10—隔圈；11—螺母；12—油石夹头；13—珩磨油头；14—弹簧；15—键

磨缸是用珩磨的方法加工缸套表面。珩磨是一种高精度加工方法，主要加工工具是带砂条的珩头，如图 2.2-47 所示。珩磨头由磨缸机主轴带动旋转并做上下往复运动。珩磨头工作时是以缸套本身进行定位的，它与主轴是挠性联结，因而可以消除磨头与气缸中心间的误差。经过珩磨，缸套表面被砂条磨去一层薄薄的金属，其磨削方向在气缸表面留下相互交叉的网纹，如图 2.2-48 所示。相互交叉的网纹通常是 0.5～1.0 μm 的磨痕，它使工作表面既有较大的支承面又可在磨痕中储油，有利于改善气缸的润滑状态及柴油机的磨合。

磨头的往复运动速度与圆周速度之比称为珩磨速比，它对珩磨质量有较大的影响。增大往复运动速度，可加强切削作用，提高生产率，降低缸套表面粗糙度。磨缸时，应避免磨头的旋转速度与往复运动速度的次数成倍数关系，以免使磨痕加重，影响粗糙度。

(2)修理尺寸法。当气缸套内径增量超过标准时，在保证气缸套壁厚强度的前提下进行镗缸，消除气缸套内圆表面的几何形状误差和拉痕、擦伤、磨台等损伤，再依镗缸后的缸径配制新的活塞组件，以恢复气缸套与活塞之间的配合间隙。

(3)恢复尺寸法。当气缸套内径增量超标时，先镗缸消除气缸套内圆表面的几何形状误差和表面损伤，再根据气缸套壁厚要求增加的厚度可选用镀铬、镀铁或镀铁加镀铬的工艺，也可采用喷涂，恢复气缸套原有的直径和与活塞之间的配合间隙。

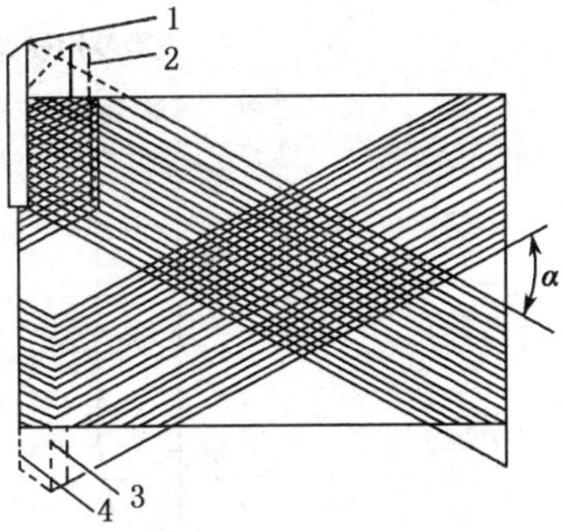

图 2.2-48　珩磨后的网状磨痕

1—前进行程开始时砂条位置；2—返回行程开始时砂条的位置；3—前进行程终了时砂条的位置；4—返回行程终了时砂条的位置；α—磨痕螺旋线相交的角度

气缸套修复后装机正常运转之前必须进行磨合运转，按说明书要求或视修理状况进行。

五、气缸套的磨合

新柴油机或新更换的气缸副在投入正常运转之前应进行磨合，这一过程绝对不可省略。活塞环与气缸套不经过磨合或磨合不良就投入正常运行，必然会产生严重的粘着磨损。新造柴油机在制造厂台架试验时须进行磨合运转，装船后开航前还需进行严格的磨合运转。

磨合运转是决定柴油机工作寿命的重要阶段。

1. 活塞环—气缸套磨合良好的标志

活塞环—气缸套磨合运转后，通过盘车从观察孔进行观察或吊缸检查时，良好磨合有以下一些特征：(1)缸壁表面润湿、光亮、清洁，油污不严重且易清除。(2)工作表面无明显磨损、划痕等。(3)活塞环在环槽中活动自如，表面有一圈发亮的磨合带。

2. 影响活塞环-气缸套磨合质量的因素

影响磨合质量的因素很多，主要有：

(1)润滑。磨合运转实质上是一个加速磨损的过程，即要在尽量短的时间内完成初期有效的磨损。为达到这个目的，磨合时所使用的润滑油品质和数量有严格要求。在磨合时，气缸油应使用纯矿物油或低碱性气缸油，以便获得一定的腐蚀磨损，加快磨合过程的进行，同样，所用燃油硫分高，磨合所需时间就短。在任何条件下均不应使用高碱值气缸油。高碱值气缸油会使磨合期加长且容易发生拉缸故障，碱值越高拉缸发生率越大。这常常是因为轮机员对磨合时间估计不足，提前加大柴油机负荷所致。磨合一旦完成，应及时换用碱值正常的气缸油，避免缸内发生过度污染。

在整个磨合期的各个不同阶段，适时换用不同碱值的气缸油可以获得良好的磨合效果，图2.2-49为磨合期内主机运转与气缸油匹配图。

在磨合过程中增加气缸油供应量，可以使比较粗糙的缸壁表面得到充分润滑，改善燃烧室的密封，清除摩擦表面上的积炭和污物。如 L-MC/MCE 柴油机说明书中规定，磨合的前 20 ~ 24 h 内，以最大极限供油量磨合，并在最初运转的 1 000 ~ 2 000 h 内，建议比正常供油量多50%。

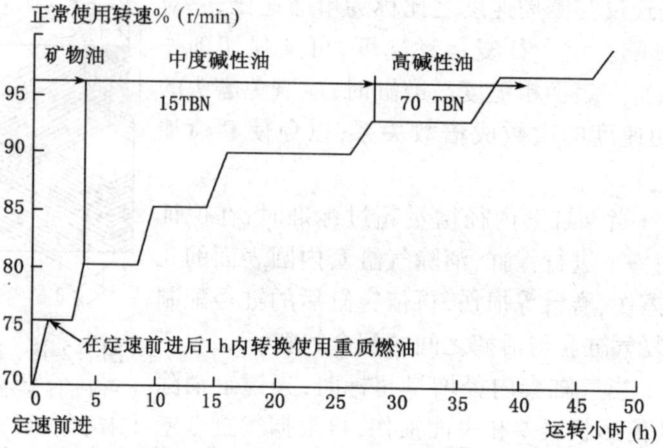

图 2.2-49 磨合期主机运转与气缸油的匹配

(2)摩擦表面形貌。通常活塞环和气缸套均采用耐磨的铸铁材料,为了提高活塞环和气缸套磨合性能和抗拉缸性能,采用表面改性处理和使气缸套表面具有适于磨合的初始粗糙度是很有效的工艺措施。活塞环外圆表面采用镀锡、磷化、镀铜和氧化等工艺,来改善活塞环的磨合性能和抗拉缸性能。在环外表面喷钼,可以提高环的耐磨性和有效地防止拉缸。

气缸套内圆表面采用磷化处理、松孔镀铬等工艺,可提高磨合效果和抗拉缸性能。气缸套内圆表面采用珩磨加工或波纹切削,使表面形成具有最佳初始粗糙度的特殊形貌。这些特殊形貌可以储油,减少拉缸,同时又加速活塞环与气缸套的磨合。

(3)磨合程序。磨合运转必须科学合理地分配负荷、转速和磨合时间。低负荷下磨合需要很长时间,延误投入正常运转;短时间高负荷磨合,容易造成过度磨损,产生漏气甚至咬缸。磨合程序应依照转速由低到高、负荷由小到大,运转时间合理分配的原则制订。各柴油机制造厂都在说明书中给出磨合程序,轮机管理人员应严格按规定程序进行磨合。

柴油机新换活塞、活塞环、翻新的缸套也必须经过磨合。由于磨去的量较少,允许采用正常使用的气缸油,但具体磨合规范应遵循柴油机说明书的要求。

六、拉缸

拉缸是柴油机活塞组件与气缸套配合工作面相互剧烈作用(产生干摩擦),在工作表面上产生过度磨损、拉毛、划痕、擦伤、裂纹或咬死的现象。拉缸是存在润滑条件下产生的不同程度的黏着磨损。拉缸轻时,使气缸套、活塞组件受损,严重时会造成咬缸的恶性机损事故。近年来,随着柴油机增压压力和单缸功率的提高,气缸套和活塞组件的热负荷和机械负荷增加,再加上柴油机燃用高黏度劣质燃油等使拉缸事故更容易发生。

(一)拉缸的主要症状

(1)柴油机运转声音不正常,发出"吭吭"声或"嗒嗒"声。

(2)柴油机转速下降乃至自动停车——因为气缸内摩擦功增大。

(3)曲轴箱或扫气箱冒烟或着火——由于缸套和活塞组件温度升高,使曲轴箱或扫气箱空间加热,油或积油蒸发成油气,当活塞环黏着或断环失落时使燃气泄漏以致着火。

(4)排烟温度、冷却水温度和滑油温度均显著上升。

(5)吊缸检查可发现气缸套和活塞环、活塞工作表面呈蓝色或暗红色,有纵向拉痕;气缸套、活塞环,甚至活塞裙异常磨损,磨损量和磨损率很高,远远超过正常值。

(二)柴油机拉缸种类

一般柴油机拉缸事故多发生在运转初期的磨合阶段和长期运转以后。根据拉缸发生的时间和损伤特点分为以下两类:

1. 柴油机运转初期的磨合拉缸

这种拉缸事故发生在新造或修理后的柴油机磨合阶段,损伤部位在气缸套和活塞环工作表面,严重时波及活塞裙外表面。

2. 柴油机运转中的拉缸

这种拉缸事故多发生在柴油机稳定运转较长时间(数千小时)以后,拉缸使活塞裙外表面烧伤、磨损和气缸套内上止点附近壁面严重磨损及气口筋部裂纹。铸铁气缸套与铝合金活塞发生拉缸时,可使活塞材料熔化并与气缸套表面焊接。

(三)拉缸的工艺原因

柴油机拉缸事故的根本原因是气缸套与活塞环工作表面间的油膜变薄或遭到破坏所致。当油膜变薄或局部破坏失去油膜时,使气缸套和活塞环配合表面的金属直接接触,发生黏着磨损,进一步发展和恶化即形成严重的拉缸事故。使润滑油膜变薄和破坏的因素较多,除滑油品质不佳、供油不足或中断、气缸套冷却不良缸壁过热、超负荷等因素外,柴油机制造与安装精度和使用中的精度降低也是不容忽视的重要原因。所以,还应从工艺上分析拉缸的原因。

(1)气缸套与活塞环工作表面的粗糙度不合适容易引起运转初期的磨合拉缸。气缸套和活塞环的表面粗糙度对磨合过程有很大影响。表面粗糙度等级过低,表面太粗糙难以在较短时间内完成良好的磨合;若表面初始粗糙度等级过高,表面太光洁,难以存油而使金属直接接触,造成黏着磨损。新造或经修理的气缸套内表面粗糙度应符合下列要求:高速柴油机 Ra 不超过 0.8 μm;中速柴油机 Ra 不超过 1.6 μm;低速柴油机 Ra 不超过 3.2 μm;

(2)活塞运动装置对中不良引起拉缸。新造柴油机活塞运动装置与气缸套对中性差,即安装精度低,或者由于长期运转使导板、滑块、轴承等磨损,破坏了活塞运动部件在气缸中的正确位置,致使柴油机运转中活塞在气缸中往复运动时产生摆动和敲击气缸,油膜被破坏导致拉缸事故。例如某油船主机修理后试车时发生第一、五缸拉缸事故,起因是活塞运动装置对中不良。表 2.2-9 示出第一、五缸活塞与气缸套间隙测量值。分析数据可以看出,该筒形活塞式柴油机的第一、五缸首尾方向出现零值,表明活塞在气缸中向首端倾斜。

表 2.2-9　活塞与气缸套间隙　(mm)

测量部位 \ 缸号		第一缸		第五缸	
上止点	上	0.51	0.83	0.46	0.91
	下	0.20	0	0.31	0
下止点	上	0.46	0.89	0.51	0.84
	下	0.20	0.02	0.28	0

活塞与气缸之间的配合间隙反映了二者的对中情况,配合间隙过大、过小或分配不均都会导致拉缸。间隙过大,运转时燃气下窜,破坏油膜;间隙过小,金属直接接触甚至黏着,当活塞往复运动时产生拉缸;间隙分布不均,活塞运动部件在缸中倾斜,往复运动时产生摆动敲缸,破坏油膜,产生拉缸。

(四)防止拉缸的工艺措施

1. 保证活塞运动装置良好的对中性

新机在船上安装时应保证安装质量,保证活塞运动部件与固定件之间要求的配合间隙符合说明书或规范要求,从而使其具有良好的对中性。运转中的柴油机应加强维护管理,减少导板、轴承等的磨损,加强定期检测,及时发现失中现象,防止由于对中不良导致的拉缸。

2. 气缸套内圆表面采用波纹加工或珩磨加工

采用波纹加工或珩磨加工气缸套,不仅使其内圆表面具有合适的粗糙度,而且可以在表面上形成网状沟纹。这种网状沟纹的表面减少了活塞环与气缸套的接触面积,提高了单位面积压力,加速磨合;由于网状沟纹可以储油,有利于润滑,尤其缺油时沟纹内的油可以补充,从而可以防止拉缸的产生。大型柴油机气缸套采用波纹加工:首先进行波纹切削,使表面呈波纹状,然后再进行珩磨,将波纹顶部磨去15%,这样的表面结构磨合效果最佳,拉缸发生率大大降低。中、小型柴油机气缸套则采用珩磨加工或振动加工,以形成良好的抗拉表面。

3. 气缸套内圆表面强化处理

气缸套内圆表面采用松孔镀铬、喷钼、离子氮化处理等工艺来提高表面的耐磨性、抗咬合性,以提高缸套的抗拉缸性能。

4. 活塞环外表面强化处理

采用镀锡、镀锌、镀铅等工艺,在活塞环外表面上镀覆一层5~10 μm的金属,可加快活塞环与缸套的磨合,提高配合面的密封性,减少由于窜气破坏油膜引起的拉缸事故。活塞环外表面喷钼,可以提高抗咬合性能和提高耐磨性,因为钼的熔点高达2 640 ℃和喷钼层多孔且孔分布均匀,储油性好。

(五)拉缸时的应急措施

航行中,柴油机一旦发生拉缸事故,轮机员应沉着冷静地分析情况,积极设法采取可行的应急措施。根据拉缸程度、海况、海域或航道情况、柴油机结构特点等按说明书指导或自行决定应急措施。例如,当拉缸尚不严重,海面情况不允许停车检修或者距目的港(或任何港口)较近时,可采取简单的减缸航行措施;拉缸较为严重——发生咬缸或自动停车时,虽距目的港较远,但海面平静,则可停车吊缸修理;若无备件,可采用完全减缸航行。

七、气缸套裂纹的检修

柴油机气缸套裂纹损坏虽然比气缸套过度磨损的数量少,但在大缸径、强载的中低速柴油机的气缸套中是最常见的损坏形式。气缸套裂纹大多为热疲劳和机械疲劳等破坏。引起疲劳裂纹的原因与气缸套的结构、材料、毛坯缺陷及维护管理等有关。在船上工作条件下,维护保养不良、管理不当往往是产生裂纹的直接原因。一般来说,气缸套裂纹总是发生在结构设计不合理、强度较差和有应力集中的部位。常见的气缸套裂纹部位主要有:

1. 气缸套冷却侧裂纹

在气缸套外表面上部支承凸缘的根部多发生周向裂纹,严重时扩展到气缸套内圆表面,即裂穿,甚至整个圆周上裂纹连通,造成支承凸缘以下部分气缸套脱落的严重事故,如图2.2-50(a)所示。

产生这种裂纹的原因多为设计不合理,支承力点布置不当,致使气缸套受力后在其支承凸缘根部产生过大的弯曲应力,加之,凸缘根部过渡圆角太小引起应力集中,在气缸套凸缘根部必然产生裂纹。后经过改进,即改变支承力点位置,减小或消除弯曲应力,增大凸缘根部过渡圆角半径和控制气缸盖螺栓预紧力等措施，使气缸套产生此种裂纹的情况得到改善。

气缸套冷却侧因流道设计结构不良使冷却水流速过高，局部过度冷却引起过大的热引力，再加上流道圆根处如有应力集中，在气缸套冷却侧就会产生裂纹，并向内圆表面扩展，造成气缸套内圆表面上部产生纵向裂纹，如图 2.2-50(b)所示。

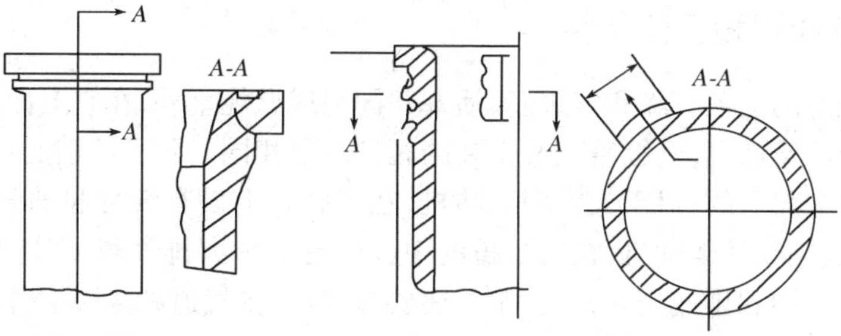

(a)外部凸缘根部裂纹　(b)冷却水道根部裂纹

图 2.2-50　气缸套外表面裂纹

此外，当二冲程柴油机气缸套有内铸冷却水管时，会产生纵向裂纹，甚至裂至内圆表面。这是由于气缸套铸造时，内铸冷却水管与气缸套之间熔合不良或因冷却水压力波动，也可能因冷却水处理不佳发生腐蚀等导致。目前，新式二冲程柴油机的气缸套均为钻孔冷却，冷却效果好，热应力小，能有效地防止裂纹的产生。

2. 气缸套内圆表面裂纹

二冲程柴油机气缸套内圆表面上部纵向裂纹或龟裂严重时会扩展到冷却侧。这是由于冷却侧结垢较厚或有死水区时，会使气缸套局部过热产生裂纹，或者由于过大的交变热应力引起的热疲劳裂纹。裂纹始于气缸套内圆表面，经过较长时间后裂穿。此外，如果燃油黏度过高或喷射压力较大，使燃油喷射距离加长，炽热的火焰侵袭气缸套内圆表面造成局部过热时，也会使气缸套内圆表面上部产生裂纹，如图 2.2-51(a)。气缸套排气口附近的裂纹是由于排气温度过高，排气口附近金属过热所致。此外，拉缸会使内圆表面产生纵向裂纹，也会使气口处产生裂纹，如图 2.2-51(b)、(c)。

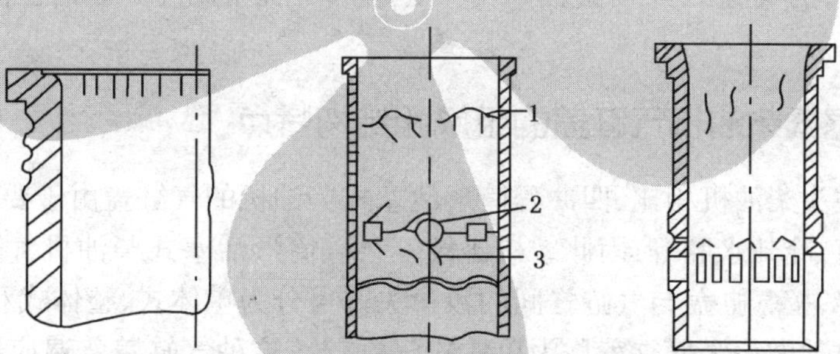

(a)上部纵向裂纹　(b)纵向裂纹和气口裂纹　(c) 纵向裂纹

图 2.2-51　气缸套内圆表面裂纹

1—布油槽；2—观察孔；3—裂纹

3. 气缸套裂纹的修理

航行中气缸套内圆表面产生有一定间隔的少量纵向裂纹时，可采用波浪键和密封螺丝扣合法修理，效果较好。例如，某船主柴油机 2 号缸的气缸套内圆表面产生 2 条约 260 mm 的纵向裂纹，采用此法修理后可使用 2 年以上。当裂纹较严重或已穿透时，则应换新气缸套。航行中气缸套裂纹严重又无备件时，应采用封缸措施实行减缸航行。

第八节　气缸盖及气缸盖的检修

一、气缸盖的作用和工作条件

气缸盖是燃烧室的上盖。除和气缸套、活塞共同组成燃烧室外，在它上面还要安装各种阀件。对于不同类型的柴油机，气缸盖上所安装的阀件不尽相同。除了早期的对顶活塞柴油机，喷油器都是装在气缸盖上的；对于大中型柴油机，在气缸盖上设有气缸起动阀、示功阀和安全阀；对于二冲程直流扫气的柴油机，在气缸盖的中心设有一个大排气阀；四冲程柴油机在气缸盖上除了要装有进气阀和排气阀外，气缸盖上还要布置进、排气道和气阀摇臂机构。

由气缸盖所起的作用和它所处的位置可以看出，气缸盖要受到螺栓预紧力和缸套支反力的作用，柴油机工作中还要受到燃气的高温、高压作用，其冷却水腔还会受到水的腐蚀。气缸盖结构复杂，金属分布不均，各部位温差很大。因此，气缸盖承受着很大的分布很不均匀的机械应力和热应力，尤其在各阀孔之间的狭窄区域（俗称"鼻梁区"）工作条件更为恶劣。

二、气缸盖的要求和材料

气缸盖要求具有足够的强度和刚度，以保证气缸盖既不会因应力过大而损坏，也不会因变形而漏泄。气缸盖的底板，特别是各种阀孔之间的金属堆积处和高温部位，需要进行良好的冷却，力求做到各部位的温度合适且均匀。还要求气缸盖上各种阀件的拆装、维护方便，冷却水腔的水垢容易清除。气缸盖与气缸套之间的气密可通过采用紫铜或软钢垫床来保证，也可采用精加工配合面来保证。

气缸盖一般采用铸铁、铸钢和锻钢等材料制造。四冲程筒形柴油机由于体积小，阀件多，结构比较复杂，通常采用铸铁制造，为了提高铸铁气缸盖的强度和热稳定性，往往在其中加入铬、镍、钼等合金元素。某些形状简单的二冲程柴油机的气缸盖可用耐热钢（如钼钢）铸造。但目前增压度较高的大型二冲程柴油机的气缸盖多用锻钢制造，锻钢性能优良，质量容易保证。

三、筒形活塞式柴油机气缸盖的组成和结构特点

与二冲程十字头柴油机相比，四冲程筒形活塞式柴油机的气缸盖由于要布置安装进排、气阀，布置进、排气道，冷却水腔等，因此结构比较复杂。筒形活塞式柴油机气缸盖的类型很多，其分类方法也很多，按气缸盖与气缸之间的数量关系可分为单体式、整体式和分组式气缸盖。

每一个气缸单独做一个气缸盖称为单体式气缸盖。这种气缸盖普遍应用在缸径较大，强化度较高的柴油机上。它的特点是气缸盖和气缸套密封面处的密封性好，制造、运输、拆装以及检修均较方便。但气缸的中心距加大，增加了柴油机的长度和重量。

把一排气缸的气缸盖（一般 4 个 ~6 个气缸）做成一体的称为整体式气缸盖。一般用于缸径较小的高速柴油机上。它的气缸中心距小，结构紧凑，柴油机的刚度提高、重量减轻，但易变形，密封性差，结构复杂，加工不便，往往由于局部损坏而导致整个气缸盖报废。为了使生产加工更加方便，也有采用 2 ~3 个缸共用一个气缸盖的结构，称分组式气缸盖。

四冲程筒形活塞柴油机的气缸盖都设有进、排气阀和进、排气道，按气阀数来分有双阀和

四阀两种结构。双阀(一个进气阀、一个排气阀)结构比较简单,但相对而言,进、排气通道的面积较小,强化程度较高的中、高速柴油机普遍采用四阀结构。

图2.2-52所示为Wärtsilä 32型柴油机气缸盖。它用灰铸铁制造。其上部为方形,四个角上有气缸盖螺栓孔,气缸盖螺栓采用液压工具上紧。下部为圆形,保证气缸盖与气缸套的良好结合和密封。气缸盖较高,一方面刚性好,保证气缸盖螺栓预紧力在气缸盖密封垫圈上均匀分布,另一方面有利气道的布置,使气道宽敞、阻力小。气缸盖中央为喷油器孔3,高压油管从缸套的侧面钻孔连接喷油器。左、右两侧分别有两个进气阀孔和排气阀孔,4为排气道,5为进气道,这种进、排气道左右分布的布置,减少了高温排气对低温进气的加热作用。在气缸盖下部距触火面很近的位置钻有冷却通道,由来自边缘流向中心的冷却水进行有效地冷却。保证了气缸盖底板及各阀中间的鼻梁处得到最好的传热。机械负荷由中间隔板及上面板和侧壁板所吸收,体现了薄壁强背的设计思想。冷却钻孔直达排气阀座,使排气阀座可直接得到冷却。气阀座圈是由具有良好耐磨性能的合金铸铁制造,进、排气阀表面镀有司太立合金,阀杆镀铬,如使用重油,可使用镍钼合金的排气阀。气缸盖上采用多管道集合元件代替了传统柴油机上单独元件的结构,可以完成空气进入气缸,废气排至排气系统,冷却水从气缸盖排出等多项功能。

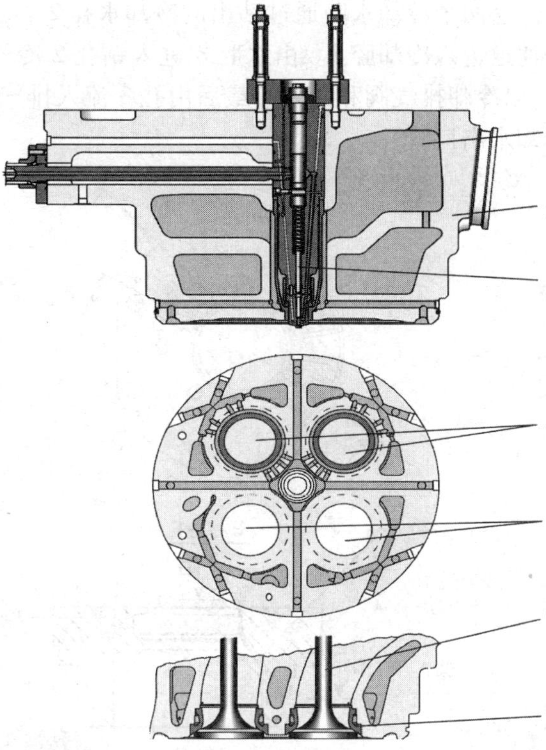

图2.2-52　Wärtsilä 32型柴油机气缸盖

四、十字头式柴油机气缸盖的组成和结构特点

大型低速十字头柴油机由于尺寸较大,气缸盖通常采用单体式气缸盖,为了合理使用材料并保证气缸盖的刚度和强度,曾出现过使用铸铁和铸钢两种材料制造并加以组合的组合式气缸盖,这主要是利用铸铁的铸造性好的特点,制造气缸盖结构复杂的部分;利用铸钢强度较高的特点用于承受高负荷的部分,然后进行组合,如内外组合或上下组合。但随着新型柴油机普遍使用锻钢制造气缸盖,组合式的结构已不再使用。弯流扫气柴油机的气缸盖结构比较简单,在气缸盖上仅装有一个喷油器,一个气缸起动阀和一个示功阀和安全阀的组合阀,但随着弯流扫气柴油机的淘汰,这种气缸盖已不多见。目前大型低速十字头柴油机以气口－气阀直流扫气的二冲程机占主导地位,下面仅介绍这种柴油机的气缸盖结构。

图2.2-53所示为MAN B&W S-MC-C型柴油机气缸盖,它为圆形,由锻钢制造。在气缸盖中央设有排气阀孔1,气阀机构用四只双头螺栓固紧在气缸盖上。另外气缸盖上还设有气缸起动阀孔5、安全阀与示功阀孔6以及两只喷油器孔4(尺寸较大的柴油机设3个喷油器)。在气缸盖中钻有许多径向冷却水孔2,在气缸盖底部设冷却水套9,它与气缸盖底部构成冷却水腔8。排气阀装入气缸盖孔1后,排气阀的插入气缸盖部分与孔内壁之间也构成一个冷却水

腔。这两个冷却水腔通过钻出的冷却水孔2相连通。冷却完气缸套的水,通过冷却水套上四个通道进入冷却腔8。由水腔8进入钻孔2冷却气缸盖底面后,进入阀孔与阀壳间的冷却水腔,以冷却排气阀和阀座。最后由孔3流入排气阀壳的上部冷却腔,经过冷却排气通道后排至冷却水出口管。

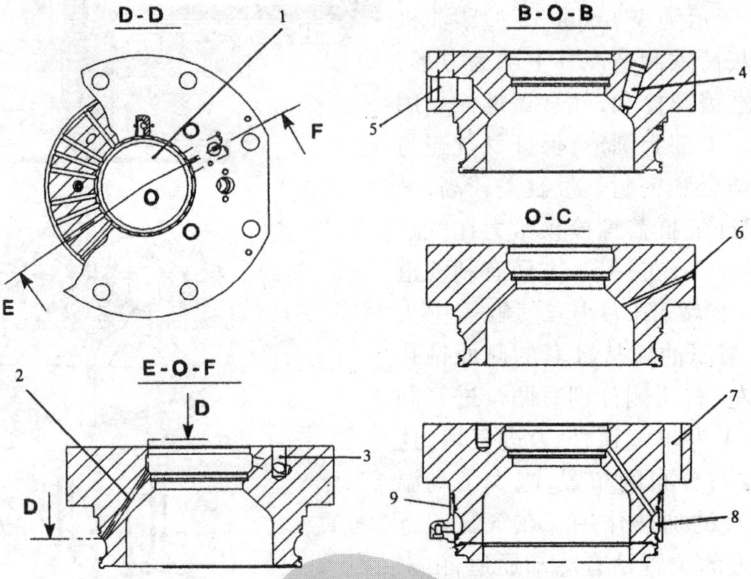

图 2.2-53　MAN B&W S-MC-C 型柴油机气缸盖

1—排气阀孔;2—冷却钻孔;3—垂直孔;4—喷油器孔;5—起动阀孔;6—安全阀与示功阀孔;7—气缸盖螺栓孔;8—冷却水腔;9—冷却水套

这种气缸盖高度较大,但冷却水孔离燃烧室却很近,充分体现了薄壁强背的设计思想,使热负荷和机械负荷都保持在比较低的水平上,提高了可靠性。气缸盖底面是燃烧室壁面的一部分。上述气缸盖底面为倒锥形,这种倒锥形燃烧室有利于换气和燃烧。喷油器设有两只并对称布置,有利于油雾形状和燃烧室形状的配合,确保了油、气有良好的混合性能。气缸盖底最下部的圆柱形壁面,使缸盖和缸套的结合面下移,以便接合处不受火焰的直接冲击,对结合面起到保护作用。冷却水由结合面的外部进入气缸盖,消除了冷却水通过结合面漏入气缸内部的可能性。并且冷却完气缸套的水是通过沿周向均布的四个通道进入缸盖,确保了燃烧室部位的冷却较均匀。图2.2-53所示的气缸盖是由8个固定在气缸体上的双头螺栓和螺母固紧在气缸套的顶部,这些螺栓在圆周上均匀分布,螺栓的固紧是用气缸盖自带的液压拉伸器完成的。气缸盖与气缸套之间用软钢垫圈密封。大型柴油机的气缸盖螺栓以及贯穿螺栓、连杆螺栓等重要螺栓普遍采用液压拉伸工具上紧,如图2.2-54所示,为液压拉伸器的结构。从手动油泵来的液压油经接头1供向油缸2中,油缸内有活塞8,其内孔与螺栓4上部螺纹连接,在油压作用下,活塞8将螺栓4拉伸,这时用搬杠6将螺帽5上紧,从油泵处将油压泄放后,螺栓4收紧,将连接件固定。螺栓的预紧程度由规定油压来保证。

五、气缸盖疲劳破坏:气缸盖底面(触火面)和冷却面裂纹的原因及在管理方面的预防措施

气缸盖由于受到高温高压的燃气产生的交变负荷的作用以及热疲劳和应力集中现象的影响,会产生各种裂纹现象。一般来说,气缸盖裂纹以触火面占多数,特别是应力集中及金属堆

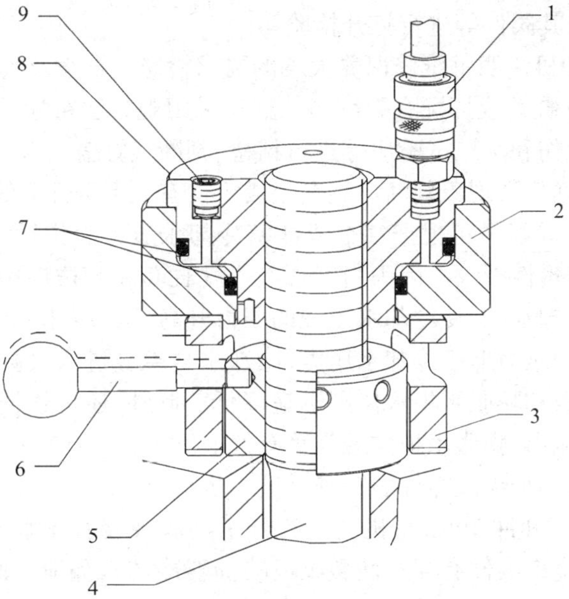

图 2.2-54 液村拉伸工具

1—油管接头;2—油缸;3—支撑环;4—螺栓;5—螺帽;6—搬杠;
7—密封圈;8—活塞;9—放气螺钉

积的地方,如气缸盖底面的各种阀孔处,四冲程机气缸盖底面阀间区域(俗称鼻梁处)等。触火面裂纹主要是由低频热应力引起的。另外,由于高频热应力能使触火面很薄的一层金属加速蠕变,使触火面产生皱折,加速壁面损坏。

除了触火面外,冷却侧特别是冷却侧的某些应力集中处,如气缸盖底板和它们的支撑交界处,有时也产生裂纹。这些地方的裂纹主要是由气体力和热应力共同作用,在水冷面上的热应力与机械应力叠加(同为拉应力)也会加速其裂纹发展,此种裂纹仅有一条主裂纹。因为冷却侧受到由气体产生的机械应力和热应力都是拉应力,互相叠加,数值较大,同时在水冷面还可能产生由腐蚀疲劳与应力腐蚀而产生的裂纹。前者是由交变气体力与电化学腐蚀同时作用引起的,其裂纹有两条以上,但每条裂纹没有分支,后者由因氢脆化过程使金属材料变脆而自动裂开并同时存在应力分布不均而形成裂纹,该种裂纹有许多分支。

气缸盖的裂纹除了和零部件的设计和材料有关,与燃烧室部件工作状况也有直接关系。为了保证气缸盖的良好工作,在管理上必须严格控制柴油机的各种相关参数。主要有气缸冷却水压力及进、出口温度,排烟温度等,使其在说明书规定的要求范围内,特别是在靠离码头机动航行时,柴油机负荷经常变化,要及时对冷却水温进行调节。水温太高、太低、突变,对燃烧室部件都是不利的。排烟温度要严格控制在规定的最高允许温度以下。不但要注意参数的绝对数值大小,还要注意参数本身的变化和各缸间的同名参数间的差异。参数的骤变或各缸数值相差变大往往是故障的先兆。此外还要避免柴油机长期在低转速大负荷的工况下运转。

六、气缸盖裂纹的检修

1. 气缸盖裂纹的检验

气缸盖裂纹通常在下列各种检验中可以被发现。

(1)根据中国船级社(CCS)的规范规定:营运船舶每5年进行一次保持船级的特别检验,其中对柴油机气缸盖及其阀件等进行打开检验。

(2)按照主、副柴油机说明书维修保养大纲的要求检修气缸盖及其阀件等。

(3)新造、修理的气缸盖或怀疑有裂纹的气缸盖采用观察法粗检,采用无损探伤如渗透探伤、磁粉探伤、超声波探伤和水压试验法等进行精检,判断气缸盖上有无裂纹。

另外,航行中可根据下列现象判断燃烧室组成零件有无穿透性裂纹。

(1)柴油机运转中,轮机员可根据气缸或活塞冷却水压力表指针波动或膨胀水柜水位上下波动判断零件有无穿透性裂纹。因为当气缸盖或气缸套有穿透性裂纹时,燃烧室中的高压燃气就会沿裂缝进入冷却水腔,使冷却水系统的压力升高,压力表指针的读数增大和膨胀水柜水位升高;当气缸排气后压力低于冷却水压力,冷却水自裂缝进入气缸,造成冷却水压力急剧降低,压力表指针的读数和膨胀水柜水位则迅速降低。此外,还可根据冷却水温升高,淡水消耗量增加,扫气箱有水流出,膨胀水柜的透气管有气泡冒出和冷却水中有油星等现象做进一步判断。至于是燃烧室中哪个组成零件裂穿则需进一步检查。

(2)起动前进行转车和冲车时,轮机员应打开示功阀观察有无水气或水珠喷出。如有水气或水珠喷出,表明燃烧室零件有穿透性裂纹或喷油器冷却水漏泄。此种情况应进一步检查和处理;否则缸内积水较多直接起动就会造成水击事故。

(3)曲柄箱(或循环油柜)中滑油量不正常增多、滑油中水分明显增加,或滑油迅速乳化变质,均表明由于燃烧室组成零件有穿透性裂纹使冷却水大量混入。

(4)吊缸检修时,轮机员应认真仔细观察各个零件,如发现活塞、气缸套或气缸盖工作表面有锈痕,或活塞顶部积水等,说明燃烧室组成零件有穿透性裂纹。

2.气缸盖裂纹的修理

气缸盖上的穿透性裂纹和关键部位的严重裂纹都必须采用换新办法处置。如果船上无备件则只能采用封缸办法,实行减缸航行的应急措施。

为了延长气缸盖的使用寿命,需对缸盖上的裂纹进行修理。修理前先进行无损探伤查明裂纹的部位、尺寸和深度等,然后再依此结合缸盖材料、结构选用下列不同的修理方法:

(1)裂纹微小时采用锉刀、油石和风砂轮等工具打磨裂纹处予以消除,经无损探伤或水压试验检验合格后继续使用;否则,继续打磨、检验。若裂纹深达壁厚的3% 以上时,停止打磨并改用其他方法修理或报废换新。

(2)金属扣合法。气缸盖底面和其他部位的裂纹采用金属扣合法修理,不仅保证零件的强度要求,还可满足密封性要求。

(3)焊补。当裂纹较小时先铲去裂纹再焊补。为了获得良好的焊补质量,应制订严格的焊补工艺和选用合适的焊补方法。

(4)镶套修理。对于孔壁上的裂纹,如气缸盖上的进、排气阀孔壁和喷油器孔壁的裂纹采用镶套修理,如图2.2-55所示。此法效果好,可使零件继续使用2年以上的时间。衬套的材料一般为不锈钢或青铜,衬套端部与阀孔底部间垫为紫铜垫片以增强密封性。

(5)胶粘剂修理。对于气缸盖、气缸套上的裂纹或铸造缺陷(砂眼),依其部位和工作条件选用有机或无机胶粘剂进行修理。

(6)覆板修理。气缸盖外表面裂纹可采用覆板修理。修理时,先在裂纹两端钻止裂孔,涂胶粘剂(如环氧树脂)后将钢板覆盖其上,用螺钉将钢板固紧在气缸盖上。

以上修理气缸盖裂纹的方法亦可用于修理其他有裂纹的零件,应依零件的具体情况选用。

修理后，对有密封性要求的零件进行液压试验以检验修理质量。例如，对气缸盖进行0.7 MPa压力的水压试验。

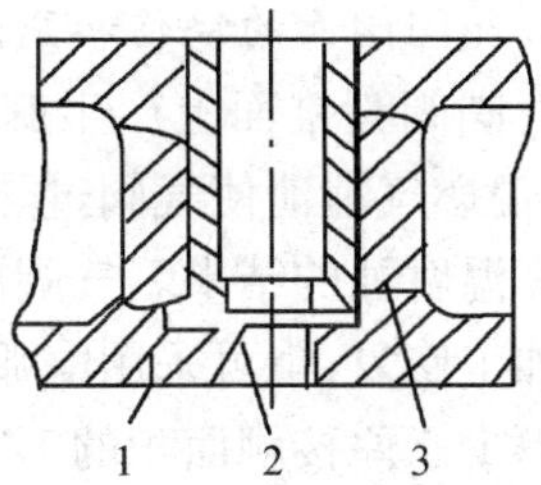

图2.2-55　气缸盖阀孔裂纹镶套修理

1—衬套；2—紫铜垫片；3—裂纹

七、气阀及阀座的检修

四冲程柴油机的进、排气阀和二冲程直流扫气柴油机的排气阀均是燃烧室的组成零件，直接受到高温高压燃气的作用，承受着很高的热负荷和机械负荷，尤其是排气阀还受着排气气流的冲刷和加热，温度更高。在高增压柴油机上，排气阀阀盘的温度可达650～800 ℃；进气阀由于新气的冷却作用，温度相对低一些，可达450～500 ℃。气阀在关闭时，阀盘锥面和阀座座面不断地相互撞击，致使阀面产生塑性变形，出现凹坑、拉毛现象。高温下金属更易变形、阀面损伤更加严重。又由于在高压燃气作用下，爆发压力还会使阀面与座面产生微小错动，使气阀阀面产生磨损。当有磨损产物、灰分和炭粒等时，阀面磨损更加严重。特别是大型低速二冲程柴油机燃用重油，不仅使阀面磨损加剧，而且还会由于燃油中含有较高的V、Na等元素而使阀面产生高温腐蚀。正是由于气阀在高温、高压、撞击、腐蚀等恶劣的条件下工作，所以气阀会产生磨损、烧伤、高温腐蚀和断裂等损坏。

（一）气阀磨损检修

1. 气阀阀面的磨损检修

气阀阀面磨损是通过将气阀彻底清洗干净后检查阀面上的磨损凹坑及阀线变宽是否超过规定值（见表2.2-10）来确定。阀线变宽或模糊不清，使气阀与阀座关闭不严，进而导致燃气漏泄引起阀面和阀座的烧伤、柴油机功率下降等一系列危害。

表2.2-10　阀线宽度　CB/T 3503-93　（mm）

阀盘端面直径	D＜50	50～75	75～125	125～175	175～250	250
阀线宽度	2.0	2.5	3.0	4.0	4.0	4.0～6.0

阀面磨损较轻时可进行阀与阀座的研磨使阀线恢复。阀面磨损严重时，采用手工电弧焊进行堆焊修复。

2. 阀杆磨损检修

气阀阀杆在气阀导管内作往复运动，使阀杆和导管产生磨损，二者的配合间隙增大，产生冒烟、漏气或机油沿导管进入燃烧室，不仅机油耗量增加且使燃烧室积炭加重。

气阀阀杆的磨损检测：可在平台上或车床上对气阀阀杆外圆进行测量，计算出阀杆的圆度误差和圆柱度误差，并与标准比较，如表2.2-11所示。当超过标准要求时，可采用镀铬或镀铁工艺修复阀杆，也可以采用喷涂或喷焊工艺修复。

表2.2-11　气阀阀杆磨损极限 CB/T3503-93　（mm）

柴油机转速（r/min）	圆度	圆柱度
＜250	0.06	0.08
250～750	0.04	0.06
＞750	0.03	0.03

3. 气阀阀面的烧伤和高温腐蚀的检修

气阀阀盘锥面上产生麻点腐蚀或阀盘边缘出现烧穿的孔洞等均是由于阀与阀座关闭不严,高温燃气漏泄使气阀过热、氧化或金属中元素烧损造成,以及燃用重油和气阀温度过高引起的高温腐蚀的结果。气阀阀面烧穿出现边缘孔洞时应报废换新。出现麻点、腐蚀时可采用机械加工修复,也可采用电弧堆焊、喷涂或喷焊工艺修复。修复后气阀装入阀座与锥面接触面积不得少于原接触面积的1/3。

4. 气阀阀盘和阀杆的断裂检修

阀盘与阀杆过渡圆角处和阀杆上端凹槽处易发生裂纹和断裂。气阀断裂后落入气缸将会引发波及性事故——击碎气缸盖、活塞和气缸套等。阀盘和阀杆裂纹肉眼外观检查,不得有直观裂纹存在;阀杆直径大于20 mm时,允许有长度不大于20 mm的发纹,但在纵向同一位置上不得有多于两处的发纹。阀盘与阀杆产生裂纹或断裂,应换新气阀。阀杆的弯曲变形可在平台或车床上用百分表检验,超过要求时应采用加压校直法予以校正。

(二)气阀阀座的检修

气缸盖上的进、排气阀长期工作使阀座面产生磨损、烧伤和高温腐蚀,破坏了阀与阀座的密封性,并影响柴油机的工作性能。

1. 气阀座面磨损的检修

气阀座面磨损后阀线变宽、中断或模糊不清,气阀关闭不严,产生漏气。原因是高温下阀座面不断受到撞击,座面金属产生塑性变形和表面拉毛;高压下阀与阀座的配合面产生微小相对运动使之磨损,当配合面间有炭粒和金属屑等机械杂质时磨损更加严重。

1)气阀与阀座的研磨

在船上,大型低速柴油机气阀磨损后用随机专用磨床研磨修复,座面亦用专用工具研磨。中、高速柴油机进、排气阀与阀座的配合面磨损后可采用手工研磨修复。对于铸钢气缸盖座面磨损严重时,允许采用堆焊修复。中、小型柴油机气阀配合面磨损较轻时采用互研,将气缸盖拆下,底面朝上放于平地上,气阀插于阀孔中,用橡皮碗吸住阀盘底平面,并在阀与阀座配合锥面间放入少量研磨剂或机油进行互研;阀座面磨损较严重时先机械加工座面或更换座圈后再与阀互研。

对于中、小型柴油机气阀与阀座互研后密封性的检查方法有以下几种:

(1) 在气阀锥面上用铅笔每隔3~5 mm画一条线,然后将阀装入阀座,压住阀盘并转动90°。取下气阀观察其上的铅笔线,若全部被擦掉,表明密封性良好,研磨质量高。

(2) 将气阀装入阀座,手动使之起落数次敲击阀座,若座面上呈现一连续光环,表明气阀与阀座密封性良好。

(3) 将气阀装入阀座,在阀座坑内阀盘底面上倒入煤油,5 mm后擦净煤油并迅速提起气阀,观察配合面上有无渗入煤油,没有煤油渗漏,表明密封性良好。

上述检查均是在气缸盖底面朝上放置时进行的,检查配合面密封性是研磨的后续工作。

2)气阀座的铰削

如果气阀座磨损凹痕或麻点比较严重时,可在研磨前先用锥形铰刀进行修复。手动气阀铰刀是成套专门工具。每套包括有15°、30°、45°、75°等几种锥角铰刀,每种锥角又有粗铰和精铰两种,并配有铰刀导杆作为铰削时的安装基准,如图2.2-56所示。

用铰刀修整阀座的步骤大致如下:

(1) 用柴油将气阀导管内表面清洁干净,然后根据阀锥角度选用30°或45°铰刀,并与导杆组合。将导杆插入导管孔中不许有太大的松动，以保证铰削后的阀锥面与导管同心。铰削以人力进行。有时阀座圈表面又硬又光，铰时铰刀打滑。此时可用四面锉刀在阀座圈阀线面上锉出一些周向细槽口，再用铰刀铰可便于铰刀刀刃吃进，并铰去表面的冷作硬化层。

(2) 在阀座表面涂以色油，以新的或经修整过的气阀与阀座研合 1~2 周，再从阀锥面色油分布情况判别气阀与阀座接触环带的宽度和位置。接触环带过宽. 密封性差，而且流阻增大。如位置偏低且宽，则用 15°锥角铰刀修正。如位置偏高且宽，则用 75°锥角铰刀修正。如简图 2.2-57 所示。直至接触环带宽度达到要求(1.5 ~2.5 mm)并使气阀安装后阀盘底面与缸盖底面距离符合规定。

(3) 最后用细凡尔砂，再用机油进行气阀与阀座互研。

当阀座工作面上凹痕的最大深度超过 2 mm 时，手工铰削法太费工时，因此宜用车床光车，然后再与经过修理的气阀互研。

2. 气阀座面烧伤、腐蚀的检修

烧伤和腐蚀大多发生在排气阀座面上，主要是由于座面的变形、磨损、积炭和座面裂纹等引起气阀关闭不严，高温燃气漏泄使阀座过热和金属元素烧损；或因阀座过热和燃用重油发生高温钒腐蚀，阀座面产生麻点、凹坑，甚至局部烧穿。

阀盘座面上的腐蚀和烧伤的麻点，凹坑可机械加工消除，然后用专用磨床修磨，或采用堆焊、喷焊工艺修复。阀座面的腐蚀、烧伤可用机加工或手工铰削修复，大型柴油机的排气阀座面也可采用堆焊、喷焊修复。损伤严重时应更换座圈。

修复后，气阀与阀座配合面上的阀线宽度应符合表 2.2-10 规定。

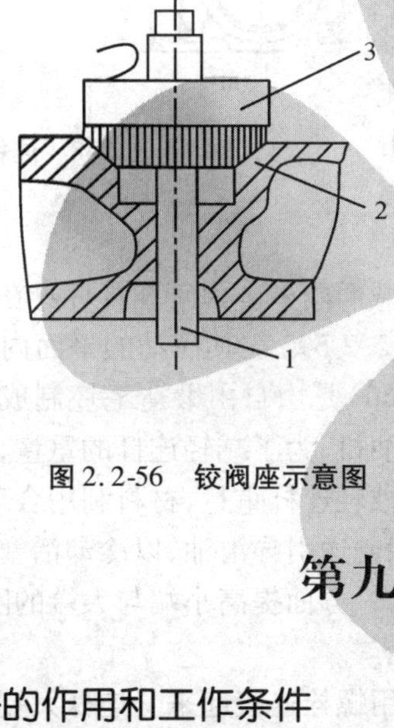

图 2.2-56　铰阀座示意图

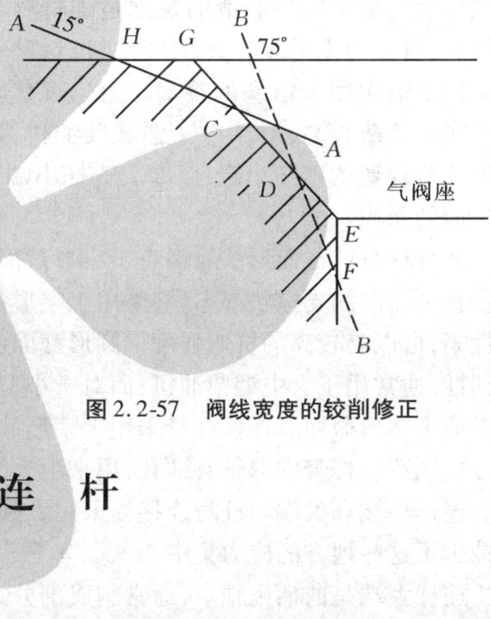

图 2.2-57　阀线宽度的铰削修正

第九节　连　杆

一、连杆的作用和工作条件

连杆的功用是将作用在活塞上的气体力和惯性力传给曲轴，并把活塞或十字头与曲轴连接起来，将活塞的往复运动变成曲轴的回转运动。连杆的运动复杂，连杆的小端随活塞作往复运动，大端随曲柄销作回转运动。连杆杆身在小端和大端运动的合成下，绕着往复运动的活塞销或十字头销摆动。杆身上任意一点的运动轨迹随其位置而异，都近似呈椭圆。

连杆不但运动复杂，而且受力也很复杂。连杆承受周期性变化的气体力和活塞、连杆惯性力的作用，并且气体力在燃烧时具有冲击性。在二冲程柴油机中，连杆始终是受压的，但压力的大小是周期性变化的。在四冲程柴油机中，连杆有时受拉，有时受压。连杆小、大端轴承还与活塞销或十字头销、曲柄销产生摩擦和磨损。

二、连杆的要求和材料

对连杆的主要要求是：连杆应耐疲劳、抗冲击，具有足够的强度和刚度。连杆长度应尽量短，以降低发动机的高度和总重量。要求连杆轴承工作可靠、寿命长。此外还要求连杆重量轻，加工容易，拆装维修方便。

为了保证连杆的工作可靠，连杆一般使用锻钢制造。十字头式柴油机连杆多用中碳钢，筒形活塞式柴油机连杆采用优质碳钢或合金钢。

三、筒形活塞式柴油机连杆和连杆轴承的结构特点(包括连杆螺栓)

1. 筒形活塞式柴油机连杆的构造

筒形活塞式柴油机连杆如图 2.2-58 所示，它由连杆小端、杆身和大端组成。

连杆通过小端和活塞相连，由于活塞销要从连杆小端内穿过，小端的结构和尺寸要受到活塞的限制。连杆小端采用整体结构，与杆身锻在一起。小端内设有轴承衬套，活塞销(图中未示出)就穿在该衬套内。小端轴承与活塞销的润滑油是通过连杆杆身内的钻孔输送，对于活塞需要冷却的柴油机，这路滑油还将继续向上输送用于活塞的冷却。由于现代新型柴油机的机械负荷很高，对于中速强载柴油机，通常采用锥形或阶梯形的连杆小端，以增大连杆小端下部主要承压面的面积。

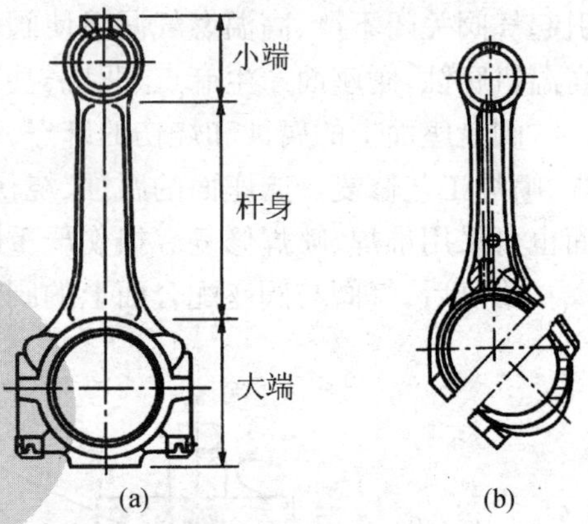

图 2.2-58 连杆

连杆杆身的截面形状通常有工字形截面和圆形截面两种。由于连杆杆身在其摆动平面及其垂直平面内的支撑状况不同，采用工字形截面(图 2.2-59)在其摆动的平面内有较大的截面惯性矩，可以有较高的抗弯强度。圆形截面(图 2.2-60)是由自由锻造毛坯制成。圆形截面各向同性，通常用于大中型柴油机；而对于小型高速柴油机，为了减轻连杆的重量，通常将连杆杆身做成工字形截面。连杆杆身采用工字形截面可以减轻连杆重量，材料利用合理，通常采用模锻方式制造。杆身内部钻有油孔，用来由大端向小端输送引导滑油，以冷却活塞和润滑小端轴承。连杆小端和大端与杆身连接处采用大圆弧过渡，一方面提高小端与大端的刚度，另一方面也减少了这些地方的应力集中。

连杆大端是曲柄销轴承，通常制成剖分式结构，用螺栓连接起来。连杆大端首先要满足拆装条件，即在检修时连杆应能同活塞一起由气缸中吊出。随着柴油机强化程度越来越高，使曲柄销轴颈增粗，刚性增大，连杆轴承尺寸也越来越大，因此连杆大端出现了平切口、斜切口和阶梯切口以及船用大端等各种结构。

图 2.2-58(a)这种连杆的大端剖分面与连杆轴线垂直，称平切口式连杆。由于柴油机增压度的进一步提高，曲柄销和连杆大端的尺寸都要增加，为了使连杆仍然能与活塞一起由气缸

中吊出，连杆大端做成斜切口的形式。如图 2.2-58(b)所示，切口平面与连杆轴线有一定的夹角。采用斜切口形式后，使曲轴轴颈增粗，刚性提高；大端轴承的承压面积增加，提高了轴承的工作能力，减少了连杆螺栓承受的惯性拉伸负荷。但采用斜切口后，结合面上产生较大的切向力，使连杆螺栓承受剪切作用。为了不使连杆螺栓承受剪切作用并在结合面处不产生滑动，连杆在结合面上采用了锯齿形结构。

阶梯形切口是斜切口的一种变形，可以在满足连杆拆装的前提下使曲柄销轴承更粗，以减小轴承负荷和保证曲轴的刚度，图 2.2-59 的 Wärtsilä 20 型柴油机的连杆大端就采用了这种结构。Wärtsilä 20 型柴油机的连杆由合金钢锻造而成，由于该机的转速较高，为了减小惯性力，连杆采用工字形截面，杆身内开油孔以润滑小端和冷却活塞。为了同时满足连杆的拆装条件并减小轴承负荷和保证曲轴的刚度，连杆大端做成阶梯形切口。连杆小端为阶梯形小端，具有良好的承载能力。螺栓由液压上紧。

上述三种切口形状的连杆大端都是杆身与连杆大端是做成一体的，称之为“车用大端”，车用大端在中、高速柴油机中得到广泛的应用。而随着柴油机强化程度和最高燃烧压力的提高，继续采用车用大端已无法保证曲轴的刚度和轴承的承载能力，但为了满足柴油机的拆装条件，因此，有些大功率中速柴油机将连杆大端与杆身分开制造，也就是采用所谓“船用大端”结构。连杆大端采用船用大端结构，可以在不打开大端轴承的情况下进行吊缸，并使吊缸高度达到最小。

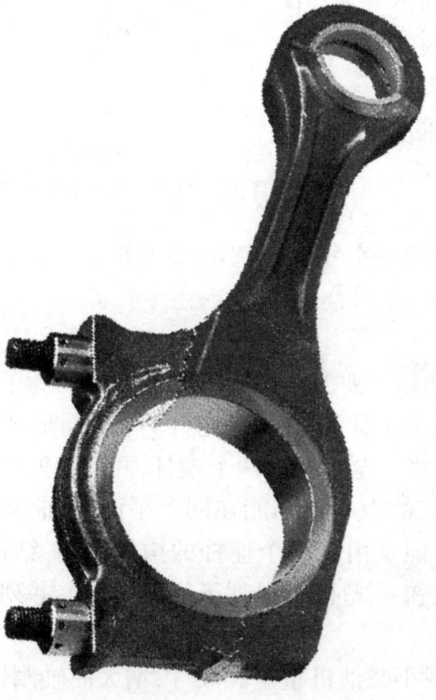

图 2.2-59　Wärtsilä20 型柴油机连杆

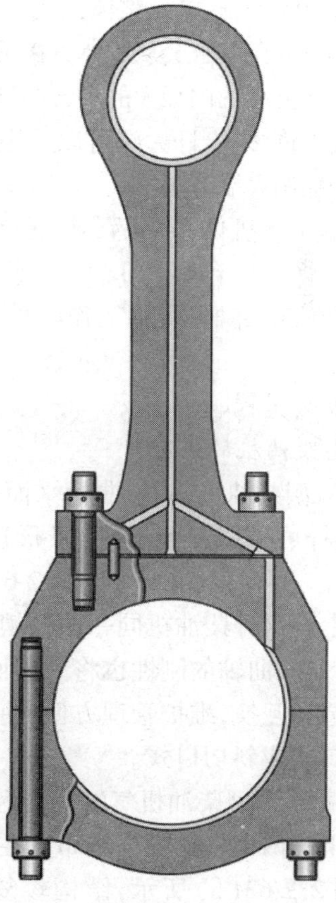

图 2.2-60　Wärtsilä38 型柴油机连杆

图 2.2-60 为 Wärtsilä 38 型柴油机的连杆，连杆由合金钢锻造并加工成圆形截面，由于该机的最高燃烧压力已达到 19 MPa，连杆大端采用船用大端结构，为了保证曲轴的刚度和轴承的承载能力，连杆大端轴承较宽，使轴承负荷较小，在连杆大端和杆身之间为一铝合金板，保证了两部分很好的贴合。连杆小端为阶梯形小端，并采用三层结构的轴瓦，具有良好的承载能力。杆身中间钻孔，将滑油从连杆大端送至小端，供小端轴承的润滑及活塞冷却。杆身与连杆大端的结合面正处于连杆大端轴承座的上方，可以方便地拆卸和维护。所有螺栓用液压工具同时上紧。

2. 气缸单元

筒形柴油机目前主要向模块化方向发展，为了使柴油机的维护管理更加方便、快捷，目前许多柴油机制造商将柴油机的气缸盖、气缸套、冷却水套以及气缸里的活塞、连杆作为一个整体进行拆装和更换，如图 2.2-61 所示。

整个气缸单元的拆装非常简单，首先，拆下气缸盖上的进排气、冷却水和燃油管路，安装起吊工具，然后拆下连杆杆身与大端间的连接螺栓，安装连杆固定夹具，松开气缸单元与机体间的固定螺栓，利用起吊工具就可将气缸单元整体吊出。

由于连杆是随气缸套从机体直接吊出，机体内安装气缸套的孔比缸套的内径大的多，这对连杆大端尺寸的要求就宽松了许多，连杆大端可以采用车用大端结构，也可以采用船用大端结构。

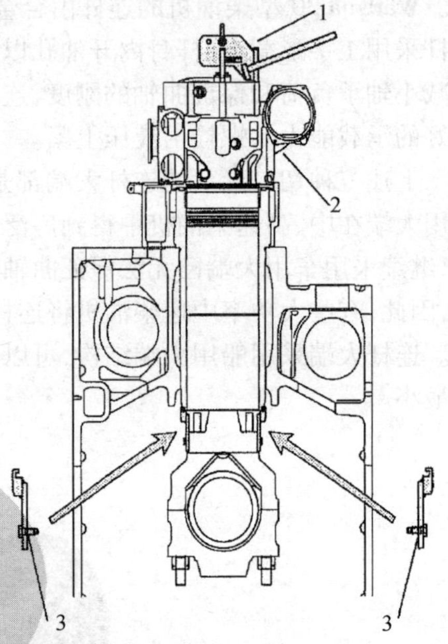

图 2.2-61　气缸单元

1—起吊工具；2—气缸单元；3—连杆固定夹具

气缸单元从机体吊出后，放在专用的可翻转的工作台上。将工作台翻转 180°，可将气缸内的连杆和活塞从气缸下部抽出；将工作台重新复位，气缸盖可从上部正常拆下，并拆出气缸套。整个气缸单元的所有零部件都可以在机外非常方便的测量检修。安装过程顺序相反。将气缸单元检修完毕后，可作为备件待用。

3. V 型柴油机的连杆

对于 V 型柴油机，同一曲柄平面内每一个曲柄销上要安装两个气缸的连杆。为了达到这一要求，连杆可采用并列连杆、叉形连杆和主副连杆（又称关节式连杆）等不同形式。如图 2.2-62所示。并列式连杆，如图 2.2-61（a）所示，是将完全一样的两个连杆，并列地安装在同一个曲柄销上。这种柴油机同一曲柄销上的两个气缸的中心线不能在同一平面内，曲柄销的长度需要长一些，曲轴的刚性也将因此而降低一些。但是由于两个连杆的构造相同，结构简单，有利于制造和互换，维护管理方便，使用可靠，因此在 V 型机中得到了广泛应用。并列连杆可采用平切口式或斜切口式。

为了缩短 V 型柴油机气缸间距和整机长度，减小柴油机重量和尺寸，增大曲轴刚性，把同一曲柄销上的两个气缸中心线布置在同一平面内。需要采用叉形连杆或主副连杆。由于叉形连杆，如图 2.2-62（b）所示，结构较复杂，轴承润滑条件差，维护不便，因此应用很少。如图 2.2-62（c）所示，为主副连杆式连杆。主连杆与大端轴承直接相连，副连杆只与副连杆销相连。主副连杆式连杆结构较复杂，制造困难，副连杆销的连接螺栓底部容易发生裂纹。对于 V 型

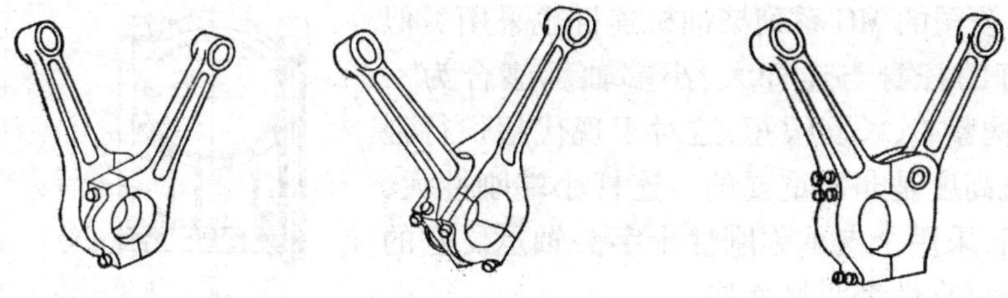

图 2.2-62　V 型柴油机的连杆

柴油机,近年来生产的新机型几乎全部采用并列连杆,主副连杆和叉形连杆基本不再使用。

4. 连杆螺栓

连杆螺栓是连接连杆大端与轴承座的至关重要的连接螺栓。二冲程柴油机的连杆螺栓工作中只受到预紧力的作用,而四冲程柴油机的连杆螺栓除受到预紧力外,在换气上止点附近还受到惯性力的拉伸作用,此外还受到大端变形所产生的附加弯矩作用。筒形活塞式柴油机的连杆螺栓由于受到曲柄销和大端外廓尺寸的限制,其直径较小。为了满足强度上的要求,一般均选用韧性好,强度高的优质碳钢或合金钢制造连杆螺栓。在设计上采用耐疲劳的柔性结构(增加螺栓长度,减小螺栓杆部直径以增加螺栓柔度);采用精细加工螺栓螺纹;在断面变化处以及螺纹部采用大圆角过渡,以减小应力集中;保证螺栓头与螺母支承平面与螺纹中心线垂直,以减小附加弯曲应力等。按连杆螺栓的安装方式不同可分为用螺帽连接的与不用螺帽连接两类。

如在运转中连杆螺栓断裂,将发生机毁的重大事故,因此在安装中必须严格按照说明书规定进行。如安装预紧力的大小、预紧方法、预紧次序等甚至对连杆螺栓的检查与换新等均需严格按规定进行。实践证明,正确的固紧与锁紧是避免发生断裂事故的有效措施。

四、十字头式柴油机连杆各连杆轴承的结构特点

十字头式柴油机连杆也是由小端、杆身和大端三部分组成。对应于不同类型的十字头,连杆小端也有两种结构,一种是分岔式连杆小端,如图 2.2-63 所示。它对应于穿过活塞杆的十字头,由于这种十字头轴承工作可靠性降低,现代新型柴油机已基本不用。另一种是全支撑式连杆小端,如图 2.2-64 所示。由于采用全支撑式结构,连杆小端轴承的承载面积增加,不存在受力不均的问题,使连杆小端轴承的轴承比压下降,受力状况大大改善。十字头柴油机的连杆杆身通常只受压应力的作用,杆身截面可做成圆形或方形,连杆杆身中部设有油孔,用来将滑油从连杆小端轴承送至大端轴承润滑。

连杆大端根据杆身与大端轴承座是否分开分为车用大端和船用大端。连杆杆身与连杆大端轴承座剖分式的大端结构称为船用大端,船用大端在剖分面处装有压缩比调节垫片,但结构比较复杂;柴油机压缩比的调节一般只在柴油机将长期低负荷运行或老旧柴油机改造时使用,对于正常使用的柴油机,一般不调节压缩比。杆身与大端轴承座不分开的结构称为车用大端,车用大端结构简单、紧凑,目前在大型船用低速柴油机中得到了广泛的应用。

图 2.2-64 为 RTA-T-B 型柴油机连杆的构造。小端为十字头端,由轴承盖 3、轴承座、薄壁轴瓦 4 和螺栓 2 等组装而成。大端为曲柄销轴承,由轴承盖 9、轴承座、薄壁轴瓦 8 以及螺栓 7 等组装而成。大、小端的螺栓 2 和 7 都是紧配螺栓,以保证轴承盖、轴承座和杆身之间正确而紧固地配合。连杆螺栓为柔性螺栓,有较高的疲劳强度,用专用液压工具上紧。

MAN B&W 公司的 MC 系列柴油机连杆也采用类似结构。这种连杆的杆身与连杆大、小端轴承座合为一体，整个连杆结构紧凑，长度很短，这对于现代超长行程柴油机减少整机高度是非常重要的。连杆小端刚性大，十字头销短而粗，采用全支承称刚性十字头轴承。它的承载能力和工作可靠性都明显增加。

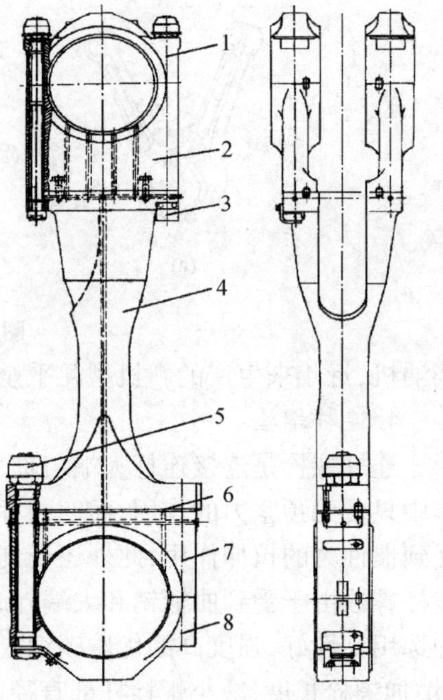

图 2.2-63 RTA-T-B 柴油机连杆

1—小端轴承盖；2—小端轴承座；3—小端轴螺栓；4—杆身；5—大端轴承螺栓；6—垫片；7—大端轴承座；8—大端轴承盖

五、连杆的故障分析和处理

1. 连杆小端轴承(十字头轴承)

无论筒形活塞式柴油机还是十字头式柴油机，连杆小端轴承由于负荷大，润滑条件差等原因，它们在运行中易出现故障。在维护管理中，要特别注意它们的润滑状况，确保滑油的正常供应(油压，油量等)。在检修时要仔细检查轴承和轴颈的表面状况和进行必要的测量，以检查是否有偏磨，表面变粗糙等状况。

2. 连杆杆身

杆身裂纹甚至折断主要是由于材料疲劳或机损事故造成的。十字头式柴油机连杆由于主要承受压应力，柴油机转速低，对连杆的重量和尺寸限制不像筒形活塞式柴油机连杆那样严格，因此连杆杆身一般很少出现故

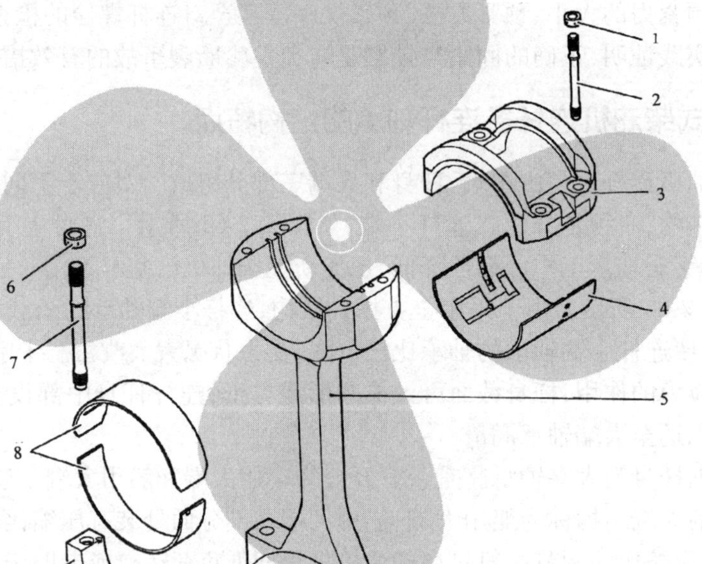

图 2.2-64 RTA-T-B 柴油机连杆

1,6—连杆螺栓螺母；2,7—连杆螺栓；3—小端轴承盖；4,8—薄壁轴瓦、5—连杆杆身；9—大端轴承盖

障。筒形活塞式柴油机连杆受拉、压交变压力，尺寸要求严格，转速高，连杆杆身易出现疲劳裂纹和弯曲。特别是小型柴油机连杆出现裂纹和折断的现象较多。当发现连杆表面有裂纹应立即报废。

3. 连杆螺栓

连杆螺栓的损坏形式为裂纹或断裂；产生拉长变形；螺纹部分磨损松动或烧伤、咬死等。最严重的损坏为裂纹或断裂。通常，连杆螺栓断裂的事故几乎完全发生在四冲程柴油机上。这主要是由于往复惯性力的作用使连杆螺栓上产生了较大的交变拉应力引起的。

连杆螺栓断裂与其安装状态关系很大，如不按照工艺要求装配，预紧力过大或过小；螺纹表面不清洁，螺纹配合过松或过紧；拆装时造成螺纹或螺栓杆身表面损伤等，都是造成连杆螺栓断裂的原因。此外，连杆螺栓材料的缺陷，以及由于轴承间隙过大而产生很大的冲击负荷也有可能引起连杆螺栓的断裂。为了防止连杆螺栓断裂事故发生，连杆螺栓安装前必须认真检查，必要时换新。连杆螺栓安装时必须严格按照说明书要求的步骤和顺序安装和锁紧。

第十节　曲轴和主轴承

一、曲轴的作用和工作条件

曲轴的主要作用是：把活塞的往复运动通过连杆变成回转运动；把各缸所作的功汇集起来向外输出和带动柴油机的附属设备。在曲轴带动的附属设备中，柴油机的喷油泵、进排气阀、起动空气分配器等均因定时的要求，必须由曲轴来驱动。离心式调速器要根据柴油机转速的变化自动调节柴油机喷油量，也必须由曲轴带动。此外，在中、小型柴油机中，为了简化系统，布置紧凑，曲轴还带动润滑油泵、燃油输送泵、淡水泵和海水泵，也有少数柴油机曲轴带动空气压缩机。曲轴的工作条件是比较苛刻的，这主要表现在以下几个方面。

(1)受力复杂。曲轴在工作中承受着各缸交变的气体力、往复惯性力和离心力，以及它们所产生的弯矩和扭矩。这些力不仅随着曲柄的转角变化，还随着负荷变化。曲轴在这些力的作用下会产生弯曲和扭转变形，并产生非常复杂的交变应力。

(2)应力集中严重。一根曲轴是由 1 ~ 12 个彼此间错开一定角度的曲柄以及功率输出端和自由端构成。每个曲柄又分成主轴颈、曲柄销和曲柄臂三部分，现代大型低速柴油机曲轴上还直接锻出推力环。因此，曲轴的形状很复杂，弯头很多，特别是中、小型柴油机的曲轴上还钻有润滑油孔。这些因素都将使曲轴内部的应力分布极不均匀，以致在曲柄臂和轴颈的过渡圆角处及润滑油孔周围产生严重的应力集中现象。其中以曲柄臂与曲柄销的过渡圆角处最为危险。

(3)附加应力很大。曲轴是一个弹性体，它在径向力、切向力和扭矩的作用下会产生扭转振动、横向振动和纵向振动。当曲轴的自振频率较低时，在发动机工作转速范围内可能出现共振，从而使振幅大大增加，产生很大的附加应力。这不仅容易造成曲轴的损伤和破坏，而且也会恶化柴油机的工作性能。如扭振将引起传动齿轮的噪音和疲劳，使柴油机定时不准从而引起工作过程恶化。横向振动会因曲轴弯曲过大使轴颈和轴承磨损加剧甚至不能正常工作。

(4)轴颈遭受磨损。特别是在润滑不良、机座或船体变形、轴承间隙不合适、超负荷运转或经常起停发动机时，轴颈的磨损会明显加剧。

二、曲轴的要求和材料

曲轴是柴油机中最长最重的部件，直接影响整台柴油机的尺寸和重量。曲轴形状复杂，加工质量要求很高，制造工艺难度大，因此也是柴油机中造价最高的部件。曲轴的工作好坏对整台柴油机有直接影响，它的损坏会导致柴油机瘫痪，而且难以修复甚至无法修复。航行中若曲轴发生故障会威胁到全船的安全，所以对曲轴要求非常严格。对曲轴的主要要求是：疲劳强度高，工作安全可靠；有足够的刚性，工作时变形小，使轴承负荷均匀；有足够的轴颈承压面积，以保证较低的轴承比压；曲轴的轴颈要有良好的耐磨性能，并允许多次车削修复；曲柄的布置要兼顾动力均匀、主轴承负荷低、平衡性好、扭转振动小、有利于增压系统的布置。以上这些要求是互相关联的，有些又是相互矛盾的，要权衡利弊妥善解决。

曲轴的常用材料有优质碳钢、合金钢和球墨铸铁。一般低速柴油机的曲轴常用优质碳钢制造，只有中、高速强载柴油机的曲轴才采用合金钢制造，球墨铸铁一般用于强化程度不太高的中、高速柴油机上。为了适应船舶海上运输安全的需要，保证船舶具备安全航行的技术条件，中国船级社制定的《钢质海船入级规范》（2009 年），从强度的观点，对曲轴的材料、尺寸、扭转振动做了一系列规定。船舶柴油机的建造必须遵守这些规定.

三、柴油机曲轴的结构特点

1. 曲轴的类型

按结构形式的不同可将曲轴分为整体式、组合式和分段式三种类型。

（1）整体式曲轴。整体式曲轴是整根曲轴一体锻造或铸造出来的。它具有结构简单、重量轻、工作可靠的优点，在中、高速柴油机上得到广泛应用，并逐渐扩大到大型低速柴油机领域。

（2）组合式曲轴。将曲轴的不同部分分开制造，然后应用一定的连接工艺连为一个整体的曲轴称组合式曲轴。组合式曲轴普遍应用于大型低速柴油机中。采用组合式主要是为了制造方便，解决曲轴制造设备能力的限制问题。曲轴的组合方式可分为套合式和焊接式，套合式曲轴的套合方法除红套外，还有冷套方法。

（3）分段式曲轴。先分成两段制造，然后再用法兰连接成整根曲轴。一般用于气缸数较多的曲轴，一般大型低速柴油机 9 ~ 14 缸机采用分段式曲轴。

2. 曲轴的构造

曲轴主要由若干个单位曲柄、自由端和飞轮端以及平衡块等组成，如图示 2.2-65，2.2-66 所示。但筒形活塞柴油机的曲轴与十字头柴油机的曲轴略有差别。

（1）筒形柴油机的曲轴

筒形柴油机的曲轴一般是整体锻造或整体铸造的。由于筒形活塞柴油机的冲程较短，一般来说，主轴颈和曲柄销有一定的重叠度，这样可以增加曲柄臂的强度。轴颈与曲柄臂相连接的过渡圆角处由于截面急剧变化，应力集中十分严重，为减轻应力集中的影响，过渡圆角处采用足够大的过渡圆弧半径。为了平衡曲柄不平衡回转质量产生惯性力，在曲柄臂上装有平衡重。为了减轻曲轴的重量和减小惯性力，曲柄销和主轴颈一般都采用空心结构。曲轴的首尾两端都设有法兰，在动力输出法兰内侧设有传动齿轮，用于传动凸轮轴。

为了润滑曲柄销轴承以及活塞销，对于筒形柴油机其曲轴上钻有润滑油道，把输送至主轴承的滑油引至曲柄销轴承。由于开油孔时会增加曲轴的应力集中，因此，对油孔的位置要合理选择，使其对轴颈的削弱最小。为了减少应力集中，油孔应倒角，抛光。

图 2.2-65 为 Wärtsilä 46 型柴油机的曲轴。该曲轴为整体锻造式，并经过全面的机加工，曲轴内钻孔，使滑油可以送至每一个轴承。在每一个曲柄臂上都有平衡重 4，使柴油机不会受

到离心力和离心力矩的作用。曲轴的主轴颈和曲柄销之间有很大的重叠度，保证了曲轴有足够的刚度和曲柄臂的强度。曲轴的首尾两端都设有法兰，可以在任何一端连接轴带发电机，如有必要，可以在曲轴首端安装扭振减震器。

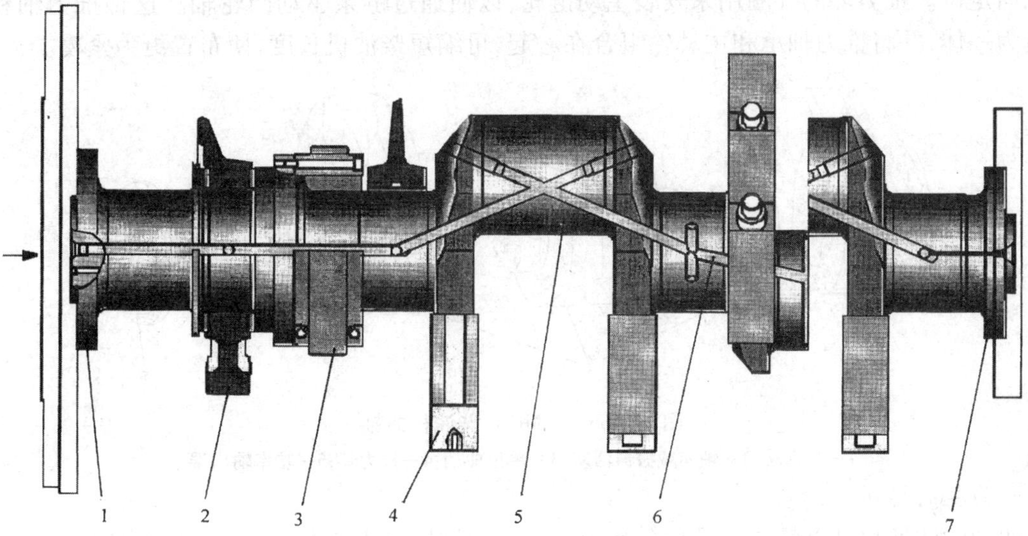

图 2.2-65　瓦锡兰型柴油机曲轴

1—动力输出法兰；2—主轴承；3—传动齿轮；4—平衡重；5—曲柄；6—油道；7—首端法兰

(2)十字头柴油机的曲轴

由于大型低速十字头柴油机的曲轴尺寸较大，一般采用组合式曲轴，对于缸数较多的柴油机，曲轴是分段制造，然后用法兰对接起来。

由于十字头柴油机的长行程化，曲轴的曲柄臂较长，主轴颈和曲柄销没有重叠度，轴颈与曲柄臂相连接的过渡圆角一般采用车入式圆角，以保证轴颈的有效长度。曲柄销和主轴颈一般都采用空心结构，以减轻曲轴的重量和减小惯性力。在曲柄臂上一般不装平衡重。十字头柴油机曲柄销轴承的润滑油是通过钻孔从连杆小端输送下来的，因此，曲轴不必钻孔。

曲轴的首端设有轴向减振器以减轻轴系纵向振动的影响，在曲轴的尾端设有推力环以组成推力轴承承受螺旋桨的推力，通常在推力环的外部设有齿轮或链轮的齿圈用于传动凸轮轴。对于缸数较多的柴油机，曲轴和凸轮轴之间的传动在柴油机的中部。

目前，在曲轴结构方面，一项较新的技术是采用不等的曲柄间距，则相应的柴油机气缸间距也是不等的。这样设计明显缩短了机器长度、减轻了机器重量。典型的曲柄间距不等结构形式是柴油机前端气缸的曲柄间距较后端的曲柄间距小。因为前端曲柄传递的扭矩小，曲柄臂可较薄，曲柄间距因而减小。这种不等曲柄间距有两种形式，一种是曲轴前一段各曲柄的间距与后一段不同，另一种是从前向后各缸都不同。例如，12K90ME/ME-C MK9 柴油机，前端 6 缸的气缸间距为 1 480 mm，而后端 6 缸的气缸间距为 1 588 mm，这一措施使一台 12K90ME/ME-C MK9 柴油机总长减少半米多，重量减轻 25 t。8K90ME/ME-C 柴油机曲轴各缸的曲柄间距都是不同的，即从后向前曲柄间距依次减小，使柴油机总长减少近 1 m，重量减轻 34 t。

图 2.2-66 为 S-MC-C 型柴油机曲轴。锻钢曲轴由单位曲柄、自由端(首端)和功率输出端(尾端)三部分组成。曲轴为半组合式，可以是焊接型或半套合式。在曲轴上采用焊接工艺连接是现代曲轴制造中的一个重要成就，曲柄臂不必因为套合工艺需要而加大尺寸，所以重量减

轻。曲柄臂和主轴颈及曲柄销之间的连接处是用车入式圆角过渡,圆角处经过冷滚压加工,以提高它的疲劳强度。自由端法兰1用来驱动辅助设备或轴带发电机。自由端法兰后为轴向减振器的活塞2,推力环4的前后两侧都装有推力块(图中未示出),以传递螺旋桨的推力和为曲轴轴向定位。推力环的外圈用来安装主动链轮,以便通过链条驱动凸轮轴。这种推力轴和曲轴造为一体,并将推力轴承和主动轮组合在一起,可缩短柴油机长度,使布置更为紧凑。

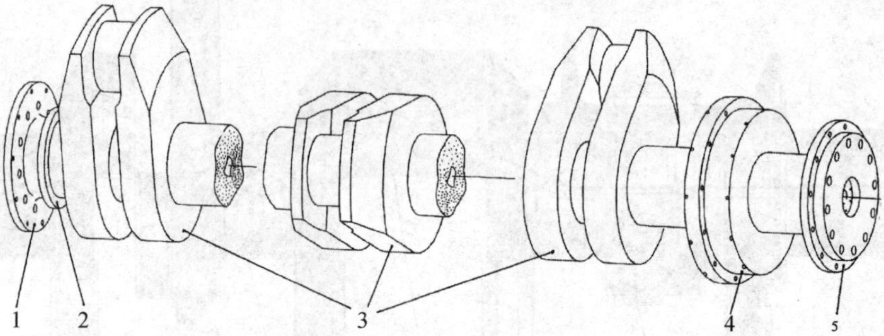

图 2.2-66 S-MC-C 柴油机曲轴

1—自由端;2—轴向减振器活塞;3—单位曲柄;4—推力环;5—功率输出端

3. 曲柄的排列

曲轴的曲柄都是以气缸的号数命名的。气缸的排号有两种方法,一种是由自由端排起,另一种是由动力端排起。我国和大部分国家都是采用自由端排起。曲柄的排列是由气缸的发火间隔角和发火顺序决定的,而气缸的发火间隔角和发火顺序又要按照下列原则决定。

(1)柴油机的动力输出要均匀,即发火间隔角要相等。这样,相邻发火的两个缸的曲轴夹角,二冲程柴油机为360°/i,四冲程柴油机为720°/i。i为柴油机气缸数。

(2)要避免相邻的两个缸连续发火,以减轻相邻两缸之间的主轴承的负荷。为此,最好在柴油机的首、尾两端轮流发火。

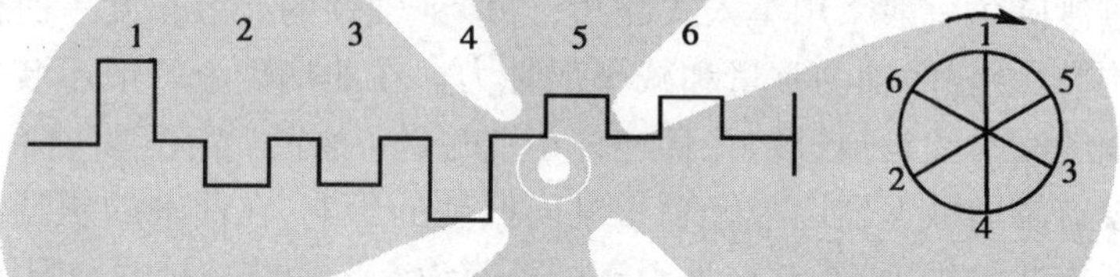

图 2.2-67 二冲程柴油机的曲柄排列

(3)要使柴油机有良好的平衡性。柴油机在往复惯性力与惯性力矩、离心惯性力与离心力矩的作用下要产生振动。曲轴合理的排列可使引起振动的力和力矩减至最小。

(4)要注意发火顺序对轴系扭转振动的影响。发火顺序不同,各段轴上扭矩的交变情况也不同,对轴系扭转振动的影响也不同。要力求减轻扭转振动。

(5)在脉冲增压式柴油机中,为了防止排气互相干扰,各缸的排气管要分组连接。

关于二冲程柴油机的曲柄排列,现以二冲程六缸柴油机为例来讨论。二冲程六缸柴油机的发火顺序可定为1—6—2—4—3—5,曲柄排列如图2.2-67所示。它满足发火间隔相等即都为360°/6=60°的要求,并且在首尾两端轮流发火。另外,还满足了上述的第五项要求。因为若将排气管分为1、2、3和4、5、6两组,每组和一台增压器相连,同组各缸的排气间隔(即发火间隔)为120°,而二冲程柴油机的排气持续角度也大约为120°,因此把每三个相邻气缸连到一起,排气不会相互干扰。虽然上述发火顺序没有完全满足相邻两缸不能连续发火的要求,但通过综合分析,认为这个发火顺序还是比较好的。

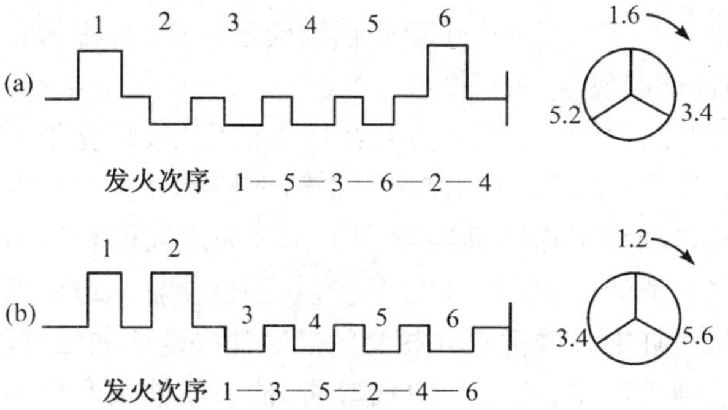

图 2.2-68　四冲程柴油机的曲柄排列

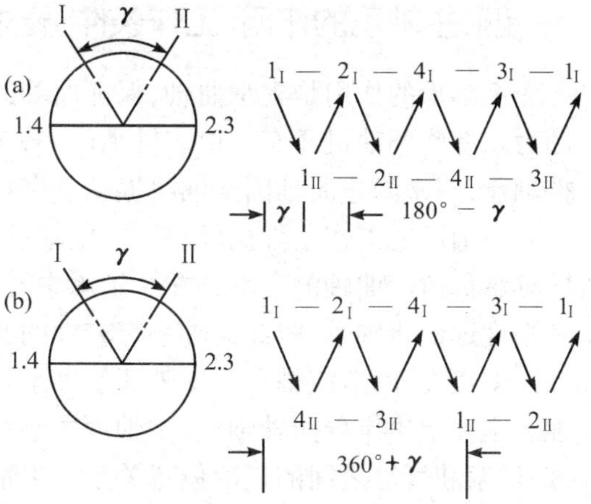

图 2.2-69　V 型柴油机曲柄排列

四冲程柴油机的曲柄排列，我们也用六缸机进行讨论。它的发火间隔按照动力均匀的原则应为 720°/6 = 120°，发火顺序按照减轻主轴承负荷的原则可排成 1—5—3—6—2—4 或 1—3—5—2—4—6。按照上面的发火顺序和发火间隔，可绘出曲柄排列图，如图 2.2-68 所示。从曲柄排列图中可以看到，有两个曲柄处在同一位置上。如图 2.2-68(a) 中的 1、6 两曲柄，5、2 两曲柄等。虽然它们同处于一个位置，但它们的工作循环相位却不同。以 1、6 两曲柄为例，它们都处在上止点位置，若曲柄 1 处在膨胀行程的上止点，则曲柄 6 必处在进气行程的上止点。从图 2.2-68(a) 中还可以看到，气缸 1、3、2 和 5、6、4 的排气间隔都是 240°，而四冲程柴油机的排气持续角度也大约为 240°。因此每三个相邻的气缸 1、2、3 和 4、5、6 都可以接到一起，共用一台增压器，而不会发生排气干扰，这符合上述的第五项原则。而曲柄排列图 2.2-68(b)，因 1、3 两缸和 4、6 两缸的排气都只隔 120°，因此不满足这项要求，不能被采用。

对于 V 型柴油机普遍采用插入式发火。插入式发火就是两列的发火顺序及发火间隔彼此完全相同，而总的发火顺序则为这两列的发火顺序根据气缸间的夹角关系进行穿插形成。例如八缸 V 型四冲程柴油机，每列四缸，每列的发火间隔都是 720°/4 = 180°，发火顺序都是 1—2—4—3。为了避免混乱，第Ⅰ列用 1Ⅰ—2Ⅰ—4Ⅰ—3Ⅰ表示，第二列用 1Ⅱ—2Ⅱ—4Ⅱ—3Ⅱ表示。气缸夹角为 γ。如果气缸 1Ⅱ比 1Ⅰ落后 γ 角发火，其总的发火顺序和曲柄排列如图 2.2-69(a) 所示。假如 1Ⅱ比 1Ⅰ落后 360° + γ，也就是 1Ⅰ发火后跟随着的是 1Ⅱ进气，1Ⅰ与 1Ⅱ不接连着发火，则对轴承负荷有利。此种情况总的发火顺如图 2.2-69(b) 所示。

要同时满足上述要求，往往是不可能的，而只能满足某些主要要求，兼顾其他要求，如 MAN B&W 公司的 10L90MC 柴油机中，为了满足平衡性和减少轴系的振动，甚至出现了各缸发火间隔角不相同的柴油机。该机的发火顺序为 1 - 8 - 7 - 3 - 5 - 9 - 4 - 2 - 10 - 6，各缸的发火间隔角如表 2.2-12 所示：

表 2.2-12　MAN B&W10L90MC 曲柄角

缸号	1	8	7	3	5	9	4	2	10	6
曲柄角	0	36.4	82.3	115.5	141.5	185.2	229.2	254	288.4	343.8
与下缸发火间隔角	36.4	45.8	33.3	26	43.2	44	24.8	34.4	55.4	16.2

四、主轴承的作用、工作条件、要求和材料

主轴承的作用是支承曲轴,保证曲轴的工作轴线,使曲轴在转动中以小的摩擦和磨损传递动力。有些柴油机还有一道主轴承(一般为最后一道主轴承)起着曲轴轴向定位作用,称为止推轴承,用来防止曲轴因柴油机振动、倾斜和摇摆时发生轴向窜动。

主轴承的工作条件比较恶劣。主轴承受到曲轴传来的气体力和惯性力的作用,具有很大的轴承负荷。曲轴的主轴颈在主轴承中转动,还受到摩擦力的作用。主轴承轴承合金的硬度和强度远低于轴颈,因此比轴颈有较大的磨损。轴承工作表面与轴颈工作表面之间的相对运动速度很高,除造成轴承磨损外还使轴承发热。滑油在使用中的氧化变质,还会使轴承遭到腐蚀。主轴承决定着曲轴轴线,主轴承中心线与气缸中心线垂直并相交的准确性决定着曲轴、连杆、活塞和气缸之间的正确位置关系。主轴承刚性不足,会引起曲轴弯曲、轴承与轴颈产生不均匀磨损和过度磨损。主轴承的损坏将直接影响活塞在气缸中的工作,严重时会发生机械敲缸和拉缸事故,也有可能使曲轴挠曲变形过大甚至折断。

对主轴承的要求是要有正确而且固定的位置,要有足够的刚度,有较高的承载能力和疲劳强度。在工作温度下有足够的热强度和热硬度,有较好的抗腐蚀能力,有减磨性和耐磨性,能均布滑油和散走摩擦热量。另外还要求维护管理方便。

除个别高速柴油机采用滚动式主轴承外,船舶柴油机的主轴承几乎都是滑动式轴承。轴承材料一般采用巴氏合金或高锡铝合金。为了提高轴承的抗疲劳能力,新型柴油机的大型轴承普遍采用薄壁轴瓦结构,轴承材料使用 Sn40Al,这种轴承材料具有较低的温度敏感性和很强的抗疲劳能力,可以大大提高主轴承的可靠性。

五、正置式主轴承的结构特点

柴油机的主轴承一般都采用滑动轴承,仅有个别的小型高速柴油机使用滚动轴承。按主轴承结构特点可把主轴承分为正置式主轴承和倒挂式主轴承两类。

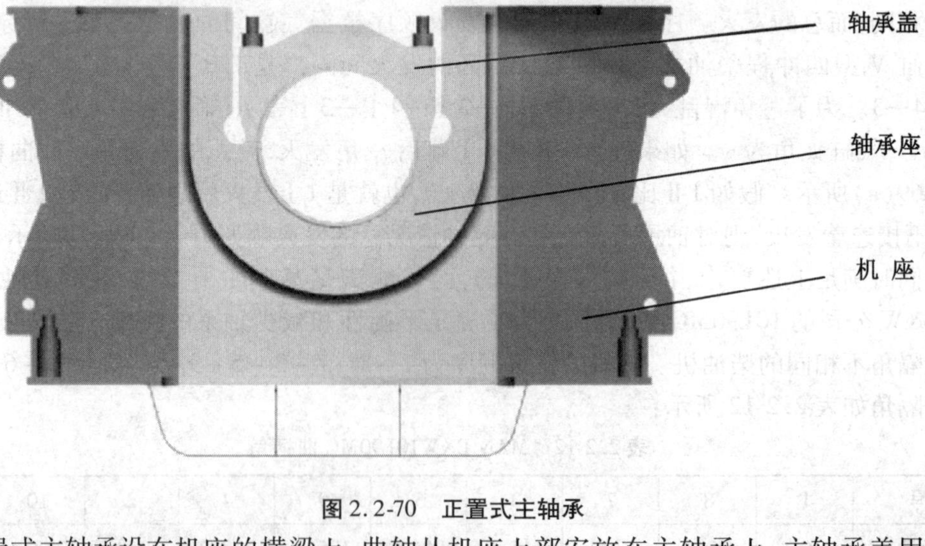

图 2.2-70 正置式主轴承

正置式主轴承设在机座的横梁上,曲轴从机座上部安放在主轴承上,主轴承盖用螺栓紧固,如图 2.2-70 所示。正置式主轴承的轴承盖紧固方式又有普通连接螺栓紧固和撑杆螺栓紧固两种。

图 2.2-71(a)为普通连接螺栓紧固的轴承盖,螺栓安装在轴承两侧,SULZER 柴油机在

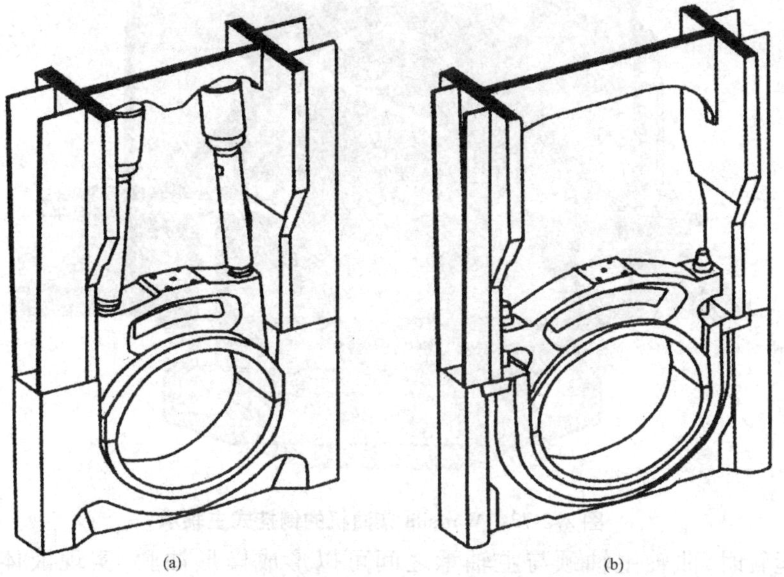

(a)　　(b)

图 2.2-71　普通连接螺栓紧固和撑杆螺栓

RTA-U 型机之前采用的撑杆螺栓紧固轴承盖的主轴承。它由轴承盖,上、下轴瓦和撑杆螺栓等组成。采用撑杆螺栓结构可以减小贯穿螺栓的间距和柴油机的横向尺寸。图 2.2-71(b)为 SULZER RTA-T 型柴油机采用的一种新型弹性压紧螺栓,这是对主轴承的应力、变形进行了大量计算后所做的改进,使轴承的受力更加合理,并且在省去了撑杆螺栓之后,使主轴承的重量减轻了 40%,轴承的加工和维护保养也更加方便。

六、倒挂式主轴承的结构特点

现代筒形柴油机为了减轻重量,在结构上普遍采用无机座结构。即将气缸体和机架做成一体,将轴承座布置在机体的横梁上,用螺栓把轴承盖倒挂在机体上以支承曲轴,这种结构称之为倒挂式主轴承,如图 2.2-72 所示。采用倒挂式主轴承可以省去机座,机体底部只需装一个轻便的油底壳,这样,可以减轻柴油机的重量和缩小柴油机的尺寸。这种结构广泛地应用在高、中速柴油机中,也是当前筒形活塞柴油机的主流结构。由于轴承盖受到气体力和惯性力的作用,轴承盖和其连接螺栓应该有足够高的疲劳强度。对于中小型柴油机,倒挂式主轴承的轴承盖只采用倒挂的连接螺栓固紧。对于大功率中速机,轴承盖除用倒挂螺栓紧固到机体上之外,还用横向螺栓把轴承盖侧面与机架紧固到一起,使下部类似于封闭式结构,提高了主轴承和机体的刚性,避免了柴油机工作时机体下部张开而造成的较大塌腰变形,因此可以满足柴油机增压度提高的需要。倒挂式主轴承结构在拆装和维修曲轴时,需将整个机体倒置,故维修保养不太方便。

七、曲轴和轴承的摩擦磨损

柴油机曲轴的主轴颈与主轴承、曲柄销颈与连杆大端轴承都是表面作相对滑动的运动副。

1. 曲轴与轴承的摩擦

(1)主轴颈与主轴承的摩擦

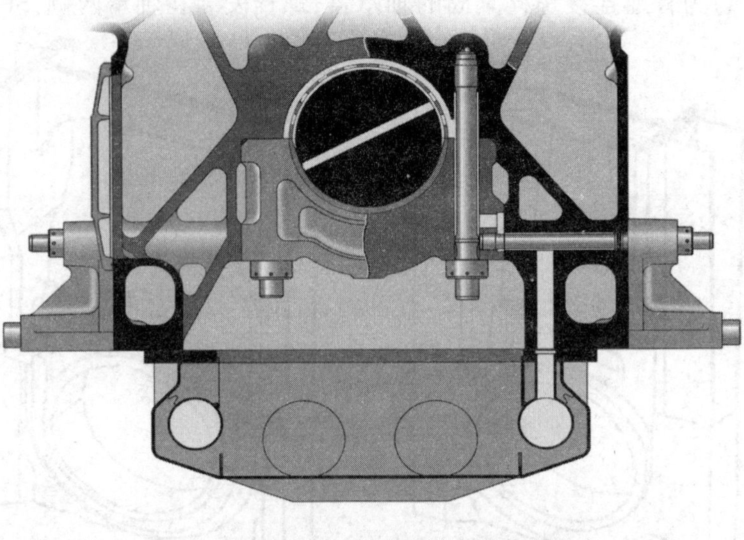

图 2.2-72　Wärtsilä 柴油机的倒挂式主轴承

柴油机运转时，曲轴主轴颈与主轴承之间可以形成楔形油膜，实现液体动压润滑。图 2.2-73体动压油膜形成过程。当曲轴达到工作转速时，轴颈处于图 2.2-73(d)所示的位置，此时油膜内各点的压力，其垂直方向的合力与载荷 F 平衡，其水平方向的压力自行抵消，轴颈在某一偏心平衡位置 O_1 运转。其他条件相同时，工作转速越高，偏心距 e 越小，油膜厚度随之变化。过高的负荷将使油膜破坏，轴与瓦发生金属直接接触。

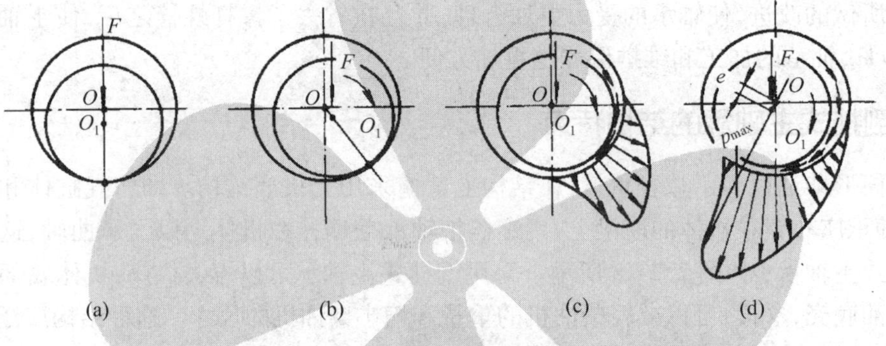

图 2.2-73　液体动压油膜形成过程

柴油机起动时运动副处于半干摩擦状态，转速太低，油膜也难以建立。柴油机频繁起动、停车使主轴承磨损加快。曲轴转速高容易形成楔形油膜，但过高的转速会使滑油温度升高，黏度下降，油膜受损导致磨损加剧。如果在轴瓦上油膜对应部位开有油槽会使其承载能力下降，一般不在主轴承下瓦、连杆大端轴承上瓦上开油槽。

(2)曲柄销颈与连杆大端轴承的摩擦

曲柄销颈在摆动的连杆大端轴承内作相对回转运动。轴瓦与曲柄销颈之间存在间隙。当连杆大端轴瓦上瓦压在曲柄销上时，在曲柄销下方出现月牙状间隙。随着曲轴转动，粘附于曲柄销颈上的滑油被带入月牙间隙中形成楔形油膜，实现液体动压润滑。但曲柄销运动较复杂，润滑条件差，不易形成油膜。

2. 曲轴和轴承的磨损

曲轴在正常运转时，由于诸多因素的影响，运动副经常处于混合摩擦状态，必然会产生磨损。一般来说，轴的磨损较小，轴瓦磨损较大。

(1)曲轴磨损特点

①一般直列式柴油机的连杆轴承负荷较主轴承负荷大，所以曲柄销颈磨损较主轴颈大；V型柴油机则是主轴颈磨损较大。

②曲轴轴颈在轴向和周向的磨损不均匀。

曲轴轴颈在轴向不均匀磨损产生圆柱度误差。一般是曲柄销比主轴颈严重。产生轴颈轴向不均匀磨损的原因主要是连杆部件安装不正；连杆或曲轴的弯曲以及缸套的轴向偏斜等致使轴颈在轴向受力不均匀。曲轴轴颈在周向不均匀磨损产生圆度误差。这是因为曲轴回转一周，作用在轴颈上的力的大小和方向均是变化的，同时还与润滑、间隙等因素有关。

(2)曲轴轴承的磨损

柴油机主轴承下瓦和连杆大端轴承上瓦均会发生较大磨损。引起轴承过度磨损的原因很多，如滑油污染变质、安装不良、对中不佳、过载、柴油机频繁起动停车、润滑不良等。尤其是滑油中断或油温过高会造成轴瓦熔化的重大事故，轮机员在对轴承的维护管理中应予以特别注意。

3. 曲轴轴颈和曲轴轴承的润滑特点

柴油机的曲轴通常采用压力润滑，主轴颈的润滑油都是经由滑油系统的润滑油总管供给的。大型柴油机曲轴曲柄销的润滑油目前大多来自十字头，经连杆中心孔往下输送，曲轴不钻油孔。中小型筒形活塞式柴油机和部分大型柴油机的曲轴则钻有输油孔道，由润滑油总管送入主轴承的滑油通过曲轴内的油孔送往大端轴承和活塞组。曲轴内油道的形式如图 2.2-74 所示。中小型柴油机的曲轴多采用图 2.2-74(b)的斜油孔形式，大型柴油机曲轴多采用直油孔形式如图 2.2-74(a)和(c)所示。

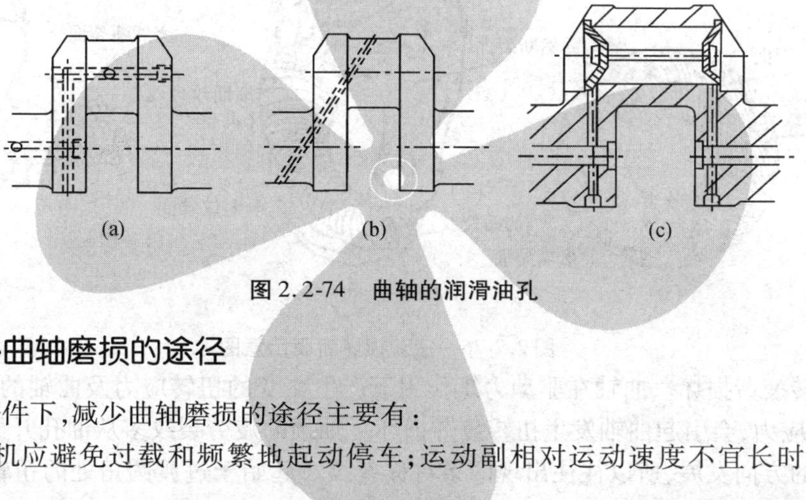

图 2.2-74　曲轴的润滑油孔

八、减少曲轴磨损的途径

在船舶条件下，减少曲轴磨损的途径主要有：

(1)柴油机应避免过载和频繁地起动停车；运动副相对运动速度不宜长时间的过低或过高。

(2)注意保持滑油的品质，避免滑油污染变质，及时清洗滑油滤清器、更换滤芯等；尤其避免出现滑油中断或油温过高的情况。

(3)轮机员注意按要求检查运动副的间隙和几何形状误差的情况，一旦发现超差，应及时采取措施。

(4)柴油机检修时，注意保证运动部件的装配质量。

九、曲轴疲劳破坏的种类、发生的部位、时间及原因

疲劳损坏是机件在交变负荷作用下产生裂纹并逐渐扩展，随着裂纹的逐渐发展，截面逐渐减小，最后因截面尺寸不足而发生突然断裂。

疲劳损坏的形式可分为两种：弯曲疲劳损坏和扭转疲劳损坏。如图 2.2-75 所示。曲轴的疲劳损坏究竟是由弯曲应力，还是由扭转应力或两者合成引起的，主要应根据断面纹理判断。疲劳损坏的断面可分为三个区域，即初始裂纹区、渐断纹理区和突断区。这三个区域体现了疲劳损坏过程发展的三个阶段。初始裂纹区是断面纹理的发源地。渐断纹理区由于两断裂面间的摩擦形成的。断面纹理因为引起疲劳的原因不同有波浪线和螺旋线之分，如图 2.2-76 所示，在这个区域中，因有污物存在，颜色暗黑。突断区断开的截面具有冲击折断的特点，晶粒粗糙明亮，与暗的平滑纹理断面形成了明显的区别，如图 2.2-76 所示。

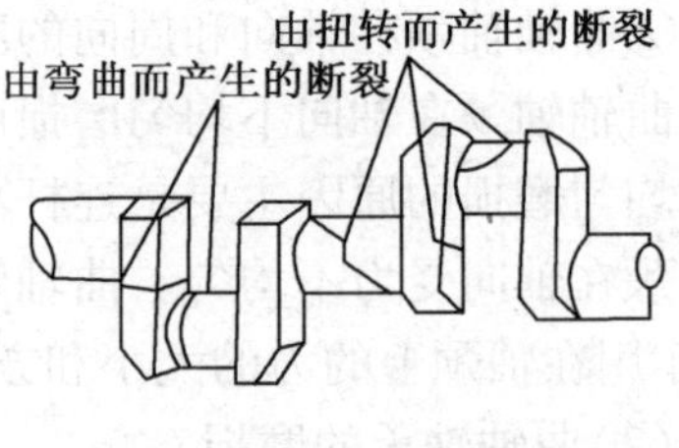

图 2.2-75　疲劳损坏的形式

（1）弯曲疲劳损坏。弯曲疲劳裂纹首先产生在曲柄销圆角或主轴颈圆角处，然后向曲柄臂发展。这是因为对于承受弯曲来说，曲柄臂比主轴颈和曲柄销弱。弯曲疲劳的断面是与轴线垂直的，裂纹线为波浪线。如图 2.2-76(a)所示。曲轴弯曲疲劳破坏，通常是由于轴颈不均匀磨损所造成的主轴承不同轴度而引起的。特别是某个主轴承过低，当柴油机工作时，这段轴就会产生过大的变形和过大的交变弯曲应力。由于轴承的不均匀磨损要经过一定的运转时间才会发生，因此弯曲疲劳损坏很少发生在未经长期使用的柴油机上。

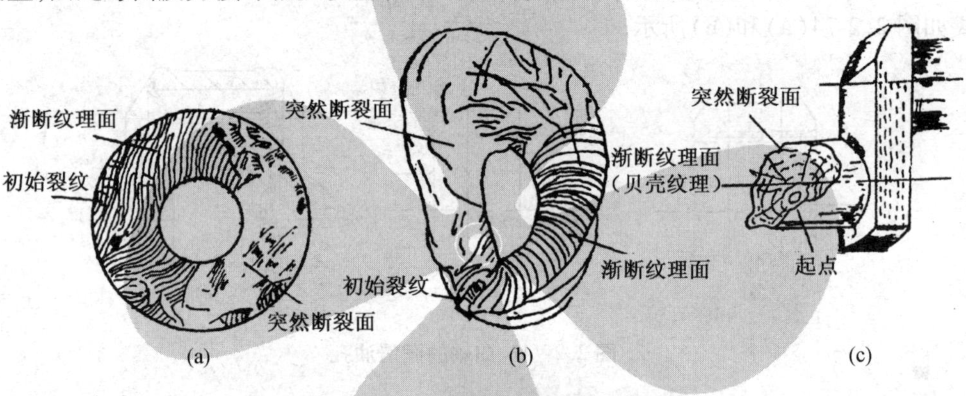

图 2.2-76　疲劳损坏断面示意图

（2）扭转疲劳损坏。曲轴在驱动力矩作用下产生交变的扭转应力及曲轴的扭转振动产生的附加扭转应力，会引起曲轴发生扭转疲劳损坏。轴颈的疲劳裂纹多从油孔开始，然后向与轴线成 45°角的方向发展，所以往往出现两条对称裂纹。起始于过渡圆角处的扭转疲劳裂纹，由于轴颈的抗扭截面模数比曲柄臂的弱，因此裂纹多自圆角部位向轴颈发展，较少向曲柄臂上发展。图 2.2-76(b)为扭转疲劳断面示意图，断面是倾斜的，与轴线成 45°，裂纹线近似为螺旋线。扭转疲劳损坏和弯曲疲劳损坏不同。扭转疲劳损坏一般是出现在柴油机运转初期。但现在扭振的计算及测量技术比较成熟，只要扭振减振器不发生故障，不飞车，又不过于疏忽，通常不会出现扭转疲劳损坏；相反，弯曲应力复杂，难以计算精确，而且轴承磨损后能产生很大的附加弯曲应力，因此，曲轴的弯曲疲劳损坏多于扭转疲劳破坏。

曲轴材料的缺陷也是导致疲劳损坏的原因之一。制造曲轴的材料可能有缩孔、气孔、收缩

裂纹、夹渣、偏析等缺陷。当这些缺陷处在应力集中部位时,危险性就更大了。若柴油机使用中滑油变质使圆角处腐蚀,或由于滑油中进水及停机后轴颈表面的凝结水(在潮湿空气中易出现)使轴颈油孔或圆角腐蚀,都有可能使曲轴发生腐蚀疲劳损坏。

十、防止或减少曲轴疲劳破坏的措施

为了防止曲轴疲劳损坏,在管理中要注意检查曲轴轴线的状态、轴颈与下瓦的贴合情况,以保证曲轴的良好对中。在操车时要尽快越过转速禁区,注意对扭转振动减振器的检查和保养,要注意化验滑油和利用分油机分离滑油。如发现疲劳裂纹,要查明并消除引起裂纹的原因,并根据《规范》要求对裂纹进行处置。

第十一节　轴承的检修

船用柴油机曲轴的主轴承、曲柄销轴承、十字头销轴承和活塞销轴承等均为滑动轴承。滑动轴承是由轴承座、上下瓦和轴承盖组成,如图 2.2-77 所示。轴瓦是由瓦壳和瓦衬(耐磨合金层)组成。常见的滑动轴承轴瓦有以下三种形式:

(1)两半式厚壁轴瓦。轴瓦厚度 t 较大,一般 $t \geqslant 0.065D$(D 为轴承直径),合金层厚度为 3 ~ 6 mm。瓦壳材料可采用青铜、黄铜或铸钢,目前则广泛使用铸钢瓦壳。瓦衬材料主要采用锡基或铅基巴氏合金。

此种轴瓦壁厚、刚度大,可以保证轴承孔的尺寸精度和几何精度。在上、下瓦之间有调节垫片,用以调整轴承径向间隙(即油隙),轴瓦损坏后可以重浇合金或拂刮修复。厚壁轴瓦广泛应用于中、低速柴油机和一些辅机轴承上。

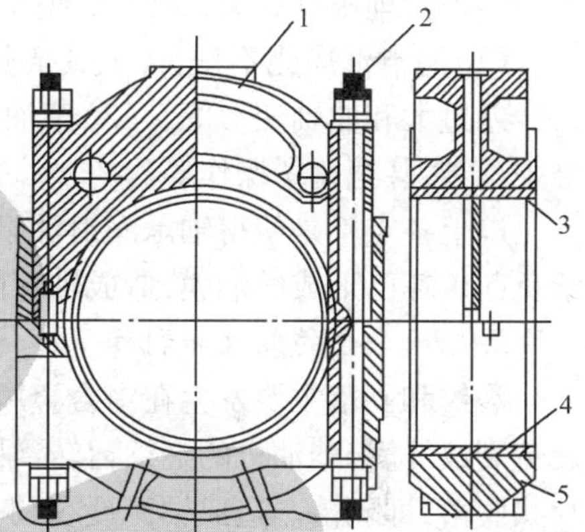

图 2.2-77　滑动轴承的结构

1—轴承上盖;2—螺栓;3—上瓦;4—下瓦;5—轴承座

(2)两半式薄壁轴瓦。此种轴瓦厚度 t 较小,一般 $t=(0.02 \sim 0.065)D$(D 为轴承直径),各种材料的合金层厚度,如表 2.2-13 所示。通常瓦壳采用低碳钢,瓦衬的材料有铜铅合金或铝基轴承合金等。薄壁轴瓦广泛用于中、高速柴油机和大型低速柴油机十字头轴承,甚至有的柴油机主轴承和曲柄销轴承也改用薄壁轴瓦。

薄壁轴瓦刚度低,容易变形。轴承孔的尺寸和几何精度由轴承座和瓦壁厚度加工精度来保证;轴瓦的互换性好,装入轴承孔后不允许拂刮,损伤后也不能修复,只能报废换新。

(3)整体衬套式轴瓦。通常采用青铜或低碳钢制成套筒式,或在衬套内表面上浇注 0.4 ~ 1.0 mm 厚的耐磨合金层。中、小型柴油机连杆小端轴承、摇壁轴承广泛采用锡青铜或铝青铜衬套式轴瓦。

此外,轴瓦还按金属的层数分为单层、双层、三层和四层轴瓦。单层轴瓦是由一种合金制成的整体衬套式;双层轴瓦为钢瓦壳上浇注或压上减摩和抗咬合的轴承合金层;三层轴瓦或称三合金轴瓦是在双层轴瓦上在镀覆一层极薄的表面镀层,以改善表面性能或抗疲劳性能,例如镀覆 0.02 ~ 0.04 mm 的铅、锡、铟等;四层轴瓦是由钢瓦壳、高疲劳强度的轴承合金层、表面性能良好的轴承合金层和表面镀层组成的。

表 2.2-13　薄壁轴瓦合金层厚度 CB/T 3535-94　(mm)

合金材料	合金厚度
锡基、铅基轴承合金	0.25～0.5
铜基轴承合金	0.4～0.8(烧结) 0.4～0.8(连续浇注) 0.4～1.0(离心浇注)
铝基轴承合金	0.3～0.9

一、轴承的损坏形式

轴承是船用主、副柴油机或其他辅机的易损件,在每年的机损事故中居首位。轴承损坏主要是轴瓦的耐磨合金层的破坏。其主要损坏形式有:过度磨损、裂纹、剥落、腐蚀和烧熔。

1. 轴瓦的过度磨损

柴油机运转一段时间后使主轴承下瓦、十字头轴承下瓦和曲柄销轴承上瓦产生过度磨损。轴瓦的过度磨损将会使轴承间隙增大,引起冲击并加剧磨损。造成轴瓦的过度磨损的原因主要与维护管理不良有关,具体表现如下:

(1)润滑油净化不良,含机械杂质和水分较多。(2)轴颈表面的粗糙度等级太低、几何形状误差过大和曲轴变形等。(3)柴油机起、停频繁和长时间超速、超负荷运转。(4)其他日常维护不善,甚至违章操作等。

以上各点不是使得轴承润滑油膜不能建立,就是由于磨粒、轴颈表面状态不良或过大的轴承负荷破坏已形成的油膜,造成轴瓦的异常磨损。

2. 轴承合金的裂纹和剥落

裂纹和剥落主要发生在白合金厚壁轴瓦上。最初由于种种原因在轴瓦工作表面产生微小疲劳裂纹,随着柴油机的继续运转,轴瓦上的裂纹逐渐扩展、延伸,以致使轴瓦上的耐磨合金呈片状脱落,即剥落。造成轴瓦裂纹和剥落的原因主要与轴承受力、轴承合金性能及维护管理等因素有关,具体来说,可分为以下几点。

(1)白合金的疲劳强度低,在交变载荷的作用下容易产生疲劳裂纹。(2)轴颈的几何形状误差过大和轴瓦过度磨损都会使轴瓦受到过大的冲击载荷,导致轴瓦产生裂纹。(3)柴油机超负荷使轴承负荷过大造成轴瓦裂纹。(4)轴瓦浇铸质量差,如合金层与瓦壳结合不良或二者之间嵌有异物等,在交变载荷作用下使轴瓦裂纹和合金层剥落。(5)龟裂是白合金轴瓦容易产生的疲劳损坏,如十字头轴瓦的龟裂就较为严重,目前虽然对十字头轴承和连杆小端的结构进行了各种改进,但龟裂仍时有发生。

龟裂是由于柴油机运转时轴瓦受到周期性交变载荷作用,特别在轴承负荷过大和轴向负荷分布不均匀时,使轴与瓦之间难以建立连续而又分布均匀的润滑油膜,以致局部产生金属直接接触,经过一段时间运转后,在轴瓦表面上局部产生细微裂纹,称为发裂。发裂在柴油机台架试验时就可能产生。实践证明,轴瓦产生发裂后仍可继续运转很长时间,直至发展成龟裂报废,如图 2.2-78 所示,为十字头轴瓦的龟裂。

轴瓦产生发裂后,继续运转时润滑油就会渗入裂缝中,在轴承负荷作用下润滑油无处逸出而形成油楔,使发裂扩展、延伸并彼此连接成封闭网状。所以,当轴瓦承受过大的轴承负荷或轴向负荷分布不均匀时,就会使轴瓦上产生发裂,在油楔的作用下扩展成许多封闭的裂纹称为龟裂。当龟裂面积较大并扩展至轴瓦端面或合金剥落时，应报废换新。

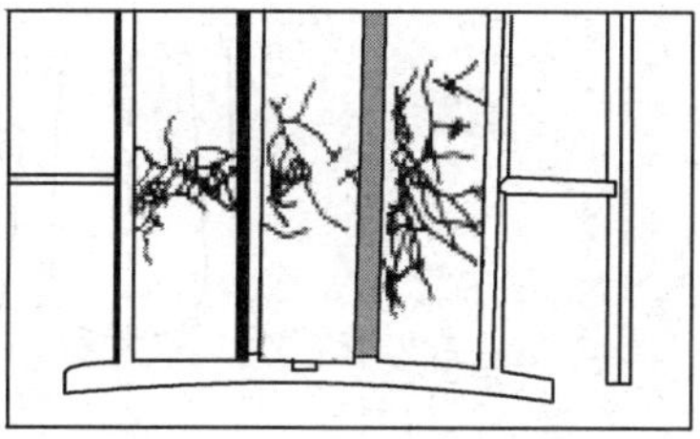

图 2.2-78　十字头轴瓦龟裂

3. 轴瓦的腐蚀

轴瓦的腐蚀包括电化学腐蚀和漏电引起的腐蚀。润滑油中含水或滑油氧化、燃气或燃油的混入使滑油变质都会使轴瓦工作表面产生宏观或微观的电化学腐蚀麻点。船上的杂散电流是电器漏电引起的，它使轴瓦内外表面产生局部麻点的静电腐蚀。

4. 轴瓦的烧熔

轴瓦合金烧熔是滑动轴承常见的严重损坏。主要由于轴承间隙过小、润滑油油压不足或失压使油膜不能建立、轴颈表面太粗糙或几何形状误差过大等破坏油膜。油膜不能建立或被破坏均使轴瓦的金属直接接触，干摩擦产生高温使白合金熔化。

二、轴承的检测

（一）滑动轴承的安装要求

为了保证滑动轴承安全可靠地运转，轴承的安装质量与轴的配合最为重要。在安装过程中应符合下列要求：

1. 轴瓦与轴承座孔的配合面应贴合良好

安装轴瓦时以下瓦的安装最为关键，应使下瓦外圆面与轴承座孔内圆贴合紧密和均匀接触，用 0.05 mm 塞尺插不进。配合面贴合紧密，运转时轴瓦工作可靠，不会产生变形和裂纹而且利于散热。

(1) 厚壁轴瓦下瓦的安装。下瓦装入轴承座内其配合面贴合情况可用在瓦座面涂着色油后与轴瓦互研进行检查。若瓦背色油沾点少，说明接触不良。采用铜锤敲击或修锉轴承座面。要求在 25 mm × 25 mm 面积内沾点不少于三点，即小型柴油机的瓦背与瓦座接触面积不少于 85%，大、中型柴油机不少于 75%。

(2) 薄壁轴瓦的安装。薄壁轴瓦与轴承座的紧密配合是通过轴瓦与轴承座孔的过盈配合来实现的。由于轴瓦装入轴承座孔内，上、下瓦结合面均高出轴承座结合面 Δ，也就是轴瓦外圆周长较座孔周长大 4Δ，如图 2.2-79 所示。当螺栓上紧前，在轴承剖分面处有 2Δ 的间隙；当螺栓上紧后，间隙消失，借助薄轴瓦的弹性形变和过盈量使轴瓦紧压在轴承座孔中，两者配合面紧密贴合。薄壁轴瓦在自由状态下具有一定的弹性，所以在瓦口处产生弹性变形，使瓦口处直径较轴瓦名义直径增大，二者之差为瓦口大扩张量。GB/T3535-94 对瓦口扩张量的推荐值为：无翻边瓦 0.3 ~ 1.0 mm；翻边瓦 0.1 ~ 0. 4 mm。轴瓦内孔尺寸越大，轴瓦壁越薄，弹性越好，扩张量应取上限。

2. 轴颈与轴承下瓦应在一定的角度内均匀接触

柴油机主轴颈与主轴承下瓦的接触应在机体中心线两侧 40° ~ 60°范围内均匀接触；曲柄销颈与连杆大端轴承上瓦的接触角应在连杆中心线两侧 60° ~ 90°范围内均匀接触，如图 2.2-80 所示。

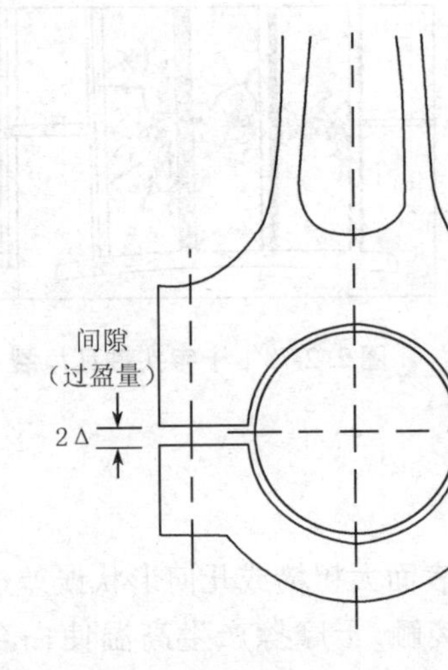

图 2.2-79　薄壁轴瓦与轴承座孔的过盈配合

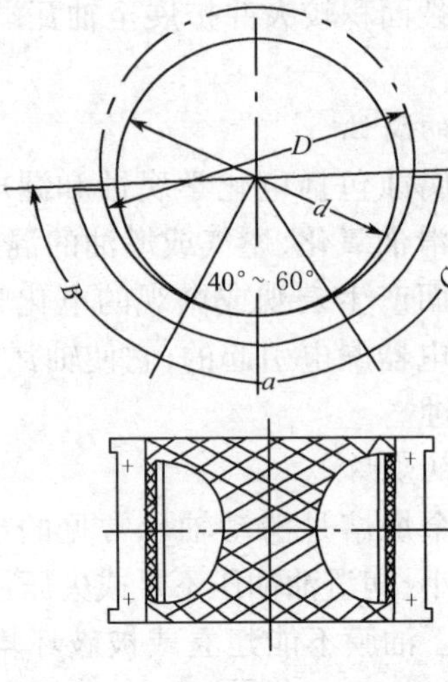

图 2.2-80　曲轴轴颈与轴瓦的接触角

3. 轴承间隙应符合要求

轴与轴瓦之间的径向最大配合间隙称为轴承间隙。合适的轴承间隙是形成润滑油膜实现液体动压润滑的重要条件。轴承间隙过小，油膜不能建立，轴与轴瓦金属的直接接触，产生大量的热量，以致金属熔化；间隙过大，润滑油流失和产生冲击，使轴瓦合金层出现裂纹、破碎。所以要求轴与轴瓦之间的轴承间隙 Δ 在安装间隙 $\Delta_{安}$ 和极限间隙 $\Delta_{极}$ 之间，即

$$\Delta_{安} < \Delta < \Delta_{极}$$

柴油机说明书和柴油机修理技术标准中对主轴颈与主轴承、曲柄销颈与连杆大端轴承的轴承间隙均有具体规定。表 2.2-14 为柴油机主轴承间隙。

表 2.2-14　柴油机主轴承间隙　（mm）

轴颈直径	十字头式柴油机		筒形活塞式柴油机 <500 r/min		筒形活塞式柴油机 >500 r/min 锡基轴承合金		筒形活塞式柴油机 >500 r/min 铜铅合金	
	装配间隙	极限间隙	装配间隙	极限间隙	装配间隙	极限间隙	装配间隙	极限间隙
<100	–	–	–	–	0.06~0.08	0.20	0.08~0.10	0.20
100~125	–	–	–	–	0.08~0.11	0.25	0.10~0.12	0.25
125~150	–	–	–	–	0.11~0.15	0.30	0.13~0.16	0.30
150~200	–	–	0.14~0.18	0.30	0.16~0.20	0.40	0.17~0.23	0.40
200~250	–	–	0.18~0.22	0.40	0.20~0.24	0.50	0.24~0.28	0.50
250~300	0.17~0.21	0.40	0.22~0.26	0.50	0.24~0.28	0.60	–	–
300~350	0.21~0.25	0.50	0.26~0.30	0.60	–	–	–	–
350~400	0.25~0.30	0.60	0.30~0.34	0.70	–	–	–	–
400~450	0.30~0.35	0.70	0.34~0.38	0.80	–	–	–	–
450~500	0.35~0.40	0.80	–	–	–	–	–	–
500~550	0.40~0.45	0.90	–	–	–	–	–	–
550~600	0.45~0.50	1.00	–	–	–	–	–	–
600~650	0.50~0.55	1.10	–	–	–	–	–	–
650~700	0.55~0.60	1.20	–	–	–	–	–	–
>700	0.60~0.65	1.30						

(二)轴承间隙的测量

1. 塞尺法

用塞尺自轴承端面直接插于轴颈与轴瓦之间进行测量,如图 2.2-81 所示为 MAN B&W 型柴油机随机专用长塞尺测量主轴颈与主轴承的轴承间隙。测量时拆去轴盖上的滑油进油管和盖内的油管,用长塞尺从端面插入进行测量。一般每运转 3 000 h 检测一次。塞尺平直,而轴承间隙为弧形,使测量值小于实际间隙,所以轴承间隙应为测量值加上 0.05 mm 的修正值。此法操作简单,因而精度不高且使用受轴承结构限制,所以只可作为轴承间隙的粗检。

2. 压铅法

压铅法是利用轴承间隙处的铅丝在主轴承螺栓上紧后被压扁的厚度来确定轴承间隙大小的测量方法。此法精度高,但操作较麻烦,适用于厚壁轴瓦的轴承。具体测量步骤如下:

(1)拆去主轴承上盖及上瓦或拆去连杆大端轴承的下盖和下瓦。

(2)选直径为(1.5~2.0)$\Delta_{安}$($\Delta_{安}$为轴承安装间隙)、长为 120°~150°轴颈弧长的铅丝 2~3 条,沿轴向按首、中、尾位置放在轴颈上,并用牛油粘住。如图 2.2-82 所示。

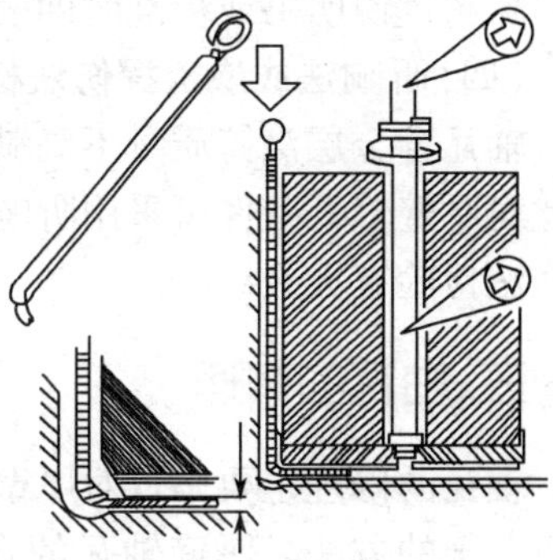

图 2.2-81 MAN B&W 型柴油机随机专用长塞尺测量主轴承间隙

铅丝的塑性和直径对测量精度有很大的影响。铅丝直径若小于轴承间隙则不能被压扁,测不出轴承间隙;铅丝直径过大,在上紧螺栓后铅丝可能被压入白合金层内,也不能准确测量。因此铅丝直径的选取尤为关键。例如,主轴承安装间隙为 0.20~0.25 mm 时,依经验公式可选用 0.3~0.5 mm 的铅丝直径。

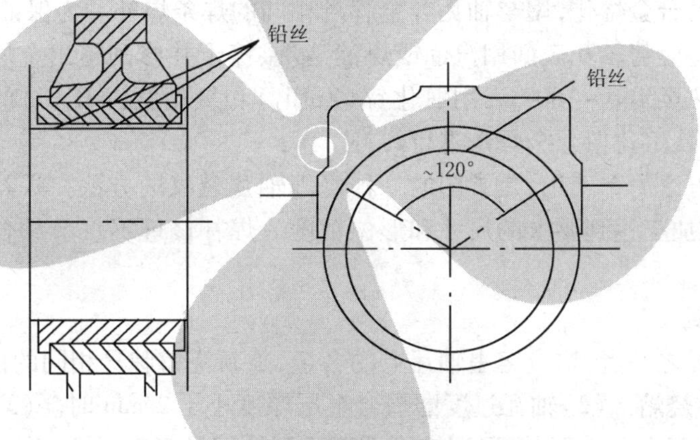

图 2.2-82 压铅法测量主轴承间隙

(3)复主装好轴承上瓦及上盖,按规定上紧螺栓至规定位置,并记下螺母上紧位置,此时切勿盘车。

(4)打开轴承,取出铅丝进行测量并记录。注意,铅丝应与所测轴承及测量位置对应,切勿弄混。

(5)用千分尺测量铅丝的两端及中间位置的厚度。中间厚度为轴承径向间隙,两端厚度为轴承两侧间隙,通常小于径向间隙。两侧向间隙差不应超过 0.05 mm。

3. 比较法

中、高速柴油机主轴承和连杆大端轴承多采用薄壁轴瓦。通常用内、外径千分尺分别测量轴径与孔径,此两直径之差即为轴承径向间隙值。一般应测量对应于曲柄销在上止点、下止点位置时的轴、孔直径,且沿轴向首、中、尾三处测量其平均值进行比较。

(三)轴瓦磨损量检测

主轴承厚壁瓦下瓦磨损量可用桥规测量主轴颈下沉量的方法或直接通过测量下瓦厚度与新瓦厚度比较来确定。连杆大端轴承上瓦的磨损量可采用直接测量法确定。薄壁轴瓦当其轴承间隙超过说明书或标准时即表明其下瓦或上瓦磨损严重,无需测量磨损量,应报废换新。

(四)听响法或渗透探伤法检测

轴瓦合金层浇铸质量不高就会使结合面局部有裂缝,运转后就会产生合金层脱落现象。为此对厚壁轴瓦备件可采用听响法或渗透探伤法进行检测。轴瓦工作表面可用放大镜或渗透探伤法检验有无裂纹。

三、轴瓦的修理

轴瓦的修理主要是针对厚壁轴瓦的修理,依损坏的形式和程度不同进行局部修刮、焊补和重浇合金的方法。厚壁轴瓦的合金层损坏可采用喷涂工艺进行修复,要求涂层与轴瓦结合牢固。

(一)局部修刮

轴瓦工作表面上的小面积擦伤、腐蚀或早期裂纹可用刮刀进行局部修刮,并使修刮处与周围瓦面圆滑过渡。滑油中含水量较多时瓦面上生成的黑色氧化锡硬壳,也可用刮刀刮去。

(二)焊补

轴瓦局部裂纹、局部合金剥落、局部腐蚀等均可采用焊补方法修理。焊补是用氢氧焰或焊烙铁将轴瓦损坏处合金熔化,用与轴瓦合金牌号相同的焊条焊补。为保证焊补质量,焊前清洁轴瓦表面很重要。应将轴瓦表面用汽油或煤油清洗、擦干并修刮露出金属光泽。焊烙铁焊补是将整个轴瓦加热至 160 ~ 180 ℃,用氯化锌($ZnCl_2$)和氯化氨(NH_4Cl)的饱和水溶液涂抹损坏处,然后用焊烙铁熔化白合金焊条进行焊补。

焊烙铁焊补方法简单实用,是常用的一种修理轴瓦裂纹的方法。焊补后应进行退火以消除应力,最后机械加工达到要求的尺寸和形位精度。焊补修理不仅节约合金材料且可缩短修理工时。

(三)重浇轴瓦

具有下列情况之一者,均应熔去轴瓦上的合金,重新浇铸牌号相同的白合金。

(1)轴瓦合金烧熔。(2)轴瓦过度磨损合金层厚度小于 2 mm 时。(3)轴瓦合金脱壳或大面积剥落。(4)轴瓦合金龟裂,扩展到轴瓦端面或裂纹深及瓦壳时。

四、主轴承下瓦的更换

柴油机运转中轴承损坏是不可避免的。其轴瓦损坏后,船上条件下只能更换备件。因此换瓦是轮机员经常性的检修工作。换瓦是新瓦的安装工艺过程,其质量仍然是保证安全可靠运转的关键。薄瓦安装工艺较为简单,以下介绍厚壁瓦安装过程及应注意的问题。

(一)新瓦的检验

检查下瓦有无变形和其他缺陷,如合金层与瓦壳的贴合情况、油槽和垃圾槽情况,测量并记录轴瓦厚度。

(二)盘出下瓦

在船上换新轴瓦时不需将曲轴吊起,只要将下瓦盘出即可。并以同样的方法将新下瓦盘入瓦座。旧瓦盘出应从瓦口较厚的一端或有定位唇的一端盘出。下瓦自主轴颈的下瓦座盘出的方法很多,随机型而异。例如:小型柴油机利用曲轴主轴颈上的润滑油孔,在孔中插入销钉盘车即可顶出下瓦,如图2.2-83(a)所示。还可利用专用工具取出主轴承下瓦,图2.2-83(b)所示。Sulzer RD、RND型柴油机采用液压千斤顶抬高0.10~0.15 mm后转出下瓦。

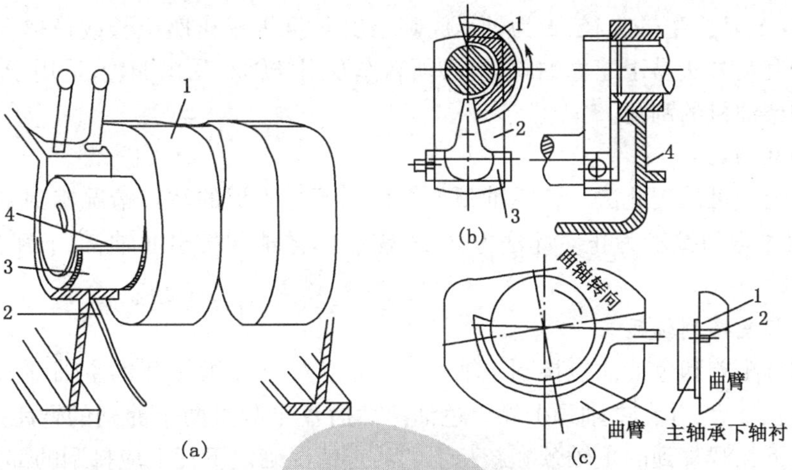

图2.2-83 盘出主轴承下瓦的工具

(a)利用销子盘出下瓦:1—曲轴;2—压力油管接头;3—下瓦;4—销子

(b)用固定在曲柄臂上的工具盘瓦:1—下瓦;2—曲柄臂;3—专用工具;4—机座

(c)用钩形工具盘瓦:1—钩形工具;2—卡销

为了便于盘瓦,通常在新瓦瓦背上镀覆0.002~0.003 mm的锡或铜,或在新瓦瓦背上均匀涂以二硫化钼。

(三)新瓦的安装

新瓦按安装要求进行安装。安装前应先检查新瓦有无变形,因为轴瓦备件在放置过程中可能产生变形,如将其装入轴承座中将贴合不良,在色油检查时出现以下情况:

(1)在下瓦背的两侧有色油沾点,而瓦背底面无沾点,说明下瓦瓦口产生向外张开的变形,在底部产生间隙δ,如图2.2-84(a)所示。此时新下瓦卡在轴承座上,没有“落底”。应采用修锉瓦背两侧或用铜锤敲击瓦口外侧使之收拢的方法修理。

(2)在下瓦背的两侧面无色油沾点,而在瓦背底面有沾点,说明新瓦瓦口产生向内收拢的变形,在瓦口两侧产生间隙β,如图2.2-84(b)所示。此时新下瓦在瓦座内“晃荡”。应采用木槌敲击瓦口内侧使瓦口均匀向外扩张。

(四)主轴颈与主轴承下瓦接触检验

新的主轴承下瓦安装合格后,应检验主轴颈与之接触情况并符合要求。检验时,在轴上均匀涂上色油,使轴回转与瓦互研后,观察下瓦色油沾点的多少和分布。如不合格,用刮刀拂刮下瓦上的色油沾点,再次使轴回转,再次检查沾点和拂刮,直到符合要求为止。具体拂刮轴瓦的方法有以下几种:

1. 样轴拂刮轴瓦

样轴又称假轴,使其代替曲轴,轻便、容易操作、效率高。假轴采用铜管或铸铁管制成,

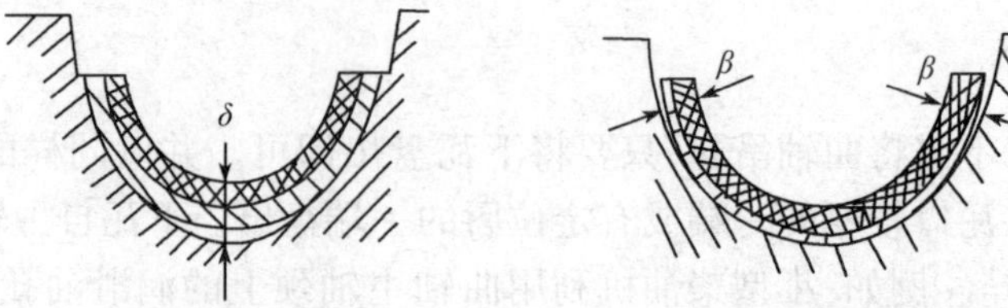

图 2.2-84　新瓦瓦口变形对其安装的影响

其外径 $D = d + \Delta$（d 为主轴直径，Δ 为轴承间隙），其长度等于机座全长或跨越 3 ~ 4 个主轴承的长度。此种刮瓦方法易于建立油膜，但必须制作专用样轴和吊出曲轴，适用于小船厂小批修理或船上小型柴油机的刮瓦。

2. 曲轴拂刮轴瓦

船厂和船上均可采用此法。依主轴颈与主轴承下瓦研配的沾点情况拂刮主轴承下瓦，直到符合接触角内均匀接触为止。此法方便，不需制作样轴和吊出曲轴，但下瓦盘出、盘入较麻烦。

3. 根据臂距差拂刮轴瓦

此法利用臂距差和色油沾点拂刮主轴承下瓦。首先在新换轴瓦的主轴颈前、后两个曲柄上分别安装曲轴量表，并在主轴颈上涂以色油。然后盘车测量两个曲柄的臂距差值。根据臂距差值和盘出下瓦观察到的主轴颈和新瓦上的沾点情况确定下瓦上应拂刮的部位。垂直平面内的臂距差值检查瓦底，水平平面的臂距差检查瓦口。拂刮轴瓦时不可一次刮削很多，应少量刮削、多次拂刮、多次研配，逐渐达到要求；否则会造成轴瓦报废的后果。

注意下瓦两侧垃圾槽附近瓦口部位的拂刮：拂刮过量，造成漏油，影响油膜建立；拂刮不足，瓦口与轴颈接触引起轴承发热，甚至在瓦口处咬死。所以，一般瓦口两侧与主轴颈之间要有 0.05 mm 的间隙。主轴承上瓦应先开油线然后进行拂刮。

4. 轴承间隙的测量与调节

以上检验合格后应检测主轴颈与主轴承装配后的配合间隙，即轴承间隙。当所测轴承间隙与说明书或标准不符时，采用抽减或增加上下轴瓦配合面间的垫片进行调整。

厚壁轴瓦上下瓦结合面间有一组黄铜或紫铜垫片，其形状与结合面形状相同并且不应妨碍曲轴的回转及瓦口处的垃圾槽。垫片的厚度均为 0.05 mm 的整数倍，如 0.10 mm、0.15 mm 等，便于间隙调整。垫片数量尽量少，两边的垫片数目和厚度相同。调整轴承间隙时，轴瓦两边要同时抽减或增加厚度和数目相同的垫片，以免安装后轴承上盖上瓦歪斜和轴承间隙变化。

第十二节　曲轴的检修

曲轴是柴油机的重要零件。曲轴的作用是把活塞的往复运动变成曲轴的回转运动，汇集并输出各缸的功率等。曲轴的形状复杂、刚性差，其重量占整台柴油机重量的 7% ~15%，造价占柴油机造价的 10% ~20%。曲轴的技术状态直接影响柴油机的正常运转、船舶的安全航行和经济性。所以应加强曲轴的维护保养，减少损伤，尤其应减少曲轴的磨损，控制曲轴的变形和防止曲轴断裂。曲轴损伤形式主要有：轴颈磨损、腐蚀、裂纹、折断和红套滑移等。对曲轴的变形，断裂可通过测量曲轴臂距差予以控制。

一、曲轴轴颈磨损的检修

柴油机经长期运转后使曲轴主轴颈和曲柄销颈产生不均匀磨损。磨损造成轴颈尺寸减小、精度降低和几何形状变化，如产生圆度和圆柱度误差等。

曲轴轴颈的圆度误差是柴油机工作循环使曲轴轴颈回转一周时在圆周方向受到大小和方向变化的力的作用产生的不均匀磨损所致；圆柱度误差是曲轴轴颈受到气体力和运动部件重量作用产生弯曲应力，及活塞运动部件安装不良或失中等使轴颈在长度方向受力不均，产生的不均匀磨损所致。圆度和圆柱度是衡量曲轴轴颈磨损程度的主要参数。圆度误差过大使轴与轴瓦的配合间隙变化，破坏润滑油膜，降低轴承的承载能力；圆柱度误差过大使轴承负荷轴向分布不均匀，引起活塞运动装置的失中。所以，新造曲轴应符合图纸上尺寸、几何形状精度的要求；运转中的曲轴圆度、圆柱度误差应符合说明书或标准的规定。

1. 曲轴磨损的测量

采用外径千分尺或游标卡尺测量曲柄销颈和主轴颈的直径，分别计算出它们的圆度和圆柱度误差，并与说明书或表 2.2-15 比较，判断曲轴轴颈的磨损程度。

表 2.2-15　曲轴主轴颈与曲柄销颈磨损极限 CB/T 3544-94　(mm)

轴颈直径	500 r/min 筒形活塞式柴油机				<500 r/min 筒形活塞式柴油机				十字头式柴油机			
	主轴颈		曲柄销颈		主轴颈		曲柄销颈		主轴颈		曲柄销颈	
	圆度	圆柱度	圆度	圆柱度	圆度	圆柱度	圆度	圆柱度	圆度	圆柱度	圆度	圆柱度
<75	0.03	0.03	0.03	0.035	–	–	–	–	–	–	–	–
75 ~ 100	0.035	0.035	0.035	0.04	–	–	–	–	–	–	–	–
100 ~ 125	0.035	0.035	0.035	0.04	–	–	–	–	–	–	–	–
125 ~ 150	0.04	0.04	0.04	0.04	–	–	–	–	–	–	–	–
150 ~ 175	0.05	0.05	0.05	0.05	0.05	0.05	0.05	0.05	–	–	–	–
175 ~ 200	0.05	0.06	0.05	0.06	0.06	0.07	0.06	0.07	–	–	–	–
200 ~ 225	0.06	0.07	0.06	0.07	0.07	0.08	0.07	0.08	0.08	0.08	0.09	0.09
225 ~ 250	0.07	0.08	0.07	0.08	0.08	0.08	0.08	0.09	0.09	0.09	0.10	0.10
250 ~ 275	0.07	0.08	0.08	0.08	0.08	0.09	0.08	0.10	0.10	0.10	0.11	0.11
275 ~ 300	0.08	0.09	0.09	0.09	0.09	0.10	0.09	0.10	0.10	0.10	0.11	0.11
300 ~ 325	0.08	0.09	0.09	0.10	0.09	0.10	0.10	0.11	0.11	0.11	0.12	0.12
325 ~ 350	0.09	0.10	0.10	0.11	0.10	0.11	0.11	0.12	0.12	0.12	0.13	0.13
350 ~ 375	–	–	–	–	0.11	0.12	0.12	0.13	0.12	0.12	0.13	0.13
375 ~ 400	–	–	–	–	0.12	0.12	0.13	0.14	0.13	0.13	0.14	0.14
400 ~ 425	–	–	–	–	0.13	0.14	0.14	0.15	0.14	0.14	0.15	0.15
425 ~ 450	–	–	–	–	–	–	–	–	0.15	0.15	0.16	0.16
450 ~ 475	–	–	–	–	–	–	–	–	0.16	0.16	0.17	0.17
475 ~ 500	–	–	–	–	–	–	–	–	0.17	0.17	0.18	0.18
500 ~ 525	–	–	–	–	–	–	–	–	0.18	0.18	0.19	0.19
525 ~ 550	–	–	–	–	–	–	–	–	0.19	0.19	0.20	0.20
550 ~ 575	–	–	–	–	–	–	–	–	0.20	0.20	0.21	0.21
575 ~ 600	–	–	–	–	–	–	–	–	0.20	0.20	0.21	0.21
600 ~ 625	–	–	–	–	–	–	–	–	0.21	0.21	0.22	0.22
>650	–	–	–	–	–	–	–	–	0.21	0.21	0.22	0.22

(1)测量曲柄销直径。进厂修船时，柴油机解体后可在船上或车间测量。航行期间在船上测量曲柄销直径则需拆除活塞连杆装置。测量步骤如下：

①将待测的曲柄销转至上止点或下止点位置并清洁。

②按图 2.2-85(a)所示的三个截面位置，即曲柄销颈两端分别距曲柄臂 10～30 mm 的两个截面及其中央截面，测量每个截面内的垂直与水平方向的直径，并记录读数。

③计算每个截面的圆度误差和两个纵截面内的圆柱度误差，取其最大值。

④查出标准值与误差的最大值比较，作出磨损程度判断。

(2)测量主轴直径。测量主、副柴油机各道主轴直径需拆去主轴轴承螺栓、上瓦、下瓦，最后清洁主轴颈。测量步骤如下：

①将 1 号缸曲柄销或待测主轴颈相邻任一曲柄销转至上止点位置。

②按图 2.2-85(a)所示的三个截面位置，测量每个截面内垂直和水平方向的直径。采用图 2.2-85(b)的随机专用外径千分尺或通用外径千分尺测量，并记录读数。

③计算各横截面的圆柱度误差和各纵截面的圆柱度误差。

④查出标准。

⑤取圆度误差和圆柱度误差的最大值与标准值比较，作出磨损程度的判断。

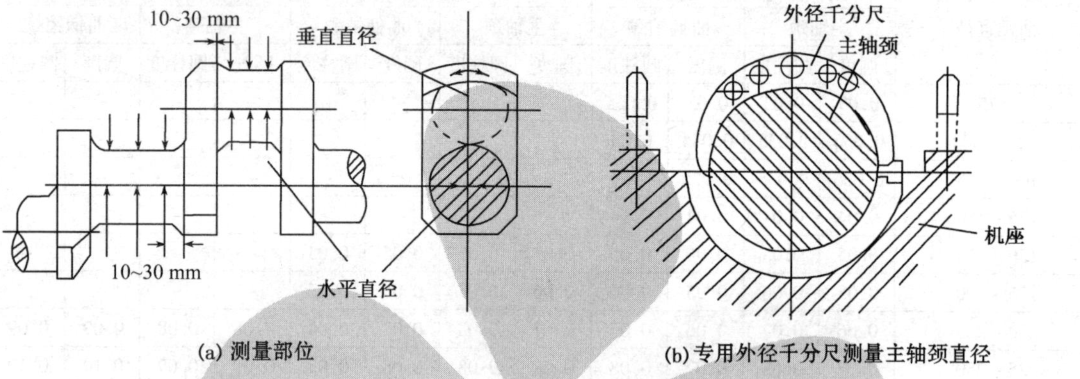

图 2.2-85　曲轴轴颈的测量

2. 曲轴磨损的修复

(1)尺寸修理法。在保证曲轴强度和几何形状精度、位置精度的前提下，选用最小的加工余量进行车削曲轴轴颈。轴颈减少量大于 $0.01d$(d 为轴颈)时应进行强度校核。依修理尺寸配制轴瓦，保证恢复原配合间隙。曲轴进厂修理时，可在曲轴车床、磨床上加工或在车间平台上人工锉削修理。在船上可采用装配机原地车削或磨削，也可以人工锉削。无论哪种方法均应保证轴颈圆度、圆柱度和表面粗糙度符合要求，尤其对手工锉削更要严格检测。

(2)恢复尺寸法。采用镀铬、镀铁等工艺恢复曲轴轴颈原有尺寸。目前国内成功地采用无刻蚀镀铁工艺修复大批各类曲轴，尤其可满足曲轴较大厚度镀铁层的要求。

二、曲轴轴颈擦伤与腐蚀的检修

曲轴轴颈表面擦划痕、拉毛和擦伤等主要是润滑油中的机械杂质或磨损产物引起的。轴颈表面的腐蚀凹坑、锈斑、烧伤等是润滑油中含水分和酸过多产生的电化学腐蚀或漏电等杂散电流引起的静电腐蚀造成的。当擦伤、腐蚀不严重时，尚未影响曲轴的尺寸和几何精度时，一般可采用人工原地修磨予以消除。

(1)轻微擦伤。可采用麻绳或布条敷细砂纸(0 号或 00 号)缠于轴颈表面,人工往复拉动麻绳磨去伤痕,如图 2.2-86(c)所示。

(2)较浅伤痕。可用油石打磨消除伤痕后,再用砂纸打光,如图 2.2-86(a)所示。

(3)较深擦伤。采用油光锉轻轻修锉,消除伤痕消失后再用砂纸打光,如图 2.2-86(b)所示。

当轴颈表面有轻微擦伤和几何形状误差时,可采用专用磨光夹具进行修磨,如图 2.2-87 所示。其中图 2.2-87(a)适用于小型柴油机曲轴;2.2-87(b)、2.2-87(c)适用于大、中型柴油机曲轴。

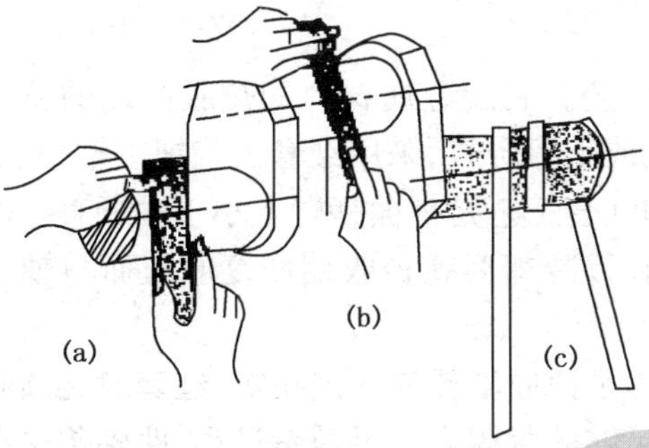

图 2.2-86　轴颈表面擦伤、腐蚀的修复

1—油石修磨;2—油光锉修锉;3—砂纸打磨

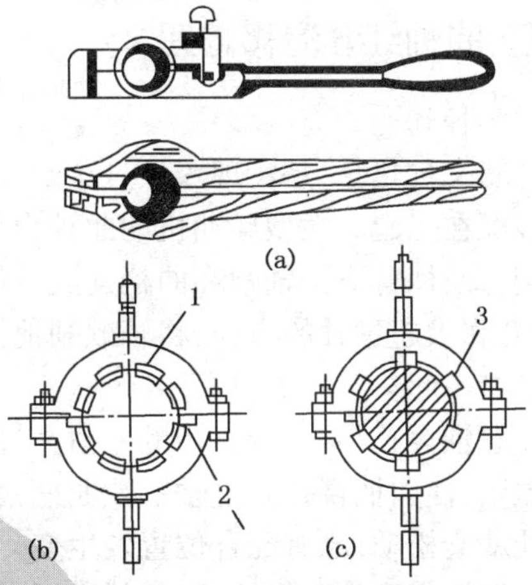

图 2.2-87　曲轴轴颈磨光夹具

1—铅条;2—垫片;3—羊毛毡

曲轴轴颈修磨前,应用黄油将轴颈上的油孔堵塞,以免落入脏物。修磨时注意不要破坏轴颈的几何形状精度。由于修磨量很小,不会影响轴承间隙,但其几何形状误差和表面粗糙度应符合要求的标准。

三、曲轴裂纹与断裂的检修

1. 裂纹的检验

中国船级社的《钢质海船入级规范》中规定:锻钢和铸钢的曲轴毛坯均要进行无损探伤检验。曲轴锻钢件所有加工表面均应进行磁粉检验,并严格检查整锻曲轴的主轴颈、曲柄销颈与曲柄臂连接处过渡圆角,半组合式曲轴的曲柄销颈表面、曲柄销与曲柄臂连接过渡圆角处。曲轴锻钢件还应进行超声波检测。曲轴锻钢件应进行超声波探伤,曲轴所有表面均应进行磁粉探伤,在最终热处理前和精加工后分别进行。对于新购成品曲轴或修理的曲轴依具体情况进行着色探伤、磁粉探伤或超声波探伤,以检查曲轴表面和内部是否存在缺陷。

2. 曲轴裂纹和断裂的修理

(1)裂纹较小时采用修磨除去裂纹,并将裂纹部位修整光洁,与其他表面之间过渡圆滑,最后经着色探伤或磁粉探伤确认裂纹消失;否则应继续打磨和探伤。当打磨至规定深度仍有裂纹时,则停止打磨,依具体情况改用其他办法处理。此项工作应有验船师的监督和认可。

(2)裂纹较深时换新曲轴,组合式和半组合式曲轴可采用局部换新办法处理。

(3)曲轴断裂采用换新曲轴的办法。如果航行中曲轴断裂,尤其是主柴油机曲轴断裂应采用应急焊接修理的方法。设法将断裂曲轴焊接成一体,维持柴油机运转,抵达港口后再进行彻底的修理。例如,某船发电柴油机曲轴断裂,断裂部位如图 2.2-88(a)所示。时逢船上其他发电柴油机也状态不良,于是采用应急焊接修理。如图 2.2-88(b)所示,在断裂的曲柄臂之间焊上 100 mm×100 mm×120 mm 的钢块 2,曲柄臂两侧焊上 200 mm×200 mm×25 mm 的钢板 1,使断裂的曲轴连成一体后对该缸进行封缸,维持柴油机运转。

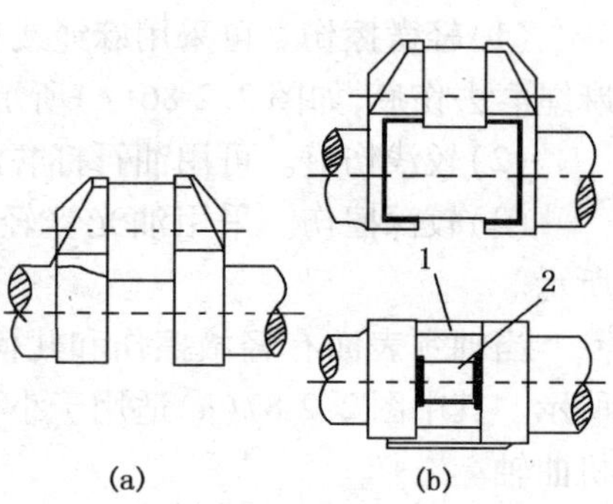

图 2.2-88 曲轴断裂后的应急修理

1—钢板;2—钢块

四、曲轴红套滑移修理

1. 曲轴红套

红套又称热套,是实现零件过盈配合的一种工艺。利用金属材料的热胀冷缩的特性把轴和孔装配在一起。大型柴油机的曲轴为全组合式或半组合式,采用红套工艺把主轴颈、曲柄销颈分别与曲柄臂或主轴颈和曲柄连成一体。曲轴红套工艺是把曲柄臂上小于轴颈直径的孔加热,使孔膨大超过轴的直径,将轴顺利地插入孔内,待冷却后孔径收缩恢复原值而与轴颈牢固的连接在一起。

冷态轴大孔小,二者直径的差值为过盈量。为了使曲轴传递一定扭矩,红套时必须有一定的过盈量,使曲柄臂孔对主轴颈或曲柄销颈产生足够的紧固力。过盈量过小,曲轴传递扭矩时轴与孔就会松动,原有配合位置发生变化,即红套滑移;过盈量过大,过大的紧固力使轴孔配合面产生塑性变形甚至裂纹,降低传递扭矩的能力。中国船级社《钢质海船入级规范》中规定组合式曲轴红套过盈量 δ 限制在最小过盈量 δ_{min} 和最大过盈量 δ_{max} 之间(计算公式见《规范》)。

中国船舶行业标准中曲轴红套过盈量 $\delta=\left(\frac{1.4}{1\,000}\sim\frac{1.8}{1\,000}\right)d$,式中 d 为红套配合处的轴颈。英国劳氏船级社推荐红套过盈量 $\delta=\left(\frac{1}{550}\sim\frac{1}{700}\right)d$($d$ 同上)。

为了产生一定过盈量需将曲柄臂上的孔加热至一定温度(依理论计算求出)。一般在保证足够过盈量的前提下使加热温度尽量低一些。例如,7ESDZ75/160 柴油机曲轴,主轴直径为 635 mm,红套过盈量为 0.97~1.10 mm,计算得出红套时理论加热温度为 226~242 ℃。

曲轴红套时应保证以下技术要求:

(1)曲柄间轴向距离(即主轴颈长度)和曲轴轴向长度应符合图纸要求。(2)曲柄夹角符合要求。(3)主轴颈与曲柄销颈的平行度符合要求。

2. 曲轴红套滑移

组合式或半组合式曲轴的主轴颈与曲柄臂套合处相对位置发生错动的现象称为曲轴红套滑移。曲轴红套滑移将直接影响滑移曲柄以后各缸的定时、燃烧和功率。滑移方向即滑移曲柄相对主轴颈转动方向不同将使曲柄夹角增大或减小。

曲轴红套滑移主要由于曲轴受到过大的冲击扭转作用。过大的扭矩超过了曲柄臂对主轴颈的紧固力,就会产生松动和相对运动。航行中螺旋桨打到礁石、缆绳、冰块或气缸中发生咬缸、水击、超负荷等,都会产生过大的扭矩;曲轴红套质量不佳,如过盈量太小、加热温度不足、配合表面太粗糙或不清洁等均会使紧固力不足,即便正常运转也产生滑移。

3. 曲轴红套滑移的检查

曲轴发生红套滑移时的征兆:柴油机气缸定时不正,严重时有后燃、冒黑烟现象;柴油机剧烈振动;停车后再不能起动等。在船上,轮机员可把红套时所划的曲柄臂中心线(即曲柄对称线)或曲柄臂上安装曲轴量表的冲孔作为检查红套滑移的标志,检查它们相对主轴颈纵向垂直平面位置变化便可确定滑移的方向和角度。

4. 曲轴红套滑移的修理

(1)航行时曲轴发生滑移时,若滑移角度不大,可重新调整定时,降低负荷运转,待到港后进行修理。

(2)滑移不重时在港进行原地修理。采用加热曲柄臂(如用氧乙炔焰)或用冷却主轴颈(如用液氮、液氢)的方法,并同时对曲轴施加扭矩,使之反向转动滑移角度后复位。

(3)进厂修理采用更换主轴颈和重新进行红套修复。

五、曲轴臂距差

曲轴是个结构复杂、刚性差的重要零件,容易产生弯曲变形,即便自重也可使其产生弯曲变形。新造柴油机曲轴安放在机座主轴承上,因各道主轴承孔中心在同一直线上,坐落于主轴承上的曲轴轴中心线也呈直线状态。经长时间运转,其他情况正常,仅各道主轴承下瓦产生不同程度的磨损,各道主轴承不等高,坐落其上的曲轴其轴线发生弯曲变形,引起曲轴产生附加弯曲应力。因此,柴油机正常运转情况下,曲轴其轴线状态主要取决于主轴承下瓦的高低;反之,曲轴轴线状态也反应了各道主轴承的高低,也就是反映了各道主轴承下瓦的磨损情况。

(一)曲轴臂距差的概念

1. 曲轴的变形

运转中的柴油机主轴承高低不等使坐落其上的曲轴产生弹性变形,整根曲轴的变形为宏观的整体变形,在每一个曲柄上的变形为局部的微量变形。曲柄微量变形是曲柄臂之间的距离在曲轴回转一周中产生的微量变化。

2. 运转中的曲柄

研究曲轴变形时,为了便于分析曲柄的微量变化,简化问题,对运转中的曲柄进行以下的规定:

(1)主轴颈与曲柄臂之间为刚性连接,夹角为90°并保持不变。

(2)主轴颈、曲柄销颈和曲柄臂均为刚性件,运转中形状不变。

(3)曲柄销颈与两曲轴臂之间夹角 α、β 不仅相等且变化相同,即保持 $\alpha=\beta$,如图2.2-89所示。

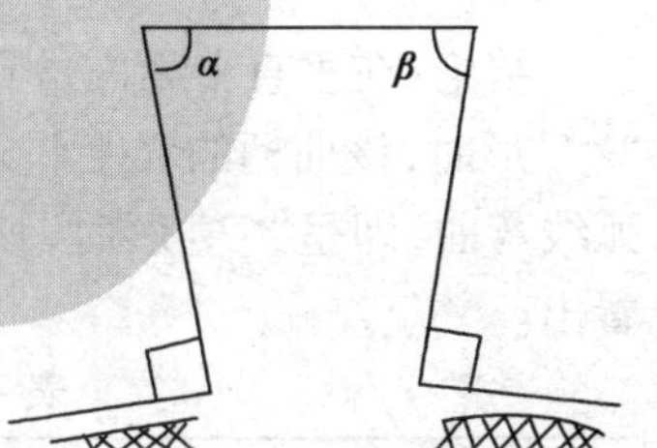

图 2.2-89 对运转中曲轴的假定

3. 曲柄微量变形、曲轴整体变形与主轴承高低的关系

当曲轴发生整体变形,即发生轴线的弯曲变形时,分析曲轴的任一曲柄的微量变形。

如图2.2-90(a)所示,当曲柄的两个主轴承低于相邻主轴承时,该曲柄的两个主轴颈轴线向下弯曲呈塌腰形。此时,将曲柄销转至上止点位置时,曲柄的两臂张开,臂距增大;曲柄销转至下止点时,曲柄的两臂收拢,臂距减小。同样,将曲柄销分别转至左、右水平位置时,曲柄臂距亦有相同的变化。

如图2.2-90(b)所示,当曲柄的两个主轴承高于相邻的主轴承时,该曲柄的两个主轴颈轴线向上弯曲呈拱腰形。此时,将曲柄销转至上止点位置时,曲柄的两臂收拢,臂距减小;曲柄销转至下止点位置时，曲柄的两臂张开，臂距增大。同样，将曲柄销转至左、右水平位置时，曲柄臂距亦有相同的变化。

运转中的柴油机曲轴因主轴承高低不等而产生整体变形。曲轴回转一周时，曲轴上的每个曲柄都会随之产生不同的微量变形，曲轴整体弯曲变形越严重，曲柄的微量变形就越大。曲轴在安装状态下的整体变形即轴线弯曲度，难以直接测量，但曲柄的微量变形是可以直接测量的，所以，可通过测量曲柄臂距的微量变化来了解曲轴整体的轴线状态。

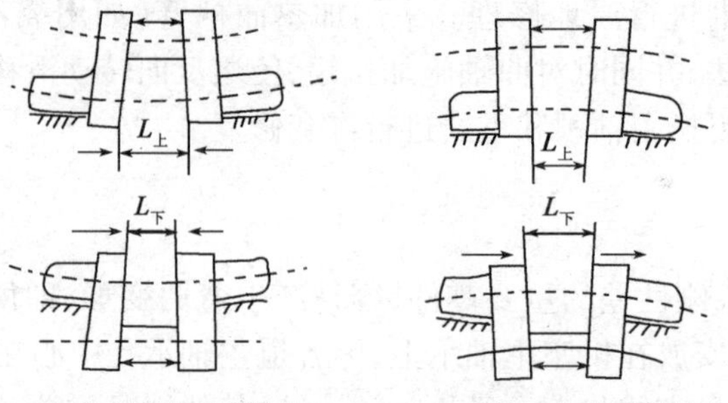

(a) 主轴承低时呈塌腰形　　(b) 主轴承高时呈拱腰形

图 2.2-90　主轴承高低对曲轴轴线和臂距的影响

曲轴的两个曲柄臂之间的距离大小称为臂距值，用 L 表示，俗称拐档值。曲轴回转一周中，曲柄销分别在上、下止点位置或左、右水平位置时，曲轴的臂距值变化称为臂距差，俗称拐档差，用符合 Δ 表示

$$\Delta_{\perp} = L_{上} - L_{下}$$
$$\Delta_{-} = L_{左} - L_{右}$$

式中，$\Delta_{\perp}\Delta_{-}$ 分别为垂直平面、水平平面内的臂距值，mm；$L_{上}$、$L_{下}$ 分别为曲柄销在上、下止点位置时的臂距值，mm；$L_{左}$、$L_{右}$ 分别为曲柄销在左、右水平位置时的臂距值，mm。

根据图 2.2-90 可以得出

$$\Delta_{\perp} = L_{上} - L_{下} > 0，即 \Delta = (+)$$
$$\Delta_{\perp} = L_{上} - L_{下} < 0，即 \Delta = (-)$$

结论：在垂直平面内，当曲轴的两个主轴承较低时，曲轴轴线呈塌腰形或下弧线弯曲，即呈"︶"形时，该曲柄的臂距差 $\Delta_{\perp}$ 为正值；当曲轴的两个主轴承较高时，曲轴轴线呈拱腰形或上弧线弯曲，即呈"︵"形时，该曲柄的臂距差 $\Delta_{\perp}$ 为负值。这种关系从表 2.2-16 中可清楚地看出。

表 2.2-16　臂距差、轴线状态与主轴承位置的关系

图形	臂距差 $\Delta_{\perp}$	$\Delta_{\perp}$ 与轴线状态和轴承位置的关系
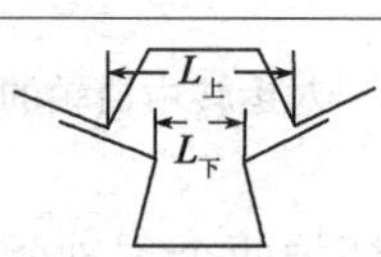	+	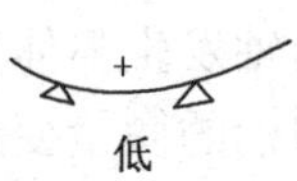
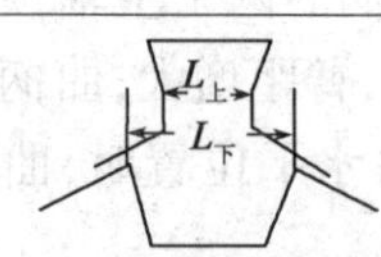	−	

同样，在水平平面亦可得出

$$\Delta_{-} = L_{左} - L_{右} > 0, 即\ \Delta = (+)$$

$$\Delta_{-} = L_{左} - L_{右} < 0, 即\ \Delta = (-)$$

结论：在水平平面内，当曲轴的两个主轴承位置偏右，曲轴轴线呈右弧线弯曲或右拱形，即呈“)”形时，该曲柄的臂距差 Δ 为正值；当曲轴的两个主轴承偏左时，曲轴轴线呈左弧线弯曲或左拱形，即呈“(”形时，该曲柄的臂距差 Δ 为负值。

曲轴臂距差的大小表明曲轴弯曲变形的程度；臂距差值的符号表明曲轴轴线弯曲变形的方向。

4. 测量臂距差的目的

柴油机运转中各道主轴承产生不均匀磨损，引起曲轴的整体与局部的变形。曲轴回转一周中曲柄臂的时张时合的微量变化，使曲柄销颈与曲柄臂连接处的过渡圆角部位产生时拉时压的交变应力。曲轴长期运转使之因无数次的重复变化而产生疲劳裂纹或断裂。微量变形越大，臂距差值越大，表明曲轴的弯曲变形越严重和附加弯曲应力也越大，当超过材料的许用应力时，曲轴就会产生裂纹或断裂。

测量曲轴臂距差就是为了了解和控制曲轴的变形和主轴承的磨损情况，以防止曲轴的疲劳破坏。所以，在轮机管理中轮机员应重视主、副柴油机曲轴臂距差的变化，按照要求定期检测、分析，使臂距差值控制在说明书或《规范》的极限值内，也就是把曲轴变形控制在弹性变形范围之内，切勿产生塑性变形。所以，曲轴臂距差值关系到曲轴的使用寿命。

（二）曲轴臂距差的测量

1. 测量点

测量曲轴臂距差值是采用专门的量表——臂距表。测量前，根据曲柄臂距大小组装好臂距表量杆，并装于曲柄臂上的冲孔中，如图 2.2-91 所示。

如图 2.2-92 所示，曲轴臂距差值测量点一般均设在距曲柄销轴线 $(S+D)/2$ 处（S 为活塞行程，mm；D 为主轴颈直径，mm）。为了便于迅速、准确地装表，一般在制造曲轴时在曲柄臂内侧中心对称线上 $(S+D)/2$ 处打上冲孔，即图 A 点，作为固定的测量点。有的大型柴油机便于测量或避开轴孔套合处，将测量点设置在曲柄臂下边缘 B 点。由于曲柄臂中心对称线上各点的臂距值不等，距曲柄销中心线越远点，臂距值越大。所以 B 点的臂距差值大于 A 点的臂距差值。在 B 点测量的臂距差值 $\Delta_B > A$ 点的臂距差值 Δ_A。目前国内外均以 $(S+D)/2$ 为测量点计算臂距差标准，不适用于其他测量点测出的臂距差。所以，只有将 B 点的 Δ_B 换算成 A 点的 Δ_A 值后方可使用标准计算。可按下式换算

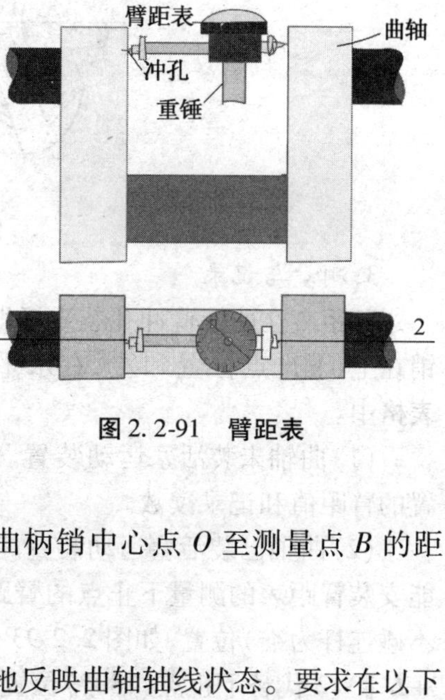

图 2.2-91　臂距表

$$\Delta_A = \Delta_B \cdot \frac{l_{OA}}{l_{OB}}\ \text{mm}$$

式中，l_{OA} 为曲柄销中心点 O 至测量点 A 的距离，mm；l_{OB} 为曲柄销中心点 O 至测量点 B 的距离，mm。

2. 测量条件与要求

为了测量准确，应尽量消除影响测量精度的因素，准确地反映曲轴轴线状态。要求在以下条件下进行测量：

(1)在柴油机冷态进行测量。柴油机热态是指停机时的状态。柴油机停机后立即测量,机件热态使臂距差的测量值不准确,且随着温度的不断降低先后测量时的温度影响不同,所以测量值不稳定。而冷态,即环境温度下,测量值准确、稳定,也便于操作。

(2)夜间、清晨或阴雨天气测量。海水、气温直接影响船体变形,进而影响曲轴臂距差值。轮机员测量曲轴臂距差时应注意环境温度的影响,避免船舶在太阳暴晒下测量。

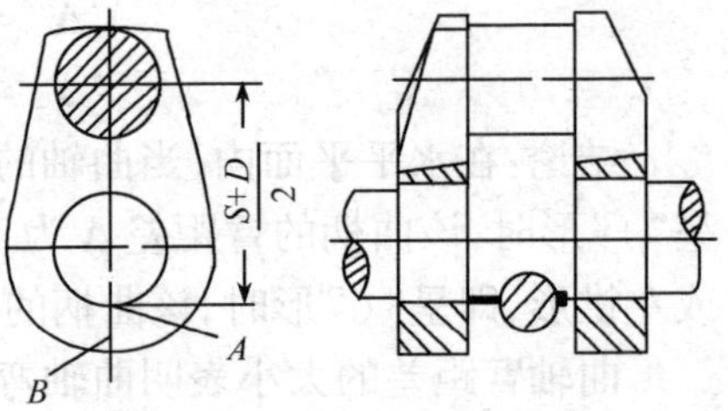

图 2. 2-92　臂距表的安装位置

(3)船舶装载条件相同的情况下测量。船舶装载条件不同船体变形不同,如空载与满载时的曲轴臂距差不同。为了便于比较,应在相同的装载条件下进行测量。通常新造船舶和修理船舶都在空载条件下测量臂距差。

对测量的要求:

(1)一次装表完成所有测量。臂距表安装后,应完成曲轴回转一周中各要求位置臂距值的测量,测量过程中不允许改动臂距表的位置。通常曲轴臂距差的测量位置是随柴油机安装完善程度而异。当曲轴未装活塞运动部件时,测量 0°、90°、180°、270°四个位置的臂距值可自其中任一位置装表完成全部测量;当曲轴已安装活塞运动装置时,测量 0°、90°、165°、195°、270°五个位置的臂距值,自 195°位置装表完成全部测量。

(2)柴油机正车运转时进行测量。测量曲轴臂距差应按柴油机正车运转方向进行,使测量值符合实际情况,精度高。

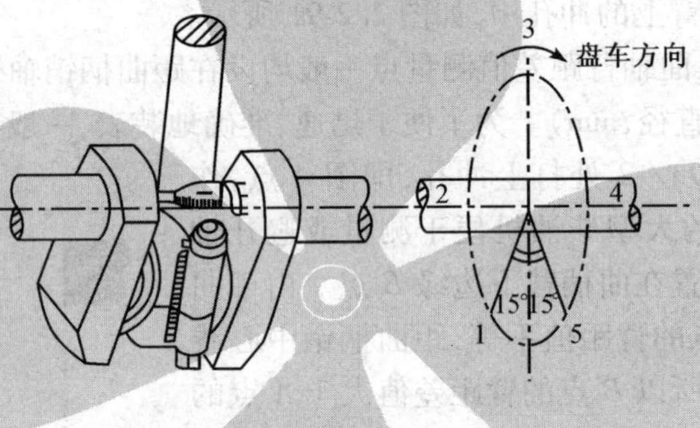

图 2. 2-93　臂距表的安装位置

3. 测量与记录

臂距表在曲柄臂冲孔装妥后即可测量。测量时,盘车使曲轴正常旋转一周,分别测量曲柄销在上、下止点位置和左、右水平位置的臂距值,从臂距表读出测量值,并记录在专门的表格中。

(1)曲轴未装活塞运动装置。曲轴回转一周,测量曲柄销转至 0°、90°、180°、270°四个位置的臂距值和记录读数。

(2)曲轴已装活塞运动装置。由于曲轴转至下止点时,活塞运动部件的位置恰好居中,不能安装臂距表的测量下止点的臂距值。故生产中用曲柄销位于下止点前后各 15°位置(以表不碰连杆为准)位置,如图 2. 2-93 所示,即 195°和 165°位置的臂距值 $L'_{下}$ 和 $L''_{下}$ 的平均值 $(L'_{下}+L''_{下})/2$ 代替下止点(180°)位置的臂距值 $L_{下}$,所以 $L_{下}=(L'_{下}+L''_{下})/2$。盘车至 195°处装表,并将表的指针调至零值后依次测量 195°、270°、0°、90°、165°五个位置的臂距值和记录读数。

现场记录测量读数依所选用的基准不同有两种方式。

以曲柄销位置为准记录臂距值：

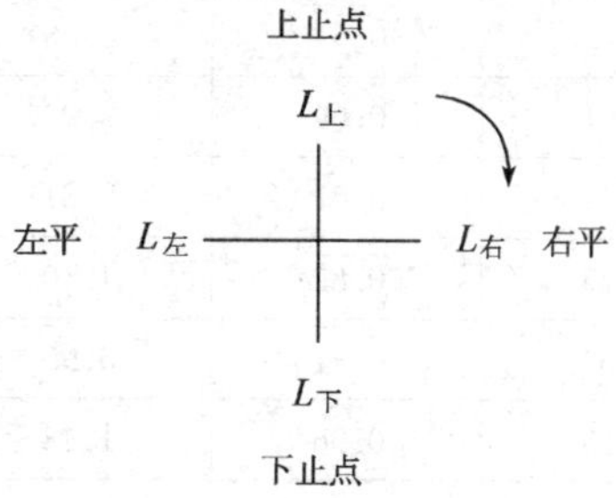

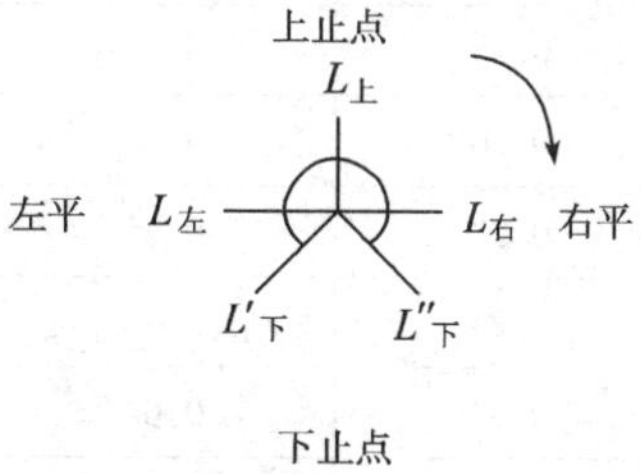

以臂距表位置为准记录臂距值：

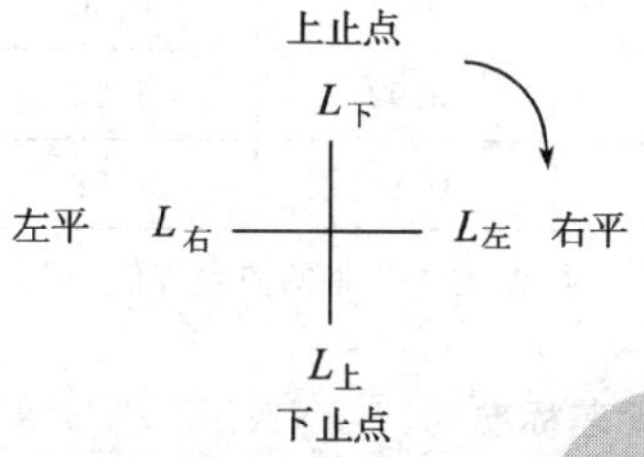

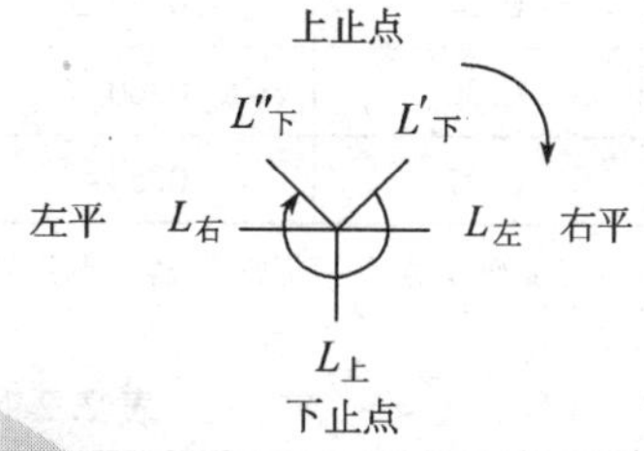

以上两种记录方式不同，但基本概念不变，均按公式 $\Delta_{\perp}=L_{上}-L_{下}$、$\Delta_{-}=L_{左}-L_{右}$ 计算，结果相同。曲轴臂距差的精度与臂距表的精度、表的安装精度、读数误差和测量技术等有关。将测得的上、下止点臂距值和左、右水平臂距值之和比较，二者差值在 ±0.03 mm 内，即 $(L_{上}+L_{下})-(L_{左}+L_{右})<\pm0.03$ mm，表明测量基本准确。如果几次测量结果均超过 ±0.03 mm，表明曲轴存在严重变形。

必须指出，以上方法仅是测量者用来粗略判断自己测量的准确性，而非衡量臂距差的准确值，切勿混淆。

4. 曲轴臂距差标准

测量曲轴臂距差后，应对所测数值进行分析和判断。分析曲轴弯曲变形程度和变形方向，判断臂距值是否超过标准，确定主轴承高低和对其处理等。分析和判断的依据就是柴油机说明书和有关标准。

(1)柴油机说明书。曲轴臂距差随柴油机机型、结构、尺寸和计算方法不同而异。各类柴油机说明书中均对其曲轴臂距差测量方法、安装值和极限值有明确规定。MAN B&W 型柴油机测量点在 $\left(\frac{S+D}{2}-10\right)$mm 处，表 2.2-17 为其冷态时的标准。

(2)中国船级社规定。在《海上营运船舶检验规程》(1984)中规定了曲轴臂距差测量点在 $(S+D)/2$ 处。曲轴与轴系连接后冷态下的臂距差标准如表 2.2-18 所示。

(3)中国修船标准。《中华人民共和国船舶行业标准》CB3364-91、CB/T3544-94 分别对船舶副柴油机和船舶主柴油机曲轴臂距差作出规定。

表 2.2-17　MAN B&W 型柴油机曲轴臂距差标准　(mm)

机型	新机或刚修理过的主机的正常值		须重新对中的推荐值		最大允许值	
	1*	2	1	2	1	2
L50MC/MCE	0.17	0.34	0.45	0.51	0.68	0.68
S50MC/MCE	0.23	0.46	0.61	0.69	0.92	0.92
L60MC/MCE	0.20	0.40	0.54	0.61	0.81	0.81
S60MC/MCE	0.27	0.55	0.73	0.82	1.10	1.10
L70MC/MCE	0.24	0.48	0.63	0.71	0.95	0.95
S70MC/MCE	0.32	0.64	0.85	0.96	1.28	1.28
L80MC/MCE	0.27	0.54	0.72	0.81	1.08	1.08
S80MC/MCE	0.36	0.73	0.97	1.10	1.46	1.46
K80MC/MCE	0.24	0.48	0.64	0.72	0.96	0.96
L90MC/MCE	0.30	0.60	0.81	0.92	1.22	1.22
K90MC/MCE	0.27	0.54	0.72	0.81	1.08	1.08

注:1—正常值;2—曲轴上装有扭振减振器、调频轮、弹性联轴器等时,首尾两个曲柄的允许值;*—也用于判断曲轴变形测量的正确性。

表 2.2-18　曲轴臂距差标准　(mm)

状况	Δ/S 每米活塞行程的臂距差	
经修理试车后	≤0.125	
营运中允许范围	0.125~0.25	>0.25 应限期修理
最大极限	≤0.30	>0.30 应立即停航修理

CB3364-91 规定,曲轴臂距差测量点在$(S+D)/2$处,曲轴与发电机连接后冷态臂距差标准:

①正常值不大于 0.000 125S。②修理中飞轮端控制值不大于 0.000 15S。③飞轮端如为弹性连轴节可适当放宽至不大于 0.000 175S。

CB/T3544-94 规定,船用柴油机整体式和组合式曲轴臂距差值应符合图 2.2-94 要求。图中横坐标表示曲轴臂距差Δ,纵坐标表示柴油机冲程S,臂距差测量点在$(S+D)/2$处。图中Ⅰ线左上方为在车床或平台上测量的最佳值;在Ⅰ、Ⅱ线之间为曲轴安装的优良值;在Ⅱ、Ⅲ线之间为柴油机运转中的合格值;Ⅲ线为柴油机运转中的最大允许值。

5. 新造、修理和运营船舶柴油机曲轴臂距差的测量

测量曲轴臂距差是对船舶大、中型柴油机曲轴状态的重要技术检验,而对活塞行程小于 200 mm 的小型柴油机曲轴则不必检验,因其曲轴刚性较好。除此之外,无论是制造、安装、修理和运转中的柴油机此项检验均必不可少,且在各自不同的情况下进行测量。

(1)新造柴油机。在台架组装试验期间和在船上安装期间进行多次测量。例如,在机座安装后、活塞运动部件安装后、主机与轴系或副机与发电机连接后等。

(2)主、副柴油机进厂修理。随修理规模、类别的不同有不同情况下的测量。通常在修理前、在曲轴与轴系或发电机脱开后、拆去飞轮后、拆去活塞运动部件后、松开贯穿螺栓和修理后、安装过程中的相应情况下测量曲轴臂距差。

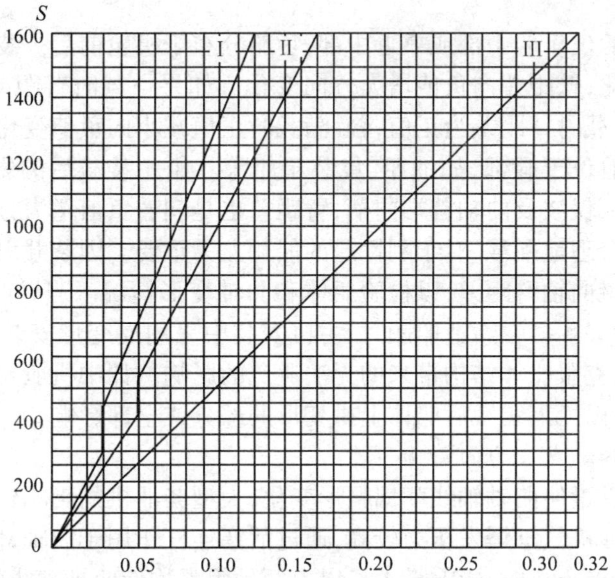

图 2.2-94　曲轴臂距差 Δ 标准

(3)营运期间。按照说明书规定、ISM 规定以及船级社要求规定的各种检验中的规定进行测量。

(4)特殊情况。当船舶发生搁浅、碰撞等海损事故或船体刚性差的船舶每次装载后,以及主轴瓦拂刮或换新、贯穿螺栓或底脚螺栓重新预紧后等情况下均应进行测量。

六、影响曲轴臂距差的因素

运营船舶影响主柴油机曲轴臂距差的因素很多,影响的情况也各不相同。了解和掌握这些影响因素对减少和防止曲轴疲劳破坏和分析曲轴损坏原因,以及修理、安装等都有很大的意义。主要影响因素有:

1. 主轴承下瓦的不均匀磨损

机座上各道主轴承下瓦磨损程度不同使下瓦的高度不等,坐落其上的曲轴轴线发生弯曲变形,臂距差发生变化。各道主轴承因柴油机各缸功率、轴承负荷及轴承间隙、润滑等的不同,下瓦的磨损也不同,且无规律,所以,主轴承下瓦磨损使曲轴轴线状态、臂距差值和方向的变化也无规律。

2. 机座变形和下沉

机座变形和下沉都会使曲轴轴线弯曲变形、臂距差发生无规律的变化。船体变形、机座底脚螺栓和贯穿螺栓松动或重新预紧等均会使机座产生无规律的变形。柴油机机座与底座间垫铁松动或磨损变薄等会使机座相应部位下沉,可用小锤敲击垫铁检查底脚螺栓、垫铁有无松动。新造船舶主柴油机在船上安装或船舶进厂修理时,不允许用调节底脚螺栓或贯穿螺栓预紧来调整曲轴臂距差。

3. 船舶装载的影响

船体如弹性梁,受力产生变形,船体刚性差则变形就更加严重。货船装载不同,船体变形不同,曲轴轴线状态和臂距差也会随之变化。船体刚性随船龄增加不断降低,曲轴变形和臂距差变化也会随之变大。机舱、货舱在船上的位置不同,其装载对船体变形和臂距差的影响程度也不同。

中机舱船舶。机舱位于船中部或靠近中部，货舱分布于机舱前后。装载后船体中部上拱，曲轴轴线朝拱腰形变化，臂距差向负值增大方向变化。如果空载时臂距差就为负值，轻、满载时负值继续增大；如空载时臂距差为正值，轻、满载时正值减小向负值变化。

艉机舱船舶。机舱位于艉部，如油船、集装箱船等。船舶装载后的影响与中机舱基本相同，只是影响程度轻些，仅波及曲轴首端曲柄，臂距差也是朝着负值增大方向变化。

营运船舶应科学合理地配载，对于刚性差的船舶尤为重要。因装载引起船体变形过大，致使在每次装载后需测量曲轴臂距差，以检验船体和曲轴变形情况。当臂距差超过规定值时则需重新配载，重新装货。船厂在新造船舶时，主机安装中采用反变形安装工艺，即令安装曲轴时有一定的预变形，以克服船体结构带来的无法避免的影响。如中机舱船舶，安装曲轴时使其轴线具有塌腰形状态，以抵消装载后船体上拱变形的部分或全部影响。

4. 活塞运动部件和爆发压力的影响

活塞运动部件的重量使曲轴轴线朝塌腰形变化，大型柴油机的影响较为明显，如表 2.2-19 所示。船用二冲程柴油机气缸爆发压力较高，通过活塞连杆作用于曲轴，使曲轴轴线朝塌腰形变化，且以曲柄销位于上止点时，影响最大。以上两种因素均使曲轴轴线朝塌腰形变化。臂距差值朝正值增大方向变化。

表 2.2-19　活塞运动部件对曲轴臂距差 $\Delta_{\perp}$ 的影响　(mm)

状况＼缸号	1	2	3	4	5	6(尾)
活塞部件安装前 $\Delta_{\perp}$	-0.015	-0.015	-0.03	-0.065	-0.04	-0.02
活塞部件安装后 $\Delta_{\perp}$	-0.015	-0.005	-0.015	0	+0.01	+0.01

5. 飞轮的影响

飞轮装于曲轴尾端，使曲轴尾部轴线朝拱腰形变化，臂距差值向负值增大方向变化，而对曲轴曲柄的影响自尾向首逐渐减小。飞轮越重影响越大，对中小型柴油机影响更大。安装曲轴时亦可采用反变形工艺以减小飞轮的影响。

6. 轴系连接误差的影响

船舶主柴油机曲轴与轴系采用法兰刚性连接，轴系安装误差直接影响曲轴尾端轴线状态和臂距差的变化。要求曲轴尾端法兰与第一节中间轴首端法兰连接误差：偏移值不大于 0.1 mm，曲折值不大于 0.1 mm/m，以使曲轴尾端臂距差符合要求。

当轴系安装误差较大，使轴系轴线高于曲轴轴线、两法兰呈下开口时，连接后使曲轴尾端轴线呈塌腰形，臂距差朝正值方向增大，如图 2.2-95(a) 所示；当轴系轴线低于曲轴轴线、两法兰呈上开口时，连接后使曲轴尾端轴线呈拱腰形、臂距差朝负值方向增大，如图 2.2-95(b) 所示。此外，大气、海水温度和船舶进坞坐墩等对船体变形和臂距差的影响、主轴承安装质量对臂距差的直接影响等在轮机管理工作中均应注意。船舶航行期间应将曲柄臂距差始终控制在要求范围内，一旦超过标准应及时进行复测、全面分析并采取措施，以防造成曲轴裂纹和断裂的事故。

七、曲轴轴线状态的分析，主轴承高度的判断方法

曲轴在柴油机中的重要性，不仅因其作用大、造价高，还因为它是活塞运动部件的安装基

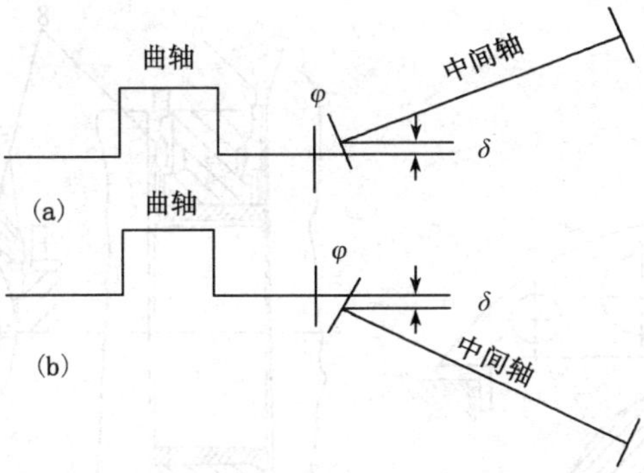

图 2.2-95　轴系连接误差对臂距差的影响

础。曲轴的轴线状态直接影响活塞运动部件的对中性和柴油机的正常运转。由于曲轴过大的弯曲变形会引起附加弯曲应力增大，招致曲轴的裂纹和断裂，而柴油机正常运转中曲轴轴线弯曲变形主要是主轴承下瓦不可避免的磨损造成的。因此，了解和控制主轴承下瓦的磨损、确定各道主轴承的高低，就成为了解和控制曲轴轴线弯曲变形的关键。判断主轴承高度可采用以下几种方法：

（一）分析法

利用臂距差、轴线状态和轴承位置的基本关系，分析判断主轴承高低。当测得臂距差 $\Delta_{\perp} > 0$，表明该曲柄轴线呈塌腰形状态，两个轴承低于相邻轴承；$\Delta_{\perp} < 0$，表明该曲柄轴线呈拱腰形状态，两个轴承高于相邻轴承。这是判断轴承高低最基本的方法，可以根据臂距差值迅速作出判断，在生产中普遍应用此法。

（二）桥规法

1. 桥规值的测量

桥规值是将桥规置于机座平面上，桥规的测量基准面至所测主轴颈的距离。采用随机供应的桥规进行测量，如图 2.2-96 所示。测量前，拆去主轴承上盖、上瓦等，清洁主轴颈和机座上平面，将曲轴首（尾）曲柄转至上止点位置进行测量，或使所测量主轴颈相邻曲柄销分别在 0°、90°、180°、270°四个位置进行测量，取其平均值。

测量时，将桥规置于机座上平面并紧贴，用塞尺测量桥规基准面与主轴颈的距离，如图 2.2-96所示。柴油机出厂时的桥规值在一定时间内有效，当更新主轴瓦或机座变形修理后应重新测量桥规值。

2. 主轴颈下沉量的测量

柴油机长期运转后主轴颈和主轴承下瓦会产生磨损，以致使主轴颈相对于机座上平面的位置发生变化，一般来说主轴颈下沉使桥规值增大。由于各道主轴颈及其下瓦的磨损量不同，各道主轴颈下沉量不同。由于主轴颈硬度较高，磨损量很小，故可忽略不计。这样主轴颈的下沉量就等于主轴承下瓦的磨损量。所以，主轴承下瓦大磨损量可以用柴油机运转一段时间的前后两次测量的桥规值的差值表示。

3. 利用桥规值作垂直平面内的曲轴轴线状态图

桥规值反映了曲轴各道主轴承相对于机座上平面的位置，亦即反映了整根曲轴的轴线相对于机座上平面的状态。所以利用桥规值作出垂直平面内的曲轴轴线状态图。作图步骤如下：

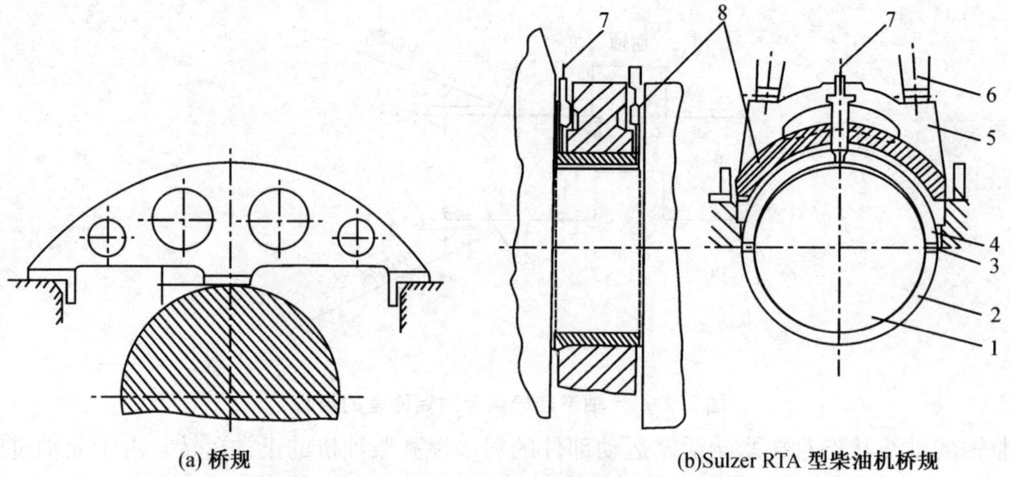

图 2.2-96　桥规和桥规值的测量

1—曲轴；2—主轴承下瓦；3—垫片；4—主轴承上瓦；5—轴承盖；6—撑杆螺栓；7—测深尺；8—桥规

(1)首先画一水平线 OO 代表机座上平面。

(2)在 OO 线上等距离画出垂线 1,2,…,8,代表各道主轴颈(或主轴承)的中线。

(3)分别在各道主轴颈中线上自 OO 线向下截取相应的桥规值长度 a_1, a_2,…, a_8,连接各线段的端点,即得到垂直平面内的曲轴轴线状态图,如图 2.2-97 所示。

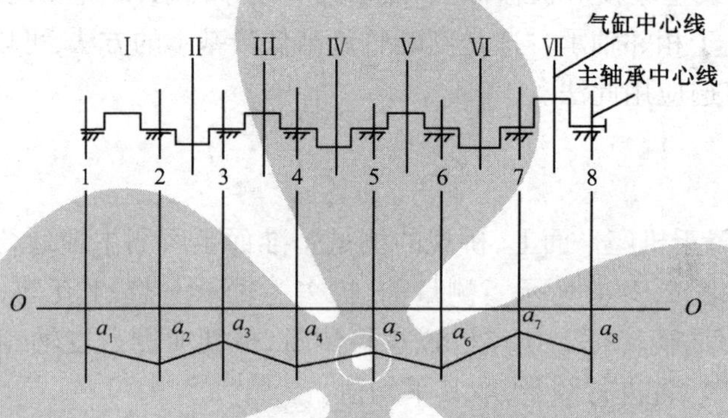

图 2.2-97　利用桥规值作曲轴轴线状态图

从图 2.2-97 中可看出曲轴轴线状态和各道主轴承的高度,其中第 6 道主轴承位置较低,说明该轴承下瓦磨损严重;第 7 道主轴承位置较高,其下瓦磨损轻微。通过拂刮位置较高的轴承下瓦和更换磨损严重的轴承下瓦调整曲轴轴线状态。

(三)臂距差法

根据曲轴臂距差值直接判断主轴承位置高低或利用臂距差值作出曲轴轴线状态图,依图判断各道主轴承的位置高低。具体方法有多种,现介绍以下几种。

1. 经验判断法

我国修船厂根据多年生产实践经验总结出一套判断曲轴主轴承位置高低的规律,不需作图,直接依所测得的臂距差进行判断。现列举以下几点于表 2.2-20。

表 2.2-20　经验判断法举例

	$\Delta_{\perp}$符号	判断端部主轴承高低	曲轴轴线状态
1	+	$1^{\#}$高于$2^{\#}$	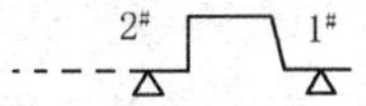
2	－	$1^{\#}$低于$2^{\#}$	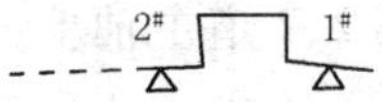
3	+	$2^{\#}$最低	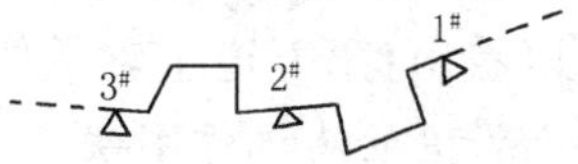
4	－	$2^{\#}$最高	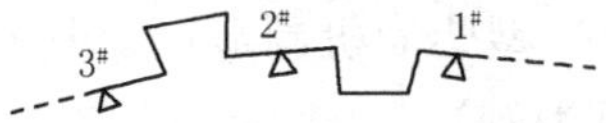

(1)曲轴自由端曲柄或拆去飞轮端的曲柄，当臂距值为“+”值，一般表示端部$1^{\#}$主轴承较相邻$2^{\#}$主轴承位置高；当臂距差值为“-”时，则表示端部$1^{\#}$主轴承较相邻$2^{\#}$主轴承位置低。

(2)若曲轴相邻两曲柄臂距差值均为“+”时，表示中间$2^{\#}$主轴承位置最低，臂距差越大中间轴承位置越低；若臂距差值均为“-”时，表示中间$2^{\#}$主轴承位置最高，臂距差值越大则越高。

2. 简单作图法

利用曲轴各曲柄在垂直平面内的臂距差Δ作出曲轴轴线状态图，来判断各主轴承位置的高度。现以一台7缸柴油机为例作图，其臂距差值Δ列于表2.2-21。

表 2.2-21　7缸柴油机曲轴臂距差值　(mm)

曲柄号	Ⅰ	Ⅱ	Ⅲ	Ⅳ	Ⅴ	Ⅵ	Ⅶ(尾)
臂距差值$\Delta_{\perp}$	+0.12	+0.02	+0.14	-0.17	-0.12	+0.07	+0.05

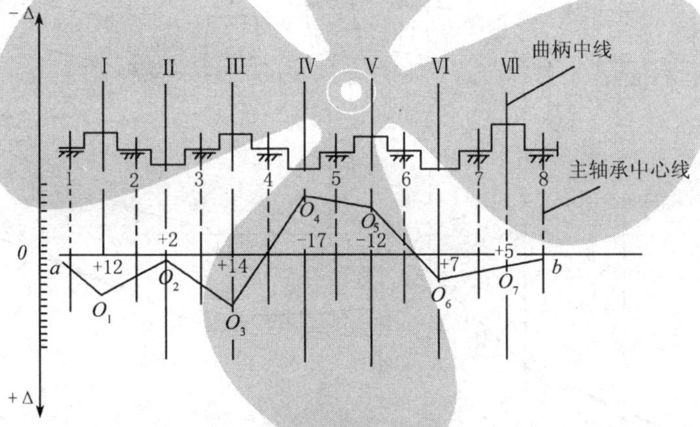

图 2.2-98　曲轴轴线状态简单作图法

作图步骤如下：

(1)画出横坐标，并在其上等距画出各缸中心线(即曲柄中心线)Ⅰ，Ⅱ，…，Ⅶ和各道主轴承中心线1，2，…，8，画出纵坐标，令其表示臂距差$\Delta_{\perp}$，且在O以上为负值，原点O以下为正值。

(2)将各缸的曲柄臂距差值$\Delta_{\perp}$分别标于各缸中心线上。

(3)连接各缸中心线上的点,所得折线 $O_1O_2O_3O_4O_5O_6O_7$。

便近似表示垂直平面内的曲轴轴线,但未包括首、尾两端曲轴轴线状态,如图 2. 2-98 所示。

(4)用经验法中第一条关于曲轴两端轴承位置与臂距差的关系作为补充,得知第 1、8 道主轴承分别高于第 2、7 道主轴承,即 a 点高于 O_1 点,b 点高于 O_7 点。连接 aO_1O_7b,则完整的曲轴轴线状态 $aO_1O_2O_3O_4O_5O_6O_7b$。

从图中可以看出:第五道主轴承位置最高,第 2 、7 道主轴承位置最低。

3. MAN B&W 型柴油机作图法

MAN B&W 型柴油机制造厂对其所生产的柴油机曲轴轴线状态的作图方法如下(仍以上述 7 缸柴油机为例):

(1)画出 7 缸柴油机各缸曲柄中线 Ⅰ,Ⅱ,…,Ⅶ,如图 2. 2-99 所示。

(2)在第 1 道主轴承下方画出任意方向的线段 A_1,图中选取水平方向。

(3)令线段 A_1 与第Ⅰ缸曲柄中线相交于 O 点,延长与第Ⅱ缸曲柄中线交于 a_1 点,自 a_1 向上截取 a_1b_1 = +0. 12 mm,即将第Ⅰ缸曲柄臂距差值 +0. 12 mm 标于第Ⅱ缸曲柄中线上。

(4)连接 O、b_1 并延长与第Ⅲ缸曲柄中线交于 a_2 点,向上截取 a_2b_2 = +0. 02 mm。

(5)连接 b_1、b_2 并延长交于第Ⅳ缸曲柄中线上的 a_3 点……以此类推作图。

(6)连接 b_5、b_6 并延长,与在第Ⅶ缸曲柄中线右边补画的一条曲柄中线交于 a_7 点,截取 a_7b_7 = +0. 05 mm。

(7)连接 b_6、b_7 后获得垂直平面内曲轴轴线状态 $Ob_1b_2b_3b_4b_5b_6b_7$ 折线,将此折线修整圆滑成符合实际的曲轴状态。

作图过程中,正臂距差则自交点向下截取。依以上方法亦可画出水平平面的曲轴轴线状态图。

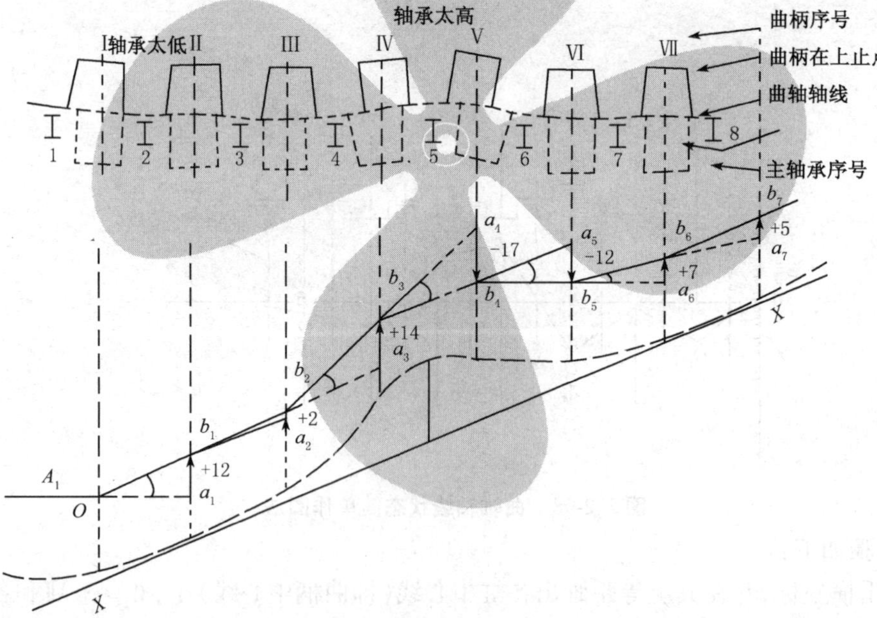

图 2. 2-99 MAN B&W 型柴油机曲轴轴线状态作图法

为了确定各道主轴承高度,需要确定该曲轴轴线相对应的基准线,以其相对基准的距离判断各道主轴承的位置高低。可按以下几种方法确定基准线：

(1)利用桥规值作出基准线。过首、尾主轴承中点画出主轴承中线分别与曲轴轴线交于一点，自该点分别向上截取线段等于各自的桥规值。连接首、尾桥规值线段终点的直线即为基准线。它相当于机座上平面，依其确定各道主轴承位置，准确、合理。

(2)以曲轴轴线上位置最低的两道主轴承处的连线为基准线。图2.2-99中以第2、7道主轴承的连线 XX 作为基准线，各主轴承位置均高于 XX 基准线，第5道主轴承最高，即磨损最小。此方法简便、合理。

(3)用艏、艉主轴承中线与曲轴轴线的交点连线为基准线。此法简便，为近似方法。

八、曲轴的验收

轮机员在监修监造时，应重视新造或修理的曲轴质量，严格检查验收。为了保证曲轴的质量应严格进行以下检验：

(1)新造曲轴应由制造厂提供材料成分、机械性能、金相组织和无损探伤等检验报告，造船厂应进行无损探伤等复验。

(2)曲轴尺寸精度、几何形状精度和表面粗糙度等级应符合图纸要求。

(3)主轴颈与法兰的径向跳动检验。为了保证主轴颈与法兰同轴，新造和修理的曲轴应进行径向跳动检验。检验可在车床或平台上进行。平台检验时用V形铁支承曲轴，用百分表测量每段主轴颈首尾两个界面上的跳动量和法兰的跳动量。曲轴回转一周时，同一直径对应两个位置(0°、180°)的百分表读数差值即为径向跳动量，此值应符合规范要求。

(4)曲柄销颈与主轴颈平行度的检验。可在平台上进行新造或修理曲轴的平行度检验，如图2.2-100(a)所示。曲轴置于平台V形铁上，调整曲轴使与平台平行。转动曲柄销至上止点，用百分表测量曲柄销颈上相距 l 的两点的相对值 a、b，然后将曲柄销转至下止点，测量对应两点的相对值 c、d，则曲柄销颈与主轴颈的平行度误差 Δ 为

$$\Delta = \frac{(a-b)+(c-d)}{2l} \quad \text{mm/m}$$

同样方法测量水平平面的平行度误差。此外，还可采用水平仪等方法检验。曲柄销颈与主轴平行度误差应不大于0.15 mm/m。

(5)曲柄夹角的检验。新造曲轴或发生红套滑移、扭转变形的曲轴修理前后均应检验曲轴的曲柄夹角。主要有平台画线法和光学象限仪法等。

平台画线法如图2.2-100(b)所示。将曲轴置于平台V形铁上，使其轴线平行平台。将曲柄Ⅰ转至左(或右)水平位置，测量曲柄销颈上最高点和最低点至平台的距离 h_1、h_2，二者平均值 h 即为该曲柄销颈中心线至平台的距离，将此高度 h 用划针预先划在曲轴法兰端面的圆盘上。同样，将曲柄Ⅱ、Ⅲ的曲柄销颈中心高分别投影于圆盘上，分别连接圆盘中心与各投影点的连线，用量角器测量出三个圆心角的数值即三个曲柄夹角的大小，并应符合图纸要求。

(6)曲轴臂距差检验。可在车床或平台上测量新造或修理的曲轴臂距差。

(7)曲轴的平衡试验。曲轴的不平衡将导致柴油机工作不稳定，产生振动和噪声，甚至引起其他零件的损坏。所以，新造或大修后的曲轴应进行平衡试验。一般中、低速柴油机曲轴进行静平衡试验，高速柴油机曲轴应进行动平衡试验。大型低速柴油机曲轴在制造时对尺寸公差、重量和重心位置等控制极为严格，使其静不平衡量最小，所以制成后不需要进行静平衡试验。

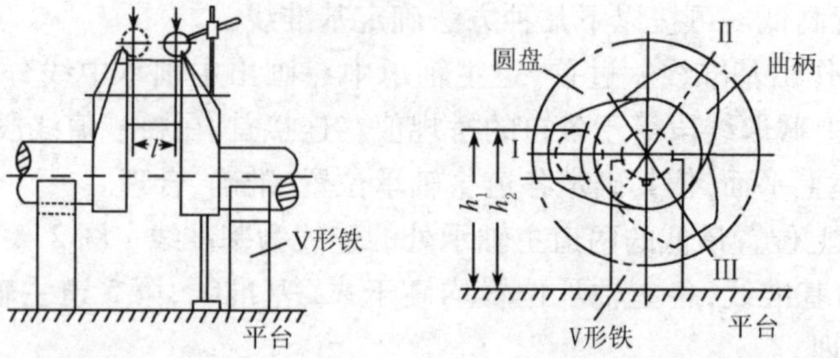

(a)曲柄销颈与主轴颈平行度检验　(b)平台画线法检验曲柄夹角

图 2.2-100　曲轴相对位置精度检验

第十三节　推力轴承

船舶柴油机通过轴(推力轴、中间轴和艉轴)带动螺旋桨旋转。螺旋桨桨叶在旋转时给水轴向的作用力。而水对螺旋桨桨叶也产生轴向的反作用力。作用在螺旋桨上的轴向力就是使船舶前进的推力(或后退的拉力)。螺旋桨的这个推力(或拉力)通过艉轴、中间轴和推力轴作用到推力轴承上,并经过推力轴承作用到船体上。当推力轴与曲轴直接连接起来时,曲轴还由推力轴承起轴向定位作用。

一、推力轴承的工作原理

推力轴承主要由推力轴、推力环、正倒车推力块和推力盘等组成。对于大型低速二冲程柴油机推进装置,推力轴承座一般与柴油机的机座制成一个整体,推力轴承设置在最后两道主轴承之间。对于中速柴油机推进装置,由于需要设置减速装置,推力轴承一般单独设置。

图 2.2-101 为大型低速柴油机推力轴承的构造。该推力轴和曲轴锻造为一体,推力环 3 的外圆法兰固定传动凸轮轴的主动齿轮 4。这种布置使柴油机轴向尺寸减小。推力轴承主要由正车推力块 5、倒车推力块 2、推力环 3 和其他一些部件组成。正、倒车推力块各七块,沿圆周方向排列,排成约占 2/3 圆周的扇形面。柴油机正车运转时,螺旋桨的轴向推力通过艉轴和中间轴传到推力环,推力环通过正车推力块和推力盘将推力传给柴油机机座,又通过地脚螺栓传给船体,从而推动船舶克服水的阻力前进。推力环与推力块之间由滑油润滑,滑油来自主轴承润滑系统。为了使滑油不至于从轴颈处漏出机外,在轴颈上设有轴封。

推力轴承的关键部件是推力块。推力块的结构随机型的不同而微有变化,但工作原理是一样的。图 2.2-102 为推力块的立体图。推力块为一个扇形块,在靠近推力环的工作面上浇有白合金 5,并在进油边 2 处有圆角或斜面。在调节圈一侧有高、低两个面 3 和 1。高低面相交的棱边 AB 为工作时的支持刃,工作时它与调节圈工作面靠在一起。推力块的两个侧面上都有凸台 4,起着推力块间支撑和定位的作用。

推力轴承在正常情况下是在液体动力润滑下工作的。在工作中,如图 2.2-103(a)所示,推力块 2 绕支持刃偏转一个小角度,使推力块与推力环 3 的工作面间形成楔形空间,滑油被推力环带入楔形空间,产生了动力油压。推力环的推力通过动力油压传递到推力块上,再经过支持刃传递到调节圈 1 上。图 2.2-103(b)中示出了推力块工作面上油的流动情况和压力的分布情况。推力增大时,推力块与推力环间的间隙减小,油的动压增加,传递的推力加大。转速过低时,动力油压变小,可能会因油压不足产生半液膜润滑。为了避免在这种情况下工作面间

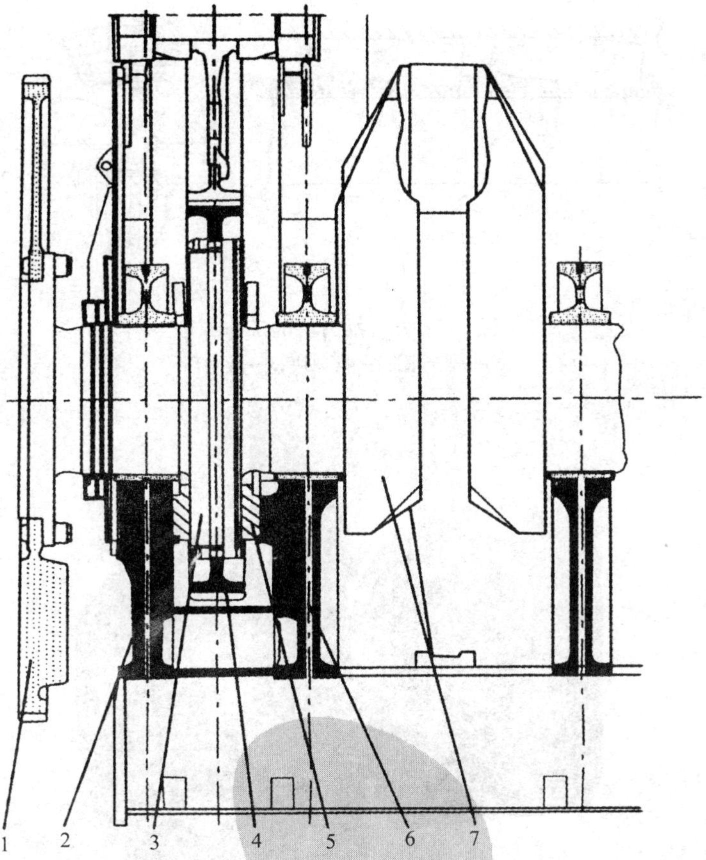

图 2.2-101　推力轴承

1—飞轮；2—倒车推力块；3—推力环；4—驱动齿轮；5—正车推力块；6—机座；7—曲轴

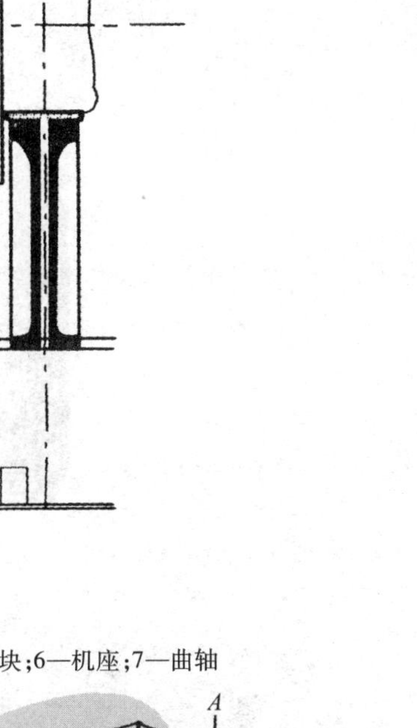

图 2.2-102　推力块

发生金属接触，工作面的精度等级要很高；否则推力轴承很容易发生烧损事故。

MAN B&W 公司在其 9～12 缸的大缸径 MC/ME 柴油机上采用了一种新型 360°推力轴承。如图 2.2-104 所示。与传统的 240°推力轴承比较，推力环的直径以及推力轴承的长度都减小了，推力轴承的重量减轻，同时柴油机机座后部的强度也提高了。这种推力轴承只使用一种型式的推力块，根据前后侧推力的不同，推力环前侧使用 12 块推力块（360°），后侧使用 8 块推力块（240°）。360°推力轴承的推力环所受作用力作用在曲轴中心线上，而不像传统的 240°推力轴承其推力环所受作用力偏离曲轴中心线，改善了曲轴的受力条件。推力轴承结构的这种改进，使其性能和可靠性得到了提高，而造价并没有提高。

此外，对于推力环的结构也有所改进，即采用弹性推力环结构，在推力环上加工出环槽，优化了轴承负荷分布，减小了轴承的最大压力及油膜压力，使油膜厚度增加。由于改善了推力块上的负荷分布，因而减小了推力块的面积以及推力环的尺寸。

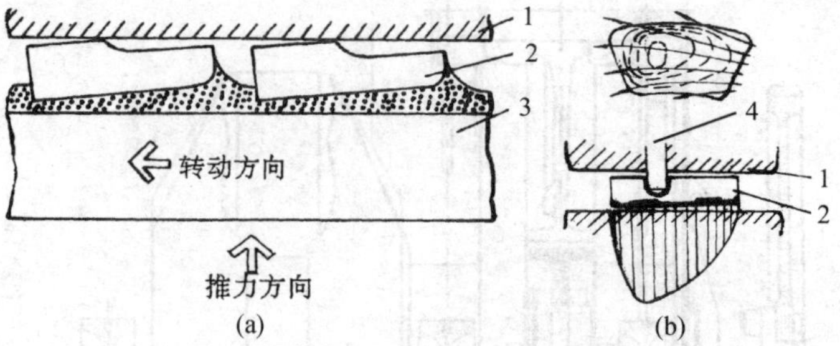

图 2.2-103　推力块的工作原理

1—调节圈;2—推力块;3—推力环

图 2.2-104　弹性推力环

二、推力轴承的管理

1. 推力轴承的调整

图 2.2-105 为一般推力轴承的简图。正、倒车推力块用压板 6、7 定位。当推力块互相紧靠在一起时,在压板 6、7 处留有间隙 i_1 和 i_2。间隙 i_1 和 i_2 之和要符合说明书的规定,其数值可通过增减压板处的垫片进行调节。这个间隙数值保证了推力块绕支持刃摆动的灵活性。

正、倒车推力块 3、4 靠在正、倒车调节圈 2、5 上,正、倒车调节圈用来调整推力块与推力环间的间隙 f_1 和曲轴与轴承之间的轴向相对位置。间隙 f_1 是用力把推力环压紧在正车推力块上时,用厚薄规在倒车推力块与推力环间测量出来的间隙。此间隙也可使轴处在不受轴向力的自由状态下,用两个厚薄规在正、倒车推力环处同时测量,然后将这两个数值相加得出。这个间隙的大小要符合说明书的要求;否则要通过调节圈进行调节。作为临时性的调整措施,可在调节圈后加放垫片,在以后修船时再更换调节圈。在工厂安装两排推力块时,调节圈应按下述要求进行调整:当推力环与正、倒车推力块之间各为 1/2 装配间隙时,靠近推力轴承的最后一个曲柄的中心线应向推力轴承方向偏移一个规定的数值。这样做是为了补偿曲轴在运转中的热膨胀,以尽可能地使各曲柄臂与主轴承之间的轴向间隙保持均匀等。

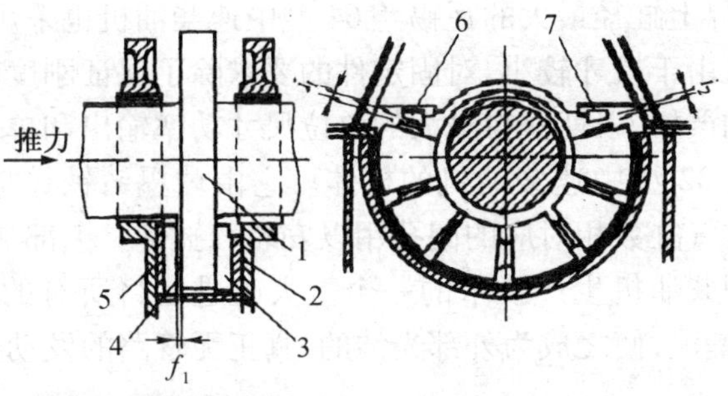

图 2.2-105 推力轴承简图

1—推力环;2、5—调节圈;3、4—推力块;6、7—压板(止动器)

2. 推力轴承的日常管理

应经常检查推力轴承的工作温度。当推力块的温度过高时,应立即停车检查。如情况不允许,应降速运行,当有机会停车应立即检查,排除故障。应定时检查轴向间隙和支持轴承的径向间隙,必要时对各间隙进行调整。

第十四节 柴油机固定部件

柴油机的主要固定件包括机座、机架、气缸、贯穿螺栓等。它们构成柴油机的骨架,用来支撑柴油机的运动机构和辅助设备,并形成柴油机工作和运动的空间。

气缸体、机架和机座构成整个柴油机的主体,它们的内部要安装运动部件的导承和支承——气缸套、导板、主轴承等,形成运动部件(活塞、十字头、连杆、曲轴)和传动部件(传动齿轮、链轮)的运行空间,并布置冷却、润滑和扫气的水、油、气空间。它的外部则要安装喷油泵、调速器、起动与换向设备、增压器、扫气箱、各种系统的管道等。柴油机还要通过机座或机体上的支承安装到基座上。

柴油机的固定件承受着气体力和运动机件惯性力的作用,承担着全部机件的重量。动力转矩的输出使它产生倾覆;惯性力的作用使它产生振动;贯穿螺栓和连接螺栓的紧固使它受到安装应力;各处温度不同使它产生热应力;水、油、气的作用使它受到腐蚀。

为了保证柴油机的工作可靠性和使用寿命,必须要求机架、机座有足够的刚度和强度,以使各运动机件的支承和导承变形小,保证良好的配合和精确的位置,并避免运行中发生裂纹和损坏。在满足刚度和强度要求的前提下,要求机架、机座尺寸小、重量轻。此外,机架、机座的结构要便于内部运动机件的拆装和检修。机架和机座的各结合面、检修道门要密封性好,避免漏泄造成浪费、污染甚至出现事故。

一、筒形活塞式柴油机主要固定件的结构特点、功能和工作条件

筒形活塞式柴油机的气缸体、机架和机座的组合形式多种多样,有三者分开制造用贯穿螺栓连接的结构;有机架与机座造在一起,气缸体单独制造的结构;也有气缸体与机架铸造在一起(称之为机体),去掉了机座代之以轻便油底壳的结构(见图 2.2-106)。前两种采用正置式主轴承结构,而第三种则采用倒挂主轴承结构。气缸体与机架铸造在一起的机体结构具有结构紧凑、重量轻、刚性好等优点,但对于铸造和加工的要求较高。以前这种结构常用于尺寸较小的中、高速柴油机上,但随着铸造和加工技术的发展,现代新型中速船用柴油机普遍也采用

这种结构，包括目前世界上缸径最大的瓦锡兰64型中速柴油机也采用这种结构。

筒形活塞式柴油机由于尺寸较小，对固定件的要求除了保证刚度和强度外，对于发动机尺寸重量方面的要求更加严格，以期获得最大的单位尺寸功率输出和单位重量功率输出。

图2.2-106瓦锡兰32型中速柴油机的机体。它由球墨铸铁铸造，所有各缸共用一个机体。机体的上部设有与气缸数相对应的圆孔用以安装气缸套。上部两侧还设有凸轮轴箱和进气总管。作为现代新型柴油机生产技术的一个重大改进是将所有的油水管路设置在机体之内，避免了油、水、气的漏泄，使之成为外部光洁的、真正无管路的发动机。

图2.2-106 瓦锡兰32型中速柴油机机体

主轴承盖也是由球墨铸铁铸造的，它从下部安装并把曲轴倒挂在机体上，轴承螺栓液压上紧，在主轴承盖的侧面还有两根水平螺栓也是液压上紧的用以提高主轴承盖的刚度。

在柴油机的底部是一个很轻的由薄板焊接而成的油底壳，油底壳采用干式或湿式油底壳皆可。在每个主轴承的下方都有一个液压撑杆，可用来顶起或降下主轴承盖。润滑各主轴承及冷却活塞的滑油也是通过这些撑杆输送的。柴油机采用弹性支撑，确保柴油机的振动不会传到机外。

二、十字头式柴油机主要固定件的结构特点、功能和工作条件

在十字头式柴油机中，气缸、机架和机座是分开制造，然后由贯穿螺栓连成一刚性整体。这一刚性整体构成了十字头柴油机的主体部分，如图2.2-107所示。

1. 机架

机架是柴油机的支架，它与机座形成的曲轴箱空间是柴油机运动件的运动空间。机架分为A字形机架与箱形机架两种。

A字形机架是单片式装配结构，通过在铸造的单片A字架上覆板制造而成的。但由于加工制造复杂，刚性、密封性较差，目前已很少使用。

箱形机架由上面板5、底板6、横向隔板2和左、右侧板7焊接而成的，它具有结构紧凑、重量轻、刚性好的优点。在机架内设有十字头滑块导板4，用以承受侧推力。在侧板上开有检修

通道7,通过它可以检查主轴承、曲轴及连杆大端轴承的工作状态。在机架的背面设有防爆门。由于整个机架为一刚性整体,结合面少,使加工、制造容易,安装简单,也改善了曲轴箱的密封性。MAN B&W 公司的 MC 系列柴油机和瓦锡兰公司的瓦锡兰 RTA 系列柴油机都采用箱形机架。图 2.2-108 为 S-MC-C 型柴油机机架立体图。

MAN B&W 公司的 S/K80ME/MC-C 和 K90ME//MC-C 柴油机机架采用了三角形的导板结构,如图 2.2-109 所示。导板背部由一块竖向整板作支撑,取代了从前的水平加强筋,从顶部到底部形成连续的三角形结构。这种结构使导板在垂向的刚性均匀,改善了滑块表面的工作条件。采用这种三角形导板结构,使结构应力降低,加工容易,制造成本降低。

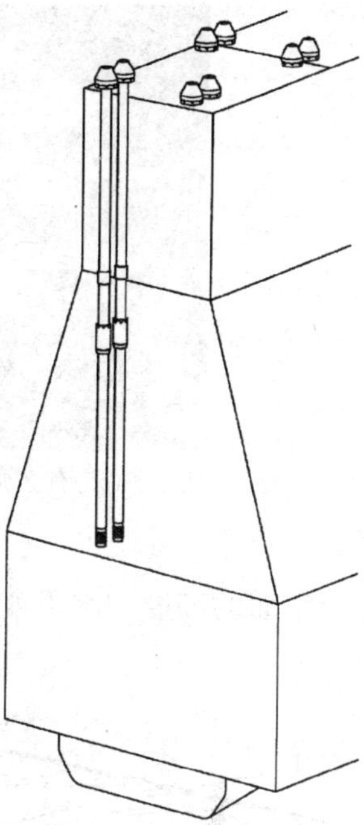

图 2.2-107

2. 机座

机座是柴油机的基础。它和上面的机架共同组成曲轴箱,也是柴油机装配时的基准件。

目前在大型低速柴油机中主要采用的是单壁深型机座。图 2.2-110 为 S-MC-C 型柴油机机座立体图,它主要由两侧的纵梁和带铸钢轴承座的横梁焊接而成。每侧纵梁为单层结构,横梁上焊

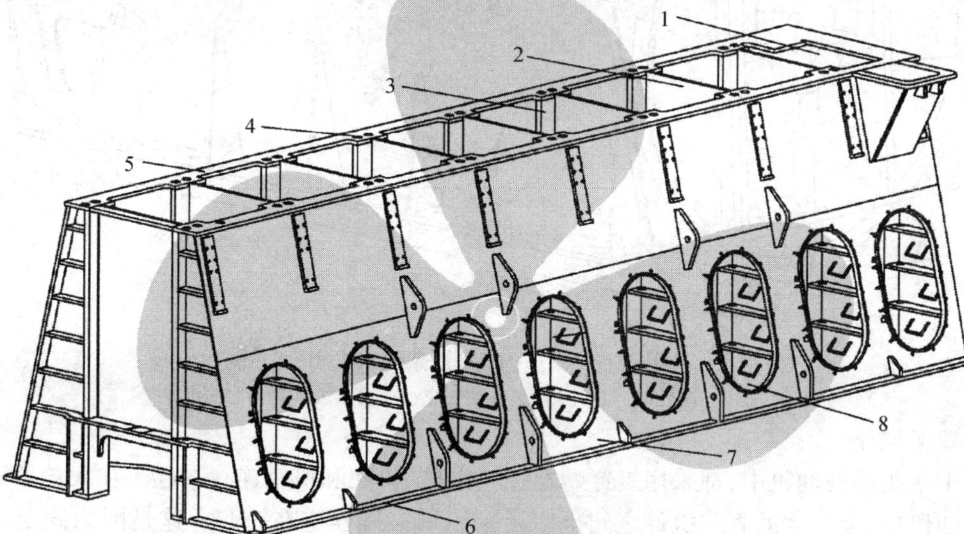

图 2.2-108 S-MC-C 型柴油机的机架

1—链条传动箱;2—横向隔板;3—滑块导板;4—贯穿螺栓孔;5—上面板;6—底板;7—侧板;8—道门

有铸钢的主轴承座用以支撑曲轴。轴承盖用四个螺栓安装在轴承座上,螺栓液压上紧。轴承座孔在机座中的位置较低,便于给主轴承盖定位。机座设计得较高,以提高刚性。在机座的首端安装有轴向减振器,用以控制轴系的轴向振动,这已是现代新型柴油机的基本配置。机座尾端还设有推力轴承和驱动链条空间用以安装推力轴承和驱动链轮。S-MC-C 型柴油机机座的主要改进之处在于取消了贯穿螺栓孔使机座与主轴承座的焊接过程都得到了简化,另一个改进之处是在不增加机座宽度的情况下将地脚螺栓移至机座外侧,这样更有利于安装。

机座与船体的基座之间垫有环氧树脂或铸铁垫块,并由地脚螺栓固定。垫块用以调节机

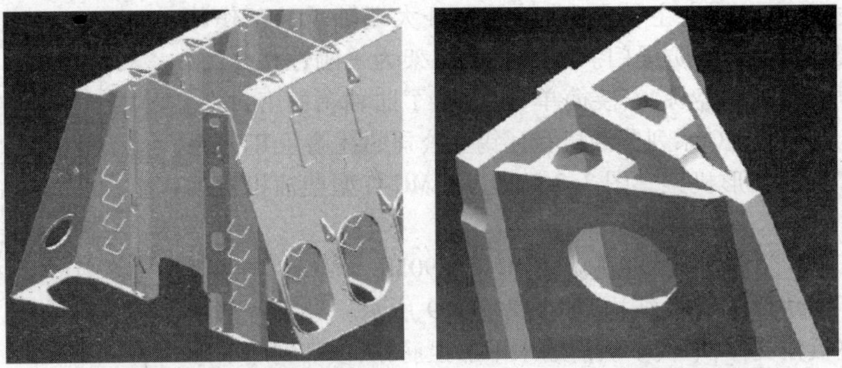

(a)具有三角形导板结构的机架　　(b)三角形导板结构

图 2.2-109　具有三角形导板结构的机架

座上平面的高度和水平度。

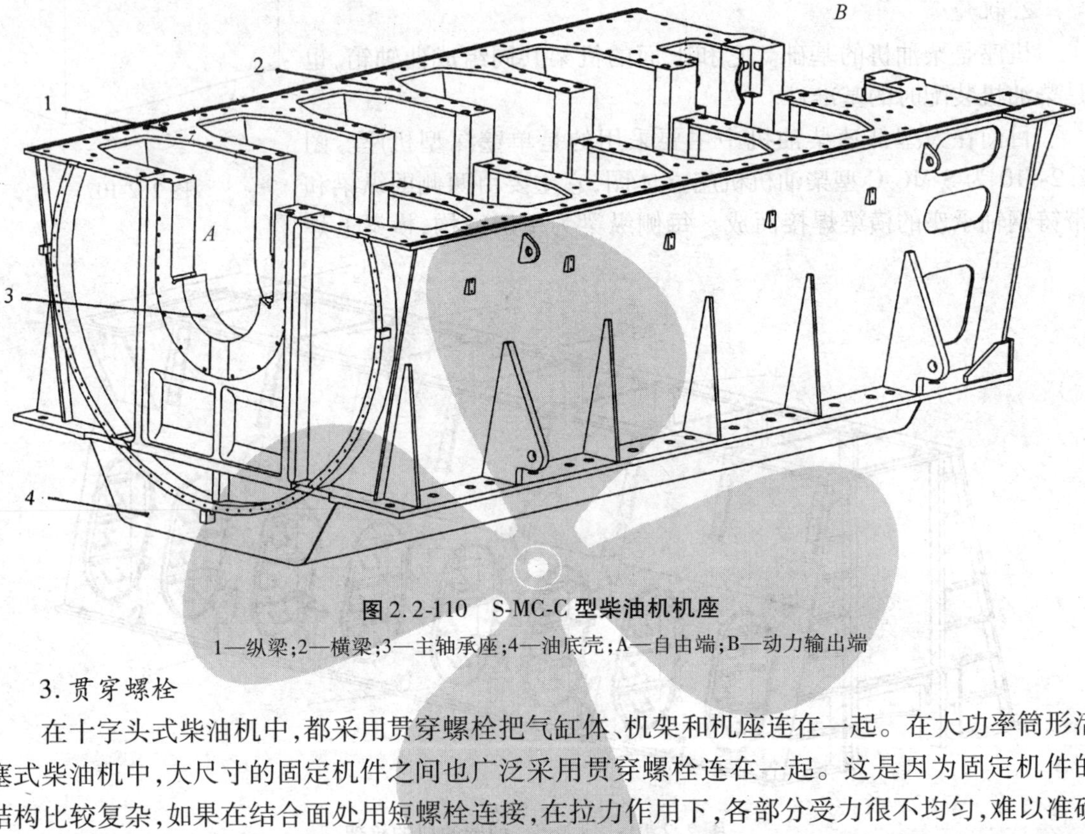

图 2.2-110　S-MC-C 型柴油机机座

1—纵梁;2—横梁;3—主轴承座;4—油底壳;A—自由端;B—动力输出端

3. 贯穿螺栓

在十字头式柴油机中,都采用贯穿螺栓把气缸体、机架和机座连在一起。在大功率筒形活塞式柴油机中,大尺寸的固定机件之间也广泛采用贯穿螺栓连在一起。这是因为固定机件的结构比较复杂,如果在结合面处用短螺栓连接,在拉力作用下,各部分受力很不均匀,难以准确计算。采用贯穿螺栓结构,拉力由贯穿螺栓承担,螺栓的作用力可以准确计算。而且在安装后气缸体、机架与机座三者只受压应力不受拉力,既合理利用材料抗压不抗拉的性能,又提高了柴油机整体的刚度。

图 2.2-111 为 S-MC-C 型柴油机的贯穿螺栓。它的最明显的特征是以双贯穿螺栓取代了传统的单贯穿螺栓,而且与传统的贯穿螺栓的不同之处还在于它不再一直插到机座底部,而是拧入到机座顶部的螺孔之中,这样就大大缩短了贯穿螺栓的长度。研究表明采用这种双贯穿螺栓结构使用,可以减小主轴承座孔由于贯穿螺栓上紧所引起的变形,保证十字头导板的变形,减少并可改善滑块的滑动状态,简化机座和主轴承座的焊接过程。

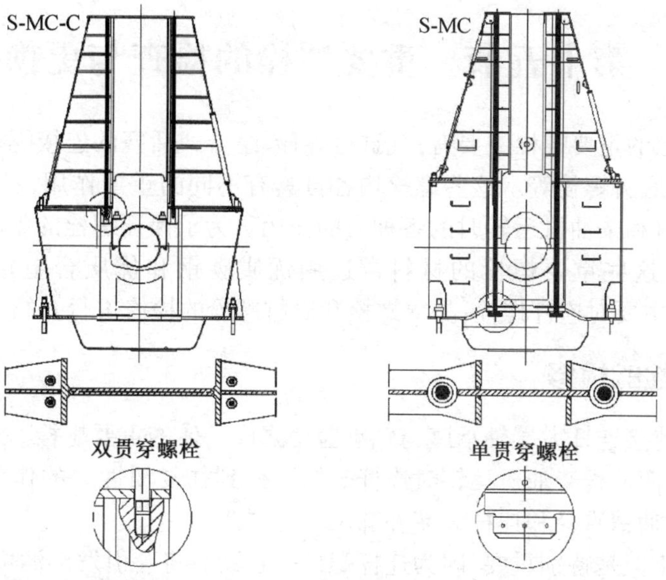

图 2.2-111　S-MC-C 型柴油机的双贯穿螺栓

三、主要固定件的管理

(1)严防曲轴箱爆炸。曲轴箱上的防爆门(安全释放阀)要定期进行功能试验。运转中经常触摸曲轴箱,若发现过热要及时查找原因。

(2)曲轴箱各壁面道门和密封盖板很多,要及时处理各种漏泄现象,以免造成严重事故。特别是机座周围和油底壳漏泄,容易造成滑油流失和润滑系统失压,因此更要密切注意。这可通过曲轴箱及机座四周壁面上是否有漏泄现象和柴油机周围舱底水中含油多少进行判断。

(3)机座是整台柴油机的基础,承受很复杂的应力,容易出现疲劳裂纹。主轴承座孔周围形状复杂,易出现应力集中,更是裂纹的多发区。机座内表面和滑油接触,正常情况下滑油本身基本没有腐蚀性,但滑油污损变质后会使机座受到腐蚀。这种腐蚀在柴油机停止运转时由于污物停滞,比运转时更为严重。当发动机由热态变为冷态时,机座表面有凝水出现也会产生腐蚀作用。腐蚀处应力集中、强度下降,成为裂纹发源地。焊接机座的焊接不良处、铸造机座的铸造缺陷区及由于船体变形使机座受到较大附加应力的地方,也都有可能出现裂纹。所以对机座内、外表面要定期检查。

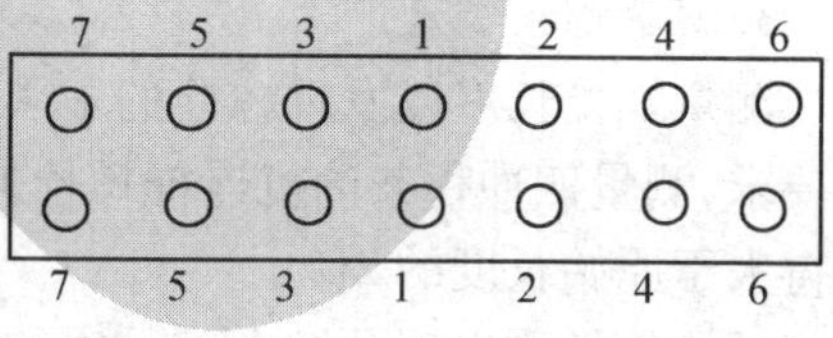

图 2.2-112　贯穿螺栓上紧顺序

柴油机的不平衡力和力矩都要作用到地脚螺栓上,船体变形有可能使地脚螺栓受到剪切作用,所以还要定期检查地脚螺栓有无松动和断裂。

(4)贯穿螺栓断裂的事例并不罕见,除和制造质量有关外,还与安装时预紧力是否均匀有密切关系。贯穿螺栓都是用液压专用工具紧固的。为了防止贯穿螺栓受到附加弯曲应力,贯穿螺栓要与螺栓孔同心,两端螺母不能偏斜。上紧时要严格按图 2.2-112 所示顺序进行,不准单根上紧或放松,一定要成对进行。紧固时要分两个阶段,每个阶段应达到的螺栓伸长量或液压专用工具的泵油压力要符合说明书的规定。对固紧情况要定期检查(新机一年一次,老机四年一次),贯穿螺栓预紧后应注意将其中部的连接套或止动螺钉固紧。

第十五节　重要螺栓的检查与更换

船用柴油机上的重要螺栓主要有：气缸盖螺栓、组合式活塞的连接螺栓、连杆螺栓、主轴承螺栓、贯穿螺栓和底脚螺栓等。这些螺栓均各自具有不同的重要作用，不仅要保证连接强度，而且要承受安装时和柴油机运转时的各种力的作用。为了保证螺栓的紧固连接质量和柴油机安全可靠地运转，这些重要螺栓的材料常选用优质碳钢和优质合金钢，如 45 号钢、40Cr、35CrMo 等。以下主要对连杆螺栓、贯穿螺栓和底脚螺栓的检修进行介绍。

一、连杆螺栓的检修

连杆螺栓是连接连杆大端轴承座与轴承盖使之成一体的重要螺栓。连杆螺栓受到装配时的预紧力的作用，四冲程柴油机运转时连杆螺栓还受到往复惯性力的作用。连杆螺栓的直径较小，因其受到曲柄销直径和连杆大端外廓尺寸的限制。

连杆螺栓虽小但是特别重要，因为连杆螺栓一旦断裂将会引发柴油机的破坏性事故，这种波及性事故造成气缸盖、气缸套、活塞和连杆的损坏，甚至机体被打破。所以，对连杆螺栓绝不可掉以轻心。连杆螺栓因锁紧零件失效而脱落，如开口销损坏或脱落也会造成上述事故。连杆螺栓常见的损坏形式：螺纹的变形与损坏、螺栓拉长或形成颈缩、螺栓弯曲变形、裂纹、螺栓与螺母配合松动等。连杆螺栓或螺母损坏后应成对换新。

(一) 连杆螺栓的检测

1. 外观检查

检查螺栓表面有无肉眼可见缺陷，不允许有碰伤、拉毛、变形、裂纹、螺纹损坏和配合松动等缺陷。

2. 裂纹检验

采用放大镜、着色探伤或磁粉探伤等方法检查螺栓的各圆角、螺纹之间的过渡处有无裂纹。

3. 测量螺栓长度

测量螺栓长度以发现螺栓的永久变形。按 JT/T56-93 船用柴油机紧配螺栓及螺母修理技术要求，测量四冲程柴油机连杆螺栓伸长量，其伸长量应按说明书要求；当无说明书时，伸长量不得大于原始长度的 2%。

螺栓伸长或出现颈缩大多是安装时用力过大所致，或因柴油机发生拉缸、咬缸时使连杆螺栓受到过大拉应力。安装螺栓时，由于错误地认为螺栓旋得越紧越好，以致过分地上紧螺母，造成螺栓变形或断裂。如，6135 型柴油机要求上紧连杆螺栓的力矩为 180 ~ 220 N · m，如果紧至 400 N · m 时螺栓就会伸长或出现颈缩；如达 450 N · m 时螺栓会发生断裂。

(二) 安装连杆螺栓时的注意事项

为了防止连杆螺栓安装不当引起变形或断裂，安装时应注意以下几点：

(1) 安装前，认真进行外观检查和清洁，并检验螺栓与螺母的配合情况，应无卡阻和松动现象。

(2) 上紧螺栓的方法和预紧力的大小均应按柴油机说明书的规定进行。因为预紧力的过大或过小、各螺栓的预紧力不均匀等均不能保证其工作的可靠性。

(3) 检修中不可随意调换连杆螺栓与其原装配孔的关系，因为连杆螺栓与装配孔是过渡配合的，需用小锤轻轻敲入螺栓，随意调换将影响配合关系，过紧、过松均会影响连杆螺栓的可靠工作。

二、底脚螺栓的检修

柴油机机座安装在船体双层底上或焊于船体双层底的底座上。底脚螺栓的作用是将机座固定在底座上，以抵抗柴油机运转中的剧烈振动、船舶航行中的猛烈摇摆和防止机座位移。

主柴油机的机座在机舱中的位置经校中定位后，用底脚螺栓将机座、底座和它们之间的固定垫块、活动垫块连接在一起，牢牢地固定在船体双层底上。这种刚性连接方式结构简单、安装方便、工作可靠，但是劳动强度大、效率低。

固定机座的底脚螺栓的数量和分布取决于柴油机机座上底脚螺栓孔的数量和布置。为了防止紧固的主柴油机在运转时产生位移，要求全部底脚螺栓中的15%以上的螺栓采用紧配（定位）螺栓。如果采用环氧树脂垫块时，可不用紧配螺栓。对于安装紧配螺栓的底脚螺栓孔应进行铰孔、根据铰孔后的直径，按 $\frac{H7}{K6}(\frac{D}{gc})$ 配合配制紧配螺栓。

底脚螺栓（包括紧固螺栓和紧配螺栓）全部装好后，检查螺母和螺栓头的接合平面处有无间隙，用0.05 mm 塞尺应插不进。全部螺栓上紧是采用手动工具或油压拉伸器，按照说明书规定的预紧力要求和上紧顺序进行操作。上紧后，用小锤敲击螺栓，以检查底脚螺栓的上紧程度，以声音清脆为合格。底脚螺栓松动将会使机座下面的垫铁磨损，从而使机座局部下沉，导致曲轴臂距差的变化，影响曲轴的受力状态；当松动的螺栓数量增多时，还会引起主机的振动、位置变化等。所以应加强对底脚螺栓的维护管理，及时发现松动的螺栓和损坏的螺栓。松动的底脚螺栓应按要求上紧，损坏的螺栓应予以更换。

三、贯穿螺栓的检修

在十字头式柴油机中，贯穿螺栓的作用是把气缸体、机架和机座连成一体，构成柴油机的固定件。在筒形活塞式柴油机中，贯穿螺栓是柴油机中最长最重要的螺栓。图 2.2-113 为 SULZER RTA48 型柴油机的贯穿螺栓。

柴油机运转中容易发生贯穿螺栓松动、螺母锈死和螺栓伸长变形等缺陷。

（一）贯穿螺栓松动检查

柴油机每运转一年左右的时间就应对全部贯穿螺栓的上紧程度进行一次检查。贯穿螺栓松动将会引起柴油机的振动和曲轴臂距差的变化，使柴油机不能正常工作。贯穿螺栓预紧力检查的程序如下：

（1）拆除全部贯穿螺栓上的保护罩5，清洁上中间环7的上平面。

（2）将二只液压拉伸器分别安装到对称的贯穿螺栓上，如图 2.2-114 所示。

（3）开动油泵，泵压至60 MPa（或说明书规定值）并保持不变。

（4）用塞尺通过检查孔 K 测量贯穿螺栓上螺母6与上中间环7之间 S 处的间隙。如有间隙，则用圆棒 R 上紧螺母6，直至 S 处间隙消失；如无间隙则表明贯穿螺栓已上紧，达到要求的预紧力。释放油压并拆除拉伸器。

（5）贯穿螺栓螺纹涂防腐油和安装保护罩。

（二）贯穿螺栓的安装

贯穿螺栓安装前应将上部螺母和上中间环的接触部分、贯穿螺栓螺纹部分清洁，并涂二硫

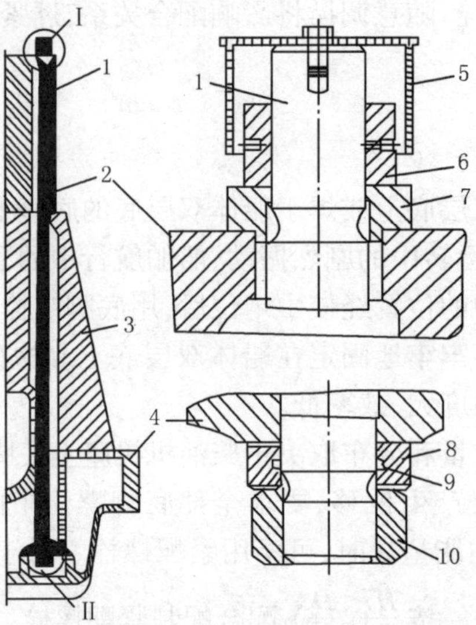

图 2.2-113　Sulzer RTA48 型柴油机的贯穿螺栓

1—贯穿螺栓；2—气缸体；3—机架；4—机座；5—保护罩；6—上螺母，Ⅰ；7—上中间环；8—下中间环；9—O 形密封圈；10—下螺母，Ⅱ

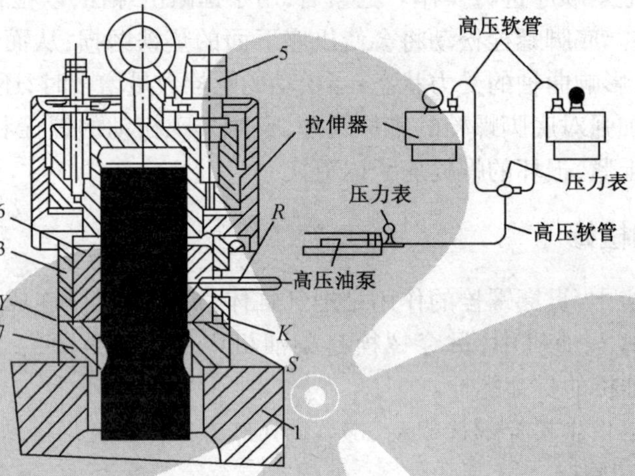

图 2.2-114　贯穿螺栓预紧力的检查

R—圆棒；K—检查孔；S—间隙；Y—测量孔；1—气缸体；3—油缸；5—防护罩；6—上螺母；7—上中间环

化钼，再将贯穿螺栓吊装入贯穿螺栓孔中，按要求上紧贯穿螺栓。

1. 贯穿螺栓的上紧

上紧贯穿螺栓之前，应先测量曲轴臂距差和松开主轴承上的螺栓或撑杆螺栓。测量时，测量贯穿螺栓的外露部分的长度 X，再用液压拉伸器分两次上紧贯穿螺栓，如图 2.2-115(a)所示。

第一次上紧：按说明书规定的预紧力 35 MPa(或说明书规定值)上紧全部贯穿螺栓，测量各螺栓的外露部分的长度 X_1，则螺栓受力后的伸长量 ΔX_1 为

$$\Delta X_1 = X_1 - X \quad \text{mm}$$

RTA38、RTA48 型柴油机贯穿螺栓第一次预紧后螺栓伸长量为 ΔX_1 为 2.4 ~ 2.6 mm。

第二次上紧：按说明书规定的预紧力 60 MPa（或说明书规定值）上紧全部贯穿螺栓，测量各螺栓的外露部分的长度 X_2，则螺栓总的伸长量 ΔX_2 为

$$\Delta X_2 = X_2 - X \quad \text{mm}$$

RTA38、RTA48 型柴油机贯穿螺栓第二次预紧后螺栓伸长量为 ΔX_2 为 4.4 mm。

2. 贯穿螺栓上紧顺序

为了防止机座、机架和气缸体因受力不均产生变形，除要求按说明书规定的预紧力上紧贯穿螺栓外，还要求按照合理的顺序上紧贯穿螺栓。一般是成对上紧，并从柴油机中央的贯穿螺栓开始，依此交替向两端进行，如图 2.2-115（b）所示。记录油压和螺栓伸长量等数值，以备检查和比较。

（三）贯穿螺栓的检修

贯穿螺栓除了容易发生松动以外，还会发生裂纹和断裂的事故。贯穿螺栓产生裂纹和断裂除了与材质和制造质量有关外，最主要还是安装中的预紧力是否符合说明书规定及各螺栓的预紧力是否均匀的问题。轮机员在日常维护管理中应加强对贯穿螺栓的检查，及早发现断裂的贯穿螺栓并及时更换。

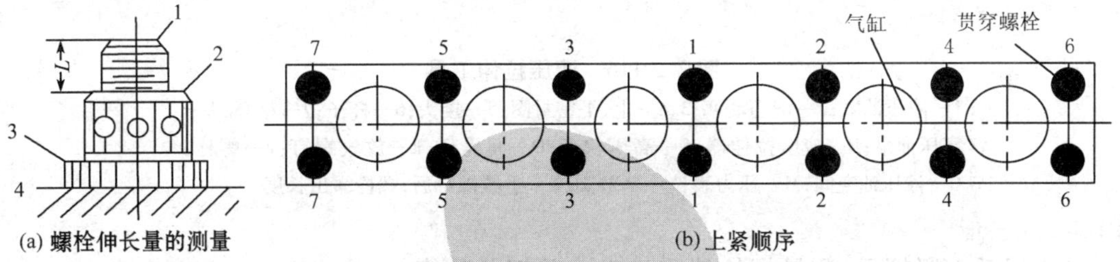

图 2.2-115　贯穿螺栓的上紧及上紧顺序

1—贯穿螺栓；2—螺母；3—中间环；4—气缸体；$L = X$

为了防止贯穿螺栓断裂，在安装时应注意以下几点：

（1）严格按照说明书规定的预紧力的大小和上紧顺序安装贯穿螺栓。不准单个螺栓上紧或松开，一定成对进行。

（2）按照说明书的规定每年进行一次贯穿螺栓预紧力的检查。

（3）贯穿螺栓应与螺栓孔同心，以防贯穿螺栓受到附加弯曲应力的作用。

（4）加强贯穿螺栓的日常维护管理。

四、液压拉伸工具的使用和管理要求

液压拉伸工具是目前船上广泛使用的一种能较为准确地控制预紧力和省力的螺栓上紧与松脱的装置，船上中、低速柴油机的气缸盖螺栓、贯穿螺栓、主轴承螺栓和底脚螺栓等均普遍采用。液压拉伸工具由手动高压油泵 A、液压拉伸器 B、高压软管 C 和压力表 M 组成。如图 2.2-116 所示。

1. 液压拉伸器的结构和原理

液压拉伸器是由液压油缸 1、液压活塞 2、间隔环 D 等构成的。它是利用油压使螺栓受拉伸长和变细（直径减小），然后轻易地将螺母旋到预定的位置上或将螺母拆卸下来。

2. 使用方法

使用时，将液压拉伸器 B 安装在螺栓上，通过接头 5 与高压软管 C 连接。上紧螺母的

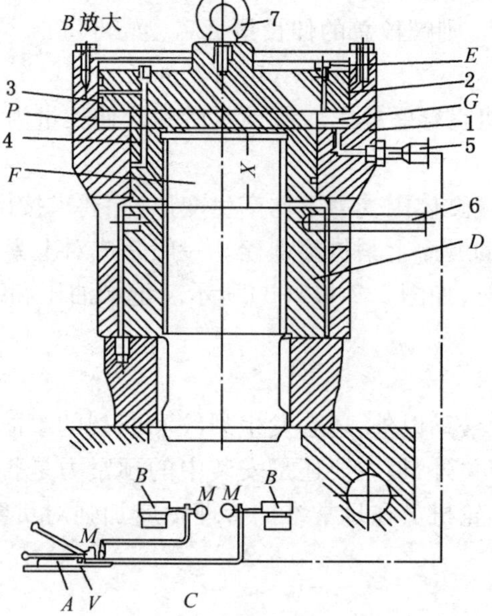

图 2.2-116　液压拉伸工具

1—液压油缸；2—液压活塞；3、4—上、下密封圈；5—接头；6—杆子；7—吊环；A—高压油泵；B—液压拉伸器；C—高压软管；D—间隔环；E—放气螺钉；F—螺栓；G—液压油空间；M—压力表；V—释放阀；X—上紧螺母后，螺栓露出长度

方法：

(1)用扳手上紧螺母，测量螺栓外露长度 X 并记录数值。

(2)安装液压拉伸器。

(3)手动泵油，使高压油自接头 5 进入液压活塞下部 G 空间，驱除空气后上紧放气螺钉 E 使油缸封闭。在油压作用下液压活塞上行并带动螺栓 F 使其伸长，在螺母上方出现间隙。

(4)待压力表 M 显示达到要求的油压时，用杆 6 上紧螺母，再次测量和记录螺栓外露长度 X_1，螺栓伸长量 $\Delta X_1 = X_1 - X$，此值应与说明书规定值相符。

(5)依上述方法进行第二次上紧螺母，求出螺栓伸长量 ΔX_2 且此值应符合说明书规定值。

3. 液压拉伸器的管理

(1)使用液压拉伸器应按说明书规定油压泵油，任何情况下均不得超过规定油压的 10% 和不得超过螺栓的最大拉伸量。

(2)使用前，应检查下密封圈，因其容易损坏，故应及时检查，及时更换。安装时注意不可损伤密封圈。

(3)使用后，应释放油压，使液压活塞复位。

(4)液压系统中的所用液压油必须是纯净的液压油或透平油(如 SAE20 等)，绝不可使用系统滑油或气缸油，因滑油不仅黏度大，且是碱性的，易使密封圈损坏。

(5)液压拉伸器不使用时，应仔细地涂抹油脂保存于干燥的地方，以备再用。

第十六节　柴油机吊缸检修

吊缸检修就是将船舶主推进装置的活塞或者连杆一起从缸套中吊出，然后测量更换活塞环,检查轴瓦、活塞环等部件的磨损程度,对平时检查不到的燃烧室部件内部进行检查和修理,防止船舶在海上航行出现失去动力的情况。吊缸检修可分为定期吊缸和事故性吊缸。有时为检查气缸、活塞组件的技术状态,也进行临时性吊缸。

一、吊缸检修的目的

(一)吊缸的技术要求和安全规则

吊缸必须按照柴油机的拆装要求和顺序进行,遵守安全规则和技术规则。现摘其要点叙述如下:

1. 吊缸应遵守柴油机拆装技术的一般规则

1)拆装原则

(1)拆卸时应为后面的检修和装配作准备,注意机件之间的配合关系和相对位置,必要时在零件上做记号。注意观察各种损坏的迹象,必要时应保护现场以利于进行故障分析,为检修提供依据,为顺利装配打下基础。

(2)根据确定的检修范围进行拆卸,不要随意扩大拆卸范围。

2)拆卸程序

(1)先拆易损机件、附属机件,后拆主要部件。

(2)先拆外部、上部机件,后拆内部、下部机件。

3)在装配过程中应遵守的主要技术规则

(1)对于形状相同但有位置和顺序要求的零件如活塞、活塞环、连杆螺栓、连杆大端轴承等,应按原来的位置和顺序装配,不可任意调换。

(2)对有记号和安装方向要求的零部件,均应按原来的要求装配,不得装错或装反。

(3)防止漏装,一旦发现漏装,哪怕是一个螺丝钉也应及时查找漏装的部位。

(4)在装配过程中要随时检查零件间的灵活性和密封性,避免重装返工。

(5)配合件的工作表面不许有伤痕,装配时保持清洁并涂上滑油。

(6)在装配中,除完好的金属垫片可继续使用或经处理继续使用外,对纸质、软木、石棉等垫片和橡胶密封圈原则上应换新。

(7)重要的螺栓不准有损伤,上紧时应按规定的次序和预紧力进行。

(8)防松零件如开口销、锁片、弹簧垫圈等均应按规定的尺寸、规格装妥,不可用不同规格代替。

2. 吊缸应遵守柴油机拆装的安全规则

1)正确使用工具

(1)应首选专用工具,再选通用工具。

(2)拆装螺母时,应首选梅花扳手,套筒扳手,尽量少用开口扳手和活络扳手。

(3)不允许随意加长扳手的长度,以防力臂过大伤人和力矩过大将螺栓扭断。

(4)使用扳手时不许用锤捶击扳手,尤其是活络扳手。

2)起重设备安全规则

(1)禁止超重起吊。

(2)起吊重量应小于起重绳索允许荷重的20% ~40%。

(3)吊钩与绳索的悬挂中心应与机件的重心一致。

（二）吊缸前的准备工作

柴油机在拆卸前一定要熟悉全部有关图纸和有关技术文件，了解柴油机的用途、构造、工作原理，各零部件的作用、相互关系、连接方法及有关的技术要求等；准备拆卸时所用的物料、填料、工具、夹具、量具等；对电气件和易氧化、易腐蚀的零件进行保护；对零件进行检验、清洗、润滑等。具体来说，可分为以下几点。

（1）要仔细检查起吊工具是否完好正常。若有损伤，禁止使用。

（2）准备好拆装工作使用的工、量具及专用工具，对机器的易损件（活塞环、轴瓦等）在船上存有的数量（即备件数量）及存放地点要心中有数。

（3）清理现场。拆卸用的放置零部件所需的支架、木垫、木盖、木楔等要提前做好准备。

（4）关闭空气瓶截止阀。切断柴油机燃油、空气、冷却水和润滑油的供给。

（5）在拆装检修的全过程中要在配电板和操纵台处悬挂“正在检修”的告示牌。

（6）如果一台多缸机只拆一个缸时，其他缸的示功阀应全部打开。这样在盘车时省力，同时也安全。

二、检测项目

（一）气缸盖的拆检

首先要放掉柴油机的冷却水，拆下所有与气缸盖连接的油、水、气管路及仪表，并将所有向上的管口、油孔用木塞封住以免杂物落入而堵塞管路，用拆装气缸盖的专用工具（如风动扳手或液压拉伸器），将气缸盖上的螺帽按对角交叉顺序分数次逐一旋松取下。用起重环、钢丝绳和起重葫芦把缸盖拉起。图 2.2-117 所示为中、小型柴油机气缸盖的起吊。图 2.2-118 所示为 MAN KZ 大型柴油机气缸盖的起吊方法。

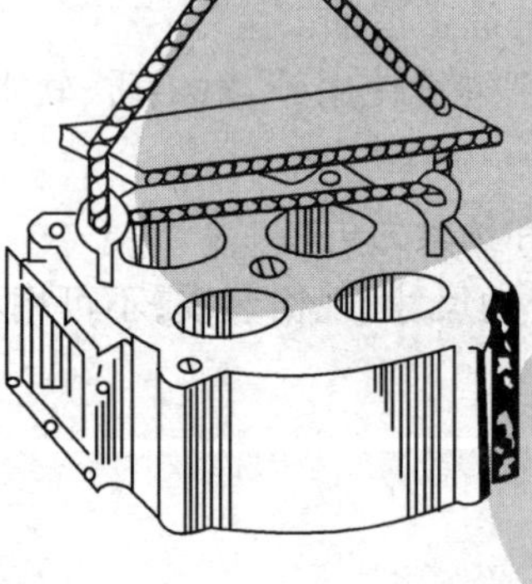

图 2.2-117　中、小型柴油机气缸盖的起吊

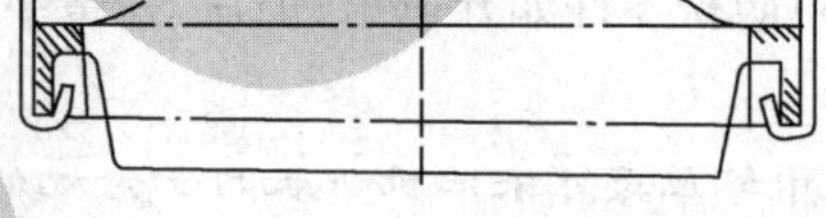

图 2.2-118　MAN KZ 大型柴油机气缸盖的起吊

在吊气缸盖时，对咬牢不动的缸盖不可用起吊工具硬拉，应先用楔子将缸盖一侧打松。注意避免损伤缸盖或缸套。

气缸盖拆下后应做以下几项检查：

（1）检查气缸盖与气缸体的密封面是否平整。气缸盖与气缸体的密封面在使用中容易烧蚀，在拆装时又易碰伤，使密封面凹凸不平，使用中易造成燃烧室漏气。特别是柴油机运转中发生过漏气的缸盖，更应仔细检查密封面是否有不平直现象。

（2）检查气缸盖有无裂纹。对气缸盖裂纹的分析中得知，气缸盖的裂纹多发生在底面上孔与孔之间和孔的圆角处。因此要注意检查容易产生裂纹的部位，如喷油器孔、起动阀孔和安全阀孔等处。

(3)检查冷却水腔的情况。打开气缸盖冷却水腔的盖板，检查冷却水腔内水垢和水锈。由于水垢和水锈的存在影响了热传导，从而大大降低了冷却效果，使热应力增加，导致气缸盖易产生裂纹。当水垢和水锈的厚度达到 2 mm 以上时，必须对水腔进行清洗。通常有两种方法，即机械清洗法和化学清洗法。

(二)活塞组件的检查

在吊出活塞组件之前，刮净气缸内的结炭，检查气缸上部磨损后所形成的磨台，必要时用刮刀和油石修整，以免在吊活塞组件时拉动缸套或擦伤活塞组件，在活塞顶装上吊活塞的专用工具，将活塞从气缸中吊出。

吊出活塞组件后，应做好以下几方面的检查：

(1)检查活塞顶部有无裂纹，活塞预部起吊孔处和活塞销座处有无裂纹。

(2)检查活塞顶部有无烧蚀。烧蚀的外表特征为表面层状剥落，逐渐变薄，并现出麻点。

(3)检查活塞和活塞环的磨损，有无单面拉光现象，以及活塞环是否卡死和折断。

(4)对活塞环进行清洁除炭，并放入气缸内检查搭口间隙是否正常，搭口间隙过大应换新，同时还要进行弹性检查，对丧失弹性的应予换新。

(三)气缸套的检查

根据气缸套磨损原因和规律(气缸套磨损后在纵截面上呈现锥度，在横截面上呈现椭圆度)，吊缸后都要对气缸套进行检查测量。如果缸套超出磨损极限，应进行修复，无法修复时应换新。

在吊缸时要注意检查有无下述缺陷：

(1)气缸套内表面有纵向拉痕、擦伤和裂纹。

(2)有拉缸现象。

(3)扫气口之间的筋条产生裂纹或断裂。

(4)润滑油槽磨损(变浅或磨平)和注油孔堵塞，检查气缸注油器是否正常。

(5)排气口结炭。

如有上述缺陷，应采取适当方法修复或换新。

三、吊缸程序

(一)柴油机的拆卸一般应遵循下列分解程序

(1)放掉柴油机机体内冷却水和机座内滑油，拆下与缸盖或机体相连接的所有传感器的导线。

(2)拆下摇臂罩壳。拆下摇臂罩壳螺钉并取下罩壳，注意罩壳里面滑油的粘着情况。

(3)拆除与缸头及缸头附件相连接的所有管子。拆除高压油泵与喷油器的连接管，与缸头连接的进气管、排气管，缸体与缸头间的冷却水连接管，起动空气总管与气缸起动阀的连接管等。

(4)拆下气缸盖。拆除气缸盖螺丝，吊起气缸盖。进一步拆卸气缸盖上的附件，如摇臂机构、进气阀、排气阀、喷油器、气缸起动阀、示功阀和安全阀等。

(5)吊出活塞连杆组件，拆除曲柄箱道门固定螺丝，取下曲柄箱道门。拆除曲柄销轴承的连杆螺栓，取下连杆大端瓦，由气缸上部吊出活塞连杆组件。

(6)拆气缸套。如有滑油导管应旋出,用缸套专用装配工具吊出气缸套。

(7)按顺序放好所有拆卸的零部件,以备清洗、检查和测量。

(二)柴油机吊缸后装配

(1)装配前应进行清洗,检查所有零件有无缺陷,水压试验找漏更换密封件。

(2)严格按要求装配,保证各处间隙。

(3)装配后做好各项调整工作,可按如下次序进行:

活塞销安装 → 活塞杆安装 ← 活塞环安装

↓

连杆大端安装 ← 曲柄销内部清洁

↓

曲柄道门安装

↓

气阀研磨安装 → 气缸盖安装 ← 安全阀示功考克安装

↑ ↓

气阀摇臂机构安装　仪表的管系和附件安装

(三)装复时的注意事项

(1)将活塞组件装入气缸套之前应摇动气缸注油器,查看各注油点是否有油流出,并使其沿缸套工作表面分布开来,以免在起动后活塞组件与缸套形成干摩擦。

(2)所有拆下的紫铜垫片在装复前都应回火,使其恢复塑性。损坏的垫片必须换新,以免失去密封性。

(3)装复时,先在活塞杆下端装上锥形套作为引导器,以防活塞杆下端凸缘卡断填料函中的密封环。

(4)将装活塞环专用工具的锥形导套放置在气缸上,并在活塞和活塞环及锥形导套内壁抹上清洁润滑油。将活塞环的搭口上下错开。在慢慢降落活塞组件的过程中,要特别注意活塞杆和冷却水套管的定位。待活塞杆下端插进十字头孔后,上部可脱开吊钩,并将十字头与活塞杆装好,然后上紧连接螺母并锁紧。

(5)在装复气缸盖之前,查看活塞顶部是否有异物落入和遗留下工具,然后装上气缸盖并按装配气缸盖的工艺要求上紧螺母。

(四)装复后的注意事项

全部装复好后,应把在吊缸过程中开闭过的阀门全部恢复原位,然后冷却系统充水驱气并对高压油泵和喷油器进行泵油驱气。检查各处有无漏水、漏油等现象。最后进行吊缸后的试车,按公司相关规定交验。

四、活塞运动部件装复后的平台检验

柴油机固定件在船上安装和活塞运动部件平台试验合格后,将活塞运动部件吊运船上与气缸固定件装配。安装时,先从机架道门将连杆和十字头组件吊入并与曲轴连接,再将活塞组件从上部吊入气缸中,用海底螺帽或螺栓将这两部分连接在一起,构成活塞运动部件。

为了保证实现柴油机设计性能和可靠运转,必须保证运动件与固定件的准确相对位置和要求的配合间隙,也就是要保证活塞运动部件的中心线与气缸固定件中心线重合或平行,活塞与气缸的间隙、导滑板间隙等符合说明书的规定。安装过程中,通过对活塞运动部件在气缸中的横向和纵向位置的校中工艺来实现上述要求。

横向校中是使活塞运动部件在柴油机横向，即左右方向与气缸固定件有准确的相对位置——左右方向上的活塞与气缸的间隙相等、导板与滑块工作面间隙符合规定。

纵向校中是使活塞运动部件在柴油机纵向（轴向），即艏艉方向与气缸固定件有准确的相对位置——艏艉方向上活塞与气缸的间隙相等，侧导板与滑块侧面间隙符合规定。

（一）活塞运动部件校中技术要求

柴油机说明书和船舶柴油机安装标准中对活塞运动部件校中技术要求均有规定。我国船舶行业《船用柴油机修理技术标准》规定内容如下所述。

1. 活塞与气缸间隙的要求

（1）十字头式柴油机，在未装活塞环的条件下，活塞位于近上、下止点位置时，滑块工作面与导板工作面应紧密贴合，用0.05 mm塞尺检查插不进的情况下，活塞裙部减磨环处与气缸内孔单边最小间隙：缸径 <700 mm时，应不小于该处总间隙的30%；缸径 >700 mm时，应不小于该处总间隙的20%。

（2）筒形活塞式柴油机，在未装活塞环的条件下，活塞位于近上、下止点位置时，活塞裙部与气缸内孔单边最小间隙应不小于该处总间隙的25%。总间隙为首、尾或左、右间隙之和。

（3）活塞在气缸内沿柴油机纵向允许平行偏在一边，但向另一边撬动时偏移量应能转移过去。

活塞与气缸的安装间隙和极限间隙如表2.2-22所示。

表2.2-22　柴油机活塞与气缸间隙　　（mm）

气缸直径	四冲程筒形活塞式柴油机						二冲程筒形活塞式柴油机活塞裙部		十字头式柴油机			
	铸铁及铝合金活塞顶部间隙		活塞裙部						顶部间隙	裙部		减磨环处装配间隙
	顶部有冷却	顶部无冷却	铸铁活塞装配间隙	铸铁活塞极限间隙	铝活塞装配间隙	铝活塞极限间隙	装配间隙	极限间隙		装配间隙	极限间隙	
≤100	0.50～0.64	0.60～0.80	0.09～0.12	0.18～0.22	–	–	–	–	–	–	–	–
100～125	0.64～0.80	0.80～1.00	0.12～0.15	0.45	0.22～0.26	0.50	–	–	–	–	–	–
125～150	0.80～1.00	1.00～1.20	0.15～0.18	0.55	0.26～0.32	0.60	0.20～0.24	0.75	–	–	–	–
150～175	1.00～1.16	1.20～1.40	0.18～0.21	0.65	0.32～0.36	0.70	0.24～0.28	0.90	–	–	–	–
175～200	1.16～1.32	1.40～1.60	0.21～0.24	0.72	0.38～0.44	0.80	0.28～0.32	1.00	–	–	–	–
200～225	1.32～1.48	1.60～1.80	0.24～0.27	0.80	0.44～0.50	0.90	0.32～0.36	1.10	–	–	–	–

续表

气缸直径	四冲程筒形活塞式柴油机						二冲程筒形活塞式柴油机活塞裙部		十字头式柴油机			
	铸铁及铝合金活塞顶部间隙		活塞裙部						顶部间隙	裙部		减磨环处装配间隙
	顶部有冷却	顶部无冷却	铸铁活塞装配间隙	铸铁活塞极限间隙	铝活塞装配间隙	铝活塞极限间隙	装配间隙	极限间隙		装配间隙	极限间隙	
225~250	1.48~1.64	1.80~2.00	0.27~0.30	0.88	0.50~0.56	1.00	0.36~0.40	1.10	–	–	–	–
250~275	1.64~1.80	2.00~2.20	0.30~0.33	0.96	0.56~0.62	1.10	0.40~0.44	1.20	–	–	–	–
275~300	1.80~1.96	2.20~2.40	0.33~0.36	1.04	0.62~0.68	1.20	0.44~0.48	1.20	–	–	–	–
300~325	1.96~2.12	2.40~2.60	0.36~0.39	1.12	0.68~0.76	1.30	0.48~0.52	1.30	–	–	–	–
325~350	2.12~2.28	2.60~2.80	0.39~0.42	1.20	0.76~0.82	1.40	0.52~0.56	1.30	–	–	–	–
350~375	2.28~2.44	2.80~3.00	0.42~0.45	1.28	–	–	0.56~0.62	–	–	–	–	
375~400	2.44~2.60	3.00~3.20	0.45~0.48	1.36	–	–	0.62~0.66	1.40	–	–	–	–
400~425	2.60~2.78	3.20~3.40	0.48~0.51	1.44	–	–	0.66~0.70	1.50	–	–	–	–
425~450	2.78~2.95	3.40~3.60	0.51~0.54	1.50	–	–	0.70~0.74	1.60	3.30~3.50	0.72~0.75	2.10	0.48~0.55
450~475	–	–	–	–	–	–	0.74~0.78	1.70	3.50~3.76	0.76~0.82	2.20	0.51~0.58
475~500	–	–	–	–	–	–	0.78~0.82	1.80	3.70~3.90	0.82~0.86	2.30	0.55~0.62
500~525	–	–	–	–	–	–	0.82~0.86	1.90	3.90~4.10	0.86~0.91	2.40	0.59~0.66
525~550	–	–	–	–	–	–	–	–	4.10~4.30	0.91~0.95	2.50	0.63~0.70
550~575	–	–	–	–	–	–	–	–	4.30~4.50	0.95~1.00	2.60	0.67~0.74
575~600	–	–	–	–	–	–	–	–	4.50~4.70	1.00~1.05	2.70	0.71~0.79
600~625	–	–	–	–	–	–	–	–	4.70~4.90	1.05~1.10	2.80	0.76~0.84

续表

气缸直径	四冲程筒形活塞式柴油机						二冲程筒形活塞式柴油机活塞裙部		十字头式柴油机			
	铸铁及铝合金活塞顶部间隙		活塞裙部						顶部间隙	裙部		减磨环处装配间隙
	顶部有冷却	顶部无冷却	铸铁活塞装配间隙	铸铁活塞极限间隙	铝活塞装配间隙	铝活塞极限间隙	装配间隙	极限间隙		装配间隙	极限间隙	
625～650	–	–	–	–	–	–	–	–	4.90～5.10	1.10～1.15	2.90	0.81～0.88
650～675	–	–	–	–	–	–	–	–	5.10～5.30	1.15～1.20	3.00	0.86～0.92
675～700	–	–	–	–	–	–	–	–	5.30～5.50	1.20～1.30	3.20	0.91～0.96
700～750	–	–	–	–	–	–	–	–	5.50～5.70	1.30～1.45	3.40	0.95～1.02
750～800	–	–	–	–	–	–	–	–	5.70～5.90	1.46～1.60	3.80	0.98～1.10
800～850	–	–	–	–	–	–	–	–	5.90～6.10	1.60～1.75	4.00	1.10～1.12
850～900	–	–	–	–	–	–	–	–	6.10～6.30	1.75～1.90	4.20	1.12～1.14
≥900	–	–	–	–	–	–	–	–	6.30～6.50	1.90～2.05	4.40	1.14～1.16

2. 十字头滑块与导板间隙的要求

十字头式柴油机的十字头滑块与导板应均匀接触，导板与滑块工作面和侧面的安装间隙和极限间隙应符合说明书或标准的规定，如表 2.2-23 所示。

GB/T3537-94　　**表 2.2-23　滑块与导板间隙**　　(mm)

十字头销直径	安装间隙		极限间隙	
	工作面	侧面	工作面	侧面
≤175	0.15～0.20	0.18～0.28	0.30	0.50
175～200	0.15～0.20	0.20～0.30	0.30	0.50
200～225	0.16～0.22	0.20～0.30	0.35	0.60
225～250	0.18～0.24	0.20～0.30	0.35	0.60
250～275	0.18～0.24	0.22～0.32	0.35	0.65
275～300	0.20～0.26	0.24～0.34	0.40	0.65
300～325	0.22～0.28	0.26～0.36	0.45	0.70
325～350	0.24～0.30	0.28～0.38	0.50	0.70
350～375	0.26～0.32	0.32～0.42	0.60	0.75
≥375	0.28～0.36	0.34～0.54	0.70	0.75

(二)活塞运动部件的校中

活塞运动部件与固定件的相互位置进行校中是为了实现其校中的技术要求。新造柴油机在台架安装和在船上安装、柴油机大修后的安装中进行校中均是为此目的。营运船舶柴油机在船上吊缸检修时进行校中测量,则是为了检查和了解活塞运动部件在气缸中的状态,以便分析和发现存在的故障。

1. 活塞与气缸间隙的测量

柴油机检修测量时,应自缸中吊出活塞、取下活塞环,清洁后将不带环的活塞组件装入缸中;新机则直接将不带环的活塞组件装入缸中。

(1)测量方法

测量时,盘车使活塞分别处于上止点后15°~30°、下止点前15°~30°位置,用塞尺测量活塞与气缸在首、尾、左、右4个部位的间隙值。活塞处于工作状态是为了使滑块在侧推力作用下紧压在正车导板上,有利于提高测量精度。

MAN B&W L60MC/MCE型柴油机说明书规定,盘车到上止点前35°、下止点后45°时滑块压在正车导板上,用专用长塞尺分别测量活塞裙部与气缸在首、尾和左、右方向的间隙。

活塞与气缸间隙还可采用透光法进行定性检查。将不带环的活塞装入气缸后,在活塞下方置一强光源,自活塞顶向下观察活塞在近上、下止点位置时的漏光情况(一般间隙大于0.20 mm光即可透过)。若活塞周围有一等宽光环,表明活塞与气缸间隙正常,活塞运动部件对中良好;若光环宽度不等或中断,表明间隙不正常,对中性差。透光法仅适于营运船舶吊缸检修,而不适于长裙活塞及中、小型柴油机。

(2)测量部位

活塞与气缸间隙测量部位随机型、活塞结构不同而异。

长裙活塞:一般测量减磨环和裙下部任一点与气缸的首、尾间隙 a_1、b_1 和 a_2、b_2,左右间隙 a'_1、b'_1 和 a'_2、b'_2,如图2.2-119所示。

短裙活塞:测量裙部与气缸的间隙或增测活塞杆与填料函孔之间的间隙 a_2、b_2。

筒形活塞:分别测量活塞头部和裙部与气缸之间的间隙。

每次测量部位应保持不变,以便于比较分析。

2. 十字头滑块与导板间隙的测量

测量滑块与导板之间的间隙同样要求活塞分别处于上止点后15~30°和下止点前15~30°的位置,即正车滑块紧压在正车导板的工作状态下进行。

双导板柴油机:测量倒车滑块工作面与倒车导板工作面之间的间隙,即左、右方向上的工作面间隙;测量倒车滑块侧面与侧导板之间的间隙,即首、尾方向上的侧面间隙,并使之符合说明书的规定。图2.2-119、图2.2-120和表2.2-24分别为MAN B&W L60MC/MCE型柴油机测量部位和要求。测量时,要求活塞分别位于上止点前35°、下止点后45°时正车工作面间隙(凸轮侧)为零的状态下,测量倒车工作面间隙和侧面间隙,并使之符合要求。

单导板柴油机:测量活塞分别位于近上、下止点部位时,滑块倒车工作面与倒车导板的工作面间隙和滑块侧面与侧导板的侧面间隙,而且应测量滑块的上部和下部分别与导板相对位置的工作面间隙和侧面间隙。

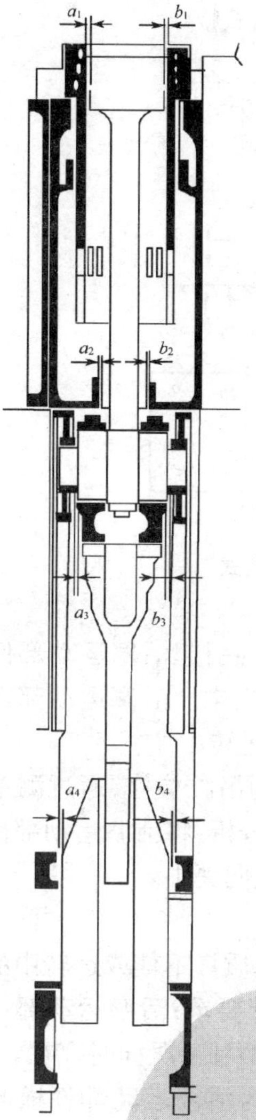

图 2.2-119　活塞运动部件校中测量部位

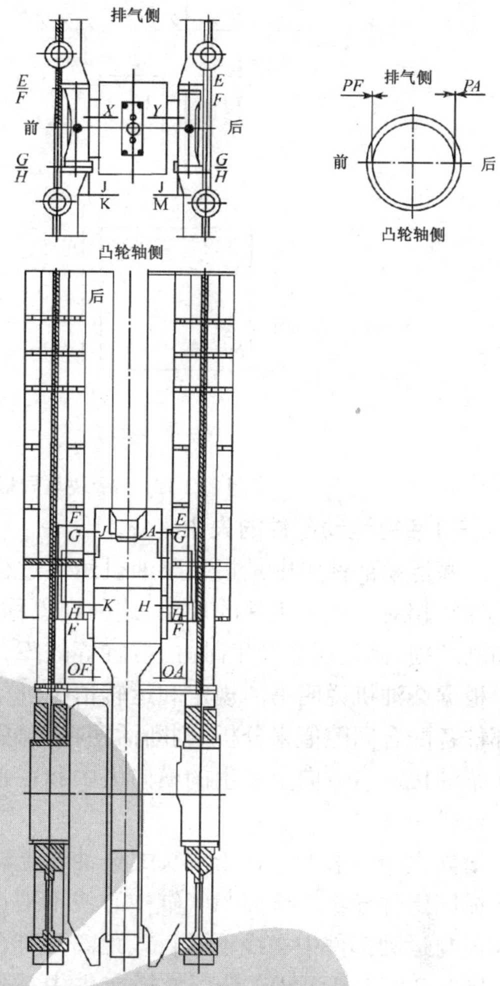

图 2.2-120　MAN B&W L60MC/MCE 型校中测量部位柴油机

表 2.2-24　L60MC/MCE 运动件校中测量值

测量部位	要求值	mm
$PF+PA$	N_{max} O_{max}	0.65 2.0
$E+G$ $F+H$	N_{max} N_{min} O_{max}	0.55 0.2 0.8
$J+X$ $L+Y$ $K+X$ $M+Y$	N_{max} N_{min} O_{max}	0.9 0.5 1.1
$QF+QA$	O_{max}	0.8

注：N—贯穿螺栓上紧后的新造冷态柴油机（运转时数低于 100 h）；O—使用中的柴油机；X、Y—首、尾滑块分别与十字头销在首、尾方向的间隙；E、G 和 F、H—滑块正、倒车工作面分别与正、倒车导板上、下工作面间隙；J、L 和 K、M—首、尾滑块分别与首、尾侧导板上、下侧面间隙。

由于测量数据较多，为方便现场记录采用图 2.2-121 所示的格式。

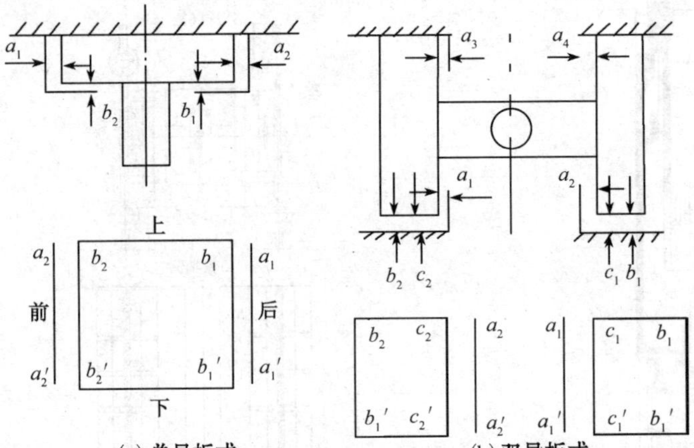

(a) 单导板式

(b) 双导板式

图 2.2-121　滑块与导板间隙的现场测量记录格式

(三)活塞运动部件的失中

活塞运动部件失中是指在柴油机运转过程中，由于磨损等原因引起活塞运动部件与气缸固定件的相对位置不正常的现象，这种现象称为活塞运动部件的失中。活塞运动部件失中不仅加剧磨损，而且还会产生敲缸、拉缸等故障，使柴油机不能正常运转。

根据柴油机说明书的规定和运转情况进行定期的或必要时的吊缸检修，通过测量活塞运动部件各配合间隙值来分析、判断活塞在气缸中的状态。为便于分析，将活塞运动部件失中分为在柴油机左右方向上发生的横向失中和在首尾方向上发生的纵向失中。

1. 横向失中

横向失中一般发生在十字头式柴油机上。由于柴油机的安装质量不佳或运转中的异常磨损造成固定件导板工作面与气缸中心线不平行或距离不符合设计要求；活塞运动部件的滑块工作面与运动部件中心线不平行或距离不符合设计要求；或以上两种情况同时存在。

图 2.2-122 是活塞运动部件横向失中举例。图 2.2-122(a)为活塞运动部件横向对中情况，即活塞分别位于近上、下止点时，活塞运动部件中心线与气缸中心线重合或在要求范围内平行的正常情况。测量活塞与气缸在左、右方向上的间隙相等，滑块与导板的平面间隙符合规定。图 2.2-122(b)、(c)为活塞在近上、下止点时活塞在气缸中偏左或偏右的极端情况。由于导板工作面与气缸中心线之间的距离过大或过小，或由于滑块工作面与活塞运动部件中心线间的距离过大或过小，造成活塞与气缸在左、右方向的间隙相差悬殊，甚至一侧间隙为零。可通过调节导板与机架或滑块与十字头之间的垫片厚度使距离符合要求，或采用导板、滑块工作面重浇白合金等措施。例如，单侧导板结构可调节 E、G、A 垫片，如图 2.2-123(a)所示；双侧导板结构可调节正、倒车导板 3、10 与机架 1 之间的垫片 E、F，如图 2.2-123(b)所示。

图 2.2-122(d)、(e)为活塞在气缸中发生倾斜，在近下止点位置时，活塞在气缸中分别偏向一侧。测量活塞在气缸中左、右方向上的间隙不等。这是由于导板工作面与气缸中心线或滑块工作面与活塞运动部件中心线不平行所致。采用分段调节垫片或刮研工作面上白合金的方法消除或缓解故障，到港后进厂彻底修理。

2. 纵向失中

各类柴油机均会发生活塞运动部件与气缸固定件的纵向失中。以筒形活塞式柴油机为例分析图 2.2-124 纵向失中情况。

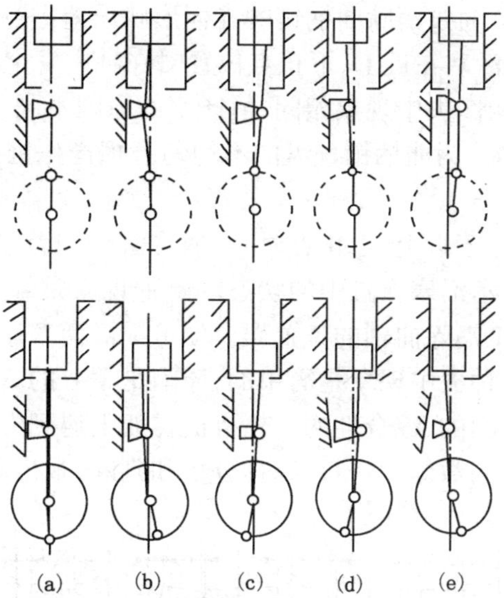

图 2.2-122　活塞运动部件横向失中举例

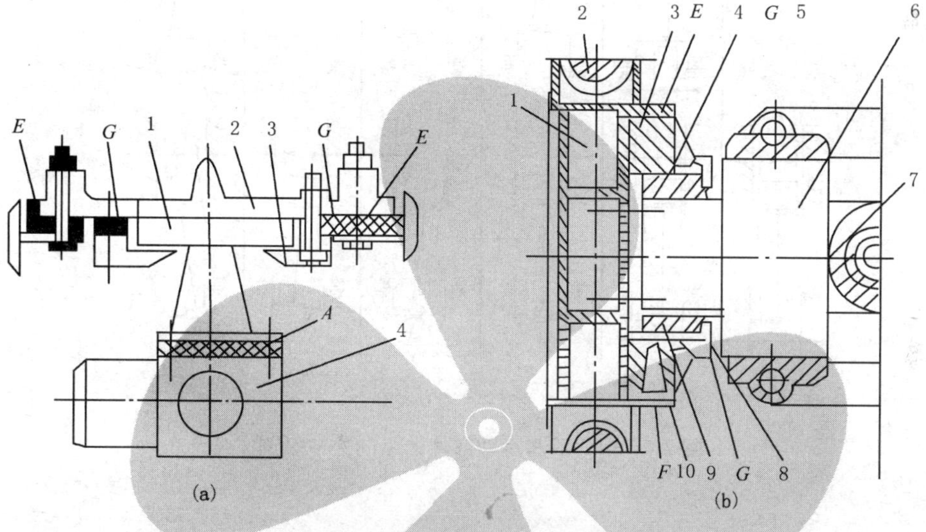

图 2.2-123　柴油机导、滑板结构

(a)单导板式:1—滑块;2—正车导板;3—倒车导板;4—十字头;E、G、A—垫片

(b)双导板式:1—机架;2—贯穿螺栓;3—正车导板;4、9—滑块;5、8—侧导板;6—十字头销;7—活塞杆;10—倒车导板;E、F、G—垫片

图 2.2-124(a)为正常情况。测量活塞在近上、下止点位置时的活塞与气缸首、尾间隙值相等或接近,表明活塞运动部件纵向对中良好。

图 2.2-124(b)为活塞在气缸中偏靠一侧,即活塞运动部件中心线与气缸中心线平行。测量近上、下止点位置时活塞与气缸在首、尾方向上的间隙值不等,但同侧间隙相等或接近。可能的原因是连杆大端轴承两侧轴向间隙不等或船舶纵倾所致。通过调节大端轴承两侧的间隙予以消除。

图 2.2-124(c)为活塞在近上止点位置时在缸中倾斜,近上、下止点时在缸内居中。测量活塞与气缸在首、尾方向的间隙,近上止点时不等,近下止点时相等。这是由于曲柄销颈不均

匀磨损产生单面锥度所致。通过消除曲柄销颈几何形状误差进行调整。

图 2.2-124(d)、(e)为活塞在近上、下止点位置时在缸中发生同侧倾斜。测量活塞与气缸在首尾方向的间隙不等。两图失中现象相同,但产生的原因不同。图 2.2-124(d)为连杆大端轴承上瓦偏磨;图 2.2-124(e)为曲柄销颈纵向不均匀磨损产生锥度。分别采用刮瓦和修轴措施消除失中现象。

图 2.2-124(f)是活塞位于近上、下止点时,活塞在缸中向首、尾不同方向倾斜。测量活塞与气缸的首、尾间隙便可显示活塞在缸中的状态。此种现象是缘于曲柄销中心线与主轴颈中心线不平行。采用机械加工消除曲轴的位置误差便可提高活塞运动部件的对中性。

为了便于分析,上述各种失中现象是简单的,原因是单一的。船上柴油机运转中的失中问题则是复杂的,原因是多方面的、综合性的。轮机员在船上遇到失中问题时,应依具体情况,进行各种测量,收集实际运转的数据和资料,综合分析和判断,找出真正的失中原因,采取对症措施,消除失中故障。

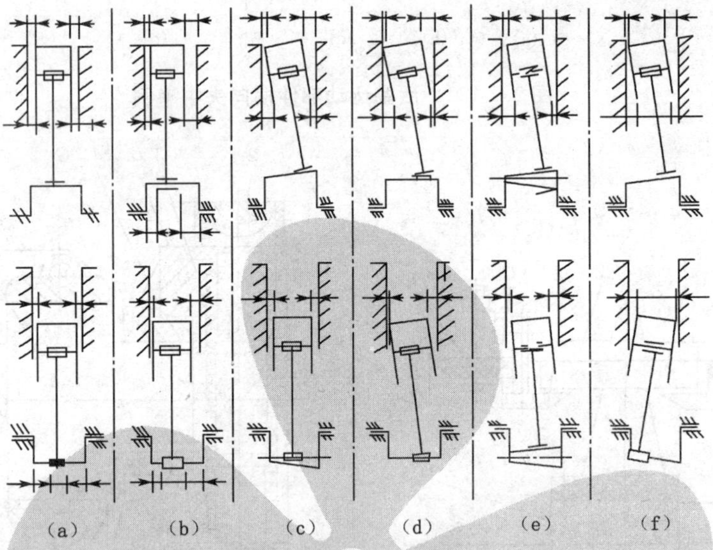

图 2.2-124 活塞运动部件的纵向失中举例

第三章 燃油的喷射与燃烧

柴油机的燃烧质量直接影响柴油机的动力性、经济性、可靠性、排放特性以及起动性能等一系列性能指标。因而保证柴油机具有完善的燃烧过程是极其重要的。对柴油机燃烧的要求可大致概括为及时(在上止点前发火并迅速燃烧)、完全、平稳(燃烧过程柔和,无燃烧敲缸现象)和空气利用率高。自柴油机问世以来,柴油机的燃烧一直受到密切关注,并对此进行了大量的试验与研究。现代测试技术与测试手段的发展与使用,把柴油机的燃烧研究提高到一个崭新的阶段,使人们对柴油机燃烧过程有了更深刻的了解,推动了柴油机技术的发展。

根据柴油机的压缩发火特点,欲完成一次缸内燃烧必须在压缩行程末期把燃油在高压下以雾化形式喷入气缸并与缸内的新鲜空气混合成可燃混合气(内部混合),最后才能以气态形式发火燃烧,这就要求燃油雾化、空气运动及燃烧室三者之间的合理匹配。由此可见,影响柴油机燃烧的基本因素有:燃油品质、喷射质量、缸内空气数量和运动状态以及压缩终点温度。为保证柴油机具有良好的燃烧质量,在柴油机设计与管理中均应保证上述因素最佳匹配。

第一节　燃油的性能指标、分类与管理

柴油机的燃油大多来自石油产品。天然石油提炼燃油的工艺主要是蒸馏,其次是热裂化、催化裂化和加氢裂化。裂化过程剩余的渣油称裂化渣油。燃油的基本组成元素是碳和氢,按重量计算为83% ~87% C、11% ~14% H,少量的氧、硫、氮等元素,占总重量的0.5% ~5%。此外,石油中还含有微量其他元素,如氯、碘、磷、钾、钠、镁、钙、铜、铁、镍、砷、铅、钒等元素。

燃油按其分子结构不同,可分为脂肪烃、环烷烃与芳香烃三类。最适合柴油机使用的燃油应是以脂肪烃为主的各种烃的混合物。而燃油中的芳香烃较多则常常会引起燃烧不完全,燃烧室部件表面积炭等现象。环烷烃的燃烧性能介于脂肪烃和芳香烃之间。

一、燃油的性能指标

燃油的质量是以其理化性能指标来衡量的,这些质量指标有多种,分别从不同方面反映燃油的质量。这些指标根据其对柴油机工作的影响大致可分为三类:影响燃油燃烧性能的指标,如十六烷值、柴油指数、热值和黏度等;影响燃烧产物成分的指标,如硫分、灰分、沥青分、残炭值、钒和钠含量等;影响燃油管理工作的指标,如闪点、密度、凝点、倾点、浊点、水分和机械杂质、黏度等。

1. 十六烷值

十六烷值是评定燃油自燃性能的指标。燃油的十六烷值是同标准燃料比较确定的。标准燃料由正十六烷(十六烷值为100)与α甲基萘(十六烷值为0)的混合液组成,混合液中的正十六烷的容积百分比,即为标准燃料的十六烷值。在标准的试验机上,将所试验燃油的自燃性(通常以滞燃期长短计量)同标准燃料相比较,即可以确定试验燃油的十六烷值。如某试验燃料在标准的试验机上所测得的滞燃期与含45%的正十六烷和55%的α甲基萘的标准燃料的滞燃期相同,其十六烷值即为45。柴油机对燃油的十六烷值有一定的要求。十六烷值过低时燃烧粗暴,甚至在起动或低速运转时难以发火;但如果燃油的十六烷值过高,不仅燃油费用高,而且因发火过快使燃油产生高温分解而生成游离碳,致使柴油机排气冒黑烟,经济性下降。但对于船舶柴油机,由于使用劣质燃料油,主要问题是燃油质量较差,十六烷值过低。

通常,高速柴油机使用燃油的十六烷值在45~60之间;中低速柴油机在40~50之间。对于燃用重油的大型低速柴油机,只要其十六烷值不低于25,即可保证正常工作。

2. 柴油指数

柴油指数也是衡量燃油自燃性的指标。它不必使用贵重试验设备而可以在试验室中用简单的方法测定燃油的比重和苯胺点,并按下式计算燃油的柴油指数(D.I.)

$$D.I. = (1.8t + 32)(141.5/d - 131.5) \times 1/100$$

式中,d 为燃油比重(温度为60 ℉时同体积燃油与水重量之比);t 为苯胺点(℃)。苯胺点指同体积的燃油与苯胺混合加热成单一液相溶液,然后使之冷却,当混合液开始混浊(析出沉淀物)时的温度(℃)。

燃油中各族烃类在苯胺中有不同的溶解度,燃油中芳香烃最易溶于苯胺。燃油和苯胺越易溶解,则其苯胺点越低。燃油的苯胺点低则自燃性差,根据燃油的苯胺点可大致判断其十六烷值的高低。

柴油指数和十六烷值在数值上相近。一般,柴油指数较十六烷值略高几个单位,二者换算公式为

十六烷值 = 2/3 × 柴油指数 + 14

3. 碳芳香指数(CCAI)

由于燃料油的自燃性能很差,用普通的方法测量其自燃性能比较困难。碳芳香指数CCAI是专为衡量燃料油的自燃性能而提出来的一种计算方法,也称为计算碳芳香指数CCAI(Calculated Carbon Aromaticity Index),如图2.3-1所示,它是燃油黏度和密度的函数,计算公式为

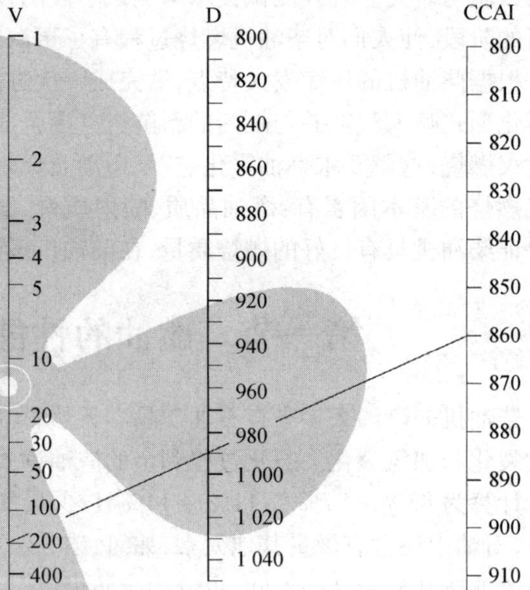

图 2.3-1 CCAI 指数

V—燃油黏度 cSt 50 ℃;D—燃油密度,g/cm^3 15 ℃

$$CCAI = D - 140.7\ \lg\lg\ (v + 0.85) - 80.6$$

式中,D 为燃油密度,g/cm^3 15 ℃;v 为燃油黏度,cSt 50 ℃。

计算出的 CCAI 值小于 850 时可以得到满意的发火性能，若 CCAI 值大于 875 时，燃油难以发火。不同柴油机对 CCAI 值的要求略有不同，一般中小型柴油机要求 CCAI 值较小，而大型柴油机允许的 CCAI 值可略大。

4. 馏分与馏程

馏分与馏程是燃油蒸发性的指标。把燃油放在蒸馏装置中蒸馏，馏出第一滴油的温度称为初馏点，蒸馏最后达到的最高温度称为干点（或终馏点）。在一定温度范围内燃油所能蒸发的百分数称馏分。每个馏分的初馏点和干点称为该油品的馏程。轻馏分（250 ℃以下馏出的成分）蒸发快，易于与空气混合和发火。但轻馏分过多（超过 15%）时易发生燃烧粗暴。重馏分（350 ℃以上馏出的成分）蒸发慢，燃烧不完全且易结炭。因此，从燃油燃烧质量出发，并不是轻馏分越多越好。品质好的燃油应是轻馏分与重馏分都比较少，而在 250 ~ 350 ℃之间蒸发的中馏分较多。通常是 50% 馏出温度表示该油品的平均蒸发性能。

5. 热值

1 kg 燃油完全燃烧时放出的热量称为燃油的热值，单位用 kJ/kg 表示。其中不计入燃烧产物中水蒸气的汽化潜热者称低热值，用符号 H_u 表示。重油的基准低热值 $H_u = 42\ 000$ kJ/kg；轻油的基准低热值 $H_u = 42\ 700$ kJ/kg。

6. 黏度

黏度是液体内分子摩擦的量度，即燃油流动时分子间阻力的大小，是评定燃油流动性的指标，是燃油最重要的特性之一。燃油在管路中输送的流量和压差、燃油在喷射时的雾化质量、燃油对喷油泵偶件的润滑能力等都与黏度有密切关系。

液体的黏度值有绝对黏度和条件黏度（又称相对黏度）两种表示法。绝对黏度表示内摩擦系数的绝对值，相对黏度是在一定条件下测得的相对值，并因测定仪器而异。属于绝对黏度的有：动力黏度和运动黏度；属于相对黏度的有：恩氏黏度、赛氏黏度和雷氏黏度。

（1）动力黏度。动力黏度是两个相距为 1 cm、面积为 1 cm^2 的液层，相对运动速度为 1 cm/s时所产生阻力的数值。工程单位制为 g/cm · s（泊），国际单位制为 Pa · s（帕 · 秒），1 Pa · s = 10 g/cm · s。

（2）运动黏度。运动黏度是动力黏度与同温度下液体密度之比。国际单位制为 m^2/s 或 mm^2/s。通常在实际中使用厘斯（cSt——工程单位），1 cSt = $10^{-6} m^2/s = 1\ mm^2/s$。

（3）恩氏黏度。恩氏黏度是 200 cm^3 液体在特定温度下，从恩氏黏度计流出所需的时间与蒸馏水在 20 ℃时流出相同体积所需的时间之比。它是一个无因次量，符号为°E。恩氏黏度曾是我国和部分欧洲国家常用的黏度表示法。

（4）赛氏黏度。赛氏黏度是液体在 37.8 ℃（100 ℉）温度下从赛氏黏度计流出 60 cm^3 所需的时间（s）。

（5）雷氏黏度。雷氏黏度是液体在 37.8 ℃（100 ℉）温度下从雷氏黏度计流出 50 cm^3 所需的时间（s）。

赛氏黏度和雷氏黏度是美英国家常用的黏度表示法。各种黏度表示法的换算关系如下：

恩氏黏度（°E）= 0.132 × 运动黏度（mm^2/s）；

雷氏黏度（s）= 4.05 × 运动黏度（mm^2/s）；

赛氏黏度（s）= 4.62 × 运动黏度（mm^2/s）。

ISO 组织规定，自 1977 年 10 月开始采用 50 ℃时的运动黏度值（mm^2/s）作为燃油的黏度值。压力和温度对燃油的黏度有很大影响。燃油的黏度随压力的增大而增加，随温度的升高而降低。燃油的黏度随温度变化的特性称黏温特性。图 2.3-2 为船用燃油的黏温特性曲线。

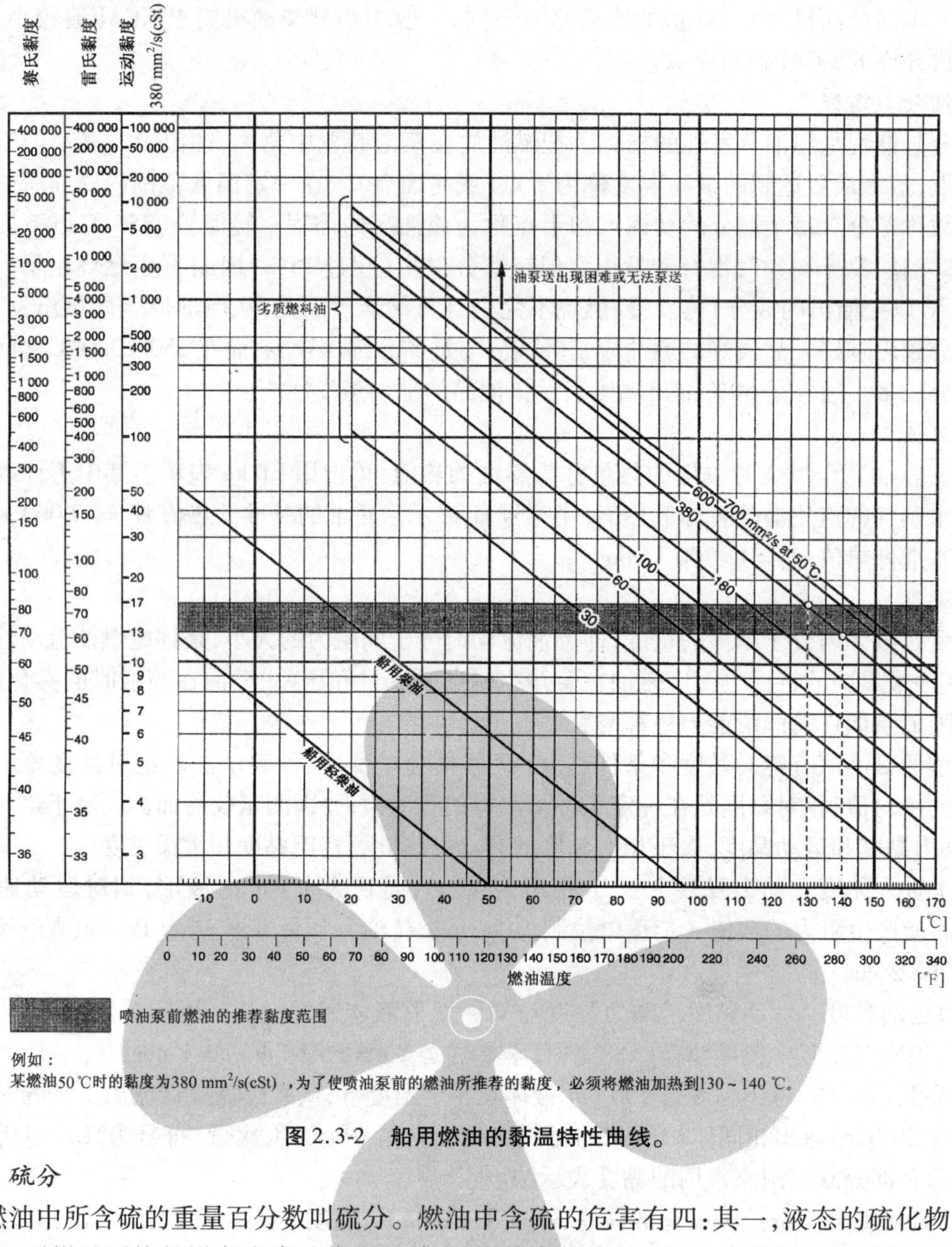

喷油泵前燃油的推荐黏度范围

例如：
某燃油50 ℃时的黏度为380 mm²/s(cSt)，为了使喷油泵前的燃油所推荐的黏度，必须将燃油加热到130～140 ℃。

图 2.3-2　船用燃油的黏温特性曲线。

7. 硫分

燃油中所含硫的重量百分数叫硫分。燃油中含硫的危害有四：其一，液态的硫化物（如硫化氢等）对燃油系统的设备有腐蚀作用。其二，燃烧产物中的 SO_3 和水蒸气（H_2O）在缸壁温度低于其露点时，会生成硫酸附着在缸壁表面产生强烈的腐蚀作用。由于这一腐蚀只发生在低温条件下，故称为低温腐蚀。其三，燃烧产物中的 SO_3 能加速碳氢化合物聚合而结炭，而且此结炭较硬，不易清除。其四，硫燃烧后产生的 SO_2 是柴油机排放的主要有害成分。燃油中的硫分主要与原油产地有关，同时也受加工炼制工艺方法的影响。虽然可以通过燃油脱硫显著降低燃油中的硫分，但燃油的价格将大幅度上涨。目前，为了控制船舶的 SO_X 排放，国际海事组织对于船用燃油的硫含量进行了严格的限制，也使得燃油中的硫含量有所降低。

8. 灰分

灰分是在规定条件下燃油完全燃烧剩余物的重量百分比。燃烧后残存的灰分中含有的各种金属氧化物,可造成燃烧室部件的高温腐蚀和磨料磨损,加剧气缸的磨损。

9. 钒、钠含量

燃油中所含钒、钠等金属的质量浓度用 10^{-6}(ppm)表示。钒以金属有机化合物形式存在于原油中。这些金属有机化合物是油溶性的,净化系统无法除去。在炼制过程中也不蒸发,因而大部分浓缩到残渣油中,燃烧后生成金属氧化物。钠是原油中的有害金属元素。燃油中的钒和钠是非常有害的成分。钒与钠燃烧后生成低熔点的化合物,如 $Na_2O \cdot V_2O_4 \cdot 5V_2O_5$ 熔点为625 ℃,$5\ Na_2O \cdot V_2O_4 \cdot 11V_2O_5$ 熔点为535 ℃。尤其是由 V_2O_5 与 Na_2SO_4 形成的共熔混合物,在二者比例约为4∶6时,其熔点最低,仅为300 ℃。当排气阀和缸壁温度过高而超过这些化合物的熔点时,它们就会熔化附着在金属表面上,与金属表面发生氧化还原反应而腐蚀金属。由于这种腐蚀只发生在高温条件下,故称为高温腐蚀。由此,为了控制此种腐蚀,应限制排气阀和缸套表面的最高温度。

10. 机械杂质和水分

燃油中所含不溶于汽油或苯的固体颗粒或沉淀物的重量百分数称为机械杂质。轻质燃油不允许含机械杂质,重质燃油允许含有少量机械杂质。燃油中的机械杂质主要来自储运、使用及加工过程中混入的非油溶性固体物质。如尘土、铁锈、漆皮、金属末以及残存的添加剂等。机械杂质会加剧喷油设备偶件的磨损和喷油器喷孔堵塞、滤器堵塞。

燃油中的水分以容积百分数表示。燃油中的水分主要来自在储运过程中进入的或燃油与大气或水接触时吸收和溶解的水,以及使用中管道漏泄进入的水分等。燃油中的水分能降低燃油的低热值,破坏正常发火,甚至导致柴油机停车。如含有海水将会造成腐蚀,加剧缸套磨损。因此应限制燃油中的水分,尤其对轻柴油应限制其水分不大于痕迹(即不大于0.025%)。

在船舶上可以使用燃油净化措施降低燃油的机械杂质和水分。

11. 沥青分

沥青分表示沥青占燃油重量的百分数。沥青是多环的大分子量芳香烃,悬浮在油中呈胶状。沥青不易燃烧,导致滞燃期长,产生后燃,冒黑烟;使用中易形成沉积胶膜和结炭,增加磨损并使喷油器偶件咬死。

12. 残炭值

燃油在隔绝空气条件下加热干馏,最后剩下的一种鳞片状炭渣物称残炭。残炭占试验油重量的百分数称残炭值。残炭值表示燃油燃烧时形成结炭、结焦的倾向,并不表示形成结炭的数值。残炭值中包括了机械杂质和灰分。当燃用残炭值较大的燃油时,将在燃烧室产生较多的结炭使热阻增加,引起过热、磨损,缩短柴油机的维修周期。

13. 闪点

燃油在规定条件下加热到它的蒸气与空气的混合气能同火焰接触而发生闪火时的最低温度称闪点,根据测试仪器的不同,分为开口闪点和闭口闪点。闭口闪点低于开口闪点。闪点是衡量燃油挥发成分产生爆炸或火灾危险性的指标。按国内外船舶建造规范规定,船舶使用的燃油闭口闪点不得低于60 ℃。从防爆、防火的观点出发,在低于燃油闪点17 ℃的环境温度下倾倒燃油或敞开容器才比较安全。

14. 凝点、倾点和浊点

凝点、倾点与浊点都是说明燃油低温流动性和泵送性的重要指标。

燃油在试验条件下冷却至液面不移动时的最高温度称凝点。燃油的凝点取决于它的成分和组成结构。对于含石蜡较多的燃油在低温下由于石蜡结晶而形成网状晶架,从而使燃油失去流动性,称为结构凝固;对于含石蜡较少的燃油,在低温下由于黏度增大而失去流动性,称黏温凝固。燃油尚能够流动的最低温度称倾点,国外常使用倾点。燃油在低温下形成结晶,失去透明性并开始变混浊时的温度称浊点。

通常,燃油的浊点高于凝点 5 ~ 10 ℃;倾点高于凝点 3 ~ 5 ℃。燃油的温度低于浊点时将使滤器堵塞,供油中断。燃油温度低于凝点时,将无法泵送。从使用观点,浊点是比凝点更重要的指标。燃油的使用温度至少应高于浊点 3 ~ 5 ℃。

15. 密度与相对密度

燃油在温度 t(℃)时单位体积的质量称密度。常用单位是 kg/m^3 或 g/cm^3。在 20 ℃时的密度称标准密度 ρ_{20}。燃油在 20 ℃(国外为 15.6 ℃)时的密度与 4 ℃(国外为 15.6 ℃)时水的密度的比值称相对密度。燃油的密度与它的化学成分和馏分组成有关。烷烃的密度最小,环烷烃稍大,芳香烃较大,含硫、氧、氮的胶质和沥青质密度最大。燃油的密度随馏分温度的增高而增大。

燃油的密度随温度而变,通常,应按温度的变化对密度进行修正。燃油密度的温度修正公式为

$$\rho_t = \rho_{20} - r(t - 20)$$

式中,ρ_t 为燃油在温度 t℃时的密度,g/cm^3;r 为燃油密度温度修正系数,$g/(cm^3 \cdot ℃)$。

密度对燃油的使用有很大意义。其一,在装载燃油时应根据燃油的密度和油舱的舱容计算装载量(应按装油温度对密度进行修正)。其二,应根据燃油密度的变化正确选择分油机的比重环。一般的分油机允许的最高分离密度是 0.991 g/cm^3。其三,当换用不同密度的燃油时,油量调节机构不变而喷油泵的循环供油量不同,柴油机的转速将相应变化。

二、燃油的分类

1. 国内柴油机燃油的分类

根据我国有关国家标准,柴油机燃油分为轻柴油和船用燃油。

1)轻柴油

国产轻柴油是由直馏(常压蒸馏)柴油馏分及二次加工的柴油馏分所制成的。其主要性能及质量指标取决于原油品质与炼制方法。轻柴油以其凝点数值作为柴油的牌号,有 10、5、0、-10、-20、-35、-50 七个牌号。轻柴油是质量最好、价格最贵的柴油机燃料,在船舶上用做高速柴油主机、高速柴油发电机组、应急设备柴油机和救生艇柴油机等使用的燃油。轻柴油技术标准如表 2.3-1 所示

2)船用燃油(GB/T—17411)

为了与国际接轨,我国目前的船用燃油标准是根据国际标准化组织 1996 年的船用燃料油标准 ISO-8217:1996(E)来制定的,将船用燃油分为两种规格,船用蒸馏燃油和船用残渣燃料油,分别对应于 ISO-8217 的 DM 级 RM 级船用燃料油。目前 ISO 燃油标准又经 2001,2005,2010 年修订,正在执行的标准为 ISO-8217:2010(E),而我国船用燃油目前执行标准仍为GB/T—17411。

表 2.3-1　轻柴油技术标准(GB252—2000)

项　　目		10 号	5 号	0 号	-10 号	-20 号	-35 号	-50 号	试验方法
色度,号	不大于	3.5							GB/T 6540
氧化安定性,总不溶物 mg/100L	不大于	2.5							SH/T 0175
硫含量,% (m/m)	不大于	0.2							GB/T 380
酸度,mgKOH/100 ml	不大于	7							GB/T 258
10%蒸余物残炭,%(m/m)	不大于	0.3							GB/T 268
灰分,%(m/m)	不大于	0.01							GB/T 508
铜片腐蚀(50 ℃,3 h),级	不大于	1							GB/T 5096
水分,%(V/V)	不大于	痕迹							GB/T 260
机械杂质		无							GB/T 511
运动黏度(20 ℃),mm^2/s		3.0~8.0				2.5~8.0	1.8~7.0		GB/T 265
凝点,℃	不高于	10	5	0	-10	-20	-35	-50	GB/T 510
冷滤点,℃	不高于	12	8	4	-5	-14	-29	-44	SH/T 0248
闪点(闭口),℃	不低于	55					45		GB/T 261
十六烷值	不小于	45							GB/T 386
馏程									GB/T 6536
50%回收温度,℃	不高于	300							
90%回收温度,℃	不高于	355							
95%回收温度,℃	不高于	365							
密度(20 ℃),kg/m^3		实测							GB/T 1884 GB/T 1885

2. 国际柴油机燃油的分类与选用

长期以来,国外船用燃油基本上分为四类,主要包括:轻柴油(Marine Gas oil,简称 MGO),常用于救生艇柴油机和应急发电柴油机。船用柴油(Marine Diesel Oil,简称 MDO),常用做发电柴油机和柴油机主机机动操纵时的燃料。中间燃料油(Intermediate Fuel Oil,简称 IFO),是渣油与柴油调制而成的掺和油,可用于各类大功率中速及低速柴油机。船用燃料油(Marine Fuel Oil,简称 MFO),也叫 C 级燃油,主要用于锅炉,也可用于最新型的大功率中速柴油机及大型低速柴油机。

燃油的品质很大程度上取决于原油产地以及所用的提炼技术和流程。由于世界各国所用的原油和炼油技术不同,因此各国对燃油分类和规格标准都有不同的规定,而且执行规定也不严格。为了改变世界供油市场上这种混乱状况,国际标准化组织(ISO)在 1987 年 9 月制定了船用燃料油标准,即 ISO8217。ISO8217 将船用燃料油分为 DM(Marine Distillate Fuel)级和 RM(Marine residual Fuel)级两个大的等级。这一修订在黏度等级和含硫量限制方面普遍被海事组织认可。ISO8217 在 1996 年,2001 年,2005 年和 2010 年进行了 4 次修订,现在执行的是 2010 年修订的标准。

DM 级是指蒸馏燃油，也称直馏油或船用柴油。在 ISO8217 船用燃油标准中，将该类燃油分为四种规格，即：DMX，DMA，DMZ 和 DMB。ISO8217。DM 级船用燃油标准见表 2.3-2。2010 年修订版与 2005 年版在 DM 级油上的主要不同在于增加了 DMZ 级油而将 DMC 级油降级为 RMA10 级油，同时增加了对硫化氢、氧化稳定性和润滑性的要求。

表 2.3-2　DM 级船用燃料油的规格 ISO 8217（2010）

性能		单位	LIMIT	DMX	DMA	DMZ	DMB
运动黏度	40 ℃	mm^2/s	max.	5.500	6.000	6.000	11.00
		mm^2/s	min.	1.400	2.000	3.000	2.000
密度	15 °C	kg/m^3	max.	–	890.0	890.0	900
十六烷指数		–	min.	45	40	40	35
硫分		mass%	max.	1.00	1.50	1.50	2.00
闪点		°C	min.	43.0	60.0	60.0	60.0
硫化氢		mg/kg	max.	2.00	2.00	2.00	2.00
酸值		mgKOH/g	max.	0.5	0.5	0.5	0.5
热过滤总沉淀物		%	max.	–	–	–	0.10
氧化稳定性		g/m^3	max.	25	25	25	25
10% 蒸余物残炭		mass%	max.	0.30	0.30	0.30	–
残炭		mass%	max.	–	–	–	0.30
浊点		℃	max.	– 16	–	–	–
倾点	冬季	°C	max.	–6	– 6	–6	0
	夏季	°C	max.	–	0	0	6
外观				清澈透明			
水分		volume%	max.	–	–	–	0.30
灰分		%	max.	0.010	0.010	0.010	0.010
润滑性，修正磨痕直径（wsd1.4）	60 °C	um	max.	520	520	520	520

DMX 为船用应急柴油，该类柴油的自然性指标，即十六烷值（Cetane Number）较高；且浊点最高为 –16 ℃，因此，在环境温度低至 –15 ℃时，也无需对其进行预热处理。此油品适用于救生艇引擎、应急设备柴油机和高度自动化燃油锅炉。

DMA 为船用轻柴油，通常称之为“轻柴油”，LDO（Light Diesel Oil）或 MGO（Marine Gas Oil），这是一种高品质蒸馏燃油，不含渣油成分，其主要性能指标（密度、黏度、倾点、水分）明显好于船用柴油 DMB 和船用重柴油 DMC，此油品适用于中、高速柴油机和生活用炉灶。DMZ 级油与 DMA 级油基本相同，只是最低黏度稍高。

DMB 为通用柴油，习惯称之为船用柴油 MDO（Marine Diesel Oil），此油品含有极少的渣油成分，其黏度与倾点的允许值已分别达 11.0cSt/40 ℃和 6 ℃/夏季，因此，该油品在环境温度较低时，需要进行预热处理，并采取沉淀、过滤、分离等方法，除去油品中的水分和机械杂质，减少危害程度。

RM 级是指残渣燃料油,也称船用渣油或重油。其中 RMA 10 是以前的 DMC 级油,为船用重柴油,也称掺合(船用)柴油。该油品的主要成分仍然是直馏油,但含有一定比例的燃料油。其他 RM 级燃料油的主要成分有:①蜡(WAX);②沥青质(ASPHALTENES);③树脂(RESINS);④油(OIL)。ISO 8217,2010 年修订版对 RMF,RMG,RMH,RMK 级的燃料油进行了重新分级,定为 RMG 和 RMK 两级,RMG 级油的密度为 991 kg/m^3, RMK 级油的密度为 1 010 kg/m^3, 对于这两级燃油的黏度进行了细化。船用燃料油主要用于低、中速柴油机和辅助锅炉。ISO8217 船用燃料油标准见表 2.3-3。

RM 级燃油中的硫分应符合有关法规如 MARPOL 公约附则 VI 的要求,所以在 ISO8217 中不再提及,但为了保护小型高速柴油机,仍然给出了 DM 级燃油的硫分要求。

三、低质燃油的管理

1. 船用燃油的特点

低质燃油在船舶上的广泛使用是现代船用燃油的主要特征,低质燃油有下列突出特点。

(1)密度大。劣质油密度可高达 0.94 ~ 1.06 g/cm^3。由此造成燃油净化和雾化困难,同时油滴燃烧时易产生热裂,导致机件结炭增多。

(2)黏度高。低质油黏度在 50 ~ 2 000 mm^2/s 之间。由此造成燃油储存、输送、净化和雾化的困难。

(3)成分复杂。低质油含有较多的水分、灰分和硫、钒、钠、硅、残炭等杂质。油中的杂质加剧了柴油机燃烧室部件和喷油设备元件的腐蚀和磨损。

(4)发火性差。低质油 CN 值很低(一般为 25 左右)。滞燃期长,燃烧持续期长,排气温度值偏高,且因燃烧不完全,其燃油消耗率和烟度均有所增加。

2. 柴油机使用低质燃油后出现的技术问题

使用低质燃油时,如果处理不当则会导致以下不良后果:

(1)影响喷油设备正常工作。增加喷油设备的机械负荷和热负荷,引起喷油设备偶件过度磨损、腐蚀、喷孔结炭、变形等故障。

(2)恶化燃烧性能。低质燃油雾化困难,自燃性差,使燃烧性能恶化,最高爆发压力降低,后燃严重,排气温度增高,排气烟度增加,缸内结炭严重。

(3)损坏主要部件。低质燃油中的灰分、机械杂质、结炭以及燃油裂化使用的含硅、铝的催化剂等,都会使缸套和活塞部件发生异常颗粒磨损。低质燃油中的高硫分和高钠、钒含量所产生的低温腐蚀与高温腐蚀将使缸套、轴承、排气阀与阀座、涡轮增压器等发生严重的腐蚀磨损,加剧部件损坏。

(4)加速曲轴箱内滑油变质。含硫氧化物的燃气漏入曲轴箱,将使曲轴箱滑油迅速变质并腐蚀有关轴承。

3. 使用重质燃油时的管理技术要点

1)低质燃油的预处理

预处理指低质燃油进入喷油泵之前所进行的预热、净化、添加有关添加剂等技术措施。预处理的目的是改善低质燃油的储存、驳运和使用性能,以满足柴油机工作的需要。

(1)预热

采用分级预热方案保证低质燃油在输送、净化和雾化等环节中的不同使用要求。预热温

表 2.3-3　ISO 8217RM 级油的规格（2010）

性能		单位	limit	RMA	RMB	RMD	RME	RMG				RMK		
				10	30	80	180	180	380	500	700	380	500	700
运动黏度 50 ℃		mm^2/s	max.	10.00	30.00	80.00	180.0	180.0	380.0	500.0	700.0	380.0	500.0	700.0
密度 15 ℃		kg/m^3	max.	920.0	960.0	975.0	991.0	991.0				1 010.0		
CCAI		–	max.	850	860	860	860	870				870		
硫分		mass %	max.	法规要求										
闪点		°C	min.	60.0	60.0	60.0	60.0	60.0				60.0		
硫化氢		mg/kg	max.	2.00	2.00	2.00	2.00	2.00				2.00		
酸值		mgKOH/g	max.	2.5	2.5	2.5	2.5	2.5				2.5		
总沉淀物 %		mass %	max.	0.10	0.10	0.10	0.10	0.10				0.10		
残炭 %		mass %	max.	2.50	10.00	14.00	15.00	18.00				20.00		
倾点	冬季	℃	max.	0	0	30	30	30				30		
	夏季	℃	max.	6	6	30	30	30				30		
水分		volume%	max.	0.30	0.50	0.50	0.50	0.50				0.50		
灰分		mass%	max.	0.040	0.070	0.070	0.070	0.100				0.150		
钒		mg/kg	max.	50	150	150	150	350				450		
钠		mg/kg	max.	50	100	100	50	100				100		
铝 mg/kg			max.	25	40	40	50	60				60		
使用过滑油(ULO) 钙和锌,或 钙和磷		mg/kg	–	燃油中应没有使用过滑油,当下列条件中有一条被满足,可认为滑油中含有用过滑油(ULO) 钙 > 30 和 锌 >15,或 钙 > 30 和 磷 >15										

度应以满足其不同黏度要求为准，因而对不同黏度的低质燃油，其预热温度不同。表2.3-4示出燃油系统中各部位的预热温度。如重油储存舱中的预热温度以满足泵送要求为准，为30～38 ℃，一般油舱多为双层底，外面直接与海水接触，因此，当海水温度较低时，将消耗大量的热能；如果海水温度达到或超过30 ℃时，油舱将不用加热就可满足泵送的需要。为保证雾化质量，喷油泵处的燃油黏度应为12～25 mm²/s，据此可从重油的黏温曲线上查出相应的预热温度值。按我国有关规定，燃油预热应使用饱和蒸汽（蒸汽压力不应超过0.8 MPa）作为预热热源以防重油中的焦炭析出沉淀在加热器中。在小型船舶上也可采用电加热。目前船用柴油机使用的低质燃油其雾化加热温度的上限为150 ℃。为防止预热温度高使燃油汽化中断供油，在现代船用柴油机中采用加压式燃油系统（提高燃油输送泵压力达1.6 MPa）。

表2.3-4 预热温度推荐值

名称	预热温度(℃)	
	180 mm^2/s	400 mm^2/s
重油储存柜	30	38
重油沉淀柜	60	60
重油日用油柜	70～80	80
分油机加热器	85	90
雾化加热器	90～120	110～140

（2）净化

燃油的净化包括沉淀、滤清和分离。沉淀应在沉淀柜中沉淀12 h，定期从安装在沉淀柜底部的放残阀排污，以达初步净化的目的。滤清是保证燃油净化的重要环节，由分布在燃油系统中的粗、细滤器完成。在喷油器入口处还可设置高压缝隙式滤器，对燃油进行最后滤清。离心分油是净化燃油最主要、最有效的手段，燃油中的大部分杂质通过分油机排除，一般采用并联方式净化燃油。也可采用两台分油机串联的方式净化燃油（第一级为分水机，第二级为分杂机）。在分油机管理中，应正确选择比重环、分油预热温度、排渣时间以及最佳分油量（30%～50%标定分油量），来确保分油质量。对于密度大于991 kg/m³的劣质燃油，建议使用没有比重环的分油机完成燃油净化工作。

（3）添加剂

在低质燃油中加入各种添加剂以改善低质燃油的有关性能。如表2.3-5所示。

表2.3-5 低质燃油使用的添加剂

种类	成分	作用
助燃剂	铜、铁、铝的金属盐，钡的有机化合物，磷系化合物	助燃并中和硫化物，减轻烟度，剥离炭渣
分散剂	高分子化合物，各种界面活化剂	分散油中的炭渣和沥青，防止油中的海水在油水分界面产生氧化作用
抗蚀剂	氢氧化镁悬浊液，碱土金属盐悬浊液	防止硫酸的低温腐蚀，防止钠、钒的高温腐蚀
十六烷值增长剂	亚硝酸戊脂、过氧化丙酮	提高燃油的十六烷值
降凝剂	烷基萘、高分子化合物	降低凝点

(4) 乳化

在燃油中掺水并使之成为油包水的乳化液，可改善低质燃油的燃烧性能，减少缸内结炭。燃油乳化可采用均质器，它可以使油中的水和杂质颗粒细化与均质化，以改善燃烧，减轻磨损。但此项均质技术因各种杂质颗粒在燃烧中的聚合而加速磨损，未能广泛使用。

2)柴油机的运行管理

(1)燃油管理。加强对低质燃油质量的检查(如加油时留样、送检等)，尤其应防止不同牌号的燃油或相同牌号而不同港口的燃油混舱，以避免两种油品中悬浮的沥青分发生凝聚而生成油泥沉淀物，即所谓燃油的不相容性。如果燃油变质并产生大量油泥物，将影响柴油机正常工作，如供油管路堵塞、分油机油泥过多、喷油设备咬死、排气冒黑烟等。船舶机动操纵时，应换用柴油(单一燃油柴油机除外)。

(2)喷油设备的调整。适当增大喷油提前角，保证在上止点附近发火以及最高爆发压力的数值及相位正常；适当提高喷油器起阀压力以保证雾化质量；注意喷油器雾化质量。

(3)气缸润滑。选用碱性气缸油以中和硫酸。气缸油的总碱值(TBN)应与燃油的硫分相适应，并正确调整气缸油注油率。

(4)冷却水温度的调节。注意调节并控制各冷却部位的冷却温度。防止因过热引起高温腐蚀以及因过冷而引起低温腐蚀。在低负荷运转时应适当提高进气温度和淡水冷却温度。

(5)增压系统、换气系统的管理。排气阀与阀座易因高温腐蚀而迅速损坏，废气涡轮增压器的喷嘴环、工作叶轮以及压气机叶轮等易发生结炭堵塞、烧损、腐蚀，应定时检查与清洗；空冷器、扫气箱与气口易发生污染、堵塞，应定期检查与清洗。

第二节　过量空气系数及其对燃烧过程的影响

柴油机燃料的化学成分主要是C、H、O，常用质量百分比表示其含量。若忽略其他含量很小的元素，则有

$$C + H + O = 1$$

一般C含量为0.835～0.865，H含量为0.125～0.135，其余为O。

燃油的燃烧是其中可燃元素C、H同空气中的O所发生的剧烈氧化反应，在氧化的同时将产生大量的热量。由于在气缸内的实际燃烧过程极其复杂，所以在讨论中忽略其实际中间过程，只考虑燃油中的元素氧化的最后化学反应，即燃油中的C、H生成最终燃烧产物 CO_2、H_2O。采用这种简化所分析与计算出的结果与实际情况基本符合。

1.1 kg燃油完全燃烧所需的理论空气量

按化学方程式算得1 kg燃油完全燃烧时所需的空气量称理论空气量 L_0。它是1 kg燃料完全燃烧所需的最低限度的空气量。按C、H和O的化学反应方程式，考虑到1 kg燃料中已含有O/32 kg mol氧，以及空气中的氧和氮的体积百分比分别近似为0.21和0.79，得到

$$L_0 = \frac{28.93}{0.21}\left(\frac{m_C}{12} + \frac{m_H}{4} - \frac{m_O}{32}\right)$$

若取 $m_C = 0.86$、$m_H = 0.13$、$m_O = 0.01$，则有 $L_0 = 14.3$ kg/kg燃料。

2.燃烧过量空气系数 α

在实际柴油机中，因为按内部混合方式形成可燃混合气，混合的时间很短；另外由于结构的限制，雾化燃油不可能在燃烧室内均匀分布，使油气混合不均匀。因此，按理论空气量向气

缸内提供空气不能保证燃料的完全燃烧。所以为能够完全燃烧，向气缸供给的实际空气量必须大于理论空气量 L_0。充入气缸内的实际空气量 L 与进入气缸内的燃油完全燃烧所需的理论空气量 L_0 之比称为燃烧过量空气系数 α，即

$$\alpha = L/L_0$$

显然，在柴油机中 $\alpha > 1$。

3. 过量空气系数对燃烧过程的影响

燃烧过量空气系数 α 对柴油机的工作性能有很大影响。主要表现在：

(1) 反映气缸容积的利用程度和燃油与空气的混合质量。当气缸容积、进气状态和充气效率一定时，每循环充入气缸的空气量一定。α 小意味着每循环能燃烧的油量多，发出的功率也大，但应以燃烧良好为前提，故只有在燃油与空气混合好的前提下才能实现。因此，柴油机在标定功率下能以较小的 α 良好运行，说明气缸容积的利用程度高，混合质量好。

(2) 对经济性的影响。α 加大，空气量相对较多，燃烧较完全，可改善经济性。但 α 过大时，则由于其混合浓度过低，燃烧速度很慢，后燃严重，排气带走的热量相对增加，燃油消耗反而增加。应该指出，为获得同样的燃烧质量，混合质量不同，可以有不同的 α，混合质量好时，α 可小些；反之应加大。

(3) 与柴油机的热负荷和排放有关。α 减小，每循环燃烧的油量增多，循环平均温度、最高燃烧温度和排气温度提高，废气中的氮氧化物的含量因最高燃烧温度的提高而增加。

α 与柴油机的型号、尺寸、增压程度、转速和燃烧室形式有关。从提高柴油机的强载度出发，希望 α 值能够较小，但非增压小型高速柴油机受燃烧完善程度的限制，增压中、低速柴油机受热负荷的限制。一般情况下，二冲程柴油机的 α 大于四冲程机（降低二冲程机的热负荷）；大型柴油机的 α 大于小型柴油机（小型机的单位气缸容积的散热面 F/V 大）；增压柴油机的 α 大于非增压机（降低增压机热负荷）。在标定工况下，不同机型的 α 值通常在下列范围：非增压高速四冲程小型柴油机 $\alpha = 1.2 \sim 1.7$；增压、高速四冲程小型柴油机 $\alpha = 1.5 \sim 1.9$；非增压、低速二冲程大型柴油机 $\alpha = 1.8 \sim 2.1$；增压中低速二冲程大型柴油机 $\alpha = 2.0 \sim 2.3$；

应当指出，上述资料是标定工况时对整个气缸空间并按时间的平均值。实际上工况变化时 α 会随之改变，如负荷减小，α 增大。另外，由于燃油分布不均匀，所以其局部地区的 α 值也是不同的。在油束内部因空气很少或无空气，其 $\alpha \approx 0$；在油束外缘油气与空气混合，随距油束中心距离的增加，其 α 逐渐增大；而在燃烧室周边无油区，其 $\alpha \approx \infty$。

欧美各国习惯上使用空燃比或燃空比表示燃烧时空气量（燃油量）与燃油量（空气量）的配比关系，与过量空气系数 α 有相似的含义，但定义不同。空燃比是实际空气量与喷入气缸的燃油量之比，用符号 AF 标记；燃空比是喷入气缸的燃油量与实际空气量之比，用符号 FA 标记。显然，两者互为倒数。

第三节　喷射过程

燃油的喷射过程是一个复杂的物理过程。在喷射过程中，从喷油泵出油阀到喷油器针阀这一高压系统内所进行的物理过程，受燃油的可压缩性、高压油管的弹性、系统的节流以及燃油运动的惯性等因素影响。这些影响因素使燃油在喷射过程中产生时间延迟和压力波动，进而影响燃油的喷射质量。

一、喷射过程各阶段的特点及影响因素

1. 喷射过程的三个阶段

为了深入研究燃油的喷射过程,可以在喷油泵的出口端及喷油器的入口端分别装上压力传感器。测量喷油泵出口压力 p_p 随曲轴转角 φ 的变化规律 $p_p=f(\varphi)$ 和喷油器进口压力 p_n 随曲轴转角 φ 的变化规律 $p_n=f(\varphi)$;在喷油器顶端装针阀升程传感器测量针阀升程 h 随曲轴转角 φ 的变化规律 $h=f(\varphi)$,并用示波器记录,可得如图 2.3-3 所示的喷射过程曲线。根据这些曲线的变化特点可把从供油始点到喷油终点的喷射过程划分为三个阶段:

(1)喷射延迟阶段Ⅰ(从几何供油始点 O_p 到喷油始点 O_u)

由于燃油的可压缩性(压力变化 1 MPa,燃油容积变化 1/1 820~1/1 610)、高压油管的弹性以及高压系统的节流等原因使得喷油器的喷油始点 O_u 滞后于喷油泵的供油始点。由此,存在着供油提前角 φ_p(在压缩行程中喷油泵开始供油的瞬时到活塞上止点的曲轴转角)和喷油提前角 φ_n(在压缩行程喷油器开始喷油的瞬时到活塞上止点的曲轴转角)两个提前角。从使用上能够进行检查和调整的是供油提前角,但对柴油机燃烧过程有直接影响的是喷油提前角。影响喷射延迟阶段的主要因素是:高压油管特性参数、喷油器针阀的起阀压力、柴油机的工况以及喷油泵出油阀和喷油器针阀的结构特点等。

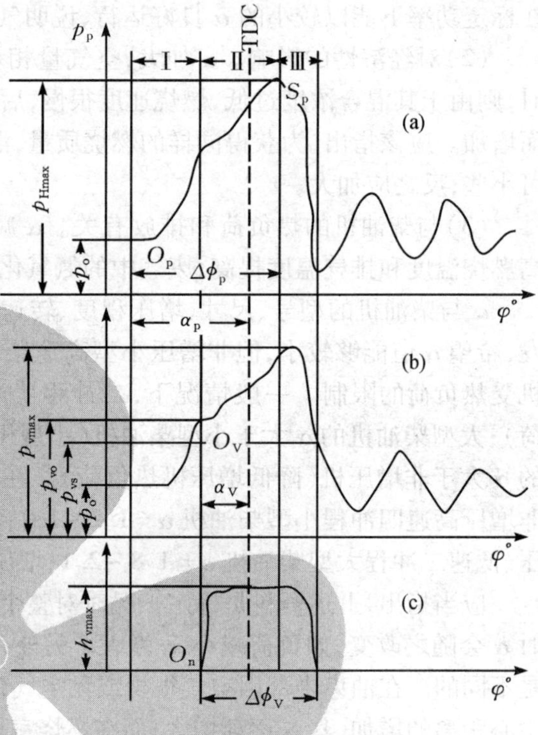

图 2.3-3 喷射过程

(2)主要喷射阶段Ⅱ(O_u 到供油终点 K_p)

本阶段内由于瞬时供油量大于喷油量,所以喷油压力继续升高,燃油是在不断升高的高压下喷入气缸,循环喷油量的大部分在本阶段内喷入气缸。通常称针阀开启时的燃油压力 p_n 为喷油器的起阀压力。显然,本阶段的长短主要取决于柴油机负荷,负荷愈大,本阶段愈长。

(3)尾喷阶段Ⅲ(自由膨胀阶段,K_p 到针阀落座 K_u)

当喷油泵停止供油时,由于原压缩燃油在低压下膨胀,高压油管在低压下收缩以及系统的节流作用,使得喷射系统中的压力下降得较为迟缓,针阀仍保持开启。燃油是在不断下降的压力作用下喷入气缸,使燃油雾化不良,甚至产生滴漏现象。当燃油压力降低到压力 p_c 时针阀落座,喷油结束,此压力称针阀落座压力。影响尾喷阶段的主要因素与喷射延迟阶段相同。

2. 喷射过程的影响因素

在燃油喷射过程中,高压油管内的压力一般为 60~70 MPa 或更高,而喷射结束后油管中的剩余压力远不足它的 1/10。因此,喷射过程是高压系统内压力剧变的过程。其次,柴油机每循环喷油量远少于高压系统内所充满的燃油量。在此情况下,燃油的可压缩性对喷射过程成为不可忽视的因素。同时,在压力剧变的条件下高压油管的弹性所产生的容积变化对喷射过程也要有一定的影响。

在喷油泵开始供油使出油阀开启的瞬间,高压油管中泵端的燃油就受到来自喷油泵燃油的冲击。但由于燃油的惯性和可压缩性以及高压油管的弹性,喷油泵柱塞所排挤的燃油量与高压油管中流动的燃油量之间产生不平衡,造成燃油瞬时堆积,致使压力继续升高,并以压力波的形式沿高压油管向喷油器一端传播。压力波传播的速度就是燃油介质中的音速,其值为 1 400 ~ 1 600 m/s。设高压油管长度为 L(m),音速为 a(m/s),则压力波经过 L/a s 可从喷油泵端到达喷油器端。如果此压力波不足以开启针阀,则压力波又经过 L/a s 被全部反射至喷油泵端,并与该处的另一压力波叠加,再次向喷油器端传播。直至针阀开启后,压力波仍要部分地反射回去。所以,在整个供油与喷油过程中压力波往复传播多次反射,致使高压系统中的压力随着时间和空间而变化。在针阀关闭后,油管中的压力仍然往复波动。如果压力波的峰值超过起阀压力,将再度开启针阀,这会造成异常喷射并引起燃烧恶化。

喷射过程中压力波的存在,既有可能引起一系列的异常喷射,还有可能造成喷油设备组件的损坏。喷射过程中的压力波必将改变喷油泵的供油规律和喷油器的喷油规律,并使二者产生较大的差异。燃油喷射系统的改进包含着消除或削弱喷射过程中的压力波。

二、异常喷射的原因及处理

燃油喷射系统正常喷射的特点是:对应柴油机每一工作循环的喷射过程中,喷油器针阀只启闭一次,针阀升程曲线基本呈梯形,高压油管中的剩余压力基本相同。与正常喷射不同的喷射称为异常喷射。常见的异常喷射有二次喷射、断续喷射、不稳定喷射和隔次喷射、滴油等,如图 2.3-4 所示。

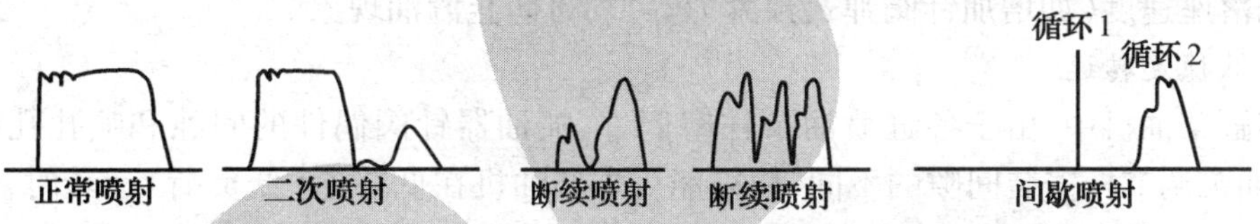

图 2.3-4　正常喷射和异常喷射

1. 二次喷射

在喷油泵供油结束喷油器针阀落座后又第二次开启形成再次喷射的现象称二次喷射,又称重复喷射。二次喷射使喷油持续期延长,二次喷射的燃油是在较低的压力下喷入气缸的,雾化质量差,燃烧不完全且喷射偏离上止点附近,后燃严重,造成燃油消耗、排烟和排温升高,性能恶化,零部件过热,甚至喷孔积炭阻塞。

二次喷射通常出现在柴油机高负荷、高转速工况。判断有无二次喷射的最可靠方法是测量喷油器针阀的升程曲线。在管理中可通过燃油消耗率增大、排温高、喷孔结炭等加以判断。

二次喷射产生的主要原因是当供油终止喷油泵出油阀落座时,隔断了高压油管与泵腔之间的通路,使泵端的燃油回流速度突然滞止为零;泵端压力由于回油速度突然滞止而上升,当该上升压力波以音速传递到喷油器端,在其压力大于针阀起阀压力时,针阀又重新开启。一般船用中、低速柴油机在正常工作时不应发生二次喷射。但当管理不当发生下述情况,如:喷油器喷孔部分堵塞;出油阀减压作用减弱;高压油管长度和内径变大或刚性变小;喷油器起阀压力过低;高转速大负荷工况等,则可能产生二次喷射现象。

由上可知,产生二次喷射主要是由于高压系统中的燃油压力波动所引起的,这与高压容积的存在有密切关系。所以,要防止二次喷射就需避免在主喷射之后喷油器处重新出现高的压力波。从设计方面其主要措施如下:

(1)选用较小长度和内径的高压油管。(2)在保证喷雾质量的前提下,适当增大喷油器喷孔总面积。(3)适当增大出油阀减压卸载能力。(4)增大出油阀弹簧刚度。(5)适当提高喷油器起阀压力。

2. 断续喷射(波动喷油)

在喷油泵供油期间,喷油器针阀断续启闭,而且开启不足、喷射不利,这种现象称断续喷射。断续喷射虽然没有延长喷油持续时间,但针阀与阀座撞击次数增多,磨损增大,降低针阀使用寿命。断续喷射多发生在低负荷、低速运转工况。此时喷油泵的供油量小于喷油器的喷油量。

3. 不稳定喷射和隔次喷射

喷油泵每循环供油量不均的喷射过程称不稳定喷射。其极端情况是隔次喷射(又称间歇喷射),即喷油泵二次供油才有一次喷油过程。不稳定喷射或隔次喷射使柴油机转速不稳定,甚至造成低速运转时自动停车,而且由于二次供油一次喷油,可能造成燃烧粗暴。不稳定喷射或隔次喷射多发生在柴油机低负荷运转时或喷油设备偶件过度磨损时。

4. 滴漏

滴油现象不是由于喷油器针阀偶件密封不良而引起的滴漏,而是在针阀偶件密封正常情况下,在喷油终了后仍有燃油自喷孔流出。发生滴漏时,由于燃油流出速度和压力均很低,燃油不雾化,集结在喷孔处形成结炭,堵塞喷孔。

滴漏发生的原因在于因针阀座下部至喷孔间容积过大,以及由于出油阀减压卸载能力不强,使高压油管中的油压下降缓慢,造成针阀不能迅速落座。因而增强出油阀减压卸载能力或提高针阀落座速度(如增加针阀弹簧预紧力等)均可防止滴油现象。

5. 最低稳定转速

在多缸柴油机中,由于各缸喷油泵柱塞偶件、喷油器针阀偶件的间隙和喷孔孔径间的差别,以及油泵调节杆安装间隙的不同,使得船用主柴油机在低转速(低负荷)运转时,各缸供油量显著不均。严重时个别缸不能发火而使转速不稳,甚至自动停车。因而船用主柴油机都有一个各缸能够均匀发火的最低转速,称最低(工作)稳定转速(按 GB1833-89 规定,最低工作稳定转速指柴油机油门在出厂的标定功率位置上带负荷运转所达到的稳定转速。船用主机则指按推进特性运转时的最低稳定转速)。按我国有关规定,船用低速主柴油机的最低稳定转速不高于标定转速 n_b 的 30%,中速柴油机不高于 40% n_b,高速机不高于 45% n_b。

三、燃油喷射质量及影响因素

燃油的喷射质量通常可以通过两个方面衡量,一是燃油的喷油规律,二是燃油的雾化质量。下面从这两个方面分析燃油喷射质量及影响因素

1. 喷油规律

喷油规律是指在喷油过程中,单位凸轮转角(或单位时间)从喷油器喷入气缸中的燃油量随凸轮转角 φ(或时间 t)的变化关系。喷油规律与燃油喷射系统的结构特点和柴油机的运转工况等许多因素有关。以下分析其主要影响因素。

(1)凸轮形线和有效工作段

在喷油泵柱塞行程和供油始点相同的前提下,凸轮的形线有陡缓之分。形线越陡,凸轮转过相同角度时柱塞升程越大,喷射延迟角和喷油持续角越小。在同一凸轮形线上还可以通过供油定时的调节改变其凸轮有效工作段,即改变柱塞供油有效行程所对应的那段凸轮形线所

处的位置。一般把凸轮的有效工作段选在柱塞速度的高速部分，以提高喷油速率减小喷油持续角，提高雾化质量。

(2)柱塞直径与喷孔直径

在不改变柱塞行程而增大柱塞直径时，供油速率增大，喷射延迟角和喷油持续角均减小。但因提高了初期的喷油速率，在改善柴油机经济性的同时可能使燃烧粗暴。在增压柴油机中，通常加大柱塞的直径，以增加循环喷油量，缩短喷油持续期。此时为了防止燃烧粗暴，应采取相应的调整措施如减小喷油提前角等。喷油器的喷孔数不变而喷孔直径减小时，由于喷油阻力的增加使喷油持续角加大、喷油速率减小；由于高压油管中压力的增加，容易引起异常喷射。

(3)高压油管尺寸

油管越长，压缩容积越大，喷射延迟角越大，而喷油持续角不变，即喷油提前角变小。油管内径越小，燃油流动阻力越大，喷射延迟角越大。所以，多缸柴油机各缸高压油管应遵循等尺寸原则，以保持各缸喷油规律的一致性。

(4)柴油机负荷与转速

当柴油机转速及喷油定时不变而增加负荷时，其喷油始点基本不变，而喷油终点改变，并且增加了后半期的喷油速率。当柴油机负荷及喷油定时不变而改变转速时，随着转速的增加，对应单位凸轮转角的时间缩短，喷射延迟角和喷油持续角均加大，而喷油速率减少。对于负荷与转速同时改变的柴油机工况，其喷油规律的改变应作综合分析。

2. 燃油雾化

在柴油机中，燃油在高压下喷入气缸，并分散成细细小油滴的过程称燃油的喷雾或雾化。其目的就是要大大增加燃油蒸发的表面积，从而加速燃油的吸热与气化过程，进而加速燃油与空气的混合。例如一台柴油机全负荷时的循环供油量为 130 mm^3，如果形成 1 个油滴的话，油滴直径为 3.14 mm，表面积为 124 mm^2，如果将这么多燃油雾化成直径为 24 μm 的油滴，那么油滴个数将达到 3.1×10^7 个，表面积为 3 900 mm^2，增加约 314 倍，这就意味着燃油与空气的接触面积大大增加了，对混合气的形成和燃烧十分有利。

1)油束的形成与油束特性

燃油在很大的压差（10 ~ 60 MPa）作用下，以高速（100 ~ 300 m/s）喷入气缸。由于燃油高速流经喷孔时的扰动作用以及缸内压缩空气的阻力作用，使喷出的油流分裂成由细小油粒组成的近似圆锥形油束，如图 2.3-5 所示。这些油粒（直径大多在 5 ~ 50 μm）在燃烧室中进一步分散和细化形成细微的油滴。这一过程称为燃油的雾化。在油束的中间部分油粒较大，运动速度大，雾化较差；而油束外部油粒分布较散，油粒直径较小。通常在油束外部的细小油粒最先蒸发并与空气混合成可燃混合气。

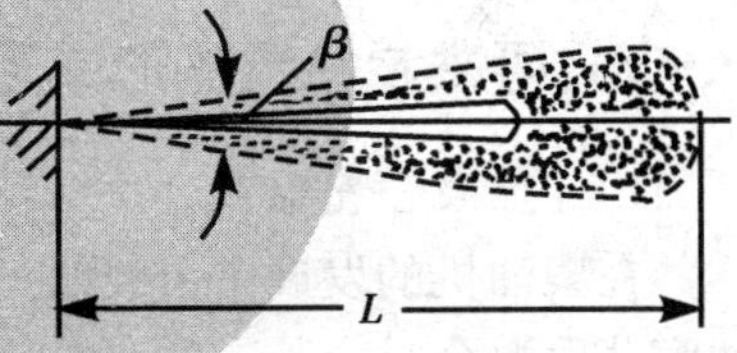

图 2.3-5　油束的形成

燃油的喷雾质量可用三个参数来描述：

(1)油束的射程 L。油束的射程也称为油束的贯穿距离，表示油束的贯穿能力。射程越长，贯穿能力也越强。但油束射程的长短应与燃烧室相匹配，缸径大的燃烧室要求油束射程长，如小缸径燃烧室配以长射程，则大部分燃油将喷射到缸壁，并聚集在缸壁，不能与空气很好混合。

(2)油束锥角 β。油束外缘之间的夹角称为油束锥角，表示油束的紧密程度。

(3)雾化质量。雾化质量可用油滴平均直径和雾化均匀度表示。油滴平均直径表示雾化颗粒的大小，雾化均匀度表示不同油粒直径的油粒占油粒总量的百分数 X_0。

油束的射程和油束锥角可用经验公式计算，或通过频闪照像和高速摄影等实验方法测定。喷雾的粒度及其分布可用实验方法测定。传统的方法主要有浸液法、沉降塔法、融蜡法等，随着激光技术和计算机技术的发展，激光全息术在喷雾场测试方面显示了独特的优势。

2）油束特性的影响因素

影响油束特性的因素很多，以下介绍几个主要影响因素。

（1）喷油压力。增大喷油压力，雾化细度减小，雾化质量提高，而且油束射程 L 和锥角 β 均增大。但喷油压力过大，由于 L 过大，雾化细度过小，反而使燃烧过程粗暴，冒黑烟和结炭。

（2）喷孔构造。喷孔构造主要包括喷孔直径和喷孔长度直径比两个参数。喷孔直径减小时，β 增大，雾化细度和 L 减小；喷孔长度直径比增大时，L 增大。对于一定的喷油器，喷束的形状和分布是与燃烧室形状相配合的，所以无论因磨损或局部堵塞使喷油器喷孔直径、喷孔长度直径比增大或减小，都破坏了喷柱与燃烧室的配合，不利于可燃混合气的形成。

（3）燃油品质。影响雾化质量的燃油品质主要是黏度和密度。燃油的黏度和密度增加时雾化困难。所以，当柴油机采用低质燃油时，需相应采取预先加热燃油、提高喷油压力等措施。

（4）喷射背压。喷射背压增加时，油粒与空气的摩擦力增加，油粒所受空气阻力亦增加，致使雾化细度减小，β 增大，L 亦减小。

第四节　可燃混合气的形成

柴油机缸内可燃混合气的形成对柴油机的燃烧过程有着决定性的影响，因而也影响着柴油机的动力性、经济性和有害气体的排放。可燃混合气是指由气态燃油与空气组成的一种混合气，其组成和状态应保证它易于在气缸内发火燃烧。可燃混合气的形成过程取决于缸内气体流动、燃油的雾化质量、燃烧室形状等。本节将对可燃混合气的形成过程以及对可燃混合气的形成和燃烧过程有重要影响的缸内气体流动、燃烧室形状等作详细讨论。

一、可燃混合气的形成方法及其影响因素

1. 可燃混合气形成方法

在柴油机的发展中，出现过多种混合气形成方法，但基本上分两大类，即空间雾化混合和油膜蒸发混合。

（1）空间雾化混合

空间雾化混合是指可燃混合气是在燃烧室空间形成的。因此，燃油必须喷射到燃烧室空间并与燃烧室形状相适应。不允许燃油喷射到燃烧室壁面上；否则会冒黑烟和结炭。显然，使燃烧室中的油束尽快蒸发、混合，主要取决于燃油的喷雾特性（雾化质量和油束几何形状）和缸内空气的运动状态两方面因素。不同类型的柴油机对这两方面因素的依赖程度不同：船用大、中型柴油机和低速机主要依赖于燃油的喷雾（又称为油雾法），而较少依赖空气运动。所以这种柴油机对喷射设备的工作要求较高，如要求高压喷射、多孔喷射等。柴油机的性能对喷射设备工作的变化以及对燃油品质极为敏感。对于某些中小型高速柴油机，如果采用涡流室或预燃室式燃烧室，则主要依赖于空气涡动（又称涡动法），而较少依赖燃油喷雾，可采用较低压力的单孔喷射。如果采用开式或半开式燃烧室，则既需要较高的雾化质量，又需要较活跃的缸内气流运动。

(2)油膜蒸发混合

油膜蒸发混合与空间雾化混合不同。这种混合方法要求把大部分燃油(约占95%循环喷油量)喷到燃烧室表面(如活塞顶部表面),并形成一层薄油膜。油膜受热蒸发气化,在燃烧室中强烈的空气涡流作用下,油膜逐层蒸发并与空气混合成可燃混合气。这种混合方法除了要求按一定方向把燃油喷到燃烧室壁面上以及存在强烈空气涡流外,尚需严格控制燃烧室表面的温度,而且要求上述三方面因素应有最佳匹配。这在实践中存在较大困难,因而仅用在某些小型高速柴油机上(球形燃烧室),到目前为止尚未得到广泛使用。

研究表明,在大多数小型高速柴油机中,燃油或多或少会喷射到燃烧室表面上,在空间雾化发火,之后以油膜蒸发混合燃烧,可称雾化油膜混合,也没有发生燃烧恶化现象。这说明上述两种混合方式可以兼而有之,只是主次不同而已。目前绝大多数柴油机可燃混合气的形成方式仍以空间雾化混合为主。

在某些高速小型柴油机中,以油雾法发火,之后以油膜蒸发混合法燃烧,可称雾化油膜混合法,也没有发生燃烧恶化现象。这说明上述两种混合方式可以兼而有之,只是主次不同而已。目前绝大多数柴油机仍以空间雾化混合法为主。

2. 影响可燃混合气形成的主要因素

(1)燃油喷射质量。良好的雾化质量是形成可燃混合气的重要条件,油雾的细度、均匀度以及油束与燃烧室形状的配合是形成可燃混合气的关键,对于船用大、中型和低速柴油机而言,可燃混合气的形成主要依赖于燃油喷射质量。

(2)燃烧室内空气的涡动状态。空气涡流对任何一种混合方法都是有利的,尤其对于中、小型高速柴油机这是关键性影响因素。通常,空气的涡流状态主要取决于燃烧室的形状。

(3)压缩终点时的缸内状态。压缩终点时的缸内状态即气缸的热状态。压缩终点缸内的压缩压力、压缩温度以及空气涡动状态既影响燃油的雾化质量也影响可燃混合气的形成。如果压缩终点缸内状态不正常,将直接影响混合气的形成。

(4)燃烧室形式。燃烧室的形式不同,其形成的空气涡动强弱和涡动方式也显著不同,因而在形成可燃混合气的方法上差异很大。例如,在分开式燃烧室中,空气涡流是形成可然混合气的关键因素,而开式燃烧室中,几乎不形成空气涡动,其可燃混合气的形成主要靠燃油的雾化质量。

二、各种不同类型的燃烧室形式、特点及提高混合气混合质量的管理措施

在柴油机中,燃烧室设计与混合气形成和燃烧有着密切的关系,这需要综合考虑燃烧室的类型、结构以及缸内气体的流动等各方面的情况以及同燃油系统、进气系统的配合,以使柴油机获得良好的性能指标。在改进燃烧系统时,也往往从燃烧室的形状、尺寸入手。

缸内气体的流动是根据燃烧室的特点,组织气流以促进燃烧过程中空气与燃料的混合,提高柴油机的油气混合速率和燃烧速率。缸内气体的流动主要有进气涡流、挤压涡流、燃烧涡流、湍流等。在燃烧室中空气的涡动对混合气形成的作用主要有:(1)可促使油束分散,增大混合范围。空气的涡流可使油束外围的细小油粒偏向空气涡流轨迹,从而使油粒分散到更大的容积去。涡流越强,气流对油束的吹散作用越大,即加速燃前混合。(2)热混合作用。在发生燃烧之后,燃烧室中空气的旋转涡流可使新鲜空气与燃气在密度差作用下发生分离运动。密度较小的燃气趋向燃烧室中心,而把密度较大的新鲜空气由燃烧室中心挤向燃烧室外缘。以此促进空气与未燃燃油混合,这种混合作用称为热混合。

1. 各种不同类型的燃烧室形式、特点

根据混合气形成及燃烧室结构特点，柴油机燃烧室基本上分为两大类：直接喷射式燃烧室（燃油直接喷射到燃烧室中）和分隔式燃烧室（燃油不直接喷射到主燃烧室中）。对于直接喷射式柴油机，按燃烧室结构特点又可分为开式和半开式燃烧室。分隔式燃烧室又分为涡流室和预燃室燃烧室两种。

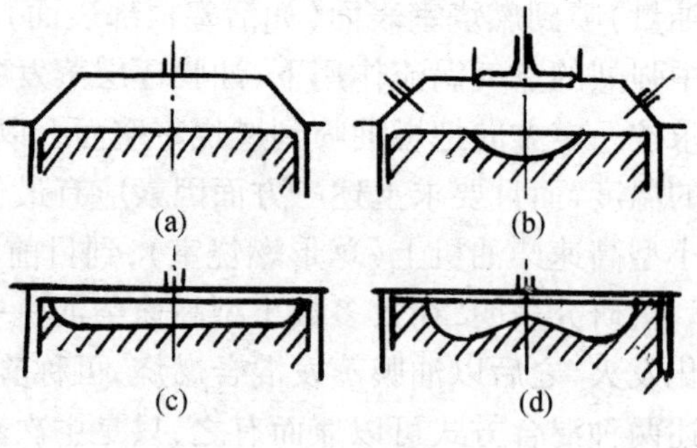

图 2.3-6　开式燃烧室

1）开式燃烧室

开式燃烧室是由气缸盖底面、活塞顶面及气缸壁面形成的统一空间，如图 2.3-6 所示。图中 2.3-6(a)为大型低速二冲程弯流扫气式柴油机，由于气缸盖上无气阀，所以在缸盖底面可形成凹坑以利于扫气；图 2.3-6(b)为大型低速二冲程直流扫气式柴油机，图 2.3-6(c)和图 2.3-6(d)分别为浅盆形和浅 ω 形活塞顶、平底气缸盖，适用于大、中型四冲程柴油机。

开式燃烧室燃油直接喷入气缸，混合气形成是空间混合，其特点是：

(1)燃烧室基本上是一个统一空间，形状简单、结构紧凑、相对散热面小、热损失小。由于基本不组织气流运动，气流流动损失小，具有良好的起动性和经济性。

(2)混合气的形成主要靠燃油的喷射雾化，对喷雾质量要求较高，要求油束与燃烧室形状相匹配，为此多采用多孔喷嘴，喷孔直径较小，针阀开启压力较高，通常为 20 ~ 40 MPa。

(3)由于是均匀的空间混合，在滞燃期内形成的可燃混合气较多，因此最高燃烧压力及压力升高率较高，工作粗暴。燃烧直接在活塞顶上进行，使活塞直接承受较大的热负荷和机械负荷。燃烧温度高也容易冒烟和产生较多的 NO_X。

(4)由于混合气的形成主要依靠雾化质量，为保证燃油的充分燃烧，需要较大的过量空气系数 α。由于相对散热面积较小，为减轻热负荷，也需要较大的过量空气系数 α。

开式燃烧室在大、中型柴油机及船用低速柴油机中得到了广泛的使用。

2）半开式燃烧室

开式燃烧室虽然有经济性好、易于起动等优点，但在小型高速柴油机上应用时有许多问题。因为小型高速柴油机转速高（有的高达 4 000 r/min），混合气形成和燃烧的时间极短，单靠雾化混合，喷孔必须很小，喷压力必须很高，这就使燃油系统制造困难。

由于转速高，为了获得较好的性能指标，要求在较小的过量空气系数时有较好的燃烧过程。显然，开式燃烧室达不到上述要求，于是出现了半开式燃烧室。半开式燃烧室是由活塞顶面到气缸盖底面之间的余隙容积以及位于活塞顶部或气缸盖底部的凹坑容积两部分组成，而且两者以较大的通道相连。图 2.3-7 为典型半开式燃烧室。半开式燃烧室中混合气的形成一方面利用喷雾，另一方面组织进气涡流和形成挤流促进混合气的形成和燃烧。与开式燃烧室相比，半开式对喷雾的要求有所降低，但对空气涡流的要求明显增强。

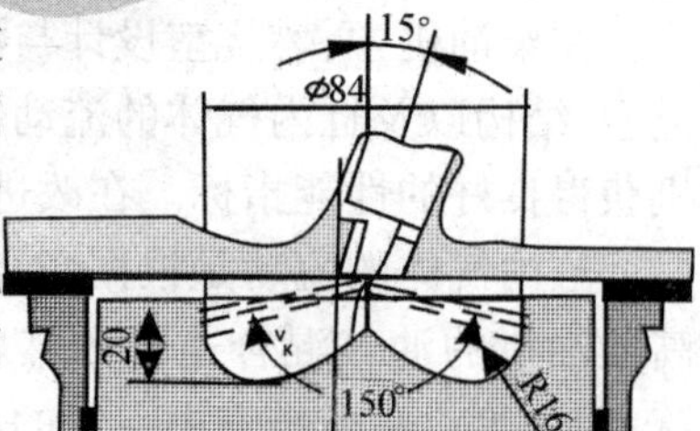

图 2.3-7　典型半开式燃烧室

半开式燃烧室的经济性较好、起动性较好、过量空气系数 α 较小，不同程度地克服了开式燃烧室工作粗暴、机械负荷大的缺点。多用在小型高速柴油机中。半开式燃烧室的形状很多，

但应用最多的是 ω 形燃烧室，其中又有各种变形。

3）涡流室式燃烧室

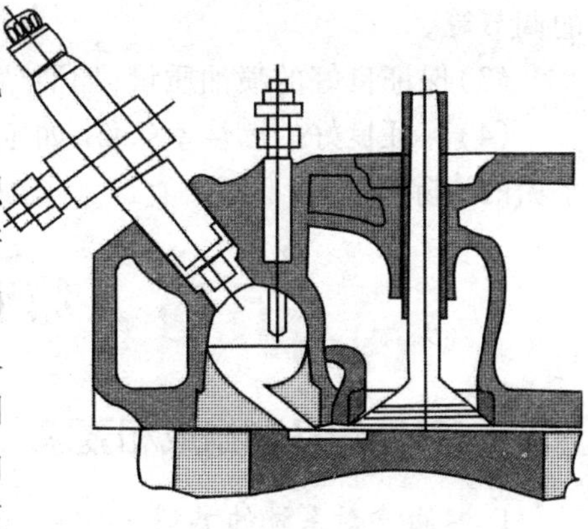

图 2.3-8　涡流室式燃烧室

涡流室式燃烧室由主、副两室所组成，主燃烧室在气缸盖与活塞顶之间，副燃烧室（即涡流室）在气缸盖内，呈球形或圆柱形。两者之间以切向通道连通，通道面积远小于半开式燃烧室，如图 2.3-8 所示。这种燃烧室所形成的混合气主要依赖空气扰动（压缩涡流）。在柴油机的压缩行程中主室中的空气被压缩并沿切向通道进入涡流室形成强烈旋转的气流，而燃油则在压缩行程末期顺着气流方向全部喷入涡流室，使喷入涡流室中的燃油与空气混合。当涡流室中的燃油燃烧后，其中的气体压力、温度升高。在膨胀行程期间，涡流室中未燃烧的燃料、空气以及燃气一起经过信道喷入主燃烧室（即所谓二次涡流）并与主燃烧室中的空气进一步混合燃烧。

涡流室式燃烧室主要特点：混合气形成主要是利用有组织的强烈的压缩涡流，所需过量空气系数较小。对喷雾质量要求不高，一般多采用轴针式喷油嘴，喷油压力也较低。由于压缩涡流随转速升高而加强，更能适应小型柴油机的高速化。这种燃烧室有工作平稳、有害气体排放少等优点。但因涡流室式燃烧室的热损失、节流损失和流动损失较大，存在着起动困难、经济性差等缺点。为了改善起动性能，在涡流室中装有电热塞和保温块，以改进燃烧室的热状态。

4）预燃室式燃烧室

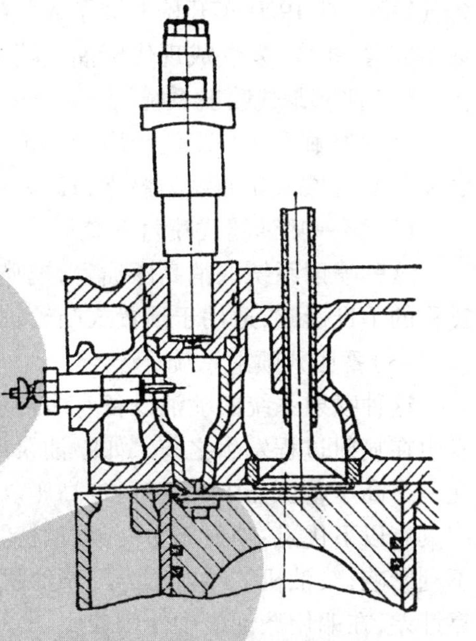

图 2.3-9　预燃室式燃烧室

预燃室式燃烧室构造如图 2.3-9 所示。整个燃烧室是由位于活塞上方的主燃烧室和位于气缸盖内的预燃室所组成，两者之间以单孔或多孔通道相连，信道面积远小于涡流室式燃烧室。由于连接通道不与预燃室相切，所以在压缩行程期间并不产生有组织的强烈涡流，但空气流过通道后在预燃室中产生强烈湍流。燃油在压缩行程末期全部喷入预燃室，燃油燃烧后，预燃室中的气体压力、温度升高。利用这部分燃料燃烧的能量将预燃室中的混合气高速喷入主燃烧室，并在主燃烧室内形成空气运动（即所谓燃烧涡流），促使大部分燃料在主燃烧室混合燃烧。

预燃室和涡流室同属于分开式燃烧室，二者在混合气形成方式上是相同的。其差异在于预燃室式燃烧室以燃烧涡流为主，涡流室式燃烧室以压缩涡流为主。其他工作特点和优缺点均相仿。

2. 提高混合气混合质量的管理措施

为提高可燃混合气的混合质量，应着重采取下述管理措施：

（1）保证良好的换气质量，如进气压力和温度的检查与调节、进排气管道的清洁、进排气阀定时的检查与调整等。

(2)保证良好的气缸热状态,如压缩终点压力的检查、活塞环工作状态的检查、气缸冷却的调节等。

(3)保证良好的喷油质量,如油品的检查与正确处理、喷油设备的检查与调整等。

(4)保证良好的燃烧室条件,如定期进行吊缸检查和清洁、气缸盖密封性检查、冷却空间水垢的清除等。

第五节 喷油设备

一、喷油设备的组成和要求

1. 燃油喷射系统的类型

柴油机的喷射系统形式有四种。早年的柴油机采用空气喷射系统(用压缩空气把燃油吹入气缸)。自1920年开始发展了无气喷射系统,这种喷射系统(主要由喷油泵与喷油器组成)逐渐完善、扩大,发展成现代柴油机喷射系统。

(1)柱塞泵式喷射系统

这种喷射系统是现代船用柴油机最基本的一种喷射系统,它以螺旋槽柱塞旋转方式调整供油量的机械式喷油泵为核心,其基本组成是高压喷油泵、喷油器及高压油管。

(2)泵—喷油器式喷射系统

这种喷射系统取消高压油管,把喷油泵与喷油器组合成一体,从而排除了高压油管对喷射过程的不良影响,适用于顶置式凸轮轴的小型高速柴油机。

(3)蓄压式喷射系统

这种喷射系统的喷油设备有多种形式。但其共同特点是:用来实现喷射的能量积蓄过程发生在喷射过程发生之前。如喷油泵产生的高压燃油不直接作用在喷油器上,而是预先储存在一个高压蓄压器中,保持恒定高压。喷油器的启闭由其他控制单元控制。由此,这种喷射系统具有以下优点:喷射压力高,喷油持续期短;喷射压力波动小,有利于消除压力波动对喷射的不利影响;柴油机的喷射压力与柴油机转速无关,可改善低速运转性能。但由于设备复杂,可靠性差,在船用柴油机中使用较少。

(4)电控制喷射系统

这种喷射系统始于20世纪70年代。它也是一种蓄压式喷射系统,但它摒弃了传统的机械控制而采用了当代先进的电子控制技术控制燃油的喷射过程。这种喷射系统利用多种电子传感器监测柴油机在各种工况下的运行参数,如转速、压力、温度、油泵状态、针阀升程、流量等。并把这些参数输送到微处理机中,与预先已储存的各种参数值及其变化规律进行分析。按最佳方案控制执行机构动作。对柴油机的喷油定时、喷油量、喷油压力等进行控制,保证柴油机始终在最佳工况下工作。由此,这种喷射系统有以下优点:提高所有运转工况的经济性;提高对不同燃油品质的适应能力;改善柴油机的低速运转性能及操纵性能(如起动、换向、调速等);降低柴油机排气中的有害成分。其中电控共轨喷射系统代表着柴油机燃油喷射系统未来的发展方向,这在国内外已成为共识。电控喷射系统在上个世纪末和本世纪初已基本成熟,并开始在船舶领域广泛应用。电控喷射系统的出现与发展,使柴油机的全面电子化、智能化控制成为可能,也使得柴油机技术发展到一个崭新的阶段。

2. 燃油喷射系统的组成

船舶柴油机使用的喷射系统大多属于柱塞泵式直接喷射系统。其主要组成部件是喷油泵与喷油器。图2.3-10为典型的柱塞泵式喷射系统简图。

这种喷射系统基本组成是高压喷油泵、喷油器及高压油管,称之为泵—管—嘴系统。柴油机工作时,柱塞3由喷油泵凸轮1(又称燃油凸轮)经滚轮2驱动。凸轮1固定在凸轮轴上,并通过由曲轴带动凸轮轴传动机构(图上未示出)。凸轮按一定时刻顶动滚轮,从而保证了喷射定时要求。柱塞3上行其上端面封闭孔A时,泵腔中的燃油受到压缩,此为供油始点;当油压升高到克服弹簧5的弹力和高压油管中的残余压力时,出油阀4开启,压力油泵入出油阀空间B;高压燃油沿高压油管6传递至喷油器8端空间C,当其油压大于喷油器弹簧7的预紧力时针阀向上跳起,高压燃油经喷油孔10喷入气缸。当柱塞3下部的斜槽边缘开启油孔A时,泵腔高压燃油经斜槽回油至进油空间,出油阀相继落座,此为供油终点。此后当空间C的油压低于弹簧7预紧力时,针阀落座,喷油结束。柱塞下行时泵腔内为充油过程。

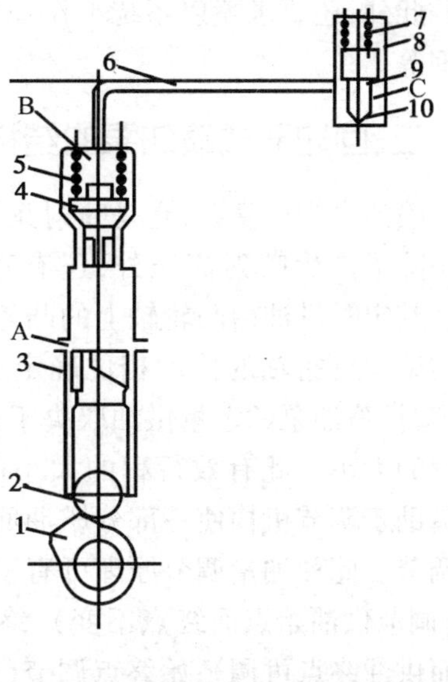

图2.3-10 典型的柱塞泵式喷射系统简图

1—凸轮;2—滚轮;3—柱塞;4—出油阀;5—出油阀弹簧;6—高压油管;7—喷油器弹簧;8—喷油器;9—针阀;10—喷油孔

在这种系统中,每个柱塞组件对应一个气缸,小型多缸柴油机所用的柱塞数和气缸数相等且合为一体,构成组合式喷油泵;对小型单缸机和大型多缸机,常采用每个柱塞组件独立组成一个喷油泵,称之为单体喷油泵。在上述泵—管—嘴系统中,由于高压油管的存在,使喷油系统在柴油机上的布置比较方便灵活,加上已积累了长期的制造与匹配的理论与经验,因此,迄今仍在各种柴油机上得到广泛的应用。但是,也正是由于高压油管的存在,降低了喷射系统高压部分的液力刚性,难以实现高压喷射与理想的喷油规律,使这种传统喷射系统的应用前景受到了一定的限制。

3. 对喷油设备的要求

柴油机是在气缸内部形成混合气,即在活塞接近上止点时,燃油喷射系统将燃油在极短的时间内以高压喷入气缸,实现燃油与空气的混合和燃烧。因此,无论是在制造与调整精度,还是在与整机的匹配方面对燃油喷射系统的要求都十分严格。对喷射设备的基本要求是:正确的喷油定时、精确的循环供油量、良好的雾化质量和喷油规律,可简单地概括为"三定",即定时、定量和定质。

(1)定时喷射。在柴油机运转工况范围内,尽可能保持最佳的起始喷油时刻、喷油持续时间和喷油规律,以保证良好的燃烧并取得优良的综合性能。而且此喷射定时系统应能进行总调(整机同时调节)和单调(个别缸单独调节)。

(2)定量喷射。对每一个柴油机运转工况(一定的转速和负荷组成一个工况),精确控制每循环喷入气缸的燃油量,且喷油量能随工况变化而自动变化。在工况不变时,各循环之间的喷油量应当一致。对多缸柴油而言,各缸的喷油量应当相等。

(3)定质喷射。燃油喷射系统应能产生足够高的喷油压力,以保证燃料良好的雾化混合和燃烧,且燃油油束需与柴油机燃烧室和气流运动相匹配,保证油气混合均匀。另外还应有最适宜的喷油规律以满足燃烧过程的要求。

此外,还要求喷射系统工作稳定可靠,无泄漏,便于管理等。

二、回油孔式喷油泵的结构和工作原理

喷油泵为柱塞泵,它是喷射系统的核心部件。它的作用除了产生喷射高压外,还有对供油量的定时与定量。其定时供油由凸轮轴上的凸轮安装位置控制,凸轮轴与柴油机曲轴的传动相位确定了整机各喷油泵的供油定时;喷油泵的定量供油取决于柱塞上行时有效供油行程的大小。此有效行程的大小可在柱塞的上行行程中借助于调节机构使一部分燃油回油,流回低压空间加以调节。此种油量调节原理可有三种调节方案:始点调节(调节供油始点而终点不变);终点调节(供油始点不变而供油终点可调);始终点调节(始终点均可调节)。

柱塞式喷油泵的基本组成部分有柱塞与套筒(称柱塞偶件)、凸轮与滚轮、进油阀和出油阀以及调节机构等。根据调节机构的特点可分为回油孔调节式与回油阀调节式两种喷油泵。

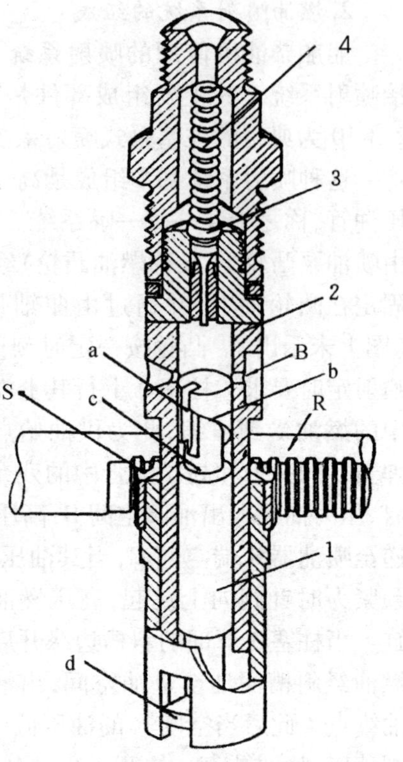

图 2.3-11　回油孔式喷油泵基本结构图

1—柱塞;2-套筒;3—出油阀;4—出油阀弹簧;R—齿条;S—齿圈;B—回油孔;a—直槽;b—斜槽;c—环形槽;d—横销

回油孔式喷油泵又称斜槽式喷油泵。

1. 结构特点

回油孔式喷油泵按各缸喷油泵单元组合方式可分为单体式和组合式两种,两者的基本结构相同。图 2.3-11 是回油孔式喷油泵基本结构图。

回油孔式喷油泵的主要部件是柱塞 1 与套筒 2、调油机构(齿条 R 与齿圈 S)、出油阀 3 及出油阀弹簧 4。柱塞头部有直槽 a、斜槽 b、环形槽 c,柱塞下方有横销 d,套筒上部有回油孔 B。拉动齿条可通过齿圈使柱塞转动。

2. 工作原理

柱塞与套筒组成一对偶件。柱塞在套筒内由凸轮顶动上下往复运动。当柱塞位于凸轮基圆时位置最低,此时套筒上部进(回)油孔开启,燃油进入泵腔,见图 2.3-12(a)。柱塞由凸轮顶动上行,在柱塞顶端未关闭回油孔时,泵腔内燃油经回油孔流回进油空间直到柱塞上部端面刚好关闭回油孔时,泵腔燃油开始受压缩,此即为几何供油始点,如图 2.3-12(b)所示。柱塞继续上行,当柱塞头部的斜槽打开回油孔时,柱塞上方的高压燃油经柱塞头部的直槽和环形槽与回油孔相通而流回进油空间,此即为几何供油终点,如图 2.3-12(c)所示。从供油始点到供油终点柱塞上行的供油行程称为柱塞的有效行程。此后柱塞继续上行至最高位置,燃油一直流回进油空间。柱塞下行时泵腔经回油孔充油。若在柱塞的往复运动中通过调节机构逆时针转动柱塞,则供油始点不变,而供油终点延后,即柱塞有效行程增大,供油量增加,为终点调节式;反之,顺时针转动柱塞,则柱塞有效行程减小。当柱塞头部的直槽对准回油孔时,泵腔中的燃油在柱塞的全部上行行程中都经回油孔流回进油空间,此即为停油位置,即停车位置。

图 2.3-13 为三种油量调节方式的柱塞头部结构。图 2.3-13(a)为终点调节式,此种柱塞

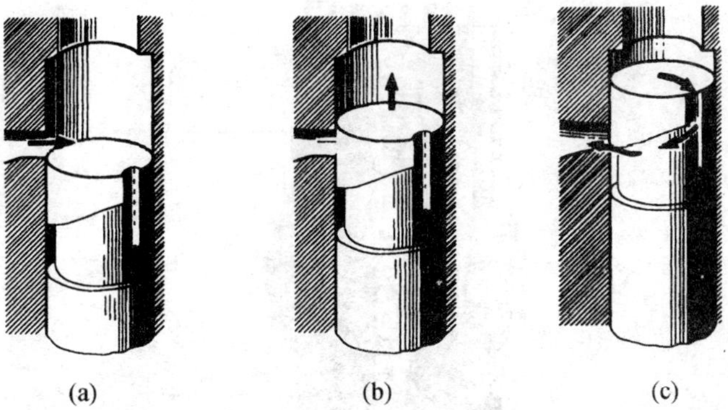

图 2.3-12　柱塞泵工作原理图

头部上断面为平面,斜槽在下部,在转动柱塞调节油量时,供油始点不变而终点变化。图 2.3-13(b)为始点调节式,柱塞头部斜槽在上部,下断面为平面,在转动柱塞调节供油量时,其供油始点变化而终点不变(为柱塞头下部断面环形槽处)。若在柱塞头部上、下均有斜槽如图 2.3-13(c)所示,则为始终点调节式。

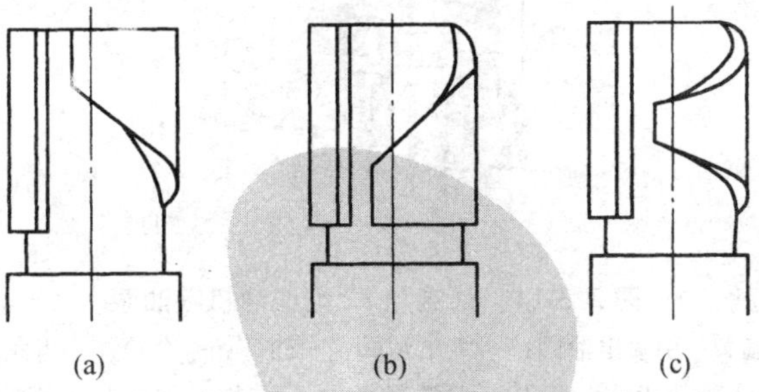

图 2.3-13　三种油量调节方式及柱塞头部结构

3. 典型结构介绍

回油孔式喷油泵在其结构特点和工作原理相同的前提下,种类繁多。图 2.3-14 为瓦锡兰 32 型柴油机喷油泵。

喷油泵的主要零件是由柱塞 4 和套筒 5 所构成的偶件。柱塞上设有直槽、斜槽和环槽,套筒上开有两个圆孔。柱塞中部与调节齿圈 7 用键连接,齿圈与齿条 6 啮合,拉动齿条可转动柱塞以调整柴油机的循环供油量。柱塞下端接上下弹簧盘 8,10 及柱塞弹簧 9。喷油泵供油通过凸轮顶头顶动柱塞 4 上行完成,而柱塞的吸油动作则靠弹簧使柱塞下行来完成。套筒上端与上端盖 1 紧密结合,在上端盖上设有两个出油阀 2、3,当供油初期,少量燃油通过引喷出油阀使少量进入喷油器,而在主喷射阶段则通过主出油阀使大量燃油迅速喷入气缸,这样即可以使燃烧初期工作比较柔和又可以控制整个喷射和燃烧过程不至太长。调节齿条 6 上有刻线,指示喷油泵供油量。在多缸柴油机中各缸喷油泵齿条 6 通过某种联结方式与油门拉杆相接,通过燃油手柄(或调速器)拉动油门拉杆可实现对供油量的总调;在油门手柄不动时,调节油泵齿条 6 与油门拉杆的连接位置可实现对喷油泵供油量的单缸调整。

图 2.3-15 为 S-MC-C 型柴油机的高压油泵,其上部为吸油阀和应急停车阀的组合阀,当柱塞下行时,燃油通过该阀进入泵腔;若此阀通入压缩空气,则可放掉高压油泵高压腔中的燃油,使发动机紧急停车。在高压油泵设有进回油孔,在使用和停车状态下,都可以使高压燃油在油泵循环,柴油机停车和机动航行时都不需换油。

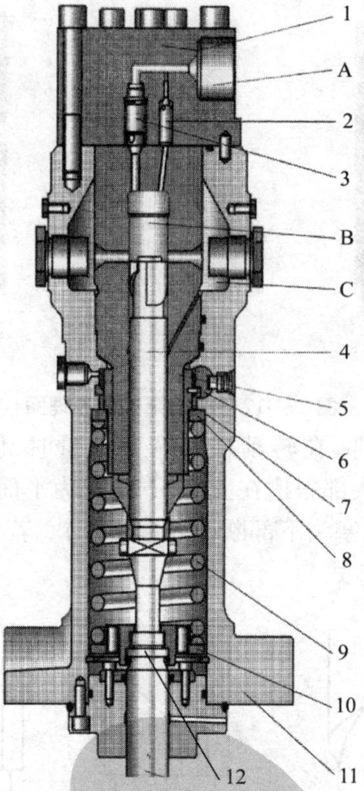

图 2.3-14　瓦锡兰 32 型柴油机喷油泵

1—上端盖；2—引喷出油阀；3—主出油阀；4—柱塞；5—套筒；6—齿条；7—调节齿圈；8—上弹簧；9—弹簧；10—下弹簧盘；11—泵体；12—顶头；A—高压油管接口；B—高压腔；C—低压腔

三、出油阀的作用及卸载方式

多数喷油泵在其出口处均装有出油阀，出油阀与阀座是喷油泵中的第二对精密偶件。出油阀偶件有蓄压、止回和减压（卸载）作用。蓄压作用指在柱塞供油行程中使供油压力逐渐累积。止回作用指柱塞吸油行程中出油阀自动落座，可防止高压油管内燃油倒流，缩短喷射延迟阶段，也有利于排除系统中的空气。减压作用指通过出油阀的卸载容积可有效地控制喷射结束后高压油管中的剩余压力，有助于消除因高压油管剩余压力过高而引起的重复喷射现象。按出油阀卸载方式可分为等容卸载式和等压卸载式两种。

1. 等容卸载式出油阀

该阀偶件结构如图 2.3-16(a)所示，h 为出油阀的卸载行程，阀在落座前 h 距离时已把高压油管与油泵的工作空间隔断。因阀在落座前又下行 h 距离，高压油管中的容积增大，使管中燃油压力因容积增大而迅速降低，从而能缩短燃油喷射过程的尾喷阶段。等容卸载式出油阀的结构简单，可以通过选择适当的结构形式和参数来修正供油特性以适应柴油机工作的需要，因此得到广泛应用。其缺点是由于卸载容积一定，高压管中的剩余压力随柴油机工况而变化。尤其当在低负荷运转时容易因卸载过度，而引起空泡和穴蚀。

2. 等压卸载式出油阀

图 2.3-16(b)为等压卸载式出油阀。在出油阀上无减压环带，但在其内部设有一个由卸

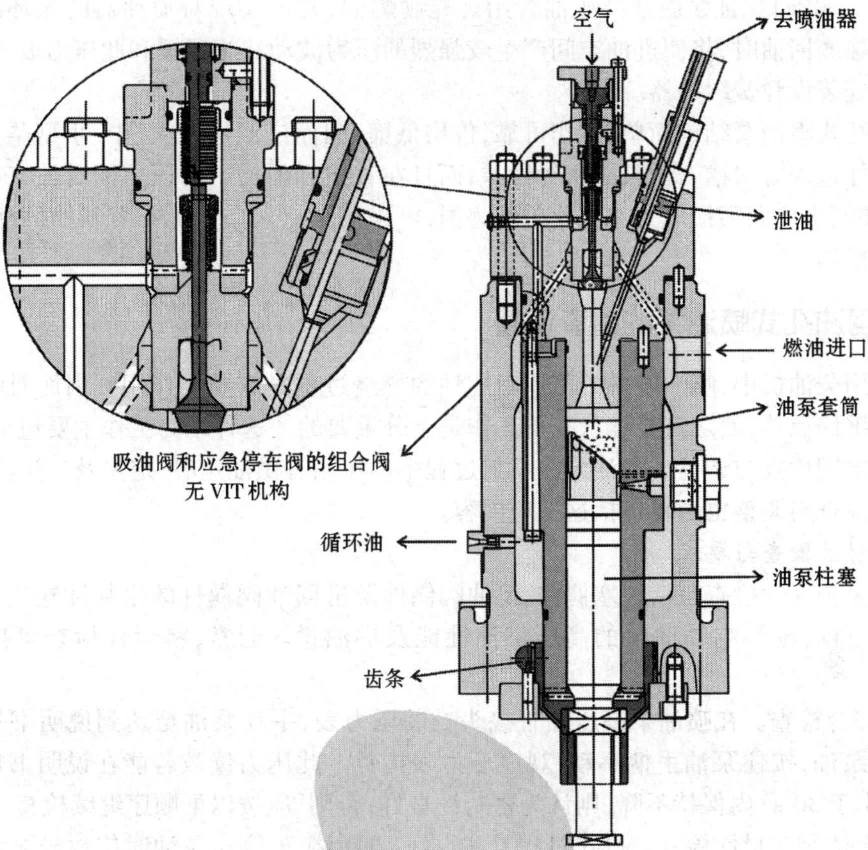

图 2.3-15 MAN B&W S-MC-C 型柴油机喷油泵

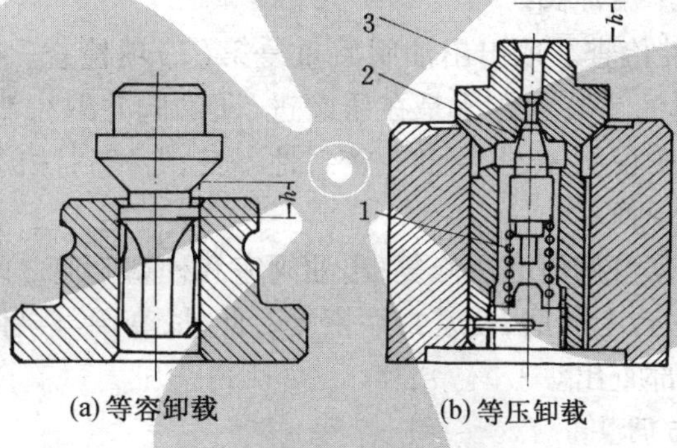

图 2.3-16 出油阀偶件

1—卸载弹簧;2—卸载阀;3—出油阀

载弹簧 1 控制的锥形卸载阀 2。当出油阀关闭后,如果高压油管中的油压高于卸载阀的开启压力,卸载阀就开启,燃油便倒流入喷油泵的工作空间,直到同卸载阀的关闭压力相等时为止。高压油管中燃油的回流速度可由卸载弹簧的张力和卸载阀的尺寸来控制。等压卸载式出油阀不存在卸载容积,而是利用卸载阀对高压油管中的燃油起着降压作用,使高压油管中压力波的幅值减小。如卸载阀开启压力调节适当,既可避免重复喷射又可避免穴蚀的发生。某些大型柴油机(如 B&W 型)的喷油泵出口处未装出油阀偶件,而在泵腔顶部装进油阀。显然,此种结构在供油结束时高压油管中的压力可迅速降低,避免重复喷射的发生,而且借助于较高的进油压力(约0.7MPa)保证泵腔及高压油管始终充满燃油,并可实现对喷油器的循环冷却。但此种结构在柱塞回油时,将使进油空间产生较强烈的压力波动。为了缓和此压力波动,可在泵体进油空间处装设弹簧缓冲器。

回油孔式喷油泵结构简单,工作可靠,价格低廉,因而广泛用于大、中、小型柴油机中。但此种油泵柱塞因有斜槽、直槽,故密封性差,而且在直槽和斜槽中的压力油对柱塞产生一侧推力,使柱塞发生单面磨损。为避免此单面磨损,可采用具有两条对称布置斜槽的柱塞,以使侧推力互相抵消。

四、回油孔式喷油泵的检查调整

在船用柴油机中,喷油设备的工作对燃油的燃烧过程具有重要作用。因而对喷油设备进行正确的维修保养,使之在最佳状态下工作是十分重要的。这种维修工作主要包括对喷油泵、喷油器的定期检查与调整。喷油泵在喷射过程中的作用有供油定时、定量及产生高压,因而对喷油泵的检查与调整也主要包括这三项内容。

1. 密封性检查与要求

喷油泵密封性检查包括柱塞偶件、出油阀偶件及进回油阀偶件的密封性检查。如其中之一的密封不良,则影响喷油泵的高压供油性能及供油量。通常,密封性检查可按以下顺序进行:

(1)综合检查。在喷油泵高压油管接头处装压力表,手动泵油至达到说明书规定的泵油力时停止泵油,按住泵油手柄不动,观察压力表指针。此压力读数若能在说明书规定的时间(一般不小于30 s)内保持不降,则认为密封性良好;否则,应按以下顺序继续检查。

(2)出油阀密封性检查。操作过程基本同上,区别在于停止泵油时应放松泵油手柄。由于泵油手柄松动,柱塞自然下行。这时若压力表读数基本不变,则认为出油阀密封性良好;否则,出油阀应予换新或取出出油阀。

(3)进、回油阀密封性检查。取出出油阀后重复第(1)项检查。若压力下降很快,则说明进、回油阀或柱塞偶件漏油。鉴别方法是在研磨进、回油阀并取得满意效果后再重复此项检查。若密封性明显改善,则说明原进、回油阀密封性不良;若密封性仍无改善,则说明柱塞偶件密封性不良,柱塞偶件应予换新。

通常,阀偶件密封不良可用研磨法修复;出油阀座和柱塞套筒之间的配合面如密封不良可分别在水平的玻璃板或平台上研磨,使密封性恢复。此外,套筒与泵体之间的密封性亦不可忽视,此处漏油可在泵体下部查出。

2. 供油定时的检查与调整

供油定时的检查方法因机型而异,在柴油机说明书中均有专门说明。以下介绍几种在船舶上使用的方法:

(1)冒油法。首先将柴油机盘车至喷油泵供油点附近,检查时拆下喷油泵上的高压油管,并接上有助于清晰观察液面变化的玻璃管接头。然后将燃油手柄置于标定供油位置,手动喷油泵柱塞使燃油在玻璃管中上升到一定可见高度。缓慢盘车同时注视玻璃管中液面位置。液面刚上升的时刻即为供油时刻,此时停止盘车。曲轴飞轮上的指示刻度即为相应的供油提前角。对多缸机可按发火顺序依次检查。

(2)照光法。对于大型回油孔终点调节式喷油泵,若套筒上进、回油孔高度相等时,可拆下泵体上与之相对的螺钉缓慢盘车,从油孔中观察柱塞的运动,并在对侧的螺孔处用手电筒照明。当柱塞上行到刚将回油孔封住而看不到光线时立刻停止盘车。此时飞轮上的刻度为该泵的几何供油始点。

(3)标记线法。有些柴油机油泵的泵体上有上下两条固定刻线,而柱塞导筒上有一条滑动标线。盘车时滑动标线与泵体下标线重合时刻为柱塞在凸轮基圆时刻。滑动标线与上标线重合的瞬时即为喷油泵的几何供油始点。

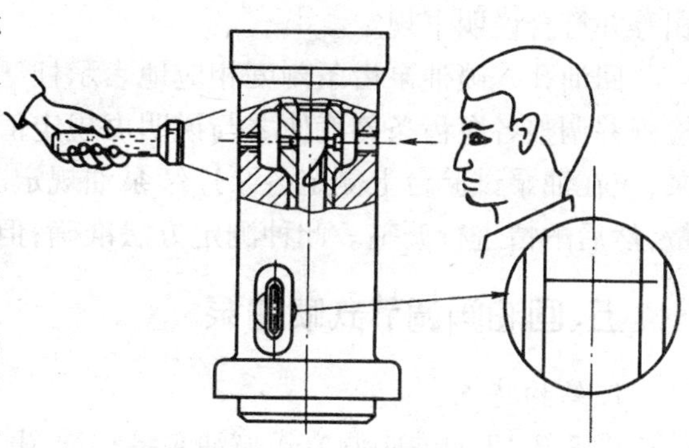

图 2.3-17　用照光法测量定时

根据喷油泵的工作原理和喷油泵的传动结构,改变喷油泵供油定时的调整方法一般有下列三种。

(1)转动凸轮法。各种类型的柴油机,安装凸轮的凸轮轴与曲轴按固定速比(1:1 或 1:2)传动;无论是齿轮传动还是链传动,只要改变两轴的相位,即改变了燃油凸轮的相位,喷油泵的供油定时也发生改变。对于整体式凸轮轴(小型柴油机)调节整机的供油定时,可松脱油泵凸轮轴连接法兰盘,转好调节角后再重新连接。此做法的规律是:凸轮轴相对曲轴超前时,供油提前;反之则滞后。对于装配式凸轮轴(大中型柴油机)调节单缸的供油定时,可直接转动燃油凸轮的安装相位。沿凸轮轴正车方向转动凸轮,定时提前;反之,定时滞后。

(2)升降柱塞法。此法多用于中小型柴油机回油孔调节式喷油泵。柱塞上升时定时提前;反之则滞后。柱塞的升降是通过调节顶动柱塞的顶头高度来实现的:在顶头上装有调节螺钉,螺钉的旋入或旋出改变了顶头的高度。调节前后需松动或紧固锁紧螺母。

(3)升降套筒法。此法多用于大中型柴油机回油孔调节式喷油泵。套筒上升时定时滞后;反之则提前。套筒的升降有三种途径:一是套筒上端设有一组调节垫片,减少垫片即升高套筒,供油定时滞后;二是在泵体下端设置多个调节垫片,增加垫片或增厚垫片使套筒升高,供油定时滞后;三是在套筒下部设螺旋套,用定时齿条拉动使套筒升降。

在上述三种供油定时的调节方法中,均未改变柱塞的有效行程,这也是供油定时调节的基本原则。它们对凸轮有效工作段的影响不同:转动凸轮法未改变凸轮的有效工作段,而柱塞升降法及套筒升降法均相应改变了凸轮的有效工作段,供油规律相应改变。

需要说明的是,除了转动凸轮法适用于所有类型的喷油泵以外,应用升降柱塞法和升降套筒法时,应根据不同类型的喷油泵并参照其说明书进行。

3. 供油量的检查与调整

在多缸柴油机中,当油门手柄置于某固定位置时(标定油门)各缸供油量应该均等,以保证各缸负荷均匀。此要求已在柴油机出厂调试中予以保证。按有关规定,在全负荷时各缸供油量的不均匀性应小于5%。当柴油机长期运转后或柴油机的喷油系统拆检后,各缸供油均匀性将发生变化,需进行调整。通常,供油量的检查包括停油位置和供油均匀性检查。

(1)停油位置检查与调整。停油位置或“0”位检查是当油门手柄处在停车位置时,各缸喷油泵的供油量应为零,以保证可靠停车。回油孔式喷油泵的油量调节齿条上有刻度,表示供油量多少。只要喷油泵安装正确,当齿条在小于刻度位置“2”时,就能保证喷油泵供油量为零。因此,在燃油手柄放在停车位置时,各缸喷油泵齿条都应处在刻度范围“0 ~ 2”内。如齿条刻度不符合要求,可通过转动齿条与油量调节杆连接处的调节螺栓调节。

(2)供油均匀性检查与调整。燃油手柄置于标定油门,测量并保证各泵柱塞的有效行程相等并符合说明书规定。

回油孔式喷油泵齿条刻度相应地表示柱塞有效行程的大小。当燃油手柄置于标定位置，检查并调整各泵齿条刻度使之与说明书规定值相等。对于中小型柴油机所使用的组合式喷油泵，应在油泵试验台上测定各泵连续泵油规定次数（如100次）时在专用计量筒中的累计供油量，然后酌情进行调整。此种测定方法准确，但需专用喷油泵试验台。

五、回油阀调节式喷油泵

1. 结构特点

图2.3-18 回油阀调节式喷油泵结构简图。从图中可以看出，回油阀调节式喷油泵的柱塞3上不设直槽、斜槽与环槽，在泵体中设有进、回油阀7以调节柱塞的有效行程。进、回油阀由柱塞通过摆杆10驱动。

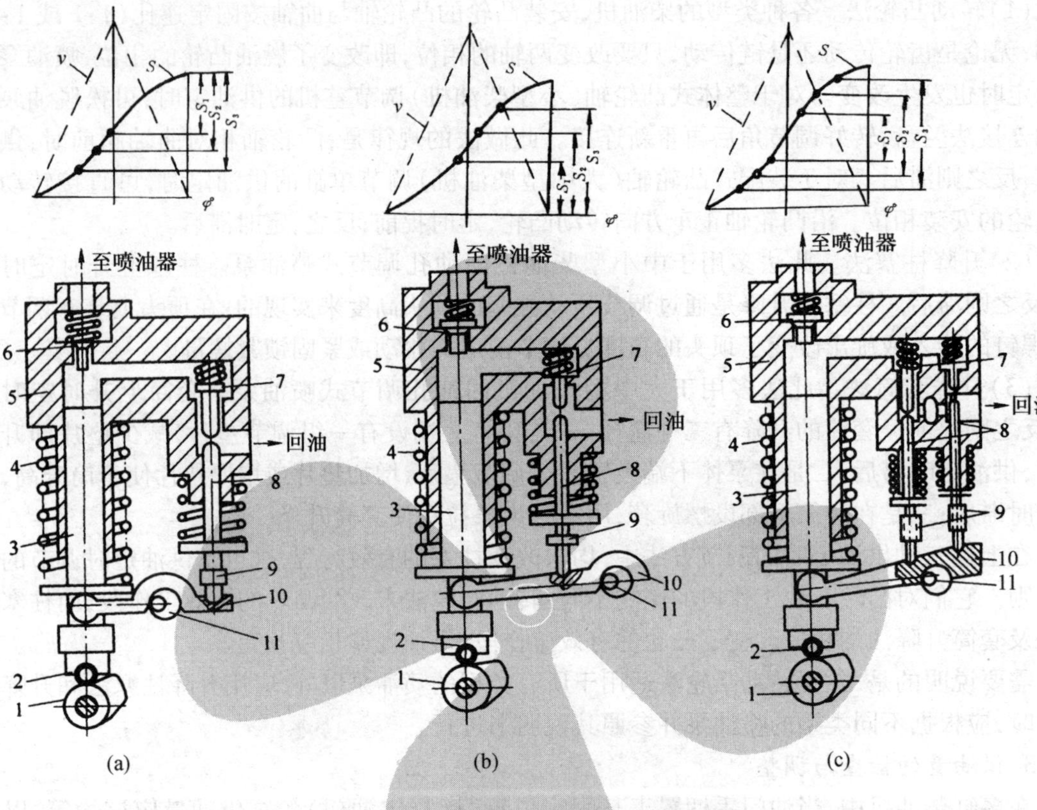

图2.3-18　回油阀调节式喷油泵结构简图

1—凸轮；2—滚轮；3—柱塞；4—弹簧；5—泵体；6—出油阀；7—进、回油阀；8—顶杆；9—调节螺钉；10—摆杆；11—偏心轴

2. 工作原理

图2.3-18(c)为始终点调节式。其回、进油阀分列在偏心轴11（支点）左右两侧，由柱塞通过摆杆10和顶杆8顶动。柱塞位于凸轮1基圆时，右侧进油阀被顶杆8顶开，而左侧回油阀关闭，泵腔经进油阀进油。柱塞上行初期泵腔内燃油经开启的进油阀回油，出油阀6不开，无供油排出。当柱塞上行到进油阀落座时刻（此时回油阀尚未打开）即为泵油始点，出油阀开启对外供油。当柱塞上行至回油阀开启时刻，泵腔内燃油经回油阀回油，为泵油终点。此期间内柱塞上行的行程为柱塞的有效泵油行程。此后，柱塞上行至最高位置，泵腔内燃油经回油阀回

油。柱塞下行,泵腔经进、回油阀充油直至柱塞最低位置(凸轮基圆)。转动偏心轴 11 可同时改变进油阀关闭时刻与回油阀开启时刻,即同时改变了供油始点与终点,故此种喷油泵为始终点调节式。若去掉偏心轴 11 左侧的回油阀,保留右侧的进油阀,如图 2.3-18(a),则当转动偏心轴时供油始点变化而供油终点(柱塞最高位置)不变,即为始点调节式。同理,若保留回油阀而去掉右侧的进油阀,如图 2.3-18(b)所示,则为终点调节式。

若把各泵的偏心轴 11 用一拉杆与油门手柄连接,则拉动油门手柄可同时调节各缸的供油量,此为总调;在油门手柄固定不动的情况下,调整调节螺钉 9 的高度即改变顶杆 8 与进、回阀之间的间隙可改变供油始点或终点,即改变单缸供油量,此为单调。若转动偏心轴使进、回油阀在柱塞的上行行程中均不能同时关闭,则为停车位置。

回油阀调节式喷油泵柱塞偶件密封性好,磨损小,但结构复杂,管理麻烦。通常用于大型低速柴油机上。如 Sulzer 低速柴油机多使用此种喷油泵。

3. 三种调节方法的比较与应用

根据燃烧理论,供油提前角对柴油机的燃烧质量有显著影响,而且最佳供油提前角应随柴油机转速增高而相应加大,以保证燃烧前有足够准备时间。由此,对船用发电柴油机因其负荷变化而转速基本不变,故应采用终点调节式喷油泵较合理。此时当负荷增加时,转速不变,供油定时不变,供油终点延后,供油量增加。而对于变速变负荷的船用主机,则应采用始点调节式或始终点调节式。此时负荷增加,转速升高,供油始点提前(或终点延后),供油量增加,既满足负荷对供油量的要求又满足了转速对供油定时的要求。当船用柴油主机采用高增压后,通常均采用减小供油提前角的调整措施。此时在标定负荷时供油提前角已经很小,如仍采用始点调节式喷油泵,则在低负荷时供油提前角的变化无法保证柴油机仍然有一个正常的燃烧过程。由此,应采用始终点调节式较为合理。如 Sulzer RND、RND—M 型均采用始终点调节式喷油泵。但在使用中发现,如固定始点(即不与油门手柄连接)仅使用终点调节更好,由此现代高增压船用主机以采用终点调节式居多。

4. 回油阀调节式喷油泵的检查与调整

1)零位检查与调整

回油阀喷油泵的供油量取决于进、回油阀同时关闭的时间长短。当燃油手柄置于停车位置时,只要在柱塞上行的全行程中进、回阀不同时关闭,即可实现停车。为此,对此种喷油泵的零位检查应首先测定进、回油阀的关闭和开启时刻,然后再检查其零位。下面以始终点调节式喷油泵为例,说明其零位检查与调整步骤。

①拆下进、回油阀上方的弹簧,拆下柱塞上方的出油阀。

②将燃油手柄置于停车位置,盘车至凸轮最高位置,在进油阀上方装专用千分表并把表的读数调为“0”(即为进油阀关闭位置)。见图 2.3-19 之①所示。

③继续盘车至凸轮基圆,在回油阀及柱塞上方装专用千分表,并把读数调“0”(即回油阀关闭,柱塞处于最低位置)。见图 2.3-19 之②。

④正向盘车,当进油阀千分表读数为 0.02 mm 时为进油阀关闭时刻,停止盘车。

⑤检查回油阀上方千方表,其读数应为某规定数字(如 0.8 mm 以上)。表示该油泵零位正确。如零位不正确(即回油阀千分表读数小于规定值)应酌情调节进、回油阀杆下方调节螺钉 9(图 2.3-18)。

2)供油均匀性检查与调整

供油均匀性检查与调整是将燃油手柄置于标定油门位置,测量并保证各泵柱塞的有效行

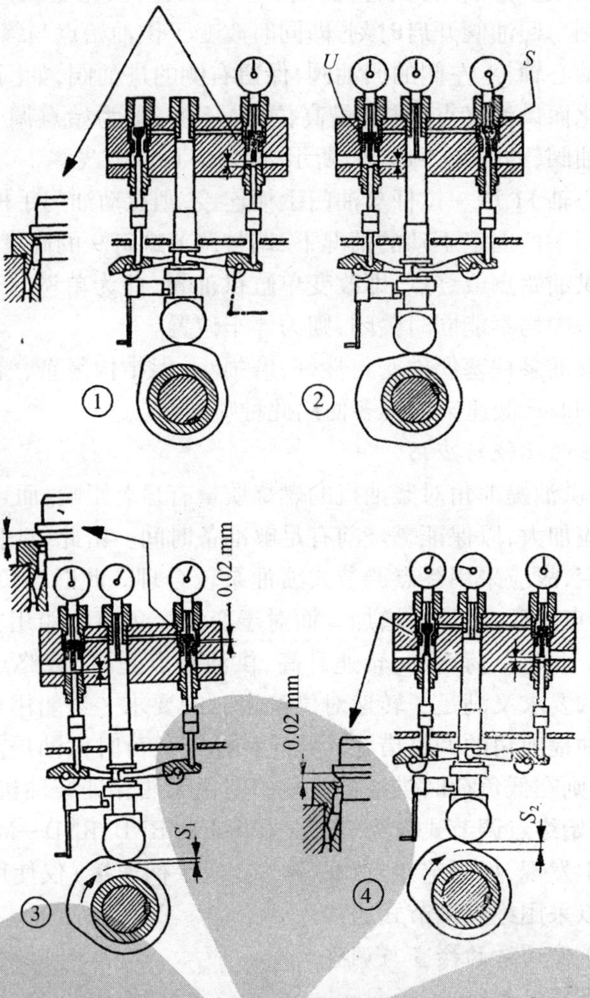

图 2.3-19　回油阀始终点调节式喷油泵供油量检查示意图

程相等并符合说明书规定。

回油孔式喷油泵齿条刻度相应地表示柱塞有效行程的大小。当燃油手柄置于标定位置，检查并调整各泵齿条刻度使之与说明书规定值相等。对于中小型柴油机所使用的组合式喷油泵，应在油泵试验台上测定各泵连续泵油规定次数（如 100 次）时在专用计量筒中的累计供油量，然后酌情进行调整。此种测定方法准确，但需专用喷油泵试验台。

回油阀式喷油泵按说明书规定，以测定各泵柱塞的有效行程 S_e 来检查其供油均匀性。以下仍以始终点调节式为例，说明供油量均匀性的检查方法：

按上述零位检查中①、②、③步骤在进、回油阀、柱塞上方装专用千分表并调零。

②正向盘车，当进油阀千分表指示 0.02 mm 时为供油始点，停止盘车。此时柱塞上方千分表读数 S_1 为无效行程，如图 2.3-19 之③所示。此时，飞轮上的刻度即为供油提前角。

③继续盘车至回油阀上方千分表读数为 0.02 mm 时为供油终点（回油阀开启），停止盘车。柱塞上方千分表读数为 S_2，如图 2.3-19 之④所示。飞轮处刻度即为供油结束角。

④柱塞有效行程 $S_e = S_2 - S_1$。各缸喷油泵柱塞有效行程 S_e 的差值应小于 0.2 mm，才能保证各缸供油均匀。

如 S_e 值不符合规定值，应视供油始、终点的变化酌情调节进、回油阀杆下方的调节螺钉 9，如图 2.3-18 所示。

六、喷油器的结构和工作原理

喷油器的作用是把喷油泵排出的高压燃油以雾状喷入气缸，以利于形成可燃混合气。喷雾油束要与燃烧室形状匹配以利于形成可燃混合气。喷油器头部与高温燃气接触，工作条件极为苛刻。对喷油器的要求主要有：保证良好的雾化质量和合理的油束形状；喷油开始和结束应利落、无滴漏和二次喷射等异常喷射现象。

喷油器分为开式和闭式两大类。开式喷油器结构简单，但雾化质量和喷射性能较差，目前已很少使用。闭式喷油器利用液压起阀原理，当作用在喷油器针阀承压锥面上的油压超过喷油器弹簧预紧力时针阀开启，高压燃油从喷孔中喷入气缸雾化。由此，闭式喷油器可保证良好的雾化质量，停油时又能迅速断油防止燃油滴漏。因而船用柴油机多使用闭式喷油器，又称液压起阀式喷油器。

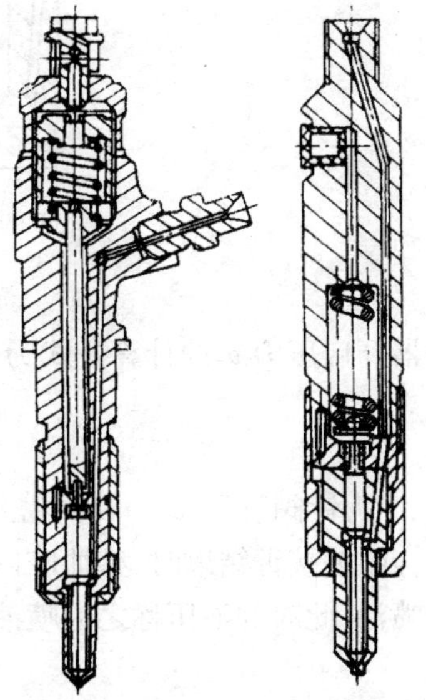

(a)普通喷油器　　(b)低惯量喷油器

图 2.3-20　喷油器的结构

1. 喷油器的结构及工作原理

喷油器的结构如图 2.3-20 所示。高压燃油经进油口引入本体的油道进入针阀的油腔内。通过作用在针阀承压面上的燃油压力控制针阀的启闭。针阀与针阀体圆柱配合面的漏油由回油管接头引出。闭式喷油器的形式繁多。按喷孔数目可分为单孔式和多孔式(2～9 个)，喷孔直径在 0.25～1.25 mm；所有开式燃烧室柴油机均采用多孔喷油器。多孔喷油器也有许多不同的形式，如冷却式、非冷却式，弹簧上置式[图 2.3-20(a)]、弹簧下置式[图 2.3-20(b)]等。

喷油器中的主要部件是针阀偶件，它由针阀和针阀体组成。针阀由弹簧预紧。当作用在喷油器针阀承压锥面上的油压超过喷油器弹簧预紧力时，针阀开启，高压燃油从喷孔中喷入气缸雾化，此燃油压力称起阀压力。当作用在喷油器针阀承压锥面上的油压低于起阀压力时，针阀关闭。喷油器针阀密封座面以下的容积称之为压力室容积。喷油结束时，针阀座关闭，但压力室中存有燃油，且此部分燃油靠高温蒸发在无喷射状态下进入燃烧室内燃烧，燃烧不完全，使经济性、排放指标恶化。因此，压力室容积应尽量小。

针阀结构如图 2.3-21 所示。2.3-21(a)为单孔式喷油器针阀，2.3-21(c)为单孔轴针式喷油器针阀。单孔式喷油器因雾化质量较差，油束分布不均，一般只用于对喷射质量要求不高的涡流室式和分隔式燃烧室中。2.3-21(b)为多孔式喷油器针阀。

对于强化程度较高的中、低速柴油机，大多使用冷却式喷油嘴。这种喷油嘴在针阀体内部布置有冷却液通道用以冷却，这种冷却方式称为内部冷却。冷却液通常采用淡水或燃油。淡水导热系数大，冷却效果好。用燃油冷却无需专门密封，系统较为简单。目前，新型大中型柴油机普遍采用燃油冷却。

2. 喷油器的调整参数

喷油器针阀由调压弹簧紧压在针阀体密封座面上，压紧力由预紧力和弹簧刚度决定，燃油压力作用于针阀在盛油槽内的承压面上。当燃油压力达到开启压力 p_0时，针阀上升而开启。

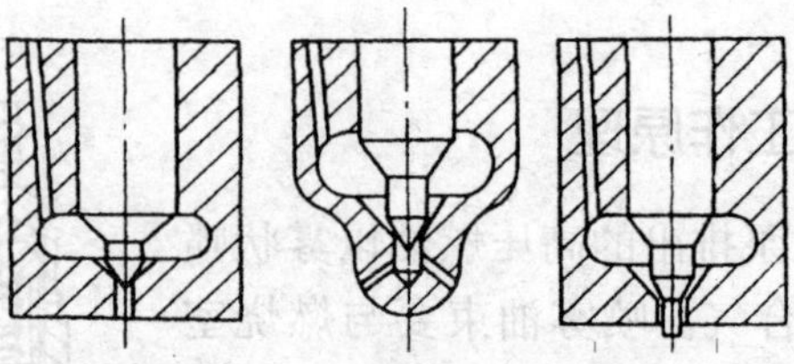

2.3-21　针阀结构示意图

喷油器开启压力 p_0 的计算公式为

$$p_0 = \frac{4F}{\pi(d_n^2 - d_s^2)}$$

式中，d_n 为针阀直径；d_s 为针阀密封座面直径；F 为弹簧预紧力。

当喷油接近结束时，盛油腔内的油压下降，针阀又在弹簧预紧力的作用下下行，针阀落座，停止喷油，此时的油压称之为喷油器的关闭压力 p_s。

$$p_s = \frac{4F}{\pi d_n^2}$$

可见，开启压力 p_0 大于关闭压力 p_s，关闭压力越接近于开启压力，则喷雾质量越好。

在喷油系统其他参数一定的条件下，喷油器开启压力的大小决定了喷油系统油压的大小。p_0 越大，则高压油管内的峰值压力 p_N 越高，峰值压力 p_N 一般是 p_0 的 2～4 倍。对轴针式喷油器开启压力 p_0 一般在 12～15 MPa，对中、小功率柴油机用多孔喷油器，p_0 一般为 18～25 MPa，对大功率柴油机用多孔喷油器，p_0 一般在 30 MPa 以上。

3. 典型结构介绍

图 2.3-22 所示是 MAN B&W 柴油机使用的一种非冷却多孔式喷油器。这种喷油器的特点是可以使燃油系统中的燃油经喷油泵进入喷油器本体内循环冷却，最后排至混油柜。当该缸喷射期间，高压的燃油首先使燃油循环回路中断，然后高压燃油进入针阀的油腔内，待达到起阀压力时针阀开启进行喷油。供油结束，油压降低，针阀落座。当油压降低至某规定值，上述燃油循环回路重新接通，喷油器本体的燃油循环重新恢复。这种结构不但省略了单独的冷却系统，而且这种燃油循环在柴油机备车期间可对喷油器进行预热，在运转期间对喷油器冷却并兼有驱气作用。

喷油器内有两个阀，上部是止回阀，由止回阀体 D、止回阀 E、止推座 F 和压力弹簧 G 组成。下部是喷油针阀，由针阀体 A、针阀 B 和止推座 C 组成。燃油由喷油器顶部进入。当柴油机不喷射时，燃油由电动输油泵供给，如图 2.3-22(a)所示，此时由于燃油压力较低，止回阀关闭，即其止回阀 E 封闭燃油下行信道，在止推座 F 的下部有一个旁通孔 H 开启，燃油经此旁通孔在喷油器体内循环后排出。在喷油期间，如图 2.3-22(b)，燃油由高压喷油泵供给，油压大于 1 MPa 时，止回阀被油压抬起 D_1，旁通孔 H 关闭，燃油向下进入下部针阀的油腔内。在燃油压力达到起阀压力时，针阀 B 被油压抬起 D_2，燃油喷入气缸，见图 2.3-22(c)。喷油器起阀压力由弹簧的安装预紧力和有关零件尺寸预先确定，使用中不能进行调节。如需调节则应解体喷油器并换用专用弹簧垫片。

喷油器针阀的下部压力室采用小压力室结构，压力室的容积只有原来的 15%，可以有效地减少有害气体排放和提高经济性。

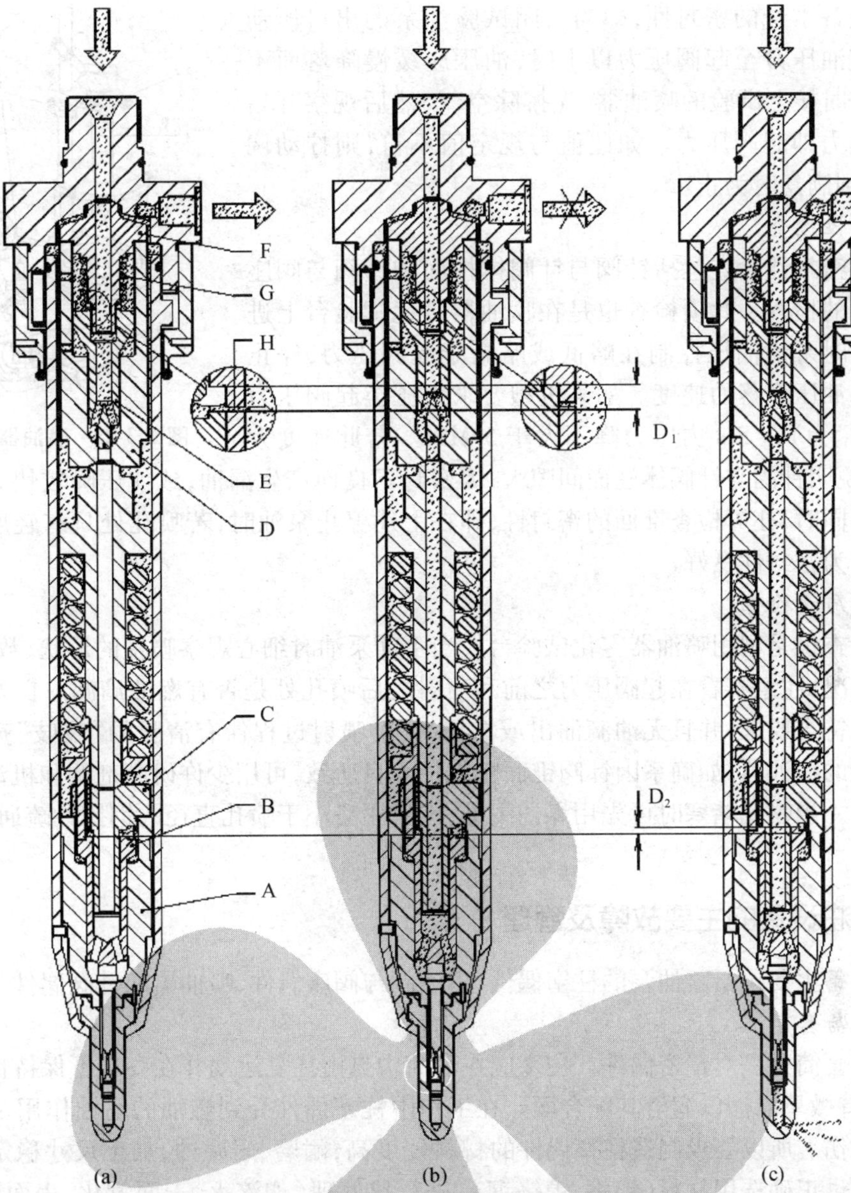

图 2.3-22　MAN B&W MC 型柴油机喷油器工作原理图

七、喷油器的检查调整

根据柴油机的运行状况，对喷油器必须坚持进行定期的预防性检查和不定期的诊断性检查。检查中如发现有不适之处，必须随时加以维修和调节，以保证喷油器始终能提供良好的喷油质量。检查内容包括：起阀压力、雾化质量和针阀偶件的密封性。

1. 起阀压力的检查和调节

起阀压力是喷油器开始喷射时的最低压力，对雾化质量影响很大，所有柴油机说明书中都规定了喷油器的起阀压力。对不同类型的柴油机，其值一般在 20 ~ 35 MPa 之间。喷油器长期使用后，起阀压力可能因调节螺钉松动、弹簧折断或卡滞、顶杆与针阀磨损或卡滞等原因而变动，因此必须经常进行检查。如图 2.3-23 所示，检查所用设备是喷油雾化试验台。检查前必须先检查设备本身的密封性，即当关闭试验油泵的出口压动试验油泵使油压升至起阀压力以上时，油压应缓慢降落而不骤降。检查时接上试验的喷油器，先排除空气，然后观察开始喷油时的压力即起阀压力。如此值与规定值不符，则拧动调节螺钉，直到满意时为止。

2. 密封性检查

喷油器密封性检查包括针阀与针阀体柱面和针阀与阀座两处密封性的检查。此项检查也是在喷油器雾化试验台上进行的。试验时泵油油压控制在略低或略高于起阀压力，停止泵油后观察油压降落的速度。如某机型要求泵压至起阀压力（调弹簧预紧力）在 5 s 内压力降不大于 5 MPa。若此速度大于规范时，说明针阀与针阀体柱面间隙大，因密封不良而产生漏油，致使压降较快。在检查柱面密封性的同时，亦可检查锥面的密封性，即在上述停止泵油时，若喷孔处只有轻度潮湿而无燃油滴漏者为密封性良好。

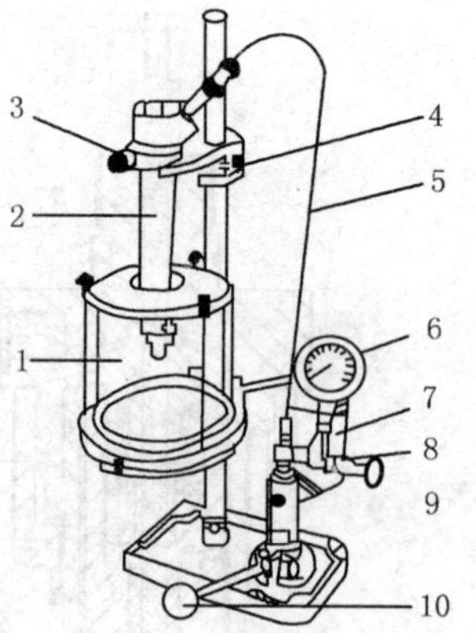

图 2.3-23　喷油器试验台

3. 雾化质量检查

此项检查也是利用喷油器雾化试验台。当手动泵油时细心观察喷柱的形状、数目、油滴细度和分布情况，注意察看在起阀压力之前和喷射之后喷孔处是否有燃油滴漏。良好的雾化质量应是喷柱符合要求，并且无油滴涌出或渗漏，整个喷射过程伴有清脆的"吱吱"声。对于雾化质量不佳的喷油器，如确系因针阀锥面密封性不良所致，可用少许研磨剂调和机油仔细涂在锥面处研磨。当喷孔堵塞时可先用煤油浸泡，然后用略小于喷孔直径的钢探针疏通，必要时换新喷油嘴。

八、喷油设备的主要故障及管理

喷油设备主要包括喷油泵的柱塞偶件、出油阀与阀座偶件、喷油器的针阀偶件。

1. 柱塞与套筒

柱塞与套筒是一对精密偶件。柱塞应在套筒中自由往复运动并在高压下保持良好的密封性，但允许有微量漏油以润滑其配合面。在工作中柱塞偶件受到燃油的腐蚀作用及燃油中所含杂质的擦伤。所以要求制造柱塞偶件的材料硬度高，耐磨、耐腐蚀，加工尺寸稳定性高。这些要求可通过正确选用材料（镍钢、镍铬钢），进行热处理（如淬火、表面氮化、表面渗碳等）以及精密的加工工艺（配合间隙可达 0.002 ~ 0.003 mm，表面粗糙度）等来保证。此偶件不能互换。如需更换应成对换新。柱塞偶件的主要故障有：过度磨损、拉毛、卡紧、咬死以及穴蚀等。

过度磨损使偶件密封性下降，造成偶件漏油，喷油压力下降，雾化不良，以致使各缸供油不均，转速不稳等。过度磨损除与偶件材料及加工有关外，主要取决于燃油质量，如黏度、硫分和机械杂质含量等。当硬质杂质进入偶件配合面时，容易造成偶件拉毛。过度磨损及拉毛多发生在柱塞头斜槽上部配油部位及套筒进、回油孔附近。

卡紧和咬死会引起该喷油泵停止供油而使该缸停止燃烧。卡紧和咬死的主要原因是使用劣质燃油时燃油中所含杂质太多或燃油温度突变。

穴蚀使柱塞表面的金属受到破坏，外形改变，使柴油机性能下降，甚至柱塞损坏。柱塞穴蚀多发生在斜槽的上方，而且以在常用负荷时与回油孔相对的柱塞表面处最严重。发生穴蚀的机理与前述的缸套外表面穴蚀相同。在柱塞的斜槽打开回油孔的瞬时，柱塞上方的高压燃油与回油孔外的低压燃油相通，此时燃油以极高流速冲入回油孔，过大的压力降使燃油气化形成气泡。此气泡在随后的压力升高时发生破裂而在柱塞表面和套筒表面产生穴蚀。该穴蚀现象还可能发生在出油阀偶件、高压油管内表面以及喷油器针阀偶件表面。

防止喷油设备穴蚀的主要措施有：(1)选择具有合适形式与参数的出油阀。如采用等压卸载出油阀，或优化等容卸载出油阀的结构。(2)合理控制卸载速度。如提高低压腔进油压力，或在喷油泵回油系统中设置缓冲器以吸收回油系统中的压力波。

2. 阀与阀座

喷油泵中的阀与阀座偶件有两种：一种是出油阀偶件，另一种是进、回油阀偶件。阀与阀座偶件除应保证密封外，阀应能在阀座上自由滑动，以保证及时启闭。阀与阀座在工作中除受到落座时的强烈冲击外，还受到燃油的腐蚀与冲刷作用。因而要求阀件有足够的表面硬度和抗冲击性能，一般选用优质合金钢并进行渗碳或氰化表面处理。

阀偶件的密封面应进行配对研磨，不允许互换。其密封带宽度不应大于0.4～0.5 mm。阀与阀座的主要故障有密封面磨损、阀杆卡紧或咬死。进、回油阀磨损漏泄时，喷油压力降低，影响雾化和燃烧并使供油量减少；出油阀漏泄时，将使循环供油量减少和喷油延迟。密封面磨损可通过研磨修复。进、回油阀杆卡紧咬死其后果因阀的种类及卡紧或咬死的位置而异。如阀杆在开启位置咬死，则进、回油阀不能关闭而导致喷油泵停止供油，单缸熄火。阀杆卡紧或咬死可能因润滑不良，受热不均或阀杆、导套变形所致。

3. 针阀与针阀体偶件

针阀偶件是喷油器中的精密偶件。其工作条件除与喷油泵的柱塞偶件相同外，还受燃烧室高温及针阀落座时的撞击。针阀在针阀体中应能自由上下运动，并有可靠的密封性，允许针阀与针阀体之间有微量漏油以进行润滑。针阀偶件一般采用耐磨性好、韧性好、疲劳强度高以及高温下有足够硬度的材料制成，如滚珠轴承钢、低碳合金钢等。其加工工艺要求高，以保证精确的配合间隙（为0.02～0.04 mm）。另外，针阀与针阀瘥之间也应有良好的密封性，其密封锥面上的密封环带宽度不宜太宽或太窄，通常以0.3～0.5 mm为最佳，而且此环带应位于针阀锥面的上边缘，如图2.3-24所示，以保证针阀升起时有足够大的燃油流通面积，避免节流损失。若针阀座使用中磨损下沉 S，则在针阀升起初期燃油从狭缝中漏出，节流损失大，雾化不良。此为不正确配合，同时，阀座下沉也引起针阀升程增大（针阀升程一般为0.4～1.3mm），使针阀落座时撞击增大。针阀偶件的故障主要有密封面磨损及针阀卡紧咬死等。

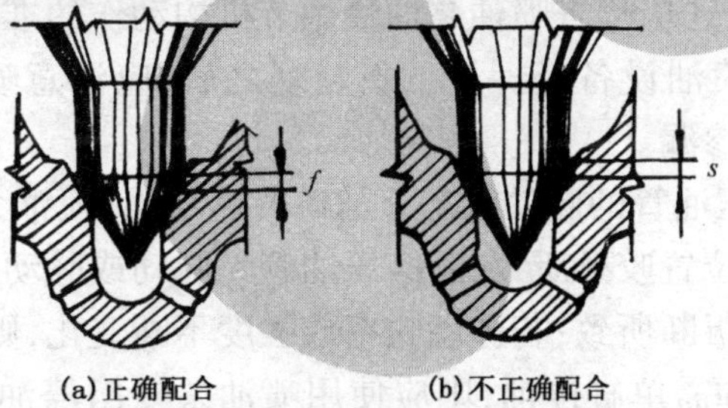

(a) 正确配合　　(b) 不正确配合

图2.3-24　针阀与阀座的配合状态

针阀偶件的密封面有四个，即针阀与针阀体圆柱面、针阀与针阀座锥面、针阀体与喷油器本体端平面以及针阀体与喷油嘴配合平面等。针阀柱面磨损引起喷油压力降低，雾化不良，各缸喷油不均，转速不稳等。主要由燃油质量不佳引起。在有些大型柴油机的喷油器上端面有专设的回油管，管理中可通过此管的回油量判断针阀柱面的磨损程度；针阀密封锥面磨损将引起燃油滴漏，喷孔结炭，该密封锥面磨损原因与出油阀磨损相同，在管理中可通过喷油器的雾化检查加以判断；针阀体与喷油器本体端平面磨损主要由冷却水腐蚀引起，此时高压燃油漏往冷却水引起雾化不良，管理中可通过喷油器冷却水箱中有无燃油加以判断。上述磨损除针阀柱面磨损外，其他各处磨损均可用研磨法修复。针阀在针阀体中卡紧或咬死时，针阀不能及时启闭或不能启闭，此时该缸发火不正常，甚至单缸熄火，转速下降。若针阀在关闭状态咬死，将同时使喷射系统中油压剧增，高压油管脉动强烈，高压油管接头漏油或破裂，喷油泵发热并有异常响声。若针阀在开启状态咬死，将同时伴有高压油管无脉动，燃油未经雾化喷入气缸。在管理中可通过上述迹象，尤其通过高压油管的脉动状态加以判断。针阀卡紧咬死的主要原因有：燃油中含有机械杂质、油温突变、喷油器冷却不良而过热以及安装不良等。

4.喷油嘴

喷油器下端钻有喷孔并伸入燃烧室的零件称喷油嘴或称雾化头。它不但受到燃油的冲刷、腐蚀而且还受到缸内的高温燃气作用。中小型柴油机喷油器的喷油嘴多与针阀体一体；大型柴油机的喷油嘴多与针阀体分开制造。喷油嘴中喷孔的数目与位置应与燃烧室匹配，以保证燃油雾化良好并与空气混合均匀。喷油嘴的主要故障有喷孔堵塞、磨损以及裂纹等。

喷孔在使用中将因燃油的冲刷及腐蚀使直径增大，此时将破坏油束与燃烧室的匹配。当孔径增加10%时（用专门的器具测量），该喷油嘴应予以换新；喷孔堵塞大多由结炭引起。喷孔内外结炭主要是由雾化头过热引起的。喷孔结炭不仅破坏了油束与燃烧室的匹配关系，而且此结炭引起火焰逐渐移近喷孔，并加速了喷孔的堵塞，形成恶性循环，最后使喷孔堵塞。喷孔堵塞会使喷射持续期加长，后燃严重并出现二次喷射。喷油器冷却不良而过热是喷孔结炭堵塞的主要原因。如喷油嘴过热，当燃油流经喷孔时在孔内必生成结炭。喷孔外喷油嘴表面结炭大多与针阀密封不良或关闭不及时形成滴漏有关。喷油嘴裂纹主要是由高温引起。

前述喷油泵和喷油器的检查和调节应属喷油设备日常管理的最重要内容。此外，尚应注意下列事项。

(1)对喷油设备需要适时进行拆检和试验，查出隐患和缺陷，及时排除。拆检时须注意清洁，清洗只准使用轻柴油（或煤油），擦拭时不得使用棉纱。装复时注意正确定位，注意各密封面处的结合，注意有关装配记号。

(2)备车时应对各缸油泵逐个进行手动泵油，以便润滑柱塞偶件和一并观察柱塞及其相关运动件的灵活性。此外，还应检查喷油泵油量调节机构动作的准确性和可靠性。

(3)长期停车之后或喷油设备经拆检重新装复之后，应注意喷油设备及燃油系统放气。喷油设备各处不得有燃油渗漏。

(4)运转中应注意高压油管的脉动状态。脉动突然增强，喷油泵有异响发出，则多为喷油器喷孔堵塞或针阀在关闭位置咬死所致；若高压油管无脉动或脉动微弱，则系柱塞或针阀在开启位置咬死或喷油器弹簧折断所致；若脉动频率或强度不断变化，则柱塞有卡滞现象。

(5)在柴油机运转中如需单缸停油，则应使用喷油泵专门停油机构抬起该油泵柱塞。不可关闭喷油泵燃油进出口阀，以免柱塞偶件断油缺乏润滑而卡死。

(6)应注意喷油器冷却系统的工作状况，确保喷油器可靠冷却，防止过热。定期检查喷油器冷却水循环柜内的水质变化，如混有柴油，则表示喷油器内有漏油现象。

(7)喷油器装入气缸盖前应检查与缸盖配合座面的密封性，必要时需清洁与研磨，以防止燃气漏出烧毁喷油器；喷油器在缸盖上的固紧螺母不可预紧过度，应按说明书规定的预紧力或按固紧螺母上的标线预紧。

(8)注意缸内燃烧过程的变化。如从排烟颜色、排气温度、示功图等的不正常变化,判断喷油设备的工作状况。必要时应酌情进行调整。

九、可变喷油定时机构(VIT)的特点和作用

当代新型船用柴油机近十多年来,在提高经济性方面取得了巨大的成效,发展了多种节能措施。在这些措施中,最重要的是提高最高爆发压力。一般地说,爆压 p_{max} 与燃油消耗率 b_e 密切相关,p_{max} 上升则 b_e 下降。目前 p_{max} 已增大至 13 ~ 15 MPa,甚至 18 MPa。通常这么高的爆发压力只有在标定负荷时才能达到,而在部分负荷时,由于供油量减少,最高爆发压力也随之降低,使其经济性相应下降。而作为船舶主机,考虑到航速及功率储备,其在标定转速下的装配功率为 80% ~ 90% 标定功率,也就是说柴油机在船上的常用续航负荷并不是额定负荷,而是部分负荷,这就意味着在续航负荷下柴油机的经济性有所下降。为此,当代新型船用二冲程柴油机的喷油泵均配备了可变喷油定时机构(Variable Injection Timing Unit,简称 VIT),保证当负荷改变时,随着喷油泵喷油量的改变能自动调整其供油提前角,使得柴油机在部分负荷运行时仍有较高的最高爆发压力,以改善部分负荷的经济性,同时在高负荷运转时又能控制其最高爆发压力不超过标定值。

显然,VIT 机构将随着喷油泵的不同而有不同类型,但其工作规律都是相同的,即该机构受柴油机调速器输出轴的控制,在调节喷油泵供油量的同时,自动地按最高爆发压力的要求调节其供油定时。目前,船用低速柴油机的 VIT 机构主要有以下三种。

1. MAN B&W MC/MCE 柴油机使用的定时齿条机构

该机构主要由位置传感器、位置伺服器和定时齿条组成。如图 2.3-25(a)所示。该机型使用回油孔终点调节式喷油泵,其喷油泵调节机构有两根齿条:其一在油泵下部为油量调节齿条,其二在油量调节齿条上方为定时调节齿条。这两根齿条均由调速器调节轴控制。当调速器输出调节动作时,在拉动油量调节齿条调节供油量的同时,通过杆件改变位置传感器控制空气输出压力(该控制空气由气源单独供应),该输出控制空气使位置伺服器(每缸一个)中的活塞动作,从而拉动定时调节齿条动作。定时齿条与油泵下部的齿套螺母外部啮合,齿套螺母内有梯形螺纹与喷油泵套筒下部的梯形螺纹啮合。所以在定时齿条移动的同时,通过齿套螺母使喷油泵套筒上升或下降,从而改变了供油定时。

这种机构的调节特性如图 2.3-25(b)所示。在柴油机 50% P_b(标定功率)以下时,喷油提前角 θ 最小,VIT 机构不起作用,当负荷由 50% 增至 78% P_b 时,θ 相应增大,在 78% P_b 时最高爆发压力 p_z 达最大值 p_{zmax}(标定值),此时的 θ 亦达最大值,当负荷由 78% 增至 100% P_b 时,为保持最大爆发压力 p_{zmax} 不变,θ 逐渐减小,至 100% P_b 时,θ 恢复至标定值。

2. Sulzer RTA 型柴油机使用的 VIT 凸轮机构

该机型使用始终点调节回油阀式喷油泵。其 VIT 机构主要由 VIT 凸轮和燃油质量调定杆组成,如图 2.3-26(a)所示。VIT 凸轮设在以喷油泵进油阀偏心轴单臂端为支点的十字摇臂的一端。十字摇臂的另外三个端点分别与调速器油量调节轴、喷油泵回油阀偏心轴、拉伸弹簧相接。VIT 凸轮设有精心设计的曲线槽,凸轮的工作位置取决于调速器油量调节轴和固定在燃油质量调定折角摇臂上且控制凸轮曲线槽的导销的位置。柴油机负荷改变时,调速器油量调节轴带动十字摇臂转动,使喷油泵进、回油阀偏心轴同步转动,从而使供油始、终点受到叠加控制。当由全负荷降低负荷时,在降低循环供油量的同时,通过 VIT 凸轮使进油阀提前关闭,即

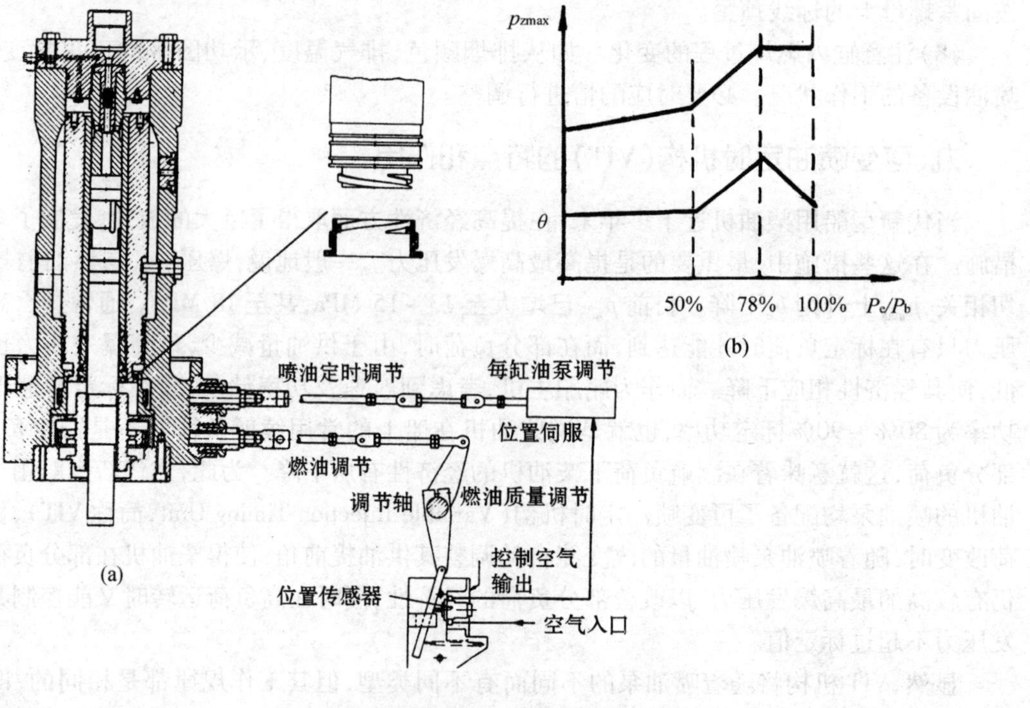

图 2.3-25　LMC 柴油机的 VIT 机构

供油定时提前，且供油终点大幅度提前，保证循环供油量减少以适应负荷变化的需要。当降低至 85% 负荷时，供油提前角最大。此后负荷再降低，供油提前角相应减小。当柴油机使用劣质燃油时，手动燃油质量调定杆，通过折角摇臂上的导销改变 VIT 凸轮的工作位置，以达到改变供油定时的目的。RTA58 柴油机采用 VIT 机构前后的性能对比见图 2.3-26(b)。

从中看到，随着负荷的增加，采用该机构的 RTA 柴油机其爆压 p_z 上升得较快。当 $P_e = 85\% P_b$ 时，p_z 已达 $100\% p_{zmax}$，但此后 p_z 不再增加。p_z 上升较快的原因就在于随着 P_e 增加而加大了喷油提前角。提高爆压又限制爆压是改善柴油机经济性和可靠性的重要措施。由于 RTA 柴油机采用了该机构，明显地改善了部分负荷的经济性，尤其是在常用负荷的 $85\% P_b$ 下运行时，可获得最好的经济性。参见图 2.3-26(b)中的 $85\% P_b$ 负荷下对应的 b_{emin} 值。

3. 柱塞头部的特殊线形

在 L—MC 系列缸径最小的两种柴油机上(L35MC 和 L42MC)，因结构所限，没有采用单独的 VIT 机构，而在柱塞头部上边缘使用特殊双斜槽，使得在转动柱塞调节供油量的同时改变供油定时，以满足 VIT 机构的需求，如图2.3-27所示。这种 VIT 机构也为其他一些中、小型回油孔式喷油泵所采用。

随着电子控制柴油机的问世和不断完善，电控柴油机具有了比 VIT 机构更加灵活和有效的控制方式。目前已逐步取代了 VIT 机构。

十、精密偶件的失效形式与修理方法

柴油机燃油系统中，高压油泵的柱塞和套筒、出油阀和出油阀座、喷油器中的针阀和针阀套是三对极为精密的偶件，称为精密偶件。例如，柱塞、套筒的圆度和圆柱度误差不超过 0.001 mm，工作表面粗糙度 R_a 为 0.1 ~ 0.05 μm，柱塞与套筒的配合间隙有 0.002 ~ 0.003 mm。为了满足柴油机运转时的工作要求，这些偶件还应该具有较高的耐磨性、耐蚀性

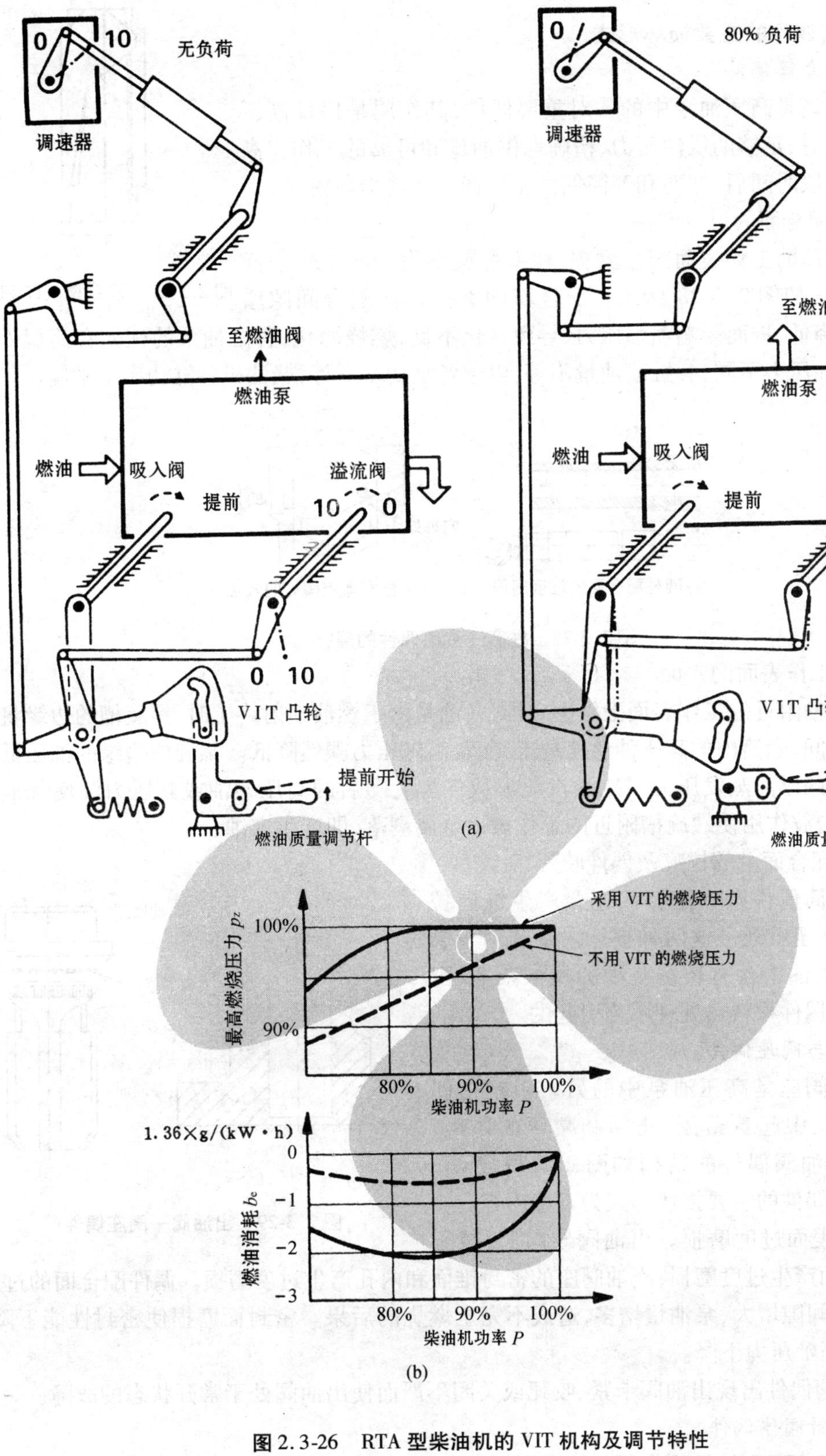

图 2.3-26　RTA 型柴油机的 VIT 机构及调节特性

和尺寸稳定性。

(一)精密偶件的主要损坏形式

1. 柱塞—套筒偶件

柱塞—套筒是高压油泵中的一对重要偶件,其作用是保证高压油泵准确的定时、足够的供油压力、精确地供油量和可靠的工作。高压油泵工作一段时间后,柱塞和套筒偶件主要产生下述损坏内容。

图 2.3-27 双斜槽 VIT 机构

(1)圆柱配合面的过度磨损

柱塞—套筒的工作表面产生磨损,柱塞螺旋槽附近的工作表面磨损尤为严重,如图 2.3-28 所示。配合面的磨损将使配合间隙增大,泵油压力降低,进而影响喷油压力,导致雾化不良,燃烧恶化;各缸油泵的柱塞套筒偶件的磨损不同,泵油压力不同,各缸喷油量不等,以致各缸功率不等,柴油机各缸功率不平衡。

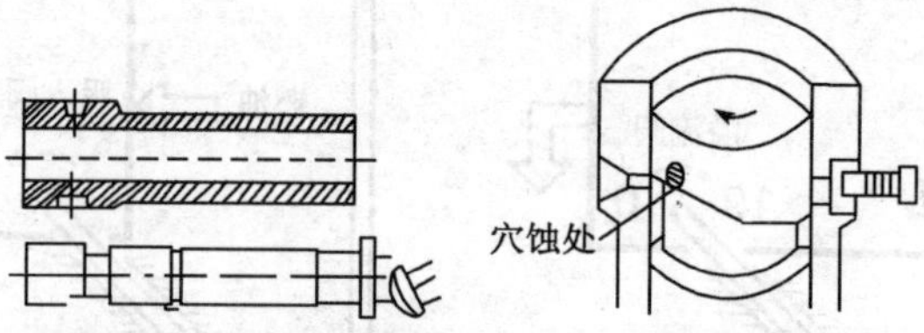

(a) 圆柱配合面的过度磨损　(b) 柱塞螺旋槽处的穴蚀

图 2.3-28 柱塞—套筒偶件的磨损

(2)柱塞工作表面的穴蚀

柱塞螺旋槽附近的工作表面上发生穴蚀,穴蚀是由于燃油喷射终了时,螺旋槽的边缘将回油孔打开的瞬间,套筒内的高压油急速冲出,使套筒内压力骤然降低。螺旋槽边缘的油压低到该处温度对应的燃油蒸发压力时燃油汽化形成气泡。随后的高压燃油或其压力波使气泡溃灭,强大的冲击波作用使螺旋槽附近的工作表面金属剥落,即产生穴蚀。

(3)圆柱配合面上的拉痕及偶件咬死

柱塞—套筒偶件圆柱配合面还会产生纵向拉痕,偶件卡紧甚至咬死。这两种损坏主要是由于燃油净化不良,燃油中含有较多坚硬的机械杂质、配合间隙过小和偶件材料热处理不当引起的。

2. 出油阀与阀座偶件

出油阀—阀座是高压油泵中的另一对精密偶件,在高压油泵中起着蓄压、止回和减压的作用。等容卸载式出油阀偶件的结构如图 2.3-29 所示。出油阀与阀座偶件的主要损坏形式为下述内容。

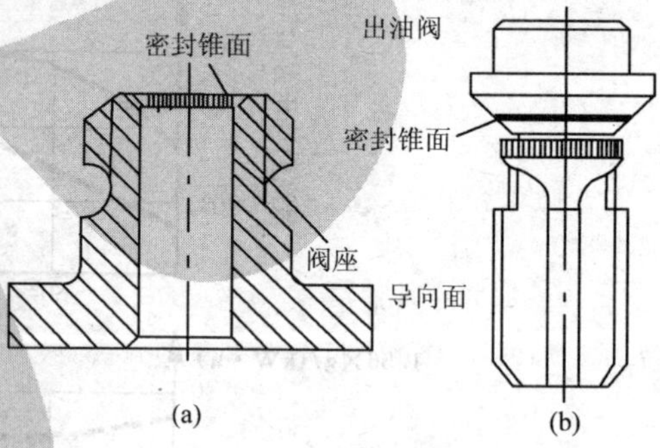

图 2.3-29 出油阀—阀座偶件

(1)工作表面过度磨损。出油阀导向面、减压凸缘、密封锥面产生过度磨损;出油阀座的密封锥面和内孔产生过度磨损。偶件配合面的过度磨损将使配合间隙增大,泵油量增多,造成不完全燃烧的后果。密封面磨损使密封性能下降,高压油回流,喷油压力下降。

(2)出油阀偶件出现出油阀卡紧、咬死或关闭不严而使出油阀处于常开状态的故障。

3. 针阀—针阀体偶件

(1)圆柱配合面和锥面配合面的过度磨损

针阀偶件圆柱配合面过度磨损，使配合间隙增大、喷油压力降低和雾化不良。各缸喷油器针阀偶件磨损程度不同使各缸喷油量不等，从而影响柴油机功率平衡和低负荷运转的稳定性。针阀偶件的锥部配合面是重要的密封面。在正常工作时，为了密封和切断燃油迅速，要求：①针阀的锥角 θ' 较针阀体座面的锥角 θ 大 0.5°～1°，如图 2.3-30（a）所示。②偶件锥面配合面上狭窄的环形密封带（称为阀线）的宽度 h 为 0.3～0.5 mm，如图 2.3-30（b）所示。环形密封带越窄，压强越大，锥面的密封作用和燃油喷射终了时切断燃油的性能就越好。

柴油机运转一段时间后，针阀偶件的锥面配合面会产生过大的磨损，使针阀下沉、环形密封带变宽或不连续或模糊不清，针阀升程加大，针阀与阀座的撞击力增加，使锥面配合面的磨损与损伤更加严重。锥面过度磨损后使针阀下沉，即针阀位置下移，如图 2.3-30（c）所示。

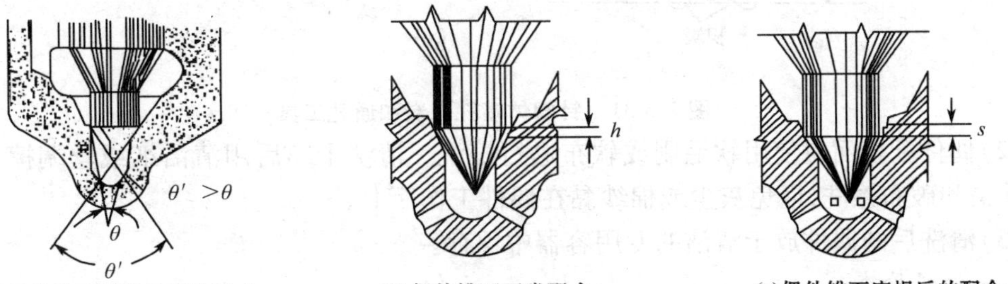

(a)偶件锥面配合角度的要求　(b)偶件锥面正常配合　(c)偶件锥面磨损后的配合

图 2.3-30　针阀—针阀体偶件的配合

(2)针阀体端面腐蚀

针阀体的结构不同，有的针阀体头部带喷孔，另一端为平面，与喷油器本体端面相结合；有的针阀体两端均为平面，一端平面与带喷孔的喷油嘴结合，另一端面与喷油器本体结合。针阀体端面长期使用会因燃油、冷却水使其发生微观电化学腐蚀，从而使其与喷油器本体或喷油嘴结合面处的密封性下降，产生燃油漏泄和油压降低，雾化不良等。针阀体端面腐蚀可以从喷油器冷却水循环水箱中有油星、油迹等现象进行判断。

(3)喷孔磨损与堵塞

针阀体或喷油嘴头部分布着细小的喷油孔，孔径一般在 0.12～1.0 mm 范围之内，喷孔数目为 1～12 个。喷油器的喷油孔直径、数目和分布随机型而异。喷油器工作一段时间后，由于高速、高压燃油的冲刷使喷孔磨损，孔径变大，雾化质量下降；当气缸内燃烧不良、积炭严重时会使喷孔堵塞，孔径变小，甚至堵死。所以，不论是喷孔磨损或堵塞均破坏了燃油雾化及与燃烧室的配合，影响燃油与空气的混合。

针阀体喷孔周围积炭严重时形成炭花，如图 2.3-31（a）所示。这是由于针阀偶件锥面磨损后密封不良或针阀关闭不及时，导致喷孔滴油、漏油黏附于喷孔四周，高温下形成炭花。喷孔周围积炭影响燃油雾化质量，并使针阀体过热损坏。

(二)精密偶件的检验

在精密偶件的各种损坏形式中最常见的是磨损失效。对精密偶件磨损的检验，由于偶件极为精密难于用测量尺寸变化量来掌握磨损程度，同时一些部位也难以进行测量。所以，对于精密偶件是通过密封性检验来了解其磨损程度和判断能否继续使用的。精密偶件检验前应仔细拆卸和清洗。偶件不具备互换性不能分开乱放。

1. 偶件的清洗

采用轻柴油或煤油清洗偶件，并应注意以下几点：

(1)针阀体或喷油嘴的外表面积炭采用钢丝刷清除。清除喷孔周围积炭时切勿损伤喷嘴,如喷孔被积炭堵塞应采用专用通孔工具或钻头疏通喷孔。通孔时,切勿用力过猛,以免通针或钻头断在喷孔内。图 2.3-31(b)为喷孔的通孔工具——通针。

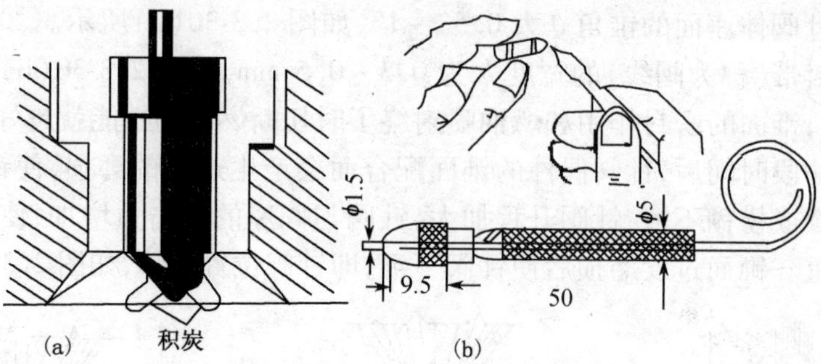

图 2.3-31　针阀体喷孔积炭和通孔工具

(2)偶件配合面应使用软毛刷或软布进行擦洗。清洗干净后用清洁纸或丝绸擦干,不可用棉纱头和破布擦洗,以免灰尘或棉纱黏在偶件工作面上。

(3)清洗后的偶件放于清洁的专用容器中保存。

2. 一般性检查

借助放大镜仔细观察工作表面有无严重磨损、擦伤的痕迹,针阀锥面有无沟槽,喷孔有无变形等;柱塞直槽和斜槽边缘有无剥落和锈蚀;柱塞、套筒有无裂纹等。对于出油阀,主要检查减压凸缘、锥形面有无严重磨损痕迹,出油阀体和座面有无裂纹。如果偶件表面有缺陷,应根据实际情况决定修复或报废。当针阀体喷孔磨损使直径增大 10% 时,应予以换新。

3. 偶件的磨损检验

偶件配合面磨损使其配合精度下降,燃油漏泄,压力降低。生产中可以通过检查偶件的密封性和燃油雾化质量来了解偶件的磨损部位与磨损程度。

1)偶件密封性检验

(1)滑动试验法。是检查偶件密封性的最简便的方法,用以检验柱塞与套筒、针阀与针阀体的圆柱配合面密封性。先用滤清的轻柴油清洗和润滑偶件,然后使偶件于水平面成 45°倾斜放置,针阀自针阀体中拉出 1/3 长度后,针阀在自重作用下缓慢落入阀座;柱塞自套筒内拉出 1/3 配合面长度后,柱塞在自重作用下缓慢地匀速滑下,不得有阻滞现象。若下滑速度缓慢、均匀,表面配合面无明显磨损,密封性较好;若下滑速度太快,则说明偶件圆柱面配合间隙过大,密封性差。对于柱塞可再次试验,但应将柱塞转动 90°。如下滑速度缓慢而均匀,说明柱塞偶件状态良好。

(2)油液降压试验法。油液降压试验法或称为采用燃油漏损定量法,也是检验偶件密封性的一种方法。此外,还有油液等压试验法。油液降压试验法是用在一定时间内燃油的漏损量作为检验密封性的标准,或者用燃油压力下降一定值时所需的时间作为检验标准。柱塞偶件油液降压试验法要求油泵在相当于额定供油量时,油压从 30 MPa 降至 5 MPa 的时间应不少于 20 s,表明柱塞偶件圆柱面密封性良好。

针阀偶件圆柱配合面密封性油液降压试验法:试验前必须进行数次喷油,以排尽系统内的空气。试验时燃油进入喷油器,允许将喷油器起阀压力调整到比规定值高 2 ~ 3 MPa。在起阀压力的油压作用下检查针阀偶件的渗油现象,以手背擦拭针阀头部喷孔周围,手背应无油,表明针阀偶件圆柱面密封良好。

针阀偶件锥面密封性油液降压试验法：检验时，要求在燃油压力比规定的起阀压力低 2 MPa 的油压作用下，在 10 s 内不得有渗漏，允许针阀体孔周围稍微潮湿，但不允许有油液聚集现象。针阀偶件圆柱配合面密封性可与针阀偶件锥面密封性油液降压试验同时进行。

偶件配合面密封性试验是在船上利用喷油器试验装置来完成的，如图 2.3-32 所示。检验柱塞偶件时，将高压油管 5 接到待检验油泵上。检验针阀偶件时，将待验喷油器装于试验装置中，如喷油器 2。试验时，用手动泵 9 供油。

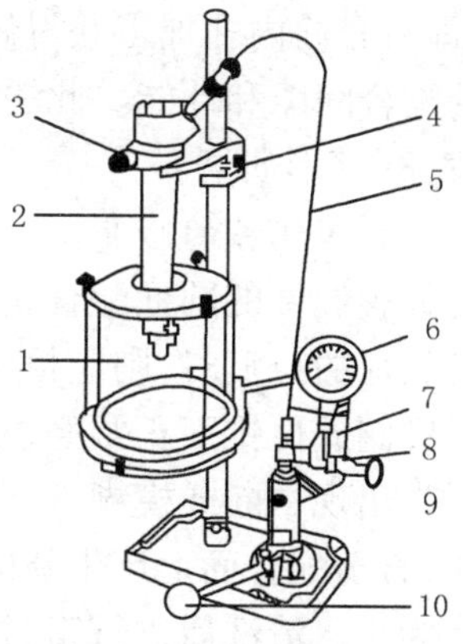

图 2.3-32　喷油器试验装置

1—玻璃罩；2—喷油器；3—支承环；4—支架；5—高压油管；6—压力表；7—储油器；8—截止阀；9—手动泵；10—手柄

2）雾化检验

喷油器雾化试验是对其偶件密封性的综合检验，可与上述密封性试验同时进行。试验时，将起阀压力调至规定值，然后以 40～80 次/分的速度进行喷雾试验，喷雾质量应符合以下要求：

（1）喷出的燃油应成雾状，无肉眼可见的飞溅油粒的连续油柱和局部浓稀不均匀的现象。

（2）喷油开始和终了时声音清脆，喷油迅速、利落。

（3）喷油开始前和终了后不得有渗漏，允许针阀体孔周围稍微潮湿现象。当针阀直径大于 10 mm 时，允许喷孔周围有油液聚集现象，但不得有油滴漏。

喷油器雾化检验十分重要，根据试验时燃油雾化的形状、分布等检验喷油器的质量和分析故障原因。图 2.3-33 的雾化状况分布反映了不同的成因。图 2.3-33（a）雾化不良，是由于喷孔部分堵塞产生滴油现象；图 2.3-33（b）为针阀动作不良产生喷雾方向偏单，油粒粗大；图 2.3-33（c）为针阀锥面磨损，密封性差，在喷雾的同时有滴油现象；图 2.3-33（d）为正常喷射，雾化良好，雾花均匀分布，喷孔周围无滴油现象。

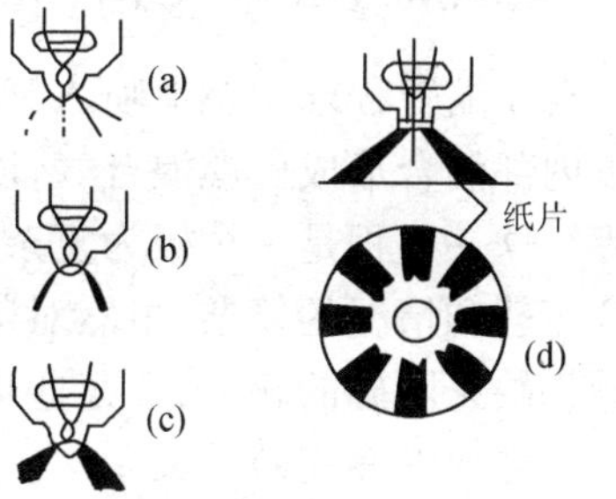

图 2.3-33　喷油器雾化试验的几种情况

（a）喷油孔堵塞；（b）针阀动作不良；（c）针阀锥面磨损；（d）正常喷射

（三）精密偶件的修理

1. 柱塞偶件的修理

柱塞偶件配合面磨损后一般采用以下 3 种方法修复。

（1）尺寸选配法。将一批磨损的柱塞和套筒分别进行精加工和研磨，消除几何形状误差后按加工的尺寸分组配对，互研成新偶件。由于加工后柱塞外径减小、套筒内径增大，重新选配率较低，在同型号、同尺寸可修复的一批偶件中，真正能够重新选配的不足 20%。因此，在船上或当可修复件少时均不宜采用此法。但因其毕竟能使部分报废零件重新使用，故还是有意义的。

（2）修理尺寸法。将偶件之一精加工，然后按修理尺寸配制另一零件以恢复偶件的配合间隙。此法亦可恢复旧零件的使用，较为经济。通常是保留套筒，机械加工消除几何形状误差，按套筒的修理尺寸配制柱塞。因为套筒加工困难，而柱塞容易制造，且柱塞的螺旋槽磨损后难以修复，故用旧套筒配制新柱塞。

（3）镀铬修复。采用镀铬工艺修复偶件使恢复要求的配合间隙，常采用偶件之一进行镀铬，即将套筒内孔加工获得修理尺寸，使柱塞外圆面镀铬达到修理尺寸，互研成对，保证恢复要求的配合间隙和性能。此法效率高，可使90%偶件恢复使用。套筒端面密封不良时可在平板上按"8"字形研磨。

2. 针阀偶件的修复

针阀偶件的圆柱配合面磨损后，可采用修复柱塞偶件的方法修复。若磨损严重或配合面上有较深的拉痕时，则应报废换新。

针阀偶件锥面正常磨损后，锥面上仍保持有环形密封带。若磨损不均匀，则锥面上的环形密封带出现中断或模糊不清。此时可用少量极细的研磨膏涂于针阀锥面上，使之与针阀座面互研，直至配合面上产生新的环形密封带为止。然后不加研磨膏再继续互研，环形密封带恢复正常为止。清洗后进行密封性检验。有时针阀偶件经多次研磨修复，但每次又很快磨损失去密封性，这可能是由于材质不佳或热处理不当造成的。针阀体端面腐蚀亦采用平板研磨修复。

第六节　柴油机的燃烧过程

一、燃烧过程着火条件和燃烧过程的四个阶段

自压缩行程末期燃油喷入气缸，直到在膨胀中燃烧结束的整个燃烧过程中，缸内燃油经历了以内部混合形成可燃混合气，以压缩发火方式形成自燃发火，以及火焰扩散形成燃烧的全部过程。这一过程是一个极为复杂的相互渗透的物理与化学变化过程。由于柴油机燃烧过程时间的短暂和情况的复杂，虽然对柴油机燃烧过程进行了长期的研究，但至今对其中的许多细节问题仍缺乏明确的解释，在某些理论问题上尚存在一定争议。

1. 可燃混合气的着火

燃油喷入燃烧室后，分散成许多细小油滴，这些细小油滴经过加热、蒸发、扩散与空气的混合等物理准备及分解、氧化等化学准备阶段后，即自行着火。

研究着火现象的最简单模式是研究一个油滴悬置于静止热空气中的着火情况。图2.3-34为单个油滴着火过程示意图。

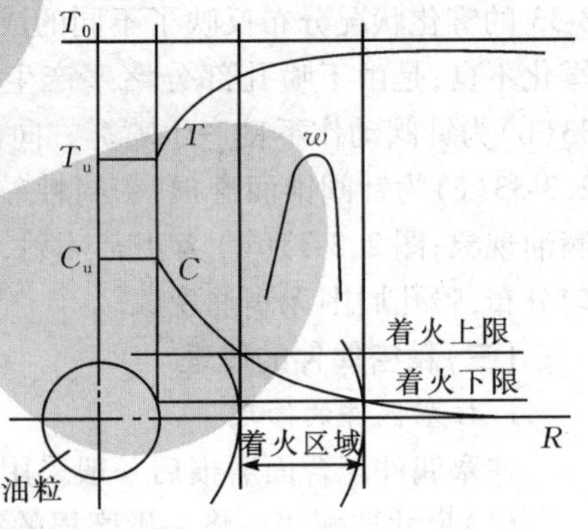

图2.3-34　单个油滴着火过程示意

燃烧室中空气的温度为T_0，油滴受热后温度升高，同时表面开始蒸发，并向四周扩散，与空气混合，在油滴外形成一层燃料与空气的混合气。接近油滴表面的混合气燃空比高，由于蒸发需要吸收气化潜热，所以这里的温度T较低。随着离开油滴表面距离的增加，混合气的燃空比降低，温度升高。试验表明，着火点不在燃空比较高的油滴表面附近，也不在远离油滴表面的高温区，而是距油滴表面一定距离、混合气浓度适当而温度足够的部位，这里的反应速率w较高。

由此可知，着火需要具备两个条件，一是混合气的浓度要在一定范围内（称为着火范围或着火界限），超过这一界限将不能着火。二是混合气一定要达到某一临界温度，低于这一温度也不能着火。在柴油机中的可燃混合气着火比上述情况复杂得多。因为燃油喷入气缸分散成大小不同的油粒，油粒与空气有相对运动，各点处的温度也不同，各油粒具备的物理与化学条件不同，相邻油粒形成的混合气相互干扰、渗透，在油束外围直径很小的油粒附近，虽因其蒸发

快而使浓度适当,但其温度较低或化学准备不足而不会着火,油束核心处又因其浓度太大也不会首先着火。首先着火的部位是在油束核心与外围之间混合气浓度适当(通常该局部 $\alpha \approx 1$)和温度适当处。由于在缸内符合此要求的部位不止一处,所以可能是多点同时着火,而且各循环的着火点也不尽相同。当火核形成之后,火焰即向四周传播形成稳定的燃烧。传播路径与速度仍然取决于可燃混合气形成的状态以及空气的扰动。如果个别火焰中心在传播途中遇到不合适的可燃混合气(如浓度过浓或过稀),则火焰传播中断,同时其他部分的混合气可能形成火焰核心并向四周传播。

2. 燃烧过程

柴油机的燃烧过程可以用不同的方法进行研究,但最简便、更实用的方法是通过展开的示功图(即 $p-\varphi$ 图)和 $T-\varphi$ 曲线分析。因为燃料燃烧后,气缸中压力和温度不断升高,它们是反映燃烧进行情况的重要参数。典型的 $p-\varphi$ 图和 $T-\varphi$ 图见图 2.3-35。根据燃烧过程的进展特点,一般可把燃烧过程人为地划分为四个阶段。

第Ⅰ阶段为着火滞燃阶段自喷油始点 A 至着火点 B;第Ⅱ阶段为速燃阶段——自着火点 B 至最高压力点 C;第Ⅲ阶段为缓燃阶段——自最高压力点 C 至最高温度点 D;第Ⅳ阶段为后燃阶段——自最高温度点至燃烧终点。

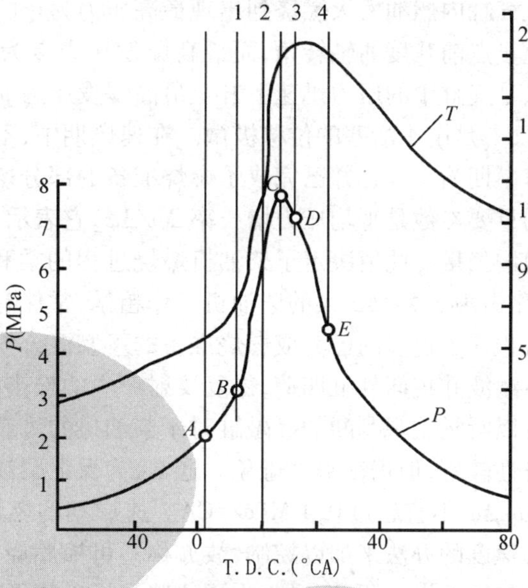

图 2.3-35　燃烧过程 $p-\varphi$ 和 $T-\varphi$ 曲线

(1)滞燃阶段(A—B)

燃油从 A 点喷入气缸,这时虽然气缸中空气的温度一般高于在当时压力下燃油的燃点,但燃油并不能立刻燃烧。从 A 点至 B 点,气缸内的压力基本与压缩线重合,直到 B 点因压力急剧上升才离开压缩线。B 点是发火点,因此从 A 点至 B 点称为燃烧过程的滞燃期。滞燃期的长短可用滞燃角φ_i(°CA)表示,亦可用滞燃时间 τ_i度量,即

$$\tau_i = \varphi_i/60(s)$$

式中,n 为柴油机转速,r/min。

一般柴油机 $\tau_i = 0.001 \sim 0.005$ s,在有些情况下甚至可缩短到 $\tau_i = 0.0005$ s,但不可能使 $\tau_i = 0$。

在滞燃期中,燃油进行着一系列发火前的物理和化学准备。此间喷入气缸的燃油量称为滞燃量 Δ_i,一般低速机的 $\Delta_i = 15\% \sim 30\% \Delta g_i$,而有的高速机可使 $\Delta_i = 80\% \sim 100\% \Delta g_i$($\Delta g_i$为循环喷油量)。燃油在滞燃期内没有产生明显的燃烧,焰前氧化反应的放热量与物理准备的吸热量基本相等,因此气缸内的压力和温度基本与压缩压力和温度相同。滞燃期气缸内的压力和温度取决于压缩终点的状态。

值得重视的是,滞燃期内形成的可燃混合气的数量决定了后续速燃期燃烧的急剧程度。当滞燃期结束时,滞燃量将立即全部投入燃烧,而且这时活塞接近上止点,气缸容积很小,致使气缸内压力偏离压缩线并迅速达到最高爆发压力。τ_i愈长,Δ_i愈多,一旦发火燃烧,压力就会

突然增高,使柴油机工作粗暴,表现在曲线 BC 段上特别陡峭,而且 C 点也格外地高。严重时会造成敲缸和机件的损坏。τ_i 被视为柴油机运转的重要参数。从避免敲缸和减轻机件负荷的角度出发,τ_i 应愈短愈好。但是 τ_i 必须有一个最小限度,当 τ_i 过短时也会发生不正常燃烧。这是因为当 τ_i 过短时,燃油喷束刚离开喷油器就立即燃烧,使油气和火焰过分集中在喷油器附近,进而造成混合气不均匀而无法实现完全燃烧。严重时造成部分燃油分子在高温下热裂生成炭烟,致使柴油机发不出标定功率。理想的滞燃期应是至少允许燃油喷束在混合气发火前有穿过燃烧室空间到达(或接近)燃烧室壁面的时间。但是一般说来,滞燃期过长是引起柴油机燃烧过程恶化的通病,应尽可能缩短柴油机的 τ_i 值。

(2)速燃阶段(B—C)

从气缸内燃油发火燃烧到出现最高压力为止的这段时期称为速燃期。柴油机的发火点一般在上止点前几度曲轴转角,而最高爆发压力点为上止点后 10°CA ~ 15°CA。这一燃烧时期的特点是气缸中的压力迅速上升至最高爆发压力 p_z。压力之所以迅速上升,一是由于燃烧急剧进行,二是由于活塞的位移极微。在速燃期中,不但烧掉了滞燃期形成的可燃混合气,还烧掉了速燃期喷入气缸并已完成了燃烧准备的部分燃油,燃烧近乎在等容状态下进行。评价速燃期的重要参数是平均压力增长率 $\Delta p/\Delta\varphi$,它表示本阶段内气缸内相应于单位曲轴转角的平均压力增长量。此值决定了柴油机燃烧过程的柔和性。$\Delta p/\Delta\varphi$ 小的柴油机工作柔和,燃烧平稳,无敲击声。$\Delta p/\Delta\varphi$ 大的柴油机工作粗暴,常伴有敲击声。此种敲击是由于 τ_i 过长,Δ_i 过多,气缸中积累了过多的已完成燃烧准备的可燃混合气而瞬间同时燃烧的缘故。这种燃烧在气缸内产生激波并传向气缸四壁,往复反射产生的敲击声,称为燃烧敲缸。由此,燃烧敲缸乃是由管理者以听觉主观判断的。敲缸对于柴油机的可靠性和寿命构成了威胁。虽然敲缸时柴油机的经济性较好,但仍须竭力避免。通常,为保证柴油机的运转平稳性与经济性,其平均压力增长率 $\Delta p/\Delta\varphi$ 不宜超过 0.4 MPa/°CA。速燃期的燃烧速率很难直接用控制该燃烧期燃油与空气混合速度的办法来加以控制,故亦称不可控燃烧期。由于速燃期的可燃混合气主要是滞燃期喷入气缸的燃油所准备的,为了使柴油机工作平稳,应通过滞燃期来影响速燃期,力求缩短滞燃期、减少滞燃量、控制可燃混合气的形成量。滞燃期对燃烧质量起决定作用,因此控制滞燃期是影响燃烧过程的重要手段。此阶段亦称预混合燃烧阶段。

(3)缓燃阶段(C—D)

从气缸内工质出现最高压力到出现最高温度这段燃烧期称为缓燃期。最高温度一般出现在上止点后 20°CA ~35°CA 。在缓燃期中燃烧速度仍然很快,工质温度可迅速上升至最高温度(瞬时温度 1 700 ~2 000 ℃)。在缓燃期中由于燃烧室内已充满燃烧产物和正在燃烧的火焰,燃油油滴喷入气缸即行蒸发燃烧。但此时由于活塞已离开上止点下行,气缸容积迅速扩大,故燃烧燃油量虽多而工质压力却缓慢下降(近似于等压燃烧)。该燃烧期的燃烧速度取决于喷入气缸的燃油分子寻找氧分子的速度,故亦称扩散燃烧阶段。

缓燃期之所以比速燃期的燃烧速率缓慢,是由于此时燃烧室中的废气和燃烧中间产物增多而氧分子变少,燃油分子与氧分子进行反应的机会减少的缘故。在这一时期中燃油分子有可能在氧分子不充分的条件下进行燃烧,容易发生燃油分子的热裂而产生黑烟,影响燃油燃烧的经济性和排气净化问题。缓燃期的主要矛盾是油气得到氧分子的速度赶不上燃烧速度的需要而发生不完全燃烧。此燃烧期的长短主要取决于负荷大小,亦称可控燃烧期。

据试验资料,缓燃期燃烧的燃油量为 40% ~60% Δg_i,连同速燃期燃烧的燃油量总计为 80% Δg_i 左右。速燃期和缓燃期构成了燃油明显燃烧时期,故统称为主燃期。

(4)后燃阶段(D—E)

后燃是燃烧过程在膨胀行程中的继续。其原因有二:一是在缓燃期中难免有一部分燃油因遇不到足够的氧分子而来不及燃烧或燃烧不完全,二是部分燃烧产物在高温下发生逆化学反应,这些燃烧产物只能在活塞下行、气缸内温度下降后才能重新进行燃烧。因此完全消除后燃现象是不可能的,但应设法使之减轻。后燃期的终点很难确定,随柴油机负荷和燃烧过程进行的情况而异,一般在上止点后80°CA~100°CA。

后燃期因气缸内温度开始下降,活塞下行,工质膨胀比减小,致使燃油燃烧的热效率较低。后燃期的存在使排气温度提高并由此使柴油机机件的热负荷增加。因此,后燃现象愈短愈好。缩短后燃期的措施是加强燃烧室内的空气运动,改善混合气的形成。一般柴油机在低负荷运转时后燃期将缩短,低速机的后燃期短于高速机。喷油器雾化不良、滴漏、气缸漏气、换气不良、喷油太晚等,均使后燃增加。

二、燃烧过程的影响因素及控制措施

影响柴油机燃烧过程的因素主要有以下方面。

1. 燃油品质

在燃油的性能指标中,十六烷值(CN)对燃烧过程影响最大。十六烷值高,自燃性好,则滞燃期短,燃烧平稳;反之,十六烷值低,自燃性能差,滞燃期长,燃烧过程粗暴。因而当柴油机使用的燃油品质发生变化时,必将影响燃烧过程,喷油定时需要进行调整。另外,燃油的挥发性也影响滞燃期,挥发性好,既可缩短着火前的物理准备时间,又有利于着火前的化学准备。加入某种添加剂(如助燃剂等)可改善燃油的燃烧性能。

2. 缸内工质状态

工质状态的主要参数是压缩终点的空气温度、压力和扰动,其中以温度对燃烧过程的影响为最大。压缩终点温度愈高,滞燃期愈短,柴油机工作愈平稳。压缩比过小、气缸严重漏气的柴油机将丧失起动能力。程度较轻者也将出现排气冒烟的不良后果。空气的扰动有加速燃前和燃烧过程中混合气形成的积极作用,同时也影响燃油喷注的穿透距离。

3. 喷油定时

喷油定时显著影响燃烧过程。喷油提前角过大,将因喷油时刻缸内工质状态不利于着火,使滞燃期增长,最高爆发压力过高,燃烧粗暴,如图2.3-36中曲线1所示。由图2.3-36中左上角喷油始点标记曲线可知,曲线1喷油提前角约为上止点前40°CA,相应的滞燃角 φ_i 约为30°CA;反之,若喷油提前角过小,将因着火前缸内温度与压力已下降,而使滞燃期也增长,但活塞已下行使最高爆发压力降低,后燃增加,排气温度上升,如图2.3-36中曲线6所示。图2.3-36中曲线6喷油提前角为上止点前10°CA,相应的滞燃角 φ_i 约为40°CA。由此可知,柴油机均有一个最佳喷油提前角,在该喷油提前角工作时,柴油机的燃烧平稳,最高爆发压力适中(符合设计要求)且相位正确(通常在上止点后10°CA~15°CA),经济性高。

4. 雾化质量

雾化质量好将使滞燃期 τ_i 缩短,柴油机工作平稳,同时燃油细粒能与空气均匀混合使燃烧完全。船用大、中型柴油机中,燃油的雾化质量主要取决于喷油设备。若喷油设备不正常,则将直接影响柴油机的燃烧质量。

5. 换气质量

换气质量好,进入气缸的新鲜空气量增多,燃油燃烧时有足够的氧气与之化合,燃烧完全。

影响换气质量的因素主要有气阀定时,气口(阀)、气道的清洁程度,增压系统(如增压器、空冷器等)的工作状态等。

6. 运转工况

柴油机的转速和负荷是反映柴油机运转情况的两个主要参数。转速和负荷对整个燃烧过程都有影响。柴油机的转速升高,气缸漏气的散热损失减少,压缩终点的空气压力和温度升高。与此同时,喷油压力提高,空气扰动也加强。这些因素使滞燃期 τ_i 缩短,有利于燃烧。但转速的升高却使滞燃角 φ_i 增大,从而使速燃期的爆压和压升增大,不利于燃烧。这种不利影响对涡流室式燃烧室要比对开式燃烧室轻些。此外,转速的升高使喷油过程(以曲轴转角计)延长,从而使后燃期加长。这种不利影响将因气缸内扰动的加强而得以减轻。

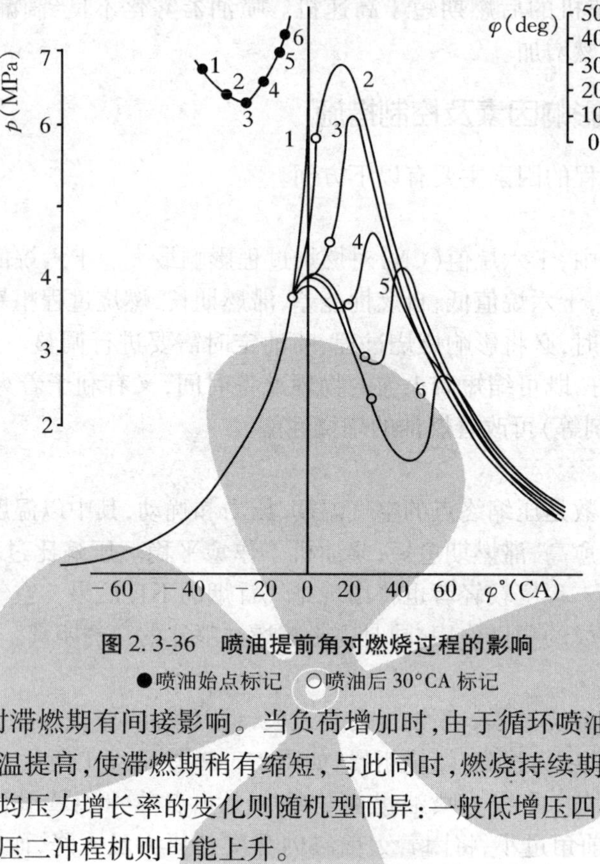

图 2.3-36　喷油提前角对燃烧过程的影响

●喷油始点标记　○喷油后 30°CA 标记

柴油机的负荷对滞燃期有间接影响。当负荷增加时,由于循环喷油量的增加,气缸内总发热量增加,燃烧室壁温提高,使滞燃期稍有缩短,与此同时,燃烧持续期成比例地增长,爆压提高,后燃加剧。而平均压力增长率的变化则随机型而异:一般低增压四冲程机随负荷增加压升率有所下降,而高增压二冲程机则可能上升。

改善燃烧质量的措施。根据上述对燃烧过程分析可以看出,一个完善的燃烧过程应具有以下特点:控制滞燃期内的喷油量以保证柴油机燃烧柔和;燃烧在上止点附近发生,燃烧压力应迅速升高到限定的最高爆发力并基本以此不变的压力按等压过程燃烧;燃烧持续时间不应过长(通常,燃烧持续期不超过 40°CA);主燃期燃烧完全,后燃最少。

上述的完善燃烧过程的特点也是一种理想燃烧过程的特点。在实践中柴油机各性能对燃烧过程的要求往往发生矛盾。例如,为保证柔和的燃烧和减少污染就要求降低平均压力增长率及最高爆发压力,而欲提高柴油机的热效率,则要求燃烧压力尽可能快地升高到最高爆发压力并保持定压燃烧。由此,柴油机的平稳运转与运转经济性两者彼此矛盾,保证柴油机既平稳又经济地运转是设计者和管理者所要解决的主要问题之一。

近代柴油机放热率(单位曲轴转角的放热量)的研究从另一个侧面揭示了一个完善燃烧

过程的特点。其燃烧发热率应先缓后急，即开始放热要适中以满足柔和运转的要求，随后燃烧加快，加速扩散燃烧阶段的放热率，使燃烧在上止点后附近（一般为 40 ℃曲轴转角）结束，以满足经济运转的要求。在实际运行管理中，管理者应善于综合各种运转因素来调整柴油机的燃烧过程，抓住主要矛盾并兼顾各方面的不同要求。

通过对燃烧过程的理论分析与试验表明，以下措施可改善柴油机的燃烧质量。

首先，从设计方面，可采用特殊形状的燃油凸轮，保证初期喷射速度低，而后期喷射速度增加并在短时间内完成喷油；采用油膜蒸发燃烧方式以保证燃烧柔和；采用分级喷射，即同一气缸有两个油泵柱塞，初期由其中一个柱塞供油，随后两个柱塞同时供油；采用变压缩比活塞以及变喷油定时等。

其次，从运转管理方面，应注意以下几点：

(1)确保换气质量良好。包括增压空气系统，气口、气阀定时，活塞环工作状态等均应处于正常状态，保证气缸中有足够的新鲜空气量。

(2)燃油品质。燃油的质量应满足使用要求，燃用劣质燃油时，应重视燃油使用前的预处理（预热与净化）质量。

(3)气缸压缩温度。保证燃油压缩发火的足够温度，如活塞压缩状态、气缸的冷却等。

(4)确保喷射系统正常工作。喷油泵应有正确的供油定时和均匀的供油量；喷油器有正确的起阀压力和良好的雾化质量，避免不正常喷射的出现。大、中型柴油机的燃烧过程对喷射系统的工作状态很敏感，更应重视喷射系统的工作。

(5)日常例行管理。注意观察排气颜色，重视各缸排气温度的测量与分析，定期测取气缸示功图，计算各缸指示功率并分析各缸的燃烧状态；测取各缸最高爆发压力的数值，以便大致判断各缸供油定时的变化；测取各缸压缩压力以判断各缸压缩状态等。

第七节　柴油机的热平衡

燃油在气缸中燃烧所放出的热量并不能全部转化成有效功，有 30% ~55% 的热量转化为有效功，其余的 45% ~70% 的热量为各种形式的损失。将单位时间内燃油的热量转化的有效功、废气带走的热损失、冷却介质带走的热损失以及其余热损失的热量的利用与分配情况称为柴油机的热平衡。

柴油机的热平衡可以清楚地表明柴油机对燃油所放出热量的利用情况，展示出各项热损失的大小，从而为改善柴油机的经济性，利用柴油机废热以及有关冷却设备的设计提供必要的根据。通常，柴油机的热平衡可用方程式表达如下

$$Q_{吸入} = Q_e + Q_r + Q_w + Q_s \text{(kJ/h)}$$

或使用各热量占总热量的百分数表示

$$1 = q_e + q_r + q_w + q_s = 100\%$$

式中，$Q_{吸入}$为燃油总热量，kJ/h；Q_e为有效热功当量，即转变为有效功的热量，kJ/h；Q_r为排气热损失，即排气带走的热量，kJ/h；Q_w为冷却热损失，即冷却介质带走的热量，kJ/h；Q_s为热平衡余项损失，kJ/h，即除 Q_e、Q_r、Q_w以外的其余热损失之和，主要包括热辐射损失，不完全燃烧及部分机械损失等。

$$q_e = Q_e / Q_{吸入};\ q_r = Q_r / Q_{吸入};\ q_w = Q_w / Q_{吸入};\ q_s = Q_s / Q_{吸入}$$

通常，在柴油机热平衡中各项热量的分配情况大致如下

$q_e = 30\% \sim 55\%$；$q_r = 25\% \sim 40\%$；$q_w = 10\% \sim 30\%$；$q_s = 2\% \sim 10\%$。

图 2.3-37(a)是 2K98ME/MC 柴油机标准机型的热平衡图，当主机运行在最大持续功率时，柴油机的热损失以废气和空冷器的热损失最大，分别占输入能量的 25.2% 和 16.5%。通过采用动力涡轮系统，使部分废气旁通进入动力涡轮，并带动发电机供电，可产生最大持续功率的 4.9% 的可用输出功率。从而使柴油机的输出总效率达到 54.2%，见图 2.3-37(b)。此外，通过使用废气锅炉和利用缸套水，可以使柴油机总的热效率达到 60% 以上。

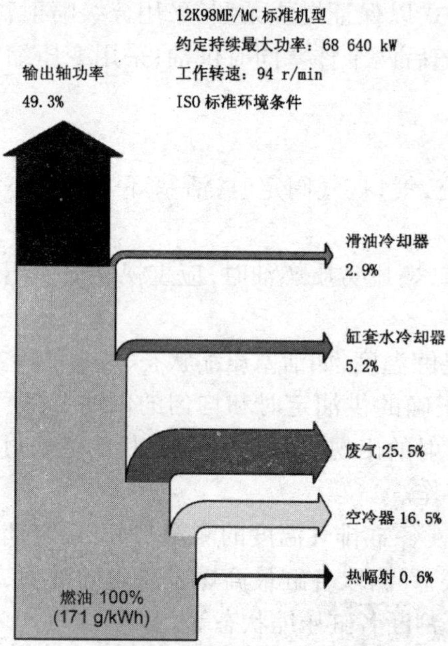

(a) 安装热效率系统前

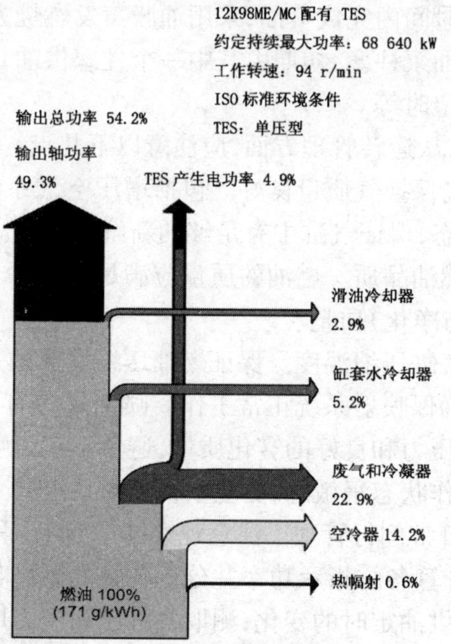

(b) 安装热效率系统后

图 2.3-37　安装热效率系统前后 12K98ME/MC 柴油机的热平衡图

第四章 柴油机的排放控制

由于现代工业不断发展,对大气的污染日益严重,使人类的生存环境日趋恶化。排气污染物对大气环境的影响主要表现在烟雾、酸雨、臭氧层减薄、温室效应。随着人类环境意识的增强,各种环保法规陆续出台,对各种有害排放形成了有效控制。

船舶承担着95%以上的世界贸易运输量,消耗世界能源的3%,其主要的动力装置——船舶柴油机的排放数量也是非常巨大的。据统计,船舶柴油机的 NO_X 排放约占全球 NO_X 排放的7%,SO_X 排放约占全球 SO_X 排放的4%,CO_2 排放量占整个世界 CO_2 排放量的2.7%。随着海上运输业的发展,船舶保有量的增加,船舶造成的大气污染也日益严重。目前,与陆上的排放法规相比,船舶排放法规相对比较宽松,这也导致了船舶有害排放相对值的增加。毋庸置疑,随着技术的发展,对船舶有害排放的控制也会更加严格。

第一节　柴油机有害排放物的种类和产生的原因

柴油机是以碳氢化合物为燃料的,当燃料完全燃烧时,如果不考虑燃料中的杂质,只会产生水蒸气(H_2O)和二氧化碳(CO_2)。水在地球上大量存在,柴油机排出的水分不会对地球水循环构成重大影响。二氧化碳过去并不认为它是一种污染物,但因为含碳化石燃料的大量使用,使地球的碳循环失衡,加剧了"温室效应",引起了全人类的广泛关注。

根据柴油机燃烧的特点,我们知道,燃料在柴油机中的混合和燃烧是在极短时间内完成的。由于燃料与空气混合的不均匀程度比较严重,因此燃料不可能完全燃烧,在柴油机的排气中会出现一些不完全燃烧产物。如在高温缺氧环境下燃油易发生裂解、脱氢生成碳烟粒子,发生不完全燃烧时生成一氧化碳(CO),在低温及混合气过稀的条件下易生成未燃碳氢化合物(HC)。而在高温环境下会使空气中的氮在高温下氧化生成各种氮的氧化合物,一般用 NO_X 表示。此外,燃油中含有的硫可使柴油机燃烧过程中生成硫氧化物(SO_X)。

一、柴油机排气污染物的主要成分

柴油机排出的废气是由燃烧产物与剩余空气组成的。主要包括水蒸气(H_2O)、过量氧气(O_2)、残余氮气(N_2)、二氧化碳(CO_2)、一氧化碳(CO)、氮氧化物(NO_X)、碳氢化合物(HC)、硫氧化物(SO_X)和颗粒等。船用低速柴油机上述排气成分的组成如图2.4-1所示,其中水蒸气(H_2O)、过量氧气(O_2)、残余氮气(N_2)属无害成分,不会给人类及环境带来任何不良影响。

二氧化碳(CO_2)虽然不会对人类和环境产生直接危害,但由于CO_2的大量聚积会形成的温室效应,也需要加以控制。二氧化碳(CO_2)、水(H_2O)、氮气(N_2)、氧气(O_2)占到排气体积总量的99.8%。

低速柴油机排气组成								
O_2 %	N_2 %	CO_2 %	H_2O %	NOx ppm	SOx ppm	CO ppm	HC ppm	PM mg/Nm^3
14.0	76.2	4.5	5.1	1500	600	60	180	120

占排气总量的99.8%

图 2.4-1　低速柴油机排气组成

对大气环境和人类健康影响很大且已被各国排放法规限制的柴油机排放物是一氧化碳(CO)、氮氧化物(NO_X)、碳氢化合物(HC)、硫氧化物(SO_X)和颗粒等,这些物质虽然只占排气体积总量的0.2%,确能对环境和人体造成巨大的危害。我国有关标准把废气中有害成分及CO_2和炭烟等统称排放物,简称排放。

二、柴油机有害气体排放物的生成机理

1.氮氧化物

柴油机排气中的氮氧化物NO_X是指各种氮氧化物的总称,其中包括NO、NO_2、NO_3、N_2O、N_2O_3、N_2O_4、N_2O_5等。在柴油机中,燃料经燃烧后从排气管排出的氮氧化物中有90%~95%是NO,NO_2有少量存在,其他成分可以忽略不计。从发动机排出的NO与大气中的氧气相遇后将进一步氧化为NO_2。对柴油机来说要控制的氮氧化物主要是NO的排放量,而对人类直接造成危害的成分是NO_2。

NO_X($NO+NO_2$)的生成来源有两方面:其主要来源是参与燃烧的空气中的氮(N_2),另一方面,在燃料中也可能存在微量的氮化物。前者产生的氮氧化物称为"热氮氧化物"(Thermal NO_X),后者称为"燃料氮氧化物"(Fuel NO_X),由于柴油机燃油仅含微量氮,形成的NO_X很少,不足以产生显著的NO_X排放。柴油机排气中的NO_X主要是由空气中的氮在高温环境下氧化生成的,即"热氮氧化物"。由空气中的氮和氧在高温燃烧过程中进行反应而生成的热氮氧化物,因其形成的机理相当复杂,目前已被广泛接受的理论称为采尔道维奇(Zeldovich)原理。NO的生成反应可用以下化学方程式表示

$$O_2=2O$$

$$O+N_2=NO+N$$

$$N+O_2=NO+O$$

$$N+OH=NO+H$$

氧气在高温分解时产生氧原子(O),分子状态的氮(N_2)与原子状态的氧碰撞,或氧分子与氮原子碰撞均可生成NO。NO的生成随温度的提高而呈指数函数急剧增加。当温度低于1 800 K时,NO的生成速率极低;到2 000 K就达到了很高的速率。大致可以认为温度每提高100 K,NO的生成速率几乎翻一番;氧浓度提高也使NO生成量增加,由于NO的生成反应比燃料的燃烧反应慢,所以只有很少一部分NO产生于很薄的火焰反应带中,大部分NO在火焰离开后的已燃气体中生成;如果反应物在高温环境停留时间不足,则NO达不到平衡含量,使NO排放减少。

因此,柴油机燃烧过程中决定 NO_X 生成率大小的三个主要因素是:高温、富氧和氮与氧在高温下停留时间的长短。燃烧室内温度升高,氧气浓度增加,燃气在高温区滞留时间增长,均使 NO_X 增加。如果参与预混燃烧的燃油量多,将因其较高的燃烧温度和较长的焰后反应时间使 NO_X 生成量增加。所以直喷式柴油机生成的 NO_X 浓度也明显大于分开式燃烧室。

2. 碳氢化合物

碳氢化合物包括燃油中的未燃烃类、裂解反应和再化合反应的产物、燃烧和氧化反应的中间产物(如醛、醇等)所组成的,少部分产生于润滑油。

碳氢化合物的生成机理很复杂,它是由多种因素形成的,其根本原因是烃类在空气中不能燃烧或不能完全燃烧,如在温度或压力过低,混合气浓度过浓或过稀条件下都可能形成碳氢化合物。对于柴油机来说,由于它是短促喷油后的压燃,燃油喷注与周围空气形成的混合气很不均匀,喷注核心的油气可以在混合过程中逐渐稀化,不致引起很多的 HC 排放,但在喷注外围,来不及着火就可能形成过稀的混合气,其中的燃料可能始终不能完全燃烧,成为未燃的 HC 排放源,因此柴油机在怠速或小负荷运转时的 HC 排放大于高负荷时的 HC 排放。此外喷油设备工作不正常,喷油器结构不合理等也会导致 HC 排放的增加。

3. 一氧化碳的生成机理

CO 是烃燃料燃烧的中间产物和不完全燃烧产物之一。一般来说,如果达到一定的反应温度,并在氧化剂存在的条件下,CO 将继续进行反应,而生成燃烧产物 CO_2。如果燃烧过程中局部空间或瞬时存在下列条件之一,则 CO 不能继续燃烧而被排出机外:①反应着的气体温度突然过低。②反应着的气体突然缺氧。③反应物停留在适合反应条件的时间过短。

在燃烧室中,生成 CO 的主要部位是富油区、稀熄火焰和火焰淬熄区。

富油区主要存在于:喷注核心、喷注尾部、燃油的后滴和异常喷射区,此外燃烧室壁面上积存过多的油膜,以及因涡流过强使相邻油束产生重叠的部位。这些富油区部位,由于严重缺氧使 CO 不能充分燃烧成 CO_2 而保留在燃烧室内,最后排出,特别是在满负荷或超负荷工作时更为严重,这是 CO 的主要来源。其排放率取决于空燃比和混合气形成的不均匀度。

稀熄火焰和火焰淬熄区存在于喷注火焰区之外,这些区域由于混合气过稀,化学反应不稳定,使生成的 CO 不能继续燃烧而中断,或因火焰遇到低温和冷壁而中断反应。活塞顶隙内,活塞顶岸部位的间隙内、喷注前锋的稀熄火区以及低负荷时气缸壁的近壁区等是 CO 排放的另一重要来源。另外,气流运动过强,以致吹熄火焰,使燃烧突然中断,除碳氢化合物增加外,还可能使 CO 氧化中断,这也是 CO 排放增加的原因。

4. 颗粒的生成机理

颗粒也称微粒(Particulate Matter,简称 PM),是指用清洁的过滤空气稀释,气体温度低于或等于 325 K(52 ℃)时,在规定的过滤介质上所采集到的物质。柴油机 PM 的组成取决于运转工况,尤其是排气温度。当排气温度较高时,它主要是碳质微球的聚集体,一般称之为碳烟(Dry Soot,简称 DS),它主要是柴油机在高压燃烧条件下,局部高温、缺氧、裂解并脱氢而生成的以碳为主要成分的固体微小颗粒;柴油机的不均质、异相燃烧,特别是燃烧时燃料分子往往被高温火焰或燃烧产物包围这一特点,决定了生成碳烟的必然性。当排气温度较低时,碳烟会吸附和凝聚多种有机物,称为有机可溶成分(Soluable Organic Fraction,简称 SOF),它是重质有机化合物从气缸内排出并被空气稀释时凝结并被炭粒所吸附的。最容易凝结的是未燃燃油中的重馏分、已经热解但未在燃烧过程中消耗的不完全燃烧有机物以及窜入燃烧室中的润滑油。若排气成分中 HC 含量高,则冷凝作用就更强烈。

第二节　各种有害排放物造成的主要危害

一、柴油机有害排放物造成的主要危害

(1)氮氧化物(NO_X)。柴油机排气中的氮氧化物绝大部分(90%以上)是NO,少量是NO_2,氮氧化物通常用NO_X表示。NO是无色气体,本身毒性不大,通过光化学反应会破坏大气臭氧层,并且在大气中会缓慢氧化成NO_2。NO_2是一种棕色的刺激性气体,其浓度为100~120 ppm时,会表现出有很强的毒性,如破坏人体的黏膜,引起肺癌,导致人体组织缺氧乃至窒息,若浓度达到200 ppm,会立刻致人死亡。

(2)碳氢化合物(HC)。HC包括未燃和未完全燃烧的燃油、润滑油以及其裂解和部分氧化产物,如烷烃、烯烃、芳香烃、醛、酮、酸等数百种成分。烷烃基本上无味,对人体健康不产生直接影响。烯烃略带甜味,有麻醉作用,对黏膜有刺激。烯烃是与氮氧化物一起在太阳光的紫外线作用下形成有毒的光化学烟雾的罪魁祸首之一。芳香烃对血液和神经系统有害,特别是多环芳香烃(PAH)及其衍生物有致癌作用。醛类是刺激性物质,对眼、呼吸道、血液有毒害。

(3)颗粒(PM)。颗粒的主要组分是碳、凝结的碳氢化合物、硫酸盐和缔合水。柴油机排出的颗粒大多小于0.3 μm,人在呼吸时,可被吸入肺部,并在肺里滑动,会造成肺组织的伤害。另外,颗粒碳核在吸附的其他有毒物质被吸入人体,也会对人体造成损害。

(4)一氧化碳(CO)。CO是无色、无味的有毒气体。CO与血红蛋白的亲合力大约是氧气的200倍,吸入人体后能与血红蛋白结合成碳氧血红蛋白,导致人体组织缺氧,发生恶心、头晕等,严重时窒息死亡。在柴油机的排气中CO含量较少,只在高负荷运转时排放量较高。

(5)硫氧化物(SO_X)。SO_X是燃油中的硫分在燃烧中的产物,主要包括SO_2和SO_3。排气中SO_X与燃油中的含硫量有关,如果燃油中的含硫量为3.0%,燃烧每吨燃油大约可以产生63.6 kg的SO_X。SO_2具有刺激性,与水结合后生成亚硫酸,直接危害人的眼鼻和喉黏膜,引起呼吸器官炎症。另外,SO_2进一步氧化的产物SO_3与水分作用形成硫酸,SO_X排入大气形成的酸雨对于土壤和植物有害。

二、CO_2排放和温室效应

近年来,温室气体排放问题引起了世界范围的广泛关注。温室气体是指大气中能够吸收热和反射红外波的这类气体。在地球上温室气体很多,诸如水蒸气,二氧化碳,甲烷,氮氧化物,臭氧以及氟氯化碳等都属于温室气体。如水蒸气的温室气体作用占36%~72%,而CO_2的温室气体作用占9%~26%,并且各种温室气体对于辐射的吸收和反射作用很难界定。为什么目前公众确认温室气体只有二氧化碳,并将全球变暖的主要原因归咎于二氧化碳呢?

碳是形成生命的最重要的元素,几千万年来,地球表面上的山川、海洋、大气,生命的各种运动,不断产生和吸收着二氧化碳,并且以它自己的方式在山川、海洋、大气、生物中进行循环,碳的总量基本上是平衡的。人类进入工业社会以来,由于大量使用矿物燃料,如煤炭、石油等,将原来固定在地壳深处的碳挖掘出来,通过燃烧,将大量的二氧化碳排放大气中,而目前生态环境的破坏导致植被的减少使植物吸收CO_2的能力大为减弱,地表的碳平衡被严重破坏。

由于大气中二氧化碳含量的增加,形成了很严重的温室效应,导致气候变暖,冰川融化,海平面上升,对全球经济造成巨大的损失,也对人类的生存造成了巨大的威胁。事实上,更严重

的问题是由于全球气候变暖导致冰川融化，会将原来被冰川吸收的另外一种温室气体甲烷也会释放出来，形成一种正反馈效应，无法控制，将会对整个人类造成灭顶之灾，这才是目前在全世界范围内努力控制二氧化碳排放的真正原因。科学家对100年内由于温室效应造成的海平面升高的预测如图2.4-2所示。如果控制得力，可能将海平面的升高控制在约30cm之内；如果控制不力，则海平面的可能升高100cm以上，导致大片陆地被淹，对全球经济造成巨大的损失。2009年12月在哥本哈根举行的联合国气候变化大会认为，气候变化是我们这一时代面临的巨大挑战，必须在全球范围内大幅度削减二氧化碳排放，控制全球温度升高，并确定了在本世纪内全球温度升高不超过2 ℃的指标。

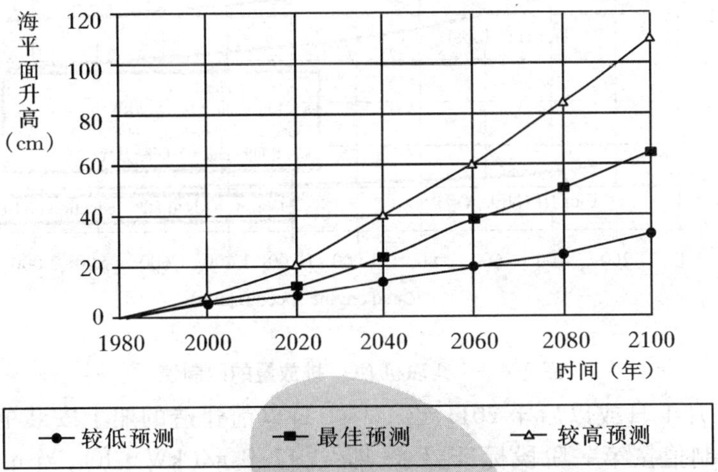

图2.4-2 由于温室效应造成的海平面升高的预测

第三节 对各种有害排放物的控制措施

一、控制船舶柴油机排放的有关法规

20世纪70年代以来，由于环境污染的日益严重和人们对环境状况的日益关注，内燃机有害排放物对大气造成的危害受到了人们的高度重视。各国际组织及世界各国和地区相继以法规的形式对内燃机排放物加以强制性限制。

为限制和控制船舶向大气排放有害物质，国际海事组织(IMO)1997年召开防止大气污染缔约国外交大会。通过了修订《73/78国际防止船舶造成污染公约》(MARPOL公约)的1997年议定书。该议定书新增了《73/78国际防止船舶造成污染公约》附则VI“防止船舶造成空气污染规则”。其中第13条和第14条分别对船用柴油机氮氧化物排放和硫氧化物排放作出了相应的规定。该附则2004年5月18日满足了生效条件，于2005年5月19日开始生效。

2008年10月，国际海事组织(IMO)海洋环境保护委员会(MEPC)对MARPOL公约附则VI重新进行了修订，对于船舶的废气排放提出了更严格的要求。

国际海事组织(IMO)海洋环境保护委员会(MEPC)的下一个目标是制定CO_2排放指数计划导则，其目的是制定一个简单的系统，供船舶经营人使用。

1. 关于NO_X限制

根据2008年10月通过的修订的MARPOL公约附则Ⅵ第13条的要求，对于每台安装船上的输出功率超过 130 kW 的船用柴油机和每台 2000 年 1 月 1 日或以后经重大改装的、输出功率超过 130 kW 的船用柴油机的 NO_X 排放都要进行限制，但不同时期建造的船舶以及柴油机的 NO_X 排放的限制值有不同的规定。如图 2.4-3 所示。

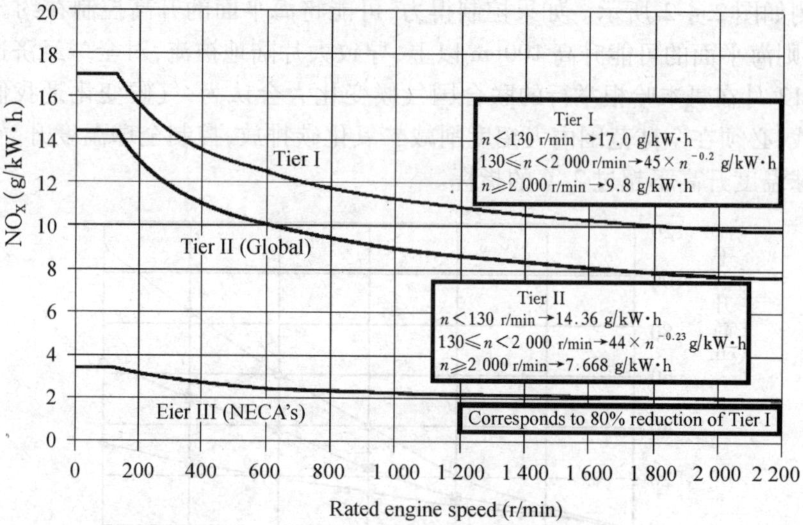

图 2.4-3 **柴油机 NO_X 排放量的限制值**

对 2000 年 1 月 1 日或以后至 2011 年 1 月 1 日以前建造的船上安装的船用柴油机，其 NO_X 排放量的限制值按第一阶段标准要求，即：①17.0 g/(kW · h)，当 n 小于 130 r/min。②45 · $n^{(-0.2)}$ g/(kW · h)，当 n 等于或大于 130 r/min，但小于 2 000 r/min。③9.8 g/(kW · h)，当 n 等于或大于 2 000 r/min。

对 2011 年 1 月 1 日或以后建造的船上安装的船用柴油机，其 NO_X 排放量的限制值按第二阶段标准要求，即：①14.4 g/(kW · h)，当 n 小于 130 r/min。②44 · $n^{(-0.23)}$ g/(kW · h)，当 n 等于或大于 130 r/min，但小于 2 000 r/min。③7.7 g/(kW · h)，当 n 等于或大于 2 000 r/min。

第二阶段 NO_X 排放量的限制值约为第一阶段标准的 80%；对 2016 年 1 月 1 日或以后建造的船上安装的柴油机，当船舶在排放限制区内航行时，其 NO_X 排放量的限制值按第三阶段标准要求，即：①3.4 g/(kW · h)，当 n 小于 130 r/min。②9 · $n^{(-0.2)}$ g/(kW · h)，当 n 等于或大于 130 r/min，但小于 2 000 r/min。③2.0 g/(kW · h)，当 n 等于或大于 2 000 r/min。

第三阶段 NO_X 排放量的限制值约为第一阶段标准的 20%；目前 NO_X 排放控制区尚未确定，但现存的硫排放限制区——波罗的海，英吉利海峡和英国北海以及地中海，美国东西海岸，澳大利亚沿海都在积极争取获得批准。

对于在 1990 年 1 月 1 日或以后但在 2000 年 1 月 1 日以前建造的船舶上安装的输出功率超过 5 000 kW 且每缸排量在 90 L 或以上的船用柴油机，其 NO_X 排放量的限制值按第一阶段标准要求。

2. 关于 SO_X 限值

“防止船舶造成空气污染规则”的第 14 条中规定了关于 SO_X 排放的限制。目前 IMO 确定的 SO_X 排放限制区为波罗的海、英吉利海峡和北海。美国、加拿大沿海正在积极努力在 2012 年成为 SO_X 排放控制区，在 2011 ~ 2015 年间，还有很多国家和地区在考虑建立排放控制区。

规则对船舶柴油机使用燃料的硫含量进行了限制，IMO 及美国加州地区燃料的硫含量限制及实施时间如图 2.4-4 所示：

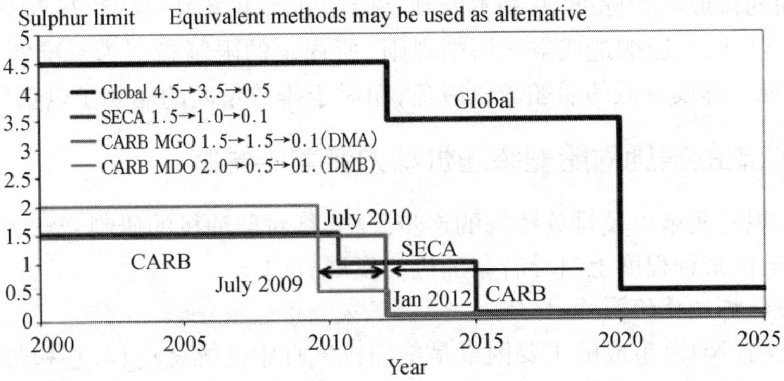

图 2.4-4 IMO 及美国加州地区燃料的硫含量限制及实施时间

根据 MARPOL 公约附则Ⅵ，在全球范围内，在规定期限内，船上使用燃油的硫含量不应超过下述极限值：① 2012 年 1 月 1 日以前 4.50% m/m。② 2012 年 1 月 1 日及以后 3.50% m/m。③ 2020 年 1 月 1 日及以后 0.50% m/m。2018 年前，要由燃油专家以及海事、环保、科研和法律相关专家组成的 IMO 专家组，完成对全球燃油状况的评审，如果判定船舶条件无法符合，上述标准 3 将推迟到 2025 年 1 月 1 日生效。

当船舶在 SO_X 排放控制区域航行时，在规定期限内，船上使用燃油的硫含量不应超过下述极限值：① 2010 年 7 月 1 日以前 1.50% m/m。② 2010 年 7 月 1 日及以后 1.00% m/m。③2015年 1 月 1 日及以后 0.10% m/m，如表 2.4-1 所示。

表 2.4-1 IMO 燃料的硫含量限制及实施时间

<table>
<tr><th>实施时间</th><th>SO_X 排放限制区</th><th>全球</th></tr>
<tr><td>2010 年 7 月 1 日前</td><td>1.50%</td><td rowspan="3">4.50%</td></tr>
<tr><td>2010 年 7 月 1 日后</td><td rowspan="2">1.00%</td></tr>
<tr><td>2012 年 1 月 1 日后</td></tr>
<tr><td>2015 年 1 月 1 日后</td><td rowspan="4">0.10%</td><td rowspan="3">3.5%
2018 对全球燃油
状况进行评审</td></tr>
<tr><td>2018 年</td></tr>
<tr><td>2020 年</td></tr>
<tr><td>2025 年</td><td>0.50%</td></tr>
</table>

燃油硫含量应由供应商提供文件证明。在其进入排放控制区域之前规定足够的时间，对燃油供给系统进行全面冲洗，以去除所有超过规定的硫含量的燃料。在燃油转换作业进入排放控制区域以前完成或离开该区域后开始时，应将每一燃油舱中的低硫燃油的容积以及日期、时间及船舶位置记录在主管机关规定的日志中。应携有一份书面程序表明燃油转换如何完成。除国际海事组织《73/78 国际防止船舶造成污染公约》附则 VI"防止船舶造成空气污染规则"外，美国、欧洲等国家和地区也制定了本国或本地区的排放法规，这类排放法规虽然只在本国或本地区内适用，但往往比国际法规更加严格。

欧盟规定自 2006 年 5 月起，所有船舶必须使用硫含量 1.5% 以下的燃油；在欧洲固定航线的客轮应使用硫含量 1.2% 以下的燃油；所有在欧洲港口停泊的船舶使用燃油的硫含量应低于0.2%，到2010年1月后使用燃油的硫含量应低于0.1%；或使用排气后处理措施达到相应的SO_X排放水平。不仅如此，针对目前船用柴油机不同的排放状况，欧洲各国如瑞典、挪威等还制定了不同的排放收费标准，其基本原则是以国际海事组织的《73/78国际防止船舶造成污染公约》附则VI"防止船舶造成空气污染规则"所规定的限制指标为基准制定港口、航道费用的收费标准，对于排放量低的船舶予以减免，而对于排放量高的船舶予以重罚。

二、排放法规的实施对船舶柴油机动力装置的影响

随着排放法规的实施以及排放法规的逐步严格，将对柴油机的研制开发、制造及使用产生巨大的影响，甚至在某种程度上引导着柴油机的发展方向。

1. 对船舶柴油机发展的影响

影响氮氧化物(NO_X)生成的主要因素是柴油机气缸中的燃烧过程，它和柴油机的结构、工作过程参数、运行工况、各辅助设备和系统的工作质量都有关系。降低氮氧化物(NO_X)排放的方法主要是机内处理和机后净化。机内处理方法的关键是有效的控制燃烧过程，目前的主要途径是开发低排放的直喷式燃烧室，以寻求同时满足排放标准和提高柴油机的热效率。另外，推迟喷油、废气再循环(EGR)以及缸内喷水等方法也能达到目前规定的排放标准，但会使柴油机的热效率下降，运行经济性变差。采用机后处理方法虽然不会影响柴油机的热效率，但设备的增加必然引起船舶初造价的提高和船员维护管理工作的增加。

2. 对船用柴油机燃油的影响

船用柴油机废气排放中氧化硫(SO_X)排放物的多少主要是由燃油中的硫分所决定的。MARPOL公约附则VI对燃料含硫量的规定，对目前主要以低质燃料油为主要燃料的船舶柴油机来说将存在重大的影响。由于中东地区石油的储量占世界石油储量的66.4%，以其为原料生产的低质燃料油的含硫量较高，甚至可能高达6%，为了满足MARPOL公约附则VI的要求，特别是在硫氧化物(SO_X)控制区内，降低燃料含硫量是减少废气中氧化硫产物的最有效方法。当然，进行脱硫处理后，燃料的价格也会上升，燃料费用增加。另外一种除去废气中硫氧化物的方法是水洗。尽管在每一条船上装设庞大的氧化硫处理设备，不论从经济角度还是从环保角度都存在一定的问题，仍然是欧盟一些国家努力研究的课题。采用其他清洁燃料，如LNG，也可以满足MARPOL公约附则VI的要求，现在也取得了许多成果，但以目前的技术水平和生产、运输、储存能力，还不可能全面取代石油产品。

三、船舶柴油机有害排放的控制措施

控制船舶柴油机的排放问题已成为当今船舶动力装置发展主要课题之一。与汽油机相比，柴油机的CO和HC排放量要少得多，但柴油机的NO_X排放与汽油机在同一数量级，而颗粒排放要比汽油机大几十倍甚至更多，另一个问题是由于船舶柴油机燃用含硫量较高的重质燃料油所引起的SO_X排放。因此，根据相关国际法规的要求和柴油机排放的特点，船舶柴油机排放物的控制重点是NO_X，其次是SO_X，对于颗粒排放和CO_2排放的控制正在考虑之中。

1. NO_X排放的控制

船舶柴油机NO_X排放的控制措施主要是根据针对影响NO_X排放的各种因素，而相应产生的减少NO_X排放的各种方法。大量的研究表明，要有效地控制柴油机的NO_X排放，必须从柴油机燃烧过程的改进、排气后处理以及改善燃油品质入手，根据所采取的控制措施与柴油机工作过程的关系可分为机前处理、机内处理和机后处理三大类，如图2.4-5所示。

机前处理主要是采用清洁燃料，在燃烧过程中不产生或少产生有害排放物，这涉及新型燃料和燃料处理问题，不在这里做详细讨论；机内处理是在有害排放物质生成之前采取措施，通过改变柴油机的结构参数或运行参数控制柴油机的燃烧过程来减少缸内有害排放的生成量；机后处理则是在有害排放生成之后对废气进行物理、化学处理，以降低有害排放物质的排放量，也称为排气后处理方法。

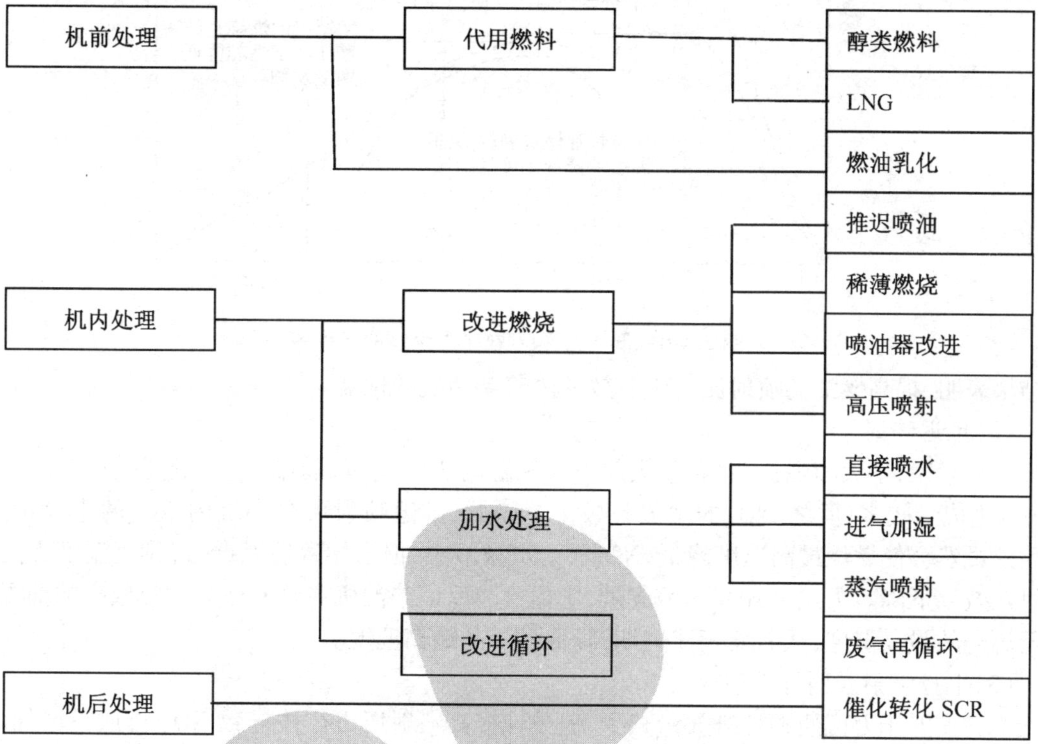

图 2.4-5　柴油机有害排放的控制措施

目前，对船舶柴油机有害排放采取的主要措施如下。

1)燃烧过程的改进

研究表明在柴油机燃烧过程中，碳粒在燃烧温度大于 1 500 K，过量空气系数小于 0.6 的过浓混合气中形成，NO_X 在燃烧温度大于 2 300 K 的富氧条件下生成。因此，要同时降低 NO_X 和颗粒排放，需寻找一个同时满足限制 NO_X 和颗粒生成的条件。图 2.4-6 为低 NO_X 和颗粒排放燃烧的示意图。为了降低 NO_X 排放，必须降低燃烧温度，这可通过在预混合燃烧阶段将可燃混合气量减到最小程度来实现。为了降低颗粒排放物，在扩散燃烧阶段必须保持良好的燃油和空气的混合以及高的火焰温度来实现。为了达到上述目的，在柴油机中，采用高压喷射、推迟喷射、引导喷射(Pilot Injection)、废气再循环(EGR)和改进喷油器结构等证明是有效的。

(1)高压喷射

高压喷射对控制排放是极其重要的。高压喷射采用较常规高得多的喷射压力(大于 150 MPa)，小喷孔直径，较大的燃烧室开口，短的喷油持续期。研究表明，高压喷射改善了雾化质量，加大了喷油速率，增加了卷入油束的空气量，燃油与空气的混合和燃烧速度加快，颗粒排放显著降低。高喷射压力和短喷油持续期可在喷油终点保持不变的情况下推迟喷油定时，从而在保证燃油消耗率和颗粒排放不变的情况下使最高爆发压力和 NO_X 排放量降低。大量的研

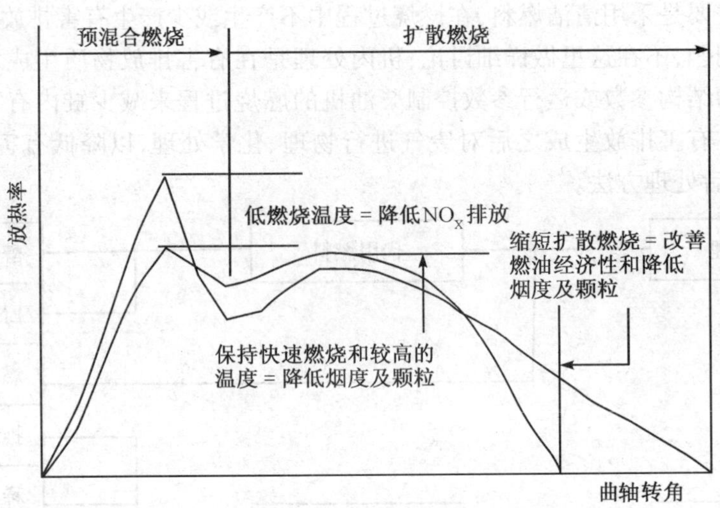

图 2.4-6　低 NO_X 和颗粒排放燃烧的示意图

究结果表明,提高燃油的喷射压力将有效的改善柴油机的性能。

(2)推迟喷射

一般来说,增大喷油提前角,发火前喷入气缸的燃油量多,爆燃严重,最高燃烧温度较高,NO_X的生成量较多;反之,NO_X的生成量较少。因此,推迟喷射可减小缸内 NO_X的生成量。推迟喷射虽然会使燃烧最高温度降低,NO_X的生成量减少,但会导致后燃严重,排气温度提高,柴油机热效率下降。为减少 NO_X的生成量,应尽可能保证柴油机在具有较高的热效率的前提下,降低燃烧的最高温度,从而缩短滞燃期,降低燃烧的最高温度。

(3)电控喷射及引导喷射

提高喷射压力可使颗粒排放量减少,但单纯提高喷射压力往往导致 NO_X 排放量增加。为了同时降低 NO_X 和颗粒排放,未来直喷式柴油机必须进行喷油规律的最佳控制。电控共轨喷射系统是国外九十年代中期开始推向市场的一种新型柴油机电控喷射系统。其主要特点是:可实现高压喷射和引导喷射。根据工况变化对喷油定时、喷油规律和循环供油量进行最优化控制,以获得所要求的燃烧规律,既保证发动机性能又抑制 NO_X 和颗粒的生成。

(4)喷油器结构的改进

不同的喷油器型式和结构对 NO_X 排放的形成有着重大的影响,燃油的喷射强度也有影响。现代柴油机平均有效压力(MEP)的提高要求增加喷油器的流通面积,这就会导致喷油器压力室容积的增加,喷油结束时残存在压力室中的燃油会滴入燃烧室,如果从压力室滴入燃烧室的油较多,这些油不会完全燃烧,则可能形成炭烟、HC、增大 NO_X 排放并在燃烧室形成沉积。目前,标准结构的喷油器的压力室容积都相当大,对于 HC 和颗粒排放都会造成负面的影响。解决这一问题的措施是开发一种"小压力室(mini - sac)"的喷油器,如 MAN B&W 的"小压力室"喷油器的压力室只有正常压力室的 15%,而最新开发的滑动型喷油器则基本消除了压力室,采用这种喷油器,可以减少 NO_X、CO、HC 和炭烟并能大大减轻燃烧室的沉积。普通型、小压力室和滑动型喷油器如图 2.4-7 所示。

(5)废气再循环(EGR)

废气再循环就是使部分排气再次进入气缸进行循环,一般情况下可使 10% ~20% 的废气再次进入发动机气缸。采用废气再循环后,进气中二氧化碳的浓度升高,氧浓度降低和进气的

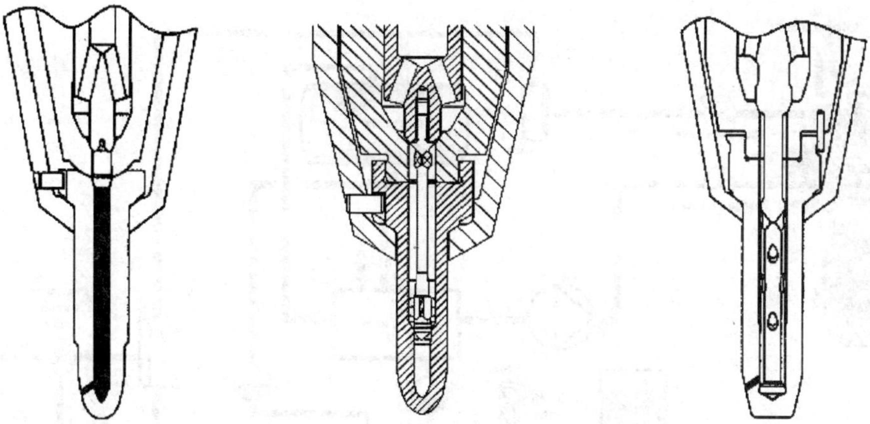

图 2.4-7 普通型、小压力室和滑动型喷油器

比热和热容量增大,可降低的最高燃烧温度从而降低热 NO_X 的生成。但随着再循环废气量的增加,燃烧过程会变慢以至会使颗粒排放和油耗率增加。从目前的试验结果,废气再循环可使 NO_X 排放降低 30% ~40%。但是,废气再循环会引起颗粒对涡轮及冷却器的污染,增加气缸的磨损。对于使用蒸馏油的中高速柴油机,由于产生的颗粒少,并不会引起严重的问题。而对于燃用重油的低速柴油机,由于产生的颗粒较多,引起的问题会比较严重,还会使起动产生困难。一般认为,这种方法适用于中、小型柴油机而不适用于大型柴油机。

由于 EGR 技术对于降低柴油机 NO_X 排放的有效性,近年来 MAN 公司也将其用于燃烧重油的大型低速二冲程柴油机,为了解决上面提到的问题,在废气再循环管路上安装了一个水洗器,通过对于再循环废气的水洗,除去废气中存在的颗粒物质和硫氧化物,同时也可对对废气进行冷却。MAN 公司安装在 Alexander Maersk 船上的废气再循环系统如图 2.4-8 所示。

通过试验表明,在将废气再循环率控制在 34% ~36% 时(扫气空气含氧量 16.5% ~16.8%),可将排气的 NO_X 排放降低至 3.6 ~4.0 g/(kW·h),在极限情况下(废气再循环率 39% 时,扫气空气含氧量 16.9%,柴油机冒黑烟),可使柴油机的 NO_X 排放降至 2.3 g/(kW·h)。如果将 EGR 技术与燃油乳化技术相结合,在 75% 的负荷下,可使柴油机的 NO_X 排放降至 1.3 g/(kW·h)。因此,目前 MAN 公司已将 EGR 技术作为大型低速二冲程柴油机满足 IMO Tier III 标准的重点研究课题。

2)加水处理

加水处理的原理是通过采取措施使一定量的水进入气缸,由于水的汽化潜热很高,可以在燃烧过程吸收大量的热量,从而降低最高燃烧温度,减少 NO_X 排放量,加水的方式主要有以下几种:

(1)燃油乳化

燃油乳化是将燃油掺水形成乳化油在柴油机中进行燃烧,若干年前,燃油乳化曾作为提高柴油机经济性的措施加以推广。当向柴油机喷入乳化油时,乳化油中的水被蒸发,使燃烧温度峰值下降,能较大幅度地减少 NO_X 排放。使用乳化燃油对发动机工作性能的影响随机器型号不同而变化。在一般情况下增加一个百分点的水将减少一个百分点的 NO_X,通常乳化油中含有 10% 的水,可使 NO_X 下降 6% ~12%,标准设计的发动机可以满负荷时加入 20% 的水,此时燃油消耗率几乎没有变化。当水含量再增加时,燃油消耗量会稍有增加。燃油乳化可降低 NO_X 排放 30% ~50%。使用乳化油还可以改善发动机的排烟,尤其在低负荷时更为明显。但

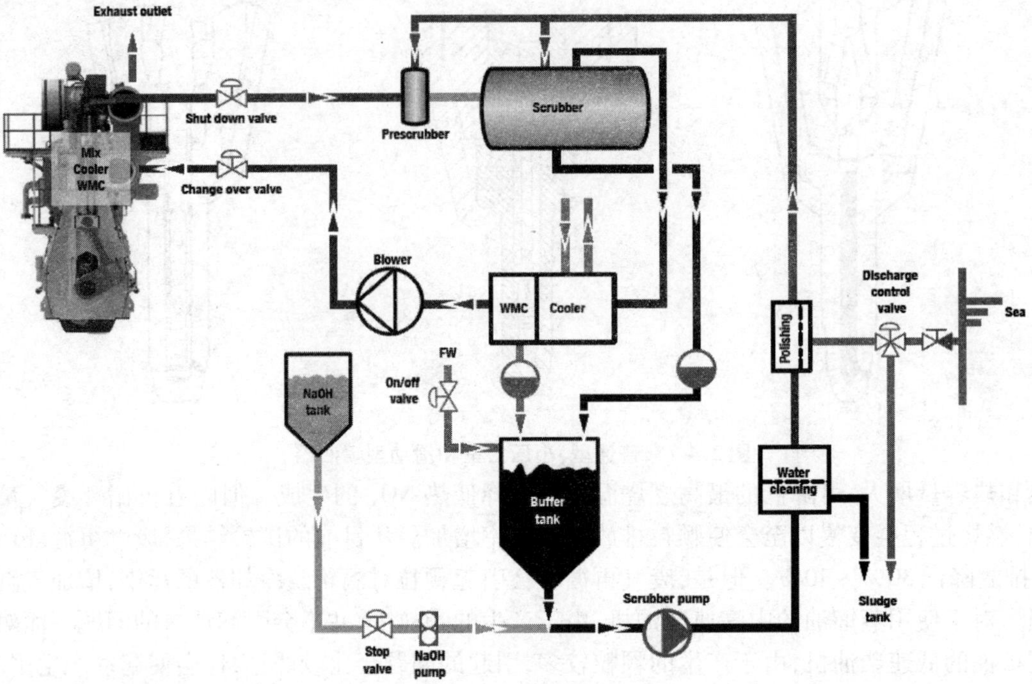

图 2.4-8　废气再循环系统

是,用乳化油会引起发动机零件的锈蚀。

(2)进气加湿

进气加湿是将水以高压水雾的形式,在压气机后喷入增压空气中的。为防止水雾凝结,有时要通过加热提高增压空气的温度,加热是利用空气冷却器来完成的。这种方法可使 NO_X 排放减少 50% ~60% 而不会提高燃油消耗率,同时还可以降低主机的热负荷并改善缸套清洁条件。这种进气加湿系统有结构简单,成本低和不增加燃油消耗率等优点,但对所喷水的质量要求比较高。

(3)直接喷水

直接喷水(DWI)技术采用双喷嘴油头,一个喷油,一个喷水,如图 2.4-9 所示,水油比为(0.4 ~0.7): 1,水在燃油喷射之前喷入气缸,可以降低燃烧室温度从而降低 NO_X。在喷水结束之后开始喷油,对燃油的着火和燃烧过程不会造成影响。油、水两个系统是相互独立的,喷

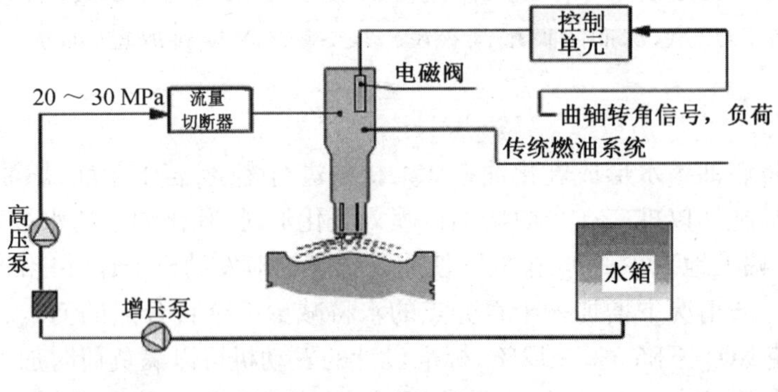

图 2.4-9　直接喷水系统

水系统可以随时切断，柴油机在任何负荷条件下都可以进行有水和无水工作的转换。该方法可降低 NO_X 排放 50% ~60%。随着喷入气缸水量的增加，NO_X 排放量随之减少，最大的水油比例为 50%，NO_X 排放量降低 60%，当水油比例大于 50%时，NO_X 排放量降低不明显，而燃油消耗率会急剧上升。直接喷水法还可以降低主机的热负荷并改善缸套清洁条件，与其他喷水加湿方法比较，水的消耗量较低。但在燃油的含硫量比较高时，可能会发生低温腐蚀。

(4)蒸汽喷射法

蒸汽喷射法主要有两种方法：一是通过向压缩后的空气中喷入低压蒸汽来实现的；一是直接向缸内喷入高压蒸汽的方法。前者结构简单，低压蒸汽来源丰富，比较容易实现。第二种方法虽然设备要求比较复杂，成本高，但是其具有降低缸内热应力，减少燃油消耗率等优点，因此有较好的发展前景。

3)催化转化(SCR)法

催化转化(Selective Catalytic Reduction，简称 SCR)法是一种废气后处理方法，能够大幅度降低废气中 NO_X 排放，也是目前公认的比较成熟的，能够达到 IMO 第三阶段标准的主要方法。该方法受到了世界主要柴油机生产厂商的普遍关注和重点研究。

SCR 系统主要由下列部分组成，反应器由陶瓷催化元件组成，尿素系统包括储存、供给、定量和喷射部分以及控制系统。其工作原理如图 2.4-10 所示，

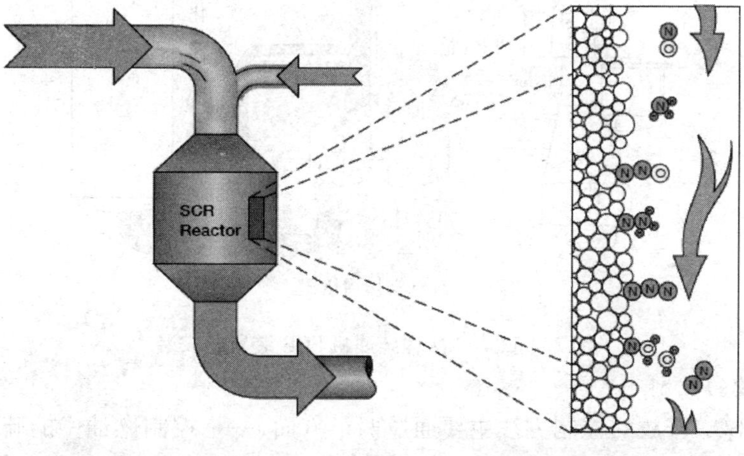

图 2.4-10 SCR 反应器工作原理

废气中 NO_X 在 300 ~400 ℃的温度下，以氨或尿素为还原剂，在 SCR 反应器中将废气中的 NO_X 还原为 N_2，来达到减少 NO_X 排放的目的，其主要化学反应方程式如下

$$4NO + 4NH_3 + O_2 = 4N_2 + 6H_2O$$

$$6NO_2 + 8NH_3 = 7N_2 + 12H_2O$$

利用催化转化(SCR)法理论上可以除去废气的全部 NO_X，但为了防止氨的漏泄，通常控制使排气中的 NO_X 含量降低 90% ~95%。尽管此方法在 20 世纪 70 年代在电厂中已开始使用，但应用于烧重油的船舶柴油机上，仍有许多问题需要解决。

首先是排烟温度的控制问题，SCR 系统最适合于稳定高负荷的工况，而不大适合于近岸的机动航行和低负荷工况。因为 SCR 系统需要在 300 ~400 ℃的温度下工作，如果温度过高，氨会被烧掉而不与 NO、NO_2反应，如果温度太低，会使反应速度太慢，并且硫酸铵凝结会使催化剂被破坏。因此，二冲程和四冲程柴油机 SCR 装置的布置是不同的，对于四冲程柴油机，

SCR 装置应安装在废气涡轮增压器之后，即所谓的低压 SCR 装置，这对于柴油机的工作没有太大影响。而对于二冲程柴油机，SCR 装置则应安装在废气涡轮增压器之前，如图 2.4-11 所示，即所谓的高压 SCR 装置，则对于柴油机的工作影响较大。为了补偿气流流过 SCR 装置产生的压差，对于大型二冲程低速柴油机，必须使用高效的涡轮增压器。由于 SCR 装置具有很大的热容量，在柴油机起动和加速过程中，必须将 SCR 装置旁通，以保证涡轮增压器的工作；而在柴油机降速过程中，又必须使从 SCR 装置流出的部分废气从涡轮增压器旁通，必须解决好废气系统的控制和调节问题。此外，低负荷时排气温度过低的问题仍需进一步研究。

第二个问题 SCR 装置的堵塞问题，这是 SCR 装置运行中遇到的主要问题。SCR 装置的堵塞主要是由于燃油中存在的硫分遇到氨和钙之后形成的硫酸铵和大量石膏状的泥灰，如果在所燃用的重油中含有钒，这一现象还会加剧。这一问题可以通过提高废气温度加以解决，但还需要通过试验进一步确认。此外，尿素的纯度也是保证 SCR 装置正常运行的主要因素，如果尿素不纯，会产生聚合，导致催化元件的堵塞。

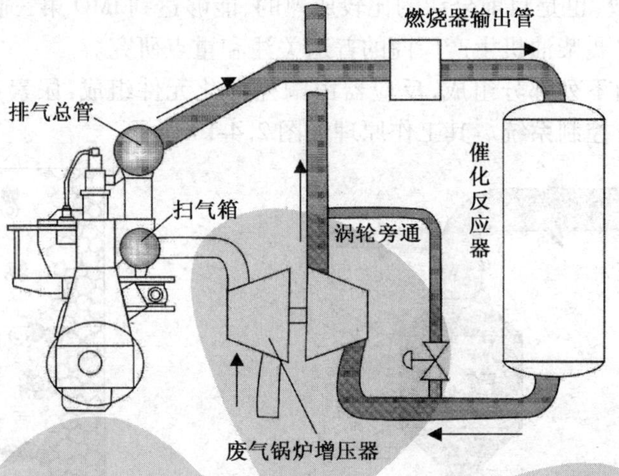

图 2.4-11　二冲程柴油机 SCR 装置的安装

2. SO_X 排放的控制

目前，对于 SO_X 排放的控制方法主要通过两个方面，一是控制燃油中的硫含量，使用低硫燃油，这主要是通过 IMO 以及各个国家和地区的有关法规；另一个方法就是水洗，通过在排气管路上安装的水洗器除去废气中的 SO_X 排放。

(1)使用低硫燃油对于柴油机的影响及措施。目前，船用柴油机所使用的燃油平均含硫量为 2.7%。随着新的排放法规的实施和硫氧化物排放控制区（SECA）的增加，这一切将会随之发生改变。所谓低硫燃油，目前指的是低硫重油（LSHFO）和蒸馏油，即船用柴油（MDO）和船用轻柴油（MGO）。低硫重油的特点是低硫分、高黏度，在船舶柴油机中使用没有任何问题，只是需要更换低碱值的气缸油。而蒸馏油的特点是低硫分、低黏度，将会使柴油机的气缸和燃油系统的工作条件发生变化。

低硫燃油的特点是低硫分、低黏度和低润滑性。硫分的降低会减轻缸套的腐蚀磨损，但可能会使缸套表面过度抛光而破坏油膜，产生严重的拉缸。黏度太低则会使燃油系统很难建立起足够高的压力，特别是在低速低负荷的工况下，这一问题会更加严重。低的润滑性则可能使燃油系统的某些零部件，特别是高压油泵的柱塞套筒偶件发生拉伤。

一般来说，当燃油硫含量高于 1.5% 时，推荐使用碱值为 70 的气缸油。当燃油中硫含量低于1.5%时，建议使用碱值为40的气缸油。当使用轻油或者低硫燃油时，不要使用碱值为70的气缸油，如果船舶需要经常更换含硫量不同的燃油，建议采用双气缸油储存柜和日用柜系统，如图2.4-12所示。

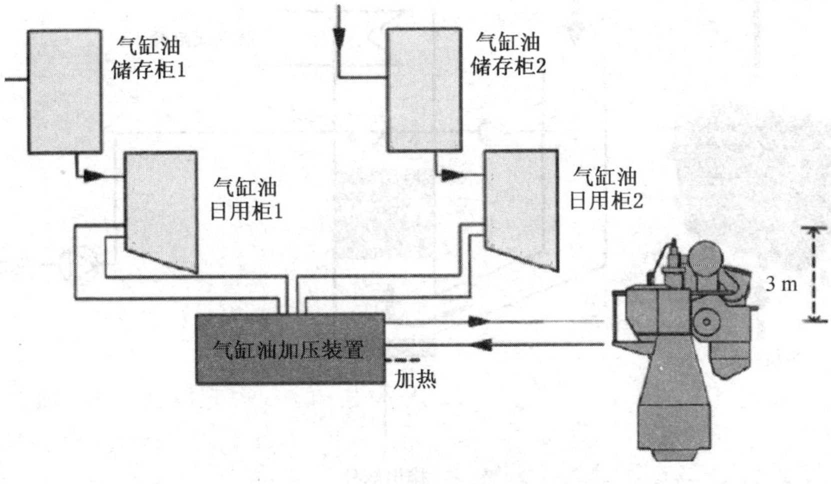

图2.4-12　双气缸油系统

柴油机燃油进机安全黏度下限值是2 cSt，在特殊情况下，如在轻柴油的黏度低而周围环境温度较高时，为了在柴油机入口处达到合适的黏度，可能需要冷却。

(2)水洗技术。使用水洗除去废气中的 SO_X 排放是目前许多大公司的研究开发项目。主要利用喷淋等方法除去排气中的 SO_X 和颗粒排放，据目前的试验情况，可以除去废气中98%的 SO_2 和78%的颗粒物质，还可以节省大笔的燃料费用。

当前使用的方法主要有海水直接水洗法和淡水水洗法。海水直接水洗法一般采用开式循环，如图2.4-13所示，即将海水直接供入水洗器中，水和硫反应生成硫酸，再与海水中的碱性成分中和。清水在倒回大海之前必须先过滤，除去颗粒物质和油类。洗涤器的缺点是占据甲板较大空间，以每千瓦时的发动机功率运行，它需要耗费40～50 m^3 的海水。

淡水水洗法则是采用闭式回路，在淡水中加入适当剂量的NaOH以中和所吸收的 SO_2，如图2.4-14所示。这样洗涤器就只需要较小的空间，且每千瓦时的发动机输出功率只需要消耗0.1 m^3，实际上等于几乎没有废水被排放到海里。一般推荐在海上航行时采用海水直接水洗，而在沿岸和港口使用淡水水洗。尽管某些公司认为只要海水流量足够，使进入水洗器的水得到充分稀释，直接排放入海没有任何问题，但对于海洋环境的长期影响有待于进一步评估。

3. CO_2排放的控制方法

海运是能源效率最高的运输方式，据国际海事组织统计，2007年，国际海运所排放的 CO_2 量为870万吨，仅占全球 CO_2 总排放量的2.7%。各种不同运输方式运输1 t货物排放1 kgCO_2 的运输距离图2.4-15所示。从图中可以看出，作为最主要的船舶推进机械，低速柴油机在热机中 CO_2 排放最低的。但由于其总量巨大，并且随着国际贸易的发展增长很快，国际海运 CO_2 排放被广为关注。尽管哥本哈根会议没有对国际海运的温室气体减排提出具体目标，但控制国际海运的温室气体排放对减缓全球气候变暖有着深远的意义。

控制 CO_2 排放主要通过下列二条途径，第一途径是提高船舶动力装置的综合效率，这里包括柴油机本身的效率、螺旋桨的推进效率，柴油机工况点的选择和废热的回收和利用；另一个途径就是采用新能源和再生能源，如风能和代用燃料，如天然气，生物燃料等。国际海事组织

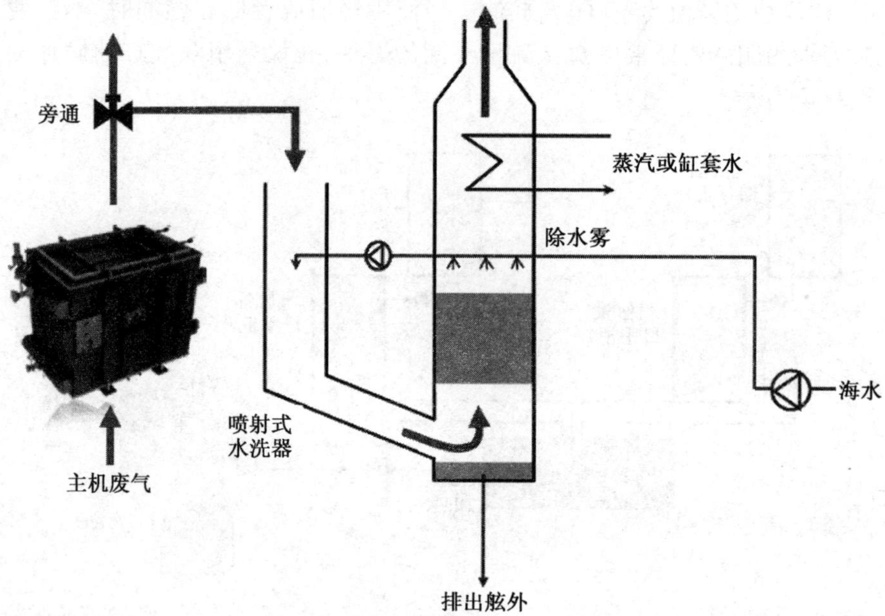

图 2.4-13　海水直接水洗系统

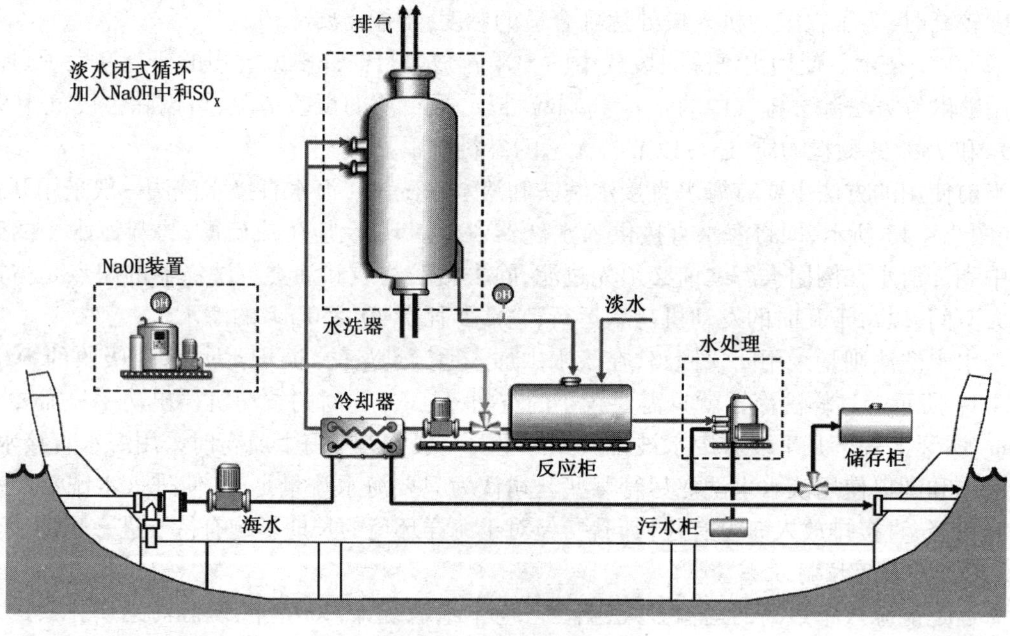

图 2.4-14　淡水水洗系统

(IMO)正在考虑确定船舶动力装置的 CO_2 排放指标，一个是“能效设计指标(Energy Efficiency Design Index)，另一个是“能效运行指标(Energy Efficiency Operation Index)”。

设立能效指标是试图在 2012 ~2018 年期间逐步降低船舶动力装置平均 CO_2 排放值，达到目前 CO_2 排放值的 70%。由于降低 CO_2 排放相当于降低燃油消耗率，这就意味着对于未来船舶，每航次要减少 30% 的燃油消耗量。降低能效设计指标主要通过下列手段：①降低船速。②提高主机效率，如采用废热回收装置。③降低主机功率。④使用 LNG 船或 LPG 船。⑤船体优化。⑥螺旋桨优化。⑦船舶涂料。而能效运行指标则是用来评估在航船舶的有效状态，如

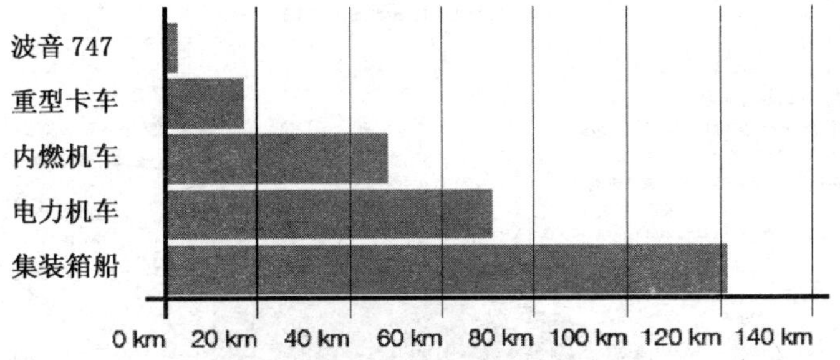

图 2.4-15　不同运输方式运输 1 t 货物排放 1 kg CO_2 的运输距离

评价船舶每航次的能效；评估船东或船舶营运人的行为；对单船的持续监测以及评估船舶及操作状态的变化。

从动力装置设计的角度来看，船舶的燃油消耗量主要同螺旋桨、主机的工况和船舶的航速有关。螺旋桨直径的增大意味着螺旋桨效率的提高和螺旋桨转速的降低，螺旋桨叶数的减少则需提高螺旋桨转速（从 6 叶桨改为 5 叶桨，转速大约提高 10%）并且桨的效率略有提高；主机行程缸径比 S/D 和最高燃烧压力与平均有效压力之比 p_z/p_e 的增加则会使柴油机的热效率提高，而使用电子控制式柴油机也能使柴油机的效率提高；船舶航速的降低则意味着所需功率的下降和转速的降低。下面通过几个例子研究一下螺旋桨、主机的工况和船舶航速的改变对于燃油消耗的影响，如图 2.4-16 所示。

（1）在船速不变的情况下改变螺旋桨直径

船舶主要参数如表 2.4-2 所示。

表 2.4-2　75 000 dwt 巴拿马型油船

船长	228.6	m
两柱间长	219.0	m
船宽	32.2	m
设计吃水	12.6	m
设计航速	15.1	kn
螺旋桨类型	FPP	
桨叶数	4	

正常主机选型时，考虑船舶建造成本等因素，可以考虑选用 5S60MC-C8 主机，主机的约定持续最大功率 SMCR 为 M_1 = 11 900 kW，M_1 点转速为 105 r/min，现将此配置作为一个基准。主机的约定持续最大功率 SMCR 不变，若选用 6S60MC-C8 的主机，M_2 与 M_1 点重合，由于增加了一个气缸，主机的初投资会有所增加，但由于柴油机在约 80% 的工况下工作，主机的燃油消耗率会下降 2.9%，每天的燃油消耗量会减少 1.14 t，若主机每年工作 6 000 h，则每年可节约燃油 285 t，以每吨燃油 USD500 计算，则每年节约燃油费用 USD142 500。

选用 6S60MC-C8 主机，保持船舶设计航速 15.1 kn 不变，若增大螺旋桨直径至 7.2 m，该船的定船速系数 α = 0.3，此时约定持续最大功率 SMCR 为 M_3 = 11 680 kW，M_3 点的转速为 98.7 r/min，6S60MC-C8 在 M_3 点下工作，与 M_1 点相比，主机的燃油消耗率会下降 2.3%，主机的转速下降和螺旋桨直径的增加会使螺旋桨的推进效率增加 1.8%，船舶推进装置的总体效率提高 4.1%，每天的燃油消耗量会减少 1.60 t，若主机每年工作 6 000 h，则每年可节约燃油 400 t，以每吨燃油 USD500 计算，则每年节约燃油费用 USD200 000。

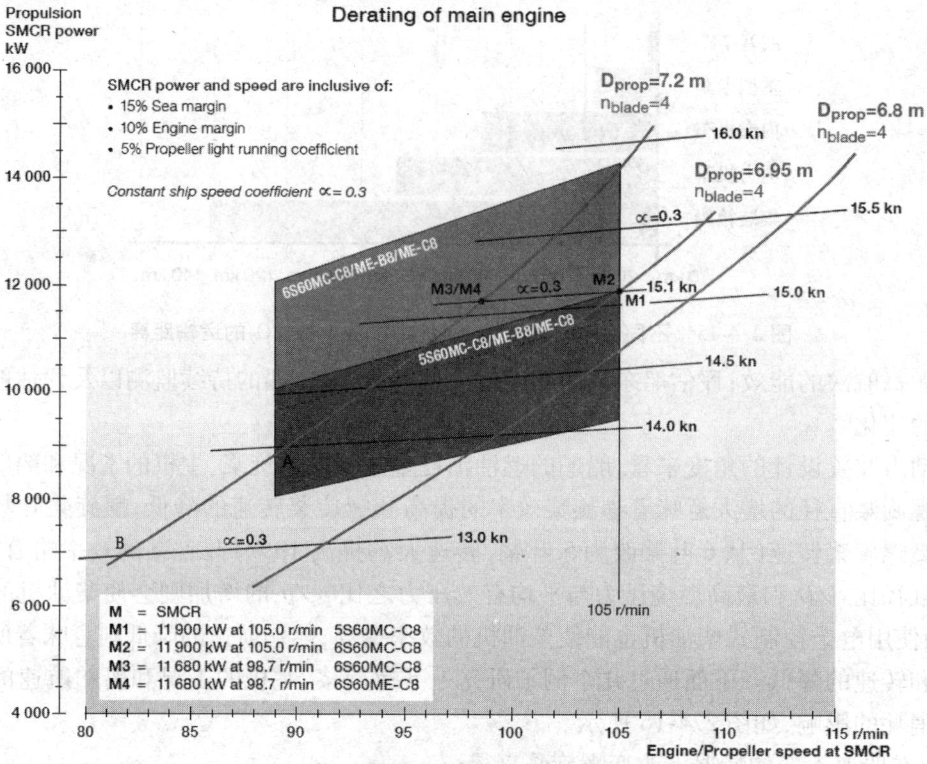

图 2.4-16　主机的工况和船舶的航速的改变对于燃油消耗的影响

若选用电子控制式的 6S60ME-C8 主机,保持约定持续最大功率 SMCR 不变,M_4 点与 M_3 点重合,ME 型柴油机会比 MC 型柴油机的的燃油消耗率下降 2.0%,船舶推进装置的总体效率提高 6.1%,每天的燃油消耗量会减少 2.39 t,若主机每年工作 6 000 h,则每年可节约燃油 598 t, 以每吨燃油 USD500 计算,则每年节约燃油费用 USD299 000。

(2)主机降速航行

主机降速航行是船舶在航运萧条期节能的基本方法,当主机带定距桨航行时其转速和功率之间的关系为:$P \propto n^3$,当船速下降时主机的转速和功率会大幅下降,从而达到节能的效果。如图 2.4-16 所示,选用螺旋桨直径为 7.2 m 的 4 叶桨,若维持 15.1 kn 的航速,主机工况点为 M_3,所需的功率为 11 680 kW,对应的转速为 98.7 r/min;若将航速下降为 14 kn,主机工况点为 A,所需的主机功率为 9 000 kW,对应的转速为 89.5 r/min;若将航速下降为 13 kn,主机工况点为 B,所需的主机功率为 7 000 kW,对应的转速为 82.9 r/min。航速为 13 kn 时的主机功率仅为航速 15.1 kn 时的 60%,主机功率的大幅降低也意味着油耗的大幅降低。

据 MAN 公司对于一艘 8 000 TEU 集装箱船的计算,若将其航速从 26 kn 降低为 23 kn,其选用的主机可以从 12K98MC-C7 改为 9S90MC-C8;约定最大持续功率 SMCR 点从 69 800 kW, 102.1 r/min 下降为 43 100 kW,78.0 r/min;螺旋桨直径由 8.8 m 增加为 9.3 m,航速降低以及螺旋桨效率的提高和主机燃油消耗率的下降,可使每日油耗降低 40%。而选用气缸直径较小和缸数较少的柴油机,也可以降低造船的投资。

(3)使用 LNG 作为船舶燃料

尽管人们对于船舶新能源和代用燃料作了很多研究,但目前比较成熟,可以在船舶上实际使用的只有 LNG。作为船舶燃料油的代用燃料,要满足下列几个基本条件:①有丰富的存储量；②在目前的高油价时代与燃料油相比在经济上要有竞争力；③含硫量要低。实际上就是既要满足船舶营运的要求，又能够满足日益严格的排放法规的要求。

天然气是一种清洁、方便、高效的优质能源。目前天然气资源比较丰富，世界上常规天然气资源量为400～600万亿 m^3，按2008年的开采量计算，现有天然气储量能满足60年的开采。自从2005年5月起，开然气的价格就与HFO380的价格不相上下，自2007年5月以来，天然气的价格甚至低于HFO380；天然气中90%以上的含量为甲烷，其余则为少量的乙烷、丙烷、丁烷等成分，甲烷的碳氢元素比为1∶4，是碳氢比最低的物质，也就是说甲烷是每单位碳排放能量最高的物质，或着说放出同样热量的 CO_2 排放较少。使用LNG作为代用燃料，其 CO_2 排放可比使用燃料油低25%～30%。为了方便储存和海运，天然气由液化工厂在常压下冷却至约零下163 ℃进行液化。在液化之前需要进行预处理，将原本天然气中的二氧化碳、水分、硫化氢和其他硫化物等杂质，先净化去除掉，也就是说在LNG中，几乎没有硫。通过采用“稀薄燃烧”技术，其 NO_X 的排放也很低。与燃用燃料油相比，使用LNG作为船舶燃料，CO_2 排放可降低25%～30%，NO_X 排放可降低85%～90%，其本上不存在 SO_X 排放，没有碳烟，颗粒物质很少，见图2.4-17。通过在现代新型LNG运输船上的使用，双燃料柴油机和气体喷射式柴油机的技术也日趋成熟。目前，可燃用LNG的发动机有，MAN公司的51/60DF中速双燃柴油机，ME-GI气体喷射二冲程低速柴油机，Wartsila公司的50DF、32DF中速双燃柴油机等。

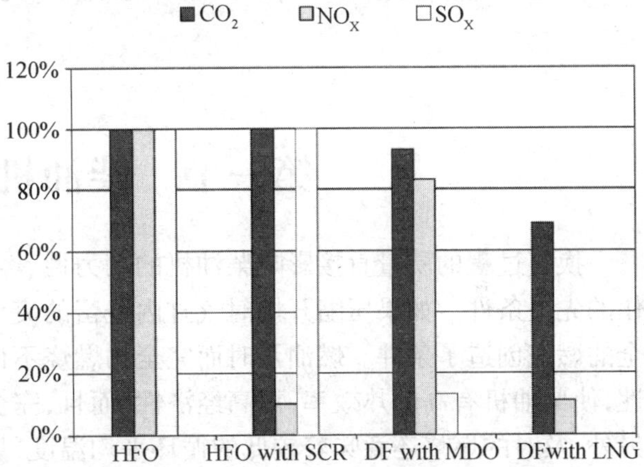

图2.4-17 使用不同燃料的排放对比

由于使用LNG作为船舶燃料从营运费用到排放指标都非常令人满意，LNG的应用目前也不只是局限于LNG运输船舶，其他的普通船舶也开始考虑以LNG作为船舶燃料。由于目前LNG还不能在世界所用港口加装，目前考虑使用LNG作为燃料船舶主要包括：海洋工程供应船，海上浮式储油船，渡轮，滚装船和集装箱船这类航线相对比较固定，并能够得到LNG供应的船舶。图2.4-18是以LNG为燃料的9 000 TEU集装箱船“鲲腾（Quantum）”船LNG储存柜和机舱布置图。

图2.4-18 以LNG为燃料的9 000 TEU集装箱船“鲲腾（Quantum）”船LNG储存柜和机舱布置

LNG燃料的加装可以通过LNG装卸码头，汽罐车或驳船或直接由于陆基的储存罐进行加装。

第五章 柴油机的换气与增压

第一节 柴油机的换气过程

换气过程的质量直接影响柴油机的动力性、经济性、可靠性和排放性能，是柴油机良好工作的先决条件。如果压缩开始时气缸内残留的废气量少，新鲜空气量多，这就为燃油及时、完全的燃烧创造了条件。燃油及时而完全的燃烧不但可使柴油机发出更大的功率，提高其动力性，使柴油机有高的热效率，提高经济性，而且，完全的燃烧还意味着结炭减少，减少排气污染。另外，及时的燃烧还意味着较低的循环平均温度，从而提高柴油机的可靠性。换气过程进行的好坏不仅取决于换气过程的设计状况，也与柴油机的日常管理密切相关。

柴油机的一个工作循环是由进气、压缩、燃烧、膨胀和排气过程组成的，在柴油机的工作过程中，每完成一个工作循环都必需排出废气和充入新气。排气过程、扫气过程到进气终止的整个气体更换过程称为换气过程。它的作用是更换工质，为下一个循环的工作提供必要的条件。也就是将已燃气体排出，吸入新鲜空气，为下一循环的燃油燃烧提供充足的空气。而二冲程柴油机和四冲程柴油机的最大差别就在于换气过程。

一、二冲程柴油机的换气过程

1. 二冲程柴油机换气的特点

二冲程柴油机的换气过程和四冲程柴油机相比有很大的不同，主要表现在：

（1）二冲程柴油机的换气时间较短。二冲程柴油机用于换气的时间大大小于四冲程柴油机，整个换气过程为120～150°CA，而四冲程柴油机则在450°CA以上。由于换气角度小，时间短，从二冲程柴油机中完全清除废气比较困难。

（2）二冲程柴油机的换气质量较差。二冲程柴油机的换气主要是依靠进、排气口之间的压差，用新鲜空气驱赶废气的扫气方式，新鲜空气的进入和废气的排除过程同时进行。由于新鲜空气和废气之间没有明确的界面，必然在缸内发生掺混，而且气缸内部还存在着扫气空气达不到的死角，以及新鲜空气的短路流动。因此，二冲程柴油机在换气终了时缸内残留的废气较多，换气没有四冲程柴油机干净。

（3）二冲程柴油机的耗气量较大。二冲程柴油机不仅在扫气过程中发生新气和废气的掺混，造成二冲程柴油机需要更多的扫气空气量，而且，为了控制柴油机的热负荷，也需要较高的过量空气系数，这都使得二冲程柴油机的耗气量增加。一般来说，对于二冲程柴油机，其空气消耗量是 8.5 kg/(kW·h)，对于四冲程柴油机，其空气消耗量是 6.5 kg/(kW·h)。

(4)二冲程柴油机的气缸容积不能充分利用。二冲程柴油机由于气缸下端开有气口，因此，并不是整个气缸工作容积都能用来容纳空气。活塞行程中气口高度所占的部分称为失效行程。通常以行程失效系数 ψ_s 来表示，即活塞在下止点位置时的活塞上平面到气口上边沿的距离与活塞行程之比。为了保证扫气空气在合适的压力下通过气缸，扫气口和排气口应具有足够的流通能力。因此，它必须具有一定的总宽度、一定的高度和一定的开启时间。

2. 二冲程柴油机的换气过程

二冲程柴油机换气过程的工作顺序是：在膨胀行程的末期，活塞下行，首先打开排气口(阀)，开始排气，而后扫气口开启，具有一定压力的新鲜空气由扫气口流入气缸，并强迫废气由排气口流出，进行充量交换，然后活塞到达下止点后又上行，依次将扫气口和排气口(阀)关闭，换气过程结束。图 2.5-1 是二冲程柴油机换气过程示意图。为分析问题方便，假设排气管中的压力不变。

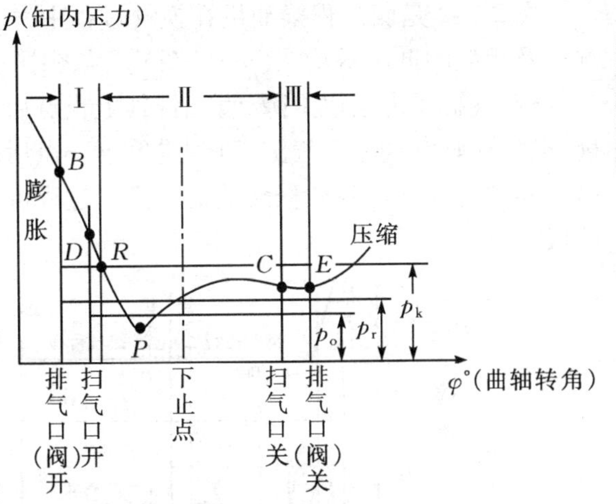

图 2.5-1　二冲程柴油机换气过程示意图

根据换气过程中气缸的压力变化特点，通常把二冲程柴油机换气过程分为三个阶段，即自由排气阶段、强制排气和扫气阶段以及过后排气(或过后充气)阶段。

(1)自由排气阶段(*B*—*R*)

从排气口的开启点 *B* 到开始进气的点 *R*(此时气缸内的压力与扫气压力 p_k 相等)为止称为自由排气阶段。在这一阶段里，气缸内的废气借助于缸内与排气管中的压力差($p-p_r$)经开启着的排气口高速流入排气管中，使气缸内的压力急剧降低。这一阶段十分重要，直接影响着后面扫气过程的进行。一般来说，当活塞下行到点 *D* 开启扫气口时，气缸内的压力 p_d 仍略高于扫气压力 p_k。但因扫气口的节流和排气的流动惯性，不会发生废气经扫气口倒冲至扫气箱去。但若因排气口堵塞而使 p_d 超过 p_k 很多时，则有可能发生废气倒冲现象，甚至引起扫气箱着火。

(2)强制排气和扫气阶段(*R*—*C*)

当气缸压力下降到稍低于扫气压力 p_k 时，新鲜空气经扫气口进入气缸，直到活塞下行到下止点后再上行将扫气口关闭为止，即是强制排气和扫气阶段。此阶段主要靠新鲜空气与缸内废气的压力差，利用新鲜空气清扫废气把废气从气缸中强制排出。这一阶段也可以分为前后两段，在 *P* 点以前，主要还是以自由排气为主，废气依靠压差和惯性冲出气缸，由于排气的速度大大高于扫气的速度，所以虽然有新鲜空气进入，但缸内压力仍然继续下降至最低压力。在 *P* 点之后，进入缸内的新鲜空气量开始大于排气量，缸内压力开始升高，主要依靠新气将废气挤出气缸，显然，在此阶段新鲜空气与废气发生掺混，并有部分新鲜空气经排气口排出。

(3)过后排气阶段或过后充气阶段(*C*—*E*)

这一阶段是扫气过程的最后阶段，按照换气形式及配气正时的不同，如果在 *C* 点时先关闭扫气口而到 *E* 点时再关闭排气口称之为过后排气，如果在 *C* 点时先关闭排气口(阀)而到 *E*

点时再关闭扫气口称之为过后充气。对于弯流扫气的柴油机，当活塞上行时，必然先关闭扫气口，再关闭排气口。在这一阶段，缸内的部分新鲜空气将经仍开启着的排气口排至排气管，是一个新气损失阶段，因此越短越好。对于直流扫气的柴油机，因为排气阀的关闭可以受到控制，使它与进气口同时关闭或早于进气口关闭，则可避免过后排气损失或实现过后充气。点 E 后，气缸内开始压缩行程。

二、四冲程柴油机的换气过程

图 2.5-2 是四冲程柴油机在换气过程中，气缸压力、排气管中的压力随曲轴转角的变化情况以及相应的低压示功图（$p—V$ 图）。从图中可以看出，排气阀开启后，废气从气缸急速流入排气管，气缸压力很快下降，直到排气上止点后的某一位置排气阀关闭为止。进气阀在上止点前开启，新鲜空气流入气缸，直到进气下止点后的某一位置关闭为止。在排气上止点附近，进、排气阀同时开启。四冲程柴油机的换气过程可分为自由排气、强制排气、气阀重叠、进气四个阶段。

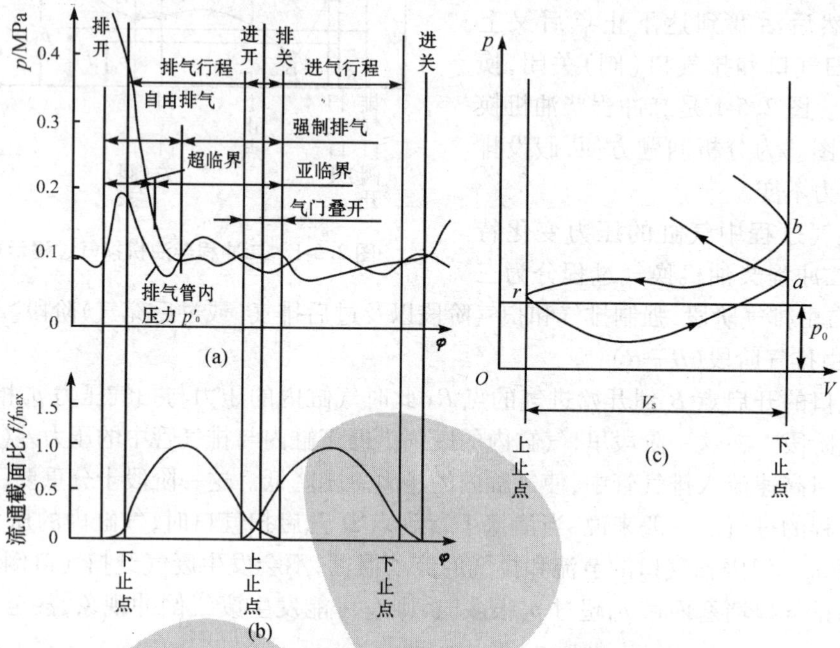

图 2.5-2　四冲程柴油机换气过程有关参数的变化

(a)气缸压力及排气管压力随曲轴转角的变化；

(b)进排气阀流通截面比随曲轴转角的变化；(c)低压示功图

1. 自由排气阶段

由于受配气机构的结构限制，气阀在开启过程中只能逐渐加大其流通截面。如果排气阀刚好在膨胀行程下止点时开启，则排气阀流通截面增加过缓，活塞在向上止点回行时造成较大的反压力，增加排气行程所消耗的功。所以，柴油机的排气阀往往都在膨胀行程到达末期前，即活塞到达下止点前的某一位置提前开启，称为排气提前角。排气提前角一般为 30～80°CA。

当排气阀在下止点前打开时，气缸压力远远高于排气管压力，废气在很大的压力差作用下排出气缸。随着排气阀开度的增大，大量废气由气缸排到排气管，使气缸压力急剧降低，排气管压力迅速升高，直到下止点后气缸压力接近排气管压力为止。

在这一阶段，缸内压力与排气管压力始终存在较大的压差，气缸废气主要在这个压差的作用下排出，故称为自由排气阶段。根据排气管压力和缸内压力之比的大小，自由排气阶段可分为超临界阶段与亚临界阶段。如果排气管压力与气缸压力之比小于临界值，即 $p_r/p<(2/k+1)^{k/k-1}$，则为超临界状态，废气以当地音速排出气缸。随着排气的进行，排气阀流通截面积逐渐加大，气缸压力下降，排气管压力上升，使气缸压力与排气管压力的压差减小。当排气管压力与气缸压力之比大于临界值时，气流的流动状态转为亚临界状态（废气以亚音速排出气缸）。自由排气阶段虽然占整个排气时间的比例不大，但由于废气流速很高，排出的废气量可达60%以上，一般持续到下止点后10～30°CA结束。

2. 强制排气阶段

自由排气阶段结束后，气缸内的废气被上行活塞强制排出，直到排气阀关闭，这一过程称为强制排气阶段。由于气体在流动过程中要克服排气阀、排气道等处的流动阻力，缸内的气体压力要略高于排气管内的平均压力，而且气体流速越高，压力差也就越大。

随着活塞的上行，排气阀截面积开始逐渐减小，气体流经气阀的节流作用加强，因而在上止点附近，气缸压力再次升高。其直接后果是，排气所消耗的功与缸内的残余废气量都增加了，这对换气与燃烧都不利。因此，排气阀不允许刚好在活塞到达上止点时关闭，而应当在上止点后一定角度时关闭，这被称为排气迟闭。排气迟闭期间，可以利用缸内气体流动惯性从气缸中抽吸部分废气，实现过后排气。但由于到达上止点后活塞已经开始下行，气缸容积不断增加，过大的排气迟闭会导致废气倒流。当废气从气缸流出的流动刚好停止时，就是最理想的排气阀关闭时刻。排气迟闭角一般为10～70°CA。

3. 进气阶段

从进气阀开启至关闭的全过程都是进气阶段。为了使在进气过程开始时，进气阀有一定的流通截面，以减少进气过程的阻力，增加进入气缸内的新鲜空气量，进气阀也在上止点前提前开启，称为进气提前。进气提前角一般为10～40°CA。

在进气过程中进气压力是基本不变的。但进气阀刚打开时，气缸压力高于进气压力。由于进气阀开度很小，气缸压力只略高于进气压力，并且在气缸中存在一个排气流，所以一般废气不会倒流入进气管。只有缸内压力低于进气管压力时才开始进气。进气过程刚开始时，由于活塞的下行造成气缸内体积的膨胀，加上气阀开启还不充分，缸内压力短时间内会迅速降低，这为新鲜空气的顺利流入创造了条件。随着进气阀流通截面积的加大，进入气缸的新鲜空气不断增加，气缸压力逐渐升高。为了利用在吸气过程中形成进气管内气流的流动惯性，实现气缸的过后充气，进气阀不在下止点关闭，而是在下止点过后的一定角度关闭，即进气迟闭。这样有可能在进气过程终了时，缸内压力等于或略高于进气管压力。进气迟闭角一般为20～60°CA。

尽管利用过后充气可以有效地增加进入气缸的空气量，但过大的进气迟闭角可能会发生新鲜空气倒流，进入进气管，并且使有效压缩比减小。因此，合理的进气定时是非常重要的。

4. 气阀重叠和燃烧室扫气

通过上述分析可以发现，从进气阀的提前开启到排气阀延迟关闭，从时刻上看都位于排气上止点前后，这样就会在排气上止点附近出现进、排气阀同时开启的特殊现象，通常将这一现象称为气阀重叠，相应的角度称为气阀重叠角，它是排气迟闭角与进气提前角之和。

在气阀重叠期间，进气管、气缸、排气管三者直接连通。这时由于进气压力高于排气压力以及排气气流的抽吸作用，新鲜空气在正向压力差的作用下由进气管进入燃烧室，与缸内残余废气混合后,部分可以直接排入排气管中。这样,一方面有利于扫除将燃烧室中残存的废气,增加气缸新鲜空气,达到扫气的目的。另一方面,新鲜冷空气又可以降低燃烧室壁面的温度。尽管带走的热量不多,但这对受热严重且冷却水难以冷却到的燃烧室壁面是十分可贵的。在气阀重叠期间新鲜空气对燃烧室的清扫称为燃烧室扫气。应该指出的是,气阀重叠角并不是越大越好。进气阀开启过早,会造成废气倒冲入进气管,排气阀关闭过迟,过量的扫气空气会降低涡轮前的排气温度,减少增压器涡轮获得的可用能。统计结果表明,一般非增压柴油机气阀重叠角为20~50°CA,增压柴油机气阀重叠角为80~140°CA。由上述可知,四冲程柴油机的进、排气过程分别在两个行程中完成,新鲜空气和废气互不掺混,因而其换气质量较高。

第二节　柴油机的换气机构

保证柴油机按规定顺序和时刻完成进、排气过程的机构称为换气机构,又叫配气机构。

四冲程柴油机采用气阀式换气机构。现代船用低速二冲程柴油机大都采用气口—气阀式换气机构。换气机构的任务是保证柴油机在工作过程中按规定的时间开启或关闭各气缸的进气阀(或进气口)和排气阀(或排气口),使尽可能多的新鲜空气进入气缸,并使膨胀终了的废气从气缸排净,保证柴油机工作过程连续和完善。换气机构工作得好坏直接影响到柴油机的换气质量,进而影响柴油机的燃烧过程和做功能力。因此,正确地设计和维护管理好换气机构,对于保证柴油机良好的工作性能和使用寿命具有重要意义。气阀式换气机构主要包括气阀机构和气阀驱动机构两部分。本节还将讨论凸轮轴和凸轮轴传动机构。

一、气阀机构的结构形式、功用和工作条件

在气阀机构中,气阀和阀座是工作条件最恶劣的零件。气阀阀盘和阀座底面是燃烧室壁面的一部分,受到燃气高温、高压的作用。特别是排气阀,由于受到排气气流的加热,温度很高,而进气阀由于进气流的冷却作用温度低一些。对于船用增压柴油机,排气阀阀盘的平均温度可高达650~800 ℃,阀杆温度为150~250 ℃;进气阀阀盘的平均温度可高达450~500 ℃,阀杆温度为100~120 ℃。气阀在关闭时与阀座发生撞击和磨损。在撞击中,由于阀和座的弹性变形、气阀弹簧的振动及气阀弹簧螺旋线的扭转作用,会使阀面和阀座产生楔入性和扭转性滑移。这种滑移使阀面和座面间产生干摩擦,阀面和座面上的剥落金属颗粒、灰分、炭粒又变成磨料加重了磨损。燃烧产物对气阀和阀座有腐蚀作用。特别是燃用重油时由于重油中含有较高的硫及钒、钠等,燃料燃烧后生成硫、钒、钠的氧化物及这些氧化物生成的盐和聚合物。这些钒、钠的盐、氧化物及聚合物有的熔点低(低至535 ℃),有的熔点较高(高达900 ℃)。它们在排气时一部分沉积到气阀和阀座上,使气阀和阀座接触不良,并对金属起腐蚀作用,使阀面和座面上出现凹坑,造成漏气和烧损。

由于气阀和阀座在高温、撞击、磨损、腐蚀的条件下工作,气阀都采用耐热合金钢材料(如镍基耐热合金钢),阀座则采用合金铸铁或耐热合金钢。为了使阀面和座面耐磨、耐腐蚀,高增压和燃用重油的柴油机气阀还在阀面和座面上堆焊钴基硬质合金,如司太立(stellite)合金。在阀头接近燃烧室侧覆盖耐热耐蚀的铬镍铁合金。阀座采用钻孔水冷,并在阀座密封面附近开有空气槽,内存有扫气空气,当密封面漏气时,可避免产生高温排气的烧蚀,如图2.5-3所示。为了使阀杆耐磨,常采用氮化、镀铬、滚压、抛光等工艺。

气阀的阀面与阀座在座面的配合上有三种方式,如图2.5-4所示。图中图2.5-4(a)为全

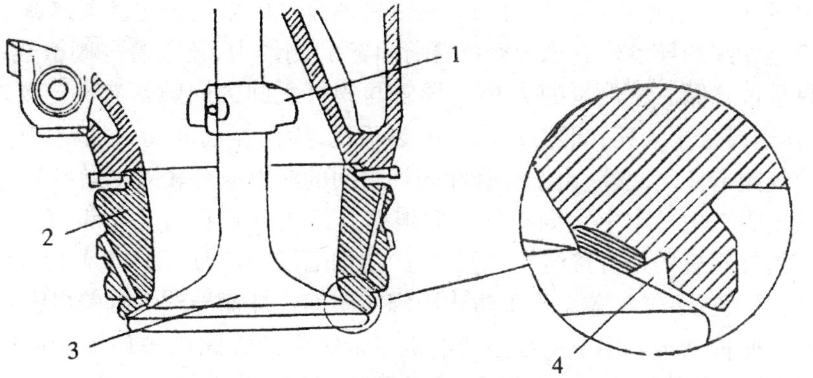

图 2.5-3　MC 型柴油机排气阀座

1—转翼;2—阀座;3—排气阀;4—空气槽

接触式,阀面与座面锥角相等;图 2.5-4(b)为外接触式,阀面锥角小于座面锥角;图 2.5-4(c)为内接触式,阀面锥角大于座面锥角。全接触式接触面大、耐磨、传热好,但易结炭,敲击产生麻点。多用在小型高速柴油机上。阀线宽度一般为 1.5 ~2.5 mm。外接触式,阀面锥角比座面锥角小 0.5° ~1°。这种方式使接触面小,密封性好,阀面与座面内侧不与燃烧时的气体接触。阀盘在高压燃气作用下发生拱腰变形会使内侧阀面与座面接触,减小了接触应力增加了散热。它多用在强载中速机中。内接触式,阀面锥角比座面锥角大 0.2° ~0.5°。这种方式接触面小,密封性好。接触面因离燃烧室远些,温度低,钒、钠的腐蚀小。阀盘在高温和高压燃气作用下会发生周边翘曲的热变形和机械变形,使外侧阀面与座面接触。这样,减小了接触应力,增加了阀盘散热,被用在长行程低速柴油机中。

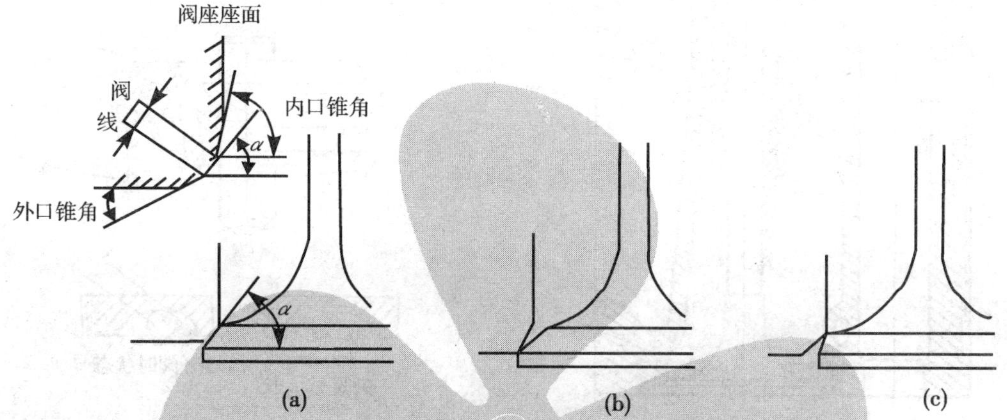

图 2.5-4　阀与阀座的配合方式

在气阀的结构中,阀面锥角 α 是一个重要的参数。阀面锥角 α 增大则气阀对中性好,密封性好,但磨损较大。通常 α 为 30°或 45°。

气阀弹簧的作用是当摇臂抬起时使气阀关闭。在大多数柴油机中,每个气阀都装有内、外两根弹簧。这样在满足总的弹簧负荷要求下,每根弹簧的负荷就可以小一些,使之尺寸小,应力低,提高抗疲劳能力。此外,两根弹簧由于自振频率不同,互相干扰,可以起到减振的作用。为了防止一根弹簧断裂后卡进另一根弹簧中,两根弹簧的旋向应当相反,这还可以减少阀在开关时由于弹簧产生扭转而发生的自动研磨。此外,采用两根弹簧还可以增加工作的可靠性。

除机械弹簧外,目前超长行程直流扫气柴油机的排气阀普遍采用空气弹簧。

气阀导管是气阀的导承。它承受着摇臂所引起的侧推力,还起着气阀散热的作用。一般经导管的散热量占气阀总散热量的25%。导管与阀杆之间的间隙是有一定要求的。间隙过小,气阀的动作迟滞甚至咬死;间隙过大,则散热不良,横向振动和漏气加剧,甚至可能引起烟灰进入间隙使气阀卡住。此外,由于导管和阀杆之间的润滑条件较差,导管很容易磨损。

柴油机的气阀机构基本上大同小异。但根据其结构特点可分为不带阀壳和带阀壳两大类。不带阀壳的气阀机构是直接装在气缸盖上的,如图2.5-5所示。这种形式的气阀构造简单,但是检修时必须拆下气缸盖。为了防止因阀座座面损坏而导致气缸盖报废,一般都装有可以更换的阀座。此种结构多用于中小型柴油机。带阀壳的气阀机构是将气阀及气阀弹簧、导管、阀座等零件装在阀壳上形成一个整体,然后把这个总成装入气缸盖的阀壳孔中。若阀壳式气阀出现伤裂、过度磨损等故障,修理时可不必拆卸气缸盖,只需拆下阀壳进行维修。使用管理比较方便。在结构上,阀壳中有润滑阀杆的油道和强制循环冷却水腔,可以简化气缸盖的结构。大功率中、低速柴油机,尤其是排气阀,广泛采用带阀壳结构。

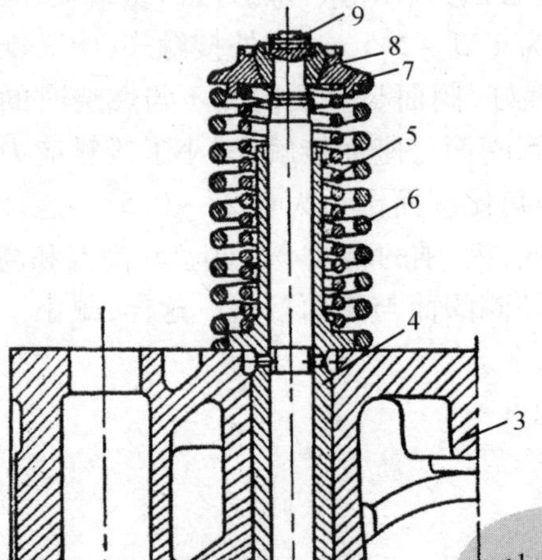

图2.5-5 不带阀壳气阀机构

1—阀杆;2—阀盘;3—气缸盖;4—气阀导管;5,6—弹簧;7—弹簧盘;8—卡块;9—撞击块

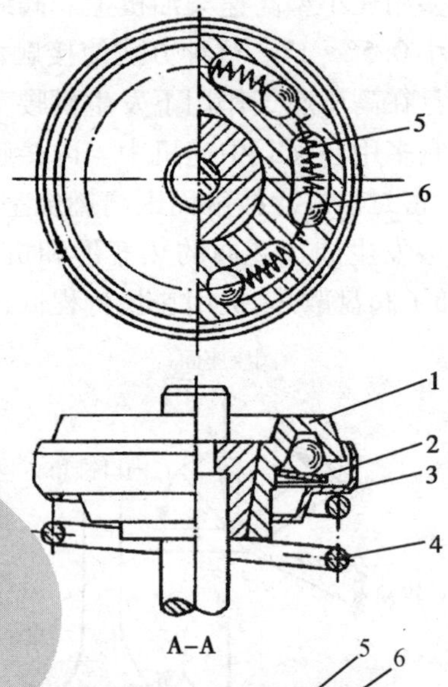

图2.5-6 旋转帽式旋阀器

1—本体;2—碟形弹簧;3—旋阀器环;4—气阀弹簧;5—复位弹簧;6—钢珠

在强载、燃用重油的柴油机中,除了对排气阀和阀座进行冷却外,还装设旋阀器使排气阀在开关过程中慢慢转动。气阀在开关过程中慢慢转动,可以减少阀面与阀座上的积炭,使磨损减小,贴合严密;可以使阀盘均匀地接受热量和散热,以改善阀盘的热应力状态;消除阀杆与导管之间的积炭,防止卡住。旋阀器有旋转帽式(如图2.5-6所示)、推进器式、棘轮式、杠杆式多种。现代船用低速二冲程柴油机大都采用推进器式旋阀器,而中速柴油机主要采用旋转帽式

旋阀器。

旋转帽式旋阀器如图 2.5-6 所示，由旋阀器本体 1，碟形弹簧 2，旋阀器环 3，复位弹簧 5 和钢珠 6 组成。在本体 1 的周边上有若干个槽，每个槽内装有钢球 6 和复位弹簧 5，槽的顶面是圆弧状或锥状的，如 A－A 剖面所示。平时旋阀器被气阀弹簧 4 压紧在弹簧盘上。

在气阀关闭时，由于气阀弹簧作用力较小，气阀弹簧作用力经过碟形弹簧内边缘传送到旋阀器本体上。钢珠被复位弹簧推到槽的一端。当气阀被打开时，碟形弹簧因受力增大而变成扁平，气阀弹簧力逐渐转移到钢珠上，钢珠因受挤压克服复位弹簧的作用力沿斜面滑动到槽的中间。在这一过程中碟形弹簧、旋阀器环、气阀弹簧由于摩擦力的作用不会转动；而旋阀器本体、弹簧盘和气阀则会在钢珠运动的推动下转过一个角度。当气阀关闭时，由于碟形弹簧变形逐渐恢复，钢珠受力减小，当它被释放时，复位弹簧又把它推回到槽的一端。这样，气阀便在不断的开启中慢慢地转动。因为气阀只在开启过程中转过一个角度，所以不会造成阀与阀座的磨损。推进器式旋阀器的构造原理如图 2.5-8 所示。在排气阀 17 的阀杆上装有转翼 18。柴油机运转中排气阀打开时，排气流作用在转翼上，使转翼带动阀杆绕其轴线转动，使排气阀旋转。旋转角速度随柴油机负荷而变。

二、气阀传动机构的原理、结构形式及功用

气阀传动机构的作用是把凸轮的运动传给气阀。当凸轮顶升气阀传动机构时，气阀及时开启。当凸轮转过之后，在气阀弹簧的作用下气阀及时关闭。机械式是传统的气阀驱动机构，广泛用于各型柴油机上。新型低速柴油机均采用了液压式气阀驱动机构。

1. 机械式气阀传动机构

图 2.5-7 是目前中速柴油机中常见的一种机械式气阀传动机构。它是由带滚轮的顶头 2、顶杆 3 和摇臂 4 和阀桥 7 等组成。摇臂经轴销安装在摇臂支座上，摇臂支座固定在气缸盖上。凸轮 1 在转动中将顶头、顶杆顶起，从而使摇臂绕摇臂轴转动，克服气阀弹簧的弹力将气阀 8 打开。由于目前中速四冲程柴油机多采用 4 阀结构，因此每个摇臂通过阀桥 7 分别控制两个气阀。当滚轮沿凸轮的形线下降时，在气阀弹簧的作用下气阀逐渐关闭。因而凸轮的形状与安装位置就决定了气阀的启闭时刻。

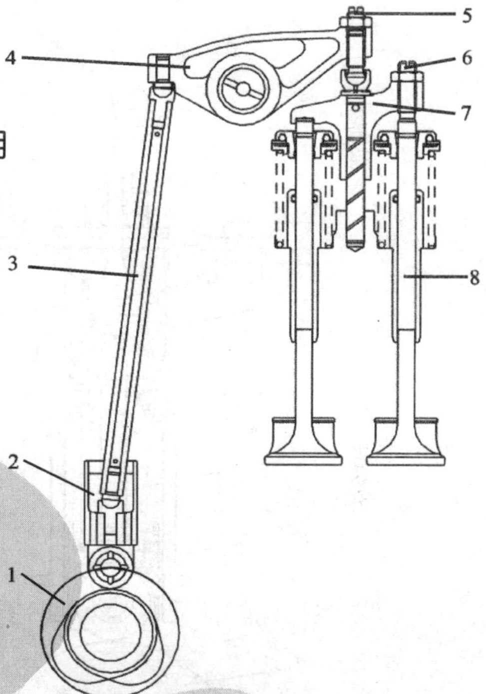

图 2.5-7 机械式气阀传动机构

1—凸轮；2—顶头；3—顶杆；4—摇臂；5—气阀间隙调节螺钉；6—阀桥调节螺钉；7—阀桥；8—气阀

对于机械式气阀传动机构，在柴油机冷态时，滚轮落在凸轮的基圆上，摇臂与气阀之间应留有间隙，此间隙称为气阀间隙。其目的是保证在柴油机热态时，气阀和气阀传动机构受热膨胀后仍能完全关闭。如果不留气阀间隙，气阀在工作时将因向下膨胀而关闭不严，造成气阀漏气，并可能引起其他故障。气阀间隙可以通过调节螺钉 5 调整。调整气阀间隙时，要求滚轮落在凸轮的基圆上，摇臂、顶杆和顶头之间保持接触，也有的柴油机气阀间隙调节螺钉在摇臂的另一侧。调节螺钉 6 用来调整阀桥的位置，使两个气阀都能可靠工作。

2. 液压式气阀传动机构

液压式气阀传动机构是在气阀、顶头的上端各设液压传动器,二者之间通过油管连通。开阀靠液压传动器产生的油压,关阀靠“空气弹簧”的气体压力来实现。这种气阀传动机构具有尺寸小、重量轻、利于布置、气阀不承受侧推力、噪音小、拆装方便等优点。但存在着调试困难与密封困难等缺陷。目前普遍用于超长行程低速柴油机的排气阀中。图 2.5-8 所示为这种液压气阀传动机构和气阀机构简图。图中顶头处的液压传动器由顶头 3、顶杆 4、套筒 5、柱塞 6、安全阀 7、补油阀 8 等组成。气阀处的液压传动器由缓冲销 10、柱塞 11、套筒 12 等组成。空气弹簧装置由活塞 13、气缸 14 等组成。由起动空气瓶来的经减压的空气通过止回阀进入空间 N。

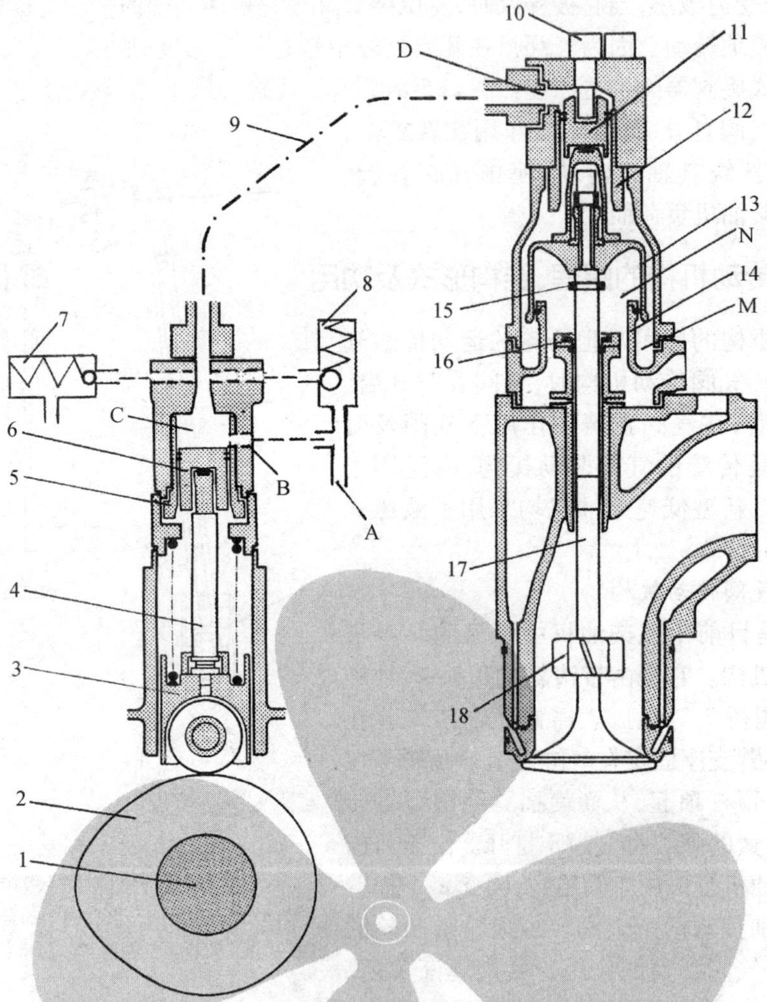

图 2.5-8　液压式气阀传动机构和气阀机构

1—凸轮轴;2—凸轮;3—顶头;4—顶杆;5—套筒;6—柱塞;7—安全阀;8—补油阀;9—油管;10—缓冲销;11—柱塞;12—套筒;13—活塞;14—气缸;15—卡环;16—弹簧板;17—排气阀;18—转翼;19—补油管;B—补油孔;C、D—油空间;M、N—气空间

当凸轮 2 通过顶头 3、顶杆 4 顶起柱塞 6 时,C 空间的油被压缩建立起油压并经油管 9 泵入 D 空间,作用在柱塞 11 上面。油压力推动柱塞 11 下行并推动活塞 13 下行,将空间 N 内的

空气压缩,并把排气阀 17 打开。当凸轮把顶头放下时柱塞 6 重新下行,油压下降,D 空间的油流回到 C 空间。排气阀 17 在 N 空间内气体压力(空气弹簧)的作用下关闭。排气阀 17 关闭时,液压柱塞 11 上行,缓冲销 10 进入柱塞 11 上面孔内将油挤出。由于油的阻尼作用,减小了气阀与阀座的撞击。液压传动机构在运行时经柱塞和套筒间隙漏泄的油,由管道 A 和补油阀 8 补充。机构中的油由十字头轴承润滑系统经减压后供给。当机构中的油压过高时,油由安全阀 7 泄掉。当 N 空间没有压缩空气时,柱塞 11 会在油压作用下下移,气阀被打开。但当卡环 15 落在弹簧板 16 上时便不再下移,避免气阀与活塞发生撞击。

三、凸轮轴及其传动机构

1. 凸轮轴

凸轮轴是柴油机中非常重要的传动轴。柴油机进、排气阀的启闭、喷油泵和空气分配器的驱动都是通过凸轮轴进行的。此外,凸轮轴还带动调速器及其他附件的传动轮。装在凸轮轴上的凸轮是每缸一组,组数与缸数相同。凸轮轴要放在凸轮轴箱内,由多个轴承支撑。如图 2.5-9 所示

凸轮轴的结构有整体式和装配式两大类。整体式用于小型机,装配式用于大型机。整体式凸轮轴的凸轮是与轴本体锻成或铸成一体的。装配式凸轮轴的凸轮和轴是分别制造的,然后根据定时的要求将凸轮紧固在轴上。这种凸轮轴上的凸轮是可调的,以便定时调节,并且任何一个凸轮损坏时都可以单独更换。由于大型柴油机的凸轮轴很长,故都是分成几段组装而成的。为了使柴油机结构简单,控制进、排气阀和喷油泵的凸轮一般都装在同一根轴上。但近年来,为了更好地控制柴油机的进排气过程和燃烧过程,满足日益严格的排放法规,某些新型柴油机采用了两根凸轮轴的结构。

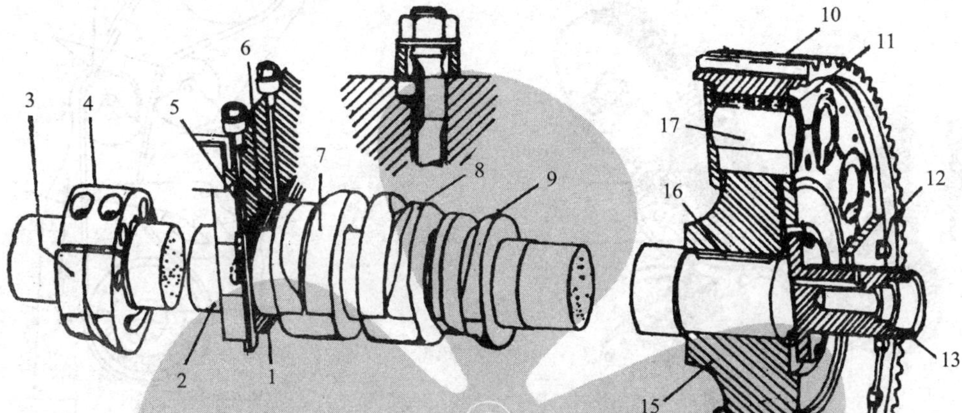

图 2.5-9　凸轮轴及传动齿轮

1—轴承盖;2—轴;3、4—喷油泵凸轮;5—螺栓;6—轴承座;7—进气凸轮;8—排气凸轮;9—起动凸轮;10—齿圈;11—筒状弹簧;12—螺栓;13—支持轴;14—环板;15—轮毂;16—键;17—止动栓

凸轮在顶动滚轮过程中,在工作表面上产生摩擦和很高的接触应力。当接触应力过高时,工作面会发生疲劳损坏,产生麻点或金属剥落。因此,凸轮要有很好的耐磨、耐疲劳性能。凸

轮轴材料一般是碳素钢、合金钢和球墨铸铁。凸轮工作表面应渗碳或表面淬火,以提高硬度。

2. 凸轮轴的传动机构

凸轮轴由柴油机的曲轴带动,两者保持准确的相对位置。按照柴油机工作循环的要求,有凸轮控制的机构每循环必须动作一次。由于四冲程柴油机曲轴回转两周完成一个工作循环,因此其凸轮轴与曲轴的转速比应该是1∶2。同理,二冲程柴油机则应该是1∶1。

曲轴与凸轮轴之间的传动方式与发动机的类型、凸轮轴位置以及附件的传动等因素有关。一般采用齿轮传动或链传动。所以,凸轮轴的传动机构分为齿轮传动机构和链传动机构。四冲程柴油机通常采用齿轮传动。大型低速二冲程柴油机根据凸轮轴的位置有两种传动方式:一种是凸轮轴布置在机架中部,因曲轴与凸轮轴距离较近,采用齿轮传动;一种是凸轮轴布置在气缸体中部,因曲轴与凸轮轴的距离较远,采用链传动。无论采用何种传动方式,其传动机构必须保持正确的定时关系。此外,还应尽量减小扭振及凸轮轴扭转变形引起的定时偏差。

(1)齿轮传动机构

四冲程柴油机采用齿轮传动轮系,称之为定时齿轮。为了减小曲轴扭振的影响,凸轮轴传动机构都安装在飞轮端。定时齿轮包括主动轮、从动轮和二者之间的中间齿轮。图2.5-10为某大型四冲程V形柴油机的凸轮轴齿轮传动机构。曲轴4上的定时齿轮5,经过中间齿轮3和2传给凸轮轴上的定时齿轮1带动凸轮轴6。经过两级齿轮减速后,定时齿轮1与5的速度比为1∶2。三个齿轮互相啮合的轮齿上均有啮合记号以保证配气、喷油定时正确。在拆、装凸轮轴传动机构时必须严格注意装配记号。

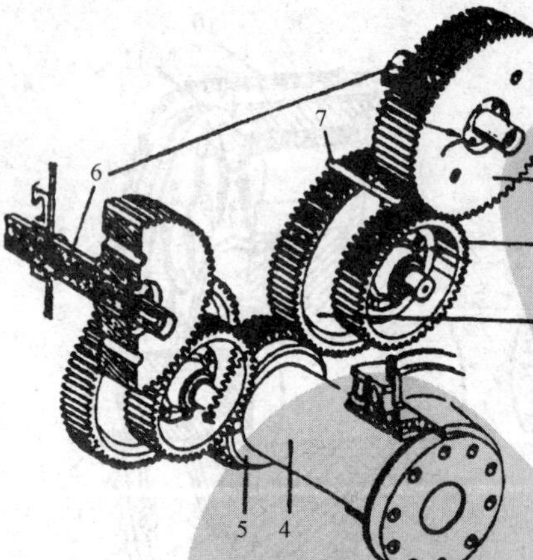

图2.5-10　凸轮轴齿轮传动机构

1—凸轮轴定时齿轮;2,3—中间齿轮;4—曲轴;5—曲轴定时齿轮;6—凸轮轴

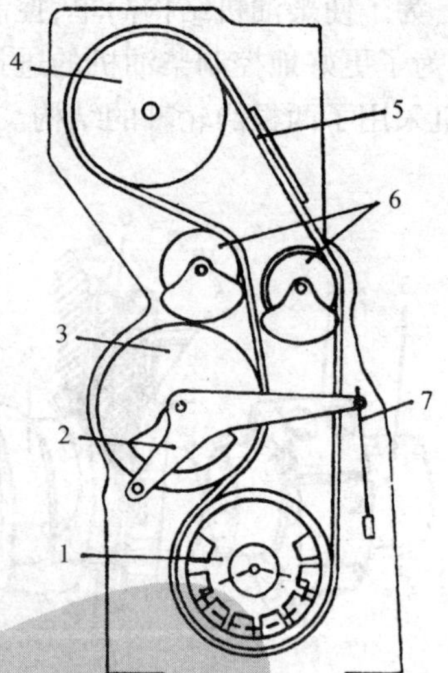

图2.5-11　凸轮轴链传动机构简图

1—主动链轮;2—张紧臂;3—张紧轮;4—凸轮轴链轮;5—链条;6—中间轮;7—张紧弹簧

(2)链传动机构

图2.5-11为凸轮轴链传动机构简图。链传动装置结构简单、紧凑,且在柴油机换向时可以避免齿轮传动中可能产生的齿间间隙累积误差,因而在正、倒车运转时都能得到准确的定时,对于轴线的不平行度与中心距的误差都不敏感。此外,还可以通过链轮、链条驱动往复惯性力矩平衡装置,因而在大型低速柴油机中广泛使用。但链条传动装置的润滑不如齿轮传动

装置,磨损快,容易松弛,需经常检查。

链条传动机构由曲轴上的主动链轮1、凸轮轴上的从动链轮4、链条5、中间轮6、链条张紧臂2、张紧轮3、张紧弹簧7等组成。主动链轮1由两个半块组成,用螺栓紧固在曲轴上。从动链轮4为整体式,用键连接在凸轮轴上。曲轴与凸轮轴之间采用一级链传动,速比为1∶1。链条5选用双排套筒滚子链。导轨(未画出)是由导轨板和装在导轨板上的特种耐油橡胶块组成的,以防止链条的横向抖动和敲击,使之工作平稳。链传动装置由于链条磨损较快,容易松弛,这就影响了凸轮的定时,并引起链条振动。故在链条传动装置中设有中间轮6和链条张紧装置,用以减少链条的振动和调节链条的松紧程度,保证链条与链轮啮合良好,传动平稳。张紧弹簧7的弹力通过张紧臂2、张紧轮3作用到链条5上将它拉紧。为了保证定时正确,链条按啮合记号装在链轮上。张紧轮可位于正车转动时链条的紧边或松边。通常较老机型多位于紧边,而新机型多位于松边。张紧链条时要边盘车边张紧。盘车时要使张紧轮一侧的链条为松边。要注意的是,链条、链轮磨损后,链条会松弛,再度张紧时,定时会发生变化。若链条长度增加1.5%时,需换新。

四、换气机构的故障和管理

1. 气阀机构的故障

在换气机构中,气阀机构的工作条件最为恶劣。尽管气阀机构在设计、制造和材料方面根据其工作条件已做了充分考虑,但在使用中由于运转情况经常变化或因维护保养和使用管理不当,仍然会常常出现各种故障。

(1)阀面和阀座磨损和腐蚀。这种故障表现为阀面和阀座密封面上有伤痕和麻点。前者主要是由燃气中的炭粒或其他杂质冲刷或落在密封面上时阀与阀座撞击所造成的。后者主要是由燃油中的硫、钒和钠的腐蚀所造成的。这会使气阀的密封性变坏,引起漏气,使柴油机功率下降,各缸功率不均,起动困难,甚至不发火。因此,必须经常注意检查气阀的工作情况,发现漏气应对气阀进行研磨,使之重新密封。

(2)阀面与阀座烧损。阀座扭曲、偏移、倾斜和失圆都会造成大面积烧损。阀盘翘曲时,关闭不严处如喷管流道,会被严重烧损。气阀阀杆卡阻、弯曲,都使阀盘不能落座,使密封面发生均匀烧损。此外,阀面和座面也会因麻点、伤痕处漏气而发展到烧损。

(3)阀杆卡紧。阀杆在导管中往复运动,气阀导管间隙过小会使阀杆卡阻;气阀导管间隙过大可使导管中滑油结焦,沉积物增多,阀杆也会卡住;还可能由于中心线不正,致使阀杆卡死在导管中。这将使气阀与阀座关闭不严而发生漏气,甚至影响气阀的启闭。为此,必须注意阀杆与导管之间的间隙、对中性和润滑情况。滑油量必须适中,最好使用滑油和柴油的混合油。

(4)阀杆和阀头断裂。这种断裂大多是由于频繁撞击引起金属疲劳以及高温下金属的机械强度降低造成的。断裂通常发生在阀头与阀杆的过渡处或阀杆上端支承弹簧盘的圆槽处。气阀断裂后掉入气缸,将引起柴油机立即停止工作,并可能将活塞、气缸盖、气缸套击碎。

(5)气阀弹簧断裂。气阀弹簧断裂多是因为振动造成的,也可能是因为材质、热处理不符合要求,或在保管中锈蚀所致。

(6)阀壳产生裂纹。阀壳裂纹通常是由于安装时将固定螺栓拧得太紧造成的。因为这样会使阀壳在柴油机工作时因受热膨胀而产生很大的应力。阀壳裂纹将会使冷却水喷入排气管中。因此,固定螺栓不宜拧得过紧。虽然这可能在初期造成少许漏气,但工作一段时间后,漏气将逐渐消失。

2. 气阀间隙测量和调整,气阀定时的检查

(1)气阀间隙的测量和调整。冷车时在机械式气阀传动机构中,要在摇臂端和气阀阀杆之间留有一定的间隙,以便柴油机运转时气阀机构受热后有膨胀的余地。若气阀间隙过小,则气阀受热后会关闭不严;间隙过大,则除影响气阀定时外(晚开、早关),还会使撞击严重,造成大的噪声和磨损。因为温度高、尺寸大时,气阀膨胀的数值也大,所以排气阀比进气阀、增压机比非增压机、大型机比小型机的气阀间隙大。气阀间隙的具体数值见柴油机使用说明书。用厚薄规测量气阀间隙,测量气阀间隙时要注意顶头的滚轮一定要落在凸轮的基圆上。

(2)气阀定时的检查。气阀定时的测量只有在气阀间隙符合要求时才能进行,以消除气阀间隙不同时对定时的影响。测量气阀定时的方法随柴油机而异,一般在说明书中均有规定。通常的做法是:在气缸盖上放千分表架,将千分表的触头压在气阀弹簧盘上,然后缓慢盘车。千分表指针刚刚移动或回到原位的时刻就是气阀开启或关闭的时刻。这时,飞轮上相应的角度就是气阀开启或关闭的角度。凸轮、滚轮等传动件磨损,链轮、链条再度张紧,拆装机器时凸轮轴安装不正确,都会使定时与给定数值不符。大型低速柴油机排气阀定时可以调整。现代大型低速柴油机的凸轮轴与凸轮轴联轴节、凸轮轴与排气凸轮多采用液压拆装的过盈配合连接,能够改变它们之间的装配角度。

3. 气阀和阀座的研磨与更换

小型柴油机阀座座面损伤时,要用专用工具铰刀修整。气阀阀面损伤时要用专用磨床研磨,然后再用细研磨砂对研。研磨后阀面上应研出暗色连续等宽度阀线。无法修复磨损过大的气阀应换新。中、大型柴油机的阀座和气阀都配有专用研磨工具。在阀座换新、使用新的或修理的阀、阀座面损伤时,要用专用工具研磨阀座。气阀阀面由于磨损、腐蚀损伤时,要用专用工具磨削,并用专用工具测量阀座与气阀磨损量,超过规定者应予换新。磨削要保证规定的锥角。为防止研磨面上出现颤痕,磨具或阀壳下要垫橡胶块。

第三节　柴油机的增压

柴油机所能发出的最大功率受到气缸内所能燃烧的燃料的限制,而燃料量又受到每个循环内气缸所能吸入空气量的限制。如果空气能在进入气缸前得到压缩而使其密度增大,则同样的气缸工作容积可以容纳更多的新鲜空气,从而就可以多供给燃料,得到更大的输出功率。这就是增压的基本目的。

一、柴油机废气能量分析及其在涡轮增压器中的利用情况

柴油机排出的废气所含的热量约占燃油燃烧放出热量的30%以上,而排气的可用能又约占排气总能量的60%。因此,充分利用这部分能量是提高柴油机热效率的重要途径。

柴油机废气中含有的最大可利用能如图2.5-12所示。对于四冲程柴油机,其气缸工作容积为V_{S4},对于二冲程柴油机,其气缸工作容积为V_{S2}。由于柴油机结构的限制,排气开始时气缸中燃气状态为b,这些燃气无损失地等熵膨胀到大气压力p_0时,在理论上所能做的功在图上为面积$b-1-f-b$。也就是排气开始时废气中的可用能。另外,由于柴油机采用废气涡轮增压,气缸后的压力不再是大气压力p_0而是涡轮前压力p_T,在换气过程中获得的能量为$4-g-i-1-4$表示的面积。这部分能量对四冲程柴油机包括强制排气过程中的活塞推出功$1-2-3-4-1$和燃烧室扫气阶段进入排气管的扫气空气所具有的能量$2-i-g-3-2$两部分;而二

冲程柴油机这部分能量为扫气期间扫气空气所做的功。值得注意的是，二冲程柴油机在排气开始后活塞继续下行，获得膨胀功为 $b-4-5-b$ 所示的面积，使废气可用能减少；在换气过程中没有活塞推出功补充废气能量，并且废气中掺混有很多扫气空气，使涡轮前气体温度 T_T 降低，因而废气中的能量较少。

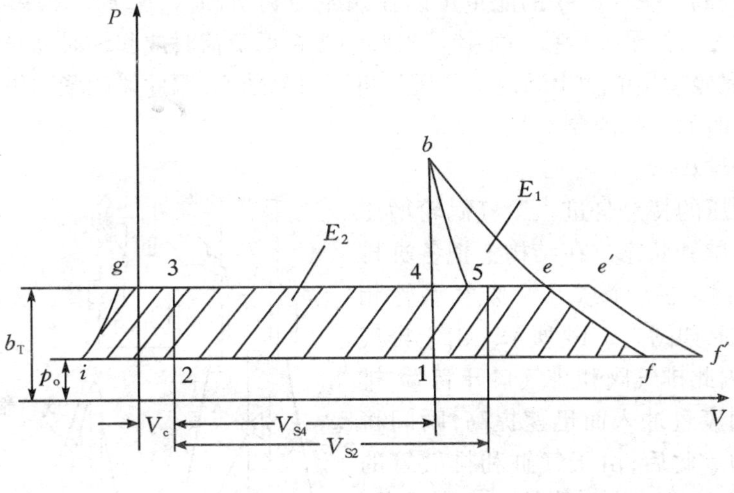

图 2. 5-12　柴油机废气中含有的最大可利用能量

根据在废气涡轮中能量的利用情况，通常把废气的能量分成两部分：一部分是废气由压力 p_b 膨胀到 P_T 的膨胀能 E_1，称之为脉冲能。它是一种脉动的速度能，在排气管中以压力波的形式出现，在图 2. 5-12 中为 $b-4-e-b$ 所表示的面积。另一部分是废气由压力 $p-T$ 膨胀到 p_0 的膨胀能 E_2，称之为定压能（亦称势能），在图 2. 5-12 中为 $g-e-f-i-g$ 所表示的面积。$e'-f'-f-e-e'$ 是由于损失废气可用能 $b-e-4-b$ 而获得的热量使废气温度升高，由此废气得到的可用能。当然，他远小于损失掉的可用能 $b—e—4—b$。废气能量 E 是脉冲动能 E_1 和定压能 E_2 之和。能量 E_1 和 E_2 各在总能量中所占的百分数随着增压压力 p_k 的不同而不同。p_k 越低，则 E_1 所占的比例越大；p_k 越高，则 E_2 越大。

二、定压增压和脉冲增压及其他增压形式

柴油机的废气涡轮增压系统中，根据对废气能量利用方式的不同，可分为定压涡轮增压和脉冲涡轮增压两种基本形式，其他的增压方式都是由这两种方式演变和发展而来的。

1. 定压涡轮增压

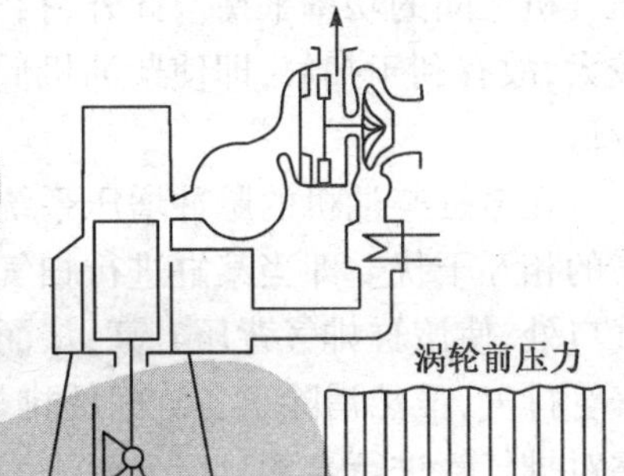

图 2. 5-13　定压涡轮增压

定压涡轮增压的特点是进入废气涡轮增压器的废气压力基本上是稳定状态。柴油机各缸的排气管连接到一根共用的容积足够大的排气总管上，涡轮就装在排气总管后面。如图2. 5-13所示。由于排气管容积足够大，各缸排出的废气进入其中后迅速膨胀、扩散并很快稳定下来，只引起微小的压力波动。排气总管实际上成了一个集气箱，具有稳压作用。正因为废气以基本不变的速度和压力进入涡轮，所以这种增压方

式涡轮工作稳定,效率高。定压增压只利用了废气能量中的定压能 E_2,而没有利用废气中的脉冲动能 E_1。脉冲动能 E_1 在排气流动中由于排气阀(口)的严重节流和在排气管中膨胀涡旋,大部分被损失掉,只有小部分脉冲动能转化为热能,使排气管中的废气温度略有升高。由上述可知,在定压涡轮增压系统中,脉冲动能 E_1 没有直接在涡轮中得到利用,虽然这部分能量转化为相当于面积 $f'-e'-e-f$ 的能量可以在涡轮中利用,但它比 E_1 小得多。因此定压涡轮增压所能利用的废气能量就少些。尤其是当柴油机在低负荷时或起动时,因排气管压力低,废气的能量少,使涡轮发出的功率满足不了压气机所需的功率,因此船舶柴油机必需另设辅助风机来满足低负荷时的扫气需要。

2. 脉冲涡轮增压

脉冲涡轮增压的特点是进入废气涡轮增压器的废气压力为脉动状态。在结构上把各缸排气管经过分组直接与一个或几个废气涡轮相连,排气管短而细,如图 2.5-14 所示。由于排气管容积相当小,因此排气阀和排气口开启后,排气管中的压力因废气冲入而迅速提高,瞬间将接近气缸的压力。此后,由于气缸和排气管的压差迅速减小,废气进入排气管的流速降低,加上排气管中的废气不断流入涡轮,排气管中的压力又随之下降。这样就形成了所谓脉冲压力波,这就是涡轮中利用的脉冲动能。因此,脉冲增压系统不仅排气管应短而细,而且弯头要少,通道要光滑,成流线形,并使涡轮尽量靠近排气口。脉冲增压除了可以利用脉冲能 E_1 外(可利用 40% ~50%),还能较好地利用废气的定压能,故废气的能量利用增多。这有利于涡轮机和压气机之间的功率平衡。此外,扫气阶段正好是排气管中的低压阶段,扫气箱与排气管间压差较大,故有利于扫气,即使柴油机低负荷时也是如此。但由于涡轮在不稳定工况下工作,效率较低。

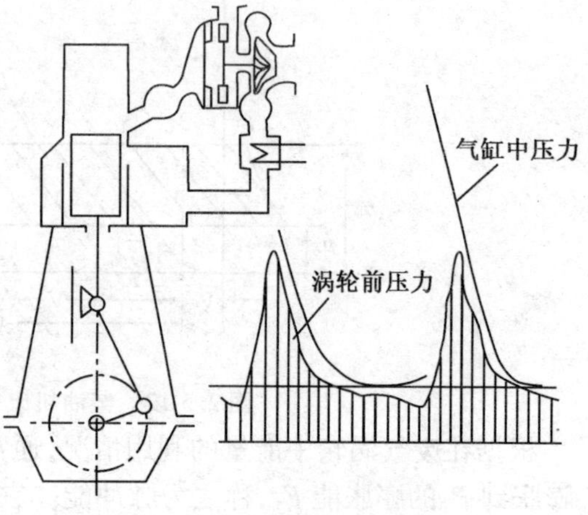

图 2.5-14 脉冲涡轮增压

在多缸柴油机的脉冲增压系统中,如果各缸的排气均排入一根排气管,那就会产生扫、排气的相互干扰。即当某缸进行扫气而相邻缸正好在排气时,排气压力波就会传到扫气缸的排气口处,使该缸排气背压升高,从而严重影响该缸扫气的正常进行。如果每缸各自向单独的排气管排气,虽然消除了各缸间的排气干扰,但会使涡轮供气间断,效率降低。这一问题必须依靠对排气管进行合理分组来解决。分组的原则是避免同组内各缸的排、扫气互相干扰。排气管分组是脉冲增压所必须采取的措施(在等压增压中,由于排气管很大,各缸废气排入总管时不会产生脉冲压力波,不会产生排气干扰,无需分组)。

根据上述分组原则,对于二冲程柴油机,完成一个工作循环需要 360°曲轴转角,而扫、排气延续时间可近似认为是 120°CA。因此,为使同一组内各缸扫、排气不重叠,必须保证排气间隔(即发火间隔)为 120°曲轴转角。这样,同一组的最多允许气缸数为 $i=360/120=3$。在四冲程柴油机中,完成一个工作循环需 720°CA,排气时间约为 240°CA。同样,同组的最多允许缸数 $i=720/240=3$。由此可见,无论是二冲程柴油机还是四冲程柴油机,每组最多只能是 3 个气缸。如果多于 3 个气缸,排气就会重叠而产生干扰。若少于 3 缸,虽然不会发生排气干扰,但由于废气不能连续供给,因而涡轮工作不稳定,损失较大。所以脉冲增压最适合于气缸数是 3 的倍数的柴油机。例如某二冲程六缸柴油机的发火顺序为 1－6－2－4－3－5，各缸发火间隔角为 60°CA，则可把 1、2、3 缸分为一组，4、5、6 缸分为另一组，如图 2.5-15(b)所示。

一般来说，大型低速二冲程柴油机的脉冲增压系统采用多台增压器。而四冲程柴油机为使结构布置紧凑，往往只采用一台脉冲涡轮增压器。为了防止排气干扰，往往将废气涡轮的喷嘴环分隔开，采用多进口的布置方案。

3. 两种增压方式比较

定压增压和脉冲增压这两种增压方式各有利弊，现从以下几个方面进行扼要地分析比较。

(1)废气能量的利用。脉冲增压不但利用了废气的定压能，而且能够有效地利用废气的脉冲能。而定压涡轮增压只利用了废气的定压能，大部分脉冲动能在节流中损失掉了。所以，脉冲增压对排气能量的利用比定压增压要好。这是脉冲增压的主要优点。值得注意的是，脉冲能和定压能在总能量中所占的比重是随着增压压力的变化而变化的。增压压力较低时，E_1 在总能量中的比重较大，但随着增压压力的升高，E_1 在总能量中的比重降低而 E_2 的比重相应增加。在低增压时，采用脉冲增压是有利的。而随着增压压力的逐渐升高，脉冲增压在能量利用方面的优势逐渐降低。

(2)涡轮的工作性能。在定压涡轮增压中，由于废气是在等压下进入涡轮的，气流的压力和速度不变，涡轮喷嘴环均匀进气，涡轮工作比较稳定，故涡轮效率高。而在脉冲增压中，由于进入涡轮的废气压力和流速是变化的，涡轮喷嘴环是间歇地部分进气，涡轮工作不稳定，增加了损失，故涡轮效率较低。显然，从这方面来看，采用定压增压是有利的。

(3)增压系统的布置。对于脉冲增压，为了有效地利用废气的脉冲动能 E_1，对排气系统的布置、构造和加工方面都有较严格的要求。如要求排气管尽量短而细，增压器应尽量靠近排气口处等。这就给系统的布置带来了困难，排气管拆装和检修也不方便。此外，为了保证压力波峰通过时的流通能力，所需的涡轮较大。定压增压排气系统的布置比较简单，只需装设容积足够大的排气总管，增压器的布置不受限制，增压器数量也可以减小并且使用较小的增压器。如图 2.5-15 所示。

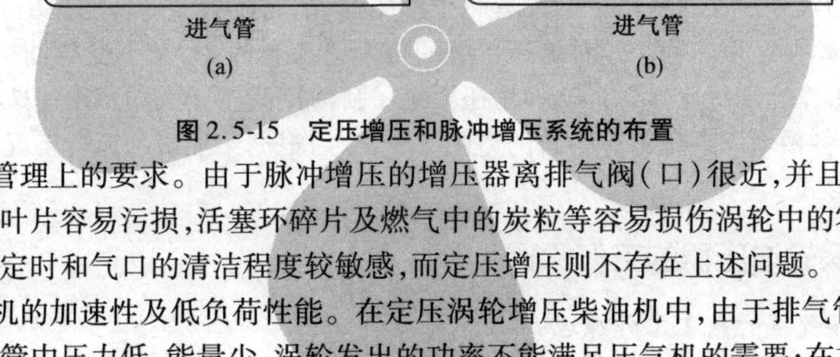

图 2.5-15　定压增压和脉冲增压系统的布置

(4)使用管理上的要求。由于脉冲增压的增压器离排气阀(口)很近，并且由于气流脉冲冲击使得涡轮叶片容易污损，活塞环碎片及燃气中的炭粒等容易损伤涡轮中的零件。此外，脉冲增压对排气定时和气口的清洁程度较敏感，而定压增压则不存在上述问题。

(5)柴油机的加速性及低负荷性能。在定压涡轮增压柴油机中，由于排气管容积较大，在低负荷时排气管中压力低，能量少，涡轮发出的功率不能满足压气机的需要；在加速时，排气管中废气压力建立比较缓慢，增压器跟不上柴油机的加速，出现较大的滞后。而脉冲增压柴油机由于排气管容积较小,不存在上述问题。因此,定压增压柴油机必须另设辅助风机来满足低负荷时的扫气要求。

综上所述,在不同的增压压力下应当采用不同的增压方式。在低、中增压时,即当 p_k 介于 0.13～0.20 MPa 之间时,采用脉冲增压可以更多地利用废气能量。虽然在结构、管理、涡轮效率等方面有缺点,但与其优点相比还是属于第二位的。所以,在这个增压压力范围内的柴油机绝大多数采用脉冲增压。而随着增压压力的提高,定压能 E_2 的比例也随之增高,脉冲增压在废气能量利用方面的优势不存在了,而在结构、布置、涡轮效率等方面的问题上升为第一位。因此,在高增压时均采用定压增压。如目前 Wartsila 瑞士公司 RTA 系列柴油机、MAN B&W 公司 MC 系列柴油机,均采用定压涡轮增压。定压增压也是目前大型低速柴油机增压系统的发展方向。

三、其他增压形式

从对定压增压和脉冲增压的分析比较中可以看出,定压增压的主要特点是废气在从排气阀(口)至废气涡轮的能量传递过程中损失较大,而在废气涡轮中做功的过程能量损失较小。脉冲增压则相反,废气从气缸出口至废气涡轮的能量传递损失小,而在废气涡轮中做功的过程能量损失大。特别是对气缸数不是 3 的整数倍的柴油机,排气管分组难以使同组中各缸排气和扫气互不干扰,而且废气供应不连续,致使涡轮中进气和鼓风损失增大,涡轮效率明显下降。随着增压技术的发展,出现了一些兼顾定压和脉冲增压优点并且可用于气缸数不是 3 的整数倍的柴油机的新的增压方式。如脉冲转换增压、多脉冲增压和模件式脉冲转换增压等。

模件式脉冲转换增压(Modular Pulse Converter),简称 MPC 系统,也称单管脉冲增压,是近年来发展的一种新型增压系统,这种增压系统在布置上与定压增压系统相似,如图 2.5-16(b)所示。它将各缸排气支管做成收缩形喷管,然后斜向边接于一根直径较小的排气总管上,各缸的排气支管及相应的排气总管作为一个模件,具有相同的形状和尺寸,将各管段连接起来,即形成一个整体,构成排气系统并与涡轮连通。MPC 系统模件如图 2.5-16(a)所示。由于排气管直径较小,故排气脉冲动能损失较小。在气缸出口处由于各排气支管的引射,使各缸的压力能变为动能,并迅速把它传给已在排气管中作高速流动的气体,使气体的速度不断增加以阻止产生的压力波动。在排气管的末端有一个扩压器,把气体的动能转变为压力能,而后进入涡轮机,保证涡轮按定压工作。这种增压系统的排气管布置简单,又不受柴油机缸数限制,而且使柴油机的工作性能优于多脉冲转换增压系统。目前广泛用于大功率中速柴油机。

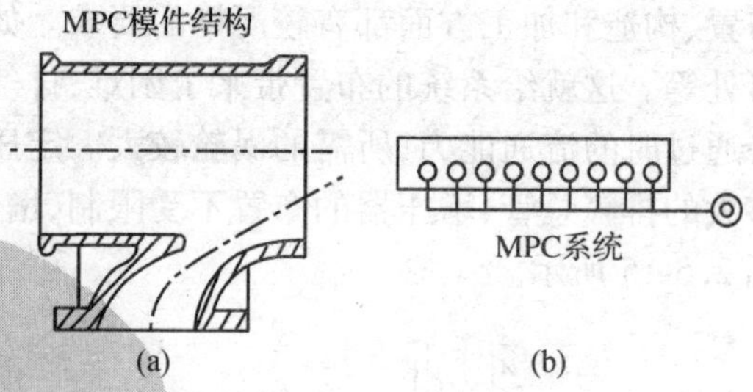

图 2.5-16　模件式脉冲转换增压

迄今为止,各种增压系统都有各自的适用场合,今后根据柴油机的运行工况要求还会出现一些新的结构形式。

四、废气涡轮增压器的工作原理

1. 离心式压气机的基本工作原理

废气涡轮增压器的压气机一般都采用单级离心式压气机。离心式压气机工作原理如图 2.5-17 所示。它由进气道、工作轮(也称压气机叶轮)、扩压器和排气涡壳组成。1—1、2—2、

3—3、4—4 分别为上述各部件的交界面。当压气机工作时，新鲜空气经进气道轴向进入压气机叶轮。由于通道的导流作用，气流能在最小的损失下均匀进入压气机叶轮。进气道是渐缩流道，在进气道中，压力、温度略有降低，流速提高。正是因为压力降低，空气才被吸入工作轮。空气进入压气机叶轮后，随叶轮高速回转，因而产生离心力。这样，空气在叶轮叶片间随叶轮作圆周运动的同时，在离心力的作用下向叶轮外缘流动并被压缩。在叶轮中气体的流速、压力、温度都升高了，其中流速提高了很多。这是由于叶轮对气体做功，把叶轮的机械能变成了气体的动能和压力能。气体被压缩时也提高了温度。在扩压器中，由于流道逐渐扩大，使空气的动能转换为压力能，流速降低，压力升高。排气蜗壳中的通道也是渐扩的，因而空气流过时继续将动能转换为压力能。据统计，离心式压气机的绝热效率一般为 0.70 ~ 0.85。

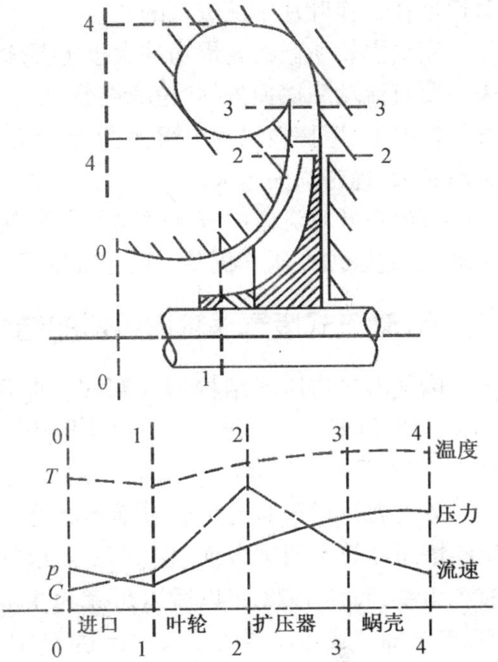

图 2.5-17　离心式压气机

2. 单级轴流式涡轮机的基本工作原理

单级轴流式废气涡轮的工作原理如图 2.5-18 所示。它的主要元件是固定的喷嘴环和旋转的工作叶轮。一列喷嘴叶片和其后的一列工作叶片组成了涡轮机的一个级。图中上部为喷嘴环和工作叶轮的局部剖视图。中部的叶型断面是用一个通过 1—1 的圆柱面切割涡轮，将所得切面展开在平面上，称为平面叶栅。喷嘴环的各叶片间和叶轮各叶片之间构成了废气流道。废气流经喷嘴和叶轮时，其参数（压力 p、温度 T、流速 c）沿流道的变化情况如图 2.5-18 中下部所示。

具有一定压力 p_0 和温度 T_0 的废气以速度 c_0 流入喷嘴。在喷嘴收缩形的流道中膨胀加速，其压力和温度降低到 p_1 和 T_1，而流速升高到 c_1，部分压力能转变为速度能。从喷嘴出来的高速气流进入叶轮叶片间的流道时，气流被迫转弯。由于离心力的作用，迫使气流压向叶片凹面而企图离开叶片凸面。使叶片的凹凸两面间产生压力差。此压力差的合力即为作用在叶片上的冲动力。作用在所有叶片上的冲动力对转轴产生一个冲动力矩。此外，叶轮叶片的通道也是收缩的，废气在其中继续膨胀加速，其流出叶轮的相对速度大于流入叶轮的相对速度。当气流在旋转的叶轮中流动时，因膨胀加速而给涡轮以反作用力，使得涡轮又得到一个反作用力矩（或称反动力矩）。冲动力矩和反动力矩的方向是相同的，叶轮就在这两个力矩的共同作用下回转。由于工作轮在高速气流作用下旋转并作机械功，故气流的温度、压力和绝

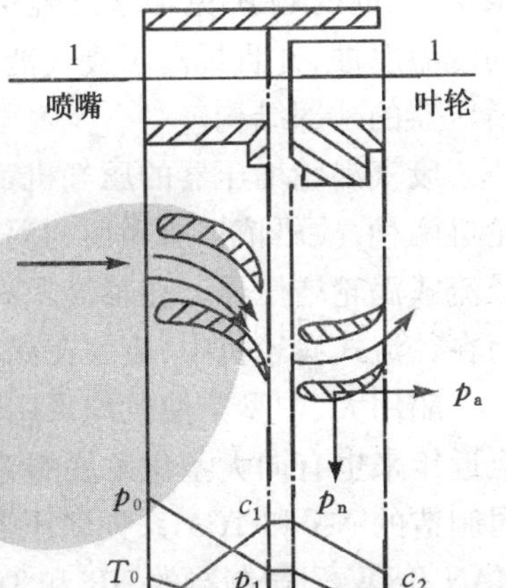

图 2.5-18　废气涡轮工作原理

对速度在工作叶片中从进口的 T_1、p_1、c_1 下降到出口的 T_2、p_2、c_2。

废气涡轮所做的轮周功的大小主要取决于燃气的流量和热状态。燃气在涡轮中的流动损失主要有流动摩擦损失、叶轮摩擦鼓风损失、漏气损失和叶片进口撞击损失等。在涡轮不全进气的情况下，摩擦鼓风损失很大；涡轮在偏离设计工况下工作，气流进入叶片时就会产生撞击，偏离越大，撞击损失越大。

气流在叶片流道中流动时除了产生旋转力 p_n 外，还产生轴向推力 p_a，使轴朝压气机方向窜动，因此必须在压气机端装设止推轴承。

五、轴流式废气涡轮增压器的结构特点

废气涡轮增压器结构形式繁多。船用柴油机中较著名的品牌主要有 ABB 公司制造的 VTR、TPS 和 TPL 系列增压器，MAN B&W 公司制造的 NA、NR 系列增压器和近年来新开发的 TCA、TCR 系列增压器以及日本三菱公司生产的 MET 系列增压器。

废气涡轮增压器的发展包括提高增压压比和增压器效率两个方面，在 1978 年以前以前者为主，而在 1978 年以后以后者为主。目前，单级轴流式增压器的总效率已达 76%，压比已达 5 以上。

1. 废气涡轮增压器总体结构

废气涡轮增压器由废气涡轮和压气机两部分组成的，从增压器的外部来看，压气机部分主要由进气消音器和排气蜗壳组成，废气涡轮部分由废气的进气箱和排气箱组成。新型增压器壳体的典型特点是采用非冷却式壳体。采用非冷却式壳体可以减轻增压器的重量，制造方便，不须连接冷却水管和清洁冷却水空间，同时也避免了增压器壳体可能出现的低温腐蚀，并且提高了废气能量的利用率。图 2. 5-19 为 MAN B&W 公司生产的 TCA 系列增压器的外部结构。

图 2. 5-19　TCA 增压器的外型

废气涡轮增压器的压气机都采用离心式压气机，而废气涡轮有轴流式涡轮机和径流式涡轮机两种，故可依据所采用的涡轮机类型把废气涡轮增压器分为两大类：轴流式涡轮增压器和径流式涡轮增压器。在轴流式涡轮机中，废气在涡轮叶片中的流动方向是和涡轮机轴平行的，而在径流式涡轮机中，废气在涡轮叶片中的流动方向是从涡轮的外部向中心流动。

船用大、中型柴油机均采用轴流式涡轮增压器，径流式涡轮增压器多用于中小型柴油机，但近年来也有向大型化发展的趋势。ABB 公司制造的 VTR 和 TPL 系列增压器，MAN B&W 公司制造的 NA 和 TCA 系列增压器为轴流式涡轮增压器，而 ABB 公司制造的 TPS 系列增压器，MAN B&W 公司制造的 NR 和 TCR 系列增压器则是径流式涡轮增压器。

2. 离心式压气机

离心式压气机主要由进气消音器、压气机叶轮、扩压器、排气蜗壳等组成。空气从消音器滤网处进入。消音器中的空气滤网、导流器对空气起滤清、导流、消音（导流器由吸音材料制成）作用。工作叶轮是压气机的主要部件。它是由前弯的导风轮和半开式工作轮组成的。导

风轮的扭曲方向和角度应适应气流进入叶轮的相对流动方向，使气流平顺地从轴向转到径向，以减少进气流动损失；在工作轮上沿径向布置着直叶片，各叶片间形成气流通道。过去，这两部是分别装在转轴上的。而现在压气机的工作叶轮一般都不是分开制造的，见图 2.5-20(a)。扩压器叶片间的气流通道呈扩张形，将压缩空气的动能变成压力能，以提高空气的排出压力。叶片环一般比圆环形平板圈窄一些，无叶片的圆环段同样起扩压作用，通常称之为无叶扩压器，见如图 2.5-20(b)。一个工作轮与相邻的扩压器组成一个级。压气机排气箱的主体是一个蜗壳状的管道，其流通截面由小到大。它一方面收集从叶片扩压器流出的空气，一方面继续起着扩压作用。空气从蜗壳排出后经空气冷却器进入柴油机的扫气箱。

(a)　　(b)

图 2.5-20　压气机的工作叶轮和扩压器

3. 废气涡轮

废气涡轮由涡轮进气箱、喷嘴环、工作叶轮、排气箱等组成。柴油机排出的废气经进气箱送至喷嘴环。对于轴流式涡轮机，喷嘴环由喷嘴内环、外环和喷嘴叶片组成。喷嘴叶片形成的通道从进口到出口呈收缩状，其作用是将柴油机排出的废气的压力能部分转变为动能，并使气流具有工作叶片所需要的方向，见图 2.5-21(a)，工作轮由轮盘和工作叶片组成，工作叶片轴向安装在轮盘边缘的槽口中。叶根有枞树形和球形两种，见图 2.5-21(b)。叶身为叶片的工作部分，其形状由气体流动情况决定。它沿着高度逐渐扭转。这是因为废气通过喷嘴进入叶轮时，气流的参数如压力和速度的大小和方向等均沿叶片的高度而变化。为了减少气流流过叶片时的能量损失，要求叶片的形状与气流参数沿叶片的变化相适应，以提高涡轮效率。高速流动的气流进入工作轮的叶片通道，其中一部分能量转变为机械功，最后经排气箱排往大气。

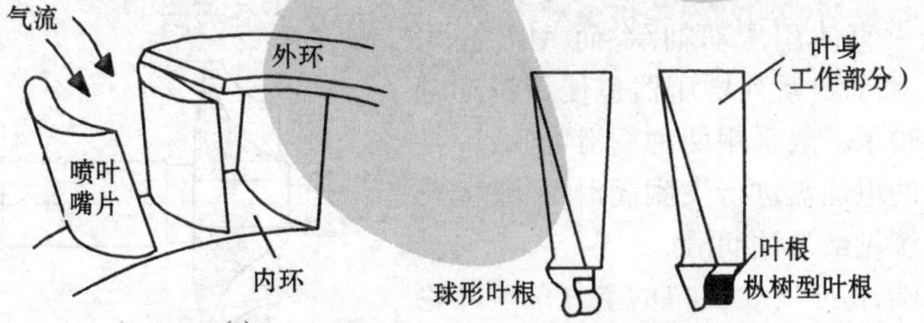

(a)　　(b)

图 2.5-21　喷嘴环与工作叶片

径流式涡轮机工作原理正好和离心式压气机相反，废气经进气蜗壳从外侧进入涡轮机，喷嘴环是一个渐缩流道，将废气的压力能转化为动能，并使气流具有工作叶片所需要的方向，在工作叶轮中，气流膨胀做功，推动叶轮旋转，如图 2.5-22 所示。为了提高废气利用率和保证在低负荷时增压器的工作效果，目前部分增压器的喷嘴环是可变的。即可以根据柴油机和增压器的工作情况调整喷嘴环的工作面积，使增压器更高效的工作。

4. 转子

涡轮机、压气机叶轮安装在同一根轴的两端，构成了增压器的转子，如图 2.5-23 所示。转子的工作转速很高，一般大型增压器的转子的转速在 10 000 r/min 左右，而小型增压器的转子可高达数万转。因此，转子的平衡非常重要。在增压器中，涡轮机发出的功率全部用于压气机的工作。二者之间的能量必须维持平衡。

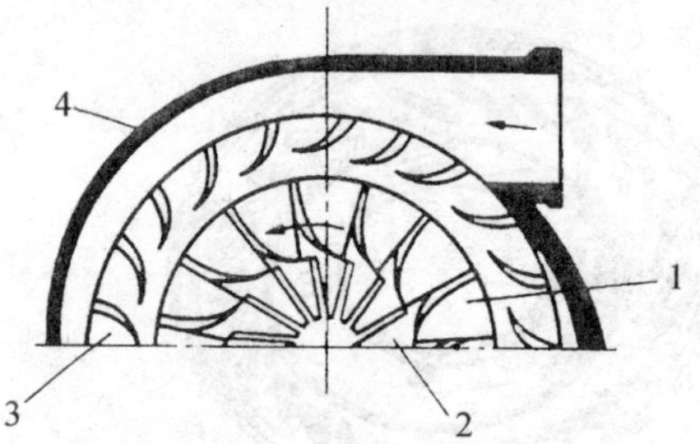

图 2.5-22 径流式涡轮机示意图

1—工作叶轮；2—叶片；3—喷嘴环；4—进气蜗壳

图 2.5-23 增压器的转子

5. 轴承

转子由轴承支承。轴承的支承方式有两种，一种是外支承式，另一种是内支承式，见图 2.5-24。外支承式具有转子稳定性好，轴承受高温气体影响较小，便于密封，有利于增加轴承寿命等优点。但也存在着使涡轮增压器结构复杂，重量、尺寸增大，清洗涡轮增压器困难等问题。内支承式的主要优点是增压器的结构简单，转子的重量轻、刚性好、对中性好，工作叶轮的可接近性好，清洗容易。

增压器的轴承可采用滚珠轴承，也可以采用滑动轴承。采用滚珠轴承的摩擦损失小，加速性能好。但采用滑动轴承可以直接使用曲轴箱油进行润滑，具有轴承对转子的不平衡敏感性低，振动噪音小，工作寿命长等优点，因此，现代新型增压器普遍采用滑动轴承。如 MAN B&W 公司生产的增压器一直使用滑动轴承，而 ABB 公司新开发的 TPL 和 TPS 系列增压器也使用滑动轴承。增压器的轴承一般采用两种润滑方式：一是靠装在转轴上的甩油盘进行飞溅润滑；二是由柴油机的润滑系统供给滑油润滑。

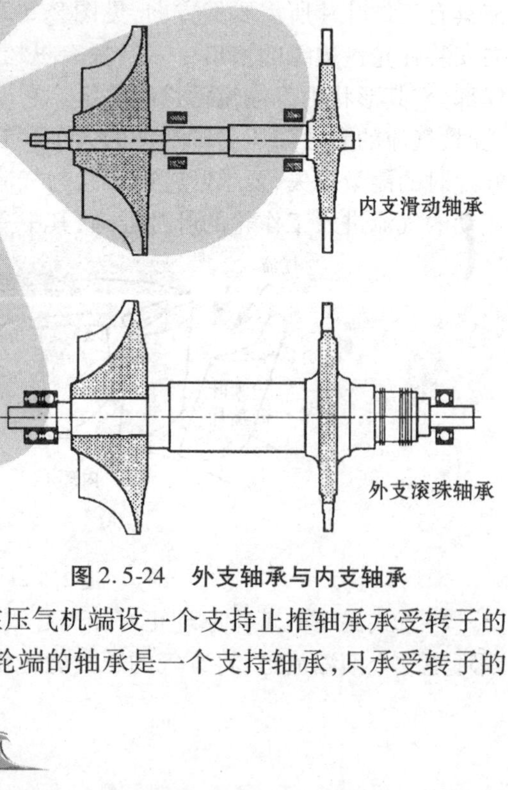

图 2.5-24 外支轴承与内支轴承

在压气机端，由于叶轮出口的空气漏至叶轮右侧，其压力大于叶轮左侧的空气压力；在涡轮端，涡轮右侧的压力也大于涡轮左侧，因此在转子上作用着一个指向压气机侧的轴向推力。必须在压气机端设一个支持止推轴承承受转子的径向和轴向负荷，并起着转子轴向定位的作用。涡轮端的轴承是一个支持轴承，只承受转子的径向负荷，并允许产生一定的轴向位移以保证转子的热膨胀。

6. 气封与油封

为了防止燃气、空气和滑油漏泄，压气机和涡轮机的叶轮都要装有气封和油封，气封一般还要引入增压空气提高气封效果，如图 2.5-25 所示。

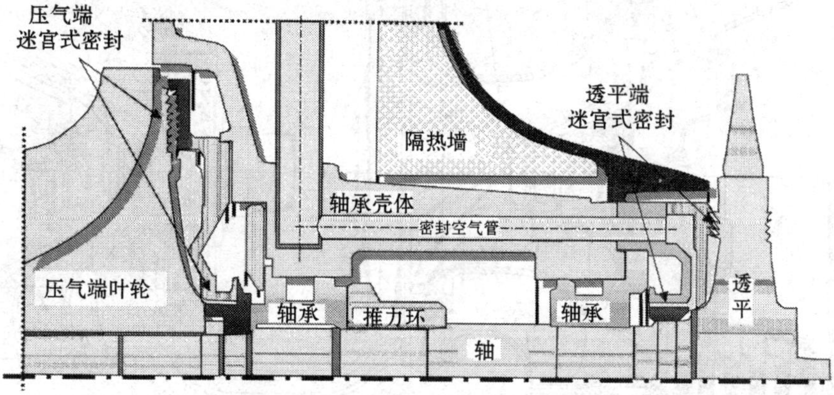

图 2.5-25　油封和气封

7. 典型增压器介绍

1) VTR-4 系列增压器

ABB 公司生产的 VTR 系列增压器在船舶柴油机中得到广泛应用，VTR 系列增压器有 0、1、4、4A、4D、4E 及 4P 等系列产品。VTR 系列增压器的效率及压比范围如图 2.5-26 所示。图 2.5-27 为 VTR-4 系列增压器剖视图。它由右侧的单级轴流式废气涡轮和左侧的单级离心式压气机组成。废气涡轮的叶轮和压气机的叶轮装在同一根轴上构成废气涡轮增压器的转子，由两端的轴承支承。废气涡轮由涡轮进气箱 51、喷嘴环 56、工作叶轮 29、隔热墙 23、排气箱 61 等组成。进、排气箱内腔用水冷却。进气箱与排气箱之间用螺钉紧固。进气箱右侧布置着轴承箱。排气箱下部装有增压器支架。柴油机排出的废气由进气箱 51 下部引入涡轮，由排气箱上部排出。隔热墙 23 用绝热材料制成，避免废气对压气机叶轮和空气加热。柴油机排出的废气经进气箱 51 送至喷嘴环 56。喷嘴环将柴油机排出的废气的压力能部分转变为动能，并使气流具有工作叶片所需要的方向。高速流动的气流进入工作轮的叶片通道，其中一部分能量转变为机械功，最后经排气箱排往大气。

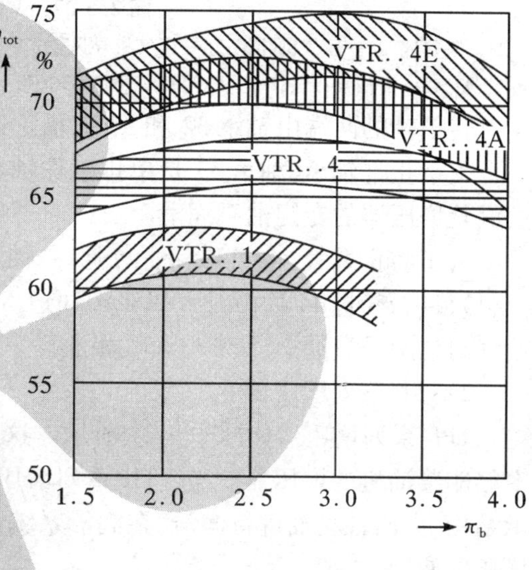

图 2.5-26　VTR 系列增压器的效率及压比范围

压气机主要由进气消音器 81、进气箱 82、压气机叶轮 25、扩压器 79、排气蜗壳 74 等组成。空气从消音器滤网处进入。工作叶轮是压气机的主要部件。它是由前弯的导风轮 26 和半开式工作轮 25 组成的。气体被工作叶轮带动高速回转，使其速度和压力都大幅度升高。扩压器 79 叶片间的气流通道呈扩张形。使气体的动能变成压力能，以提高空气的排出压力。最后由排气蜗壳 74 排出。

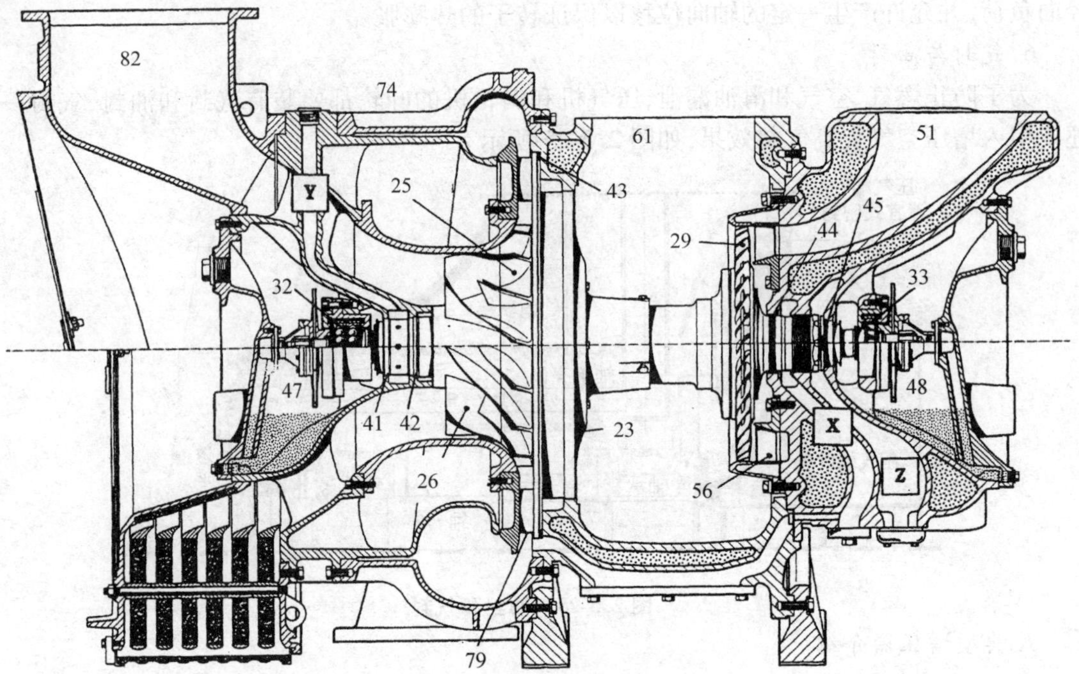

图 2.5-27 VTR-4 系列增压器剖视图

23—隔热墙;25—压气机叶轮;26—压气机导风轮;29—涡轮机工作叶轮;32、33 滚动轴承 41、45—油封;42、43、44—气封;47、48—滑油泵;51、82—进气箱;56—喷嘴环;61—排气箱;74—排气蜗壳;79—扩压器;81—消音器

转子轴的两端由轴承 32 和 33 支承。这种支承为外支承式,轴承 32 是双排滚珠轴承,是一个支承止推轴承,轴承 33 是单排滚珠轴承,只承受转子的径向负荷。轴承封闭在轴承箱中,由涡轮增压器的专门油泵润滑。

为了防止燃气、空气和滑油漏泄,在轴承箱的内侧装有油封 41、45,在叶轮两侧装有气封 42、43、44。气封 44 处由排气蜗壳经通道 X 引入增压空气提高气封效果。在转子左右两端的油气封之间通过通道 Y、Z 与大气相通。

2)TPL 系列增压器

TPL 系列增压器如图 2.5-28 所示。这是 ABB 公司在上世纪 90 年代后期开发的用于大功率船舶柴油机的增压器。与 VTR 系列增压器最大的不同是该增压器开始使用了内支滑动轴承结构,由曲轴箱油进行润滑,在润滑系统万一发生故障时,可以使用应急油箱 2 中的滑油供增压器使用。

3)NA 系列增压器的特点

图 2.5-29 为 NA 系列增压器的结构图。NA 系列增压器是 MAN B&W 公司开发的轴流式废气涡轮增压器。与 VTR 系列增压器相比,NA/S 系列增压器的结构特点主要是:

(1)轴承位置在压气机叶轮和涡轮机叶轮之间的转轴上,属于内支承式。这样结构可使涡轮增压器结构简单、轴径尺寸小、重量轻、改善了增压器的加速性能。另外内支承结构使得清洗增压器更方便。采用滑动轴承,构造简单、制造成本低、对振动不敏感、运转噪声低、使用寿命长。轴承的润滑由柴油机的润滑系统提供润滑。

(2)压气机连续后弯叶片可使压气机在宽广的压比范围内保持高效率。

(3)最新设计的加长涡轮机叶片提高了叶片效率。

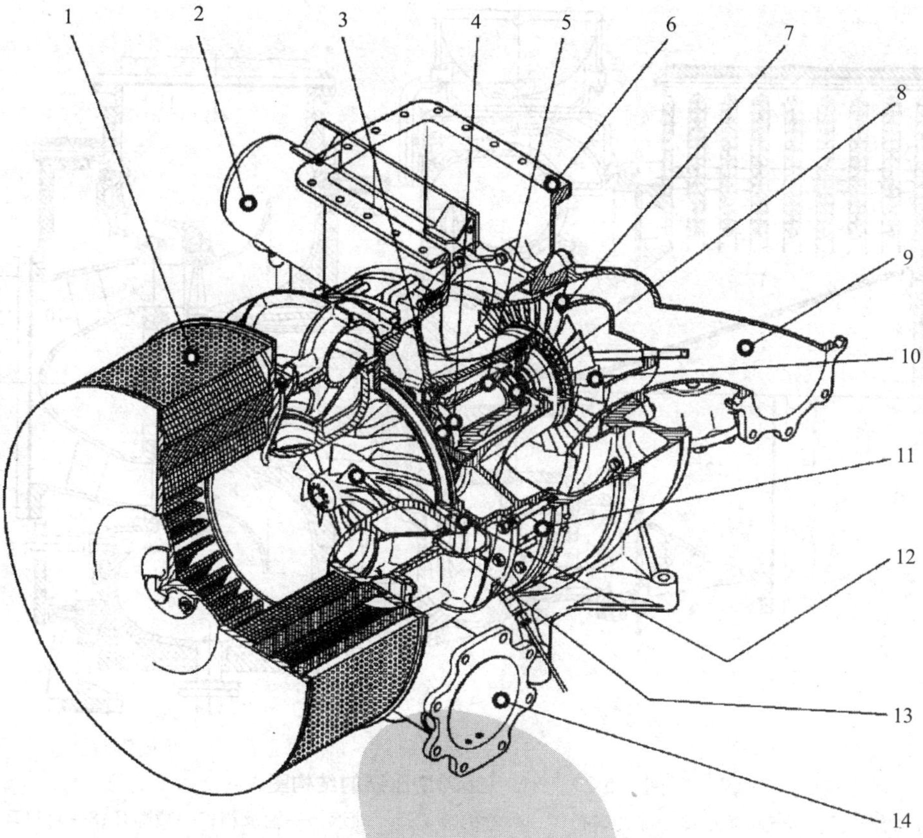

图 2.5-28　TPL 系列增压器

1—消音器;2—应急滑油箱;3、8—支撑轴承;4—止推轴承;5—轴套;6—废气排气箱;7—喷嘴环;9 废气进气箱;10—涡轮机叶轮;11—轴承箱;12—扩器;13—压气机叶轮;14—排气蜗壳

(4)增压器轴承箱、压气机进气壳为非冷却式,这样,省去了笨重的双层夹套及冷却水装置,减轻了增压器的重量,涡轮出口排气温度升高,有利于废气的能量利用。

在 NA 系列增压器的基础上,MAN B&W 公司在 2001 年开发了 TCA 系列增压器。TCA 系列增压器是利用计算流体力学(CFD)和 3D 有限元方法,对增压器的工作叶片和零部件进行优化计算后开发设计的,因此具有更高的效率和更优异的性能。此外 TCA 系列增压器尺寸和设计流量有了大幅度地增加,开发出了 TCA88 和 TCA99 这种超大尺寸的增压器,可为当前最大的船用柴油机以及开发中功率更大的船舶柴油机提供增压保证。

六、径流式废气涡轮增压器的结构特点

径流式废气涡轮增压器的结构与轴流式涡轮增压器的结构基本相同,也是由右侧的废气涡轮和左侧的单级离心式压气机组成。单级离心式压气机各种增压器是一样的,所不同的在于径流式废气涡轮增压器的采用单级径流式的涡轮机。径流式涡轮增压器的转子如图 2.5-30 所示。目前,径流式涡轮增压器在中小型柴油机上得到了广泛的应用。

图 2.5-31 MAN NR 型径流式废气涡轮增压器。压气机主要由进气消音器 1、流道 2、压气机叶轮 3、排气蜗壳 4 等组成。空气从消音器滤网处进入。工作叶轮是压气机的主要部件。气体被工作叶轮带动高速回转,使其速度和压力都大幅度升高。增压后的空气最后由排气蜗壳 4 送至空冷器和柴油机进气总管。

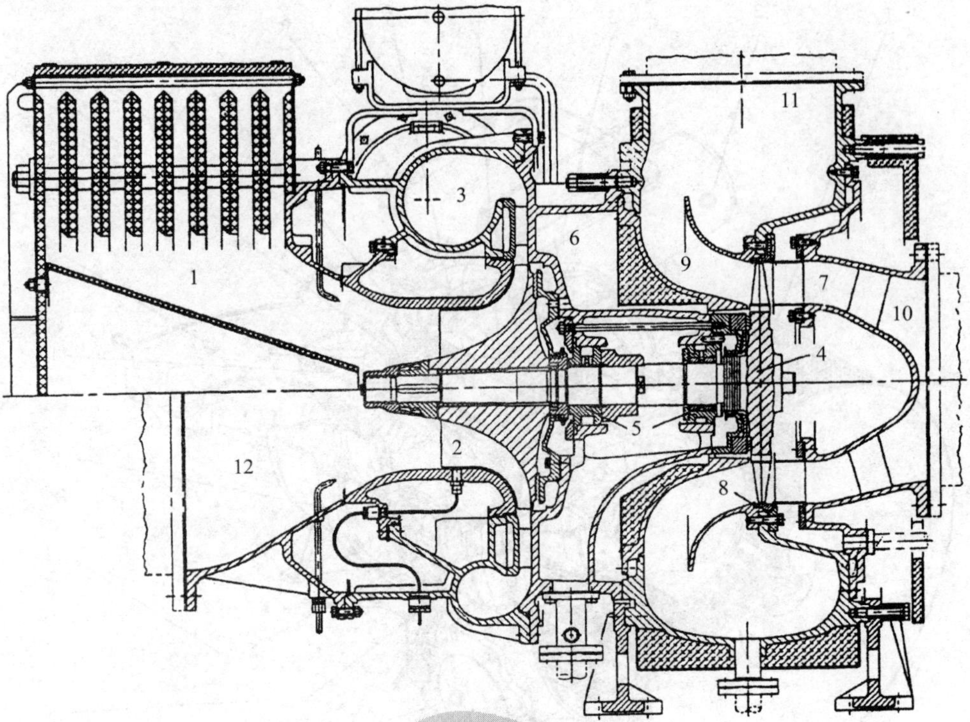

图 2.5-29 NA/S 系列增压器的结构图

1—消音器;2—压气机叶轮;3—排气蜗壳;4—涡轮机转子;5—轴承;6—轴承箱;7—喷嘴环;8—封口环;9—废气扩散器;10—涡轮机进气壳;11—涡轮机排气壳;12—压气机进气壳

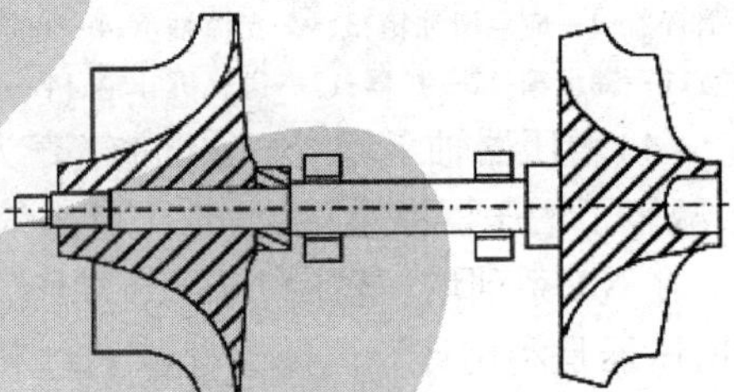

图 2.5-30 径流式涡轮增压器的转子

柴油机排出的废气从涡轮外周进入进气箱 9,进气箱是一个渐缩的蜗壳形流道,废气在流道内被加速,向内流过喷嘴环。喷嘴环将柴油机排出的废气的压力能部分转变为动能,然后向内流入涡轮机并驱动涡轮机回转。高速流动的气流在工作叶轮做功后,从增压器右侧中心的排气箱 8 排往大气。径流式废气涡轮增压器一般都采用内支式滑动轴承,采用柴油机的曲轴箱油润滑。柴油机的曲轴箱油经滑油进口 7 进入轴承箱 6 润滑增压器的轴承,在使用结束后,经滑油出口 10 泄回到曲轴箱。

七、增压系统及增压器喘振的原因和消除

1. 柴油机废气涡轮增压系统

柴油机废气涡轮增压系统是由柴油机、压气机、废气涡轮、空气冷却器和辅助扫气泵等基本元件组成的。其主要任务是提供足够的空气,保证柴油机扫气和燃烧的需要。由于柴油机的运转条件和结构不同,废气中的能量不同,所需的空气量不同,因而对增压系统的要求也不同,形成了各种不同的增压系统。柴油机增压系统可分为单独增压系统、复合增压系统以及涡轮复合系统。单独增压系统是指柴油机只用废气涡轮增压器来实现增压,如图 2.5-32 所示。涡轮由废气驱动并带动压气机高速旋转,空气被压气机吸入并被压缩到一定压力,然后经管路

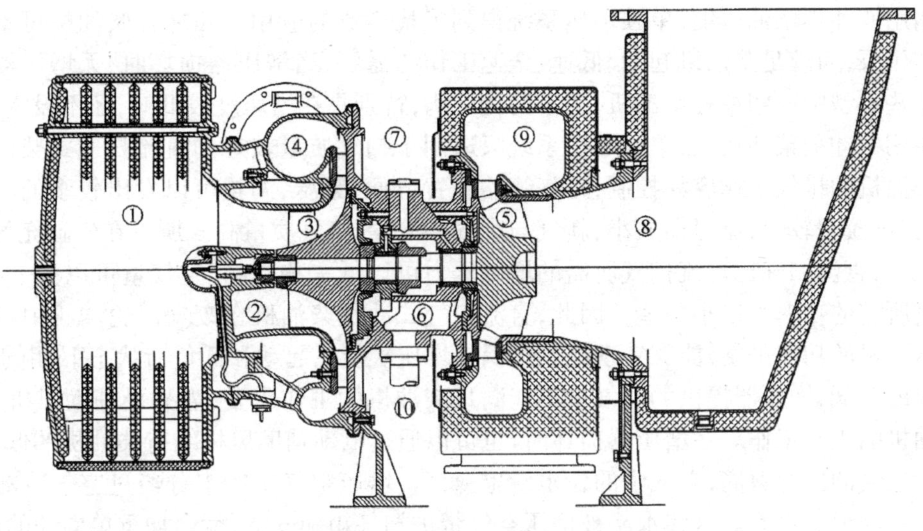

图 2.5-31　MAN NR 型径流式废气涡轮增压器

1—消音器;2—进气流道;3—压气机叶轮;4—压气机排气涡壳;5—涡轮机叶轮;6—轴承箱;7—滑油进口;8—废气排气箱;9—废气进气箱;10—滑油出口

送至中间空气冷却器冷却,经冷却降温后的空气进入柴油机扫气箱。单独增压系统可采用等压增压形式,也可以采用脉冲增压形式。在这种增压系统中,增压器是依靠柴油机排气所提供的能量来工作的。它可以满足柴油机的工作需要而不消耗发动机的输出功。因此,单独增压系统最突出的优点是它能够最有效地提高柴油机的功率,同时还能改善柴油机的经济性。

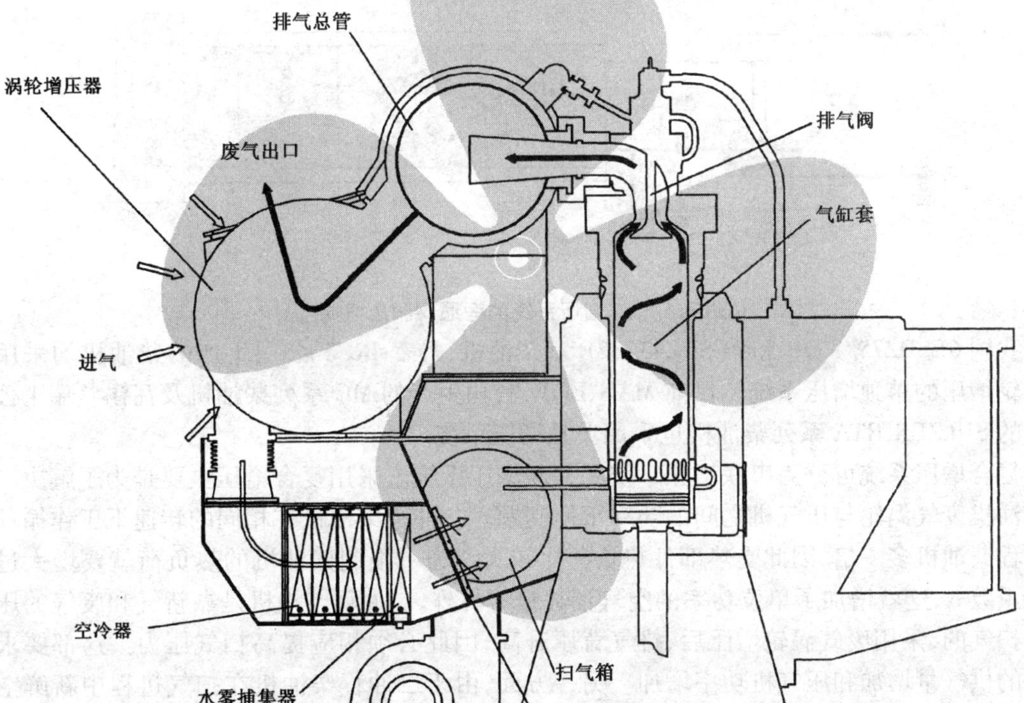

图 2.5-32　单独增压系统

在船用四冲程柴油机上,单独增压系统得到了最广泛的应用。四冲程柴油机可不增设其他辅助增压泵,而满足柴油机起动、低速、全速工作的需要,当增压器损坏时,无增压器仍能工作。而某些小型中速四冲程柴油机,为了简化结构,特别是在增压度较低时,还不设空冷器。

在船用二冲程柴油机上,单独增压系统只适用于扫气质量较好的直流扫气式柴油机。因为这类柴油机的排气规律容易控制,排气管路布置方便、紧凑,涡轮可以发出较多的功率。此外,直流扫气流程较短,流阻损失小,新气与废气掺混少,换气质量高。所以在气缸充气压力相同的情况下,直流扫气比弯流扫气所需的增压压力可以低一些,扫气空气量可以少一些,也就是压气机所需的功率可以小一些。因此,直流扫气二冲程柴油机在废气涡轮增压中容易达到涡轮与压气机的功率平衡,能够实现纯废气涡轮增压。但在起动和低负荷状态下,由于废气量较少且温度较低,增压器提供的空气量不能满足柴油机的工作需要,需另设辅助风机,以保证此时柴油机的正常工作。在增压器损坏时,也可以通过电动辅助风机维持柴油机的低速运转。

增压空气的压力愈高,空气中的含水量也愈多。增压空气中的水分经过空气冷却器时就会凝聚在一起形成水滴。这些水滴被增压空气带进扫气箱和气缸,就会加重单向阀的腐蚀,破坏气缸壁上的油膜,加重气缸和活塞环的腐蚀磨损。当大气湿度高、海水温度低时,凝水现象就愈加严重。因此,在空气冷却器之后要装设气水分离器。气水分离器一般装在扫气箱进口处,以除去增压空气中的水分,气水分离器要经常彻底地排水。MAN B&W 公司和瓦锡兰公司在柴油机的增压系统方面都作了改进。其共同特点是:第一,在增压器的出口和涡轮机的进口之间设一个旁通阀,在部分负荷时可增加进气压力;第二,在废气的出口也设了一个废气阀,可以在低速高负荷时放掉过剩的废气,如图 2.5-33 所示。

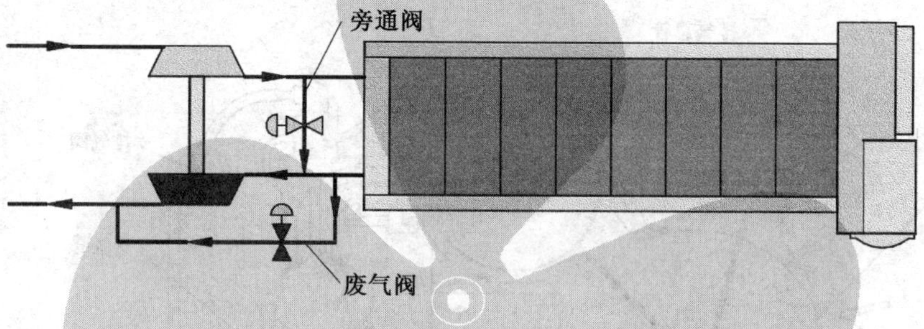

图 2.5-33　增压系统的旁通阀和废气阀

我国 6ESDZ75/160B 和 9ESDZ43/82B 型柴油机,丹麦 B&W 公司生产的柴油机均采用脉冲涡轮增压的单独增压系统。目前 MAN B&W 公司生产的 MC 系列柴油机及瓦锡兰瑞士公司生产的 SULZER RTA 系列柴油机也采用单独增压系统。

复合增压系统可分为串联增压系统和并联增压系统。采用复合增压主要是为了解决二冲程柴油机废气涡轮与压气机之间的功率平衡问题。二冲程柴油机在相同的转速下工作循环比四冲程柴油机多一倍,因此受热部件热负荷比较大。为了限制柴油机的热负荷就要增大过量空气系数 α,这就增加了单位功率的空气消耗量。另外,二冲程柴油机是靠新气和废气的压差进行扫气的,采用废气涡轮增压后,排气背压升高,因此必须相应提高扫气压力。这都要求压气机的供气量增加和压气机功率增加。另一方面,由于二冲程柴油机在扫气过程中新鲜空气掺混到废气中直接流入排气管,降低了涡轮前废气的温度,使废气的能量降低。特别是弯流扫气柴油机,这种掺混更加严重。加上气流路线长,流动阻力大,更使得废气能量减少,涡轮功率降低,就会出现涡轮发出功率小于压气机所需功率的问题。复合增压是从柴油机的轴功中提取一部分机械能以弥补废气能量的不足,是在无法满足增压要求时采用的一种特殊方法。现代新型二冲程船舶柴油机普遍采用直流扫气，新鲜空气和废气掺混少，气流路线较短；并且由于废气涡轮增压器的效率不断提高，目前大型轴流式涡轮增压器的效率可达68%～76%。一般认为，η_{TK}达到64%就完全可以满足增压的要求，因此，复合增压系统已很少使用。

在20世纪80年代后期，由于增压器效率的提高，使用部分废气就可以保证柴油机所需的增压压力和空气流量，为了提高柴油机总的热效率，某些柴油机的增压系统设计了动力涡轮，使部分废气在单设的动力涡轮中膨胀做功，并经减速机构传给曲轴，组成涡轮复合系统(TCS)。但由于涡轮复合系统比较复杂，并造成废气锅炉可用能量下降，这一系统在出现几年后也不再使用。但为了尽可能多的使用柴油机废气中的能量，利用动力涡轮产生的能量驱动透平发电机，用于向船舶供电等设计确受到了日益广泛的关注。

2. 增压器的特性及喘振

离心式压气机在各种不同工况工作时，它的各主要参数会随之变化。在不同转速下压气机的排出压力和效率随空气流量的变化规律，称为离心式压气机的特性。表示这种特性的曲线叫压气机的特性曲线，如图2.5-34所示。由压气机的特性曲线可以看到，当转速n_k等于常数时，随着流量G_k的减小，压比π_k开始是增加的。当G_k减小到某一值时，π_k值达最大，然后随G_k的减小开始下降。效率η_k随流量G_k的变化规率与π_k类似。当压气机的流量减小到一定值后，气体进入工作叶轮和扩压器的方向偏离设计工况，造成气流从叶片或扩压器上强烈分离，同时产生强烈脉动，并有气体倒流，引起压气机工作不稳定，导致压气机振动，并发出异常的响声。这种现象称为压气机喘振。喘振是压气机的固有特性。压气机特性曲线上表示喘振状态的临界线称为喘振线，其左方为喘振区，右方为稳定工作区。压气机不允许在喘振区工作。

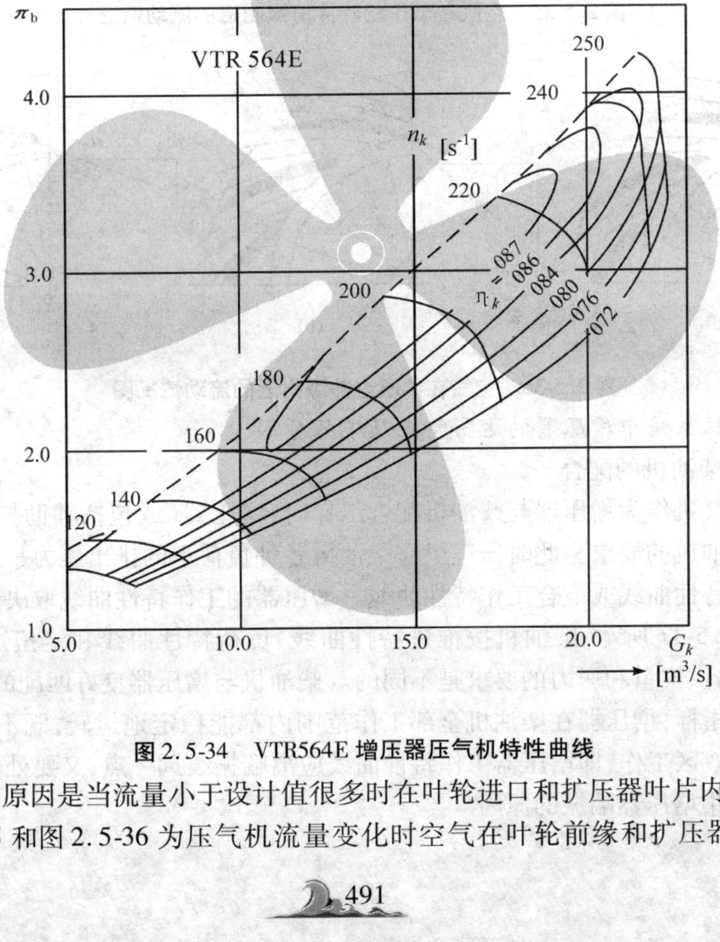

图2.5-34　VTR564E增压器压气机特性曲线

产生喘振的原因是当流量小于设计值很多时在叶轮进口和扩压器叶片内产生强烈的气流分离。图2.5-35和图2.5-36为压气机流量变化时空气在叶轮前缘和扩压器中的流动情况。

在设计流量下,如两图(a)所示,气流平顺地流进叶片前缘和扩压器,气流与叶轮叶片、扩压器叶片既不发生撞击,也不产生分离。当流量大于设计流量时,如两图(b)中所示,气流在叶轮叶片前缘冲向叶片的凸面,与叶片的凹面发生分离;在扩压器中气流冲向叶片的凹面,与叶片的凸面发生分离。但是,由于叶轮叶片的转动压向气流分离区,扩压器中气流的圆周向流动压向气流分离区,气流的分离区受到限制,不致随流量的增加而过分地扩大。当流量小于设计流量时,如两图(c)中所示,气流在叶轮叶片前缘冲向叶片的凹面,与叶片的凸面发生分离;在扩压器中气流冲向叶片的凸面,与叶片的凹面发生分离。由于叶轮叶片在转动中要离开气流分离区,扩压器中气流的圆周向流动也使气流离开气流分离区,气流分离区有扩展的趋势。随着流量的减少,气流分离区会愈来愈大,以致在叶轮和扩压器中造成气体倒流,发生不稳定流动,最终导致喘振的产生。一般扩压器叶片内气流分离的扩展是压气机喘振的主要原因,而叶轮进口处气流分离的扩展会使喘振加剧。

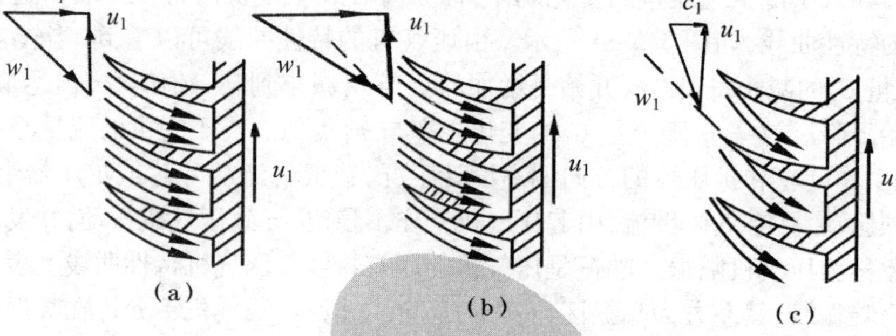

图 2.5-35　空气在工作轮叶片前缘附近的流动情况

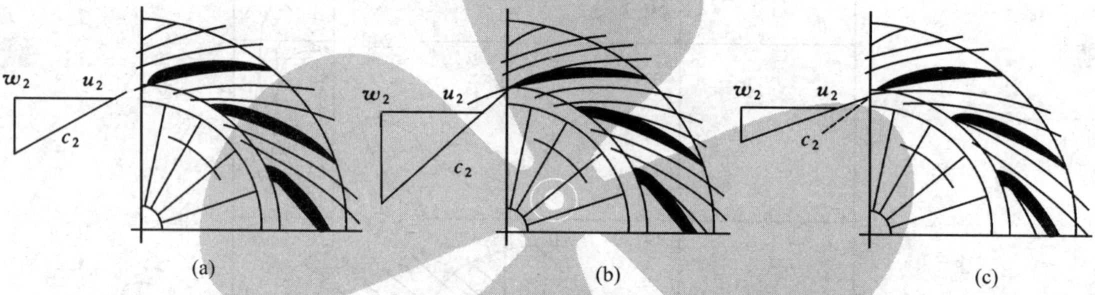

图 2.5-36　空气在扩压器前缘附近的流动情况图

3. 柴油机增压系统中增压器的运行特点及喘振原因

1)增压器与柴油机的配合

当离心式压气机作为增压器与柴油机配合工作时,增压器(或包括辅助扫气泵)的供气量和压力要满足柴油机的要求。此时压气机在柴油机各种负荷下的排出压力—流量变化曲线称为增压器的工作特性曲线或配合工作特性曲线。增压器的工作特性曲线取决于柴油机按什么特性运转,如图 2.5-37 所示,柴油机按推进特性曲线、负荷特性曲线和定扭矩特性曲线工作时,对于增压器的供气量和压力的要求是不同的。柴油机与增压器良好匹配的标志是:柴油机达到预定的增压指标;增压器在柴油机全部工作范围内都能稳定地运转,既不喘振也不超速,并且尽可能在高效区工作,即增压器工作特性曲线应离喘振线远一点,又要处在高效率区。

2)增压系统中增压器喘振的原因

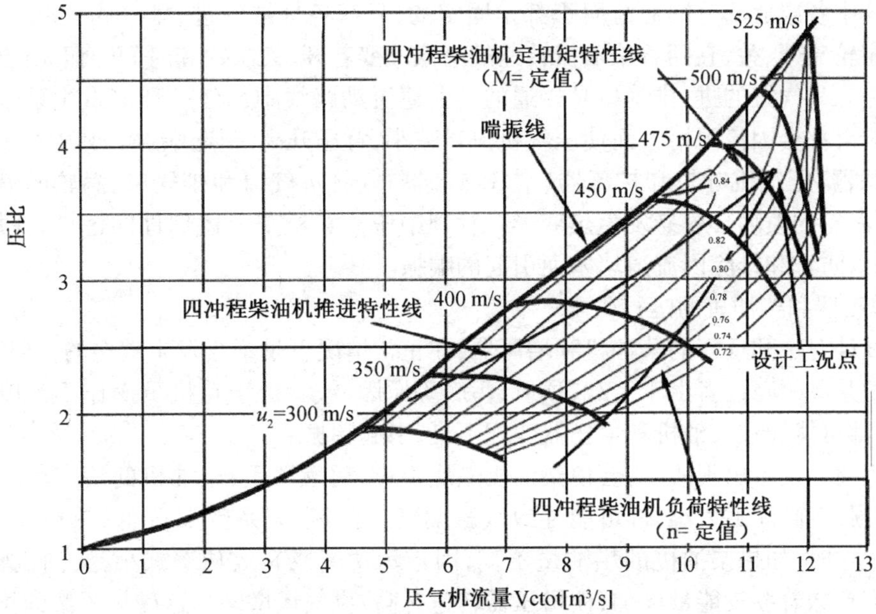

图 2.5-37　增压器与柴油机配合

柴油机在各种负荷下，所需要的增压空气流量与增压压力之间的关系称为柴油机进气特性曲线，也是增压器的工作特性线。对于当前柴油机主要采用的单独增压系统，当柴油机按推进特性($P \propto n^3$)工作时，其工作特性线如图 2.5-38 所示。由图可见，增压器的工作线是一条上部离喘振线较远，下部离喘振线较近的曲线。在运行条件的全部变化范围内，增压器的工作特性线不会进入喘振区。因此，只要设计柴油机时选配的增压器合适，在正常情况下是不会发生增压器喘振的。当流道阻塞时，增压器背压升高，使流量减少，故工作特性线左移。如图中点划线 C' 所示。这时工作特性线的下部进入喘振区。会在低负荷时发生增压器喘振。管理中应经常注意气口和空气冷却器的清洁，使流道保持畅通，在低负荷下发生喘振时可暂时用提高负荷的办法消除。

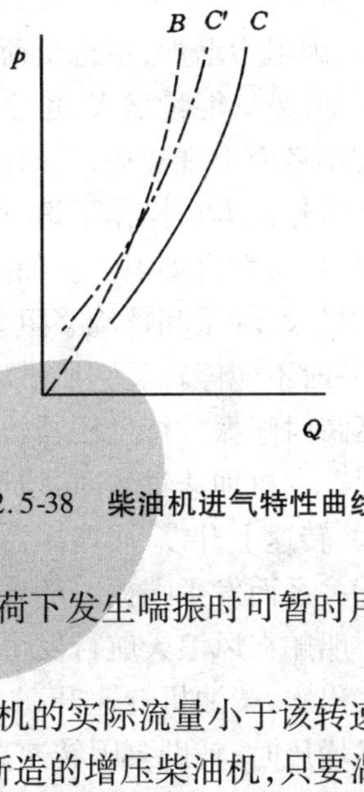

图 2.5-38　柴油机进气特性曲线

根据增压器的特性，增压器产生喘振的根本原因，是由于压气机的实际流量小于该转速下引起喘振的限制流量，造成气流与叶片的强烈撞击与脱流。任何新造的增压柴油机，只要涡轮增压器与柴油机匹配良好，使用初期增压器都不会发生喘振。可是随着运转时间的增长，增压系统中各部件就会污损或出现故障，柴油机本身某些部件也会产生故障，致使两者的性能逐渐恶化，导致匹配不良，引起喘振。此外，运行中某些暂时的匹配不良也可能发生喘振。下面介绍一些在运转中可能导致增压器喘振的原因和消除喘振的方法。

(1)气流通道堵塞

增压系统流道堵塞是引起增压器喘振最常见的原因。柴油机运行时，增压系统的气体流动路线是：压气机进口滤器和消音器→压气机叶轮→压气机扩压器→空气冷却器→扫气箱→柴油机的进气阀(口)→排气阀(口)→排气管→废气涡轮喷嘴环→废气涡轮叶轮→废气锅炉

→烟囱。其中各组成部分的通流面积都是固定的，只有各气缸的进、排气阀（口）是按照一定的发火顺序轮流开、关，它随着柴油机转速的高低改变着开、关次数和时间。但无论什么时刻，至少总有一二只气缸的进、排气口是接通的。上述流动路线中的任一环节发生阻塞，如脏污、结炭、变形等，都会因流阻增大而使压气机流量减小，背压升高，引起喘振。其中容易脏堵的部件是进口滤器、压气机叶轮和扩压器、空气冷却器、气缸进气口和排气口、涡轮的喷嘴环和叶轮。此外，涡轮的喷嘴环容易发生热变形。管理中应注意检查上述部件的污损，并加以清洁。这样，就可以防止和排除因流道堵塞而引起的喘振。

(2)增压器和柴油机的运行失配

对于设计时选配良好的柴油机和增压器，在正常情况下是不会发生喘振的。但是，由于柴油机本身的某些故障或者由于装载、顶风、污底等原因，或者由于轮机员操作不当以及在大风浪天航行，都可能导致柴油机和增压器匹配不良，引起喘振。

柴油机喷油设备出现故障，会使柴油机燃烧不良，后燃严重；柴油机的活塞环断裂或者黏着，气阀烧损，气阀间隙太小，都可能导致气缸漏气，过量空气系数 α 降低，热负荷增大，排烟温度升高。这时，如果柴油机的供油量不变，因指示功率或有效功率减小，柴油机转速下降。而排温升高意味着废气能量增加，使增压器转速升高，供气量增多。这破坏了柴油机和增压器正常的匹配关系，导致压气机在高背压、小流量的状态下工作，严重时就会发生增压器喘振。这时只要排除了柴油机的故障，也就消除了喘振。与上述情况类似，当船舶满载、顶风、污底严重时，因阻力增加，主机负荷加大，柴油机在低转速高负荷下运行，气缸耗气量降低而循环喷油量增加，废气能量增大，也会使增压器转速升高，供气量增多。这也容易引起增压器和柴油机匹配不良而出现喘振，此时降低油门即可消除喘振。

若轮机人员操作不慎，可能使增压器与柴油机暂时失配而发生喘振，但不久又能恢复匹配关系，喘振即自动消失。如高速下停车时，需急速将操纵杆拉到停油位置，这时因主机运动部件质量大，轴系和螺旋桨阻力大，很快停止转动。但增压器由于本身的转速很高，转动能量很大，一时不能停转。它所供出的空气对柴油机来讲不能消耗完，致使压气机背压过高而引起增压器瞬时喘振。待增压器转速下降后，喘振自然消失。急速降低主机转速时也会出现类似的情况。主机加速过快时，增压器也会发生短暂喘振。这是因为主机运动部件质量大，转动阻力矩大，转速上升慢；而增压器转子质量小，废气能量迅速增加使转速迅速升高。两者暂时失去匹配关系而发生喘振。随着柴油机转速升高，压气机流量增大，喘振会自动消失。

船舶在风浪天航行发生飞车时，并联增压系统和单独增压系统会发生喘振。这是因为螺旋桨出水，柴油机转速升高，调速器自动停止供给燃油，增压器因废气能量减小转速下降。在并联增压时，辅助泵因转速高供气增多，使压气机背压较高而流量减小，引起喘振；在单独增压时，若螺旋桨入水时柴油机转速过低，会造成压气机阻塞而发生喘振。

(3)脉冲增压一缸熄火或各缸负荷严重不均

在脉冲增压系统中，往往将三个气缸与一台增压器相连接。一台柴油机有多台增压器，它们并联地向一根进气总管供气。当某缸熄火时，与之相连的涡轮功率减小，转速下降，供气能力降低。而其他增压器正常工作，压气机的出口背压仍与正常运转时相同。这对于同熄火缸相连的增压器来说背压就显得过高，使其压气机排量减小，发生喘振。由于喘振使得压气机出口压力波动幅度较大，甚至可能引发多台增压器交替喘振。若使熄火缸恢复工作或减小另一组气缸的供油量，则可消除喘振。各缸负荷不均引起喘振的机理与上述相同。

(4)环境温度的变化

在低温时匹配的不带空冷器的增压器和柴油机如用在高温海域时，或者在高温时匹配的带有空冷器的增压器和柴油机用在低温海域时，由于两者匹配关系的改变，运行点更靠近喘振区，因而容易引起喘振。

八、增压系统的故障与维护管理

废气涡轮增压器工作的主要特点是：转子转速高，气流流速高，涡轮工作温度高。废气涡轮的转速可高达几千转甚至几万转，增压器的尺寸愈小，工作转速愈高。大尺寸增压器的最高转速在 1×10^4 r/min，较小尺寸增压器的转速可达$(4\sim5)\times10^4$ r/min；增压器的气体流量很大，对于一台 1×10^4 kW 的柴油机，增压器每秒需供应 20 m^3 的空气，涡轮和压气机中的气流速度可达每秒数百米；涡轮端的废气温度很高，涡轮进口温度高达 500～600 ℃。因此增压器在运转中，应保持转子良好的静平衡和动平衡，轴承要有良好的润滑，流道要清洁并保证可靠的冷却。在拆装管理时应保证安装间隙，防止部件变形和安装不正。

1. 增压器的日常管理

(1)在运行中应测量和记录下列主要运行参数：各缸排烟温度、涡轮前后温度、增压器的转速、空气滤器和空冷器的压降、扫气箱中的压力、空冷器前后的温度与冷却水的进出口温度及轴承润滑油的油位、温度和压力等。并根据检查的参数判断涡轮增压器的工作状态，以确定必要的检查、调节和检修方案。

(2)涡轮增压器运行时，应经常用金属棒或其他专用工具细心倾听增压器中有无异常声响和运转是否平稳。转子不平衡时会发出钝重的嗡嗡声。

(3)增压器是高速回转机械，应特别注意轴承的润滑。轴承为外部供油润滑时，要注意检查重力油柜的油位及滑油进口压力和出口温度。轴承为自身供油润滑时，应注意检查油池中的油位，油量不足应及时补充。

(4)如果柴油机停车时间较长(超过一个月)，应将增压器转子转动一个位置，以防止轴弯曲变形。增压器再次投入使用前，应通过起动空气吹动使之短时转动，用金属棒倾听运转是否平稳、有无杂音和阻滞现象。

(5)拆装增压器时，应事先阅读说明书以了解其内部结构、拆装顺序和所需的专用工具。拆卸时，应注意各可拆零件的相对位置。组装时，应注意装配间隙及间隙的调整方法，对一些重要间隙要严格控制。

2. 废气涡轮增压器的清洗

增压器在运行时其内部流道会被灰尘、油雾和炭粒所脏污。这会使流阻增大，增压器效率下降，增压压力降低，脏污严重时还会引起增压器喘振；污物在叶轮上分布不均还可能使转子的动、静平衡不良而引起振动。因此要对增压器进行清洗。增压器的清洗有运转中的清洗和拆开清洗两种。经常定期进行运转中的清洗，以清除旋转件上的灰尘和疏松的积炭，使增压器处于良好的工作状态。但运转中的清洗不能代替定期拆检和清洗增压器。

运转中清洗废气涡轮有水洗法和干洗法。涡轮水洗时要在低负荷下进行，进水管装在涡轮保护格栅前的排气管上，清洗水的流量通过接头中的孔板和水压来控制。喷入的水雾通过水对污垢的溶解作用和水滴对污垢的机械冲刷作用将流道中附着不牢固的污垢洗掉。在涡轮排气箱的下部装有排泄阀，以便将清洗下来的污垢和未蒸发成蒸汽的水排出。清洗约需 10 min，排泄阀流出的水应变清。清洗后，应在低负荷下运转 5～10 min。如果清洗后发生振动则应重新清洗。图 2.5-39 为 ABB 涡轮的水洗系统图。水洗时，要求柴油机在 50% 标定功率的转速下运转。转动旋塞使1与3路相通，以排除污物。关泄水旋塞B、开进水管截止阀C，以使清洗水经接头中的孔板喷入排气管。缓慢开启供水阀D，把压力调到2.5×10^2 kPa，则清洗水由阀C流入，污垢与水由管1泄至舱底。洗完后，关阀D、C，开阀B将管路中水放掉。转动旋塞A，使2路与1相通，少量压缩空气吹扫排泄管道和排气箱，使管1畅通。干洗是从涡轮进气道喷入一定数量的已被粉碎的核桃壳或其他类似物体，颗粒尺寸约为1.5 mm。是用冲击式的方法清除积炭等污物。干洗在全负荷时效果最好，负荷低于50%时不可干洗。如果装有干洗设备时，应按说明书的指示使用。

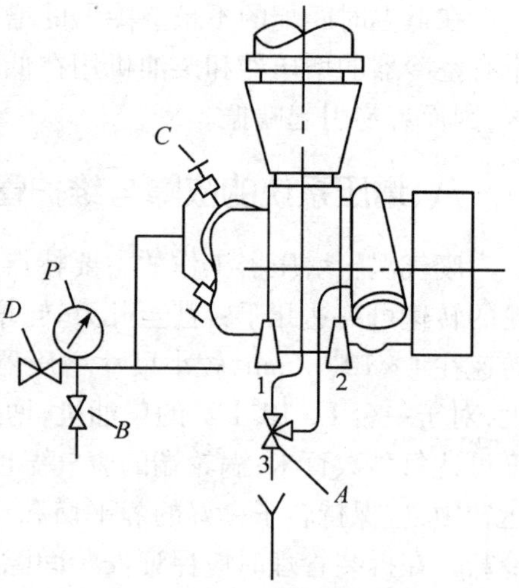

图2.5-39　ABB涡轮水洗系统

A—旋塞；B—泄水旋塞；C—清洗水阀；D—供水阀；1，2，3—泄水管

压气机在运转中清洗时，要在柴油机全负荷运转下进行。方法是将一定量的水在短时间内喷入压气机。清洗前后30 min内，应将气缸滑油供给量提高50%～100%，以保护气缸套免受腐蚀。图2.5-40为ABB增压器压气机的清洗系统。进水管装在压气机进气箱上，水经管道送至压气机叶轮前的进气道中。清洁水盛在容器中，以确保每次清洗只给一定数量的水。容器除有水管与压气机进气箱连接外，还有气管与压气机排出管连接。清洗时按下容器上的按钮，水便在增压压力和进气道压力之差的作用下，在4～10 s时间内喷入压气机。喷水后，柴油机要在全负荷下运转一段规定的时间，以使增压器和柴油机完全干燥。如果清洗后增压压力和排气温度变化不大，可进行重复清洗。清洗压气机后，一有机会就应清洗空气冷却器，以洗去从压气机冲洗来的积垢。

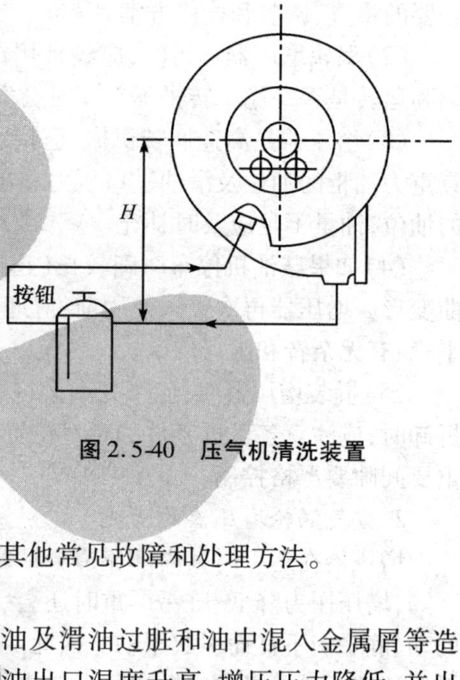

图2.5-40　压气机清洗装置

3.增压系统的故障及排除

涡轮增压器在使用过程中，由于各种因素的影响，会产生异常现象。下面介绍增压系统除喘振以外的其他常见故障和处理方法。

(1)轴承烧损

轴承烧损大多是由于滑油压力过低、油量不足或断油及滑油过脏和油中混入金属屑等造成的。轴承烧损时往往表现为增压器转速急剧下降，滑油出口温度升高，增压压力降低，并出现异常的声音。若在管理中发现增压器转速急剧下降、运转声音异常时，应立即停车检查增压器轴承；否则可能造成严重事故，甚至整台增压器报废。若轴承轻度烧损，轴封和叶片均未损伤，可更换轴承；若转子严重损伤无法修复时，只好实行停增压器运转。

(2)增压器强烈振动

排除喘振的原因，增压器的强烈振动还可能是由于涡轮叶片上有结炭和附着燃烧产物，涡轮叶片折断，压气机叶轮损坏，转子与固定件碰擦，轴承减振弹簧片损坏等原因引起的。

柴油机烧重油和长期燃烧不良，会在涡轮喷嘴环和叶轮上结炭和附着氧化物。这些结炭和氧化物在叶片上分布不均，会引起增压器的强烈振动。结炭和氧化物不能用水洗掉，必须打开增压器进行专门清洗。叶片断裂大多是由外来物引起的，也可能是由于叶片共振引起的疲劳断裂。叶片断裂的应急处理方法是把与断叶对称的叶片切掉，使叶轮保持大致平衡，仍可将叶轮装复使用。若叶片大量损坏，则只好停增压器运行，厂修时更新叶轮。

对于因装配调整不当使转子与固定件发生摩擦或轴承运转磨损引起增压器强烈振动的，应重新装配或更换轴承。此外，应注意检查轴承减振弹簧片的状态，及时更换。

(3)增压压力下降

废气涡轮和压气机通流部分脏污是引起增压压力下降的重要原因，这里包括进口滤器、消音器、空冷器等。运行中应按说明书的要求按时清洗增压器。此外，还必须定时拆开清洗以清除坚实的结炭和污垢。当空气滤器压降超过 0.98 kPa、空冷器压降超过 1.96 kPa 时，也要进行清洗。若增压压力降低的同时发现增压器的转速也明显下降，说明废气能量不足。在柴油机方面可能是喷油提前角过大、排气阀开启较晚、缸套活塞漏气等原因引起的；在废气涡轮方面可能是喷嘴环变形使通流面积增大、涡轮前排气管膨胀接头漏气等原因引起的。此外由于轴封结炭、轴承故障使转子阻力增大也会使增压器增压压力下降，转速降低。应具体查明原因，予以排除。若增压压力降低的同时增压器的转速没有明显下降，则可能是压气机故障引起的。如压气机进口滤器和消音器堵塞，内部气流通道积垢，增压器轴封、气封漏气，扫气箱漏气等。

(4)增压压力升高

增压压力升高主要是由柴油机引起的。常见的是柴油机负荷过大或喷油系统故障使燃烧不良、后燃严重，导致废气能量增加，涡轮转速提高，增压压力升高。排气阀漏气、开启过早也会产生类似的情况。

(5)轴承箱中滑油很快变黑和漏失

滑油变黑是因为排气漏入轴承箱。这是由于涡轮机端的轴封损坏、密封衬套间隙过大、密封空气的通道被阻塞造成的。滑油漏失是因密封平衡空气失去作用、密封衬套间隙过大、轴承箱压力过高、轴承箱盖板螺栓松动漏油造成的。

4. 增压器损坏后的应急处理

在航行中增压器损坏又不能及时修复，只好采取应急措施把损坏的增压器停掉，让柴油机继续运行。采取应急措施后，既要保证增压器不会进一步损坏，又要使柴油机排气温度不超过规定的数值。在航行中发现增压器损坏时，使损坏的增压器停止运转的措施有两种：如果允许柴油机停车的时间很短，必须马上恢复运行，这时只需拆下压气机端和涡轮端的轴承盖，用专用工具把转子轴锁住，并在压气机排出管路装上密封盖板防止增压空气流失；如果允许柴油机停车时间较长，可将转子拆除，并用专用工具封闭涡轮增压器，以防燃气和增压空气外泄。

进行了停增压器运行的应急处理后，应降低柴油机的负荷，防止排温过高和冒黑烟。对涡轮的进、排气箱继续保持冷却，对外部供油润滑者应切断滑油供应。如果在航行中发现增压器损坏又不允许停车时，应大大降低柴油机的转速，且只能运行一个较短的时间。

第四节　增压器的检修

废气涡轮增压器是柴油机增压系统中的主要设备，由单级废气涡轮和离心式压气机组成，二者装于同一轴上构成废气涡轮增压器的运动件——转子。废气涡轮增压器的作用是利用柴油机废气能量驱动涡轮带动同轴上的压气机把空气压力提高送入气缸，使柴油机功率大幅度提高。采用废气涡轮增压器约使柴油机功率增加一倍，而重量只增加10%。

废气涡轮增压器是在高转速、高的废气温度，空气和废气的流量、流速大的情况下工作的。一般废气的压力为0.25～0.45 MPa，废气温度为500～600 ℃；转速随增压器尺寸不同，一般大尺寸增压器的最高转速达10 000 r/min，小尺寸增压器的最高转速可达40 000～50 000 r/min。所以，废气涡轮增压器属于精密机械。柴油机—废气涡轮增压器联合装置运转时，废气涡轮增压器容易产生的故障有涡轮壳体腐蚀、轴承损坏、叶片损伤、气封损坏和增压器振动等。轮机员日常良好的维护管理工作，可减少这些故障的发生。

一、涡轮壳体腐蚀的检修

废气涡轮增压器涡轮壳体由废气进气壳与排气壳(即废气经过涡轮叶片后排出的部分)组成。进气壳与排气壳通常采用合金铸铁制成，分为冷却式和非冷却式。冷却式壳体为双层，形成水夹层。进气壳与排气壳内表面经常与具有腐蚀性的高温废气和水接触。壳体内部水夹层——冷却水腔的冷却水自底部引入，经上部排出。为了防止电化学腐蚀，除用淡水冷却外，还在淡水中加防锈剂和在壳体上安装防蚀锌块等。

(一)涡轮壳体腐蚀部位

涡轮壳体内表面与废气接触发生腐蚀，特别是在排气壳的底部A处常发生腐蚀烂穿，如图2.5-41所示。通常由于对涡轮壳体腐蚀缺乏认识和应有的重视，不能及时发现腐蚀，以致故障突然发生，造成增压器不能继续运转，需停航修理。由于突发故障需临时紧急订购备件，造成很大的经济损失。

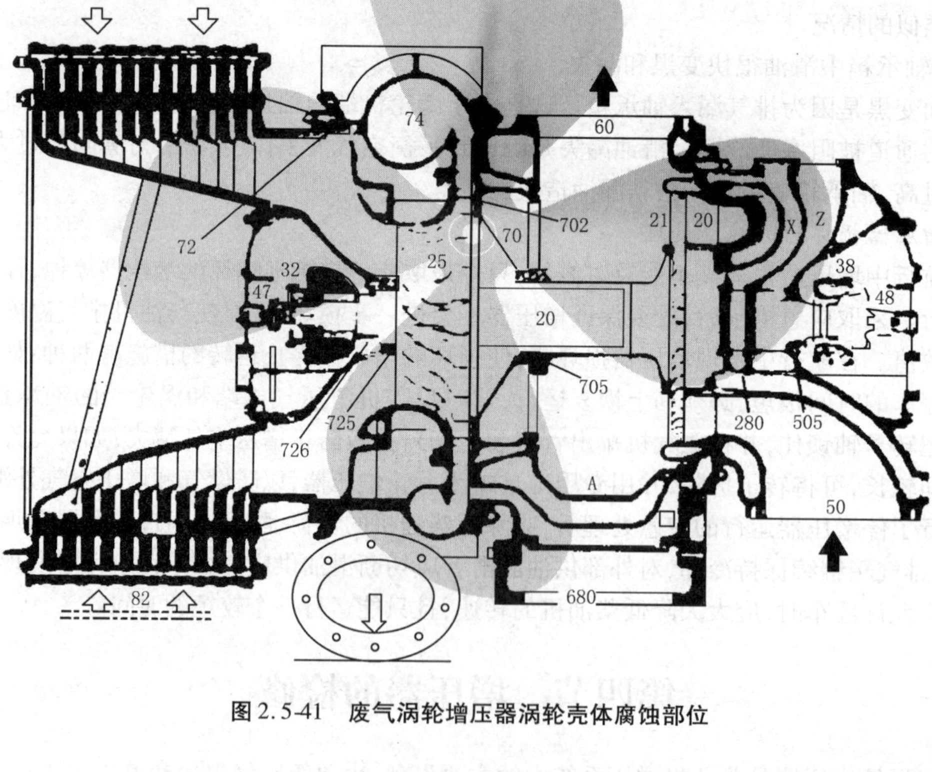

图2.5-41　废气涡轮增压器涡轮壳体腐蚀部位

（二）壳体腐蚀原因

1. 硫酸腐蚀

柴油机燃用含硫较多的重油产生含有 SO_2、SO_3 和水蒸气的废气。废气进入涡轮端进气壳的温度可达 500 ~ 600 ℃，自排气箱壳排出的温度为 300 ℃左右。排气壳体内壁面温度为 150 ℃左右，低于硫酸露点（170 ℃）。所以，当废气与排气壳内壁面接触时，在壁面上生成亚硫酸或硫酸，并顺壁面流至底部，聚集在排气壳底部的硫酸溶液使铸铁壳体受到强烈的电化学腐蚀，甚至腐蚀烂穿。废气涡轮增压器压气机端，受到空气灰尘等污染，涡轮端喷嘴、叶片及通道受到废气的严重污染和积炭堵塞通道，不仅使增压器工作性能受到影响，而且影响转子动平衡性。为此两端采用喷水清除污垢。涡轮端是在低负荷下喷水清洗，一般每周一次，约 10 min，喷水量随机型而异。低负荷下废气温度较低，会产生更多的酸附在壁面上，同时喷水后若未彻底清除排气壳底部积水，使腐蚀更加严重。

2. 高速气流引起的腐蚀

柴油机排气以高速流入增压器进气壳。排气中含有未燃尽的炭粒与壳体壁面接触造成对壁面的侵蚀，特别是在气流方向改变处，离心力使炭粒冲击壁面。受到侵蚀的壁面裸露在气流中受到更大的腐蚀作用。涡轮端进气壳进气道附近壁面的穿孔大多属于这种腐蚀。

3. 冷却水腔腐蚀

增压器采用海水冷却时，冷却水腔壳体壁面受到电化学腐蚀。

（三）壳体腐蚀的防止与修理

1. 防止腐蚀的方法

防止涡轮端壳体腐蚀的方法主要采用提高冷却水进口温度防止硫酸腐蚀；彻底清除涡轮端喷水清洗后的残水；选用非冷却式增压器等。在进、排气壳内表面容易腐蚀部位钎焊一层耐热耐蚀 M 合金的非冷却式增压器可使其壳体寿命从 3 ~ 6 年延长至 10 年以上。

2. 修理

（1）壳体腐蚀后，其最小壁厚大于设计壁厚的 50%，壳体冷却腔经 1.5 倍工作压力（不少于 0.4 MPa）的水压试验，合格后可继续使用。

（2）壳体腐蚀后，局部最小壁厚小于设计壁厚的 50% 或破损时，允许焊补或用无机胶黏剂修补，经 1.5 倍工作压力的水压试验合格后可继续使用。

二、轴承的检修

轴承在涡轮增压器中居重要地位，它不仅保证转子安全可靠地高速回转，还必须保证转子固定在准确的位置上。所以，轴承的可靠性对增压器和柴油机正常运转均关系极大。涡轮增压器轴承分为滚动式和滑动式，船用增压器多采用滚动轴承，另外还有止推轴承。滚动轴承摩擦系数小，产生热量少，润滑油消耗量少，可使润滑系统简化，一般采用透平油只需设置油池和自带油泵。滚动轴承拆装方便、起动性能好，效率高。但受其使用寿命限制，规定的使用寿命期满必须更换。滑动轴承结构简单，造价低，可与柴油机使用同一个润滑系统或专门设置一套外供油装置，所以使增压器整体结构复杂化，并且维护管理要求高；否则容易发生故障。增压器轴承是在高温、高速和轻负荷条件下工作的，保证轴承在工作条件下可靠运转，除了保证轴承的结构设计、材料和制造等满足要求外，使用中良好的维护管理也是至关重要的。

（一）滚动轴承的检修

压气机端轴承多采用成对双列向心推力轴承，起支承转子和止推作用；涡轮端轴承采用单列向心球轴承或单列向心短圆柱滚子轴承，起支承转子作用。增压器工作时，滚动轴承应转运灵活、无异常声音、无过热，轴承的各零件应无损伤、腐蚀、裂纹和松动等缺陷。

1. 滚动轴承使用寿命

滚动轴承累计工作时间达到其额定使用寿命时应更换新轴承。一般累计工作时间达8 000 h左右进行检修，更换压气机端和涡轮端的轴承。

2. 减振弹簧片

滚动轴承中装有减轻振动的弹性减振装置，它是由一组带孔的弹簧钢片——减振弹簧片组成。润滑油在钢片之间形成油膜，产生阻尼作用，吸收和缓冲转子的振动，以便延长轴承的寿命和使增压器运转平稳。在压气机端的轴承中装径向和轴向两组弹簧片。径向弹簧片5安装在滚珠座圈与轴承外套4之间，弹簧片间有0.25～0.55 mm的间隙，用以减轻径向振动；轴向弹簧片7安装在轴承的前后端处，由数个薄钢片组成，片间有0.13～0.18 mm的间隙。除用以减振外，还具有调整和确定转子轴向位置的作用，如图2.5-42所示。涡轮端轴承中只有径向减振弹簧片。

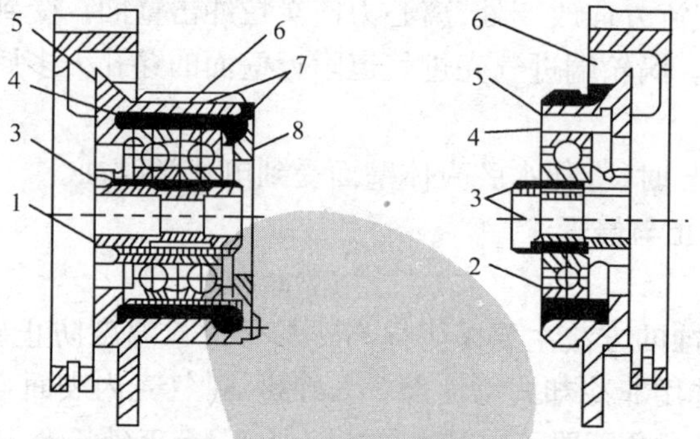

图2.5-42　废气涡轮增压器的滚动轴承

1—成对双联向心推力球轴承；2—单列向心球轴承；3—轴承内套；4—轴承外套；5—径向弹簧片；6—轴承座；7—轴向弹簧片；8—轴承盖

滚动轴承减振片的弹性应具有良好的均匀性，无咬毛、过度磨损和断裂等缺陷。如产生上述缺陷或间隙超过规定值时应予以换新。新换的减振片的材料、技术性能应与原来的相同。船上条件下无法更换减振片，只能换新轴承。

(二)润滑与润滑油泵

废气涡轮增压器转子两端轴承的润滑是由其自带油泵将高质量的无酸矿物透平油或高质量的含或不含清净添加剂的柴油机油喷至轴承，保证轴承充分润滑。为了保证油泵的正常工作，根据说明书的要求，定期检查油泵的磨损和漏泄情况。例如VTR型增压器每隔12 000～16 000 h进行一次检查。油泵工作的可靠性与其安装质量有关，故在安装油泵时应保证油泵的轴线与增压器转子轴心线同轴，泵端的径向跳动量不应超过0.02 mm。

三、叶片与气封装置的检修

(一)叶片损伤与检修

涡轮叶片和压气机叶片的损伤形式主要是碰撞引起的叶片变形、裂纹和断裂。

1. 涡轮叶片

涡轮叶片变形主要是异物撞击所致。如吊缸检修时由于粗心使工具等物特别是尺寸不大的工具或螺帽等遗留在气缸中，或者是柴油机运转中的活塞环折断后的碎块，甚至由于安装不良使喷油器头部落入缸中等。当柴油机运转时，这些异物被排气自排气口吹至排气管和增压器涡轮进气壳，这些高速飞来的异物冲破废气进口处的金属隔栅进入涡轮，与高速回转的涡轮叶片相撞击，轻者使叶片变形、裂纹，重者造成叶片折断，并随之碰撞其他叶片导致涡轮叶片的大部分乃至全部损坏。例如，某船副机在75%负荷下运转，突然增压器发生剧烈振动和巨响，值班轮机员立即切换另一台副机。后经检查发现，由于涡轮上有一叶片折断，其碎块在增压器高速回转时又接连打伤3只、打弯1只叶片，因及时停车才免遭更严重的破坏。

对损伤较轻的叶片仔细观察有无裂纹，必要时进行无损探伤检验，如有裂纹或断裂应换新叶片。海上条件下更换叶片不便时，可将断叶取出并将其对称位置的叶片取下，以保持转子的动平衡性，减少增压器的振动。如叶片有轻微变形可进行冷校。

涡轮叶片凹面上的撞击伤痕等少量缺陷允许修磨，磨去深度不得超过相应部位叶片厚度的1/6，磨去的面积符合规定要求。叶片的上、中部区域内的缺陷允许焊补修复（详见CB/T3563-94）。

2. 压气机叶片

压气机叶片损伤是由于轴承严重磨损、吸入硬质颗粒、增压器振动等造成，或者发生碰撞破坏了转子与壳体间的正常间隙等造成撞击或摩擦，使叶片擦伤、变形或裂纹。例如某船离港后刚刚进入正常航行，突然主机1号增压器发出异响声，值班轮机员立即采取主机降速航行的对策。停车检查发现压气机叶轮上20个叶片中有12个叶片完全断裂。原因是推力轴承推力面上的白合金中嵌入几块铁屑，大小为2 mm×2 mm×1 mm，由于止推轴承白合金严重磨损，引起转子轴向窜动。压气机叶轮完全报废，只能换新。压气机叶轮边缘、叶片的任何部位均不允许有裂纹；否则换新。叶片表面缺陷较小时，允许修磨。

增压器的转子或叶片经修理或换新后均应进行动平衡试验，并使之符合要求。

（二）密封装置的检修

1. 密封装置

废气涡轮增压器的密封装置分为气封和油封两种。

气封的作用是防止压气机端的压缩空气和涡轮端的燃气废气的漏泄。压气机端压缩空气的大量漏泄将会降低增压效率；涡轮端废气漏泄将造成涡轮功率下降，高温气体漏入轴承箱污染润滑油和损坏轴承。

油封的作用是防止增压器轴承箱中的润滑油漏泄。润滑油漏泄不仅增加其消耗量和影响轴承润滑，还会因滑油漏入涡轮进气壳使燃气温度升高，甚至烧毁涡轮叶片。所以，良好的密封装置是废气涡轮增压器正常可靠工作不可缺少的组成部分。密封装置按结构分为接触式、活塞环式和迷宫式三种。活塞环式密封装置如图2.5-43所示，常用于小型增压器中作为油封。迷宫式密封装置种类很多，图2.5-44为大型增压器的轴向和径向迷宫式密封装置，作为气封使用。气封片之间的间隙越小，密封效果越好。当从压气机端引入一股增压空气到气封，可增强密封效果。

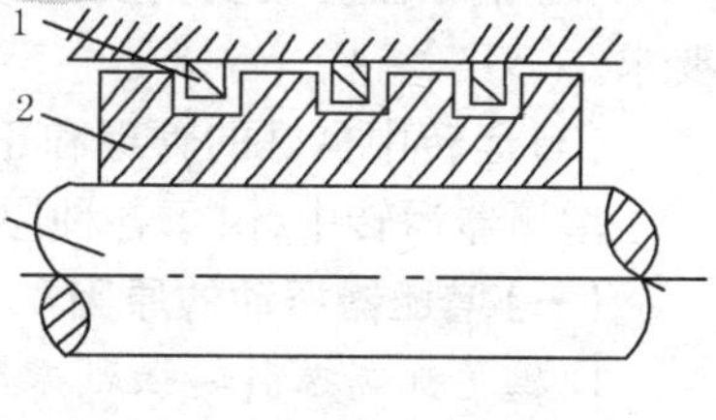

图2.5-43 活塞环式密封装置

1—活塞环；2—轴套；3—转子轴

2. 密封装置的安装部位

从图2.5-41中可以看出，涡轮端转子与废气进口壳体之间有一定的径向间隙，在转子轴上安装迷宫式轴向密封装置280，以防废气漏入轴承箱；活塞环式油封505防止轴承箱中润滑油漏入涡轮。在压气机叶轮背面与隔热墙之间设有径向迷宫式气封702，转子轴上装有迷宫式气封705和725防止新气的漏泄。压气机端转子轴上装有活塞环式油封726防止轴承箱中的滑油漏入压气机。

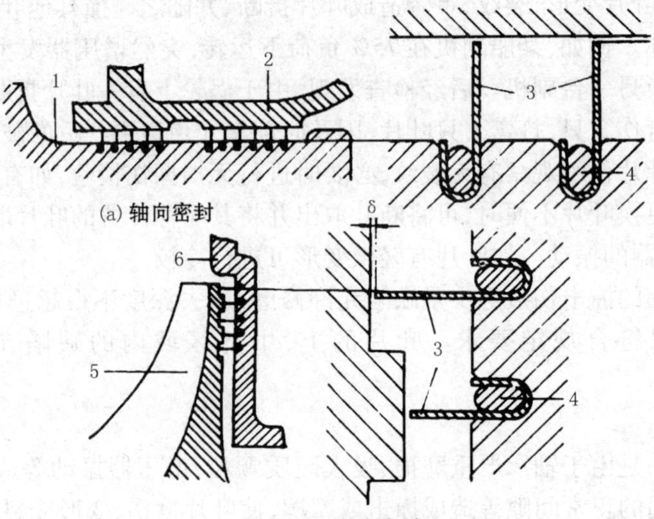

图 2.5-44　迷宫式密封装置

1—转子轴；2—废气进口壳体；3—密封带；4—压紧丝；5—压气机叶轮；6—隔热墙

3. 密封装置的检修

密封装置的损坏，大多是在增压器拆装过程中不慎碰伤密封带，或增压器运转中的剧烈振动，或者安装间隙不符合要求等造成的。密封带顶部有较轻的弯曲变形时，可用平嘴钳将其夹直校正；若损伤严重时则应换新密封带和压紧丝。在船上条件下更新密封带可按增压器说明书中规定的要求和步骤进行。

四、增压器的振动及检修

废气涡轮增压器是作高速回转的精密动力机械，使其平稳、无振动的高速运转的条件是：

(1)转子动平衡精度符合要求，即转子重心在其回转中心线上或具有要求的偏心距。

(2)增压器的安装精度高，对中性好，即回转件—转子与固定件—壳体的对中精度符合要求。

(3)运转中良好的管理和正确的操作。

增压器运转中，由于各种原因不能满足上述条件时，增压器就会产生剧烈振动。

(一)增压器振动的原因

1. 压气机喘振引起强烈振动

喘振是压气机流通部分出现气流与叶片强烈撞击和脱流的结果。增压系统流道阻塞是增压器喘振的常见原因。管理中应注意压气机进气滤器、叶轮、扩压器、空气冷却器、进气口和排气口、涡轮喷嘴环、叶片等流通部分的维护与清洁，就可有效地防止和消除喘振及其引起的振动。

2. 轴承损坏引起振动

轴承长时间使用后产生磨损、变形、裂纹和烧伤时，使摩擦力矩增大，转速下降，振动和噪声大增。轴承中的减振弹簧片的磨损、变形或断裂等使转子安装位置发生变化，转子对中不良产生强烈振动。为此应按规定的轴承使用期按时更换轴承，发生损坏时更应及时更换。

3. 转子弯曲变形引起振动

增压器转子轴上安装着压气机和涡轮的叶轮等部件，结构复杂，重量大。若船舶停航时间较长，增压器转子就会由于长期不运转其自身重量使其产生弯曲变形，破坏了转子与壳体、气封与壳体等的配合间隙，使转子失中。严重时转子转动困难，摩擦严重。运转时产生很大的离心力使增压器产生剧烈振动。

所以，船舶长时间停航，应注意增压器的管理，防止转子变形。

4. 转子不平衡引起振动

增压器经过一段时间的运转，由于涡轮叶片上严重积炭或叶片变形、折断；压气机叶轮、叶片变形或损坏等都会使转子质量分布发生变化，改变了转子原有的重心位置，破坏了转子原有的动平衡精度，产生剧烈振动，工作不平稳。

5. 增压器装配、修理质量差

增压器进行自修或厂修时，如修理质量差或修后装配不良时，就会造成增压器运转时转子与壳体或气封与壳体相碰，产生摩擦导致振动。例如气封和轴封安装不正、轴承安装不正确或轴承间隙不符合要求、转子轴线不对中等。特别是轴承安装问题不容忽视。例如，减振弹簧片安装不正确或弹簧片变形、断裂等都会直接影响轴承的位置和使转子对中不良而导致振动。

（二）增压器振动检修

1. 清洗

利用增压器上的喷水装置清洗涡轮端和压气机端的叶片和通道。清除油垢、积炭，既消除引起喘振的因素，又除去不平衡质量，从而减轻或完全消除由此引起的振动。

2. 换新轴承

若增压器产生振动时轴承已接近换新时间，则可能是因轴承损坏引起的振动，故应首选换新轴承的措施来消除增压器振动。增压器轴承中，以涡轮端轴承温度高、工作条件差而先损坏，所以应首先更换涡轮端轴承，然后再换压气端轴承。

3. 检查转子的磨损和变形

增压器解体抽出转子后，检查压气机和涡轮的叶轮、气封和工作轴颈外圆表面有无擦伤、变形和磨损。必要时吊入车间在平台上检测转子轴线状态，以判断转子的弯曲变形和变形程度。

4. 转子动平衡检验

在专用动平衡试验机上检测转子的平衡精度，依据测量出的不平衡质量的大小与位置进行修理，除去不平衡质量后再次检验，直至达到要求的平衡精度为止。当然，做转子动平衡检查时，转子应是完好状态，即没有擦伤、变形和磨损等。

5. 安装间隙的检查

安装间隙反映了转子与增压器壳体的对中情况。进行粗检：手动转子使之回转，听声判断对中情况；精检：测量 L、M 等配合间隙，精确判断对中情况。应该注意的是压气机进气道壳体有无下沉，如果发生下沉也会影响对中性，从而引起增压器振动。这种情况虽少见，但在 BBC VTR6311N 型增压器上曾出现过，而且一般不易发现是由此引发的振动故障。

五、增压器的拆装与校中

废气涡轮增压器是高速回转的精密机械，一般轮机人员对其抱有惧怕心理，不敢进行拆卸和安装。这是由于对其了解和掌握不够所致。为了正确管理和保养增压器,正确地排除故障和处理异常情况,就必须熟悉增压器的内部结构、工作原理,掌握其拆装顺序和要求,就会使增压器保持良好的技术状态。

(一)拆装增压器的要求

(1)认真阅读增压器说明书,结合实际掌握增压器内部结构:压气机和涡轮结构形式、轴承的结构形式、润滑方式、叶轮与转子轴的连接方式、密封装置的形式与位置、各零部件的相对安装位置、配合间隙等。在掌握内部结构和明确要求的前提下,才能进行增压器的拆装,拆装时才能做到心中有数。

(2)拆卸时正确使用随机专用拆装工具,才能保证顺利地拆装。按照规定的拆卸顺序和要求进行,不可破坏零部件原有的精度与表面粗糙度,尤其是轴承和轴颈工作表面,应清洁、上油、防止生锈。拆下的相关零件的相对位置必要时打上记号,以免产生安装错误。

(3)安装时应严格按照说明书的安装顺序和要求、规定的装配间隙进行增压器的组装,并按照一定的方法进行间隙检验与调整,以保证转子与壳体的对中性,保证增压器可靠地运转。

(二)增压器拆装顺序

在对增压器结构了解、要求明确的基础上进行拆卸和安装。在船上拆装增压器,不必拆下增压器壳体,只需抽出转子进行检修。下面以VTR400为例简要说明拆卸和安装转子的顺序。

(1)拆卸压气机端:拆开放油旋塞,放出润滑油;拆下轴承端盖;拆下油泵(自带油泵式);拆下整个轴承组,并用蜡纸包好,以免弄脏。

(2)拆卸涡轮机端:拆下放油旋塞和放出轴承箱中的润滑油;拆下轴承端盖;拆下油泵(自带油泵式)。拔出轴承的内部零件:轴向减振弹簧片组、滚柱轴承外座圈等。把轴承零件用蜡纸包好,以免弄脏。

(3)拆下压气机端的空气进气壳。

(4)把转子从压气机端抽出并用两个木墩支承使之立放。

在重新安装前应把轴承箱清洁干净、准备好轴承备件、检查自带油泵的轴线。按与拆卸相反的顺序进行安装。最后测量压气机端的K值,并应符合要求。

(三)涡轮增压器的主要装配间隙

增压器是高温下高速回转的精密机械,为了保证正常运转,必须严格控制运动件与固定件之间的配合间隙。间隙太小,引起擦碰,如叶片与壳体、密封装置与壳体相碰,轻者损坏零件,重者造成严重的事故;间隙过大,漏气损失增大,使增压器的效率大大降低。增压器的主要装配间隙如图2.5-45所示。各间隙大小随机型而异,具体数值在说明书中有明确规定。拆装时应注意:转子轴上的运动件的位置切不可随意改动,轴上的零件也不允许随便更换,以免破坏转子动平衡精度和与固定件的配合间隙。

(四)增压器的校中

增压器重新安装后应检查运动件—转子与固定件—增压器壳体之间的相对位置关系,即进行校中检验。但只有在增压器检修更换零件后进行,一般分为粗略检验和精确检验。

粗检是用手转动增压器转子使之回转,倾听转动时有无擦碰声音。如果有擦碰说明转子对中不良,应查明原因予以消除。精检是在粗检合格后采用测量法进行校中检验。

1. 主要测量间隙

(1)间隙N。N为压气机端推力轴承与转子端面之间的轴向间隙,即转子的轴向串动量。用于保证转子轴向热膨胀的情况下不会产生压气机叶轮或气封与增压器壳体相碰。

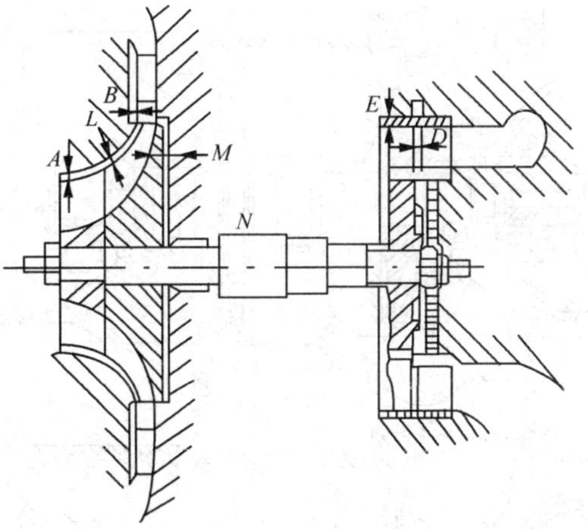

图 2.5-45　增压器的装配间隙

A—压气机端导风轮与壳体的径向配合间隙；B—扩压器与壳体的轴向配合间隙；L—压气机叶轮前面与壳体之间的间隙；M—压气机叶轮背面与气封板之间的轴向间隙；D—轴流式涡轮叶片与喷嘴叶片之间的轴向间隙；E—轴流式涡轮叶片与喷嘴外环之间的径向间隙；N—转子轴向串动量或称转子轴向热膨胀量

(2)间隙 L。L 为压气机叶轮前方与壳体之间的间隙，保证叶轮前面不与壳体相碰。

(3)间隙 M。M 为压气机叶轮背面与气封板之间的轴向间隙，保证叶轮背面不与气封相碰。

2. 测量方法

(1)测量 N。测量前，首先取下增压器两端的轴承端盖，分别在转子轴的左、右端施以轴向推力，使转子轴分别处于左、右两个极端位置，然后分别测量出转子在两个极端位置时转子轴的左端面至压气机壳体端面之间的距离 K_3、K_4 值，则止推轴承处的轴向间隙 $N = K_3 - K_4$。如 VTR630 型增压器的止推轴承轴向间隙 $N = 0.17 \sim 0.23$ mm。

(2)测量 K。为了测量压气机叶轮前后的间隙 L 和 M，先使转子轴恢复到不受轴向力作用的状态，然后测量出转子轴左端面至压气壳体端面的距离 K，如图 2.5-46(a)所示。

(3)测量 L。旋出压气机端的连接螺钉 2 约 5 mm 的长度，在涡轮端转子轴上施一轴向推力，使转子轴向左移动，此时间隙 L 消失，测量转子轴左端面至压气机壳体端面的距离 K_1，则压气机叶轮前方与壳体之间的间隙 $L = K - K_1$，如图 2.5-46(b)所示。VTR631 型增压器 $L = 1.055 \sim 1.665$ mm。

(4)测量 M。将螺母 4、5 及甩油环 6 拆下，用在转子轴右端装的吊环螺钉，将转子轴向右拉动，使间隙 M 消失，测量转子轴左端面至压气机壳体端面的距离 K_2，则压气机叶轮背面与气封板之间的间隙 $M = K_2 - K$，如图 2.5-46(c)所示。VTR631 型增压器 $M = 0.275 \sim 1.185$ mm。

当各间隙值符合说明书要求时，表明增压器转子与壳体的对中性良好，否则应查明原因，调整后再度测量。

(五)转子动平衡试验

机器运转时，除了作等速移动的构件和作等角速回转运动且惯性主轴(回转主轴)通过其质量中心的构件外，作其他运转的构件均会产生惯性力。惯性力的大小和方向随机器运转作周期性的变化。这种不平衡惯性力将加速机器中运动副的磨损和使机器产生振动，特别是高速、精密机器更为严重。为此应使惯性力得到平衡，消除或减轻振动。

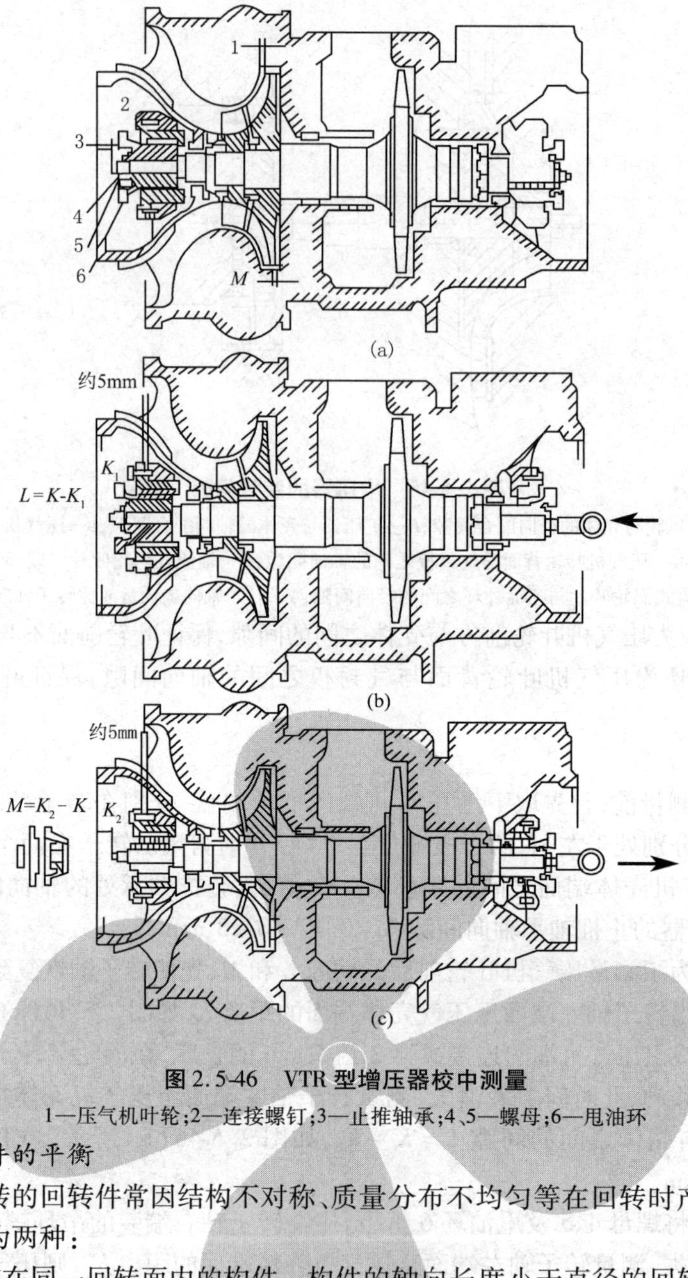

图 2.5-46　VTR 型增压器校中测量

1—压气机叶轮;2—连接螺钉;3—止推轴承;4、5—螺母;6—甩油环

1. 刚性回转件的平衡

绕固定轴回转的回转件常因结构不对称、质量分布不均匀等在回转时产生不平衡。刚性回转件的平衡分为两种:

(1)质量分布在同一回转面内的构件。构件的轴向长度小于直径的回转件,如螺旋桨、叶轮、砂轮、飞轮等,可视为质量近似分布于同一回转面内。当回转件以等速回转时,所产生的离心惯性力构成汇交于回转中心的平面汇交力系。为了平衡惯性力,在同一回转平面内增加一定的平衡质量(或相反位置减去质量),使其产生的离心力与原有质量所产生的离心力的向量和等于零,该力系得到平衡,称为平衡力系。回转件达到平衡状态,在任何位置都可保持静止,这种平衡称为静平衡。

(2)质量分布不在同一回转面内的构件。构件的轴向长度大于直径的回转件,如电机转子、增压器转子、多缸柴油机曲轴等,不能视为质量近似分布于同一回转面内。回转件转动时产生的离心力不再是平面汇交力系,而是空间力系。这类构件采用静平衡方法不能解决其转动时的不平衡。为了要完全平衡离心力,可以任意选定两个平面,将各不平衡质量所产生的惯性力分解到两个平面上，从而将空间力系的平衡转化成两个平面上汇交力系的平衡。只需将两个平面内分别加以适当的平衡质量，使两个平面内的惯性力的向量和均为零，离心力所引起的力偶矩向量和也等于零，回转件达到完全平衡，这种平衡称为动平衡。

2. 回转件的平衡试验

对于经过平衡计算并安装了平衡重的回转件，理论上虽说惯性力完全得到平衡。但是由于计算、制造和安装的误差以及由于材料的不均匀、毛坯缺陷等，使回转件实际上仍然存在不平衡。因此必须通过平衡试验来测定不平衡质量的大小和方位，然后再用加重或减重的方法予以平衡。此外，由于生产中的许多回转件结构复杂，难以进行平衡计算，往往也是通过平衡试验的方法进行平衡。例如，船舶机械和设备上的一些作回转运动的零件或部件都要通过平衡试验来获得平衡。根据回转件的结构尺寸和转速将平衡试验分为静平衡试验和动平衡试验，如表 2.5-1 所示。

表 2.5-1　平衡试验

平衡试验	回转直径 D 与其长度 L 的比值	工作转速 n
静平衡	$D/L \geqslant 5$	任何转速
动平衡	$D/L \leqslant 1$	>1 000 r/min

(1) 静平衡试验。通过测定 $D/L \geqslant 5$ 的回转件不平衡质量（大小和方向）来确定平衡质量的大小，位置和进行调整，使达到静平衡要求。新造和经修理的螺旋桨均需进行静平衡试验。试验方法：先将回转件装于专用心轴 上，再一并装于静平衡试验架上（导轨式或轴承式）。若回转件重心偏离回转轴，在所产生的静力矩作用下，回转件在支 架上滚动或转动。运动停止后重心部位的位置最低。依此重心偏离方位，在其反向加平衡质量，逐步试验调整平衡质量的大小和位置，直至回转件可在任意位置静止不动。最后在质量大的部位去掉测定的质量，则回转件达到静平衡。

(2) 动平衡试验。在动平衡试验机上测定 $D/L \leqslant 1$ 的回转件的不平衡质量的大小和方位。新造增压器的转子，营运船舶的增压器转子上的零部件经修理或更换后，必须进行动平衡试验。具体来说增压器转子在下列情况应进行动平衡试验：①转子部件受机械损伤时。②转子轴及涡轮叶片经修理后。③涡轮叶片部分或全部更换后。④压气机叶轮及导风轮经修理或更换后。

动平衡机是一种确定不平衡量位置和大小的专用机器。它具有两个对振动非常灵敏的支承，一般是用钢丝和钢带悬挂起来的，转子的轴颈就是放在这样的支承上。轴在转动时，不平衡量的离心力就使轴和支承一起左右摇摆。支架的一边连一个线圈，线圈的外面罩着一个在固定位置上的永久磁钢，如图 2.5-47 所示。

由于支架的摆动使线圈作切割磁力线运动，因而产生了交流信号输出，一般为毫伏级。这个交流信号经过频率选择和放大，再经整流输出到指示电流表，指示电流表的最大读数就是不平衡质量的大小。然后，再把开关闭合，电流经过脉冲功率放大器触发闪光灯闪光，由于晶体管放大器响应快，因此，闪光灯引燃时间即为工件振幅出现的角位置。由于闪光灯的频率与转速一样，在闪光灯下可以看到一个“不动的转子”。如果事先在转子可见部分的圆角上均匀写出号码，这时就可看到这些号码的某一数值，这就是不平衡质量的相对应的位置。

3. 动平衡指标

回转件通过平衡试验后，已将不平衡惯性力及其引起的动力效果减少到相当低的程度，但

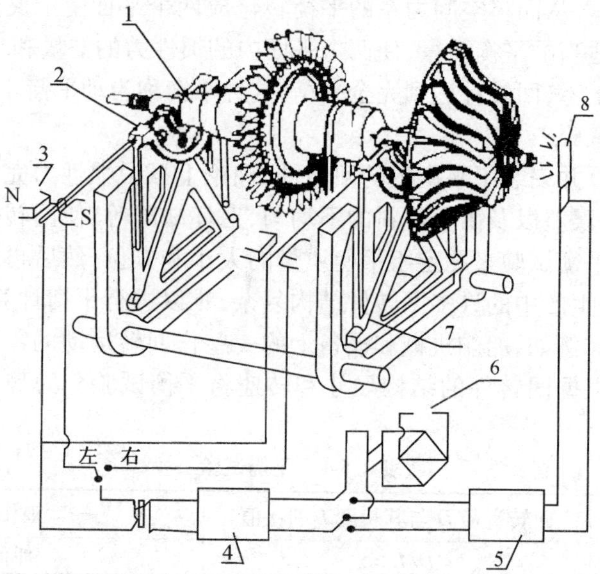

图 2.5-47　动平衡机原理示意图

1—转子;2—支承;3—磁钢;4—选频放大器;5—脉冲功率放大器;6—指示电流表;7—钢丝;8—闪光灯

还会有些残余的不平衡存在。这种残余的不平衡越小,不平衡惯性力的不良影响就越小,回转件的平衡状况就越好。所以,把回转件经平衡后的不平衡程度称为平衡精度。它是用来度量回转件不平衡程度的物理量。

(1)不平衡度。对于质量分布在同一平面内,轴向长度较小的回转件,假定其为一重心与回转中心重合的薄圆盘,当距回转半径为 R 必有一不平衡量 F(或不平衡力 F)时,回转件的不平衡度为 FR(N·m),或称为重径积,它反映了不平衡惯性力的大小和方向。

(2)平衡精度。不平衡惯性力造成的不良影响由其在轴承中引起的附加负荷和振动振幅来衡量。轴承附加负荷与回转件的重径积、回转角速度有关;振动振幅与重径积、轴承刚度和回转件整机质量有关。所以,仅仅依据回转件的重径积大小是不足以表达出不平衡惯性力所造成的不良影响。用重径积表示回转件的不平衡度,没有反映出其与回转件质量的关系。因为同一不平衡度对于500 kg和5 kg的转子的精度是不同的。所以,应采用回转件的下平衡度(重径积)与其质量中心上的宽力之比来表示回转件的平衡精度,即

$$e = \frac{FR}{G}$$

式中,e 为偏心距或偏移量,mm;G 为回转件的重力,N。

偏心距 e 是回转件重心相对其回转中心的距离,或称平衡精度。例如,当回转件的偏心距 e 为0.000 001 m时,说明回转件重心相对于回转中心偏移1 μm或0.001 mm。

对于做动平衡实验的回转件其质量分布不在同一回转面内,则应以两个选定平面上的代替重量和平衡重量的总重心的偏心距 e 和回转件角速度 ω 的乘积表示惯性力的不良影响,即平衡精度。

目前,我国尚未定出平衡精度的标准,一般均是以回转件的许用偏心距 $[e]$ 与回转件的角速度 ω 的乘积 $[e]\cdot\omega$ 表示回转件的平衡精度,并按 $[e]\cdot\omega$ 分级,如表2.5-2所示。

表 2.5-2　各种典型刚性回转件的平衡精度等级

精度等级 G	平衡精度 $\frac{[e]\omega}{1\ 000}$(mm/s) ①	典型刚性回转件示例
G4000	4 000	刚性安装的具有奇数气缸的低速②船用曲轴转动装置③
G1600	1 600	刚性安装的大型二冲程发动机曲轴转动装置
G630	630	刚性安装的大型四冲程发动机曲轴转动装置,弹性安装的船用柴油机曲轴转动装置
G250	250	刚性安装的高速四缸柴油机传动装置
G100	100	六缸和六缸以上高速柴油机曲轴转动装置、汽车和机车用发动机整体(汽油机或柴油机)
G40	40	汽车轮、轮缘、轮组、传动轴、弹性安装的六缸或六缸以上的高速四冲程发动机(汽油机或柴油机)曲轴传动装置、汽车和机车用发动机曲轴传动装置
G16	16	特殊要求的传动轴(螺旋桨轴、万向联轴器轴)、破碎机械的零件、农业机械零件、汽车和机车发动机(汽油机或柴油机)部件、特殊要求的六缸或六缸以上的发动机曲轴传动装置
G6.3	6.3	作业机械零件、船用主汽轮机齿轮(商用船)、离心机鼓轮、风扇、航空燃气轮机转子部件、泵的叶轮、机床及一般机械的回转零件和部件、普通电机转子、特殊要求的发动机部件
G2.5	2.5	燃气轮机和汽轮机的转子部件、刚性汽轮发电机转子、透平压缩机转子、机床主轴和驱动部件、特殊要求的大型和中型电机转子、小型电机转子、透平驱动泵
G1.0	1.0	磁带记录仪及录音机驱动部件、磨床驱动部件、特殊要求的微型电机转子
G0.4	0.4	精密磨床主轴、砂轮盘及电机转子、陀螺仪

①ω 为回转件转动的角速度(s^{-1}),[e]为许用偏心距(μm);②按国家标准,低速柴油机的活塞速度小于 9 m/s,高速柴油机的活塞速度大于 9 m/s;③曲轴传动装置是包括曲轴、飞轮、离合器、带轮、减速器、连杆回转部分等的组合件。

六、增压器损坏的应急措施

航行中,当废气涡轮增压器发生严重故障时,既不能修理又无法继续使用,在这种情况下只能停止增压器运转。但是废气涡轮增压器与柴油机是联合装置,工作密切相关,停增压器后必须采取相应措施保证柴油机可靠运转。根据增压器的增压方式、增压器的数量和损坏程度的不同,所采取的应急措施也不一样。具体做法可依增压器说明书的规定进行。一般采用如下原则处理。

1. 航行中主机增压器损坏时的处理原则

(1)为避免事故继续扩大,在海况、海域等情况允许时应立即停车进行检修。

(2)在海况、海域等情况恶劣,如风浪大或在狭水道航行不允许停车时,应使主机转速降至较低水平继续航行。

2. 对损坏的增压器的应急处理

(1)当增压器损坏时,主柴油机仍继续运转,以保证船舶安全航行。当柴油机设有旁通排烟管时,停止损坏的增压器运转,废气经旁通排烟管排至大气。

(2)允许短时停车时,锁住转子。当柴油机无旁通排烟管时,废气仍流经损坏的增压器排至烟囱。为了防止废气冲击转子,当海况允许短时停车时,采取停止增压器运转并锁住转子的措施。定压增压系统中的增压器,只需锁住转子的压气机端;脉冲增压系统中的增压器,需锁住转子的两端,因为废气的脉冲压力使转子产生过大的扭矩,仅锁住一端是不足以固定转子。

一般原则:当柴油机的平均有效压力≥0.5 MPa(或平均指标压力>0.57 MPa)时,应锁住转子两端。废气流经锁住转子的增压器时,还会加热转子,甚至使压气机叶轮过热,为此应使一定量的新气流经压气机进行冷却。对于仅设一台增压器的四冲程柴油机,自大气吸入的新鲜空气流经增压器时进行自然冷却;对于设有两台增压器的二冲程柴油机,当一台增压器损坏停用时,为防止扫气箱中的新气倒灌造成漏损和使少量空气漏入压气机进行冷却,在锁住转子的增压器空气出口安装带小孔的封闭盖板。

利用随机专用工具锁住转子,并按说明书操作。转子锁住后,柴油机应降低负荷运行,对涡轮的进、排气箱应继续冷却,但应停止轴承润滑,控制排烟温度,以维持船舶航行能力。

增压器损坏后锁住转子的应急措施具有简便、可缓解故障和防止事故扩大的优点,但转子受到高温和自重作用,短时间尚可,长时间作用将会引起转子变形。

(3)允许长时间停车时,拆除转子。当海况允许长时间停车时,充分的时间允许采用拆除转子并在增压器壳体两端和中间安装封闭盖板的措施。随机提供这些专用盖板和工具,如图2.5-48所示。此法不仅防止事故扩大并使转子受到保护,但拆除转子和安装盖板工作量大,需要较长的工作时间。

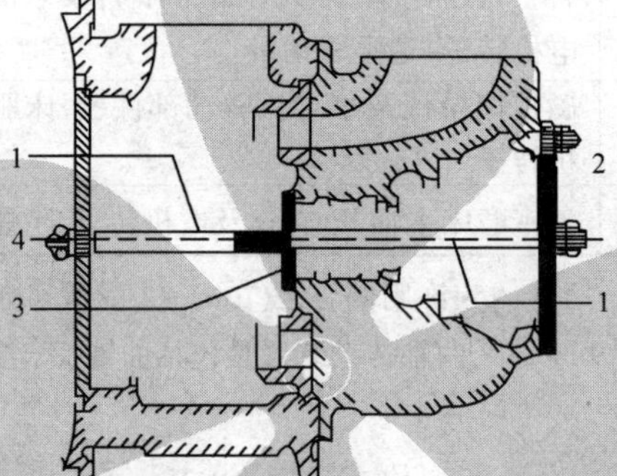

图2.5-48　增压器转子拆除后装加封闭盖板

1—拉杆;2、3、4—盖板

第六章 船舶动力系统

第一节　燃油系统

一、燃油系统的组成

燃油系统是柴油机重要的动力系统之一，其作用是把符合使用要求的燃油畅通无阻地输送到喷油泵入口处。该系统通常由加装、储存、驳运、净化和供给五个基本环节组成。根据各环节间的相互关系，可将其分为燃油的加装和测量、燃油的驳运和净化以及燃油的供给三个基本单元，各个单元的相互关系如图 2.6-1 所示：

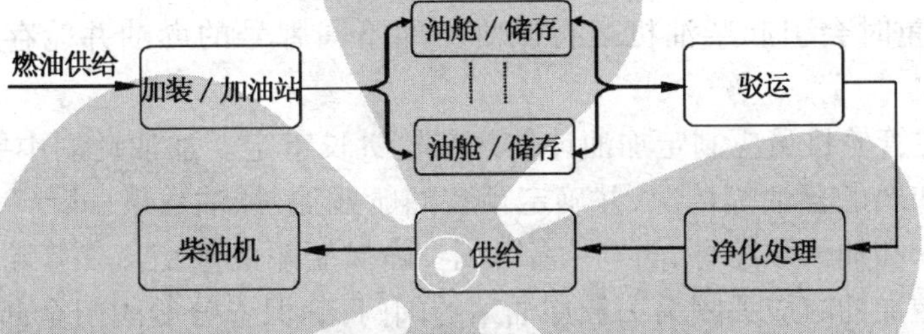

图 2.6-1　燃油系统各单元相互关系

加油站一般位于船舶主甲板上，由燃油注入法兰、集油盘和燃油输送管系组成。注入法兰分重油和轻油两个，且两舷功能相同。燃油的加装是通过加油站的燃油注入法兰接头进行的。这样，从两舷均可将轻、重燃油直接注入各油舱。各舱有透气管通至上甲板，加装燃油时须将透气孔开启，以便驱气。注入管应有防止超压设施，如安全阀作为防止超压设备，则该阀的溢油应排至溢油舱或其他安全处所。注入接头必须高出甲板平面，并加盖板密封，以防风浪天甲板上浪时海水灌入油舱。注入法兰下安装有集油槽。

燃油的测量可通过各燃油舱柜的测量孔进行，若燃油舱柜装有测深仪表，也可以通过测深仪表测量。测出液位高度后，对照舱容表并经过船舶吃水差修正，可查出燃油的体积。

加装的燃油储存在燃油舱柜中。船舶的燃油舱一般有多个。油舱分为双层底和深舱（边舱）两种。双层底油舱位于船舶双层底中，因此，其高度一般小于 2 m，但自由面却一般较大；深舱一般位于船舶两侧，自由面较小，但一般较深，和船舶吃水深度相仿。对于重油舱，都装设加热盘管，以加热重油，保持其流动性，便于驳油。

燃油的驳运环节主要由调驳阀箱,驳运泵和相应的管路系统组成,其主要作用是将燃油从燃油舱驳运燃油到燃油净化环节,同时,也能实现各油舱柜之间的燃油驳运操作。一般船舶有两台驳运泵,一般使用齿轮泵或螺杆泵,分别用于F.O和D.O的驳运工作,并互为备用。特殊情况下可把重油舱中的重油驳至舷外。

重油的净化通常采用沉淀、分离和滤清等净化处理措施。沉淀需在专设的沉淀柜(沉淀柜应设置两个)中进行,按有关规定至少沉淀12h。为提高净化效果,沉淀柜中的重油应预热至50~60 ℃,并可酌情加入泥渣分散剂和疏水剂,以使油中悬浮杂质易于沉淀。沉淀柜应定期放水排污。滤清由系统的多个粗、细滤器来完成。

净化处理的核心环节是离心分离,其主要设备是离心分油机。关于离心分油机,将在后续章节中具体介绍。燃油供给单元由燃油供给泵、燃油循环泵、燃油混合桶、雾化加热器(包括黏度控制器或温度控制器)和燃油自清滤器等组成,其主要作用是向柴油机提供黏度和温度符合使用要求的燃油,保证柴油机的喷射和雾化。

二、燃油的加装、测量和计算

1. 燃油加装前的准备

加装燃油是一项十分重要的工作,作业时应特别细心。根据船上存油的牌号和数量,考虑下一航次的运输任务,由轮机长提出加油数量和规格,经与船长商定后,提出加油申请,电告公司主管部门。公司批复后,和船舶代理联系具体加油事宜。加油前应掌握各油舱确实的存油品种和数量,尽量并舱,使新旧油分舱存放。在燃油的储存中应注意不同牌号的燃油以及不同加油港加装的同一牌号燃油不可混舱。因为当两种不同的燃油混兑使用时,很可能会由于燃油间的不相容性,发生化学反应,造成大量沥青质、淤渣析出,引起滤器堵塞和主机燃烧不良,大量冒黑烟。严重时会引起柴油机运行困难。如不同牌号的燃油并舱存放时,需进行试验确认。

在加油前,主管轮机员应制定加油计划并交轮机长审定。加油计划中要明确加油的品种牌号、加油数量和船舶存油等情况,并确定预装油舱残油、加油数量(每个舱以不超过85%舱容为宜)以及测深和加油顺序等,再与大副商定,确保船舶的平衡。二管轮检查装油管系,正确开关阀门(一舷加油时应关闭另一舷加油站的阀门,确保各分舱阀门全部打开,管线畅通),堵好甲板疏水孔,准备溢油应急设备和材料(吸油毡、木屑、溢油分散剂、盛油桶和灭火器等),悬挂"禁止烟火"牌,对可能发生渗漏的地方重点检查并准备接油桶,在冬天或寒冷地区加油时应对预装油舱进行加温等。保证加油站和油舱注入阀、测深孔等处可靠的联络方法。

2. 加油过程

燃油加装时(以下简称加油)必须遵守安全第一的原则,避免火灾爆炸、溢油和跑油等问题的发生。所以加油站附近禁止烟火,供、受油双方都要认真仔细,谨慎对待每一步的操作。

正式开泵装油前,二管轮到加油船上:①与其主管人员共同量油,确认每个油舱的油量,记取流量计读数,用验水膏检查油中含水情况。②填写供油作业安全检查表,确定双方联络方法、作业程序、泵压、泵速等,双方均应切实执行。③填写加油申请确认表,核对燃油种类、牌号、数量等。④索取燃料油化验报告单。⑤填写油样瓶标签。

供油船靠泊后,供油方负责拆卸加油站盲板并将加油软管与燃油注入法兰相连接。装油中,在油气可能扩散到的区域应禁止吸烟和明火作业。一切就绪后,受油方向供油方发出加油信号,供油方起动油泵开始加油。受油方应随时对加油舱测深,根据测深结果和船舶平衡状态，确认油已进入预定的舱位，并控制油舱注入阀的开度。还应检查确认各油舱、油柜、泵阀、管路、透气孔、测量孔等处无燃油泄漏。在泵油开始后和结束前的过程中，受油方应通过加油站或供油船上的取样阀，连续、均匀、缓慢地接取4瓶油样，经供油方封好瓶盖后留存于船上备查。加油过程中，装油人员要坚守岗位，严格执行操作规程，掌握装油进度，防止跑、冒、漏。如有任何异常情况发生，必须立刻通知供油方停止泵油。结束装油时，应关好有关阀门。拆除输油软管时，应事先用盲板将管口封好或采取其他有效措施，防止管内存油倒流入海。重新测量各舱柜存油数量，并核对供方加油实际数量，索取油样并当场封好，以备发现问题时有据可查。供油方停止泵油后，会使用压缩空气吹扫管路内的残油，以防燃油漏入海中。

3. 燃油温度和密度对加装量的影响

船舶燃油消耗和存量都是以重量吨为计量单位，但船舶舱容表和流量计的读数都是以体积(m^3)为单位，在计算加装燃油量时，应首先确定燃油的密度。一般来说国内供油商提供的燃油密度是燃油在20 ℃时的密度与4 ℃水的相对密度。而国外供油商提供的燃油密度为15.6 ℃时的燃油与水的相对密度。而在加油时为了保证燃油的输送，则必须对燃油加温，而在计算燃油量时，应对燃油的密度加以修正。

燃油的密度随温度而变，通常，应按温度的变化对密度进行修正。燃油密度的温度修正公式如下：

国内：$\rho_t = \rho_{20} - \gamma(t-20)$

国外：$\rho_t = \rho_{15} - \gamma(t-15)$

式中，ρ_t为燃油在温度t℃时的密度，g/cm^3；γ为燃油密度温度修正系数，g/(cm^3·℃)。

不同密度燃油的温度修正系数如表2.6-1所示

表2.6-1　不同密度燃油的温度修正系数

15 ℃时的燃油密度 ρ_{15}	燃油的温度修正系数 γ	15 ℃时的燃油密度 ρ_{15}	燃油的温度修正系数 γ
0.990～0.999	0.000 61	0.870～0.879	0.000 66
0.980～0.989	0.000 62	0.860～0.869	0.000 66
0.970～0.979	0.000 62	0.850～0.859	0.000 66
0.960～0.969	0.000 62	0.840～0.849	0.000 67
0.950～0.959	0.000 62	0.830～0.839	0.000 68
0.940～0.949	0.000 62	0.820～0.829	0.000 69
0.930～0.939	0.000 62	0.810～0.819	0.000 70
0.920～0.929	0.000 62	0.800～0.809	0.000 72
0.910～0.919	0.000 63	0.790～0.799	0.000 73
0.900～0.909	0.000 64	0.780～0.789	0.000 74
0.890～0.899	0.000 65	0.770～0.779	0.000 75
0.880～0.889	0.000 65	0.760～0.769	0.000 76

如某船某次在国外加装了500 m^{3}的燃油，密度为0.945，加油时温度为60 ℃，如果不进行修正，得到的燃油量为

$$500 \times 0.945 = 472.5 \text{吨。}$$

如进行修正，60 ℃时的燃油密度为

$$\rho_{60} = \rho_{15} - \gamma(t-15) = 0.945 - 0.00062 \times (60-15) = 0.917$$

燃油量为 $500 \times 0.917 = 458.5$ 吨

其中差值为 14 吨。

4. 加油量的计算

燃油的加油量一般都是对油舱进行测量后,对照舱容表计算的。除加装燃油时需测量油舱外,每航次开始和结束都要实测油舱燃油存量,并予以记录。测量时要注意船舶前后吃水差。

由于船舶燃油舱柜的自由面积比较大,各部分的液体测深 S(自由液面到舱底的深度)随船舶的不同方向的倾斜而不同,在查取舱容表前应对测深值进行修正。一般船舶舱容表含有两方面的修正关系,即船舶前后吃水差(Trim)修正值 T 和船舶左右偏斜(Heel)修正值 H。就是说在测量出燃油舱的测深 S 后,应首先确定 T 和 H。S 由下式进行修正

$$S' = S + (T + H)$$

式中,T 为船舶前后吃水差代数值;H 为船舶左右偏斜代数值。

经过上式修正后的"S"值,可通过船舶舱容表查得该油舱燃油体积值,再通过修正燃油测量温度下的密度,就可计算出燃油的质量(吨)。如果燃油的体积值是通过流量计读出的,可对燃油在测量温度下进行密度修正,就可计算出燃油的质量(吨)。

三、燃油的驳运和净化

本单元主要由燃油沉淀柜、燃油日用柜、分油机及燃油加热器组成,其相互关系如图 2.6-2 所示。来自于沉淀柜的燃油在经分油机净化后注入日用柜,日用柜在被注满后,可溢流回沉淀柜。本单元的主要功能是去除燃油中的杂质和水分,满足柴油机的用油要求。其净化方法包括:加热/沉淀/放残、离心分离和滤清等净化处理措施。

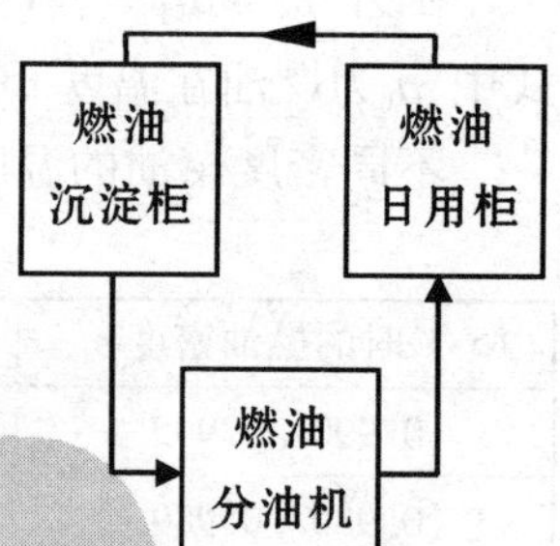

图 2.6-2 燃油净化单元

(1)燃油沉淀柜

重质燃油经驳运泵被驳入燃油沉淀柜后,在其中通过加热/沉淀/放残进行净化。船舶一般设重油沉淀柜 1~2。早期的船舶一般设两个燃油沉淀柜,相互交替使用,每个沉淀柜的容积能满足船舶一天的燃油消耗,因此,要求燃油在沉淀柜中至少沉淀 16 h 以上。为提高净化效果,在沉淀柜中设有加热盘管,一般重油的加热温度为 50~60 ℃,并可酌情加入泥渣分散剂和疏水剂,以使油中悬浮杂质易于沉淀。在沉淀柜下部设有放残阀,应定期放出沉积在底部的杂质,放残间隔一般为 2~4 小时。为了适应现代船舶的需要,现代的船舶一般仅设一个沉淀柜,由一个燃油驳运泵自动地补充其中的燃油消耗。另外,沉淀柜一般还装有温度传感器(高低温)、液位传感器(高低位),可提供高温、低温、高位、低位、溢流等报警信号。

(2)分油机

重质燃油从沉淀柜经分油机净化后注入日用柜。离心分油机是燃油净化处理的核心环节。船舶根据燃油的日消耗量和分油机的排量配置分油机数量,一般至少配备两台。

(3)燃油日用柜

重质燃油(FO)经分油机净化后注入日用柜,在其中通过加热/沉淀/放残进行进一步净化。日用柜的功能与沉淀柜的基本相同。只不过其预热温度一般为 70~80 ℃,且沉淀柜注满后一般溢流到专用的溢流柜,而日用柜一般溢流到沉淀柜中。船舶上一般仅有一个轻油

(DO)日用柜,图 2.6-3 是目前大多数船舶使用的重质燃油净化系统,现以此为例说明本单元各组成部分的功能。

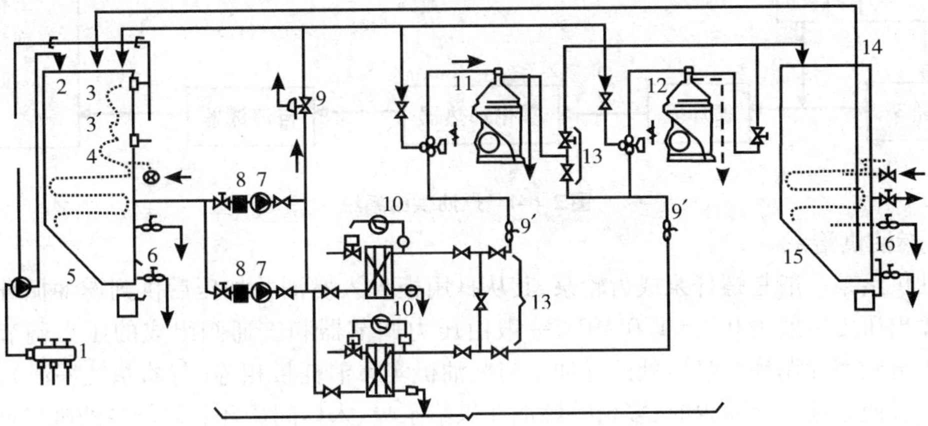

图 2.6-3　重质燃油净化系统

1—调驳阀箱;2—沉淀油柜燃油进口;3—高位报警;3′—低位报警;4—温度传感器;5—沉淀油柜;6、16—水位传感器;7—供油泵;8—滤器;9—气动恒压阀;9′—流量调节器;10—温度控制器;11、12—分油机;13—连接管;14—日用柜溢油管;15—日用油柜

从图可以看出,通过调驳阀箱 1,燃油从油舱被驳运泵泵入沉淀油柜 5,驳运泵的起、停分别由液位传感器 3 与 3′控制,当沉淀柜中的液位降到 3′对应的高度时,系统起动驳运泵,开始泵入燃油,沉淀柜中的液位开始上升,当液位上升到 3 对应的高度时,系统停止驳运泵的工作,每次补油量为沉淀柜在液位传感器 3 与 3′之间对应的油量。自动调节蒸汽流量的加温系统加速油的沉淀分离并且可使沉淀油柜提供给供油泵 7 的油温变化幅度很小。供油泵后设气动恒压阀 9 和流量控制阀 9′,以确保平稳地向分油机输送燃油,有利于提高净化质量。燃油进入分油机前,通过分油机加热器加温,加热温度由温度控制器 10 控制,使进入分油机的燃油温度尽量保持恒定。系统设有两台分油机、两台供油泵和两台加热器,相互之间互为备用,提高了系统的可靠性。分油机能分别按并联和串联工作,提高了系统的适应性。分油机的净油注入到日用油柜 15,日用油柜设溢流管 14,溢流管出口被引入到燃油沉淀柜。在船舶正常航行的情况下,分油机的分油量将比消耗量大,溢流管吸入口从日用柜的上部延伸到日用油柜低部,可使日用油柜低部温度较低、杂质和水含量较多的燃油引回沉淀柜,既实现循环分离提高分离效果,又使分油机起停次数减少,延长分油机使用寿命。沉淀柜和日用柜分别设有水位传感器 6、16,以提醒及时放残。

四、燃油的供给

1. 燃油供给系统

燃油供给系统主要由燃油供给泵、燃油循环泵、燃油混合桶、雾化加热器(包括黏度控制器或温度控制器)和燃油自清滤器等组成,其相互关系如图 2.6-4 所示。

供给泵将燃油从日用柜泵出并加压后供给到循环泵的进口,循环泵使来自供给泵和混合桶的燃油,经过雾化加热器和自清滤器,在主机和混合桶之间循环。供给泵的输出量等于主机的消耗量(忽略系统漏泄)。本系统的主要功能是提供符合柴油机燃油喷射系统要求并具有一定压力和黏度的燃油。燃油供给系统的各部件的功能如下:

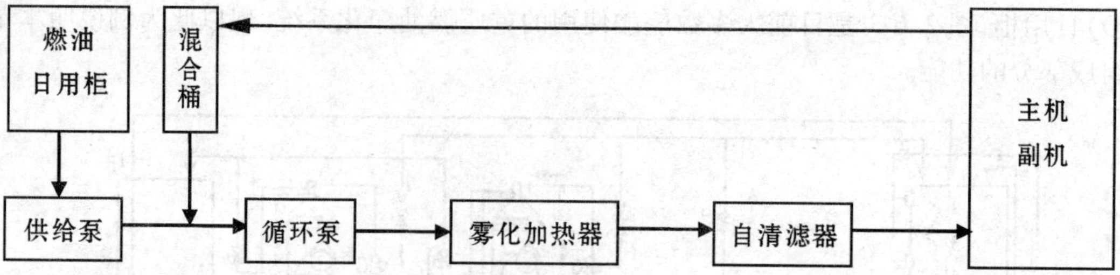

图 2.6-4　燃油供给系统

(1)燃油供给泵

燃油供给泵一般是螺杆泵或齿轮泵,其从日用柜吸入燃油并加压后供到燃油循环泵的吸口。其输出压力一般为0.6~1.0 MPa,一般由压力调节器和三通阀组成的压力调节系统控制。它供给到燃油循环泵吸口处的燃油量与柴油机实际消耗量相等(忽略系统漏泄),当柴油机负荷降低使燃油消耗减少时,多余的燃油在供给泵吸、入口间循环。供给泵的吸口通过一个三通阀与重油和轻油日用柜相连。早期的柴油机一般在机动航行期间,主机应燃用轻油,定速航行后,主机燃用重油,通过三通阀实现重油与轻油间的转换;现代的柴油机已实现在全工况范围内全部燃用重油,仅有当船舶进厂大修时才换用轻油。供给泵一般设有两台,互为备用。

(2)燃油混合桶

柴油机的回油在进入混合桶后又供给到燃油循环泵的吸口,使由燃油供给泵泵出的燃油在主机和混合桶间形成了一个封闭的循环,适应了柴油机的不同工况及停车情况的燃油供应需求。混合桶还有排除燃油在循环及泵送过程中析出的气体,确保燃油平稳和连续的供应给柴油机。在轻、重油转换期间,混合桶能使两种油更充分混合,避免燃油黏度突变,可防止油温突变。

(3)燃油循环泵

燃油循环泵一般是螺杆泵或齿轮泵,其吸口与燃油供给泵和燃油混合桶相连,其能确保主机燃油的供给压力,防止燃油气化,并实现燃油在主机与混合桶之间的循环。燃油循环泵一般设两台,互为备用。

(4)燃油雾化加热器

重油使用前的预热处理是保证柴油机正常运转的重要措施,通常采用分段预热的办法。按有关规定应采用饱和蒸汽作加热源。预热蒸汽压力不应超过0.8 MPa(相当于饱和蒸汽温度175 ℃),以防重油中的焦炭析出沉淀在加热器中。

雾化加热器是一个重要的预热设备。根据良好雾化的要求,重油进入喷油泵时其黏度应降低到12~25 mm^2/s 范围内。在根据此雾化黏度确定雾化加热器的预热温度时,还应再提高10~15 ℃,以抵偿喷油压力及散热对黏度的影响。为避免加热后迅速积垢,预热温度不得超过150 ℃。通常,雾化加热器确保的是供给柴油机燃油的黏度满足获得良好雾化的需要。比较普遍的是直接的黏度控制,即在出口装设燃油黏度发讯器去测量燃油黏度的变化,并通过某种调节机构(如气动薄膜调节阀)调节蒸汽阀的开度,保证燃油黏度与设定的雾化黏度相符;现代的一些船舶也有采用温度控制,即在出口装设温度传感器,去测量燃油输出温度的变化,确保燃油的供给温度满足设定要求。燃油的供给温度值一般通过对加装燃油的取样化验,由专业的燃油实验室通过化验给出。

(5)燃油自清反冲洗滤器

燃油自清反冲洗滤器是确保满足要求的燃油供应给主机的最后一道屏障，它能过滤出被在燃油净化单元漏掉的固体杂质，确保燃油喷射系统各偶件不受到过渡的磨损。现在的燃油自清反冲洗滤器一般采用燃油自身反冲洗，反冲洗后的燃油一般回流到燃油溢流柜（也有反冲到油舱的），再由燃油驳运泵重新泵送到沉淀柜再次净化。在老式的燃油供给单元中经常采用压缩空气实现反冲洗。反冲洗控制一般采用压差和定时两种方式。燃油供给系统安装有压力、温度等传感器，再与各自的调节机构相配合，实现稳定、可靠的燃油供给。图 2.6-5 是现代船舶普遍采用的燃油供给系统，下面就以此系统简述其工作过程和功能实现。

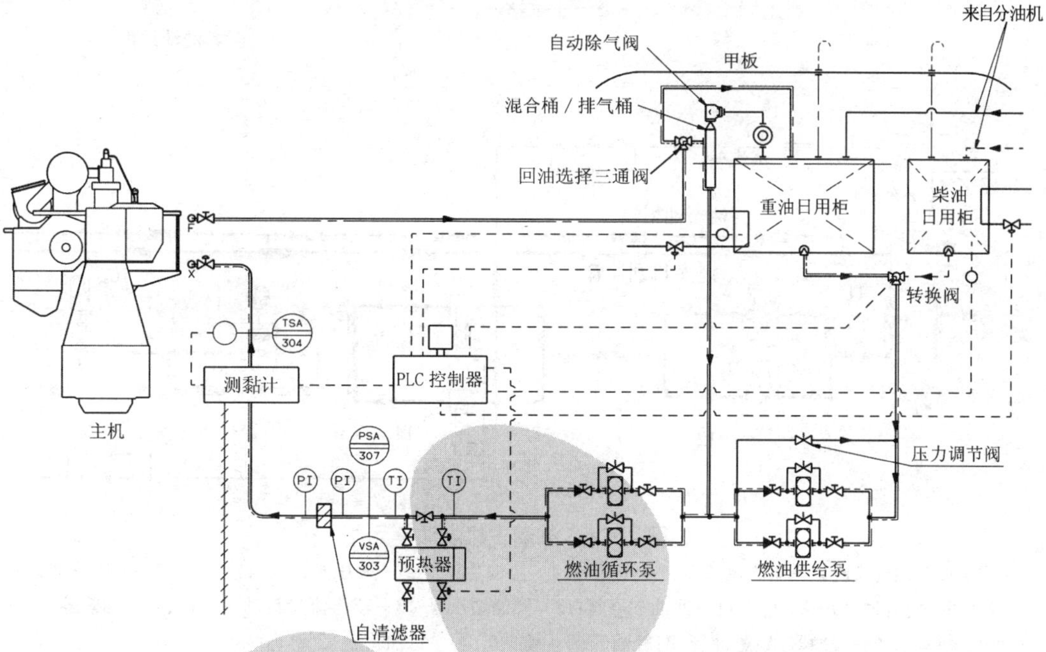

图 2.6-5　加压式燃油供给系统

如图 2.6-5 所示，净化后的燃油经过轻重油转换三通阀供给到燃油供给泵的进口，经过燃油供给泵的加压作用，压力可达 0.8 ~ 1.0 MPa，其供给压力可通过压力调节阀调整。燃油循环泵的输出在经过燃油雾化加热器和燃油自清滤器后供给主机，主机的回油通过回油选择三通阀，可返回到混合桶或重油日用柜，一般在正常情况下，燃油返回到混合桶，在出现主机故障导致突然停车情况下，可通过转换此阀使主机回油到重油日用柜，避免故障停车后造成的重油堵塞燃油管系的情况发生。由于高黏度劣质燃油的使用，燃油供给的预热温度大大提高。供应到主要高压油泵处的燃油压力一般为 0.8 MPa（循环泵出口压力为 1.0 MPa），循环油路（回路）中压力为 0.4 MPa，防止燃油系统在高预热温度（150 ℃）时发生汽化和空泡现象。

2. 燃油单元

现代造船都将燃油供给系统中的主要设备集成为一个模块，称之为燃油单元。燃油单元包括从轻重油转换阀到主机的燃油系统设备。燃油单元一般由某一厂家成套提供并整体安装，采用燃油单元可节约工时，节省空间，但也会由于结构过于紧凑而使得管理人员的检修变得不太方便。图 2.6-6 为某船主机的燃油单元。

从轻油日用柜或重油日用柜来的燃油，经燃油单元加压加热后，通过进机细滤器，进入主机高压油泵的吸入管，主机燃用不了的燃油可以返回燃油单元或直接回到轻重油日用柜。正常情况下，主机不论运转或停车，系统中只有重油，只在主机大修或长时间停航时才换用轻油，

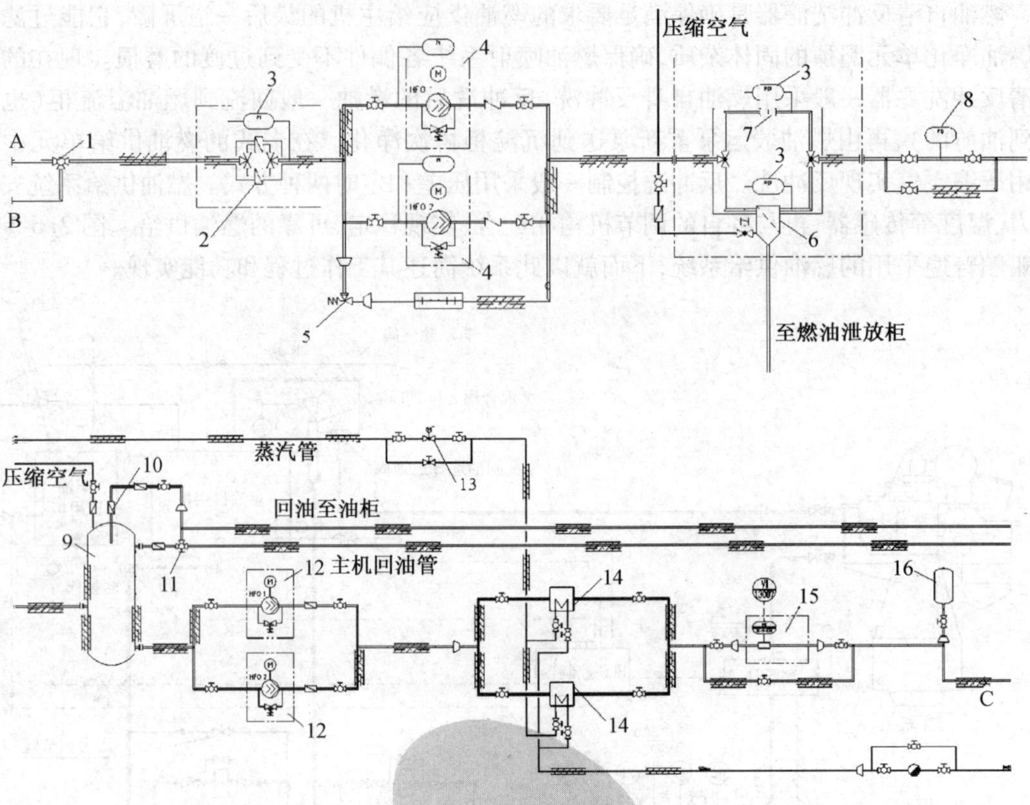

图 2.6-6　某船主机燃油单元

1—轻重油三通转换阀;2—双联粗滤器;3—压差计;4—燃油供给泵;5—调压阀;6—自清滤器;7—旁通滤器;8—流量计;9—混合桶;10—除气阀;11—回油三通阀;12—燃油增压泵;13—蒸汽流量自动调节阀;14—加热器;15—黏度测量单元;16—缓冲器;A:重油管;B:轻油管;C:燃油单元至主机油管

轻油在燃油单元中不需加热。轻油或重油经三通转换阀,首先通过供给泵进口粗滤器。粗滤器为双联滤器,一般单个工作,互为备用,滤器自带压差计。当压差计表盘翻红时,表示滤器脏堵,需要转换,清洗脏堵的滤器。燃油通过粗滤器后,由燃油供给泵吸入加压。供给泵为两台螺杆泵,互为备用,当运行的供给泵出现故障,燃油单元控制箱自动转换备用泵。供给泵工作压力为 0.4 MPa。

该燃油单元由轻重油三通转换阀、供给泵进口粗滤器、燃油供给泵、燃油自清滤器、燃油流量计、混合桶、燃油循环泵、加热器、测黏计、缓冲器,以及控制箱构成。经供给泵加压的燃油进入燃油自清滤器。自清滤器能够定期或脏堵时,用压缩空气自动反向冲洗滤器,无需人工拆洗。当自清滤器功能失灵时,可以转换到其自带的旁通滤器。自清滤器也带有压差计。从自清滤器出来的燃油进入流量计。流量计可以准确的测量主机燃用燃油数量。流量计有旁通管路,出现故障燃油可以旁通。

流量计后连着混合桶。从混合桶出来的油再经过循环泵加压、加热器加热进入主机,部分燃油从主机返回混合桶打循环。混合桶顶部带有除气阀,可以放出燃油中混入的空气。此外,混油桶还有一个很重要的作用,当主机进行轻重油转换时,两种油在混合桶中混合,可以避免油温突变。循环泵将燃油进一步加压到 1.0 MPa,送入加热器。加压后的重油,进入加热器可以加热到较高的温度而不会汽化,同时满足主机高压油泵的进油压力要求。循环泵同样为两台螺杆泵,互为备用。

加热器为两个立式加热桶,采用蒸汽加热重油,可以单独使用,也可并联使用。蒸汽加热进汽管安装自动控制阀,可以控制进入加热器的蒸汽量,从而自动调整燃油加热温度。重油进入主机前,需加热使其黏度降为10~15cSt,才能满足良好雾化的要求。主机燃用180号重油,通常要加热到120 ℃左右。不论那种重油,加热温度不能超过150 ℃;否则燃油会在加热器表面结焦。

重油加热后,进入测黏计及其并联管路。测黏计测量燃油黏度,将黏度信号送入燃油单元的控制箱,控制箱依程序自动控制加热器蒸汽加热阀开度,增加或降低燃油温度,从而控制燃油进机黏度在要求的范围内。燃油最后经过缓冲器的缓冲后,流出燃油单元。缓冲器的作用是通过容器内部形成的气垫保持燃油压力的稳定。燃油从燃油单元出来,流经双联进机细滤器,进入主机高压油泵入口。进机细滤器有两个,互为备用,对进机燃油进行最后的过滤。

五、燃油系统的管理

1. 燃油加热温度的选择

对燃油(尤其是重油)进行加热是一项十分重要的工作。海船上大多用蒸汽加热,为确保安全规定使用饱和蒸汽。加热温度随使用黏度要求而异,一般采用分段加热法。燃油舱中加热是为了便于驳运,因此应确保油管出口附近燃油不发生凝固为原则,将油舱加热至15~20 ℃,出口附近为35~40 ℃即可。在沉淀柜中,要加热到50~70 ℃(要比闪点低一定温度)以提高沉淀效果。为了提高分离效果,分油温度不能太低,也不能太高,对于重油,最高温度不准超过98 ℃。在日用油柜中,重油温度应保持在70-80 ℃。为使喷入气缸中的燃油有合适的温度以确保燃烧完善,对喷油泵前的燃油加热十分重要。对中低速柴油机而言,雾化加热器的加热温度应使重油黏度降至12~25 mm^2/s。考虑到压力增高会使黏度增大,以及经管路到喷油器有温度降,加热温度应再提高10~15 ℃,一般加热到100~150 ℃。以上各处的加热温度可以通过蒸汽量来调节。

2. 确保燃油清洁

主要是在营运中认真掌握好沉淀、分离、过滤等净化环节。定期对沉淀柜和日用油柜进行排污放水,保证油柜清洁,定期清洗燃油滤器。特别是风浪天,要增加放残和燃油滤器的清洗次数。可根据燃油流经滤器前后的压力差来判断滤器的工作情况:若压差增大超过正常值,表明滤器已变脏堵塞,需立即清洗;若无压差或压力差变小,则表明滤网破损或滤芯装配不对,需立即拆卸检查。

3. 系统放气

燃油系统中容易积气,气往往聚集在系统的高处。系统有气后供油压力波动,甚至无法供油而停车。油柜上都有透气管,燃油供给系统又是封闭系统,在正常运转中一般不会有空气进入燃油供给系统。系统中的气大部分是清洗滤器时和维修管路时进入,也可能在停机过程中,由喷油泵偶件间隙进入。因此,清洗完滤器和管路后应注意充油驱气。

4. 换油时的正确操作

当船舶需要较长时间的停泊或燃油管系中某些设备需要拆卸时,应在柴油机停车前改用轻柴油,以便把管系和设备中的重油冲净。此外,当柴油机处于机动操纵状态时,为使柴油机具有机动性能(特别是起动性能),最好也使用轻柴油,而船舶正常航行后应使用重油,以提高经济性。这种在柴油机运行中进行的轻、重油转换操作称为换油。换油操作的基本原则是防止油温突变,以避免喷油泵柱塞卡紧或咬死。由重油换为轻油时:首先关闭燃油雾化加热器的加热阀,关掉黏度计,随后切断燃料油,同时接通柴油。在集油柜中使原来的燃料油和新注入的柴油逐步混合稀释。由于稀释黏度比油温下降得快,所以不需再加温。最后燃油管道、低压燃油输送泵、燃油雾化加热器、回油管充满柴油,以供下次起动。由轻油换为重油时:首先,必须将燃料油日用柜加热至使用状态,同时略为开启燃油雾化加热器使柴油温度上升至40 ℃以上,随后再切断柴油,接通燃料油。要在消耗完系统内柴油的时间内将燃油温度加热至燃料油雾化要求的温度。

近年来推出的船舶中、低速柴油机在燃油系统中都采用了能够使燃油经过喷油泵、喷油器循环流动的设计。在正常使用时,厂家要求使用重油这一单一燃料,除非柴油机预计停车较长时间;否则不必换用轻油。

第二节 滑油系统

一、润滑系统的组成、主要设备和作用

柴油机的滑油循环系统通常由气缸油润滑、曲轴箱强制润滑和曲轴箱油分油净化等系统组成。柴油机润滑系统的作用是保证供给柴油机动力装置各运动部件的润滑和冷却所需的润滑油。

1.柴油机中润滑有以下作用

(1)减磨作用。在相互运动表面保持一层油膜以减小摩擦。这是润滑的主要作用。

(2)冷却作用。带走两运动表面因摩擦而产生的热量以及外界传来的热量,保证工作表面的适当温度。

(3)清洁作用。冲洗运动表面的污物和金属磨粒以保持工作表面清洁。

(4)密封作用。产生的油膜同时可起到密封作用。如活塞与缸套间的油膜除起到润滑作用外,还有助于密封燃烧室空间。

(5)防腐作用。形成的油膜覆盖在金属表面使空气不能与金属表面接触,防止金属锈蚀。

(6)减轻噪音作用。形成的油膜可起到缓冲作用,避免两表面直接接触,减轻振动与噪音。

(7)传递动力作用。如推力轴承中推力环与推力块之间的动力油压。

2.曲轴箱强制润滑和曲轴箱油分油净化系统的主要设备

(1)滑油泵

滑油泵常设有两台,其中一台备用。为保证滑油压力稳定和流动均匀,常采用螺杆式油泵。在泵的吸入端管上一般装有真空表,真空度不超过33.3 kPa(250 mmHg)。泵的排出管上装有安全阀和调节压力、流量的旁通阀。

(2)滤器

滑油泵的进口端和出口端分别设有粗、细滤器,滤器一般为双联式。装在进口端的一般为粗滤器(有时还用磁性粗滤器),装在泵出口端的为细滤器,其前后装有压力表。

(3)滑油冷却器

滑油冷却器通常采用管壳式或板式热交换器。

(4)滑油分油机

滑油分油机一般采用离心分离,它是曲轴箱油分油净化系统最重要的设备。

3. 曲轴箱油系统的型式

曲轴箱油强制润滑系统组成形式依柴油机结构不同分为湿油底壳式和干油底壳式滑油系统。

(1)湿油底壳式滑油系统滑油存放在柴油机油底壳中,柴油机正常运转时,由其所带的滑油泵抽吸油底壳滑油,经滑油冷却器送至各润滑部位,润滑后流回油底壳,构成独立的润滑系统。此种滑油系统的特点是结构简单,柴油机带滑油泵,管路依附于机体上,油底壳存油量少。但该系统的缺点是油底壳中的滑油将经常受到燃烧室泄漏的高温燃气的污染,容易变质,故滑油的使用寿命短。这种系统经常用于小型柴油机动力装置。

图 2.6-7 为湿油底壳式滑油系统副机滑油储存于油底壳内。柴油机备机时,电动预润滑泵 02 运转,维持滑油在系统中循环。当柴油机起动后,机带滑油泵 01 工作,作为压力润滑的动力源,此时预润滑泵自动停止。油泵排出的滑油首先进入滑油冷却器 03,然后进入自清滤器 05。自清滤器反冲出的油渣进入离心滤器 06 被进一步分离净化。离心滤器采用油泵的排油作为动力,靠离心力的作用将油渣分离并储存于滤器内部,洁净的滑油则排至油底壳循环使用。自清滤器后的滑油则分别供到柴油机的主油道、传动齿轮机构和增压器 08 等处,完成润滑任务的滑油则回流至油底壳循环。

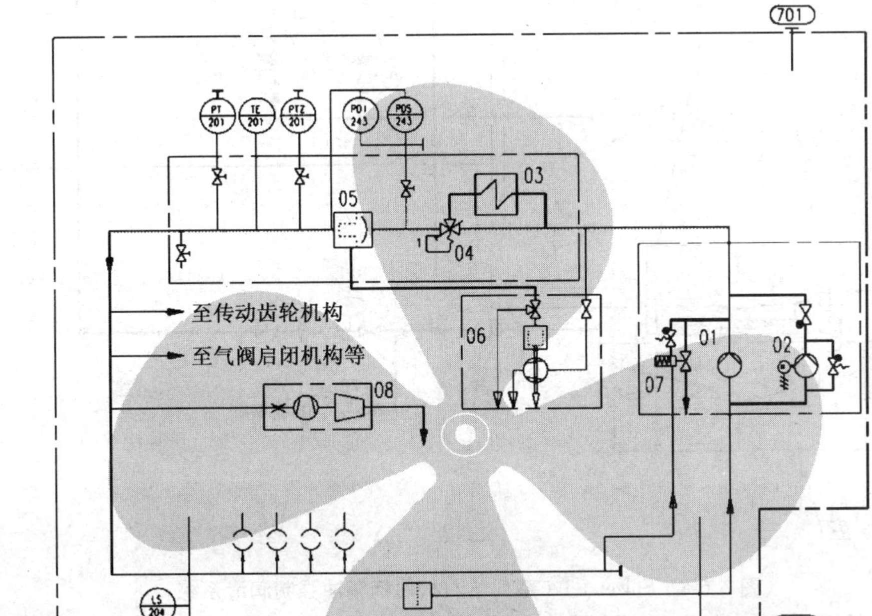

图 2.6-7　湿油底壳式滑油系统

01—滑油泵;02—预润滑泵;03—滑油冷却器;04—恒温阀;05—自清滤器;06—离心滤器;07—调压阀;08—增压器;213—滑油进口(自分油机或储藏柜);214—滑油出口(至分油机或泄放舱);215—加油口;701—透气口

(2)干油底壳式滑油系统滑油存放于单独设置的滑油循环舱(柜)中。有以下两种形式:①单泵系统。滑油循环舱(柜)设置于柴油机油底壳之下,滑油泵自其内吸油,经滑油冷却器冷却后送至各润滑部件,润滑后借助重力流回柴油机底部,最后流回滑油循环舱(柜)中。②双泵系统。该系统有两台滑油泵,其一台具有单泵系统中的吸油和泵送功能;另一台则专门用于抽吸柴油机油底壳中的滑油,将油泵至循环舱(柜)中。该系统的循环舱(柜)与管路布置不受柴油机位置限制,滑油不存于油底壳中,改善了滑油工作条件,延长了使用寿命,但需增加一台滑油泵。

在柴油机滑油系统中以单泵干底壳式滑油系统居多,其特点是储油量大,滑油沉淀与净化处理方便,冷却充分和滑油使用寿命长。但其所占位置较大,管路较为复杂。此种系统适用于大、中型柴油机。图 2.6-8 所示即为 Sulzer RTA 型低速机润滑系统。这是一种典型的干式润滑系统。主滑油泵 04 自循环油柜吸油,经滑油冷却器 05 冷却,滑油冷却器是由温度自动调节阀 06 控制的,其中一部分滑油在冷却器内流过,而另一部分滑油旁通,以保证进机的滑油温

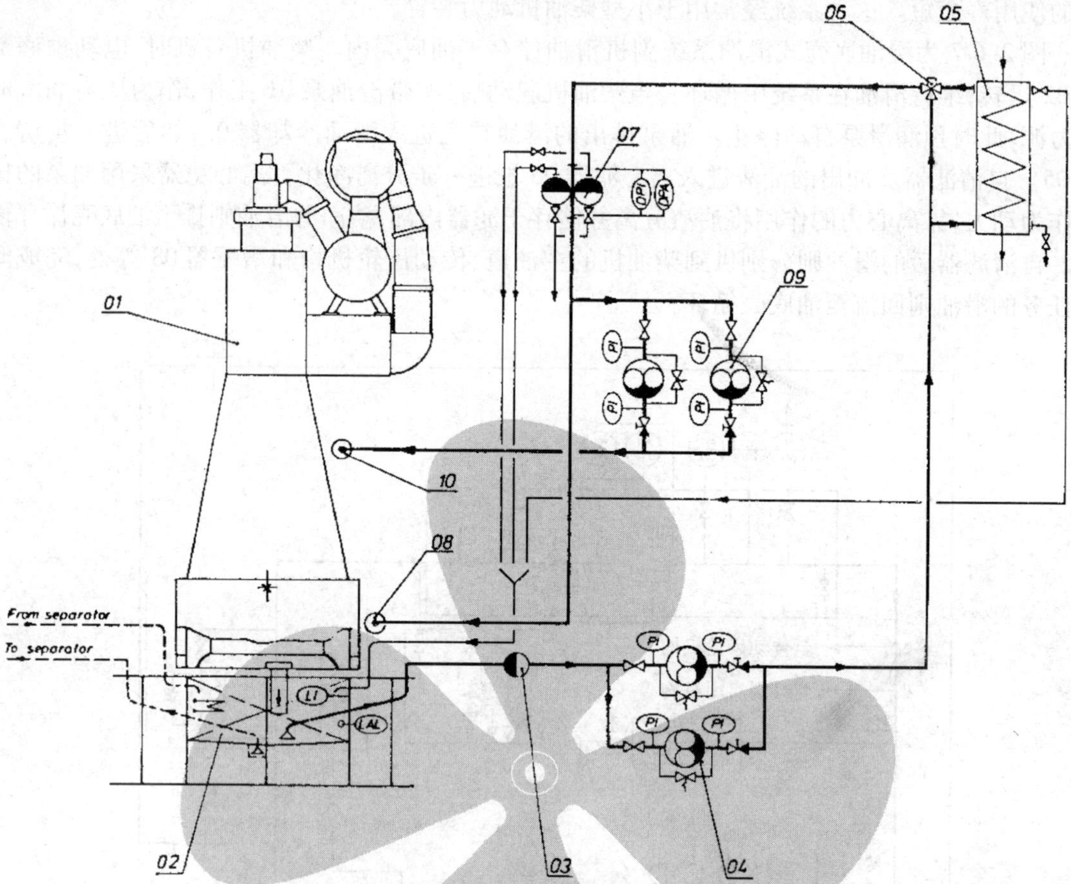

图 2.6-8 Sulzer RTA 系列柴油机曲柄箱油强制润滑系统

01—主机;02—循环油柜;03—滤器;04—滑油泵;05—滑油冷却器;06—温度自动调节阀;07—滑油滤器;08—轴承润滑油进口;09—十字头滑油泵;10—十字头滑油和排气阀驱动装置滑油进口

度,然后经过滑油滤器,滑油滤器 07 可以是普通的双联滤器,也可以是自动反冲滤器。滑油经过滤后分两路输出:一路经十字头滑油泵 09 将压力提高到 1.1 MPa 通过十字头滑油进口 10 送入十字头;另一路滑油压力为 0.4 MPa 送至主轴承和推力轴承等处。各轴承润滑回油经油底壳流入滑油循环油柜。

滑油滤器应尽可能靠近主机,如果采用双联滤器,每个滤器在给定的工作温度下都应当有足够的流通能力,工作时滤器的最大压降不要超过 20 kPa。如果采用反冲滤器,必须考虑到反冲工作时对过滤的影响,保证个别滤器反冲清洁时进出口压差不要太大,并保证足够的流通能力。

由于滑油细滤器极易脏堵，从而使柴油机不能正常运行。为了避免对滤器频繁的人工清洗，甚至停车清洗，目前船舶上普遍采用自动清洗滤器，不仅可以节省人力和减少滑油的消耗，而且保证了船舶的航行安全。

图 2.6-9 是一种较常用的压缩空气自动反冲滤器，是一种可用于过滤滑油和燃油的自动滤器，有多个过滤腔室，其中有一个为备用腔室，每个腔室内有多个滤芯元件。中间为一个由伺服电机带动的转轴阀。此外，还配有专用的压差显示器和压缩空气（0.4 ~ 1.0 MPa）反冲系统。过滤过程如图 2.6-9（a）所示，待过滤的介质由进口经转轴阀，流入滤器进口腔室，进入滤芯部件。当介质通过滤芯后，介质中的杂质就留在了滤芯的滤网上。清洁的介质就流出滤器。来自空气瓶的压缩空气通过电磁阀使杂质泄放阀关闭，同时准备下一次的自清循环。随着过滤过程的进行，在滤芯上滤出杂质的增加使得进出口的压差不断增大。这会在压差显示器上显示出来，当压差达到设定的值时，将自动运行反冲洗程序。

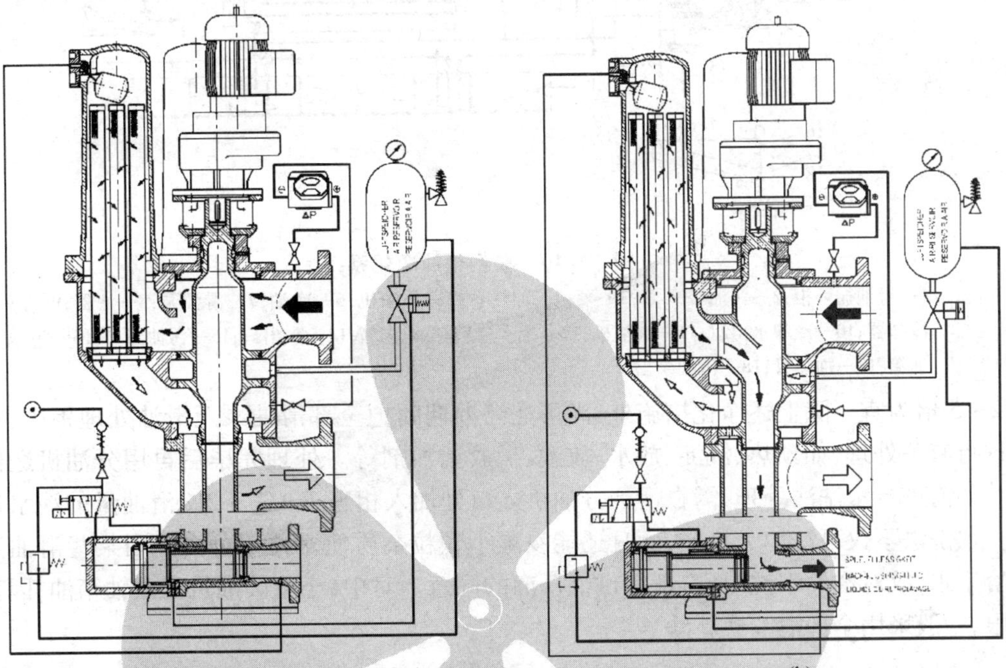

(a)　　　　(b)

图 2.6-9　滑油自动反冲洗滤器

反冲洗过程如图 2.6-9（b）所示，当反冲洗程序启动的时候，在电气接触器的控制下，伺服电机带动转轴阀至反冲洗位置，介质不再进入反冲洗腔室，而是通过转轴阀进入备用的腔室，来自空气瓶的压缩空气经转轴阀反向进入滤芯，在空气压力的作用下，将附着在过滤元件上的杂质冲下，同时，通过电磁阀打开泄放阀，将冲洗出的污物通过开启的泄放阀排出。

自清过程的空气冲洗只持续很短的时间，就会通过电磁阀关闭泄放阀。同时也通过控制系统切断反冲空气，停止对滤器的冲洗。然后将清洁过的过滤腔室重新充满洁净的介质，并达到正常的工作压力。此时电控的延迟被取消，准备下一次的自清运转。自清滤器还备有旁通滤器，可以在自清滤器工作不正常时投入使用。

4. 曲轴箱油净化系统

曲轴箱油净化系统在柴油机运转中可连续对滑油循环柜中的曲轴箱油进行分离净化处理，去除曲轴箱油使用中混入的各种杂质和氧化沉淀物。图 2.6-10 系某大型柴油机曲轴箱油的净化系统。滑油分油机经污油吸入管2从滑油循环柜中吸入曲轴箱油，经加热器预热后送至分油机进行净化处理，被净化的净油重新返回循环柜。滑油中分离出的水分和污渣分别由14和15排出，污渣可由污油泵排出。其净化速率能保证在一天内净化油量为循环柜储油量

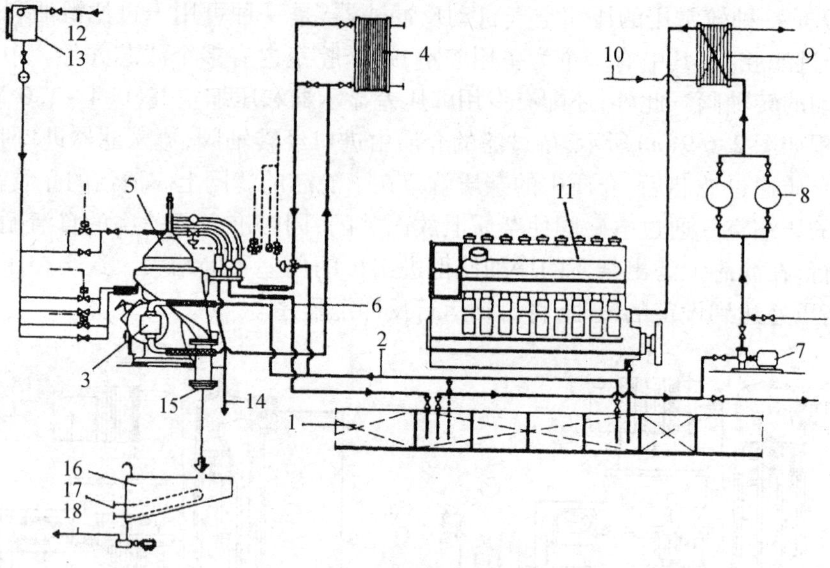

图2.6-10　曲柄箱油净化系统

1—滑油循环柜；2—污油吸入管；3—泵；4—加热器；5—分油机；6—净油；7—滑油泵；8—滤器；9—冷却器；10—冷却水出口；11—柴油机；12—冷水；13—工作水箱；14—水出口；15—污油出口；16—污油箱；17—加热管；18—污油泵出口

的2～5倍为宜。除上述净化措施外，尚可在停港期间把全部滑油泵至滑油处理柜中，再视情况进行有关处理，如预热、沉淀、放水、放残、投放添加剂等。处理完毕后再用分油机送回循环柜。如需进行水洗法处理，需在滑油分油机入口处加入相当于1%～2%滑油量的淡水进行水洗。水洗法不仅可洗掉无机酸，而且还能浸湿小颗粒杂质使之便于分离。因某些滑油添加剂也溶于水，故对滑油水洗时，应征得供油厂商的同意。对中、小型柴油机的曲轴箱油，因其油量有限，一般采用全部滑油换新法。

二、润滑系统的维护管理

1. 正确选用滑油

根据要求合理地选用润滑油，并把质量合格的润滑油输送到各需润滑的部件，保证其正常运转。

2. 确保滑油的工作压力

滑油的工作压力应按说明书规定进行调节。一般应保持在0.15～0.4 MPa。滑油的压力应高于海水和淡水压力，以防止冷却器泄漏时冷却液漏入滑油中。滑油的压力可由滑油泵的旁通阀来调节。滑油的压力过高时，滑油会向四处飞溅，接合面易漏油，在曲轴箱中容易受热氧化变质，也增加了滑油的消耗。滑油压力过低时，将会因轴承供油不足而使机件磨损增强，严重时，会发生重大机损事故和安全事故。

3. 确保滑油的工作温度

滑油温度过低，黏度增大，摩擦阻力损失增大，同时滑油泵耗功增加；滑油温度过高，黏度

降低,润滑性能变差,零部件磨损增大,同时滑油易氧化变质。

通常,滑油进口温度应保持40～55 ℃(中高速机取上限);最高温度不允许超过65 ℃(中高速机为70～90 ℃);进出口温差一般为10～15 ℃。滑油温度一般可通过调节滑油冷却器的旁通阀来实现,有手动调节和自动调节两种方式。现代船舶广泛采用自动调节方式,通过改变调节器的设定温度实现不同的滑油进口温度。

4. 保证正常的工作油位

经常检查循环柜油位,保证正常油位。油位过低,滑油温度将会升高,容易使滑油在曲轴箱中挥发。另外,在单位时间滑油的循环次数过多,油中杂质无法在循环油柜中充分沉淀,均加速滑油氧化变质,严重时将有断油危险。油位过高,将可能造成溢油危险。运转中油位突然降低,可能是油底壳或管系泄漏引起;油位突然升高,则可能是冷却系统中的水漏入所致。

5. 备车和停车时滑油系统的管理

①备车时应对滑油柜加温,使滑油温度预热到38 ℃左右,以便杂质分离和防止油泥沉淀在管壁上,并可减轻滑油泵的负荷。加热后即可开动滑油泵,使滑油在系统中循环,防止柴油机起动时干摩擦。

②停车后,应继续让系统运转20 min左右,使发动机各润滑表面继续得到冷却。

6. 定期检查和清洗滑油滤器和冷却器

检查滑油冷却器的冷却水管,防止其被海水腐蚀烂穿,清洗冷却器以提高其冷却效果。在日常巡回检查中应经常检查滑油滤器的进出口压差,以防影响柴油机的正常运转。清洗滤器时可采用清洗剂或煤油浸泡、软刷清除污垢和压缩空气吹净等,切勿损伤其零件。对于自动反冲洗滤器应按说明书要求拆装和用专用工具清洗。另外,在船舶靠离码头,由于船舶吃水较浅,会有过多的泥沙被海水泵吸入,易引起滑油冷却器的脏堵,因此如果操作时间较长,可适当停止海水泵的运转,以减少滑油冷却器赃堵现象的发生。

三、润滑和润滑油

1. 滑油的性能指标

润滑油的性能指标主要有黏度、黏度指数、闪点、凝点、残炭、灰分、酸值(总酸值与强酸值)、腐蚀性、抗氧化安定性、热氧化安定性、总碱值、抗乳化度、机械杂质和水分等十余种。这些指标均按国家规定的试验方法进行测定。它们基本上反映出滑油品质的优劣,在选择和使用滑油时有着重要作用。上述指标中有些与燃油性能指标相同,以下仅介绍滑油特有的一些指标。

(1)黏度和黏度指数(VI)

黏度是滑油最重要的指标。它在很大程度上决定着两个摩擦表面间楔形油膜的形成。长期以来,国外广泛使用按滑油的黏度进行分类的SAE分类法,把发动机用滑油按黏度分成10个等级,如表2.6-2所示。ISO(The International Standardization Organization)把滑油按40 ℃时的运动黏度cSt(mm^2/s)的数值分成18个等级:ISOVG(Viscosity Grade),如表2.6-3所示。

滑油的黏度随温度的升高而降低,这种性能称滑油的粘温特性。对于航行在不同季节和不同纬度的船舶,柴油机在冷车起动和正常运转时,滑油的工作温度不同,其黏度的大小也不相同,这对保证可靠的润滑影响极大。因而仅以测定温度下的黏度来判断滑油的品质还是不够的,还必须注意黏度随温度的变化规律。研究表明,不同滑油的粘温特性是不同的,如有的滑油温度每升高10 ℃,黏度能减小四分之三,有的滑油则减小不到一半。若滑油的黏度随温度变化程度小，它就能在比较大的温度范围内满足使用要求，这种滑油的粘温特性就好。

表 2.6-2　滑油的 SAE 分类法

SAE 黏度等级	最大黏度(MPa·s)(相应温度℃)	边界泵出温度(℃)	100 ℃时黏度(mm^2/s)	
			最　小	最　大
0W	3 250(-30)	-35	3.8	-
5W	3 500(-25)	-30	3.8	-
10W	3 500(-20)	-25	4.1	-
15W	3500(-15)	-20	5.6	-
20W	4 500(-10)	-15	5.6	-
25W	6 000(-5)	-10	9.3	-
20	-	-	5.6	小于 9.3
30	-	-	9.3	小于 12.5
40	-	-	12.5	小于 16.3
50	-	-	16.3	小于 21.9

表 2.6-3　ISO 黏度分类表

黏度等级	中点黏度(mm^2/s,40 ℃)	黏度限(mm^2/s,40 ℃)		黏度等级	中点黏度(mm^2/s,40 ℃)	黏度限(mm^2/s,40 ℃)	
		最小	最大			最小	最大
ISO-VG2	2.2	1.98	2.42	ISO-VG68	68	61.2	74.8
3	3.2	2.88	3.52	100	100	90.0	110
5	4.6	4.14	5.06	150	150	135	165
7	6.8	6.12	7.48	220	220	198	242
10	10	9.00	11.0	320	320	288	352
15	15	13.5	16.5	460	460	414	506
22	22	19.8	24.2	680	680	612	748
32	32	28.8	35.2	1 000	1 000	900	1 100
46	46	41.4	50.6	1 500	1 500	1 350	1 650

在国外，通常用黏度指数(VI)来说明滑油的粘温特性。它是通过与两种标准油相比较而得出的。

黏度指数的物理意义表明，黏度指数大者，则温度变化时其黏度变化小。一般，黏度指数在 80 以上者称高黏度指数，小于 35 者为低黏度指数，介于 35～80 之间者称中间黏度指数。最好的石蜡黏度指数可达 124，加入增粘剂(后述)后可高达 200 以上。

我国曾用黏度比来评定粘温特性。它是该滑油在 50 ℃和 100 ℃时的运动黏度的比值。黏度比小，表示它在规定温度范围内黏度变化小，质量好。如已知滑油的黏度比，可由曲线法求出相应的黏度指数。

(2)酸值和水溶性酸或碱

滑油中的酸可分为有机酸和无机酸两种。新鲜滑油中的有机酸来源有二：一是原存于石油中的精制时没有全部除去；二是有意识加入的呈酸性的抗氧、抗腐添加剂。使用中滑油的有机酸主要来自于自身氧化而产生的有机酸。有机酸含量少时，对金属无多大腐蚀作用，反而能增加滑油的油性以保持较好的边界润滑性能。当其含量较多时，它就会对一些轴承材料(有色金属及其合金,特别是铅)产生腐蚀作用。无机酸指硫酸,它对金属有强烈腐蚀作用,滑油中一般不允许有硫酸存在。新鲜滑油中可能含有的硫酸是在精制过程中经酸洗和中和后残留下来的;使用中的滑油由于含硫燃油的燃烧产物漏入曲轴箱而可能形成硫酸。

我国用“酸值”表示滑油中的有机酸含量,用“水溶性酸或碱”表示无机酸或强碱的有无。“酸值”用中和 1 g 滑油中的酸所需要的氢氧化钾毫克数来表示,单位为 mgKOH/g。“水溶性酸”指能溶于水的无机酸(强酸)及低分子有机酸,这种酸几乎对所有金属都有腐蚀作用;水溶性碱是在油品加工时的碱洗剩余物或储存中污染而生成的,它对铝有腐蚀作用。“水溶性酸或碱”只说明油品呈酸性或碱性,仅用于定性检查。

国外用总酸值 TAN(Total Acid Number)表示有机酸和无机酸的总和,用强酸值 SAN(Strong Acid Number)单独表示无机酸的含量。单位均为 mg KOH/g。

(3)抗乳化度

海水或淡水漏入滑油经搅拌后使滑油形成乳浊液并生成泡沫,这个过程叫乳化。乳浊液影响润滑性能,加速滑油变质,并在两相界面上吸附机械杂质,污损摩擦表面,加剧部件磨损。滑油的抗乳化度系指滑油在乳化后自动分层(油层和水层)所需的时间(以分计),即滑油的破乳化时间。破乳时间短,抗乳化度就好;反之则差。

(4)热氧化安定性和抗氧化安定性

这两个指标都用来衡量滑油在使用条件下抵抗空气氧化的能力。只是试验方法和应用对象不同。前者,属于薄油层在高温条件下氧化试验,用氧化形成漆膜所需时间(以分计)来表示。我国标准规定用“巴包克法”,系指在规定的高温 250 ℃条件下,空气自由流过薄油层试验油,测定试验油由氧化而生成 50% 的漆状物所需时间(min),用此时间来评定试验油的热氧化安定性。这种试验方法是模拟气缸壁上的油膜工作条件,适用于柴油机润滑油。抗氧化安定性属于较低温度条件下的厚油层氧化试验,用氧化后生成的沉淀物和酸值来表示。按我国规定系指在 125 ℃条件下,向试验油中通入一定流速的空气或纯氧 4 h 或 8 h,分别测定试验油氧化后生成的沉淀物(%)和酸值(mgKOH/g)。如氧化后沉淀物少、酸值小,则试验油的抗氧化安定性好。这种试验方法模拟液压系统中滑油的工作条件,故用于液压油和透平油等品种。

(5)腐蚀度

腐蚀度用来衡量高温条件下工作的滑油在与氧气充分接触时,对金属(铅)腐蚀的程度。它是柴油机润滑油的一个重要指标。现代柴油机中的铜、铅等合金轴承材料对腐蚀十分敏感,只要滑油中有少量酸就能严重腐蚀轴承。我国标准规定腐蚀度试验用“品克维奇法”,即把试验油加热到 140 ℃,用特制的一定面积的金属片以每分钟 15 ~ 16 次的速度交替地浸在油中和露置在空气中,经过 50 h 后,测定金属片减少的重量(g/m^2)。金属片减少重量越大,滑油的腐蚀性越强,品质越差。

(6)碱值

碱值 BN(Base Number)表示滑油碱性的高低。它的单位与酸值相同,也用 mgKOH/g 表示,但意义相反。碱值表示一克滑油中所含碱性物质相当于氢氧化钾的毫克数。天然矿物油本身无碱性,只有加入碱性添加剂后才呈现碱性。在使用过程中,由于添加剂的损耗,碱值会逐渐降低。

(7)浮游性

浮游性表示含添加剂滑油清洗零件表面胶质炭渣,使之分散为小颗粒而悬浮携带的能力。

通常是在专用试验机上在规定条件下进行一定时间的试验，然后根据活塞上的漆膜情况，按0至6七个级别进行评定。0级为活塞非常清洁，没有漆膜形成；6级为严重脏污，活塞完全为漆膜覆盖。

(8)抗泡沫性

抗泡沫性表示在规定试验仪器内以专用泡沫头并通入一定数量的空气测量试验油的起泡体积和消泡时间。滑油在运转时受激烈搅动，使空气混入油中形成泡沫。泡沫过多，除损失滑油外，还会使油泵和轴承引起空泡腐蚀，润滑效能降低，造成轴承烧毁。

2.滑油添加剂及作用

随着柴油机强化程度的提高和劣质燃油的使用，滑油的工作条件愈来愈差，直链纯矿物油不再能满足柴油机的工作需要。近几十年来随着化学工业的发展，多种添加剂被加入到纯矿物油(基础油)中，形成了一种由基础油和添加剂组成的新型油品。

所谓添加剂系指凡是能改善和提高石油产品的质量和给予新的性质，以满足使用及储存性能的要求而添加的少量物质。石油添加剂的种类很多，用途也很广泛。其主要作用是：①减少发动机部件上有害沉积物的形成和聚积。②中和酸性物质，减少其对设备的腐蚀。③防止设备及部件受到锈蚀。④减少设备及部件的摩擦和磨损，延长设备及部件的使用寿命。⑤使润滑剂的氧化和热分解延缓，延长其使用寿命。⑥改变润滑剂的物理性质，如：提高其黏度指数，改善粘温性；降低其倾点，改善低温使用性能；减少泡沫形成等。

目前常用的添加剂按其使用性能大体分为如下几类：

(1)清净分散剂(清净浮游添加剂)

防止高温时生成漆膜的添加剂称清净性添加剂；防止低温时生成油泥沉淀物的添加剂称分散剂。在我国统称为清净分散剂。它的作用有二：其一是洗涤作用，能够使沉积在部件上的炭烟颗粒和沥青树脂状物呈分散悬浮状态，降低积炭和油泥，保持部件清洁和防止系统堵塞。其二是中和酸性物质。这种添加剂为碱性，既可以控制油因氧化而形成的有机酸，又可中和进入曲轴箱的燃烧产物形成的无机酸，起到锈蚀抑制剂的作用。它是气缸油中的重要添加剂。

(2)油性剂、极压剂(抗磨剂)

油性剂、极压剂都能在边界润滑条件下起到减磨作用。但它们的作用机理不同。油性剂是带有极性基团的活性物质，它能定向地吸附在金属表面上形成不易破坏的边界吸附薄膜，以降低磨损，常用的油性剂有硫化鲸鱼油、硫化棉子油等；极压剂能在高温和高负荷下分解产生活性化合物，在金属表面生成低熔点化合物，形成反应薄膜，有减少摩擦、防止擦伤、降低磨损、加强油膜承载能力的作用。其主要组成为含氯、硫、磷的有机化合物，如硫氯化石蜡、磷酸酯等。

(3)黏度指数改进剂和增粘剂

这类添加剂可提高基础油的黏度，并改善其粘温特性，提高其黏度指数。加入这类添加剂的滑油称稠化机油。对于户外使用的柴油机(如救生艇用)冬季起动温度为 -30 ℃，正常运转后气缸温度可达200 ℃。稠化机油在低温时黏度增加不多，而在高温时变稠，以满足柴油机冬夏两季的不同需要。增粘剂不仅起到改进润滑剂的流体力学特性的作用，还用来改进润滑剂的吸附能力。其组成多为油溶性的链状高分子有机化合物，如聚甲基丙烯酸酯和聚异丁烯等。

(4)消泡剂

消泡剂可以降低泡沫的表面张力，抑制泡沫的发生并使形成的气泡破裂和消失，防止生成稳定的泡沫。如二甲基硅油等。

(5)降凝剂(降倾点剂)

降凝剂并不改变石蜡析出的温度,只改变石蜡结构。它吸附在油中石蜡结晶表面上,使之仅能生成微小结晶,防止形成结晶网,从而改变低温流动性,降低油品的凝点。常用的有长链烷基萘等。

(6)防锈添加剂和抗腐蚀剂

防锈剂的作用是依靠其自身具有的极性,吸附在金属和油的界面上形成保护层,防止水与金属接触生锈。抗腐蚀剂保护有色金属如轴承合金表面,使其不受油氧化和燃气产生的酸的腐蚀,并能中和这些酸。

3. 滑油的质量等级

润滑油的质量等级是根据滑油的性能特点和工作状态划分的。比较通用的是美国 SAE、ASTM 和 API 三方联合公布的一种质量分类方法,称为 API 分类法。这种分类方法按油品质量和适用机型特点对润滑油进行分级。目前,这种分类法已经得到国际上的承认和使用。API 分类对柴油机滑油规定了严格的发动机试验方法和标准,滑油必须通过规定的评定项目并合格后,才算符合某一级别。在 20 世纪 70 年代,将润滑油分为 CA、CB、CC 和 CD 四个质量等级。

CA——轻载荷柴油机润滑油。燃用优质燃料并在温和到中等程度条件下运转的柴油机使用。在非增压和优质燃料条件下具有抗轴承腐蚀和防止高温生成沉淀物(漆膜、积炭)的性能。

CB——一般负载的柴油机润滑油。用于温和到中等条件下运转的柴油机。在非增压和使用含硫燃料时,具有抗轴承腐蚀和防高温下形成沉淀物的性能。

CC——中等负载柴油机润滑油。用于中等到苛刻条件下工作的高增压柴油机。具有防高温形成沉积物和防锈防腐蚀的性能。

CD——重载荷柴油机润滑油。用于增压、高速、高功率并要求能非常有效地抑制磨损和防止形成沉积物的柴油机。在使用各种质量燃油的增压柴油机中具有抗轴承腐蚀和防高温形成沉积物的性能。

近年来,随着柴油机研发速度加快和高增压柴油机的发展,与之相匹配的柴油机油质量也不断升级。目前,CA 和 CB 级油已经淘汰,CC 级油逐渐减少,CD 级油也已不能满足要求。近年来又研制出更高品质的润滑油,主要包括:

CE——用于在低速高负荷和高速高负荷条件下运行的增压式重负荷柴油机,防高温、低温沉积物形成,抗磨损、抗腐蚀,同时也满足 CD 级油性能要求。

CF——重负荷,涡轮增压四冲程柴油机,抗高温沉积物形成,并耐腐蚀。

CF-2——用于要求高效控制磨损和沉积物的重负荷二冲程柴油机。

CF-4——重负荷,涡轮增压四冲程柴油机,高效防止高温、低温沉积物形成,特别是新型(1988 年以后)的低排放发动机,在油耗和活塞沉积物控制方面性能优于 CE 并可代替 CE,此种油品特别适用于高速公路行驶的重负荷卡车。

CG-4——重负荷,涡轮增压四冲程柴油机,有效防止高温、低温沉积物形成,应用于 1994 年以来的低排放发动机,使用低硫燃料(硫含量小于 0.05%)的发动机,可代替 CD、CE、CF-4 油品。

CH-4——重负荷,涡轮增压四冲程柴油机,严格控制高温、低温沉积物和磨损,尤其是控制高烟灰引起的黏度增加和配气机构的磨损在改善烟灰控制、降低发动机排放、延长换油期方面比 CG-4、CF-4 更为优越。

CI-4——满足美国 1998 年排放要求,并兼顾高低硫燃料的使用。

此外,船用气缸油和大功率中速机两用油仍由各油公司自行研制,自行评定,尚无统一规格标准。

四、气缸润滑的工作条件和润滑方式

柴油机气缸润滑是一个复杂而重要的问题。在大型十字头式柴油机中,气缸润滑是一个独立的润滑系统,其润滑设备、滑油品质以及运转管理均需特殊考虑。在当代柴油机高强化、燃油劣质化的发展中,对气缸润滑提出了愈加苛刻的要求。

首先,气缸润滑的特殊性体现于较高的工作温度。通常,气缸套上部表面温度为 180~220 ℃,缸套下部表面温度为 90~120 ℃,活塞环槽表面温度根据测量点位置和活塞顶的设计在 100~200 ℃之间。高温会降低滑油黏度,加快滑油氧化变质速度,并使缸壁上的部分油膜蒸发。

其次,活塞在往复运动时的速度在行程中部最大,在上、下止点处为零。因此只有在活塞行程中部才有可能实现液体动压润滑,而在上、下止点处则不可能。特别在上止点处,气缸中的温度最高,活塞环对缸壁的径向压力最大,即使滑油能承受住这里的高温,也只能保证边界润滑条件。

柴油机使用劣质燃油后对气缸润滑带来了新的问题。这主要是由于劣质油的高硫分、高灰分、高残炭值和沥青值引起的。如前所述,此时会对气缸造成低温腐蚀、固体颗粒磨损、结炭增多以至引起活塞环胶着和气口堵塞等故障。另外,活塞顶与环带部分变形也使气缸润滑的难度增加。

由于上述原因,气缸套特别是它的上部,很难形成连续完整的油膜,因而一般在气缸套的上部磨损特别严重。图 2.6-11 为二冲程直流扫气柴油机的气缸套磨损量随行程变化的规律。该柴油机使用劣质含硫燃油。上限曲线表示使用低碱性气缸油,下限曲线表示使用高碱性气缸油。由图 2.6-11 可见,气缸套最大磨损量均发生在缸套上部。高碱性气缸油可大大降低缸套腐蚀量,上、下限曲线间的影线部分可认为系由酸性腐蚀所引起的磨损。

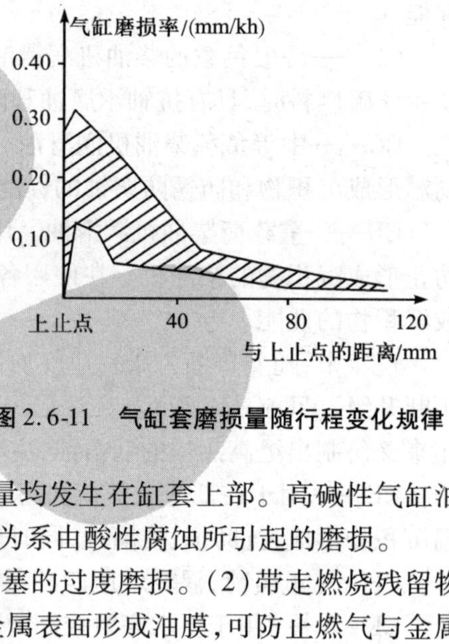

图 2.6-11　气缸套磨损量随行程变化规律

气缸油的作用:(1)减少摩擦损失和防止气缸套及活塞的过度磨损。(2)带走燃烧残留物和金属磨粒等杂质。(3)帮助密封燃烧室空间。(4)在金属表面形成油膜,可防止燃气与金属接触,以免产生腐蚀。(5)减轻噪音。

1. 气缸润滑方式

气缸润滑一般可分为飞溅润滑和气缸注油润滑两种方式。

(1)飞溅润滑

飞溅润滑靠从连杆大端甩出并飞溅到气缸壁上的滑油来润滑,一般不需要专门的润滑装置。气缸滑油与曲轴箱滑油属同一油品且循环使用,在活塞裙部需装设刮油环以便把飞溅到缸壁上的多余滑油刮回曲轴箱。此种润滑方式仅适用于中、小型筒形活塞式柴油机。

(2)气缸注油润滑

气缸注油润滑使用专用的润滑系统及设备（气缸注油器、注油接头），把专用气缸油经缸壁上的注油孔（一般均布4～12个）喷注到气缸壁表面进行润滑；其注油量可控，喷出的气缸油不予回收，国外称“一次过润滑”（Once Through）。这种润滑方式能保证可靠的气缸润滑，而且可选择不同质量的气缸油以满足缸内润滑的不同要求。因而这是一种较合理的气缸润滑方式。目前在十字头式柴油机（均装设横隔板）中均使用此种润滑方式。图2.6-12系某柴油机的气缸注油润滑系统图。

在某些中速筒形活塞式柴油机中，气缸润滑除采用飞溅润滑方式，尚采用注油润滑作为气缸润滑的辅助措施。

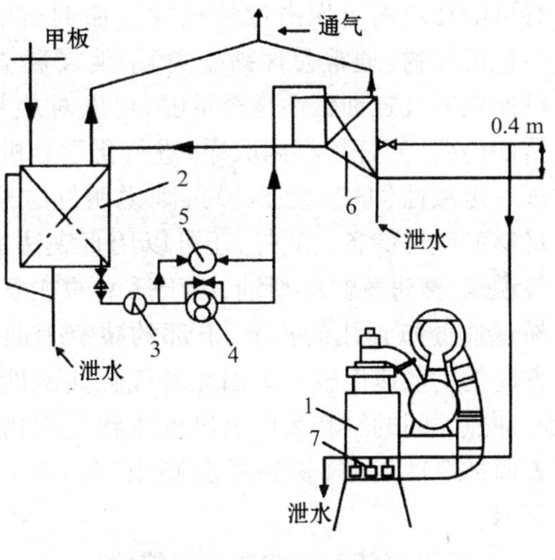

图2.6-12　气缸注油润滑系统图

1—主机；2—气缸油储存柜；3—气缸油滤器；4—气缸油输送泵；5—手动泵；6—气缸油日用油柜；7—气缸油注油器

2. 气缸油的种类

根据机型和运转状态的不同要求，有如下几种：

（1）SAE50黏度等级，此类气缸油使用广泛，总碱值可覆盖10～100。燃用不同硫分的燃油应选用不同总碱值的气缸油，如表2.6-4所示。

表2.6-4　气缸油总碱值选用范围

机型 / 选用值	MAN B&W	SULZER
S%	<0.8，1～2，2～3，>3	<0.5，0.5～1.0，1.0～1.5，1.5～2.5，>2.5
碱值 mg KOH/g	5～7，10～40，40～70，>70	<5，5～10，10～20，20～40，40～70

（2）SAE40黏度等级，总碱值为40。

（3）黏度等级大于50，总碱值有70、85、100，用于长冲程高负荷柴油机。

（4）不含添加剂的SAE50高黏度气缸油，也称为纯矿物油，用于新发动机及换新缸套磨合使用。

3. 气缸油、注油定时和注油率的选择

（1）气缸油的选择

选择气缸油时，一般应根据所使用燃油的硫分来选择气缸油的总碱值。根据使用经验，使用高硫分（S>2.5%）的燃油，气缸油的TBN应为65～70；S<2.5%者，TBN为40；使用船用柴油时，TBN为10～14。近代有些工作条件严酷的柴油机已采用TBN 100的气缸油。一些柴油机制造厂曾根据燃油的硫分，推荐出理论上的气缸油总碱值，但这种匹配关系在实践中却不易执行。其主要原因在于远洋船舶需要在世界不同港口加装燃油，在决定加装燃油时，习惯上均以黏度等级为准，而相同黏度等级的燃油硫分随产地不同又有较大差别。对这种差别船方事先无法获得有关数据，无法根据燃油硫分的变化来改变气缸油的总碱值。在多数情况下，船方只备有某一总碱值的气缸油。因而在实践中总碱值与燃油硫分的匹配比较粗糙。只是在长期使用低硫分燃油时才酌情选用总碱值低（10～14）的气缸油。如此时仍使用高碱性气缸油，则

有可能在缸内出现由过量碱性添加剂所形成的大量灰白色沉淀物(通常为含钙盐类)。为了检查运转中柴油机使用的气缸油碱性是否足够,可以对从气缸中刮下的残油(在活塞杆填料函取样)进行化学分析,若残油仍呈现一定碱性(TBN 大于 10),则说明气缸壁上的油膜有足够的碱性储备。此外,还可以用直观法加以判断。一般说来,注进气缸的滑油,由于活塞的往复运动,油滴容易迅速分布到注油孔上、下部的狭窄表面上,而沿圆周方向的扩散速度较低。因此若气缸油碱性较低,则在各注油点之间的缸套表面上出现漆状沉积物,使铸铁缸套表面被腐蚀发暗(镀铬缸套则出现白斑),如图 2.6-13 所示。

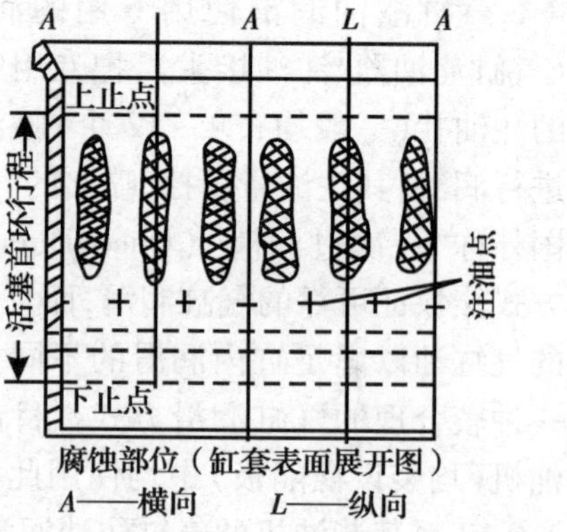

图 2.6-13　气缸腐蚀部位(缸套表面展开)

(2)气缸注油孔的数量与位置

气缸注油孔的数量与油孔两侧人字形布油槽的形状对注油润滑有很大影响。在正常情况下气缸注油孔(4~12 个)沿缸套圆周均匀分布。如油孔数太多易引起各注油孔注油不稳定。一般来说,缸径较小的柴油机气缸注油孔数也较少,如 MAN B&W S35MC 型柴油机每缸只有 4 个注油孔,而大型柴油机的每缸的注油孔多达 12 个。气缸注油孔的位置因机型而异。通常,现代大型柴油机注油孔多在缸套中上部(高位注油孔),而四冲程柴油机的注油孔多分布在缸套下部。

(3)注油定时选择

通常认为,注油定时应选择在活塞上行使注油点位于第一、二道活塞环之间时向缸内注油。但机械注油设备难以做到准确地定时向气缸注油。对于蓄压式注油器,通常只有在缸内压力低于注油管中的油压时,气缸油才会注入缸内。在短活塞柴油机曲轴回转一转中,这种机会一般有两次:一次是活塞上行到上止点附近,活塞的下边缘打开注油孔;另一次是活塞在下止点附近,缸内正在扫气时。而对长活塞柴油机曲轴一转中,这种机会只有一次,即当气缸内正在扫气时注油。而对于现代电子注油器则可以很容易地控制注油定时。

为了确保缸套的可靠润滑,每个注油点并不是柴油机每转都向缸内注油,注油次数随机型而异,一般每个注油点间歇注油,通常 2~4 转注油一次,每次的注油量足以使气缸油在油孔两侧人字形布油槽内良好分布。

(4)注油率的选择

气缸油的注油率应当适宜。注油率太大,不但浪费而且会使活塞顶面、环带区、气口和排气阀处的沉积物增多,引起活塞环和排气阀黏着,使气流通道部分堵塞。同时多余的气缸油还会沉积在活塞下部空间、扫气箱和定压排气管中,导致扫气箱着火;注油率太少,则难以形成完整的油膜,而使活塞环与缸套磨损加剧和漏气增多,漏泄的燃气又会破坏缸壁上的油膜导致发生咬缸事故。因而存在一个最佳注油率。不同类型的柴油机的注油率在不同工况下各不相同,最适宜的注油率应该根据推荐的注油率并综合考虑活塞环的状态、缸套磨损率的大小以及柴油机部件的拆检周期来确定。如缸套内壁表面湿润、干净,首环半干半湿,其余环湿润,活塞环在环槽内活动灵活,环外圆表面光亮,倒角尚在,则气缸注油率适中。随着柴油机强化程度的提高,气缸注油率也随之有所提高,如 MAN B&W 柴油机的某些机型气缸注油率曾高达 1.6 g/(kW·h),但随着近年来电子注油器的使用,和对燃烧室设计的改进,目前,新型柴油机的气缸注油率一般可控制在0.7 g/(kW·h)左右。在实际应用中,一般的趋势是注油率过大,这主要是由管理者的主观因素造成的。

4. 气缸注油率的计算

气缸注油率通常是按柴油机标定功率来确定的,但柴油机实际使用中一般并不在此功率下运行,这样气缸注油率会随柴油机负荷的降低而变化。

如气缸注油器属“随负荷调节”式(参见后述),当计算负荷变化后的注油率时,可以实际平均有效压力为依据。柴油机的功率、平均有效压力和转速的关系为 $P = Cp_e n$; 设标定工况气缸注油率为 A_b g/(kW·h),如果柴油机定速运行,柴油机的气缸注油率不变;如果柴油机按推进特性工作,则 $P \propto n^3$, 其平均有效压力与柴油机转速的平方成正比,当柴油机转速下降时,其气缸注油率 $A = (G_b/P_b)(n_b/n) = A_b(n_b/n)$ g/(kW·h),气缸注油率会有所上升。

轮机专业

若气缸注油器属“随转速调节”式,如果柴油机是按推进特性工作,$P \propto n^3$, 则当转速变化后其气缸注油率应按下式计算

气缸注油率 $A = G_b/P_b \cdot (n_b/n)^2 = A_b(n_b/n)^2$ g/(kW·h)

式中,G_b为标定工况下柴油机气缸油消耗量,g/h;P_b,n_b分别为标定功率 kW,标定转速,r/min;n 为实际转速,r/min。

因此,柴油机在低转速(低负荷)运行时,单位功率的气缸油耗量大大增加。

在任何负荷下,若要保持气缸注油率不发生变化。最合理的调节方式是根据功率来改变气缸注油量,这种方式最为经济,而传统的机械式注油器由于受凸轮控制,每转注油一次(每次注油量基本固定),注油频率是根据转速 n 变化的,在低负荷下会造成气缸油的严重浪费。

采用现代的电子注油器,可以通过改变频率来调节气缸注油量,可以从根本上解决在低负荷下气缸油注油过多的问题,实现注油量随功率而调节。为了适应不同燃油中含硫量不同,对于不同碱值的气缸油,可通过改变注油因子加以调整。

处于磨合期的气缸活塞组件,为了加速磨合,通常采用无添加剂的精炼润滑油,其牌号应与所用燃油含硫量相匹配。因为该滑油具有较强的承载能力而又不阻碍硫分对工作表面的腐蚀(一定的腐蚀有利于磨合)。在任何条件下均不应使用高碱性气缸油,那样会使磨合期加长且无法控制剧烈的磨损和擦伤。而在整个磨合期的各个不同阶段还应适时换用不同碱值的气缸油。磨合期的气缸注油率目前尚无一致的标准,比较公认的作法是增加注油率20% ~ 100%,随着负荷的提高逐渐减少过量滑油。通常认为在磨合期使用硫分大于1%的燃油对磨合有利。在这方面各造机厂家的具体作法不同。图 2.6-14 所示为一种注油率调整规范。

五、增压器的润滑方式

由于增压器设计理念不同,增压器的润滑方式也不同。增压器的轴承通常有两种形式,一种是采用外支滚珠轴承,如 ABB 的 VTR 系列增压器;另一种是采用内支滑动轴承,如 ABB 的 TPL 系列增压器,MAN 的 TCA 和 NA 系列增压器以及绝大多数径流式废气涡轮增压器。

对于采用外支滚珠轴承的增压器,其轴承通常使用透平油润滑,采用自身封闭式润滑方式,即在增压器的两端各有一个油池,见图 2.5-27,由涡轮增压器自带的油泵,将润滑油送至滚珠轴承,因而不需另设润滑系统。

而采用滑动轴承的增压器,其增压器润滑系统与柴油机共用一个曲轴箱油润滑系统,即使用柴油机的曲轴箱油润滑增压器。图 2.6-15 所示为 MAN TCA 系列增压器的润滑系统。废气涡轮增压器高负荷的轴承和轴瓦,与柴油机共用同一个润滑系统。润滑增压器的滑油来自主

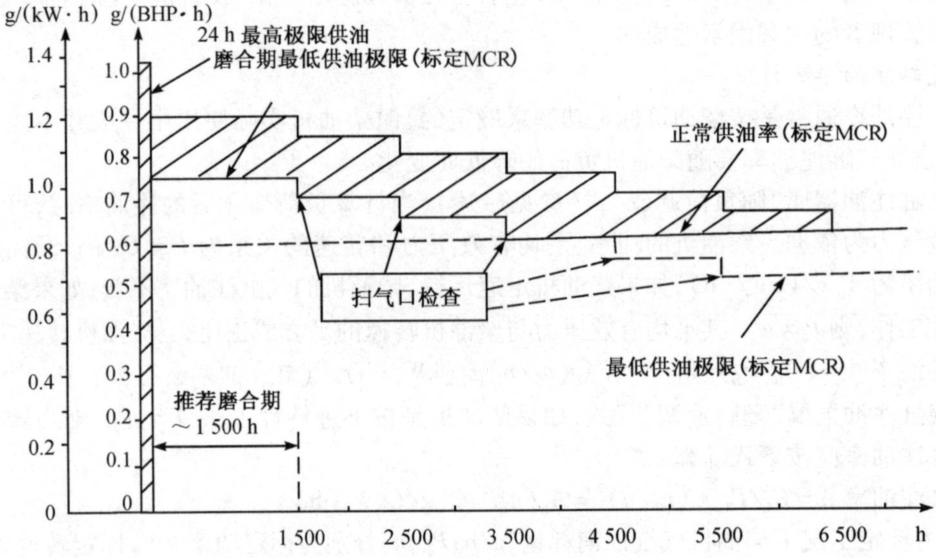

图 2.6-14 磨合期气缸注油率调整规范

机润滑系统,经增压器润滑系统的供油管送入。滑油压力的设定是通过一个减压阀 2.1(四冲程柴油机)或节流孔 2.2(二冲程柴油机)实现的。滑油通过止回阀 4 送入涡轮增压器轴承箱 7,并进入推力轴承 8 和滑动轴承 9。使用后的滑油通过泄放口 10 流回柴油机的润滑系统。

在柴油机起动前,增压器一定要预润滑,这是同柴油机的预润滑一起自动进行的。TCA 增压器还有一个应急和后润滑系统以确保增压器安全停下。这是由应急和后润滑油箱以及内部供油通道组成,应急和后润滑油箱置于增压器的上方。这就确保了柴油机和增压器停止运行时滑油可以进入增压器。在柴油机工作时,应急和后润滑油箱的止回阀截止,但可经止回阀板上的一个小孔向应急和后润滑油箱充油,只要油位低于溢油池,应急和后润滑油箱无压力。一旦油位到达溢流管的位置,滑油会通过孔 16 流回轴承箱。孔 16 的作用是保证注入油箱的油量多于流出的油量,这会使油箱上部的空气被压缩,直至油箱的压力与供油压力相等。

当柴油机停车时,润滑系统的压力下降,这使得应急和后润滑油箱 18 的止回阀打开,滑油送入增压器的轴承,自动进行后润滑。由于柴油机的润滑油持续的分离和过滤,不会造成超过 0.02 mm 的颗粒和水的聚焦,因此不需要进行额外的过滤。

六、筒形柴油机对曲轴箱油的要求

曲轴箱油又叫柴油机油或系统油。通常,曲轴箱油润滑主要指对柴油机曲轴箱内各轴承的润滑,筒形活塞式柴油机曲轴箱油除了润滑曲轴箱内各轴承外,还要兼作气缸润滑油使用,此外,对于绝大多数中速强载柴油机还兼作活塞冷却液。故其工作条件比较恶劣,其正常消耗率为 1.07 ~1.6 g/(kW · h)。这种润滑方式的最大特点是润滑油循环使用,因而它在使用中将逐渐污染变质。从保证轴承润滑的角度,一般对于要求曲轴箱油的要求如下:

(1)适宜的黏度:曲轴箱油必须具有适宜的黏度,不仅要保证轴承油膜的建立,而且还要保证气缸的润滑。

(2)较高的黏度指数:对于曲轴箱油的工作温度要考虑三个方面的要求:其一是船舶在不同的季节和海域运行,环境温度变化也较大;其二是船用柴油机从停车到稳定运行时滑油温度

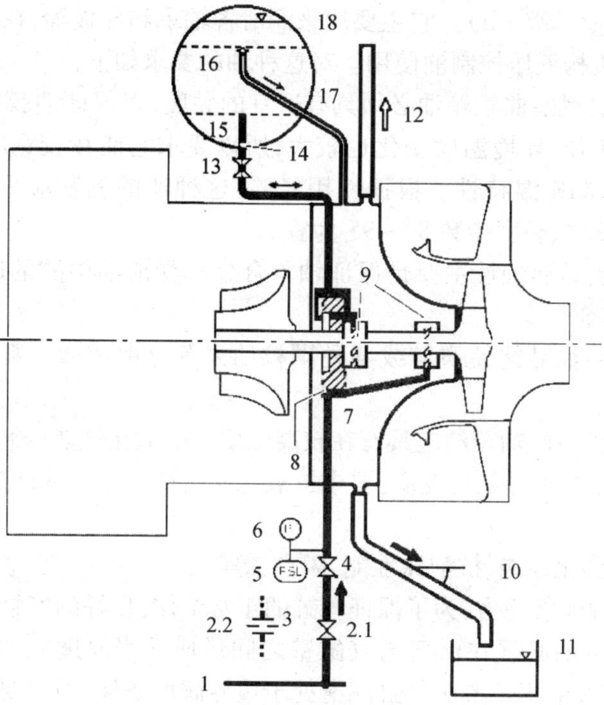

图 2.6-15　增压器的润滑系统

1—供油管(来自柴油机);2.1—减压阀(用于四冲程柴油机);2.2—节流孔(用于二冲程柴油机);3—增压器供油管;4—止回阀;5—压力监测传感器;6—压力计;7—轴承箱;8—推力轴承;9—轴承;10—泄油管;11—日用柜或曲轴箱;12—放气管;13—带旁通的止回阀;14—孔;15—供给/泄放管;16—节流孔;17—溢流管;18—应急和后润滑油箱(选配)

的变化;其三是轴承的工作温度和气缸壁温度的不同。因此,为了保证滑油能在较宽广的温度范围内可靠地工作,应具有较好的黏温特性。

(3)良好的抗氧化安定性和热氧化安定性:轴承润滑与空气接触机会多,易发生氧化变质,而曲轴箱油用于活塞冷却时的工作温度较高,因此,应具有在较高温度下抗氧化性能,要求曲轴箱油抗氧化安定性好。而气缸润滑则要求有效好的热氧化安定性。

(4)良好的抗腐蚀性能:抗腐蚀性能对轴瓦有重要意义。抗腐蚀差,可能引起轴承合金腐蚀或铅锡和铅铟等镀层剥落。曲轴箱油必须加有抗氧化、抗腐添加剂。

(5)良好的清净分散性:对于用于轴承润滑的油品只要求能使炭粒或各种颗粒油泥等分散成微小粒子并悬浮在油中,以便滤掉;而对用于活塞气缸润滑的油品,则必须要保证在高温下各种沉淀物不黏附在机件上而应悬浮在油中,即具有高温工作时的清净性。

(6)足够的碱性:要求能中和劣质燃油燃烧后生成的硫酸。一般要求 TBN = 22 ~ 34 mgKOH/g。

(7)此外,还要求曲轴箱油具有抗乳化性能、抗泡沫性能、高闪点等性能。

尽管某些中速筒形活塞式柴油机,采用注油润滑作为气缸润滑的辅助措施,但一般不使用专用气缸油。目前,更普遍的方法是在活塞的裙部开油孔,利用活塞冷却油进行气缸润滑。

七、十字头式柴油机对曲轴箱油和气缸油的要求

十字头式柴油机中的曲轴箱与气缸是隔开的,所以曲轴箱油的工作条件比较好。其正常

消耗率为0.1～0.3 g/(kW·h)。它主要用来润滑各轴承和导板等,在某些柴油机中还用来冷却活塞或兼作操纵机构液压控制油使用。对这种油的要求如下:

(1)黏度和粘温性能:曲轴箱油必须具有适宜的黏度,以保证油膜的建立。由于船用柴油机经常在变工况下工作,环境温度变化也较大,所以要求它能在较宽的温度范围内可靠地工作,即具有较好的 TWIK 温特性。根据使用经验,这种油的黏度应采用 100 ℃时为 11～14 mm^2/s(相当于 SAE30)、黏度指数 80～95 为宜。

(2)抗腐蚀性能:抗腐蚀性主要是保证轴承合金不受滑油中酸的腐蚀。一般在曲轴箱油加有抗氧、抗腐添加剂。

(3)清净分散性:油品能使炭粒或各种颗粒油泥等分散成微小粒子并悬浮在油中,以便滤掉。

(4)抗氧化安定性:曲轴箱油应具有在较高温度下抗氧化性能(冷却活塞),轴承润滑用曲轴箱油与空气接触机会多易氧化变质,要求抗氧化安定性好。通常,应控制油温不超过 82 ℃,以控制氧化速度。

(5)其他:如抗乳化性能、抗泡沫性能、闪点,等等。

气缸的工作条件非常恶劣,为了保证气缸的正常工作,良好的气缸油应具有如下性能:

(1)润滑性:气缸油必须在活塞与气缸壁之间形成适当厚度的油膜,并能良好地湿润金属,以减少滑动摩擦和磨损。鉴于气缸润滑处于边界润滑条件,因而要求气缸油应具有良好的油性。

(2)黏度及黏度指数:气缸油在较高温度下应有适当的黏度,并能迅速分布到整个工作表面,而在起动时黏度又不致太高。即要求气缸油应有适当的黏度(通常在 100 ℃时为 14～20 cSt)和较高的黏度指数(75～95)。

(3)清净分散性:气缸油应能抑制在活塞和活塞环上形成漆膜和沉积物;应具有良好的蔓延扩散性;具有能使炭渣变成微小颗粒悬浮在油中的能力。

(4)中和性能:气缸油应能中和燃用劣质高硫燃料时生成的硫酸。要求气缸油具有一定的碱性(TBN 为 40～100 mg KOH/g)。

(5)抗氧化性:气缸油应在气缸内高温下有良好的抗氧化性,防止生成积炭沉积物,使活塞环区及气口处沉积物减至最少,使缸壁上的油膜得以保持。

(6)其他:气缸油燃烧后生成的灰分应尽可能少,且不属于硬颗粒的磨料物质,应具有良好的密封性和储存稳定性等。

从上述要求来看,纯矿物油无法完全满足这些要求。现代柴油机的气缸油都是选用优质的矿物润滑油作为基础油,再加入各种效能的添加剂制成的。在各种添加剂中碱性添加剂占有最重要的地位,从某种意义上讲,劣质燃油能否使用,在很大程度上取决于这种添加剂的效能。20 世纪 50 年代的碱性添加剂多为水溶性,由此类添加剂制成的气缸油属乳化气缸油;之后发展了一种虽不溶于油但能以极细颗粒分散到基油中的添加剂,制成所谓分散型气缸油。当前使用的碱性添加剂均属于油溶性,由于具有良好的储存稳定性而得到广泛应用。

八、气缸注油器的结构、工作原理和调整方法

气缸注油的主要设备是注油器和注油器接头。气缸注油器由多个柱塞式油泵单元组成,按其驱动方式可分为机械式和液压式两种。机械式由凸轮轴或其他运动部件带动(如图 2.6-16 所示),其结构简单可靠,曾得到广泛使用。其注油器注油量的调节方式一般是“随转速调

节(等速率调节),也就是说注油量与柴油机转速成正比。因此,当柴油机在低负荷运转时,存在注油量过大的问题。

图 2.6-16 所示为随转速调节的 HJ 型气缸注油器。注油器每缸设置一个。每个注油器由若干油泵单元组成,各油泵单元分别将滑油供给各缸的注油点。滑油储存在储油箱 15 中,油泵柱塞 8 由凸轮轴 13 上的凸轮驱动,凸轮轴 13 则由驱动轴 11 经一对齿轮带动。驱动轴 11 的转速为柴油机曲轴转速的一半,即曲轴每转两转,各油泵单元分别向各注油点供油一次。柱塞 8 动作时,滑油由泵体下部的吸入阀 7 吸入,经排出阀 6 排入玻璃管 4,然后经止回阀 1 送至注油点。玻璃管内有一浮动钢球,可随滑油的不同流量而升至不同的高度,根据钢球的高度,即可监测注油器的工作。若各钢球均位于同一高度,则表明各注油点的注油量相同。

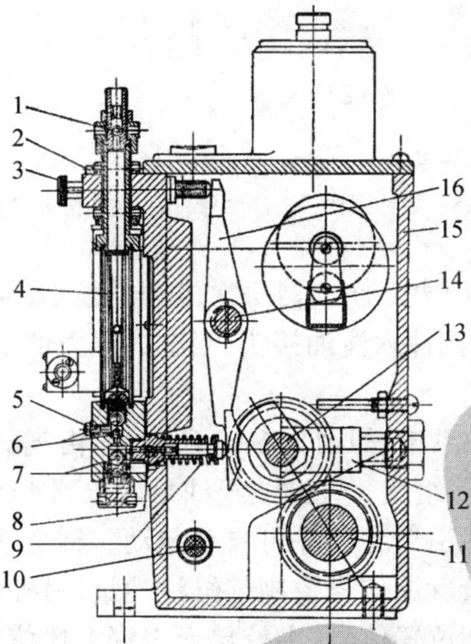

图 2.6-16　HJ 型气缸注油器

1—止回阀;2—锁紧螺钉;3—调节螺钉;4—玻璃管;5—放气螺钉;6—排出阀;7—吸入阀;8—柱塞;9—弹簧;10—电加热器;11—驱动轴; 12—轴承;13—凸轮轴,14—偏心轴;15—储油箱;16—摇臂

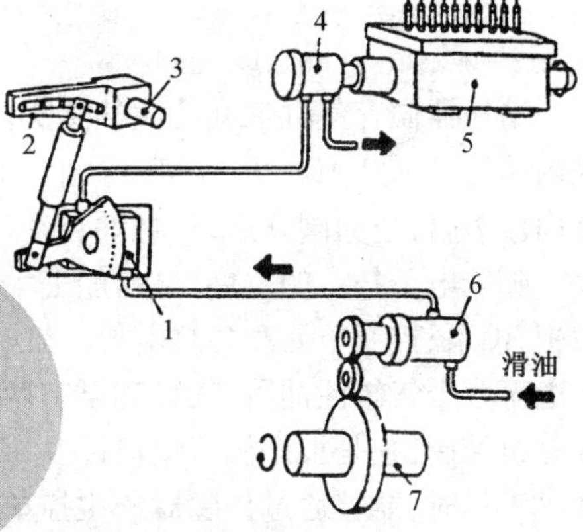

图 2.6-17　液压马达驱动的气缸注油器

1—流量调节阀;2—调节手柄;3—燃油负荷指示轴;4—液压马达;5—注油器;6—齿轮泵;7—凸轮轴

油泵单元的供油量由柱塞 8 的行程来确定,各柱塞的行程既可以通过转动偏心轴 14 同时变更,又可以通过调节螺钉 3 单独变更。当注油器停用一段较长时间后,可能有空气漏入油泵单元中,松开放气螺钉 5 即可将空气放出。

液压式气缸注油器使用较少,仅用于 Sulzer RLB 和 RTA 型柴油机,如图 2.6-17 所示。注油器 5 由液压马达 4 驱动,液压马达 4 的滑油由凸轮轴 7 带动齿轮泵 6 供应,但油量由负荷指示轴 3 根据调节手柄 2 的位置通过流量调节阀 1 决定。也就是说液压式气缸注油器的供油量是"随负荷调节"的。由于这种气缸注油器可改善随转速调节注油器在低负荷运转时注油量过大的弊病,因而在一些新机型中采用。

气缸注油润滑有脉动式和蓄压式两种。在脉动式注油方式中,注油器中柱塞泵的柱塞在加压行程中向气缸注油器接头压送滑油。为了保证活塞上行通过注油点时能定时供油,柱塞与活塞的运动是相对应的。而实际上,滑油只有当气缸内压力低于注油器出口管内压力时,注油接头处的止回阀才开启向气缸内注油。蓄压式注油方式中,柱塞泵出口的油进入各注油接头处的蓄压器内,在该压力与气缸内压力差作用下自动注入气缸。

注油接头穿过气缸冷却水空间安装在气缸套各个注油孔内,图 2.6-18 为蓄压式注油接头。

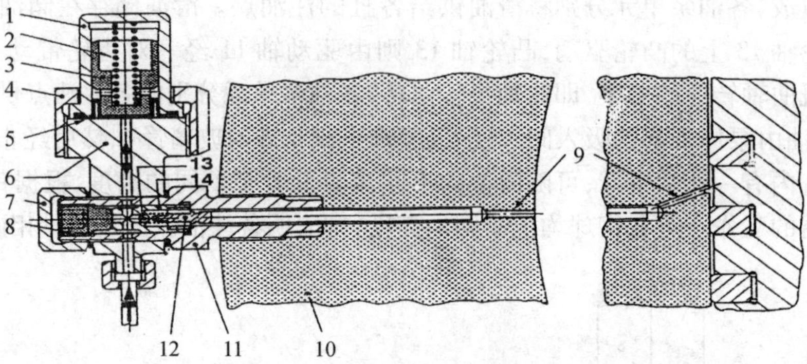

图 2.6-18　蓄压式注油接头

1—蓄压器缸套;2—弹簧;3—活塞;4—螺帽;5—膜盒;6—座;7—螺帽;8—缓冲螺栓;9—注油管;10—主机缸套;11—接头;12—顶销;13—止回阀;14—止回阀座

蓄压器储存气缸油并使注油接头内维持一个恒定压力。注油器每次排油量很小,仅使系统内压力升高 0.15 ~0.20 MPa。止回阀防止缸内燃气倒冲入注油接头,当缸内压力低于蓄压器内压力时,止回阀开启,气缸油自动注入气缸。

随着电子技术的发展,目前船上大量采用电子注油系统,如图 2.6-19 所示,它由气缸油日用柜、油泵、控制单元和各缸电控气缸油注油器和蓄压器组成。气缸油经油泵加压到 4.5 MPa 后送至各个气缸注油器,气缸油泵有两个,一个工作,另一个备用并可自动起动。整个系统由计算机控制,它是根据机器负荷以及每个气缸油注油量反馈信号控制气缸注油量,另外,当柴油机工作时,能够通过传感器给主控单元发送一个曲柄位置信号,主控单元根据上述信号,在最佳的注油定时时刻给气缸注油器的电磁阀发送开/关信号,控制气缸的注油定时和注油量。电子注油器的工作情况由后续章节介绍。

九、曲轴箱油变质与检查:变质原因、检验方法和检验指标

1. 曲轴箱油变质的原因及带来的危害

曲轴箱油在循环使用中其性质不可避免地会发生变化。当它变化到不能满足使用要求时需进行处理或更换。在正常使用条件下,滑油变质的速度较慢。如管理不当、操作失误或柴油机长期工作不良,滑油变质速度就会加快。滑油变质的原因虽然很多,但主要是外来物混入和滑油本身氧化。

(1)外来物混入。混入的外来物主要有淡水和海水,灰尘、各种金属磨料、焊渣等硬质颗粒,油漆、石棉和棉纱等软质杂物,燃油和气缸中的燃烧产物等。海、淡水混入会使滑油乳化,破坏其润滑性能,腐蚀金属表面,加速部件磨损,同时还能加速滑油的氧化,使滑油过早变质。燃油的漏入会降低滑油的黏度和闪点,一方面使滑油难以形成油膜,另一方面使曲轴箱内存积大量油气,易引起曲轴箱爆炸。燃烧产物漏入滑油中将使滑油的酸值和炭渣增加,燃烧产物中的硫酸与滑油反应生成含硫和氧的固体沉淀物,加速滑油的变质。这一现象在筒形活塞式柴油机中尤为明显。

(2)本身氧化。滑油在使用条件下与空气接触将逐渐氧化而生成漆膜、树脂和有机酸等

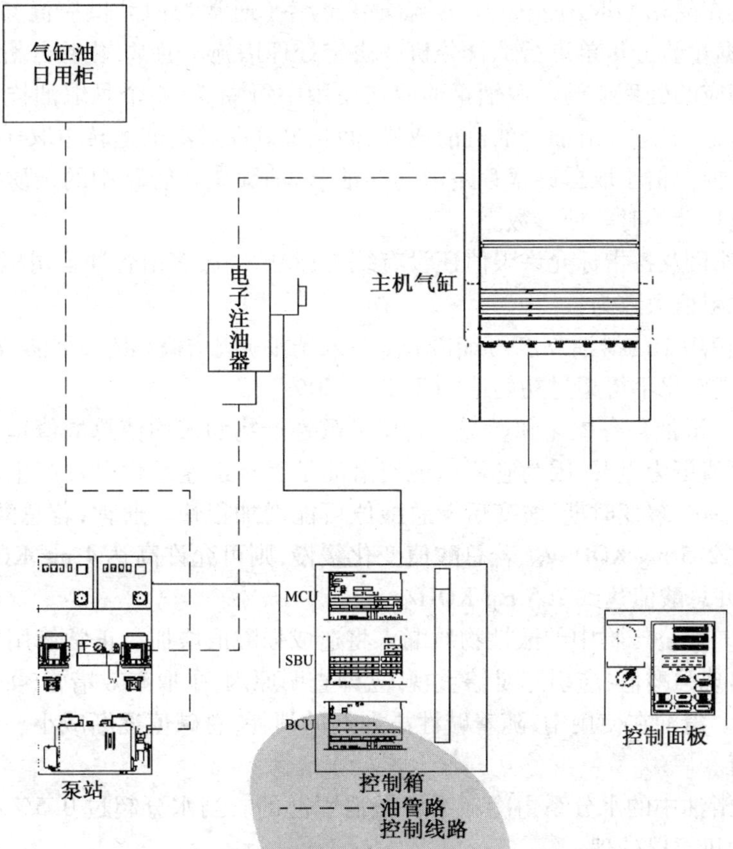

图 2.6-19　气缸油电子注油器系统

不溶于油的沉淀物。此时滑油的颜色变得深暗，总酸值增加，黏度和密度增加。滑油的氧化速度随温度的提高而增大。在正常使用温度（不超过 65 ℃）下，氧化并不明显。但若由于工作不正常，如燃气大量漏入或轴承过热等使滑油温度升高，则滑油的氧化速度将大幅度提高。此外，铁锈和涂漆对滑油会起到催化作用而加速滑油氧化。

2. 曲轴箱油的检验

为了能及时掌握滑油变质规律以便采取相应的有效措施，需对曲轴箱油进行定期检验，通常有以下几种方法：

（1）经验法。根据轮机人员的使用经验，通过对曲轴箱油的直观检查，如摸（黏性）、嗅（气味）、看（颜色），以及检查滑油分油机中的沉积油泥，观察溅在曲轴箱壁面上的滑油颜色、活塞冷却腔内的积炭等，可定性判断滑油的变质情况。

（2）油渍试验法（Oil Spot Tests）。这种方法把待检滑油滴在特殊试纸上，待该油滴干燥后，根据其扩散状况和颜色的变化与提供的标准图像（或新油的扩散和颜色）比较，可大致判断滑油的变质情况。如油渍中心黑点较小，颜色较浅，四周黄色油渍较大，则表明滑油仍可使用；如黑色较大，且黑褐色均匀无颗粒，则表示滑油已变质。

（3）化验法。化验法可对滑油进行定量分析。根据使用要求可分为船上简易化验和实验室化验两种。船上简易化验可在船舶现场进行现场化验，所使用的化验设备（Onboard Test Kit）均由油品供应商提供。应根据其规定的方法进行化验，可得到诸如黏度、水分、盐分、总碱值、强酸值、不溶物等性能指标的数值。从而可较准确地及时判断滑油的变质情况。实验室化验应由轮机人员在船舶上取出油样，送交陆地实验室（通常为油品供应商）进行定量化验分析，轮机员可根据化验分析单进行综合分析并决定处理措施。通常，化验分析单上已有对滑油的分析结论及相应的处理措施。曲轴箱油应在使用中每隔 3 ~4 个月取油样化验一次。所取油样应有代表性，一般应在滑油分油机前取样，而且最好在进港前运转中取样。取样时应使用专用取样瓶并放掉二倍于取样旋塞管路中的存油，以消除旋塞管路中的杂质。取样瓶应加以密封并注明使用累计小时等项参数。

目前，化验项目及各指标允许限值还没有统一标准，一般多由各油公司拟定。化验项目和允许各指标变化限值大致为：

（1）黏度。使用中的滑油黏度可能降低（混入柴油）或增高（混入重油或自身氧化）。一般认为，滑油黏度变化不得超过初始值的 25% 或 20%。

（2）总酸值。滑油自身氧化和燃烧产物中的酸性产物漏入均使总酸值增高。总酸值的变化速度比其绝对值更为重要，因为它可以说明滑油是否有迅速恶化以及产生沉淀物和变黑的倾向。总酸值有一个缓变时期，缓变后期总酸值可能增加很快。通常，若总酸值迅速增高，则此值不允许超过 2.5 mg KOH/g。若总酸值变化缓慢，则可允许高达 4 mg KOH/g。但若出现强酸值，则只允许总酸值达到 2.5 mg KOH/g。

（3）强酸值。燃烧产物中的酸性物质漏入将造成强酸值增加。正常使用的滑油不允许出现强酸值。如出现强酸值，应引起足够重视，立即查明原因，采取有效措施（如水洗等）。

（4）总碱值。滑油在使用中，随着碱性添加剂的消耗，总碱值逐渐减小。不允许总碱值为零或出现强酸值。

（5）水分。滑油中的水分系由冷却系统漏泄引起的。当水分超过 0.5% 时，应查明原因，同时用滑油分油机予以处理。

（6）盐分。海水漏入滑油会出现盐分，盐分具有腐蚀作用。应查明原因，采取处理措施。水洗法可排除盐分，但应考虑滑油中的添加剂是否溶于水。

（7）沉积不溶物。滑油中的沉积不溶物包括燃烧产物、磨屑、铁锈和氧化物等。这些污染物会使滑油黏度增加并生成泥渣。使用纯矿物滑油并具有连续分离净化设备的十字头式柴油机，沉积不溶物一般不超过 0.5%，若超过 1% 说明滑油污染严重。使用添加剂滑油的筒形活塞式柴油机，其滑油的沉积不溶物允许高达 3%，因为此种滑油具有悬浮携带固体微粒的能力。沉积不溶物中的氧化物溶于苯而不溶于正庚烷，因而分别用正庚烷和苯测量沉积不溶物的数量，其差值即为氧化物重量。一般沉积物多指正烷庚不溶物。

（8）闪点。燃油漏入将降低滑油闪点。一般，当闪点降低 40 ℃ 或更多时，应查明原因。在分析以上化验指标时，应综合分析各指标的变化，不应只强调某一指标的变化。

第三节　分油机

船舶柴油机所用的燃油在使用前必须经过净化处理，除去其中的水分和杂质。而柴油机系统润滑油在使用过程中应循环净化，除去其润滑过程中产生和进入的各种杂质。油料净化中的核心环节是离心分离，离心分离的最主要设备是离心式分油机。

在混有水和杂质的油中，机械杂质的密度最大，油的密度最小，水的密度介于二者之间。油在沉淀柜中存放一定的时间能使机械杂质和水分沉淀分离，但速度极慢。目前船上主要靠离心式分油机来净化燃油和滑油。其工作原理是：让需净化的油进入分油机中作高速旋转，密度较大的水滴和机械杂质所受的离心力最大,被甩向外周,水被引出,杂质则定期清除(排渣);密度较小的油所受离心力较小,便向里流动,从靠近转轴的出口流出,油从而得到净化。由于杂质、水分所受的离心惯性力比自身的重力大几千倍,因此,离心式分油机具有净化时间短、流量大和效果好的优点。

一、基本工作原理、分油机的结构和类型

1. 分油机的结构和类型

分油机根据其传动方式可分为蜗轮传动和平皮带传动。在分油机的传统设计中,都采用蜗轮传动机构[图 2.6-20(a)],下部安装着分离筒的传动机构。分离筒由马达(A)经摩擦离合器(E)、蜗轮机构(D),驱动立轴 B 高速旋转,上部为分离筒 C。但近年来,分油机普遍采用平皮带传动[图 2.6-20(b)]。平皮带与蜗轮传动机构相比,结构更加简单,可靠,而且可以得到更高的分离筒转速和提高分离效率,也使分油机的结构更加紧凑。

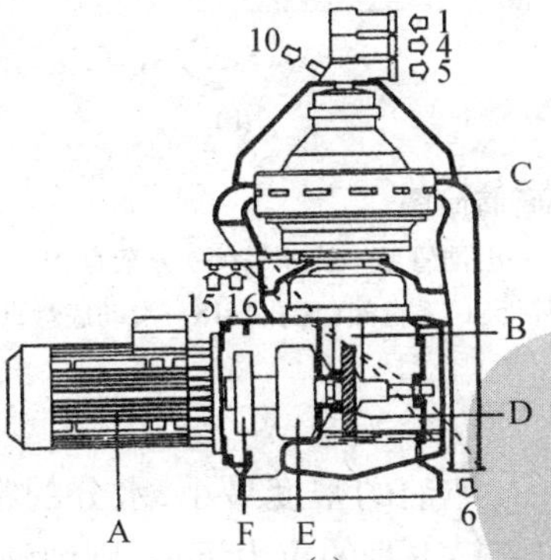

(a)

1—油进口;4—净油出口;5—水出口;6—排渣口;10—水封水/置换水进口;15—开启水进口;16—密封工作水进口;A—马达;B—立轴;C—分离筒本体;D—蜗轮机构;E—摩擦离合器;F—弹性联轴器

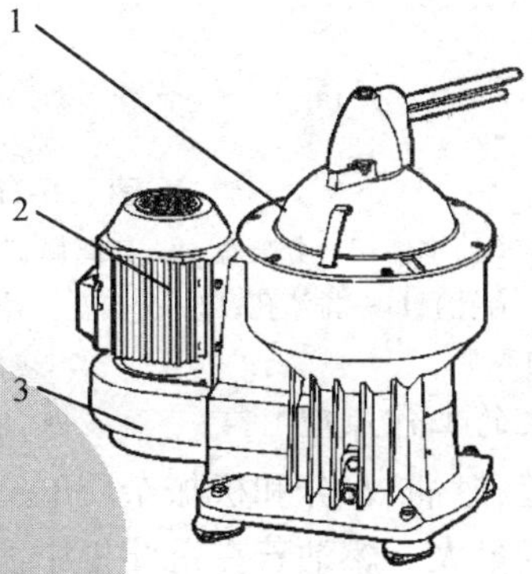

(b)

1—分离筒;2—电机;3—传动皮带

图 2.6-20　分油机的不同传动方式

分油机的核心部件是分离筒,其结构如图 2.6-21 所示。分离筒本体 2 由立轴带动高速旋转(一般转速为 8 000 ~ 10 000 r/min),分离筒内有若干不锈钢分离盘 3,盘厚 0.4 ~ 1.5 mm,盘的间距 0.5 ~ 1.0 mm,叠套在盘架 10(14)上。盘架与分离筒底盘 15、本体 2 间彼此有销固定,一起旋转。分离盘呈伞状,其中心角在 60 ~ 100°之间。分水机的分离盘靠外边缘附近开有若干分配孔。

分油机根据用途不同可分为分水机(purifier)和分杂机(clarifier)。分水机主要用来分离两种密度不同的液体(也能分离出大颗粒的杂质),当待分油中所含水分较多时,使用分水机分离油中的水分及杂质;分杂机主要用来分离液体中的固体杂质和少量水分,当待分油中所含水分较少时,使用分杂机,分离出的杂质和少量水分从排渣口排出。这两种分油机在结构上的区别仅仅在于分离筒中的几个部件,只要更换这些部件,即可互换使用。图 2.6-21(a)和(b)所示分别为分水机和分杂机的分离筒。分水机的分离盘架 10 有分配孔,而分杂机的分离盘架 14 没有孔;分水机上部装有具有排水功能的比重环 9,而分杂机上部装有没有排水功能的分杂盘 8。只要将(a)中的 10 和 9 分别换成(b)中的 14 和 8,便可将分水机改装为分杂机;反之,

可将分杂机改装成分水机。

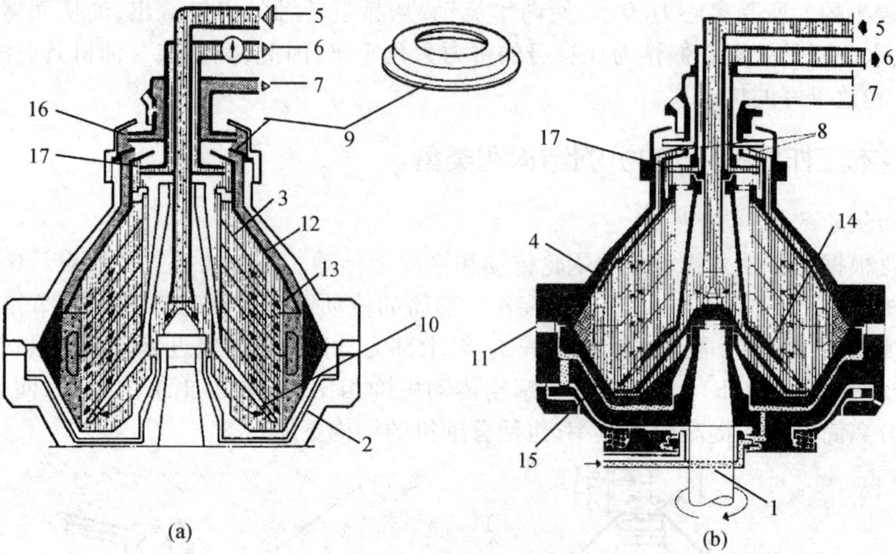

图 2.6-21 分油机分离筒简图

1—立轴;2—分离筒本体;3—分离盘;4—分离筒盖;5—进油管;6—出油管;7—出水管 8—分杂盘;9—重力环(比重环);10—盘架(有孔);11—排渣孔;12—分离盘上盖;13—油水分界面;14—盘架(无孔);15—滑动底盘;16—排水向心泵;17—排油向心泵

2. 分油机的工作原理

我们知道,燃油、水分和机械杂质的密度是不同的,纯油的密度最小,水分的密度居中,机械杂质的密度最大。燃油若在沉淀柜中静置,让它们依靠本身的重力沉淀,则纯油必定浮在最上层,水分在油下面,机械杂质则在沉淀柜的底层。但是,燃油是黏性液体,水滴和固体小颗粒在其中运动时受到黏滞阻力,所以只依靠自身的重力来分离水分和杂质,所需的时间很长,效果也不好。为了提高分离速度,我们可以把污油置于高速回转的分离筒中,让污油与分离筒一起高速回转,也就是说把污油置于一个离心力场中。由于油、水和杂质所产生的离心惯性力各不相同,它们就会沿转动轴的径向重新分布。受离心惯性力最大的杂质被甩到最外圈。纯油的离心惯性力最小,汇聚在转轴附近,水分则位于两者之间。由于杂质和水分所产生的离心惯性力要比本身的重力大几千倍,因此用分油机净化油料就能缩短净化时间和提高净化效果。根据混合液体的这一特性,船舶上通常采用叠片式(亦称转盘式)分油机净化燃油。这种分油机的核心部件是分离筒,净化油料的作用主要由它完成。

如图 2.6-21 所示,待净化油从进油管 5 进入分离筒,通过分离盘外周的分配孔(如果为分杂机,分离盘的外周无孔,待分燃油从分离盘片的外边缘)进入分离盘间。待净化的燃油进入分离盘之间后,被分隔成若干层,并随分离盘一起以高速回转,这时分离筒内的燃油就会按油、水、杂质的不同密度分隔成三层。因为燃油不断进入,所以上述现象连续进行,最后被净化了的燃油经分油机上部的向心泵 17 经出油管 6 排出,被分离出的水由位于分油机上部的向心泵 16 经出水管 7 排出,机械杂质被甩到分离筒的内壁上,通过分油机的排渣操作,经排渣口 11 排出,从而达到燃油净化的目的。

为了解并掌握分油机的分离原理,下面首先对分杂机和分水机的分离原理作简要介绍:

1)分杂机分离原理

图 2.6-22 示出了分杂机的工作原理。因为分杂机的盘架上没有分配孔,所以燃油从分离

盘的外边缘进入分离盘之间。设燃油中有某一杂质颗粒 A,在被分离筒带动以高速回转时,它受到离心惯性力的作用,便产生了向外运动的分离速度 V_r。质点的分离速度可用下式表示

$$v_r = \frac{\Delta\rho \cdot d^2 \cdot \omega^2 \cdot R}{176.4 \cdot \gamma} \quad (m/s) \qquad (2.6\text{-}1)$$

式中,$\Delta\rho$ 为杂质与纯油的密度差,kg/m^3;d 为杂质的直径,m;ω 为分离盘的旋转角速度,rad/s;R 分离盘的半径,m;γ 燃油的动力黏度,Pa·s。

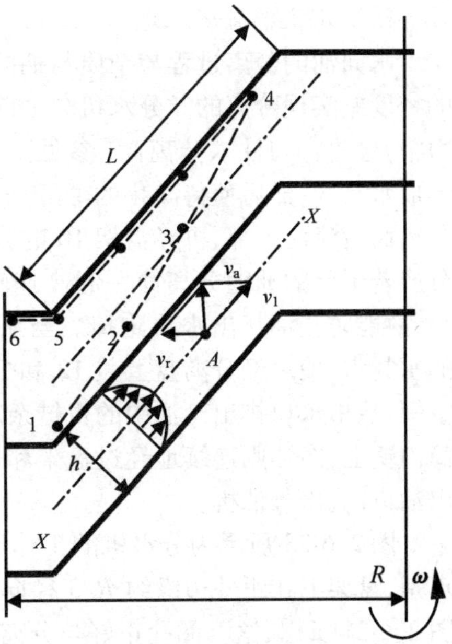

图 2.6-22　分杂机的工作原理

由式(2.6-1)可知,分离速度 V_r与杂质和油的密度差($\Delta\rho$)、杂质颗粒直径(d)的平方、分离盘旋转角速度(ω)的平方以及分离盘的半径(R)成正比,与油的动力黏度(r)成反比。颗粒 A 以分离速度 V_r甩向分离筒壁,同时又被燃油携带着在分离盘间高度为 h 的环形空间中以携带速度 V_1移向出油口。两分离盘间的燃油流速不是均等的,沿 X－X 线流速最大,在上下分离盘壁处流速为零。杂质颗粒 A 相对于分离筒的实际运动速度 V_a为 V_r与 V_1的矢量和,即 $V_a = V_r + V_1$。图 2.6-22 中也示出了颗粒 A 的运动轨迹。设颗粒 A 由点 1 进入分离盘之间,它沿着点 2、3、4 的轨迹移动到上一分离盘的下表面(点 4)。因为此处燃油速度为零,所以颗粒 A 便在由离心惯性力形成的下滑力作用下,克服油的粘滞阻力,沿上分离盘下表面移动到点 5,然后直接甩向分离筒壁 6 处。被甩到分离筒外围的杂质逐渐聚集,当聚集量增大到一定时,再经过排渣操作最终被排除分离筒以外。

由上述杂质颗粒 A 的分离过程可见,燃油中的杂质必须能到达上分离盘的下表面,且能克服盘面对它的阻力,才能从燃油中分离出来并甩到分离筒壁上。颗粒 A 能否到达上分离盘的下表面取决于合成速度 V_a和分离盘间距 h,而速度 V_a取决于 V_r和 V_1,根据式(2.6-1)可知,旋转角速度 ω 高,分离盘半径 R 大,则分油机的分离速度 V_r大。因此,分油机的转速都设计得很高。在分油机中(即 ω 和 R 一定),杂质与油的密度差大,燃油的黏度小,则分离速度也大。对燃油进行加热,可降低其黏度,因而有利于杂质的分离。此外,杂质颗粒的 d 大,V_r 也大,因此大颗粒杂质比小颗粒的容易被分离出来。对于粒度比上述 A 的半径大的杂质,由于其分离速度 V_r更大,可能不到点 4 即碰到分离盘的下表面而被分离出来;粒度比 A 小的颗粒则由于 V_r 较小,可能被燃油携带着一直走过距离 L 而碰不到分离盘的下表面,因而就分离不出来。所以,为了分离更小颗粒的杂质,可通过降低携带速度 V_1的方式实现分离。携带速度 V_1的大小取决于分离筒的流通量(以 L/h)。如果减小分油机的分油量,即让油分得慢一些,则油在分离筒中的流通量减小,速度 V_1亦降低;反之,速度 V_1增高。

由此可见,当燃油含杂质多时,可通过减少每小时的分油量的措施提高分离效果。当燃油含杂质较少时,在保证一定分离效果的前提下,可适当加大分油量。此外,在分离低黏度的燃油时,可以加大分油量;而在分离高黏度的重油时,为了减小黏滞阻力,提高分离速度 V_r,则在重油进入分油机前必须进行加热。至于分离盘间的距离 h,则不宜过小;否则会造成堵塞,因此一般都在 0.5～1.0 mm 之间。杂质被甩到分离筒的四周聚集,当聚集的杂质量达到一定时,需执行排渣操作,如果排渣操作不及时将导致分油机不能正常工作,甚至损坏。

2)分水机的分离原理

水同油的分离过程与杂质与油的分离的原理相同,都是靠他们的密度差实现分离的。分水机分油前应将一部分热水(来自热水压力柜)经进油口注入分离筒[参见图 2.6-21(a)],使之在筒内外周形成水封区,然后使待净化的油经分油机进油泵供至进油管 5,进入分离筒后流向下部,再经盘架 10 的分配孔进入分离盘间,被分离盘分成若干层的油随分离筒一起高速转动。由于外周已形成一圈水封,故能防止油从出水口跑掉。当从油中分出水时,它将挤出原来的水封水,使之经分离盘上盖 12 和分离筒盖 4、重力环 9 间的环形空间,从出水口排出。油中的机械杂质将穿过水封区被甩聚在分离筒内壁上;净油则连续地经过盘架和分离盘上盖间的环形通道流至出油口,流出分油机。

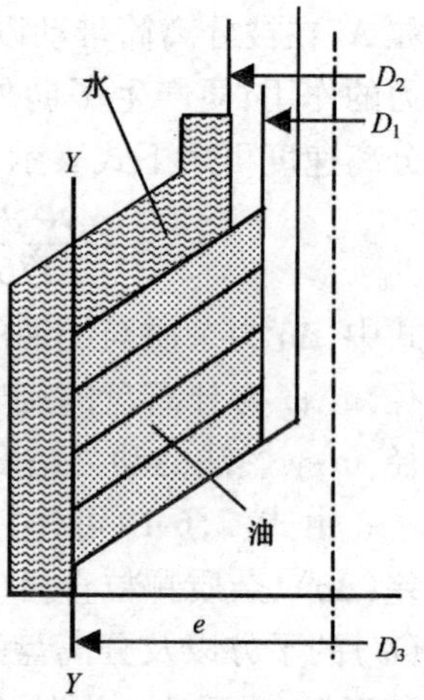

图 2.6-23　分水机工作原理

图 2.6-23 所示为分水机的工作原理图。分水机与分杂机不同点是,盘架上在距外边缘约 $R/3$ 径向长度的地方有一圈分配孔[见图 2.6-21(a)],这一圈孔正好与分离盘上的分配孔相对,含水分的油就是从分离筒底部,经由这些分配孔进入分离盘之间的。大颗粒的杂质和水滴在进入分离盘空间后,立即在离心惯性力作用下被甩向外边;一部分杂质和水滴被燃油液流带向转轴中心,经过与分杂机中相同的路径,沿分离盘的下表面被分离出来;干净的燃油则沿分离盘的间隙流至转轴中心处,再由净油排出口流出分离筒。这样,在高速旋转的分离筒中,由于油和水的密度不同,油和水分层时一定有一个油水分界面,即图 2.6-23 中 Y－Y 线所表示的与转轴中心相距 e 的圆柱面。分界面以内的空间被油占据,分界面以外的空间为水和杂质。油水分界面的位置十分重要,它直接影响燃油的分离质量,其最佳位置应在分离盘的外边缘,确保燃油能利用分离通道的全部长度,达到最有效的分离目的。若分界面向内(转轴中心)移动进入分离盘组件内,则会造成分离盘组件被水和杂质阻塞。被油携带的若干水滴和细小杂质颗粒将分离不出而随油一起排出分离筒,降低了分离效果。若分界面向外移动,一方面会降低从水中分离油的效果,造成水中带油,另一方面有可能破坏水封,造成燃油由出水口流出,即出水口跑油。

目前分油机油水分界面的位置由两种方式控制。一种是由被称做"重力盘"(比重环)的内径来确定的,比重环的形状及其在分油机中的位置如图 2.6-21(a)中 9 所示。由图 2.6-23 可以看出,在分离筒中,油和水构成了一个连通器。若水对 Y－Y 油水分界面的压力大于油对该面的压力,则分界面要内移;反之则外移。只有当两者对分界面的压力相等时,分界面才稳定不动。根据分界面不动时油、水对分界面压力相等的关系,可以推导出下式

$$D_2 = \sqrt{D_3^2 - \frac{D_3^2 - D_1^2}{E}} \tag{2.6-2}$$

式中,D_1 为出油口直径,固定不变,mm;D_2 为出水口直径(重力盘的内径),可以选择,mm;D_3 为油、水分界面的直径,mm;E 为在某分离温度时水、油密度的比值。

由式(2.6-2)可知,为了使油水分界面总是处在最佳位置,根据所分油的油、水密度的比值 E,即可求出所需重力盘的内径 D_2。所用燃油的密度越大,所选用的重力盘的直径应越小。为此,每台分油机均附带有一套不同内径的比重环,以备选用。选择比重环的原则是:在不破坏水封的前提下,应尽量选用内径大一些的比重环,一般在分油机的说明书中都附有选择比重环的图表。

在使用分水机分油之前，应先把水引入旋转的分离筒建立水封，直至从出水口有水流出为止。这样，当再引入燃油时，水即可把油封住，以免从出水口跑油。先引入的这部分水称水封水，它所占据的空间称水封区。在分油过程中从燃油中分离出来的水分将不断置换水封水，并从出水口排出。燃油中的机械杂质将穿过水封区积聚在分离筒的内壁上。分杂机只是用来分离杂质，它没有出水口，因此使用时不用引入水封水建立水封。

另一种分油机不设比重环，如图2.6-24所示，在分油机工作时，分离筒后排水管路上安装排水阀①是关闭的，分离出的水在水空间④集聚。在分油机净油出口②装设水浓度监测器，连续检测净油中水的含量，检测值被送到控制器中。随着被分离油中水分的不断被分离出并聚集在分离筒外围，油水分离界面逐渐向中心移动，当油水分离界面到达分离盘组边缘后，少量的水珠会随净油排出。水浓度监测器检测到净油中水分浓度的变化，当水传感器的检测到净油中水含量变化超过设定值时，由控制器发信号到排水阀，在不停止分油机的情况下，短时间打开排水阀，执行排水操作，排出分离筒内部水分。另外，两种分油机（有比重环和无比重环）被分离出并聚集在分离筒外围的水分，在排渣期间，随着分油机的排渣操作时同杂质一同经排渣口③被排出分离筒。

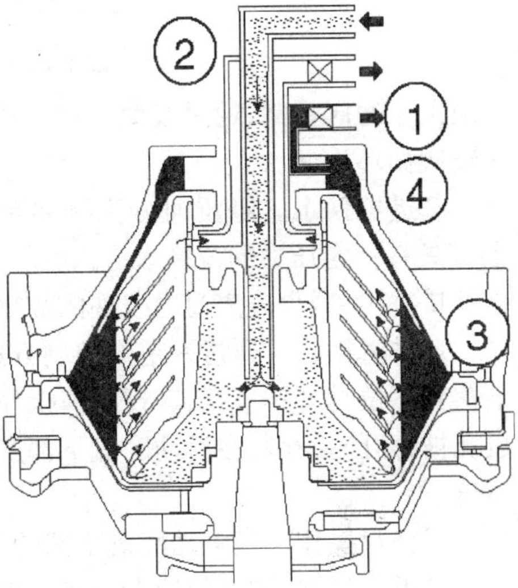

图2.6-24 无比重环的分油机

图2.6-24这种无比重环的分油机同时具有分水机和分杂机两方面的功能，应当说，现代新型的分油机已不存在分水机和分杂机的区别，一台分油机可用于轻柴油、船用柴油、重油和润滑油的分离而不需要进行任何改装。

3）离心式分油机排渣方式

最早的离心式分油机是容渣式分油机，在工作一定时间之后，必须拆开分离筒并对内部进行清洗，给管理人员带来了大量的额外工作量的同时，也降低了分油机的工作可靠性及使用寿命。为了解决这些问题，出现了不用打开分离筒即可进行排渣的分油机，这种分油机亦称为自清式分油机（自清式分油机如果使用带比重环分油机，一般是应是分水机）。其排渣过程无须拆开分油机人工清洁分离筒，而是在分油机运转过程中，通过打开分离筒四周的排渣孔，靠分离筒高速旋转产生的离心力甩出聚集在分离筒内的杂质。其结构特点是在分离筒的下部按装可上下移动的滑动底盘，如图2.6-21(b)中15所示。当滑动底盘工作在上位时，排渣孔被关闭；当滑动底盘工作在下位时，排渣孔被打开，分油机进行排渣。根据排渣孔被打开的持续时间不同，分油机每次排渣的程度（分离筒内油、水、杂质是否被全部排出）也不同，可将自清排渣分油机的排渣方式分为全部排渣和部分排渣两类；根据排渣孔被打开实现方式的不同，可将分油机排渣分为自动排渣方式和手动排渣方式两种。

（1）全部排渣式分油机

此种排渣的持续时间较长，也就是在排渣期间排渣孔被打开的持续时间较长，分离筒内存留的所有物质（杂质、油、水）将完全由排渣孔全部排出。其排渣操作流程循环如图2.6-25所示：其中各环节操作如下：

①停止进油。当分油机开始排渣时，首先停止向分离筒内进油。进入分离筒的待净化油

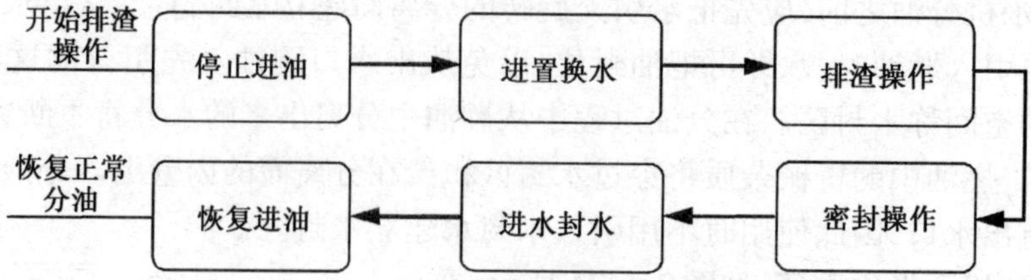

图 2.6-25　分油机全部排杂操作流程图

一般由三通阀控制,通过改变三通阀阀芯的工作位置(上位、下位)可使油进入分离筒或通过三通阀循环返回。

②进置换水。停止向分离筒供油后,应向分离筒内部供应具有一定压力的水(称置换水),具有一定压力的置换水进入分离筒后,会使油水分界面向内移动,驱赶分离筒内的油从排油口排出,减少分离筒内残油的数量,从而减少排渣时油的损失。

③排渣操作。通过一定的控制方式(配水盘)泄放掉滑动底盘下部的工作水,使滑动底盘下落到下位打开排渣孔,实现排渣操作。一般滑动底盘上有数个泄放孔(一般 3 ~ 5 个),当泄放孔被打开时,存留在滑动底盘下部产生向上托力的工作水被放掉,滑动底盘在失去向上托力后落下。

④密封操作。当滑动底盘下部的工作水被重新补充后,滑动底盘将重新在向上托力的作用下被重新托起,被托起的滑动底盘将关闭排渣口,实现分离筒的密封操作。首先封闭滑动底盘上的泄放孔,然后补充工作水到滑动底盘下部,随着滑动底盘下部水量的增加,滑动底盘将再次被托起。滑动底盘下部的工作水由于蒸发、漏失等原因可能会越来越少,当水量减少到一定时,可能导致滑动底盘的再次落下,因此为保持分离筒的密封状态,滑动底盘下部流失的工作水在密封期间应不断的得到补充。③和④操作一般通过安装在分油机上的一套配水系统控制完成。不同的分油机其配水系统不尽相同。但一般有两路工作水,其作用分别是补充滑动底盘下部流失的工作水(保持分离筒密封,一般压力较低)和泄放滑动底盘下部的工作水(实现排渣操作,一般压力较高)。

⑤进水封水。在完成分离筒密封后,首先引进水封水进入分离筒,水封水充满分离筒的四周,并不断向回转中心方向移动,对于有比重环的分油机,当水环向内移动一定距离后就不会再向内移动,再引入的水封水经分油机排水口排出(水封水超过规定压力情况下,如果长时间引入,水封水会由排油口进入净油柜中),进出水达到平衡;对没有比重环的分油机,一般是按分杂机工作,无需引入水封水建立水封操作。

⑥恢复进油。在分离筒内完成水封后,通过改变进油三通阀的工作状态,引入油进入分离筒,开始分油操作。一般情况下,油进入流量是由小到大变化的,可防止油流过猛破坏水封,引起出水口跑油。

下面以国产 DZY-50 型自动排渣分油机为例说明全部排渣式分油机的排渣过程。如图 2.6-26 所示,为国产 DZY-50 型手控自动排渣分油机的分离筒和手控自动排渣系统的结构图。由图可见,这种分油机的基本结构、分离原理和非自动排渣的基本相同,所不同的是它设有可上下移动的滑动底盘 5,并附加一套控制自动排渣动作的配水系统。下面介绍手控自动排渣动作原理。

在分离筒本体 4 的壁上沿圆周均匀分布着排渣孔 L,分离筒内的滑动底盘 5 可以上下移动,底盘的上方是被净化的燃油(包括水封水)。若在底盘 5 和本体 4 形成的空间中通以控制启闭的工作水，在分离筒高速转动的情况下，由于工作水的作用半径大于被净油的作用半径，加上水的密度大于燃油的密度，而离心惯性力所造成的压力随作用半径和密度的增大而增大，因此底盘下方的压力大于底盘上方的压力，从而使滑动底盘 5 紧压在分离筒盖 8 上，并保持分离筒的密封(图左半部)，这时就可以进行分油作业。若设法把滑动底盘 5 下部空间的工作水放掉，则在上部水封水及油的压力作用下，滑动底盘下移，排渣孔被打开，污渣和水封水就靠离心惯性力的作用自动从排渣孔 L 中甩出(图右半部)。

为了控制分离筒的开启和封闭，设有滑动圈 24、配水盘 17，内外接管 20 和 21 以及控制阀 22 等组成的配水系统。工作水由一专设的高位水箱供给，水箱应置于控制阀 22 上面 1.5 ~ 3.0 m 高处。控制阀的表盘上刻有“开启”、“空位”、“密封”、“补偿”四个位置。现在按四个位置来说明配水系统的构造和工作原理。

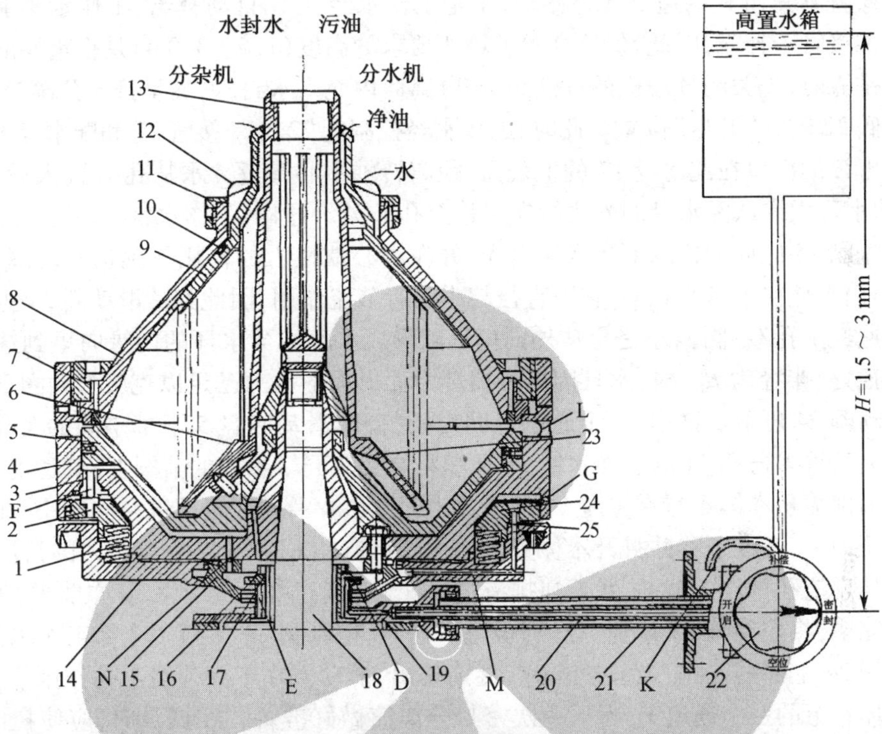

图 2.6-26 DZY-50 分离筒和配水系统

1—复位弹簧；2—塑料堵头；3—导水套；4—分离筒本体；5—滑动底盘；6—无孔分离盘(分杂用)；7—主锁紧环；8—分离筒盖；9—颈盖；10—挡圈(分杂用)；11-小锁紧环；12—比重环；13—盘架；14—弹簧座；15—分流圈；16—固紧螺母；17—配水盘；18—分离筒轴；19—导水座；20—内接管；21—外接管；22—控制阀；23—有孔分离盘；24—滑动圈；25—导水销

分油机停止不用时，控制阀 22 处于“空位”位置。此时分离筒已经打开，滑动底盘 5 在最低位置，控制阀 22 切断了通往内外接管 20 和 21 的工作水，整个分离筒内无水，滑动圈 24 在底部弹簧 1(共 16 只)的作用下上移，并用它上面的塑料堵头 2 封住装在分离筒本体 4 上的三只导水套 3，从而将通道 F 堵死。

当要进行分油作业时，起动分油机，待达到额定转速后，将控制阀 22 按逆时针方向转到“密封”位置。此时工作水通入外接管 21，而内接管 20 与控制阀 22 上的指示管 K 接通。大量的工作水由外接管 21 经导水座 19 和配水盘 17 上的孔 E 进入分流圈 15 中，在离心惯性力的作用下经本体 4 上的一个孔 N 进入滑动底盘 5 的下部空间。在工作水由离心惯性力形成的压力下，滑动底盘5上移，压紧分离筒盖8并封闭分离筒。随着工作水的不断进入，水环的内缘逐渐向转轴中心靠拢，在充满滑动底盘的下部空间后，分流圈15中的水环内缘先到达配水盘17圆周上的孔D，并通过内接管20从指示管K中流出，这就表示分离筒已密封好，此时应迅速将控制阀22转至"补偿"位置开始分油作业。

"补偿"位置就是进行分油作业的位置。这时，工作水经由控制阀22通入内接管20和配水盘17上的一个孔D。在分油过程中，若滑动底盘5下部空间的工作水因漏泄而减少，工作水就能自动从孔D流入底盘下方进行补充，以保持分离筒的有效密封。在正常情况下，分流圈15中的水环内缘停留在配水盘17的外边缘处，向里直到转轴18的空间内则无水，这是由于高置水箱中工作水的静压力与配水盘17孔D外缘处因离心惯性力而形成的压力相平衡，因此，虽然水的通道已经沟通，但工作水却不会流入分流圈15。当底盘下方的工作水减少时，水环的内缘就离开孔D的边缘向外移动，于是工作水经孔D自动补给，工作水不能从船上的淡水压力柜接管子补充，因此，保持高置水箱所要求的高度(1.5~3.0m)是很重要的。

当要排渣时，先关闭分油机的进油阀，向分离筒内充入水封水，尽量排光分离筒中的燃油，再把控制阀22转到"开启"位置。此时，工作水经控制阀22与外接管21和配水盘上的四个孔E相通。孔E的出口在配水盘17的上表面，距离转轴中心最近。水从孔E进入后，就使分流圈15中的水环内缘从配水盘的外边缘向里移至孔E处。这样，工作水就能沿配水盘门的下表面溢过分流圈15底面的边缘而进入通道M，并在离心惯性力的作用下到达滑动圈24的上部空间，分离筒本体4上有小孔G，它因直径甚小而有节流作用，因此到达滑动圈24上部的工作水不能迅速经由孔G排掉，于是也从外向里逐渐形成水环。当水环的内缘向里到达进水孔M的节圆半径处(半径为R_6)时，水环因离心惯性力而形成的压力已足以克服滑动圈下部的弹簧力而将滑动圈24压下。这样，三个通道F同时被打开，滑动底盘5下部空间的工作水经孔F和滑动圈上的许多通孔T(位于导水销25和塑料堵头2同一半径的节圆上)到达滑动圈下部，再靠离心惯性力从本体4与弹簧座14的缝隙中间甩出。滑动底盘下部空间减小，在分离筒内水封水的压力下，底盘下移并打开本体壁上的一圈排渣孔L，积聚在分离筒内的污渣即连同水封水一并从排渣孔排出L这时可听到排渣的冲击声，通过排污管观察镜亦能看到有污渣排出。排渣完毕，将控制阀22转到"空位"位置。这时，控制阀22切断了全部工作水的通道，残存在滑动圈24上部的工作水经过小孔G逐渐排出，滑动圈在下部弹簧1的作用下上移，又重新封住本体4上的三个通道F，为下一次密封分离筒做好准备。在操纵时，应使控制阀22在"空位"位置至少停留6~7 s，使工作水全部放空，再转到"密封"位置。停机不用时，应将控制阀22放在"空位"位置。

必须指出，孔G直径甚小，很容易被人们忽视，它若被堵死，滑动圈24上部的残水就无法排光，滑动圈无法恢复原位，分离筒也就无法封闭，同时，工作水应保持洁净，以防生成水垢或混入泥沙、铁锈或其他杂质，这对分油机的正常运转也是非常重要的。

(2)部分排渣式分油机

此种排渣的时间很短，即排渣口的开启时间很短，通过排渣口排掉的仅是分离筒总容量的一部分，并且排渣期间分油机不停止分油操作，因此叫部分排渣分油机。排渣量的多少取决于排渣口开启时间的长短，而开启时间是可调整的。图2.6-27示出了部分排渣操作的流程图。

①进置换水。进置换水的目的是避免或减少排渣期间油的损失。在部分排渣期间，分离筒外围空间范围内的杂质或水或油将被排出分离筒，为确保排出物中没有油，应保证分离筒外部有效排渣空间被杂质或水充满。对于燃油分油机，由于其中水分含量较大，一般在排渣前无

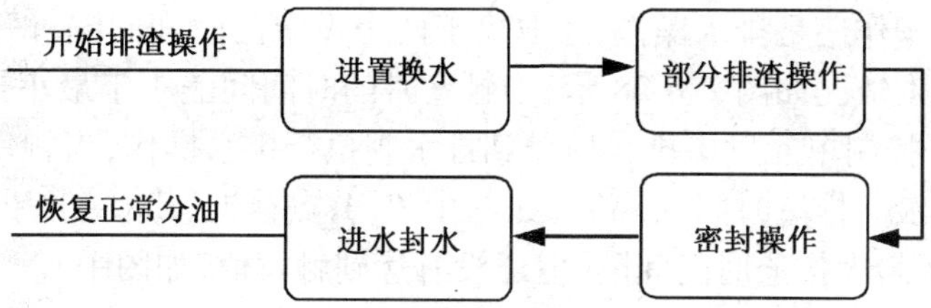

图 2.6-27　分油机部分排杂操作流程图

需注入置换水也可满足其要求；但对于滑油分油机来说，由于其中水分含量一般较低，因此在排渣前，系统将检测水传感器的数值，根据需要引入适量的置换水，确保在排渣期间不损失润滑油。

②排渣和密封操作。在部分排渣期间，滑动底盘的开启和密封是相关联的，部分排渣的关键是精确的控制分离筒滑动底盘的打开时间。由于在部分排渣期间，分油机没有停止分油工作，如果开启时间过长会导致大量的油损失。一般通过严格控制阀的开启时间和工作水的流量两种方式实现部分排渣控制。

③进水封水。在部分排渣后一般向分离筒内补充一定量的水，可尽快建立起最佳的油水分离界面。

(3)排渣控制方法

自动排渣式分油机有两种排渣控制方式：定时式自动排渣和触发式自动排渣。

①定时式自动排渣是分油机常用的一种排渣控制方法，尤其在早期的自动排渣分油机中，其排渣方式几乎都是定时控制的。最早的自动排渣分油机都是靠人工实现的，每到排渣时间，由船员到机旁执行排渣操作。实际上，分油机的工作过程是一个时序控制过程，而且是一个有一定周期的循环操作过程。后来，随着控制技术和电子技术的发展，相继出现了由“机械时序控制器”控制的自动排渣分油机和由“电子时序控制器”控制的自动排渣分油机。此种控制方式的优点是简单实用，可根据不同的油品设定不同的排渣周期。一般来说滑油分油机的排渣时间间隔较长，燃油分油机的排渣时间间隔较短。

②触发式自动排渣分油机是在定时式自动排渣基础上发展起来的。一般以净油中水含量的变化率为触发对象，当净油中水含量的变化率超过某一设定值时，触发排渣操作。在触发式自动排渣操作中一般需设定两个定时值，分别为最小排渣间隔和最大排渣间隔。触发时如果距上次排渣时间间隔大于设定的最小排渣间隔，排渣循环将被触发；但如果小于设定的最小排渣间隔，将仅触发排水操作。如果距上次排渣间隔已经超过设定的最大排渣间隔还未触发操作，系统将启动定时排渣程序，执行定时排渣操作。下面以 ALFA-LAVAL FOPX/MFPX 分油机为例说明其触发式自动排渣分油机的排渣控制原理。

FOPX/MFPX 分油机基本上按分杂机工作，净油从净油出口连续排出。分离出的泥渣和水积聚在分离筒周围，当油水分离界面接近分离盘外边缘时，一些水滴开始同净油排出。在净油中，水分的少量增加会被净油出口的水传感器检测到。实际上，净油中水分的增加也标志着分油机对固体杂质分离效率的降低。来自水分传感器的信号连续地传给并被 EPC-400 控制单元判断。注意，它只测量出水含量的变化值，而不涉及水含量的绝对值。它测出的是一个非标准参考值的水分传感器信号的偏差，允许偏差范围是触发范围。

当净油中的水分达到触发点时，EPC-400 控制单元将开始排出积聚于 FOPX/MFPX 分离筒中的水，排水有两种情况：a. 通过分离筒周围的排渣口和泥渣一起排出；b. 或者通过排水阀排出。是执行排渣操作还是排水操作，还取决于两个设定的时间间隔，即：最小排渣间隔和最大排渣间隔。其触发情况如图 2.6-28 示，当触发时的时间间隔小于最小排渣间隔时，图中 A、A_1 点情况，EPC-400 控制单元发出排水信号到排水阀执行排水操作；当触发的时间间隔大于最小排渣间隔并小于最大排渣时间间隔时，如图中 B、A_2 点情况，EPC-400 控制单元执行触发排渣操作；如果达到了最大排渣时间间隔，但还没有达到触发值，如图中 C 点情况，EPC-400 控制单元将执行定时排渣操作。

3. ALFA-LAVAL S 系列分油机

ALFA-LAVAL S 系列分油机是 ALFA-LAVAL 公司推出的最新一代分油机，其结构和工作方式与以往的分油机相比都有了重大的改变。首先在传动方式上，摒弃了传统的蜗轮机构改为目前的平皮带机构，使分油机结构更加紧凑，分离筒转速提高，分离效率提高；其次，在滑动底盘的设计上采用了新型的弹性结构，活动底盘的下部中心是固定的，当进行排渣时，依靠活动底盘本身的弹性使其端部运动，打开排渣口；第三，其滑动圈的下部不再设弹簧，滑动圈的运动完全靠其上下两面的压力差控制；第四，其排渣方式从部分排渣又重新改回为全部排渣，只是在拆装后的第一次运行时对分离筒内的进水量进行精确标定，即避免了老式的全部排渣分油机在排渣时过多的油损失，也避免了部分排渣分油机由于排渣时间过短可能造成的部分油渣卡在滑动底盘和密封圈之间，分离筒无法封闭的问题。此外，该分油机的排渣孔从以往的方形孔改为圆形也，使排渣更加顺畅，噪音更低。

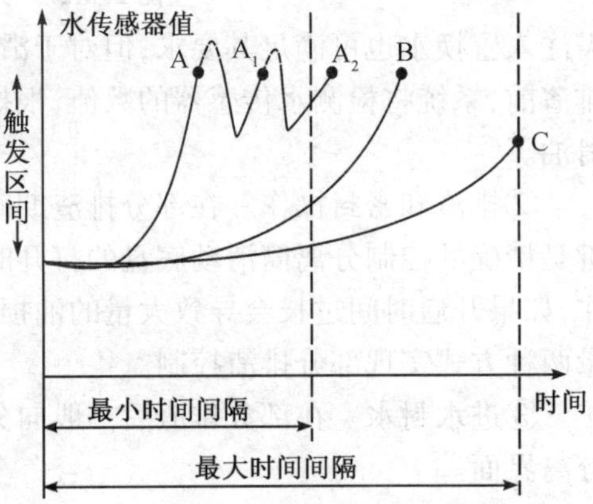

图 2.6-28　排渣触发操作

S 分油机的结构原理如图 2.6-29 所示，S 分油机进出油管结构由原来的双向心泵（下部为净油排出，上部将分离出的水排出），改为下部有一个具有向心功能的固定不动的向心泵 12（Parting Disc），它能把分离出来的净油从 2 口排出。上部使用向心管 4（Parting tube）能把分离出来的水从出水口 3 排出。向心管是活动的，在支撑臂及弹簧的作用下将其向外张开，使其保持与水腔内的水界面接触，需要时可把水腔内水向外泵出。实际上不管是向心泵还是向心管，都是把高速旋转的液体流动能转变成位能（压力能），这种改进使能耗降至最低。待分油从进油口 1 连续进分油机，经旋转分离叠片组外边缘上的垂直缺口进入分离叠片组，油经分离叠片之间形成的通道上升，油在上升的过程中继续被分离，水分和杂质被离心力甩向分离叠片的外侧，净油被推向分离叠片的内侧，当净油向内离开分离叠片后，流过分配器油孔进入油腔，通过向心泵 12 扩压，油被泵出油腔，在净油出口 2 所接的管路上装手动背压调节阀和一台 MT50 型水分传感器，它能精确地检测净油中的含水量。当分离出来的水很少时，其油水分界面在分离盘外侧较远处，这时装在排水出水口 3 管路上的排水电磁阀关闭，封住出水口 3 不向外排水。从出口 2 排出的净油中基本不含水分或含水量极少。随着分离过程的进行，油水分界面不断向里移动，水分传感器会感受到净油中含水量的增大。当油水分界面移动到接近分离盘外边缘时，净油中的含水量会增加到一个触发值。这个触发值将送到 EPC-50 型监控装置，由该装置决定是打开排水电磁阀向外排水，还是打开排渣口 X 进行一次排渣。如打开排水电磁阀排水，油水分界面会迅速外移，净油中含水量也会迅速减少，当降低到一定值时停止排水。

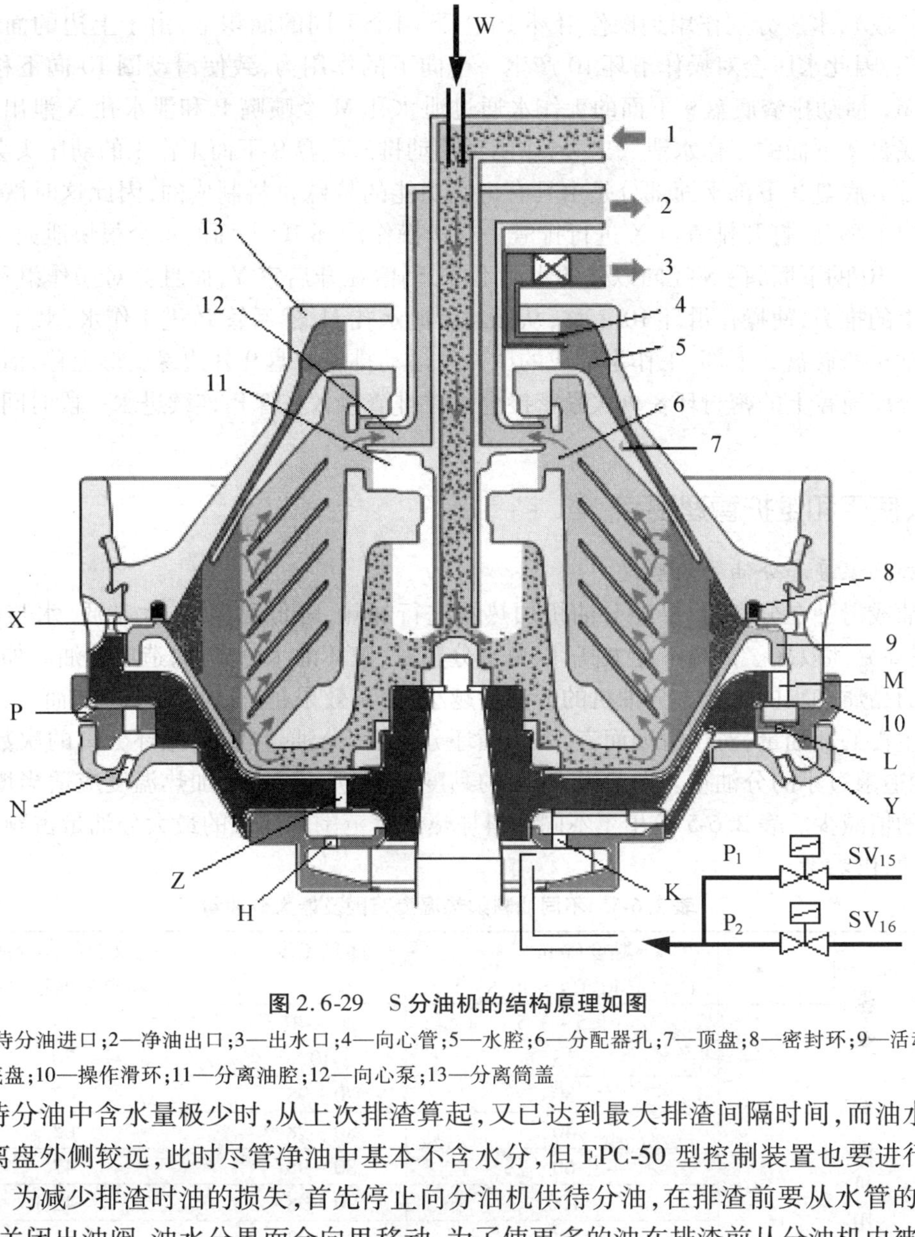

图 2.6-29 S 分油机的结构原理如图

1—待分油进口;2—净油出口;3—出水口;4—向心管;5—水腔;6—分配器孔;7—顶盘;8—密封环;9—活动排渣底盘;10—操作滑环;11—分离油腔;12—向心泵;13—分离筒盖

当待分油中含水量极少时,从上次排渣算起,又已达到最大排渣间隔时间,而油水分界面仍离分离盘外侧较远,此时尽管净油中基本不含水分,但 EPC-50 型控制装置也要进行一次排渣操作。为减少排渣时油的损失,首先停止向分油机供待分油,在排渣前要从水管的 W 口供置换水,关闭出油阀,油水分界面会向里移动,为了使更多的油在排渣前从分油机内被赶出,以减少油的损失,当出油口压力传感器检测到的压力达到 0.02 MPa 时,打开出油阀,当置换水供给到量时(置换水的体积是根据分油机首次起动时对水流量标定后自动设定的),打开排渣口进行排渣。

S 型分油机分离筒在结构上也有较大的改变,操作滑环 10 取消了托顶弹簧,活动排渣底盘 9 不在利用上下运动使分离筒封闭,而是靠活动排渣底盘 9 下部的工作水形成的压力使活动排渣底盘 9 下部平面部分向上变形,使活动排渣底盘 9 外边缘向上移动与分离筒盖上的密封环 8 紧密接合,从而使分离筒的排渣口 X 密封。分离筒盖的锁紧由以前的锁紧螺母改为锁紧环。在正常分油期间,为了补偿工作水由于蒸发和漏泄造成的缺失,由管 P_2 断续供水,使其工作水面维持在 Z 孔附近(少量多余的工作水会经喷嘴 P 泻出),这时管 P_1 断水。当需要排渣时,管 P_1 进水,水面向里移,经 K 孔进入开启室 Y,在 Y 室充满水后(由于进水量较大而喷嘴 P

来不及泄放),水压分别作用到操作滑环 10 上下两个不同的面积上,由于上边的面积大于下边的面积,因此水压会对操作滑环 10 产生一个向下的作用力,致使滑动圈 10 向下移动,打开泄水孔 M,活动排渣底盘 9 下面的工作水通过泄水孔 M 经喷嘴 P 和泄水孔 N 泄出。由于活动排渣底盘 9 下面的工作水泄放出去,作用到活动排渣底盘 9 下面工作水的动压头会消失,这样活动排渣底盘 9 下部平面部分是由具有记忆功能的特殊材料制成的,因此这时恢复常态使外边缘向下移动,打开排渣口 X 进行排渣。这样操作滑环 10 上面的水会很快泄完,而作用到操作滑环 10 的下面,孔 N 径向以外的水泄不掉,仍留在开启室 Y,而且会对操作滑环 10 产生一个向上的推力,使操作滑环 10 上移,从而封闭泄水孔 M,然后管 P_2 进工作水,水经 H 和 Z 孔进入活动排渣底盘 9 下部,工作水形成的压力使活动排渣底盘 9 外边缘变形上移,活动排渣底盘 9 与分离筒盖上的密封环 8 再次紧密接合封住排渣口 X。管 P_2 连续进水一段时间后恢复继续进水。

二、使用和维护管理要点

1. 加热温度和分油量的确定

燃油或滑油在分离前,要经分油机加热器进行加热,降低黏度,扩大杂质、水与油的密度差,以提高分离效果。油温不能太高,以免水分蒸发,破坏油水分界面,造成跑油。加热温度取决于油的品质和水的沸点。分油机的分油量越小,分离效果越好。但对于燃油而言,分油量必须满足主机的耗油量,对于滑油而言,采用循环分离后,分油量越小,循环分离的次数越少,因此,不能追求过小的分油量。一般说来,油的黏度越大,质量越差,加热温度应适当增高,分油量也应酌情减少。表 2.6-5 给出了不同油料加热温度范围和建议的最大分油量占额定分油量的百分数,供参考。

表 2.6-5　不同油料加热温度范围及最大分油量

品　种			黏度(mm^2/s)(≤13,40 ℃;≥30,50 ℃)	加热温度(℃)	建议的最大分油量标定分油量(%)
柴油机用燃油			1.5~5.5	20~40	78
			13	40	70
			30	70~98	62
			40	80~98	62
			60	80~98	47
			100	90~98	45
			180	90~98	31
			380	98	26
			460	98	22
			600	98	18
			700	98	16
润滑油	十字头式	抗氧防锈添加剂		80~90	35
		清净剂		80~90	30
	筒式	清净剂		80~90	21

2. 选择最佳的工作方式

分油机在船上工作时,工作方式有三种:①单机工作,用一台分水机处理全部流量。②并联工作,两台分水机并联工作,各处理总流量的 50%。③串联工作,两台分油机串联,前一台为分水机,后一台为分杂机,每台都要处理全部流量。这种方式效果最好,即使分水机油水分界面太靠内,分离效果差些,因后级还有分杂机,仍能保持较好的分杂效果。

3. 操作要点

目前,全自动分油机在船舶上得到了越来越广泛的应用。现以 ALFA - LAVAL S 系列分油机为例来说明全自动分油机分油作业时的操作管理要点。这种分油机除配有一个 EPC50 控制单元,一些控制和检测辅助元件,还配有供油泵和加热器等辅助设备,它们共同构成一个分油机的工作系统。如图 2.6-30 所示

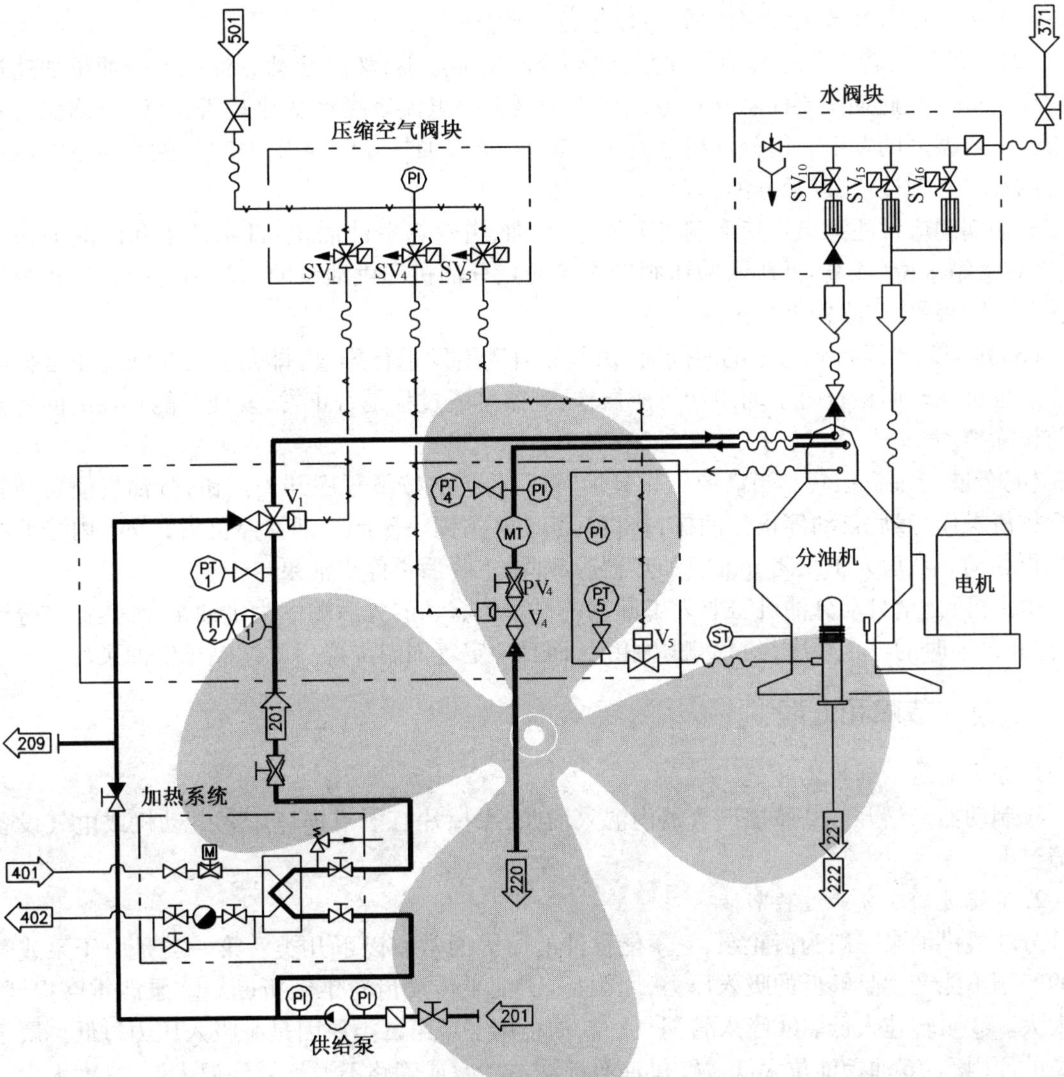

图 2.6-30　S 分油机工作系统

201—燃油进口;209—回油口;220—净油出口;221,222—排渣(水)口;401—蒸汽进口;402—凝水出口;371—淡水进口;501—压缩空气进口;PI—压力表;PT—压力传感器;TT—温度传感器;MT—水浓度监测器;ST—转速传感器;SV—电磁阀

该系统由压缩空气阀块、水阀块,燃油供应和加热系统和分油机组成。压缩空气阀块由控制空气瓶经 501 供给压缩空气,根据控制单元 EPC50 的信号控制电磁阀 SV_1、SV_4、SV_5 的启

闭，继而控制气动阀 V_1、V_4、V_5 的状态。淡水压力柜的淡水经 371 供入水阀块，根据电磁阀 SV_{10}、SV_{15}、SV_{16}的启闭控制分油机的水封水、开启水、关闭水。燃油经供给泵首先送至加热系统被加热到 98 ℃，然后进入气动三通阀 V_1。在起动或排渣期间，三通阀控制燃油经回油口 209 返回沉淀柜。若工作条件满足，燃油则进入分油机。分油机排出的净油经水浓度监测器 MT、背压阀 RV_4 后由净油出口 220 供往日用柜。若水浓度高，则排水阀 V_5 开启排水。油渣经接口 221、222 以定时的方式排往油渣舱。

(1)起动前的检查。在起动前除应检查分油机滑油油位、刹车装置、分离筒和摩擦离合器、各种阀件的开关位置是否符合要求外，还应检查加热器、空气气源是否正常，各设定参数是否符合要求。以上准备工作完成后，可以进行起动操作。

(2)起动和运转。首先起动供油泵，起动分油机加热器，然后起动分油机。分油机加速过程约需 5 min，在此期间要注意观察分油机起动器上的电流表指针变化是否正常，应确保无不正常噪音或振动的发生。待分油机达到正常转速、油温加热到所要求温度后，便可按下控制单元上的程序开关按钮，进行分油作业。

分油期间应常注意出水口和排渣口是否跑油、齿轮箱滑油油位、日用油柜和沉淀油柜油位、高置水箱水位(或高、低压水减压阀工作情况)、分油机和供油泵的运转情况等。注意分油机各种故障报警，消除警报并排除故障。

(3)排渣。当运行到选定的时间时，由程序自动引发进行排渣，排完渣后又恢复正常分油作业。也可在巡回检查时手动激活排渣操作，观察排渣过程是否正常，发现可能存在的问题并提前排除掉。

(4)停止分油机运转。当需要停止分油时，只要再次按下程序开关按钮，分油机便自动先执行排渣操作，然后自动停止分油机，并将其起动开关锁住 3 min，即在停机后 3 min 内分油机不能再起动。然后人工关闭分油机加热器，当油温下降后再停供油泵。

由上可见，全自动分油机需要人工起动的设备依起动的先后顺序为供油泵、加热器和分油机，停止分油时的停止顺序与起动顺序相反，而且一定等油温下降后才能停止供油泵。

三、常见故障和处理

1. 分离筒达不到规定转速

①制动器未松开。②摩擦离合器内混入油脂，摩擦片打滑或损坏。③电动机或电气设备故障。

2. 不能进油或分油过程断油

分油机供油泵一般为齿轮泵，它不能供油的原因通常有以下几类。第一类是由于泵或管路的问题不能产生足够低的吸入压力，原因是：①油泵传动齿轮锥销折断。②泵严重磨损，间隙太大。③泵转速太低。④吸入管漏气。⑤油柜用空。第二类原因是泵吸入压力过低。属于这类的原因有：⑥油柜油位太低。⑦供油泵前滤器堵塞或管路不通。⑧油温太低、黏度太大。

3. 出水口跑油

第一类情况是水封未能建立或受到破坏：①起动时水封水未加或加得太少。②进油阀开得太猛，水封被破坏。③油温太高，水封水被蒸发，水封被破坏。④转速不足使水封压力不够。⑤分离盘片间脏堵。

第二类情况是油水分界面外移至分离盘外。属于这类原因的有：⑥重力环内径过大。⑦油未加热至要求值，密度大。

4. 排渣口跑油

这是由于排渣口未能封闭。排渣口跑油原因有以下几类:

第一类是滑动圈不能上移堵死密封水腔泄水口。原因是:①分离筒上泄水小孔堵塞,不能泄水。②滑动圈下方弹簧失效。③滑动圈上方塑料堵头失严。

第二类原因是滑动底盘下部缺密封水,可能是:④高置水箱无水。⑤工作水系统管道或控制阀堵塞或严重漏泄。⑥滑动底盘周向密封圈失效漏泄。

第三类原因是滑动底盘与分离筒盖不能贴紧,原因是:⑦滑动底盘上端面主密封环失效。⑧传动齿轮和轴承过度磨损使立轴下沉。

5. 不能排渣

原因可能是缺少压下滑动圈的开启工作水,可能是:①高置水箱无水。②工作水系统管道或控制阀堵塞或严重漏泄。③有关工作水孔脏堵不通。④滑动圈周面密封圈失效。

6. 出现异常振动或噪声

问题主要可能是:①分离筒安装不正确、紧固件松动或与机盖、配水盘擦碰。②传动机械因缺油或油质差而损坏。③轴承过度磨损而立轴下沉。④供油泵卡阻或损坏。⑤摩擦离合器损坏或过度磨损,质量不均匀。⑥排渣不净,分离筒内积渣不均。

第四节　冷却系统

在柴油机中燃油燃烧放出的热量中30%～33%要经过气缸、气缸盖和活塞等部件散向外界。为了能散出这些热量,需要有足够数量的冷却介质强制连续流经受热件,通过冷却保证这些受热部件的正常稳定温度。因而在多数柴油机中均设置冷却系统,保证足够而连续的冷却介质流量以及适当的冷却介质温度。从能量利用观点来看,柴油机的冷却是一项应予避免的能量损失,但从保证柴油机正常工作的角度考虑它又是必需的。柴油机冷却有以下作用:首先,冷却可以保持受热件的工作温度不超过材料所允许的限值,从而可保证在高温状态下受热部件的足够强度;其次,冷却可以保证受热件内外壁面适当的温差,减少受热件的热应力;此外,冷却还可以保证运动部件如活塞与缸套的适当间隙、缸壁工作面滑油膜的正常工作状态。冷却的这些作用通过冷却系统来实现。在管理中应兼顾柴油机冷却的两方面要求,既不使柴油机因过分冷却而过冷,也不使柴油机因缺乏冷却而过热。近代,从尽量减少冷却损失以充分利用燃烧能量出发,国内外正在进行绝热发动机的研究,相应发展了一批耐高温的材料,如陶瓷材料等。目前,柴油机的冷却方式分强制液体冷却和风冷两种。绝大多数柴油机使用前者。

一、冷却系统的组成和类型、冷却系统的主要设备和作用

在柴油机强制液体冷却系统中的冷却剂通常有淡水、海水、滑油三种。淡水的水质稳定,传热效果好并可采用水处理解决其腐蚀和结垢的缺陷,因而它是目前使用广泛的一种理想冷却介质。柴油机对淡水水质的要求一般为不含杂质的淡水或蒸馏水。若为淡水要求其总硬度不超10(德国度)、pH值为6.5～8、氯化物含量不超过50×10^{-6}。当使用蒸馏水或离子交换器产生的完全脱离子水作为冷却淡水时,必须特别注意对淡水进行水处理,并定期化验,确保水处理剂的浓度达到规定范围;否则由于浓度不够而产生的腐蚀比使用一般硬水还严重(因无一般硬水所形成的石灰薄膜沉淀物保护)。海水的水质难以控制且其腐蚀和结垢问题比较突出,为减少腐蚀和结垢应限制海水的出口温度不宜超过45 ℃,因而目前很少使用海水直接

对柴油机进行冷却;滑油的比热小,传热效果较差,高温状态易在冷却腔内产生结焦,但它不存在因漏泄而污染曲轴箱油的危险,因而适于作为活塞的冷却介质。一般柴油机冷却系统是用淡水强制冷却柴油机,然后用海水强制冷却淡水和其他载热流体(如滑油、增压空气等)。在系统布置上,前者属闭式循环,后者属开式系统。两者组成的冷却系统称闭式冷却系统。

1. 闭式淡水冷却系统

由于受热件工作条件不同,所要求的冷却液温度、压力和基本组成也各不相同。因而各受热件的冷却系统通常由几个单独的系统组成。一般分为缸套和气缸盖、活塞、喷油器三个闭式淡水冷却系统。在缸套水冷却系统中,淡水流动路线可以有方案:

(a) 主机 { → 膨胀水箱 / →淡水冷却器 } → 淡水泵 →主机

(b) 主机 { → 膨胀水箱 ↓ → 淡水泵 } →淡水冷却器 →主机

两者的区别在于淡水泵供应的淡水在(a)方案中先进主机,然后再去淡水冷却器;而在(b)方案中则先去淡水冷却器,然后再去主机。一般来说,淡水泵供应的淡水应先进主机,这可以防止缸套穴蚀和冷却水的汽化,但由于目前冷却水压力较高,两者实际区别不大。

图 2.6-31 为 MAN B&W MC 系列柴油机缸套冷却水系统。缸套冷却水泵出口的淡水由缸

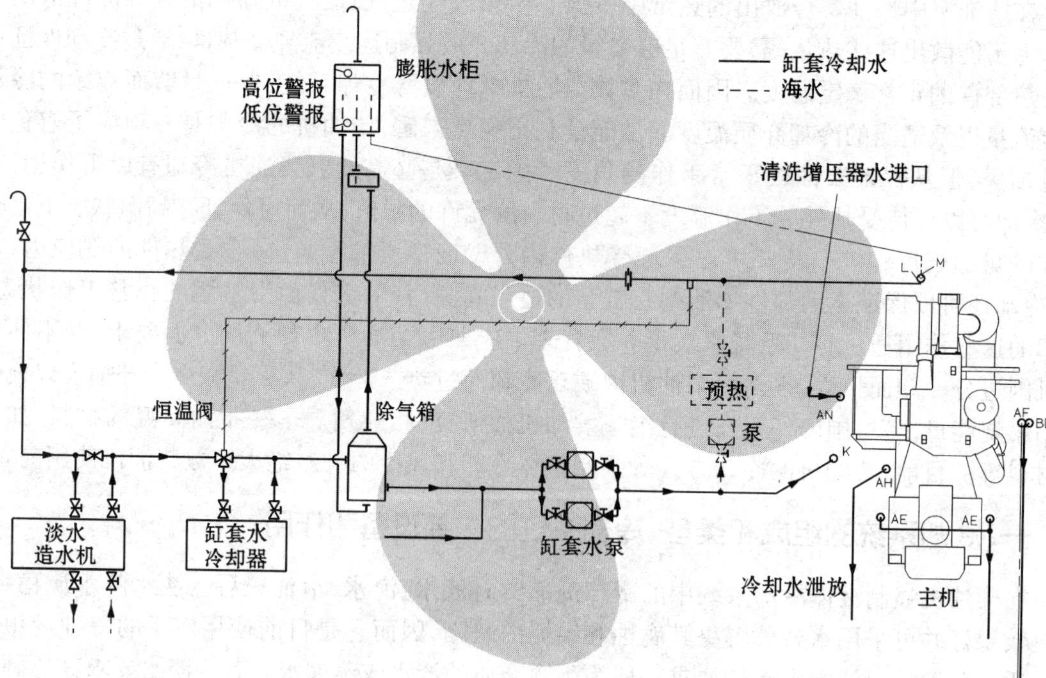

图 2.6-31 MAN B&W MC 系列柴油机缸套冷却水系统

套水进口总管进入各缸套下部,沿缸套→气缸盖→增压器路线进行冷却。各缸出水管汇总后,一路经造水机和淡水冷却器冷却,重新进入缸套冷却水泵进口;另一路进入淡水膨胀水箱。在

淡水膨胀水箱和缸套冷却水泵之间设有平衡管用于给系统补水并保持淡水泵吸入压头。

系统中有温度传感器检测冷却水出口温度的变化,并通过热力控制阀控制其进口温度。通常,缸套冷却水泵设有两台,皆为离心泵。缸套冷却水系统中均设高置膨胀水箱。其作用有:膨胀,使系统中的淡水受热后有膨胀的余地;补水,补充系统中因蒸发和漏泄而损失的水量并保证淡水泵有足够的吸入压头;排放系统中的空气;投药,可在此投放化学药剂以对冷却水进行化学处理;加热,可对冷却水加热以暖缸(如在其中设置加热装置)。喷油器冷却系统的组成和原理与缸套冷却系统基本相同,冷却剂可用淡水或柴油。目前大中型柴油机普遍采用燃油经喷油器循环的措施,利用燃油冷却喷油器,不设专门的冷却系统。

2. 开式海水系统

开式海水系统是用海水做为冷却剂冷却淡水、滑油、增压空气和空气压缩机等。系统的基本组成是海底阀和大排量海水泵。其系统如图 2.6-32 所示,使用过的海水排至舷外。在系统中装设感温元件 6 和自动温度调节阀 11,使部分使用过的海水回流至海水泵进口,保证进冷却器的海水温度不低于 25 ℃。

一般设两个以上海底阀,分高位和低位,分设在船舶的两侧舷旁。高位海底阀(门)位于空载水线下约 300 mm 处,低位海底阀(门)设在舱底(靠双层底附近)。船舶进港后,由于水面下泥沙污物较多,多用高位海底阀。而在海上航行时,为防止因风浪造成空吸,多使用低位海底阀。当船舶在码头停靠时,一般停止使用紧近码头一侧的海底阀,而改用外侧海底阀,以防污物阻塞。海水泵一般设两台,一台备用。有些船上把备用泵兼作备用淡水泵。海水泵排量很大,通常在吸入管接一应急舱底吸口,以备机舱进水时应急排水之用。海水泵一般均采用大排量离心泵。通常,船舶上的柴油副机有自行独立的淡水冷却系统。

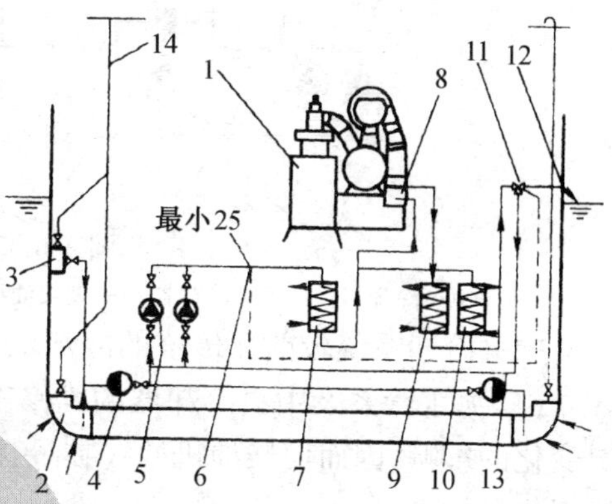

图 2.6-32　开式海水冷却系统

1—主机;2—低位海底阀;3—高位海底阀;4—海水滤器;5—海水泵;6—感温元件;7—滑油冷却器;8—增压空气冷却器;9—活塞水冷却器;10—缸套水冷却器;11—温度调节阀;12—出海阀;13—温海水回行管;14—通气管

二、中央冷却系统

从 20 世纪 70 年代初期开始,出现了一种新型的柴油机冷却系统,即中央冷却系统。这种冷却系统的基本特点是使用不同工作温度的两个单独的淡水循环系统:高温淡水(80 ~ 85 ℃)和低温淡水(3 ~ 40 ℃)闭式系统。前者用于冷却主机,后者用于冷却高温淡水和各种冷却器。受热后的低温淡水再在一个中央冷却器中由开式的海水系统进行冷却。由此,可保证只使用一个用海水作为冷却液的冷却器。图 2.6-33 所示为 SULZER RTA - T 系列柴油机使用的中央冷却系统。主机缸套冷却水为高温淡水循环系统,发电副机缸套水为低温淡水系统。低温淡水由中央冷却水泵泵出分别冷却主机空气冷却器的低温循环、各台发电柴油机及其他冷却器,并且部分低温淡水通过混水阀进入高温淡水系统以调节高温淡水系统和温度。高温淡水系统主要用来冷却主机缸套水和空冷器的高温循环。在港泊期间,发电副机缸套冷却水可用来给主机暖机。受热后的低温淡水可在中央冷却器中由主海水泵泵出的海水进行冷却。由此,简化了船舶海水管系,使海水管系最短。此外在系统中上有多个温度传感器以及相应的热力控制阀,可根据水温的变化调节旁通水量大小。

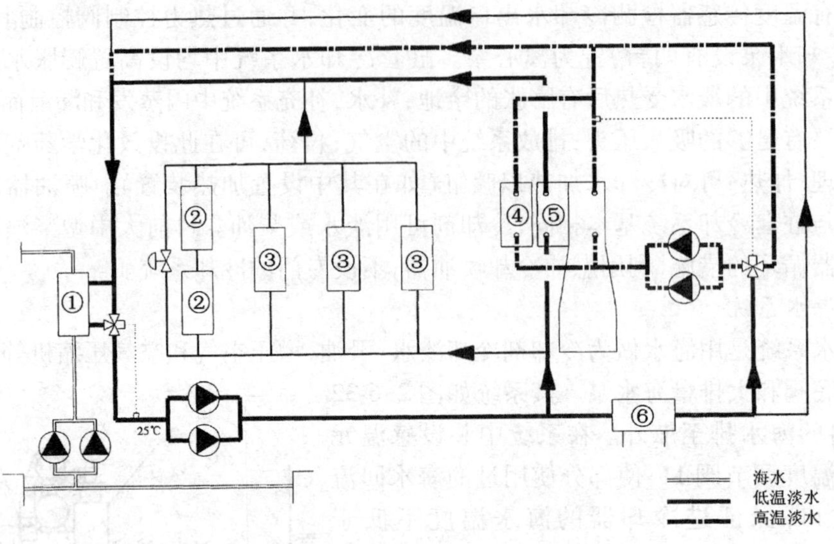

图 2.6-33　柴油机中央冷却系统

1—中央冷却器;2—各种冷却器;3—副柴油机;4—高温空冷器;5—低温空冷器;6—滑油冷却器

中央冷却系统较前述传统的冷却水系统有以下明显优点:

(1)海水管系及中央冷却器的维修工作减至最低限度。(2)气缸冷却水温度稳定,不受工况变化的影响,因而使柴油机始终在最佳冷却状态下运转。(3)淡水循环可多年保持清洁,维修工作量极少。

中央冷却系统同时也存在以下缺点:

增加了中央冷却器及其附助设备与管系,因而投资费用较高;由于附加管系的阻力损失,使泵送耗功也有所增加。

在建造的现代化船舶中,大多采用中央冷却系统。

三、冷却系统的维护管理

首先,调整冷却系统的工作参数,并确保正常。

(1)淡水泵出口压力应调整在正常工作范围。通常淡水压力应高于海水压力,防止冷却器泄漏时海水漏入淡水中,引起其变质。

(2)淡水温度应根据说明书的规定调整至正常工作范围。勿使淡水出口温度过低(造成热损失增加、热应力增大、低温腐蚀)或过高(使缸壁滑油膜蒸发、缸壁磨损加剧、冷却腔内发生汽化、缸套密封圈迅速老化)。对于中高速柴油机,一般出口温度可控制在 70 ~ 80 ℃(不烧含硫重油时),低速机可控制在 60 ~ 70 ℃;进出口温差不大于 12 ℃。一般淡水出口温度以接近允许上限为宜。

(3)海水出口温度不应超过 50 ℃,以免盐分析出而沉积成垢,影响传热。

(4)在运转中,调节淡水温度可以利用海水管路上的旁通阀来调节进入淡水冷却器的海水量,或者利用淡水管路上的旁通阀来调节进入淡水冷却器的淡水量或调节海水温度。现代新建的船舶多装设淡水和滑油温度自动调节装置,它们的调节阀多装在淡水和滑油的管路中,以控制进入冷却器的淡水量和滑油量。

(5)检查各缸冷却水的流动情况,如需调整冷却水流量,应调整淡水泵的出口阀,同时注意调节速度应尽量缓慢。淡水泵的进口阀应始终处于全开位置上。

(6)当发现气缸冷却水压力波动而调节无效时,通常是由于系统中有气体存在造成,应尽快查明原因并消除。

其次,定期检查膨胀水箱和淡水循环柜的水位变化。如水位降低过快应迅速查明原因,加以排除。

在备车时应开动淡水泵进行冷却系统驱气,一般使淡水在系统内循环15~30 min。在需要时,还应同时进行暖缸,使水温度达到45 ℃左右。暖缸有利于缸内发火,易于起动,还可使滑油均匀布散防止缸套严重磨损,并可降低缸壁的热应力。在进出港机动操纵时,要控制海水系统保证淡水温度不产生过大波动,应提前关掉海水泵或控制器流量。停车后,应让冷却水继续在系统内循环20~30 min,使气缸温度逐渐下降,防止缸壁表面的滑油膜蒸发或结炭,又可减少热应力。同时注意检查海水滤器和海水阀是否被杂物堵塞。在寒冷地区航行时,应加强对海水管系的管理,防止海底阀被冰块卡死,并应保证海水进入冷却器的温度(25 ℃)。

应定期(最好每周一次)检查冷却水质量,检测水处理添加剂(如缓蚀剂)的浓度应在其说明书规定范围内,pH值(在20 ℃时应为7~10)和氯化物浓度(不大于50 ppm)。通过这些指标的变化可大致判断冷却系统的工作状态。如若氯化物浓度增加,则表示有海水漏入;pH值降低说明有排气漏入。

四、冷却水的处理

闭式和中央冷却系统中,虽然都采用淡水作为冷却介质,但自然界中没有纯净的水,仍需对系统中的淡水进行处理,以防在冷却腔中结垢和造成腐蚀。船舶上处理冷却水的方法有两种:一种是加入无机缓蚀剂。此类化学药品大致分为阳极缓蚀剂与阴极缓蚀剂两种。前者可在阳极金属上形成保护层,防止阳离子进入水中。如碳酸盐、磷酸盐、亚硝酸盐等。但浓度必须足够;否则未形成保护层的局部将产生严重腐蚀。后者,可在阴极金属上形成保护层,如重碳酸钙等。目前多使用以亚硝酸盐与硼酸盐为主的水处理剂。其价格便宜,保护效果好,投药量低(<0.5%)。如浓度不当,其危害不突出,且不会伤及皮肤。其缺点是在船上必须定期化验其浓度变化,对锌及镀锌管有腐蚀作用,另外亚硝酸盐有一定毒性。另一种是加入乳化防锈油。由于环境保护的要求,目前较少使用乳化防锈油。

1. 无机缓蚀剂

无机缓蚀剂(防锈剂)的种类很多,但目前国内外所使用的均以亚硝酸盐和硼酸盐为主要成分,前者具有很好的防垢和防锈双重作用;后者为碱性物质可提高冷却水的pH值,有利于保护膜形成。只要按使用说明去应用,都能取得良好效果。下面仅以远洋船上常用的UNITER公司生产的船用冷却水处理剂Diesel guard(原名PEROLIN Formet 326)为例加以说明。这种冷却水处理剂为干燥灰白色粉状亚硝酸盐—硼酸盐化合物,能使金属表面形成完整的一层薄膜,不影响传热,能防止电化学腐蚀和穴蚀,抑制水垢生成,对铜、黄铜及非金属(如软管、垫床、密封装置)均无损害。加有这种药剂的冷却水可用作造水机的热源,制得的淡水可供饮用。

使用时这种药剂的用量控制的浓度是根据亚硝酸盐浓度而定,见表2.6-6。对原来积有水垢和沉积物的冷却腔,加药量应加倍(达$5\ 000\times10^{-6}$),且经常从系统中放水,以排出水垢、铁锈和泥渣,放水量每次10L即可。药剂未加入系统之前,应先按1 kg药剂加6 kg水的比例把药剂溶解,放掉系统中的部分水后,加入膨胀水柜中。待药剂分散到整个系统后,应立即取水样化验,并根据化验结果对含药浓度进行调节。当达到所需要求以后应每周再化验一次。亚硝酸盐浓度化验是利用 UNITER 公司提供的手提化验箱按说明进行:取经过滤后的水样 5 mL 放入瓶内,再加蒸馏水至 50 mL,加入 2 片亚硝酸盐 1 号药片,待摇至溶解后再放入 1 片亚硝酸盐 2 号药片,待溶解后再放入第二片 2 号药片,这样一片片加入直至出现粉红色并保持一分钟以上。加入的 2 号药片总数乘以 180 即得出亚硝酸盐的浓度值(10^{-6}),再和表 2.6-6 比较,即可决定加药数量。亚硝酸盐的浓度一定要足够;否则金属表面薄膜不能保持完整,反而会加速电化学腐蚀。我国原交通部推荐的柴油机水处理的药剂也为亚硝酸钠与四硼酸钠的混合物,其处理与化验步骤可参见有关说明书。

表 2.6-6 投药控制表

亚硝酸盐值 ($\times 10^{-6}$)	投药量(每吨水投药千克数)		
	蒸馏水	自来水	有海水污染
200	2	5	6.5
400	1.5	4.5	6.0
600	1.0	4.0	5.5
800			5.0
1000	0.4	3.5	4.5
1200	控制范围	3.0	
1400		2.5	4.0
1600		2.0	3.5
1800			3.0
2000		1.5	
2200		1.0	2.5
2400		控制范围	2.0
2600			1.3
2800			1.0
3000			
3200			0.5
3400			控制范围
3600			
3800			
4000			
初次投药量	24		

2. 乳化防锈油

乳化防锈油品种很多,配方各异,但不外乎由有机防锈添加剂、乳化剂和基础油三部分组成。采用防锈油处理冷却水,除有防蚀作用外,还有一定的润滑作用,因此常用于活塞的冷却水处理。我国船舶常用的防锈油有国产 NL 乳化防锈油和壳牌“壮马士 B”(Shell Dromus B)

防锈油。NL 型乳化防锈油是红棕色的透明油状液体，与水混合后可成为乳白色的乳浊液。它适用于硬度为 0.7 至 8.0 毫克当量/升、氯离子不超过 0.4 毫克当量/升的一般自来水。如水的硬度小于 0.7 毫克当量/升，则易生泡沫，可在水中加入硫酸钙（每 100 kg 水加 5 g）来防止；如水的硬度大于 8.0 毫克当量/升，则易造成析油，在船上可掺一些造水机制造出来的蒸馏水或锅炉的凝结水来降低硬度。

初次使用时，按 1% ~1.5%（体积百分比，下同）加入防锈油，此时因金属表面的吸附和水中钙、镁离子的消耗，含油量会很快降低。运行时，防锈油浓度应保持在 0.8% ~1.0% 范围内，低于 0.5% 要补油；浓度也不要大于 1.3%。配制时，将所需防锈油以 3 ~5 倍的水混合搅拌，从膨胀水箱加入。配制时避免用镀锌容器，因它易与镀锌面起反应生成锌皂，影响乳化液之稳定并产生浮渣。当乳化液变成澄清、黑棕色、泥泞状或油状时，表明已失效。此时应排掉原来冷却液，清洗冷却系统，然后更换新液。

Dromus B 防锈油使用方法与 NL 型防锈油相同，不同点是水质硬度要求在 2.5 至 3 毫克当量/升之间，使用浓度则是初次加入时按 0.7%，运行时保持在 0.5% ~0.25% 之间。

第七章 柴油机的调速装置

第一节 调速的必要性和调速器的类型

柴油机的不同转速是通过改变循环喷油量来获得的。改变柴油机的油量调节机构,使其转速调节到规定的转速范围称柴油机调速。为此必须装设专门的调速装置,以便根据柴油机负载的变化自动调节供油量,维持其在规定的转速范围内,这种装置称调速器。

一、对船舶主机和发电柴油机进行调速的必要性

船舶推进主机与发电柴油机的运转条件和工作特性不同。当外界负荷变化时,柴油机自身的适应能力也不同,因此对调速的要求也不同。

1. 船舶主机

船舶主机其工作特性为推进特性,它与螺旋桨的配合工作特性曲线如图 2.7-1 所示,图中 1 为柴油机的部分负荷速度特性曲线,4 为柴油机推进特性曲线,柴油机与螺旋桨在 n_1 转速下功率相等,因此柴油机在 n_1 转速下稳定运转,此时柴油机的输出功率 P_{e1} 与外界负荷相适应。若外界负荷不变情况下增加柴油机的循环喷油量,使其速度特性曲线变为 2,则在喷油量增加的瞬时,柴油机发出的功率 P_{e2} 大于原转速 n_1 下的阻尼功率 P_{e1},柴油机的转速升高,当到达转速 n_2 时,柴油机的输出功率 P_{e3} 与阻尼功率达到新的平衡,即柴油机重新在较高的转速 n_2 下稳定运转;反之,在外界负荷不变的情况下减小柴油机的循环喷油量,使其速度特性线变为 3,则柴油机重新在较低的转速 n_3 下稳定运转。可见,在外界负荷不变的情况下,改变柴油机的循环供油量可以有效地对柴油机进行调速。

若柴油机喷油量不变的情况下,外界负荷(如装载、海面状态等)变小,柴油机就会增速,如图 2.7-2 所示,柴油机的速度特性线为 1,当外界负荷所对应的螺旋桨特性为 2 时,柴油机维持在 n_1 转速下稳定运转,此时柴油机的输出功率与外界阻尼功率相等,若外界负荷减小,螺旋桨特性线变为 3,在负荷减小瞬间,n_1 转速下柴油机的输出功率大于外界的阻尼功率,则柴油机会加速,增速后使螺旋桨耗功增加,当到达转速 n_2 时,柴油机的输出功率与外界阻尼功率相等,则柴油机在一较高转速 n_2 稳定运转;反之,若喷油量不变而外界负荷增加,螺旋桨特性线变为 4,则柴油机就会在一个较低转速 n_3 下稳定运转。可见,船舶推进主机具有自动调节转速以适应外界负荷变化的能力。所以,如不要求柴油主机恒速运转,则无需装设调速器。但为保

证推进主机在特殊航行条件下的安全，如螺旋桨出水、断轴、掉桨等使螺旋桨特性线变为5时，转速就会大幅度上升到 n_4 下运转，此时已远远超过了标定转速 n_b，造成柴油机飞车，因此根据我国有关规定，必须装设可靠的调速器（限速器），使主机转速不超过115%标定转速。但是现代船舶主柴油机为避免外界负荷变化所引起的转速波动，以及由此对柴油机工作的不良影响（如可靠性、经济性等），通常多装设全制式调速器。

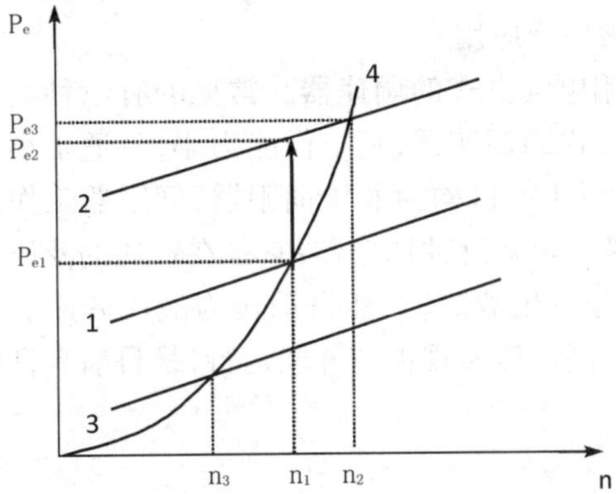

图2.7-1　主机改变供油量的自调速特性

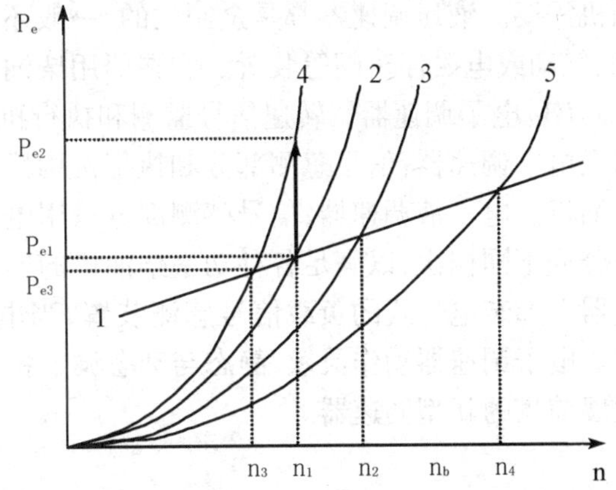

图2.7-2　主机外负荷改变时的自调速特性

2. 发电柴油机

船舶发电用柴油机要求在外界负荷（用电量）变化时能保持恒定的转速运转，以保证发电机的电压和频率恒定，即要求柴油机按负荷特性工作。若在喷油量不变情况下外界负荷减少，则柴油机的功率就会大于外负荷而使转速升高，转速升高后又进一步扩大了功率的不平衡，使转速继续升高以致发生飞车；反之，若喷油量不变情况下外界负荷增加，则柴油机的功率就会小于外负荷而使转速下降，转速降低后会导致柴油机的功率进一步下降，使柴油机功率和外界负荷更加不平衡，转速会继续下降直至最终导致停车。所以，发电柴油机与推进主机不同，它自身没有自动调速性能，为保证在外负荷变化时仍能保持恒速稳定运转，必须装设定速调速器。

二、不同类型调速器的特点和应用

调速器因用途、结构、原理不同，型式多种多样，船用柴油机调速器按如下方法分类：

1. 按调速调节范围分类

(1)极限调速器（限速器）。只用于限制柴油机的最高转速不超过某规定值，在转速低于此规定值时不起调节作用。此种调速器仅用于船舶主机，目前已很少单独使用。

(2)定速（单制）调速器。在负荷变化时能使柴油机转速保持在规定范围内。此种调速器应用于发电柴油机。

(3)双制式调速器。能维持柴油机的最低运转转速并可限制其最高转速。其中间转速由人工手动调节。此种调速器用于对低速性能要求较高或带有离合器的中小型船用主机。

(4)全制式调速器。在从最低稳定转速到最高转速的全部运转范围内，均能自动调节喷油量以保持任一设定转速运转。此种调速器广泛用于船舶主机及柴油机发电机组。

2. 按执行机构分类

(1)机械式（直接作用式）调速器。它的执行机构是依靠转速感应元件直接移动油量调节机构。其主要特点是结构简单可靠,维修方便,常与高压喷油泵组合在一起。其工作能力较小,在结构上还存在不能进行恒速调节的缺点。被广泛应用在小功率船用柴油机上。

(2)液压式(间接作用式)调速器。它是通过液压伺服器将飞重产生的离心力加以放大,使用放大后的动力去移动油量调节机构。这种调速器的转速感应元件很小,但能得到很大的工作能力。其主要特点是调节精度高,通用性强,便于系列化生产,能满足很大功率范围的柴油机需要。液压调速器都是全制式的,一般还设有负荷限制器、稳定调速率可调机构、遥控电机、气动或电磁停车阀等装置。它在船用柴油机上被广泛应用

(3)电子调速器。转速信号监测和执行机构采用电气方式的调速器。常见的有三种类型即全电子调速器:信号感测部分和执行机构均为电气式的调速器,其工作能力小,只适于小型柴油机。电—液调速器:信号感测部分采用电气式,而执行机构为液压伺服器,伺服器工作能力分成不同档次,以满足各种功率柴油机的要求。液—电双脉冲调速器:它是在普通的液压调速器上加装电气式的负载信号感测装置,当电气部分发生故障时,能自动转为液压调速器工作。电子调速器动作灵敏,静态与动态调节精度都很高。能实现恒速并联运行,是目前有良好发展前景的新型调速器。

第二节　超速保护装置

一、超速保护装置的作用

超速保护装置的作用是防止在调速器损坏时造成柴油机超速而损坏。船用柴油机为了防止在调速器损坏时造成柴油机超速飞车,确保柴油机运转安全,按我国有关规定,凡标定功率大于 220 kW 的船用主机和船用柴油发电机还应分别装设超速保护装置,以防止主机转速超过 120% 标定转速和柴油发电机转速超过 115% 标定转速。此种超速保护装置是一种运转安全装置,它与调速器不同,它只能限制柴油机转速,本身无调速功能,在柴油机正常运转范围内不起作用,只在柴油机转速达到规定限值时才发生动作使柴油机立即停车或降速。按规定,超速保护装置必须与调速器分开设立而独立工作,无论柴油机的操纵机构处于什么状态,该装置的保护性动作必须迅速而准确。

二、超速保护装置的类型及工作特点

通常,超速保护装置由转速检测器、伺服机构和停车机构三部分组成。转速检测器对曲轴转速随时进行测定与鉴别。当转速达到规定限值时,发出准确而稳定的信号,触发伺服机构动作。伺服机构的动作具有足够的强度与幅度,保证在任何情况下均能带动停车机构立即切断燃油供应或停止气缸进气,使柴油机停车。转速检测器有离心式、电磁式和气压式三种型式。离心式利用飞重 - 弹簧测定转速,多用于中型柴油机。电磁式利用电磁感应原理测定转速,多用于中低速柴油机。气压式利用增压空气压力测定转速,仅适用于机械增压的小型柴油机。伺服机构有弹簧式、气压式、液压式三种。弹簧式的结构简单,但需人工复位,气压式和液压式结构复杂,但动作作用力大,且能自动复位。

第三节　调速器的性能指标

调速器的性能好坏直接影响着柴油机运转的稳定性和可靠性，调速器装机后要对柴油机进行突变负荷试验，同时通过仪器记录柴油机的转速随时间变化的曲线，以此来分析调速器性能。图 2.7-3 所示的曲线，是对柴油机进行突变负荷试验时测得的。将操纵手柄（轮）放在标定供油位置不变，先让柴油机处于空载状况以最高空载转速 n_{0max} 运行（有微小波动）再突增全负载，转速立即下降，最低瞬时转速达到 n_{min}，以后经过几次收敛性波动后，经过 t_s 秒时间在标定转速 n_b 下稳定运行（仍有微小波动）；然后突卸全部负载，转速又立即上升，最高瞬时转速达到 n_{max}，再经过几次收敛性波动后，经 t_s 秒时间在最高空载转速 n_{0max} 运行（仍有微小波动）。曲线清楚地反映出柴油机的调速器在突卸和突增负载时转速调节过渡过程。

调速器性能指标分动态指标和静态指标。下面分别介绍这些工作指标的意义。

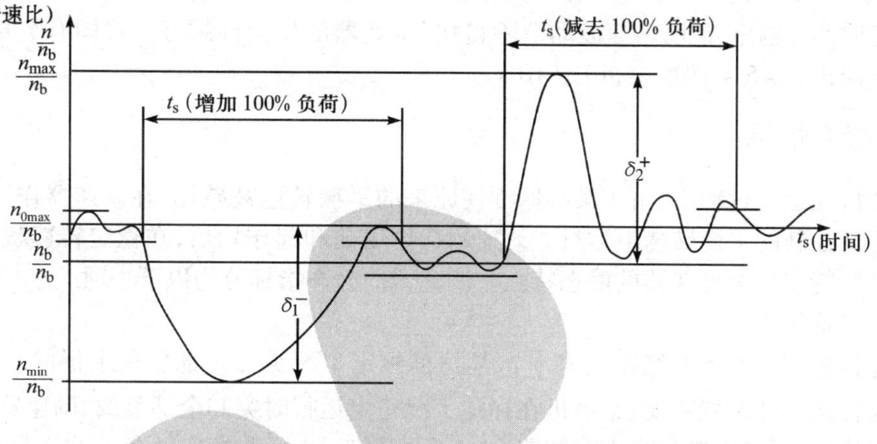

图 2.7-3　突加、突卸负荷时的转速调节过程

一、动态指标

由调速器与柴油机组成的调速系统稳定工作时，如果外负荷突然变化，调速器起作用进行相应的油量调节后，会有一段时间产生较大的转速波动，然后才能达到新的稳定状态。我们把这种由一个平衡转速过渡到另一个平衡转速之间所反应的调速系统的特性，称为调速器的动态特性。它是评定调速系统过渡过程稳定性的指标。如图 2.7-3 所示，一个良好的调速系统，在负荷突变，调速器起调节作用的过渡过程中，应满足以下三个条件：一是过渡过程转速的波动是逐渐收敛的，即转速波动的幅度随时间增长而减小；二是过渡过程转速瞬时波动幅度不应过大，以免影响柴油机可靠性；三是过渡时间不应过长，转速应尽快达到稳定。用作评定调速系统调节过渡过程性能的动态指示，分为以下二项。

1. 瞬时调速率 δ_1

根据试验时负荷的突卸与突加，可分为突卸（减）负荷瞬时调速率 δ_1^+ 和突加负荷瞬时调速率 δ_1^- 两种。

（1）突卸负荷瞬时调速率 δ_1^+：指柴油机在标定工况下稳定运行，然后突然卸去全部负荷，所测得的最高瞬时转速 n_{max} 与标定转速 n_b 之差同标定转速 n_b 比值的百分数。如下式所示：

$$\delta_1^+ = \frac{n_{max} - n_b}{n_b} \times 100\%$$

(2)突加负荷瞬时调速率 δ_1^-：指当柴油机在最高空载转速 $n_{\max}$ 下稳定运转时，突加全部负荷，所测得的最低瞬时转速 $n_{\min}$ 同最高空载转速 $n_{\max}$ 的差值与标定转速 n_b 比值绝对值的百分数，即

$$\delta_1^- = \left| \frac{n_{\min} - n_{0\max}}{n_b} \right| \times 100\%$$

我国有关规范要求发电柴油机的 $\delta_1^+ \ngtr 10\%$；δ_1^-（突加 50% 后再加 50% 全负荷）$\ngtr 10\%$。船用主机 $\delta_1 \ngtr 10\% \sim 12\%$。瞬时调速率 δ_1 反映了在柴油机负荷突变，调速器调节过渡过程中转速瞬时波动幅度的大小，δ_1 越小表明调速器的稳定性越好。

2. 稳定时间 t_s

过渡过程的稳定时间是指突卸（或突加）全负荷后，转速开始波动到转速达到新的稳定范围（指转速波动率 Φ 不大于规定值）为止的时间，表明消除过渡过程中波动现象的快慢，以秒计。稳定时间 t_s 越短，说明转速波动消除得快，调速器的稳定性越好。我国有关规范规定，交流发电柴油机 $t_s \ngtr 5$ s，船舶主机 $t_s \ngtr 10$ s。

二、静态指标

柴油机在运转过程中，由于某种原因使原来的平衡转速被破坏，在调速器作用下，经过一段时间后又在新的平衡转速下运行。调速器起作用前和起作用后，在稳定转速状态下所反应的调速系统特点称为调速器的静态特性。调速器的静态指标分为以下三项。

1. 稳定调速率 δ_2

调速器标定工况下的稳定调速率 δ_2 是根据标定工况突卸全部负荷求得的。它是指当操纵手柄在标定供油位置不变，柴油机在标定工况稳定运行时突卸全部负载，调速器起作用使柴油机重新稳定运行后，其最高空载转速（空车稳定转速）$n_{0\max}$ 与标定转速 n_b 之差同标定转速 n_b 比值的百分比，即

$$\delta_2 = \frac{n_{0\max} - n_b}{n_b} \times 100\%$$

如某柴油机在标定转速 1 000 r/min，标定功率 100 kW 工况下稳定运行，固定操纵手柄后突卸全部载荷，其稳定后的空车转速为 1 050 r/min，则此台柴油机的稳定调速率为

$$\delta_2 = \frac{1\,050 - 1\,000}{1\,000} \times 100\% = 5\%$$

稳定调速率 δ_2 用来衡量调速器的准确性。调速器存在调速率（也称速度降）说明当外界负荷变化时，调速器进行调速，柴油机重新稳定运转后，转速会有少量波动，其 δ_2 值较小就表示调速器的准确性好；如果 δ_2 过大，不仅对被带动的工作设备的稳定工作不利，即便对空转时柴油机零件的磨损也是有害的。

稳定调速率的大小应根据柴油机的用途和要求而定，我国有关规范规定，船用主机调速器的稳定调速率 $\delta_2 \ngtr 10\%$，船用发电柴油机调速器的稳定调速率 $\delta_2 \ngtr 5\%$。对于单台柴油机允许 $\delta_2 = 0$，它表示柴油机的转速不会随外界负荷改变而变化，即保持恒速运转。但在几台柴油机并联工作时，为了按比例均衡分配负载，各柴油机的稳定调速率 δ_2 必须相等且不为零。

2. 转速波动率 Φ 或转速变化率 φ

柴油机在稳定运转时，转速也会产生微小的波动，如图 2.7-4 所示，波动范围为 $n_{c\min}$ 至

m_{cmax}，平均转速为 n_m。这主要是由于柴油机回转力矩不均匀引起的。用转速波动率 Φ 和转速变化率 φ 来表示，即

$$\Phi = \left| \frac{n_{cmax}(n_{cmin}) - n_m}{n_m} \right| \times 100\% \qquad \varphi = \frac{n_{cmax} - n_{cmin}}{n_m} \times 100\%$$

转速波动率 Φ 表征稳定工况下转速波动的大小，转速变化率 φ 表征其转速变化的大小。为保证柴油机可靠运转，一般规定在标定工况时，$\Phi \not> 0.25\% \sim 0.5\%$，$\varphi \not> 0.5\% \sim 1\%$。如果超过规定范围，就表示调速系统的工作不正常。

3. *不灵敏度 ε*

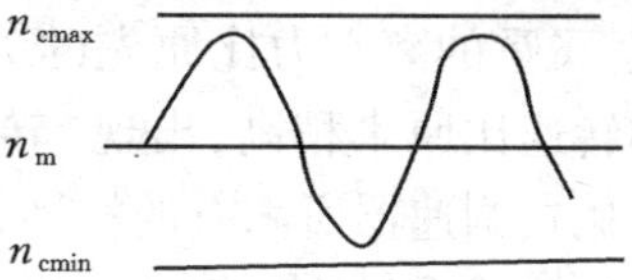

图 2.7-4　柴油机稳定运转时的转速波动

调速器在工作时，因为调速器内部的运动元件之间存在摩擦阻力，从调速器到喷油泵之间的传动件（拉杆、杠杆、销轴等）之间有间隙，各部件移动时有摩擦阻力和惯性力。因此当柴油机外界负荷变化并引起转速微量增加或减少时，调速器不会立即作出反应去改变供油量，而要到转速变化量足够大时，调速器才开始起到调节喷油量的作用。这种现象称为调速器的不灵敏性，通常用不灵敏度 ε 来表示不灵敏性的大小，即

$$\varepsilon = \frac{n_2 - n_1}{n_m} \times 100\%$$

式中，n_2 为柴油机转速增加时调速器开始起作用的转速；n_1 为柴油机转速减小时调速器开始起作用的转速；n_m 为柴油机的平均转速，$n_m = (n_1 + n_2)/2$。

如某柴油机在 1 000 r/min 稳定运行，当外界负荷有变化时，转速在 1 020 ~ 980 r/min 范围内，调速器未起作用。这台柴油机的调速器在 1 000 r/min 时的不灵敏度为 $\varepsilon = (1\,020 - 980)/1\,000 \times 100\% = 4\%$。

不灵敏度过大会引起柴油机转速不稳定，严重时会导致调速器失去作用，甚至产生飞车事故。不灵敏度 ε 随柴油机转速高低会有差异，当柴油机转速较低时，因调速器预紧力较小，产生张力也小，而传动机构的阻力却反而增大，造成不灵敏度加大。一般规定在标定转速时 $\varepsilon \not> 1.5\% \sim 2\%$，在最低稳定转速时 $\varepsilon \not> 10\% \sim 13\%$。

从以上分析可知，柴油机对调速器的调速性能的要求是：有尽可能小的瞬时调速率、稳定时间、转速波动率及不灵敏度；有合适的稳定调速率，其值越小，表示调节过程的静态精度越高；并能在一定的转速范围内进行调节。

第四节　机械调速器的工作原理和特点

图 2.7-5 是机械式调速器的原理图。柴油机曲轴通过齿轮传动驱动转轴 1 旋转，飞重架 2 与转轴一体。飞重 3 铰接在飞重架上。滑动套筒 4 滑套在转轴的上段，其下端压在飞重推脚上，上端受调速弹簧 5 的张力压制。9 为直角形杠杆，左端活动地插入滑动套筒的环槽内，可随套筒上下移动而摆动，其上端与油量调节机构 8 相铰接。

柴油机运转时，飞重架和转轴一同旋转，飞重便产生离心力，通过推脚向上作用在滑动套筒下端，滑套的上端受调速弹簧向下的张力作用。当柴油机发出的功率与外界负荷刚好平衡时，其转速稳定，飞重的离心力与弹簧张力相等，柴油机稳定运转。

当外界负荷减小时，柴油机发出的功率会大于外界负荷而使转速增加，这时飞重离心力将

大于弹簧的预紧力而使滑动套筒上移,通过直角形杠杆迫使油量调节机构向减油方向(右)移动(图中虚线所示)。随着喷油量减少,柴油机转速便下降,飞重离心力也减小了,直到其离心力与调速弹簧张力又平衡为止,此时柴油机又重新稳定运行。从图中虚线可以看出,新的滑动套筒位置稍高于原来位置,调速弹簧又稍被压缩。说明:外负荷减小后,在新的稳定位置,飞重的离心力比原先的大,经调速器自动调速后的转速比原来稍高,出现"转速差(速度降)"。这是机械式调速器所固有的特性,原因在于油量调节机构与转速感应机构之间是刚性连接,当油量发生变化时,飞重的离心力和弹簧弹力也将随之改变,所以机械式调速器不能做恒速调速,即机械式调速器的稳定调速率 δ_2 不能为零,但可以通过更换不同刚度的弹簧改变 δ_2 的值。同理,当外界负荷增加时,调速器的动作与上述相反,飞重离心力与弹簧作用力在彼此都减小的情况下重新稳定的转速比原转速稍低。另外,可以通过调整螺钉7的位置改变柴油机的稳定运转转速,如向下旋转螺钉使调速弹簧5的张力增大,从而使油量调节机构左移加油,稳定运转的转速就会升高。同理也可向上旋转螺钉使柴油机稳定运转的转速降低。

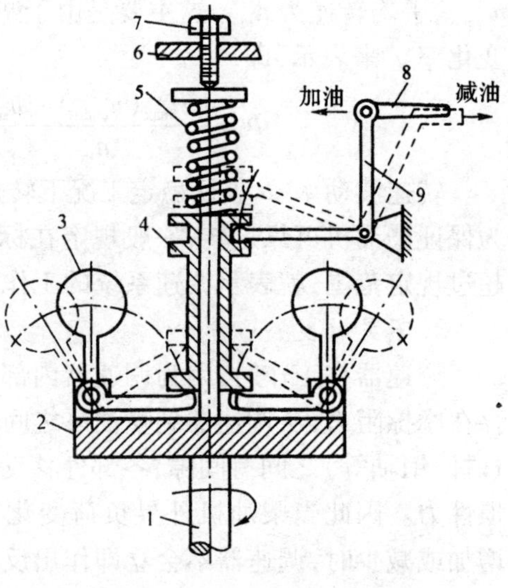

图 2.7-5　机械式调速器工作原理

1—转轴;2—飞重架;3—飞重;4—套筒;5—调速弹簧;6—本体;7—转速调节螺钉;8—油量调节杆;9—直角形杠杆

由于机械调速器是利用感应机构所产生的离心力直接去移动油量调节机构,因而其工作能量较小,一般只适用于中小型柴油机。

第五节　液压调速器

一、液压调速器的工作原理

对于大功率柴油机,由于调速器和油量调节机构的摩擦阻力较大,移动油量调节机构所需要的力也较大,因而需要调速器有更大的工作能力,如果使用机械式调速器,则必须增加飞重的质量,并在结构上加强有关零件,这便增加了调速器的尺寸和重量,使调速器变的更加笨重,另外,机械式调速器只能做有速度降的调节,而无法做到恒速调节,为此在感应元件和油量调节机构之间插入一个液压放大元件(液压伺服器),利用放大了的动力去移动油量调节机构;为了改善调节性能,在感应元件和驱动机构之间还设有"反馈装置",使其既能做有速度降的调节也能做恒速调节。这种液压调速器在近代大中型柴油机上得到广泛的应用。

1. 无反馈简单的液压调速器

图 2.7-6 为无反馈简单液压调速器的工作原理图。组成部分为驱动机构(驱动轴11、齿轮及转盘1)、感应机构(飞重3、弹簧4、速度杆2)、伺服放大机构(滑阀7、液压伺服器6)、调节机构(油泵齿条10)及液压系统(齿轮油泵8、溢流阀9、油池)。

柴油机在稳定运转时,飞重3的离心力和调速弹簧4的张力平衡,滑阀7处于图示关闭孔口的位置,正好切断伺服器油缸的工作通路,齿轮油泵8产生的压力油经溢流阀9回流。

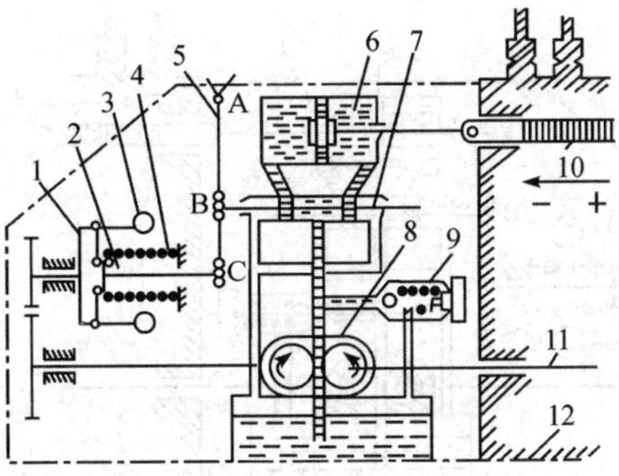

图 2.7-6　无反馈液压调速器简图

1—转盘;2—速度杆;3—飞重;4—弹簧;5—摇杆;6—液压伺服器;7—滑阀;8—齿轮油泵;9—溢流阀;10—油泵齿条;11—驱动轴;12—喷油泵

当外负荷减小时,柴油机转速增高,飞重 3 的离心力增加,推动速度杆 2 右移,于是摇杆 5 以 A 点为中心逆时针摆动,使节点 B 带动滑阀 7 右移,控制孔打开,压力油进入油缸 6 的右腔;同时油缸 6 的左腔与低压油路相通,在压差作用下,伺服活塞带动油泵齿条 10 左移,减少供油,使柴油机转速回降至原来转速。速度杆 2 和滑阀 7 又回到原来平衡(中央)位置,切断伺服油缸的工作油通路。此时,动力活塞停止在新的位置,调节过程结束。

当外负荷增加时,柴油机转速降低,调节过程按相反方向进行。这种无反馈装置的简单调速器,在调速过程中,由于惯性使转速的变化总是滞后于动力活塞的位移,即当动力活塞减(加)油到位时,滑阀不能及时复位,因而其油量的增减不可能根据负荷的变化而做到"适可而止",如调节总是位移过度,而又总是企图维持原速,最终使转速连续波动而不能稳定工作,甚至有可能发生急剧波动而根本不能工作。

2. 刚性反馈液压调速器

如前所述,在调速器中仅仅加一个液压放大元件(伺服器)还是不能满足使用要求。要想使液压调速器能稳定调节,在调速器中还要加一个"反馈机构"(又称补偿装置),其作用是:在伺服活塞移动的同时,对滑阀产生一个反作用,使其向平衡位置方向移动,防止油量调节过度,使增减油"适可而止",提高调速系统的稳定性。

图 2.7-7 是刚性反馈液压调速器结构原理简图。与前述无反馈的简单液压调速器不同的是杠杆 AC 上端 *A* 不安装在固定的铰链 L,而是改为用销轴与伺服活塞 3 的活塞杆相连。这样动力活塞的位移就通过杠杆反馈至滑阀 6 上,反馈环节采用机械连接,故称为"刚性反馈"。

当柴油机稳定运转时,飞重 2 产生的离心力与调速弹簧 7 的张力相等,滑阀处于关闭孔口的位置,其油量调节杆 5 停留在图示位置。当外负荷减小时,柴油机转速增加,飞重离心力增大压缩弹簧 7,使速度杆 1 右移,以反馈杠杆 AC 的上端 *A* 暂作定点,使杠杆 AC 绕 *A* 点作逆时针摆动,通过 *B* 点带动滑阀 6 右移,打开控制孔,高压油便进入伺服器 4 油缸的右腔(左腔此时与低压油路相通),伺服活塞 3 在压差下带动喷油泵调节杆 5 左移减油。在伺服活塞 3 左移的同时,杠杆 AC 绕 *C* 点向左摆动并带动与 *B* 点连接的滑阀 6 也向左移动,从而使滑阀向相反方向移动。这时由于柴油机减油使转速下降也使滑阀向左移动,在这两个力的共同作用下,滑阀就能迅速回复至原来的切断油路位置。

但是这种调速器调速终了时,滑阀回到原位,伺服活塞(连同油量调节杆)移到了一个新的平衡位置,故 *A* 点已不在原位而随着外负荷大小而变动。与滑阀 6 相连的 *B* 点在任何稳定

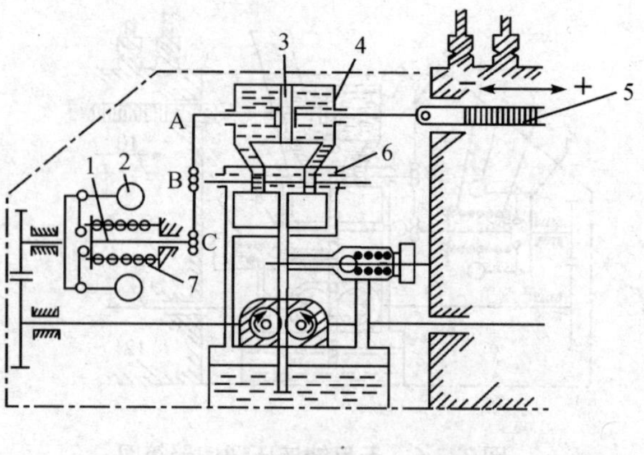

图 2.7-7　刚性反馈液压调速器简图

1—速度杆;2—飞重;3—伺服活塞;4—伺服器;5—喷油泵调节杆;6—滑阀;7—弹簧

工况下均回到原来位置,因而 C 点就稳定在新的位置,此时调速弹簧的新张力就不同于原来的张力,故柴油机不能回复到原有的转速。从图 2.7-7 的情况分析可知:当外负荷减小时(弹簧又稍被压缩),新的稳定转速将比原来转速升高;反之当外负荷增加时,新的稳定转速将比原速稍有降低。其结论是:刚性反馈液压调速器不能实现"无差调速",其稳定调速率 δ_2 不能为零。

3. 弹性反馈液压调速器

如果要求负荷变化时,既要调速过程稳定,又能保持柴油机转速恒定不变(即 $\delta_2=0$),则必须采用带有弹性反馈系统的液压调速器。其工作原理如图 2.7-8 所示。

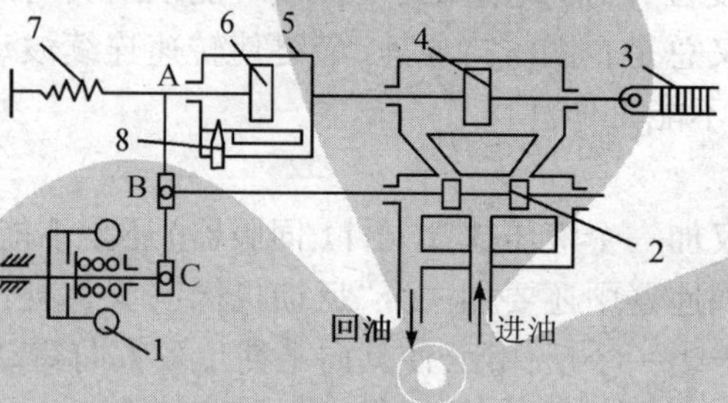

图 2.7-8　弹性反馈液压调速器原理图

1—飞重;2—滑阀;3—油泵齿条;4—伺服活塞;5—缓冲器;6—补偿活塞;7—补偿弹簧;8—节流针阀

这种反馈形式是在刚性反馈的基础上增加了一个弹性环节,它由缓冲器 5、补偿活塞 6、补偿弹簧 7、节流针阀 8 组成。缓冲器油缸内充满了工作油,左右两空间通过管道及针阀 8 接通。当缸体 5 受力后左右移动时,缸内液体从一空间经针阀流到另一空间,由于针阀的节流使活塞 6 的移动比缸体 5 的移动滞后,起到缓冲作用。稳定运转时,飞重产生的离心力与调速弹簧的张力相等,滑阀处于关闭孔口的位置,油泵齿条稳定在图示某喷油量位置。

当外负荷减小时,柴油机转速增加,飞重 1 的离心力增大,使滑阀 2 右移,伺服活塞 4 则左移,拉动油泵齿条 3 减油。在调速过程一开始,随着伺服活塞 4 的左移,缓冲器的油缸 5、活塞 6 及 AC 杆的上接点几乎以相同速度同步左移,使补偿弹簧 7 受压。至此,调速器的动作与刚性反馈相同。但当调速过程接近终了时,滑阀 2 已回到原位遮闭了油路,此时缓冲器 5、补偿活塞 6 已停留在与新负荷相应的位置上。

由于被压缩的补偿弹簧 7 有弹性复原的功能,使 A 点带动补偿活塞 6 在缓冲器油缸内向右移动,回到原来位置,补偿活塞右方油缸中的油经节流针阀 8 回流至左方,最后弹簧 7 及杠杆 AC 均恢复到原来位置,使速度杆也回到起始位置。这样,调速过程结束后的发动机转速能保持原速不变,稳定调速率 δ_2 可以为零。

当外负荷增加时,转速降低,按上述相反的动作过程可以使柴油机转速重新稳定在原来的转速下运转。

4. 双反馈液压调速器

当柴油机并车运行时,除了要求调速器应有良好的稳定性外,还应按正确的比例分配各机承担的负荷。由此,调速器应具有弹性反馈机构以保证调节稳定性;同时还应具有刚性反馈机构以使调节过程中具有一定的稳定调速率,保证各机按比例分配负荷。这种具有双反馈的液压调速器的结构示意图如图 2.7-9 所示。图中刚性反馈杠杆 EGF 和弹性反馈机构(缓冲器 K、补偿弹簧 S、节流针阀 C)由动力活塞杆带动。当外界负荷降低,柴油机转速升高时,飞重向外飞开,带动杠杆 AB 以 *A* 点为支点逆时针转动,使滑阀杆 D 上移,工作压力油进入伺服器动力活塞的下方而由其上方泄回低压空间。由此,动力活塞上行减油。一方面使刚性反馈杠杆 EGF 绕 *G* 点顺时针转动,由 *F* 点增加弹簧预紧力,使其稳定后转速较原转速稍有提高(即 $\delta_2>0$);另一方面通过弹性反馈机构保证恒速稳定调节。通常在这种双反馈调速器中,可通过弹性反馈中节流针阀的开度大小调节其稳定性。通过刚性反馈 EGF 的两臂比例调节稳定调速率的大小,如使 F 与 G 重合,则 $\delta_2=0$。这种调速器具有广阔的转速调节范围,且稳定性好,调节精度高,灵敏度高,在船用柴油机中得到了广泛使用。

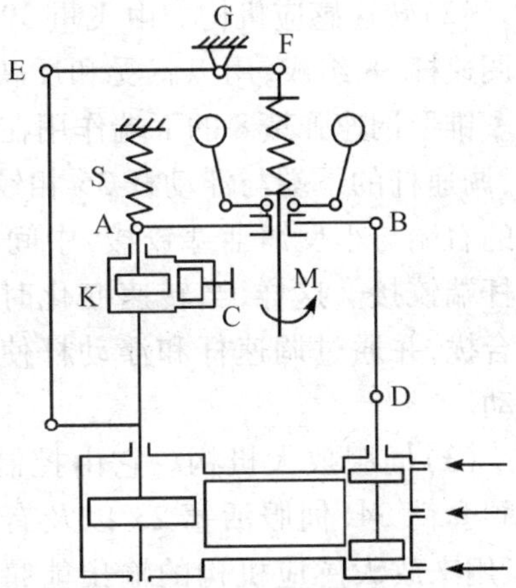

图 2.7-9　双反馈液压调速器简图

K—缓冲器;C—节流针阀;S—补偿弹簧;E、F—反馈杠杆

二、表盘式液压调速器的结构特点

船用柴油机使用的液压调速器大多为双反馈全制式。其中以 Woodward UG 和 Woodward PGA 型液压调速器应用最普遍。其 UG 型分为杠杆式和表盘式两种;PGA 型为气动遥控式,多用于遥控主机。对于这些型号均可按使用者要求附加某些辅助装置以完成控制或安全等方面的额外要求,如配置扫气压力燃油限制装置及扭矩限制器等。国产全制式双反馈液压调速器如 TY－111 或 TY－555,在结构与性能上与 Woodward UG 型基本相似。

1. UG8 表盘式液压调速器的结构

表盘式也称旋钮式,它将需要调节的机构以旋钮式集中在调速器的一个表盘上,可以方便地在调速器外部进行调节。大多数在顶盖上装有一个直流或交流的伺服电机,用于遥控和微量调节。它不但可以用来升降柴油机的转速,而且当多台柴油机并车或多台柴油机与大电网并电使用时,工作人员在配电板处能随时调节柴油机的转速,使之负荷分配均匀。通过蜗轮蜗杆变速,使伺服电机从 2 000 r/min 降到 5 r/min。这种调速器多用于带交流或直流发电机的柴油机组上。

图 2.7-10 为 Woodward UG 型表盘式调速器的外形,在其正面的表盘上有四个旋钮:静速差旋钮 8、负荷限制旋钮 9、调速旋钮 3、转速指示器 1。它的结构原理如图 2.7-11 所示。主要由以下部分组成。

(1)驱动机构。驱动轴 28 由柴油机凸轮轴经伞齿轮传动,通过油泵齿轮 22、弹性轴 37、传动齿轮和飞架等使飞重 39 等转动,从而将柴油机的转速信号传给感应机构。

(2)转速感应机构。由飞重 39 调速弹簧 8、调速杆 38 组成,用以感受和反映转速的变化。锥形调速弹簧 8 的下端作用在调速杆 38 上,调速杆的下端与浮动杆 35 相铰接。浮动杆的右端与小反馈活塞铰接,中间与滑阀 36 的杆端铰接。这样,当转速变化时飞重张开或合拢,并通过调速杆和浮动杆使滑阀上下移动。

(3)伺服放大机构。它由控制阀 36、控制阀套筒 34、伺服活塞 23 以及有关油路组成,用来放大感应机构的输出能量。控制滑阀套筒 34 由驱动轴 28 带动回转。柴油机稳定运转时,滑阀正好将套筒 34 的控制孔 27 封闭。当转速升高时,飞重张开,滑阀上移,伺服活塞下部空间通过控制孔 27 与低压油路沟通,伺服活塞 23 下移;转速降低时,上述动作相反,伺服活塞上移。

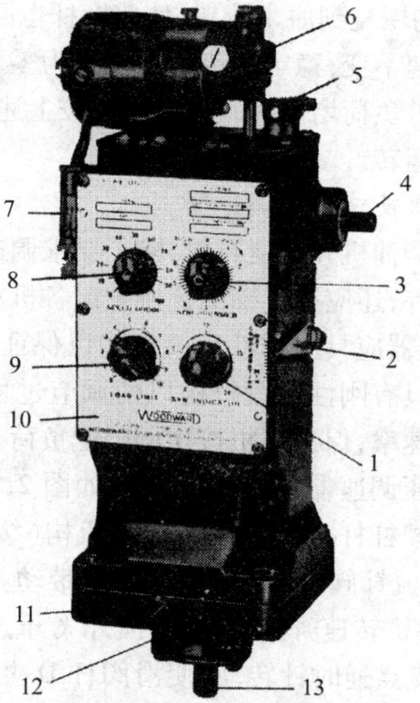

图 2.7-10　表盘式液压调速器外形图

1—转速指示器;2—反馈指针;3—调速旋钮;4—输出轴;5—加油盖;6—调速电动机;7—油位表;8—静速差旋钮;9—负荷限制旋钮;10—表盘;11—节流针阀;12—放油塞;13—驱动轴

(4)调节机构。它主要由伺服活塞 23、输出轴 12 及油量调节杆 13 等组成。伺服活塞上下运动,通过杠杆机构转动输出轴 12,操纵油量调节杆,以调节供油量。

(5)恒速反馈机构。它主要由大反馈活塞 33、小反馈活塞 30、上下反馈弹簧 29、补偿针阀 31、反馈杠杆 45 和 40、活动支点 47、反馈指针 46 以及反馈油路等组成。其作用是保证调速过程中转速稳定。反馈杆 40、45 连接在调速器的输出轴 12 上,由 12 驱动。伺服活塞 23 在转动输出轴 12 的同时,经过反馈机构使浮动杆 35 绕 *A* 点摆动,从而使控制滑阀 36 上下移动,提前回复至中央位置。

(6)静速差机构(速度降机构)。它是由旋钮 2(图 2.7-10 中的 8)、凸轮 1、顶杆 4、拉紧弹簧 3、支持销 6、静速差杆 7 和静速差指针 5 等组成的。它是一种刚性反馈机构,不仅能使调节过程稳定,而且能调节稳定调速率 δ_2,使调速器能产生一定的静态速差,以满足柴油机稳定性和并联工作的需要。该机构将伺服活塞的调油动作反作用到调速弹簧 8 上,并根据支持销 6 的位置按比例地改变调速弹簧的预紧力。预紧力不同,与之平衡的转速也不同。因此对应不同的负荷,发动机的稳定转速不同。支持销 6 在不同位置便可得到不同的 δ_2。支持销可以人工调节,当支持销 6 与调速弹簧轴线重合时,刚性反馈作用消失,即 $\delta_2=0$,柴油机的转速不随负荷而变化。

(7)速度设定机构。该机构可通过改变调速弹簧 8 的预紧力来改变柴油机的稳定转速。它是由两部分组成的。一部分是由调速旋钮 42(图 2.7-10 中的 3),传动齿轮 41、43 和调速齿轮 44 组成的。当转动表盘上的调速旋钮 42 时,通过传动齿轮使调速齿轮 44(即上弹簧盘,带内螺纹)转动并同时沿中心螺杆上下移动以改变调速弹簧预紧力,从而改变柴油机的设定转

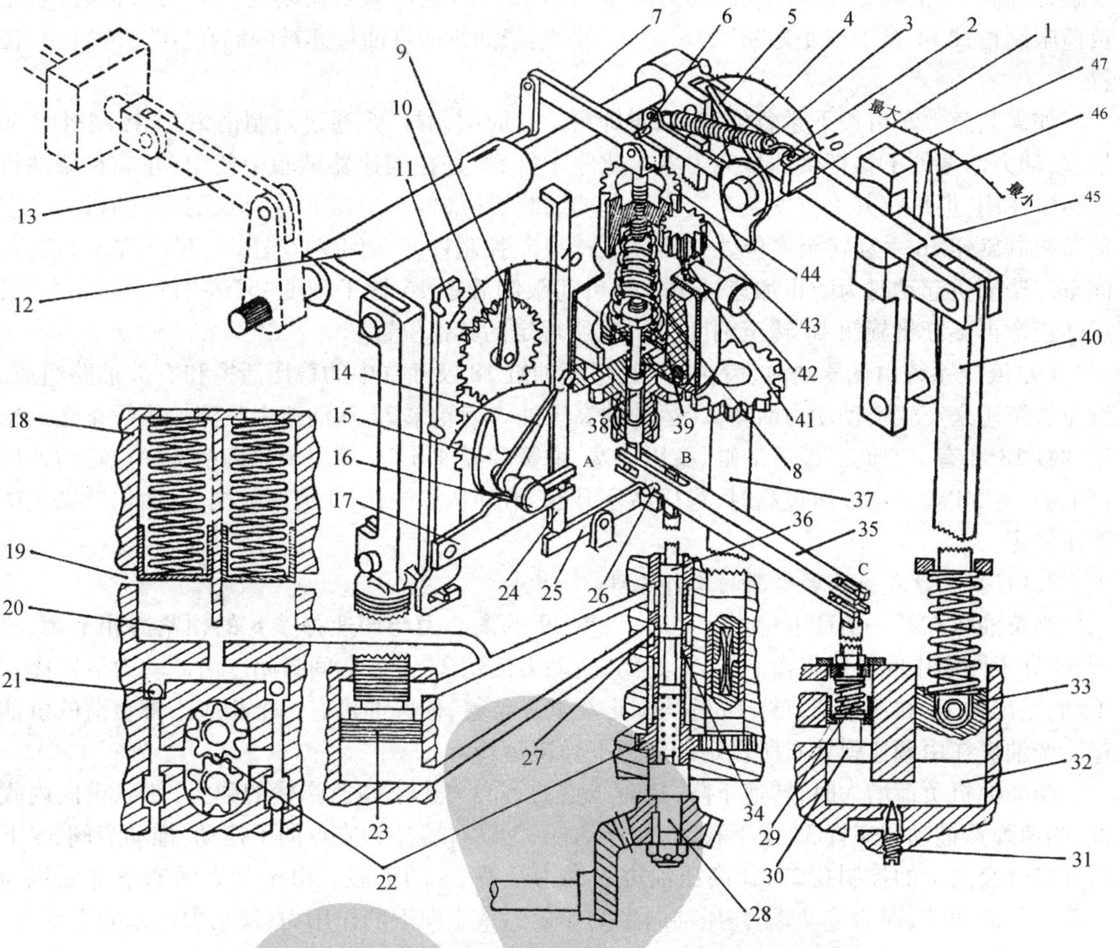

图 2.7-11　UG-8 表盘式液压调速器原理图

1—静速差凸轮；2—静速差旋钮；3—拉紧弹簧；4—顶杆；5—静速差指针；6—支持销；7—静速差杆；8—调速弹簧；9—负荷指针；10—齿轮；11—齿条；12—输出轴；13—油量调节杆；14—负荷限制指针；15—负荷限制凸轮；16—负荷限制旋钮；17—控制杆；18—稳压油缸；19—溢油孔；20—蓄压室；21—球阀；22—油泵齿轮；23—动力活塞；24—紧急停车杆；25—限制杆；26—限制销；27—控制孔；28—驱动轴；29—反馈弹簧；30—小反馈活塞；31—补偿针阀；32—补偿空间；33—大反馈活塞；34—控制阀套筒；35—浮动杆；36—滑阀；37—弹性轴；38—调速杆；39—飞重；40—杆；41—传动齿轮；42—调速旋钮；43—传动齿轮；44—调速齿轮；45—反馈杠杆；46—反馈指针；47—活动支点

速，达到全制调速的目的。另一部分是装在调速器盖上的调速电机（图 2.7-10 中的 6），经过蜗轮减速机构和摩擦离合器驱动齿轮 43 以改变调速弹簧的预紧力。调速电机由配电板上的开关进行控制。表盘上右下方的转速指示旋钮（图 2.7-10 中的 1）用于指示柴油机设定的转速，自身不可调节。

（8）负荷限制机构。它由负荷限制旋钮 16（图 2.7-10 中的 9）、负荷限制指针 14、负荷限制凸轮 15、控制杆 17、紧急停车杆 24、限制杆 25、限制销 26、齿条 11、齿轮 10、负荷指针 9 等组成。在图示位置中，负荷限制指针 14 位于表盘刻度“10”处。动力活塞 23 的位置由齿条 11 和齿轮 10 传动的负荷指针 9 指示为“5”。此时，在控制杆 17 和凸轮 15 之间具有间隙，所以当外界负荷继续增大时，控制阀 36 的下移不受限制，动力活塞也可继续上行增加供油量。当动力活塞上移到最大供油量位置时，负荷指针 9 也转到刻度“10”。此时控制杆 17 与凸轮 15 刚好接触，限制控制滑阀 36 继续下移，动力活塞（即供油量）也被限制在刻度“10”处。同理，若把负荷限制指针 14 置于刻度为“8”、“6”、“4”处，则柴油机的供油量亦被限制在“8”、“6”、“4”位置。

如需紧急停车可按下紧急停车杆 24 即可。这时限制杆 25 通过限制销 26 把控制滑阀 36 抬起，动力活塞便下移把供油量减为零。此停车杆 24 是在调速器试验中使用，并非在柴油机运转中使用，但可在其上方安装某安全停车辅助装置（如停车电磁阀等）以保护柴油机。当把负荷限制旋钮 16 手动转至零位处，则通过凸轮 15、控制杆 17 而将停车杆 24 压下，柴油机自行停车。柴油机起动时为防止加速过快应将负荷限制旋钮 16 置于刻度“5”左右；待起动之后，运转正常再逐渐将旋钮 16 转至刻度“10”或所规定的其他位置。

(9) 液压系统由低压油池、齿轮泵 22、稳压油缸 18 及油缸中的稳压活塞和有关油路组成。液压系统用来产生推动动力活塞 23 运动的高压油。齿轮泵 22 从油池中吸油加压后排送到稳压油缸 18 和有关空间。稳压油缸、稳压活塞、弹簧和溢油孔 19 等用于保持系统中稳定的油压（约为 0.8 MPa）。当油压过高时，稳压活塞升起，滑油从溢油孔 19 流回油池，从而保持系统中油压稳定。

2. *UG-8 表盘式液压调速器的工作原理*

当柴油机在某一负荷下稳定运转时，飞重 39 的离心力与调速弹簧 8 的预紧力相平衡，滑阀 38 处于图示中间位置将控制孔 27 封闭，使动力活塞 23 下方空间封闭。由此动力活塞固定不动，输出轴 12 和油量调节杆 13 等均固定在某一位置，使柴油机有一个相应于外负荷的供油量。柴油机在由调速弹簧 8 所设定的转速下稳定运转。

当柴油机负荷增大时，转速下降，这时飞重的离心力小于调速弹簧的弹力，使飞重向内收拢，调速弹簧推动调速杆 38 向下移动，使浮动杆 35 以右端 C 为支点向下摆动，推动滑阀 36 下移并打开套筒上的控制孔 27，让高压油进入动力活塞 23 的下腔。由于动力活塞下部面积为上部面积的两倍，即为差动式，高压油向上的作用力大于向下的作用力，使动力活塞向上移动，带动输出轴 12 朝加油方向（逆时针方向）旋转，使柴油机供油量增加，转速回升。当动力活塞上移转动输出轴 12 的同时，使反馈杠杆 45 左端上移，右端下移，带动大反馈活塞 33 下移，压缩反馈油路中的滑油，迫使一部分滑油从补偿针阀 31 的小孔流出。由于针阀的节流作用，反馈油路中的油压仍有上升，克服反馈弹簧 29 的弹力，使小反馈活塞 30 上移。这时浮动杆 35 以左端 A 点为支点逆时针转动，带动滑阀 36 上移，使其提前返回原来的平衡位置，重新封闭控制孔 27，切断压力油，使动力活塞 23 停止加油。此后，由于反馈弹簧 29 的作用，使小反馈活塞 30 逐渐下移复位，多余的滑油经补偿针阀 31 排出。此下移速度与调速杆 38 的上行速度相适应，使滑阀 36 处在中央位置不动，柴油机恒速转动。这一恒速反馈机构的作用是防止调速器加油过量。上述一系列动作并非一次完成，而是要反复多次，一直持续至油量增加到与负荷增加相适应，且使发动机恢复到原来的工作转速时为止。此时，飞重 39、调速杆 38、滑阀 36 和小反馈活塞 30 回到原先的平衡位置，而动力活塞 23、输出轴 12 和大反馈活塞 33 就停在对应于负荷增加后所需的供油量位置上，柴油机在原先的转速下稳定运转，获得新的平衡。这样实现了恒速反馈调节。为了保证调速过程有一定的静态速差，即调速器具有一定的稳定调速率 δ_2，调速器中设有静速差机构（即刚性反馈机构）。当外负荷增加时，输出轴 12 向加油方向（逆时针）转动的同时，静速差杆 7 绕支持销 6 也按逆时针方向转动，其右端上移，调速齿轮 44 和中心螺杆随即一起上移，并将调速弹簧 8 稍微放松。由于调速弹簧的预紧力减少了，要使飞重、滑阀回复原来位置就必须降低柴油机的转速，即存在所谓“静速差”。也就是当负荷增加时，使柴油机在稍低于原来的转速下运转；反之，当负荷减小时，则稍高于原来转速。

当柴油机负荷减小时，调速器的调节过程与上述相反，在此不再重复。

三、PGA 液压调速器的结构特点

PGA 调速器是由原 PG 型调速器与遥控气动速度设定机构组合而成的一种调速器。“PGA”意指压力补偿压缩空气速度设定。它是一种双反馈、气动速度设定的全制式液压调速器。它的速度降仍由刚性反馈机构实现，而弹性反馈机构改用一种阻尼补偿系统（由阻尼活塞、弹簧和针阀组成）。显然，这种调速器主要用于气动遥控系统的主柴油机。同时，这种调速器通常均具有某些辅助装置。如扫气压力燃油限制器（保证增压器在加大负荷时其循环供油量与增压空气压力同步增长以防匹配不当而冒黑烟）、扭矩限制器、电磁阀切断装置等。

PGA 调速器的结构由三部分组成：调速器主体部分、速度设定部分、速度降机构。图 2.7-12 是这种调速器的结构原理图。

1. 调速器主体部分

本部分包括：齿轮油泵 25、蓄压器 39、调速弹簧 32、一套飞重组件 33；滑阀柱塞上的补偿环 23 和主滑阀 24、旋转衬套 34、一套阻尼补偿系统 36 和 37、动力活塞 38 等。伺服油缸内的动力活塞杆通过输出轴 40 与柴油机燃油调节机构连接。

当柴油机的输出功率与外负荷平衡时，柴油机以恒速运转，此时飞重 33 产生的离心力与调速弹簧 32 的预紧力平衡，飞重处于图示垂直位置，滑阀柱塞的主滑阀 24 封闭旋转套筒 34 上通向阻尼活塞 37 左方的油路，伺服油缸内的动力活塞 38 固定不动，输出轴 40 固定。柴油机稳定恒速运转。

当柴油机的外负荷增大时，柴油机转速下降，飞重产生的离心力减小，滑阀柱塞下行。其主滑阀 24 开启通向阻尼活塞 37 左方的油路，压力油进入阻尼活塞左侧并推动它向右移动，并将右侧的油压入伺服油缸内动力活塞的下部，推动动力活塞上行，加大油门使柴油机加速。与此同时阻尼活塞 37 左右两侧的油压同时作用在位于滑阀上部的补偿环带 23 的两侧，且作用在下侧的油压大于上侧油压，产生向上的补偿力，使主滑阀 24 上移提前复位，即由补偿力产生负反馈作用。由此，主滑阀 24 可在柴油机转速达到原转速之前提前回复至中央位置，关闭控制孔，避免了因调速系统的惯性而形成的过分加油。在此后柴油机的加速过程中，此补偿力将由阻尼活塞的缓慢左移复位而通过补偿针阀进行调节，使之逐渐减小。如果补偿针阀开度适当，则可使此补偿力的减小速度与飞重离心力的增加速率相同，使滑阀在中央位置不动。最后当转速恢复至原设定转速稳定运转时，补偿力消失，飞重回复至垂直位置，主滑阀与阻尼活塞均回复到原中央位置，而动力活塞稳定在新的位置上。柴油机在增大的供油量下稳定运转。

当外负荷减小时，调速过程与上述相反。如果柴油机外负荷大幅度增减，滑阀柱塞移动较大，则阻尼活塞 37 迅速移向其极端位置，开启旁通口使高压油直接进出动力活塞下部空间，可大幅度加减油量。而且此时在补偿环带上下不产生压差，无补偿力，可减少调速器的瞬时调速率 δ_1，使调速过程能与外负荷的大幅度变化相适应。

2. 速度设定部分

PGA 调速器的速度设定机构由气压设定与手动设定机构两部分构成。前者使用的控制空气压力为 0.049～0.50 MPa，允许的最低压力为 0.021 MPa，允许的最高压力为 0.71 MPa，速度设定值与控制空气压力值成正比；后者，使用手动旋钮可在切断控制空气的情况下任选一速度值。

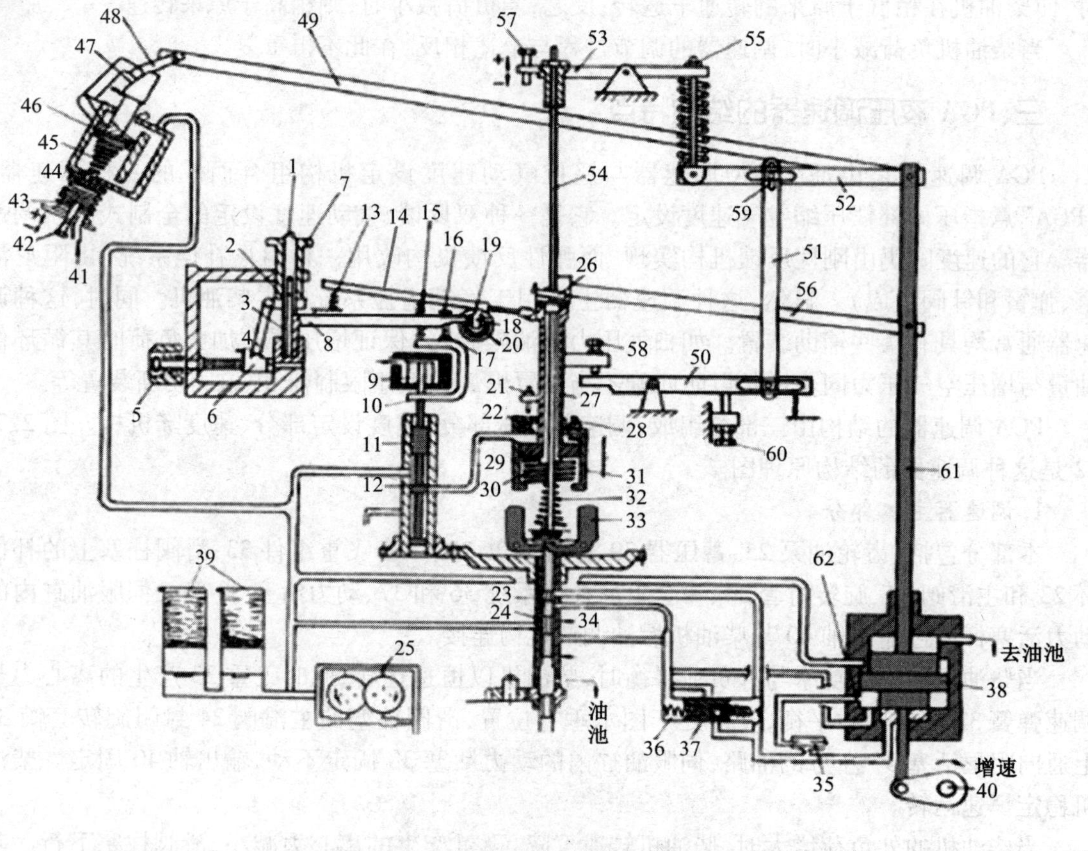

图 2.7-12　伍德沃德 PGA 调速器结构原理图

1—高速停车调整螺钉；2—滑环；3—高速停车销；4—连杆；5—手动转速调节旋钮；6—活动螺母；7—手动转速设定螺母；8—T 型转速设定螺钉杆件；9—波纹管；10—C 型框；11—速度设定滑阀柱塞；12—转动套筒；13—负荷弹簧；14—复位杆；15—复位弹簧；16—手动最低转速调节螺钉；17—限位销；18—滚花螺母；19—可调支点；20—球轴承枢轴；21—限制阀调节螺钉；22—最高转速限制阀；23—补偿环；24—主滑阀；25—齿轮油泵；26—速度降凸轮；27—活塞杆；28—活塞行程限位螺钉；29—速度设定活塞；30—伺服器活塞弹簧；31—转速设定伺服器油缸；32—调速弹簧；33—飞块；34—旋转衬套；35—补偿（节流）针阀；36—阻尼弹簧；37—阻尼活塞；38—动力活塞；39—蓄压器；40—输出轴；41—扫气空气接管；42—调节螺钉 B；43—波纹管；44—锥形阀；45—弹簧；46—感受活塞；47—斜面凸轮；48—连接杆；49—拉杆；50—摇臂；51—连杆；52—横杆；53—限制杆；54—断油杆；55—速度设定燃油限制；56—速度降连接杆；57—调节螺钉 C；58—极限调节螺钉 F；59—支点 E；60—最小极限调节螺钉；61—尾杆；62—补偿油道

（1）气动式转速设定机构。本设定机构主要由波纹管 9、速度设定滑阀柱塞 11、单作用弹簧支承的液压速度设定油缸 31 以及使滑阀柱塞 11 回中的复位机构（活塞杆 27、复位杆 14、可调支点 19、复位弹簧 15 等）等组成，见图 2.7-12。

波纹管 9 与复位弹簧 15 组成了一个力平衡系统，这个系统通过“C”形框 10 与速度设定滑阀柱塞 11 连接。当作用在波纹管外侧的控制空气压力恰好与复位弹簧向上的力平衡时，滑阀柱塞 11 处在转动套筒 12 中的中央位置，滑阀上的控制带封闭套筒上的控制孔（如图 2.7-12 所示）。速度设定伺服油缸 31 的上方无工作油流出与流入。速度设定活塞 29 固定不动，调速弹簧 32 的预紧力不变，即柴油机的设定转速不变。

当输入到波纹管 9 外侧压力室的控制空气压力增高时，波纹管被压缩向下的力大于复位弹簧向上的力，波纹管被压缩使速度设定柱塞下移，高压工作油进入速度设定活塞 29 的上方推动设定活塞 29 向下移动，增加调速弹簧 32 的预紧力，即设定转速增高。同时活塞杆 27 相应下移，带动复位杆14以可调支点19为支点顺时针转动，增大了复位弹簧15与复位杆左端负荷弹簧向上的拉力，并与波纹管向下的作用力相互平衡，同时通过"C"形框向上拉动柱塞11使它回复到中央位置，即封闭速度设定活塞的压力油路，速度设定活塞固定不动，从而给出一个增加了的转速设定值。

当欲降低设定转速而降低控制空气压力时，上述速度设定机构按相反过程动作，最后速度设定活塞29停在某一上移位置不动，设定转速相应降低。

当控制空气中断或降至最低值以下时，柴油机的运转状态可按要求不同或立即停车或维持在某低速下运转。此种不同要求可通过调节低速调整螺钉16的不同位置来保证。前者（停车要求）可在控制空气中断及柴油机停车状态时调节螺钉16的高度使它与复位杆14上的停车销之间有一固定的间隙。此时，当控制空气中断或在最低值以下时，速度设定活塞29的上行降低设定转速并不会引起复位杆推动螺钉16下行而使滑阀柱塞11回中，从而活塞29可继续上行而停车。当控制空气压力和柴油机转速都处于它们正常运行的最低值时，螺钉16的高度应调节到正好与停车销43相接触。如此，则限制了活塞29继上行。

（2）手动转速设定机构。本机构主要由手动速度调节旋钮5、活动螺母6、连杆4、滑环2、速度设定螺帽7、高速停车调整螺钉1及高速停车销3和"T"形带有滚珠轴承支架的手动速度设定螺丝组件8等组成。在没有控制空气时，借助于本机构可在机旁任意设定柴油机的工作转速。在无控制空气作用时，低速调节螺钉16在复位弹簧15的作用下上移至与停车销接触。此时，复位杆左端的负荷弹簧使复位杆14压在可调支点（19）上，并将速度设定螺钉组件8一同压下。若需提高设定转速，可顺时针转动调节旋钮5，螺母6左移，通过连杆4、滑环2拉动速度设定螺母7下移并带动螺钉组件8和可调支点19一起下移。相应于螺母7下移的某一位置，负荷弹簧拉下复位杆14并通过低速调节螺钉16、"C"形框等使滑阀柱塞11下移离开中央位置。压力油进入活塞29的上方使其下移，增加调速弹簧32的预紧力，从而提高了设定转速值。随着活塞杆27的下移，复位杆14顺时针转动并通过复位弹簧15提起柱塞回复到中央位置，切断压力油，速度设定活塞固定不动，柴油机在较高的设定转速下稳定运转。

同理，如需降低设定转速，则反时针旋转旋钮5，调节过程同上述相反。速度设定活塞对上升至某一较低转速位置固定不动，使设定转速降低。

此外，调速器上还设有正常切断和最高转速限制。正常切断装置为断油杆54。当气动操作气压信号消失后，活塞杆27上移超过正常低速位置，活塞杆上端的支座接触切断螺帽的下螺帽，把限制阀调节螺钉21和主滑阀24提起，动力活塞下移切断燃油供给。最高转速限制是由装在油缸31上部的最大转速限制阀22和安装在活塞杆27上的限制阀调节螺钉21来完成。当调速器设定转速超过最大转速（约高5 r/min）时，活塞杆27下移到最大转速位置，调节螺钉21顶开限制阀22，速度设定活塞29上部压力油排至油池，设定活塞不再下移，从而转速不致超过最大转速设定值。

3. 速度降机构

本机构即为前述双反馈中的刚性反馈机构。该机构可在增加燃油量的同时，使柴油机的稳定转速成比例地降低以补偿负荷的增加。其反馈作用的实质是在负荷增加的同时，稍微降低调速弹簧的预紧力。本调速器的速度降机构由动力活塞上的尾杆61、速度降杆56以及速度降凸轮26等组成。当动力活塞上移增加供油量时，尾杆61上行推动速度降杆56通过速度降凸轮26的锁紧螺钉使速度降凸轮转动，从而速度降柱塞稍微上移放松调速弹簧32的预紧力，以保证一定的稳定调速率；反之，当动力活塞下行减油时，速度降凸轮稍许增大调速弹簧的预紧力。显然,调节凸轮的安装位置可调节稳定调速率的大小。

在PGA调速器上还装有扫气压力燃油限制装置。考虑到废气涡轮增压器的转速增加往往比柴油机慢,这样会造成燃油和空气比例失调而导致燃烧不良,扫气压力燃油限制装置由扫气压力感受器、凸轮、连接杆等组成。扫气压力作用于波纹管43内腔,波纹管另一端与锥形阀相接触。当锥形阀上下压力不平衡时,阀就产生运动,阀上移时,阀门开大释放低压油,使感受活塞46下移,弹簧力增大,实现新的平衡。对应于每一扫气压力,感受活塞就有一位置,并通过斜面凸轮47使拉杆转动一定位移,拉杆49另一端与动力活塞尾杆相连,而拉杆中部在限止杆下通过,当拉杆到足够高度时(由限止杆上的调节螺钉57调节),就抬起主滑阀,使缓冲油缸左部放油,这样动力油缸无法再进油只能保持原位。从而限制了油门进一步加大,起到了按扫气压力大小限制供油量的作用。

另外,在该调速器上还设有扭矩限制器,它是按一定转速设定值来限制相应位置上的最大供油量,故也称转速设定燃油限制器。它能使柴油机的转速和供油量比例不失调,避免造成超负荷运转。在不同转速设定压力下,调速器转速设定伺服器活塞有一定位置,通过固定在活塞杆上的极限调节螺钉F使摇臂50也具有一对应位置。摇臂通过连杆51与横杆52相连,这样在一定转速设定压力下时,连杆有一固定位置。当动力活塞尾杆升高到一定位置时(油门拉大到一定位置),横杆会绕支点59作逆时针转动,使限制杆53作顺时针运动而拉动断油杆54,同样会使动力油缸无法再进油(即保持原位),起到按转速设定来限制供油量的作用。

柴油机调速器中通常还设有电磁阀切断装置,电磁阀由被监控的保护电路的开关触发。触发时,此装置在调速器内能触发一系列动作,使柴油机断油停车。

第六节　液压调速器的调节

一、并联工作的柴油机对稳定调速率的要求

调速器的稳定调速率可用图2.7-13中调速特性曲线的斜率来表示:图2.7-13(a)表示稳定调速率$\delta_2=0$的调速特性,为恒速无差调节,调速前后无论工作点在1、2、3点,其转速均为n_b。图2.7-13(b)表示稳定调速率$\delta_2>0$的调速特性,为有差调速,特性线斜率越大,调节后转速的差别也越大。如果两台标定功率相同并联运行的柴油机其稳定调速率δ_2均等于零时,其调速特性如图2.7-13(a)所示,是一根垂直n轴的直线。此时总功率虽然一定(0~1),但两台柴油机之间的负载分配却是任意的,能随时自动地改变,可以是(0~3)与(3~1)的分配,也可以是(0~2)与(2~1)的分配等等,这样两台柴油机的工况均不稳定,显然这种δ_2均为零的两台柴油机是不能并联运行的。

若让它们均具备一定的稳定调速率δ_2,使它们进行有差调速,就能满足多台柴油机的并联运行要求。对于并联运行的多台柴油机,要求每台机承担的负荷份额与其标定功率(或转矩)之比均相同。若标定功率相同,则每台机承担的负荷亦相同。若彼此的标定功率不同,则承担的负荷与标定功率之值成比例,即标定功率大者多承担负荷,小者少承担负荷。当总负荷增加至全负荷时,大小两者应同时达到全负荷。

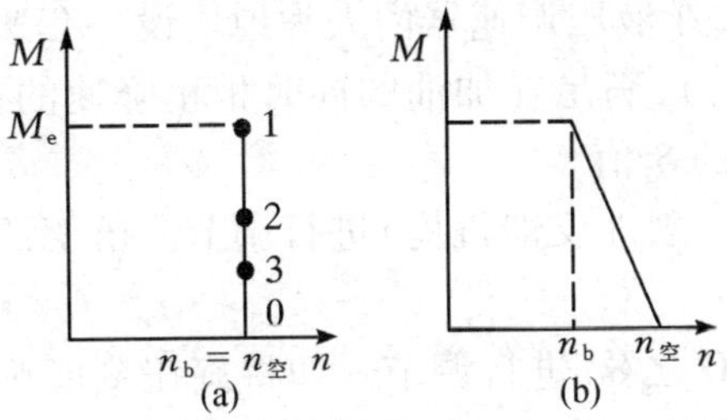

图 2.7-13　柴油机的调速特性曲线

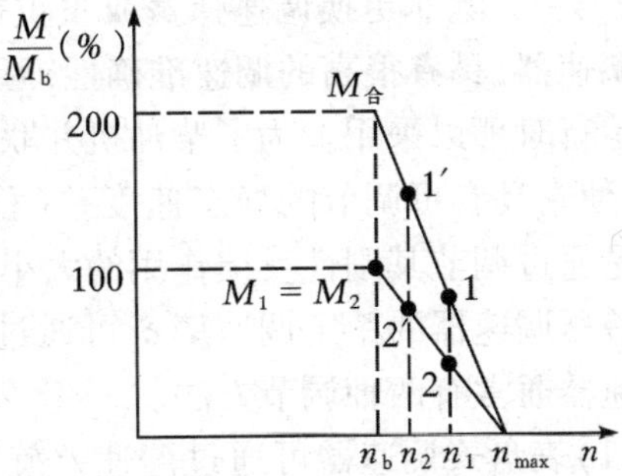

图 2.7-14　δ_2相同负荷均匀分配

图 2.7-14 表示两台柴油机并联运行，其 δ_2 值相等并都大于零。两台机有重合的调速特性，$M_合$ 为两台机合成的调速特性线。当 $n=n_1$时，每台机都在 2 点运行，合成工作点为 1，两机负荷均匀分布。当外负荷增加时，两机同时加油，但两者转速也同时下降到 n_2，每台机运行点为 2′，合成工作点为 1′。其负荷分配仍然均匀。

若两台机的 δ_2不等，设$(\delta_2)_1<(\delta_2)_2$（如图 2.7-15 所示），两条调速特性曲线具有不同的倾斜度，δ_2小者陡峭。当转速为 n_a时，两机的运行点分别为 1 和 2，其负荷分配占各自标定功率的份额不等，即负荷分配不均匀，δ_2 小者（陡峭）多承担负荷。若此时调节调速器的设定转速，使两台机同时运行在点 2（见图 2.7-16），即让其调速特性曲线沿 n 轴平移后的两线交点 2，这时两机负荷虽然相同，但这种均衡只是暂时的，只要外负荷一有变化，均衡即遭破坏。如外负荷增加，转速降为 n_c，则两机的工作点就分别为 3 和 4，负荷分配又不均匀了，严重时会一台机超负荷而使全船失电。

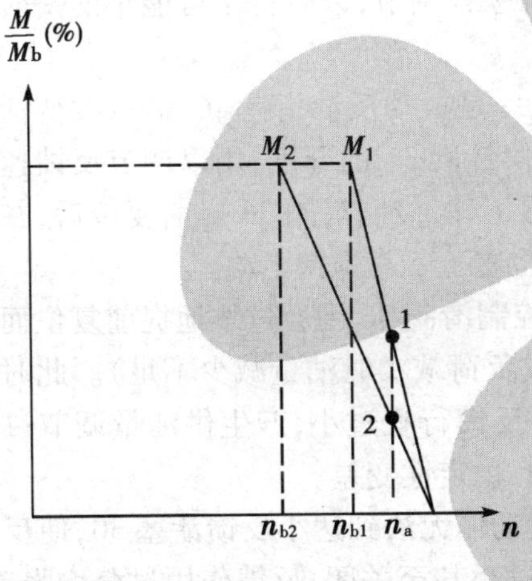

图 2.7-15　δ_2不同负荷分配不均匀

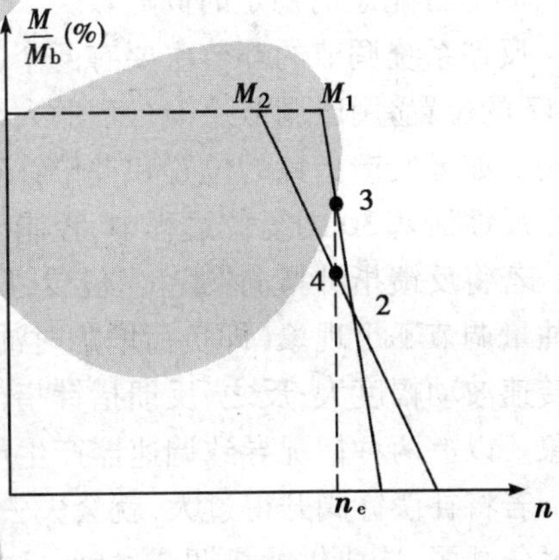

图 2.7-16　并联运行负荷分配的特性曲线

综上所述，调速器的 δ_2决定了并联运行的柴油机间的负荷分配情况，对于单台运行的柴油机 δ_2可以为零。但并联运行的各台柴油机的 δ_2 值必须相等且均大于零，在满足调速系统稳定性要求的前提下，尽量选用小的 δ_2值。

二、稳定调速率的调整方法

机械式调速器由于本身的结构特点，其调速的准确性差，只能进行有差调速，它的稳定调

速率 $\delta_2 \neq 0$。除非更换调速弹簧或飞重等零件，其 δ_2 值一般不能调节。具有弹性反馈装置的液压调速器，具有很高的调速准确性，可以实现恒速无差调速。可使柴油机转速非常稳定，在单机运行时可以采用。为了柴油机并联运行的需要，在液压调速器内人为地增设一套速度降机构，使它具有可调节的静态速度差（稳定调速率 δ_2），满足在加油的同时稍稍降速的要求。通常是通过调节其刚性反馈作用的大小来获得所需的 δ_2 值。

液压调速器的稳定调速率 δ_2 可通过速度降机构（刚性反馈机构）进行调节。伍德沃德液压调速器通常有两种调节方法。

(1)表盘式调速器可通过静速差旋钮（图 2.7-10 之 8）进行调节。如将旋钮刻度旋转至"30～50"）之间，则表示相应的 δ_2 值为 3%～5%。实践中应通过并联运行柴油机的负荷分配比例进行调节，如果并联机承担负荷小，则应减少该机的 δ_2 数值。

(2)杠杆式 PGA 型调速器其外部无 δ_2 调节机构。如需调节 δ_2 值，应打开调速器顶盖旋松速度降凸轮（见图 2.7-12 之 26）上的锁紧螺钉，则速度降凸轮可沿支架销 L 的槽道滑动。若将速率降凸轮沿槽道向右移动，即朝动力活塞尾杆 61 的方向移动凸轮，则 δ_2 值增加；反向移动凸轮则 δ_2 值减小，若使凸轮中心线与支点销中心线重合，则 δ_2 值为零。决不允许使速度降凸轮移动超过"0"稳定调速率的位置，因为此时发生负的速度降而使调速器动作非常不稳定。在这些调速器中 δ_2 的调节为 0～12%。

机械调速器的 δ_2 值与其结构参数有关，除非更换调速弹簧（刚度）或飞重等零件，一般是不可调整的。若调速弹簧换用刚度小时，则其 δ_2 变小，准确性提高，但稳定性降低。

三、稳定性调节

为了保证调速过程稳定，在液压调速器中设有反馈系统，以使调速器具有良好的稳定性。通常在调速器换新或修理后装机时应对反馈系统进行综合调节，以获得尽可能小的瞬时调速率 δ_1 和尽可能短的稳定时间 t_s。

反馈系统调节的环节主要有两个（见图 2.7-11）：一是扳动反馈指针 46，借以改变活动支点 47 的位置，用以调节反馈行程的大小；二是调节补偿针阀 31 的开度，用以调节反馈速度的快慢。如果反馈指针的位置和补偿针阀的开度调节得正确，控制滑阀 36 提前复位后，在飞重和小反馈活塞 30 的复位过程中，控制滑阀 36 在中央位置上一直保持不动。

若将反馈指针指向"最大"位置，反馈行程过大，控制滑阀 36 则会过早地提前复位而产生供油量调节不足现象（即负荷增加时油量增加不足，或负荷减小时油量减少不足）。此时柴油机转速波动幅度大；反之，反馈指针指向"最小"位置，反馈行程过小，产生供油量调节过度的现象。以上两种情况导致调速器产生严重的速度波动，稳定性变差。

若将补偿针阀开得过大，就会失去节流作用，反馈动作无法到达小反馈活塞 30，使反馈作用过分减弱，造成供油量调节过度；反之，将针阀开得过小甚至关闭，反馈作用过分增强，造成供油量调节不足，转速恢复时间长，即 t_s 过长。因此，调速器稳定性调节，应在调节反馈指针位置的同时调节补偿针阀的开度。其原则是，在尽可能小的反馈指针刻度下，保证针阀开度符合相应说明书的要求。如 UG-40 调速器要求 1/4～1/2 转；UG-8 调速器要求 1/8～1/4 转（1955 年前产品）、1/2～3/4 转（1955 年后产品）；PGA 调速器要求 1/16～2 转。在任何情况下均不得把补偿针阀全部关死。

稳定性调节步骤（以 UG 型为例）：

(1)调整前的准备。首先使柴油机在无负荷下空车运转，这时须有专人守住燃油杆，以备人工切断供油，当柴油机转速和调速器的滑油温度上升到正常值时，方能进行调节。

(2) 调速器滑油驱气。将反馈指针放在最大位置，补偿针阀旋出几转，使机器处于游车状态。松开调速器上的透气塞，使发动机转速波动 1 ~ 1.5 min，使调速器各油路中的空气从放气塞逸出来，直至空气全部放光后上紧放气塞。

(3) 无负荷调节。其方法是：将反馈指针置在刻度 3 处。人为地使发动机转速波动并逐渐关小补偿针阀 31，直至柴油机转速波动刚好消失为止，检查此时针阀的开度。先将针阀慢慢地完全关死，然后再回到原来的位置，记住转动的圈数是否符合要求。若开度合适，调节至此完成。如果调节中波动不停或开度不正确，则说明反馈小了，应将反馈指针向"最大"方向增加两格，重复上面调节。如果反馈指针达到 7 格时还不稳定，那就应该调节静速差机构，以增大静态速差(即增加稳定调速率 δ_2)，再重复调节，直到满意为止。

经过上述调节，转速波动会很快停止。如果针阀开度合乎要求，就可试验在各种转速下柴油机能否在转速一旦波动后就会迅速停止。如果认为满意，无负荷反馈调节即告完成。

(4) 有负荷调节。常有这样的情况，在无负荷时反馈调节是满意的，然而在有负荷时可能又出现转速波动。所以无负荷调节正确了并不表明有负荷时也一定正确，还要进行有负荷调整。使柴油机承受负荷，在所需要的各种转速下，检查调速器的稳定性。调整的步骤与无负荷时相同。一般只要稍稍调节一下反馈指针或补偿针阀即可达到满意的调节。调节完毕后，记下反馈指针位置、针阀开度和静速差的数值。反馈指针的位置应锁紧，不要随便移动。当清洗调速器、更换滑油时，只需重新调整针阀的开度即可，一般无需变动反馈指针的位置。

PGA 型调速器设有反馈指针，因而其稳定性调节比较简单，只需从全开针阀到逐步关小针阀进行调节即可，最后仍需使针阀开度符合 1/16 ~ 2 转的要求。应尽量使针阀有较大的开度以保证调速器调节迅速。如在针阀几乎关死的情况下，柴油机仍不能恢复稳定运转，则需换用一个刚度较大的阻尼弹簧(图 2.7-12 中阻尼弹簧 36 处)。

四、速度设定的调节(PGA 调速器)

速度设定的调节主要包括气动低速设定值调节，控制空气压力与相应转速范围调节，以及手动设定旋钮的最高转速调节。通常，此种调节应按下列顺序进行(参见图 2.7-12)。

1) 调节的准备工作

起动柴油机，使调速器滑油油温正常。

(1) 如调速器装置有停车电磁阀或压力停车装置，应使它们处在不致使柴油机停车的状态。

(2) 逆时针转动手动速度调节旋钮 5(图 2.7-12) 直至最低速度为止(出现滑动)。

(3) 使手动高速停车调节螺钉 1(图 2.7-12) 的上端与 T 形速度设定螺丝 8 的顶部平齐。

(4) 调节伺服活塞行程限位螺钉 28 使其在速度设定油缸 31 顶部伸出长度约 13 mm。

2) 气动低速设定值调节

(1) 接通控制空气，并调至与所要求低速(空车)相应的最低空气压力值。

(2) 逆时针转动速度设定螺帽 7，直至在最低控制空气压力下达到所要求的低速为止。

3) 控制空气压力与相应的调速范围的调节

(1) 缓慢增加控制空气压力至所需的最大压力值(注意防止超速飞车)。

(2) 如果在控制空气压力到达最大值前，柴油机已达要求的高速，则应向速度设定油缸 31 方向移动可调支点架 19；如相反，在控制空气压力到达最大值而柴油机尚未达到要求的高速时,则向相反方向移动可调支点架19。在进行此项调节之后应重新调整低速设定值。

(3)控制空气压力达最大值,使柴油机稳定运转。顺时针转动限制阀调节螺钉21使柴油机转速刚刚开始下降,然后逆时针方向转动螺钉21 1/4转~1/2转并锁紧,防止柴油机超速。

(4)控制空气压力降至最低值,顺时针转动活塞止动调节螺钉28直至刚接触伺服活塞为止。然后逆时针返回3转并锁紧。由此可在柴油机起动时能迅速打开油门,减少起动时间。

4)手动速度设定的最大速度设定值调节

(1)关闭控制空气,顺时针转动手动设定旋钮5,使柴油机达到所要求的高速。

(2)顺时针转动手动高速停车调整螺钉1,直至其刚好与高速停车销3接触为止。

(3)把手动旋钮5逆时针转至最低速度位置处,以恢复气动速度设定控制。

第七节　调速器的维护管理与故障排除

调速器是柴油机的重要组成部分,它直接影响柴油机的运转性能。一旦调速器发生故障就会使柴油机转速不稳,甚至发生熄火或“飞车”等故障,因此对调速器及其系统应细心、正确地加以管理和维护。

一、调速器的维护管理

调速器是极其重要的机件,各种调速器的具体结构不相同,故调速器的维护管理应按说明书的规定和要求执行。

(1)注意调速器内部润滑油情况。

①选用合适的滑油:滑油应严格按说明书要求选用。一般可使用22号汽轮机油;若工作场合温度较高,可选用30号汽轮机油。理想的滑油应不含杂质、不起泡沫、不产生泥渣或胶状物、不溶解空气、无腐蚀作用并具有较高的黏度指数。

②注意液面高低:要经常注意调速器内的滑油量。加油时超过规定刻线,活动元件会把空气卷入油中,液面过低油道内也会混进空气。若液面下降过快,说明调速器漏油或渗油,应立即仔细查找和处理。

③注意调速器油道内有否空气:调速器经过拆检或换油,液面过高过低等都会使油道内掺混空气。油道内一旦有空气会影响油流连续性和降低补偿作用的敏感性,引起柴油机转速不稳定。排除空气的方法是使柴油机怠速运转,将补偿针阀打开几圈,让柴油机产生严重的转速波动约2 min,以迫使油道中空气排出,再仔细关小调整补偿针阀直至满意。

④确保滑油质量:使用过的滑油会逐渐变质,正常情况下,每半年应换油一次。换油时可将调速器拆下,倒干净旧油并用柴油清洗后,装入新油并复位。若不拆下调速器,则应趁滑油热时,将旧油从放油塞处放掉,并充入清洁柴油;把补偿针阀开大二圈以上,起动柴油机让调速器波动工作30 s,利用柴油自行清洗,然后停车放掉柴油装入新油,调整好补偿针阀即可。最好待柴油机短时间运转后,把新换的滑油再放掉,重新注入新油。

(2)检查调速器输出轴到喷油泵之间的拉杆、杠杆等传动件的连接情况:有否卡阻或间隙过大现象,若发现应及时处理,否则会引起油泵齿条动作不及时造成柴油机转速不稳定。检查各连接处的开口销和保险销有否断落倾向,一旦保险件失落,柴油机将会失控。

(3)定期检查调速器有关机件,并根据检查情况及时处理:①补偿针阀螺母有否松动。②弹簧的各部分尺寸及弹力是否正常。③各阀与套筒、活塞与缸体及其他机件有否过度磨损情况。

(4)柴油机转速不理想的原因是多方面的,要仔细观察,认真分析。在未找到确切原因之前,不要轻易断定是调速器的毛病,不要急于拆检调速器。有条件的话,可以用一台同型号的正常调速器换装试验,便可帮助我们得出结论,判断出是调速器本身的故障还是调速器以外的原因所造成。

二、调速器的常见故障与排除

1. 转速持续波动或油量调节机构不停地摆动

1)调速器以外的原因

(1)负荷激烈的变化,超出柴油机的功率范围。

(2)各个气缸负荷严重不均或个别气缸熄火。

(3)调速器与喷油泵之间的油量调节机构卡阻或松动。

(4)调速器驱动轴传动齿轮啮合不良,过紧或过松。

(5)调速器负荷指针的零位与喷油泵的零位不一致。

2)调速器本身故障

(1)调速器油脏污变质:这是最常见的故障原因,应清洗调速器及更换新油。

(2)调速器反馈系统发生故障:表现在外负荷发生变化时,柴油机转速大幅度波动,且需长时间才能恢复正常转速,应对调速器进行稳定性调节。

(3)调速器其他零部件故障:如轴承磨损、控制滑阀与套筒、伺服活塞与油缸、补偿活塞与缸体的配合间隙不合适等都会造成故障。应仔细检查,调换元件或送厂修理。

2. 外界负荷降低时,柴油机的转速增高超过了规定范围

(1)调速器与喷油泵之间的传动杆件卡阻,使油量减不下来。

(2)稳定调速率 δ_2(速度降)调节过大,在外负荷降低时,调速弹簧的压缩量随之增大过多,使柴油机调速时产生的转速增高量过大。

(3)调速弹簧预紧力过大,使供油量增大。

3. 调速器不能使柴油机达到全速运转

(1)调速器与喷油泵之间的传动杆件卡阻或间隙过大出现空动使油量加不上去。

(2)喷油泵的"零位调节"负值过大,调速器输出轴供油量已达全速需要值时,高压油泵达不到相应的供油量。

(3)调速器调速弹簧预紧力调节不足,未达到设定转速的要求。

第八章 柴油机的起动、换向和操纵

船舶经常在各种复杂的情况下航行，例如：在进出港口和靠离码头时，要求船舶多次改变航速和航向；船舶在海洋中正常航行时，要求船舶定速前进；在大风浪中航行时，由于船舶摇摆颠簸，主机会超速或超负荷，这时应限制主机的转速及负荷；在紧急情况下，为了避碰而要求紧急刹车，强迫主机迅速停车、倒转。为了满足机动操作的要求，船舶主机应当具有起动、停车、定速、变速、超速、限速、超负荷、限制负荷、正车和倒车能力。为此，作为船舶主机的柴油机，必须设置起动、换向和调速装置，以及控制上述各种装置的操纵机构。

随着船舶自动化技术的不断发展和电子技术在船舶上的广泛应用，船舶主机操纵日趋自动化、遥控化、智能化。近年来新造船舶的主机几乎都是遥控操作的。这就要求轮机管理人员掌握新技术，不断提高管理水平，在各种复杂条件下都能正确操纵主机，迅速排除故障，确保船舶安全可靠地航行。

第一节　柴油机的起动

一、柴油机的起动方式

静止的柴油机必须借助于外力的作用，使柴油机获得第一个工作行程的条件，即柴油机在外力作用下进行进气、压缩、喷油，直至燃油燃烧膨胀而自行运转，这一过程称为柴油机起动。为了保证柴油机起动，驱动柴油机的外力（矩）必须在克服阻力（矩）的条件下，使柴油机达到一定的转速。柴油机转速过低时，压缩过程进行缓慢，被压缩的空气对气缸壁的散热以及通过活塞环的泄漏都较大，致使柴油机压缩终点温度较低，达不到燃油自燃发火的要求，柴油机也不可能自行转动起来。通常称柴油机起动所要求的最低转速为起动转速。

起动转速的大小与柴油机的类型、柴油机的技术状态、燃油品质、环境条件等有关。起动转速是表征柴油机起动性能的重要标志。起动转速的一般范围是：高速柴油机 80 ~ 150 r/min；中速柴油机 60 ~ 70 r/min；低速柴油机 10 ~ 30 r/min。柴油机起动所用的外来能源通常有人力、电力、气力或液压。根据所采用的外来能源形式，柴油机的起动方式可分为：

(1)借助于加在曲轴上的外力矩使曲轴转动起来，如人力手摇起动、电动机起动及气动或液压马达起动等。

(2)借助于加在活塞上的外力推动活塞运动使曲轴转动起来,如压缩空气起动。

一般小型柴油机如救生艇柴油机、驱动应急消防泵和应急空压机的柴油机采用电力或手摇起动,船舶主机和发电柴油机通常采用压缩空气起动。柴油机的起动性能除了与柴油机的构造特点和工作条件有关外,也与起动装置有关。柴油机起动装置应保证柴油机迅速可靠地起动,使消耗的能量尽可能少,易于实现机舱自动化和遥控。对于船舶主机,还要求当曲轴处在任何位置和机舱温度不低于 5 ~8 ℃时,不需暖机就能迅速和可靠地起动。

二、压缩空气起动装置的组成、工作原理和起动条件

压缩空气起动就是将具有一定压力的压缩空气,按柴油机的发火顺序在膨胀行程时引入气缸,代替燃气推动活塞,使柴油机达到起动转速,完成自行发火。其主要优点是起动能量大,起动迅速可靠,在倒顺车运转时还可以利用压缩空气来刹车和帮助操纵;但该装置构造较复杂,重量较重,故不适用于小型高速柴油机。

1. 起动装置简介

图 2.8-1 所示,是一种压缩空气起动装置简图。压缩空气起动装置的主要组成部分包括:空气压缩机,空气瓶 6、主起动阀 3,空气分配器 2,起动控制阀 7 和气缸气动阀 1 等。

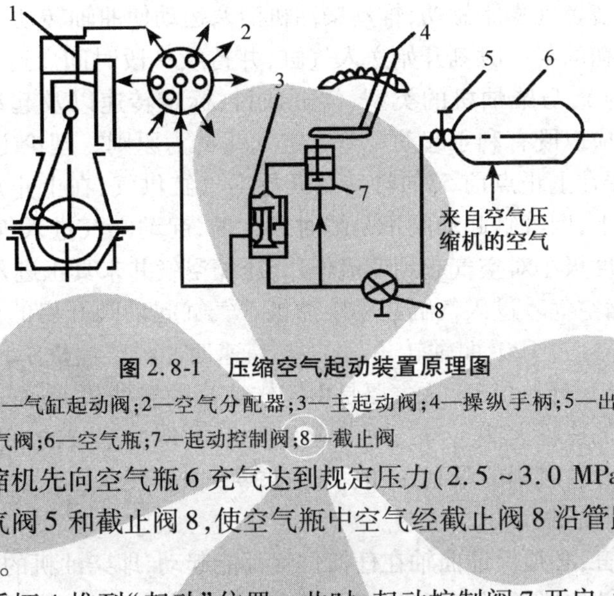

图 2.8-1　压缩空气起动装置原理图

1—气缸起动阀;2—空气分配器;3—主起动阀;4—操纵手柄;5—出气阀;6—空气瓶;7—起动控制阀;8—截止阀

起动前,空气压缩机先向空气瓶 6 充气达到规定压力(2.5 ~3.0 MPa)。当接到备车命令时,应打开空气瓶出气阀 5 和截止阀 8,使空气瓶中空气经截止阀 8 沿管路通至主起动阀 3 和起动控制阀 7 处等候。

起动时,将操纵手柄 4 推到“起动”位置。此时,起动控制阀 7 开启,控制空气进入主起动阀 3 的活塞上面,推动活塞下移,使主起动阀开启。于是,起动空气分成两路:一路经空气总管通至各缸的气缸起动阀 1 下方空间等侯;另一路为控制用的压缩空气,被引至空气分配器,按照柴油机的发火顺序到达相应的气缸起动阀的上部空间,轮流将气缸起动阀打开,使等侯在此阀下方空间的起动空气进入气缸,推动活塞运动从而使曲轴旋转。当柴油机达到起动转速时,随即将操纵手柄推至起动供油位置。待柴油机起动后,即通过操纵手柄 4 关闭控制阀 7,切断起动空气,主起动阀 3 随即关闭,气缸起动阀上部空间的控制空气也经空气分配器泄放,气缸起动阀关闭。至此,起动过程结束。然后可逐渐调节供油量,使柴油机在设定转速下运转。当主机定速航行时,可将截止阀 8 和出气阀 5 先后关闭。

按照我国《钢质海船入级规范》(2009)的要求,用压缩空气起动的主推进柴油机至少应设有两台充气设备,其中一台应由主柴油机以外的动力驱动。这些充气设备的排量,应在 1 小时

内将空气瓶的压力由大气压力升到规定的连续起动所要求的压力。空气压缩机应设有压力表和安全阀,安全阀的开启压力应不大于工作压力的1.1倍。大型低速柴油机的起动空气总管上应装有安全阀,安全阀的开启压力为最高起动压力的1.1倍。在通往柴油机的起动空气管路上应设有截止止回阀或等效措施,以保证压缩空气管路不受气缸内爆炸气体的影响。供主机起动用的空气瓶至少有两个,空气瓶的容量必须能保证在不充气的情况下,冷车、正倒车交替连续起动不少于12次(不可换向主机为6次)。

2. 保证起动的条件

为了保证柴油机迅速、有效、可靠地起动,必须具备三个条件:

(1)压缩空气必须具有一定的压力和一定的储量

空气瓶的容量应满足船舶规范的要求。在起动空气瓶容量一定的情况下,压缩空气所具有的能量是由其压力决定的,起动空气瓶内的压力应保持在2.5~3.0 MPa。压缩空气必须具有足够的压力才能使柴油机在较短时间内达到起动转速。柴油机起动的空气压力并不一定需要3.0 MPa,在中、低速柴油机中,此压力为1.5~3.0 MPa,新型柴油机在起动空气压力约为1.0 MPa时也能正常起动。

(2)要有一定的供气定时并有一定的供气延续时间

因为压缩空气代替燃气膨胀做功,推动柴油机活塞运动使曲轴转动,因此压缩空气必须在活塞处于膨胀冲程之初的某一时刻开始送入气缸,并持续一段时间。这个供气时刻即为起动定时(空气分配器定时),与柴油机的类型、气缸数目、标定转速以及起动空气压力等因素有关。合适的起动定时应以既有利于起动又节省空气耗量为原则。理论上,船用大型低速二冲程柴油机,空气分配器在上止点前5°曲轴转角开始向气缸供气,在上止点后100°~120°曲轴转角结束供气。实际上,因气缸起动阀不是瞬时开大的,起动空气进入气缸的时刻要延后些,在开启的初期由于开度极小对空气起到节流作用,压缩空气并未真正进入气缸,只有气缸起动阀的开度较大时,压缩空气才进入气缸起动柴油机。气缸起动阀开启的延续时间因受气口开启时刻的限制,一般不超过120°曲轴转角。在中、高速四冲程柴油机中,空气分配器通常在上止点前5°~10°曲轴转角开始供气,这主要是由于转速高的柴油机,气缸起动阀从充气到开启所占的曲轴转角要比低速机大些。与二冲程柴油机相同,四冲程柴油机的气缸起动阀开启的延续时间因受排气阀开启时刻的限制,一般不超过140°曲轴转角。

(3)要保证最少气缸数

对于船舶主机而言,必须保证曲轴在任何位置都能起动,即柴油机的曲轴在任何位置时至少有一个气缸处于起动位置。因此,柴油机必须有一定的气缸数。因为二冲程柴油机进气持续角是100°~120°,故只有当曲柄夹角小于120°时,才能保证各气缸中必有一个处于起动位置,气缸数要大于360°/120°,显然,相邻曲柄夹角小于120°的气缸数最少为四个,同理,四冲程柴油机进气持续角是140°,最少气缸数要大于720°/140°,应为六个。若气缸数少于上述数值,则起动前必须盘车,使某缸正好处于膨胀行程开始后的某一时刻。

3. 气缸起动阀和空气分配器的结构原理

在压缩空气起动装置中起关键作用的是气缸起动阀和空气分配器,其结构原理如图2.8-2所示。图2.8-2(a)是单气路气缸起动阀。由于气缸起动阀阀盘1的直径等于或近似等于导杆3(平衡活塞)的直径,因此在进气腔2中,起动空气作用于上述两部分投影面上的力基本相等,而方向相反,互相平衡,对气缸起动阀的开启不起作用。起动阀上端有起阀活塞4,下设的压缩弹簧向上作用使阀关闭。当空气分配器将压缩空气送入起阀活塞的上部空间将活塞4压下时，气缸起动阀才被打开。

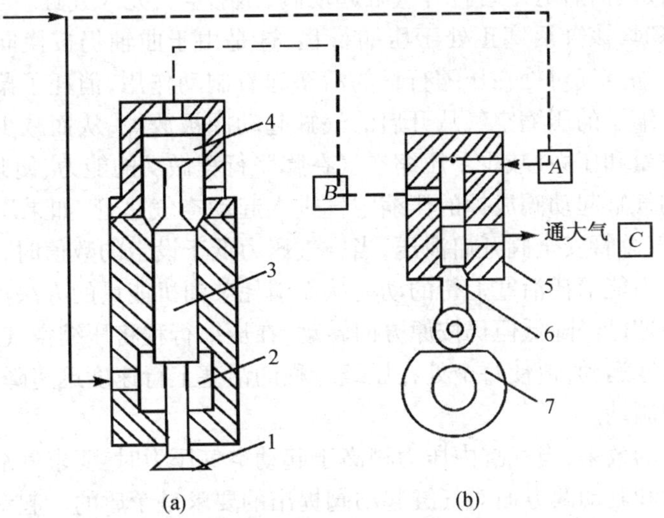

图 2.8-2　气缸起动阀和空气分配器结构原理

1—起动阀盘；2—进气腔；3—导杆；4—起阀活塞；5—阀体；6—滑阀；7—凸轮

图 2.8-2(b)为空气分配器。当控制空气(虚线表示)从阀体 5 上部的进气孔进入空气分配器后，其下端的滚轮落在呈凹状的凸轮 7 上，滑阀 6 的位置由凸轮 7 控制。

在图示情况下，滑阀处于最低位置，阀体中间的出气口被打开，控制空气通过空气分配器到达气缸起动阀起阀活塞 4 的上部，压开起动阀。当凸轮轴上的凸轮 7 转过一个角度后，滑阀 6 被抬起，使进气通道与出气通道隔断，同时使出气通道与下面的泄气通道连通。这时，起阀活塞上部的空气通过空气分配器泄入大气，气缸起动阀在弹簧的作用下关闭，起动空气停止进入气缸。由上述可知，这种气缸起动阀的开启是由空气分配器中的控制空气来控制的，而大量的起动空气是由空气管道供给的，其关闭由弹簧控制。

空气分配器有组合式和单体式两种，图 2.8-1 所示为组合式，其特点是各空气分配器的滑阀由一个凸轮来控制，凸轮的安装位置保证了起动阀在起动位置开启，以及起动阀的开启次序与发火次序相同。图 2.8-2(b)所示为单体式，特点是分配器按各缸分开布置，各分配器的滑阀分别由各个凸轮来控制，起动阀的开启时刻和次序都由凸轮的安装位置决定。

三、压缩空气起动装置的主要设备

1. 气缸起动阀

气缸起动阀是起动装置中最主要的部件之一，通常每缸一个装在气缸盖上，其下方与起动空气总管相连，上方与空气分配器相连。其动作由空气分配器控制，按发火顺序使起动空气进入气缸。气缸起动阀的性能对柴油机的起动、制动和反转有很大的影响。气缸起动阀不仅应有足够的通道面积，而且要能够兼顾起动和制动两方面的要求。

在起动方面，为使柴油机起动迅速并减少空气的消耗量，要求气缸起动阀开关迅速但落座速度缓慢以减轻阀盘与阀座之间的撞击。当气缸内发火后，即使起阀活塞上有控制空气的作用，起动阀也应保持关闭状态，防止气缸内的燃气倒流入起动空气管引起爆炸而导致事故。

柴油机的制动过程由能耗制动和强制制动两个阶段组成。为了使高速回转的柴油机迅速停车并及时开出倒车，首先通过操纵手柄停油，然后通过换向机构以换向转速或应急换向转速进行换向操作，而这时柴油机曲轴、凸轮轴仍按原来方向转动。此时，如将操纵手柄置于起动位置，空气分配器按换向后的定时打开气缸起动阀，压缩空气充入气缸。当某个气缸的气缸起动阀处于开启状态时，该缸活塞正处于压缩行程，这是由于曲轴仍按换向前的转向回转的缘故。进入气缸的压缩空气对处在压缩行程的活塞起着制动作用，消耗了柴油机的能量使之转速逐渐降低。被压缩了的压缩空气从开启的气缸起动阀被放掉，从而减少了行程末期留在燃烧室空间的空气数量和压力，减少了压缩空气在膨胀行程做功的能力，使柴油机转速进一步下降。至于从开启的气缸起动阀放掉的压缩空气进入起动空气总管，如果压力超过安全阀的设定压力，则起动空气总管安全阀开启泄压，当空气压力低于设定的数值时，安全阀会自动关闭。利用压缩空气的压力能消耗活塞上行的动能从而消耗柴油机能量的方法称为能耗制动。柴油机在能耗阶段后转速已经降低但仍按原方向转动，在压缩行程将压缩空气送入气缸，利用压缩空气的高压阻止活塞运动，迫使每个处在压缩行程的活塞上行速度迅速降低直至柴油机停车，这一过程称为强制制动。

为了保证制动的效果，当气缸内压力稍高于起动空气压力时，要求气缸起动阀仍能保持开启状态。故从起动和制动两方面对气缸起动阀提出的要求是矛盾的。起动方面要求当气缸内的气体压力大于起动空气压力时起动阀应保持关闭，而制动方面则要求当气缸内的压力稍高于起动空气压力时起动阀应保持开启状态，只是当缸内气体压力超过起动空气压力太多时，起动阀才自动关闭，以免起动空气总管安全阀开启泄气损失大量的压缩空气，反而不利于对柴油机的制动。这两种要求是通过起动阀构造的设计不同实现的，并非所有的起动阀都能满足上述要求。根据起动阀启闭气路的不同，气压控制式气缸起动阀分为单气路和双气路控制式两种。单气路控制式气缸起动阀即为一个简单的单向阀。

单气路控制式气缸起动阀的构造如图 2.8-3 所示。它的工作原理与图 2.8-2 所示相同，属平衡式气缸起动阀。起动阀依靠控制空气的作用开启，关闭则由气阀弹簧控制。单气路起动阀的主要特点是：起阀活塞为单级平面式，其面积大，开关迅速，起动空气消耗少，而且结构简单，因而被许多类型的柴油机所采用。

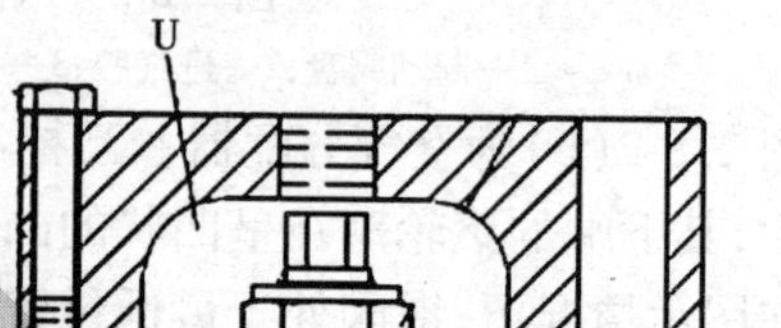

图 2.8-3　单气路控制式气缸起动阀(8S60ME-C)

1—起阀活塞；2—阀杆；3—弹簧；P—进气口；U—起阀空间

图 2.8-3 所示为 MAN B&W 8S60ME-C 型柴油机的气缸起动阀。该型阀不能兼顾起动和制动两方面的要求，这种起动阀关闭时的落座速度快，致使阀盘与阀座撞击严重，磨损快，容易损坏，影响起动阀的密封性和可靠性。严重时将导致柴油机起动失灵。此外，由于这种阀的起阀活塞面积大，故当缸内压力超过起动空气压力时仍有可能开启而发生燃气倒灌。MAN B&W L—MC 型柴油机在每个起动阀进气管均装设有一个安全保护帽，就是为了防止起动空气管因燃气倒灌而发生事故。

双气路控制式气缸起动阀的构造如图 2.8-4 所示。它也属于平衡式起动阀。它的起阀活塞是分级活塞式,由面积不等,呈阶梯状连成一体的控制活塞 K_1、K_2 和 K_3 组成,来自空气分配器的两路控制空气控制该阀的启闭。其动作原理如下:

起动时,控制空气由空气分配器经开启管 H 进入控制活塞 K_1 的上部空间 T,下部空间 N 经关闭管 J 与空气分配器的出口相通。阶梯活塞 2 下行开阀。当活塞 K_1 下行打开控制口 S 时,控制空气立即从 T 空间进入控制活塞 K_2 的上部 p 空间。由于空气的作用面积突然增大,使起动阀迅速打开。当控制活塞 K_3 关闭管 J 的气口时,K_3 下部空间 N 变小并被封闭形成气垫,使开启速度减慢,直到全开。由此可保证起阀速度快,但又避免控制活塞与缸底撞击。当空气分配器经管 H 释放 K_1、K_2 活塞上部的控制空气并向关闭管 J 提供控制空气时,控制空气首先进入活塞 K_2 的下部空间 M,使起动阀迅速上行关小。阶梯活塞 2 上移过程 中,控制活塞 K_3 随即切断管 J 与空间 M 的通路,控制空气作用在活塞 K_3 的下表面使关阀速度减慢。

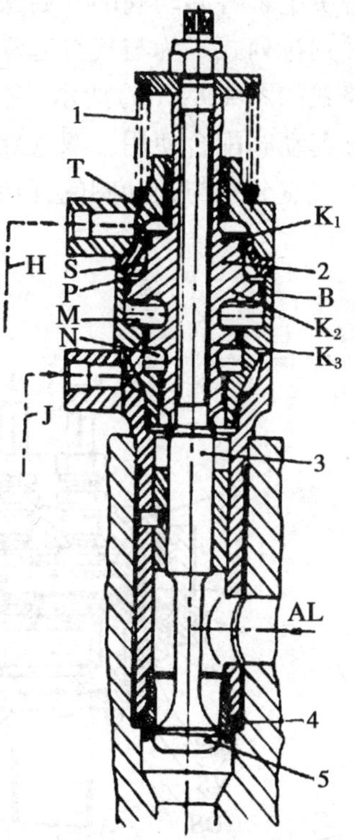

图 2.8-4 双气路控制式气缸起动阀

1—弹簧;2—阶梯活塞;3—阀杆;4—阀座;5—起动阀;K_1、K_2、K_3—控制活塞;T—上部空间;M—中部空间;N—下部空间;P—空间;S—控制口;B—连接槽;H—开启管;J—关闭管

当活塞 K_1 关闭控制口 S 时,空间 P 变成密闭空间并随活塞的上行形成气垫,使关阀的后期(落座)速度大大减慢,避免了关闭时的强烈撞击。待阀落座后通过连接槽 B 使空间 P 和空间 M 间的压力自动平衡。这种起动阀由于起阀活塞采用上小下大的阶梯形状,控制空气进入上部空间 T 后首先作用在面积较小的活塞 K_1 上,所以当气缸内压力高于起动空气压力时阀不能开启,避免了燃气倒灌的危险,满足了起动方面对起动阀的要求:速开、速关,落座速度缓慢,气缸内发火时阀不会开启。当起动阀已处于全开状态时,控制空气作用在阶梯活塞 2 的全部工作面积上,向下作用力增大。因此,若在紧急制动时气缸内的气体压力已超过起动空气压力,起动阀仍能保持开启状态,从而满足制动方面对起动阀的要求。

2. 空气分配器

空气分配器的作用是按照柴油机的发火顺序,依要求的起动定时将控制空气分配到相应的气缸起动阀并将它们逐个打开,让压缩空气进入气缸,起动柴油机。当柴油机起动完毕进入正常运转状态,要求分配器滑阀能与驱动凸轮自动脱离接触,以减少不必要的磨损。

按结构形式不同,空气分配器可分为回转式(分配盘式)和柱塞式两种。前者如图 2.8-1 所示,它是利用凸轮轴驱动一个带孔的分配盘与分配器壳体上的孔(与气缸数目相同)相配合,控制各缸气缸起动阀的启闭,一般多用于中、高速柴油机。柱塞式空气分配器通过起动凸轮和滑阀来控制气缸起动阀的启闭,一般大、中型柴油机多使用这种结构。

柱塞式空气分配器按其排列结构不同,分为单体式和组合式两种。单体式如图 2.8-2(b) 所示,每个气缸有一个空气分配器,分开布置,由各自的凸轮来控制,气缸起动阀的开启定时与次序均由各起动凸轮在凸轮轴上的安装位置来决定。组合式空气分配器集中由一个或一套起动凸轮控制,凸轮的安装位置和线型决定了各起动阀的启闭时刻,分配器与起动管的连接管系布置决定了各起动阀的开启次序。组合式空气分配器按其柱塞的排列形式可分为圆周排列式和并列排列式。为与气缸起动阀相配,柱塞式空气分配器又有单气路和双气路两种形式。单气路式如图2.8-2(b)所示,它与单气路气缸起动阀相配;双气路式如图2.8-5所示,与双气路气缸起动阀配合使用。双气路控制式气缸起动阀有两路控制空气,因而它的分配器必须有两个供气点分别与起动阀的开启管H和关闭管J相连接。

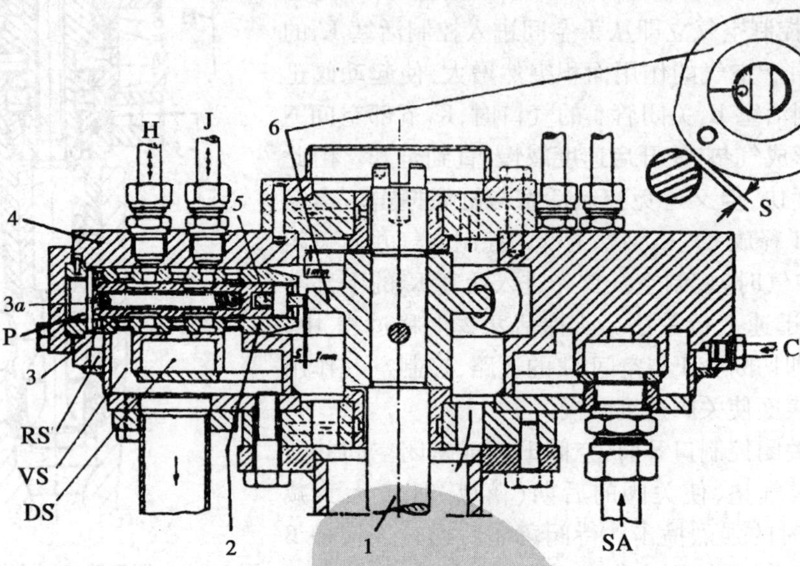

图2.8-5　双气路控制式空气分配器

1—轴;2—滑阀套;3—控制滑阀;3a—弹簧;4—外壳;5—滚轮;6—起动凸轮;H—开启管;J—关闭管;CA—控制空气管;SA—供气管;DS—分配器空腔;VS—放气空腔;P—压力空腔

图2.8-5所示为双气路控制柱塞式空气分配器的剖视图。起动空气分配器的控制滑阀3是按各气缸的发火次序绕凸轮轴中心线径向布置,各滑阀是由一个起动凸轮6控制。空气分配器没有得到控制空气时,控制滑阀受弹簧3a作用与起动凸轮6不接触(图示位置),此时,开启管H经放气腔VS通大气,各缸起动阀均处于关闭状态。

起动时,当主起动阀打开,来自起动空气瓶的空气经进气管SA充满分配空腔DS和关闭管J直至气缸起动阀。当按下起动按钮或把起动手柄推至“起动”位置时,一股先导空气通过管于CA进入RS和P腔,将控制滑阀3连同滚轮5压向起动凸轮6。如果该缸处于可以起动位置,滚轮5就与凸轮6的基圆相接触。这时,滑阀内移,使开启管H经分配空腔DS与主起动阀相通,而关闭管J经放气腔VS通大气。这样,气缸起动阀就被来自空气分配器的控制空气打开,起动空气进入气缸,推动活塞并通过曲柄连杆机构驱动柴油机曲轴转动。随着凸轮轴1的转动,凸轮6将滑阀3推向外端,滑阀将开启管H经放气腔VS通大气,来自主起动阀的控制空气经分配腔DS和关闭管J相通,使气缸起动阀重新关闭。而凸轮的基圆又转到另一个滑阀下面,依次开启另一气缸的起动阀。当起动按钮或起动手柄复位,起动完毕后,空间P和RS的先导空气经管CA泄放,控制滑阀3又被弹簧3a拉回到原来位置,滚轮5离开凸轮6,空气分配器停止工作。

图2.8-6所示为MAN B&W S50MC-C柴油机所使用的转盘式空气分配器。空气分配器安装在柴油机的一端,由凸轮轴经过齿轮驱动。由分配盘、换向盘、本体、轴和轴承等组成。在分

配盘上与换向盘的接触面上，开有内外两圈圆弧槽，外槽用于正车起动，内槽用于倒车起动，每圈圆弧槽都分为短槽和长槽。控制空气由 A_1、A_2空间经分配盘上钻孔供向短槽，由短槽经换向盘及本体上的孔轮流供向各气缸起动阀。结束进气的气缸起动阀的控制空气经换向盘上的孔进入长槽，长槽与轴和换向盘之间的空间相通，由此空间再经本体上的孔泄放大气。换向盘上有两组孔，分别于分配盘上的内、外圆弧槽相对。换向盘在正车位置时，外侧一组孔与本体上去气缸起动阀的供气孔相通，内侧一组孔被封闭；换向盘在倒车位置时，内侧一组孔与本体上去气缸起动阀的供气孔相通，外侧一组孔被封闭。换向气缸装置通过换向盘上的臂拉动换向盘转动。正常运行时，分配盘和换向盘是不接触的，靠作用在轴肩上的滑油压力将轴及分配盘略向外推出。当有控制空气供向分配盘时，A_1、A_2空间有压力空气，分配盘 7 被压靠到换向盘上。

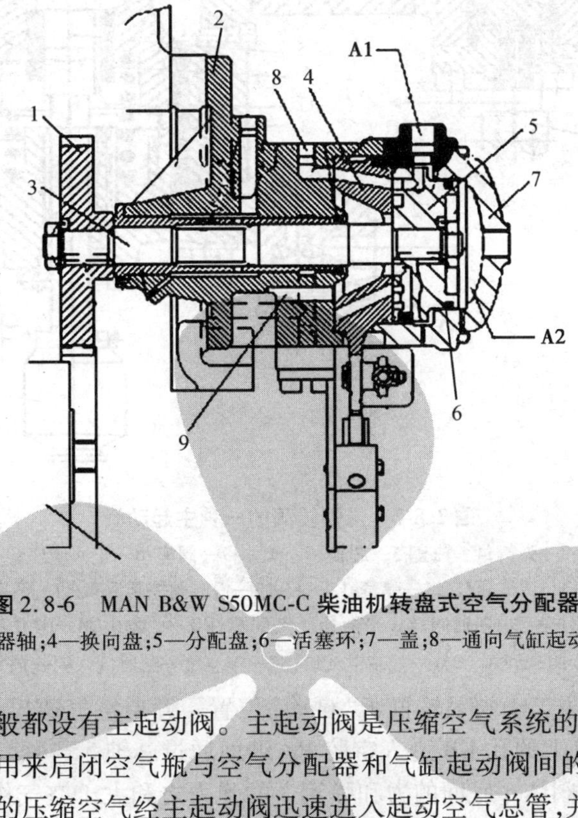

图 2.8-6 MAN B&W S50MC-C 柴油机转盘式空气分配器

1—齿轮；2—本体；3—分配器轴；4—换向盘；5—分配盘；6—活塞环；7—盖；8—通向气缸起动阀的供气孔；9—泄气孔

3. 主起动阀

大、中型柴油机一般都设有主起动阀。主起动阀是压缩空气系统的总开关，它位于空气瓶和起动空气总管之间，用来启闭空气瓶与空气分配器和气缸起动阀间的主起动空气通路。起动操纵时，来自空气瓶的压缩空气经主起动阀迅速进入起动空气总管，并经总管分至各缸气缸起动阀和空气分配器，它既能满足起动所需要的压缩空气量。又可以使供气迅速可靠并减少压缩空气的节流损失。起动完毕后，它能迅速切断进入起动总管的压缩空气，并使总管中的残余空气经主起动阀放入大气。大型柴油机的主起动阀尺寸较大，通常采用气动控制。有时另装手动机构备用。主起动阀按动作原理可分为均衡式和非均衡式两种。均衡式主起动阀的开启是依靠加载于控制缸内起阀活塞上的控制空气破坏原均衡关闭状态来实现的。非均衡式的主起动阀的开启是依靠泄放控制缸内的空气实现的。大型低速柴油机多使用后者。图 2.8-7 是 SULZER 柴油机用的一种非均衡式主起动阀的结构图。这是一种带慢转阀的主起动阀，用于使曲轴缓慢转动的慢转阀和主起动阀壳体连接在一起，起动前通过它可使柴油机以 5 ~ 10 r/min 的速度转动。主起动阀既能用控制空气控制，也能用手轮进行手动控制。

图 2.8-7 中右侧中部是主起动阀体 6，置于主起动阀壳上部的止回阀 9 用来防止燃气倒

流,在阀壳左下侧设有控制阀 1,由起动控制阀控制。在阀壳左侧是慢转阀。

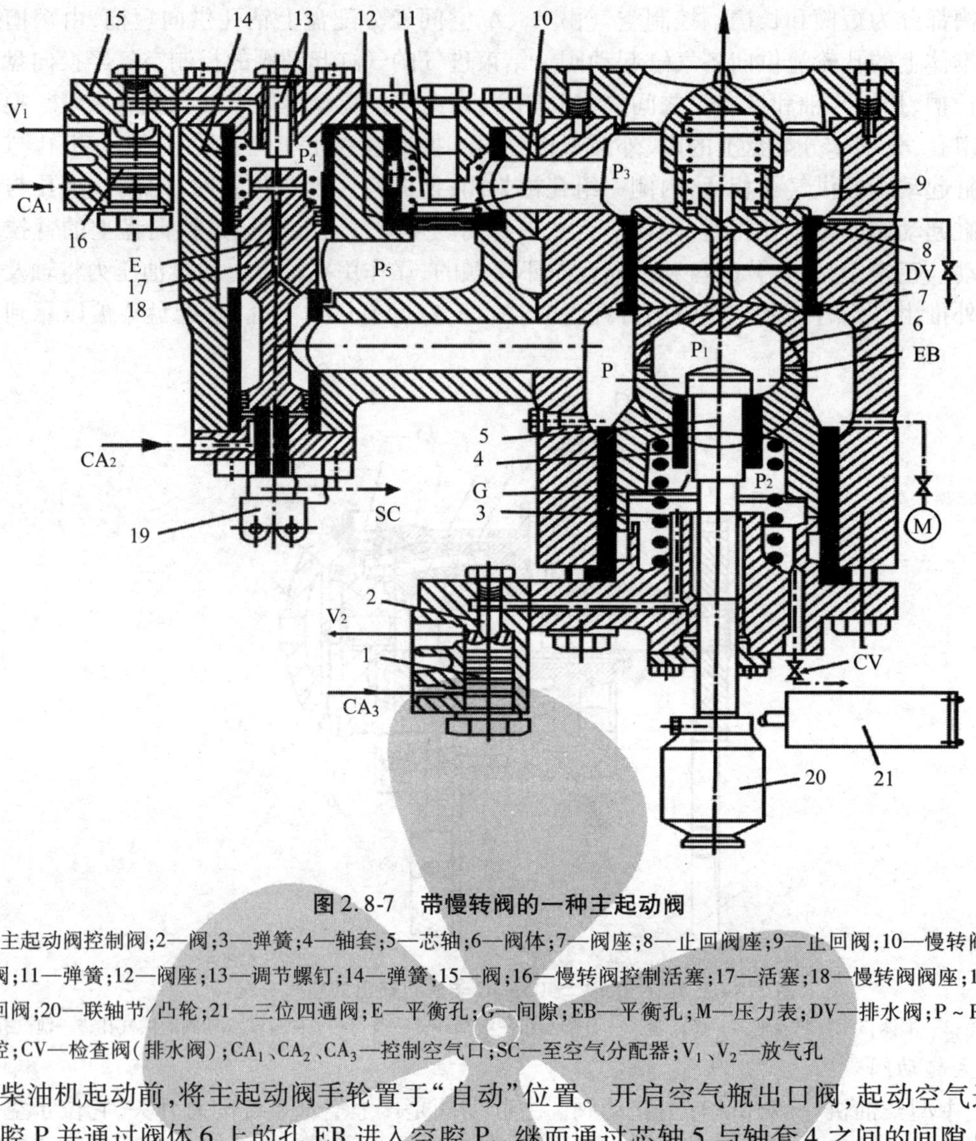

图 2.8-7　带慢转阀的一种主起动阀

1—主起动阀控制阀;2—阀;3—弹簧;4—轴套;5—芯轴;6—阀体;7—阀座;8—止回阀座;9—止回阀;10—慢转阀的止回阀;11—弹簧;12—阀座;13—调节螺钉;14—弹簧;15—阀;16—慢转阀控制活塞;17—活塞;18—慢转阀阀座;19—双止回阀;20—联轴节/凸轮;21—三位四通阀;E—平衡孔;G—间隙;EB—平衡孔;M—压力表;DV—排水阀;P ~ P_5—压力腔;CV—检查阀(排水阀);CA_1、CA_2、CA_3—控制空气口;SC—至空气分配器;V_1、V_2—放气孔

柴油机起动前,将主起动阀手轮置于“自动”位置。开启空气瓶出口阀,起动空气进入环形空腔 P 并通过阀体 6 上的孔 EB 进入空腔 P_1,继而通过芯轴 5 与轴套 4 之间的间隙 G 进入空腔 P_2。由此,作用在阀体 6 底面的力和弹簧 3 的弹力之和大于空气作用在阀体 6 上面的开阀力,使主起动阀关闭。空腔 P 的空气通过慢转阀活塞 17 的孔“E”进入空腔 P_4,活塞 17 在弹簧 14 的弹力作用下紧压在阀座 18 上,压缩空气无法进入空腔 P_5,因而止回阀 10 和 9 关闭。当需要慢转操作时,来自慢转先导阀的控制空气通过进口 CA_1 和 CA_2 进入慢转阀,控制阀 16 上移顶开阀 15,使空腔 P_4 的起动空气经放气孔 V_1 泄出。与此同时从 CA_2 进入的控制空气推动活塞 17 上行直至与调整螺钉 13 接触为止。起动空气由空腔 P 进入空腔 P_5,并打开止回阀 10 进入空腔 P_3 通向气缸起动阀。由进口 CA_2 进入的控制空气还通过双止回阀 19 的出口 SC 通向空气分配器,使起动空气柱塞处在工作位置。至此柴油机慢速转动起来,慢转转速是由进入气缸的空气量决定的,通过调整调节螺钉 13 的长度来实现。切断进口 CA_1 和 CA_2 的控制空气,慢转阀关闭。起动时,按下起动按钮,使控制空气由进口 CA_3 进入控制阀活塞 1 中活塞的下方推动活塞上行并顶开阀 2。此时,空腔 P_1 和 P_2 内的压缩空气经出口 V_2 放入大气,阀体 6 在空

腔 P 的开阀力作用下开启，空腔 P 的空气抬起止回阀 9 并通向气缸起动阀和空气分配器进行起动。起动完毕后切断通至 CA_3 的控制空气，控制阀 1 中的活塞落下，阀 2 关闭，待空间 P_1 和 P_2 内逐渐充满起动空气后主起动阀自行关闭，止回阀 9 随即在弹簧作用下压紧在阀座上。

当主起动阀自动装置失灵时，可改由手动操作。通过手轮调整到“手动开启”位置，即可通过芯轴 5 的头部凸缘将阀 6 拉开。同理，调整到“手动关闭”位置将主起动阀关闭。止回阀 9 可以防止气缸内的高温燃气倒流入主起动阀或起动空气瓶里面引起爆炸。

检查阀 CV 和放泄阀 DV 用于放掉管路中的残余空气和冷凝水，阀 CV 还可以用来检查主起动阀的动作和密封性。每次定速或完车后应开启阀 CV 和 DV 放掉管路中的残余空气。压力表 M 用来监视起动空气总管是否有压力。

图 2.8-8 是 MAN B&W L MC/MCE 型柴油机中采用的一种球阀式主起动阀。它是由一个主起动阀（大球阀）和与其并联旁通的慢转阀（小球阀）组成，两个球阀都是由气动控制阀控制的推动装置启闭的。此外，还组合了一个单向阀用以防止起动管路中压力过高时倒灌。在单向阀前设有管路通向空气分配器。

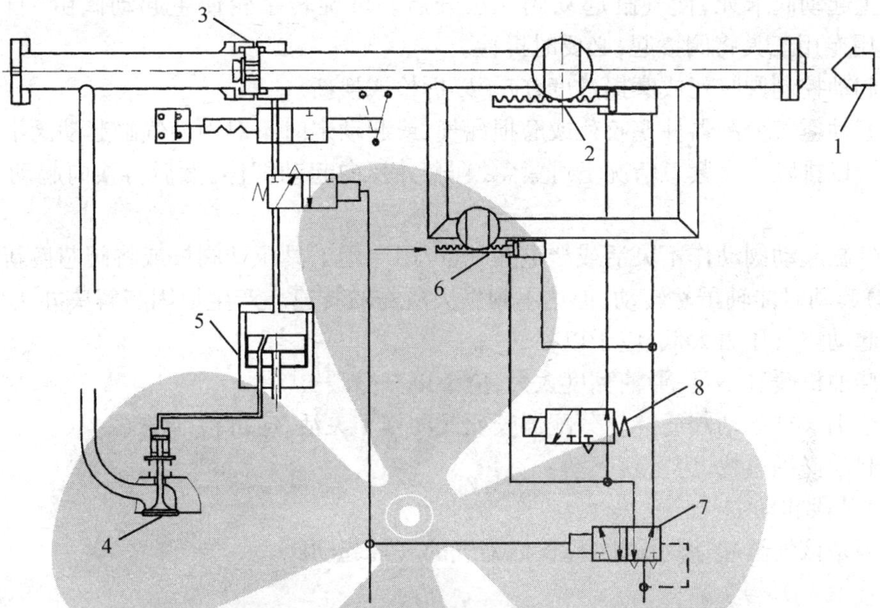

图 2.8-8　MAN B&W MC 系列柴油机球阀式主起动阀

1—起动空气；2—主起动阀；3—止回阀；4—气缸起动阀；5—空气分配器；6—慢转阀；7—气动控制阀；8—慢转控制阀

慢转时，按下操纵台上的慢转开关，通过电磁阀使主起动阀（大球阀）锁闭，慢转阀打开，起动空气进入空气分配器依次打开各缸气缸起动阀使主机慢转。正常起动时，由气动推动装置将主起动阀和慢转阀都打开，进行起动过程。如果柴油机停车超过 30 min，再次起动时，应操作控制台上的慢转开关使主机慢转，至少使主机慢转一圈后才能复位慢转开关，使电磁阀释放主起动阀的锁闭，在控制空气作用下由气动推动装置打开主起动阀，继续进行起动过程。

四、压缩空气起动系统的维护保养与故障排除

1. 压缩空气起动系统的维护保养

(1) 系统中有关部件的检查。如对各阀件定期保养、清洁、润滑。因起动空气中含有水

分，如不注意保养，部件易锈蚀、卡住或漏气。检查时要注意各部件动作是否灵活，是否气密。

(2)压缩空气瓶应定期放残。

(3)检修阀件时应关闭气源，以免发生事故。

(4)应特别注意对气缸起动阀的维护保养，保证其密封性。

(5)有关部件拆装、检修后应校对或调整相关间隙。

2. 压缩空气起动装置常见故障及排除

(1)柴油机不能起动。

如果起动手柄或手轮推至起动位置而柴油机没有转动，其原因主要在起动系统，具体有以下几方面：

①盘车机未脱开，盘车机连锁阀处在关闭位置，起动空气不能通过，此时脱开盘车机即可。

②压缩空气瓶出口阀或主停气阀未开足，检查该系统中有关空气阀并予以开足。

③压缩空气瓶压力不足，应予以补气。

④起动空气管系脏污，需清洁管系内壁并排放残水。

⑤主起动阀卡死，使气缸起动阀无法开启。可旋转手轮使主起动阀由"自动"改为"手动"，或用专用工具将阀撬起，必要时拆检。

⑥起动控制阀咬死或磨损过度，应予以拆检或换新。

⑦起动空气分配器柱塞咬死或磨损漏气，或起动定时不对而使气缸起动阀不能开启，应查明原因予以排除。在紧急情况下可紧急换向，并反向起动即停，然后再换向起动(个别柱塞咬死时)。

⑧气缸起动阀动作不灵活或严重漏气，可用专用工具压动阀杆或将阀芯换新。

(2)起动时曲轴虽然转动，但达不到发火所需的转速。产生原因与解决办法如下：

①起动空气压力太低，应予以补气。

②柴油机暖缸不足，滑油黏度太大，应予以充分暖缸。

③个别气缸起动阀或空气分配器咬死或动作不灵活，应拆检清洗。

④起动操纵过快，应重新起动。

(3)某段起动空气管发热。

原因是该气缸起动阀漏泄，应检修漏气的气缸起动阀。

第二节　柴油机的换向

一、换向装置的基本原理、方法和要求

根据航行要求，如果船舶要从前进变为后退(或相反)，一般有两种方法。其一是改变螺旋桨的旋转方向(称直接换向)；其二是保持螺旋桨转向不变而改变螺旋桨叶的螺距角使推力方向改变(变距桨换向)。目前多数船舶使用第一种方法实现换向，即船舶的进、退依靠螺旋桨旋转方向的改变。而改变螺旋桨转向的方法除了少数间接传动采用倒顺车离合器外，一般都直接改变柴油机的转向。因此，要求船舶主柴油机具有换向性能。柴油机换向就是改变柴油机曲轴的旋转方向。要使柴油机换向，首先应停车，然后将柴油机反向起动，再使柴油机按反转方向运转起来。为满足反向起动和反向运转的要求，必须改变起动定时、喷油定时和配气定时，以满足反向起动和反向运转对定时的要求。由于上述定时均由有关凸轮控制，所以柴油

机的换向就是如何改变空气分配器、喷油泵和进、排气凸轮与曲轴的相对位置,以适应换向后的工作要求。为改变柴油机的运转方向而设的改变各种凸轮相对于曲轴位置的机构称为换向装置。

柴油机换向时需要改变凸轮与曲轴相对位置的设备随机型不同而异。二冲程直流扫气柴油机有空气分配器、燃油凸轮和排气凸轮的换向,二冲程弯流扫气柴油机只有空气分配器和燃油凸轮需要换向,而四冲程柴油机的换向则包括了空气分配器、喷油泵和进、排气阀的控制凸轮。尽管换向装置种类繁多,但对换向装置的基本要求大体相同,主要有:

(1)应能准确、迅速地改变各种换向设备的定时关系,保证正、倒车的定时相同。

(2)换向装置与起动、供油装置间应有必要的连锁机构,以保证柴油机运行安全。

(3)需要设置锁紧装置,以防止柴油机在运转过程中各凸轮"定时"机件相对于曲轴上止点位置发生变化。

(4)换向时间必需满足《钢质海船入级规范》的要求,主机换向时间是指主机在最低稳定转速下从操纵开始到主机在相反方向开始工作为止所需的时间。我国《钢质海船入级规范》规定,主机换向时间应不大于 15 s。

二、双凸轮换向原理和特点

1. 换向原理

双凸轮换向的特点是对需要进行换向的设备配置两套凸轮。一套供正车时使用,一套供倒车时用。正车时正车凸轮处于工作位置,倒车时轴向移动凸轮轴让倒车凸轮处于工作位置,使柴油机各缸的有关定时和发火次序符合倒车运转的需要。双凸轮换向的原理以二冲程直流扫气柴油机为例来说明,如图 2. 8-9 所示。

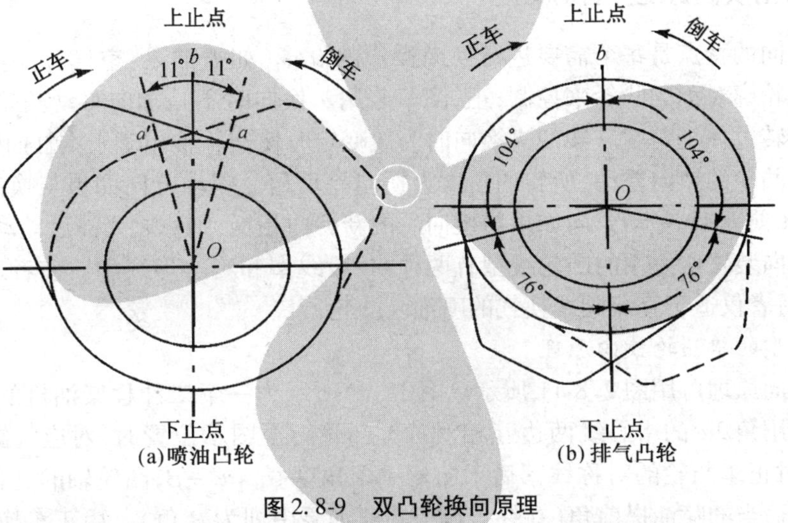

图 2. 8-9 双凸轮换向原理

图 2. 8-9 中实线表示正车凸轮,虚线表示倒车凸轮,正、倒车凸轮对称于曲柄上、下止点位置的纵轴线 ob。当柴油机正转时,正车凸轮顺时针转动。凸轮的升起点 a 为供油始点,图示位置曲柄正处于上止点,则供油提前角为 11°。此后,气缸内处于燃油发火燃烧和膨胀行程,直至曲柄按正车方向转到上止点后 104°,即下止点前 76°时,正车排气凸轮也转过 104°曲轴转角,排气阀开始被顶起,排气过程开始。当柴油机换向后从图示位置倒转时,喷油泵和排气阀改由倒车凸轮驱动(虚线所示)。这时倒车凸轮按逆时针方向转动,同样保证供油提前角为

11°(即供油始点为a'),并在下止点前76°使排气阀开启。

图2.8-9中未示出空气分配器凸轮,其正、倒车凸轮的布置原则与喷油泵凸轮相同。正车运转时,正车凸轮使活塞处于膨胀行程的某缸的气缸起动阀开启。换向后,倒车凸轮使活塞处于正车压缩行程的某缸起动阀开启,压缩空气进入此气缸迫使活塞下行,曲轴因而倒转。对于多缸柴油机,换向后倒转的起动顺序和发火顺序与正转的发火顺序相反。例如,某二冲程六缸柴油机的正车发火顺序为1—6—2—4—3—5,倒车发火顺序为1—5—3—4—2—6。

2. 换向装置

双凸轮换向装置根据移动凸轮轴所用的动力和方法不同有不同的构造形式。一般有机械式、液压式和气压式。图2.8-10所示换向装置为气力—液压式,这也是船用主机(MAN型柴油机)所采用换向装置。图中所示为倒车位置。当进行由倒车到正车的换向操作时,利用换向杆使换向阀开启,压缩空气进入正车油瓶,倒车油瓶中的气体经换向阀泄入大气。在压缩空气的作用下,正车油瓶中的滑油被压入油缸活塞的右侧,推动活塞带动凸轮轴向左移动。与此同时,油缸活塞左侧的油被活塞压入倒车油瓶。当活塞移到左侧极限位置时,各正车凸轮正好处于相应的从动件下面,换向过程结束。

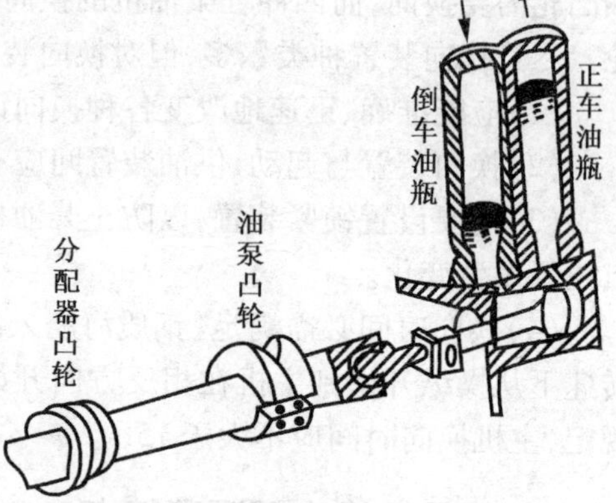

图2.8-10 双凸轮换向装置

三、单凸轮换向原理和特点

单凸轮换向的特点是每个需要进行换向操作的设备(如喷油泵、空气分配器、排气阀等)都各自由一个轮廓对称的凸轮来控制,正、倒车兼用。换向时不是轴向移动凸轮轴,而是将凸轮轴相对曲轴转过一个角度。柴油机换向时为改变定时使凸轮轴相对于本缸曲轴转过一个角度的动作称为凸轮的换向差动,所转的角度为换向差动角。差动方向如果与换向后的新转向相同,称之为超前差动;差动方向如果与换向后的新转向相反,则称之为滞后差动。

单凸轮换向装置所使用的凸轮线型有两种:一般线型和鸡心形线型。前者适用于各种柴油机的凸轮,后者仅适于直流阀式换气的喷油泵凸轮。

1. 一般线型的单凸轮换向原理

单凸轮换向原理可用图2.8-11所示。图中(a)所示为一个二冲程柴油机的喷油泵凸轮,凸轮轮廓在作用角2φ的中心线两边互相对称。凸轮转至图示位置时,对应气缸的曲柄正处于上止点,这时正车凸轮的对称线落后于曲柄一个角度$\alpha_s=\varphi-\beta$,凸轮轴的这种布置保证了喷油泵有一个适当的喷油提前角(在终点调节式喷油泵中即为β角)。由正车换为倒车时,为了保证有同样的喷油提前角,必须使倒车凸轮的对称线也落后于曲柄一个角度α_s,如图中虚线所示位置。因此,在曲轴不动的前提下,必须使凸轮从原来的位置沿正车方向转一个角度$2\alpha_s=2\varphi-2\beta$。或者,在凸轮轴不动的前提下,也可使曲轴沿倒车方向转一个差动角$2\alpha_s$。喷油泵凸轮换向对于换向后的新转向来说是滞后差动。二冲程直流阀式柴油机的排气阀凸轮换向却是超前差动,并且与喷油泵凸轮差动角是不同的。因此,两者无法同轴差动,只能分别装在两根凸轮轴上实现双轴单凸轮差动换向,致使柴油机的结构复杂。

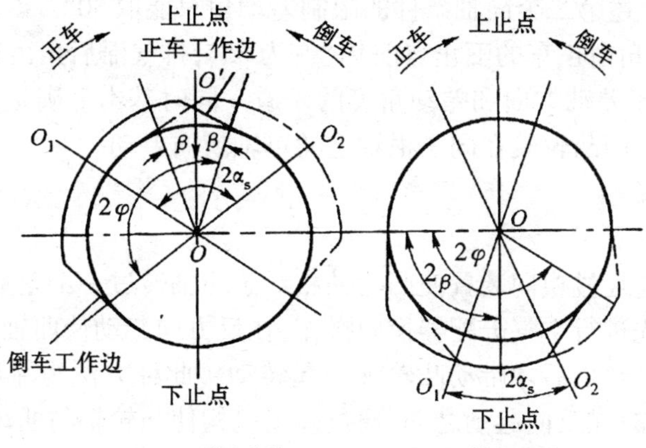

(a) 喷油凸轮　　(b) 排气凸轮

图 2.8-11　一般线型单凸轮换向原理图

2. 单凸轮鸡心凸轮换向原理

为了解决喷油泵凸轮和排气阀凸轮差动方向相同，差动角相同的矛盾，采用一种鸡心凸轮代替一般的喷油泵凸轮，这就可以使喷油泵凸轮和排气阀凸轮装在一个凸轮轴上实现差动换向。单轴鸡心凸轮差动换向必须满足下列三个条件：①两组凸轮的差动方向相同。②两组凸轮的差动角相同。③差动前后同名凸轮的正、倒车定时基本相同。为满足上述要求，采用一种特殊形状的鸡心凸轮代替一般形状的喷油泵凸轮。

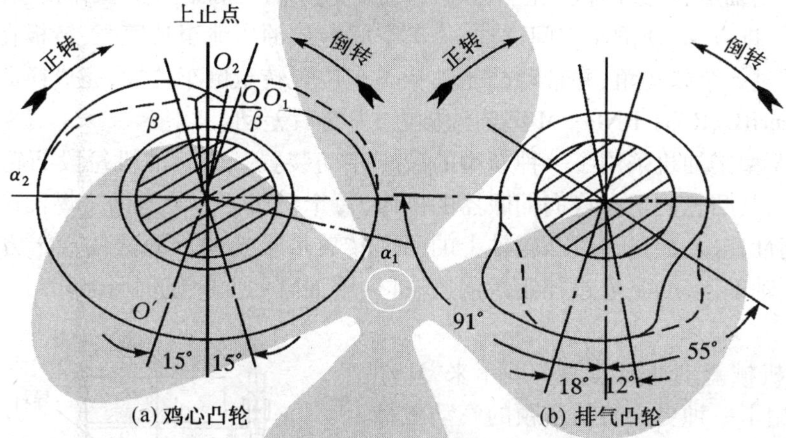

(a) 鸡心凸轮　　(b) 排气凸轮

图 2.8-12　单凸轮鸡心凸轮换向原理

鸡心凸轮如图 2.8-12(a)所示，排气阀凸轮如图(b)所示。图中实线为正车位置，虚线为倒车位置。鸡心凸轮外轮廓呈鸡心状，OO'为对称线。凸轮基圆 O_1O_2 处的半径最小，从 O_1、O_2 点向两侧伸展外廓按相同规律变化，至 a_1、a_2 点处半径最大并与顶圆衔接。正车（顺时针）运行时，a_1—O_1 为喷油泵的吸油段，O_2—a_2 为喷油泵的泵油段，供油提前角为 β。倒车（逆时针）运行时，其吸油段和泵油段正好相反。在图 2.8-12(a)所示的情况下，鸡心凸轮的对称线 OO' 相对于该缸曲柄上止点的夹角为 15°。当由正车改为倒车时，只要把鸡心凸轮朝倒车方向（逆时针）转过 30°，到达虚线所示的位置，就可得到倒车时所要求的供油定时。差动方向对新转向（倒车、逆时针）而言为超前差动。这样，喷油泵凸轮的差动方向和排气阀凸轮的差动方向一致，满足了同轴差动的第一个条件。按照排气阀凸轮的定时关系，其换向差动角应为

18°×2=36°,但由于上述第二个同轴条件的限制差动角只能取30°。因此,倒车时排气阀的定时稍有变化:排气提前角由正车的下止点前91°变为85°;排气滞后角由正车的下止点后55°增大至61°。由此,解决了差动方向和差动角度的矛盾。同时基本上满足了上述第三个条件,实现了喷油泵凸轮和排气阀凸轮装在同一根轴上的单轴换向差动。

3. 单凸轮换向装置

1)差动方法

第一种:曲轴不动,通过换向装置使凸轮轴相对于曲轴转过一个差动角,一般为滞后差动。第二种:凸轮轴不动,先进行空气分配器换向操作,在反方向起动使曲轴反向回转之初,曲轴相对凸轮轴转过一个差动角之后才带动凸轮轴一起转动。此种方法为滞后差动。第三种:先进行空气分配器换向操作,在反向起动之初,通过差动机构使凸轮轴与曲轴二者之间有一定的转速差,待完成差动角后,再同步转动。此种方法一般为超前差动。

2)换向装置种类

按使用工质和动力不同,换向装置可以分为以下几种:

(1)液压差动换向装置。该装置采用液压差动换向伺服器并使用滑油系统中的中压滑油(0.6 MPa)作为工质实现差动换向动作。在凸轮轴上固定有一转板,转板装在液压伺服器中,伺服器外壳通过链轮由曲轴驱动。转板把伺服器的内腔分隔成两个空间(正车和倒车空间),两个空间分别用滑油管与换向阀的有关油管相通。当正车时,转板顶住伺服器内两个对称布置的扇形止动凸块上,正车空间充满中压滑油,倒车空间释放油压。此时曲轴通过链条、链轮和转板带动凸轮轴旋转,柴油机按正车方向运行。换向时,曲轴不动,操作换向阀改变正、倒车空间滑油的进、排方向,使倒车空间进油,正车空间释放油压泄至油底壳,转板在滑油压力作用下相对曲轴转过一个差动角,并带动凸轮轴从正车位置转至倒车位置,完成换向动作。这种装置使用在SulzerRD、RND、RND—M型柴油机上,为滞后差动。

SulzerRTA型柴油机采用了一种新型的液压差动装置。该柴油机每段凸轮轴都装配有一个换向伺服器,其凸轮固定在换向伺服器的外缘,每个伺服器上装有两个燃油凸轮。凸轮轴与伺服器不是刚性连接,而是通过凸轮轴上的两个转翼带动换向伺服器按规定方向转动。换向时凸轮轴和曲轴都不动,是通过控制滑油进、排伺服油缸的变化使伺服器相对曲轴差动来完成换向动作。

(2)气动机械差动换向装置。近年来,MAN B&W公司采用了一种更加简易新颖的气动机械换向装置。换向时曲轴与凸轮轴均无差动动作,而通过改变每缸喷油泵传动机构中的滚轮在凸轮轴上的角度位置完成换向动作,如图2.8-13所示。图示为正车位置,换向时使用压缩空气拉动滚轮连接杆的顶部,使滚轮连接杆的倾斜方向发生变化,即改变滚轮与凸轮的相对位置,从而完成超前差动换向动作。这种柴油机的排气凸轮不需换向,空气分配器采用双凸轮换向或采用换向盘换向等方式,由专门的气动换向机构控制。

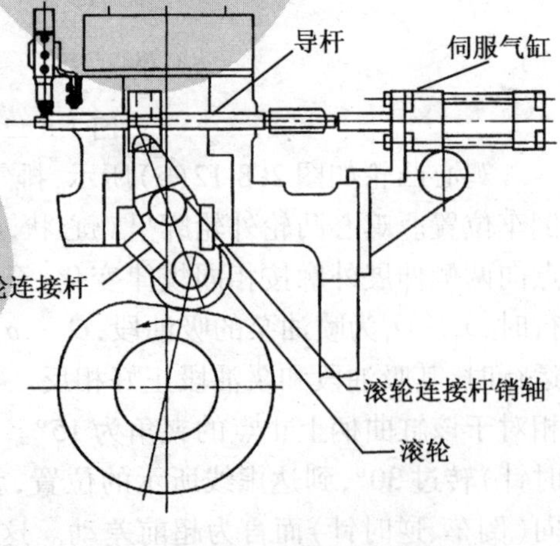

图2.8-13　MAN B&W新型换向装置

四、换向装置的常见故障

换向装置的常见故障主要是柴油机不能换向，即换向手柄已从正车位置推至倒车位量（或相反），但柴油机未能开出倒车（或由倒车换成正车）。此时，应根据柴油机换向装置的特点以及船舶所处的环境综合分析判断。一般地讲，其主要原因是换向机构发生了故障和操作不当。

1. 换向装置故障

(1)换向装置中有关阀件咬死或失灵。

(2)换向伺服器故障：如油管堵塞、漏泄，检修时控制油管装错使伺服器转板无法正常转动，或伺服器转板在某极端位置咬死或不能到达另一极端位置。

(3)拉动喷油泵滚轮连接杆的拉杆螺栓松脱或换向伺服气缸内的皮碗破损漏气（MAN B&W SMC/MCE 型柴油机），使个别缸喷油泵无法完成换向动作。此时其他已换向完毕的气缸仍可使柴油机按换向要求运转，柴油机则会发出错向警报。

(4)空气分配器不能换向。

(5)双凸轮换向装置中的“气力—液力式”换向装置的有关控制部件漏气、漏油，使凸轮轴无法轴向移动。

2. 操作不当

(1)换向手柄虽已到位，但因操作过快，凸轮轴尚未到位就急于起动，致使换向失败。

(2)换向手柄虽已到位，但由于水流作用使螺旋桨仍按原转向以较高转速转动，此时若急于起动，易造成换向失败。

(3)在紧急刹车时，过于性急，当主机转速未有较大降低时就强制制动，因时机不当而使换向失败。

第三节　柴油机的操纵系统

一、对操纵系统的要求

操纵系统是将起动、换向、调速等各装置联结成一个整体并可集中控制柴油机运行的机构。轮机人员在操纵台前，通过控制系统就可集中控制机组，以满足船舶操纵的各种要求。

随着自动化和电子技术的发展及各种遥控技术的广泛应用，特别是计算机技术和微处理机越来越多地用于主机遥控、检测和工况监视等领域，不仅大大减轻了轮机人员的劳动强度，而且还可避免人为的操作失误，进一步提高船舶运行的安全性、操纵性和经济性。近代船舶主机遥控的技术水平日趋成熟，船舶正朝着全面自动化和智能化的方向发展。

操纵系统是船舶柴油机中最复杂的一部分，零部件多，排列复杂。遥控技术、自动化技术和计算机技术的应用，更增加了系统的复杂程度。为保证操纵系统工作可靠，它应满足下列基本要求：①能够迅速而准确地执行起动、换向、变速、停车和超速保护等动作，并应满足船舶规范上的相应要求。②要有必要的连锁装置，以避免操作失误和事故。③必须设有必要的监视仪表、安全保护与报警装置。④操纵系统中的零部件必须灵活可靠，不易损坏。⑤操作、调节方便，维护简单。⑥便于实现遥控和自动控制。

二、操纵系统的类型及特点

1. 按操纵方式操纵系统分类

(1)机旁手动操纵,操纵台设在机旁,采用相应的控制机构操纵柴油机,使之满足各种工况下的需要。

(2)机舱集控室控制,在机舱的适当部位设置专用的控制室,以实现对柴油机的工况进行控制和监视。

(3)驾驶台控制,在驾驶台的控制台上由驾驶员直接控制柴油机。

在这三个部位中,机旁手动控制是整个操纵系统的基础。机舱集控室控制和驾驶室控制统称遥控,即指远距离操纵主机。遥控系统是用各种逻辑回路和自动化装置代替原有的手动操作程序。近代电子计算机技术在船上有效地应用,使柴油机的操纵系统提高到一个新的技术水平。机舱集控室设有操纵部位转换开关,根据航行条件的需要将柴油机的操纵转换至集控室或驾驶台;机旁控制台设有转换开关,如果主机遥控系统或气动操纵系统发生故障,如调速器故障、电磁阀故障、气动阀件故障等,使驾驶室控制和集控室控制均失效时,则可通过转换开关直接转换到机旁操纵,在机旁操纵台上对主机进行应急操纵。在驾驶台、机舱集控室和机旁三个部位的操纵台上均设应急停车按钮,以便在紧急情况下根据需要立即停车。尽管主机遥控技术目前已相当成熟,但仍然必须保留机旁手动操纵系统,以保证对主机实施可靠控制。

2. 按遥控系统使用的能源和工质分类

(1)电动式遥控系统

电动遥控系统是以电作为能源,通过电动遥控装置和电动驱动机构进行控制。该系统控制性能好,可实现准确的控制,不受信号传递距离的限制,有利于远距离控制;不需要油、气管路,不必担心漏油、漏气;易于实现较高程度的自动化;是实现主机遥控的最佳途径;电动式遥控系统管理水平要求高,操作管理人员需要具有一定电子技术知识。

(2)气动式遥控系统

该系统的能源是压缩空气,它是通过气动遥控装置和气动驱动机构进行控制。压缩空气可直接利用主机起动用的压缩空气,经过减压和净化处理即可取得。信号传递范围比较远,一般在100 m以内可满足系统的控制要求。信号传递基本不受温度、振动、电气干扰的影响。因为有管路和气压,可以看得见,摸得着,动作可靠,维护方便,因而深受轮机人员的欢迎。但该系统信号传递没有电动式快,对气体的除油、除尘、除水的净化处理要求较高;否则易使气动元件失灵。气动系统目前也趋于小型化和集成化。

(3)液力式遥控系统

液力式遥控系统以液压油为能源。此系统的主要优点是结构牢固,工作可靠,传递力较大。但是因液压传动有惯性和所用油的黏度受温度的影响等,会使传动的灵敏性和准确性受到影响,因此这种遥控系统一般限于机舱范围内,不适用于远距离信号传递。

(4)混合式主机遥控系统

为了综合利用上述各种系统的优点,出现了许多混合式遥控系统,如电—气混合式和电—液混合式等,即从驾驶台到机舱采用电传动,机舱系统采用液动或气动。目前,这种系统在船上应用较为广泛。如MAN B&W LMC/MCE柴油机的操纵系统采用电—气联合操纵系统。

(5)微型计算机控制系统

在常规的主机遥控系统中,程序控制等功能是通过各种典型环节的控制回路完成的。采用微型计算机遥控是通过软件设计，给出一个计算机执行程序以取代常规遥控系统的控制回路，用软件取代硬件程序。微型计算机在执行时，将根据从接口输入的指令和表征柴油机实际运行状态的各种信息进行综合判断和运算，得出需要的控制信息，经输出接口去控制操纵系统的执行元件，实现对柴油机的操纵。微型计算机遥控系统体积小，功能强，可实现最佳状态和最经济性控制，是当代向综合性自动化方向发展的主要目标和方向。由微机控制的主机遥控系统是一种具有强大控制功能的自动遥控系统，现代化船舶多采用"微机主机遥控装置 + 数字调速器 + 电动执行机构 + 气动操纵系统"结构形式。

通常，在远距离遥控系统中多采用电传动，近距离多采用液力或气力传动。目前，我国远洋船队多采用全气动式、电—气混合式两种形式。

主机遥控系统的功能除了根据车钟指令通过各种逻辑回路和自动装置等完成主机起动、换向、调速和停车等程序操作外，还必须具有重复起动、慢转起动、负荷程序、应急停车、自动避开临界转速、故障自动减速或停车、紧急倒车等辅助功能；但柴油机的备车系统状态检查等均由轮机人员在机舱内完成，备车程序完成后再转至驾驶台遥控。

三、典型的操纵系统

船用柴油机的操纵系统形式繁多，各具特点且大多随机型而异。下面介绍 MAN B&W MC – C 型柴油机的操纵系统的组成和特点。

1. 系统概述

MAN B&W MC-C 型柴油机的操纵系统是一种电 – 气联合操纵系统，如图 2.8-14 所示。它有以下几种控制方式：①集控室或驾驶台遥控。②机旁应急控制。

为了保证控制部位的转换，在机旁应急操纵台上设有遥控/机旁转换阀和应急操纵手轮，用于遥控和机舱应急操纵台的控制部位转换。

在图 2.8-14 左侧下部为控制空气供给管路。系统控制空气的气源为 0.7 MPa 的压缩空气。分两路，一路送入排气阀作为空气弹簧气源，包括排气阀空气弹簧供气管路及止回阀 137；另一路经控制空气总阀后把控制空气送至下述控制部位：其一，经遥控/机旁转换阀送至起动、停车及正、倒车控制阀；其二，送到主起动阀控制阀；其三，送至盘车机连锁阀；其四，通至 VIT 系统控制阀和高压燃油泄漏保护阀。

左侧上部为燃油控制和安全系统，主要包括燃油泵、VIT 控制机构、高压燃油泄漏保护阀和应急停车阀。在停车系统或安全系统工作时，压缩空气被送到喷油泵顶部的空气刺破阀，使喷油泵内的燃油"泄压"，燃油流回到燃油系统。中间部分为空气分配器和燃油凸轮换向控制部分，包括空气分配器换向机构和燃油凸轮换向机构。右侧上部为起动空气系统，包括主起动阀、慢转阀及控制阀、电磁阀、空气分配器及控制阀、气缸起动阀。该系统设有电子调速器，它由电子调速器本体、电源、执行器、转速传感器和扫气压力传感器组成。执行器、转速传感器和扫气压力传感器装在机旁。

2. 遥控

在遥控期间，控制空气经遥控/机旁转换阀（下部导通）送入遥控系统。由起动、停车、正车和倒车四个电磁阀控制。

（1）停车：在停车状态时，控制空气通过停车电磁阀 E682，使气动控制阀 25 左位导通，等候在此的空气被送到喷油泵顶部的空气刺破阀，切断燃油。

（2）正车起动：当驾驶台发出正车起动命令时，正车电磁阀 E683 左位导通。控制空气通过阀 10 使空气分配器和燃油泵的换向机构换到正车位置。在给出起动信号后，使起动阀 E684 左位导通，使气动阀 33 左位导通。如果此时盘车机脱开，盘车机连锁阀 115 释放，则起动空气到达起动控制阀 27 和空气分配器控制阀 26，使它们导通。于是，主起动阀（如果配设包括慢转阀）打开，将起动空气一路送至气缸起动阀下部等候，另一路经阀 26 送至空气分配器。空气分配器投入工作，在凸轮的控制下，按发火顺序依次打开各缸起动阀。

（3）换向及倒车起动：当驾驶台发出换向及倒车起动命令时，倒车电磁阀 E685 左位导通。控制空气通过阀 11 使空气分配器和燃油泵的换向机构换到倒车位置。其他过程与“正车起动”相同。

（4）紧急停车：在紧急情况下通过紧急停车电磁 127，可将压缩空气迅速通入各高压油泵的空气刺破阀而使各缸迅速停油。当主机的转速降低到“换向转速”（取决于主机的规格和船型，在 20% ~40% 标定转速）后，可给出反向起动指令。反向起动指令给出后，起动空气进入气缸使主机强制制动至停车。然后在起动空气作用下按指令反向运转到足够高的转速，再给出供油运转的指令。为防止可能发生的严重的船体振动，在进行强制换向起动的最初几分钟内应使主机的转速维持在较低转速。如果在试图进行应急制动时船速太高，给出起动空气的时间不要持续太长，要再给出停车信号，待转速进一步降低后再给出起动信号。

（5）机舱应急控制

在通常的气动操纵系统中，调速器及电子设备发生故障的情况下，可以在机旁应急控制台操纵主机。它主要由起动、停车按钮，正、倒车控制阀和应急手轮组成。工作过程基本同前。

第九章
柴油机电子控制技术

随着电子技术的发展，尤其是微型电子计算机的运用，传统柴油机的控制方式逐步被电子控制方式代替，如电子注油器取代机械式注油器，电子调速器取代机械式、液压式调速器，燃油电子喷射取代传统机械传动式喷射等。尤其体现在燃油喷射方面，在经过了位置控制方式、时间控制方式、蓄压共轨时间控制方式三个阶段的发展后演变为目前的电子控制柴油机。

第一节　电子控制柴油机的原理和特点

电子控制柴油机又称智能柴油机或电喷柴油机。智能柴油机取消了传统柴油机的凸轮轴以及相关的机械控制零部件，将燃油喷射、气阀启闭以及柴油机的起动、换向、停车和气缸润滑等功能全部由电子控制实现。它可以通过对相关参数的设定和修改，调整主机的运行状态和工作参数，达到使柴油机保持在最佳状况下工作的目的。此外，还可对柴油机的运行情况及零部件的状况进行实时监测，并与船上的控制系统、报警系统相连接，对柴油机进行全方位的控制。目前智能柴油机已在新装机船舶中得到广泛运用，并逐步成为船舶柴油机的主流机型。

一、电子控制柴油机的原理

电子控制柴油机原理：通过电子控制技术，发动机管理系统的核心功能由电控单元来实现。传感器为电控单元提供发动机的当前工况信息，电控单元对传感器的信号进行分析以后，根据预定的控制策略对执行器发出控制信号，控制喷油量、喷油始点、增压压力、进排气阀正时等，对发动机进行闭环控制，使燃烧更精确。

二、电子控制柴油机的特点

船用电子控制柴油机是在2000年后才正式装船使用的，与传统机械控制式柴油机相比，有很强的运转适应性、足够的可靠性、具有各种不同的操作模式、完善的状态监测和控制系统等特点。

1. 表现在燃油喷射系统上有很强的运转适应性

(1)能够自由地选择喷射压力。根据不同工况可确定所需的最佳喷射压力，从而优化柴油机综合性能，降低了柴油机在部分负荷时的油耗。

(2)精确地控制燃油喷油量。柴油机由电磁阀控制喷油，其控制精度高，高压油管压力稳定，在柴油机运转范围内，循环喷油量变动小，各缸供油均匀，柴油机工作稳定。

（3）可独立地控制喷油正时和喷油速率变化，实现预喷射和多次喷射，达到理想的喷油规律，配合高的燃油喷射压力，既可降低柴油机的 $dp/d\varphi$，又能保证良好的动力性和经济性，同时还能将柴油机的 NO_X 和微粒（PM）排放控制在较小的数值范围内，以满足排放要求。

（4）燃料适应性好。对于不同的燃油，特别是劣质燃料油，可根据燃烧需要改变喷油正时和气阀定时，并且在任何负荷条件下工作均无可见排烟。这些对于凸轮驱动的机械机构几乎是不可能实现的。此外，冷却系统、增压系统和气缸注油系统也具有很强的运转适应性。

2. 足够的可靠性

这是指发动机具有更长的寿命和维修周期，在整个发动机使用过程中具有很低的故障率和良好的维修性能，并且在整个使用期间发动机的性能维持不变。如瓦锡兰公司的 RT-flex 柴油机的吊缸周期可延长到三年，MAN B&W 的低速机吊缸周期可以延长到五年。

3. 多种操作模式

是指可以根据不同的要求由操作者选择机器的运转模式，如经济性模式、排放控制模式、低负荷运转模式等，并保证发动机一直处于最优化状态运转。

4. 完善的状态监测和控制系统

主要包括一体化的速度控制设备、在线的柴油机故障诊断系统、活塞工作和燃烧可靠性的监测及对气缸注油的优化等。能够在线监测柴油机的运转状况，确保各缸的负荷均匀分布，防止发动机超负荷，在故障发生前能够早期报警并启动处理程序。

目前，船用智能低速柴油机的主要机型是瓦锡兰公司的 Sulzer RT-flex 系列柴油机与 MAN B&W 公司的 ME 系列柴油机，其结构及控制方式有所不同，下面分别讨论这两种电子控制式柴油机的技术特点。

第二节　瓦锡兰 RT-flex 柴油机

一、瓦锡兰 RT-flex 柴油机结构介绍

瓦锡兰公司率先将共轨技术应用于大功率船用低速柴油机。瓦锡兰公司在 20 世纪 80 年代初就开始从事电子控制式柴油机的研制。继 1981 年的 RTX-1 型和 1990 年的 RTX-2 型之后，1998 年将燃油共轨喷射技术应用于 RTX-3 型技术示范机并取得成功。在此基础上，开发出全电子控制、采用共轨喷射技术的瓦锡兰 RT-flex 型船用低速柴油机，并在实船上开始使用，并且从 2008 年开始，公司已经正式开始了 RTX-4 最新一代电喷机的研发工作。

第一台 6RT-flex 58T-B 的功率为 11 275 kW，转速为 93 r/min，安装在“Gypsum Centennial”船上。它是 2000 年 2 月底由韩国现代重工为 Gypsum 石膏运输公司建造的，2001 年 9 月交船投入营运。使用至今已超过了 10 年的时间，状况良好。目前，RT-flex 系列柴油机包括 RT-flex 35，RT-flex 40，RT-flex 50/50B/50D、RT-flex 58T-B、RT-flex 60C、RT-flex 82C RT-flex 82T、RT-flex 84T-D 和 RT-flex 96C 等不同缸径的多种机型。

1. 基本结构

相对常规柴油机而言，RT-flex 型柴油机取消了机械式凸轮轴系统及其传动机构。增设了供油单元，共轨平台和 WECS-9520 控制系统，如图 2.9-1 所示。

供油单元由柴油机曲轴输出端的齿轮组带动燃油柱塞泵和滑油斜盘泵。高效的燃油泵向

共轨管提供 60～90 MPa 的燃油，轴向柱塞泵提供 8～18 MPa 的伺服液压油用于排气阀 VCU 的启闭和燃油喷射控制单元 ICU 的驱动。共轨平台由 WECS-9520 控制系统分别控制容积式燃油喷射控制单元（Injection control unit，简称 ICU）、排气阀驱动执行器（Exhaust valve control unit，简称 VCU）和起动空气控制装置，通过安装在主机自由端的曲轴角度编码器来判断曲轴位置及各缸活塞在气缸中的位置后，完成燃油喷射、排气阀启闭和柴油机的起动功能。

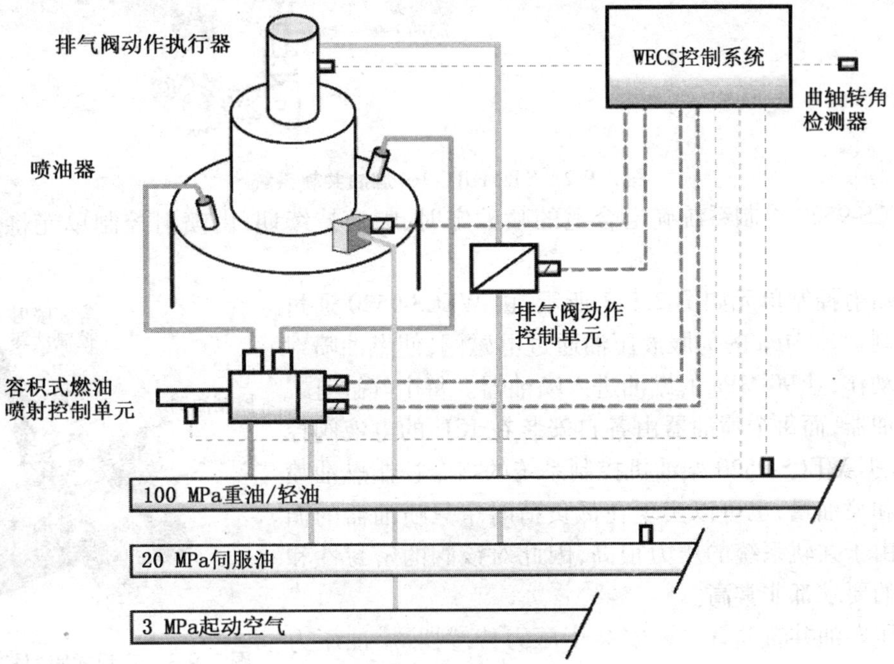

图 2.9-1　Sulzer RT-flex 共轨系统

RT-flex 柴油机的电子控制设备主要包括 WECS-9520 柴油机控制系统、容积式燃油喷射控制阀、排气阀驱动执行器和起动空气控制装置。WECS-9520 柴油机控制系统由三部分组成，即凸轮轴替代部分、控制部分和安全系统。凸轮轴替代部分主要是用来代替凸轮轴实现燃油喷射、排气阀和起动空气分配器的驱动；控制部分根据柴油机的负荷和转速控制燃油和伺服油共轨内的压力；而安全系统主要是对共轨阀的功能、传感器及各参数值进行监测和诊断，保证系统安全工作。WECS-9520 控制系统通过传感器检测曲轴位置从而判断出柴油机气缸中活塞位置后由 20 MPa 的伺服油控制 90 MPa 的燃油喷射进入柴油机的气缸，根据柴油机设定油门由 WECS-9520 控制系统进行喷油定时和喷油时间喷油量的控制。

2. 燃油共轨

RT-flex 的燃油共轨系统如图 2.9-2 所示，该系统由供油单元、高压共轨油管、WECS-9520 控制系统、喷油器和容积式燃油喷射控制单元等组成。

供油单元有 2～8 个高效的机带柱塞泵（又称共轨泵，由三作用凸轮或者单凸轮控制），可将已加热的燃油压力提高到 90 MPa 左右，送至高压共轨油管。在柴油机起动前和起动时，燃油泵的执行器将油泵齿条伸到最大刻度。一旦主机转动（如冲车动作），共轨压力就调到期望值 70 MPa。柴油机在工作时，由低压燃油泵将燃油输送到燃油共轨泵，共轨泵将燃油加压送入高压共轨油管，高压共轨油管中的压力由 WECS-9520 控制系统根据共轨压力传感器测量的共轨压力以及燃烧的需要进行调节，高压共轨油管内的燃油经过高压油管，根据机器的运行状

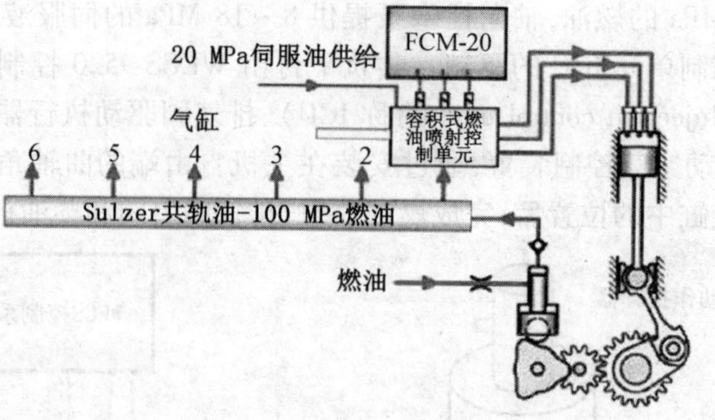

图 2.9-2　Sulzer RT-flex 燃油共轨系统

态,由 WECS-9520 控制系统确定合适的喷油定时、喷油持续期;由喷射控制单元将燃油喷入气缸。

燃油喷射控制单元如图 2.9-3 所示,由 WECS-9520 通过电磁阀控制。20 MPa 的伺服液压油通过电磁阀,使燃油喷射控制单元动作,让 90 MPa 的燃油进入喷油器。每个气缸有二到三只喷油器,而每个喷油器由各自安装在 ICU 的电液阀控制,可以根据 WECS-9520 柴油机控制系统的指令控制燃油喷射的定时和喷油量,也可以实现在低负荷时单只喷油器的循环喷油。由于共轨系统的压力很高,因此对该阀的密封性和承压能力的要求都非常高。

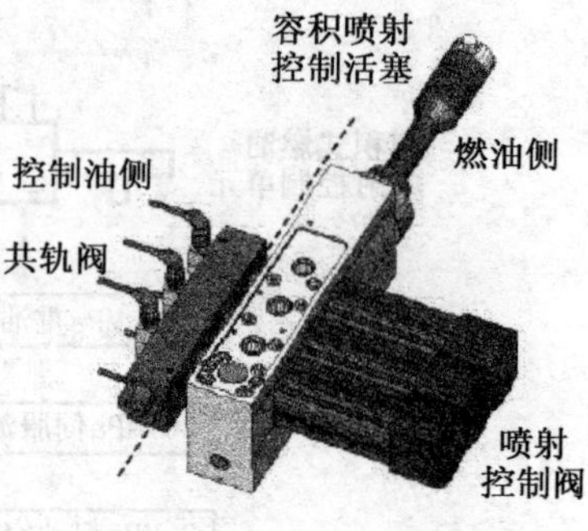

图 2.9-3　容积式喷射控制单元

在高压燃油共轨油管上还安装了压力传感器、燃油压力调节阀和安全阀。压力传感器向 WECS-9520 提供高压共轨油管的实时压力信号;燃油压力调节阀和安全阀确保在高压共轨油管在出现压力异常时,迅速将高压共轨油管中的压力进行泄放以保证安全。

3. 伺服油共轨

柴油机的伺服油共轨原理:伺服液压油由机带伺服油泵供给 20 MPa 的液压油,然后由 WECS-9520 控制单元根据曲轴角度编码器判断柴油机各缸的工作状态而控制排气阀驱动控制单元,启闭气缸的液压排气阀。伺服油压力随柴油机负荷变化而变化,部分负荷时,压力降低而适应相应的排气阀开启速度。当柴油机停车时,由电动泵向伺服油共轨提供约 8 MPa 的压力油。电子控制的驱动单元能灵活机动地控制排气阀的开/关定时。排气阀阀杆的升程由两个位置传感器检测后反馈给 WECS-9520 控制系统。

4. 起动控制

气缸起动阀与 Sulzer RTA 型机用的起动阀大致相同。只不过现在由 WECS-9520 来根据当前的曲轴角度和功能,正车、倒车、慢转、吹车,来激活主起动阀电磁阀以及单缸起动阀上面的电磁阀,实现相应的功能。

5. 曲轴转角

在曲轴的自由端装有两个独立的曲轴转角传感器,由曲轴通过带齿皮带带动,它们产生精确的曲轴转角数字信号送到气缸电子单元,分辨率为 0.1°曲轴转角。对柴油机的运行它们是绝对不可缺少的。至少其中一个必须工作,如果两个都坏了,那么是需要及时的更换备件以便重新动车。

二、RT-flex 智能柴油机的操纵系统

RT-flex 型智能柴油机取消了凸轮轴、燃油高压油泵、排气阀的高压驱动油泵以及空气分配器等部件，主机的起动、喷油、排气阀的开启与关闭均由电子控制系统(WECS-9520)控制。由于工作机理的不同，与常规的 DENIS 气动操纵系统相比，RT-flex 主机的操纵系统 DENIS-9 省去了很多气动逻辑部件，使得气路大为简化，同时增加了伺服油共轨、燃油共轨和液压控制阀件等。现以瓦锡兰 RT-flex 60C 柴油机操纵系统为例(见图 2.9-4)，简述 RT-flex 型智能柴油机的控制原理。

1. 系统阀组和阀件

(1)系统阀组

A. 控制空气供气单元；B. 燃油供应单元；C. 燃油喷射单元；D. 伺服油供油单元；E. 用于起动的阀组；F. 排气阀驱动单元；G. 机带泵供油单元；I. 压力开关、压力变送器；K. 机旁控制屏；H. 仪表屏(板)。

(2)系统主要阀件

瓦锡兰 RT-flex 60C 柴油机操纵系统的主要阀件见表 2.9-1 所示。

表 2.9-1　RT-flex 智能柴油机的操纵系统的设备代号

1	转速设定系统	4	排气阀驱动单元
1.01	曲轴角度传感器单元	4.01	排气阀
1.04	测速探头	4.02	空气弹簧
2	起动系统	4.03	排气阀上部驱动单元
2.03	主起动阀	4.06	带截留孔的单向阀
2.04	单向阀	4.08	空气弹簧放气
2.05	控制阀	4.10	排气阀控制单元
2.06	泄放阀以及测试阀	4.11	伺服油共轨
2.07	起动阀	4.15	伺服油泵
2.08	阻燃阀	4.16	伺服油泵出口比例阀
2.09	泄压阀	4.17	伺服油泄漏观察口
2.10	主起动阀手轮	4.18	液位开关
2.13	盘车机连锁阀	4.20	伺服油自清滤器
2.21	泄放阀	4.22	油底壳
2.27	泄放阀	4.23	伺服油安全阀
3	燃油系统	4.24 - 1/2/3	单向阀
3.01	喷油阀	4.25 - 1/2	截止阀
3.02	喷油控制单元	4.30 - 5	截止阀
3.03	燃油油量活塞传感器	4.37	截止阀
3.04	燃油中间蓄压器	4.39	曲轴齿轮组
3.05	燃油共轨	4.41	供油单元齿轮组
3.06	燃油压力调节阀	4.42	齿轮
3.08	燃油应急切断先导阀	4.44	齿轮

续表

3.10	泄漏报警开关	4.45	定位销
3.12	燃油泄漏监测口	4.50	机械异端点
3.14	燃油泵	4.51	供油管
3.15	燃油升压泵	4.52	滑油搜集盘
3.17	燃油泄漏检测口	4.53	单向阀
3.19	燃油泵切断工具	4.54	流量传感器
3.20	燃油泵齿条连接杆系	4.55	伺服油高压油上升管
3.21	燃油泵执行器	4.63	伺服油回油管
3.22	单向阀	4.66	排气阀高压油管
3.24	燃油进油管	4.68	碟形弹簧
3.28	燃油管	4.69	两级活塞
3.29	燃油泵出口上升管	4.70－1	冲程(行程)传感器
3.39	闷塞	4.70－2	冲程(行程)传感器
3.40	截止阀	4.71	冲程(行程)测量装置
3.41	喷油控制阀	4.72	排放阀
3.42	燃油油量活塞	4.76	共轨阀
3.43	燃油控制阀活塞	77－1.2	压力变送器
3.46	燃油泄漏管	80	截止阀
3.47	高压油管	86－1/2	单向阀
3.48	高压油管喷油器回油管	87	截止阀
3.49	燃油泄漏管	88	伺服油服务泵
3.51	单向阀	7.18	空气弹簧漏油
3.52	燃油共轨安全阀	8.06	汽缸油注油器泵
3.53	燃油共轨压力调节阀	8.09	汽缸油喷油嘴
3.54	燃油管	8.11－1	伺服油减压阀
3.55	供油单元凸轮轴	8.17	滤器
3.62－1	燃油截止阀	8.19	测量罐
3.62－2	燃油截止阀		
3.67	燃油单向阀		
3.76	共轨阀		
3.77－1/－2	压力传感器		
3.81-1/－2	单向阀		

2. 控制介质及有关设备

(1)控制介质

控制介质为压缩空气和液压油,根据用途的不同,后者又分为伺服油和控制油。控制空气为0.65 MPa;起动空气为3 MPa;伺服油为10～20 MPa;控制油为20 MPa;主轴承和活塞冷却油为0.4～0.55 MPa;十字头轴承油为1.0～1.2 MPa。

(2)气源

由主空气瓶3 MPa空气经减压阀减压至0.8 MPa的控制空气经过气源单元的A1输入口

后，经23HA减压阀减压至0.65 MPa，经342HA单向阀后分成两路，一路经阀36HA通过A6口去排气阀，作为空气弹簧使用；另一路经A3口输出到15 L的小气瓶(287HA)缓冲后又分为3路输出，分别送至起动控制回路(单元E)、油雾浓度探测器、自清滤器(4.20)。当来自A1口的控制空气由于故障无输出时，3 MPa的压缩空气经A2口后，由减压阀19HA减压至0.65 MPa，顶开单向阀342HB，提供备用控制空气。3 MPa的起动空气直接从主空气瓶上方输出，去主起动阀(2.03)等候。

(3)转速检测

系统采用若干个接近开关和一个转速测量装置(1.04)结合的方案，接近开关靠近飞轮安装。测速传感器分成三组，分别用于：主机遥控系统(RCS)、安保系统的超速(OVERSPEED)检测和电子调速器的转速检测。每组接近开关有三个感应式探头，两个用于转速测量和指示，另一个探头则和曲柄角传感器一起确定主机的上止点TDC。

曲轴角度传感器1.01共有两个探头(GT5126C、GT5127C)，通过皮带和主机曲轴相连。

3. 起动控制

若盘车机脱开，0.65 MPa的控制空气经阀31HA右位和E6口后，送至主起动电磁阀ZV7013C和备用电磁阀ZV7014C。有起动指令时，主起动电磁阀ZV7013C和备用电磁阀ZV7014C同时受控，控制空气经或门阀115HA去控制阀2.05，将主起动阀2.03打开。3 MPa的起动空气经主起动阀输出，顶开单向阀2.04后分为两路，一路到起动空气先导电磁ZV7241-49C，一路送至各气缸起动阀2.07的下部空间等待。当电磁阀ZV7241-49C获电上位通导时，控制空气使气缸起动阀2.07开启，在其下部空间等待的起动空气进入气缸，起动主机。电磁阀ZV7241-49C是由WECS-9520控制的，可以实现精确的起动定时控制，它取代了传统的起动空气分配器和阀134HA(见前述DENIS-6操纵系统)的功能。

主机的换向控制也是由电磁阀ZV7241-49C来完成的，在需要换向时，(例如由正车换倒车)，由WECS控制系统控制电磁阀ZV7241-49C，按倒车定时和倒车发火顺序打开各缸的气缸起动阀，即可使主机倒车起动运转。

4. 排气阀驱动和空气弹簧

排气共轨阀ZV7201-09A(编号为4.76，每缸有一个)受WECS-9520控制，主机每转过一圈，排气阀要启、闭一次，ZV7201-09A的两个电磁阀线圈分别要通电一次。当ZV7201-09A工作在下位时，来自伺服油共轨4.11的伺服油(压力为20 MPa)进入排气阀执行机构4.10，在4.10输出的液压油作用下，通过排气阀驱动机构4.03打开排气阀4.01。当ZV7201-09A工作在上位时，在空气弹簧4.02作用下关闭排气阀。排气阀的位移通过冲程(行程)传感器4.70-1和4.70-2进行检测。主轴承滑油经自清细滤器4.20过滤后，由伺服油泵4.15升压至20 MPa，称之为伺服油。

5. 燃油喷射

燃油喷射控制由单元3.02控制。在WECS-9520控制下，共轨电磁阀ZV7201-09C(编号为3.76，每缸有三个，每个电磁阀可以独立控制，也可以共同控制)受控工作在左位时，接通20 MPa控制油，在其作用下，推动活塞3.43动作，打开喷油控制阀3.41，接通高压油路，将压力为100 MPa的燃油送至喷油器3.01(每缸有三个)。当电磁阀ZV7201-9C受控工作在右位时，结束喷油。图中的传感器3.03通过检测燃油量活塞3.42的位移来获知燃油喷射量和喷油开始时刻的反馈信号，并将信号送往WECS-9520控制系统。

和伺服油一样，控制油也来自于主轴承滑油。过滤后的主轴承滑油经控制油油泵3.72-

1 和 3.72－2 升压后，送出压力为 20 MPa 的控制油。低压燃油经燃油升压泵 3.15 后进入燃油泵 3.14，燃油泵 3.14 由主机曲轴经多级传动齿轮带动并受执行器 3.21 的控制，燃油压力经燃油泵 3.14 后升压达到 100 MPa，再经蓄压器 3.04 后送至燃油总管（燃油共轨）。

6. 安全保护控制

出现故障自动停车和应急停车的情况时，主机安保系统发出信号使电磁阀 3.08（ZV7061S）受控，进而使阀 3.07 受控，燃油共轨 3.05 中的高压燃油通过阀 3.07 泄放，共轨的压力迅速下降，同时，来自计算机的电信号将燃油泵执行器 3.20 的位置设定为“0”。

7. 操纵方法

和传统系统相同，操纵场所也有机旁、集控室和驾驶台三处。操纵场所的转换方法也和传统系统相似。值得注意的是：机旁操纵也是经过 WECS 控制系统，由计算机处理和发送指令，通过相关的电磁阀和共轨系统予以实现的。换而言之，机旁、集控室和驾驶台操纵实际上都是“智能化”的，三者的区别主要是地点不同而已。因此，在系统投入运行之前，首先要在集控室接通 WECS 控制系统。

三、WECS-9520 电控系统介绍

WECS-9520 系统（图 2.9-5 所示）既不是主机遥控系统也不是安保系统，它是用来控制主机本身的一套控制系统。

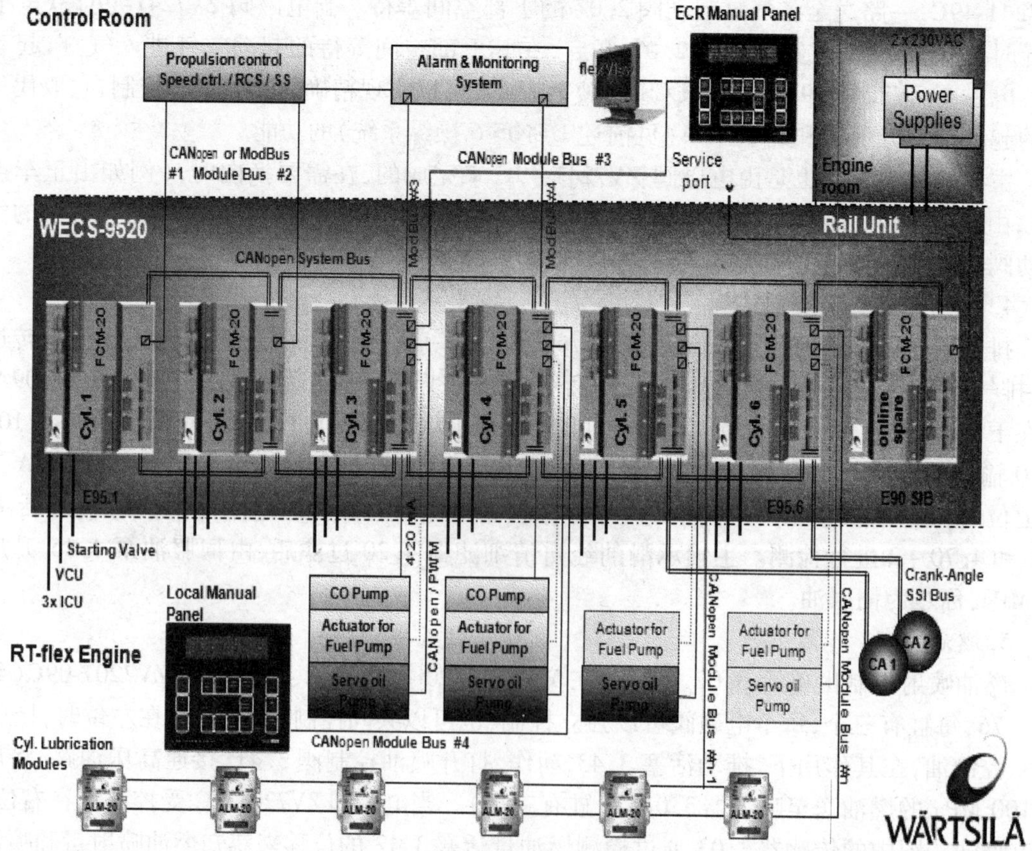

图 2.9-5　WECS-9520 系统图

1. WECS-9520 是主机控制的核心，处理所有的动作，直接调节并控制主机运行。其组

成：①共轨监测和压力调节。②喷油阀、排气阀和起动阀的控制和监测。③通过 CAN open 或者 MOD Bus 接口与外部系统连接。④主机参数调整，IMO 设置和监控。

2. WECS-9520 没有中央处理器，但是每个气缸都拥有自己的 FCM-20 模块用来处理与该气缸有关的功能和共轨功能。

3. 这些 FCM-20 模块被直接安装在主机上并且通过内部 System CAN Bus 进行通讯。使用者与 WECS-9520 的通信被集成在控制系统的操作面板和 flexView 操作界面上。

4. 遥控系统采用 Kongsberg Maritime、NABTESCO、Lyngsø，是用户操纵主机的界面。

（1）遥控系统通过 CAN bus 或者 MOD bus 连接，可以从遥控的控制面板将下列指令传送到 WECS-9520：①起动、刹车和吹车。②停车和慢转。③正车和慢转失败复位。④倒车。

（2）遥控控制通过内部设定（比例缩放，负荷程序等）来处理车钟指令，并将处理后的速度指令信号传送给调速器系统。

第三节　MAN B&W ME 柴油机

一、MAN B&W ME 结构介绍

作为世界上最大品牌的大型低速二冲程柴油机开发商，MAN B&W 公司早在 1993 年就开始研制电子控制式柴油机，在不断地研制和完善软硬件的基础上，于 2003 年，MAN B&W 公司以其最成功的 MC 系列柴油机为原型机，开发出全电子控制式的 ME 系列柴油机。目前，可以提供从 50～108 cm 各种缸径 15 种型号的 ME 柴油机。与传统的 MC 系列柴油机相比，ME 系列柴油机取消了原来的许多机械控制设备，如凸轮轴、链轮传动机构、VIT、VEC 等，而代之以新的电子控制设备，这里主要包括液压动力供给单元（HPS）、液压缸套单元（HCU）、柴油机控制系统（ECS）、曲轴位置传感器系统（Tacho System）。

1. ME 柴油机的液压系统

ME 柴油机的液压系统如图 2.9-6 所示，由自动冲洗精滤器、电动液压泵和机带液压泵组成。主要是用来提供足够的动力用于驱动燃油喷射、排气阀的启闭及气缸润滑。在柴油机起动前，用电动液压泵供给系统 17.5 MPa 的液压油用来起动主机；在柴油机起动之后，则由机带的轴向柱塞泵向系统供给压力为 20 MPa 的驱动油。当柴油机转速达到 15% MCR 时，两台电动液压泵会自动停止。

由于 ME 系列柴油机的燃油喷射系统取消了凸轮轴，利用电磁控制燃油的喷射正时、喷油量、喷油压力和喷油速率。通过不同的喷油模式，可以在许多不同的喷油模式下工作。通过不同的喷油模式，可以实现降低油耗、减少排放等效果，同时，柴油机的喷油雾化效果和柴油机的负荷，即柴油机的转速没有任何关系，在任何负荷状况下，柴油机都能保证最好的雾化状况，能明显改善柴油机低负荷工况。

2. ME 型柴油机的控制系统

ME 型柴油机的控制系统包括一组多功能控制器，和信号状态装置，如图 2.9-7 所示。控制器的功能简述如下：

①EICU 为柴油机接口控制单元处理与外部系统的接口。

②ECU 为柴油机控制装置实现柴油机的控制功能，即柴油机速度，运行模式和起动顺序。

③ACU 为辅助控制单元控制泵的液压动力供应单元和辅助鼓风机。

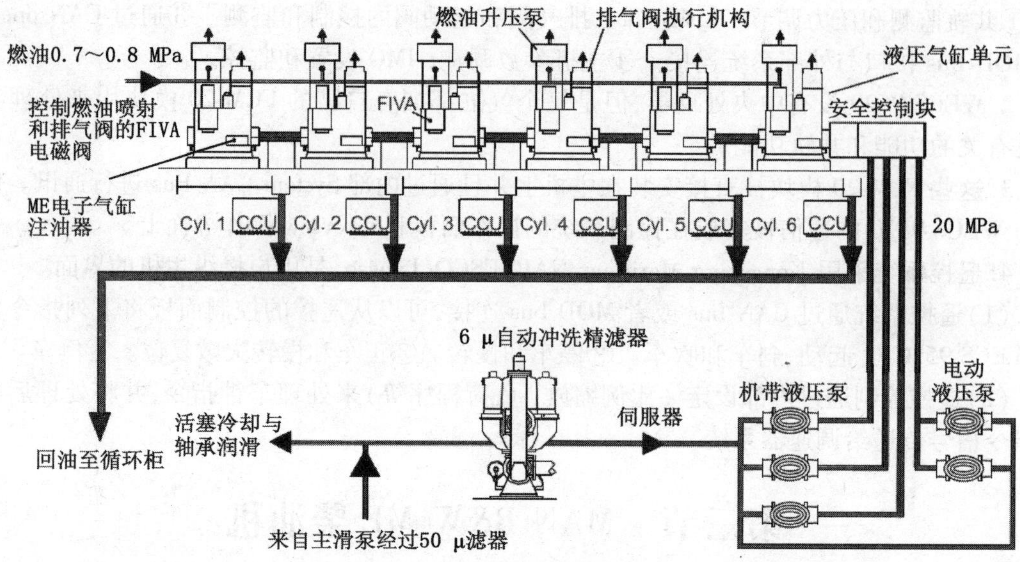

图 2.9-6　ME 型柴油机液压系统图

④CCU 为气缸控制单元控制 FIVA(电子燃油喷射)和(电子控制排气阀)以及气缸起动阀。

⑤控制站。ME 型柴油机的电子控制系统由三个不同的控制区域接收输入:驾驶台、柴油机集中控制室和柴油机机侧(机旁控制)。

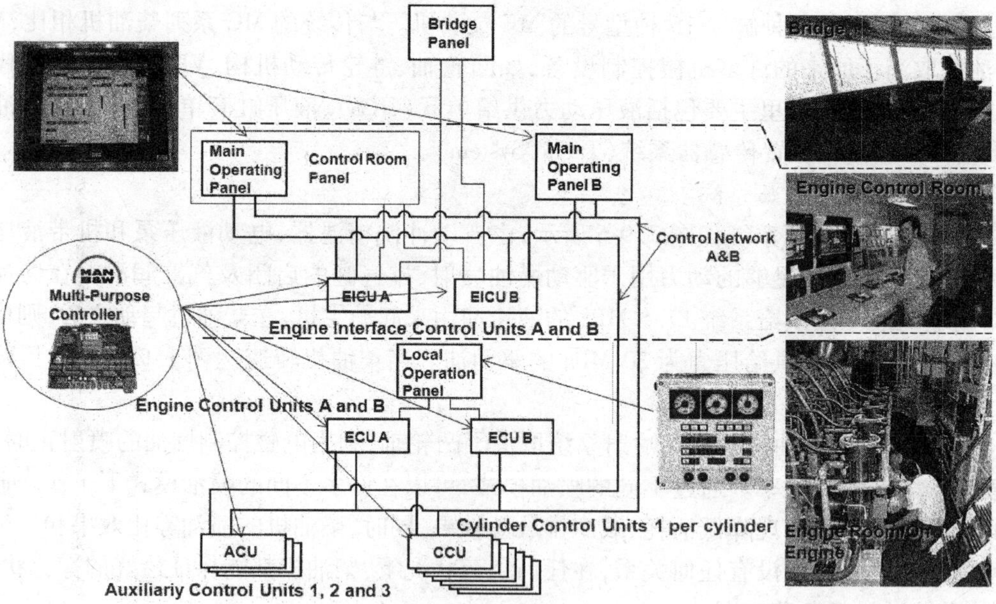

图 2.9-7　ME 型柴油机控制系统图

对于操纵人员而言,遥控系统和常规柴油机系统是相似的。包括相同的操纵手柄和指示仪表。但是,ME 柴油机的遥控系统与柴油机所有的相关控制功能均是脱开的,如起动顺序和柴油机的负荷程序,因而它仅简单地将操纵人员的指令转换至柴油机的集控室,在集控室实现柴油机相关的控制功能。其基本的安全要求是一旦一个信号出错,不可能引起柴油机的误操纵。

对于柴油机控制系统的布置，具有以下两个概念相关的冗余系统。

(1)完全冗余系统：所有基本的控制功能都是由两个独立的实际单元来执行的，二者具有维持控制设备的全部功能的能力。控制器被设定为 A 或 B 的执行功能，二者需要具有完全的冗余功能。

(2)多重冗余系统：数个等同的单元具有完全相同的功能，(控制器和设备)但一个或几个单个单元可省略。控制器被依次设定为 1,2,…,n 包括控制功能，用多重系统获得必要的冗余。

一般而言，柴油机控制系统能保证对所有功能的完全冗余，例如对速度控制的功能，它把柴油机作为一个整体。若在气缸控制上应用的多重冗余系统，每个气缸的控制阀是由独立的多功能控制器对各气缸实施显示的。ECU 和 EICU 单元对柴油机的安全功能是不可撤消的，因而是重叠的。

柴油机甚至可以在一个或几个气缸控制单元(每个气缸有一个控制单元)不工作的情况下运行，正如柴油机可以有一个或几个气缸不工作。同样，允许一个辅助控制单元故障(柴油机每个机带泵有一个这种单元)，因为剩下的泵可以提供足够的液压动力。最后，故障的控制器可以在柴油机运行状态下，在现场更换。故障修复和系统反馈。重要系统包括在船上的大部分控制系统，需要高的可靠性，一旦失效将增加船员的工作负荷。

ME 柴油机的柴油机控制系统对于信号的故障是不受影响的，但当同时出现两个故障时，对系统的影响也许是很关键的。因而必须要能够尽快修复故障，以减小当第一个故障尚存在时，又出现了第二个故障的概率。由于船员必须在海上修复故障，所以修复的概念应是“用更换来修复”。也即，发现产生故障的单元，并用仓库里的备件更换产生故障的单元。为了限制备件的数量，一个控制器应该在同样类型的所有控制器中作为通用的备件。由于这一原因，所有的应用软件、布置和调整参数的反馈均被储存在系统的主操纵板上，并通过网络安装一个控制器作为修复应用。控制器的应用功能被锁定在一个网络的地址上，此地址储存在一个键型插头上，用导线固定在控制器盒上，也即当控制器在被更换时，键型插头向备用单元提供与失效单元相同的网络地址，从而使备用单元从系统的反馈中获得应用软件的正确的布置等。

3. *液压动力单元(HPS)和气缸液压油驱动单元(HCU)*

液压动力单元(HPS)如图 2.9-6 所示，标准的设计包括两台电动液压泵，三台机带轴向变向变量柱塞泵，安全蓄压装置组成，所有的这些零部件都密封在一个油密的装有漏泄报警装置的封闭空间里。气缸液压油驱动单元(HCU)每缸一个，用于控制各缸的燃油喷射、排气阀和起动阀的启闭，如图 2.9-8 所示。气缸液压驱动单元(HCU)有一个非常重要的电磁阀(FIVA)，用来控制燃油喷射和排气阀的动作。

0.8 MPa 的低压燃油由低压燃油泵送至高压油泵(也称燃油升压器)入口，由液压动力供给单元提供 20 MPa 的伺服液压油经双壁供油管道送至液压气缸单元，通过电磁阀控制各缸的喷油正时和喷油量。在不进行燃油喷射时，由于电磁阀封闭，高压油泵不工作，低压燃油在油泵处循环流动。如果达到喷油时刻，电磁阀被触发，20 MPa 的液压油进入高压油泵下方的驱动活塞，使高压油泵产生 200 MPa 的高压，通过高压油管送入喷油器，进行喷射和雾化。如图 2.9-10 所示。

ME 系列柴油机的排气阀执行器的动作由电磁阀控制伺服油驱动。如图 2.9-10，电磁阀根据气缸燃烧状况，由微处理器控制程序系统 ECSP 对各缸排气阀的启闭进行优化控制，以达到最佳的扫气和压缩效果，并满足燃烧与排放要求。

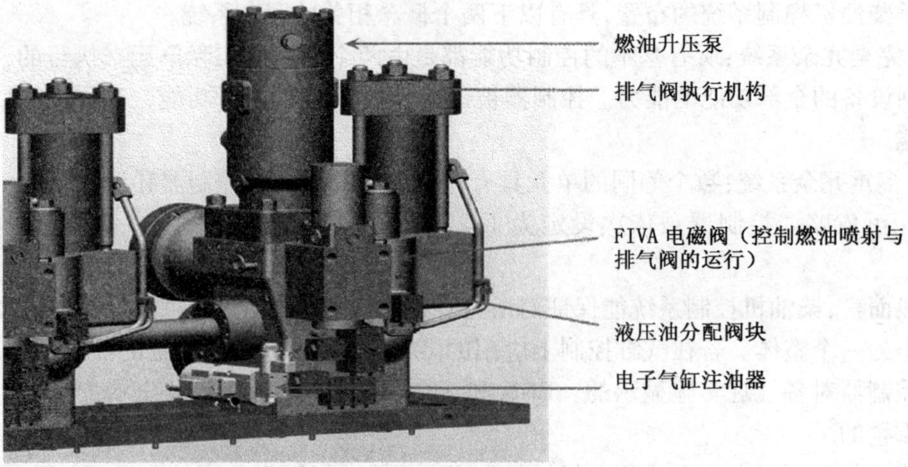

图 2.9-8　ME 型柴油机气缸液压驱动单元(HCU)

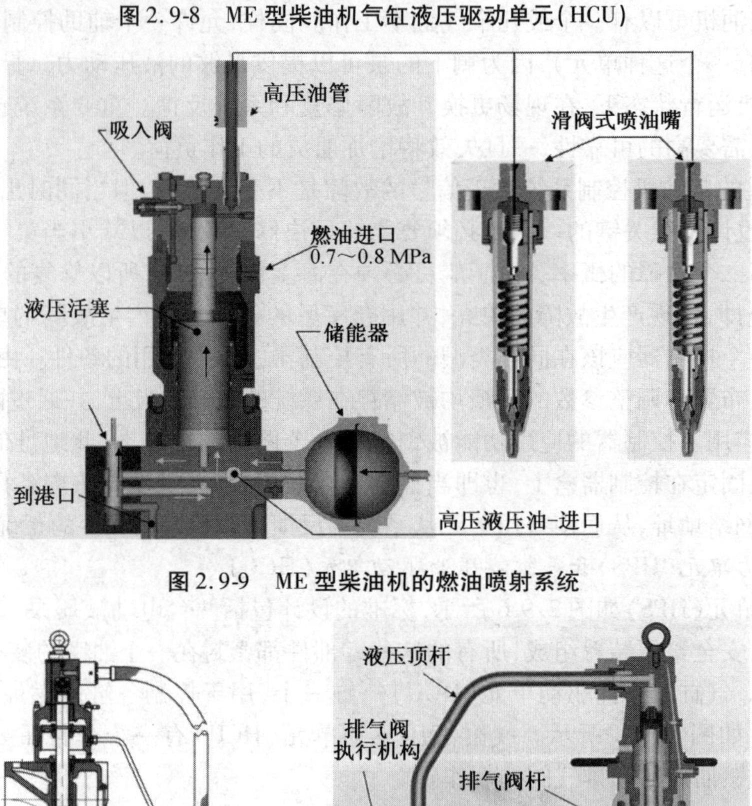

图 2.9-9　ME 型柴油机的燃油喷射系统

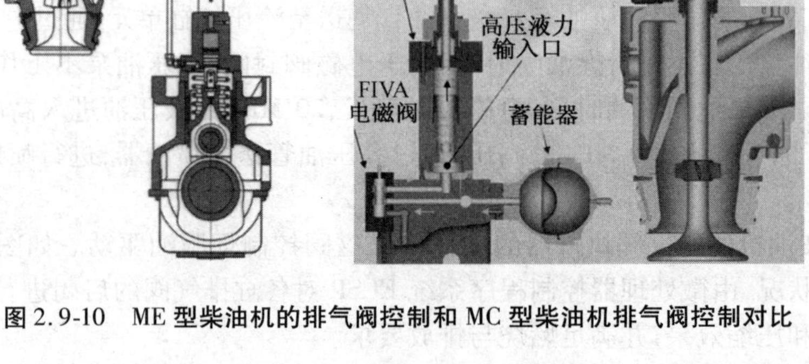

图 2.9-10　ME 型柴油机的排气阀控制和 MC 型柴油机排气阀控制对比

此外，与 RT-flex 柴油机类似，ME 柴油机的起动系统也是由电磁阀控制、伺服油驱动的，图 2.9-11 所示为 ME 主机的起动系统。

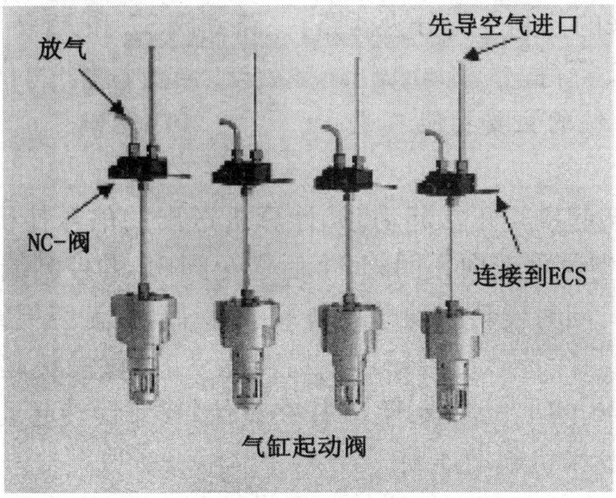

图 2.9-11　ME 主机的起动系统

二、MAN B&W ME 柴油机操纵系统

MAN B&W ME 柴油机取消了凸轮轴，通过电磁阀控制燃油喷射定时、排气定时和起动定时，因此操纵系统大为简化，操纵系统中各部件的作用如表 2.9-2 所示。

表 2.9-2　ME 操纵系统各部件作用

序 号	作用
阀 1	控制空气进口截止阀
压力开关 2 PT8503-A I AL C	控制空气入口压力监视测感器
压力开关 3 PT8503-B I AL C	完车空气压力监测传感器
压力表 4	显示控制空气压力
气瓶 5	气瓶 5
阀 6	球阀用于气瓶放残水
阀 10	截止阀排气阀空气弹簧供气阀
压力开关 11 PT8505-AL Y	排气阀空气弹簧供气压力监测传感器
阀 20	盘车机——起动连锁阀
限位开关 28 ZS1109 – A + B C	盘车机脱开位置显示
限位开关 29 ZS1110 – A + B C	盘车机啮合位置显示
阀 30 ZV1121-A C	控制主起动阀的电磁阀(首选)
阀 32 ZV1121-B C	备用控制主起动阀的电磁阀(备用)
阀 34 ZV1121-B C	双向止回阀
阀 35	控制主起动阀打开和关闭
阀 36 ZV1114 C	慢转电磁阀
阀 37	控制慢转起动阀打开和关闭
限位开关 38 ZS1111-A + B C	显示主起动阀关闭状态
限位开关 39 ZS1112-A + B C	显示主起动阀打开状态
限位开关 40 PT8501-A IAC	主起动阀起动空气入口压力监测(主)
限位开关 41 PT8501-B IAC	主起动阀起动空气入口压力监测(备用)
阀 51 ZV1120 – 1 C	气缸起动电磁阀(信号来自于 CCU)
限位开关 58 ZS1116 + BC	去气缸起动阀的先导空气接通显示
限位开关 59 ZS1116 + BC	去气缸起动阀的先导空气关闭显示

1. ME 柴油机操纵系统的气路

如图 2.9-12 所示，气动操纵系统气源有两种，起动空气压力为 3.0 MPa，控制空气为 0.7 MPa。从控制空气瓶出来的控制空气分为两路，一路到阀 37 和 35 等待，另一路经盘车机连锁阀 20 至阀 36 和阀 30、32 等待。

2. ME 柴油机操纵系统的主要功能

(1)起动控制

包括正常起动和慢转起动。正常起动时，计算机送出的信号使得主起动电磁阀 30(或备用电磁阀 32)受控，控制空气经双向止回阀 34 后送至阀 35 的控制端，使阀 35 工作在右位，进而控制主起动阀的开启。同时慢转起动电磁阀 36 也受控，控制空气经 36 的上位后使阀 37 工作在右位，等待的空气控制慢转起动阀开启。慢转起动时，仅慢转起动电磁阀 36 受控，控制空气经慢转起动电磁阀 36 的上位使阀 37 工作在右位，控制慢转起动电磁阀的开启。

(2)阀 20 用来实现盘车机起动连锁。

(3)阀 10 和 15 用来向排气阀空气弹簧装置供控制空气，压力开关 11 用于低压报警。

(4)与 MC 柴油机操纵系统相比，ME 操纵系统简化了很多功能，主要区别在于：a. 没有安全空气，停油(包括应急停车、故障自动停车)由 ELFI 电磁阀控制燃油升压器(又称高压油泵)实现；b. 没有空气分配器，由计算机通过电磁阀实现起动控制；c. 没有正车、倒车控制电磁阀，由计算机通过对 ELFI 电磁阀的定时控制实现换向控制；d. 没有 VIT 执行机构。

三、Sulzer RT-flex 系列与 ME/ME-C 系列船用智能柴油机的比较

瓦锡兰公司 Sulzer RT-flex 系列智能柴油机和 MAN B&W 公司的 ME/ME－C 系列智能柴油机有共性但也有一定的差别。

(1)共轨。Sulzer RT-flex 机型的公共油轨有两个，一个是 20 MPa 的伺服油轨，因为电子控制系统所输出的能量有限，该伺服油用来驱动排气阀、气缸起动阀和喷射控制单元；二是燃油轨，100 MPa 的燃油在油轨中等待喷射，MAN B&W ME 机型的公共油轨仅是一个 20 MPa 的伺服油轨，其作用与 RT-flex 相同，也是作为动力油用于驱动。

(2)原始动力。RT-flex 机型采用曲轴带动的复合凸轮来带动柱塞式燃油泵保持油轨中 100 MPa 的油压，从而以预定的高喷射压力把足够量的燃油输送到气缸盖水平位置的高压燃油管(共轨)等待。伺服油泵同样也由曲轴通过传动齿轮带动，保持伺服滑油 20 MPa 的油压。ME 主机的伺服油泵也是轴带的，伺服油泵是双头活塞泵，将 20 MPa 高压油送到每个缸的气缸液压驱动控制单元的储压器中等待电磁阀信号，储压器作用使高压滑油保持恒压。电控电磁阀是由微处理器控制程序系统 ECSP 根据柴油机状况分析系统 ECA 和控制操作系统 OMCP 的综合信息发出指令而动作的。

(3)高压油泵。RT-flex 机型的高压油泵是轴带柱塞式增压泵，是通过凸轮的传动使燃油泵柱塞上下运动产生压力的。ME 机型采用的是液压驱动高压油泵，即 20 MPa 伺服油作为高压油泵的驱动动力。

(4)喷油控制。RT-flex 机型在控制喷油时，是由控制系统发出信号给电磁阀，电磁阀控制伺服油，从而打开燃油喷射阀，使在燃油共轨等待的燃油完成喷射过程。ME 机型在控制喷油时，同样是控制系统发出信号给电磁阀，电磁阀控制伺服油驱动高压油泵使燃油增压，完成喷射过程。

(5)燃油的来源。RT-flex 机型燃油喷射控制单元的燃油来自 100 MPa 的油轨。ME 机型

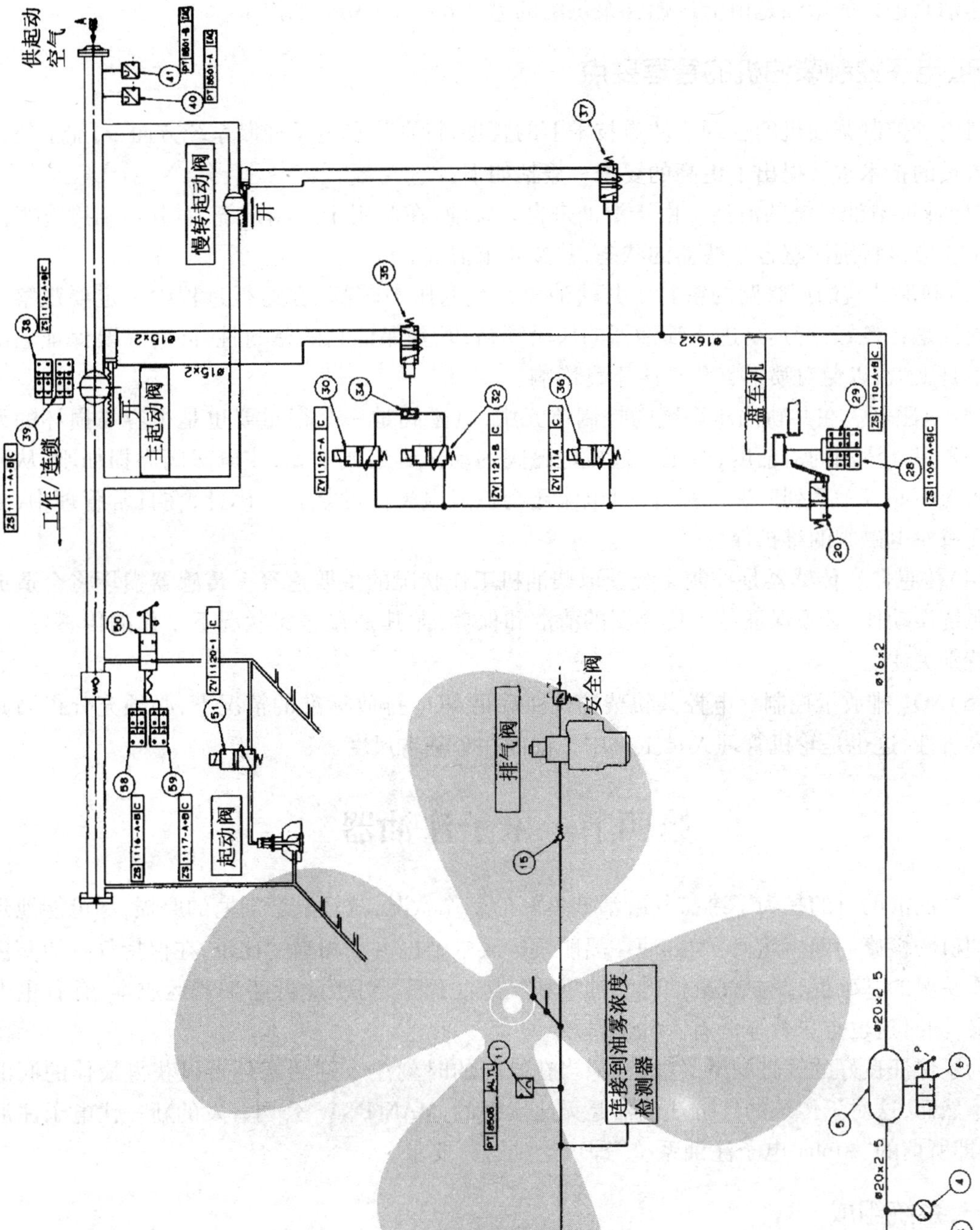

图2.9-12　MAN B&W ME型柴油机操纵系统

的高压油泵进口的燃油是由低压燃油泵供给的为0.8～1.0 MPa的燃油。

四、电子控制柴油机的管理要点

对电子控制柴油机的管理应注重技术上的管理，特别是在电子控制系统方面，对船上轮机管理人员的技术水平提出了更高的要求。概括如下：

(1)保证滑油系统的清洁。由于滑油来自系统油，在此用于控制系统，对其清洁度有很高的要求。应该特别注意各个滤器的状态，并按要求清洗。

(2)确保共轨油压管路的密封。共轨油压系统的压力较高，在运行过程中一定要观察它的密封性是否良好，特别是进入喷油器的那段管路，既要保证它的密封性，同时又要保证它的膨胀不是太大，以免对喷射雾化产生不良影响。

(3)电磁阀。在共轨油压系统的控制单元中，电磁阀是一个很重要也是很容易损坏的元件。必须保证滑油的清洁度；否则会造成电磁阀的动作延迟或卡死，或电磁阀磨损加剧，从而产生密封不好等一系列问题。另外，过电流还会造成电磁阀的烧毁。因此，在日常管理中，要特别注意对电磁阀的维护保养。

(4)传感器。传感器是控制系统获取柴油机工作状况的主要途径。传感器损坏将会造成控制系统误动作，必须保证各个传感器的清洁和保养，尤其是在恶劣状况下工作的传感器，应予以特别关注。

(5) NO_X 排放量控制。电控共轨柴油机在满足 NO_X 排放标准的情况下，必须充分提高其运行经济性，这也是轮机管理人员工作中把握的一个基本尺度。

第四节　电子注油器

气缸润滑的目的是为了维持气缸活塞良好的工作状况，减轻缸套活塞的磨损，尽可能地延长柴油机的检修周期。然而，气缸油在船舶营运成本中也占了相当的比重，在保持气缸活塞良好工作状况的基础上，减少气缸油的注油量和气缸注油率，对于降低船舶营运成本，有着重大的意义，同时这也意味着降低有害气体排放。

为了保证良好的气缸润滑，气缸油应当在恰当的时刻注入到活塞环带以获得最佳的润滑效果。然而，这对于传统的气缸注油器是无法实现的，MAN B&W 公司开发的新一代电子注油系统，即所谓的"Alpha 电子注油系统"即可达到这一要求。

一、系统组成

Alpha 电子注油系统如图 2.9-13 所示。它由气缸油柜、泵站、控制板、注油器、注油器控制单元(计算机控制面板)、负荷变送器、曲轴角度检测系统、测速装置和人工控制面板等组成。泵站出口管路称为共轨，所以又称为共轨式 Alpha 气缸油系统。

二、主要部件

(1)泵站单元(图 2.9-14)

泵站由 2 个独立的工作泵、加热盘管、滤器和吸入管组成，增压油泵将气缸油升压到 4～5 MPa。

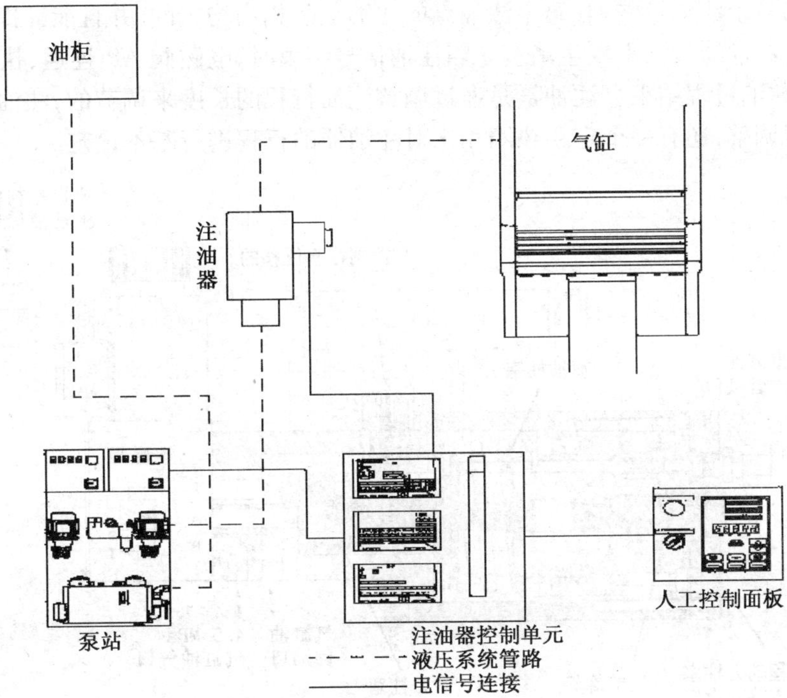

图 2.9-13　ALPHA 电子气缸注油系统

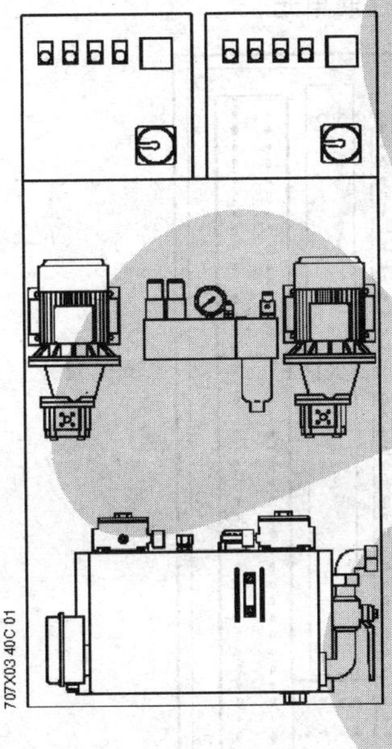

图 2.9-14　泵站单元

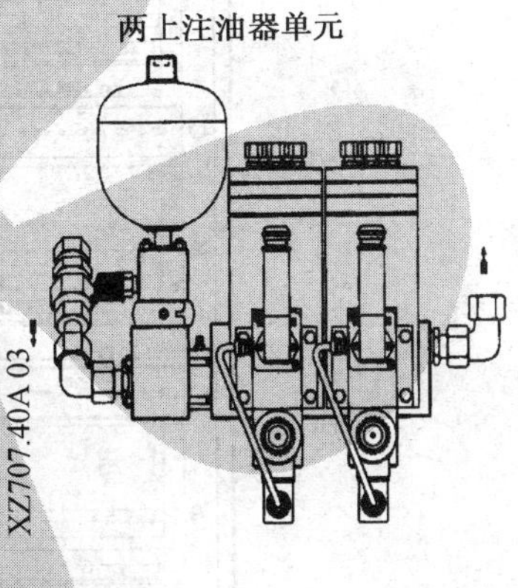

图 2.9-15　注油单元

(2)注油器单元(Lubricator units)

对于 MAN B&W MC 系列缸径在 980 ~ 700 mm 的柴油机,每个缸设置两个注油器如图 2.9-15,而低于 700 mm 缸径的柴油机设置一个注油器,每个注油器的进油处有个充氮气的储压器,压力为 2.5 ~ 3.0 MPa,在出口处也有个充氮气的储压器,压力为 0.15 MPa。每个注油器根据柴油机的型号分布 3 ~ 6 个位置注油枪、反馈传感器和电磁阀。

Alpha 电子注油器的工作原理如图 2.9-16 所示,在接到注油信号时,电磁阀受控、AT 连通,由电动油泵提供的 4 ~ 5 MPa 高压油作用到执行活塞上,通过执行活塞推动注油器内每个小的柱塞泵向各个注油点注油，每个注油点的注油量是相当均匀的，并且能够提供最佳的安全余量保证每个注油器接头不发生堵塞。当注油信号结束时，电磁阀 AP 连通，执行活塞下面的油压被释放，注油过程结束。注油量是通过调整注油行程的长度来调节的，注油行程可以通过调节螺钉进行调整，还有一个定距垫圈用来对注油器的行程进行基本设定。

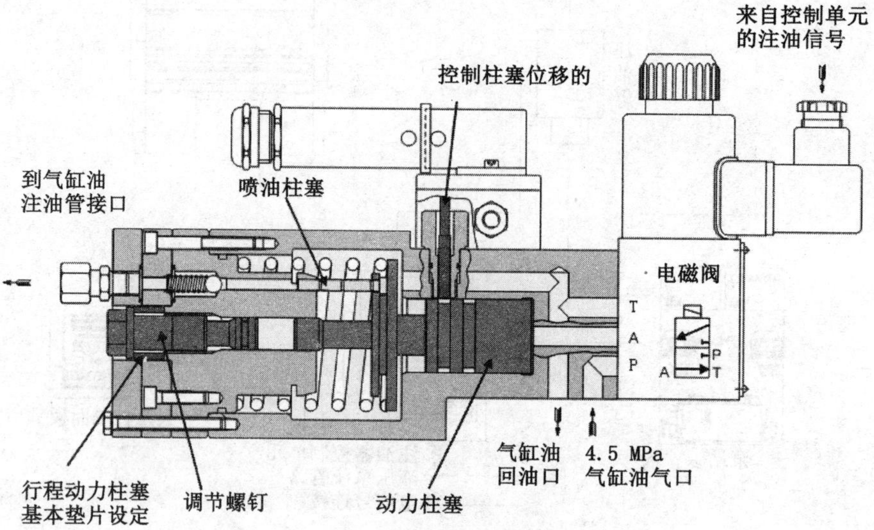

图 2.9-16　ALPHA 注油器注油单元

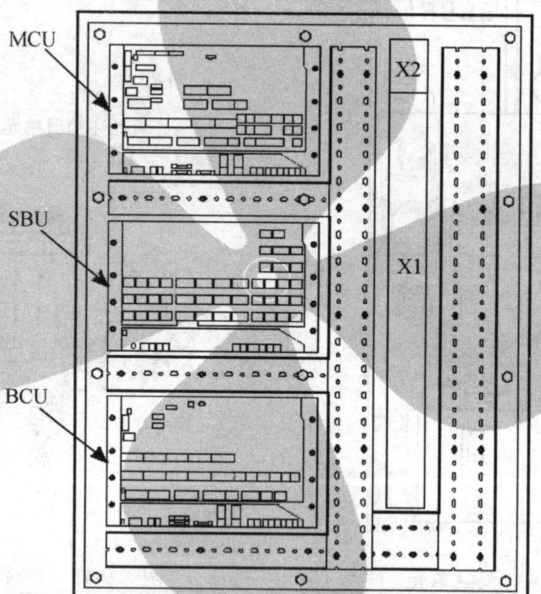

图 2.9-17　注油器控制单元

Alpha 电子注油器一般每 4 转向气缸内注油一次，根据柴油机的工作情况，也可以每 5 ~ 6 转注油一次，精确的定时保证了全部气缸油都能在需要时直接注到活塞环带，因而可以大大降低气缸油的消耗量。

(3) 注油器控制单元(ALCU)

如图2.9-17所示,控制面板分为三大单元,主控制单元(MCU)、转换开关单元(SBU)和备用控制单元(BCU),为了工作的可靠性,主控制单元(MCU)和备用控制单元(BCU)的电源分两路供给。

(4)负荷变送器如图2.9-18所示,负荷变送器与燃油支架相连,把柴油机的油门刻度的百分比连续不断地传送到主控制单元(MCU)。

(5)触发系统(曲轴编码器)

图2.9-19(a)是各缸曲轴角度编码器,它安装在柴油机的自由端,并与安装在飞轮端的备用触发器和测速装置一起连接到主控制单元(MCU)和备用控制单元(BCU)上。备用触发系统由两个传感器组成,安装在飞轮旁的一个盒子里内,如图2.9-19(b)所示。

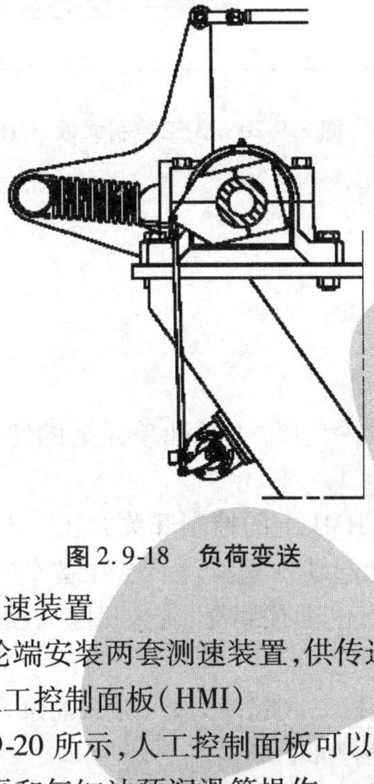

图2.9-18　负荷变送

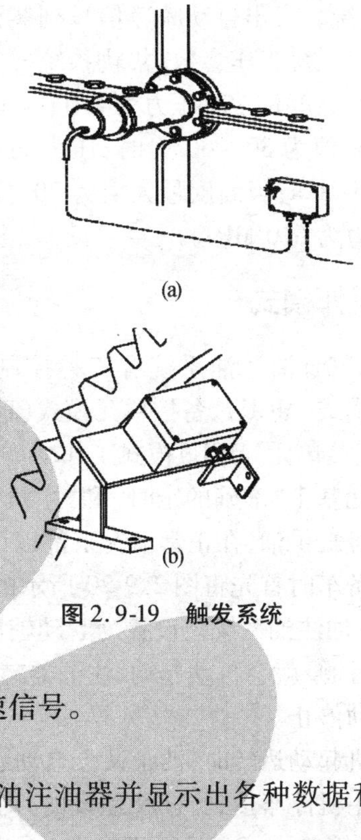

图2.9-19　触发系统

(6)测速装置

在飞轮端安装两套测速装置,供传送柴油机的转速信号。

(7)人工控制面板(HMI)

图2.9-20所示,人工控制面板可以单独调整气缸油注油器并显示出各种数据和报警,手动启动油泵和气缸油预润滑等操作。

三、系统工作原理

油泵站把气缸油增压到4~5 MPa后输送到气缸油的共轨系统,主控制单元(MCU)控制电磁阀以合适的启闭时刻进行注油,每个注油器的情况通过反馈信号发光二极管显示。注油定时是依据曲轴角度编码器的两个信号控制,一个以第一缸上止点的信号为准,另一个是曲轴位置传感器信号(曲轴转角),Alpha注油系统的正时通常是在压缩行程、第一道活塞环上升至对准注油孔时开始向活塞环注油的。注油器的每次喷油量是恒量控制,注油率是通过改变注油频率来实现的。喷射频率是根据负荷和速度来计算的,与主机的平均有效压力成正比,但采用功率模式或转速模式也可以。最大持续功率时的基本注油率的计算按注油次数/每转、注油器行程计算确定。人工控制面板(HMI)可以独立调整单缸的气缸油喷油率在60%~120%之间(其默认值是100%)。系统正常情况下是由主控制单元(MCU)控制工作,如果系统检测到故障,在集控室发出报警,具体的报警内容可在人工控制面板(HMI)上显示出来。

如果主控制单元(MCU)发生故障,那么备用控制单元(BCU)就会自动投入工作,并在人工控制面板(HMI)显示并发出报警,备用控制单元可依据随机正时(粗略定时)和转速方式进行控制,注油的频率可在人工面板上进行调整,通常的设定为基本注油率加上50%。

当主控制单元和备用控制单元都发生故障,那么系统将发出自动减速信号到柴油机的安全系统。系统工作参数:共轨系统气缸油压力在气缸油温度正常时压力为4.0~5.0 MPa;当温度正常值为30~60 ℃时,压力的最低报警值是3.5 MPa;当温度最大值为70 ℃时,最高报警压力为6.0 MPa。

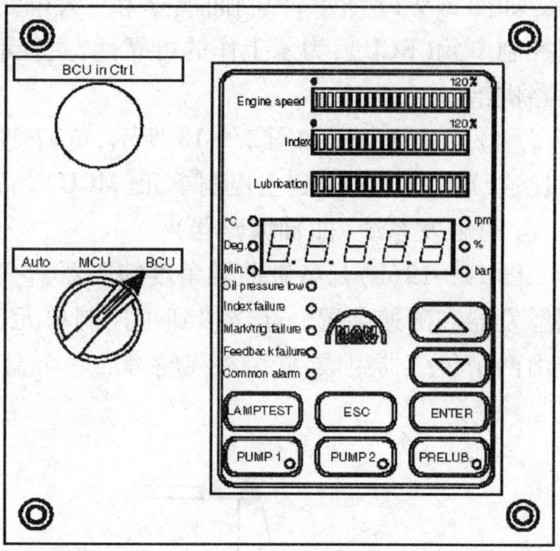

图2.9-20　人工控制面板HMI

四、工作模式

Alpha气缸油注油系统有三种控制模式:主控单元模式(MCU)、备控单元模式(BCU)及应急模式。

(1)主控单元(MCU)模式工作

该单元基于"准确的定时"和"主机平均有效压力",控制位于注油单元上的注油电磁阀,向相应的各缸供油,在正常情况下都以该模式工作。

主机备车时首先将图2.9-20所示的人工控制面板HMI上的控制开关放在"AUTO"位置。Alpha气缸油注油系统被设置为起动辅助风机时即自动起动预润滑,因此,在备车时只要辅助风机运转,油泵就会自动起动,注油器向气缸注入一些气缸油预润滑,若主机随后没有起动,泵站就会自动停止。

当主机起动运转时,油泵又会自动起动。如果柴油机三次起动失败,那么油泵也将自动停止工作。主机停车达到一段(预设的)时间后,油泵自动停止运转。

(2)备控单元(BCU)模式工作

备份控制单元BCU基于"粗略的定时(随机定时)"和"转速RPM"模式,通常设定为基本注油率加50%。若主控单元MCU的监测严重失效,备份控制单元BCU就会自动投入工作(此时工作状态必须是在"自动"档),这时操作面板上HMI上的"BCU in Ctrl"灯就会亮,即Alpha气缸油注油系统会自动切换到备控单元模式工作,并发出相关的提示警报。

备控单元模式是利用装在主机飞轮上的传感器采集的转速信号及BCU模式的预先设定值,运算处理各种数据后,向各缸气缸油注油器发出注油指令。这时曲轴编码器不起作用,Alpha气缸油注油器只能在粗略定时的工况下工作。

(3)应急模式工作

在所有的外界触发传感器(编码器、转速采样传感器1和2)都损坏,或MCU、BCU同时损坏,船上又无法修理的情况下,主机可以在应急模式下运行。应急控制模式是以预置固定频率作用于主机,采用主机在60 r/min时的气缸油喷射频率。按应急模式运行时,气缸油注油器工作在无时序工况，无论主机是在运转还是停止，气缸油注油器都按 MCU 主板上的设定，每秒发射一个脉冲信号，始终分别向各气缸注入气缸油。当采用应急控制模式时，需对 MCU 工作电路作一些调整。

第五节　电子调速器

电子调速器是一种电子系统。凡转速感应元件或执行机构采用电气方式的调速器，习惯上通称为电子调速器。它不使用机械结构，动作灵敏、响应速度快、响应时间只有液压调速器的 1/10～1/2；动态与静态的精度高；无调速器驱动机构，装置简单、安装方便；便于实现数字化、遥控与自动控制，是近代发展起来的精密调速器，已在新型船用柴油机上广泛运用。电子调速器还能采用双脉冲调节，将转速变化信号和负载变化信号这样两种单脉冲信号叠加起来调节燃油量，也称为频载调速器。双脉冲调速器能在负载一有变动而转速尚未明显变化之前就开始调节供油量，所以调节的精度很高，适用于对供电要求特别高的柴油发电机组。

一、电子调速器的种类

电子调速器通常有三种类型：

1. 全电子调速器

其信号感应与执行机构均采用电气方式，如海因茨曼电子调速器、Woodward 8290 调速器等。此种电子调速器工作能力较小，多用于小型柴油机。

2. 电—液或电—气调速器

其信号监测采用电子式，而执行机构采用液压或气力式。如 Woodward 2301 电子调速器其执行机构使用 EG3P 型液压伺服器，而 DGS-8800 数字式调速器其执行机构采用气压式。此类调速器的伺服执行器工作能力较大，可以满足各种柴油机的使用要求。

3. 液电双脉冲调速器

此种调速器在普通的液压调速器上加装电子式负载信号感应装置。当它的电子部分发生故障时，可自动转为液压调速器工作。国产 TYIY-40 型调速器即为此类调速器。

二、电子调速器的基本组成

电子调速器一般上由转速传感器、双控制器、执行器和外围的控制开关及调节电位器组成。图 2.9-21 为国产 ESG100A 型电子调速器的基本结构。

测速传感器是柴油机转速的感应环节，一般均为磁电式传感器，当测速齿轮转过时产生感应脉冲，并送至控制器。控制器是电子调速器的核心。它接受来自转速传感器的信号，并按比例转换为直流电压后与转速设定电位器的设定转速（电压）进行比较，把比较后的差值作为控制信号送至执行机构。对于模拟式电子调速器，其控制器一般是由模拟电子元件构成，并可进行 PID 控制运算。而数字式控制器的控制过程采用数字量，由控制程序来完成。控制器先将转速信号转换为数字量，再经过数字量的控制计算，然后将计算出的数据型控制量再转换为模拟量，通过电控执行器，对发动机的转速进行控制。

执行器的作用是根据控制信号对发动机的油门进行调节。常见的执行器有电磁执行器、电液执行器和电气执行器。电磁执行器的工作能力较小，多用于小型柴油机，如国产 ESG100A 型电子调速器。而电—液或电—气执行机构采用液压式或气动式，工作能力较大，

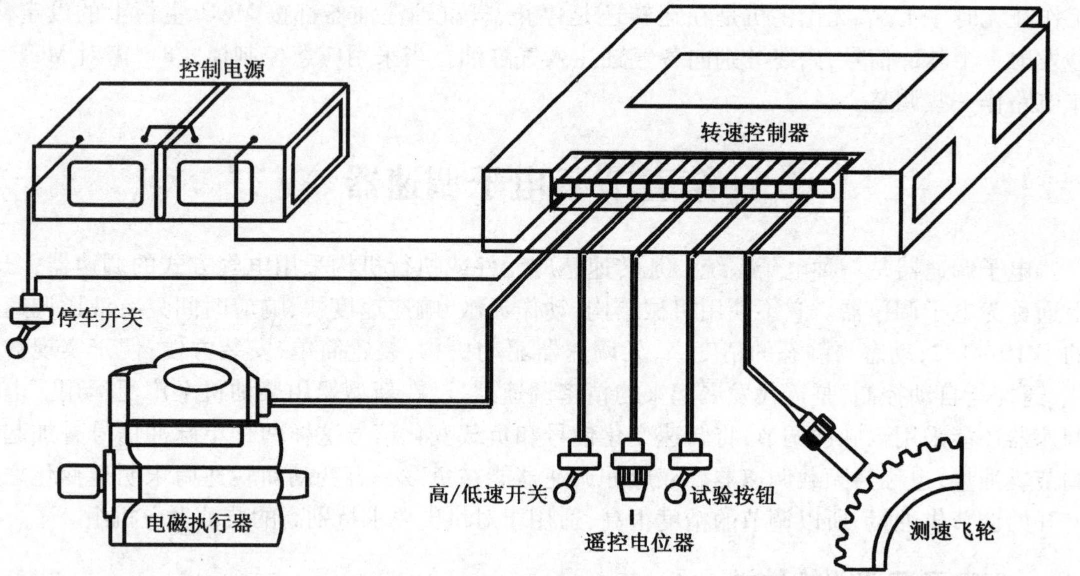

图 2.9-21　电子调速器的基本结构

可满足各种柴油机的使用要求。如 Woodward 2301 电子调速器执行机构采用 EG3P 型液压执行器,而 NORCONTROL DGS8800 型电子调速器则采用气动执行器。

电子调速器外围的控制开关及调节电位器是用来对调速器进行调整和控制的。根据机组的需要,还可安装各种附件,实现自动同步、负荷分配和故障报警保护等功能要求。

三、电子调速器的工作原理

根据电子调速器的调节原理,电子调速器可分为单脉冲调速器和双脉冲调速器。对于单脉冲调速器,只可进行转速的调节,一般只用于单台机组的调速系统。双脉冲电子调速器的基本组成如图 2.9-22 所示。图 2.9-22 中 3 为磁电式转速传感器,用于监测柴油机轴系转速的变化,并按比例产生交流电压输出;负荷传感器 5 监测柴油机负荷(如电压、电流、相位)的变化,并按比例转换成直流电压输出;速度控制单元正是电子调速器的核心,它接受来自转速传感器和负荷传感器的输出电压信号,并按比例转换成直流电压后与转速设定电位器 7 的设定转速(电压)进行比较,把比较后的差值作为控制信号送往执行机构 1。执行机构根据输入的控制信号以电子方式或液压方式拉动柴油机的油量调节机构进行调速。

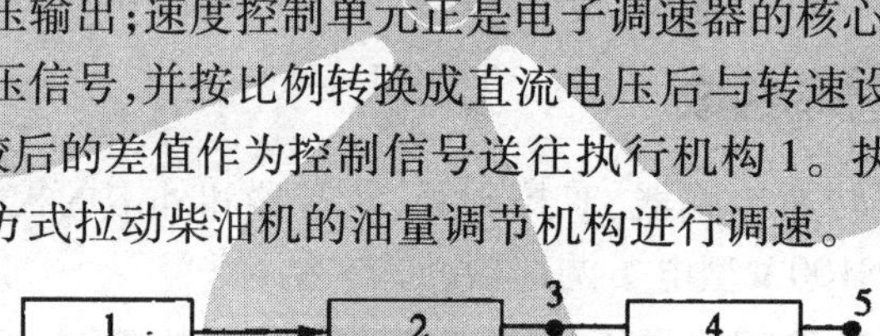

图 2.9-22　双脉冲电子调速器的基本组成框图

1—执行机构;2—柴油机;3—转速传感器;4—柴油机负荷;5—负荷传感器;6—速度控制单元;7—转速设定电位器

当柴油机在某一负荷下稳定运转时,其工作转速等于转速设定电位器 7 的设定转速。转速传感器 3 的输出电压作为负值信号在速度控制单元 6 内与正值的设定转速电压信号相互抵消。速度控制单元6输往执行机构1的控制电压信号使执行机构的输出轴静止不动，柴油机供油量固定，转速稳定。若柴油机负荷突然增加，负荷传感器5的输出电压首先发生变化，此后转速传感器的输出电压也相应变化（数值降低）。此两种降低的脉冲信号在速度控制单元6内与设定转速（电压）比较，输出正值电压信号，在执行机构中使其输出轴向加油方向转动，增加柴油机的循环供油量。反之，若柴油机负荷降低，转速升高，则传感器的负值信号数值大于转速设定电压的正值信号数值，控制单元输出负值信号，执行机构输出轴向减油方向转动，降低柴油机的循环供油量。

四、典型电子调速器简介

Woodward 2301 型电子调速器是一种使用广泛的电子调速器，它属于电－液调速器，其测速传感器采用磁电式，控制单元采用2301型电子控制器，执行机构采用EG3P液压执行器。它有单纯调频型（单脉冲）和调频调载型（双脉冲）两种。前者用于单机运行，其瞬时调速率一般在5%～7%，稳定时间t_s在3～5 s范围内；后者用于并联运行机组，其瞬时调速率一般不大于2%，稳定时间t_s不大于1 s。

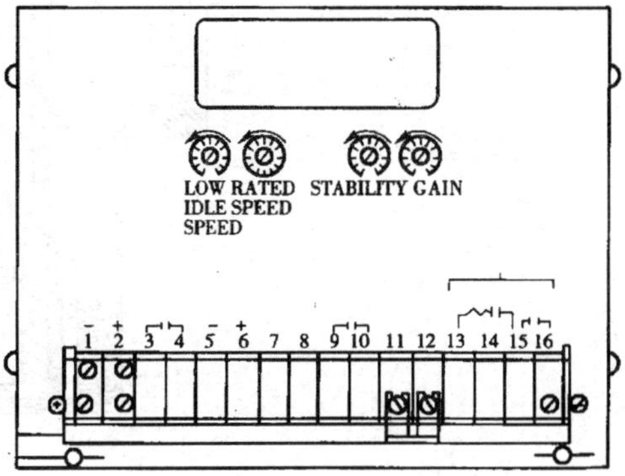

图2.9-23 单脉冲2301型电子调速器外形图

图2.9-23为单脉冲2301型电子控制器外形图。其正面面板上有四个调节旋钮，自左而右分别是：①怠速（low idle speed）调节旋钮——用于调节滑油低压，保护运转时的最低转速。②设定转速（Rated speed）调节旋钮——用于调节设定转速。③稳定度（Stability）调节旋钮——用于稳定性调节。④增益量（Gain）调节旋钮——用于稳定性调节。

在上述四个调节旋钮下方有接线端子1～16，其端子接线如下：

1、2——接（12～40）V直流电源（经稳压电源转换为9 V）。3、4——速度失灵保护（当测速传感器损坏时，切断去执行器的调速信号，柴油机停车）。5、6——2301控制器输出（去执行器调速电压信号）。7、8——磁电式测速传感器测速电压信号输入（1～1.5 V）。9、10——怠速调节电位计（与怠速调节旋钮相连）。11、12——转速设定电位计（与设定转速调节旋钮相连）。13、14——稳定调速率调节电位计（调节范围0～13%）。15、16——机组加速时间调节电容器（调节由低速到标定转速的加速时间）。

EG3P液压执行器如图2.9-24所示。由齿轮泵20产生的高压油（最大压力2.5 MPa）始终作用在负荷活塞21的下方，力图使它上行减油，但它的上行受动力活塞3下方的油压制约。

永久磁铁4固装在滑阀柱塞16的上方，并通过中央弹簧6与复位弹簧7把永久磁铁4悬挂在电磁线圈5内的磁场中。在滑阀柱塞上有两个作用力；一是中央弹簧6的向上弹簧力与复位弹簧7的向下弹簧力，其合力方向始终向上，而大小随输出轴8的不同位置而不同；二是由电磁线圈产生的电磁力，其方向始终向下而大小与输出轴的转角位置成正比。这两种力的相互作用决定了滑阀柱塞的移动方向。

当柴油机在设定转速n_b稳定运转时，测速传感器产生的交流电压信号经2301电子控制器内的频率转换器调质整流成直流电压信号并以负值（$-V_b$）输送到控制器内的输出运算放大器的输入端与设定转速正值电压（$+V_b$）比较。其差值$\triangle V=0$，于是输出运算放大器便输出一个与输出轴转角位置（即负荷大小）成正比的调速电压信号，并送往执行器中的电磁线圈产

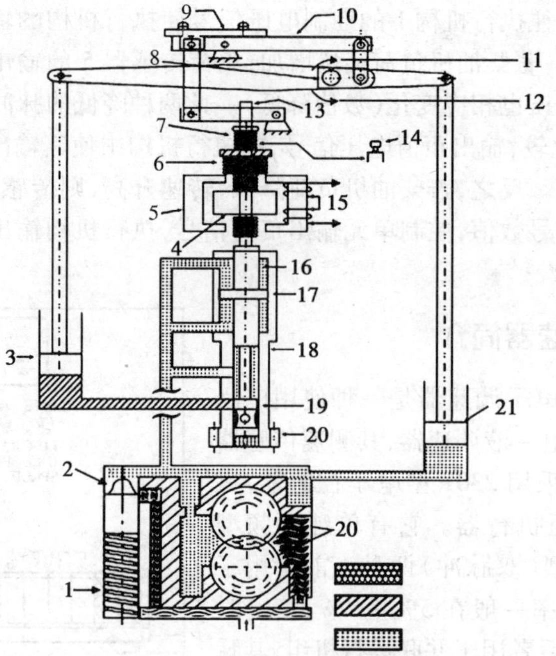

图 2.9-24　EG3P 液压执行器

1—安全阀弹簧；2—安全阀柱塞；3—动力活塞；4—永久磁铁；5—电磁阀线圈；6—中央弹簧；7—复位弹簧；8—输出轴；9—可调滑动支架；10—小复位杆；11—加油；12—减油；13—可调弹簧座；14—中央螺钉；15—去电子控制器；16—滑阀柱塞；17—补偿环带；18—滑阀套；19—控制带；20—齿轮泵；21—负荷活塞

生一个向下的电磁力，此电磁力在数值上恰与前述的弹簧合力相等，而使滑阀柱塞在中央平衡位置保持不动，控制带 19 封闭动力活塞下方空间，动力活塞不动，输出轴静止不动，供油量不动，柴油机在设定转速 n_b 稳定运转。

当外界负荷减少时柴油机转速升高，测速传感器产生的并经调质整流的直流负电压 $|-V_a|>V_b$，在输出运算放大器输入端与设定转速正值电压（$+V_b$）比较后，其差值 $\Delta V<0$，使控制器的输出调速电压减少。电磁线圈产生的向下电磁力降低，滑阀柱塞在弹簧合力与电磁力差值的作用下上移。动力活塞下方与低压油相通，负荷活塞上行，动力活塞下行，输出轴逆时针方向转动而减油。在减油的同时，复位杆 10 绕可调滑动支架 9 的支点逆时针方向摆动，增加复位弹簧 7 的向下作用力使滑阀柱塞下行提前复位，实现负反馈作用。使调速过程稳定。最后，输出轴在减少柴油机供油量的某一位置上，使相应弹簧合力（向上）与电磁力（向下）在均有所降低的情况下重新达到平衡状态，滑阀柱塞重新处于中央平衡位置，动力活塞下方恢复密封状态，输出轴固定不动，柴油机在较低供油量情况下重新稳定运转（n_b）。同理，当外界负荷增加时，转速降低，测速电压信号 $|-V_a|<V_b$，其差值 $\Delta V>0$，因而输出运算放大器的调速电压信号值增大，在电磁线圈中的电磁力增大，在电磁力与弹簧力差值的作用下滑阀柱塞下移，动力活塞下方与高压油相通，使动力活塞上行，负荷活塞下行，顺时针方向转动输出轴，使柴油机加油。此后的反馈（负反馈）调节过程与上述负荷减少时相反。最后在输出轴增加供油量的某一位置，滑阀柱塞恢复到平衡状态，动力活塞固定不动，柴油机重新稳定运转。

五、DGS 8800e 数字调速系统

DGS 8800e 是微机控制的全数字式调速器，可用作为 AC – Ⅳ系统的调速控制回路，也可以直接接受调油手柄给出的转速指令，进行主机供油的控制。DGS 8800e 调速系统主要由数字调速器单元(分成调节和执行两部分)、数字伺服单元(DSU)、测速传感器、TRAFO 001 型变压器、ELACT 型电子执行器、油门调节杆等组成。

(一) DGS 8800e 调速器的主要功能

DGS 8800e 不仅具有全制式液压调速器的所有功能，而且能充分利用微机控制的灵活性，实现多种操作方式、精确的限制功能及故障自动显示与报警，其功能的全面、强大和灵活是传统调速器无法比拟的。DGS 8800e 的功能如图 2.9-25 所示。

1. 给定转速指令处理

接受驾驶台或集控室送来的转速指令信号；接收安保装置 SSU 8810 送来的故障减速或故障停车指令；实现转速限制，包括最大车令转速限制、临界转速自动避让、轴带发电机的最低转速设定、故障降速转速、系统出故障时的“替代转速”等；实现速率限制和程序负荷控制；起动(正常起动、重起动)油量设定；操作方式和状态切换。

2. 主机转速检测

采用低通滤波，滤除高频噪声信号；采用自适应滤波，包括：通过数字陷波滤除由于个别气缸未发火运行导致的特定低频转速噪声信号；最大滤波转速(约 50% MCR)的自动开启和关闭，即当恶劣海况或有较大扰动发生时自动切除滤波功能。

3. 转速调节

转速调节属于带有前馈控制和 PI(或 PID)闭环定值控制的复合控制回路。具体包括：

(1) PI 和 PID 调节，正常情况下采用 PI 调节，恶劣海况下自动加入 D 调节。

(2) 前馈控制，实现燃油设定指令前馈，以提高系统的跟踪速度和精度。

(3) 死区控制，在死区范围(±2 r/min)内，调节器维持油门不变，以避免执行器频繁动作。

(4) 调节器增益特性控制(可变增益控制)，有两套比例增益及积分时间，分别用于正常海况和恶劣海况。在恶劣海况方式下，积分时间是正常海况时的三倍，比例增益也变大。

(5) 主机延时估计器(ENGINE DELAY ESTIMATE)，这是 DGS 8800e 调速器的一大特色。当主机转速指令较大时，不是按常规增益马上开大油门，而是按主机的燃烧特性加大油门，这样会产生一个延迟，从而使其尽量符合主机的燃烧性能要求。

4. 燃油限制

包括转矩限制、扫气压力限制、手动最大燃油限制和零螺距油门限制(用于 CPP 系统)、转速的非线性补偿(螺旋桨特性补偿)等。车令转速和转矩限制、扫气压力限制、手动最大燃油限制等信号经选小器选小后输出，再经补偿及转换处理，作为执行器给定位置的信号。

5. 执行器

包括：伺服控制回路的 PI 控制；输出信号与伺服放大器的信号匹配(输出标度变换)；监视控制信号，在故障情况下锁定执行器。

6. 其他主要功能

(1) VIT 控制由于采用微机控制，VIT 的功能齐全，喷油定时不仅仅与主机的油门开度有关，还与平均指示压力等多种因素有关。调速器输出的 4 ~ 20 mA 电流信号经 I/P 转换器变换成 0.05 ~ 0.5 MPa 气信号，再用气信号控制 VIT 机构的机械动作。

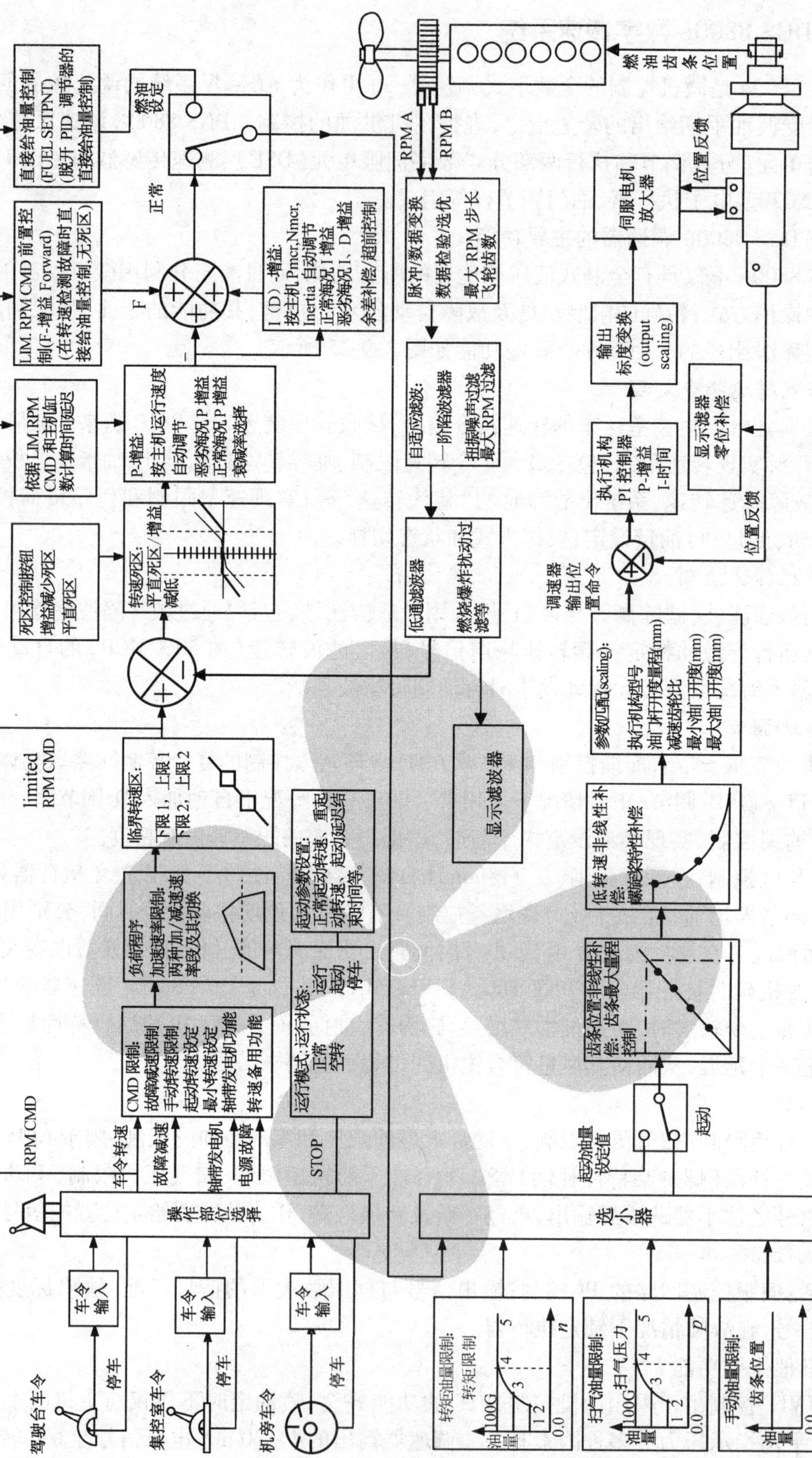

图2.9-25　DGS8800e 数字调速系统主要功能框图

(2)LCDL(Load Change Dependent Lubrication)控制。这个功能主要是控制主机附加的气缸润滑,即随着主机负荷的变化增加气缸润滑油。采集的信号送至 MAN B&W 12K90MC-C 操纵系统中的阀 153。

(二)基本工作原理

调节器对转速输入指令进行各种必要的处理后形成转速指令值,对测量转速信号进行滤波处理后形成实际转速值,然后将两者进行比较形成转速偏差。装置对转速偏差进行包括死区控制、可变比例增益、可变积分增益等在内的全面处理后,综合转速指令前馈控制信号,形成调节器输出信号。调节器输出信号和燃油限制信号(转矩限制、扫气压力限制、手动最大油量限制等)经选小器选小输出,再经执行器位置非线性补偿、转速非线性补偿后形成执行器位置设定信号(油门设定信号)。执行器的位置偏差信号经过 PI 运算处理后,进行信号的标度处理,形成伺服马达的转速指令信号,该信号经伺服放大器 DSU 处理后,输出调速脉冲驱动信号,控制三相伺服马达转动,带动油门调节杆动作,调节油门齿条至所需的位置。

(三)DGS 8800e 调速器控制面板

调速器有六种工作方式,此外还有若干个功能按钮用来实现特殊功能。工作方式选择、参数调整和系统试验等操作主要在调速器面板上进行,分调节和执行两大部分,如图 2.9-26 所示。

1. 调节部分

(1)MODE(工作方式指示)

运行方式有六种,包括正常方式(NORMAL)、准备方式(IDLE)、直接供油方式(SETPOINT)、试验方式(TEST)、校正方式(CALIBRATE)和自检方式(SELFTEST)等,同一时刻只能采用一种方式工作。车钟手柄离开 STOP 位置,系统就自动进入正常方式,在这种方式下工作,系统处于正常控制(包括驾驶台遥控和集控室控制)状态。准备方式又称"空闲方式"或"STOP"方式。接通装置的电源、车钟手柄处于 STOP 位置时,便自动处于准备方式。在这种方式下,可以进行参数的监测、修改、试验和自检。

直接供油方式(SETPOINT)又称"设定值方式"或"直接燃油控制"方式。在这种方式下,调节器被旁通,车钟手柄直接控制油门开度,即车钟信号直接发送到执行器。通常使车钟的 DEAD SLOW 档对应 0% 油门,FULL 档(不是 MAX 档)对应 100% 油门。这种方式实际上是在比机旁舒适的地方,但能方便、快捷地进行应急操纵,是一种降低功能的操纵。这种方式通常只用于测试执行器的特性或在调节器出故障后使用。在这种控制模式下,各种燃油限制仍然起作用,所以主机不会超负荷,但是容易超速,所以在这种模式下的加/减速操车速度不能太快。在试验方式(TEST)下,系统的输入值可以直接在面板上模拟设定。系统将对模拟的输入信号作出和实际输入信号相同的反映,并会出现报警。当系统出现故障时,利用试验方式可以分辨到底是外部传感器还是系统内部部件有问题。校正方式(CALIBRATE),在正常方式和准备方式下,都可转入校正方式。自检方式(SELFTEST)专门用来检验微机的存储器状况,只有在准备方式下才可进入,属于离线检验。

(2)STATUS(运行状态指示)

REGULATOR ON 表示系统处于运行状态,主机燃油在调节器控制之下。START 表示主机在起动过程中,油门开度处于起动供油位置。STOP 表示系统处于"主机停车"状态。RPM LIMIT ON 表示转速设定值受到限制,如手动转速限制、临界转速限制等。FUEL LIMIT ON 表示燃油调节输出受到限制,诸如手动燃油限制、转矩限制或扫气压力限制等,不能向主机供更

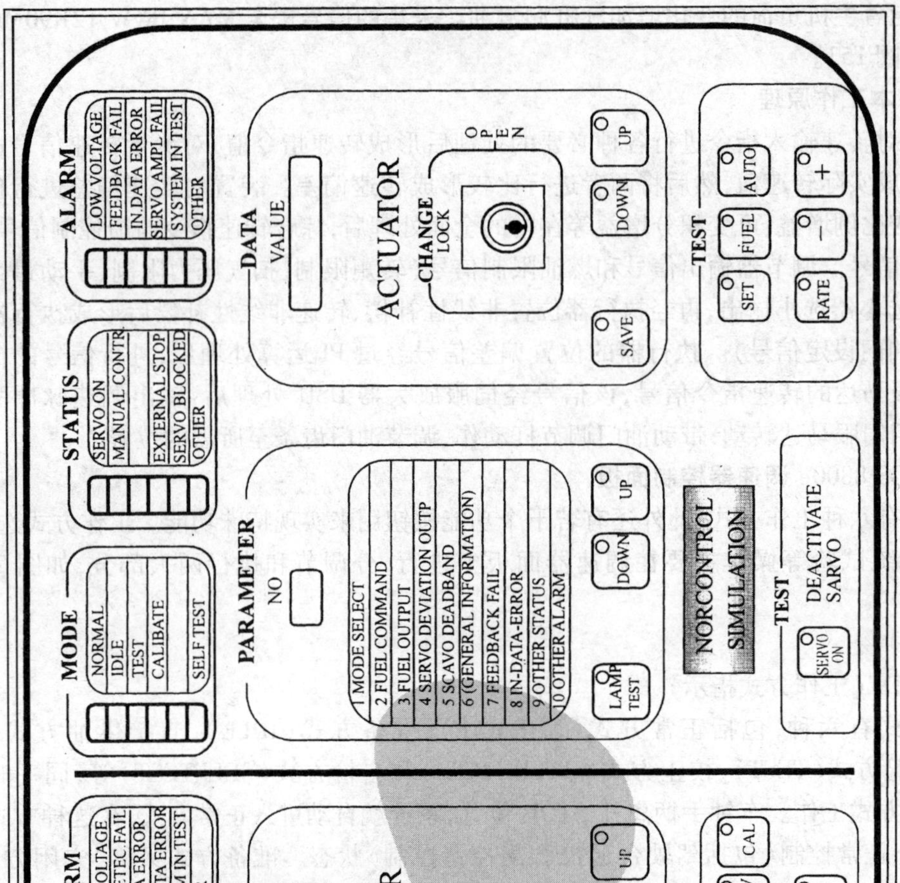

图2.9-26 DGS 8800e 数字调速器控制面板

多的油。OTHER 显示通过参数。

(3)ALARM(报警指示)

系统具有很强的故障监测与报警功能,当出现故障报警后,可以根据 ALARM 区域显示的信息查找。LOW VOLTAGE 灯亮时,表示 +5 V、+15 V、-15 V、+24 V 等四组电源中的任意一组电压偏低,详细信息可由适配卡上的 LED 予以指示。RPM DETECT FAIL 表示转速传感器(测速系统)硬件故障,详细信息可以由适配卡上的 LED 予以指示或通过参数 OP CODEO 16 查找。IN-DATA ERROR 表示调节部分和执行部分之间的通信有故障。SYSTEM IN TEST 系统处于 TEST(试验)或 CALIBRATE(校正)方式。OTHER 灯亮曾发生过报警,目前故障已消失但未复位,由于故障已消失,因而报警信号不送机舱集中监测与报警系统。

(4)CONTROL MODES(控制模式按钮)

在调速器面板左下角的"CONTROL MODES"区域里有三个控制按钮,用来选择特殊工况下的控制功能。每个按钮都带 LED 指示。三种特殊控制模式是恒定油量(CONSTANT FUEL)控制模式、恶劣海况(ROUGH SEA)控制模式和燃油设定值(FUEL SETPOINT)直接控制模式。

① 恒定油量控制。这种控制模式可以在主机转速偏差在预设的死区范围内时,维持燃油供油量恒定不变,以减少调速器的频繁动作。在正常海况时,按下此按钮,恒定供油量控制模式被激活。当主机转速偏差在预设的死区范围内时,调速器输出不变,喷油泵燃油齿条的位置将不发生变化。DGS 8800e 系统默认的死区限值为 ±2 r/min,死区越大,调速器工作越稳定,但对主机转速和船速的要求将越低;死区越小,调速器灵敏度越高,工作越不稳定。

② 恶劣海况限制。在恶劣海况下,按下此按钮,调速器将进入恶劣海况控制模式运行。该模式主要采取以下三大举措:PI 调节器的比例增益和积分时间按"恶劣海况增益值"工作,即略微减小比例增益并增大积分时间,以抑制因大风浪使螺旋桨露出水面而引起的主机转速过大波动,提高稳定性;引入微分(D)作用,以便在主机螺旋桨开始露出或潜入水面时,调速器的微分作用给出一个超前调节,使主机转速相对稳定,不会因螺旋桨露出或潜入水面引起主机转速波动过大或飞车;如果在上述作用下仍出现超速的可能,系统还可以采取"预超速断油"的办法,来避免主机超速现象,即当主机转速接近"超速"转速时,自动切断燃油供给,使主机转速下降。当主机转速下降到复位转速时,恢复燃油供给,主机的转速慢慢恢复到先前的转速。

③ 燃油设定值直接控制。前面已述。

(5)PARAMETER(参数显示)

在 DGS 8800e 系统中,参数主要由操作码、参数编码、数值或状态三部分组成,PARAMETER 区的显示器用于显示参数编码,DATA VALUE 区的显示器用于显示参数数值或状态。需要检查参数时,在 PARAMETER NO 区通过 DOWN 或 UP 选择相应编号,NO 显示执行器参数的编号,再到 DATA VALUE 区查看显示该参数的具体数值或状态。显示参数 1 表示方式选择;2 表示设定转速;3 表示测量转速;4 表示一般信息;5 表示扫气压力;6 表示转速限制;7 表示燃油限制;8 表示转速死区;9 表示其他状态;10 表示其他。

(6)TEST(试验按钮)

TEST 区域的 5 个按钮用来模拟 5 种输入信号,调节器将对模拟的输入信号作出和实际输入信号相同的反应。按下上排 5 个按钮中的任何一个,就可直接从面板上模拟输入一个信号。信号的大小用"+"、"-"按钮进行增减,信号变化的快慢则用"RATE"按钮进行选择。通过选择相应的参数编号(如 Parameter 2),可以观察参数的数值变化。操作时要注意:必须在较短时间内按下相应按钮，当按钮上的 LED 闪亮时，就可以对选择的参数进行调整。若长时间按下按钮，会将参数复位恢复为初始值。被模拟的参数包括：CMD 表示转速指令输入；RPM 表示转速测量值；PITCH 表示螺距（仅对调距桨船舶）；SCAV 表示扫气压力；CAL 表示校正。

2. 执行器控制面板（ACTUATOR）

执行器与调节器在运行模式、转换方法方面大致相同。

（1）MODE（运行模式指示）

NORMAL 灯亮表示执行器处于正常工作方式，实时处理输入和输出信号。IDLE 灯亮表示执行器处于"运行就绪"状态（即处于准备方式）。TEST 灯亮表明系统处于试验和模拟方式，允许在面板上模拟输入数据，代替实际传感器输入。CALIBRATE 灯亮，表示系统处于校正工作方式。按下"LAMP TEST"按钮后，SELFTEST 灯亮，微机系统进行自检。

（2）STATUS（运行状态指示）

SERVO ON 在正常的工作条件下，系统处于伺服执行状态。MANUAL CONTR 通过"+"、"-"按钮对执行器进行手动控制。EXTERNAL STOP 外部停车。由外部的应急停车或 SHUT DOWN/OVER SPEED 等信号作用下产生的输入指令，强制油门为零。SERVO BLOCKED 由于严重的系统错误导致伺服执行机构阻塞。OTHER 表示其他的系统状态标志，选择相应的参数可以显示进一步的附加信息。

（3）ALARM（报警指示）

LOW VOLTAGE +5 V、+15 V、-15 V、+24 V 等四组电源中的任一组电压偏低。FEEDBACK FAIL 由执行器位置测量装置故障导致的反馈故障。IN-DATA ERROR 通过输入数据的定时自检发现的故障。SERVO AMPL FAIL 伺服放大器（DSU）有故障。SYSTEM IN TEST 系统处于试验或校正方式。OTHER 其他的系统报警或警告指示。选择相应的参数可以显示进一步的附加信息。

（4）PARAMETER（参数显示）

与调节部分相似，按下 PARAMETER NO 区的"UP/DOWN"按钮，显示器显示执行器参数的编号，同时 DATA VALUE 区的显示器将显示该参数的数值或状态。

第十章
示功图测量与分析

示功图是气缸内工质压力随气缸容积或曲轴转角变化的图形。它通过专门的测量仪器——示功器进行测量。由工程热力学可知,示功图的面积大小代表了柴油机气缸内一个工作循环的指示功的大小。它是研究柴油机气缸内工作过程完善程度的重要依据,也是用来计算柴油机指示功率的依据,同时还可作为柴油机动力计算和强度计算的资料。通过示功图可研究缸内的燃烧过程、燃烧放热规律,计算缸内温度,评估扫气过程,计算柴油机指示功率,确定柴油机最大爆发压力和压缩压力等等。由于它能以图像形式显示缸内的工作过程,而且测试仪器简单实用,因此在柴油机的测试中,示功图的测量占有非常重要的地位。

通常,应根据船舶维修保养计划的要求和柴油机的运行状态,定期测量运转柴油机的示功图,且对测取的示功图进行计算和分析。根据其计算和分析结果来判断柴油机的工作性能,并可对其进行适当的调整,保证柴油机能在最佳状态下运转,提高其经济性、动力性和可靠性。

第一节 示功图的种类和用途

一、示功图的种类

根据热工测量的不同目的和任务,可测取不同类型的示功图。用机械示功器可以测取 $p-V$ 示功图、$p-V$ 转角示功图、弱弹簧示功图、纯压缩图,也可用手拉测取手拉示功图和梳形图等,用气电示功器或电子示功器可测取 $p-\varphi$ 示功图。

二、示功图的用途

1. $p-V$ 示功图

图 2.10-1(a)为四冲程柴油机 $p-V$ 示功图,图 2.10-1(b)为二冲程柴油机 $p-V$ 示功图。$p-V$ 示功图可以用来计算柴油机的功率,调整各缸负荷的均匀性,量取最高爆炸压力和判断气缸燃烧情况以及计算缸内瞬时温度等。这种示功图既能定性也能定量地显示出气缸内工作过程的实际情况,因而成为研究内部工作过程所不可缺少的重要依据。但是,它的测量是在一个工作循环内完成的,如果因某种原因而产生误差,这种误差甚至可高达 10% ~15% 之多,那就失去了测量的意义。因此,测量时必须特别注意工况稳定,并慎重对待所测得的结果,尽量

避免误差。

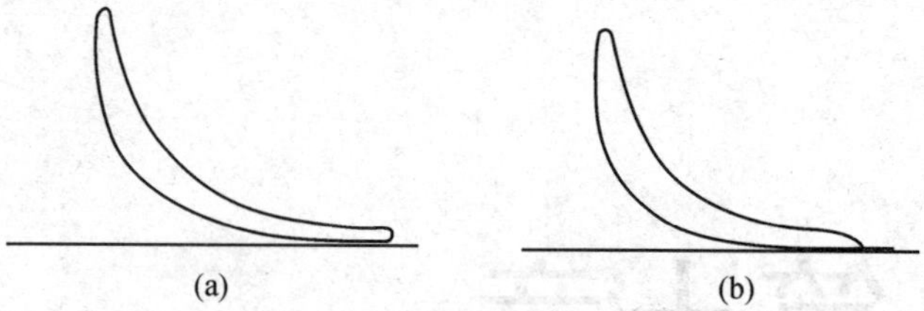

图 2.10-1　$p-V$ 示功图

2. $p-V$ 转角示功图

$p-V$ 转角示功图如图 2.10-2 所示。它是用机械示功器在传动机构的小曲柄超前于所测气缸曲柄 82°左右的情况下测得的。此时,图形中央位置恰好是上止点位置。其目的是为了将燃烧曲线在横座标方向上放宽,以利于分析燃烧过程的情况。根据活塞运动规律,活塞在上、下止点处速度为零,而在中部速度最大。因此在 $p-V$ 示功图上,燃烧过程处于上止点附近,此时活塞速度很低而燃烧压力变化很快。这样,在很短的活塞位移内难以清楚地反映出迅速变化的燃烧压力情况。而当传动机构的小曲柄超前 82°左右后,发生在上止点附近的燃烧过程被移到了示功图的中间部分。此时,就可用小活塞的最大速度带动转筒记录气缸内较快的压力变化,即可将上止点附近的压力曲线放宽,使压力的变化过程看得更明显。但此时得到的图已失去示功图原形,所以只能用来分析燃烧过程的进行情况,不能作为计算功率的依据。在杠杆式和凸轮式传动机构上较难画出转角示功图。

3. 手拉展开示功图

在不能测取转角示功图的柴油机上,为了研究燃烧过程和判断发火时刻的早晚,可用如图 2.10-3 所示的手拉展开示功图。其使用和转角示功图一样,可配合 $p-V$ 示功图研究燃烧过程。

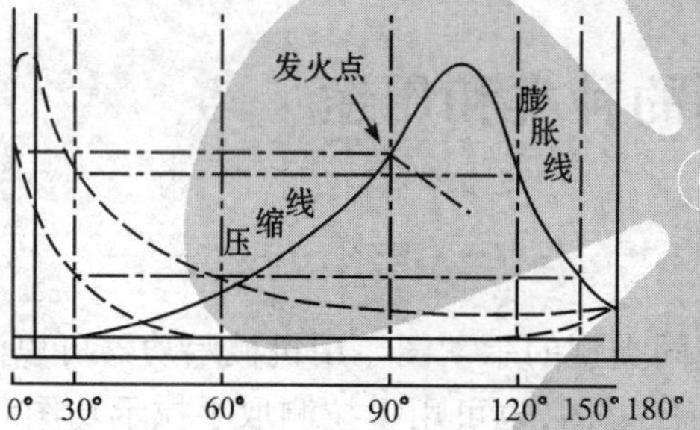

图 2.10-2　$p-V$ 转角示功图

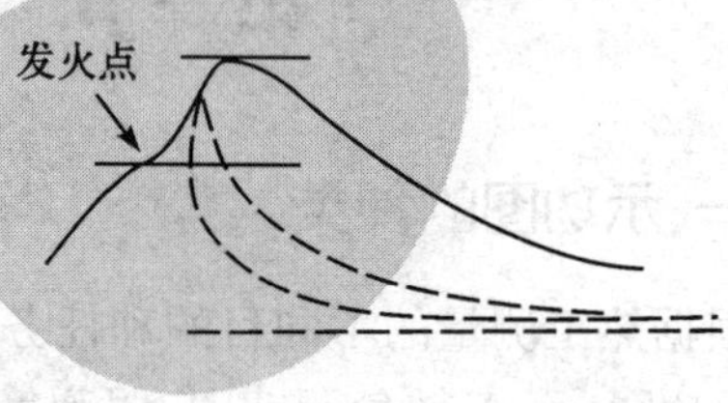

图 2.10-3　手拉展开示功图

4. 梳形示功图

用手慢慢拉动示功器转筒,可测出多条压缩压力线(在单缸停油时)或最高爆发压力线,这种图形形似梳子,所以称为梳形示功图。如图 2.10-4 所示。梳形示功图可用来检查压缩终点的压力 p_c 和最高爆发压力 p_z。

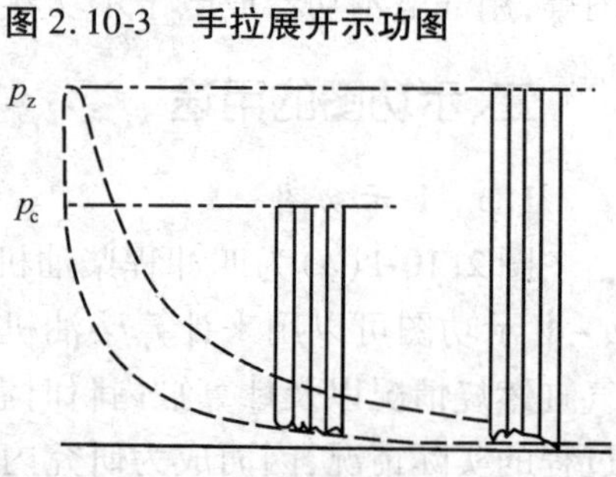

图 2.10-4　梳形示功图

5. 弱弹簧示功图

在用机械示功器测取 $p-V$ 示功图时,因最高爆发压力较高,而示功器的弹簧又是根据最高爆发压力选取的,因此示功弹簧选得较硬(弹簧比例较小),致使进、排气过程中的微小压力变化在示功图上反映不出来。所以四冲程柴油机示功图的进、排气重合为一条线,二冲程柴油机示功图的尾部扫气过程也重合为一条线。为了研究和检查扫气过程,可以给示功器换上弱弹簧和1/1标准活塞(弱弹簧可根据排气压力的大小和放大程度来选择),把 $p-V$ 示功图的尾部放大测绘出来。这种图形称为弱弹簧示功图。

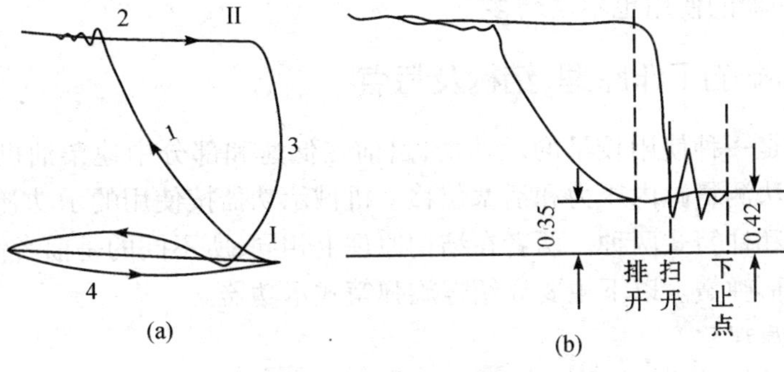

图 2.10-5 弱弹簧示功图

图 2.10-5(a)所示为四冲程柴油机的弱弹簧示功图。曲线1表示部分压缩过程。当示功器的小活塞运动到极端位置时,示功图保持一段等高度。在膨胀过程(曲线2)中,当气体压力等于或小于弹簧的弹力时,弹簧才恢复其作用。排气过程(曲线3)从点Ⅱ开始,排气阀已开,气缸内的压力迅速下降,缸内的废气大量排出,从而产生负压。随着活塞上行和速度提高,排气压力又高于大气压力,并随废气的逐渐排空而下降。活塞到达上止点附近,进气阀开启,进气过程开始(曲线4)一直到下止点Ⅰ,然后又开始压缩。图 2.10-5(b)为二冲程柴油机的弱弹簧示功图。当排气口开启时,膨胀线急剧下降到扫气压力线以下。在扫气口开启后压力升高到扫气压力。由于弹簧的振动,压力出现波动,直到扫气口关闭为止。由于过后排气缸内压力又会下降,直到排气口关闭开始压缩。通过使用弱弹簧示功图就可以研究和检查换气过程的好坏。

6. $p-\varphi$ 展开示功图

用电子示功器可测取 $p-\varphi$ 展开示功图。如图 2.10-6 为 $p-\varphi$ 示功图。在船上可通过电子示功器测得。p 为气缸内气体压力,φ 表示曲轴转角。$p-\varphi$ 示功图可用来计算柴油机的指示功率,评估燃烧与扫气过程,测取缸内最高爆发压力 p_z 和压缩压力 p_c,计算放热率,测定发火角等。是分析研究柴油机过程常用的一种示功图。

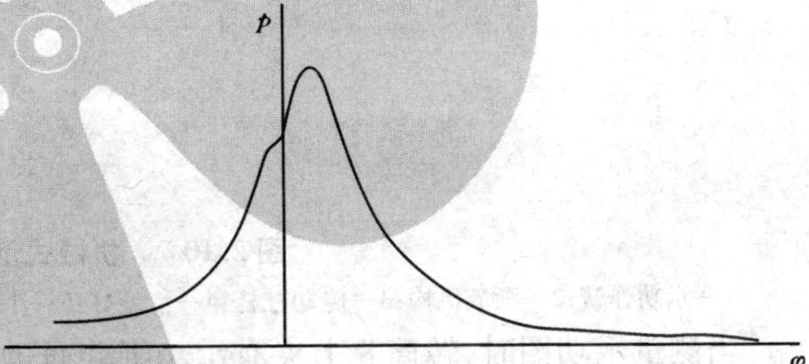

图 2.10-6 $p-\varphi$ 展开示功图

总之,在船舶上通常使用机械示功器或电子示功器测取气缸示功图,一般地讲有以下用途:确定柴油机指示功率并判断功率分配的均匀性;确定柴油机的最大爆发压力 p_z 和压缩压力 p_c;评估柴油机缸内工作过程的完善程度,如研究其燃烧过程、换气过程、计算缸内温度等。

第二节　机械式示功器

测取气缸示功图的仪器统称为示功器。根据其工作原理不同,示功器可分为机械示功器、气电示功器以及电子示功器三类。船上常用的是机械示功器,随着电子技术的应用，在现代船舶上,电子式示功器的使用也不断增多。

一、机械示功器的工作原理、结构及特点

机械式示功器是一种使用较早的示功器,目前在低速和部分中速柴油机上仍在使用，它是利用机械位移方法测量缸内压力和活塞位移。机械示功器按使用的示功弹簧形式不同，可以分为螺旋弹簧式和柱簧式两种。两者在结构原理上相同,所不同的是前者使用螺旋形弹簧,后者使用等强度柱形弹簧。以下主要介绍螺旋弹簧式示功器。

1. 结构和工作原理

机械示功器的具体结构如图 2. 10-7 所示，它由压力感受机构、转筒机构和记录机构三部分组成。压力感受机构包括小活塞 5、活塞杆 4 及示功弹簧 1 等用来感受缸内压力变化并以示功小活塞位移输出;转筒机构包括绳索 9、转筒 8 用来反映柴油机活塞位移;记录机构包括传动杠杆 3 和画笔机构 2 具有平行放大作用,画笔的自由端装有铜笔尖。

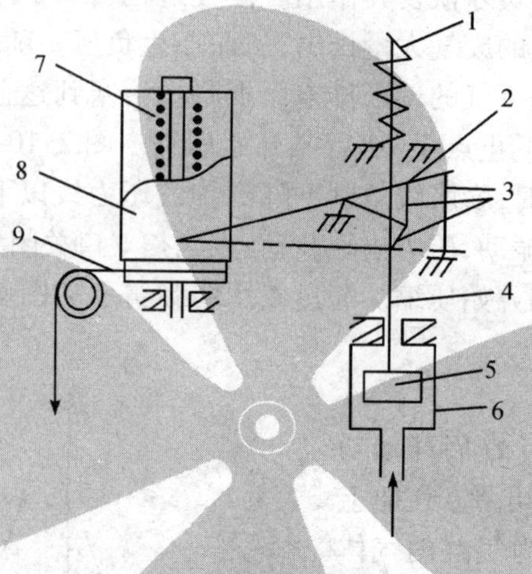

图 2. 10-7　机械式示功器结构图

1—示功弹簧;2—画笔机构;3—传动杠杆;4—活塞杆;5—小活塞;6—小气缸;7—转筒弹簧;8—转筒;9—绳索

当测量示功图时,转筒 8 上夹有示功纸并通过绳索 9 由柴油机曲轴或凸轮轴通过专设的示功器传动机构带动,绕其自身轴左右偏转,其偏转角位移量正比于柴油机活塞位移,即转筒转动的弧长代表按比例缩小的活塞行程的长度,反映柴油机活塞的行程。示功器小活塞 5 在缸内气体压力推动下在小气缸中上下移动,并被弹簧力所平衡。小活塞的运动通过活塞杆带动记录机构的传动杆和画笔运动,由记录机构反映其位移量,即按一定比例反映柴油机气缸内变化着的气体压力。由于示功器中小活塞的上下移动与柴油机气缸中的气体压力的变化成比例,而转筒的转动也与柴油机活塞行程成比例变化,所以记录笔尖在转筒记录纸上可以绘出气缸内气体压力随活塞位移变化的图形,即压力—容积示功图($p-V$ 示功图)。

2. 机械示功器小活塞和弹簧的选择

为了使机械示功器能在较广泛的压力范围内使用，一般备有三套活塞和一套不同刚度的弹簧。可根据柴油机的最高爆发压力 p_z 值进行选择，以便获得合适的示功图。这三套活塞和缸套分别用标号 1/1（标准活塞直径为 20.27 mm）、1/2（其面积为 1/1 活塞的 1/2，标准活塞直径为 14.35 mm）和 1/5（其面积为 1/1 活塞的 1/5，标准活塞直径为 9.06 mm）表示。为了便于识别，分别在示功气缸凸缘上用钢印注明 1/1、1/2、1/5 字样。在测 $p-V$ 示功图时均采用 1/5 小活塞，当测取反映进、排气过程的弱弹簧示功图时则采用 1/1 小活塞。

示功弹簧用弹簧比例 M 标记。示功弹簧的弹簧比例单位为 mm/MPa，它表示缸内压力每变化 1 MPa 时弹簧的变形量（mm）。弹簧比例的选择应根据所选定的小活塞标号和柴油机气缸内的最高爆发压力 p_z 大小来选择。选择弹簧时应注意使示功器具有合适的高度，就是使测取的示功图的最大高度接近于示功图纸的高度，以保证示功图的精确度。通常，柴油机测取 $p-V$ 示功图时，使用 1/5 小活塞，可选用的弹簧比例有 12、10、8、7、6、5、4、3（mm/MPa），相应的最高压力分别为 4.0、5.0、6.0、7.0、8.0、10.0、12.5、15.0（MPa）。

3. 机械示功器的传动机构

为了把柴油机活塞的运动规律按比例地传给示功器转筒机构，必须设立专门的传动机构。由于示功器转筒的周长只有柴油机活塞行程的 1/5～1/20，因此传动机构不仅要正确反映柴油机活塞运动规律，而且还要将活塞的行程按比例缩小。所以，传动机构应满足以下两个基本要求：①柴油机活塞行程缩小后的长度应与转筒的周长相适应，且略小于转筒周长。②转筒的转动必须严格地与柴油机活塞的运动相对应，以便正确反映柴油机活塞运动规律。目前在船上安装使用的大型低速柴油机的示功器传动机构有曲柄式、杠杆式和凸轮式三种。

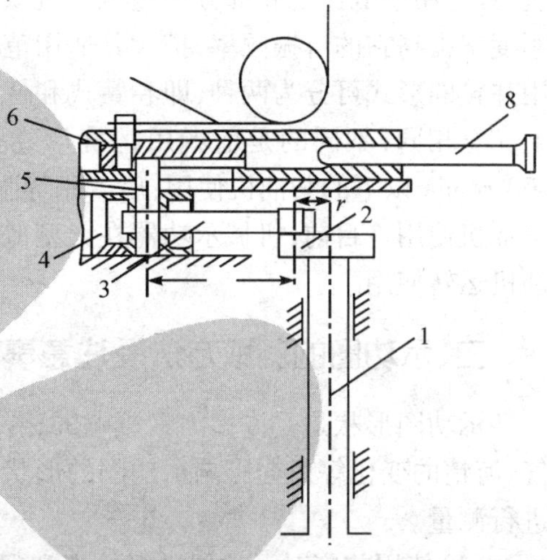

图 2.10-8 曲柄式传动机构

1—传动立轴；2—圆盘；3—小连杆；4—小活塞；5—活塞销；6—滑块；7—绳索；8—止动杆

（1）曲柄式传动机构。曲柄式传动机构简图如图 2.10-8 所示。立轴 1 的转动由柴油机曲轴（或凸轮轴）通过齿轮（或链条）带动，其转速与曲轴的转速相同；立轴的上端有圆盘 2，圆盘上的偏心销子与小连杆 3 相连组成一单独的小型曲柄连杆机构，模拟柴油机的曲柄连杆机构的运动规律；小曲柄连杆机构与柴油机的曲柄连杆机构在几何尺寸上必须相似，即 $R/L=r/l$（R、L 分别为柴油机的曲轴半径和连杆长度；r、l 分别为传动机构的小曲柄半径和连杆的长度），活塞销 5 通过缸套上的长孔带动滑块 6 与小活塞 4 一起做同步往复运动。由于滑块与连接示功器转筒的绳索 7 相连，所以滑块 6 既受活塞销的带动，又受示功器转筒弹簧的拉动，就保证了示功器转筒的运动规律。止动杆 8 则是在测量结束时，利用它可使滑块 6 脱离活塞销的控制。

（2）凸轮式传动机构。凸轮式传动机构简图如图 2.10-9 所示。凸轮式传动机构采用专设的凸轮 1 带动滚轮 2 和导杆 3 模拟柴油机活塞的运动规律。由于示功凸轮的外形是按柴油机活塞运动规律设计并按一定的位置安装在凸轮轴上，因此它能反映出活塞的运动规律，即柴油机活塞在上、下止点位置时示功凸轮也恰好把导杆推到最高、最低位置，使导杆的运动规律与柴油机活塞的运动规律一致,从而保证示功转筒与柴油机活塞的位移成比例和正时相一致。弹簧4装在导杆上。导杆上有销孔6,如果柴油机在运转过程中不需要测取示功图,可以用插销通过壳套上的销孔5插入导杆销孔6将导杆提起而使滚轮不与凸轮接触,以防两者相互磨损。

(3)杠杆式传动机构。杠杆式传动机构采用一套杠杆机构铰接在柴油机活塞或十字头上,按一定比例反映活塞的运动规律。此种传动机构虽然结构简单,但无法避免铰接处磨损而造成传动失真,因而目前很少使用。

4.机械示功器的优缺点和适用范围

机械示功器使用已久,由于它具有结构简单,工作可靠,使用方便等优点,至今仍是船上测取示功图的必备工具。

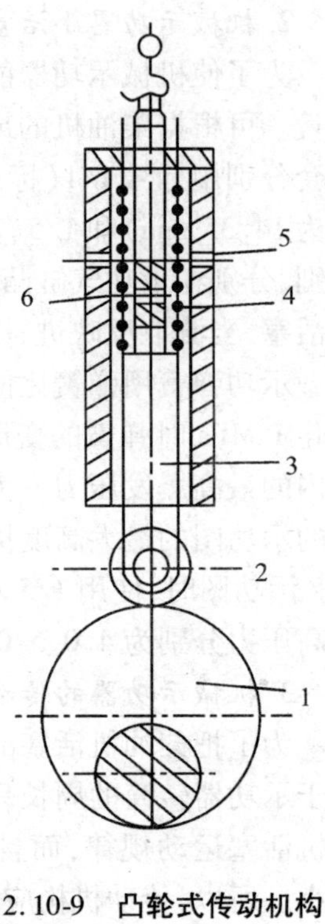

图2.10-9　凸轮式传动机构

1—示功凸轮;2—滚轮;3—导杆;4—弹簧;5—销孔;6—导杆销孔

机械示功器由于它利用机械位移方法进行测量,必然带来机械式测量仪器的固有缺陷,如感受缸内压力和反映活塞位移部分具有一定的质量,会产生较大的运动惯性力,而其弹簧刚度不能太大(灵敏度要求),致使它的自振频率很低,不适用于高速柴油机,只适用于低速机和部分中速机。机械示功器可以用提高弹簧刚度来提高它的自振频率,扩大其适用范围。机械示功器根据使用弹簧的形式可分为两种,即卷簧式和柱簧式。二者在结构原理上完全相同,不同的是前者用螺旋形卷弹簧(刚度小),适用于400 r/min以下的柴油机使用;后者用等强度柱形弹簧(刚度大),适用于700~1 000 r/min的柴油机使用。目前,机械示功器在大型低速柴油机船舶上被广泛用作随机测试仪表,供监控柴油机运转使用。

二、示功图的测取方法及注意事项

示功图形状是受许多因素影响的,譬如示功器使用和维护不当;传动机构安装不正确;天气、海情的变化等都会影响示功图的形状。因此在测取示功图时应做好准备工作,按正确方法进行测量。

(1)使用前应对示功器进行检查和保养,使其可动部分应有良好的润滑,保证小活塞在气缸内能以自身重量均匀下滑;当示功器与传动机构之间的距离大于1.5 m时,应选用钢丝软绳。

(2)使柴油机负荷稳定,即各运行参数达到正常值并保持稳定不变。选择适宜的海况和气象条件。

(3)安装示功器前,必须先打开示功阀把通路中的积炭及杂质吹净。

(4)示功器安装后,应先在转筒的记录纸上画出大气压力线。

测取满意的示功图后,应注明日期、缸号、转速、排温、油门格数、弹簧比例等。并与驾驶台联系记录气候、风力、风向、潮流、吃水、船速等,供分析时参考。为准确起见,最好每缸测取2个示功图。当测取5至6个示功图后,应拆下示功器进行冷却,示功器测量完毕,应对示功器进行彻底清洁和保养。

第三节　电子示功器

一、电子示功装置的类型、工作原理及主要特点

随着现代科学技术的迅速发展，利用电子示功装置已十分普遍，尤其在现代柴油机的监控技术中均采用电子示功装置来分析研究柴油机缸内的工作过程。电子示功器由传感器、测量电路和记录显示装置三大部分组成。它是利用电子技术，通过各种形式(如电阻应变式、压电式、电容和电感式)的传感器把柴油机缸内的气体压力、曲轴转角等非电量按一定比例转换成相应的电量输出，经放大器等中间环节输送到记录显示装置进行观察或打印。

在柴油机测试中，通常使用压电式或电阻式传感器测量气缸内压力，使用磁电式或光电式曲轴转角发生器反映曲轴转角的变化。在电子示功装置中，压力传感器是一个核心环节，不同的压力传感器决定着不同的测量电路。通常，示功装置按所采用的压力传感器不同进行分类，而且习惯上也多以其传感器命名示功装置。压力传感器一般分为电阻应变式、压电式、电容式、电感式等。所以电子示功装置亦可分为电阻应变式示功装置、压电式示功装置、电容式示功装置和电感式示功装置等。

1. 电阻应变式示功装置图

电阻应变式示功装置是利用电阻应变式压力传感器把被测压力转换成应变片的电阻值，通过应变仪把电阻值的变化转换并放大成所需的电压或电流信号送到显示记录装置。柴油机曲轴转角信号可由磁电式或光电式等传感器测量。系统方框图如图 2.10-10 所示。

电阻应变式压力传感器 → 应变仪 → 显示记录装置

图 2.10-10　电阻应变式示功装置方框图

电阻应变式压力传感器的结构如图 2.10-11 所示。电阻应变片粘贴在应变筒 14 的外壁。应变筒由薄壁(0.2～0.3 mm)合金钢制成，下端焊有很薄的悬链薄膜片，此膜片既薄又柔软，只传递压力而不产生弹力。当缸内压力作用到悬链薄膜片时，它仅仅把所受到的压强变为集中力传到与它接触的应变筒上，引起应变筒 14 发生弹性变形使应变片电阻发生变化，并经导线传至接线柱 7 后由屏蔽电缆 8 输出。冷却水管 4 对膜片和应变筒进行强制冷却，以消除燃气的高温对测量结果的不良影响。调整垫片 13 可保证装配时应变筒有适当的预紧力。这种压力传感器的自振频率主要由应变筒决定，悬链膜的质量很小，它对应变筒的自振频率影响不大。而且，通

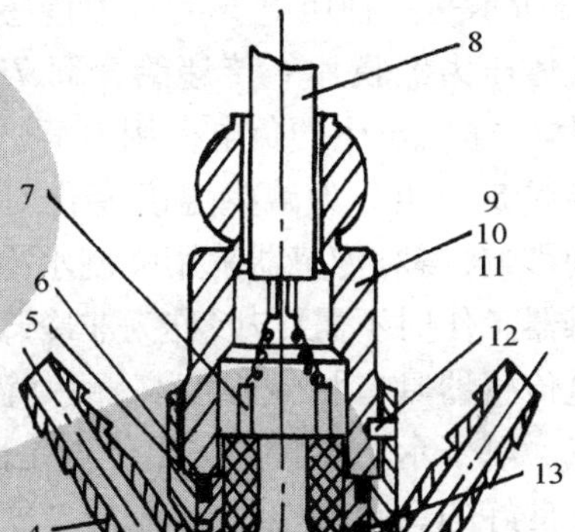

图 2.10-11　电阻应变式压力传感器

1—保护螺帽；2—受压器；3—水管垫圈；4—水管；5—密封垫圈；6—垫片；7—接线柱；8—屏蔽电缆；9—上壳体；10—压线板；11—固定螺钉；12—定位销；13—调整垫片；14—应变筒；15—垫片

常由应变筒的轴向压缩应变与横向拉伸应变组成电桥两臂,使电桥的不平衡输出比只有一个应变片时增加一倍,即传感器的灵敏度提高了一倍,同时这两个应变片起到温度自动补偿作用,提高了测量精度。

2. 压电式示功装置

压电式示功装置一般由压电式压力传感器、前置放大器、示波器等组成。其系统框图如图2.10-12所示。前置放大器是一个高阻抗($>10^{12}\Omega$)输入的放大器,它的作用是放大压电传感器的微弱信号和将传感器的高阻抗输出变为低阻抗输出。它的绝缘性能对测量精度影响极大,通常多采用电荷放大器。

压电式传感器 → 前置放大器 → 示波器

图 2.10-12 压电式示功装置系统方框图

压电石英传感器是根据石英晶体的压电效应制成的。压电效应是指某些晶体在沿它的某个结晶轴方向受到外力作用时,其内部将产生极化现象:在它的表面上有电荷集结,且此电荷的大小与作用力的大小成正比;当外作用力去掉,晶体又重新回到不带电的状态。具有压电效应的晶体称为压电晶体,例如石英和钛酸钡等。在柴油机示功装置中均采用石英晶体制成压电式传感器,图2.10-13所示是一种压电石英压力传感器的结构简图。气体压力经膜片4传递给套筒7和石英晶体3。晶体受压时产生的负电荷用电荷引出片6汇集并经导线5引出。为减少温度变化对传感器工作的不利影响,需对传感器采用强制水冷却。有些新型传感器工作时不需冷却,称为非冷却传感器。石英压电传感器具有机械强度高,耐高温,绝缘性高的特点。电子示功装置的突出优点是固有频率高,即具有良好的高频特性,如电阻应变式的固有频率可达数十千赫,压电石英式可高达数百千赫。固有频率如此高的传感器与适当的测试环节匹配可获得良好的频响特性,所以它的频率特性宽,适用于低、中、高速柴油机使用,测量误差小于1%。

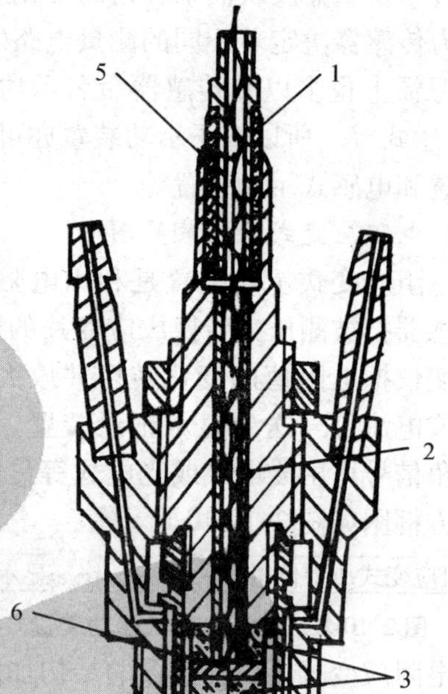

图 2.10-13 压电石英压力传感器

1、2—绝缘体;3—石英晶体;4—膜片;5—导线;;6—引出片;7—套筒

电子示功装置灵敏度高,线性好,但它易受外界干扰影响。如电源电压波动、电磁场干扰、环境温度变化等均会影响其工作稳定性。因而它对测量电路要求较高,需设补偿装置。电子示功装置既可测取单个循环示功图,又可测取多循环平均示功图。它与计算机组成一套完整的多参数综合测量系统,可实现对柴油机的远距离监测、数字显示及自动控制,完成对柴油机的诊断、趋向预报等监控技术。因而,电子示功装置在近代自动化船舶上应用广泛。

二、电子示功装置的标定

为了得到满意的测量精度,应特别重视上止点位置的确定和对压力传感器的定期标定。

电子示功装置的标定包括压力值标定和曲轴转角(时间坐标)标定等。压力值标定分为静态标定、动态标定和随机标定。静态标定指向测量系统输入稳定的标定压力信号,通过调节电荷放大器或者应变仪的线性度,使其输出的压力信号误差满足精度要求。动态标定是对传感器输入已知频率及幅值的压力信号或者通过激波管产生一个阶跃压力,记录它的输出或者根据它的输出曲线求出其频率响应特性,以便在使用时根据它的输出响应得到准确的输入压力信号。随机标定是在测量过程中,对一整套动态压力测量装置进行标定。曲轴转角标定是指给出具有一定精度的上止点记号和已知频率的时标标记或曲轴转角标记。理论与实践指出,上止点标记明显影响示功图计算的准确度。若上止点有 1°CA 误差,则示功图计算有 ±5.5% 的误差。因而要求上止点标记误差满足 0.2°CA ~0.5°CA 的要求。对于运转的多缸柴油机需要确定上止点时一般通过暂时单缸停油法测量。

三、便携式 PMI 系统

图 2.10-14 为 MAN B&W 公司生产的用于柴油机气缸压力测量的便携式 PMI 系统示意图,该系统为轮机员提供了一种计算机化的工具以测量和分析气缸压力。便携式 PMI 系统有随机的包装箱,箱内包括构建系统所需的全部设备。便携式 PMI 系统适用的最高柴油机转速为 900 r/min,适用的压力为 0 ~22.5 MPa。系统的总精度为 ±3%。便携式 PMI 系统的优点有:①使用方便,只需单人操作。②灵敏高效的压力传感器和 PMI 控制单元。③适合于单机和多机装置的通用触发系统。④快速准确的测量结果,一整套测量结果仅需不到 10 min。⑤与传统的示功装置比较,有极好的精度。

这种系统使用的是性能良好的压电式传感器,传感器安装在气缸盖的示功阀上,用于气缸压力的测量。在对各缸测量的过程中,传感器从一个气缸移到另一个气缸通过手动实现,因此传感器只是短时遭受燃烧室恶劣条件的作用,这种方式使其能够可靠和稳定的工作。

为精确反映整个循环气缸内压力的变化,传感器检测压力必须与柴油机运转同步。为此 PMI 系统采用了发光信号采集器(LE 采集器),它包括一对发光传感器,用于探测固定在柴油机驱动轴上的条纹带所发射的光。LE 采集器发出连续的曲轴转角脉冲信号送到连接箱,继而送到便携式 PMI 控制器。压力传感器也与控制器相连,控制器是系统控制测量的遥控神经中枢。整套设备由外部 110 V/240 AC 电源供电,对给定柴油机而言,系统一旦经过了最初的安装,再使用时可以很快地连接到柴油机上。只有 LE 采集器的条纹带需永久地固定在柴油机上。PMI 控制器和连接箱都有通信界面,以采集和自动传输数据到集控室的计算机,计算机内需安装随 PMI 系统供应的适用软件。

收集和储存在 PMI 系统数据库内的气缸压力测量结果在计算机上可以用三种不同的图来表示,即 $p-\varphi$ 图、$p-V$ 图和平衡图。$p-\varphi$ 图是气缸内压力随曲轴转角变化图;$p-V$ 图是气缸内压力随相对气缸容积变化的图;平衡图显示各缸的压缩压力 p_c、爆发压力 p_z 和平均指示压力 p_i。在计算机显示平衡图时,显示界面上还会给出各缸压力的平均值以及各缸压力与平均值的差值。

除图形外,PMI 系统的计算机还可以用表格的形式显示测量结果。在表格中对四冲程柴油机和二冲程柴油机都会有压缩压力 p_c、爆发压力 p_z 和扫气压力 p_k 和转速这样一组数据。对二冲程柴油机还有平均指示压力 p_i 和有效功率。

PMI 系统用一套"0 - 图"参考值来确定上止点(TDC)。所谓"0 - 图"参考值就是让柴油机在 50% ~70% 负荷下运行,在停掉待测气缸燃油的情况下测得的循环气缸压力。对给定的柴油机，一般只在安装 PMI 系统时测量一次“0－图”参考值即可。

曲轴因传递扭矩而产生的扭转变形会影响上止点，为了修正这种影响，PMI 系统需要一套在恒定负荷下的测量结果作参考值，即“E－负荷”参考值。“E 负荷”参考值是在柴油机维持常用油格的情况下测得的循环气缸压力(E－负荷”参考值测法见说明书)。

以“E－负荷”和“0－图”为基础，经过计算修正各缸上止点，这种修正是用 PMI 系统规定的扭转系数自动对各缸进行修正。

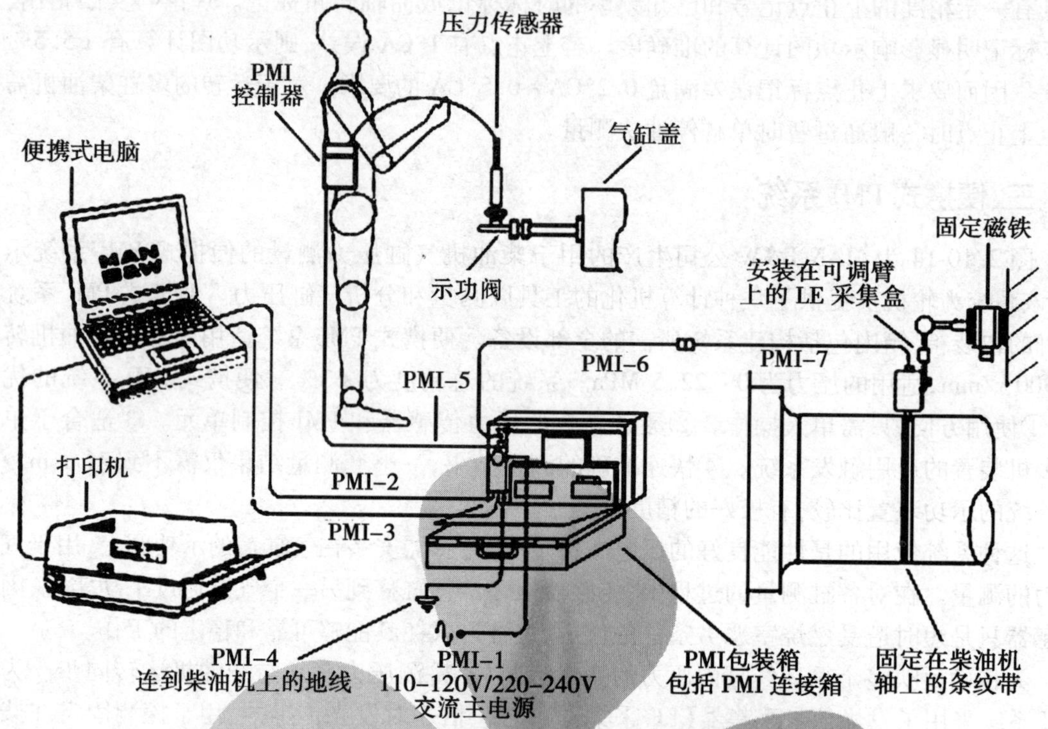

图 2.10-14　便携式 PMI 系统示意图

第四节　示功图的分析

示功图分析是把所测的示功图与柴油机的正常示功图进行比较，找出它们之间的差别，判断柴油机工作过程的优劣以及产生偏差的原因，以进行必要的调整，使柴油机保持在良好的技术状态下运行。

一、正常示功图的特征

正常示功图是在柴油机技术状态良好时测取的，通常由柴油机说明书或试航报告提供。正常示功图有以下特征：(1)工作过程曲线比较圆滑，曲线过渡处无锐角或突变形状。(2)工作过程各主要特性点的数值如最高爆发压力 p_z、压缩压力 p_c 等应符合说明书或试航报告的规定。(3)工作过程曲线无异常波动现象。(4)示功图尾部形状应符合不同的扫气形式的正常轨迹。

图 2.10-15 中绘出了二冲程柴油机正常示功图的基本形状，也指出了各特性点在各种示功图上的相互关系。图中 b 表示在不同负荷下示功图形状的肥瘦，因此宽度 b 大致反映了功

率的大小。在缺少正常示功图的情况下，可根据上述各点并参照试航报告所规定的各主要热力参数值进行比较。若发现示功图上的某些热力参数不正常，必须查明原因，根据说明书上的要求进行调整。

调整之后，各缸有关热力参数的不均匀度应满足如下要求：压缩压力 $p_c \leqslant \pm 5\%$；最高爆发压力 $p_z \leqslant \pm 5$；平均指示压力 $p_i \leqslant \pm 5$；排气温度 $T_r \leqslant \pm 5\%$（中、高速增压机为 8%）。其中

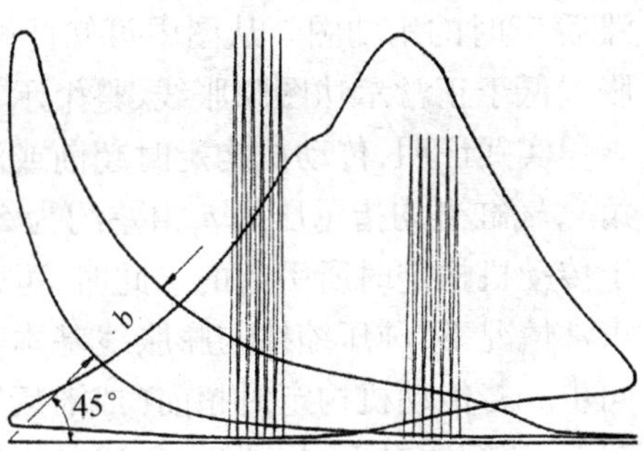

图 2.10-15　正常示功图

$$\text{不均匀度} = \frac{\text{最大(最小)值} - \text{各缸平均值}}{\text{各缸平均值}} \times 100\%$$

在定期测取的示功图中，除正常示功图外，还会出现一些畸形示功图。这些畸形图可能因柴油机工作过程不正常引起，也可能由于示功器本身或使用不当等原因引起，所以应对畸形图进行具体分析，找出造成畸形的原因。

二、示功设备异常或传动机构异常所引起的畸形示功图

1. 传动机构异常引起的畸形示功图

示功器传动机构因安装不正确，零件磨损等原因会造成示功器转筒的运动与柴油机活塞的运动不相应，歪曲了气缸内的压力与行程的相应关系，产生畸形示功图。

（1）示功器传动机构定时超前

示功器传动机构定时超前是指当柴油机活塞位于上止点前的某一角度时，传动机构带着示功器转筒已到达上止点位置，因而示功器画针把活塞在上止点前的某一角度时气缸的压力画到了示功图的上止点位置。这样就使示功图发生畸形，使压缩线较正常线偏低。同理，在上止点后由于示功图上某点所记录的压力值是其前一曲轴转角缸内的压力值，而使膨胀线比正常线偏高，由此使示功图变胖。如图 2.10-16 所示，虚线为正常示功图，实线为传动机构超前 5°时的示功图。此畸形图的主要特点是：压缩线低于正常示功图压缩线，膨胀线高于正常示功图膨胀线，整个示功图变胖。传动机构定时超前的角度越大，示功图就越加肥胖。显然用此图计算的功率明显增大。

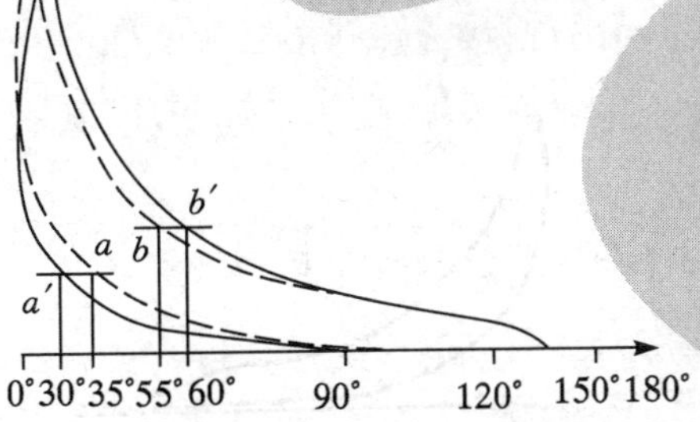

图 2.10-16　传动机构定时超前引起的畸形示功图

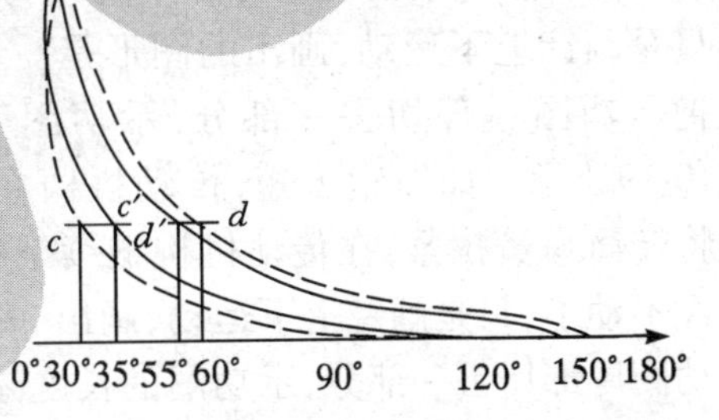

图 2.10-17　传动机构定时滞后引起的畸形示功图

（2）示功器传动机构定时滞后

传动机构定时滞后是指当柴油机活塞位于上止点后的某一角度时，传动机构才带着示功器转筒至上止点位置，因而示功器画针把活塞在上止点后的某一角度时气缸的压力画到了示功图的上止点位置，使示功图发生畸形。图 2.10-17 中虚线为正常示功图，实线为传动机构

滞后5°时的示功图。从图中可知此畸形图的主要特点是:压缩线高于正常示功图压缩线,膨胀线低于正常示功图膨胀线,整个示功图变瘦。滞后角度越大,畸形图越瘦。

实践证明,传动机构定时超前或滞后对示功图形状影响极大。一般每相差1°CA(曲轴转角),气缸平均指示压力p_i相差约为5.5%。当发现示功图出现上述差异时,应判断是否是由于传动机构定时所引起的。此时,可采用纯压缩线判断法:用单缸停油的办法测取纯压缩图。正常情况下,纯压缩线与膨胀线基本重合,如图2.10-18(a)所示。这表示传动机构与柴油机同步。若传动机构定时超前(或滞后),则膨胀线与压缩线分离。传动机构定时超前时膨胀线在上,压缩线在下,如图2.10-18(b)所示;传动机构定时滞后时膨胀线在下,压缩线在上,如图2.10-18(c)所示。当证实不同步现象出现时,应对传动机构进行调整,使它的运动与活塞运动完全同步。为此,可通过盘车校正传动机构使之与活塞的上、下止点同步。如校正传动凸轮的安装位置和曲轴连杆式传动机构刻度盘的安装位置等。

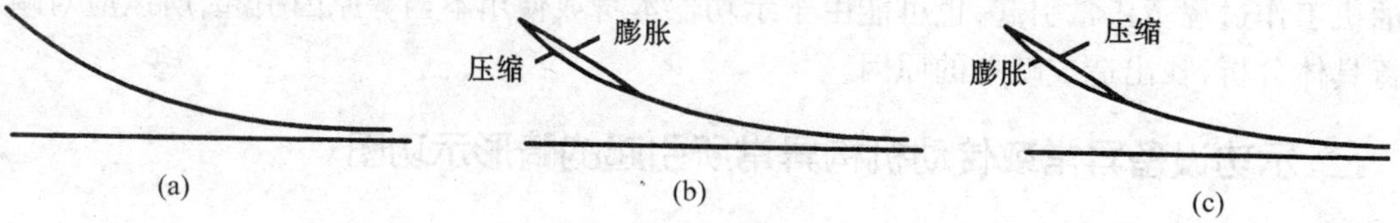

图2.10-18　纯压缩图

2. 示功器故障引起的畸形示功图

示功器可因如下几个原因引起畸形示功图。

(1)示功器转筒绳索太长或太短

如果示功器的传动方向是在膨胀行程时使转筒弹簧拉紧,而在压缩行程时使转筒弹簧放松,则绳索太长或太短时示功图出现下列情况:

如绳索太长,在传动机构上行至离上止点尚有一定角度时,转筒已到达其极端位置不再转动,绳索开始松动,一直到当传动机构由上止点下行某一角度绳索张紧时,转角才开始转动。在绳索松动期间,转筒不转动,因此只是画针上下运动,画出的图形是一条直线,致使把示功图头部切去一部分,示功图变短,如图2.10-19所示。如绳索太短,传动机构在下止点前就将转筒弹簧拉紧,在传动机构继续下行时,转筒已经不动了,只是画针上下运动,画出一条直线,把示功图尾部切去一部分,示功图的长度减短。如图2.10-20所示。在严重情况下还可能将绳索拉断或将转筒拉坏。

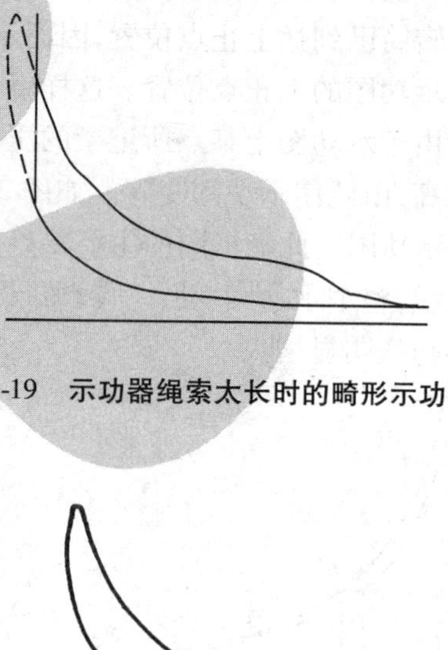

图2.10-19　示功器绳索太长时的畸形示功图

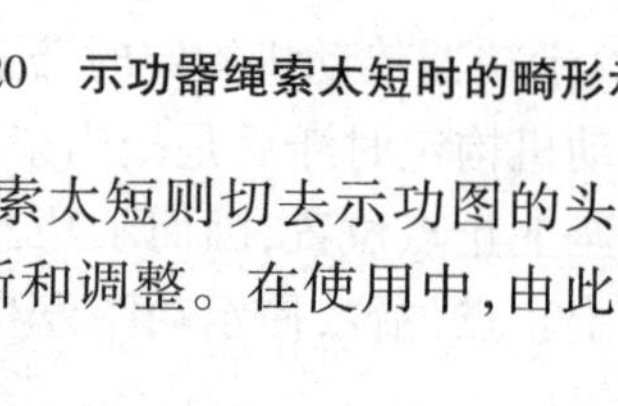

图2.10-20　示功器绳索太短时的畸形示功图

如果改变示功器的传动方向,则示功图的上、下止点将彼此变更。此时绳索太长则切去示功图的尾部,绳索太短则切去示功图的头部。因此,在发现示功图头部或尾部被切后,应按具体情况分析判断和调整。在使用中,由此种故障产生的畸形图有时较难判断(尤其在示功图尾部缺少一段),此时可用检查各缸示功图的长度加以判断,应保证各缸示功图的长度一致。

(2)示功图太长

示功图太长是由于示功器转筒弹簧太软、示功器转筒的惯性作用和示功器机构中间隙大等原因造成的。如图 2.10-21 所示。

(3)示功器小活塞卡紧

当示功器的气缸润滑不良或有结炭时,小活塞容易产生卡紧现象。此时,在压缩过程中,由于小活塞出现卡紧,阻力增加,使画针画出的压力比正常值低(由于阻力抵消了部分气体作用力),因而示功图压缩线降低;又由于小活塞受到的阻力是不规则的,时大时小,致使压缩线出现波动现象。在膨胀过程中,由于阻力方向与压缩过程时相比方向相反,使得画针画出的压力比正常值大(由于增加了阻力相当于增大气体作用力),因而示功图膨胀线升高。同样也出现波动现象。如图 2.10-22 所示。示功器小活塞卡紧,示功图曲线波动,压缩线降低,膨胀线升高,最高爆发压力降低。压缩线的长度的相当大的一部分与大气压力线平行。此时所测取的手拉示功图也有类似波动现象。图中虚线为正常示功图。

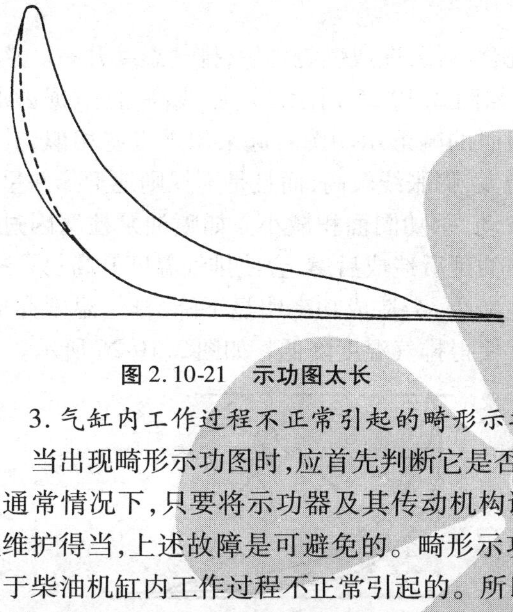

图 2.10-21　示功图太长

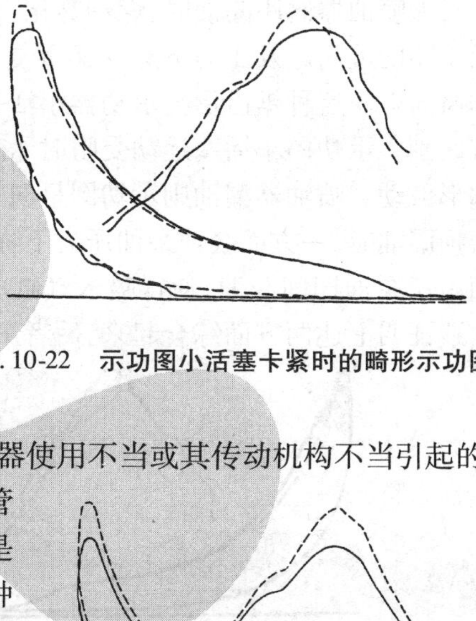

2.10-22　示功图小活塞卡紧时的畸形示功图

3. 气缸内工作过程不正常引起的畸形示功图

当出现畸形示功图时,应首先判断它是否是由示功器使用不当或其传动机构不当引起的。在通常情况下,只要将示功器及其传动机构调整好且管理维护得当,上述故障是可避免的。畸形示功图主要是由于柴油机缸内工作过程不正常引起的。所以对于这种原因引起的畸形示功图进行分析与判断,是调整柴油机的重要依据。当然,柴油机的运行参数如油门开度、转速、排气温度、冷却水温度、滑油温度等,都不同程度地反映着气缸内的工作情况,所以分析示功图时还必须参照柴油机的运行参数。引起柴油机工作过程不正常的因素很多,无法一一列举,以下分析在运行管理中常见的畸形示功图的特点。

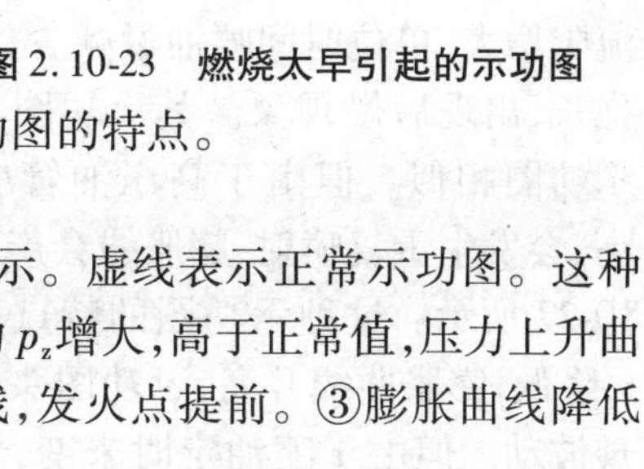

图 2.10-23　燃烧太早引起的示功图

(1)燃烧太早

燃烧太早的 $p-V$ 示功图和转角示功图如图 2.10-23 所示。虚线表示正常示功图。这种示功图与正常示功图比较,有以下几个特点:①最高爆发压力 p_z 增大,高于正常值,压力上升曲线陡削,示功图头部尖瘦。②燃烧曲线过早地脱离压缩曲线,发火点提前。③膨胀曲线降低(排气温度下降)。

燃烧太早的主要原因是由于大部分燃油在上止点前喷入燃烧，后燃减少之故。造成燃烧太早的原因一般有喷油正时提前，喷油器起阀压力降低等。另外，当由劣质燃油改用优质燃油而未调整（减小）喷油时也会产生燃烧太早的现象。由柴油机燃烧分析可知，燃烧太早将会增加柴油机的机械负荷，严重时会使气缸内发生爆燃，引起燃烧敲缸，危及气缸正常工作，故需及时加以调整。

（2）燃烧太晚

燃烧太晚的 $p-V$ 示功图和转角示功图如图 2.10-24 所示。它与正常示功图比较有以下特点：①最高爆发压力 p_z 明显降低，即示功图高度下降。②示功图头部圆滑，发火点后移，甚至发生在上止点后，表示燃烧后移。③膨胀线较正常示功图高（图中虚线为正常示功图）。

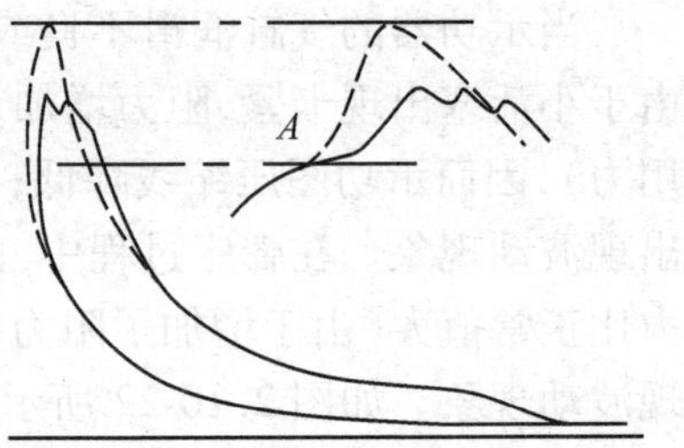

图 2.10-24　燃烧太晚引起的示功图

燃烧太晚的原因通常有喷油定时滞后、喷油器起阀压力过高、改用劣质燃油又未调整（增大）喷油定时、喷油泵漏油、喷油器漏泄及缝隙式滤器部分堵塞等。以上原因虽然都会使燃烧变晚，但又各有不同。

如喷油器阀座漏油时，燃油雾化不良，油气混合不佳，造成燃烧延后，排气温度升高。这种示功图的最高爆发压力下降并又重复上升多次，如图 2.10-25 所示。膨胀线高，且呈锯齿形，锯齿向上。这种锯齿形与示功器小活塞运动受阻时的畸形示功图看起来似乎有些相似，其实有区别。示功图小活塞运动受阻时示功图面积增大，膨胀线较高，而且是不规则地下降并呈阶梯形波动。喷油器漏油则示功图呈向上锯齿形波动，示功图面积减小。如喷油泵柱塞因过分磨损漏油时，一方面会使泵油压力下降，从而使喷油延后造成后燃，会使排气温度升高；另一方面由于泵油期间漏油，使得喷入气缸中的油量也减少，会造成功率明显下降，排气温度亦低。实践证明上述两方面综合起来，后者影响大，最终使得排气温度降低。如图 2.10-26 所示。

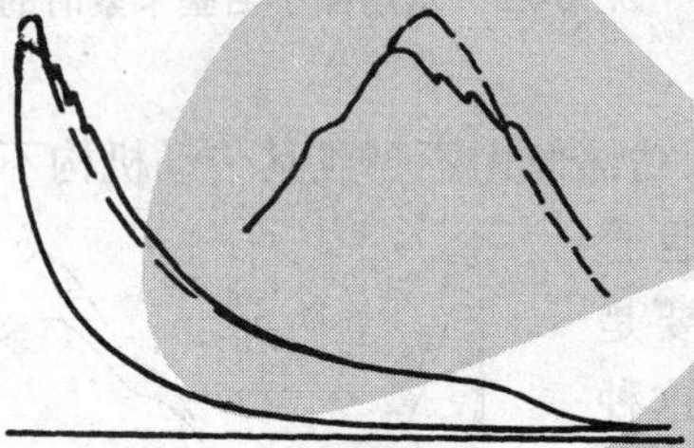

图 2.10-25　喷油器漏油时的示功图

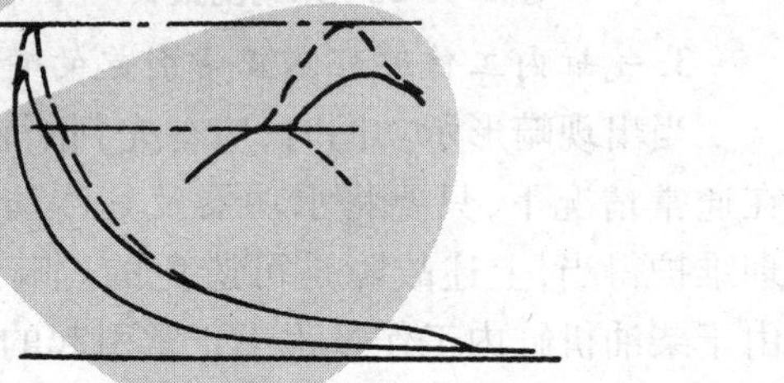

图 2.10-26　喷油泵漏油时的示功图

（3）喷油器喷孔部分堵塞

当喷孔部分堵塞时，由于喷孔流通面积减少，流阻增大，单位时间喷油量减少，使总的喷油时间拖长，出现后燃现象。其示功图与燃烧太晚畸形示功图相似。但由于高压油管中的压力急剧升高，会发生重复喷射，膨胀线会产生波动。如图 2.10-27 所示。这种示功图的特点是最高爆发压力 p_z 降低，膨胀曲线升高，示功图头部的膨胀曲线出现波动。但由于喷油定时未变，发火点也基本未

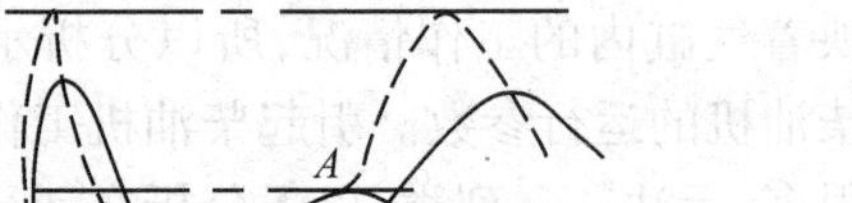

图 2.10-27　喷油器喷孔部分堵塞时的示功图

变,这是区别于燃烧太晚示功图的主要依据。在喷孔部分堵塞的情况下,有时会在喷油泵泵油初期产生冲击和振动。如果用手触摸高压油管,可感到明显的脉动过重并伴随有油管发热的现象。这些特征有助于分析示功图。

(4)气缸内空气量不足

气缸内空气量不足时的示功图如图 2. 10-28 所示。

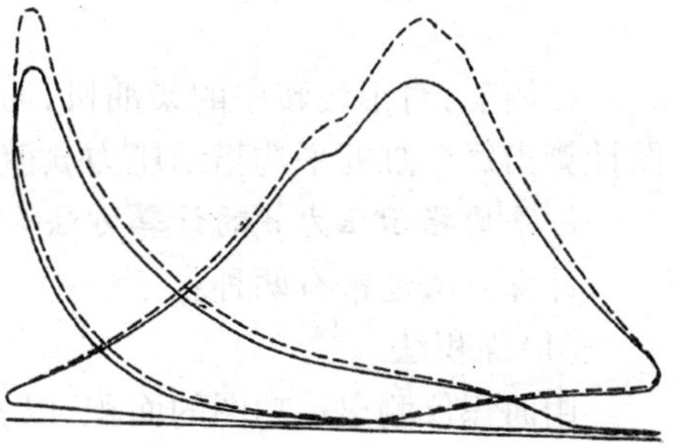

图 2. 10-28　气缸漏气时的示功图

它与正常示功图比较有以下特点:①最高爆发压力 p_z 和压缩压力 p_c 都降低。②膨胀线与压缩线均降低,有时可能出现波动。③示功图面积减小,指示功降低,排气温度升高。

气缸内空气量不足的原因一般是气缸漏气,如活塞环漏气、排气阀漏气等;扫气空气供应不足,如气口堵塞,增压器进气滤器堵塞,中冷器堵塞,增压器污染等;排气系统受阻;环境状态如大气压力和环境温度变化。

气缸漏气使压缩压力 p_c 降低,可通过测定纯压缩图,计算压缩压力与扫气压力的比值并与试航报告标准比值比较来进行判断。

(5)扫气过程不正常

在二冲程柴油机中,气口可能由于燃烧不良而发生堵塞现象。此时将引起进、排气受阻,降低了缸内的充气量,结果使新气减少造成燃烧不完全,引起与燃烧太晚相似的畸形示功图。在测取 $p-V$ 示功图时,由于示功弹簧的选择主要是为了满足最高爆发压力的要求,而使示功弹簧较硬(弹簧比例较小),进、排气过程几乎重合成一条线由此图很难判断进、排气压力变化的情况。欲分析扫气过程的进行情况,需使用弱弹簧示功图。图 2. 10-29 和图 2. 10-30 为 MAN K7Z70/120 型二冲程柴油机在转速 $n=125$ r/min 时测得的工作过程不正常时的弱弹簧示功图。在上述条件时,正常的弱弹簧示功图的扫气压力为 42 kPa,压缩始点压力为 35 kPa(如图 2. 10-29 所示)。当扫气口开启时,缸内压力基本降至扫气压力。从图 2. 10-29 中可看出,压缩始点的压力过低,仅为 30 kPa,同时下止点时缸内压力也较低,仅为 35 kPa,表明扫气口部分堵塞,气缸进气量减少。从图 2. 10-30 中可以看到,排气开始点滞后,扫气口开启时缸内压力高于扫气压力,而且压缩始点的压力较高(为 38 kPa),表明排气口部分堵塞,排气不畅。显然,根据上述压力变化的大小可以判断气口堵塞的程度。

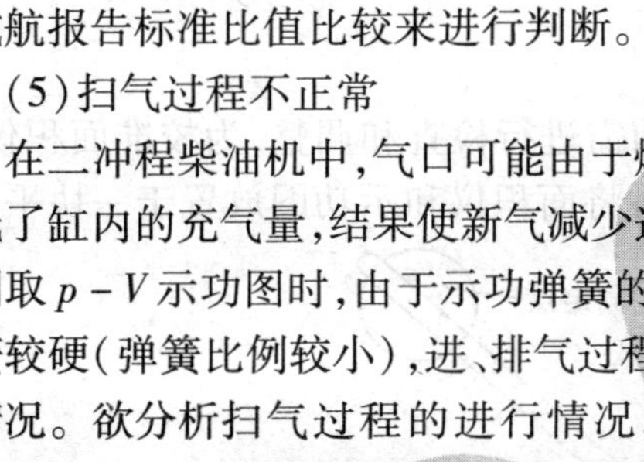

图 2. 10-29　扫气口部分堵塞时的弱弹簧示功图

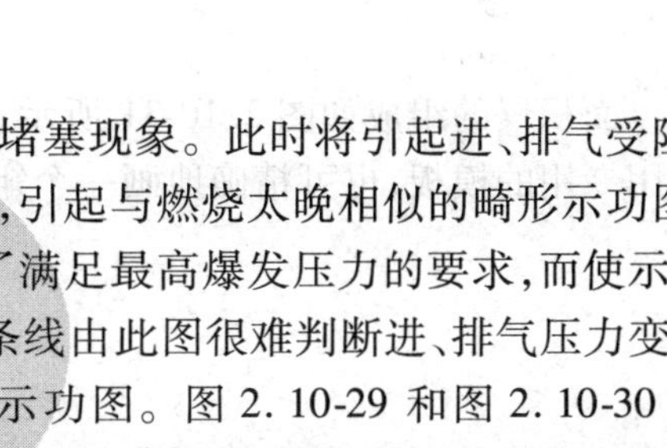

图 2. 10-30　排气口部分堵塞时的弱弹簧示功图

以上分析了一些常见的、典型的畸形示功图。在实际工作中,示功图的线形往往不够典型,甚至为多因素影响,况且图形尺寸较小,所以对示功图分析难度较大。因此,在分析示功图时不要轻易下结论，而应针对具体情况并参考其他测试参数进行综合分析，抓住主要影响因素，才能得到正确结论。

第五节　$p-V$ 示功图的计算

在船上，对于运转中的柴油机，通常用机械示功器测取每个缸的 $p-V$ 示功图。根据示功图计算出每个缸的平均指示压力 p_i 值，然后代入功率的计算公式即可求出每个缸的指示功率。

1. 平均指示压力 p_i 的计算方法

计算方法通常有两种：

(1)面积法

用面积仪测出示功图的面积，以 $f(\mathrm{mm}^2)$ 表示，再除以 $L(\mathrm{mm})$，即可得到示功图的平均高度。即

$$h_i = \frac{f}{L} \quad (\mathrm{mm})$$

用平均高度 h_i 再除以示功器的弹簧比例 $M(\mathrm{mm/MPa})$ 则可以得到 p_i 值。即

$$p_i = \frac{h_i}{M} \quad (\mathrm{MPa})$$

面积仪的组成如图 2.10-31 所示，面积仪在使用前需进行检查和调整，为校准面积仪，可使用专用的模板，也可精确地画一个矩形或圆。使用时将面积仪和示功图放置于一块平纸板

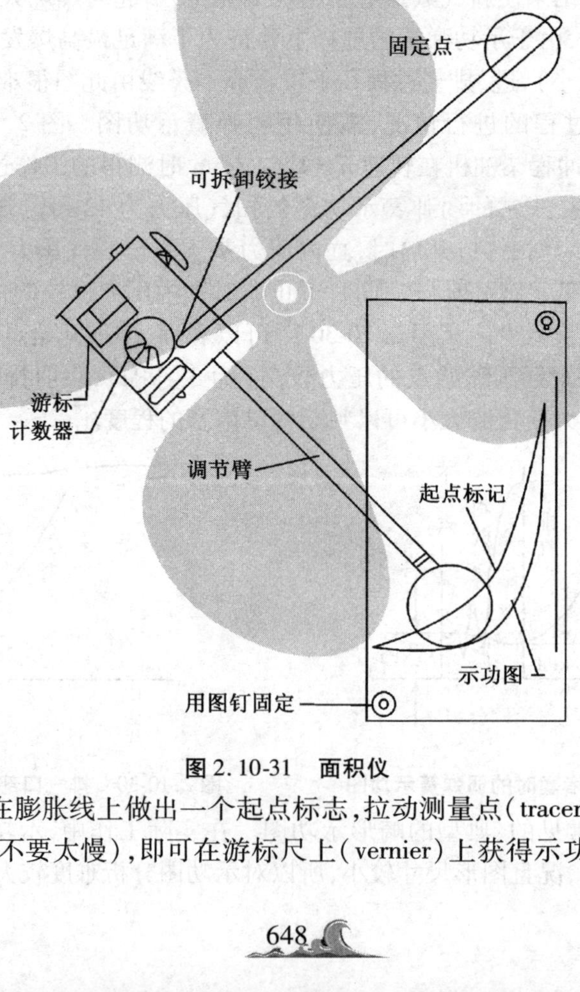

图 2.10-31　面积仪

上(纸板不要太滑)。在膨胀线上做出一个起点标志，拉动测量点(tracer centre)沿示功图匀速走一游标尺上圈(速度不要太慢)，即可在游标尺上(vernier)上获得示功图的面积。只有在面

积仪上两次读取的读数差不超过“1”时，测量才是准确的。

(2)十等分法

如果没有面积仪，还可用如下的作图方法求得示功图的平均高度，其结果也足够准确。

十等分法如图 2. 10-32 所示。将示功图长 L 分为十等分，量出各等分点上的示功图高度 y_1，y_2，y_3，……，y_9(mm)。距上、下止点$\frac{L}{40}$再附加两个示功图高度 y_0和 y_{10}。示功图的平均高度可用下式求得：h_i

$$=\frac{1}{10}\left(\frac{y_0+y_{10}}{2}+y_1+y_2+y_3+\cdots\cdots+y_9\right)\quad(\text{mm})$$

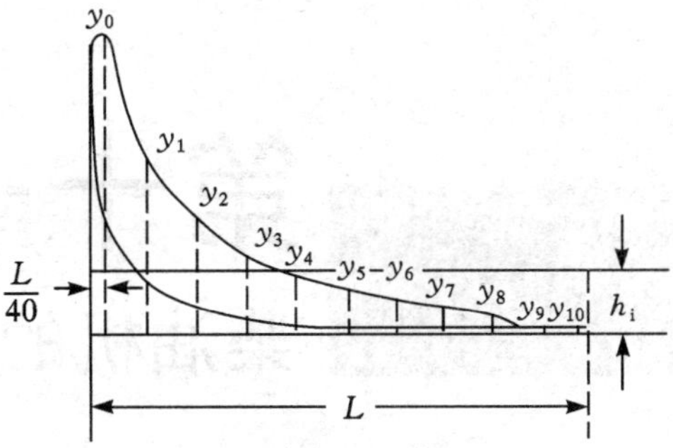

图 2. 10-32　示功图的作图计算法

则平均指示压力 $p_i=\frac{h_i}{M}$即可求出。

2. 功率的计算

计算出某缸的平均指示压力 p_i值后，即可根据指示功率的计算公式 $P_i=cp_in$ 求出单缸指示功率。

c 为气缸常数，对既定的柴油机它是一个定值，通常在说明书中给出，或者根据公式算出。例如，某国产 6ESDZ76/160 型柴油机的气缸常数根据公式 $c=\frac{V_hm}{60\ 000}$可算出：

$$c=\frac{\pi D^2}{4}Sm\times\frac{1}{60\ 000}=\frac{\pi}{4}\times0.76^2\times1.6\times1\times\frac{1}{60\ 000}=1.20\times10^{-5}$$

在设计时多缸柴油机的功率计算可用简化公式求出 $P_i=c\cdot p_i\cdot n\cdot i$。

实际上柴油机各缸功率不可能完全一致，为了准确起见，整台柴油机的功率应由此处计算出的每个缸的功率相加，不能简单地以某缸功率乘以缸数。

第十一章 柴油机的运行管理与应急处理

第一节 柴油机的运行管理

一、柴油机的备车、起动和机动操纵

船舶动力装置的寿命不仅取决于制造和安装质量,还取决于管理人员的管理水平。因此,掌握在各种航行条件下的主推进动力装置的正确管理是非常重要的。备车和机动操纵是指船舶在开航前和开航后尚未定速航行前,使主机及其一切辅助设备处于能随时起动、停止和进入各种运行状态,准备执行驾驶台的各种指令。备车和机动操纵是轮机技术管理工作中最重要的环节之一,它对柴油机动力装置的可靠性、经济性、维修性和使用寿命有直接影响。

1. 备车

柴油机长期停车或短期停车后,开航前应进行备车,当船舶在特殊水域或特殊气象条件下航行时,根据船长的指令也需要进行备车,目的是使船舶动力装置处于随时可起、停和运转状态调整。基本内容有供电准备;校对时钟、车钟;对舵;暖机;各动力系统的准备;转车、冲车和试车。

1)供电准备

备车时,起动大功率的设备较多,如空压机、应急鼓风机、淡水泵等,用电量迅速增加,因此,应视需要起动备用发电柴油机,合闸并电等。

2)暖机

暖机是指对柴油机冷却、润滑系统进行预热,并起动冷却水循环泵、滑油循环泵,实现机体各部件加温,并向各摩擦表面提供润滑油。暖机的目的是通过对气缸各部件的预热,减小起动后由于温度的突变产生的热应力;改善起动性能和发火性能;减少气缸内的低温腐蚀。主机气缸的预热可以用发电副机的冷却水循环加热,也可以用蒸汽或电加热直接对淡水系统加温。主机滑油系统常用滑油分油机分油加温,也可用蒸汽直接对滑油循环油柜加温。

3)各系统的准备

(1)润滑系统的准备。检查滑油循环柜,透平油柜,轴系中间轴承和艉轴承的液位。起动滑油泵,调压至规定值,以便将滑油送到各摩擦面间,使滑油中的杂质在开车前就有时间汇集到滤器中,减少起动及低速运转的摩擦和磨损。柴油机在转车前应手摇气缸注油器,向气缸内

注油,使气缸表面形成油膜减少起动摩擦。采用油冷却的活塞,滑油泵起动后,要注意各缸回油及油温和温差。强制式涡轮增压器润滑系统要先起动透平油泵,使油在增压器轴承中循环。

(2)冷却系统的准备。检查膨胀水箱水位和系统中各阀门的位置是否正常;并起动淡水泵,让淡水在循环中驱逐系统中的气体,同时可进行暖机。对水冷却活塞,需检查各缸冷却水量是否均匀和水柜水位。对独立冷却系统的喷油器,应起动喷油器冷却泵,检查冷却器冷却柜液位,必要时可对其加温预热。

(3)燃油系统的准备。检查日用轻柴油柜和重油柜的油温和油位,油位较低时应补油至规定油位,放残水,并对其加热至规定温度。起动低压燃油泵,驱除系统中的空气,调至规定压力,并使燃油在日用油柜和高压油泵间循环,对高压油泵预热。

(4)压缩空气系统的准备。按规定将所有空气瓶充气至规定压力,并泄放气瓶内的残水和残油,打开空气瓶出口阀、主停气阀或使自动主起动阀处于“自动”位置上。应将气笛空气瓶充满,并打开出口阀,以备随时使用。

4)转车、冲车、试车

(1)转车。暖机后,利用盘车机带动主机转动几圈。其目的是检查各运动部件和轴系的回转情况及缸内有无大量积水。对于大型柴油机,要求正车和倒车运转 10 ~ 15 min。同时人工向气缸壁注油润滑,注油量适当加大,以便所有润滑表面都得到充分润滑。

(2)冲车。在转车确认正常后脱开盘车机,利用压缩空气使主机转动。其目的是利用压缩空气将气缸内小杂质、残水和积油从示功阀中冲出,并检查起动系统工作是否正常。冲车过程中,若有油或水等从示功阀中冲出,则应查明并排除后才能进行试车。冲车情况正常后,关闭示功阀。

(3)试车。冲车正常后,正、倒车交替起动主机,供油发火,各运转数秒。试车的目的是检查起动、换向、燃油系统、油量调节机构及调速器等的工作是否正常。还应检查各缸发火是否正常和运转中有无异常声响。试车时先将车钟推至运转位置,待驾驶台回车令后进行主机正车(或倒车)起动,给油发火后在低速下运转数秒后停车。然后换向,再进行倒车(或正车)起动,给油发火后低速运转数秒后停车。在起动和换向过程中,应注意换向装置、起动装置、调速器及油量调节机构等动作是否灵活正常。检查各缸发火是否正常和运转中是否有异常声音。试车结果若发现不正常情况,应及时查明原因予以消除。对于直流扫气的二冲程柴油机,还应检查气阀机构等部件的动作是否正常。试车完毕后将车钟手柄置于“停车”位置,各设备均处于随时可起动状态,等待驾驶台的指令。对采用驾驶台遥控方式的设备,试车完毕后,将操纵手柄转至“驾控”位置。此后值班轮机员不应远离操纵台。

2. 起动和机动操纵

船舶在进出港、靠离码头,港内航行时运动状态变化频繁、不稳定。轮机管理人员应严格执行车令,正确操纵并及时对各系统的压力、温度、流量等进行调整,以确保柴油机的安全运转。

1)机动操纵时的要求

(1)起动空气瓶、控制空气瓶应随时补足空气。

(2)使用轻质燃油,以提高机动性和操纵可靠性。

(3)冷却水和滑油温度保持稳定,减少空冷器海水量。

(4)在港内或浅水区航行时,为防止吸入海底的泥沙污物堵塞冷却系统,应换用高位海底阀。

(5)起动时如给油过大会导致爆缸,加油门时应随油格增大而减慢加油速度。

(6)起动有油气并进和油气分进两种方式,油气并进有利于起动。油气并进缸内发火后切断起动空气;油气分进达到起动转速后切断起动空气。

2)机动操纵时的安全事项

(1)主机起动操作时,应尽量做到一次起动成功,油门不能给的过大,防止柴油机发生冷爆,损伤机件和增加不必要的磨损。

(2)在船舶起航和加速过程中,不应加速太快,以防柴油机热负荷、机械负荷过大。

(3)应快速越过转速禁区,防止机器发生剧烈振动。

(4)在进行倒车操纵时,应控制油门,避免主机超负荷。

3)机动操纵管理

(1)机动操作所设定的车速应当是机动操纵转速或港速或系泊试验转速。

(2)当值轮机员除处理紧急故障外,不得远离操纵台和离开集控室。

(3)轮机长应监督轮机员进行各种操作,监控各设备运行状态,及时与驾驶台取得联系,及时处理各种突发事件。

(4)机动操纵期间,船舶航行状态多变,要随时注意配电板各仪表的工作情况。注意观察和调节冷却水、滑油的温度和压力,保持空气瓶压力在允许范围,保持正常的扫气温度和压力。注意各缸排气温度值的变化,注意各主要设备的工作状态。

(5)机动航行期间,轮机长必须在集控室监督和监控机动操纵整个过程,直至机动操纵结束方可离开集控室。

二、柴油机运转中的管理

船舶定速航行后,评定柴油机运转性能和技术状态的主要依据是燃料在气缸中燃烧的好坏和各缸负荷分配的均匀程度。轮机人员应精心操纵,严格管理,按时进行工况的巡回检测,使柴油机及其装置的各种技术参数处于正常范围之内。运行管理的目的在于控制柴油机的热负荷和机械负荷都在规定的范围内,使柴油机可靠而经济地运行。为了保证柴油机及其装置始终处于正常技术状态,柴油机运转中应做好以下工作。

1. 航行值班的交接工作

交班前当值人员应做好运转设备的清洁工作,对运转设备作全面仔细的检测,并将主要技术参数、本班所发生的问题、处理方法、处理结果、轮机长的命令和专门指示、驾驶台的通知等记入轮机日志;将油舱、油柜的预热加温、驳运、净化分离,以及舱底水水位、污油水舱(柜)液位和防污染设备的使用情况向接班人详细交代。

接班人员在进入机舱之前,首先观察排气颜色、舷外水的排出和海面情况,进入舵机间检查舵机及其附属设备。进入机舱后按最合理巡检路线检测设备。最后查看轮机日志、听取交班人员的情况介绍。经接班人同意后,交班人员方可离开机舱。

2. 热力检查

热力检查的目的是检查和确定柴油机各缸燃烧情况及负荷分配均匀程度。这是柴油机正常运转、可靠工作的必要保证,也是衡量柴油机运转性能和技术状态的主要内容之一。

热力检查主要指热负荷和机械负荷的检查。热负荷主要体现在冷却水温度、滑油温度和排气温度上。机械负荷则主要体现在最高燃烧压力和平均指示压力上。热负荷可以通过直观的手段掌握。对喷油泵、喷油器的工作状态可通过检查排气温度,观察排气颜色以及打开示功阀观看火焰的喷射情况等方法来检查,从而判断喷油设备的技术状态。机械负荷可以通过测取示功图来确定最大燃烧压力和平均指示压力,并用以分析、判断各缸负荷的大小和分配情况。各缸平均指示压力的大小是判断各缸负荷分配是否均匀的主要依据。测取 $p-V$ 示功图可求得平均指示压力来判断各缸负荷的大小和分配情况。另外还可通过测取手拉示功图和手拉展开示功图来确定压缩压力、燃烧发火点、最高爆发压力和燃烧过程。

喷油器性能的下降,常引起燃烧恶化和各缸负荷变化。若某缸喷油器工作性能下降而欲继续维持发动机原来的转速,则需要加大油门,这样必然将引起其他气缸超负荷。

若发现燃烧不正常,应结合其他参数(排气温度、冷却液温度等)综合分析。通常应首先检查高压油泵和喷油器,它们往往是引起不正常燃烧的根源。排气温度能大致反映出各缸内燃烧的情况和喷射设备的技术状态。排气温度的数值应不超过说明书的规定值,各缸排气温度的不均匀率应不超过规定值,同时应检查各缸冷却水和活塞冷却液的出口温度以及废气涡轮增压器的冷却水温度。这些温度都应符合规定值,而且应各缸基本一致,温差不得超过4~5 ℃。为了保证热力检查准确可靠,应定期检查和校正各测试仪表。气阀、气口、进排气道、增压器等状态对气缸内工作过程也有很大影响,运行管理中应予以重视。

影响最高爆发压力的因素很多,如喷油泵、喷油器的技术状态、压缩终点压力的高低、供油量的大小、喷油定时的早晚等等。当柴油机燃烧系统技术状态良好、燃烧质量符合要求、气缸气密良好、进排气正常的情况下,若爆发压力偏离了正常值,则基本上可从喷油定时和供油量上来考虑。它们的关系是:①爆压偏高,而排温不高,供油提前角过大。②爆压偏低,而排温偏高,供油提前角过小。③爆压偏高,排温也偏高,供油量太大。④爆压偏低,排温也偏低.供油量太小。

为了能更可靠的掌握柴油机的热力过程,最好在测示功图的同时测量油耗,此项经济性指标常作为衡量柴油机维护管理的依据之一。

3. 机械检查

机械检查的目的是为保证柴油机各机件及系统始终处于正常的技术状态。听、看、摸是轮机管理人员最直接、简便的手段。不正常的运转声响可能来自零件的松动或系统的故障而导致机损。运行中应经常用手触摸各曲轴箱道门、气缸套底部和十字头导板等处,以检查是否有显著的温差。异常的温差往往反映出系统或机器内部存在的问题。轮机员应根据现象予以判断。若发现某运动机件运行不正常,应检查油、水系统的压力是否正常,系统有无泄漏之处。应注意气缸盖与气缸套密封处、喷油器四周和附设在气缸盖上的各阀件有无漏气。少量漏气旋紧螺母即可制止。若继续漏气,在未查明原因前,不得盲目旋紧螺母。在航行中应注意对各主要系统的管理。

(1)冷却系统的管理

在运转中应注意膨胀水箱水位、喷油器冷却水柜水位及淡水泵的压力波动。若发现水位的下降速度超出了正常消耗量,必须查明泄漏的原因并予以消除。

淡水进、出口温差及出口温度应满足说明书要求,且各缸应基本一致。水温调得过低不但使热效率下降,还会加剧低温腐蚀、受热部件因内外温差太大产生应力而导致裂纹。水温也不能太高;否则会使橡皮圈因过热而老化、失效,发生水腔泄漏。水温高还会破坏润滑油膜,加剧气缸运动部件的磨损,严重的会导致拉缸、咬缸。高水温还可能引起水腔冷却液汽化,使冷却效果下降。

导致水温过低的原因:总体水温都低是因柴油机负荷太低,冷却水阀自控失灵;个别缸水温低可能是由于燃烧系统故障,负荷太低,操作失误等。

导致水温过高的原因:总体水温都高是柴油机超负荷工作,冷却水压力低、水量不足,冷却水阀自控失灵;个别缸水温高是单缸超负荷或燃烧不良,活塞润滑不良干摩擦,操作失误。

若某缸冷却水温度和排气温度都有相应的变化,而喷油设备和燃烧情况正常,则说明该缸超负荷或负荷过低。如某一缸由于冷却水量供应不足或中断供应而引起过热时,首先应降速运行,并切断该缸燃油,缓慢增加冷却水量。绝不可骤然增加,以免气缸碎裂。

若活塞断水引起过热,切勿增加气缸冷却水,以避免活塞被咬住。应降速运行待该缸过热情况好转后再恢复正常运行。

在潮湿的海域中航行时,应减少空气冷却器的冷却水量,以防止扫气箱中出现大量凝水。空冷器出口的扫气温度不得低于 25 ℃,不得高于 45 ℃。系统中的自动调湿器应始终保持正常状态。各冷却器海水出口温度不应超过 45 ~ 50 ℃,以避免析盐结垢。冷却水应按规定做好投药处理和化验。

(2)润滑系统的管理

滑油循环泵的出口压力、进出机温度、循环柜油量应保持正常。冷却器前的滑油温度为 50 ~ 55 ℃。应定时检查循环油柜的油位、油冷却活塞的回油是否稳定、以及油泵与滤器前后压差的变化。若油位降低过快,则表明有漏泄处。若油位反而升高,则表明有水或燃油漏入曲轴箱,可减速或停车检查并予以消除。如果滤器前后压差过大,则表明滤器被脏物堵塞,应立即将管路旁通使滤器与管路脱离,以便进行清洗。清洗后将油充满,放掉空气,重新接入系统恢复工作。

还应检查气缸注油器和各注油点的工作情况,各部位油量应处于正常。如果油量不足、中断,都可能导致活塞烧融、拉缸、咬缸、轴承过热等现象的发生。当发现注油量很小或中断时,应减速或停车立即设法消除。接班时要注意察看气缸注油器接头是否有漏油现象。

导致滑油湿度过高的原因有:滑油供量不足或中断;机件配合间隙太小,润滑油本身冷却效果不佳或油温调节阀失灵;柴油机长时间超负荷工作;活塞环漏气、燃气下窜等。过滤和分离净化是滑油净化最有效的方法。应加强分油净化,保证滑油质量,并定期取样化验。滑油的处理和更换,可采用驳入污油柜加温沉淀、一次性分离处理、连续分离处理等方法。

应定期检查轴系中各轴承的温度和油位。对人工注油的进、排气阀阀杆应按时注油。排气阀杆应用柴油(30%)与滑油(70%)的混合油润滑,以减轻结炭。对不采取压力循环润滑的各活动部件的油杯和加油孔也应按时加油。

(3)燃油系统的管理

注意油舱、油柜的加温和沉淀,在运行中要保证净化质量,控制日用油柜的油位、油温,并定时放残水。应定期清洗燃油滤器,清洗后要充满燃油,将空气排出。船舶在大风浪中航行时由于船舶摇摆,沉淀的脏物又重新被搅起,燃油滤器容易被堵塞,故应特别注意燃油滤器前后的压差。当压差过大时,应更换滤器或作清洗。

注意检查喷油泵、喷油器工作状态和高压油管脉动情况。综合考虑泵体发热,油管脉动无力或过激及排温变化等情况,分析喷油泵和喷油器的工作状态。若油泵泵体或高压油管发热,则表明喷油器的喷孔堵塞。若高压油管脉动微弱,且排气温度和燃烧压力均较低,则可能是喷油泵密封不良而供油太少引起。若高压油管脉动虽微弱,但排气温度增高,则可能是喷油器针阀与阀座密封性不良、弹簧断裂或针阀在开启位置卡死所造成。这时,应进一步检查针阀的跳动情况。如果高压油管无脉动、气缸不发火、排气温度很低,则可能是由于喷油泵柱塞在最高位置卡死所致。

燃油进入高压油泵前的黏度必须符合雾化和燃烧的要求。对低速机为 12 ~ 25 mm^2/s(或2.1 ~3.1°E),对中速机黏度上限不超过20 mm^2/s。因此,在工作中应根据油品的黏—温特性图正确选择加热温度。运行中可用人工调节或用黏度计自动调节蒸汽量来控制雾化加热器的温度,从而保证燃油达到要求的进机的黏度值。

(4)排气系统的管理

排气温度能反映气缸热负荷情况,正确调整喷油定时和供油量,使其各缸负荷均匀,是柴油机可靠而经济地运行的重要条件。排气温度过高的原因主要有:喷油定时过晚,后燃严重;燃油雾化质量差,滞燃期过长;排气阀开得过早或漏气;中冷器堵塞,扫气压力低;供油量太多;柴油机超负荷;柴油机在低转速大负荷下运行。排温过低的原因主要有:喷油定时太早;喷油器油孔堵塞、高压油泵漏泄、弹簧断裂等故障,使供油不足;柴油机负荷太低。

(5)增压系统的管理

在运行中应检查增压器的运转是否平稳,有无异响;油柜的油位变化和油质情况,还应检查增压器的转速、增压压力、压差计的读数是否正常、以及润滑和冷却情况。定期清洗压气机和废气通道,防止喘振的发生。

增压器的润滑分为独立的滑油润滑和滑油来自主机滑油系统的润滑,统称为强制循环润滑系统。应注意其油柜的油位、循环油泵的运行情况、滤器前后的压差、观察镜中油流的情况及滑油的压力和温度,并注意油质的检验与更换。对自带油泵式涡轮增压器,其滑油存在轴承箱油池内,由自带泵供油润滑。运行中要经常注意油位、油质和油泵排出管的射流情况。应及时加油,滑油变质时要及时更换。

空气冷却器水腔和气腔通道都很小,很容易堵塞。尤其是气腔,经常会因空气滤器效果欠佳,在管壁上附着一层油膜,一些类似棉线的物质极易黏着,既影响冷却效果又使空气流量下降,导致燃烧恶化。化学剂冲洗与浸泡对清洗空冷器脏堵是行之有效的。

空气通道脏堵的征兆:经空冷器的空气温差减小,压差升高;扫气温度提高;排气温度升高。水腔堵塞冷却液流量减小,除会使海水温度升高,也同样会产生上述现象。因此当出现上述现象,轻者用清水和清洗剂交替喷射的方法冲洗(按说明书的操作程序),严重者必须解体清洗。

涡轮增压器污染较轻时,可按说明书要求定期水洗和“干洗”,但这样不能将严重污染的增压器洗净,因而不能代替增压器定期的解体清洗。现在已有在清洗压气机时将水和特制的洗净液交替使用的方法,此法能除去空冷器中只用水难以去除的污染物。废气涡轮水洗时柴油机一定要降负荷运行。为此,现在已使用废气涡轮在全负荷时也能清洗的药剂。

三、柴油机的停车和完车

正常情况下的停车应保持各系统正常运转,动力装置处于随时可用状态。当船舶要停泊作业时,轮机员在接到“完车”指令后,说明主机不再动车。在停车后还应做好如下工作:

(1)关闭起动空气系统的主停气阀、主起动阀和气瓶出口阀,并将空气瓶补至规定压力。

(2)打开示功阀,合上盘车机,盘车 15 ~30 min,并人力驱动气缸注油器几十下,使气缸壁上布油。

(3)关闭主海水泵进、出口阀以及通往冷却器的进口阀。

(4)关闭燃油输送泵及其进、出口阀件,然后将燃油日用柜出口阀关闭。

(5)主机滑油泵、淡水泵继续运转30 min,使机件逐渐均匀散热;待降温后再停泵关闭进出口阀门,喷油器冷却水泵也应运转一段时间后关闭。

(6)打开扫气箱、涡轮端排出管等处的放残阀门,用防尘罩将压气机消音滤网罩好,以防灰尘积存。

(7)如需用副机对主机继续暖缸,则应在水温未降低前关闭淡水冷却泵和有关阀门,打开通向副机暖机管系的有关阀门,使主机与副机淡水组成循环回路对主机暖机。

如需长期停车,应定期转车,寒冷天气要注意防冻。

第二节　柴油机的应急处理

一、封缸运行

船舶航行中,若主机有一个或一个以上的气缸因故障不能正常工作,一时无法排除,此时可根据不同情况停止有故障气缸的运转,进行封缸运行。根据规范要求,6缸以下的柴油机停一个缸的情况下应能继续运转,7缸以上应保证停2个缸的情况下保持运转,使船舶继续航行。

封缸运转是短时间的措施。由于柴油机失去了原有的平衡,停缸导致热负荷和机械负荷的增加,增压器喘振也会导致振动加剧,因此必须降速降负荷。

1.封缸运行措施

1)单缸停止供油

如果某气缸发生故障,如喷油泵、高压油管、喷油器故障,气阀咬死、气缸漏气,拉缸或敲缸等。这些故障使气缸不发火而运动部件尚可运转。为使船舶继续航行,根据柴油机的具体情况,利用停油机构将喷油泵柱塞下方的滚轮抬起并固定,使它与油泵凸轮脱离接触,停止泵油;或打开喷油器的回油阀使燃油停止喷入气缸。不得采用关闭喷油泵进油阀的办法,因油泵在无油的情况下运动,发生干摩擦会使柱塞偶件过度磨损或卡死。具体措施除降速外,还应适当减少该缸滑油和冷却水的供给量,并打开示功阀减少缸内积油。对于直流换气二冲程机,在停油的同时,还可将排气阀锁住在开启位置,以减少活塞消耗的压缩功。只采取停油而不拆除运动部件的情况,也称为减缸运行或停缸运行。故障时,则不仅要停油,而且还要拆除部分运动件。

2)拆除活塞组的封缸运行

这种方法适用于活塞、缸盖或气缸裂纹或故障,但连杆和十字头尚正常工作。此时必须拆掉包括活塞杆和填料函在内的活塞组件,除单缸停止供油外,还应采取下列措施:

(1)提起喷油泵滚轮,停止泵油。

(2)回流扫气柴油机用专用的弧形气口封板将气口封住;直流扫气柴油机,还应抽掉该缸排气阀顶杆,使排气阀停止工作。

(3)活塞杆填料函孔、十字头活塞孔口、活塞冷却机构填料函孔口用封板封住,若连杆吊出还需要将曲柄销的油孔封住。

(4)封闭活塞冷却系统,关闭该缸气缸冷却水的进出口阀。

(5)把通向该缸起动阀的控制空气管拆下并封住,把通向该缸起动阀的起动空气管拆下并封住。

(6)把该缸的气缸润滑油量减至最小后停止。

(7)活塞组件拆除后重新安装气缸盖。

在起动主机以前应彻底检查一次,必要时,主机油、水泵起动后,再检查一次。

3)拆除活塞、十字头、连杆的封缸运行

这种方法适用于连杆、十字头及轴承严重破坏,或十字头导板损坏时。因此除采用上述停油,拆除活塞的措施外,还应采取下列措施:封闭该缸十字头滑油系统,并用专用工具将曲柄销上油孔封住。

2.封缸运行应急处理

封缸运行是一种临时的应急措施,封缸时应综合考虑排气温度、喘振、振动等各因素,选择适宜的转速维持航行。

(1)主机在封缸运行时,为防止柴油机超负荷,主机必须降速至各缸供油量和排气温度在允许范围内。柴油机在封一个缸的情况下,如果不超扭矩,一般相当于在75%～80%负荷的转速下运转。若切断两个缸,特别是连续发火的两个缸,工况将恶化,还应进一步降低。

(2)封缸后主机运行中如增压器产生"喘振",扫气压力明显波动,必须继续降速直至"喘振"消除为止。

(3)个别缸的某些运动部件被拆除或受力情况发生变化,破坏了柴油机原来的平衡性,因而可能在某些转速范围内产生强烈的振动。如果振动异常强烈,应把柴油机转速进一步降低。

(4)如被封气缸正处于起动位置,柴油机是无法起动的,此时,对于可倒转的柴油机可先向相反的转向短促地起动一下,使曲轴改变位置后再转向起动。这种情况应向船长说明,在机动操纵时尽量减少柴油机的起动次数。

二、停增压器运转

废气涡轮增压器是高速回转机械,运转中发生损坏,柴油机应立即停车,尽量减少增压器损坏程度。停车后经检查如发现增压器轴承损坏,叶片折断使增压器无法运转且又不能在短时间内很快修复时,柴油机在低负荷下继续运行。

在机动航行、紧急避碰的状况下是不允许柴油机停车的,短时间内,只能在增压器损坏的状况,强制柴油机低速运行。这时,柴油机应无明显的异常振动,同时控制排烟温度不超过限定温度值。当船舶处在安全状态时,再停车处理增压器故障。

1.停增压器的具体方法

(1)若条件不允许停车,可暂时带着有故障的增压器维持运行,此时柴油机转速应降低到无明显振动,并控制排气温度不增高太多。

(2)只要条件允许,可马上停车后用专用工具将增压器转子锁住,降速维持运行。

(3)如需运行一段时间,最好将转子抽出,用专用盖板将壳体两端封住,降速维持运行。

2.四冲程柴油机的停增压器运行

四冲程柴油机停增压器运行时相当于非增压柴油机。依靠活塞的吸排作用,仍可实现换气。但因气缸充气量大大减少,而且有关定时也不适合非增压方式工作,使得柴油机的功率和转速大幅度下降。以某四冲程柴油机为例,其标定功率为820.3 kW,标定转速750 r/min,标定有效耗油率221.3 g/(kW·h)。停增压器后运转允许的最大转速为390 r/min,相应的功率为138 kW,有效耗油率为407.7 g/(kW·h)。若要长期停增压器运转,则可提高压缩比以提高压缩压力,降低排气温度;增大喷油提前角;调整气阀正时,减小气阀重叠角以避免排气倒流，以改善柴油机的工作状况。为减小进、排气的阻力，进排气管都应使用旁通管为最佳。

增压器转子锁住后因两端温度不同，会使转子轴弯曲，所以应将转子拆出封闭两端。

3. 二冲程柴油机的停增压器运行

二冲程柴油机的换气条件比四冲程机困难。对于二冲程柴油机，在无增压器的情况下，可起动应急鼓风机或者其他方法供气，维持运行。此时柴油机的负荷和转速应根据排气温度、颜色和运转情况来降低。根据电动鼓风机的功率，柴油机最高可在25%的输出功率、63%的转速和40%平均有效压力下运行。二冲程柴油机根据机型和运转情况不同，应急措施各异。RTA和MC型直流扫气柴油机停增压器运行的措施是：

(1)RTA和MC机采用定压增压系统，全机只装一台涡轮增压器，增压器损坏时必须打开电动辅助鼓风机供气。

(2)用专用工具将增压器转子在其两端固定，若应急运转时间很长，应将转子抽出，用专用盖板封住增压器壳体两端。

(3)从排气旁通管上拆掉封闭盲板，使排气旁通到烟囱；打开位于空冷器正后方扫气箱上的盖板，使辅助扫气泵从机舱吸入空气。

三、拉缸的原因及处理

1. 拉缸现象

拉缸是指活塞和气缸套之间，两个相对运动的表面相互作用而造成的损伤。根据损伤的程度可分划伤、拉缸和咬缸，广义上统称拉缸。拉缸一般发生在下列两个部位：气缸套和活塞环，气缸套和活塞裙部。它们相互影响，但有时也单独发生。气缸套和活塞环之间发生的拉缸限于运转初期。如台架试验、海上试验和开航的初期，一旦磨合完成后，几乎不再发生气缸套和活塞环的拉缸。气缸套和活塞裙部发生的拉缸，往往发生在磨合完毕后稳定运转的数千小时内。通常四冲程柴油机多发生在气缸套上部第一道环附近，二冲程柴油机多发生在气缸下部气口上部附近。

拉缸损伤大多是由于滑动部位的润滑油膜受到局部的破坏，此时，两个相对运动的表面突起部位，首先发生金属接触，然后在局部出现微小的“熔着”现象。而熔着部位由于表面的相对运动又被撕裂。这个过程中，金属表面形成硬化层，当此硬化层被破坏时，所产生的金属磨粒将成为加剧表面磨损的磨料。在发生熔着磨损的短时间中，活塞和气缸套表面上出现与气缸中心线相平行的高低不平的磨痕，这就是拉缸现象。严重时，滑动部位完全粘着或卡住，甚至可能在两个表面的薄弱部位产生裂纹，以致机件损坏，这种情况称为咬缸。

2. 拉缸的原因

拉缸的原因十分复杂，有设计制造、安装找正等方面的众多因素。在运转中，由于管理上的不当导致拉缸的原因论述如下。

(1)气缸润滑不良

①气缸注油量调节过小；注油器故障；注油管接头漏油或堵塞，供油中断。②气缸套注油孔或布油槽堵塞。③气缸油品种不当或变质。④四冲程柴油机的刮油环刮油过多。

上述情况均会引起润滑油不足或断油而气缸润滑不良，使活塞与气缸套过热导致过度膨胀变形，失去原来的正常间隙而拉缸。

(2)磨合不良

磨合应遵循规范进行。必须考虑磨合时间和负荷分配问题，既在尽可能短的时间内达到有效的磨合，又应防止加载过快而导致拉缸。并应注意下列几个方面的问题：①磨合运行期间应适当加大注油量。②活塞环换新后应在低负荷下运转一段时间。③活塞和气缸套换新后应进行磨合后再加大负荷。

(3)冷却不良

冷却不良主要原因有：①冷却水质不佳，水温太高。②冷却水泵排出压力不够，冷却液供应不足或中断。③冷却水腔锈蚀、脏污或有空气积存，使冷却效果下降。

(4)活塞环断裂

活塞环断裂的主要原因有：搭口间隙过小；天地间隙过小，使活塞环卡死；结炭太多，使活塞环粘在环槽内失去弹性，造成断裂或气缸漏气；搭口间隙太大或磨损严重，引起漏气。活塞环的碎片常引起拉缸甚至咬死，燃气的漏泄破坏润滑油膜使表面温度过高，可导致拉缸。

(5)燃用劣质燃油

燃用劣质燃油易引发拉缸，原因是：不完全燃烧产生更多的燃烧残渣；后燃延长使排气温度升高；燃用劣质油时需要高碱性的气缸油，碱性不足时使磨损加剧。

(6)长期超负荷运转

柴油机长期超负荷运转，热负荷增加，发生过热膨胀。

活塞对中不良也是拉缸的原因之一。

3. 拉缸时的征兆

(1)气缸冷却水出口温度和活塞冷却液出口温度增高。(2)在拉缸早期可听到活塞与气缸的干摩擦的异常声响。(3)拉缸时，该缸曲柄越过止点位置时将发生敲击声，柴油机转速会迅速下降甚至自行停车。(4)曲柄箱和扫气箱温度升高，甚至有烟气冒出。

4. 拉缸时的应急处理

拉缸时的应急处理主要有以下方法：

(1)早期发现拉缸过热时，应加大气缸油注入量。如无好转，可单缸停油、降速，加强活塞冷却，直到过热消除为止。

(2)若已拉缸，应迅速降速，然后停车。并继续加强活塞的冷却，同时进行盘车。切不可加强气缸的冷却；否则拉缸将更加恶化。

(3)如拉缸后活塞咬死，则可待活塞冷却后，盘车使之松脱。

(4)若采取上述方法活塞仍咬死盘不动车，可向工作面注入煤油，待充分渗透和冷却后再转车。若还盘不动，可拆除十字头下方的海底螺母(或曲柄销轴承盖)将活塞吊出。要一面注煤油，一面慢慢起吊，不得硬吊，防止损坏起吊螺栓或螺孔。

(5)吊出活塞后，检查活塞和缸套损坏部位，并用油石磨光，损坏的活塞环、活塞和气缸套应换新。

(6)吊缸装复时，检查缸套上各注油孔供油是否正常。换新的活塞和气缸套等应正确地进行磨合。

(7)若拉缸无法修复可采用封缸运行。

四、敲缸的原因及处理

柴油机在运行中发出有规律但不正常的响声或敲击声称为敲缸。敲缸通常有两种：燃烧敲缸和机械敲缸。

1. 燃烧敲缸

大多是伴随着柴油机燃烧过程的进行而产生的尖锐的金属敲击声，也称热敲缸。它一般发生在上止点。燃烧敲缸时，柴油机的最高爆发压力异常地增高，各部件的冲击性机械应力增大，导致运动部件过度磨损或损坏。燃烧敲缸的主要原因是：压力升高速度太快，最高爆发压力过高。

下列原因会引起压力升高速度太快、最高爆发压力过高而导致燃烧敲缸：

(1)喷油定时过早，导致压力增长率过大、最高爆发压力过高。(2)气缸超负荷，喷油量过大。(3)燃油的燃烧性能差，发火滞后。(4)喷油器故障，如针阀卡死在开启位置；喷油器弹簧断裂；漏油、滴油；喷油器弹簧松动，起阀压力下降，喷油提前。(5)起动初期因气缸温度太低，或喷油过多。

燃烧敲缸除用切断供油和听其敲击声来判别外，也可测取示功图检查燃烧状况和最高爆发压力来分析判断。

2. 机械敲缸

因运动部件或轴承间隙不正常而引起的纯金属敲击声或摩擦声称机械敲缸，也叫冷敲缸。其特征是发生在上、下止点或活塞刚越过上、下止点及经气缸中部时。

机械敲缸大多与运动部件中心线不正，轴承间隙过大，紧固螺栓松动，气缸磨损等因素有关。

1)气缸上部机械敲缸的原因

(1)第一道活塞环撞击气缸套上部的磨台。(2)活塞连杆中心线与曲轴中心线不垂直，使活塞有倾斜运动。(3)曲柄销轴承的偏磨导致活塞敲缸。

2)气缸中部敲击的原因

四冲程柴油机的活塞销间隙过大或缸套严重磨损。

3)气缸下部及曲轴箱敲击的原因

(1)十字头轴承间隙过大，十字头滑块与导板的间隙过大。(2)连杆轴承或主轴承的间隙过大。(3)主要运动部件的紧固螺栓松动。

区别燃烧敲缸和机械敲缸的方法：如果单缸停止喷油或降速后，敲缸声消失，即判断为燃烧敲缸。若停油后，敲击声未消失，敲缸发生在上、下止点或转向处，且敲缸声与转速成正比，此时可判断为机械敲缸。

3. 敲缸的应急处理

(1)若发生敲缸，首先应降速，并判断其敲缸性质。(2)如系燃烧敲缸，则从燃油或喷油设备上找出原因，予以消除。如对喷油器试压和调整，必要时换新；检查和调整喷油泵的供油量；检查和调整喷油定时等。(3)若因气缸或活塞过热产生沉重而又逐渐加重的敲击声，则在未进行降速前，会出现转速自行下降的现象，此时可按过热拉缸进行处理。(4)如系机械敲缸，则找出原因，对有关机件进行调整、紧固、修理或更换。如情况严重，应予以停车。不能修复则封缸运行。

五、扫气箱着火的原因及处理

1. 扫气箱着火的原因

扫气箱着火的主要原因是扫气箱内积聚可燃物质和高温火源。这是扫气箱着火必须同时具备的两个条件。前者是扫气箱积聚的燃烧产物如积炭、污渣和过多的气缸油等。后者主要是由于活塞环技术状态欠佳,燃气下窜;气缸润滑不良,干摩擦导致过热等。

扫气箱污染主要是由于燃烧产物经气缸和扫气口漏入扫气箱底板和隔板上。在燃烧不良时这种污染尤为严重,混有气缸油的残渣积聚过多,一遇火花就会起火。十字头柴油机的活塞杆填料函失效也会导致扫气箱污染。

(1)燃烧不良的原因

喷油泵的定时调节不当;喷油器工作不正常,影响雾化和喷射;燃油过冷,预热不够;柴油机负荷剧烈变化,引起暂时进气不足,燃烧恶化;气缸油过量;扫气系统污染造成气缸的进气不足,如增压空气中含有透平油雾等。

(2)燃烧产物泄漏的原因

活塞环磨损、卡住和断裂;气缸润滑不正常,密封性变差;气缸的摩擦表面损坏,纵向沟纹泄漏;负荷急剧变化,导致活塞环的密封效果变坏。

(3)扫气温度升高的原因

空气冷却器脏堵;扫气压力降低,排气倒流;气缸燃气泄漏。由于燃烧不良形成的燃烧产物泄漏到扫气箱形成可燃物质积聚,这是扫气箱着火的基本条件。高温的燃气经活塞与缸套间的间隙及密封不良处漏入活塞下部空间,就可能存在小火星。若扫气温度较低,冲出的火星被熄灭。当扫气温度较高时,这些火星就成为点燃扫气箱积聚油污的火源。扫气开始前,高温燃气经活塞和气缸套间的间隙混入活塞下部缓冲空间。此间隙对弯流扫气柴油机来说,扫气侧间隙要大些,因燃气和扫气的合力将活塞压向排气侧。于是,这些部位就可能发生小火星。

2. 扫气箱着火时的现象

扫气箱着火时会伴有下列现象发生:

①排气温度和扫气温度升高。②黑烟从增压器的进气滤网中倒冲出;烟囱冒黑烟。③柴油机转速下降。④扫气箱过热,使导门脱漆,变色。⑤与该气缸相连的增压器发生喘振。⑥当打开扫气箱泄放阀时,会有烟雾和火花喷出。⑦扫气箱着火时因压力、温度急剧升高发生扫气箱爆炸使安全阀起跳。

3. 扫气箱着火时的应急处理

当发生扫气箱着火时,酌情采取下列应急处理的办法:

(1)首先柴油机应降速,切断着火缸的燃油供给,适当加大气缸油的注油量,以利润滑,如火势不重,可待积油烧完再停车。

(2)火势严重时,应立即减速或停车。灭火措施应首先考虑窒熄灭火和蒸汽灭火。火势猛烈可采用CO_2灭火。在停车灭火的同时,应合上盘车机。

蒸汽灭火的优点是不致形成有关部件的剧冷损伤,但缺点是可能形成锈蚀。CO_2容易使有关部件造成剧冷损伤。

(3)必要时用温水喷洒扫气箱外壳,以降低温度。

(4)熄火后如需停车检查,应待冷却后才打开导门。盘车检查气缸、活塞组件有无烧损,并在活塞杆上涂上滑油。由于扫气箱流通的空气量很大,不大可能形成可燃性的油气混合物。

(5)重新起动运转时,一般在火被扑灭后 5 ~ 15 min 可重新把切断的喷油泵接通,缓慢加速,并使气缸油注油量逐步降至正常值。避免在注油量增多的情况下连续运转数小时。

4. 扫气箱着火的预防

在日常的运行与维护管理中,应注意以下预防措施:

(1)定期检查扫气箱,清除积油、残炭;值班中,每班将扫气箱的排放阀打开放残水。

(2)避免长时期低速运转和超负荷运转。低速将造成燃烧不良,超负荷加剧磨损和燃气泄漏。

(3)正确调整喷油定时和喷油器的雾化,使喷油设备处于良好的技术状态。

(4)气缸注油量要合适,不得断油;部分负荷时,减少气缸油的注入量。

(5)控制好扫气温度,不使其升高。

(6)大风浪时降低柴油机的转速,避免负荷突变的范围过大。

(7)定期检查活塞环的状态,对磨损、断裂和粘住的活塞环应及时更换。

(8)定期检查气缸套的磨损、圆度和锥度情况,磨损过度时应及时更换和修理。

六、曲轴箱爆炸的原因及处理

曲轴箱爆炸时,火焰和高压同时发生。高压是由火焰诱发而产生,因此破坏也是双重的,既能导致火灾也会有冲击性破坏,后果十分严重。在封闭式强力润滑的柴油机中,任何运动部件的失常都有可能导致曲轴箱发生爆炸。曲轴箱爆炸不仅造成柴油机的冲击破坏而且可能会有人员伤亡,必须足够重视。

1. 曲轴箱爆炸原因

运行中的曲轴箱内充满着油气。但是油气与空气的混合比例不一定处于可爆燃的混合比。即使达到爆燃混合比,若没有高温热源也不会爆炸。若曲轴箱内部出现了局部高温热源,飞溅在热源表面上的油滴就会气化,油气逐渐加浓,形成乳白色的油雾。当油雾浓度达到一定范围时,就成为可爆燃的混合气,并会在高温热源的引燃下着火。若着火前已有大量油雾存在,则一旦着火就会使曲轴箱有限空间内的温度和压力急剧升高,产生强烈的冲击波,引起曲轴箱爆炸。由此可见,曲轴箱爆炸的原因是曲轴箱内的油雾浓度达到可爆燃的混合比,高温热源的存在使温度达到着火点,从而引发激烈燃烧产生高压。因此,如遇下列情况就可能导致曲轴箱的爆炸:(1)漏入滑油中的燃油,不但使滑油着火温度降低,而且在高温下蒸发形成大量油雾。(2)轴承过热或烧熔、活塞环漏气使燃气下窜、拉缸等都会出现高温热源,它既是滑油蒸发成油雾,又是可爆燃混合气的点火源。(3)二冲程柴油机扫气箱着火,使曲轴箱因高温,气体急剧膨胀。

资料表明,空气与油雾的可爆燃比例下限为100:1,而上限为7:1,当油雾浓度达到这个范围时,在高温热源的引燃下可发生爆炸。而当浓度超过上限时,即使有高温热源也不会爆炸。着火的基本条件是它的浓度极限。产生爆炸的条件也是由所需温度的上限和下限所决定。对润滑油蒸汽着火下限为270~350 ℃,上限高于400 ℃,而润滑油的蒸发温度在200 ℃以上。故如果燃油漏入曲轴箱中会导致滑油着火温度降低,使油雾在较低的温度下就引发爆炸。

2. 曲轴箱爆炸应急处理

应不失时机地采取有效措施防止和处理爆炸事故。

(1)当发现有爆炸预兆(如透气管冒出大量油气,并嗅到油焦味,曲轴箱发热,导门温度明显升高或油雾探测器报警)时,应立即降速或停车,并加强润滑,并将海水泵关闭,防止温度骤降。人员要远离主机防爆门一侧,以防伤人。发电柴油机应在转换负荷后降速运行。如果停车,则自带的滑油泵和冷却水泵也将停泵,反而容易在刚停车时发生曲轴箱爆炸。

(2)若因曲轴箱内某些机件发热而停车,则至少停车15 min后再开道门检查,以免新鲜空气进入而引起爆炸。

(3)若曲柄箱已经爆炸,并将防爆门冲开,要立即停车。同时按机舱灭火规定施救。切忌马上打开道门,以防新鲜空气进入曲柄箱,发生更大的爆炸。

(4)曲轴箱内部的灭火可采用装设在曲轴上的 CO_2 管系把 CO_2 充入其中。但机舱灭火选用的灭火剂应慎重,不要轻易在曲轴箱内使用灭火剂,因它对金属有腐蚀作用。在关闭机舱所有通风道后,视情况选择水、CO_2 或其他灭火剂。

在处理上述任何一项应急情况下,只要停车或降速,一般情况下应征得驾驶台的同意再执行。在紧急情况下,可在采取措施的同时通知驾驶台。

3. 曲轴箱爆炸预防措施

良好的维护,及时发现隐患并恰当处理,则在很大程度上可以排除曲轴箱爆炸的可能,曲轴箱爆炸的预防措施主要有:

(1)避免柴油机出现过热点。保持良好的润滑和冷却,保证运动机件正确的相对位置和间隙,以免运动部件过热;活塞环和填料函有良好的密封,防止燃气下窜;运行中定期探摸曲轴箱温度。

(2)保证润滑油蒸气低于燃爆下限,保持曲柄箱透气孔畅通;消除燃油漏入曲轴箱的一切途径。现代柴油机将凸轮润滑油与系统油分开是一种好办法。

曲轴箱采取通风措施。保持曲轴箱上装有透气管或抽风机,将油气引出机舱外,防止油气积聚。透气装置应装有止回阀,防止新鲜空气流入曲轴箱。

(3)防爆门应处于良好的技术状态。防爆门开启压力一般为 5 ~ 8 kPa。

当曲轴箱内压力高到一定程度时,防爆门开启,释放曲轴箱内压力,随后自动关闭,从而防止严重的爆炸事故。初次爆炸由于燃烧较慢,压力不很高,但也足以冲破曲轴箱道门。若不装防爆门,则初次爆炸产生的真空将通过打碎的道门吸入新鲜空气。曲轴箱的高温热源和很浓的油气,与新鲜空气混合后将导致带有爆震的第二次更强烈的爆炸。第二次爆炸出现爆炸火焰,产生高压和强烈的冲击波。

(4)曲轴箱内安装油雾浓度探测器,在油雾浓度达到着火下限之前报警。

(5)在曲轴箱上装设 CO_2 灭火接头与 CO_2 管系相连,有关的截止阀应绝对密封。

(6)定期化验,当曲轴箱滑油闪点在 160 ℃以下时应申请换油。

七、烟囱冒火原因及处理

装有废气锅炉的柴油主机,往往会出现烟囱喷出火花的情况。烟囱冒火时还常伴随废气锅炉的汽压突然升高,安全阀冲开跑汽。烟囱冒火不仅会引起火灾,特别是危及油船的安全,而且也是柴油机运行状态不佳的表现。柴油机烟囱冒火,通常是由于未烧尽的燃油或含油积存物随高温燃气带出烟囱遇空气再燃烧所产生,即燃料在气缸内燃烧过程的延续。

1. 烟囱冒火三种情况

从火花的形成来看烟囱冒火可分为三种情况。

(1)油雾燃烧形成的火花

这类火花在白天不易发现,在黑天可以看到细而短的浅粉红色火花从烟囱中冒出。大多在随其排烟的流动中自行熄灭,而无炭垢或黑色的颗粒落下。此种火花多发生在柴油机超负荷、部分气缸燃油雾化较差或气缸内空气供应不足等情况下,此时气缸内的燃油不能完全燃烧,气缸内过量的油雾或微细油粒被高温排气直接带出烟囱时遇氧而燃烧。

(2)残油燃烧形成的火花

这种火花的形状较上述稍长，颜色也稍深，由烟囱冲入天空并随风飘流后自行熄灭，同时有微细炭粒及烟灰带出。此类火花一般发生在柴油机部分喷油器滴油或低负荷运行时燃烧不良的情况下。尤其当排烟系统的温度、压力长期偏低时，尚未燃烧的油常积存在排烟道内，即使被带出烟囱，也难以被低温燃气所点燃。一些老型号柴油机，在此情况下多采用旁通废气锅炉的方法使燃气直接排出，防止污染锅炉内加热盘管。近代船舶则大多已取消旁通排烟管道，燃气只能经废气锅炉排出，排气背压升高。因此长期低负荷运行的二冲程柴油机烟道内积油会逐渐增多。积存的残油经过着火前的物理及化学准备过程，若有较充分的空气，当排气温度高于 210 ℃时或遇明火时，就会在排烟管道内部的烟囱出口处着火。

(3)烟灰沉积物燃烧形成的火花

此类火花从烟囱排出时大多呈板状。火花产生的时间，往往在出航后不久以及航行 10 ~ 15 天之后。火花持续的时间 0.5 ~3 h 不等。白天因光线关系不被人注意，晚间则甚为可观。这类火花亮点较大，呈黑红色，持续时间较长。有灰分及不同形状团体颗粒伴随火花同时从烟囱冲出，常常掉落到甲板上还继续燃烧，易引发火灾。

排气系统中，一般自增压器出口至废气锅炉进口这一段管路上很少着火，且在废气锅炉的过热蒸汽盘管上烟垢也不很多。但在饱和蒸汽盘管上往往有采热片的密集布置和在废气锅炉漏斗形的部位上固体沉积物较多，这类沉积物是引起火花的主要来源。这类冒火最为常见，危险性也最大。引起此类火花的原因有：燃油质量差，燃用劣质油时产生的烟灰沉积物和可燃物质更多；燃油喷射设备不完善或故障，不完全燃烧使排气中的含油物增加；气缸润滑油的注油量太大；气缸进气系统的工作不完善；废气锅炉脏堵等。

研究指出，当废气锅炉水管外表面的沉积物厚度达 2 ~3 mm 以上或当排气的流动阻力增加到 12.7 ~13.3 kPa 时易发生烟囱冒火。冒火停止后，烟灰沉积物减少，排气流动阻力可下降 0.67 ~1.33 kPa。四冲程柴油机的换气条件优于二冲程柴油机，因此烟囱冒火的发生也较少。

2. 烟囱冒火预防措施

烟囱冒火的预防措施主要有：(1)保持柴油机气缸内良好的燃烧状态；加强各缸燃烧过程的监测，及时发现异常情况并排除。(2)加强废气锅炉的维护管理，保持良好的燃烧效果。(3)选用合适的除炭剂等试剂，定期向排烟管或废气锅炉内投放、预防结垢和清通系统，使管壁上的积炭软化、脱落，甚至使其降低燃点后燃烧。(4)为保证油船的安全，烟囱内装有喷水灭火装置，防止烟囱冒火的发生。

3. 烟囱冒火应急处理

发生烟囱冒火时，应采取以下应急措施：(1)对于第一类火花，应立即降低柴油机的负荷或缓慢停车。查明原因并消除故障后才继续使用，待排烟正常后再加至所需要的负荷。(2)对于第二、三类火花，在环境允许的条件下应让其继续“喷冒”，使排气系统内的油性沉积物尽量吹掉、烧尽。此时应加强柴油机和废气锅炉的维护管理及防火工作。(3)除火势过猛、个别缸或局部排烟管过热需降速外，尽量使柴油机保持较高的负荷运行。(4)不要轻易使用灭火设备，特别是 CO_2 灭火设备，以防止高温金属因温度的急剧降低而炸裂。

八、紧急刹车的操作和注意事项

船舶遇到避碰等紧急情况时，为使船舶尽快停止运动或改作倒航而对主机制动并迅速倒转的操纵过程称为紧急刹车。紧急刹车的操作因机型而异，以 MAN B&W MC 和 Sulzer 为例。

1. MAN B&W MC 型柴油机紧急刹车操作

(1)接到驾驶台紧急倒车车令时,立即将起动调油手柄拉至停车位置。(2)将车令手柄(车令手柄完成换向)板至倒车位置,燃油凸轮和空气分配器实施换向操作。(3)换向动作完成后,将起动调油手柄推至“起动”位置进行倒车起动。(4)起动空气按倒车规律向仍在正转的主机气缸送入起动空气,对主机进行强制制动。(5)在压缩空气作用下,主机迅速停车。(6)主机停车后,在持续压缩空气作用下随即反向起动,待达到起动转速后,再将起动调油手柄推至驾驶台车令“给定”位置,主机按给定油量反向运转。

2. Sulzer RTA 型柴油机紧急刹车操作

(1)接到驾驶台紧急倒车(后退三或前进三)车令时,立即将车钟拉到相应的位置。(2)车钟越过“停车”位置时,断油伺服器立即使高压油泵停止向主机供油,主机转速迅速下降。(3)由于车钟手柄已在倒车位置,换向伺服器使凸轮轴和空气分配器换向。(4)将燃油手柄置于起动油量位置。(5)换向机构的换向动作完成后(转速降到 60% ~70%),迅速拉动起动手柄。(6)起动空气随即按倒车正时进入正车运转的气缸,对正转的主机进行制动。

此制动作用分为“能耗制动”和“强制制动”两个阶段。前者在制动初期当活塞上行将起动空气压入起动总管,相当于空压机消耗正转的能量;后者在压缩空气作用下,使主机迅速强制停止运转,并在持续的压缩空气作用下开始反转,运动方向连锁释放,达到发火转速。主机倒转后,可按驾驶台要求的车令调节油门。

3. 紧急刹车的注意事项

(1)保证压缩空气的压力,以使刹车过程有效进行。对于 Sulzer 型主机,保持较高的滑油压力可以使差动换向动作迅速完成。

(2)为保证倒车起动成功,可视情况适当调大起动油量(如 Sulzer 型主机可从 3.5 格移至 5.0 格)。

(3)为使主机迅速刹车和反向起动,拉动起动手柄时可略停顿一下。这样,当转速降至零后随即可反向起动起来,缩短刹车过程的时间。

(4)当主机和船舶在较高航速下刹车时,一次操作可能无法使主机刹车成功,且这样的操作将使曲轴承受较大的附加应力,并使空气消耗量过大。为了改善上述状况,采取几次间断刹车的操作方式比较有效。

(5)对于 MAN B&W 型主机,尽管具有连锁装置,但在操作中当换向手柄未推至极端位置时,切不可过早拉动起动调油手柄,以免发生意外。当主机差功换向未完成时,也不可过早将起动调油手柄推至起动供油位置;否则可能产生严重后果。

(6)操作中应避免一下子将油门加得过大,以防超负荷。在特别紧急时(驾驶台将车令重复一次),则应尽快给出相应转速,以保证船舶安全。

(7)紧急刹车的操作时机十分重要,既要考虑操作前的主机转速、船舶航速、主机的具体技术性能和状态,还要熟悉其他辅助设备如空气压缩机等的工作能力。而且,操作过急、过缓都将失去紧急刹车的意义并可能造成严重后果。

(8)对采用遥控系统的主机,换向程序中大多具有紧急刹车功能,上述操作均按设定程序自动完成,但需注意压缩空气压力,以防起动空气消耗过多。当遥控系统本身发生故障时,应及时转换为集控室直接操作。平时应对机旁应急操作装置进行必要的维护,保证随时处于可用状态。

第三篇 船舶推进动力装置

第一章 船舶动力装置概述

第一节 船舶动力装置的组成、类型和发展

船舶发展的历史悠久漫长，1807 年以前，船舶航行的动力都是来自于人力和风力，直到 1807 年以往复式蒸汽机作为推进动力的“克莱蒙特”号建成下水，才开始了船舶以机械作为推进动力的新纪元。当时是由蒸汽机带动舷侧转轮推进器，由于转轮的大部分露在水面以上，故被称之为“明轮”，进而人们把装有明轮的船称为“轮船”，把产生蒸汽的锅炉和驱动明轮转动的蒸汽机等成套设备称为“轮机”，所以，当时的“轮机”一词仅是推进设备的总称。此后，随着造船工业的发展和进步，同时也是为适应船舶的各种作业和人员的生活以及保障人员和财产的安全需要，不但对推进设备进行了逐步的完善，而且还增设了诸如船舶电站、系泊设备、转舵机械、起货机械、冷藏和空调装置、制淡水装置以及饮水、蒸汽、压缩空气、压载、舱底、消防等系统，从而扩大了“轮机”一词所包含的内容。

所谓“船舶动力装置”，其所包含的内容与“轮机”基本相同，是为了满足船舶航行、各种作业、人员的生活、人员和财产的安全需要所设置的全部机械、设备和系统的统称。船舶动力装置的任务是多方面的，可概括为：向船舶提供各种形式的能量（机械能、电能、热能），并转化和使用这些能量。通常我们把保证推进力的原动机称“主机”，把保证供电的原动机称“副机”，把保证供汽的锅炉称“辅锅炉”（内燃机船），把船上甲板机械及其他机械称“辅机”。

一、船舶动力装置的组成

船舶动力装置主要由推进装置、辅助装置、管路系统、甲板机械、防污染设备和自动化设备等六部分组成。

1. 推进装置

推进装置即为推动船舶航行的装置，包括主机、传动设备、轴系和推进器。主机发出动力，通过传动设备及轴系驱动推进器产生推力，使船舶克服阻力以某一航速航行。

2. 辅助装置

辅助装置是指除推进装置以外的其他产生能量的装置。包括船舶电站、辅锅炉、液压泵站

和空气压缩机。它们分别产生电能、热能、液压能和压缩空气供船舶生产和生活使用。

3. 管路系统

管路系统由各种阀件、管路、泵、滤器和热交换器等组成，用以输送各种流体工质，以维持船舶的各种机械正常运转。按管路系统的用途不同，可分为动力系统和辅助系统两大类：

（1）动力系统，为推进装置和辅助装置服务的管路系统。它包括燃油系统、滑油系统、海淡水冷却系统、蒸汽系统、压缩空气系统、排气及废气利用系统等。

（2）辅助系统，为船舶平衡、稳性、人员生活和安全服务的管路系统。它包括压载系统、舱底水系统、日用海淡水系统、通风系统、空调系统、冷藏系统和消防系统等。

4. 甲板机械

为保证船舶航向、锚泊靠泊、装卸货物以及起落自身设备所设置的机械统称为甲板机械。主要有：①锚泊机械设备，如锚机、缆机等。②操舵机械设备，如舵机及其操纵、执行机构等。③起重机械设备，如起货机、吊艇机、吊杆、舷梯升降机等。④特殊机械设备，如艉门艉跳系统、艏门艏跳系统、侧推器、防摇鳍等。

5. 防污染设备

用来处理船上的含油污水、生活污水、油泥及各种垃圾的设备。它包括油水分离装置（附设有排油监控设备）、生活污水处理装置及焚烧炉等。

6. 自动化设备

自动化设备是为改善船员的工作条件、减轻船员的劳动强度和维护工作量、提高工作效率以及减少人为操作错误所设置的设备。它主要由主、辅机的遥控单元，温度、压力、液位的自动调节单元，机舱各设备的工况监测、报警和打印等设备组成。

船舶动力装置的组成情况大体如上所述，但也不能一概而论。随着船舶的大小、种类、用途、航线等情况不同将会有所变化，甚至是较大的变化。例如滚装客船，不设起货机械，而必须设有艉门、艉跳装置；客船、短途集装箱船等频繁靠离码头的船舶往往设有侧推器；挖泥船、打桩船、海底布线船等工程船舶，根据其任务的不同，装设的机械设备也更各具特色。

二、船舶动力装置的类型和发展

在船舶动力装置各组成部分中，无论从重要程度、制造成本来看，还是从营运费用、日常维护管理所投入的费用和工作量来看，推进装置都处于最显著的地位。因此，船舶动力装置往往以推进装置的类型进行分类。

1. 柴油机动力装置

自1904年首次采用柴油机作为船舶推进装置，至今已过去一个多世纪。由于柴油机具有其他发动机所不能比拟的优点，因此在20世纪的50～60年代，就已经占据了船舶推进装置的主流地位，时至今日，在航和在造的中、小型船舶几乎全部采用的是柴油机动力装置，即使是大型、超大型舰船，柴油机动力装置的比例也占到98%以上。从作为船舶发电原动机来说，柴油机所占的比例就更大了。柴油机被如此普及应用，是依赖于其热效率最高、起动迅速可靠、机动性能强、部分负荷运转性能好、可靠性高、单位功率重量较轻、功率覆盖范围大（从几千瓦至几万千瓦）等一系列优点。在大、中型商船上所使用的推进柴油机有大型低速和大功率中速两大类，在小型船舶、巡逻艇、拖船和小型军事舰艇上一般采用小功率中速柴油机和高速柴油机作为船舶主机。

（1）大型低速柴油机动力装置

大型低速柴油机动力装置自20世纪60年代起发展得特别迅速，一方面是由于当时的船舶向大型化、高速化发展，需要大功率的发动机；另一方面是由于废气涡轮增压技术的进步，为大型低速机的发展提供了条件。由于20世纪70年代两次能源危机的冲击，从节能的角度出发，船舶已不再向大型化和高速化方向发展，除专业化船舶外，普通货船的航速都降到了14 kn以下。为适应航运市场的需要，大型低速柴油机的气缸直径不再增加，反而有所减小（最大缸径已减小到1 000 mm以下），从而促使小缸径、长冲程或超长冲程的低速机得以迅速发展。例如由MAN B&W公司研发的S26MC/MCE小缸径低速机。目前，专用船舶仍然向大型化的方向发展，如大型豪华邮轮、大型集装箱船、大型和超大型油船（VLCC、ULCC）等，所以也仍然需要大功率的发动机，但增加功率的方向已转向提高强化程度和增加气缸数。

（2）中速柴油机动力装置

大功率中速柴油机动力装置的重量尺寸较小（高度只有同功率低速机的40%，机器本身的重量也只有低速机的30%～40%，同功率动力装置的重量仍只有低速机的60%～70%），是低速机的有力竞争者。在中速机装置中，可通过配置合适的减速齿轮箱，使桨转速最佳，从而提高推进装置效率。单缸功率的提高和单机功率的增大，以及可用多台（2～4台）柴油机通过减速器驱动一个螺旋桨，都给中速机的发展创造了有利条件。特别是在机舱尺寸要求严格的滚装船、客船和小型集装箱船上，中速机的应用就更为广泛。目前中速机的耗油率虽然有显著下降，但仍然略高于低速机，运转中噪声也比较大，维护管理也不如低速机方便。

（3）高速柴油机动力装置

高速柴油机具有单位功率体积小、重量轻的优点，通过配置合适的减速齿轮箱，特别适用于机舱矮小的小型舰船配套使用（如图3.1-1所示）。近些年来，各著名机型制造厂生产的小型高速柴油机，不但具有维修周期长、维护工作量少的优点，而且其工作的可靠性也有了较大的提高，这些关键性的改进都增加了小型高速机在小型舰船方面的竞争能力。

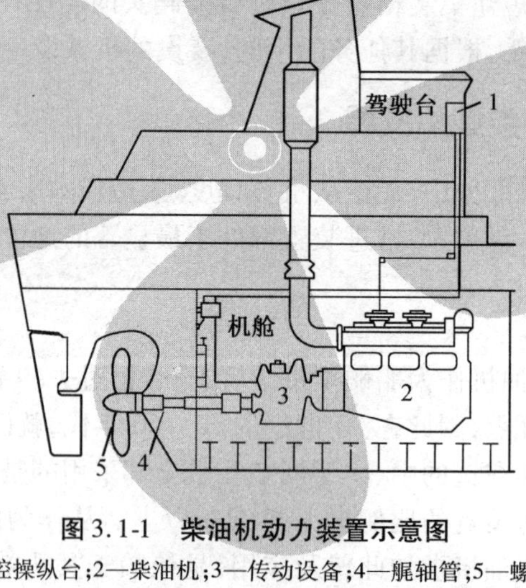

图3.1-1　柴油机动力装置示意图

1—遥控操纵台；2—柴油机；3—传动设备；4—艉轴管；5—螺旋桨

纵览船舶市场，柴油机动力装置占绝对优势的状况已存在多年，在今后一个相当长的时期内还将继续下去。目前，柴油机本身的热效率已经达到了52%以上，进一步提高的发展空间已很小，但通过对整个动力装置进行优化配套、加大废热利用的广度和深度，以进一步提高整个动力装置的经济性还是大有潜力的。随着材料科学的进步和设计、制造工艺的改进，柴油机动力装置的可靠性已经有了较大的提高；主要部件的维修周期，相比20世纪80年代几乎增加了一倍，例如一些著名机型的柴油机常规吊缸检修周期已达 12 000 工作小时。

2. 蒸汽动力装置

蒸汽机的发明不仅带动了世界的工业革命，而且使航行于海洋中的船舶由人工和风帆动力改为蒸汽机推进，完成一次革命性的转变，使船舶的大型化、高速化成为可能。在各型动力装置中，蒸汽动力以功率大、造价低、技术成熟、研制周期短、使用寿命长、运行使用经验丰富，而具有强大的竞争力和生命力，特别在大中型水面舰艇上被广泛采用。在世界各国的大中型水面舰艇上，通常采用 2 台主锅炉配 1 台主汽轮机组带动 1 根螺旋桨轴的形式。驱逐舰采用双轴推进，航母则采用四轴推进。主锅炉是蒸汽动力的主要设备，因此如何提高主锅炉经济性及减少锅炉重量与尺寸显得格外重要。国外大型的舰艇锅炉结构形式基本上可分为圆形炉膛锅炉与 D 形炉膛锅炉两大类，锅炉压力有常压与增压之分。增压锅炉以其尺寸小、综合经济指标好，因而具有更广泛的发展空间。蒸汽动力装置一直是我国大型水面舰艇的主动力，内置式过热器的圆形炉膛锅炉就是在圆形锅炉基础上由我国自行研制的新型锅炉。现今，国外舰船蒸汽动力装置达到的水平为：单台主蒸汽锅炉的容量为 65 ~ 120 t/h，每台主汽轮机组的功率为 27 500 kW、36 800 kW 和 51 500 kW。我国主锅炉达到 80 t/h，单轴推进功率达到26 500 kW。

根据运动方式的不同，蒸汽动力装置有往复式蒸汽机和旋转式汽轮机两种。往复式蒸汽机最早应用于海船，由于它具有结构简单、运转可靠、管理方便及噪声小等优点，在 20 世纪初期很长的一段时间内占据着主导地位；但由于其经济性差、体积和重量大，现在已经退出了船舶动力机械领域。汽轮机（图 3.1-2）自装置商船使用以来，由于受到柴油机的挑战，一直发展

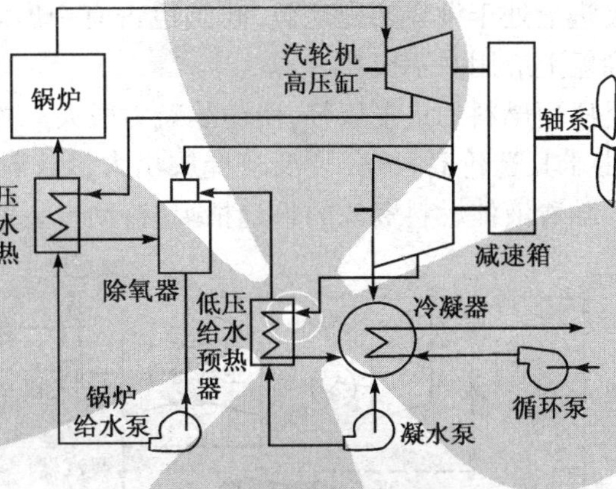

图 3.1-2　汽轮机动力装置示意图

比较慢。主汽轮机虽然单机功率大，运转平稳，摩擦、磨损少，振动轻、噪声小，但其装置的热效率低，要配置重量和尺寸都较大的锅炉、冷凝器、减速齿轮装置以及其他辅助机械，因此装置的总重量和体积均较大，这就限制了它在中小型船舶中的使用。然而近几十年来，由于汽轮机和锅炉效率的提高，制造上的系列化、通用化和简单化，降低了装置的造价，以及采用多级加热、中间再热和废热回收利用系统，采用低转速螺旋桨等措施，大幅度降低了装置的燃油消耗率，使它在商船上的应用范围有所扩大。

3. 燃气轮机动力装置

20 世纪 30 年代燃气轮机制造业开始兴盛起来，第一批作为商船主机的是在 20 世纪 50 年代。它的优点是单位重量和尺寸小，单机功率大，机动性高，操纵管理简便，便于实现自动化；但它的经济性差，进排气管道大、机舱布置困难，低负荷运转性能差，不能直接倒车（需加

离合器)，叶片及燃气发生器均在高温高压下工作，寿命较短。由于以上原因，目前这种动力装置在商船上应用还不多。燃气轮机(图 3.1-3)载重量和尺寸方面有绝对的优势，加上他优良的加速性能、可靠性、振动小和低的 NO_X 排放量，而被舰艇和高速客船等广泛采用。与柴油机相比，燃气轮机的不足之处主要是其较低的燃油经济性与较高的燃油品质。因此在作为舰用动力时经常配有柴油机，而燃气轮机主要利用其良好的起动性能用于在战斗工况加速。目前，美国研制的 WR-21 型(24 843 kW)船用燃气轮机已基本达到设计标准。前苏联研制的 GT25000 型(28 670 kW)船用燃气轮机已经服役。我国在船用燃气轮机的研制上也作了许多工作，但由于研制周期长、机型淘汰快，与国际先进水平还有较大距离。

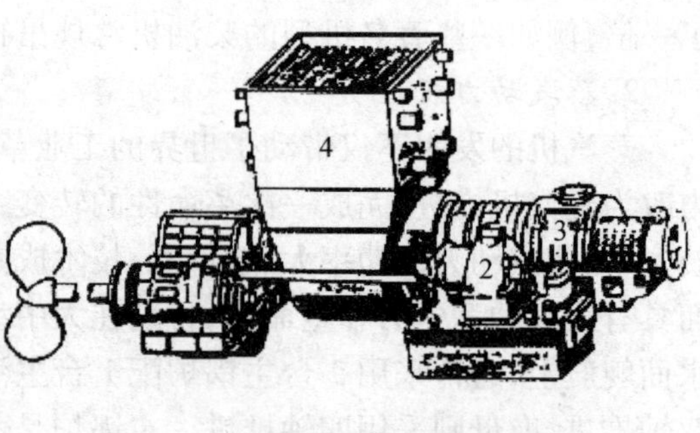

图 3.1-3　燃气轮机动力装置示意图

1—减速器；2—汽轮机；3—燃气轮机；4—余热锅炉

4. 核动力装置

关于核动力推进装置(图 3.1-4)的研究工作始于 20 世纪 40 年代，第一座核反应试验堆于 1953 在美国启动运行，第一艘核动力潜艇美国海军“鹦鹉号”于 1955 年下水，1960 年美国海军“企业号”航母得到开发，使海军发生革命性转变。核动力特别适合于需要长期海上航行而不必更换燃料的舰船和强有力的潜艇推进。全世界现有 150 多艘依赖 220 多座小型核反应堆提供动力的舰船。这些舰船大部分是潜艇，也包括从破冰船到航空母舰等各型舰船。目前，美国和俄罗斯在核动力推进上处于世界领先地位，我国也占有一席之地。但值得一提的是核动力推进除破冰船外在商船上应用并不成功。

核动力装置的优点是所用燃料的重量极轻，船舶续航力极大。核燃料燃烧不用空气助燃，不用设进排气系统。但由于其造价高，核分裂反应释放出大量放射性物质需要严加防护，操纵、管理、检查系统复杂。随着液体燃料资源的日趋枯竭，核动力装置的竞争能力有可能加强。

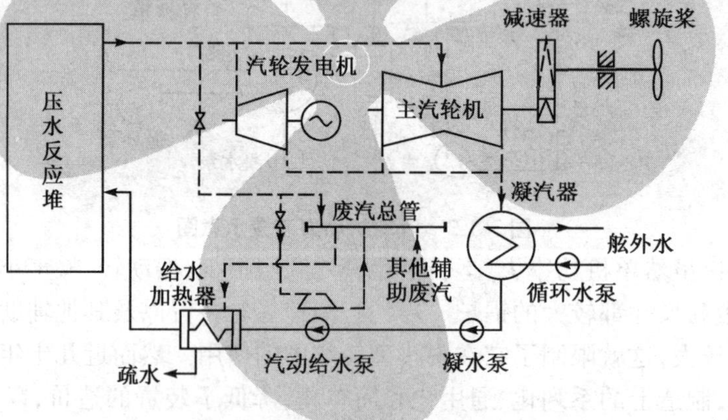

图 3.1-4　核动力装置示意图

5. 综合电力推进系统

传统船舶的动力和电力系统是相对独立的，动力系统通常由常规的热机和其他的机械装置构成，电力系统一般作为辅助能源，与船舶推进没有直接关联。将电力系统与推进系统相结合形成的船舶电力推进是最近十几年发展的新技术。而综合电力系统是将船舶发、供电与推进用电、船载设备用电集成在一个统一的系统内，从而实现发电、配电与电力推进用电及其他设备用电统一调度和集中控制。它对总体设计和动力系统的优化、隐蔽性的提高、作战方式的选择以及高能武器使用都具有显著的军事意义和经济价值。因此无论对商船，还是军用舰艇上，综合电力系统都具有强大的生命力。

电力推进装置（图 3.1-5）在降低初投资后将有较大的发展空间，因为它在能源的消耗、新能源的替代、自动控制及环保上都有明显的优势。通过变频技术，可以采用简单的交流电动机带动固定螺距螺旋桨，根据需要从零到满负荷自由选择转速；多台柴油机形成的电网，还可供船上各种应用，包括艏、艉侧推器和生活、娱乐等。电力传动船可根据负荷率调整发电柴油机工况，使其始终处于最佳运行状况（其负荷不低于 60% ~65%），达到低耗、低排放。目前电力推进装置已不再局限于破冰船、挖泥船、勘探测量船等一些工程船舶，已扩大到滚装客船、豪华邮轮、军舰、半潜式海洋平台、化学品船、油船、LPG 船、LNG 船、渡船等船舶。

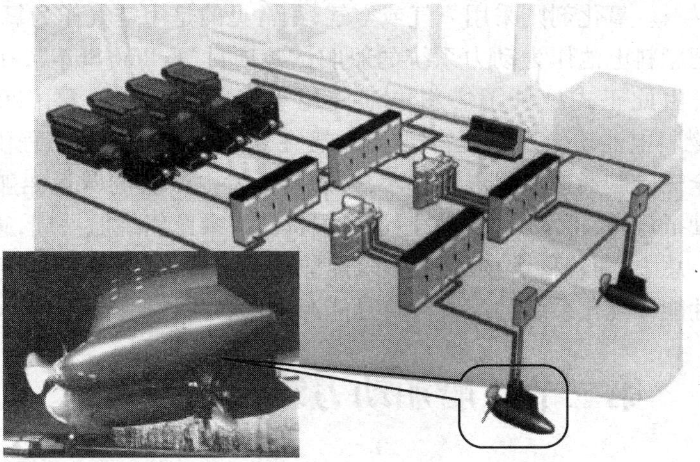

图 3.1-5　综合电力推进系统示意图

6. 燃料电池动力装置

燃料电池是继水力、火力和原子能发电后的第四代发电技术，其工作原理见图 3.1-6。这种装置的最大特点是反应过程不涉及燃烧，其能量的转换率高达 60% ~80%，实际使用效率则是普通内燃机的 2 ~3 倍。另外，其还具有燃料多样化、排气干净、噪声低、对环境污染小、可靠性及维修性好等优点。

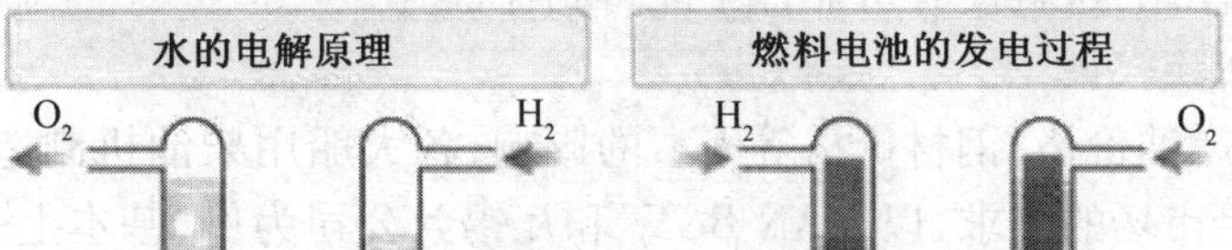

图 3.1-6　氢燃料电池工作原理示意图

按燃料电池工作温度分有低温型，温度低于 200 ℃；中温型，温度为 200 ~750 ℃；高温型，温度高于 750 ℃。在常温下工作的燃料电池，例如质子交换膜燃料电池（PEMFC），这类燃料电池需要采用贵金属作为催化剂。燃料的化学能绝大部分都能转化为电能，只产生少量的废热和水，不产生污染大气环境的氮氧化物。不需要废热能量回收装置，体积较小，质量较轻。但催化剂铂（Pt）会与工作介质中的一氧化碳（CO）发生作用后产生"中毒"现象而失效，使燃料电池效率降低或完全损坏。而且铂（Pt）的价格很高，增加了燃料电池的成本。另一类是在高温（600 ~ 1 000 ℃）下工作的燃料电池，例如熔融碳酸盐燃料电池（MCFC）和固体氧化物燃料电池（SOFC），这类的燃料电池不需要采用贵金属作为催化剂。但由于工作温度高，需要采用复合废热回收装置来利用废热，体积大，质量重，只适合用于大功率的发电厂中。最实用的燃料电池是以氢或含富氢的气体燃料，但是在自然界是不能直接获得氢的，燃料电池氢的来源通常是以石油燃料、甲醇、乙醇、沼气、天然气、石脑油和煤气，经过重整、裂解等化学处理后来制取含富氢的气体燃料。氧化剂则采用氧气或空气，最常见的是用空气作为氧化剂。

全球第一艘把燃料电池作为动力系统的船舶试验项目"Fellow Ship"，在挪威和德国资金支持下顺利实施，由此正式拉开了燃料电池应用于船舶动力的帷幕。2009 年 9 月，这个 320 kW的全尺寸燃料电池动力系统，已安装到一艘在北海运营的海洋工程供应船"Viking Lady"号上，这亦是全球首艘通过燃料电池技术，实现船上发电试验的营运船舶。此船在哥本哈根气候峰会期间驶抵丹麦，哥本哈根市长邀请各国贵宾搭乘此船绕航一周，感受清洁能源带来的船舶动力革新。总之，随着科学技术的进步，船舶动力装置也得到了不断的发展。如何提高的船舶动力装置性能和优化系统的配置一直是能源工作者的长期课题。

第二节　船舶动力装置的可靠性

一、船舶的特殊性

船舶动力装置的可靠性与船舶的特殊性密切相关，船舶特殊性主要表现在：

1. 船用机械制造台数少

有的机型只造出几台即改造转型，母型机不能得到充分试验，由于船舶机械的需要量相对较少，且造价高，一直都是采取先定货、后生产的模式，有时某一机型研发出来后，并没有经过充分的试验，即装船使用，这就使其可靠性不能得到保证。

2. 主机机型更新换代快

由于造船市场、燃油价格、钢材价格等因素的影响，各大船用柴油机制造厂都以对其产品进行更新换代来满足市场的需求，以 MAN B&W 和瓦锡兰公司为例，基本上是 3 ~ 4 年便更新一代产品。由于更新换代快，有些产品在开发过程中，存在着设计、选材、制造等方面的缺陷，得不到及时的纠正，致使可靠性不能得到保证。

3. 设备使用环境十分苛刻

船在大海中航行时，横摇和纵摇以及颠簸是不可避免的，这就大大增加了结构部件和运动部件的附加应力、附加弯矩和冲击负荷，磨损也随之增大，对运动部件的润滑也十分不利，使得可靠性降低。

4. 在发生故障时需要船员自行处理，技术、工具、备件、材料等受限

当船舶在航行中发生故障时，由于远离陆地，得不到岸基人员的及时现场支持，并且工具、备件、材料等都只限于随船所带，故对船舶动力装置可靠性的要求高于陆地同类型的动力

机械。

5. 发生故障时，由于客观环境复杂，可能会导致严重后果

船舶在航行期间，经常会遭遇大风、大浪的恶劣气象条件，动力装置又是船舶的心脏，如果动力装置的可靠性不高，在严酷的航海条件下发生故障，将会导致十分严重的后果。

二、可靠性在船舶动力装置中的应用

可靠性在动力装置质量指标中占有特殊的地位，因为它是落实其他指标的前题，直接影响其他指标的优劣。

1. 船舶动力装置可靠性

船舶动力装置的可靠性是指船舶动力装置工作在颠簸、振动、高温、腐蚀、磨损等恶劣的条件下，在规定的使用时间内，完成船舶在海上安全运行的能力。按国家标准的定义，“可靠性”就是“产品在规定条件下和规定时间内，完成规定功能的能力”。在可靠性的定义中，包含以下因素：

(1)对象

可靠性问题的研究对象是产品，它是泛指的，可定义为“单独研究和分别试验的任何元件，器件和系统”。如果是一个系统，也应把操作系统的人的因素包括在内。

(2)规定条件

规定条件是指对象的工作条件，包括外界环境条件，使用工况，使用方法及维护条件等。这些因素对产品可靠性有很大影响，在研究可靠性时应严格限定。

(3)规定时间

与可靠性关系非常密切的是关于使用期限的规定，因为可靠度是一个有时间性的定义，对时间性的要求一定要明确。它可用时间的累积值表示，也可用距离、次数表示。

(4)规定功能

规定功能是指产品在工作参数处于规定范围内完成的给定工作。“完成规定功能”是指在规定的使用条件下能维持所规定的正常工作而不失效，它与不发生故障是等同的。

可靠性可以用可靠度来表示。产品完成规定功能所持续的时间，对一个产品来说是个预先不能确定的随机量，随机量具有统计上的规律性，即可用概率来说明随机量出现的可能性大小。产品在规定条件下和规定时间内，完成规定功能的概率称为可靠度。

2. 影响船舶动力装置可靠性的因素

影响船舶动力装置可靠性的因素有很多，但总的归纳起来，可分为设计、选材、制造加工、安装、调试、使用管理与维修等几个方面。作为设计部门、制造厂家和使用管理者，都应该对动力装置的可靠性给以足够的重视，将可靠性的概念贯穿在各项工作的始终。

产品可能由各种原因而导致故障，故障的出现往往是随机的。不过任何故障的出现又总是服从一定的规律。可修产品的故障率随时间的变化规律可根据试验的统计数据得到故障率曲线。这条曲线综合了大量产品的故障率特征，基本上反映了产品故障的一般特点。曲线纵坐标为故障率，横坐标为时间 t(寿命)，它以产品制造完成投入使用的时间为坐标零点。由于此线的形状像个浴盆，也称为浴盆曲线。根据浴盆曲线的特点，我们可将产品从投入运行至耗损老化而报废的整个寿命期分为早期故障期(递减期)、偶然故障期(恒定期)和耗损故障期(递增期)。这三个时期发生的故障也可以分别称为早期故障，偶然故障和耗损故障。利用浴盆曲线，可以对三个不同时期故障的特点进行分析。

(1)早期故障期:这个时期是产品刚进入工作状态的时期,由于设计、制造的缺陷或由于使用中磨合不当会出现较高的故障率,经过短时间运行后,故障率逐步减少,我们也可称这一段时间为排除劣品的试验阶段。

(2)偶然故障期:在这一段时间内故障率基本恒定且比较低。这一段故障原因多是由环境和使用管理方面的偶然因素造成,因而无法预测故障发生的时间。通常讨论可靠性的一般问题时就以这一段时间为准。它是产品的最佳状态期。

(3)耗损故障期:产品经过较长时间的偶然故障期的运行后,由于元件的疲劳、磨损和老化现象等原因,故障率急剧增加。为防止这类故障发生,我们应该在故障率剧增之前,及时更换或修复产品。如何确定这一转折点是使用维修中的一个重要研究课题。

多数产品的故障率曲线形状是类似的,但不同产品的故障率数值和各时期的长短却有一定差异,它取决于设计、制造的质量和维修制度。早期故障期可通过制造时的质量控制和使用初期的良好磨合而缩短,但每艘船舶的磨合时期长短不一,一般约为半年,在制造技术和维护管理的技术落后于船舶设备的技术发展时,可能延长1~2年。偶然故障期是产品的最佳状态期,可通过合理的维修,更换易发生故障的零部件而延长,从而使产品的使用寿命(也称有效寿命)增加。

3. 船舶在航行中的“故障”对不同的事件有不同的定义

(1)在航行中不允许停车或减速修理的情况下发生故障,此故障是“使船舶达不到正常航速的事件”。

(2)在大风浪中,为保证船舶安全,要求船舶至少能保持一定的最低航速,如果在这种情况下发生故障,则此故障定义为“使船舶不能维持最低航速的事件”。

(3)在靠、离码头及狭窄水道机动航行时,应把船舶作为一个不可修复的系统看待,因此对动力装置的要求应是保证起动、停车、正车、倒车及变速等操纵性能。如果此时的发生故障,则此故障可定义为“使船舶失去操纵性的事件”。

(4)目前统计的船舶动力装置在港区操作时的可靠性:低速机可靠性为0.988,中速机可靠性为0.991。

三、船舶各种机械的故障比例

根据世界四大著名柴油机制造公司统计,动力装置发生故障多寡的次序是:主机、柴油发电机、机舱辅助机械、甲板机械、管路与阀门、电动机。

主机故障原因的种类:材料问题、安装问题、操作问题、自然磨损、腐蚀、污损、振动及管理问题等。主机故障占所有故障的38%,导致这些故障的原因中,因材料(制造阶段)和机件污损(使用阶段)之和要占一半。

柴油机部件故障的比例,根据日本对船舶主机故障统计:气缸活塞组件为47.8%,曲轴组件为42.5%,增压器为4.7%,凸轮轴为3.1%。有关资料统计表明,低速柴油机主要部件发生故障最多的依次是活塞、气缸套、气缸盖、十字头轴承、增压器;中速柴油机发生故障最多的部件(包括柴油发电机)依次是:气阀机构、活塞、气缸套、气缸盖、连杆大端轴承、主轴承、曲轴。

不同机构的统计结果也有明显的差异。低速柴油机主要部件发生故障多寡的次序,中远的统计结果是:活塞、气缸盖、曲轴、主轴承、十字头轴承、增压器;而劳氏船级社的统计结果却是:十字头轴承、气缸盖、增压器、活塞、连杆大端轴承、气缸套。

第二章

轴 系

第一节 推进装置的传动方式

船舶推进装置亦称主动力装置，是船舶动力装置中最重要的组成部分。它的功能是由船舶主机发出功率，通过传动机构和轴系传递给螺旋桨，同时又将螺旋桨在水中旋转产生的推力传给船体，以推动船舶航行。船舶主推进动力装置一般包括主机、传动机构、轴系和螺旋桨推进器等，如图 3.2-1 所示。

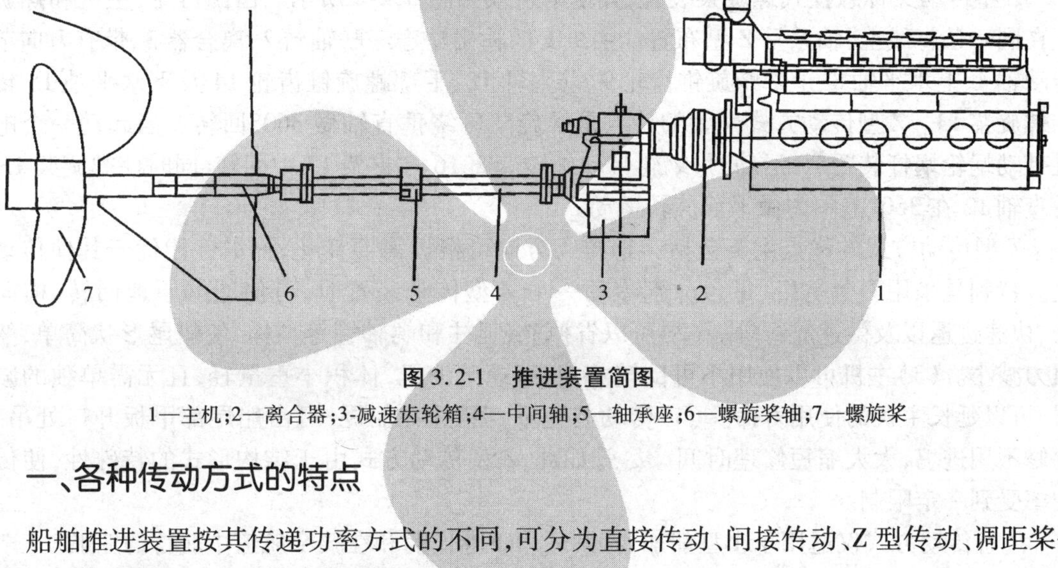

图 3.2-1 推进装置简图

1—主机；2—离合器；3-减速齿轮箱；4—中间轴；5—轴承座；6—螺旋桨轴；7—螺旋桨

一、各种传动方式的特点

船舶推进装置按其传递功率方式的不同，可分为直接传动、间接传动、Z 型传动、调距桨传动、电力传动和液压马达传动等几种。

1. 直接传动

主机功率直接通过轴系传给螺旋桨的传动方式，称为直接传动。在这种传动方式中，主机和螺旋桨之间除传动轴系外，没有减速或离合等传动设备，主机和螺旋桨始终保持相同的转向和转速，因而柴油机必须设置正反转机构。

直接传动方式的优点主要包括：(1)除轴系传动损失外无其他功率损失，传动损失小，传动效率高。(2)主机多采用大型低速柴油机，油耗率低。(3)螺旋桨转速较低，推进效率较高，经济性好。(4)结构简单,工作可靠,维护管理方便,寿命长。

直接传动方式的缺点主要包括:(1)与船用四冲程柴油主机的动力装置相比,尺寸和重量大。(2)在非设计工况下,螺旋桨效率下降,运转经济性差。(3)船舶微速航行时,受主机最低稳定转速的限制。

直接传动方式普遍应用于大、中功率的民用船舶上。一般远洋和沿海航行的货船、油船多采用直接传动,以提高动力装置的经济性。

2. 间接传动

主机和螺旋桨之间除传动轴系外,还需经过减速器或离合器等中间传动设备来传递功率的方式,称为间接传动。根据中间传动设备配置的不同,间接传动可分为只带齿轮减速器、只带滑差离合器、同时带有齿轮减速器和滑差离合器三种。

间接传动方式的优点主要包括:(1)螺旋桨转速不受主机最低稳定转速的限制,机动性能提高。(2)轴系布置自由,主机曲轴和螺旋桨轴可以同心或不同心布置,能够改善螺旋桨的工作条件。(3)在带有正倒车离合器的装置中,主机不用换向,使主机结构简单,管理方便,改善了动力装置的操纵性能和机动性能。(4)采用减速器传动,主机可以采用中、高速柴油机,使装置的尺寸和重量缩小,有利于多机并车运行以满足功率要求,还可以设置轴带发电机以满足经济性要求。

间接传动方式的主要缺点是轴系结构复杂,传动效率低。间接传动方式多应用于中小型船舶和以大功率中速柴油机、汽轮机或燃气轮机为主机的大型船舶。

3. Z 型传动

Z 型传动又称悬挂式螺旋桨装置,其基本组成如图 3.2-2 所示。由图可见,主机和螺旋桨不在同一条直线上,轴系呈 Z 型布置。主机 1 的输出功率经联轴器 2、离合器 3、带有万向节的传动轴 4、上水平轴 8、上部螺旋锥齿轮 9、垂直轴 12、下部螺旋锥齿轮 14 及下水平轴 15 传递给螺旋桨 13。Z 型传动方式最大的特点是螺旋桨可绕垂直轴做 360°回转。当起动一个电动机带动蜗轮蜗杆装置 10 运动时,蜗轮带动旋转套筒 16 在支架 17 中回转,同时使螺旋桨 13 绕垂直轴 12 在 360°范围内做平面旋转运动。

Z 型传动方式的优点主要包括:(1)推力方向可根据需要变化,操纵性能优于其他传动方式。特别是采用两台主机、每台分别带动一个 Z 型传动装置时,可使船舶原地回转、横向移动、快速进退以及微速航行等。(2)可以省掉舵、艉柱和艉轴管等结构,使船尾形状简单,船体阻力减小。(3)主机可以使用不可倒转的中、高速柴油机,体积小重量轻,且无需单独的减速器,可以延长主机的使用寿命。(4)传动装置垂直悬挂在船尾,可由船尾部甲板开口处吊装,检修不用进坞,大大缩短修理时间。尽管如此,Z 型传动方式由于结构形式的特殊性,使传递功率受到一定限制。

Z 型传动方式仅适用于小型船舶,特别适用于港作船和在狭窄航道中航行的船舶。

4. 可调螺距螺旋桨传动

可调螺距螺旋桨又称为调距桨,通过改变螺旋桨的螺距来改变桨的推力大小和方向。调距桨的桨叶相对其桨毂可以转动,桨叶的相对转动可以改变螺距的大小,从而改变桨的推力大小和方向,实现控制船舶航速和航向的目的。

与定距桨相比,调距桨传动方式的优点主要包括:(1)船舶的操纵性和机动性好。(2)部分负荷下的经济性较好。(3)能适应船舶阻力的变化,并有利于驱动辅助装置,充分利用主机的功率。(4)不必设置换向装置和减速器,使结构简化。

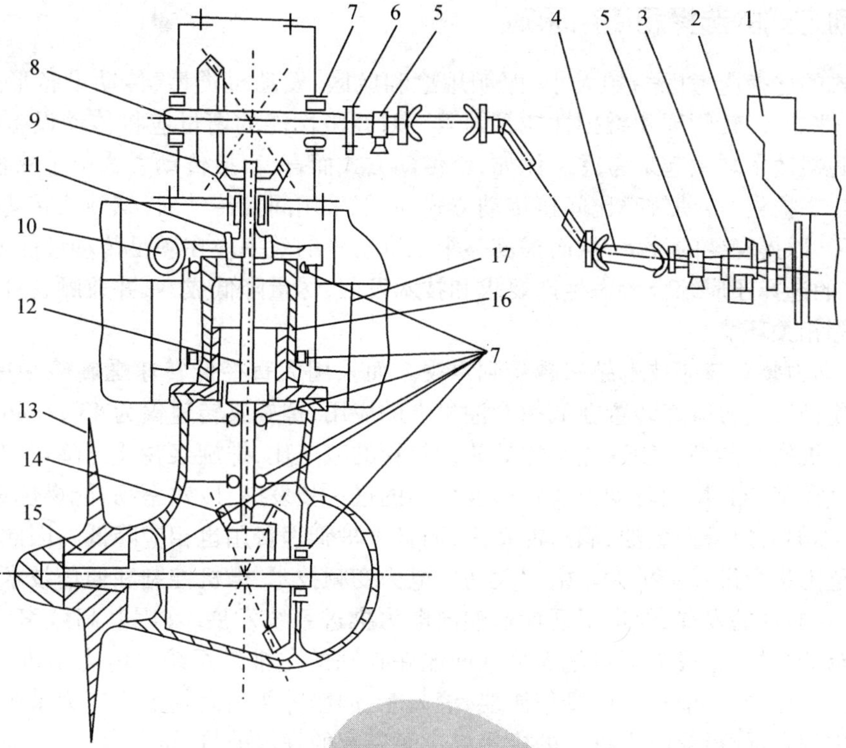

图 3.2-2 Z 型传动装置

1—主机;2—联轴器;3—离合器;4—带有万向节的传动轴;5—滑动轴承;6—弹性联轴器;7—滚动轴承;8—上水平轴;9—上部螺旋锥齿轮;10—蜗轮蜗杆装置;11—齿式联轴器;12—垂直轴;13—螺旋桨;14—下部螺旋锥齿轮;15—下水平轴;16—旋转套筒;17—支架

调距桨传动方式的缺点主要包括:(1)结构复杂,造价高。(2)制造、安装和维护保养较困难,可靠性差。(3)桨毂尺寸较大,在设计工况下的效率比定距桨低。调距桨传动方式主要应用于渔船、拖船及工程船舶等工况多变的船舶上。

5. 电力传动

电力传动是由主机驱动发电机供电到主配电板,再由主配电板供电给电动机,而由电动机驱动螺旋桨运转的一种传动方式。

电力传动方式的优点主要包括:(1)推进装置的配置和布置安排灵活、方便,舱室的利用率高。(2)主机转速不受螺旋桨转速的限制,可以采用中、高速柴油机,并使主机处于最佳运转工况。(3)通过改变主电动机(直流)的电流方向完成螺旋桨反转,正倒车具有相同功率,操纵容易,反转迅速,船舶机动性能好。(4)电动机对外界负荷的适应性好,甚至可以短时间堵转。

电力传动方式的缺点主要包括:(1)传动过程中能量经过机械能变电能、电能变机械能两次能量转换,能量损失大,传动效率低。(2)增加了发电机和电动机,使动力装置的总尺寸和重量均增大,造价和维护费用较高。

电力传动方式主要应用于游船、渡船、破冰船、拖船等船舶上。

二、传动方式的选择和使用原则

传动方式的选择应考虑船舶大小、船舶用途和航区、发动机类型、传动设备形式、经济性能、安全可靠性能、运转管理和维护性能等因素。对经济性能的衡量应将传动设备的效率、主机效率和螺旋桨效率联系起来考虑。比如,就传动方式而言,直接传动方式由于除轴系传动损失外无其他功率损失,传动效率比间接传动方式高;但采用间接传动后,螺旋桨转速降低,可增大螺旋桨直径,以提高桨的效率,从而提高整个推进装置的效率。在满足传动性能要求的前提下,传动方式的选择还应综合考虑生产要求和技术发展,尽量降低成本,并兼顾备件供应、维修及技术管理等相关环节。

近年来,动力装置节能技术越来越受到重视。而采用大直径低转速螺旋桨是提高螺旋桨效率的有效途径。随着减速装置在低速柴油机上的应用,螺旋桨转速仅为 43 r/min;某些以中速柴油机为主机的节能型船舶通过增加减速齿轮箱的减速比,螺旋桨转速已降至 60 r/min,并同时采用大直径桨,同时,随着动力装置节能技术的进一步发展,以效率高、能燃烧重油的主机带动发电机,不但可以降低燃油、润滑油费用,而且维护管理费用也相应降低。因此,间接传动方式的应用范围将会进一步扩大。由于大功率电力变频技术、微机控制和通信技术、交流调速技术、电力电子器件的发展,促进了现代船舶向电力推进系统发展,又因其高效率、高可靠性、高自动化以及低维护,正成为新世纪大型水面船舶青睐的主推进系统。电力推进不仅在特种船舶上占有很大比例,目前在一些豪华游船、滚装船、油船等普通商船上也广为采用,尤其是吊舱式电力推进的发展,更为电力推进的应用提供了广阔的发展前景。

第二节　传动轴系

一、轴系的组成、作用和工作条件

1. 轴系的组成

在船舶主推进动力装置中,从主机曲轴输出端法兰到螺旋桨间的轴及其装置统称为传动轴系,简称轴系。轴系一般包括:(1)传动轴主要由推力轴、中间轴、艉轴(或称螺旋桨轴)组成。(2)轴承主要由推力轴承、中间轴承、艉轴承构成。(3)轴系附件主要由润滑、冷却、密封装置组成等。

对于间接传动方式,还包括离合器、联轴器和减速器等。

2. 轴系的作用

轴系的作用是将柴油机曲轴的动力矩传给螺旋桨,以克服螺旋桨在水中转动的阻力矩;同时,又将螺旋桨在水中旋转产生的推(拉)力通过推力轴承传给船体,以克服船舶航行的阻力,使船舶前进或回退。

轴系所传递的扭矩可根据它传递的功率和轴的转速计算,即

$$M = \frac{9\,550P}{n} \tag{3.2-1}$$

式中,M 为轴系传递的扭矩,N·mm;P 为轴系传递的功率,kW;n 为轴系的转速,r/min。

轴系所传递的推力可根据螺旋桨吸收功率、螺旋桨效率和船舶航速计算

$$T = 1.94 \times \frac{P_{\mathrm{p}}}{v} \times \eta_{\mathrm{p}} \tag{3.2-2}$$

式中，T 为轴系传递的推力，kN；P_p 为螺旋桨吸收功率，kW；v 为船舶航速，kn；η_p 为螺旋桨效率。

3. 轴系的工作条件

由上述轴系的作用可知，轴系在运转中承受着复杂的应力和负荷，主要可以概括为以下几点：(1)压拉应力指轴系因传递螺旋桨产生的推力或拉力而产生的应力。(2)扭应力指轴系因承受扭矩而产生的。(3)弯曲应力指由轴系和螺旋桨本身的重量及其他附件的作用而产生。风浪天螺旋桨上下运动的惯性力还使艉轴受到额外的弯曲应力。(4)附加应力主要由安装误差、船体变形、轴系的扭转振动、横向振动、纵向振动以及螺旋桨不均匀水动力作用等而产生。(5)轴系运转时与轴承间存在摩擦。(6)当用海水作为艉轴承润滑剂时，艉轴管和轴颈还会受到海水的腐蚀作用。

轴系受到的外力作用具有周期变化的特征，使轴系的工作条件较为恶劣，经常出现损伤，严重时甚至发生断裂。而轴系的检修往往需要在船坞内进行，因而会造成较大的经济损失，所以对轴系的要求和管理应当相对严格。

二、轴系的布置方案及各组成部分的布置要求

1. 轴线的布置

轴系通常由位于同一直线上的轴连接而成，位于同一直线上的轴中心线称为轴线。轴线的数目由船舶类型、航行性能、主机形式、装置的经济性及可靠性而定。远洋商船大多采用一根轴线，一些进出港频繁的客船、集装箱船采用两根轴线。商船轴线的数目一般不超过三根。

轴系一般从主机伸向船尾，也有特种船的轴系伸向船首。轴线的位置和长度取决于主机和螺旋桨的位置，前端是主机功率输出端法兰中心，后端是螺旋桨中心。有一根中间轴或没有中间轴的轴系称为短轴系，适用于尾机舱船；有两根或两根以上中间轴的轴系称为长轴系，适用于中机舱船。理想的轴线位置是与船体的龙骨线(基线)平行，对多轴线，轴线还应与船体纵中剖面保持对称。因而单桨船的轴线通常布置在纵中剖面上，双桨船的轴线对称布置在两舷。

但是，理想的轴线位置有时很难实现。如主机位置比较高而船舶吃水比较浅时，为保证螺旋桨能浸入水下一定深度，有时不得不使轴线向船体尾部倾斜一定角度，如图 3.2-3(a)中所示的 α 角即为倾斜角。再如有些双桨或多桨船的轴系，为使螺旋桨叶的边缘离开船的外板并

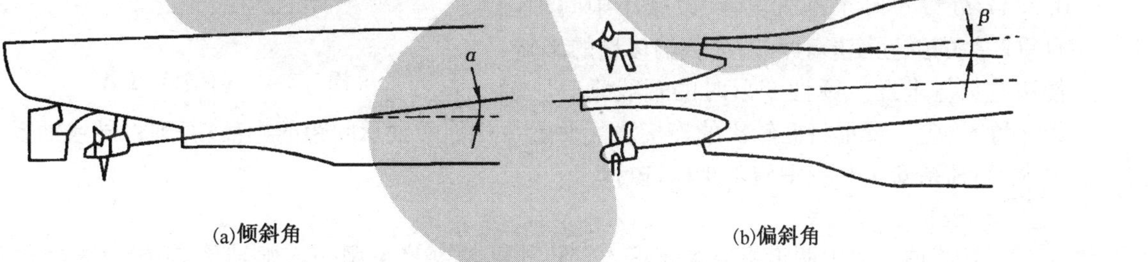

(a)倾斜角　　(b)偏斜角

图 3.2-3　轴系的倾斜角和偏斜角

留有一定空隙，允许轴线在水平投影面上与船舶纵中剖面偏斜一定角度，如图 3.2-3(b)所示的 β 角。当轴线出现倾斜和偏斜时，螺旋桨输出的推力将发生损失。究其原因，一方面是由于此时螺旋桨推力与船舶运动方向出现偏差，另一方面是轴线倾斜使轴系重量产生向后的轴向分力，抵消了一部分桨的推力。为避免螺旋桨推力损失太多，同时保证主机工作可靠，一般 α 不超过 5°，β 不超过 3°。

2. 轴承的布置

(1)推力轴承

推力轴承主要承受螺旋桨产生的轴向推力或拉力,并将其传递给船体,使船舶前进或后退;有些推力轴承也承担一部分径向负荷。新型低速主柴油机采用直接传动,推力轴承一般由主机自带,设置在曲轴箱内;对减速箱间接传动的推进装置,推力轴承多设置在减速箱中。

(2)中间轴承

中间轴承的作用是支承中间轴并径向定位。中间轴承的数量、位置和间距对轴系工作的可靠性有很大影响,在轴系布置时必须认真考虑。每根中间轴多由一个中间轴承支承,少数也有设置两个轴承的。中间轴承由轴承座固定在船体上,而船体是薄壁弹性结构,当船舶装载量变化、航行中遭遇波浪载荷的冲击或环境温度发生变化时,船体不可避免地会发生变形。如果轴承位置布置不当,船体变形将使轴承负荷急剧增加,导致轴承发热和迅速磨损甚至咬死。为避免和降低船体局部变形对轴系工作状态的影响,应尽量将中间轴承布置在船体刚性较强的部位,例如隔舱壁附近。由于轴线布置的要求、轴承位置的安装误差和船体的动态变形,各轴承的实际中心位置偏离直线。轴承数量较多时,间距较小,对轴线变形的牵制作用较大,轴承的附加负荷也较大。但是轴承数量太少会造成间距太大,不但使轴系挠度增大,造成轴承负荷分布不均匀,轴系横向振动增大,而且给轴系的安装和校中带来一定困难。因此,在实际应用中应适当减少轴承数量、增大轴承间距,尤其是对船体结构强度较弱的船舶,这样做虽然使轴承负荷和轴系弯矩有所增加,但由轴系变形牵制作用引起的附加负荷反而减小。

轴承的间距与中间轴的直径有关,一般可由以下经验公式估算

$$395.3\sqrt{d} \leqslant L \leqslant 632.4\sqrt{d} \qquad (3.2\text{-}3)$$

式中,L 为两轴承的间距,mm;d 为中间轴的轴径,mm。

中间轴承的实际布置间距还应通过轴系校中计算后确定。中间轴承的数量应根据每根中间轴上只设置一个支承点的原则确定。一般将中间轴承布置在距中间轴一端法兰端面(0.18 ~ 0.22)L 处,L 为该中间轴的长度,如图 3.2-4 所示。轴系校中时,在距另一端法兰端面(0.18 ~ 0.22)L 处设置一个临时支承,以减小中间轴因自重产生的弹性变形对两端法兰偏移量的影响,使法兰仍与未发生弹性变形时的轴线垂直。轴承布置时,应尽量不将两轴段的连接法兰设置在相邻两轴承间距的中部;否则将导致轴系挠度过大,使轴系安装和校中施工难以进行。

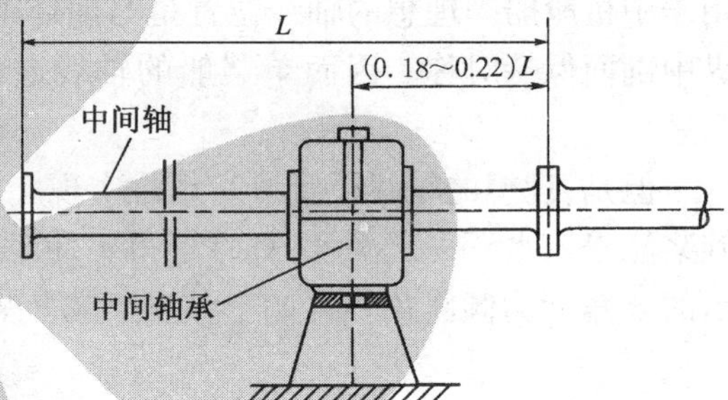

图 3.2-4 中间轴承位置

(3)艉轴承

螺旋桨轴一般由两道艉轴承支承。较短的艉轴可只采用一道艉轴承,艉轴过长时也可采用三道艉轴承。采用三道艉轴承时,将使船体尾部结构复杂化,易引起各轴承受力不均。

在船舶轴系各轴承中,中间轴承很少发生故障,但艉轴承因受螺旋桨的剧烈干扰,容易产生横向振动,其工作条件恶劣,容易损坏,且损坏后修理困难,所以对艉轴承间距的要求比中间轴承严格。艉轴承的 L/D 值(L 为艉轴承间距,D 为艉轴直径)的推荐范围为

$$D = 400 \sim 650\ \text{mm}, L/D \geqslant 12 \qquad (3.2\text{-}4)$$

$$D = 230 \sim 400\ \text{mm}, L/D \approx 14 \sim 25 \qquad (3.2\text{-}5)$$

$$D = 80 \sim 230\ \text{mm}, L/D \approx 16 \sim 40 \qquad (3.2\text{-}6)$$

(4)轴承高低位置的确定

轴线的位置由轴承的位置决定,因而各轴承孔中心的连线就代表了轴线。轴承位置总体布置好后,对各轴承在垂直方向和水平方向上的对中性也要严格检查和调整,轴系校中不良将产生严重后果。对中小型船舶,各轴承中心线可按直线布置。对螺旋桨较重的大型船舶,为减小螺旋桨重量对轴承的影响,使各轴承负荷分配均匀,轴线常采用曲线布置,此时各轴承的高低位置需根据校中计算结果确定。

3. 轴承的负荷

轴承负荷的大小可用轴承比压表示。轴承的比压必须处于允许范围内,且各轴承的负荷必须均匀分配。若轴承负荷过重而使比压超出允许范围,则轴承将迅速磨损或引发其他事故;若轴承负荷为负值(仅轴承上瓦受压),则会造成邻近轴承负荷过重;若轴承负荷为零,则表示该道轴承可有可无。一般来说,各道轴承所受正压力应不小于相邻两跨轴重量的20%。

综上所述,轴系的布置涉及轴系设计、生产制造、安装施工和维护管理等多个环节,合理的轴系布置对于确保轴系工作状态的安全性和可靠性至关重要,轮机管理人员在监造和监修时应严格执行有关造船规范的相关规定和要求。

三、中间轴和中间轴承、艉轴与艉轴管的结构

1. 中间轴、中间轴承和推力轴承

(1)中间轴

中间轴的作用是连接各主要轴段,还可在中间轴上安装其他传动设备,如离合器、刹车装置、减速器等。中间轴按其两端连接件的不同,主要有两种类型:带整锻法兰的中间轴和两端为锥体的中间轴。前者多用于大中型船舶,后者多用于小型船舶或采用滚动式中间轴承的船舶。

带整锻法兰的中间轴如图3.2-5所示。两端为整锻法兰A,主体为轴干B,轴的支撑处为轴颈C。轴颈的位置和长度由中间轴承的位置和宽度决定,轴颈的直径一般比轴干大5~20 mm,以便磨损后有足够的加工裕度;轴颈与轴干的连接处以斜锥面或圆弧过渡,以减少应力集中。

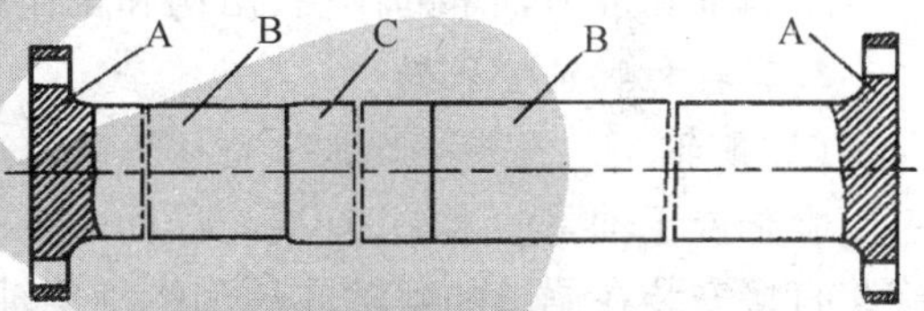

图3.2-5 带整锻法兰的中间轴

中间轴一般用优质碳钢制造。相邻轴端法兰之间采用螺栓连接,螺栓受到紧固安装时产生的拉应力和传递扭矩时产生的剪应力的联合作用。船舶倒航时,螺栓受拉,使拉应力大大增加;轴系安装不正和扭振等还可使螺栓受到较大的附加应力。因此,对连接螺栓的加工和安装都有较严格的要求。为使连接螺栓在螺栓孔中不致松动,连接螺栓中应有50%以上是紧配螺栓,对中小型船舶也应不少于四只,并要求紧配螺栓和其他螺栓相间排列。

(2)中间轴承

中间轴承是为了减小轴系挠度而设置的支承点,用于承受中间轴的重量以及因轴系变形和各种形式的运动而造成的附加径向负荷。

中间轴承的结构形式很多,按其摩擦形式的不同可分为滚动式和滑动式两大类,商船上多采用滑动式。按润滑方式的不同,滑动式轴承又可分为滑环式和固定油盘式两种。滑环式的结构简单,管理方便,寿命长,但由于油环和轴颈间存在滑动,机动航行特别是当轴系转速较低

时易造成润滑不良，且滑环容易损伤轴颈，所以滑环式中间轴承在大型船舶上应用越来越少。固定油盘式滑动轴承是目前应用较多的轴承，其结构以滑环式轴承为基础，将滑环改为固定式油盘，如图3.2-6所示。轴瓦左侧装有固定于轴颈上的油盘2，轴系工作时油盘随轴颈一同回转，将油池中的油带到上面，由位于上部的刮油器6刮油，使滑油沿轴向分布在轴颈上。因而固定油盘式轴承在低转速时的润滑效果较好，克服了滑环式轴承随动性差的缺点，保证润滑可靠，抗振性强。

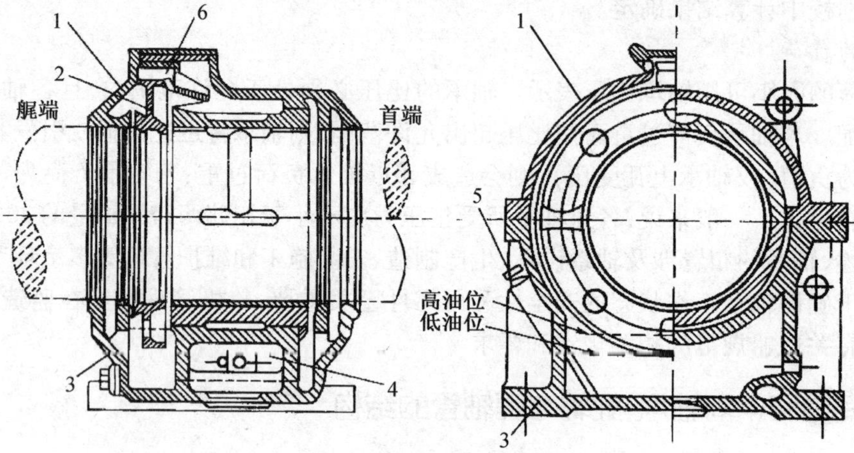

图3.2-6　油盘式中间轴承

1—轴承盖；2—油盘；3—轴承座；4—冷却水腔；5—油位计；6—刮油器

中间轴承主要用来承受轴的自重，仅下轴瓦受力，故有些中间轴承只有下轴瓦，而无上轴瓦。

(3)推力轴承

推力轴和推力轴承的作用、结构和工作原理见第二篇第二章。

2. 艉轴和艉轴管装置

(1)艉轴

艉轴位于轴系的末端，首端与最后一根中间轴的法兰相连，尾端穿过艉轴管伸出船尾。螺旋桨直接安装在尾端的艉轴亦称为螺旋桨轴。当艉轴伸出船体过长并由两段组成时，装螺旋桨的那段轴称为螺旋桨轴，在它前面的那段轴称为艉轴。艉轴由法兰、轴干、轴颈、安装螺旋桨的锥形轴和螺柱等部分组成，其基本结构如图3.2-7所示。

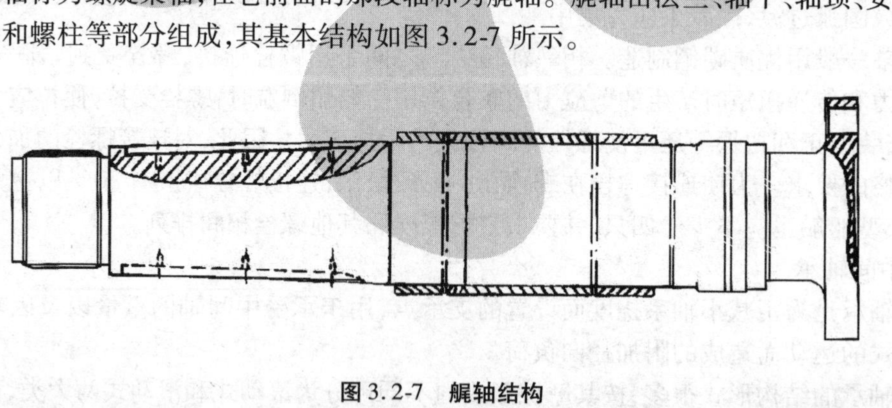

图3.2-7　艉轴结构

艉轴用优质碳钢锻造。艉轴法兰与中间轴法兰用紧配螺栓连接。艉轴由最后一道中间轴承支承，与艉轴管中的轴封和支持轴承相配合。在用海水润滑的铁梨木轴承中，为防止轴段腐蚀和减小轴与轴承间的摩擦磨损，在艉轴管中的轴段上装有铜套。由于轴套较长，制造和红套不便，铜套常分段加工、合成，并在接缝处采用密封性好的搭叠形式，套合后经滚压碾平，以防止海水漏入配合间隙而发生腐蚀。艉轴轴干裸露在海水中的部分一般包有玻璃钢保护层。

螺旋桨与艉轴间采用锥面压紧配合、键连接和螺母紧固。紧固螺母的旋紧方向与螺旋桨的正转方向相反，以使螺旋桨正转时螺母能自动锁紧。而倒车的使用时间短，功率也比正车小，所以采用止动片防松。螺母外装有流线型水密导流罩，既可减少水力损失，又可防止螺纹锈蚀。近年来，液压无键连接也越来越多地应用在螺旋桨和艉轴的连接上。当轴与桨毂锥面配合处的油压使桨毂产生弹性变形并被胀开时，液压螺帽中的油压推动螺旋桨向前移动至规定位置，待油压泄放后旋紧螺帽即可。同样用液压也可拆卸螺旋桨。

艉轴的工作条件比中间轴恶劣，因而故障也比中间轴多。艉轴的支持轴颈和密封轴颈可能因间隙不合适、轴线不正和润滑不良而发生擦伤、过度磨损、烧伤和锈蚀；红套的铜套和接缝可能因过盈量不足或过大而发生松动或裂纹；锥形轴段的过渡处和键槽处可能因疲劳、振动和撞击而出现裂纹；轴颈和轴干可能因密封不良而锈蚀。因此，要加强对艉轴的日常管理。

(2)艉轴管装置

艉轴管装置的作用是使艉轴伸出船尾，支承艉轴和螺旋桨的重量，防止海水漏入机舱内，同时也防止滑油漏出船外和漏入机舱内。艉轴管装置由艉轴管本体、艉轴承、密封装置、润滑和冷却系统等组成。按照艉轴管轴承润滑形式的不同，艉轴管装置具有不同的结构。如图3.2-8所示为水润滑铁梨木轴承的艉轴管结构。

(3)艉轴管轴承

艉轴管轴承是艉轴管装置中最重要的部分，分为水润滑和油润滑两种类型。水润滑艉轴承多采用铁梨木、桦木层压板、橡胶和尼龙等非金属材料；油润滑艉轴承有白合金滑动轴承、强化塑料和滚动轴承等。海船上应用最广泛的是铁梨木艉轴承和白合金艉轴承。

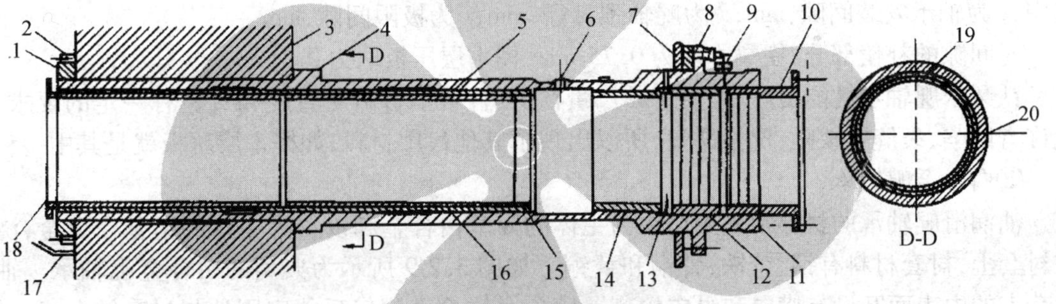

图3.2-8 铁梨木轴承艉轴管

1—螺母；2—止动螺栓；3—艉柱；4—艉轴管本体；5—轴承铜套；6—海水进口；7—艉尖舱壁；8—螺栓；9—油杯；10—轴封压盖；11—配油环；12—填料；13—配水环；14—轴封套；15—压盖；16—铁梨木板条；17—保护罩；18—压盖；19、20—止动铜条

①铁梨木艉轴承

铁梨木是一种产于美洲热带和亚热带地区的生长很缓慢的阔叶树，浸在水中会分泌一种黏液，具有良好的润滑作用，当它与青铜组成摩擦副时，耐磨、耐腐蚀，使用寿命长达5~10年；但是当水温超过60 ℃时，摩擦系数明显增加。铁梨木具有较强的水胀性，且不同纤维方向的膨胀量差异很大，干燥时会裂开和扭曲变形。另外，铁梨木的立纹比顺纹的抗压强度大。

铁梨木轴承采用水润滑，其艉轴管结构简单，工作可靠，管理方便，不污染航区，应用广泛。

如图3.2-8所示，艉轴管本体4用螺母1和螺栓8分别固定到艉柱3和艉尖舱壁7上，螺母1用螺栓2止动。在艉轴管本体的尾端压入铜套5，铜套中分前后两端装入铁梨木板条16。铁梨木在轴向用压盖15和18定位，在圆周方向用两个水平铜条20和一个顶部铜条19止动。铜套、铁梨木板条、止动铜条和压盖组成了艉轴承。

由接头6引入的海水作为轴承的润滑和冷却液。保护罩17用来保护艉轴和艉轴承。在艉轴管本体的首端压入轴封套14，装入配水环13、配油环11和填料12，并用压盖10压紧。压盖不能压得太紧，应允许少量海水经填料漏入舱内，以防填料发热。填料、轴封套和压盖等组成轴封，以防海水过多地漏入舱内。填料用润滑脂润滑，经油杯9挤入。

铁梨木板条沿圆周方向排列在艉轴承铜套内，板条镶嵌要紧密，背面与铜套要紧贴。从经济性考虑，作为承压面的下半部铁梨木板条采用立纹，即纤维方向与轴线垂直，以提高其耐磨性；而非承压面的上半部铁梨木板条采顺纹，即纤维方向与轴线平行，这样可以使轴承上、下两部分得到均匀磨损。止动铜条的厚度为铁梨木板条厚度的60%，以免铁梨木磨损后损伤轴上的铜套。

铁梨木板条沿轴向布有流水槽，目的在于加强冷却效果，冲走泥沙。流水槽的形状有V形、U形和U—V形。V形水槽磨损后，润滑和冷却水流通面积急剧减小；U形水槽克服了这一缺点，但由于摩擦面有直角，容易伤轴，因而最好采用U—V形水槽。因铁梨木具有水胀性，故一般在轴承端面预先留有一定的轴向间隙，并且在安装前要浸水，进坞时要冲水。

铁梨木轴承的长度需按规范要求：后轴承长度为艉轴颈的4倍，前轴承则视船舶结构而定。铁梨木板条的厚度和宽度按艉轴直径选取，一般厚度为15～25 mm，宽度为60～80 mm，长度为180～250 mm。铁梨木轴承的安装间隙可按部颁修船标准查得，无表时可用经验公式选取

$$s = 0.003d + (0.5 \sim 0.75) \tag{3.2-7}$$

$$s_j = 4s \tag{3.2-8}$$

式中，s为轴承安装间隙，mm；d为艉轴颈直径，mm；s_j为极限间隙，mm。

对间隙的补偿部分，铁梨木取为0.75 mm，桦木层压板取为0.5 mm。

铁梨木艉轴承性能良好，但由于其产量稀少，且轴承材料对直度和直径有一定的要求，不允许有凹陷、裂缝等缺陷，价格昂贵，所以出现了其他代用材料，如桦木层压板就是其中一种。

②白合金艉轴承

油润滑艉轴承的材料常采用以锡为主体的锡基白合金和以铅为主体的铅基白合金，浇铸在衬套上，衬套材料有钢、铸铁、青铜和黄铜。如图3.2-9所示为典型的白合金艉轴承。轴承衬套1的内表面开设有横向和纵向的燕尾槽2，使白合金浇铸后能牢固地与衬套结合成一体。白合金浇好后，还应在轴向开设油槽用以布油。衬套经机械加工后，采用过盈配合压入艉轴管内，以防止其随轴转动，避免引起发热烧毁。前衬套在前端还应做成凸肩，与艉轴管端面紧贴，并用止动螺钉紧固。后衬套后端往往有法兰，用螺柱固定。

白合金轴承的长度按规范要求，对海船不得小于轴颈的两倍。白合金的厚度和轴承的安装间隙有严格的要求，可以由部颁修船标准或规范中查得，无表时可用经验公式选取安装间隙：

$$s = 0.001d + 0.5 \tag{3.2-9}$$

$$s_j = 4s \tag{3.2-10}$$

式中，s为轴承安装间隙，mm；d为艉轴颈直径，mm；s_j为极限间隙，mm。

白合金轴承与钢制轴配对工作时，耐磨、耐压性能好，不伤轴，散热快，应用广泛。当与辛

泼莱克司型密封装置配用时，白合金轴承艉轴管比铁梨木轴承艉轴管节省功率约1%。不过这种艉轴管结构比较复杂，管理工作较多，特别是尾部密封泄漏时检修不便，浪费滑油，污染航区。

③橡胶艉轴承

橡胶艉轴承是将橡胶用硫化法在模具上压制而成，有整体和条状之分。前者将橡胶与衬套硫化在一起而形成一个整体；后者在压制过程中加入金属芯条，以增强刚性，并在内表面上开设流水槽，采用从艉轴管首端强制供压力水，加强循环。

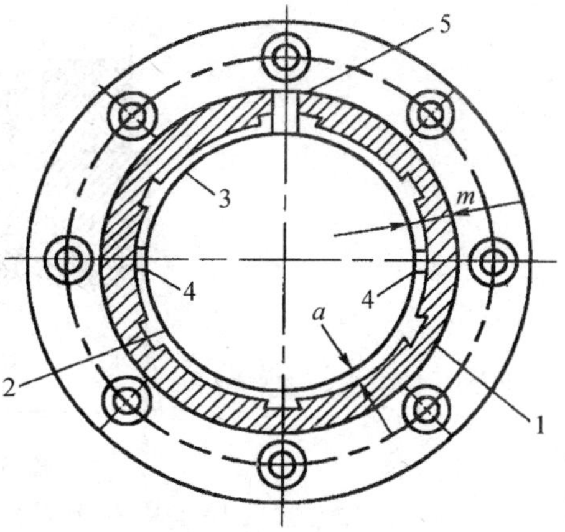

图3.2-9　白合金艉轴承

1—轴衬；2—轴瓦燕尾槽；3—轴瓦（白合金）；4—排污槽；5—进油孔

橡胶轴承的优点是弹性好，在含有泥沙的水中工作适应性强，不易磨损。工作时接触面积大，轴承压力比较均匀。又因水有黏附在金属表面的趋势，而不黏附在橡胶上，从而形成特殊的润滑油膜，所以冷却和润滑条件好，使用寿命长，工作平稳无噪声，且能吸收轴向振动。

橡胶轴承的缺点是导热性差，对高温和低温的适应性都差，很容易老化变质，故而其工作温度不能超过65 ℃，且在40 ℃还会变脆。橡胶轴承的加工精度只能靠模具来保证，而且其中的硫分还会对轴或铜套产生腐蚀。故而橡胶轴承在海船上应用较少。

(4)艉轴管密封装置

艉轴与艉轴承之间按规定要留有一定的间隙，而艉轴管首端与机舱相通，尾端与船外流水相通，所以在艉轴管中必须设置密封装置。艉轴密封装置除了受到剧烈的摩擦及磨损产生的高温外，在螺旋桨不均匀推力作用下以及由正车至倒车的变工况过渡过程中，轴段的密封元件会产生剧烈的径向跳动和轴向窜动。此外，密封元件还受到油压或水压及其压力差的作用，以及海水的腐蚀和泥沙的浸入等影响。尤其是随着船舶大型化和高速化发展，吃水深度增加，艉轴直径加粗，致使艉轴的线速度也随之提高，工作条件更为恶劣。

对水润滑艉轴承，仅设置首密封装置。对油润滑艉轴承，在首、尾两端均设置密封装置，以形成闭式滑油循环。一个完整的密封装置应能承受巨大的舷外水压力，工作可靠，耐磨性能好，消耗的摩擦功小，散热性好，密封元件还应有很好的跟踪性，使其能在艉轴下沉、跳动、轴向窜动及偏心转动时仍保持较好的密封性能并确保轴系旋转自如。

① 水润滑的首密封装置

水润滑的艉轴管通常只在首端设置密封装置，以阻止舷外水漏入机舱。如图3.2-10所示为一种填料性密封，其首密封采用封闭的油脂润滑，利用填料压盖7和压盖衬套6的压紧力使填料函与艉轴紧密接触，达到水封目的。

填料函式密封装置结构简单，效果好，不污染海域，制造维修方便（在航行中也能更换首部密封填料）。但为保证密封性，必须拧紧螺母以增加压盖压力，这样却会使轴功率损失增大，并使艉轴或套管磨损加快。因此，航行中要稍微放松压盖，允许少量水漏入机舱。填料函压盖衬套和套管常用青铜或黄铜合金制成，而填料常用渗油脂的麻索或石棉材料。

② 油润滑的密封装置

油润滑的艉轴承必须在首、尾都设置密封装置。尤其是尾部密封装置，一旦发生泄漏，不仅滑油损失，且污染海域，修理时必须进坞，因而在设计、制造和安装方面要求都很高。辛泼莱

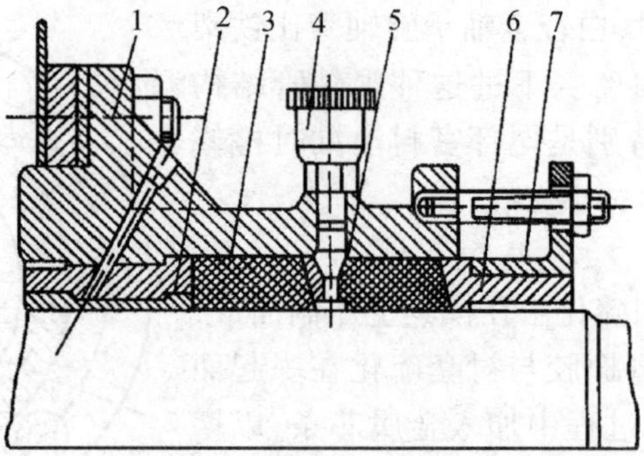

图 3.2-10　填料函密封装置

1—套管；2—前艉轴承；3—填料；4—分油杯；5—接头；6—压盖衬套；7—压盖

克司型密封装置采用橡皮环径向密封，具有摩擦损失小、密封性好、对艉轴的跟随性好、维修管理方便、安全可靠、寿命较长等优点，是油润滑艉轴管采用的最普遍的一种密封装置。图 3.2-11(a)所示为 Simplex 改进型首部密封装置。采用两只球鼻形的橡胶密封环，密封环的腰部较长，弹性和跟踪性很好。密封环和轴衬套接触时，径向借助于弹簧和油或水的压力压紧在轴衬套上，加之球鼻形密封环唇口与轴衬套的接触宽度小(0.5 mm，1.0 mm)，形成线接触状态而使接触压力集中，只要能形成油膜(厚度仅为几微米)，向后翻的唇口接触处的压力就可达到润滑液体压力的几十倍，完全可以阻挡滑油从唇口沿轴表面浸润流动，故密封良好，使用寿命长。尾部密封装置位于船体之外，工作环境更加恶劣，且航行时又无法检查，因而对它的要求比首密封严格，设计、制造、安装时都须充分注意。图 3.2-11(b)所示为 Simplex 改进型尾部密封装置。密封元件由三个唇部装有箍紧弹簧的橡胶密封圈组成，其中一道唇口边向前翻，用以阻止艉轴管中滑油外漏，两道唇口边向后翻，用以阻止舷外水和泥沙进入艉轴管。这种装置可以在车间预装后连同耐磨衬套一起送到船上安装。磨损监测器 6 用于探测艉轴承和密封件的磨损情况及工作性能。密封装置的各密封油腔(密封圈之间的空间)中应充以滑油，滑油可从螺塞处预先灌入再封死，也可以采用单独的重力油柜供油，以润滑密封圈。

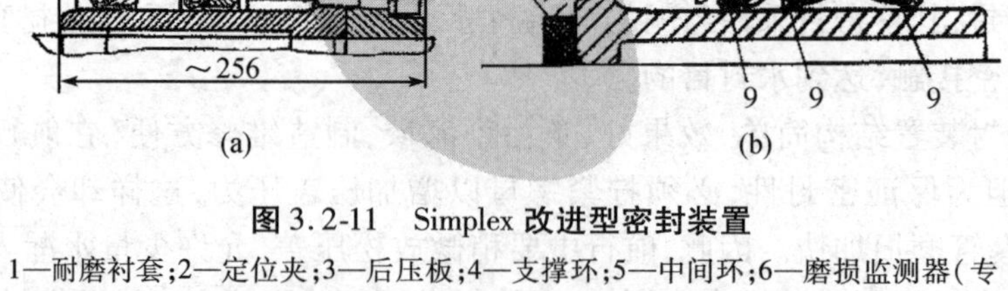

图 3.2-11　Simplex 改进型密封装置

1—耐磨衬套；2—定位夹；3—后压板；4—支撑环；5—中间环；6—磨损监测器(专用量具)；7—后壳体；8—艉轴管；9—橡胶密封圈；10—密封橡皮

(5)艉轴管的冷却与润滑

艉轴管中的艉轴与艉轴承及密封装置是容易发热的部件，必须有适当的润滑和冷却。按润滑方式可分为水润滑和油润滑两种。

① 水润滑艉轴管

水润滑艉轴管（如铁梨木、桦木层压板、橡胶艉轴承艉轴管）的润滑剂和冷却剂是水。水润滑艉轴管的冷却通过三种途径：通过船尾金属将一部分摩擦热直接传给舷外水；艉轴管一般通过艉尖舱，因而一部分摩擦热传给艉尖舱中的淡水或海水；一部分摩擦热由流经艉轴纵向槽道和轴承间隙浸入机舱的舷外水带走。

由于艉轴管位于水面之下，且不设艉密封，利用自由流入轴承间隙和轴承里的舷外水或加装管系送来的压力水进行润滑。其首部密封一般采用封闭式的油脂润滑或是压力水润滑（EVK 型）。一般情况下，只要首密封装置的填料压盖压得不太紧（允许少量水漏入机舱），是能够可靠运转的。但由于在艉轴承首部和首密封装置处容易淤积泥沙，使冷却效果变差，甚至形成死水，因此一般在水润滑艉轴管（特别是在大型船舶上）的首部轴承处或填料函附近仍设置冷却水进出水管，以达到冲洗泥沙污物及加强首部冷却的目的。对于要求提供大量连续冷却水的橡胶艉轴承，可由所装设的管系送人压力水进行润滑和冷却。

② 油润滑艉轴管

油润滑艉轴管的润滑剂是滑油，由设置在艉轴管上的润滑系统供给。中、小型船上使用的润滑系统比较简单，其艉轴管、艉轴承采用自然润滑法，即由一个重力油柜、一台手摇泵和进、回油管组成，称为重力式自然循环润滑系统。其艉轴密封偶件采用封闭式润滑。

大型船舶上艉轴管、艉轴承的润滑采用间歇循环法，艉轴密封偶件靠艉轴密封油柜供油，如图 3.2-12 所示。用手摇泵将滑油注入重力油柜，油柜设有低油位报警，通过观察镜监视油柜内油量。正常情况下，艉轴管内始终充满滑油，滑油消耗后由重力油柜自动补给。艉轴管中的滑油可经截止阀流回油柜，截止阀也起调节回油速度的作用。图中的首、尾密封装置均采用 Simplex 型，尾密封采用封闭在密封空间的油自行润滑，摩擦热直接传给舷外水。

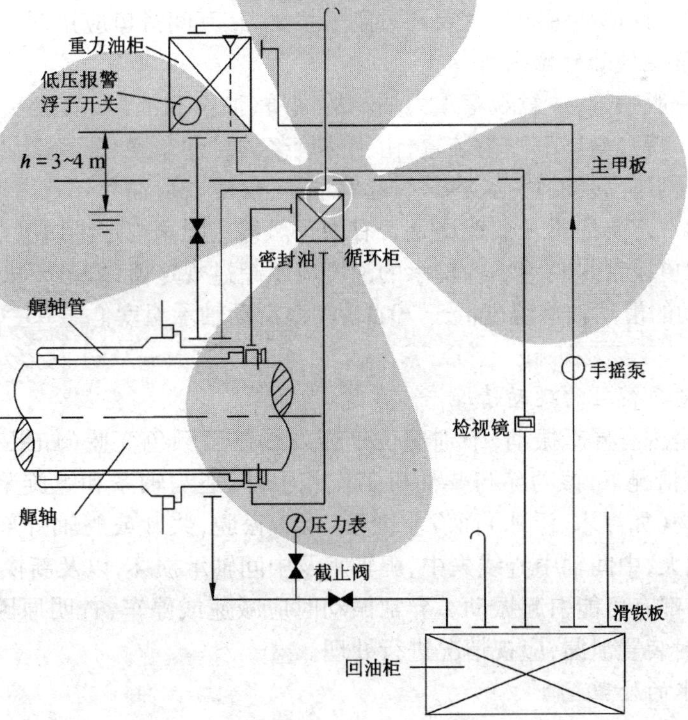

图 3.2-12 艉轴管油润滑系统

图3.2-12示出系统中艉轴管穿过作为水舱用的艉尖舱，艉轴承的摩擦热可通过艉轴、艉轴管传到舷外，还可通过艉轴管传给艉尖舱中的水，不用再单独采取冷却措施。但首密封冷却条件差，因此专门设置密封油循环柜（低位循环油柜），并在首密封空间内设置滑油循环器，以形成循环，从而改善冷却和润滑。

四、传动轴系的管理

螺旋桨的悬伸布置会导致传动轴系各道轴承受力不均，因而除在设计与制造过程中严格按船规要求执行外，还应在日常工作中加强对轴系的管理，保证轴系安全可靠地运转，延长其使用寿命。

1. 确保中间轴承和艉轴管冷却海水的供应

由于这些海水管离泵远，管的内径小，容易被泥沙堵塞，特别是在管子拐弯较多时更易被堵，应注意保持其畅通。

2. 注意定期检查中间轴承的工作状态

中间轴承不是强力循环润滑，每道轴承的底座都是一个油池，要注意检查每道中间轴承的温度、油位、油环的工作和两端轴封密封情况，特别是注意最后一道中间轴承的工作温度，因为它离螺旋桨近，负荷要大一些，最容易发热。另外，船体变形也可能引起某个轴承发热，在巡回检查时要注意触摸。

3. 铁梨木轴承艉轴管的检查

对铁梨木轴承艉轴管密封装置，要使少量水漏入舱内，以冷却艉轴和填料函。填料紧度要合适，过紧漏水少，易积泥沙使轴和填料函发热；过松则漏水太多也不合适，应把填料压盖再拧紧一些，必要时更新填料。在巡回检查时，一定要走到艉轴填料函处进行触摸，以确定温度是否正常。加装填料时，填料每圈长度要两端刚好接拢，相互间搭口应错开。

4. 白合金轴承艉轴管的检查

对白合金轴承艉轴管，注意观察重力油箱的油质、油位和油温，油位变化较大则应检查密封装置是否漏油。特别是尾部密封装置，由于螺旋桨的悬伸布置、配载变化及安装等因素引起的船体变形，会加剧尾密封的负荷，容易引起漏油，不仅浪费滑油和导致滑油变质，还会污染海水，所以在港期间一定要注意观察船尾是否有油花。某些国家规定港内漏油要受到处罚，需按期抽验艉轴，及时更换密封装置。各轴承的温度应不超过规定值，规范要求滚动轴承温度低于80 ℃，齿轮箱传动的滑动轴承温度低于70 ℃，轴系滑动轴承温度低于65 ℃，水润滑艉轴承温度低于60 ℃。

5. 运转中注意观察轴的跳动情况

检查各轴承是否有异常振动，个别部位是否发热甚至颜色变蓝（如果有则该处是扭转振动的节点）。一般情况下，振动除与柴油机工作相关外，还与轴系和螺旋桨的工作状态有关。若桨叶碰到漂流物（如浮木、浮冰）而发生变形，桨毂松脱，桨叶或艉轴外部缠绕钢索、麻绳等物，艉轴承间隙太大，中间轴中心线失中，艉轴承及中间轴承损坏，以及新换的铁梨木轴承间隙未留足膨胀裕度，都有可能引起振动。异常振动时应减速或停车，查明原因，予以排除。艉轴振动还会引起密封装置泄漏，应视情况进行处理。

6. 艉尖舱储水的处理

艉尖舱内的淡水或海水对控制巴氏合金轴承中的滑油黏度和水冷轴承艉轴管的冷却都起一定的作用，在航行中应注意不要将艉尖舱中的液体排干。但在寒冷结冰地区停泊时要将艉尖舱中的液体排出，以防舱内液体结冰损坏艉轴管。

7. 轴系的检查

按规范要求，轴系要定期进坞检查。单轴系船舶抽轴检验间隔期为三年（普通键槽）至四年（特殊键槽）；双轴系船舶抽轴检验间隔期为四年（普通键槽）至五年（特殊键槽）；无键槽艉轴的抽轴检验间隔期为五年。将轴抽出时，若发现轴表面有细痕，可用油石磨去。安装时注意不要让污物落入艉轴管及油封。

8. 轴系的保养

备件要妥善保管，轴表面要涂油脂存放。油封环、导环、衬套等应水平放置在阴凉处，以免变形和硬化变质。安装前应仔细检查。

第三节　齿轮箱和联轴器

在间接传动的推进装置中，为完成各种传动功能，必须设置某些传动设备，如齿轮传动装置、联轴器、离合器、制动器等。这些传动设备的作用包括：汇集（对多机单桨）或分配（对单机带双桨或轴带发电机）主机功率；将主机转速变为所需转速；螺旋桨变向；减振和消除螺旋桨对主机的冲击等。本节主要介绍齿轮箱和联轴器。

一、齿轮箱

齿轮箱通过齿轮系将柴油机的功率传给螺旋桨。目前在船上使用的齿轮箱有三种类型：减速齿轮箱、倒顺减速齿轮箱、并车减速齿轮箱。齿轮箱起减速、倒顺、离合、并车、分车等作用。

1. 减速齿轮箱

减速齿轮箱多用于主机为中速机的场合，主要作用为减速。它可以分为以下几种类型：单级减速齿轮箱、两级或多级减速齿轮箱、行星齿轮减速箱。

（1）单级减速齿轮箱

单级减速齿轮箱结构最为简单，最常见的只有一对减速齿轮，通常按输入和输出的相互位置分类。图 3.2-13（a）所示为输入轴与输出轴不在同一直线上、但在同一垂直平面内的减速齿轮箱，称为垂直异中心减速齿轮箱；图 3.2-13（b）所示为输入轴与输出轴不在同一直线上、

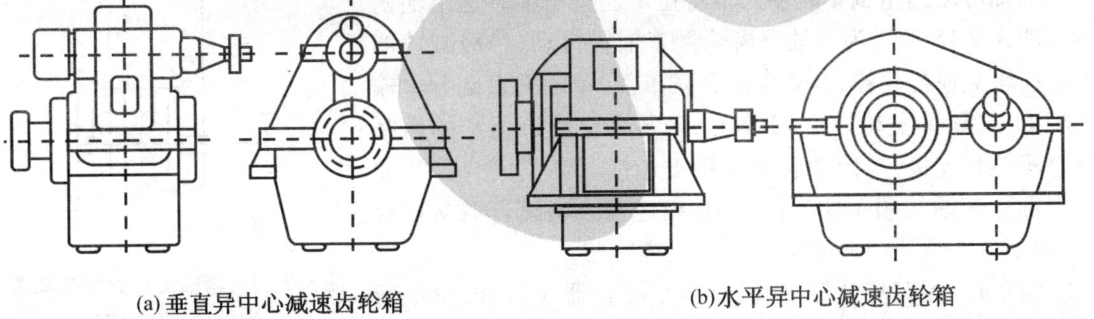

(a) 垂直异中心减速齿轮箱　　(b) 水平异中心减速齿轮箱

图 3.2-13　单级减速齿轮箱

但在同一水平面上的减速齿轮箱，称为水平异中心减速齿轮箱。异中心传动的输入轴、输出轴布置比较自由，但它的最小中心距受齿轮强度的限制，又因为单机齿轮减速，故减速比不大。

垂直异中心布置的机组占机舱面积小,宜在艉机型船舶上采用;但主机中心升高,影响船舶稳定性,箱壳有时会影响双层底结构。水平异中心布置机组的主机重心低,对中部机舱和双机双桨的动力装置布置较方便,两主机间距易保证;但水平方向占机舱面积大,尤其对单机单桨船,主机在机舱中需横向偏置一定距离,不利于机舱的对称布置。

(2)两级或多级减速齿轮箱

两级或多级减速齿轮箱由两对或多对减速齿轮组成。图 3.2-14 所示为两级减速同心输出减速齿轮箱,适用于单机单桨船。这种装置有利于降低主机重心,改善船舶稳性,又能使柴油机和螺旋桨轴不发生偏置。采用两级减速,相对于同样速比的单机减速齿轮箱,齿轮强度提高,传递扭矩更大。

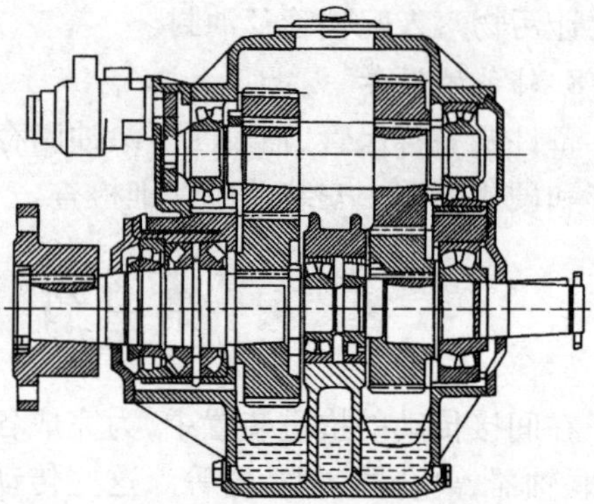

图 3.2-14　两级减速同心输出减速齿轮箱

(3)行星齿轮减速箱

近代大型集装箱船的发展要求机舱尾部布置,而普通齿轮传动装置尺寸大,难以把整个动力装置放在狭窄的尾部。行星传动的齿面负荷比平行轴齿轮负荷小得多,可使装置尺寸和重量大大减小,与普通减速齿轮箱相比,其尺寸缩小约 1/3,重量减轻 50% 左右。行星齿轮减速箱的输入轴与输出轴转向相同,同心输出,速比范围较大,一般为 3 ~ 12。速比越大,质量尺寸越小。对于中、高速柴油机为主机的减速装置,采用行星传动可以显著降低尺寸重量。

大功率行星齿轮减速齿轮箱的关键是行星齿轮间负荷均匀分配。例如输入轴用双重齿轮联轴器相接,使太阳轮成浮动结构,齿圈用套簧弹性地支撑于壳体内,允许有适当的移动,以保证行星轮负荷均匀分配;行星轮支撑在行星架的滑动轴承上,并允许在滑动轴承内有相对移动,以使其不受推力影响而正确啮合。采用人字齿轮有利于负荷均匀分配。

2. 离合倒顺减速齿轮箱

离合倒顺减速齿轮箱可实现正倒车、离合、减速等操作,多用于高速柴油机推进装置。较典型的有辅轴传动的倒顺减速齿轮箱,其工作原理如图 3.2-15 所示。

辅轴传动是指倒车时输入轴将扭矩通过辅轴传递给输出轴。图 3.2-15 所示为三轴五齿轮倒车辅轴传动、一级减速的倒顺齿轮减速齿轮箱,其离合器并联布置,箱体垂直剖分。输入轴 11 与顺车主动齿轮 10 滑套,而与顺车离合器 9 的内摩擦片座热套连接,与传动齿轮 8 用键连接。顺车离合器 9 的外摩擦片套圈与顺车主动齿轮 10 相连接。当离合器 9 接合时,功率就传给从动大齿轮 2,再传给螺旋桨。

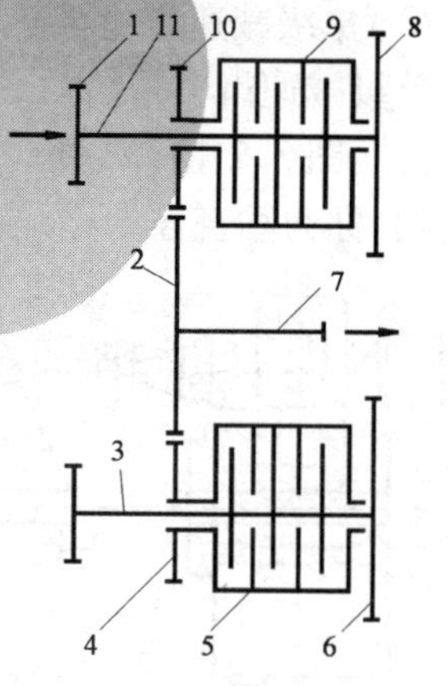

图 3.2-15　辅轴传动的倒顺减速齿轮箱工作原理

倒车时,正车离合器 9 脱开,倒车离合器 5 接合,扭矩通过传动齿轮 8 和 6 传到辅轴 3。辅轴结构与输入轴 11 相同。其扭矩传递路线在正车时为 1—11—9—10—2—7,倒车时为 1—11—8—6—3—5—4—2—7。

3. 并车传动减速齿轮箱

图 3.2-16 所示为船上最常见的双机并车传动减速齿轮箱,也有三机或四机并车传动的齿

轮箱。图 3.2-16(a)所示为最常见的并列式三齿轮双机并车传动装置。两台主机并列布置,各通过联轴器和离合器输入小齿轮,再将功率并到大齿轮,之后经轴系传给螺旋桨。大齿轮轴和两个小齿轮轴分别装在同一平面的六个滑动轴承内,这些轴承都装在与船体机座固连的下箱体上。小齿轮轴为空心轴,以便装入输入轴。输入轴前端用高弹性联轴节与主机曲轴相连,使输入轴在倾角和扭转方向上具有弹性,但在径向没有弹性。由于输入轴两端在倾角方向都有弹性,可在柴油机曲轴和小齿轮轴之间做径向位移,起到万向轴的作用。输入轴的后端与小齿轮用多片摩擦离合器连接,使各台柴油机能与螺旋桨接合或脱离,甚至在紧急停车时,离合器的操作特性也能与柴油机性能相适应。利用两个减磨轴承使离合器的从动部分与安装在输入轴上的主动部分保持同心。三齿轮装置结构简单,易实现标准化,但大齿轮尺寸大,加工困难,也不利于箱体设计。

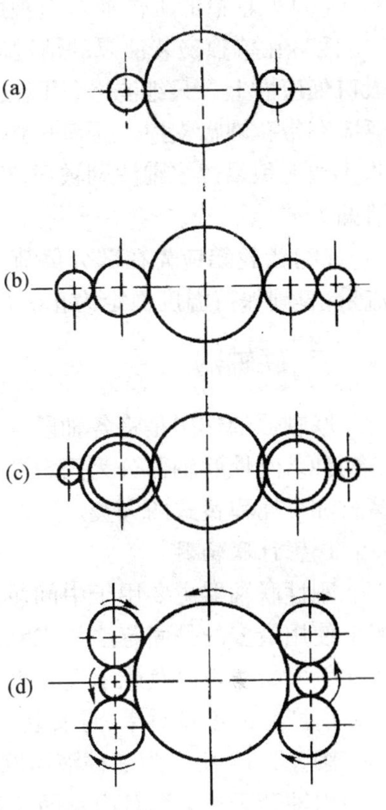

图 3.2-16 双机并车传动

图 3.2-16(b)所示为五齿轮结构,在中心距不变的情况下,加两个中间惰轮。这种结构设计可减小大齿轮尺寸,使齿轮箱的尺寸和重量减小,适用于两输入轴中心距较大的场合;但随着速比变化,惰轮轴孔位置改变,不利于箱体的标准化。图 3.2-16(c)所示的七齿轮结构可解决这一问题,在中心距不变的情况下,采用两级减速任意改变速比。

图 3.2-16(d)所示为功率分支传动形式,适用于大功率传动装置,可以避免主动齿轮尺寸过小和负荷过高的情况。

多级并车齿轮减速传动加强了中速柴油机与低速柴油机竞争的地位,使中速机在机舱高度要求严格、所需功率较大的集装箱船、滚装船等船上广泛应用。

4. 船用齿轮箱的维护管理

(1)系统检查。按油水系统管路图检查工作油管、润滑油管、冷却水管、备用油泵、过滤器、各种阀件及仪表等的工作状态。

(2)油位检查。以量油尺上的油位标志为准,量油尺上刻有“停止”和“运转”标志,即齿轮箱不工作时的油位和工作时的油位。若油位太低,则油泵有吸入空气的可能;若油位太高,齿轮浸入油池太深,主机功率会受到损失。润滑油质量应满足说明书规定。

(3)动车前的检查。将齿轮箱换向阀操作手柄推到“空车”位置,对主机和艉轴或中间轴盘车,检查主机和螺旋桨轴是否转动自如。

(4)起动主机,先低速空车运转 5 min,然后将操车手柄推到“顺车”或“倒车”位置,各运转 5 min。检查油压,空车时压力为 0.2 ~ 0.6 MPa。有的齿轮箱当离合器接合时,工作油压力增加到 2 MPa。压力的提高是通过两级压力调节阀来实现的。两级压力调节阀用以保证驱动齿轮箱平稳无冲击地换向,以保护动力装置。

(5)定期检查地脚螺栓。定期停车检查油位,若油量不够,则按规定补足。

(6)齿轮箱的工作油压力视所配的主机功率不同而调整,按说明书的规定操作。

(7)在单独安装油泵的情况下,第一次开动之前,须在各种管路系统串油约2 h。齿轮箱入口处应嵌上一只细滤网,用来过滤管道中残留的杂物。当油管直径大于20 mm时,细滤网还应有带孔圆盘支撑。圆盘由厚度2 mm的钢板制成,并在表面上布满直径为8 mm的孔,以防止油泥积累过多细滤网被压坏,使油泥落入管道系统。在泵串油时,可检查外部关系是否有泄漏。

(8)齿轮箱应先在部分负荷工况下运转,转速缓慢提高,然后满负荷运转,再调节冷却水流量,直到保持温度恒定为止。

二、联轴器

联轴器的作用是将各轴段连接成为整体。船舶上常见的联轴器有刚性联轴器和弹性联轴器两种。刚性联轴器分为固定法兰式、可拆法兰式和液压联轴器三种;弹性联轴器有非金属弹簧式和金属弹簧式两大类。

1. 刚性联轴器

刚性联轴器主要用于中间轴之间、中间轴与推力轴之间以及中间轴与艉轴之间的连接。船上使用最多的是固定法兰式刚性联轴器,其主要优点为结构简单,制造成本低,管理方便,能传递较大的扭矩以及能承受较大的推力;其主要缺点为不能消除冲击,不能消除超过允许使用偏差所产生的不良后果,且安装要求高。

图3.2-17所示为一种液压联轴器的示意图。轴6和9端部套有外表面带锥度的内轴套5,在内轴套5外又套有内圆面带锥度的外轴套7,外轴套7上开有油孔4和10,液压联轴器内圆面上还设有布油槽,外轴套7与活塞8构成活塞油缸结构。

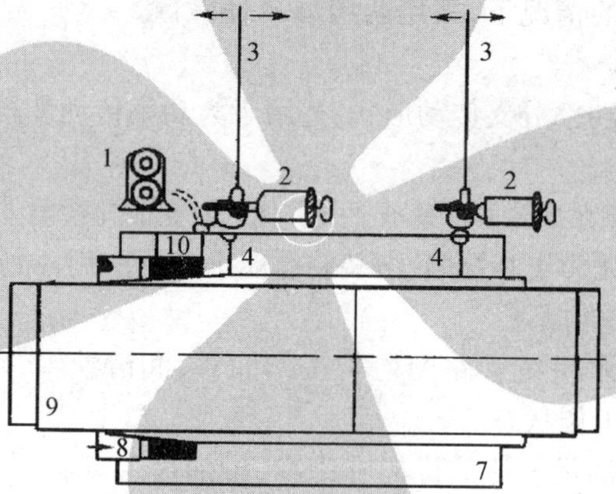

图3.2-17 液压联轴器

1—齿轮泵;2—手摇泵;3—驱动杆;4、10—油孔;5—内轴套;6、9—轴;7—外轴套;8—活塞

两轴连接时,装好两个手动活塞泵2和一个电动齿轮泵1,然后用手同时驱动驱动杆3,压力油经油道4进入内外轴套之间,将内轴套压缩、外轴套外胀。当压力油达到规定压力后,再开动齿轮泵1,使压力油经油道10进入油缸,并使内外套相对移动。待达到要求距离后,先后释放内、外轴套间及油缸中的油压,轴6和9就连接在一起。

可见,液压联轴器是靠轴套与轴装配过盈的弹性变形产生正压力,使轴与轴套的接触表面上产生摩擦力和摩擦力矩,扭矩就是靠摩擦力矩传递的。液压联轴器由于不需在轴上开设键槽,因而连接强度提高,加工工序简化,拆装也较方便。

2. 弹性联轴器

(1)弹性联轴器的作用

若主动轴与从动轴之间设有弹性元件(橡胶或弹簧),使其在扭转方向上具有弹性作用,这种联轴器称为弹性联轴器。弹性联轴器的主要作用有:

①改变轴系自振频率,从而衰减振动,降低扭振振幅,避免柴油机在使用转速范围内出现危险的共振转速。

②当主机为中速机时,在柴油机和减速齿轮装置之间加装弹性联轴器,以改善减速齿轮装置的工作条件,减少交变扭矩对齿面的冲击,延长齿轮的使用寿命。

③补偿轴系安装中产生的误差和安装后由船体变形产生的误差,避免齿轮的齿面接触不良和轴承过载等所引起的故障,保证推进系统正常运转。

④弹性联轴器在减振、隔音、防冲击、电气绝缘以及隔热等方面也有良好效果。

(2)弹性联轴器的类型

①伏尔肯(Vulkan)型橡胶弹性联轴器

如图 3.2-18 所示,联轴器的弹性元件是两个橡胶环 2,借助螺栓和压紧环 3 分别固定在主动法兰 1 和从动法兰 4 上。主动法兰与柴油机飞轮相连,从动法兰装在输出轴上,主动法兰的扭矩则通过橡胶环 2 传给从动法兰。

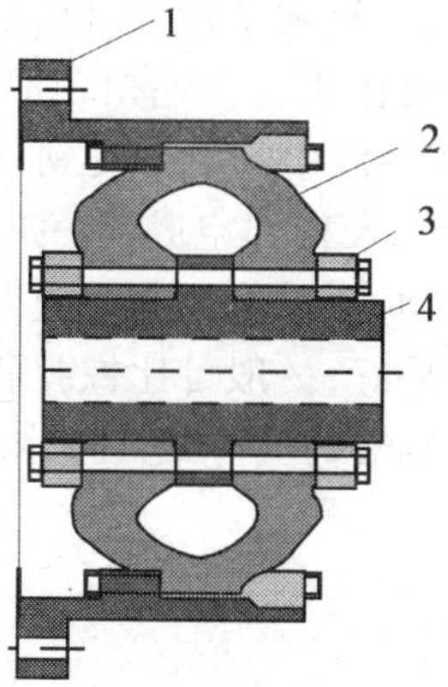

图 3.2-18 Vulkan 橡胶联轴器

1—主动法兰;2—橡胶环;3—压紧环;4—从动法兰

②卷簧弹性联轴器

如图 3.2-19 所示,卷簧联轴器由内外构件和均布在内外构件之间的沿圆周分布的卷簧组件构成。每组卷簧组件由若干个用弹簧钢板制成的开口卷簧组成,卷簧组件中各片厚度不同,由外向内逐渐减薄,从而可使每片弹簧承受的弯曲应力基本相同。卷簧压缩时所产生的最大弯曲力矩和最大变形由限制块限制,当卷簧围绕限制块弯曲时,卷簧的有效长度变短,故其扭转变形时非线性的。当联轴器内外构件做相对运动时,由于卷簧组件中各片卷簧之间的摩擦和滑油的流动阻尼作用,使联轴器具有相当大的阻尼特性。允许径向不对中偏差可达1.524 mm,角度偏差 2°,轴向位移 3.05 mm。

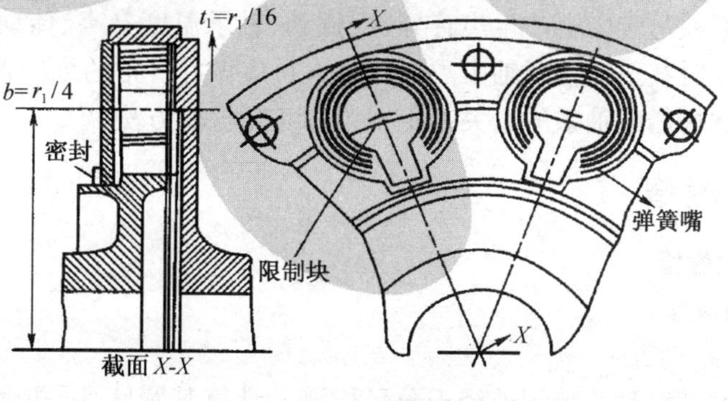

图 3.2-19 卷簧弹性联轴器

③簧片式弹性联轴器

簧片式弹性联轴器又称盖斯林格(Geislinger)联轴器,其结构如图 3.2-20 所示。联轴器由

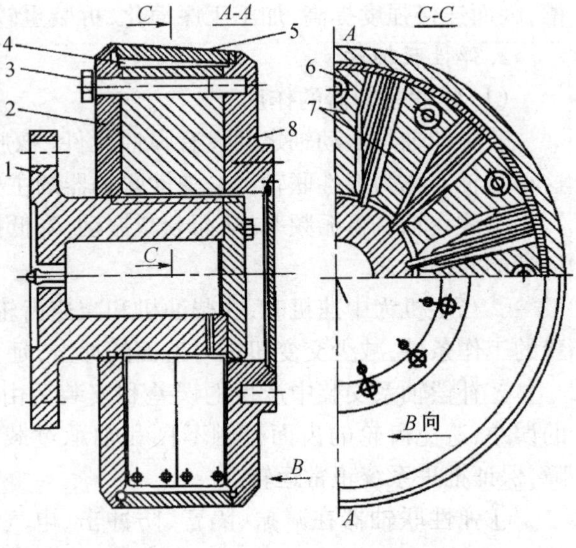

图 3.2-20　Geislinger 簧片式联轴器

内轮和外轮两部分组成。内轮的主要零件是花键轴 1,一般作为输出端,但亦可作为输入端。外轮的主要零件是侧板 2、中间环压紧螺栓 3、锥形环 4、外套圈 5、限位块 7 和带法兰侧板等。在内外轮之间装有数组至十数组板簧片 6,它的一端与外轮元件固定,另一端镶入花键轴槽内,利用板弹簧片的自由支撑作用来传递扭矩。

每一板簧片组都与内外轮零件间构成油腔,其中充满了滑油,除润滑簧片外,滑油还起阻尼作用。传递扭矩时,板弹簧片便会扭曲,使油腔中的滑油受到挤压,滑油便经侧板间隙挤入相邻空腔,滑油不断地通过缝隙来回流动,振动被阻尼。这种联轴器的振动阻尼效果好,一般可比橡胶联轴器高 5 ~ 10 倍。当联轴器的负荷太大时,限位块 7 可以限制弹簧片的变形,对联轴器起保护作用。

第四节　轴系的检修

一、轴系故障

船舶轴系的主要零件——中间轴、艉轴等虽然结构简单,但尺寸大、重量大,一般轴长 L 与轴径 d 之比均超过 10,所以是挠性轴,容易产生变形。轴系位于船体水线以下部位,运转时不仅受到主机传递的扭矩作用、轴系自重引起的弯曲变形,而且还受到螺旋桨产生的阻力矩和推力作用。此外,还受到轴系校中、安装、船体变形、船舶振动及螺旋桨水动力等引起的附加应力的周期性作用。船舶主机的紧急停车、频繁机动操车,或在台风、大浪中剧烈摇摆时,上述情况更加严重,并使轴承负荷加重。传动轴工作表面与轴承的相对运动还会产生过度磨损,在海水和滑油介质中受到腐蚀。

因此,船舶轴系在运转中会产生声音异常、振动、轴承温度升高、传动轴磨损加剧、密封装置泄漏等损坏,严重时甚至产生断轴事故。轮机人员应做好日常的维护管理,使轴系处于良好的技术状态,并应掌握船舶轴系的有关理论知识和实际检验方法。

二、传动轴的检修

(一)传动轴的检修

1. 传动轴磨损检修

(1)传动轴磨损

传动轴工作轴颈磨损后,采用外径千分尺检测并计算其圆度、圆柱度误差;采用百分表测量轴颈和法兰的径向跳动量,测量值应分别符合表 3.2-1、表 3.2-2 规定。非给定工作轴颈圆度公差不得大于表 3.2-1 中规定值的 2.5 倍;工作轴颈长度大于轴颈时,每增大 100 mm,圆柱度公差值应增加 0.005 mm。

表 3.2-1　传动轴磨损极限(CB/T3417-92)　(mm)

轴颈 d	中间轴、推力轴磨损极限		艉轴磨损极限				光车修理后
	圆度	圆柱度	圆度		圆柱度		圆度 圆柱度
			油润滑	开式水润滑	油润滑	开式水润滑	
≤80	0.08	0.09	0.10	0.13	0.13	0.15	0.010
80 ~ 120	0.09	0.10	0.12	0.15	0.15	0.18	0.010
120 ~ 180	0.10	0.12	0.14	0.17	0.17	0.22	0.015
180 ~ 260	0.12	0.14	0.16	0.20	0.20	0.28	0.015
260 ~ 360	0.14	0.16	0.18	0.23	0.23	0.36	0.020
360 ~ 500	0.16	0.19	0.20	0.27	0.26	0.45	0.020
500 ~ 700	0.18	0.23	0.23	0.32	0.29	0.55	0.025

表 3.2-2　传动轴轴颈径向圆跳动(CB/T3417-92)　(mm)

轴长与工作轴颈之比 L/d	工作轴颈及锥体部分		非工作轴颈	
	极限跳动	光车修理后	极限跳动	光车修理后
≤20	0.12	0.03	0.36	0.12
20 ~ 35	0.16	0.04	0.48	0.16
35 ~ 50	0.20	0.05	0.65	0.20
50 ~ 65	0.24	0.07	0.72	0.24
65 ~ 80	0.28	0.09	0.84	0.28
80 ~ 95	0.32	0.12	0.96	0.32

(2)传动轴磨损修复

①光车修复。艉轴、中间轴和推力轴的工作轴颈磨损后,采用光车修理,其最小工作轴颈可至非工作轴颈。修复后的圆度、圆柱度应符合表 3.2-1 的规定。②喷涂金属恢复尺寸。采用喷涂工艺恢复传动轴原设计尺寸,但喷涂金属层厚度不超过 3 mm。③小船或内河船舶的传动轴可采用堆焊金属或镶钢套来恢复轴颈尺寸。④更换新传动轴。

2. 传动轴裂纹检修

(1)传动轴裂纹

传动轴裂纹主要是艉轴的裂纹损坏。艉轴锥部大端截面变化处、键槽根部、艉轴铜套接缝处轴颈等均易产生裂纹,尤其是柴油机扭振引起铜套缺陷处艉轴表面的十字裂纹,严重时使艉轴断裂。发现铜套接缝不良时,应拆去铜套检查艉轴的腐蚀和裂纹情况。艉轴产生裂纹的主要原因:截面变化处和键槽根部的应力集中;铜套接缝漏泄使艉轴腐蚀,在交变应力作用下产生腐蚀疲劳;艉轴的轴承间隙过大引起冲击负荷;轴系安装不正确及轴系振动等。

(2)传动轴裂纹修理

①采用着色探伤、磁粉探伤、超声波探伤或钻孔法检查传动轴表面裂纹的长度和深度。②传动轴上线性尺寸小于 $d/15$(d 为轴径,mm)的短小裂纹可采用挖修、打磨,使挖修处光滑过渡的方法修理。③当传动轴裂纹深度不大于轴径的 5%、长度不大于轴径的 10% 时,采用焊补修理。焊补工艺应经认可,焊后应保温缓冷。

3. 传动轴腐蚀检修

(1)传动轴腐蚀

传动轴以艉轴的工作条件最为恶劣。对油润滑艉轴，部分艉轴在海水中工作，大部分在油中工作；对水润滑艉轴，全部在海水中工作，艉轴受到严重的海水腐蚀。艉轴锥部腐蚀最为严重，铜套接缝不良处海水渗入腐蚀艉轴。

(2)传动轴腐蚀修理

①艉轴桨端锥体锈蚀呈圆弧状，且个别锈蚀长度不大于该处圆周长的1/8，深度不超过轴径的3%；较长锈蚀长度不大于该处圆周长的1/3，深度不超过轴径的2%；传动轴整个圆周锈蚀深度平均值不超过轴径的1.5%时，经清理检查后可继续使用。②传动轴锈蚀呈尖角状，应在仔细检查其深度和周长后，将其修锉或光车，探伤检查符合上述情况时，可继续使用。③艉轴锥部车削使其尺寸变化较大时，进行堆焊修复。

4. 艉轴铜套检修

艉轴铜套上产生裂纹、严重磨损或多次光车铜套使其壁厚过分减薄、套合松动、接缝松弛、渗水等缺陷时，均应换新铜套。艉轴铜套磨损较重时，可采取以下修理方法：

①光车铜套，消除几何形状误差后，铜套厚度应符合表3.2-3的规定。②为延长铜套使用寿命，光车时允许在工作轴颈表面上残留磨痕，其深度一般在0.2～0.4 mm，面积不超过$0.25d^2$（d为轴径，mm）。③铜套上局部裂纹或局部磨损严重时，可进行局部更换，接缝应符合规定。④已套装在艉轴上的铜套不允许焊补修复。

表3.2-3 艉轴铜套厚度(CB/T3417-92) (mm)

新制铜套最小厚度t	非工作轴颈部位厚度	光车修理时厚度	极限厚度
$0.03d+7.5$	$\geqslant 0.75t$	$\geqslant 0.02d+5$	$0.015d+3.5$

注：d为轴径，mm。

(二)中间轴承和推力轴承的检修

1. 中间轴承的检修

中间轴承工作表面的主要损坏形式有过度磨损、裂纹和剥落、烧熔等。中间轴承的轴承间隙与合金层的厚度应符合表3.2-4的规定，其中安装间隙适用于转速$n\leqslant 150$ r/min的中间轴承。安装间隙Δ和极限间隙Δ_{max}亦可按下式计算，即

$$\Delta = 0.001d + 0.10 \text{ mm} \quad (3.2\text{-}11)$$

$$\Delta_{max} = 2.5\Delta \text{ mm} \quad (3.2\text{-}12)$$

式中，d为中间轴直径，mm。

测量轴承间隙时，对于有上瓦的中间轴承，用塞尺测量首、尾端在上、下、左、右四个位置的径向间隙。轴颈应与下瓦紧贴，0.05 mm塞尺插不进，左右间隙应基本相等，不允许单边接触。对无上瓦的中间轴承，只需测量下瓦处的间隙。

中间轴承工作表面的裂纹、剥落、烧熔等严重时，应重浇合金，若为局部损坏，可予以修复。下瓦底部90°～120°范围内有较大范围脱壳、龟裂或合金层太薄等均应修换；但脱壳较轻，如脱壳长度小于$d/8$（d为中间轴直径，mm），在无条件修补时，允许使用；面积不大的脱壳、龟裂等缺陷，可进行焊补修理。

2. 推力轴承的检修

推力轴承的磨损发生在推力块工作表面上，合金层减薄使轴向间隙s增大；支承轴承轴瓦

磨损使轴承间隙增大。轴承间隙值应符合表3.2-5的规定。该表适用于单环式推力轴承,当采用压力润滑时,安装间隙应取上限。

表3.2-4 中间轴承间隙和合金层厚度(CB/T3420-92) (mm)

轴颈 d	更换		安装	
	极限间隙	轴承合金极限间隙	安装间隙	轴承合金新制最小厚度
≤100	0.40	1.20	0.15 ~ 0.19	3.00
100 ~ 120	0.45	1.40	0.18 ~ 0.22	3.00
120 ~ 150	0.50	1.60	0.20 ~ 0.24	3.00
150 ~ 180	0.55	1.80	0.22 ~ 0.26	3.00
180 ~ 220	0.60	2.00	0.24 ~ 0.27	3.50
220 ~ 260	0.65	2.20	0.27 ~ 0.34	3.50
260 ~ 310	0.75	2.40	0.32 ~ 0.40	4.00
310 ~ 360	0.85	2.60	0.38 ~ 0.46	4.00
360 ~ 440	0.95	2.80	0.42 ~ 0.54	4.50
440 ~ 500	1.10	3.00	0.50 ~ 0.62	4.50
500 ~ 600	1.30	3.00	0.55 ~ 0.70	5.00
600 ~ 700	1.50	3.00	0.65 ~ 0.80	5.00

表3.2-5 推力轴承间隙(CB/T3420-92) (mm)

轴颈 d	推力轴与支承轴承的径向间隙		推力块与推力块的轴向间隙		推力块轴承合金层极限厚度
	安装间隙	极限间隙	安装间隙	极限间隙	
≤100	0.10 ~ 0.15	0.40	0.10 ~ 0.20	0.40	1.20
100 ~ 120	0.13 ~ 0.18	0.45	0.15 ~ 0.25	0.45	1.40
120 ~ 150	0.15 ~ 0.20	0.50	0.20 ~ 0.30	0.50	1.60
150 ~ 180	0.18 ~ 0.23	0.55	0.25 ~ 0.35	0.60	1.80
180 ~ 220	0.20 ~ 0.25	0.60	0.30 ~ 0.40	0.70	2.00
220 ~ 260	0.22 ~ 0.30	0.65	0.35 ~ 0.48	0.80	2.20
260 ~ 310	0.25 ~ 0.33	0.70	0.40 ~ 0.55	0.90	2.40
310 ~ 360	0.32 ~ 0.40	0.80	0.45 ~ 0.60	1.00	2.60
360 ~ 440	0.36 ~ 0.45	0.90	0.50 ~ 0.70	1.15	2.80
440 ~ 500	0.40 ~ 0.50	1.00	0.55 ~ 0.75	1.30	3.00
500 ~ 600	0.45 ~ 0.55	1.10	0.60 ~ 0.80	1.45	3.00
600 ~ 700	0.50 ~ 0.60	1.20	0.70 ~ 0.90	1.60	3.00

推力块和轴瓦上的合金层有过度磨损、裂纹、烧熔等严重缺陷时,应重浇合金。

三、艉轴管装置的检修

(一)水润滑艉轴管装置的检修

1. 艉轴承的检修

(1)铁梨木艉轴承的检修

铁梨木艉轴承的主要损坏形式有过度磨损和裂纹、开裂。铁梨木艉轴承过度磨损使铁梨木板条厚度大大减薄,轴承间隙增大,运转时产生冲击和振动。过大的冲击负荷又会导致铁梨木艉轴承产生裂纹或开裂。因此,船舶进坞检修时应测量艉轴承间隙和艉轴承孔的直径,确定铁梨木板条的厚度。艉轴承间隙和铁梨木板的厚度应不超过表3.2-6的规定。艉轴承的安装

间隙 Δ 和极限间隙 Δ_{max} 可按下式计算，即

$$\Delta = 0.003d + (0.50 \sim 0.75)\text{mm} \tag{3.2-13}$$

$$\Delta_{max} \approx 4\Delta \text{ mm} \tag{3.2-14}$$

式中，d 为艉轴直径，mm。

艉轴承间隙一般是在距后艉轴承尾端 100mm 处的垂直方向测量径向间隙。中机型船舶艉轴架处艉轴承极限间隙按表 3.2-6 中规定值增大 20%；艉机型船舶艉轴承极限间隙取表 3.2-6中规定值的 75%。

表 3.2-6　铁梨木和层压胶木艉轴承间隙(CB/T3420-92)　(mm)

轴颈 d	更换		安装	
	极限间隙	板条极限间隙	安装间隙	新制板条最小厚度
≤100	3.50	—	0.90 ~ 1.00	—
100 ~ 120	4.00	—	1.00 ~ 1.10	—
120 ~ 150	4.50	6.00	1.10 ~ 1.20	11.00
150 ~ 180	5.00	6.50	1.20 ~ 1.30	12.00
180 ~ 220	5.50	7.00	1.30 ~ 1.40	12.00
220 ~ 260	6.00	7.00	1.40 ~ 1.50	13.00
260 ~ 310	6.60	8.00	1.50 ~ 1.65	14.00
310 ~ 360	7.30	9.00	1.65 ~ 1.80	15.00
360 ~ 440	8.00	10.00	1.80 ~ 2.00	16.00
440 ~ 500	8.70	11.50	2.00 ~ 2.20	18.00
500 ~ 600	9.50	13.00	2.20 ~ 2.40	20.00
600 ~ 700	10.50	14.50	2.40 ~ 2.60	22.00

当铁梨木艉轴承间隙超过极限值，而铁梨木板条厚度低于极限值时，采取以下修理方法：①更换艉轴铜套以调整艉轴承间隙。新制铜套厚度允许加大到原设计厚度的 1.25 倍，可使艉轴承间隙减小至规定值。②在艉轴承下瓦铁梨木板条与轴承衬套之间垫入整张铜皮，以减小艉轴承间隙。

当铁梨木艉轴承间隙和铁梨木板条厚度均超过极限值，采取以下方法修理：①换新艉轴承。②仔细检查后依具体情况采用局部换新的方法。③缺少铁梨木材料时，采用上、下瓦对调的方法。

铁梨木板条产生裂纹或开裂时，应局部或全部换新。由于铁梨木干燥易裂，故在坞检修时要注意保持铁梨木艉轴承的湿态。例如，抽出艉轴后，应将艉轴承孔内充水或填塞湿木屑或湿草包，也可将轴承孔内表面涂一层牛油，并将艉轴承孔两端堵死。修理时需经常向艉轴承喷水，以保持湿态。

(2)层压胶木艉轴承的检修

层压胶木艉轴承磨损后，艉轴承间隙和板条厚度均应符合表 3.2-6 的规定。安装间隙 Δ 和极限间隙 Δ_{max} 计算公式同铁梨木艉轴承。层压胶木艉轴承产生过度磨损、松动和碎裂损坏时，依具体情况分别采用局部或全部换新的方法修理。

(3)橡胶艉轴承的检修

橡胶艉轴承磨损后艉轴承间隙应符合表 3.2-7 的规定。金属板条橡胶艉轴承的安装间隙 Δ 按下式计算

$$\Delta = 0.002d + 0.50\ \text{mm} \tag{3.2-15}$$

式中:d 为艉轴直径,mm。

整铸式橡胶艉轴承安装间隙 Δ 按下式计算

$$\Delta = 0.002d + 0.20\ \text{mm} \tag{3.2-16}$$

式中,d 为艉轴直径,mm。

表 3.2-7 橡胶艉轴承间隙(CB/T3420-92) (mm)

轴颈 d	金属板条橡胶艉轴承		整铸橡胶艉轴承	
	安装间隙	极限间隙	安装间隙	极限间隙
≤100	0.60 ~ 0.70	3.50	0.45 ~ 0.50	3.50
100 ~ 120	0.65 ~ 0.75	4.00	0.50 ~ 0.55	4.00
120 ~ 150	0.70 ~ 0.80	4.50	0.55 ~ 0.60	4.50
150 ~ 180	0.75 ~ 0.85	5.00	0.60 ~ 0.70	5.00
180 ~ 220	0.80 ~ 0.95	5.50	—	—
220 ~ 260	0.90 ~ 1.05	6.00	—	—
260 ~ 310	1.00 ~ 1.15	6.50	—	—
310 ~ 360	1.10 ~ 1.25	7.20	—	—
360 ~ 440	1.20 ~ 1.35	7.80	—	—
440 ~ 500	1.30 ~ 1.50	8.50	—	—
500 ~ 600	1.45 ~ 1.70	9.00	—	—
600 ~ 700	1.65 ~ 1.90	10.00	—	—

艉轴承间隙超过极限值时,不允许偏心磨削橡胶艉轴承的板条,但可锉削板条背面,使轴承间隙符合要求。备件缺少时可将上、下橡胶板条对调,以继续使用。橡胶老化、脱壳、剥落严重时应换新。

(4)赛龙艉轴承的检修

赛龙艉轴承磨损后的艉轴承极限间隙应符合表 3.2-8 的规定。安装间隙 Δ 可按标准中的公式计算(参见 CB/T3420-92)。超过极限间隙时应换新艉轴承。

2. 首端填料函式密封装置的检修

填料函工作时允许有少量海水流出,其极限工作温度为 60 ℃。由于安装不良使艉轴磨损和填料磨烂,以致大量海水漏入机舱,应更换填料。

换新填料时的安装要点:①每圈填料的长度应恰好两端对接。长度不足,两端将出现间隙而密封不良;长度过长,又会出现两端搭接而造成安装困难。②各道填料的接口应相互错开。③压盖衬套内圆面不得与艉轴接触,上、下、左、右间隙应相等。④压盖安装后应前后移动灵活,无卡阻。⑤填料函装妥后,压盖法兰平面与艉轴管端面间的各点距离应相等。⑥按一定对角顺序上紧压盖螺母,使之均匀压紧填料。

(二)油润滑艉轴管装置的检修

1. 白合金艉轴承的检修

白合金艉轴承的主要损坏形式有过度磨损、擦伤、裂纹和剥落、烧熔等。白合金艉轴承产生磨损后,艉轴承间隙增大,检测后与表 3.2-8 对照,以判断其使用性。

表 3.2-8　白合金艉轴承间隙(CB/T3420-92)　(mm)

轴颈 d	更换		安装	
	极限间隙	轴承合金极限间隙	安装间隙	轴承合金新制最小厚度
≤100	1.80	1.60	0.40 ~ 0.50	3.20
100 ~ 120	2.00	1.60	0.45 ~ 0.55	3.20
120 ~ 150	2.20	1.80	0.50 ~ 0.60	3.60
150 ~ 180	2.40	1.80	0.55 ~ 0.65	3.60
180 ~ 220	2.60	2.00	0.60 ~ 0.70	4.00
220 ~ 260	2.80	2.00	0.65 ~ 0.75	4.00
260 ~ 310	3.00	2.20	0.70 ~ 0.80	4.40
310 ~ 360	3.20	2.20	0.75 ~ 0.85	4.40
360 ~ 440	3.50	2.40	0.80 ~ 0.90	4.80
440 ~ 500	3.80	2.40	0.85 ~ 0.95	4.80
500 ~ 600	4.10	2.60	0.90 ~ 1.00	5.20
600 ~ 700	4.50	2.60	1.00 ~ 1.10	5.20

白合金艉轴承的安装间隙 Δ 和极限间隙 Δ_{max} 亦可按下式计算,即

$$\Delta = 0.001d + 0.40\ \text{mm} \tag{3.2-17}$$

$$\Delta_{max} \approx 4\Delta\ \text{mm} \tag{3.2-18}$$

式中,d 为艉轴直径,mm。

白合金艉轴承产生过度磨损、剥落和严重咬伤时应予以修换。对于合金松脱区的最大线性尺寸小于 $d/2$(d 为艉轴直径,mm)且只是一处时,可以继续使用;轻度咬伤可原地修光使用;当艉轴承产生严重裂纹、过度磨损和烧熔时,应重浇白合金。

2. 密封装置的检修

首、尾密封装置的损坏主要发生在防蚀衬套和橡胶环上,其相对运动产生磨损、磨痕、橡胶环老化和唇部产生裂纹、缺口、毛边等缺陷。

防蚀衬套一般选用不锈钢、缸套镀铬或青铜,加工后经过 0.2MPa 的水压试验检验,不得有任何渗漏,其内孔与艉轴之间有一定的配合间隙。防蚀衬套磨损的磨痕采用光车予以消除,或错开磨损部位。如防蚀衬套与桨毂连接凸轮较厚,可光车使之减薄;或衬套向尾端位移使磨痕部位与橡胶环位置错开;亦可在桨毂与凸轮之间加厚垫片,使衬套向首端轴向位移;或在橡胶环座体凸缘处加厚垫片,使衬套向尾端轴向位移,改变衬套与橡胶环的相对位置,以保持良好接触。防蚀衬套光车后使外径尺寸过小时,可采用喷涂金属恢复原设计尺寸。

橡胶环一般采用丁腈橡胶或氰橡胶。橡胶环的碎裂、唇边硬化、开裂和过度磨损、橡胶老化及防蚀衬套光车后,均应换新橡胶环。

四、轴系状态的检验和调整

航行中轴系、螺旋桨可能产生各种故障,需要进行船员自修或进厂修理。为了准确确定修理范围、修理项目、修理方案和修理工作量,在修理前必须进行各种检验。值得注意的是,船舶轴系和螺旋桨等零件都很笨重,所在位置狭窄和不便,拆卸和安装的工作量大、周期长,并且需要进坞,修理费用高,所以轴系检修是一项艰巨而又复杂的工程。因此,对轴系和螺旋桨的修理要特别慎重,不可轻易进行,且修理时对修理质量的监督和检验亦应严格;否则,不仅造成经费和船期的浪费,更重要的是影响船舶的安全航行。

(一)轴系状态的检验

轴系修理前,应对轴系的技术状态进行有针对性的航行检查和拆卸中及拆卸后的检查。

1. 航行检查

航行检查主要了解轴系在运转中的技术状态、各种测量数据和运转情况,不仅是进行修理的依据,而且是修理质量评估的依据。主要检查内容:(1)检查轴系零件的振动情况,测量各轴承处轴颈的径向跳动量。(2)检查各轴承的温度。(3)检查轴系润滑油和冷却水泄漏情况。

2. 拆卸过程中和拆卸后的检查

(1)检查轴系校中状态。(2)检查螺旋桨与艉轴的配合情况。(3)检查艉轴、中间轴、推力轴等轴颈的表面质量和形位公差。(4)检查密封装置磨损情况。(5)检查轴系各轴承的轴承间隙和磨损情况。(6)检查与轴系相关的管系及各附件的工作状况。

(二)轴系状态的调整

主机曲轴和艉轴分别位于轴系的两端,故又将曲轴和艉轴称为端轴。相邻轴两连接法兰的轴心线不同轴但平行的现象称为偏移,偏移的数值称为偏移值,用符号 δ 表示;相邻轴两连接法兰的轴心线相交的现象称为曲折,相交角度的大小称为曲折值,用符号 φ 表示。

通过对轴系状态的检验——轴系中心线偏差度和两端轴同轴度的检测,并与标准比较,其结果有以下几种情况:

(1)轴系偏差度和同轴度分别符合表 3.2-9 和表 3.2-10 的要求,即表明轴系状态良好。

(2)轴系同轴度符合表 3.2-10 的要求,但偏差度检测发现轴系有的法兰上的 δ、φ 值不符合表 3.2-9 的要求。对此应采用调节相关中间轴承和中间轴位置的方法,使法兰上超过标准的 δ、φ 值调整到许可范围内。

表 3.2-9　轴系各法兰校中安装的偏差要求(CB/T3420-92)

分类	要求校中部位	偏移 δ / mm	曲折 φ / (mm/m)	
长轴系	推力轴与相邻中间轴法兰	≤ 0.15	≤ 0.20	
	艉轴与相邻中间轴法兰	艉轴安装间隙的 25%	δ = 0 时	≤ 0.25(上开口之值)
				≤ 0.50(上开口之值)
	中间轴与中间轴相邻法兰	参照艉轴与相邻中间轴法兰的要求稍许降低,各中间轴法兰的 δ、φ 值基本上是平均分配,但靠近轴系中间部分的法兰,要求可相应降低些。当 $\delta = 0$ 时,$\varphi_{max} \leqslant 0.6$ mm/m。合理分配中间轴相邻法兰的 δ、φ 值		
短轴系	推力轴后各法兰	≤ 0.25	≤ 0.25	
离合器	气胀式离合器	≤ 0.60	≤ 2.00	
	齿形离合器	≤ 0.40	≤ 1.00	
弹性橡胶圈连接螺栓联轴器法兰		≤ 0.40	≤ 1.00	
主机曲轴与推力轴(或齿轮轴)法兰		—	≤ 0.10	

(3)轴系同轴度不符合表 3.2-10 的要求,即轴系的总偏移值 $\delta_{总}$ 和总曲折值 $\varphi_{总}$ 超过标准的规定。与轴系的同轴度误差较大时,表明轴系的偏差度也不符合要求。

为了使轴系同轴度符合要求,必须采用改变两端轴的相对位置来调整轴系的状态。具体的修理方案有三种:

(1)偏心镗削艉轴承或艉轴管,通过改变艉轴中心线的位置达到与曲轴同轴。但是,应保证艉轴承或艉轴管在偏心镗削后，其最薄处的壁厚尺寸应满足强度要求。

(2)当同轴度误差过大、偏心镗削的方法不能使轴线校正时，则应改变主机的位置，使曲轴中心线与艉轴中心线对准，从而使$\delta_{总}$和$\varphi_{总}$符合要求。但是改变主机位置的工程量很大，并且也受机舱的限制。

表3.2-10　轴系中心线总偏差要求

$L_{计算}$/m	总偏移$\delta_{总}(\varphi=0)$/ mm						总曲折$\varphi_{总}(\delta=0)$/ mm					
	轴的最小直径 d / mm											
	100	150	200	300	400	500	100	150	200	300	400	500
5	1.25	0.85	0.65	0.42	—	—	0.42	0.28	0.21	0.14	—	—
10	5.2	3.50	2.60	1.70	1.30	—	0.78	0.51	0.39	0.26	0.20	—
15	11.7	7.80	5.80	3.90	2.90	2.30	1.17	0.78	0.58	0.39	0.29	0.22
20	20.8	13.9	10.4	6.9	5.20	4.20	1.56	1.04	0.78	0.52	0.39	0.31
30	45.8	31.2	23.4	15.6	11.7	4.90	2.34	1.66	1.17	0.78	0.58	0.47
40	83.2	55.5	41.6	27.7	20.8	16.6	3.12	2.07	1.56	1.04	0.78	0.62
50	—	86.7	65.0	43.3	32.5	26.0	—	2.59	1.59	1.30	0.97	0.78
60	—	—	93.6	62.4	46.8	37.4	—	—	2.34	1.56	1.17	0.94
70	—	—	—	84.9	63.7	51.0	—	—	—	1.82	1.36	1.09
80	—	—	—	—	83.2	66.6	—	—	—	—	1.56	1.26

(3)采用偏心镗削艉轴承或艉轴管、改变主机位置两种措施，通过改变两端轴的轴线位置来达到同轴。但是这种方法工程量更大，制约的因素也更多。

在船舶轴系的实际运转中，一般轴系的同轴度误差均在允许范围内，仅偏差度容易出现不符合要求的情况，但当个别法兰上的δ、φ值超过标准时，对轴系的运转无影响，一般不需调整。轴系产生过大的同轴度误差通常是在发生海损事故、使船体受到较大破坏时，例如船舶搁浅使机舱或船尾遭创伤。

五、轴系校中

船舶经过一段时间营运后，由于轴承磨损、船体变形或海损事故等将造成轴系校中状态的变化，即轴系中心线发生弯曲、各传动轴之间产生不同轴的现象。新造船舶或经大修船舶的轴系校中质量和营运船舶的轴系校中状态，对轴系和主机的正常运转以及船舶振动均有很大影响，特别是对轴径大、轴承间距小、刚性强的轴系的影响更为显著。轴系校中质量差和校中状态变坏都会在运转时引起艉轴承的迅速磨损甚至烧坏、艉轴管密封装置迅速磨损产生泄漏、曲轴臂距差超过规定值、破坏减速齿轮的正常啮合和支承轴的正常工作、引起船体振动等。

轴系校中状态的检查包括轴系中心线偏差程度的检查、艉轴与中间轴及中间轴与推力轴(或齿轮减速箱输出轴、离合器轴)同轴度误差的检查。检查时，为了提高测量精度，减少温度、振动和船体变形的影响，要求在夜间或阴雨天气和平潮时进行检测，并且应停止一切冲击、敲打等振动性作业。

1. 轴系中心线偏差度的检查

轴系实际中心线与轴系理论中心线的偏差即为轴系中心线的偏差度。

(1)相邻轴连接法兰的相对位置

轴系中心线发生弯曲变形将会引起传动轴之间连接法兰相对位置的变化，使连接法兰处产生偏移和曲折。图 3.2-21 所示为相邻轴连接法兰处四种相对位置的情况。

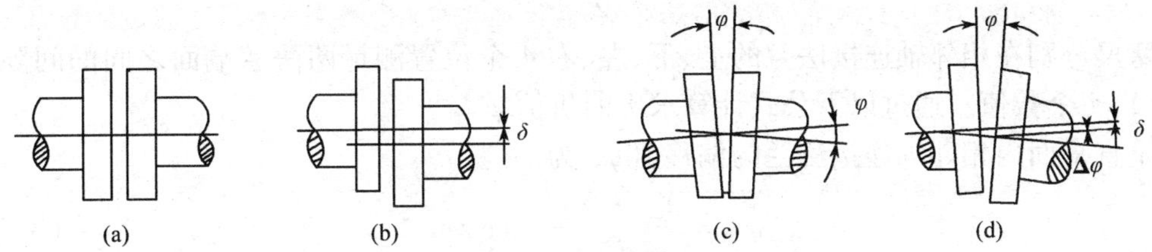

图 3.2-21　连接法兰的相对位置

其中，图 3.2-21(a)为相邻轴两法兰中心线同轴，即相邻轴同轴，法兰处的偏移值 δ 和曲折值 φ 均为0；图 3.2-21(b)为相邻轴两法兰中心线不同轴但平行，即相邻轴轴心线平行，只发生偏移，法兰处的偏移值 $\delta \neq 0$，但曲折值 $\varphi = 0$；图 3.2-21(c)为相邻轴两法兰中心线对准，但中心线相交成一定角度，即相邻轴轴心线相交，只发生曲折，法兰处的曲折值 $\varphi \neq 0$，但偏移值 $\delta = 0$；图 3.2-21(d)为相邻轴两法兰中心不对准且中心线相交成一定角度，即相邻轴轴心线相交，同时发生偏移和曲折，法兰处的偏移值 $\delta \neq 0$，曲折值 $\varphi \neq 0$，这种现象是通常发生的情况。

由于轴系的实际变形难以直接检测，所以通过测量轴系各对法兰上的偏移值和曲折值，或者采用光学仪器来检验轴系中心线的偏差度，来了解轴系的实际变形情况。

(2)偏移值和曲折值的测量和计算

测量偏移值 δ 和曲折值 φ 的方法有以下两种：

①直尺—塞尺法

采用钢直尺和塞尺测量相邻轴连接法兰上的偏移值和曲折值。测量时，将直尺依次紧贴于法兰的外圆面的上、下、左、右设计 4 个位置上，用塞尺依次测量直尺与另一个法兰外圆面的间隙 $Z_{上}$、$Z_{下}$、$Z_{左}$、$Z_{右}$ 4 个数值，如图 3.2-22(a)所示。通过以下公式计算出偏移值 δ。

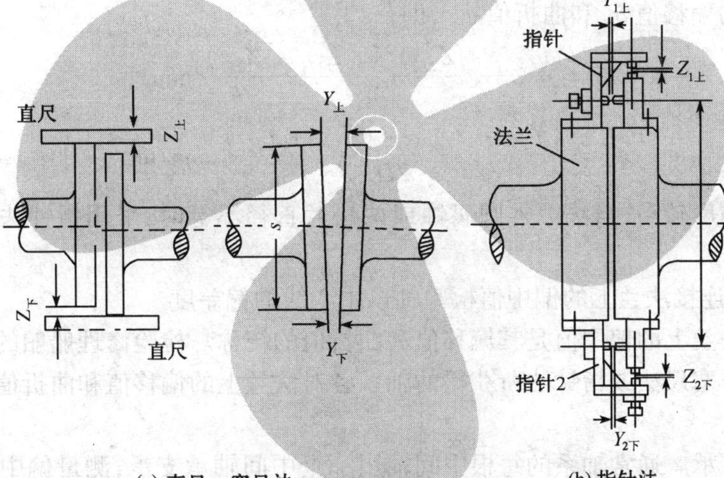

(a) 直尺—塞尺法　　　(b) 指针法

图 3.2-22　偏移值和曲折值的测量方法

在垂直平面内相邻轴连接法兰的偏移值 $\delta_{\perp}$ 为

$$\delta_{\perp} = \frac{Z_{上} + Z_{下}}{2} \text{ mm} \tag{3.2-19}$$

在水平平面内相邻轴连接法兰的偏移值 δ_{-} 为

$$\delta_{-} = \frac{Z_{左} + Z_{右}}{2} \quad \mathrm{mm} \tag{3.2-20}$$

用塞尺分别在相邻轴连接法兰的上、下、左、右 4 个位置测量两法兰端面之间的间隙 $Y_{上}$、$Y_{下}$、$Y_{左}$、$Y_{右}$4 个数值。通过以下公式计算求出曲折值 φ。

在垂直平面内相邻轴连接法兰的偏移值 $\varphi_{\perp}$ 为

$$\varphi_{\perp} = \frac{Y_{上} - Y_{下}}{D} \quad \mathrm{mm/m} \tag{3.2-21}$$

在水平平面内相邻轴连接法兰的偏移值 φ_{-} 为

$$\varphi_{-} = \frac{Y_{左} - Y_{右}}{D} \quad \mathrm{mm/m} \tag{3.2-22}$$

式中，D 为法兰直径，mm。

在修造船中，直尺—塞尺法应用较多。这种方法简单、方便、灵活，但精度较低，尤其在法兰外圆面、端面腐蚀、粗糙时或两法兰直径不等时，精度就更低，甚至无法测量。

②指针法

将两对指针对称地安装在相邻轴两法兰的外圆上，测量偏移值和曲折值，如图 3.2-22(b)所示。测量时，将相邻两根轴同时、同方向、同角度回转，每转 90°用塞尺分别测量两对指针间的径向间隙 Z 和轴向间隙 Y。上、下两对指针分别以注脚 1 和 2 标记，可测得垂直方向 $Z_{1上}$、$Z_{1下}$、$Z_{2上}$、$Z_{2下}$、$Y_{1上}$、$Y_{1下}$、$Y_{2上}$、$Y_{2下}$、和水平方向 $Z_{1左}$、$Z_{1右}$、$Z_{2左}$、$Z_{2右}$、$Y_{1左}$、$Y_{1右}$、$Y_{2左}$、$Y_{2右}$间隙。按下式计算出垂直平面内的偏移值 $\delta_{\perp}$ 和曲折值 $\varphi_{\perp}$，即

$$\delta_{\perp} = \frac{(Z_{1上} + Z_{2上}) + (Z_{1下} + Z_{2下})}{4} \mathrm{mm} \tag{3.2-23}$$

$$\varphi_{\perp} = \frac{(Y_{1上} + Y_{2上}) - (Y_{1下} + Y_{2下})}{2D} \mathrm{mm/m} \tag{3.2-24}$$

水平平面内的偏移值 δ_{-} 和曲折值 φ_{-}，即

$$\delta_{-} = \frac{(Z_{1左} + Z_{2左}) + (Z_{1右} + Z_{2右})}{4} \mathrm{mm} \tag{3.2-25}$$

$$\varphi_{-} = \frac{(Y_{1左} + Y_{2左}) - (Y_{1右} + Y_{2右})}{2D} \mathrm{mm/m} \tag{3.2-26}$$

指针法测量精度较高，当法兰外圆腐蚀或两法兰直径不等时，采用指针法测量可保证精度，但操作较麻烦。

(3)用相邻轴连接法兰上的偏中值检验轴系中心线的偏差度

相邻轴连接法兰上的偏中值是其偏移值和曲折值的统称。检验修理船舶的轴系中心线偏差度是采用直尺—塞尺法或指针法所获得的轴系各对法兰上的偏移值和曲折值来衡量。检验步骤如下：

①设置临时支承。通常轴系的每根中间轴用一个中间轴承支承，测量偏中值需拆去法兰连接螺栓，所以应增设临时支承，以支承中间轴。临时支承的位置应以使轴自重所引起的附加偏移值 $\Delta\delta$、附加曲折值 $\Delta\varphi$ 最小为原则。如图 3.2-23 所示，临时支承位置距法兰端面的距离太近或太远，均使轴自重的影响较大，即 $\Delta\delta$、$\Delta\varphi$ 均较大。所以一般在距法兰端面(0.18 ~ 0.22)L(L 为中间轴的长度)处加设临时支承，或按设计图纸加设临时支承。

②拆去法兰连接螺栓。加设临时支承后，拆去轴系各对法兰上的连接螺栓。如两法兰用中心凸起定位，应在拆去螺栓后使两法兰脱开，中间有 0.5 ~ 1.0 mm 的间隙。若连接螺栓锈

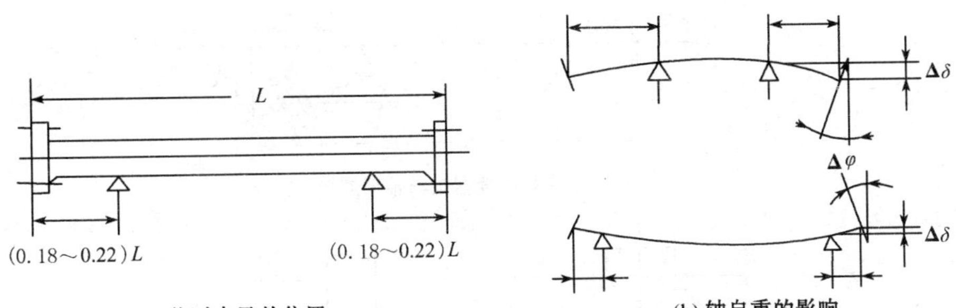

(a) 临时支承的位置 (b) 轴自重的影响

图 3.2-23 临时支承的位置及其影响

死，应设法拆除，但一定要保护螺栓孔的螺纹精度。

③测量并计算出各对法兰的偏中值。

④ 与标准比较，实测法兰上的偏移值和曲折值应符合船舶轴系修理技术标准，如表 3.2-9 所示。长轴系为挠性轴，对弯曲变形不敏感，故要求偏差较小。短轴系为刚性轴，轴系稍有弯曲变形就会引起主机尾端轴承和艉轴的前艉轴承产生较大的附加负荷，故要求偏差较大。

2. 轴系两端轴同轴度偏差的检验

检查轴系校中状态时，还应对艉轴与中间轴、中间轴与推力轴或曲轴的同轴度偏差进行检查，即对轴系的两端轴同轴度偏差进行检查。测量出两端轴法兰的总偏移值 $\delta_{总}$ 和总曲折值 $\varphi_{总}$，以判断轴系中心线的技术状态。

轴系中心线产生同轴度偏差是由于轴系长期运转使轴承过度磨损、船体或机座变形以及发生严重的海损事故等，致使两端轴发生偏离。生产中采用平轴法、平轴计算法、拉线法或光学仪器法等来检测同轴度偏差。以下简介平轴法的检验步骤：

（1）按要求在各中间轴增设临时可调支承。

（2）拆去各对法兰连接螺栓，并使两法兰脱开。

（3）以艉轴（或曲轴、推力轴）的法兰为基准，自尾向首（或相反）通过逐个调节中间轴承和临时支承来调节中间轴的位置，以使自尾向首（或相反）的每对法兰上的 $\delta=0$、$\varphi=0$。

（4）测量第一根中间轴首端法兰与曲轴或推力轴尾端法兰（或最后一节中间轴尾端法兰与艉轴首法兰）上的偏移值和曲折值，也就是两端轴法兰的总偏移值 $\delta_{总}$ 和总曲折值 $\varphi_{总}$，如图 3.2-24 所示。

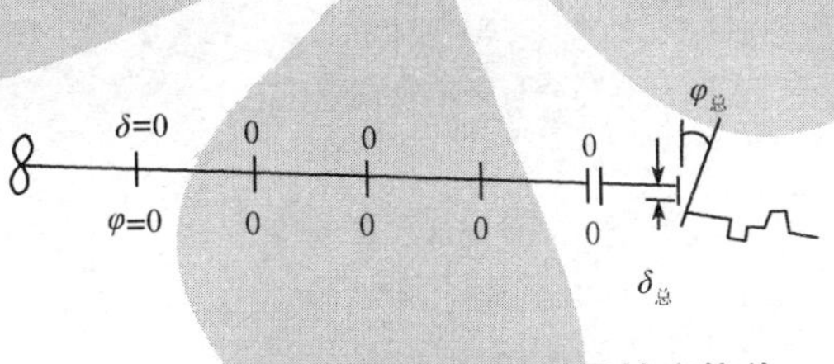

图 3.2-24 平轴法检验两端轴同轴度偏差

（5）与标准比较，测量出的两端轴法兰的偏中值（$\delta_{总}$ 和 $\varphi_{总}$）应符合表 3.2-10 所列的船舶轴系修理技术标准。表中 $L_{计算}$ 为轴系发生弯曲部分的长度，随主机与轴系连接形式的不同有不同的选取方法，如图 3.2-25 所示。

轴系中心线允许的总偏差根据所测轴系的计算长度 $L_{计算}$ 和最小轴颈 d 从表 3.2-10 中查出 $\delta_{总}$ 和 $\varphi_{总}$，并以此做出 $\varphi_{总}-\delta_{总}$ 的坐标三角形，如图 3.2-26 所示。例如，采用平轴法测得某轴系的总偏中值 δ_A、φ_A，其在坐标上的交点 A 位于三角形内（阴影部分），则该轴系的同轴度偏差在要求的范围之内；若测得的总偏中值 δ_B、φ_B 在坐标上的交点 B 位于三角形之外，说明该轴

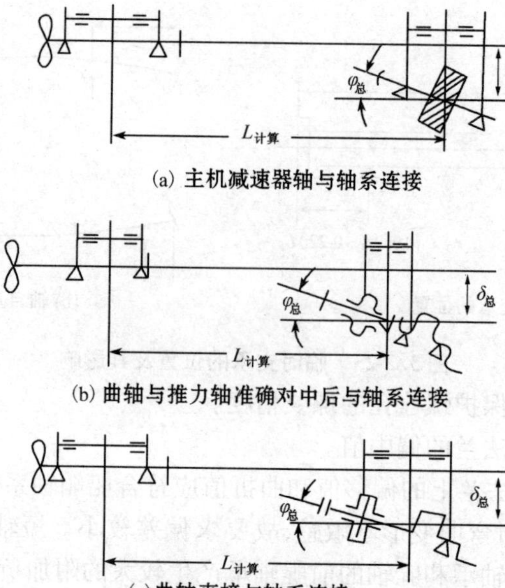

图 3.2-25　主机与轴系的连接形式

系的同轴度偏差过大，超过规范要求，应进行修理。

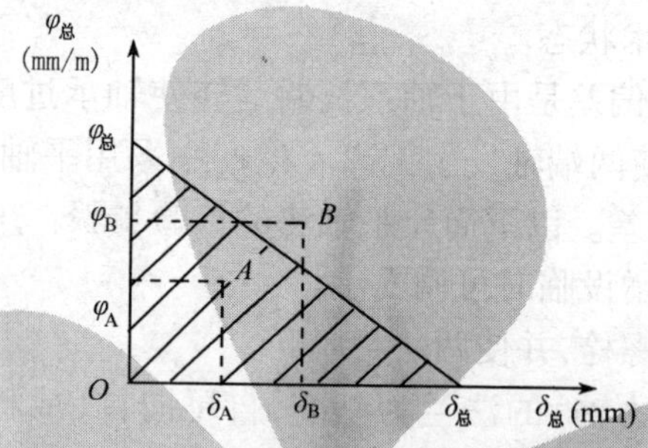

图 3.2-26　主机与轴系的连接形式

第三章

螺旋桨

第一节　定距桨

一、定距桨的结构

1. 定距桨的结构和几何参数

螺旋桨是一种反作用式推进器。当螺旋桨转动时，桨推水向后（或向前）并受到水的反作用力而产生向前（或向后）的推力，使船舶前进（或后退）。螺旋桨是由数片桨叶连接在共同桨毂上构成。桨叶和桨毂浇铸成一个整体称整体式；也有可拆卸的称组合式。桨叶的数目通常为 3 ~5 片，极少数也有 2 或 6 片，各片之间等距布置。若桨叶和桨毂相对位置固定不变，则称为定距螺旋桨，如图 3.3-1 所示。

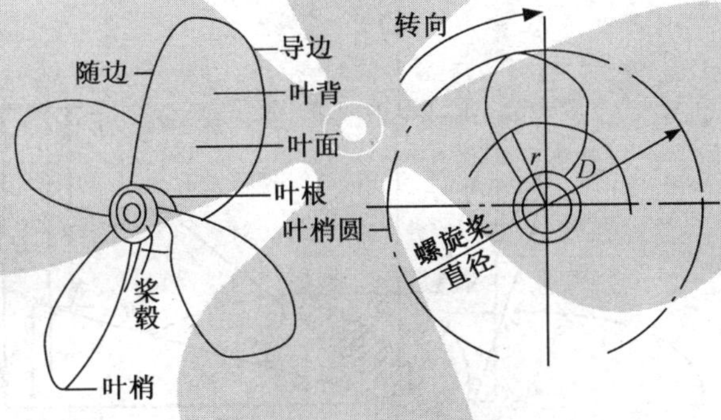

图 3.3-1　定距螺旋桨的结构

从船尾向船首看，看到的叶面叫做压力面（即推水面），桨叶的另一面叫做吸力面（即吸水面）。按正车方向旋转时，桨叶先入水的一边叫做导边，后入水的一边叫做随边。桨叶靠近桨毂的部分叫做叶根，最外端叫做叶梢。螺旋桨旋转时叶梢顶尖画出的圆叫做叶梢圆，叶梢圆的直径叫做螺旋桨的直径，记为 D。从船尾向船首看，螺旋桨在正车工作时沿顺时针方向旋转的称右旋桨，沿逆时针方向旋转的称左旋桨。

螺旋桨的压力面是一个螺旋面，如图 3.3-2 所示。若与轴线 OO' 成某一固定角度的线段 ABC，以等角速度绕轴线旋转，同时以等线速度沿轴线向下（或向上）移动，此线段在空间划过的轨迹所形成的曲面即是螺旋面。线段上任意一点运动的轨迹为一螺旋线。螺旋面也可以看成是由无数个不同半径的螺旋线组合而成。运动线段 *ABC* 称为该螺旋面的母线。母线上的任一点旋转一周在轴线方同上移动的距离称为该螺旋线的螺距，以 *H* 表示。若组成螺旋面的各螺旋线螺距相等，这个螺距即为螺旋面的螺距，而螺旋面称为等螺距螺旋面。如果母线上的各点以等速旋转但各点下降的速度不同，这样形成的螺旋面称为径向变螺距螺旋面。大型船舶螺旋桨的压力面大多由径向变螺距螺旋面构成，其吸力面通常则是一个复杂的螺旋面。螺旋桨的螺距 *H* 系指其压力面的螺距。径向变螺距螺旋桨的螺距，通常自叶根向叶梢逐渐增加，一般以 0.7*R*（*R* 为螺旋桨的半径）或 2 *R*/3处的螺距代表螺旋桨的螺距，记作 $H_{0.7R}$或 $H_{2R/3}$，此值约等于螺旋桨的平均螺距。

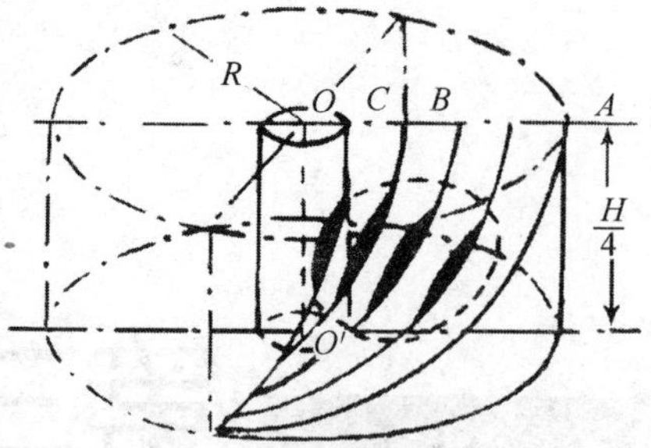

图 3.3-2　螺旋面的形成

螺旋桨的螺距与直径之比，即 *H*/*D* 称为螺距比，它是螺旋桨的主要结构参数之一，其数值的大小直接影响螺旋桨的性能。螺旋桨所有桨叶展平后其面积的总和称为螺旋桨的面积，用 *A* 表示。以螺旋桨直径 *D* 画出的圆的面积称为盘面积，用 A_d 表示。比值 A/A_d 称为盘面比，它是螺旋桨的另一个重要结构参数。盘面比大，说明螺旋桨桨叶肥大，螺旋桨面积在以 *D* 为直径的圆面积里充实程度大，螺旋桨推水的总面积就大。

2. 螺旋桨的工作原理

若用一把与桨毂共轴的圆筒形刀切割桨叶，将切得的断面展平后所得的面称为叶素断面，见图 3.3-2。半径为 *r* 和 *r* + *dr* 的两个叶素断面间的这部分桨叶称为叶素（或叶原体）。整个桨叶的作用可以看成是无数个叶素作用的总和。因此，只要分析清楚叶素的作用，就可推知整个桨叶以及整个螺旋桨的工作情况。

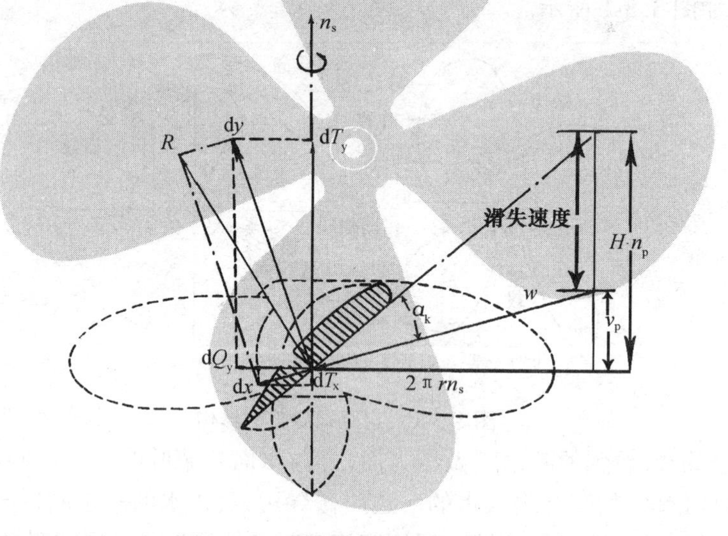

图 3.3-3　螺旋桨叶素作用力分析

在图 3.3-3 中，各种速度的方向如图所示。半径 *r* 处的叶素一方面以切向速度 $2\pi rn_s$ 绕轴心回转，一方面又以进速 v_p 前进，它相对于水的速度 *w* 即为这种速度的合成。如果把叶素视为不动，根据运动转换原理，水流速度 *w* 与弦线间的夹角称为冲角，用 α_k 表示。由于叶素断面形状与机翼断面相似，因此可以利用机翼在空气中运动时产生的升力来说明螺旋桨的受力情况。根据机翼的工作原理,在叶素上产生升力 dy 和阻力 dx。升力 dy 垂直于 w,阻力 dx 则沿着 w 的方向,把升力 dy 和阻力 dx 各自分解成轴向和回转方向的分力,于是,在叶素上产生推力 $dT = dT_y - dT_x$,在回转方向产生的阻力 $dQ = dQ_y + dQ_x$。此阻力作用在距轴心半径为 r 的叶素上,它对螺旋桨产生一个阻力矩,即 $dM = r \cdot dQ$。

螺旋桨桨叶是由无数叶素合成的,各桨叶所有叶素上产生的推力 dT 的总和即为螺旋桨的推力,以 T 表示。各桨叶所有叶素上产生的阻力矩 dM 的总和即为螺旋桨的阻力矩,以 M 表示。因此,为了使螺旋桨产生推力,必须由主机发出功率克服螺旋桨的阻力矩。

螺旋桨在水中同时参与两种运动,即绕桨毂轴线的回转运动和沿桨毂轴线的轴向运动。我们知道,螺钉在螺母中每转动一圈时前进一个螺距。当螺旋桨在水中运动时,水被它推向后移,螺旋桨前进的距离比螺距要小,这种现象称为螺旋桨的滑失现象(或滑脱现象)。螺旋桨旋转一周在轴向前进的距离称为进程,以 h_p 表示。进程和桨直径的比值称为进程比,以 $\lambda_p = h_p/D$ 表示。螺距和进程的差值称为滑失(或滑脱),即 $H - h_p$,如图 3.3-4 所示。滑失与螺距的比值称为滑失比,以 S 示之,即

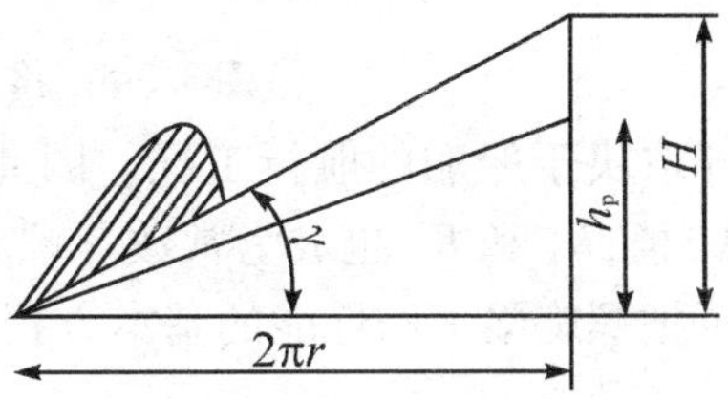

图 3.3-4　螺旋桨的滑失

$$S = \frac{H - h_p}{H}$$

若取单位时间来考虑,设螺旋桨的转速 $n_s(r/s)$,则每秒钟叶素沿圆周方向的回转路程为 $2\pi r n_s$,即叶素的切向速度。每秒钟叶素前进的路程并不是 Hn_s,而仅为 $v_p = h_p n_s$,称为螺旋桨的进速,Hn_s 与 v_p 之差称为滑失速度。因此,滑失比 S 还可表示为:

$$S = \frac{Hn_s - v_p}{Hn_s}$$

二、定距桨的工作特性

1. 定距桨的工作特性

应用因次比较法可以得出螺旋桨的推力

$$T = K_T \rho n^2 D^4$$

螺旋桨的阻力矩

$$M = K_Q \rho n^2 D^5$$

式中,$K_T K_Q$ 为推力系数和扭矩系数;ρ 为水的密度,kg/m^3;D 为螺旋桨的直径,m;n 为螺旋桨的转速,r/s。

螺旋桨的效率 η_p 是有效功率与消耗功率(即吸收功率、得到功率)之比,而螺旋桨的有效功率 Tv_p,消耗功率为 $M\omega$,因此

$$\eta_p = \frac{Tv_p}{M\omega} = \frac{K_T}{K_Q} \cdot \frac{\lambda_p}{2\pi}$$

式中,v_p 为螺旋桨的进速,m/s;ω 为螺旋桨的旋转角速度,rad/s;λ_p 为进程比。

以上三个公式是螺旋桨工作性能的基本方程式。对于几何形状一定的螺旋桨,推力系数 K_T 和扭矩系数 K_Q 都取决于进程比 λ_p,它们之间的变化关系可由实验测得,如图 3.3-5 所示。

由进程比定义式 $\lambda_p = h_p/D = v_p/nD$ 可知,对于一定的螺旋桨,λ_p 取决于船舶的航行状态,

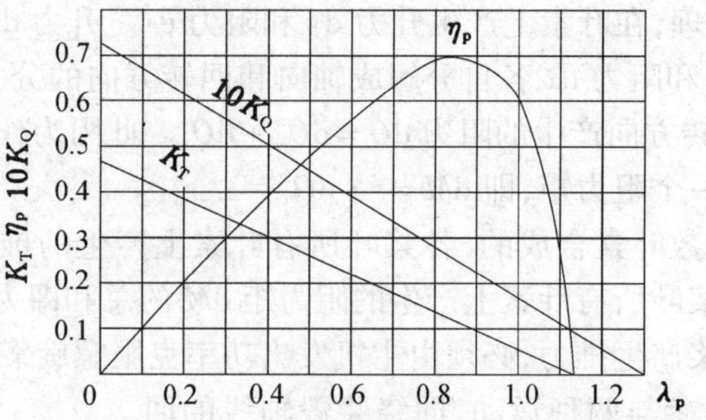

图 3.3-5　推力系数 K_T 和扭矩系数 K_Q 与进程比 λ_p 的关系

即取决于船舶的航行工况。因此，当船舶在某一工况下稳定航行时，螺旋桨就有一个固定的 λ_p 值，K_T 和 K_Q 也成为常数。螺旋桨直径 D 是固定不变的，水的密度 ρ 也可认为不变，这样，可把螺旋桨工作性能的基本方程式表示为

$$T = C_1 n^2$$

$$M = C_2 n^2$$

$$\eta_P = C_0 \lambda_p \cdot K_T / K_Q$$

式中，系数 C_1，C_2，C_0取决于船舶航行工况，当船舶在不变的工况下稳定航行时，均为常数。

螺旋桨的功率

$$P_p = 2\pi n M = C n^3$$

式中，系数 C 和 C_1，C_2，C_0一样，也取决于船舶航行工况。

以上公式说明螺旋桨的推力和扭矩与其转速的平方成正比，螺旋桨吸收的功率与其转速的立方成正比。将以上三式绘成曲线，此曲线即称为螺旋桨的特性曲线，如图 3.3-6 所示。

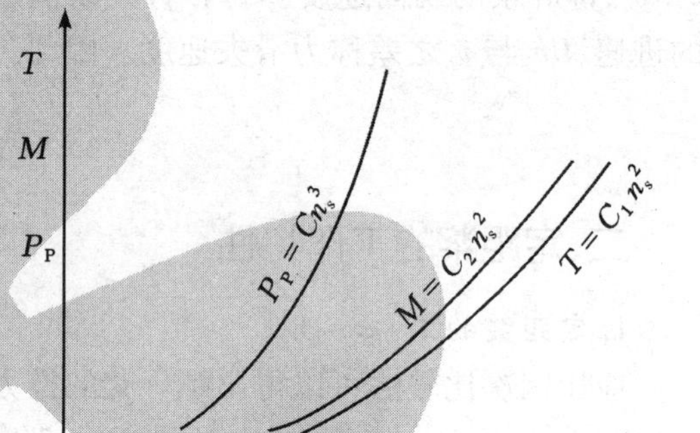

图 3.3-6　螺旋桨特性曲线

2. 影响螺旋桨特性的因素

影响螺旋桨特性的因素是多方面的，但可概括为以下两个主要方面。

1）螺旋桨结构参数的影响

桨的结构参数主要有直径 D、螺距比 H/D。由公式 $T = K_T \rho n^2 D^4$ 和公式 $M = K_Q \rho n^2 D^5$，可看出，直径 D 对螺旋桨产生的推力和吸收的扭矩影响很大，分别为四次方和五次方的关系，所需要的功率也是五次方的关系。对于同一直径的螺旋桨，其螺距比越大即 H/D 越大，它所需要的功率也越多。图 3.3-7 示出不同 H/D 对螺旋桨功率特性的影响，H/D 越大，曲线就越陡。

对于一定功率的主机，必须选配合适的螺旋桨。如果直径 D 和螺距比 H/D 过大，螺旋桨会过重，主机带不动，它在高转速下运转时，就会造成超负荷。如果 D 或 H/D 选得过小，螺旋桨会过轻，主机就不能充分发挥它的做功能力。

2）船舶航行工况的影响

船舶航行工况的变化，既包括航行的自然条件变化，如风浪大小、水深的变化等，也包括各种机动操纵时的过渡过程，如船舶的加速、减速、倒航等。当航行工况改变时，船舶航速与螺旋桨转速之间的关系要发生变化，也即进程比 J 的数值要改变。由于推力系数 K_T 和扭矩系数

K_Q 随 λ_p 而变，因此螺旋桨的推力和阻力矩也发生变化。下面分析一下在不同航行工况时，螺旋桨的推力和阻力矩的情况。

(1)无进程情况。无进程情况相当于系泊工况。此时 $v_p=0$，即 $\lambda_p=0$，如图 3.3-8(a)所示，水将从垂直于轴线方向流入，螺旋桨只有旋转运动而无轴向移动。由图 3.3-5 可知，此时 K_T 与 K_Q 都最大，升力和推力重合，推力和阻力矩都达到最大值。此种情况下管理人员应注意控制柴油机油门和转速，以免主机超负荷。

(2) λ_p 减小情况。λ_p 减小相当于主机转速未变，由于船体污底、载重量增加、顶风、浪大和船舶转弯等原因，船体阻力增加，船速变慢。由图 3.3-5 可知，随着 λ_p 的减小，K_T 与 K_q 都增加，而转速未变，阻力和阻力矩也都增加。在这种情况下，必须防止主机超负荷。

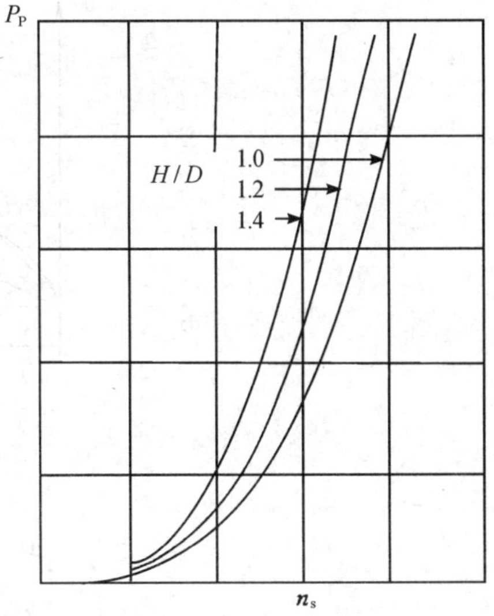

图 3.3-7 H/D 对螺旋桨功率特性的影响

(3) λ_p 增大情况。λ_p 增大相当于船舶空载、轻载或顺风航行，船体阻力减小，主机仍保持原来的转速，船速增大。随着 λ_p 的增大，K_T 与 K_Q 都相应减小，因此推力和阻力矩都会减小。此时轮机人员应减小油门格数，维持主机的转速，使之不超过额定值。

(4)无推力情况。当螺旋桨进程 h_p 稍大于螺距 H 而出现负的滑失时，水流的合成速度 w 就以某一负的冲角流向叶素，如图 3.3-8(b)所示。此时的升力 dy 很小，而阻力 dx 仍有一定值，结果 dy 和 dx 在轴向的分力 dT_y 和 dT_x 的大小相等，方向相反，相互抵消，因此推力为零，这就是零推情况。但是，此时螺旋桨的阻力 dQ 仍有一定值。

(5)无阻力矩情况。若进程进一步增大，致使升力和阻力在周向的分力大小相等、方向相反，螺旋桨的阻力 dQ 为零，这就是零矩情况，如图 3.3-8(c)所示。但是，此时的推力已为负值，阻止船舶前进。

(6)水涡轮情况。若进程继续增加，螺旋桨会产生负的推力和负的转矩，此时螺旋桨的作用就变成了一只水涡轮。就是说，螺旋桨吸收了水流冲击的能量，而产生转矩带动主机回转。

第二节 可调螺距螺旋桨

一、可调螺距螺旋桨的结构

桨叶和桨毂相对位置会发生改变的螺旋桨称为可调螺距螺旋桨。

调距桨装置包括五个基本组成部分。

(1)调距桨。它包括可转动的桨叶、桨毂和桨毂内部装设的转动桨叶的转叶机构等。

(2)传动轴。一般由螺旋桨轴和配油轴组成，两者用套筒联轴器相连。这种传动轴和定距桨的传动轴不同，它是中空的，其中装调距杆；或者，当伺服油缸位于桨毂内时，中空的传动轴作为进排油通道。

(3)调距机构。它包括产生转动桨叶动力的伺服油缸、伺服活塞，分配压力控制油给伺服油缸的配油器，桨叶定位和桨叶位置的反馈装置及其附属设备等。它的主要任务是调距、稳距以及对螺距进行反馈和指示。

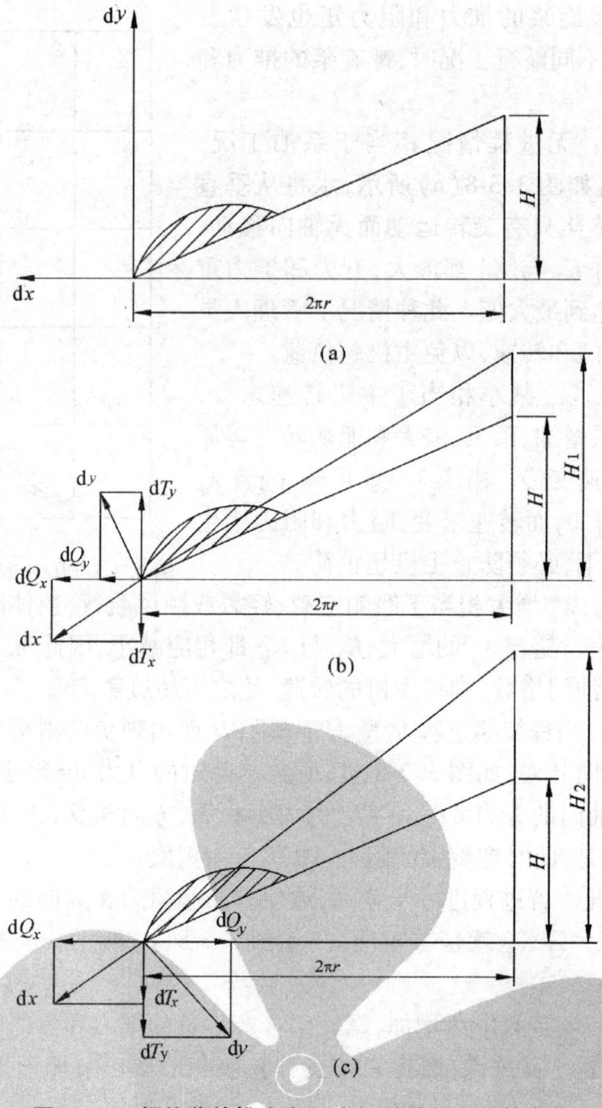

图 3.3-8　螺旋桨的推力和阻力矩随航行工况的变化

(4)液压系统主要由油泵、控制阀(换向阀)、油箱和管件等组成。它的作用是为伺服油缸提供符合要求的液压油。

(5)操纵系统主要由操纵台、控制和指示系统组成。它的作用是按预先确定的控制程序同时调节发动机的转速和调距桨的螺距,以获得所要求的工况。

调距桨转叶机构的作用是将往复运动转变为回转运动。转叶机构如图 3.3-9 所示。其中图 3.3-9(a)为十字头上开槽,槽中设滑块。图 3.3-9(b)为十字头上带销,曲柄上开槽。这两种形式都可将十字头的往复运动变为曲柄的回转运动。它们的结构简单紧凑,传递扭矩能力大,应用广泛。图 3.3-9(a)为曲柄滑块式,图 3.3-9(b)为曲柄销槽式。在调距桨装置中一般还设有应急锁紧桨叶装置,利用它可在应急情况下(例如液压系统失灵),把桨叶固定在一定的正螺距值,使调距桨变为定距桨。

采用调距桨的推进装置可以采用双手柄控制,也可采用单手柄控制。所谓双手柄控制是用两只操纵手柄分别地操纵主机转速和螺旋桨螺距,这种控制方式不但操作不方便,而且也很难把工况调到最佳,甚至使运行工况比采用定距桨还要坏。单手柄控制是用一个手柄,按螺旋

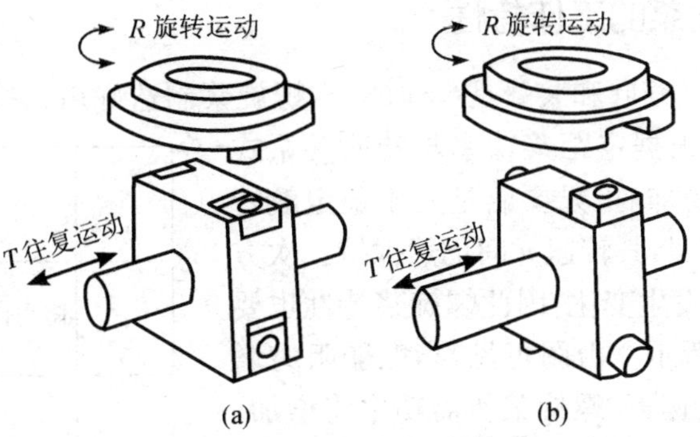

图 3.3-9　转叶机构示意图

桨螺距与主机转速的规定关系来操纵螺旋桨和主机，这种控制方式也称为联合控制。

二、可调螺距螺旋桨的调距过程

调距桨装置的调距过程可以用图 3.3-10 来说明。驾驶人员发出的指令信号，通过信号传递系统传到操纵杆 6，杆 ABC 则以 C 为支点动作，将控制阀 4 移动使其离开中央位置，此时具有一定压力的控制油经控制阀进入配油轴套 3，由桨轴中的油道进入伺服油缸 1 的相应工作空间(另一空间回油)，推动动力活塞 2。动力活塞的移动，带动调距杆(动力活塞杆)，继而通过转叶机构将桨叶转动，使螺距发生变化。

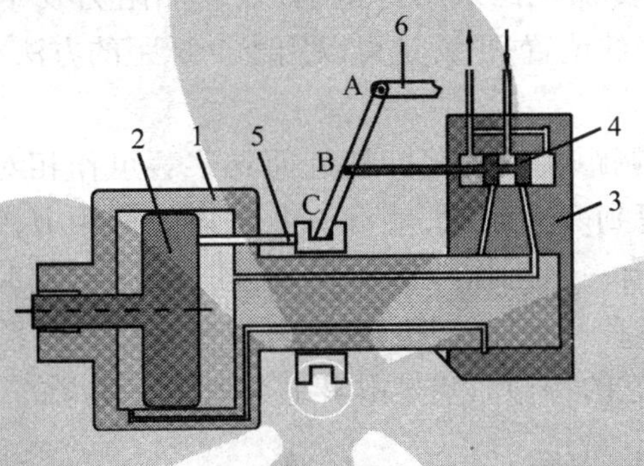

图 3.3-10　调距桨装置的调距机构

1—伺服油缸；2—动力活塞；3—配油轴套；4—控制阀；5—反馈装置；
6—操纵杆

动力活塞在移动的同时还通过反馈装置 5 移动杆 ABC 的 C 点，此时 A 点不动，于是反馈信号传到控制阀 4。反馈信号和驾驶台指令信号进行比较，若这两个信号相等，则说明螺距已调到驾驶人员所要求的值，控制阀就回到原来的平衡位置，切断压力控制油和回油。若反馈信号和指令信号不相等，则继续上面的调距动作，直至符合要求为止。调距的时间是短暂的，而使螺距固定在某一要求的位置却是长期的。如果动力活塞由于某种原因，如液压油的漏泄，而偏离所要求的位置，这意味着螺距偏离了所要求的螺距值，图示的调距机构可通过反馈机构使动力活塞的偏移信号传到控制阀，于是重新开始一个调节过程，使动力活塞也即螺距回复到原来要求的位置上。这种稳距方式是通过调节过程的动作自动完成的，称动态稳距方式。还有的调距桨装置的稳距作用，是利用液体的不可压缩性，靠止回阀密封伺服油缸油腔的方法来实现的，称为静态稳距方式。以上就是调距桨的工作原理。

三、可调螺距螺旋桨的工作特性

前面介绍的螺旋桨其桨叶和桨毂是一体的，当螺旋桨制造好后，它的螺距就不再改变，这样的螺旋桨称定距桨。根据定距桨功率与转速关系式可知，当船舶航行阻力增加时，只要船是处于稳定航行状态，螺旋桨所需功率 P_p 与其转速 n 间仍然保持三次方关系。但由于系数 C 将发生变化，因此螺旋桨特性也要发生变化，如图 3.3-11 所示。由图可见，当船舶阻力增加后，在相同的螺旋桨转速下，螺旋桨所需功率将增加。也就是说，螺旋桨随船舶阻力增加而负荷变重；反之则变轻。

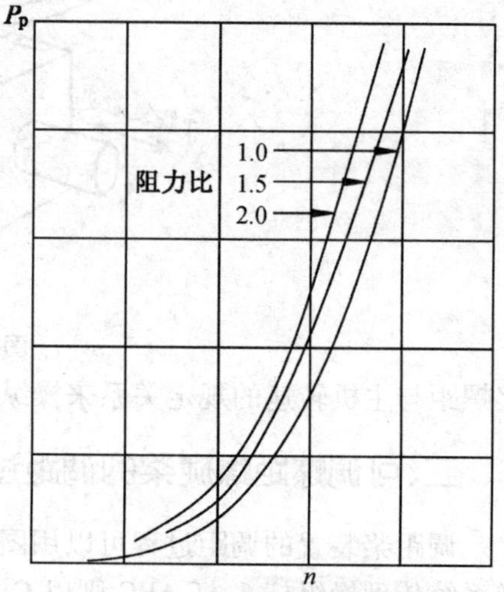

图 3.3-11　船舶阻力对螺旋桨特性影响

当外界条件不变而螺旋桨的螺距比 H/D 改变，船舶处在稳定航行状态时，螺旋桨所需功率与转速仍然保持三次方的关系，但因系数 C 的变化，使螺旋桨特性也发生变化。由此可见，在同样的航行条件下，使螺旋桨转速保持不变，采用的螺距越小，螺旋桨所需功率也就越小，螺旋桨负荷越轻；反之则越重。

将以上两种情况结合起来就不难想到，由船舶阻力变化所引起的螺旋桨特性变化可用改变螺距比的方法来补偿，只要螺距比采用得适当，在船舶阻力发生变化时，可使螺旋桨的功率—转速特性线保持在原来的位置，也就是可以用改变螺距的方法去适应船舶工况的变化，于是就出现了可调螺距螺旋桨。

可调螺距螺旋桨（简称调距桨），其桨叶螺旋面与桨毂可作相对运动，通过转动桨叶来达到改变螺距的目的。桨叶每到一个位置，就有一个对应的螺距 H，螺旋桨也就有一个新的特性。对于一个定距桨，它只有一组工作特性曲线，并且当 $J=$ 常数时，它的推力、阻力矩、功率与转速之间的关系曲线都只有一条，而调距桨，则可以把它视为一系列同一直径的具有不同螺距比的定距桨的组合，所以它的特性曲线是由多组类似于定距桨的工作特性曲线共同组成的。

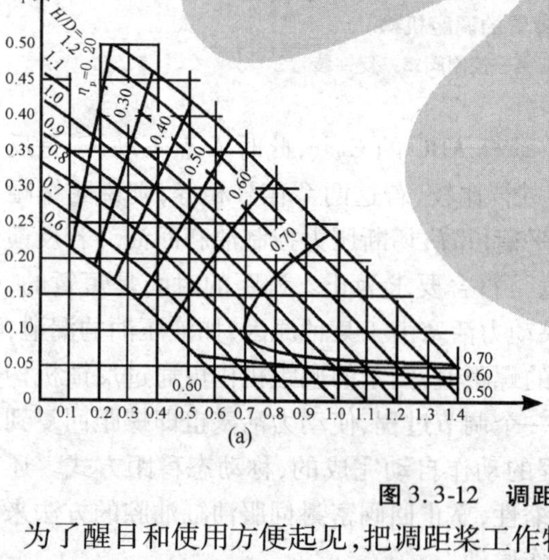

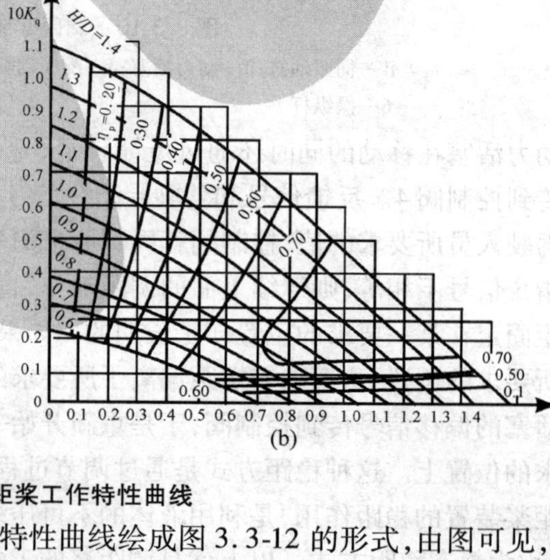

图 3.3-12　调距桨工作特性曲线

为了醒目和使用方便起见，把调距桨工作特性曲线绘成图 3.3-12 的形式，由图可见，在阻力因素不变的情况下，螺距越大，则相同转速下的推力越大，转矩也越大，因而当船舶阻力发生变化时，可以通过调整螺距比来控制螺旋桨转速和转矩及推力之间的关系，即可满足船舶阻力变化的需要。在图 3.3-12 上还示出了螺旋桨的等效率线，从图上可以看出调距桨在不同工况时的效率变化情况。

调距桨的工作特性也可以用推力、阻力矩、功率分别与桨转速之间的关系曲线来表示。图 3.3-13 示出了调距桨的功率——转速特性。由图可见，当 λ_p = 常数时，它是以螺距比为参变量的一组曲线。

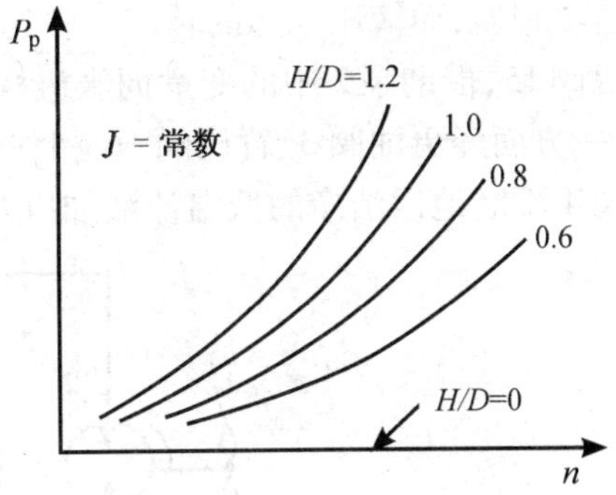

图 3.3-13　调距桨的功率与转速关系

第三节　侧推器

一、侧推器的作用和要求

侧推器是一种能产生船舶横向推力（侧推力）的特殊推进装置。它装在船首或船尾水线以下的横向导筒中，产生的推力大小和方向均可根据需要改变。一般船舶在靠离码头、过运河、进出水闸、穿过狭窄航道和船舶拥挤的水域时，一是要开慢速，二是要经常用舵改变航向。但是船速越慢舵效越差，给船舶操纵带来困难。特别是受风面积大的集装箱船、滚装船、木材船等，在低速航行时，只靠舵效改变航向往往不能满足要求，不得不用拖船帮助。

船上设侧推器将会起到如下作用：①提高船舶的操纵性能，特别是船速为零或船速很慢时的操纵性能。②缩短船舶靠离码头的时间。③节省拖船费用。④提高船舶机动航行时的安全性。⑤可减少主机起动、换向次数，延长主机使用寿命。

侧推器应满足如下要求：①装置结构简单，工作可靠，维护管理方便。②应尽可能设在船的端部，以便在同样推力下获得较大的转船力矩。③应有足够的浸水深度，以提高侧推器的工作效率。侧推器的螺旋桨轴线离水线距离不得小于它的桨叶直径，以免空气进人螺旋桨处，影响侧推器工作。④对船体所造成的附加阻力要小，侧推装置本身的工作效率要高。⑤能根据需要迅速改变推力大小和方向。⑥在侧推器旁及驾驶台均能进行操作。在驾驶台上操作一般在中央与两翼均可进行。

侧推器的类型很多，按布置位置不同有艏推、艉推和舷内式、舷外式之分；按产生推力的方法不同有螺旋桨式和喷水式；按原动机不同有电动式、电液式和柴油机驱动式等。本章前面介绍的 Z 型传动方式实际上也可认为它是一种舷外式艉侧推器。下面仅介绍一种螺旋桨推进式艏侧推器。

二、螺旋桨式艏侧推装置

螺旋桨式艏侧推装置可采用定距桨也可采用调距桨。因为定距桨要求其原动机具有变速变向功能，而可变速变向的电动机控制系统复杂，操作也不方便，故应用较少，所以定距桨式侧推器多用液压马达带动。

图 3.3-14 示出了定距桨式艏侧推器的液压系统图。侧推器螺旋桨 1 通过联轴器与液压

马达2相连,而液压马达的转向与转速由双向变量泵7来控制。泵7的控制可通过辅泵9和电磁阀15,借助泵7中的变量伺服机构来实现。在系统工作时,由于从马达2至泵7的低压管路,一方面经更油阀3、背压阀16和油滤器13将部分热油泄回油箱,另一方面又从相应的单向阀4不断地以洁净的低温油液加以补充,以控制系统的油温。

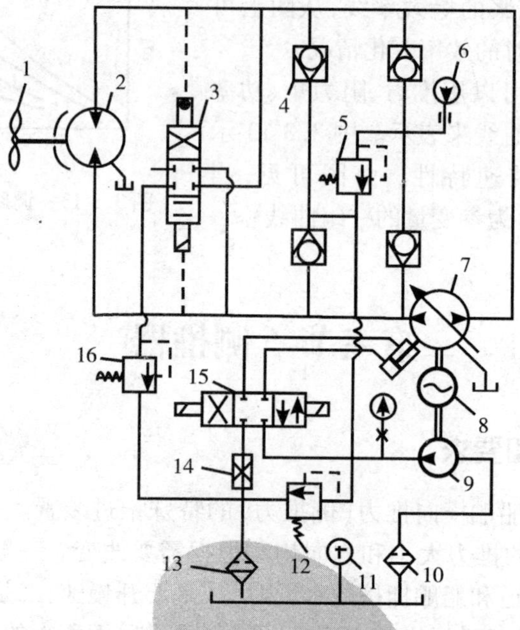

图3.3-14 定距桨式首侧推器的液压系统图

1—定距桨;2—液压马达;3—更油阀;4—补油单向阀;5—溢流阀;6—压力表;7—变量泵(主泵);8—电动机;9—定量泵(辅泵);10—吸入滤器;11—温度计;12—辅泵溢流阀;13—回油细滤器;14—可调节流阀;15—电磁三位四通阀(控制主泵的伺服变量机构);16—背压阀

三、调距桨式侧推装置

调距桨式侧推装置不需要驱动它的原动机换向,容易实现遥控,在恒速下靠桨叶角的变化就可改变推力大小,因此由电动机驱动调距桨的侧推器形式应用最为广泛。

图3.3-15示出电动调距桨式艏推装置系统图。电动机(图中未示出)通过传动轴18、锥齿轮17、螺旋桨轴14带动调距桨9运转。调距工况:操纵台发出的调距指令通过放大器放大后,传给电磁三位四通阀26。若此时指令信号使右电磁阀通电,三位四通阀工作在右位。重力油柜中的油通过滤器5由伺服油泵3加压后,经止回阀31、三位四通阀25至锁闭阀22,靠油的压力将锁闭阀中的两个止回阀同时打开。压力油经左止回阀、桨轴14中的油道进入动力活塞(伺服活塞)12的左侧。伺服活塞右侧的油在活塞的推压下,经桨轴中的另一油道、锁闭阀的右单向阀回至齿轮箱19,并由此回到重力油柜。伺服活塞在两侧压差作用下向右移动,同时通过曲柄滑块机构驱动桨叶回转。伺服活塞移动的同时,还通过活塞杆15、驱动反馈杆16、反馈链条20,将转叶的动作传给桨叶角发信器21,最后传至操纵台的桨叶角指示器29。当达到要求的角度后,调距指令取消,电磁阀失电,阀25回中位,锁闭阀关闭,这一调节过程结束。稳距工况:锁闭阀关闭后,伺服活塞两侧的油都被锁闭阀中的止回阀封闭在动力油缸(伺服油缸)中,靠油液的不可压缩性将桨叶固定在所要求的位置上。这种稳距方式是静态稳距。工作中油压过高由安全阀33泄压,过低由压力开关32发出报警信号。重力油柜油位过低由

浮子开关 2 报警。系统中的油需要更换时由手摇泵 6 泵出。

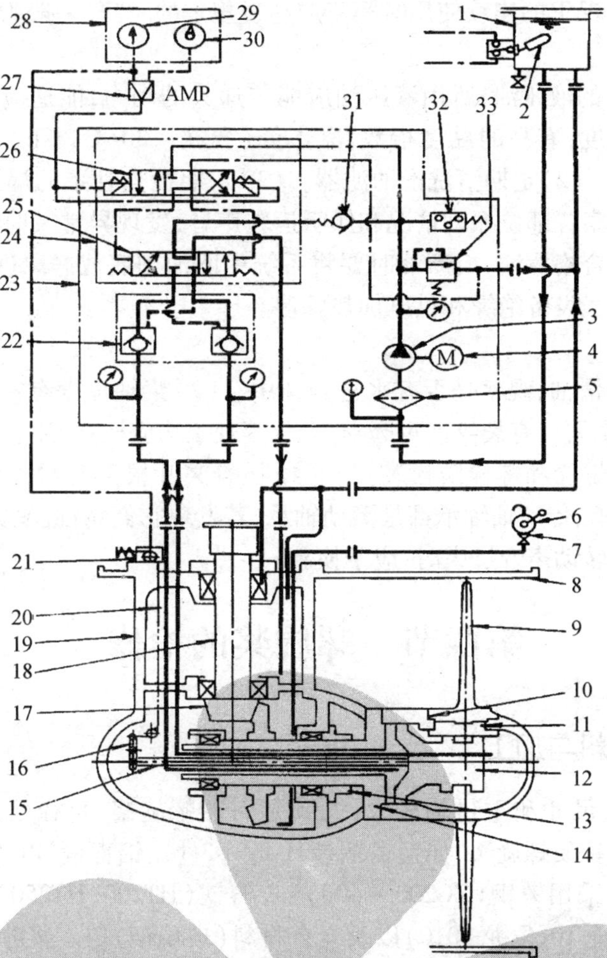

图 3.3-15　电动调距桨式首推装置系统图

1—重力油柜;2—浮子开关;3—伺服油泵;4—伺服油泵马达;5—滤器;6—手摇泵;7—球阀;8—导筒;9—桨叶;10—动力油缸;11—曲柄;12—动力活塞;13—密封装置;14—螺旋桨轴;15—活塞杆;16—反馈杆;17—锥齿轮;18—传动轴;19—齿轮箱;20—反馈链条;21—桨叶角发信器;22—锁闭阀;23—液压单元;24—控制阀单元;25—液控三位四通阀;26—电磁三位四通阀;27—放大器;28—操纵台;29—桨叶角指示器;30—操纵钮;31—止回阀;32—压力开关;33—安全阀

四、侧推器的管理

1. 操作时注意事项

(1)要有足够的发电机台数投入工作后方可使用侧推器。侧推器主电动机功率较大,使用前要确认电站的供电量是否能够满足。一般都设有发电机台数连锁装置,达不到规定工作台数(有的规定为三台)侧推器无法起动。

(2)船速在 5 kn 以下方可使用侧推器。有的船舶在侧推器操纵台处就写明:当船速超过 5 kn 时,请勿使用侧推器。

(3)当转换操作位置前,要确认主控制器和副控制器二者控制杆位置和负荷一致后才可切换。

(4)起动主电动机时要使螺距角置于“0”位。

(5)在最大推力工况下的连续使用时间不应超过规定的时间(一般为 0.5 h)。

2. 日常管理工作

(1)使用合乎要求的液压油:所用液压油应能传递大的动力,能适应不同季节、不同海域气温变化,有合适的黏度,有高的黏度指数,凝点低(要在 -30 ℃以下),如东方石油公司的 Hydroso Oil 68 液压油。(2)定期清洗滑油滤器。(3)定期检查管系的漏泄。(4)定期检查油位、油温、油压,注意观察各部位振动情况和倾听运转声音,发现异常及时处理。(5)定期取样化验油质,及时更换不合格滑油,换新油时要将系统中旧油彻底放净。(6)侧推器间位置低,空气潮湿,注意检查电气设备绝缘和供电加热除湿。

3. 坞内检查

(1)放掉桨毂内的滑油,观察是否有水进入油中。(2)桨轴也设有密封装置,其形式也多用 Simplex 型,凡密封圈唇口有裂纹严重磨损、老化等现象均应换新,注意检查密封性能。(3)检查桨叶、桨毂的固紧螺栓和螺栓防松装置。(4)检查桨叶根部密封圈(一般用过 4 年应换新)。(5)螺旋桨轴轴承、传动轴轴承都是滚动轴承,若发现它们锈蚀、剥蚀、护圈破裂、滚子严重磨损或转动不灵活、转动声音过大时,应予换新。

第四节　螺旋桨的检修

一、螺旋桨的材料与加工

螺旋桨形状复杂,尺寸和重量均较大,尤其是海船螺旋桨,直径已达 8.2 m、重量已达 82.5 t。海船主要采用铜质螺旋桨,如锰黄铜(ZHMn55-3-1)、铝青铜(ZQAl12-8-3-2)。小型船舶除采用铜质桨外,还采用铸钢(ZG200 -400)、灰铸铁(HT200、HT250)、球墨铸铁(QT400-18)和尼龙(尼龙 6、尼龙 10、尼龙 1010)以及复合材料(玻璃钢)等。桨叶加工制造较为困难。中、小型螺旋桨加工采用专用机床,如仿形机床、数字程序控制机床等;大型螺旋桨桨叶尺寸大且多为单件(或几件)生产,所以主要采用手工画线加工,使用风铲、砂轮、锉刀和刮刀等工具,生产效率低。现在采用铸造成形小余量或无余量加工工艺使螺旋桨生产效率大大提高。

二、螺旋桨与艉轴的连接方式

螺旋桨是通过桨毂与艉轴(螺旋桨轴)连接在一起的,主要有以下三种连接方式:

1. 机械连接

采用传动键连接螺旋桨与艉轴是一种传统的连接方式,沿用至今。通过螺旋桨桨毂锥孔与艉轴锥体部分的紧配合及传动键来连接,并用螺母锁紧,以便传递扭矩和承受推力作用。但是在艉轴上的键槽处容易产生应力集中,引起裂纹或断轴事故。传动键连接如图 3.3-16(a)所示。为确保螺旋桨桨毂锥孔与艉轴锥部配合面紧密接触,全长均匀贴合,轴与孔应进行研配。要求装配后 65% 以上面积均匀接触,锥部大端必须接触良好,色油检查在 25 mm×25 mm 面积上沾点不少于 2~4 个。小型船舶螺旋桨毂广泛采用此种连接方式。

2. 环氧树脂胶黏剂连接

沿海及内河船舶的螺旋桨直径 $D<4.5$ m 时,允许采用有键环氧树脂胶黏剂安装,即同时采用键连接与环氧树脂胶黏剂胶合连接。此时对桨毂锥体的接触要求、键和桨毂键槽的配合

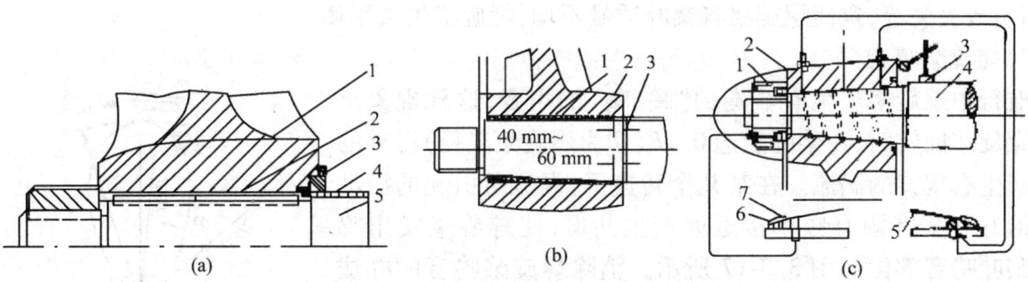

图 3.3-16　螺旋桨与艉轴的连接方式

(a)机械连接:1—桨毂;2—键;3—密封;4—艉轴衬套;5—艉轴;(b)胶黏剂连接:1—环氧树脂胶黏剂;2—螺旋桨;3—艉轴;(c)油压套合连接:1—千斤顶;2—螺旋桨;3—百分表及表架;4—艉轴;5、6—油泵;7—压力表

要求适当降低;小型船舶的螺旋桨直径 $D<1.5$ m 时,允许采用无键环氧树脂胶黏剂胶合安装。要求在桨毂锥孔两端长 40 ~ 60 mm 环形面上与艉轴均匀接触,色油检查在 25 mm × 25 mm 面积上沾点不少于 2 个。此种连接方式省去键和键槽及大量的刮研工作。现在广泛用于内河及沿海中、小型船舶。如图 3.3-16(b)所示。

3. 油压无键套合连接

目前国内外新造船舶的螺旋桨与艉轴均采用油压无键套合连接。它是把桨毂锥孔内表面车有螺旋槽的螺旋桨装在艉轴上,如图 3.3-16(c)所示。利用油泵 5 将高压油从桨毂上的油孔打进桨毂锥孔与艉轴锥体配合面之间,使桨毂和轴产生弹性变形,即锥孔胀大而艉轴收缩,二者之间的间隙增大。利用油泵 6 的高压油使千斤顶 1 产生的轴向推力把螺旋桨推至艉轴上规定位置。放掉高压油后,桨毂锥孔与艉轴的弹性变形消失形成过盈配合,从而可传递较大的扭矩。用油压安装无键螺旋桨时,关键是螺旋桨套合到艉轴上的轴向推入量 S。保证桨在艉轴套合后正常运转所需的推入量为最小推入量 S_1;套合后产生的应力为螺旋桨材料屈服极限的 70% 时的轴向推入量为最大推入量 S_2。油压无键套合安装螺旋桨时,桨在艉轴上的轴向推入量 S 应在 S_1 与 S_2 之间,即满足下式

$$S_1 \leqslant S \leqslant S_2$$

最大与最小轴向推入量 S_2、S_1 的计算公式参见《钢质海船入级规范》或《船舶轴系、螺旋桨和舵系修理技术标准》。油压无键套合连接方法是目前国内外最先进的安装工艺,省去键和键槽及大量的刮研工作,使螺旋桨与艉轴连接可靠,拆装方便。

三、螺旋桨的检修

螺旋桨是船舶的重要设备,由于螺旋桨位于水下,所以对其维护检修依赖于定期的进坞检修。螺旋桨的缺陷主要发生在桨叶上,常见的缺陷有腐蚀、裂纹和断裂、变形等,并且有些缺陷还会引起船舶在航行中出现异常现象。

1. 航行中螺旋桨的故障

1)螺旋桨失去平衡

螺旋桨失去平衡将会引起轴系和船体产生异常剧烈的振动,引起艉轴承处的敲击等。例如,某船航行时海面平静,主机运转正常。突然船体剧烈振动。值班轮机员立即采取降速航行的措施使振动减轻,继续降速,则振动更小。初步判断为螺旋桨故障。后经检查发现 4 叶螺旋桨有 1 个桨叶自根部断掉,造成螺旋桨严重失衡。

螺旋桨失去平衡的原因主要有桨叶严重腐蚀和海生物污损、桨叶碰到礁石、缆绳等产生变

形、断裂或丢失等，致使螺旋桨各桨叶质量不均，螺旋桨失去平衡。

2）螺旋桨鸣音

航行中螺旋桨产生有节奏的“嗡、嗡”的声音，这种现象是由于螺旋桨回转时，在桨叶随边0.4*R*（*R*为螺旋桨半径）以外的部位产生有规律的涡流。在某几个转速下，涡流所引起的振动频率恰好与桨叶固有频率接近而产生共振，使螺旋桨发出鸣音。桨叶鸣音部位如图3.3-17所示。消除螺旋桨鸣音的办法是通过改变随边0.4*R*以外的涡流，使其引起的振动频率远离（大于或小于）桨叶固有频率，避免产生共振。具体方法是将桨叶随边0.4*R*以外的AB部分加厚或减薄，或制成锯齿状、钻孔等抗鸣边缘。例如，将AB边缘减薄，则由涡流引起的振动频率将大于桨叶固有频率，避免了共振，有效地消除了鸣音。

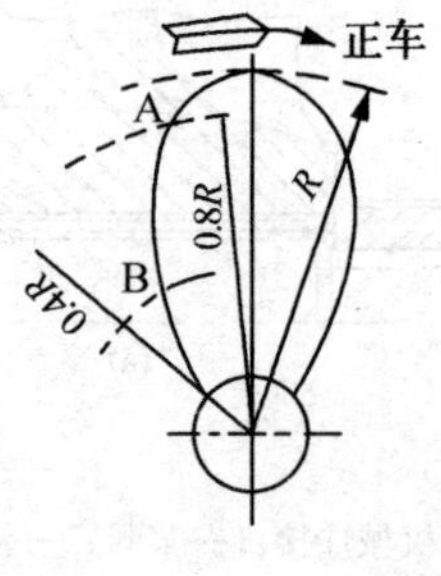

图3.3-17　桨叶随边鸣音部位

2. 桨叶表面缺陷分布及修理

1）桨叶表面缺陷分布区域

桨叶表面的缺陷主要有裂纹、断裂、腐蚀和穴蚀等。根据缺陷在桨叶不同部位所造成的危害程度不同，通常将桨叶表面（压力面和吸力面）分为三个区域，如图3.3-18所示。

A区——位于桨叶压力面0.4*R*以内范围；B区——位于桨叶压力面0.4*R*～0.7*R*的范围和A区两侧边缘，吸力面0.7*R*以内范围；C区——位于桨叶压力面和吸力面0.7*R*以外的部分。

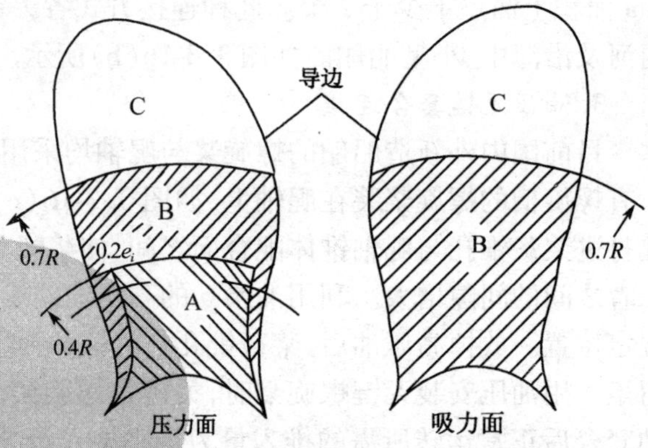

图3.3-18　桨叶表面缺陷分布区域（*e*为弧长）

2）桨叶各区域允许的缺陷

表3.3-1示出桨叶表面三个区域、桨毂表面、锥孔及键槽表面上所允许的缺陷类型、最大允许尺寸、150 mm×150 mm面积内允许存在的缺陷数量、缺陷间最小距离及密集的允许面积。

3）各区域缺陷的修理

（1）A区内的缺陷一般不允许焊补修理。缺陷深度不超过*t*/40（*t*为局部叶厚，mm）或4 mm，允许磨去两值中较大的缺陷。特殊情况下必须焊补时，应采用特殊工艺措施。

（2）B区仅从外观考虑的小缺陷应避免焊补。缺陷深度不超过*t*/30或3 mm，允许磨去两值中较大缺陷，需焊补时，应采用完善的工艺措施。

（3）C区的缺陷通常允许焊补修理，焊补工艺应符合规定。桨叶边缘和表面的微小缺陷允许磨去修光。

（4）不严重的穴蚀小孔及凹陷，在不便焊补时允许采用环氧树脂等胶黏剂涂补或采用金属喷涂，使桨叶表面平整光顺。

（5）一般裂纹在限定条件下允许采用钻止裂孔作为临时处理措施。裂纹严重时，如经多次大面积焊补修理后，因材料性能发生变化，再修补也难保质量时，则应采取换新办法。

表 3.3-1　桨叶各区域允许的缺陷(CB/T3422-92)

缺陷位置	缺陷类型	最大允许尺寸/mm	150 mm×150 mm 内允许的缺陷数量	缺陷排列的最小间距/mm	缺陷密集的允许面积/mm^2
A 区	非线性	3.2	15	*S*	不大于各分区表面积的5%
	线性	3.2	6	4*S*	
B、C 区	非线性	3.2	20	*S*	
	线性	6.4	8	4*S*	
桨毂表面	非线性	6.4	15	*S*	
	线性	9.5	6	4*S* 或 25(两者中取小者)	
锥孔及键槽表面	非线性	6.4	5	*S*	
	线性	9.5	3	4*S* 或 25(两者中取小者)	

注:①线性缺陷指长度比大于 3 的缺陷。②小于 1.6 mm 的非密布缺陷可不计入缺陷总数。③当不存在线性缺陷时,非线性缺陷的数量可增加到两者允存的总和。④*S* 为较大缺陷的尺寸。

4)焊后的处理

(1)焊补后金属堆高处应进行磨光,采用目测观察和着色探伤检验焊补质量。如有呈线状分布和长度或深度大于 3 mm 的缺陷应再次焊补修理。

(2)进行退火处理。焊补后,除镍铝青铜材料外,其他材料的螺旋桨均应进行消除应力退火处理。

5)桨叶变形的校正

(1)冷态校正。加热温度在 250 ℃以下的校正为冷态校正。冷态校正适用于叶尖和桨叶边缘厚度小于 30 mm 处。在弯曲较小、截面厚度较薄处可采用动载荷校正;否则采用静载荷校正。

(2)热态校正。热态校正适用于所有的情况,可用动载荷或静载荷。热态校正加热温度如表 3.3-2 所示。桨叶校正处整个截面厚度应保持加热温度直到校正完毕。

表 3.3-2　热态校正加热温度/℃(CB/T3422-92)

螺旋桨材料	焊补预热温度	校正加热温度	退火温度
黄铜	150~400	500~800	350~550
青铜	50~200	700~850	450~650
铬镍不锈钢	100~250	200~350	—
铸钢	100~150	600~700	500~600
铸铁	600~700	—	650~700

(3)退火处理。桨叶经校正后,除镍铝青铜外,其他材料的螺旋桨均应进行消除应力退火处理。退火温度见表 3.3-2。

6)校正后的检查

螺旋桨经冷态或热态校正后均应进行目测观察和着色探伤检查,并对缺陷进行修整。

四、螺旋桨修理后的检验

凡经过修理的螺旋桨，如桨叶变形的校正、裂纹和剥落的焊补、桨叶折断的接补等，完工后除对修理质量的检验外，还应对螺旋桨的螺距和静平衡性进行检验。

1. 螺旋桨螺距的检验

测量螺旋桨螺距时，把桨平放在平整的地上，桨叶叶面朝上。随后将螺距规安装在桨毂的锥孔中，调整螺距规的中心线使其垂直桨毂端面，最后固紧在上面，如图 3.3-19 所示。

1）测量螺旋桨半径 R

将螺旋桨上的螺距规量杆水平移至桨叶最外边缘处，并绕中心回转一周，检查量杆是否与其他桨叶边缘相碰。量杆在最长桨叶边缘处时，该最长的桨叶的长度就是螺旋桨的半径 R。

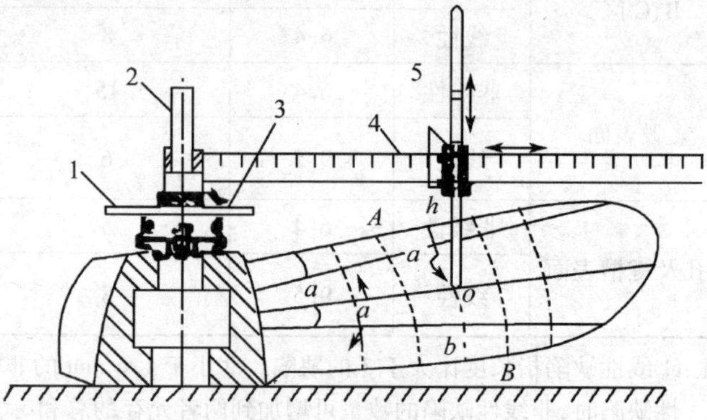

图 3.3-19　测量螺旋桨的螺距

1—刻度盘；2—心轴；3—指针；4—水平尺；5—量杆

2）测量局部螺距 h

局部螺距是根据桨叶上任意半径截面上任意角度对应的部分螺距值所计算出的螺距。测量时，一般要在桨叶上 0.3R、0.4R、0.5R、0.6R、0.7R、0.8R、0.9R 等截面中任选一半径截面 AB，在此截面上任选三点 a、o、b。先将量杆 5 移至 o 点，记录下量杆高度数值 l_0，然后将水平尺绕心轴 2 转过选定角度 α，使量杆 5 与叶面上 a 点接触，记下量杆读数 l_1，则该半径截面上 o、a 两点所对应的 α 角的部分螺距值为高度差 $l_0 - l_1$ 的值。由此计算出 360°角对应的局部螺距 h_1 为

$$h_1 = 360(l_0 - l_1)/\alpha$$

同样方法测出水平尺绕心轴 2 转过 2α 角后，量杆 5 与 b 点相接触，记下高度数值 l_2。求出 o、b 两点对应的 α 角的部分螺距值 $l_2 - l_0$。由此计算出局部螺距 h_2。

α 角度可从刻度盘上读出，一般为便于计算 α 均取为 360°的整因数。

3）计算截面螺距 h_i

桨叶上同一半径截面上的局部螺距的算术平均值即为该半径截面的截面螺距 h_i。测得同一半径截面上几个局部螺距 h_1、h_2、h_3 等，计算其算术平均值，即得该半径截面的截面螺距 h_i：

$$h_i = (h_1 + h_2 + h_3 \cdots)/n$$

式中，n 为所测同一半径截面上局部螺距数目。

4）计算桨叶平均螺距 H_i

计算出桨叶上各半径截面的截面螺距后，计算出桨叶上各半径截面螺距的算术平均值即获得该桨叶的平均螺距 H_i。

5）计算螺旋桨总平均螺距 H

计算出螺旋桨各桨叶的平均螺距 H_i 后，计算各桨叶平均螺距的算术平均值即获得螺旋桨的总平均螺距 H。修理后的螺旋桨的半径和各种螺距的偏差应不超过表 3.3-3 的规定数值（以设计值的百分数表示）。偏差值为设计值与实测值之差。

表 3.3-3　螺旋桨半径和螺距的偏差值(设计值的百分数)

螺旋桨级别偏差	Ⅰ级	Ⅱ级	Ⅲ级
螺旋桨半径 R	±0.5%	±0.75%	±1%
截面螺距 h_i	±2.5%	±3.5%	±5%
桨叶平均螺距 H_i	±1.5%	±2.5%	±4%
总平均螺距 H	±1%	±2%	±3%

生产中测量螺旋桨螺距的方法很多,有的方法简便易行。例如,船在船坞中可以不拆下螺旋桨,在原位直接测量,这对于不需要修理只是检查螺距的螺旋桨来说,省去大量拆装工作和经费。

2. *螺旋桨静平衡试验*

螺旋桨经过长时间运转,各桨叶的腐蚀、磨损、变形等情况不同,或经修理后各桨叶的尺寸和质量的变化不同,因而影响螺旋桨的平衡性。当螺旋桨回转时,桨叶的不平衡质量就会引起离心力和不平衡力矩,使桨失去平衡,造成轴系和船体的剧烈振动和损坏。所以,修理后的螺旋桨应进行静平衡试验,把桨叶上的不平衡质量限制在一定的范围内。试验时,将安装在专用平衡心轴上的螺旋桨安放在试验支架上,如图 3.3-20 所示。用手转动桨,待其停止转动时,观察哪个桨叶最重而位于下方。若几次转动后总是某一桨叶位于下方,则说明该桨叶较重。

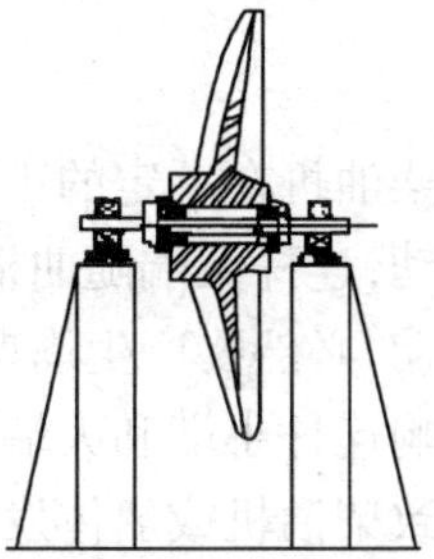

图 3.3-20　螺旋桨静平衡试验

继续试验,在其他较轻桨叶叶尖上加重物并令其回转,直至各桨叶质量均衡出现随遇平衡为止。取下重物进行称重,其质量为 P,要求 P 不超过允许值〔P〕。允许的不平衡质量〔P〕可按下式计算出

$$[P] \leqslant KG/D$$

式中,G 为螺旋桨质量,kg;D 为螺旋桨直径,mm;K 为系数,依表 3.3-4 选取。

当桨叶上不平衡质量 P 超过允许值〔P〕时,通常对质量较大的桨叶进行修整,在其叶背距边缘不少于 1/10 叶宽处铲削金属。但铲削后桨叶截面厚度应在允许范围之内,最后须经静平衡试验合格。

表 3.3-4　K 系数选取

螺旋桨级别 / 转速(r/min) / 直径(m)	Ⅰ级			Ⅱ级			Ⅲ级		
	<150	150~350	350~700	<150	150~350	350~700	<150	150~350	350~700
D<1.5	2.0	1.5	1.0	3.0	2.5	1.5	4.0	3.0	2.0
1.5≤D≤3.5	1.5	1.0	0.3	2.0	1.5	0.6	3.0	2.0	1.0
3.5≤D≤6.0	1.0	0.3	0.1	1.5	0.5	0.2	2.0	0.8	0.3

第四章
柴油机及推进轴系的振动和平衡

柴油机在一定的工况下运转时，活塞作往复运动，曲轴作回转运动，连杆小端随活塞作往复运动，连杆大端随曲柄销作回转运动，杆身绕活塞销或十字头销摆动，曲柄连杆机构这种复杂运动，必然要产生周期性变化的不平衡力和力矩。它们不仅影响活塞、连杆和曲轴的强度，也影响连杆小端和大端的负荷、润滑和磨损，同时还会使柴油机发生振动并引起船体振动，甚至导致柴油机或船体发生故障或损坏。为了改善这种不平衡力和力矩对柴油机本身造成的不良影响，必须采取一定的平衡补偿措施，将其控制在限定范围之内。

船舶推进轴系在实际运转中会受到各种冲击和激振力或力矩的作用。对柴油机动力装置，主要有以下几种激振力：

(1)柴油机气缸气体力、运动部件惯性力与重力等产生的作用在曲轴、曲柄销上的交变切向力和径向力。(2)螺旋桨在径向和周向都很不均匀的三维伴流场中运转时所受到的交变纵向和横向推力和力矩。(3)轴系部件运转时产生的激振力和力矩。

这些激振力和力矩的存在，将导致船舶推进轴系产生扭转振动、纵向振动和横向振动，可能引起轴系损坏或影响船舶正常航行。

第一节　活塞、连杆的运动及受力

一、活塞连杆的运动

1. *活塞位移 x*

柴油机中，由活塞(或活塞十字头组件)、连杆和曲轴组成的运动机构称为曲柄连杆机构，如图 3.4-1 所示。图中 B、A、O 分别代表活塞销(或十字头销)和连杆小端、曲柄销和连杆大端、主轴颈和主轴承的位置。BA 为连杆，其长度为连杆小端中心到连杆大端中心的距离 L。OA 为曲柄，其回转半径为主轴颈中心到曲柄销中心的距离 R。R 为曲柄半径，$R = S/2$。B 点沿着气缸中心线在上下止点 O' 和 O'' 之间做往复运动，它与上止点 O' 间的距离 x 称为活塞位移。假设曲柄按顺时针方向运动，从图中的几何关系可以得出：

$$x = L + R - (R\cos\alpha + L\cos\beta) = R(1 - \cos\alpha) + L(1 - \cos\beta) \qquad (3.4\text{-}1)$$

简化得到活塞位移的近似公式

$$x \approx R(1-\cos\alpha)+\frac{\lambda R}{4}(1-\cos2\alpha) \qquad (3.4\text{-}2)$$

式中，α 为曲轴转角；β 为连杆摆角；λ 为连杆比，表示曲轴半径与连杆长度之比，即 $\lambda=R/L$，一般 $\lambda=R/L=1/3\sim1/5$。

由式(3.4-2)可见，活塞位移 x 可看作由 x_1 和 x_2 两个位移叠加而成。即 $x=x_1+x_2$，其中 $x_1=R(1-\cos\alpha)$，可看作是半径为 R、以角速度 ω 转动的曲柄（称一次曲柄）所产生的垂直方向的位移；$x_2=\lambda R(1-\cos2\alpha)/4$，代表因连杆有限长所引起的附加位移，可以看作是半径为 $\lambda R/4$、以角速度 2ω 转动的曲柄（称二次曲柄）所产生的垂直方向的位移。从式(3.4-2)可知：当 $\alpha=0°$时（即活塞在上止点），$x=0$；当 $\alpha=180°$时（即活塞在下止点），$x=2R=S$；当 $\alpha=90°$或 $\alpha=270°$时，$x=R+\lambda R/4>R$，即当 $\alpha=90°$或 $\alpha=270°$时，活塞不在行程中央；当 $\alpha<90°$或 $\alpha>270°$的某一位置时，活塞位移 $x=R$。其原因是由于连杆的有限长（即 $L<\infty$）引起的，且连杆越短，这一问题越突出。

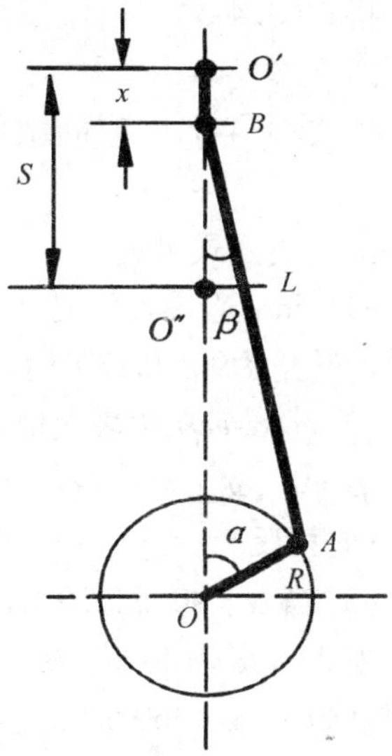

图 3.4-1　曲柄连杆机构示意图

2. 活塞速度 v

活塞速度 $v=\mathrm{d}x/\mathrm{d}t$，将式(3.4-2)对时间微分，则得到活塞速度的近似公式为

$$v \approx R\omega\sin\alpha+\frac{\lambda R}{4}(2\omega)\sin2\alpha \qquad (3.4\text{-}3)$$

由上式可见活塞速度 v 也由 v_1 和 v_2 两个速度叠加而成，即 $v=v_1+v_2$。其中 $v_1=R\omega\sin\alpha$ 是一次曲柄的圆周速度在气缸中心线的投影；$v_2=\lambda R(2\omega)\sin2\alpha/4$ 是二次曲柄的圆周速度在气缸中心线的投影。

当 $\alpha=0°$时（即活塞在上止点）或 $\alpha=180°$时（即活塞在下止点）$v=0$，即在上下止点时活塞的运动速度均为0。而活塞的最大运动速度 v_{max} 则出现在 $\alpha<90°$的某一位置。如：$\lambda=1/4$，可导得当 $\alpha\approx77°$和 $\alpha\approx283°$时活塞的运动速度达最大值 v_{max}。

3. 活塞加速度 a

活塞加速度 $a=\mathrm{d}v/\mathrm{d}t$，式(3.4-3)对时间微分即得活塞的加速度的近似公式

$$a \approx R\omega^2\cos\alpha+\frac{\lambda R}{4}(2\omega)^2\cos2\alpha \qquad (3.4\text{-}4)$$

从上式可见，活塞运动的加速度 a 也由 a_1 和 a_2 两个加速度叠加而成，即 $a=a_1+a_2$。其中 $a_1=R\omega^2\cos\alpha$ 是一次曲柄的向心加速度在气缸中心线的投影；$a_2=\lambda R(2\omega)^2\cos2\alpha/4$ 是二次曲柄的向心加速度在气缸中心线的投影。

当 $\alpha=0°$时，a 达最大值 $a_{max}=R\omega^2(1+\lambda)$，方向向下；当 $\alpha=180°$时，$a=-R\omega^2(1-\lambda)$，方向向上；活塞在上止点时的加速度在数值上大于下止点时的加速度；在 $\alpha<90°$或 $\alpha>270°$的某一位置时，$a=0$，此时活塞速度最大。

4. 连杆的运动

连杆的运动形态比较复杂，可将连杆的运动分解成随活塞的往复运动和绕活塞销的摆动。通常用连杆的摆角 β 描述连杆的摆动情况。由图 3.4-1 可知

$$R\sin\alpha = L\sin\beta$$

$$\beta=\arcsin^{-1}(\lambda\sin\alpha) \qquad (3.4\text{-}5)$$

将式(3.4-5)对时间微分，则可以得到连杆摆动的角速度，即

$$\omega_1 = \lambda\omega\cos\alpha\sec\beta \tag{3.4-6}$$

将式(3.4-6)对时间微分，则可以得到连杆摆动的角加速度，即

$$\varepsilon_1 = -\lambda(1-\lambda^2)\omega^2\sin\alpha\sec^3\beta \tag{3.4-7}$$

由上述公式可见：

(1) $\sin\alpha$ 达最大值时，β 也达到最大值，即当 $\alpha = 90°$ 和270°时，摆角 β 达最大值。也就是当曲柄转角为90°和270°时，连杆在气缸中心线两侧的摆角的绝对值达到最大值。

(2) $\cos\alpha\sec\beta$ 达最大值时，角速度 ω_1 达到最大值，即当 $\alpha = 0°$、$\beta = 0°$时，$\omega_{1\max} = \lambda\omega$；当 $\alpha = 180°$、$\beta = 0°$，$\omega_{1\min} = -\lambda\omega$。也就是当活塞处于上、下止点时，连杆摆动角速度最大，其数值相等，方向相反。

(3) 当 $\alpha = 90°$ 和270°时，$\sin\alpha\sec^3\beta$ 达到最大值，所以角加速度 ε_1 达到最大值。

当 $0° < \alpha < 180°$时，β 为正值且小于90°，此时 $\sin\alpha$、$\sec\beta$ 均为正值，因此角加速度 ε_1 为负值；当$180° < \alpha < 360°$时，β 为负值且小于90°，此时 $\sec\beta$ 为正值而 $\sin\alpha$ 为负值，所以角加速度 ε_1 为正值，即角加速度方向与摆角方向相反，指向气缸中心线。

二、曲柄连杆机构的气体力和惯性力

1. 气体力 F_g

气体力 F_g 与柴油机的工作过程和负荷有关。即使在负荷一定的情况下，气体力也是周期交变的，即气体力随曲柄转角而变化，其变化规律由 $p-V$ 或 $p-\varphi$ 示功图表示。作用在活塞上的气体力为

$$F_g = \frac{\pi D^2}{4}\cdot p_g \tag{3.4-8}$$

式中，D 为气缸直径；p_g 为气缸中的气体压力；F_g 的变化周期为柴油机的一个工作循环，方向沿气缸中心线向下。

2. 曲柄连杆机构的惯性力

曲柄连杆机构的惯性力有：活塞组件往复运动产生的往复惯性力；曲柄不平衡回转质量回转运动所产生的回转惯性力(离心力)；连杆运动所产生的惯性力。曲柄连杆机构的惯性力主要与运动部件的质量和加速度有关。

(1) 运动部件的等效质量

实际运动物体的形状较复杂，通常的处理方法是用与实际质量系统相当的质量代换系统来代替实际的质量系统，以简化惯性力的计算。

连杆作复杂平面运动。由于连杆的惯性力是通过大小端向外作用的，一般将整个连杆的质量 m_1 用两个集中质量 m_{1A} 和 m_{1B} 来代换，如图3.4-2所示，假设 m_{1A} 是集中作用在连杆小端中心处随活塞作往复直线运动的质量，m_{1B} 是集中在连杆大端中心处随曲柄作回转运动的质量，图中G为连杆质心，根据代换系统与原系统动力效应相等的原则，可求得

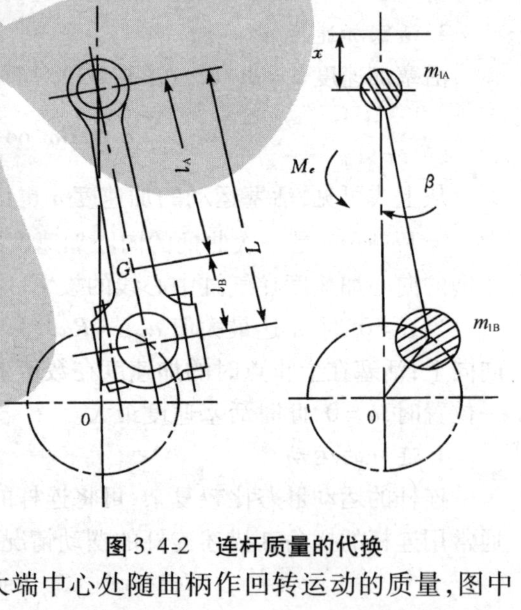

图 3.4-2　连杆质量的代换

$$m_{1A}=m_1\frac{l-l_A}{l} \quad m_{1B}=m_1\frac{l_A}{l} \tag{3.4-9}$$

计算表明,上述两个质量分配的代替系统对连杆质心的转动惯量稍大于原来的转动惯量。这部分转动惯量为ΔI,可用一个与ΔI相反但数值相等的连杆力偶加以修正。通常ΔI数值很小,一般忽略不计。

活塞组件的质量m_p与换算到连杆小端中心的连杆质量m_{1A}之和称为往复运动质量m_j,换算到曲柄销中心处的曲柄不平衡质量m_k与换算到连杆大端中心的连杆质量m_{1B}之和称为不平衡回转质量m_R。

$$m_j=m_p+m_{1A} \quad m_R=m_k+m_{1B} \tag{3.4-10}$$

(2)往复惯性力F_j

集中在活塞销(或十字头销)中心处的往复惯性质量m_j在作变速往复运动时将产生往复惯性力F_j,其方向与活塞加速度的方向相反,作用线与气缸中心线平行。略去往复质量的质心与气缸中心线的微小偏移,可以认为往复惯性力的作用线与中心线重合。

$$F_j=-m_j a \tag{3.4-11}$$

将活塞加速度公式(3.4-4)代入上式中,得

$$F_j=-m_jR\omega^2\cos\alpha-m_j\frac{\lambda R}{4}(2\omega)^2\cos2\alpha \tag{3.4-12}$$

记:$F_{j1}=-m_jR\omega^2\cos\alpha$(称为一次往复惯性力);$F_{j2}=-m_j\frac{\lambda R}{4}(2\omega)^2\cos2\alpha$(称为二次往复惯性力)

则公式(3.4-12)可以写成

$$F_j=F_{j1}+F_{j2} \tag{3.4-13}$$

上式说明往复惯性力主要由一次和二次往复惯性力F_{j1}和F_{j2}合成。一次往复惯性力和二次往复惯性力相当于一次曲柄产生的离心力$-m_jR\omega^2$和二次曲柄产生的离心力$-m_j\lambda R(2\omega)^2/4$在气缸中心线上的投影,如图3.4-3(a)。也可以将一次往复惯性力和二次往复惯性力想象成回转质量为$m_j/2$,回转半径分别为R和$\lambda R/4$的曲柄自上止点起同步反向,分别以角速度ω和2ω回转的离心力的合力,如图3.4-3(b)所示。

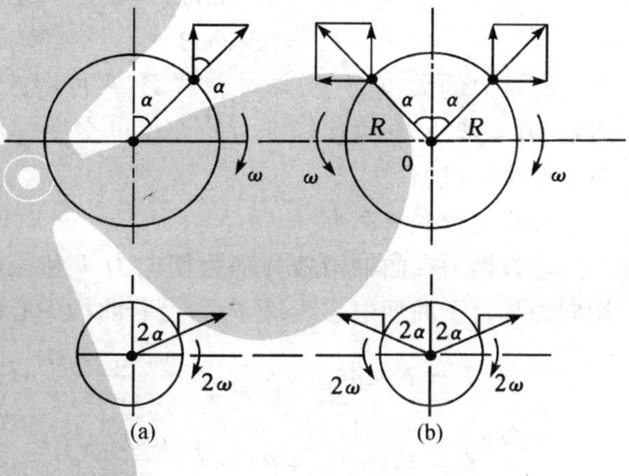

图3.4-3 一次、二次往复惯性力

(3)离心惯性力F_R

集中在曲柄销中心处的不平衡质量在作回转运动时产生离心惯性力F_R。

$$F_R=-m_RR\omega^2 \tag{3.4-14}$$

离心惯性力的方向与向心加速度的方向相反,其作用线与曲柄中心线重合,并随曲柄按角速度ω回转。

(4)连杆力偶M_L

连杆力偶M_L作用在连杆摆动平面内,其大小交变,方向交变。当连杆摆到气缸中心线左

侧时，M_L 为逆时针方向；当连杆摆到气缸中心线右侧时，M_L 为顺时针方向。

综上所述，作用于曲柄连杆机构的惯性力有往复惯性力、回转惯性力和连杆力偶。它们均与曲柄回转角速度的平方成正比，亦即惯性力与曲轴转速的平方成正比。当柴油机发生飞车时，由于转速太高，曲柄连杆机构的惯性力过大，可能导致机器强烈振动，连杆螺栓断裂。为了防止曲柄连杆机构惯性力过大而引起的机件损伤和强烈振动，柴油机不宜超速运行。

三、曲柄连杆机构的作用力分析

曲柄连杆机构的作用力主要有气体力、往复惯性力、离心惯性力和连杆力偶。连杆力偶数值很小，通常忽略不计。

1. 合力 F

活塞上作用着气体力和往复惯性力的合力，它作用在气缸中心线连杆小端处。气体力和往复惯性力都随曲轴转角变化，其合力的大小和方向也随曲轴转角而变化。

对二冲程机，只有 300°CA 附近，往复惯性力稍大于缸内气体压力，出现负值，即力的方向向上，使连杆受到拉伸，但拉力较小。所以二冲程机在大部分时间连杆受压，特别是大型低速二冲程机。对于高增压二冲程柴油机，一般合力均为正值，亦即连杆始终受压。而对于四冲程柴油机，换气上止点前后，往复惯性力大于缸内气体压力，且方向向上，使连杆受到拉伸，即四冲程柴油机在一个工作循环中连杆的受力是拉压交替的。

2. 侧推力与连杆推力

作用力 F 在活塞销处分解为两个力，一个垂直于气缸壁，称为侧推力 F_N；另一个沿连杆中心线方向，称为连杆推力 F_L，如图 3.4-4 所示。

$$F_N = F \cdot \tan\beta \qquad (3.4\text{-}15)$$

$$F_L = F/\cos\beta \qquad (3.4\text{-}16)$$

侧推力的大小交变，方向左右交替，同时产生倾覆力矩 $M_D = F_N \cdot H$；而连杆推力的大小也交变，但方向的变化取决于机型。

3. 切向力和径向力

连杆推力在曲轴销处分解为切向力 T 和径向力 Z。切向力垂直于曲柄中心线，径向力沿着曲柄中心线。

$$T = F_L\sin(\alpha+\beta) = F\frac{\sin(\alpha+\beta)}{\cos\beta} \qquad (3.4\text{-}17)$$

$$Z = F_L\cos(\alpha+\beta) = F\frac{\cos(\alpha+\beta)}{\cos\beta} \qquad (3.4\text{-}18)$$

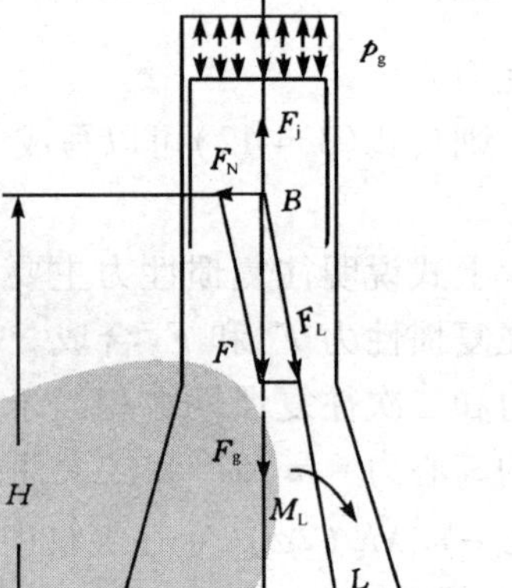

图 3.4-4 曲柄连杆机构的受力分析

切向力 T 对主轴颈形成回转力矩 $T \cdot R$。若在主轴颈上加上两个大小相等、方向相反的力 F''_L 和 F'_L，其大小等于连杆推力 F_L，从图 3.4-4 可见 F''_L 和 F_L 组成一对力偶，其大小等于 $T \cdot R$，也就是曲轴上的动力矩，F'_L 则可沿水平和垂直方向分解为 F' 和 F'_N，F' 等于合力 F，这表明活塞销处承受的合力通过曲柄连杆机构最终传递到主轴承上。主轴承上还作用着不平衡回转质量的离心惯性力 F_R。

4. 输出力矩与倾覆力矩

切向力 T 对曲轴中心线形成的回转力矩 $T \cdot R$ 也是交变的。此回转力矩 $T \cdot R$ 与倾覆力矩 M_D 大小相等而方向相反,但作用在不同的部件上。回转力矩作用在曲轴上(将引起曲轴扭转振动),倾覆力矩作用在柴油机体上(将引起柴油机的左右振动),而不能互相抵消。

多缸柴油机的总切向力 T_Σ 等于各缸切向力之和,其对曲轴所产生的回转力矩 $T_\Sigma \cdot R$ 即为曲轴的输出力矩,其大小也是交变的。所以在柴油机一个工作循环中,总切向力(输出力矩)要变化 i(气缸数)次。可见若柴油机的输出力矩平均值与其负载阻力矩相等,虽然曲轴的平均转速稳定不变,但转动角速度是波动的,且在一个工作循环中将波动 i 次。增多气缸数或加大飞轮的转动惯量可以减小曲轴角速度的波动。

第二节 柴油机的振动与平衡

一、柴油机振动的危害

柴油机在运转过程中,必然要产生周期变化的不平衡力和力矩,在它们的作用下,柴油机将会产生振动。

柴油机振动的危害很大,主要有:(1)影响可靠性和耐久性。振动产生撞击和变形,增加机件的磨损,严重时造成机件的裂纹甚至损坏。(2)降低动力性和经济性。振动消耗能量,而且改变了柴油机的最佳正时,导致柴油机的动力性和经济性下降。(3)损害舒适性。各种振动使管理人员的工作条件恶化,既损害健康又会因疲劳而酿成事故。

为了消减这些不平衡力(力矩)产生的振动,可根据影响程度的大小,采用平衡法或其他方法。平衡法就是采用某种形式的平衡器以消除或减小引起振动的不平衡力(力矩)。

二、单缸柴油机中的振动与平衡

1. 单缸柴油机的振动

单缸柴油机中,曲柄连杆机构的作用力是一组作用在连杆摆动平面内的平面力系(如图3.4-4 所示)。主要包括气体力、往复惯性力、回转惯性力、倾覆力矩和连杆力偶等。

(1)气体力。气体力向上作用于气缸盖,向下作用于活塞,并通过曲柄连杆机构作用到主轴承上。两个力大小相等、方向相反、共同作用在柴油机的固定件上,因此在柴油机内部得到平衡。所以气体力不会使柴油机产生垂直方向的振动,但会使柴油机机体产生拉伸应力,并且,气体力的作用会产生倾覆力矩而使柴油机摆动。

(2)往复惯性力。往复惯性力是由往复质量以往复加速度运动时形成的,通过曲柄连杆机构作用在主轴承上,它自身无法平衡。这是一个沿汽缸中心线方向周期性变化的力,将引起柴油机上下方向的振动。此外,它还会产生侧推力形成倾覆力矩。

(3)回转惯性力(离心力)。回转惯性力是由回转不平衡质量以角速度回转时形成的,为不平衡力。回转惯性力通过主轴径作用在主轴承上,方向沿曲柄半径始终向外,并随曲柄回转。回转惯性力的作用会使柴油机发生上下、左右方向的振动。

(4)倾覆力矩。倾覆力矩是气体和往复惯性力在曲柄连杆机构的传递过程中产生的。倾覆力矩和柴油机的输出力矩大小相等方向相反,但不是作用在同一部件上。所以倾覆力矩在柴油机内部不能平衡。其大小和方向交变,使柴油机产生左右摇摆性振动(横向振动)。

(5)连杆力偶。连杆力偶是由于连杆运动而产生的,它作用在连杆摆动平面,大小和方向交变。是一个不平衡力偶,将引起柴油机左右摆动。因数值较小,引起的振动不大。

综上所述,作用在曲柄连杆机构上的不平衡力(力偶)将引起柴油机的振动,不平衡力(力偶)包括往复惯性力、回转惯性力、倾覆力矩和连杆力偶等。引起的振动通过柴油机的支承传递,导致整机振动。

2. 单缸柴油机的平衡

为了消除不平衡力引起的振动,通常采取的方法是安装平衡补偿装置,就是设置一些偏心质量,让它们以和柴油机激振频率相同的转速旋转,产生补偿力或力矩以抵消不平衡力或力矩。具有这种平衡补偿作用的装置,统称为平衡器。

(1)离心惯性力的平衡。通常在曲柄臂上与离心力相反方向配置一对质量相同的平衡重,使其在回转中产生的离心力与 F_R 的大小相等而方向相反。

(2)往复惯性力的平衡。由于往复惯性力是由一次和二次往复惯性力 F_{j1} 和 F_{j2} 所合成的,这样便得到了平衡一次往复惯性力和二次往复惯性力的方法,其原理如图 3.4-5 所示。使两

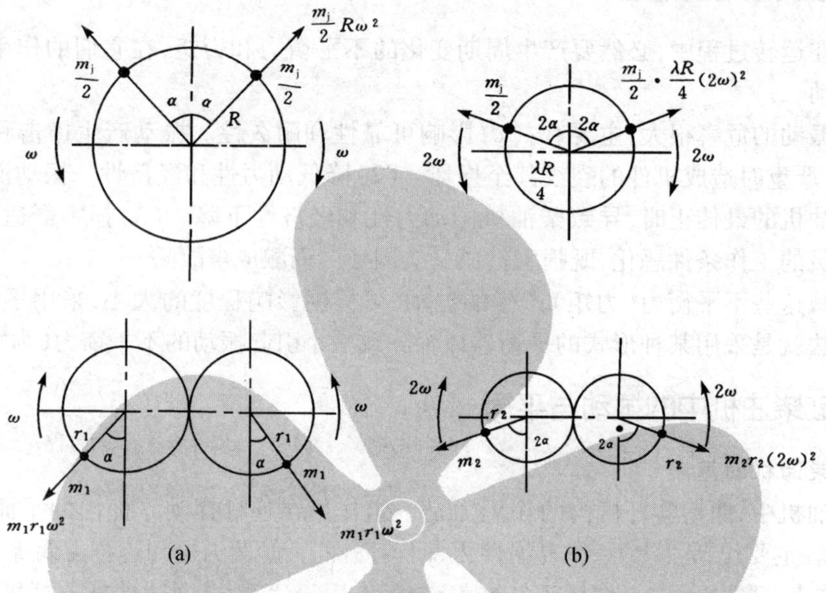

图 3.4-5 平衡往复惯性力原理示意图

个质量 m_1 以角速度 ω 作同步反方向回转,它们从下止点起转过的角度 α 与一次曲柄从上止点起转过的角度相同,并且使 $m_1r_1\omega^2 = m_jR\omega^2/2$,即 $m_1r_1 = m_jR/2$。同时,使两个质量 m_2 以角速度 2ω 作同步反方向回转,它们从下止点起转过的角度 2α 与二次曲柄从上止点起转过的角度相同,并且使 $m_2r_2\ (2\omega)^2 = m_j\lambda R\ (2\omega)^2/4$,即 $m_2r_2 = \lambda m_jR/4$。此法也称为正反转矢量平衡法。图 3.4-6 为平衡一次往复惯性力和二次往复惯性力的机构原理图,称“正反转平衡轮系”。当曲柄在上止点时,平衡一次、二次往复惯性力的平衡重应垂直向下。在柴油机中,这种正、反转的平衡力矩可以由专门设置的,在其两端装设有平衡重块的平衡轴来产生。也可以在柴油机的前后端分别装置平衡齿轮,而由它们的离心力形成所需要的平衡力矩(首尾齿轮传动式平衡装置)。

(3)倾覆力矩的平衡。倾覆力矩无法平衡,由固定机座的地脚螺栓来承受。单缸柴油机的倾覆力矩变化幅度较大,可能产生较强的左右摇摆。

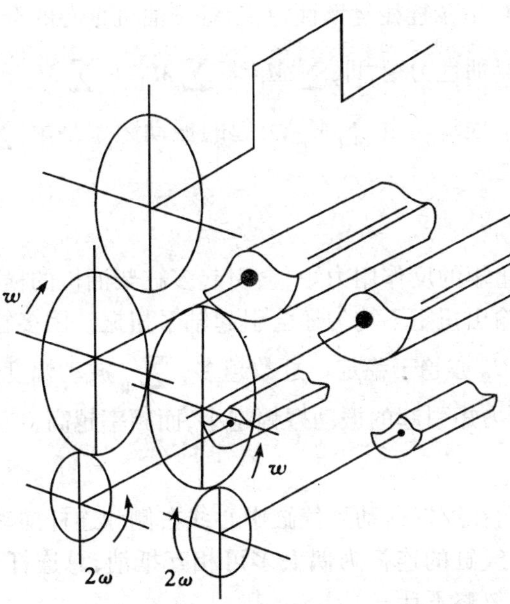

图 3.4-6　往复惯性力平衡方法

(4)连杆力偶的平衡。由于连杆力偶较小,一般可以忽略而不采取平衡措施。

三、多缸柴油机的振动和平衡

1. 多缸柴油机的振动

在多缸柴油机中,由各单缸的平面力系组成一个空间力系。因此,除了各种惯性力外,还有各种惯性力对柴油机重心形成的合成惯性力矩。

(1)合成离心惯性力 $\sum F_R$

各曲柄产生的离心力作用在各气缸曲柄中心线方向,所以多缸机离心惯性力组成一个随曲柄以角速度 ω 回转的空间力系。各曲柄离心惯性力之间的相位差即为对应的曲柄夹角。多缸机的曲柄都为均匀分布,所以其合成离心惯性力 $\sum F_R$ 总是平衡的,即 $\sum F_R = 0$,所以不会造成柴油机的振动。

(2)合成离心惯性力矩 $\sum M_R$

合成离心惯性力矩是各缸曲柄离心惯性力对柴油机重心的合成力矩。不平衡合成离心惯性力矩的大小不变,作用在一个过曲轴回转中心线并与第一缸曲柄存在着固定间隔角,以角速度 ω 回转的平面内。它可以分解为一个交变的垂直分量 M_{RV} 和一个交变的水平分量 M_{RH},垂直分量使柴油机在纵平面内产生摆动,水平分量使柴油机在水平面内产生摆动。

(3)合成往复惯性力 $\sum F_j$

各缸往复惯性力 F_j 均作用在各自气缸中心线上,形成纵向垂直平面力系。往复惯性力由各缸一次往复惯性力及二次往复惯性力组成。多缸机的曲柄排列为均匀排列,合成的往复惯性力通常为零,$\sum F_j = 0$,不会引起柴油机振动。

(4)合成往复惯性力矩 $\sum M_j$

合成往复惯性力矩 $\sum M_j$ 是各缸往复惯性力 F_j 对柴油机重心的合成力矩,包括一次合成往复惯性力矩和二次合成往复惯性力矩,即 $\sum M_j = \sum M_{j1} + \sum M_{j2}$。不平衡的往复惯性力矩使柴油机在纵向平面内上下摆动。由 $\sum M_{j2}$ 引起的振动频率是由 $\sum M_{j1}$ 引起的振动频率的二倍。

(5)总倾覆力矩 $\sum M_D$

总倾覆力矩是曲轴输出扭矩的反作用力矩,会引起多缸柴油机的横向振动,并通过基座作用到船体上,激发船体振动,输出扭矩不均匀还会引起轴系扭振。因多缸机的曲轴输出总转矩趋于均匀,故总倾覆力矩 $\sum M_D$ 亦趋于稳定。缸数越多,$\sum_D$ 波动幅度值越小,而波动频率越高。所以缸数越多,由总倾覆力矩引起的振动振幅越小,而频率越高。

(6)总连杆力偶 $\sum M_L$

因为连杆力偶的作用方向在连杆摆动到气缸中心线右侧和连杆摆动到气缸中心线左侧时是相反的,所以在多缸机中各气缸的连杆力偶大多可相互抵消,总连杆力偶大多为0,其对柴油机振动的影响很小,一般可忽略不计。

2. 多缸柴油机的平衡

作用在曲柄连杆机构中的不平衡力和力矩是引起柴油机振动的激振力源。对于多缸柴油机来说,离心力和一次、二次往复惯性力都能达到完全平衡,只有离心力矩和一次、二次往复惯性力矩不平衡。一般来说,大型低速二冲程柴油机都存在着较大的不平衡力矩,可引起船舶垂直和水平方向的振动,特别是长冲程少气缸数的柴油机,其不平衡力矩更大。随着选用少气缸数主机的船舶日益增多,不平衡力矩问题也就更加突出。

不平衡力矩对船舶振动的激励作用与柴油机的功率、船舶吨位等因素有关。大型低速二冲程柴油机的不平衡力矩一般不超过500 kN·m。近年来把不平衡力矩值与柴油机功率之比定义为"单位功率不平衡力矩值"[(N·m)/kW],并以此作为船用柴油机是否安装平衡补偿装置的依据。若柴油机的单位功率不平衡力矩值小于60 (N·m)/kW,可不安装平衡补偿装置;若大于200 (N·m)/kW,则建议安装平衡补偿装置。在60~200 (N·m)/kW之间的柴油机,需视具体情况决定是否安装平衡装置。按运转驱动方式不同,平衡补偿装置分为两大类:一类由曲轴驱动并安装在柴油机上;另一类由电动机驱动安装在船舶舵机室甲板处。

在多缸柴油机中,如果通过某种适当的曲柄排列方式使得合成离心惯性力 $\sum F_R$、合成离心惯性力矩 $\sum M_R$、合成往复惯性力 $\sum F_j$、合成往复惯性力矩 $\sum M_j$ 都等于零,则称这种柴油机达到了外部平衡。此时,柴油机不对外产生力和力矩。在曲轴是刚性的情况下,尽管曲轴有惯性力的作用,也不会变形,不会使主轴承和机座受到力和力矩的作用。但是实际的曲轴具有一定的弹性,在惯性力作用下会发生变形。由于主轴承阻碍这种变形,主轴承和机座受到力和力矩的作用,产生振动和变形。因此在分析柴油机平衡特性和振动力源时,不仅要考虑柴油机的外部平衡,而且要考虑内部受力情况。

采取某些措施分别使各缸的惯性力得到平衡(一般只考虑离心力)以改善柴油机内部受力的方法称为内部平衡。此时由于各缸的惯性力(主要是离心力)分别得到平衡,也就不存在不平衡力系。但是往复惯性力的内部平衡较难实现,因为在每缸的曲柄上分别安装正反转平衡轮系在结构上是不现实的。一般情况下,往复惯性力较小,所以柴油机的内部平衡,大多仅考虑离心力的内部平衡。内部平衡后，消除了离心力引起的轴承上的作用力，也就消除了由此引起的柴油机的振动。

1）离心力及其力矩的平衡

多缸柴油机一般均采用均匀分布的曲柄排列方案，因此，合成离心惯性力都能自行平衡。但还可能存在不平衡的合成离心力矩。合成离心惯性力矩的平衡方法通常有以下四种。

（1）各缸平衡法

在每一曲柄臂上都反向安置平衡重，以平衡每个曲柄的离心惯性力。由于消除了每个曲柄的离心力，自然就消除了柴油机的合成离心力和合成离心力矩。因而这是一种最彻底的平衡方法，既做到了外部平衡，又做到了内部平衡。但这种方法平衡块数量多，重量大，使各曲柄的转动惯量增加很多，可能对柴油机的扭转振动产生不良影响。

（2）分段平衡法

将曲轴分成两段或数段，分别对各段所存在的合成不平衡力矩采取平衡措施。其优点是可以适当减少平衡重的数量，使曲轴重量有所减轻，使曲轴及机座的受力也有所减小。

（3）整体平衡法

在首尾两个曲柄上各加一对方向相反的平衡块，以消除全部的合成离心力矩。采取这种平衡法，曲轴重量最轻，但内部平衡性能较差。

（4）不规则平衡法

挑选若干个曲柄，在这些曲柄上有条件或是能较方便地配置好平衡重块，以平衡合成离心惯性力矩。这种平衡方法能改善柴油机内部平衡特性和某些轴承的轴承负荷。

2）往复惯性力及其力矩的平衡

在多缸柴油机中，除了两缸机及四冲程四缸机有时存在不平衡的二次合成往复惯性力外，一般都由于采取均匀的曲柄排列，使得一次和二次合成往复惯性力都等于0，不必采取平衡措施。因此所需要解决的主要是合成往复惯性力矩的平衡问题。

平衡往复惯性力矩的基本原理是在柴油机上装设一套"正反转平衡轮系"。合成的往复惯性力矩由"正反转平衡轮系"所产生的平衡力矩予以平衡，如图3.4-7所示，按其平衡器的驱动方法可分为三种：

（1）双轴平衡装置。两根平衡轴的一端有齿轮传动，使之产生角速度为ω的正反转动。轴每端的两个平衡重的离心力合成一个垂直方向的作用力，轴两端的作用力大小相等方向相反，在柴油机的纵剖面内产生了一个大小和方向周期性变化的力矩以平衡合成一次往复惯性力矩$\sum M_{j1}$。该平衡装置因所需平衡轴较长布置有困难，多用于中小型高速柴油机。

（2）首尾齿轮传动式平衡装置。曲轴首尾两端分别用齿轮传动两个以角速度为2ω的正反转动的平衡重，以便在柴油机的纵剖面内产生一个平衡力矩以平衡合成二次往复惯性力矩。该平衡装置多用于大、中型低速及中速柴油机。这样可使布置紧凑，省去过长的平衡轴。但平衡齿轮的轴承处将受到较大的局部作用力。

（3）链条传动式平衡装置。近年来，超长或长行程少缸数柴油主机有了很大的发展，船用主机开始使用五缸机和四缸机。这种超长行程柴油机由于单缸往复质量增大，使得不平衡力矩增加，必须采取相应的平衡措施。这类柴油机平衡合成一次往复惯性力矩和合成二次往复惯性力矩的正反转平衡重均由曲轴或凸轮轴通过链条传动。如图3.4-7所示。该平衡装置结构简单，多用于当代超长或长行程柴油机。

图3.4-7（a）为由凸轮轴通过链条传动的平衡合成二次往复惯性力矩的正反转平衡轮系，

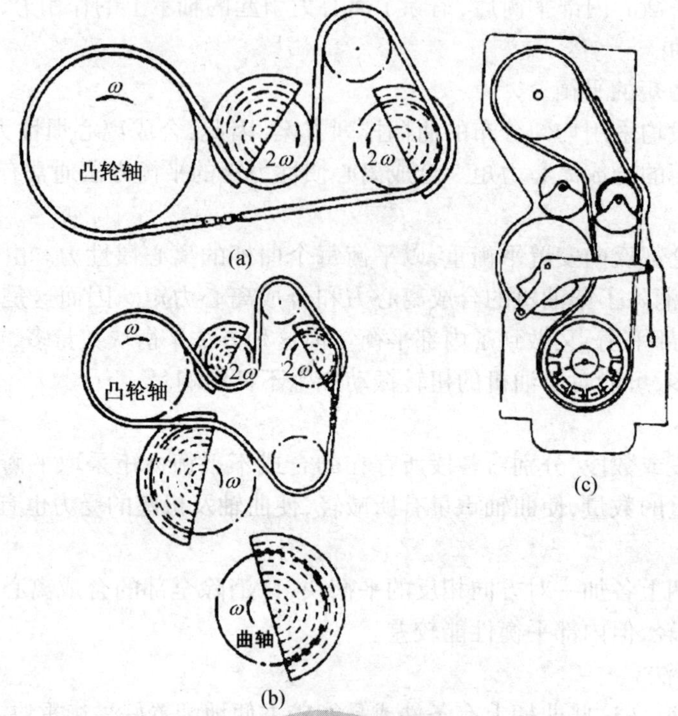

图 3.4-7　链条传动的正反转平衡轮系

在柴油机两端各装一套。图 3.4-7(b)为由凸轮轴传动的一个平衡合成一次往复惯性力矩的正反转平衡重和两个平衡合成二次惯性力矩的正反转平衡重。另一个平衡合成一次往复惯性力矩的平衡重装在曲轴上。这种组合平衡器在柴油机两端各装一套，以形成平衡力矩。图 3.4-7(c)为由曲轴驱动凸轮轴的链条直接带动平衡合成一次往复惯性力矩和合成二次往复惯性力矩的组合式平衡器。

拆装平衡重机构时，要注意安装记号，保证平衡重与第一曲柄间的正确相位关系，如果装错会引起较强烈的振动。拆除某缸的活塞、十字头、连杆等部件，会损害柴油机的平衡性，使柴油机运转时产生较强烈的振动，甚至导致柴油机损坏。由于故障不得不拆去活塞等运动部件时，应降低转速运行，以减小振动。

3）总倾覆力矩的控制

总倾覆力矩引起柴油机横向振动，并通过地脚螺栓、基座作用到船体上，激发船体振动。因为总倾覆力矩的波动幅值不大，对其引起的振动一般不予平衡。对于中、高速柴油机，可采用橡胶隔振器或弹簧隔振器将发动机安装在船体上，使得振动力源较少传递到船体上。而在大型低速柴油机中，柴油机的机座与基座往往是刚性连接，即柴油机机座通过许多垫块，用地脚螺栓安装在船体基座上。靠强大的船体基座承受总倾覆力矩产生的振动。在某些特殊情况下，若总倾覆力矩引起的横向振动十分严重可能激励船体强烈振动时，为了减除这种振动，可采用机械式或液力支撑。液力支撑可增加机体刚性，提高其固有频率，避免低谐次共振，同时还具有一定的阻尼作用，可降低振幅。此种减振装置，已在超长行程柴油机上得到广泛使用。

第三节　轴系的扭转振动

轴系是指柴油机的曲轴以及与之相连的运动部件的总成,包括飞轮、推力盘、短轴、中间轴、艉轴及螺旋桨等。任一实际轴系均为弹性系统,给以初激励扭矩后,若无阻尼存在,便会产生周期性的扭转弹性变形,即无阻尼自由扭转振动(简称自由振动),其振动频率为自振频率或固有频率。对既定的轴系,其自振频率为定值。给轴系以周期性变化的扭转干扰力矩,轴系即按干扰力矩的频率作强迫扭转振动(强迫振动)。当干扰力频率与轴系自振频率相同时,轴系将产生振幅明显增高的共振。

柴油机轴系振动有回转振动、纵向振动及扭转振动三种振动形式。其中以扭转振动最为常见,危害性最大。强烈的扭转振动会使轴段疲劳断裂,轴系附件(连接螺栓、连轴节等)损坏,喷油、气阀等定时遭到破坏,从而造成柴油机经济性变差。强烈的扭转振动还会影响柴油机的平衡性,诱发轴系产生强烈的回转振动和纵向振动,加剧柴油机的噪声。因此,世界各大船级社都对柴油机轴系扭转振动制定了严格的控制条款。

一、轴系的自由扭转振动

扭转振动是轴段绕自身的回转中心作来回扭转的一种振动。如图 3.4-8 所示,系统中,左端的圆盘相当于一个曲柄的转动惯量 I,固定端相当于转动惯量很大的飞轮,中间连接轴的刚度为 K,且无惯量。此为柴油机轴系的最简单的扭转振动的力学模型,称为扭摆。

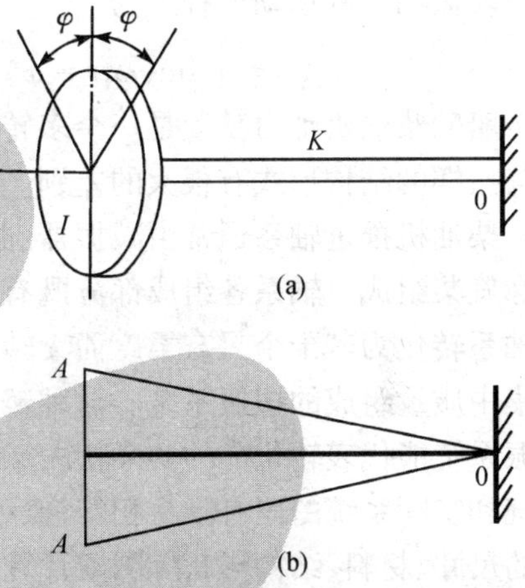

图 3.4-8　扭摆

若在圆盘上加上一静扭转力矩,使扭摆旋转 φ 角,此时轴段左端也相应地转了 φ 角,轴段具备了一定的弹性势能。一旦将力矩释放,圆盘在轴段带动下向平衡位置转动。在转动过程中,轴段的弹性势能减小,而圆盘的动能增加。抵达平衡位置时,轴段的弹性势能完全转变为圆盘的动能(不考虑阻力);由于惯性作用,圆盘将按原转动方向超过平衡位置;此时轴段的弹性势能增加,而圆盘的动能减小。当圆盘的动能完全转变为轴段的弹性势能后,圆盘将反方向转动。如此循环不息,图 3.4-9(a)表示了扭摆的自由扭转振动的情况。

运动方程式:$\varphi = A \cdot \sin(\omega t + \varepsilon)$　　(3.4-19)

扭摆自振频率:$f = \dfrac{1}{2\pi}\sqrt{\dfrac{K}{I}}$ Hz　　(3.4-20)

自振角频率:$\omega = \sqrt{\dfrac{K}{I}}$ rad/s　　(3.4-21)

扭摆的自振频率随转动惯量 I 增加而降低,随刚度 K 增大而提高。自振频率仅与转动惯量和刚度有关,故而又称固有频率。最大的摆角称振幅,用 A 表示,见图 3.4-9。轴段上摆角始终为零的截面称节点,如图 3.4-8 中轴段右端截面。

无阻尼自由扭转振动是一种简谐振动。其振幅、自振角频率，以及初相位决定了简谐振动的基本特征，故亦称振动三要素。其自振频率是一个只取决于扭振系统的转动惯量和刚度的固有频率，它与外力矩大小无关。振幅 A 的大小取决于作用在圆盘上的外力矩。

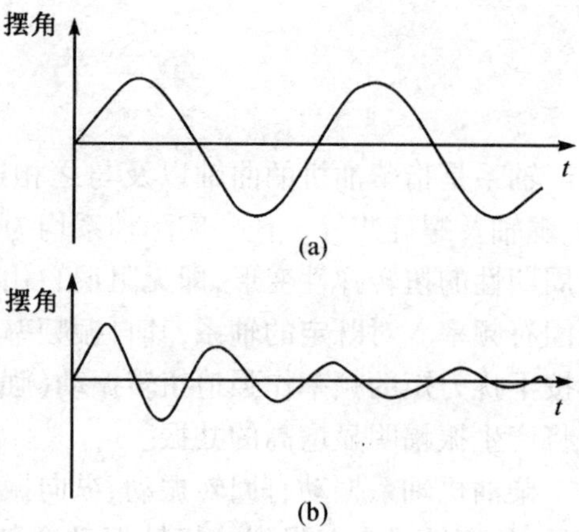

图 3.4-9　自由振动

按一定比例的垂直线长表示振幅值，绘成图 3.4-9(b) 所示的振动形式图，便可以近似地确定轴段上各截面的相应扭振振幅，此图称为振型。实际自由扭振都是有阻尼的，在扭振中阻尼是一种与振动方向相反的抵抗力矩，其大小与扭转角速度成正比。考虑阻尼的自由扭振称为有阻尼自由扭振，此时扭振系统的运动方程式为

$$\varphi = e^{-nt}A \cdot \sin(\sqrt{\omega^2 - n^2}t + \varepsilon) \qquad (3.4\text{-}22)$$

式中，n 为阻尼比，阻尼越大，n 越大。

扭摆在一个持续的简谐力矩作用下，并考虑阻尼时发生的扭转振动称为扭摆的有阻尼强迫扭转振动。其运动方程式为

$$\varphi = A_1\sin(\omega_1 t - \varphi) + e^{-nt}A\sin(\sqrt{\omega^2 - n^2}t + \varepsilon) = \varphi_1 + \varphi_2 \qquad (3.4\text{-}23)$$

船舶柴油机动力装置是一个多转动惯量的扭转振动系统，如图 3.4-10(a)所示，其实际构件与扭摆的结构形式有很大的差别。

柴油机推进轴系通常由减振器、曲轴及相连的活塞连杆机构、推力轴、飞轮、中间轴、艉轴及螺旋桨组成。轴系各组成部分既有转动惯量，又有扭转弹性。为便于研究分析，常把柴油机及轴系转化为若干个只有柔度而无转动惯量的轴段和互相连接起来的只有转动惯量而无柔度的集中质量组成的扭振系统。这种转化系统称为柴油机及其轴系的当量扭振系统。为使当量扭振系统能代表转化前的实际扭振系统，在转化当量系统时应遵循一定的要求和原则，使当量系统和实际系统的固有频率相等、振型相似。各轴段的柔度和各振动质量的转动惯量根据轴系的尺寸、材料、结构形状等因素计算，并根据计算结果绘制轴系当量系统图。绘图时，轴的柔度越大，将轴画得越长；转动惯量越大时，将质量画得越大，或离轴线越远。

当量系统转化时，可根据柴油机轴系特点及研究目的的不同，转化为二质量（由两个转动质量、一个轴段组成）、三质量（三个转动质量、两个轴段）、…、n 质量系统。

图 3.4-10(b) 即为图 3.4-10(a) 所示的实际扭转振动系统的集中质量形式的当量系统。

图 3.4-11(a) 是柴油机轴系中最简单的系统——双质量扭转振动系统。对于中机舱型推进轴系，由于中间轴很长、柔度很大，可以把曲柄连杆机构和飞轮合并成一个转动质量，螺旋桨简化为另一集中质量，由此简化为一个双质量当量扭振系统。双质量扭转振动系统只有一种振动形式，如图 3.4-11(c) 所示。其自振频率只有一个，称单节自振频率；其振型也只有一个，称单节振动。双质量系统的两个质量振动频率相同、相位相同，振幅与它们的转动惯量成反比，且两质量的运动方向相反。

对于尾机舱型的推进轴系，可把曲柄连杆机构合并成一个集中转动质量，飞轮为第二个转动质量，螺旋桨为第三个转动质量，由此简化为三个集中质量、两个轴段组成的三质量当量扭

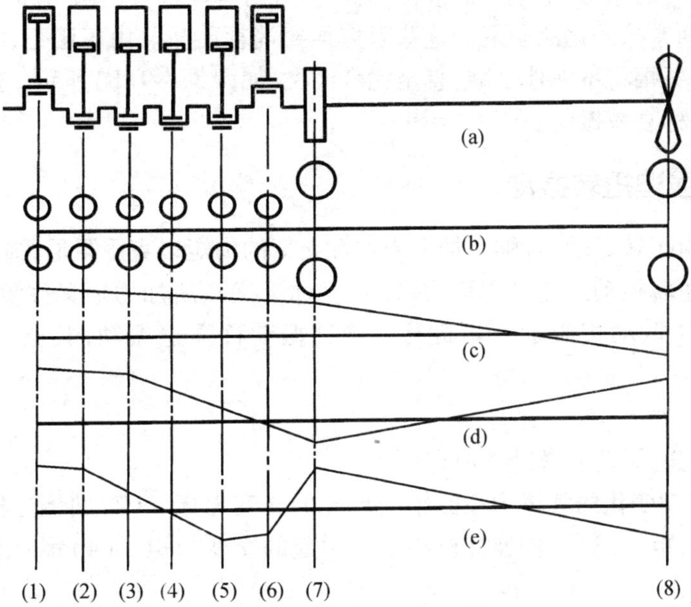

图 3.4-10　实际当量系统及振型图

转系统,如图 3.4-11(d)所示,它存在着两种不同的振动形式。轴上只有一个节点的振动称单节点振动,如图 3.4-11(f)所示,相应存在单节自振频率 ω_{n1};轴上有两个节点的振动称双节振动,如图 3.4-11(g)所示,相应存在双节自振频率 ω_{n2}。并有 $\omega_{n2}>\omega_{n1}$,即节点越多则自由振动的频率越高,质量越大离节点越近,振幅越小,节点多落在柔度较大的轴段上。

以此类推,n 质量扭转振动系统有 $n-1$ 种振型和 $n-1$ 个自振频率,每个质量的无阻尼自由扭振均为 $n-1$ 个简谐振动相加而成,且

$$\omega_{n(n-1)}>\omega_{n(n-2)}>\cdots>\omega_{n3}>\omega_{n2}>\omega_{n1} \tag{3.4-24}$$

若以振幅比较,则单节点振动振幅最大,多节点振动的振幅递减。

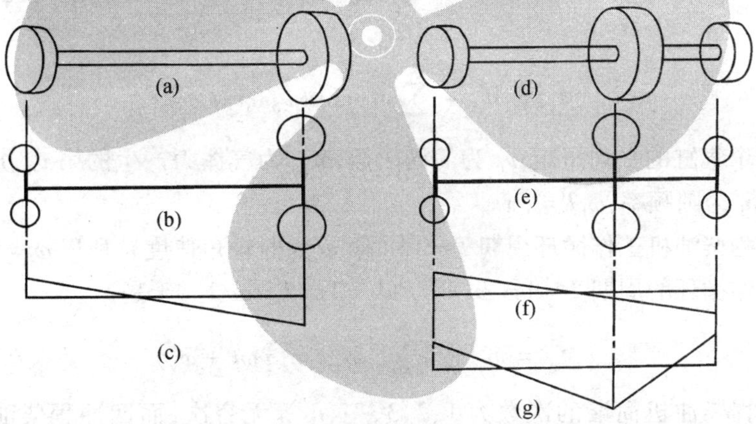

图 3.4-11　双质量及三质量系统

实际船舶柴油机动力装置,通常只需要考虑单节、双节扭转振动,最多也只考虑到三节扭转振动,如图 3.4-10(c)、(d)及(e)所示。

上述讨论未考虑阻尼,称无阻尼自由振动。柴油机轴系实际上是存在阻尼的。主要阻尼

有:活塞环与气缸套的摩擦、轴承中的液体摩擦、空气对运动部件的阻力、间隙引起的冲击消耗和轴系内部分子间摩擦的迟滞阻尼。这些阻力均要消耗能量。由于阻尼,扭转振动的能量将逐渐逸散,而扭振振幅将不断地衰减,直至完全消失,如图 3.4-9(b)所示。这种振动称有阻尼自由扭转振动,又称衰减振动。

二、轴系的强迫扭转振动

对有阻尼自由扭转振动,若轴上加上周期性交变的力矩以克服阻尼,则轴系能保持一定的振幅而继续进行扭转振动。此过程称为激励(又称干扰),所加力矩又称激励力矩(又称干扰力矩)。此时,扭转振动按激励力矩进行。这种振动称强迫振动,其振动频率称强迫振动频率。

1. 系统激励力矩

柴油机轴系扭转振动的激励力矩有:

(1)气缸内周期变化的气体力在曲轴上形成的交变力矩。(2)曲柄连杆机构往复惯性力所引的曲轴交变力矩。(3)曲柄连杆机构重力引起的交变力矩。(4)螺旋桨运动产生的周期性变化的力矩。

前三项构成了轴系的输出扭矩,而最后一项则构成了轴系的负荷扭矩。轴系上的扭矩构成了轴系扭转振动的激励力矩。其中影响最大的激励力矩为前两项。

根据单缸柴油机的平衡分析可知,曲轴的输出扭矩由平均输出扭矩与各次简谐扭矩组成。其中气体力产生的周期性变化力矩是使轴系产生强迫扭转振动的主要激励力矩,作用在活塞上的气体力通过连杆传给曲轴的输出力矩为

$$M_g = p_g \frac{\pi}{4} D^2 \frac{\sin(\alpha+\beta)}{\cos\beta} \cdot R \qquad (3.4\text{-}25)$$

式中,D、R 为气缸直径和曲柄半径;α、β 为曲柄转角和连杆摆角。

用简谐分析法将上式进行分解可得

$$M_g = M_m + M_{g1}\sin(\omega_f t + \varphi_1) + M_{g2}\sin(2\omega_f t + \varphi_2) + M_{g3}\sin(3\omega_f t + \varphi_3) + \cdots$$

即

$$M_g = M_m + \sum_{\nu_0 = 1}^{\infty} M_{g\nu_0}\sin(\nu_0\omega_f t + \varphi_{\nu_0}) \qquad (3.4\text{-}26)$$

式中,M_m 为一个气缸的平均扭矩;ν_0 为简谐次数;$M_{g\nu_0}$ 为气体力产生的第 ν_0 次简谐力矩振幅;φ_{ν_0} 为初相位;ω_f 为圆频率,$\omega_f T = 2\pi$。

由于二冲程柴油机工作循环周期 $T = 2\pi/\omega$(ω 为曲轴角速度),所以 $\omega_f = 2\pi/T = \omega$。而四冲程柴油机工作循环的周期 $T = 4\pi/\omega$,所以 $\omega_f = 2\pi/T = \omega/2$。于是:

$$M_g = M_m + \sum_{\nu = 1\text{或}1/2}^{\infty} M_{g\nu}\sin(\nu\omega t + \varphi_\nu) \qquad (3.4\text{-}27)$$

对于二冲程柴油机简谐的次数为 1、2、3、…、n 等无穷次,而四冲程柴油机则为 1/2、1、$1\frac{1}{2}$、…、n 等无穷次。正是这些简谐力矩构成了柴油机轴系扭转振动的激励力矩。

在这些简谐力矩函数中,简谐次数越高,其振幅越小,对扭振影响越小。通常只考虑到 12 次简谐力矩,只有少数大功率中速机才考虑到 16 次。由各次简谐扭矩引起的强迫振动称各阶振动。如由 6 次简谐扭矩引起的强迫振动,称为 6 阶振动。

2. 扭转振动的阻尼

阻尼存在于任何振动系统中，它使自由振动逐渐衰减而趋消失。在强制振动中，它消耗激振力矩的能量使振幅减小，振动减慢，并使振动相位落后于激振力矩的相位。船舶轴系中的主要阻尼有：

(1)柴油机阻尼包括有曲柄连杆机构在扭振中产生的轴颈与轴承、活塞和气缸的摩擦阻尼，运动机件与空气的摩擦阻尼，曲轴在变形中内部分子间的摩擦阻尼。

(2)轴段阻尼包括主要是轴在发生扭转变形时在材料分子间产生的摩擦阻尼。

(3)螺旋桨阻尼是由于螺旋桨在水中发生扭振时，桨叶与水摩擦造成。

各种阻尼并不是起同等程度的减振作用，往往其中一种或两种是主要的。如推进轴系在单节振动中螺旋桨振幅很大，螺旋桨阻尼占总阻尼的85% ~95%，而柴油机阻尼和轴段阻尼占总阻尼的7% ~10%和3% ~5%；在双节振动中，曲轴和中间轴振幅较大，柴油机阻尼和轴段阻尼分别占总阻尼的75% ~80%和20% ~25%，螺旋桨阻尼很小。因此各种阻尼的比例随机器类型、装置、结构、运转速度不同而异。

3. 共振

强迫振动时，轴系究竟按哪一种振型振动，应视激励力矩的频率而定。当某一次激励力矩的频率接近轴系的某一节振型的自振频率时，则系统基本上按该振型振动。由于激励力矩的次数很多，实际上强迫扭转振动的自振频率是复杂的，往往有几种振型复合而成。

一旦当某一次激励力矩的频率恰好等于轴系某一节振型的自振频率，则产生共振，系统将明显地按照该振型进行振动。由于柴油机轴系属于小阻尼系统，所以共振时往往会产生很大的振幅，出现强烈的扭转振动。轴系共振的危害如下：

(1)引起轴系裂纹和断裂。(2)引起减速齿轮箱齿面的点蚀和断齿。(3)联轴器螺栓切断，橡胶联轴器撕裂。(4)加剧发动机零部件的磨损。(5)产生扭转—纵向耦合振动。(6)产生继发性激励，引起柴油机机架、齿轮箱、双层底及船体的振动，使噪声加剧。

4. 临界转速

为讨论方便，引入一个频率N，单位为次/分，它与频率f的关系为$N=60\cdot f$。由于ν次干扰力矩的频率$N_\nu=\nu\cdot n$，所以柴油机的转速$n=N_\nu/\nu$。当ν次干扰力矩的频率等于轴系的自振频率时，即$N_\nu=N_{自振}$，相应的柴油机转速就是临界转速。如将轴系自振频率写成N_e^x的形式，则由ν次干扰力矩引起轴系第x节振型共振的临界转速即为$n_\nu^x=N_e^x/\nu$，也就是说临界转速可分别表示为

$$n_\nu^1=N_e^1/\nu,n_\nu^2=N_e^2/\nu,n_\nu^3=N_e^3/\nu$$

式中，x分别表示单节、双节和三节的振型；N_e^x是系统的自振频率，与转速无关。n_ν^1表示单节ν阶振动临界转速，n_ν^2表示双节ν阶振动临界转速，n_ν^3表示三节ν阶振动临界转速。

表示扭振系统临界转速情况的图表称临界转速图谱，如图3.4-12。图中自振频率N_e^1，N_e^2，N_e^3为定值，所以自振频率是三条平行于横坐标的水平线。由于$N_\nu=\nu\cdot n$，所以各次干扰力矩的频率为一系列的斜线。图上自振频率线与简谐力矩频率线的交点处，两种频率相等，轴系发生扭转共振。交点对应的转速为轴系扭振共振转速，简称共振转速，又称临界转速。在常用转速范围内，对应的曲轴的转速都是临界转速。凡与水平线N_e^1的交点，都使曲轴按单节点振型共振；凡与水平线N_e^2的交点，都使曲轴按双节点振型共振；凡与水平线N_e^3的交点，都使曲轴按三节点振型共振。系统在临界转速下工作时，共振振动质量的扭转角会愈来愈大。但是由于

阻尼的作用，其幅值不会无限增大。当简谐干扰力矩对扭振系统所做的功与阻尼功相等时，振幅便不再增加。

临界转速可分为主临界转速与副临界转速。主临界转速为主共振的相应转速。主共振是由简谐次数等于曲轴每转发火气缸数整数倍的激振力矩（称主谐量）引起的共振。例如四冲程6缸机，曲轴每转发火缸数为3，则由主谐量 $\nu = 3, 6, 9, \cdots$，它们引起主共振，相应的转速即为主临界转速。在主临界转速，各缸激振力矩方向相同，它将激起强烈的扭振，在常用转速范围内应该避开。由主谐量定义知，二冲程机主谐量 $\nu_k = mi$，四冲程机主谐量 $\nu_k = mi/2$（m 为正整数，i 为气缸数）。主共振时 $N_e = \nu_k n_k$，则主临界转速 $n_k = N_e/\nu_k$，即二冲程机 $n_k = N_e/mi$，四冲程机 $n_k = 2N_e/mi$（N_e 为主共振时自振频率）。副临界转速为主临界转速以外的所有临界转速或副共振（除主共振外的共振）相应的转速。

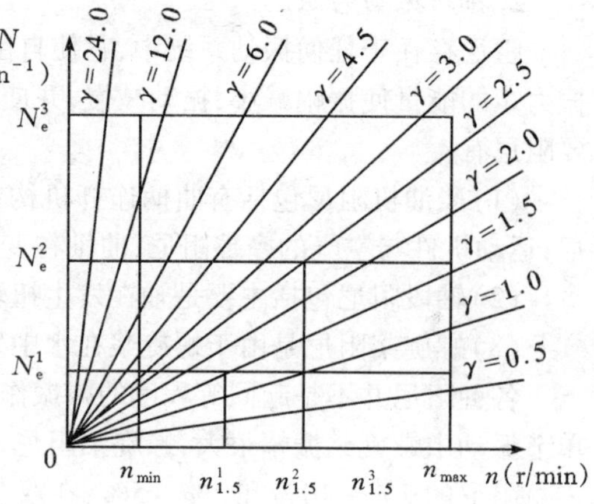

图 3.4-12　临界转速图谱

轴系发生单节共振时，主谐量对轴的激振作用强烈，其共振振幅最大，因而是最危险的。轴系发生双节主共振时，由于主机的飞轮大小、轴系长短不同而使双节的第一个节点位置有所不同。若节点靠近飞轮端，则主谐量引起的主共振仍然强烈，共振振幅很大。若节点位于各缸的中间部分，则由于节点两侧的振幅正负相互抵消而使主谐量的激振作用减弱，但此时有可能副共振较强烈。主临界转速下扭转振动往往十分强烈，破坏性极大，所以总是力图避免在转速范围内出现主简谐的共振。

5. 轴段扭振的附加应力及其许用值

柴油机轴系运转时，在传递扭矩承受平均扭转应力的同时，还承受由轴系扭振引起的交变扭转附加应力，扭转切应力过大，曲轴和其他轴段将发生疲劳断裂。一般说来，节点附近的扭振附加应力 τ 最大。由于扭振的危害性较大，世界各大船级社的规范均制定有严格限制扭振的条款及其扭振许用应力的标准。表 3.4-1、3.4-2、3.4-3 为中国船级社在《钢制海船入级规范》中有关许用应力的标准。表中 r 为转速比，它等于共振转速 n_c 与标定转速 n_e 之比，d 为轴的基本直径（mm）。

表 3.4-1　曲轴及螺旋桨轴的扭振许用应力

运转工况	转速比范围	扭振许用应力（MPa）
持续运转	$0 < r \leqslant 1.0$	$[\tau_c] = \pm[(52 - 0.031d) - (3.88 - 0.02d)r^2]$
瞬时运转	$0 \leqslant r \leqslant 0.8$	$[\tau_c] = \pm 2.0[\tau_c]$
超速运转	$1.0 < r \leqslant 1.5$	$[\tau_c] = \pm[(18.1 - 0.011\,3d) + (87.3 - 0.052d)\sqrt{r-1}]$

表 3.4-2　推力轴、中间轴、艉轴的扭振许用应力

运转工况	转速比范围	扭振许用应力（MPa）
持续运转	$0 < r \leqslant 1.0$	$[\tau_c] = \pm[(70.4 - 0.031d) - (45.6 - 0.02d)r^2]$
瞬时运转	$0 \leqslant r \leqslant 0.8$	$[\tau_c] = \pm 1.7[\tau_c]$
超速运转	$1.0 < r \leqslant 1.5$	$[\tau_c] = \pm[(22.0 - 0.011\,3d) + (117.7 - 0.05\,2d)\sqrt{r-1}]$

表 3.4-3　内燃机发电机组曲轴和传动轴的扭振许用应力

运转工况	转速比范围	扭振许用应力(MPa)
持续运转	$0.95 \leqslant r \leqslant 1.10$	$[\tau_c] = \pm(21.59 - 0.0132d)$
瞬时运转	$0 < r < 0.95$	$[\tau_c] = \pm 5.5[\tau_c]$

当扭振应力超过许用值,船舶就不能持续营运,则应在这个共振转速 n_c 附近设“转速禁区”,在此禁区内机器不应持续运转。禁区的范围为

$$\frac{16n_c}{18 - r} \sim \frac{(18 - r)n_c}{16} \tag{3.4-28}$$

根据扭振应力或扭矩超过许用值的多少,禁区的范围可适当扩大或减小。通常单节振动该禁区范围可取 $\pm 10\% n_c$,双节以上振动可取 $\pm 5\% n_c$。规范规定转速禁区应在转速表上用红色标明,并在操作台上设告示牌。在常用转速($r = 0.8 \sim 1.05$)范围内,不允许出现转速禁区。在 $r = 0.9 \sim 1.03$ 范围内,尽可能不用减小振幅的方法来消除转速禁区,以避免由于减振措施失效后可能出现的危险。

一般将曲轴、螺旋桨轴及推力轴、中间轴、艉轴的强制扭振计算的应力和相应的许用应力绘制成如图 3.4-13 所示的扭振应力曲线图。图中明确的表示出哪些节哪几次简谐共振是主要的振动、各次临界转速的位置、危险的临界转速、共振应力有无超过扭振许用应力。根据扭振应力曲线图就可以全面的反映系统的扭振特性,判断轴系在运转时是否安全,并制定出系统的减振避振措施。

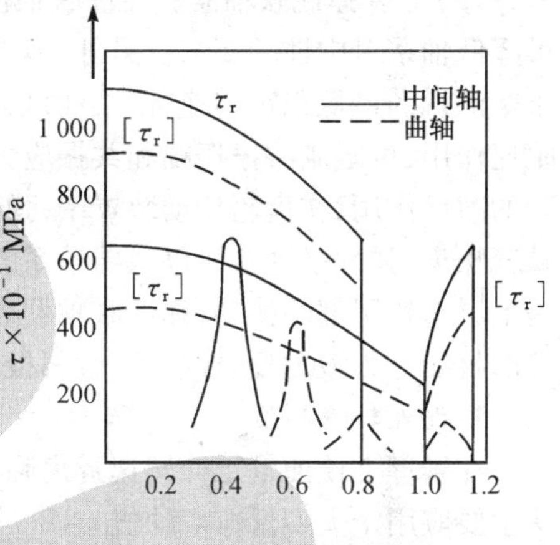

图 3.4-13　扭振应力曲线图

6. 现代船用柴油机的扭振特点

现代船用柴油机发展的一个显著特点是长行程或超长行程,为缩短机舱长度,减少维修费用,少缸数(缸数少于6)柴油机陆续开始使用。由于单缸功率大、缸数少,使柴油机输出扭矩更不均匀,使激振力矩增加。长行程使各缸转动惯量增加,轴系的自振频率降低,在运转范围内易出现由低次简谐力矩(简谐力矩振幅大)激起的扭振共振;由于柴油机回转不均匀,引起螺旋桨推力不均匀,易激发轴系的纵振和船体振动。上述影响都会使轴系的扭转振动加剧,中间轴产生过大的扭振振幅和扭振附加应力。必须采取相应的减振措施,减小中间轴的扭振应力。

三、轴系扭振的减振、避振措施

如果扭振附加应力超过许用应力,则必须采取措施进行消减或回避。主要措施有:减少扭转振动输入能量、调整系统自振频率、设置转速禁区及配置减振器。

1. 减少扭转振动输入能量

减少干扰力矩输入的能量能够直接减少扭振振幅。柴油机设计阶段常通过以下途径减少激励力矩的输入。

(1)改变发火顺序。对于单列式柴油机,改变发火顺序可使副临界转速变动而避开常用转速范围,但不影响主临界转速。

(2)改变振型。在曲轴自由端或中间轴的双节点振幅较大处装设副飞轮,可使轴系的频率和振型发生变化,使临界转速离开常用转速范围,还可以使扭振振幅减小。如调整主飞轮惯量,可改变曲轴中节点的位置,减小主谐量对轴系的激振能量。

(3)合理选择桨叶安装位置。合理选择螺旋桨桨叶安装位置,可以减小其激振能量,同时注意不使用与柴油机主谐量相同的桨叶叶数。

2. 调整系统自振频率

改变轴系的自振频率,可将轴系临界转速移到柴油机工作传速范围之外。通常有以下几种方法:

(1)改变转动惯量。转动惯量增加会使自振频率降低;转动惯量减小会使自振频率提高。通过转动惯量的改变,就可以将临界转速移出常用传速范围。常用的方法是加大飞轮和加装副飞轮来降低轴系的自振频率,而实现避振的目的。

(2)改变轴段刚度。增加轴段刚度可使自振频率提高。加粗轴段直径或缩短中间轴,都能使临界转速超出额定转速而达到避振的目的。而增加气缸数或加长中间轴,又能使临界转速低于常用转速,甚至低于最低稳定转速。

(3)加装弹性联轴器。弹性联轴器与一般减振器不同,它还是一个输出功率的传动部件,可降低轴系对中性的要求。另外,弹性联轴器可大大降低轴系的自振频率,可使临界转速远低于柴油机的最低稳定转速,使柴油机无"转速禁区",达到避振的目的。同时,弹性联轴器具有阻尼作用,可限制共振振幅和共振应力,具有减振作用。通常弹性联轴器只对单节点振动有显著的减振作用,在齿轮传动装置中,弹性联轴器可吸收脉冲冲击,防止齿轮敲击、点蚀和折断,减轻噪声,弹性联轴器可以减弱轴系的横向振动、纵向振动,降低机架与船体的各种振动,特别是上层建筑尾部的振动,弹性联轴器还可以吸收螺旋桨处传来的冲击。弹性联轴器按弹性元件的材质分为液力型、橡胶型、金属板簧型、复合型等,常用的为橡胶型和金属板簧型。

3. 设置转速禁区

在管理上使曲轴工作转速远离临界转速,为此设立转速禁区,要求在变速时快速通过。此法主要应用于大型低速柴油机。

转速禁区的范围,单节振动为 $\pm 10\% n_c$;双节振动为 $\pm 5\% n_c$(n_c为临界转速)。但在0.8~1.05 额定转速范围内绝不允许存在禁区,因这是常用转速范围,应在设计时保证避免。

4. 配置减振器(阻尼减振法)

采取上述措施后仍不能理想地解决扭振问题时,则常在柴油机自由端配置减振器或高阻尼弹性联轴器。在大、中型船用柴油机中多采用阻尼型减振器和动力阻尼型减振器。减振器主要作用有:在轴系中增加了一个质量和一段弹性轴,可以改变振型、节点位置和自振频率;在轴系扭振时产生一个附加阻尼作用以消耗输入轴系的激振能,限制扭振振幅增大。通常减振器有三种:阻尼型、动力型和阻尼动力型。减振器均安装在曲轴自由端。

1)阻尼型减振器

阻尼型减振器用阻尼消耗激振能,达到减振的目的。最典型、应用最普遍的是硅油减振器,如图 3.4-14 所示。它由转动惯量较大的惯性体 2、固定在曲轴自由端的壳体 1、盖板 3 所组成。惯性体与壳体间留有一定的间隙,中间充满黏度极高的硅油。两者之间无机械连接。

当柴油机转动时,壳体就一起转动,通过硅油带动惯性体同速转动。一旦轴系上发生扭振,壳体和曲轴一起振动,而惯性体因惯量很大,仍作匀速转动,因而壳体与惯性体之间产生相对运动,使硅油发生液体摩擦,吸收振动能量,起减振作用。它的特点是结构简单,减振效果较好，工作可靠、耐用，但体积较大。

2）动力型减振器

动力型减振器用弹簧或短轴与曲轴连接，使两者具有相同的自振频率。在共振时减振器产生一个与激振力矩大小相等方向相反的反抗力矩以达到减振的目的。此种减振器只适于定速运行的柴油机（如发电柴油机）。

3）动力阻尼型减振器

动力阻尼型减振器兼有动力型和阻尼型两种减振器的减振作用。应用较多的是如图 3.4-15 所示的卷簧式减振器及金属簧片式减振器（又称盖斯林格式减振器）。后者是新近发展的一种减振和联轴两用部件。

两种减振器的基本工作原理相同，现以卷簧式减振器为例加以说明。它由转动惯量很大的惯性体 1、固定在曲轴自由端的轮壳 2 及位于两者结合部位周向均布的 8 个圆孔内的一组套筒弹簧 3 和限制销 4 所组成。它们一半在惯性体内，一半在轮壳内，孔内间隙充满滑油。柴油机转动时，轮壳和曲轴一起振动，惯性体因大惯量而作均匀转动，两者产生相对位移，挤压套筒弹簧，使弹簧力增大，调整了轴系自振频率，同时弹簧片间发生摩擦，润滑油也被挤压并产生液体摩擦，形成阻尼，消耗扭振能量，实现减振目的。

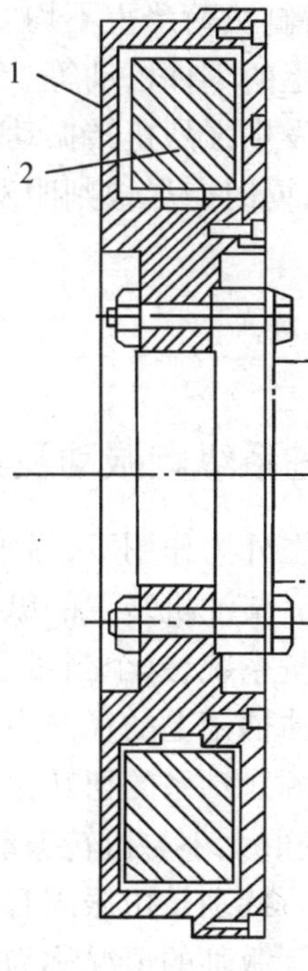

图 3.4-14　硅油减振器

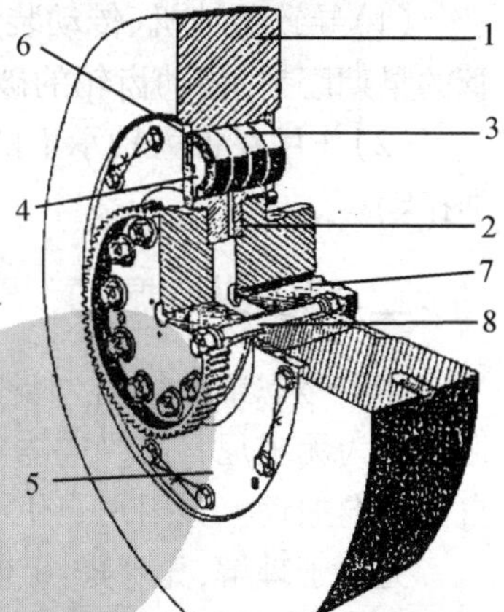

图 3.4-15　卷簧式减振器

5. 减振器及弹性联轴器的维护管理

1）减振器维护管理

应保证减振器处于良好的工作状态。对阻尼式减振器（如硅油减振器），若阻尼液不漏失，一般不必拆修。对于动力式减振器（如套筒弹簧式），运行中应保证充满滑油（常由曲轴箱滑油供应）。检查和清洗曲轴的滑油通道时应注意检查和清洗减振器的滑油通道。要保证多层套筒弹簧的每片弹簧均处于完好状态，若一片弹簧损坏则应一组弹簧整套换新。

2）弹性联轴器的管理

橡胶弹性元件在传递交变扭矩时由于摩擦生热，导致内部温度上升，中心温度比表面高 30 ℃左右。而天然橡胶的最高使用温度为 100 ~ 120 ℃。故橡胶弹性联轴器的最高使用环境温度不得高于 60 ℃，最低使用温度为 -10 ℃。橡胶弹性联轴器应防止接触油脂、焊接火花、酸类、有机溶剂、紫外线等。轴系安装中，利用弹性联轴器的柔性可允许有较大的偏差。但为保证联轴器使用寿命和运行安全，轴系安装中的各种偏差仍需满足对中要求。

联轴器的输入与输出端连接方向不得颠倒。通常联轴器转动惯量大的外轮连接输入轴（主动侧），转动惯量小的内轮连接输出轴（从动侧），不得反接；否则减振作用受影响。

金属板簧联轴器在工作中需要润滑，可使用柴油机润滑油或齿轮箱润滑油，油压为 0.25 ~0.5 MPa，不得断油。运转中如果扭振加剧，减振器或弹性联轴器有不正常声音，可能原因是：（1）减振器或联轴器性能变化，如弹簧折断、阻尼液漏失、使用温度过高等。（2）激振力矩变化,如各缸负荷严重不均、单缸断油或封缸运行等。(3)轴系自振频率变化,如轴有裂纹或红套在轴上的零件松动等。

轴系发生强烈扭转振动时,应迅速降低柴油机转速,以远离“转速禁区”,直至扭振减轻或消失为止,同时应尽快判明发生扭振的原因,采取相应的措施。

第四节　轴系的纵向振动

一、轴系纵向振动及其危害

轴系在外力作用下,沿轴线方向产生的周期性弹性变形现象,称为轴系的纵向振动,亦称轴向振动。柴油机装置的纵向振动系统可看作是由数个集中质量组成并由无质量纵向弹簧相联接的当量系统,这个当量系统具有若干个纵振固有频率。缸内气体力和往复惯性力通过连杆作用在曲柄销上的径向力、螺旋桨在不均匀流场中产生的周期性轴向激振力是轴系纵向振动的激励源。轴系的扭转振动也可能使曲柄产生纵向变形现象,其交变次数与扭振的简谐次数相同,变形大小与扭转振动的强烈程度和振型、曲柄的结构参数有关。这种现象,称为扭转纵向振动。特别是扭振固有频率与纵振固有频率相同或接近时,使纵振振幅量级增大,这种两种振动相互激励的情况称为扭转—纵向耦合振动。

推进轴系纵向振动的危害主要为:

(1)导致柴油机、传动装置和轴系的故障。如曲轴弯曲疲劳破坏;推力轴承的松动;艉轴管的早期磨损;传动齿轮的破坏和磨损等。

(2)作用在推力轴承上的轴向力作用在柴油机的机体上并引起船体构件及上层建筑的附加振动。

二、自由纵向振动

如不考虑柴油机动力装置轴系的轴向阻尼及干扰力,轴段在轴向产生周期性弹性变形的振动称为无阻尼自由纵向振动。只考虑轴向阻尼而不考虑轴向干扰力的纵向振动称为有阻尼自由纵向振动。无阻尼自由纵向振动和有阻尼自由纵向振动统称自由纵向振动。

为便于理解,先考虑图3.4-16中的系统。以质量 m 表示曲轴颈及曲臂的质量,k 表示单位曲柄的刚性,图中右端固定面代表质量较大的飞轮,集中质量 m 与平面间无摩擦阻力。这构成了柴油机装置轴系纵向振动的无阻尼模型。这种力学模型称为振子。

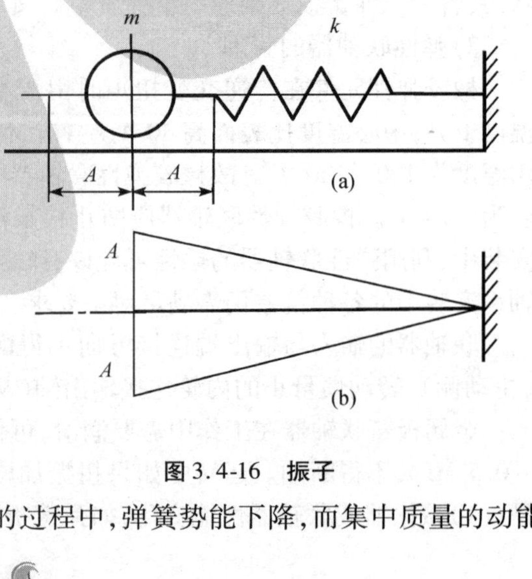

图3.4-16　振子

先给集中质量 m 施加一个力,具有刚性 k 的弹簧在这个力的作用下会发生弹性变形,使集中质量产生位移 A。此时集中质量速度为零,相应的动能也为零;而弹簧具有最大的势能。当作用在集中质量上的力消失时,集中质量 m 在弹性力作用下,将向平衡位置移动,运动速度增大。在集中质量向平衡位置运动的过程中,弹簧势能下降,而集中质量的动能却在增加，弹簧的势能转变成集中质量的动能。当集中质量抵达平衡位置点时，弹簧由于位移的消失而失去了势能，集中质量的运动速度为最大值，即弹簧的势能全部转换为集中质量的动能。此时，集中质量由于惯性作用，将继续向原来的运动方向前进而离开平衡点。随着集中质量的运动，弹簧的变形越来越大，而集中质量的速度将越来越小，直至集中质量抵达另一个位移最大点。由于集中质量与平面间没有阻力，故此时的位移仍为 A。由于弹簧此时的势能又达最大值，集中质量在弹簧力的作用下，将反方向运动。这样振子将永远按此方式运动下去，这就是无阻尼自由纵振系统的运动模式。

振子的自振频率为　$$f_z = \frac{1}{2\pi}\sqrt{\frac{k}{m}} \quad (\mathrm{Hz}) \tag{3.4-29}$$

其自振角频率为　$$\omega_z = \sqrt{\frac{k}{m}} \quad (\mathrm{rad/s}) \tag{3.4-30}$$

自振频率为弹簧刚性和质量的函数，而与其他参数无关，故又称固有频率。集中质量的最大位移称“振幅”用 A 表示。固有频率随弹簧的刚性增大而提高，随运动质量的增大而降低。在振动过程中，弹簧右端的位移始终为零，此点称为节点。

以一定比例的垂直线长表示弹簧上各点的振幅值，绘成图 3.4-17 所示的振动形式图，便可以近似地确定弹簧上各点的相应纵振振幅。

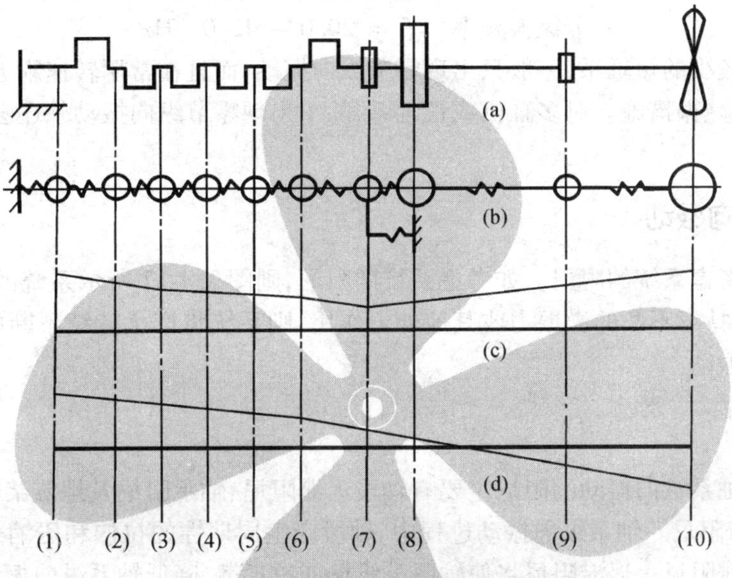

图 3.4-17　柴油机推进轴系纵振当量系统

船舶柴油机装置是一个多质量的纵振振动系统，如图 3.4-17 所示，每个曲柄均可看作一个质量及弹簧，六缸机则有六个集中质量及六个弹簧，另外，推力盘、飞轮、联轴节及螺旋桨均可看成一个集中质量，在这些部件之间的连接轴段可以看成几个弹簧。这样就将柴油机推进系统转换成了与振子系统相当的集中质量当量系统。

纵振当量系统应尽可能反映实际振动系统的振动特性。当量系统在转化过程中应注意以下原则：

(1)把相邻两个曲柄的质量集中在主轴颈中间处。

(2)推力盘和飞轮处分别作为一个集中质量点，也可把最末半个曲柄质量及飞轮质量集中在推力环处，或把最末半个曲柄质量及飞轮质量集中在推力盘处。

(3)轴的质量分别集中在两端质量处或相邻集中质量点处，中间轴、艉轴及螺旋桨的质量也可分别集中在相应轴的中间处。

(4)螺旋桨的质量集中在螺旋桨的中心处。

(5)两个相邻集中质量之间轴的纵向刚度，作为该两个集中质量之间弹簧的纵向刚度。

(6)推力环与船体之间用当量刚度相连接，也可把推力轴承及轴承座质量作为一个集中质量，前后分别用油膜刚度和相关船体构件刚度把推力盘与船体相连接。

(7)当自由端安装纵振调频减振器时，则该处作为一个固定点，第一质量与固定点之间用调频器的刚度相连接。

当轴系上没有出现节点时，称这种纵振为零节纵振，其频率称为零节自振频率，如图3.4-17(c)所示。当轴系上出现一个节点时，称这种纵振为一节纵振，其频率称为一节自振频率，如图3.4-17(d)所示。其余类推。设各节自振频率分别为ω_z^0、$\omega_z^1\cdots\omega_z^n$，则与扭转振动相仿，$n$质量纵振系统有$n$种振动形式和自振频率，且

$$\omega_z^n > \omega_z^{n-1} > \cdots > \omega_z^1 > \omega_z^0 \qquad (3.4\text{-}31)$$

实际船舶柴油机动力装置，通常只考虑零节、一节纵向振动。大型低速二冲程柴油机推进轴系的纵振固有频率范围为：

$$\text{零节纵振频率} \quad f_0 = 4.5 \sim 23.0 \quad \text{Hz} \qquad (3.4\text{-}32)$$

$$\text{一节纵振频率} \quad f_1 = 20.0 \sim 42.0 \quad \text{Hz} \qquad (3.4\text{-}33)$$

对于气缸数较少的短轴系，一般只出现零节纵向振动，而且在常用转速附近可能出现较强烈的共振，需采取减振措施。对多缸机或长轴系，除了出现零节纵向振动外还会出现一节纵向振动。

三、强迫纵向振动

上述情况不考虑系统的阻尼。如考虑系统的阻尼，则图3.4-17所示系统的纵振将很快衰减而消失，但如有持续不断的激振力或其他外力作用，则系统将产生持续不断的振动，这种振动称为强迫纵向振动。

1. 阻尼和激励力分析

1)阻尼分析

柴油机装置轴系纵向振动的阻尼主要有轴段迟滞阻尼、轴承阻尼及螺旋桨阻尼。

(1)轴段迟滞阻尼。轴系纵向振动过程中，轴段产生周期性的拉伸和压缩变形，分子间产生摩擦而形成迟滞阻尼。迟滞阻尼将使轴系的纵振能量耗散，降低轴系纵向振动的振幅。

(2)轴承阻尼。包括各主轴承及推力轴承的阻尼。轴段在纵振过程中，存在于轴承与轴颈间的纵向间隙，尤其是推力盘与推力块之间的间隙中的润滑油将受挤压，形成油膜。此油膜压力将对轴段纵向运动产生阻力，形成轴承阻尼而消耗纵振能量。

(3)螺旋桨阻尼。轴系发生纵向振动，必将引起螺旋桨纵向位移。螺旋桨在水中作不规则前后位移必将对水做功而产生阻尼，即螺旋桨阻尼。

(4)减振器阻尼。当自由端安装纵振减振器时，根据各类减振器的不同原理将产生各种纵振阻尼，以消耗纵向振动能量，即减振器阻尼。

2)激励力分析

轴系纵向振动的激励力有：柴油机气体压力在曲柄销处产生的径向简谐力、往复惯性力在曲柄销处产生的径向简谐力以及螺旋桨在不均匀流场中产生的轴向激振力。

(1)合成的径向简谐力 Z 及其当量轴向力 F_a。切向力与径向力是作用在曲柄销上的力在两个方向上的分力,切向力构成输出力矩,其简谐分量构成了轴系强迫扭转振动的激励源。径向力使曲柄产生拉压和弯曲变形并激起曲轴纵向振动。径向简谐力构成了轴系强迫纵向振动的激励源,它由气体压力与往复惯性力两部分组成,且其简谐次数与切向简谐力相同。当简谐次数大于 5 时,由于简谐量很小,可忽略不计。

在径向力 Z 的作用下,曲柄的变形如图 3.4-18 所示,在曲轴中心线方向的轴向变形为 δ_z,若在曲轴中心线方向作用当量轴向力 F_a,产生轴向变形 δ_a,且 $\delta_a = \delta_z$,则称轴向力 F_a 为径向力 Z 的当量力或等效轴向力。这样,就可以将在径向力 Z 作用下曲柄发生变形的情况转换到等效的 F_a 作用下直轴段发生轴向变形的情况来进行研究。径向简谐力主要由气体力及往复惯性力构成。具体计算可根据动力学中的公式进行。然后将径向简谐力转化为当量轴向简谐力,即可对轴系进行径向简谐力源影响的分析。

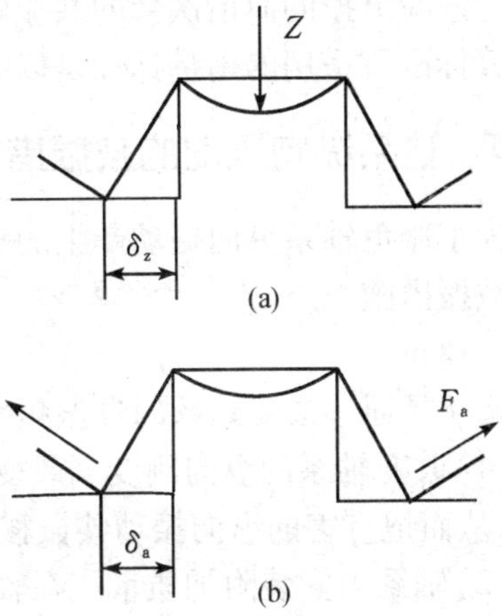

图 3.4-18　当量轴向力简谐力

(2)螺旋桨的轴向激励力。螺旋桨的激励力即为螺旋桨在运转时产生的轴向推力简谐分量。螺旋桨转速的波动、周围流场的不稳定以及各点流体密度的变化,都会导致螺旋桨推力简谐力的产生,成为柴油机动力装置轴系纵向振动的激励源。

3)共振转速

当某次激励简谐力的频率与轴系纵振自振频率相同时,轴系将发生共振,此时的频率为共振频率,此时的柴油机转速为共振转速。

当已知轴系各节纵振角频率 ω_z,相应的纵振固有频率 f_z 为

$$f_z = \frac{1}{2\pi}\omega_z \tag{3.4-34}$$

由气体力及往复惯性力产生的合成径向简谐力产生的共振转速 n_c 为

$$n_c = \frac{60f_z}{\nu} \tag{3.4-35}$$

式中,ν 为柴油机合成径向简谐力的简谐次数。

由螺旋桨叶片次简谐力产生的共振转速 n_c 为

$$n_c = \frac{60f_z}{i \cdot Z_p} \tag{3.4-36}$$

式中,$i=1,2\cdots$,分别为螺旋桨叶片次简谐,2 倍于桨叶片次简谐等,一般只计算叶片次简谐和 2 倍于桨叶片次简谐即可。Z_p 为螺旋桨叶片数。

2. 轴系的纵向振动特性

图 3.4-17 所示的纵振系统与前述扭振系统类似,也是一个多质量振动系统,也有其固有频率和振型。纵振的固有频率不仅和轴系的运动件有关,还与推力环、推力轴承及相关的船体构件有关。曲轴的纵向刚度除了与其结构尺寸有关外,还与曲柄的布置有关。轴系产生纵振时,如果轴系中不存在纵振节点则称为轴系零节纵向振动;如果轴系中存在纵振的一个节点则称为轴系一节纵向振动。对应的纵振频率称为零节纵振频率和一节纵振频率,依次类推。

轴系的纵向振动一般是零节和一节振动问题。对于少缸数短轴系，一般只出现零节纵向振动，而且在常用转速出现较强烈的纵振；对于多缸或长轴系，除零节纵向振动外，还可能出现一节纵向振动。在工作转速范围内，一般总可能碰到气体径向简谐力和螺旋桨叶频的轴向推力的共振转速。当某一激振力的频率与推进轴系某一节的纵振固有频率相同或接近时，就产生轴系的纵向振动。但并不是每一个简谐力都会产生有害的纵向振动。如果在设计阶段能避开产生危险纵振的简谐次数的共振转速，就不致产生有害的轴系纵振。我国船舶轴系纵向振动计算标准所采用的衡量标准是以纵振引起的曲轴臂距差作为振动强烈程度的判据。

四、轴系纵向振动的减振措施

为了避免轴系纵向振动产生的轴系故障，以及船舶尾部振动和上层建筑振动等，应考虑合适的减振措施。

1. 调频

调频是通过改变轴系的自振频率，把有害的纵向振动转速移开，主要有以下几种方法：

(1)改变轴系的纵向刚度。改变轴系的长度或直径，可提高或减低轴系的纵向振动固有频率，从而把有害的纵向振动共振移开。

(2)轴系中安装附加质量。在轴系纵向振动相对振幅较大处安装附加质量，或调整飞轮质量，不仅可改变轴系纵向振动的固有频率，且可改变轴系振型，避开有害纵振共振转速或减少振幅。

(3)改变螺旋桨叶片数。如果纵向振动是由螺旋桨激励力产生的，则改变螺旋桨叶片数，可以把有害的纵向振动共振移开。

(4)改变柴油机发火次序。曲轴的纵向刚度除了与其结构尺寸相关外，还与相邻曲柄夹角有关，因此改变柴油机的发火次序，可以改变曲轴的纵向刚度值，进而改变曲轴的纵向振动固有频率。

2. 减少激励力的输入

减少激励力的输入等于减少纵向振动的能量输入，因此可减小纵向振动的振幅，从而达到减振的目的。

(1)改变柴油机的发火次序。如果由于较大的副简谐产生有害的纵振，则改变柴油机的发火次序可以减少输入系统的激励能量。如果是由于主简谐产生有害的纵振，则应在自由端加装纵振减振器。

(2)改变螺旋桨的安装位置。当螺旋桨叶片数激励力与相同次数的合成径向激励力共同作用，且产生较大纵向振动时，可以采用螺旋桨最佳安装角的方法，使两者相互抵消一部分，以达到减小纵向振动振幅的目的。

3. 配置减振器

安装纵向振动减振器是降低纵向振动响应的有效方法，纵向减振器安装在柴油机曲轴的自由端上。

4. 避免扭转—纵向耦合振动

纵向振动也可能由轴系强烈的扭转振动耦合激发产生，特别是两者固有频率相同或相近时更容易产生，这时所有减小扭振的措施对降低纵振耦合响应都是有效的。而纵振的消减与回避措施中，除调频外的其他方法都效果不大。改变纵振固有频率，拉开扭振与纵振临界转速的距离能有效的减小扭转—纵向耦合响应。

第五章

船舶推进装置的工况配合特性

第一节　船舶柴油机的工况和运转特性的基本概念

一、船舶柴油机的运转工况

船舶柴油机由于用途和使用条件不同,实际运转中分类如下:

(1)带动发电机的柴油机。其工作特点是要求转速恒定。以保持供电电压和频率稳定,在这个恒定的转速下,功率可在零至最大值之间变化,其大小取决于用电情况。如图3.5-1中曲线2所示。

(2)带动螺旋桨的柴油机。柴油机转速与螺旋桨转速一致(或是倍乘关系),稳定运转时,柴油机发出功率与螺旋桨吸收功率相等。因此柴油机的工况变化规律取决于螺旋桨特性。如图3.5-1中曲线1所示。

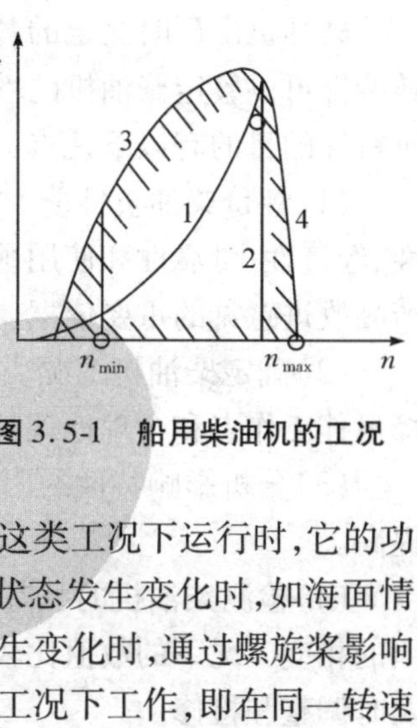

图3.5-1　船用柴油机的工况

(3)其他柴油机。柴油机的转速和扭矩之间没有一定的关系,此类工况的功率和转速都独立地在很大范围内变化。柴油机在这类工况下运行时,它的功率与转速之间没有一定的关系,对于船舶主机,当航行条件和运行状态发生变化时,如海面情况、气象情况、航区、装载、船舶污底以及船舶转向等,即船舶阻力发生变化时,通过螺旋桨影响主机的功率和转速,使发动机在一定负荷和一定转速范围内的任何工况下工作,即在同一转速下可有不同输出功率,在同一功率下可有不同转速,运转范围较广。因此,柴油机可能的工况可用图3.5-1中曲线3(柴油机可能发出的最大功率)和曲线4(调速特性线)下的区域来表示。这种工况常称为面工况。

二、柴油机特性的基本概念和研究特性的目的

1. 柴油机特性的基本概念

已知表征柴油机性能的主要指标有平均有效压力 p_e、有效扭矩 M_e、有效功率 P_e、有效效率 η_e 和有效耗油率 g_e、平均指示压力 p_i 等。运转中的柴油机这些性能指标是随着柴油机运转工况的不同而变化的。柴油机的主要性能指标和工作参数(如排气温度 T_r、最高爆发压力 p_z、

增压压力 p_k 等)随运转工况变化的规律称为柴油机的特性。把这种变化规律在坐标上用曲线的形式表示出来,这种曲线称为柴油机的特性曲线。

由公式 $P_e = C\, p_e ni$ 可以看出,对于特定的柴油机在运转中可能使 P_e 发生变化的参数只有平均有效压力 p_e 和转速 n,它们是两个可以互相独立的基本参数,即 $P_e = f(p_e, n)$。由此,根据 p_e 和 n 的变化情况可将柴油机特性进行分类。

(1)速度特性。当 p_e 不变(测定时是将油量调节机构固定,p_e 实际上略有变化),柴油机性能参数随 n 变化的关系。

(2)负荷特性。当 n 不变,定于某一设定值时,柴油机性能参数随负荷(p_e)变化的关系。柴油机的负荷通常是指柴油机阻力矩大小,由于平均有效压力正比于阻力矩,常用平均有效压力来表示负荷。

(3)推进特性。柴油机带动螺旋桨,按照螺旋桨特性工作时(p_e、n 不再是相互独立的,而是按螺旋桨特性相互对应的),其性能参数随 n 或 p_e 变化的关系。

(4)调速特性。与上述各种柴油机特性不同,它一般并不表明与柴油机内部的工作过程有关参数的变化情况,而只标出 $M_e(p_e)$、P_e 与 n 的关系,它主要取决于调速器的工作性能。

(5)限制特性。在试验台上把柴油机的平均有效压力 p_e 按不同的规定加以限制的条件下,测得的有效功率和转速的关系,称为限制特性。

2. 研究特性的目的

柴油机出厂时测定的各种特性从不同的侧面反映出柴油机的性能。根据柴油机的各种运转特性可以鉴定柴油机的性能,分析和解决柴油机使用与调节中的一些关键问题。研究柴油机特性的目的有以下几点:

(1)评价柴油机性能。从出厂时的特性曲线中可以对新出厂或大修后的柴油机的动力性、经济性、可靠性和使用可能性等作出鉴定。对使用者而言,柴油机特性是选型配套和提出产品改进意见的重要依据。

(2)确定柴油机工况。由特性可决定柴油机在船舶使用条件下的极限允许使用范围,选择最佳工作点和合理地调整柴油机,使它在常用工况下具有较好的经济性能。

(3)分析影响特性的因素,以便寻找改善发动机特性的途径,使发动机的性能得到进一步提高。

(4)检测柴油机的状态。将柴油机运转中测得的主要性能指标和工作参数与特性曲线给出的相应工况下的数值比较,借以查明柴油机在运转中的工作质量和技术状态,以便发现问题及时调整和检修。

第二节　速度特性的概念

将喷油泵的调节机构(齿条或拉杆)的位置固定不变,即当供油量一定时,改变柴油机的负荷,使柴油机的转速变化,在这样的条件下测得柴油机的性能参数(如 P_e、g_e、η_e,T_r 等),随其转速的变化关系,称为柴油机的速度特性。

根据喷油泵油量调节机构的固定位置的不同(即喷油泵柱塞有效行程的不同),亦即每循环的供油量不同,柴油机的速度特性可分为:全负荷速度特性、部分负荷速度特性、超负荷速度特性和极限速度特性等(此外,负荷限制特性、调速特性,也属于速度特性)。

1. 全负荷速度特性(额定外特性)

把喷油泵的油量调节机构固定在额定(标定)供油量(相当于柴油机在额定转速下发出额定功率的供油量)位置上,逐步改变转速,测取在各个转速下柴油机发出的功率及各主要性能参数(P_e、g_e、η_e、T_r等),由此得到的这些参数随转速变化的关系称为全负荷速度特性(如图 3. 5-2 中的曲线 3 所示)。曲线 3 表示柴油机在不超过额定功率供油量的条件下,各转速所能发出的最大功率。当柴油机负荷超过这一特性线时,将使柴油机的燃烧过程恶化,排气温度升高,热负荷超过许用值。

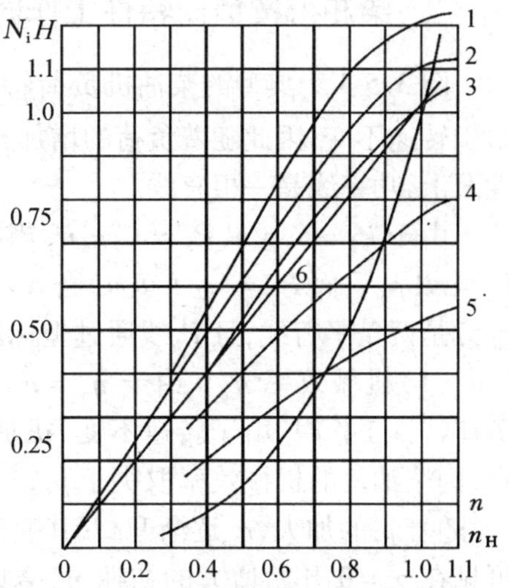

图 3.5-2　速度特性曲线

2. 部分负荷速度特性(部分外特性)

在额定转速下,分别将油量固定在额定功率的 90%,75%,50%时,测量其速度特性,称为柴油机的部分负荷速度特性或部分外特性。它表示船舶在低速航行和机动操纵时,主机的工作情况(如图 3. 5-2 中的曲线 4,5 所示)。

3. 超负荷速度特性(超额功率外特性)

超额功率为额定功率的 110%,必须保证柴油机在超额功率下至少连续运行 1 h 而不冒黑烟。在额定转速下,逐渐增加柴油机的负荷和油量,使之达到额定功率的 110%。此时把油量固定,稍微增加柴油机的负荷,在低于额定转速的几种不同转速下运转,分别测定其功率及主要性能参数,这种变化关系称为超负荷速度特性(如图 3.5-2 中的曲线 2 所示)。

4. 极限速度特性(极限外特性)

如果在测量速度特性时,把喷油泵的调节机构位置变动,使柴油机在相应的转速下发出的功率达到最大可能值,这时测得柴油机的性能参数随转速的变化关系,称为极限速度特性(如图 3.5-2 中的曲线 1 所示)。

第三节　负荷特性和负荷特性参数分析

一、负荷特性的概念

柴油机的负荷特性是指在转速不变的情况下,其性能参数随负荷(p_e或 P_e)而变化的规律。以图形表示负荷特性时,一般用横坐标表示柴油机的功率或平均有效压力,而纵坐标则是性能参数,这就是柴油机的负荷特性曲线。船上带动发电机用的副柴油机和装有全制式调速器的主柴油机,在负荷变化时,转速保持不变,可认为这些柴油机是按负荷特性工作的。

负荷特性通常是在额定转速下测取的。为了更全面地了解柴油机的性能,必要时可测取若干不同转速下的负荷特性。在试验时,先使柴油机转速保持不变,通过改变每循环的供油量来改变负荷,由空载起,逐步加至 25%,50%,75%,100%和 110%额定负荷。测量的主要参数是有效耗油率 g_e和排气温度 T_r,其他参数如机械效率 η_m、过量空气系数 α、最高燃烧压力 p_z、增压压力 p_k等也往往随着需要而记录下来,并绘成曲线。

负荷特性曲线可供实际管理时参考，可将柴油机运行中实测的有关参数，与曲线图上的相应参数比较，来判断运转的状况。

二、柴油机按负荷特性工作时主要工作参数的变化规律

图 3.5-3 为典型的柴油机负荷特性曲线，标示出各个性能参数随负荷（p_e）变化的规律。由于转速不变，因此随着负荷的增加柴油机的功率与负荷呈正比的直线变化。因此在负荷特性图上，功率线是一根直线。

由于 $P_i = C_1 p_i n, P_e = C_2 p_e n$，当 n = 常数时，$P_i = A\ p_i, P_e = B\ p_e$。对于机械损失功率 $P_m = B\ p_m$。而 $P_m = a + b\ n$，当 n 不变时，p_m 也不变，故 P_m 不变。因此，$P_i = f(p_e)$ 及 $P_e = f(p_e)$ 是两条平行线，且 P_e 线通过坐标原点。

（1）机械效率 η_m。由于 $\eta_m = p_e/p_i = p_e/(p_e + p_m)$，在按负荷特性工作时，由于转速不变，机械损失压力 p_m 也近似不变，则柴油机的机械效率取决于 p_e，当空负荷时，$p_e = 0, \eta_m = 0$。随着 p_e 的加大，η_m 逐渐升高，其变化规律如图 3.5-3 所示。可见在 $p_e = 0$ 开始增大的初期 η_m 增加较快，此后逐渐减慢，η_m 的这种变化情况，任何类型柴油机都是适用的。

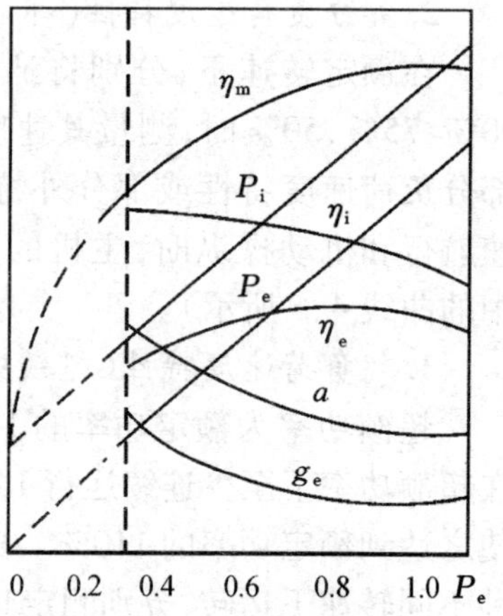

图 3.5-3 负荷特性曲线

（2）η_v 与 α。由于 n 不变，充气系数 η_v 基本不变；当负荷增加时，就要增加每循环供油量，而过量空气系数 α 则随负荷增加而减小，燃烧就不完善 η_v 相应下降。

（3）η_i。η_i 的变化规律主要取决于柴油机的燃烧过程，而燃烧的好坏主要取决于过量空气系数 α，即取决于气缸的循环充气量与供油量的比值。

对非增压机，气缸充气量取决于充气系数 η_v。由于 n 不变，在负荷变化过程中，充气量近乎不变，而负荷变化时油耗变化很大，因此按负荷特性工作时，在低负荷时 α 较大，η_i 较高。

对增压柴油机，在高负荷时因废气能量充足，增压器工作状况较好，则增压空气压力较高，气缸充气量较大；随着负荷的下降，增压压力下降得较快。因此废气涡轮增压柴油机与非增压机相比，其过量空气系数 α 在负荷降低时的增加速度比较小。

综上所述，当负荷从额定值开始下降时，η_i 因 α 的增大而提高，而当负荷下降到一定程度后，η_i 就不再提高（有时可能会有所下降）。它们的变化情况可由图 3.5-3 中看出。在从低负荷上升初期，η_i 下降较慢，在中后期 η_i 下降加快。

（4）有效效率 $\eta_e = \eta_i \eta_m$。应综合分析 η_i 与 η_m 的变化规律。当负荷比较小时，随着负荷的增加，η_m 增加的速度比较快，而 η_i 降低不太大，所以这时 η_e 提高很快。随着负荷继续增加，η_m 增加的速度开始放慢，而 η_i 的下降加快，使 η_e 增长的速度逐渐减慢，当负荷达到额定负荷的 85% 左右时，η_e 达到最高点。如果负荷继续增加的话，η_m 增长的速度就十分缓慢，而 η_i 则随着负荷的增加而显著降低，这时随着负荷的增加，η_e 反而降低。

（5）有效耗油率 g_e。g_e 与 η_e 成反比，故从低负荷开始 g_e 随着负荷的增加而下降，但负荷增加到一定程度时，由于 α 下降而使混合气的形成及燃烧过程恶化，因而 g_e 开始上升。所以油耗 g_e 的曲线呈中间低两头翘，在 80% ~90% 额定负荷之间，可以找出一个 g_e 的最低值，相应于这一负荷油耗最经济。当然究竟在哪一个负荷下出现最低油耗与柴油机的型式有关，这可通

过试验得到。总之，g_e在低负荷下显著增大，因此柴油机在空负荷或轻负荷下运行是不经济的。

第四节　推进特性和推进特性参数分析

一、推进特性的概念

当柴油机发出的功率随转速而变化的关系，按照螺旋桨所吸收的功率随转速而变化的规律变化时，即称为柴油机的推进特性。对于商船，由于柴油机在带动螺旋桨后，其功率与转速的三次方成比例，因此就可以根据主机的额定功率与额定转速计算出各种转速下的功率值，即

$$P_e = P_{eb}\left(\frac{n}{n_b}\right)^3 \tag{3.5-1}$$

式中，P_{eb}为额定功率；n_b为额定转速。

在试验台上测定柴油机的推进特性，目的不是为了测定功率随转速 n 变化的规律（因为可直接计算出来），而是为了求得其他热力参数（如最高燃烧压力 p_z、压缩终点压力 p_c、排气温度 T_r、有效耗油率 g_e等）随 n 变化的规律，以供使用管理该柴油机时参考。将上述各数据为纵坐标，n 为横坐标绘成曲线，即为柴油机的推进特性曲线。

二、柴油机按推进特性工作时主要工作参数的变化规律

当柴油机按推进特性运行时，其主要指标和参数随转速 n 的变化情况如图 3.5-4 所示。从图中可以看出：

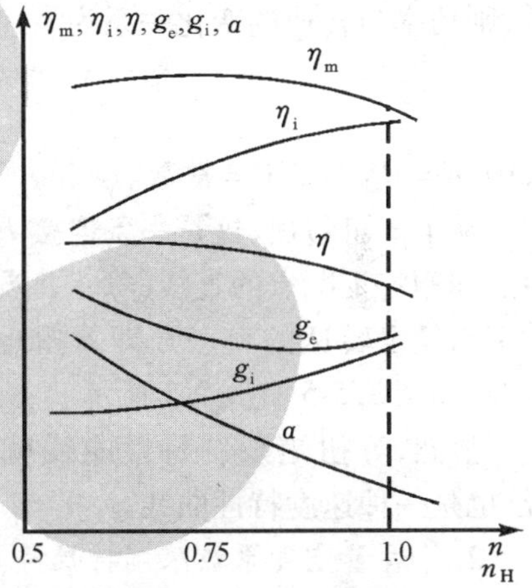

图 3.5-4　推进特性

（1）充气系数 η_v变化。充气系数 η_v随 n 的变化规律与全负荷速度特性相似，因为负荷改变（即 p_e的改变）对 η_v的影响不大。

（2）过量空气系数 α 的变化。决定于供油量和充气量 ΔG_a两个方面。

对非增压机，由前所述，转速 n 增加则充气量 ΔG_a降低；而另一方面由于 $p_e = Cn^2$，则每循环供油量随 n 的变化很大。两者同时考虑使 α 随 n 的增加而急剧降低。

对涡轮增压柴油机，充气量主要决定于空气密度 γ_a。当 n 增加时，γ_a将因增压器输出压力的升高而增大，使充气量随 n 的增加而增加。此时，虽然供油量随 n 增大而急剧增加，使得过量空气系数 α 变小，但 α 减少的程度比非增压时要小。

（3）η_i的变化。当柴油机按推进特性工作时，由于 α 随着 n 的增大而急剧下降，燃烧条件迅速恶化，所以引起指示效率 η_i随着 n 的增大而下降。

（4）η_m的变化。因 $\eta_m = 1 - P_m/P_i$，当转速增高时，指示功率 P_i的增加速度大于机械损失功率 P_m，则 P_m/P_i减小，因此 η_m随 n 的增高而增大。

（5）有效耗油率 g_e。有效耗油率 g_e决定于 g_i及 η_m的变化规律。因 $g_e = g_i/\eta_m$，n 增高时，

g_i增加，但η_m也增加，且比g_i增加得更快，故g_e随n的增加而下降。但在高转速时，因η_m的增加速度减慢，故g_e随n的增大而回升，其中有一个最低油耗点，相应的转速为80%～90%标定转速，这个转速常称为柴油机的经济转速。

第五节　柴油机限制特性

柴油机的限制特性是指柴油机能长期工作的最高容许负荷与转速的关系。具体的说，是限制柴油机在各种转速下的持续运转功率，使柴油机的机械负荷和热负荷不超出为保证它可靠工作而规定的某种允许范围。柴油机按照特性工作时，不同转速下的每循环供油量需要根据限制的条件作相应的调整。限制特性是速度特性的一种。

按照柴油机类型的不同，在确定其运转功率的限制范围时，把最高燃烧压力p_z、平均有效压力p_e、曲轴扭矩M_e、过量空气系数α、排气温度T_r，以及涡轮增压器转速n_k等参数作为限制因素，其中较常用的是M_e、α和T_r。

1. 等扭矩限制特性

对于低速和中速柴油机，制造厂常用相当于额定功率下的扭矩作为限制参数。船舶柴油机在各种转速下保持额定功率P_{eb}和额定转速n_b下的有效扭矩M_{eb}(即额定扭矩)不变，这样的功率与转速的变化关系称为等扭矩限制特性。要求柴油机在各种转速下长期运转时，其扭矩都不大于额定扭矩M_{eb}，以免曲轴因机械负荷过大而损坏。

由于$P_e = M_e n/9\,550$，得$M_e = 9\,550(P_e/n)$，故$M_{eb} = 9\,550(P_{eb}/n_b)$。若令$M_e = M_{eb}$为常数，则功率与转速的变化关系为

$$P = M_{eb}\frac{n}{9\,550} = An \qquad (3.5\text{-}2)$$

式中，$A = M_{eb}/9\,550$ = 常数。

从上式可看出，这是一条连接$P_e - n$坐标原点和额定工况点的直线(额定工况点即额定功率与额定转速的交点)，即等扭矩限制特性曲线，如图3.5-5直线2-3所示。

显然，等扭矩限制特性曲线就其本质来说.也是一种速度特性曲线。

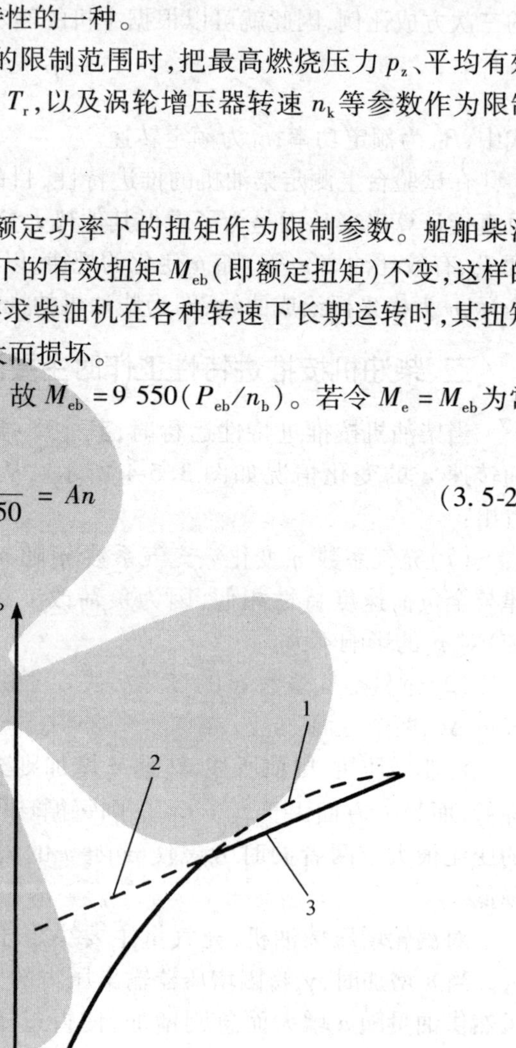

图3.5-5　柴油机的限制特性

2. 等过量空气系数限制特性

某些柴油机也以过量空气系数α作为限制参数来建立所谓等过量空气系数限制特性。

等过量空气系数限制特性是，要求柴油机在整个工作转速范围内保持过量空气系数不变。以此测取的柴油机功率等基本参数随转速变化的关系。这里所指的过量空气系数是指额定功率时气缸内参加燃烧的过量空气系数α_b。

当过量空气系数α为常数时，可以使柴油机气缸内的工作过程热力状态和排气温度也大致不变，防止柴油机热负荷过大，从而保证柴油机的正常工作。

3. 等排温限制特性

在实际运行中，要想使柴油机在整个运行转速范围内使 α 保持不变是很困难的，因为柴油机在运行中随时测定过量空气系数 α 是很难做到的，工作循环的平均温度也无法直接测取，而排气温度的平均值却可以用一般的仪表直接测出。因此，实际上常以排气温度作为限制柴油机热负荷的参数来建立相应的限制特性，即等排温限制持性，如图 3.5-5 曲线 1 所示。

排气温度虽不能用来确定柴油机热负荷的数值，但在一定的条件下可以反映出柴油机热负荷的大小，因此可以作为建立限制特性所依据的一个参数。在柴油机中，各等转矩线与各等排温线在不同转速范围内其斜率是不一致的。有些增压柴油机是在额定转速 n_b 下降的初期以转矩作为主要限制参数，后期则以排气温度作为主要限制参数。

第六节　柴油机和螺旋桨的配合

一、机、桨配合的一般原则

当柴油机用作船舶主机时，柴油机是与螺旋桨配合工作的。对于一台既定的柴油机，必须选配一个合适的螺旋桨。柴油机与螺旋桨的正确配合，既应使柴油机的功率得到充分利用，又应使柴油机的功率在全部运行转速范围内部不超出允许的范围。这样便使柴油机能充分发挥作用，同时得到高的经济性、可靠性和较长的寿命。

1. 额定工况匹配

在建造船舶时，一般都是根据已知的主机额定功率和额定转速来设计螺旋桨的，也就是在主机的额定转速下，使螺旋桨吸收的功率等于主机的额定功率。柴油机与螺旋桨的这种配合情况如图 3.5-6 所示。

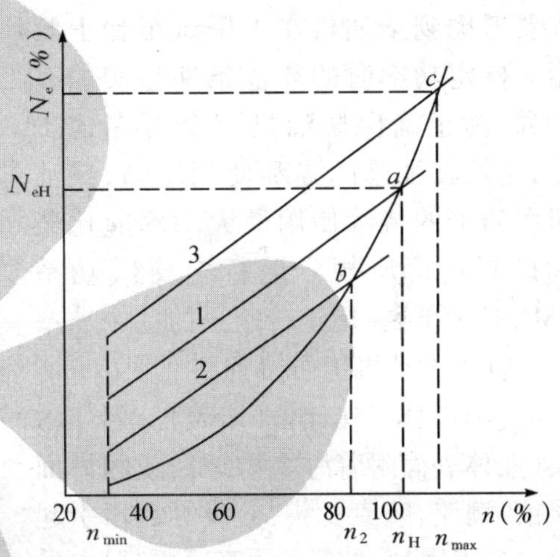

图 3.5-6　柴油机与螺旋桨的配合

(1) 正常工况。螺旋桨特性曲线与柴油机的全负荷速度特性（额定外特性）曲线 2 相交于 a 点。螺旋桨与柴油机的这个配合点就是柴油机的额定工况点（柴油机的功率为额定功率 P_b，转速为额定转速 n_b）。这时，柴油机发出的功率与螺旋桨吸收的功率相等，柴油机的转速与螺旋桨的转速相等，推进动力装置就能在 a 点平稳地运转，柴油机发出的功率也得到充分的利用。当船舶低速航行，即在低于 n_b 的某一转速（例如 n_2）下运转时，需要减小每循环供油量（减少油门格数），相应于这个供油量的部分负荷速度特性曲线 1 与螺旋桨特性曲线交于 b 点，这 b 点就是新的工况点。

(2) 剩余功率。由图中还可看出，主机从最低稳定转速 n_{min} 至额定转速 n_b 的全部运转范围内，只有在额定点 a，螺旋桨需要的功率才等于主机的额定功率，在其他低于 n_b 的运转情况，螺旋桨吸收的功率仅是主机可以发出功率的一部分。可见，当柴油机直接带动定距桨时，在低转速时柴油机的潜在功率没有全部发挥，存在剩余功率，效率也较低。

(3) 超负荷。在运转中还允许柴油机在高于 n_b 的最大转速 n_{max} 下工作，这时需要增加供油量，使柴油机按超负荷速度特性曲线 3 工作，工况点 c 就是超负荷速度特性曲线与螺旋桨特性曲线的相交点，这时柴油机处于超负荷状态，因此只允许柴油机短时间在这个转速下工作。

2. *考虑到功率与航速储备时的机桨选配*

再进一步考虑，为了使船舶达到预定的航速，并保证柴油机能长期安全、可靠地运行，选择柴油机与螺旋桨的工况匹配点显得十分重要。不但要在营运中有低的燃油消耗，尽可能使主机发出额定的功率与扭矩，以使船舶获得足够的推力与航速，提高船舶营运率；另一方面，又要考虑在各种运转条件下存在能引起主机超负荷的各种因素（如船体污损、海面状况变化、航区及各种航行条件的变化），以及柴油机使用一段时间后不可避免的功能恶化等因素，需要使柴油机在某个较低的功率下与螺旋桨配合。特别是对于中、高速增压柴油机，因柴油机本身的热负荷与机械负荷均较高，柴油机的工作潜力较小，如考虑到船体、航区、航行条件等的变化影响，为了防止运行中超负荷，需要在选配时适当留有一定的功率或航速储备。

功率储备量的大小与采用的机型、船型、船的用途、船舶航区等很多因素有关，一般由船厂（或设计部门）与船东商定，目前尚未有统一规定。图 3. 5-7 示出了一种考虑到功率与航速储备的机桨选配方案。根据此方案，可把功率储备分为两大部分：

(1)发动机工作储备（EOM）。首先要考虑到柴油机在工厂试车台上测定其标定功率时的环境条件与实船有差异，为了确保柴油机安全可靠地工作，延长其维修间隔和使用寿命，柴油机在船上的持续使用最大功率应比柴油机制造厂所规定的标定持续功率（MCR）要低，在标定转速下的这个功率差额称为发动机工作储备。

(2)船体工作储备（HSM）。船体污染（船体表面附着海生物等），或因海面风浪、潮流、航道变狭、变浅等因素引起船体阻力增加，使得机桨匹配工况点发生变化。为防止船舶在这些恶劣航行条件下引起柴油机的超负荷，柴油机在船上使用的持续服务功率比柴油机的标定持续功率应进一步降低。这种考虑到船体工作中阻力增加而留有的功率储备称为船体工作储备。

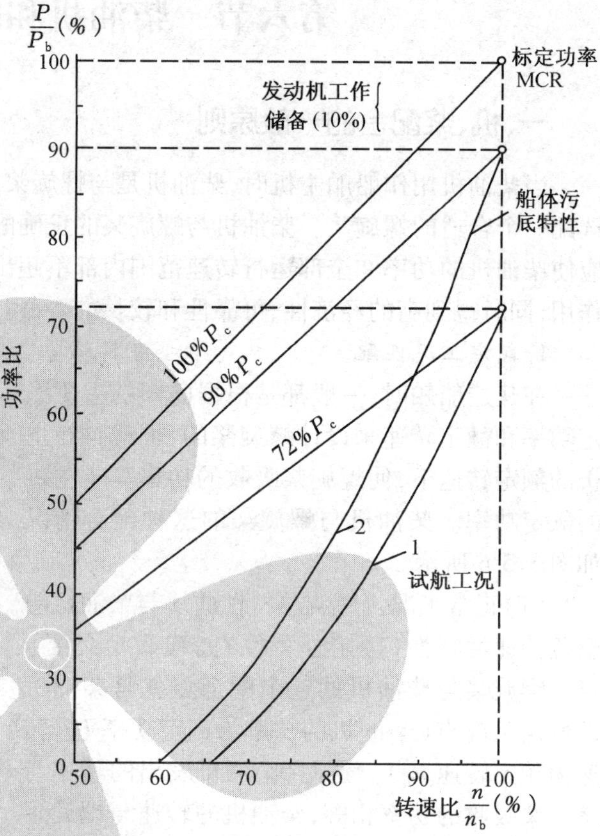

图 3. 5-7　考虑功率储备时的机桨选配

1—轻载、清洁船体；2—重载污底

在图 3. 5-7 中可看出，当新船满载试航时，螺旋桨特性曲线为曲线 1，该曲线与 72% 的油门开度曲线相交，这时在额定转速下尚有的发动机工作储备为 10% MCR，船体工作储备为 18% MCR。这种匹配的结果，使实船营运过程中螺旋桨特性曲线将在 1—2 线之间变化，可防止超负荷发生。对一些具体机型，如苏尔寿 RND 型、RND-M 型及 RTA 型柴油机，推荐新船在标定转速下的配桨功率为 85% ~90% 标定功率。B&W MC/MCE 推荐在标定转速下的配桨功率为 90% ~95% 标定功率。

二、机、桨配合的影响因素

1. 螺旋桨结构参数对机桨配合的影响

为合理地利用柴油机功率,正确地选择螺旋桨是非常重要的。因为螺旋桨直径 D 或螺距比 H/D 不同,螺旋桨的特性也不同。图 3.5-8 中Ⅰ、Ⅱ、Ⅲ所示为三个不同螺旋桨的推进特性曲线。

(1)螺旋桨选配合适。当螺旋桨选得正确时,推进特性曲线Ⅰ与全负荷速度特性曲线 1 的交点,正好落在柴油机的额定功率及额定转速处(图中点 a)。这时柴油机在额定转速下运行,柴油机的功率可完全被利用。

(2)螺旋桨选配"过重"。若螺旋桨选得不恰当,螺旋桨的直径做得太大(或螺距比 H/D 太大),这时螺旋桨的特性曲线Ⅱ和柴油机的全负荷速度特性曲线的交于 b 点,这时尽管油门手柄固定在额定供油量的位置上,但是柴油机的功率和转速都比额定的功率和转速为小。因此,柴油机的功率未被完全利用。若要柴油机达到额定转速,就需要进一步增大供油量(超负荷速度特性曲线 3),使柴油机在 e 点工作,在这个工作点上柴油机的功率已超过 P_b,因此柴油机处于超负荷状态,这种情况就是所谓的螺旋桨配得"过重"。

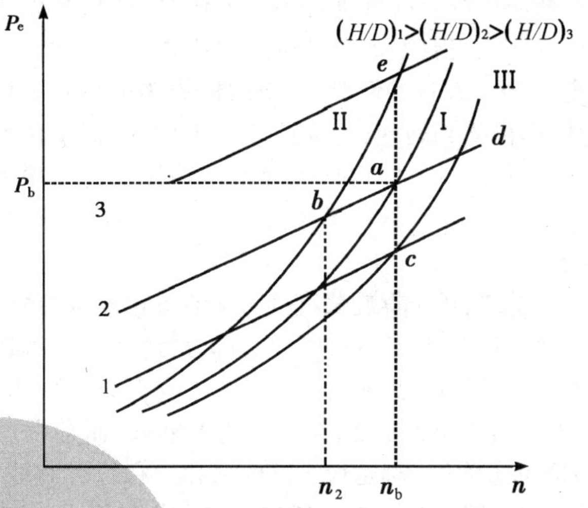

图 3.5-8　具有不同直径(或螺距比)的螺旋桨与柴油机的配合

(3)螺旋桨选配"过轻"。若螺旋桨的直径做得太小或螺距比 H/D 太小,则螺旋桨的特性曲线Ⅲ与柴油机的全负荷速度特性曲线相交于 d 点。在这个工作点上柴油机的转速超过了 n_n。若要柴油机不超速而在 n_b 下工作,就必须减少供油量,使它在部分负荷速度特性曲线 2 上工作,相应的工作点为 c。这时柴油机在 n_b 下的功率小于 P_b。这种情况就是所谓的螺旋桨配得"过轻",未能使柴油机的功率得到充分利用。

2. 船舶阻力对机桨配合的影响因素

螺旋桨特性曲线不是一成不变的,它的形态有陡峭与平坦之分,通常可用进程比 λ_p 这个表征螺旋桨动力性能的重要参数来帮助说明。当船舶定速航行时,λ_p 为定值,就有一根相应的螺旋桨特性线。在变工况下,船速是发生变化的,λ_p 也必然改变,不同的 λ_p 值,就有不同的螺旋桨特性曲线,如图 3.5-9 所示,图中 $\lambda_{p\,\mathrm{I}} < \lambda_{p\,\mathrm{II}} < \lambda_{p\,\mathrm{III}}$。

柴油机与螺旋桨配合运行时,在一定的供油位置时,桨机之间只有一个工作点可以稳定运行。例如,在图 3.5-9 中,原先机桨在 a 点稳定运行,转速为 n_b,功率为 P_b,此时油门开度为 1。主机按速度特性 $P_{e1} = Cp_{e1}n$ 工作,螺旋桨的作用特性为进程比 $\lambda_{p\,\mathrm{II}}$。

当船舶阻力增加(重载、污底、逆风、顶浪、浅水区、狭水道等)或运动状态改变(系泊、起航、加速、转弯、倒航等)时,都使 λ_p 减小,螺旋桨特性曲线由正确配合 $\lambda_{p\,\mathrm{II}}$ 的位置向左移动变陡如 $\lambda_{p\,\mathrm{I}}$ 下曲线所示。但主机油门不变,若转速要保持为 n_b,则此时桨需要的功率 $> P_b$,而主机只能发出P_b，它们之间出现功率不平衡。因此主机无法保持原转速n_b，只能沿全负荷速度特性线降速运行。随着桨转速的下降，桨所需功率也减少，机桨间功率需求矛盾逐渐下降，至点b时，达到机桨功率平衡。此时机桨在点b稳定运行。

当船舶阻力减小时，λ_p变大，螺旋桨特性曲线右移变得平坦，如$\lambda_{p\text{Ⅲ}}$下曲线所示。此时若主机油门不变而仍按全负荷速度特性工作时，则与螺旋桨特性曲线的交点为d，柴油机的转速高于n_b，功率也略高于P_b。在这种情况下，柴油机的热负荷并不算太高，但由于超转速（n_b为额定转速）而降低了机械效率和增加了机械负荷（主要由运动件惯性力增加而引起）。为了使转速不致过高，主机应在部分负荷速度特性下工作，即通过点c的速度特性线2。

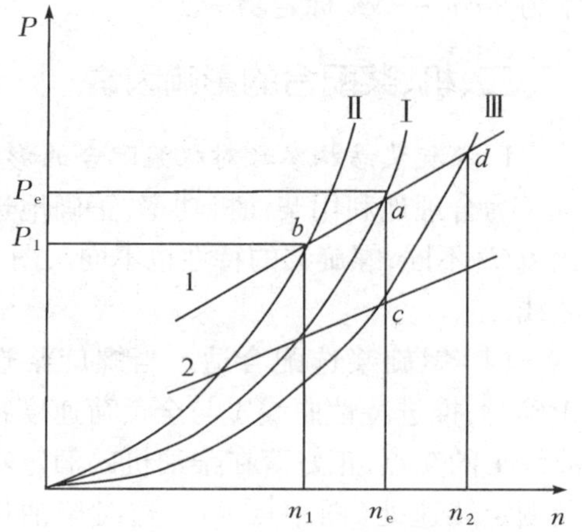

图3.5-9　λ_p对机桨配合的影响

总之，对于螺旋桨直接与柴油机相连接的配合情况，当工况发生变化时，必须改变柴油机的速度特性，即改变外特性和部分特性以适应螺旋桨特性的变化。也就是要从限制特性的角度出发，以取代原来的各种外特性和部分特性，即在变工况运行时，不会再一直沿喷油量不变（油泵齿条位置不动）的特性线上移动，而是根据热负荷、机械负荷等讯号及时地改变转速n和喷油量（p_e），以适应工况的变化。在这种直联式螺旋桨的机桨配合中，功率P_e比转速n变化得快，例如在转速为103%n_H时，负荷已达到110%P_{eH}，即超额功率，这时柴油机的热负荷相当高，通常只有在特殊的气候条件或水流环境中克服突增的外界负荷时才使用，并规定连续的运转时间不得超过1 h。所以在高负荷下运转时，必须注意转速的变化，以防超负荷。根据柴油机超负荷特性的具体情况，又可分为超机械负荷或超热负荷以及两者均超等三种情况。

一般，大缸径的柴油机，热负荷对限制柴油机的功率起了决定性的作用；对于高增压柴油机，机械负荷及热负荷对限制柴油机的功率均起很大的作用。柴油机在低转速下运行时，虽然未超功率，但可能发生超扭矩或超热负荷的情况。

对非增压柴油机，全负荷速度特性线通常在等扭矩限制线以上，由公式$M_e = 9\ 550 P_e / n$，扭矩与转速成反比关系，因此即使在额定油门下，低转速时扭矩可能超过额定值。而对于增压柴油机，过量空气系数α随转速的降低而降低，就可能超热负荷。

柴油机按正常的螺旋桨（即匹配恰当）特性工作时，其最低稳定转速约为30%n_H，功率则仅为2.7%P_{eH}，此时当然不会超扭矩，所以超扭矩只是发生在螺旋桨特性曲线变陡（船舶阻力增大）的情况下。

三、柴油机功率和转速使用范围

1.船用主机的选型区域

（1）柴油机的减额工作区

为了扩大柴油机的使用范围和满足用户对节油的要求，并给螺旋桨的配置提供较大的灵活性，近年来，MAN B&W和NSD（由WARTSILA与SULZER公司合并）两个主要的船用柴油机公司都提供了柴油机的减额工作区，两家公司的内容基本相同。

NSD公司推出的SULZER系列柴油机的减额工作区是由R_1、R_2、R_3、R_4四个点的连线所围成的，如图 3.5-10（a）所示，其中 R_1 为柴油机的 MCR 点，R_2 为 100% 标定特速与 55% 标定功率的交点，R_3 为 72% 标定转速与 100% 标定平均有效压力线的交点，R_4 为 72% 标定转速与 55% 标定功率线的交点。MAN B&W 公司的 MC 系列柴油机的减额工作区是由两条等平均有效压力线 L_1-L_3（100% P_b）和 L_2-L4（80% P_b）和两条等转速线 L_1-L_2（100% n_b）和 L_3-L_4（73% n_b）组成的。如图 3.5-10（b）所示。在整个工作区内，柴油机的最高燃烧压力是相同的。

柴油机在上述区域内，可由船东和厂家商定在船上实际使用的最大持续功率。由于所选定工作点的功率和转速均低于柴油机的标定功率和转速，也称为柴油机的减额输出。所选定工作点的功率称为约定最大持续功率（SMCR 或 CMCR）。

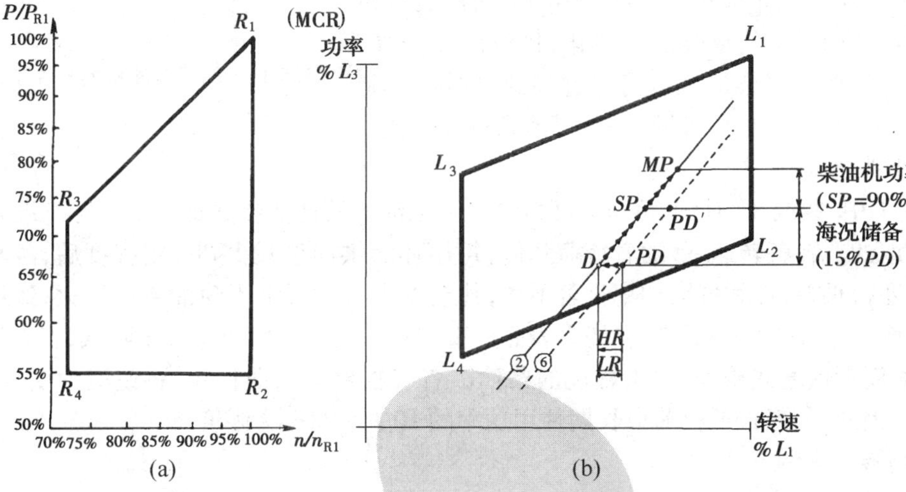

图 3.5-10　柴油机的选型区域

（2）约定最大持续功率

采用约定最大持续功率，实际上是在寻求船一机一桨三方面经济性能最佳的匹配。这是一个牵扯面很广的问题，需要考虑到柴油机的燃油消耗率、给定船速所需的最小推进动力、船体形状和螺旋桨效率等问题。一般来说，选取的工作点越靠下，柴油机平均有效压力越下降，会使 p_z/p_e 提高，柴油机的燃油消耗量下降；工作点越往左，柴油机转速下降，螺旋桨效率提高，而这些是以柴油机动力性为代价的。对于同样功率的装置所需发动机缸数要增加，桨的直径和船舶吃水也要增加。

约定最大持续功率的确定是由螺旋桨设计点（PD）和功率储备两方面来确定的，如图 3.5-10（b）所示。螺旋桨设计点是根据船舶所需的螺旋桨转速和功率通过理论计算和水池试验得到的。功率储备主要包括船体工作储备和发动机工作储备。船体工作储备是考虑到污底、海面风浪的影响需要发动机提供更大的功率，这样螺旋桨特性曲线由轻负荷线⑥左移至重负荷线②，相对设计点 PD 点有约 15% 的船体工作储备和 2.5% ~5% 转速储备（滑失）。此时对应的工作点为持续营运功率 SP，再加上约 10% 的发动机工作储备，其工作点（MP）即为约定最大持续运转功率。

2. 柴油机的允许工作范围

为了使柴油机能够经济、稳定和可靠地工作，并具有较长的寿命，应当对它工作时可能达到的功率 P_e（或扭矩 M_e）和转速作适当的限制，也就是说，应当为它规定一个允许的工作范围。具体的说，要使运行中柴油机的最大功率（负荷）、最低功率（负荷）、最高转速和最低转速这四个方面有一定的限制范围。一般船用柴油机的允许工作范围如图 3.5-11 所示。

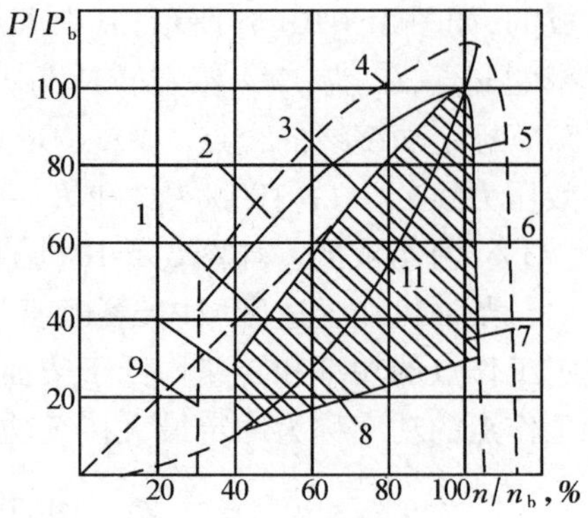

图 3.5-11　船用柴油机的允许工作范围

(1)最大功率限制

柴油机在各种转速下允许达到的最大功率(负荷),在不同的条件下分别由超负荷速度特性(图 3.5-11 中曲线 4)、全负荷速度特性(曲线 2)以及限制特性(曲线 1 和 3,如等排气温度、等扭矩限制线,由制造厂规定)来限制。柴油机在各种转速下的功率如果超过这些特性所规定的上限,其经济性和可靠性将显著下降。例如柴油机负荷超过等排温限制线时,将使燃烧过程恶化、排气温度升高、热负荷超过许用值。当柴油机负荷超过等额定扭矩限制线时,曲轴所承受的扭应力(机械负荷)可能超过许用值。

(2)最小功率限制

图 3.5-11 中,曲线 8 为最低负荷速度特性线。柴油机的性能参数都是以额定工况点为准进行调试测取的。在各转速下,随着负荷降低,每循环的供油量减少到一定程度后,各缸供油量的均匀性变得很差,导致各缸功率显著不均,甚至发生有的气缸不喷油或不发火,致使柴油机的转速不稳定。并因燃烧不良,燃烧室表面严重积炭。同时低负荷使温度降低,将导致低温腐蚀加剧(对筒形活塞式柴油机,未燃烧的柴油沿着气缸壁流入曲柄箱,将使滑油变稀,因而磨损加剧)。因此,一般最低负荷以长期使用功率的 10% ~20% 为限度。

(3)最高转速限制

柴油机在各种负荷下可能达到的最高转速,在装有调速器的情况下将由调速特性来限制。如果在额定功率下,调速器使柴油机在额定转速下稳定运转,则在负荷减小时,它将使柴油机在调速特性线 5(图 3.5-11 中)所确定的各个转速下稳定运转。同样道理,如果在超负荷功率下,调速器使柴油机在相应的最高转速下稳定运转,则在负荷减小时,它将使柴油机在调速特性线 6(图 3.5-11 中)所确定的各种转速下稳定运转。柴油机在各种负荷下的转速如果超过这种特性规定的范围;将会引起往复惯性力和离心力过大,产生强烈的振动和使零件磨损加剧、就不能安全工作,其经济性也将下降。因为船用主机在转速增高时,其功率呈三次方关系增大。我国船舶规范上规定,船用主机的最高转速 n_{max} 为额定转速的 103%,此时功率为额定功率的 110%,这种工况只允许短时的运行。对于各种型式的柴油机,由于各国制造厂条件不同,其最高转速 n_{max} 的限制值是不同的。

(4)最低转速限制

柴油机在过小的转速下运转时,油泵柱塞的速度也下降,喷油压力降得过低,致使燃油雾化不良,使可燃混合气的混合不良,燃烧恶化。燃烧的不完全又导致燃烧室表面积炭。辅助设备也因转速过低而失去正常性能,甚至使轴承润滑不良,磨损显著加剧。各种定时也将变得不合适,导致柴油机工作过程不正常。特别是对船用主机按推进特性(图 3.5-11 中曲线 11)工作时,低转速时负荷也迅速降低,每循环供油量很少,易于产生转速不稳定现象。为了限制柴油机的最低转速,规定有最低稳定转速(图 3.5-11 中曲线 9)和最低运转转速(图 3.5-11 中曲线 10)。前者按全负荷特性工作,后者按推进特性工作。对于与螺旋桨直接或通过齿轮箱连接的柴油机来说,其长时间连续运转的允许功率和转速范围由限制特性、额定转速(图 3.5-11 中曲线 7)或其相应的调速特性、最小负荷速度特性、最低稳定转速所限制。相应的允许工作范围在图上用绘有阴影线的部分来表示。

第七节　船、机、桨特性

船、机、桨的主要技术经济指标在一定条件下随主机转速或船舶航速变化的规律称船舶动力装置的特性。船舶在各种条件下运行时，用船、机、桨的工作参数来表示三者的相互影响和变化规律称推进装置的工况。

一、船舶的阻力特性

1）船舶航行时的阻力

船舶航行所受到的总阻力有摩擦阻力、兴波阻力、形状阻力及其他阻力。在正常航行时（3～4 级风）其他阻力影响较小，一般忽略不计，船舶总阻力主要是摩擦阻力、兴波阻力、形状阻力三者之和。

（1）形状阻力：船舶在前进时，尾部产生旋涡低压区，船的首部受到的水压力大于尾部，这一压差形成的阻力其大小与船体形状有关，所以叫做形状阻力，也称涡旋阻力。形状阻力与航速的 2 次方成正比，在船舶的水阻力中，约占总阻力的 10%。

（2）摩擦阻力：船舶在航行时，船体与水表面摩擦产生阻止船舶前进的力，称摩擦阻力。摩擦阻力与航速的 1.86 次方成正比，低速民用船舶摩擦阻力很大，甚至可达总阻力的 80%。高速船舶的摩擦阻力约占总阻力的 40%。

（3）兴波阻力：船舶前进时给水以作用力掀起波浪，而水波必然给船体以反作用力，这种阻力称为兴波阻力。兴波阻力与航速的 4～6 次方成正比，高速船航速对其影响很大，可达总阻力的 50% 以上，船速越快，兴波阻力也越大。而低速民用船舶的兴波阻力一般占总阻力的 10%。

（4）其他还有空气阻力、汹涛阻力和附体阻力。空气阻力其大小视水上部分和上层建筑形式而异，与航速、风力、风向有关。在波浪或汹涛中航行，船舶横摇、纵摇及上下起伏运动，使前进所受到阻力增加，该阻力称汹涛阻力。其大小与水面状态有关，也与航速有关。附体阻力是指船体水下部分安装的设备，如舭龙骨、支撑艉轴的托架、舵等引起的阻力，因其线型都是流线型，不会产生旋涡，主要影响摩擦阻力和兴波阻力。其大小主要与附体数量、大小、位置及形状有关。

2）船舶阻力特性表达式

船舶所受的水阻力和船速有关，根据船模或实船试验表明，水对船体的总阻力约与船速的 m 次方成正比，即

$$R = A_R \cdot V^m \tag{3.5-3}$$

式中，m 为指数，对于航速不高的民用船一般取 2；A_R 为阻力系数，与船体线形、排水量、污底程度、拖带、航道及海况有关；V 为船速，kn；R 为水对船体总阻力，N。

船舶克服阻力需的功率 P

$$P = \frac{R \cdot V}{1.94} \times 10^{-3}\ \text{kW} \tag{3.5-4}$$

由公式可知，如阻力与航速的二次方成正比，所需功率约与航速三次方成正比。各种船型其阻力随航速变化规律虽有很大的差异，但航速越大，阻力越大，阻力变化率也都越大。

二、船、机、桨的相互作用

1. 船、机、桨三者的关系

船、机、桨在许多方面都存在着相互作用。第一,它们之间存在着机械连接,也存在着运动方面的相互作用。第二,船、机、桨之间存在着液力间的相互作用。第三,从能量观点看,船、机、桨三者共同组成了一个统一的能量转换系统。因为它们之间存着上述相互作用,所以它们之间的运动状态相互间受到制约。当船舶要求在某一装载量、某一航速下航行时,则机、桨两者运行点也就确定了。如果要求主机在某一工作参数状态下运行,同样也决定了另外两者的运行工况点。由此看来,船舶推进装置的性能,是由船、机、桨三者的性能共同决定的,研究推进装置特性需要三者联系起来进行分析。

2. 船、机、桨平衡方程式

船、机、桨在各种运行工况下相互作用的综合方程为

$$P_R = \frac{B \cdot H_U}{3\,600} \cdot \eta_i \cdot \eta_m \cdot \eta_c \cdot \eta_R \cdot \eta_0 \cdot \eta_H = R \cdot v_S \times 10^{-3}\ \text{kW} \tag{3.5-5}$$

式中,B 为主机燃油消耗量,kg/h;H_u 为燃油低发热量,42 707 kJ/kg;η_i 为柴油机的指示效率,主要是指燃烧、排气及冷却等的损失。四冲程柴油机:$\eta_i = 0.42 \sim 0.52$,二冲程柴油机:$\eta_i = 0.35 \sim 0.54$;η_m 为柴油机的机械效率,非增压机 $\eta_m = 0.75 \sim 0.85$,增压机 $\eta_m = 0.80 \sim 0.92$;η_c 为传动效率;η_R 为桨的相对旋转效率;η_0 为桨的敞水效率;η_H 为船身效率;R 为船舶的总阻力,N;v_S 为航速 m/s。

此方程反映柴油机、减速器、轴系、螺旋桨及船体等的效率,故是一个综合方程。

三、航速与转速的转换关系

在研究船、机、桨工况配合时,必须将它们三者的特性置于同一坐标系里才便于分析。但船舶的阻力特性是以随其航速的变化关系来表示的,螺旋桨及主机的特性则是以它们的主要参数随转速的变化关系来表示。因此,必须了解航速与转速之间的相互关系,建立两者能够转换的关系式。船舶在稳定工况下航行时,桨所产生的有效推力和船舶航行阻力相等。即

$$T_e = C_T n^2 (1 - t) = A_R V^2 = R$$

整理后得

$$V = C \cdot n \tag{3.5-6}$$

由上可见,在稳定航行时,航速和桨的转速成正比,这样可将船舶航速 V 为变量的特性转变为桨转速 n 为变量的特性,只要选取适当比例尺,船的阻力特性线与桨的推力特性线可以重合起来,船和桨的功率特性线也可重合起来。由此,在研究推进装置工况配合特性时,可把船、机、桨三者的配合问题简化为机、桨二者的配合问题。

四、调距桨装置的机桨配合特性及调距桨装置的优点

1. 调距桨的基本特性

对于调距桨船舶,当船舶阻力(进程比 λ_p)变化引起螺旋桨特性变化时,可以用改变螺距的方法来补偿,只要螺距比取得恰当,在船舶阻力变化时,就能使螺旋桨的功率—转速特性线保持在原来的位置,也就是可用改变螺距的方法去适应船舶工况的变化。

对于定距桨来说,它只有一组工作特性线,当 λ_p 为常数时,它的推力、阻力矩、功率与速度

之间的关系都只有一条线。而调距桨螺距每转换一个位置，就有一个新的特性，因此，它的特性线是由多组类似定距桨的工作特性线组成。调距桨的基本特性详见第三篇第三章。

2. 调距桨的优缺点

调距桨与定距桨相比，具有下列优点：

(1)对航行条件的适应性强

图3.3-12(b)上过纵座标的0.26点画一条与横座标轴平行的直线，此线是等转矩系数线，它和一系列等螺距线相交。由此可以看出，无论船舶阻力(λ_p)因素如何变化，只要适当选用螺距比即可使k_Q保持不变。例如当$\lambda_p=1.0$时选用H/D为1.2，而当$\lambda_p=0.4$时，H/D选用0.8，这两种情况的k_Q均为0.026。由于调距桨具有可使k_Q保持不变的性能，在航行条件变化时通过调节H/D，就可使螺旋桨的转矩不变，主机就可以保持原转速运转，并发出原功率。这就意味着不论船舶在任何工况下，调距桨均能给予主机发出全功率的能力，因此船舶可获得较高的航速或给出较大的推力。此时虽然在船舶工况变化时主机的转速和功率能够保持不变，但螺旋桨的效率则随螺距变化而改变，图3.3-12(b)中，当$\lambda_p=1.0$时选用H/D为1.2时螺旋桨的效率高于$\lambda_p=0.4$时H/D选用0.8的螺旋桨的效率。另外，船舶阻力增加时，船舶航速也会降低。

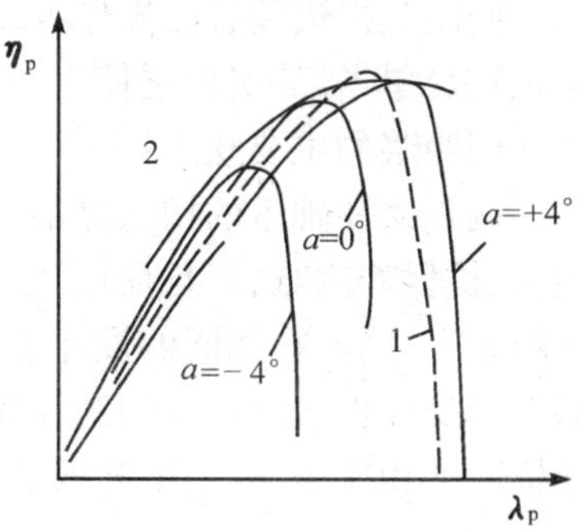

图3.5-12　调距桨的效率包络线

1—定距桨；4叶，$A/Ad=0.40$，$d/D=0.115$

2—调距桨；4叶，$A/Ad=0.39$，$d/D=0.284$

(2)动力装置的经济性好

一般由于调距桨的毂径比定距桨大，故在设计工况时，定距桨效率比调距桨效率稍高。但在非设计工况下运转时，由于定距桨效率线只有一条，所以它只能在这一条效率曲线上变化，如图3.5-12中的虚线1所示。由图可见，在偏离设计工况时，定距桨的效率明显降低，离设计工况越远，下降越严重。调距桨每改变一次螺距就有一条效率曲线，如图中的实线，每一条效率曲线都有一个最高效率值，因而调距桨效率可沿着图中实线2所示的效率包络线变化。显然，在非设计工况下，调距桨效率比定距桨效率高。

经济性好还体现在可以选择转速n和螺距比H/D最佳匹配。对定距桨来说，要改变航速只有通过改变油门即转速来实现，而调距桨可根据航速的要求，在$n-H/D$的多组配合中找到使柴油机油耗率最低的一组配合，使不同航速下的配合点沿着最低耗油率曲线移动。

由于在每一个部分负荷下调距桨效率都随H/D变化，主机耗油率也随主机转速变化。根据螺旋桨效率选取$n-H/D$组合，一般与根据燃油消耗选取的$n-H/D$组合两者并不重合，但调距桨可以选择兼顾两者的最佳一组配合，达到经济性好。

(3)提高船舶的机动性

调距桨螺距可由正最大值经零值变为负最大值，反之亦然。因此，主机不用换向就可实现船舶的进退，同时，主机保持比较高的转速，依靠螺距的调节，可使船舶获得极慢的航速，可进行无级调速，完全不受主机最低稳定转速的限制。此外，调距桨螺距由正值变负值迅速，且能给出比定距桨更大的推力，停船时间和滑行距离都比定距桨船舶短，一般只有定距桨的30%~50%。所以采用调距桨的船舶在靠离码头、窄水道航行、紧急避让等情况下机动性提高。

(4)有利于推进装置驱动辅助负载

装有调距桨的船舶在航行时，主机可以保持恒速运转状态，这对要求恒速运转的轴带发电机特别有利。这一优点也适用于某些轴带辅机的工程船舶，如挖泥船、消防船等。

(5)延长了发动机的寿命

采用调距桨的动力装置，主机无需配备换向装置，减少了主机的起、停次数，不但减少了运动部件的磨损和受热部件的热疲劳损坏，也使结构简化，减少了维护管理工作。

(6)便于实现遥控

调距桨推进装置的操作可以在驾驶台由驾驶员直接操作(如同操纵车钟一样)，整个控制系统较简单，容易实现遥控。

调距桨的主要缺点：

调距浆和轴系的构造复杂，制造工艺高，造价也较高。桨毂中的转叶机构零件较多、空间小，维护保养困难，一旦损坏，船舶必须停航进坞，给营运带来损失。调距桨的毂径比 d/D 比定距桨大，因此在相同的设计工况下，调距桨的效率比定距桨的低 1% ~3%。调距桨桨叶根部由于受叶根法兰尺寸限制和固定螺栓布置的影响，使叶根剖面宽度较小，为保证根部强度，叶根厚度相应增加，使桨叶根部容易产生空泡，工作可靠性也稍低。

第八节　在各种航行条件下推进装置工况配合特性

船舶推进装置工作的可靠性、经济性和使用寿命，不仅取决于它们的设计制造质量，而且也取决于技术管理的正确性。由于船舶要在各种航行要求下(如低速、半速、全速、正车或倒车、起航和加速)和各种外界自然条件下(如风向、风力、深水、浅水)航行，只有正确地进行操纵和管理，才能防止发生各种故障和设备损坏，延长其使用寿命。下面以在海船上应用最广泛的直接传动方式的推进装置为例进行讨论。

分析工况配合特性所采用的方法，是在同一坐标系里画出螺旋桨(也代表船)和主机各自的功率—转速(或扭矩—转速)特性线，主机的特性线代表了推进装置的驱动特性，而螺旋桨特性线代表了推进装置的负荷特性。两曲线的交点符合能量守恒定律，推进装置可在此点稳定工作，该图称为驱动—负荷平衡图。研究推进装置工况配合特性也就是分析驱动—负荷平衡图中曲线交点变化情况。

一、船舶污底和装载量改变时的工况配合特性

在正常情况下主机与螺旋桨配合的工作点应在图 3.5-13(a)所示的 a 点，当船舶污底后将使船体阻力增加，假定螺旋桨转速不变，由于螺旋桨进程减小，船速将相应减慢，螺旋桨进程比 $\lambda_p = h_p/D$ 减小，扭矩系数增大，螺旋桨所需转矩增加，螺旋桨特性曲线变陡(曲线Ⅱ)。若要保持螺旋桨转速不变，则必须增加主机每循环喷油量，机桨工作由点 a 变为点 e，显然主机已超负荷。若要保持主机油门格数不变，由于螺旋桨的阻转矩增加，迫使主机降速，船速也降低，最后机桨在点 b 得到平衡。由图可见，当船舶污底时，虽然主机油门格数不变，但主机发出的功率由 P_a 降为 P_b，主机转速由点 a 对应的转速降为点 b 对应的转速，船速由 v_a 降为 v_b。由于喷油量没变，但转速降低了，容易出现大负荷低转速的情况，有可能使主机工作恶化。如果要保持原来转速则必须加大油门格数，这样就会导致柴油机超负荷运转，这是不允许的。

船舶污底也影响着螺旋桨的推力特性，如图 3.5-13(b)所示。它反映的是螺旋桨的有效推力和转速的关系。在正常情况下，螺旋桨的推力为 T_a，船舶污底后，虽然喷油量不变，但船速降低了 $v_a - v_b$，螺旋桨推力增加了 $T_b - T_a$。图中 $T_b - T_a$ 为由于船舶污底而额外增加的船舶

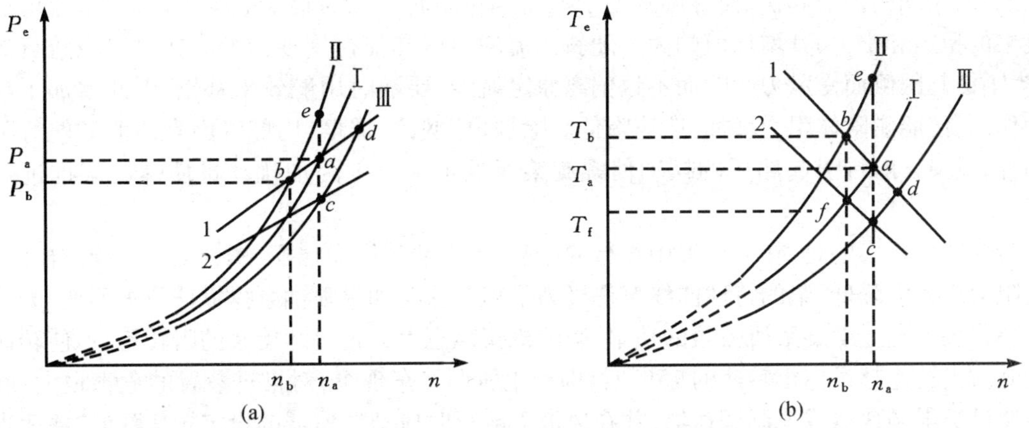

图 3.5-13　船舶污底和装载变化时的工况配合特性

Ⅰ—船体干净、满载情况下螺旋桨特性线；Ⅱ—船舶污底、满载情况下螺旋桨特性线；Ⅲ—船体干净、轻载情况下螺旋桨特性线；1—主机全负荷速度特性线；2—主机部分负荷速度特性线

阻力。为了使转速不致过高，主机只能在部分负荷速度特性下工作（曲线 2），它与曲线Ⅰ交于点 f。

载重量增加的情况与船舶污底相同。而载重量减少的情况与船舶污底正相反，螺旋桨的特性曲线变得平坦（曲线Ⅲ），柴油机按全负荷速度特性工作时就在 d 点达到平衡。这时虽然柴油机仍在全负荷速度特性线上工作，气缸的热负荷并没有超负荷，但主机的转速却超过了标定转速，致使机械效率下降，运动部件的惯性力增加，部件磨损加剧。此时为了使转速不致过高，主机只能在部分负荷速度特性下工作（曲线 2），它与曲线Ⅲ交于点 c。对于装载量变化较大的油船或矿砂船，在一个往返航行中经常是一个航次满载，一个航次空载。在空载航行时，定速的油门格数应比满载时小。

二、船舶在不同气象条件和不同航区中航行时的工况配合特性

1. 船舶在不同风力情况下航行时的工况配合特性

船舶在逆风中航行时，风力会使船舶的空气阻力增加，而顺风航行时则相反。空气阻力的大小取决于风力、风向、船体水上部分以及上层建筑的受风面积和航速。空气阻力越大，螺旋桨特性曲线越陡，在主机油门格数不变的情况下，主机转速必然下降，船速也将变慢。

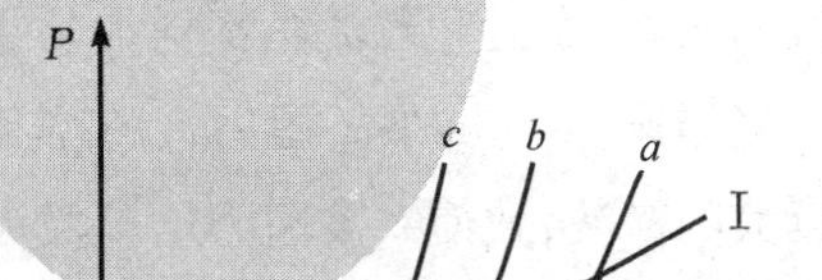

图 3.5-14　风力对机桨配合特性影响

在图 3.5-14 中，a、b 和 c 分别代表船舶在顺风、无风和逆风航行时的螺旋桨推进特性线，曲线 I 是主机全负荷速度特性线。从图中可以看出，若保持相同的螺旋桨转速 n_3，逆风航行所需的功率 P_3 比顺风航行所需的功率 P'_3 要大。若无风航行机桨配合工作点为 2，则在逆风航行时，为了防止主机超负荷必须在转速 n_3 以下运转，而在顺风航行时为了防止主机超转速，必须减小主机的油门格数，使其按某一部分负荷速度特性工作（即在点 4 上工作）。在大风浪中航行的船舶，不但空气阻力剧变，而且船体在汹涛中的摇摆和起伏会引起汹涛阻

力。此外,船舶的摇摆起伏,使螺旋桨处于随摇摆周期而变化的斜水流中工作,斜水流增加了螺旋桨的扭矩和推力,其增加值的大小随斜水流的角度和摇摆周期而变。在风浪中航行的船舶,为了使其因侧面受风力影响而不致偏离原定航线,要随时用舵效来补偿,因此增加了舵的制动作用,使船舶附体阻力增加,船速降低。除顶风、汹涛、摇摆、用舵等因素使船舶航行阻力增加外,风浪天航行引起船尾的摆动使螺旋桨所处水区产生附加扰动也使螺旋桨推进效率降低。

需要特别指出的是,在大风浪中航行的船舶,由于船的纵向摇摆,螺旋桨有可能露出水面,使其阻力矩大大降低,桨的特性曲线变得极为平坦。这时如果喷油泵操纵杆位置不变,柴油机的功率将大大超过螺旋桨所吸收的功率,柴油机扭矩也大大超过螺旋桨的阻转矩,迫使转速急剧上升。当转速超过标定转速的15%时,即产生所谓飞车现象,对推进装置的危害很大,所以主机要设极限调速器或全制调速器,并在风浪天航行时应把调速器的设定转速降低,并适当增加船舶后部的压载水量,以避免造成飞车现象。

2. 船舶在不同航区中航行时的工况配合特性

(1)浅水区航行

船舶在浅水中航行时,由于船体周围的水流从深水的三元流动变为主要是二元流动,水流与船体的相对速度增加,使摩擦阻力、涡流阻力和兴波阻力均相对增大,所以,船舶在深水和浅水中航行时所遇到的阻力随航速变化的情况是不同的。图3.5-15的曲线1和2分别代表船在深水和浅水中航行时所遇到的阻力随航速变化的关系。

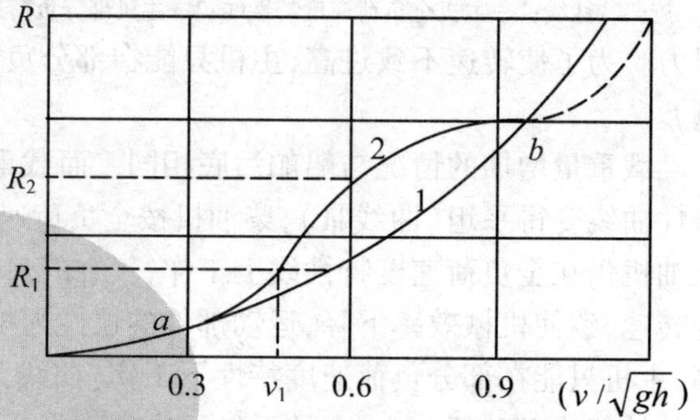

图3.5-15 航速对浅水阻力的影响

根据试验结果,船在深水中航行时的阻力与航速的二次方成正比,而在浅水中航行时阻力的变化规律在$0.3\sqrt{gh} < v < \sqrt{gh}$范围内时,浅水阻力明显大于深水阻力,这是由于船所产生横波的长度、宽度和散波角都增大的缘故。

当船速$v \approx \sqrt{gh}$时(图3.5-15点b),散波与船舶的运动方向垂直,并与横波合成为首尾两个巨大的横波,致使兴波阻力增至极大值,此时浅水阻力又与深水阻力相同;而当$v > \sqrt{gh}$时,由于散波角减小,横波消失,仅在船首附近出现散波束随船前进,此时浅水阻力甚至小于深水阻力。一般运输船很少能达到这样的航速。民用船舶的航速一般小于$\sqrt{gh}$,因此由深水进入浅水域航行时,阻力一般都会增加,并会产生船体下沉和后倾现象。这是因为在浅水中船体下面的水流受到海底的限制(即水深h的限制),水流由三元变为二元流动,使流经船体两侧的水流速度加快,压力降低,沿船长方向上的压力变化增大,从而引起其摩擦阻力和涡流阻力增加。浅水影响是相对的。浅水阻力的增加同水深h与船舶吃水d的比值h/d有关。船模试验表明,若$h/d > 4$,浅水影响不太明显。航道越浅(即h/d越小),摩擦阻力增加越显著。在同样水深条件下,浅水对摩擦阻力的影响随航速的提高而增大。

根据以上所述,船舶以$0.3\sqrt{gh}$至$\sqrt{gh}$的航速由深水进入浅水航行时,其阻力增加,螺旋桨需要更大的功率。由图3.5-15可看出,若航速$v = 0.6\sqrt{gh}$是船在深水航行时的全航速,当进入浅水时,如仍要保持此航速,则主机必将超负荷(阻力由R_1增为R_2)。如果把船速减至图

中的 v_1，此时在浅水中航行的阻力为 R_1，与深水中以航速 $v=0.6\sqrt{gh}$ 时相同，主机负荷就不会增加。因此，当船舶由深水进入浅水时，油门格数若不变，则主机转速会自动下降。为了不使船舶尾部搁浅和避免主机超负荷，适当降低航速，就可以减小浅水的影响。

(2)窄水道航行

窄水道对船舶阻力的影响与浅水是类似的。由于船舶周围水流状态不但受到水深的限制，同时还受到航道宽度的限制，阻力增加的程度会更大。窄水道的影响也是相对的，它与航速和航道相对宽度有关。如果 $v<0.5\sqrt{gh}$，而且 $b/B>20$（b 为航道宽度，B 为船宽），就没有窄水道的影响。

三、船舶在各种运动状态下的工况配合特性

1. 系泊工况

系泊工况的特点是航速为零，进程比 $\lambda_p=0$，螺旋桨的推力系数和扭矩系数都达到最大值，螺旋桨特性曲线最陡，如图 3.5-16 所示。图中 1 和 2 分别为正常航行和系泊试验时的螺旋桨特性线，3 为主机的全负荷速度特性线。正常航行时机桨在点 a 工作，相应的转速和功率分别为 n_H 和 P_H。但在系泊试验时机桨配合工作点为 b，相应的转速 n_b 和功率 P_b 均比 n_H 和 P_H 为小。若此时主机的转速大于 n_b，就会使主机超负荷。因此为了保证主机不超负荷，应使主机的转速不大于 n_b。若无法确定 n_b 值，则可取 $n_b=(0.80\sim0.85)n_H$ 作为试验时的最高转速。系泊试验时的转速还要受主机最高排气温度的限制，应使这个温度不超过船舶在全速航行时的正常排气温度。另外，要注意推力轴承承载能力，水润滑艉轴承的冷却条件，船舶压载情况，码头水深情况等。

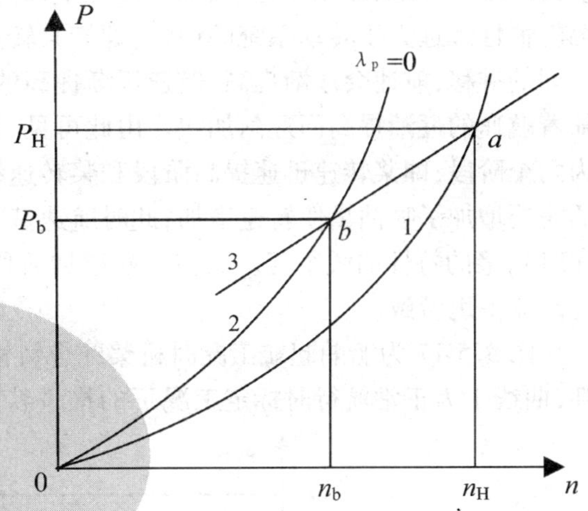

图 3.5-16　系泊试验时的螺旋桨特性

2. 船舶起航和加速工况

船舶由航速为零逐渐加速到某一稳定航速过程中机桨的运行情况称为起航工况。船舶在由较低稳定航速变为较高稳定航速过程中机桨的运行情况称加速工况。

船舶在稳定航行时，只要航行条件不变，进程比 λ_p 就是一个常数，不论船舶稳定在哪一个航速上，船、机、桨配合点就只能沿一条螺旋桨推进特性线变化，而起航和加速工况都是过渡(动态)工况，λ_p 是瞬时变化的，因此船、机、桨配合点不能只在一条推进特性曲线上变化。

当船舶稳定航行时，航速取决于桨转速，桨的转速取决于喷油量，而喷油量又取决于燃油手柄的位置，因此一个燃油手柄位置，就对应一个稳定的桨转速和船航速。在起航或加速的过渡过程中，航速是追求的目标，航速增加的快慢除和船舶本身的惯性有关外，主要取决于主机操纵系统对燃油的控制性能和操作方式。例如，设极限调速器或设全制式调速器只用作极限调速的系统，燃油增加的快慢由燃油手柄推进的速度直接控制；装有全制式调速器还具有给定转速供油量限制功能的系统，燃油增加的快慢除受燃油手柄推进的速度直接控制外，还要受到主机调速特性的约束；对可进行遥控并设有加速程序的自动化程度较高的系统，燃油的增加量

仅与操纵手柄位置有关，而燃油的增加速度则取决于预先设定的加速程序，与操纵手柄（把车钟、燃油和换向三手柄合一）推进的速度无关（把加速程序限制解除时除外）。由此可见，对于既定的船舶和推进装置，人员的操作直接影响着起航和加速过程。下面以装有全制式调速器并具有给定转速供油量限制功能的系统为例，讨论其起航和加速工况配合特性。

不论哪种操纵系统，喷油量均可在瞬间增加，而增压器则由于转子的惯性，其供气量的增加总是滞后于喷油量的增加，这样当喷油量增加时，主机气缸中出现油多气少现象，影响了扭矩的输出。不过增压器转子惯性很小，加速快，因此，主机的扭矩在喷油量增加后也很快就可增加上去，增加的这部分力矩将迫使螺旋桨加速旋转。由于螺旋桨的转动惯量较小，因此其转速迅速增加，桨的阻转矩也增加，很快和主机输出的转矩平衡，转速暂时趋于稳定。当桨转速提高时，产生的推力增加，增加的推力将迫使船加速航行。但船的质量很大，航速的增加比较缓慢。综合考虑，船舶在起航、加速过程中，因为船舶质量远远大于转动部件的转动惯量，所以船的惯性远远大于转动系统的惯性，螺旋桨转速的升高速度也就高于航速的升高速度。随着时间的推移，航速会逐渐提高，航速逐渐提高的过程，也是桨逐渐变轻的过程，这又导致桨转速随着航速的逐渐提高而逐渐加快。由此可见，船舶起航和加速时螺旋桨转速变化的过程可分为两个阶段，即桨转速迅速提高阶段和桨转速缓慢提高阶段。迅速提高阶段是由于起航加速的需要增加了喷油量使转速增加，此时航速基本未变，或接近于零（起航时）或接近于恒速（加速时），桨的特性曲线很陡。而在缓慢增加阶段是由于航速的逐渐提高，λ_p 变大，其特性曲线逐渐变平坦所致。

图 3.5-17 为船舶起航工况时机桨配合特性。图中曲线 O 为 $\lambda_p=0$ 时系泊工况的推进特性，曲线Ⅰ为正常航行时标定工况下的推进特性，曲线 1 为标定负荷速度特性，2、3、4 为部分

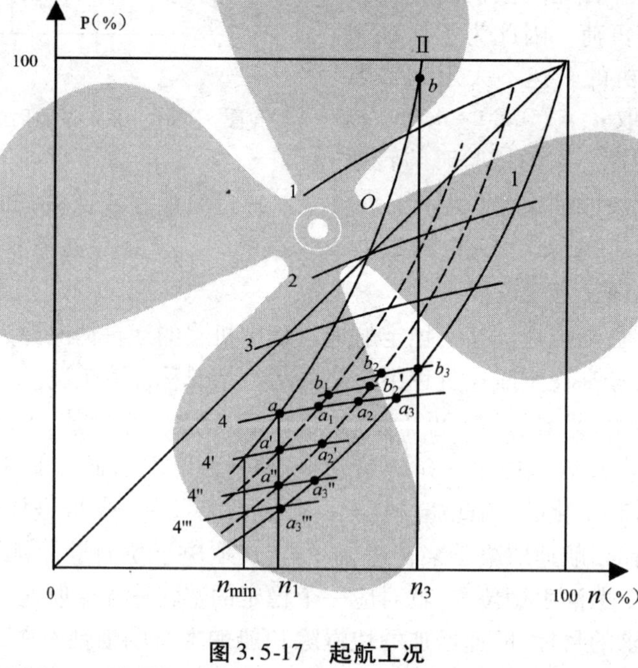

图 3.5-17　起航工况

负荷速度特性。在起航时，如驾驶室要求主机在 n_1 转速下运转，轮机员根据车令起动主机，对带有极限调速器或全制调速器暂作为极限调速器的主机，将燃油手柄放在与 n_1 相对应的部分负荷曲线 4 的油门刻度上。这时主机发出的功率带动螺旋桨加速运转，螺旋桨工作点沿系泊工况推进特性曲线 O 迅速上升，至点 a 时暂时稳定，这就是起航过程的第一阶段即桨转速迅

速提高阶段。如果保持上述油门不变，船舶在螺旋桨推力的作用下，由静止状态开始逐渐加速，由于船舶惯性大，其加速过程非常缓慢。随后，由于航速的增加，导致 λ_p 增加，使机桨配合点沿曲线4向右移动，最后逐渐过渡到推进曲线Ⅰ上，即沿着点 a、a_1、a_2、a_3 变化，最后稳定在点 a_3，$a-a_3$ 过程是起航过程的第二阶段即桨转速缓慢提高阶段。由于在起动主机时加的油门较大，在第二阶段中主机转速增大，逐渐偏离 n_1 值。为了严格执行车令，就应随航速增加及时、断续地减小油门刻度，尽量减小转速 n_1 的偏移量，即沿着图中 $a_1a'a_2'a''a_3''a_3'$ 折线变化，该折线的变化过程是调节桨转速使之稳定在所要求转速的过程。在起航时，如驾驶室一开始就要求较高的主机转速 n_3，而在起动过程的第一阶段就使主机达到所要求的转速 n_3 的话，则机桨暂时稳定在 b 点，此时主机将在超扭矩下工作，容易使主机发生故障。在这种情况下，应逐级增加油门，使转速逐渐接近 n_3，起航过程应按 $0aa_1b_1b_2'b_2b_3$ 折线进行，避免在过渡过程中主机超负荷运转，控制主机转速不要上升过快，特别是在暖机不充分的情况下更应如此。

加速工况与起航工况基本相似，其区别仅在于加速工况不是从航速为零开始，而是从船舶已有一定航行速度开始的。驾驶台要求定速航行时的操作就是常见的一种加速工况。下面仍以带有极限调速器或全制调速器暂作为极限调速器的主机为例加以分析。如图3.5-18(a)所示，机桨暂稳定工作于点 a_1，驾驶室要求定速航行将转速加至 n_H，轮机员如将燃油手柄推至标定负荷速度特性 A 对应的油门位置。由于船舶惯性大，油门虽已加上去，但航速基本不变。因此，螺旋桨工作点将沿等航速线 a_1B 上升至 B 点并暂时稳定下来，这是加速工况的第一阶段。其后随着航速的逐渐增加，λ_p 增加，桨的阻转矩减小，机桨配合点将沿 Ba 线逐渐过渡到 a 并在 a 点稳定下来，$B-a$ 是加速工况的第二阶段。加速工况(a_1-B-a)的大部分过程柴油机均处于超扭矩和大负荷低转速下工作状态，造成燃烧不良，影响主机寿命。

显然，上述定速操作的加速过程是不恰当的。由于定速航行操作时柴油机接近标定负荷，而且转速升高速度的快慢对航行安全无关，正确的操作应是逐级增大油门，缓慢加速，如图3.5-18(a)上的 $a_1-1-2-3-4-5-6-7-8-9-a$ 过程。在这个过程中，垂向的各线为不同的等航速线，而横向的各线为柴油机的各种部分负荷速度特性线。实际操作时，油门分级越多越好，为使柴油机热负荷缓慢增加，低速机一般定速航行的操作需要30 min。

对于装设极限调速器的主机，要依靠人工调节油门来调速，故在进行起航和加速操作时，不仅要注意不使主机超机械负荷，而且还要及时减油调速，以防止转速超过车钟的要求。而在减速操作时，则要避免转速低于车钟要求和自动停车，图3.5-18(b)所示。在图中可看出，驾驶室要求由转速 n_b 改为微速前进转速 n_c，如立即减油使主机转速降为 n_c，螺旋桨将沿等航速线到达 B 点，这是减速的第一阶段($b-B$)。但此时柴油机的油门格数已处在最低稳定转速 n_{min} 对应的外特性曲线已在 A_2 以下，随着航速的下降，在减速的第二阶段转速还将逐渐下降。若不及时加油门，当转速达到低于 n_{min} 时则自动停车。因此在减速过程的第二阶段应及时调节转速，使机桨最后稳定在点 c。如果在航速较高的情况下要求微速前进时，若沿图中折线所示过程 $b-1-2-3-4-5-c$ 操作，则可避免自动停车，但过渡过程的时间较长。

在主机可实行遥控和调速器具有设定转速调节的条件下，调速器的静态调速率 $\delta_2=0$，可自动保持主机转速恒定。在起航时，如同样要求转速为 n_1，则起航过程的第一阶段与上述带极限调速器的主机相同，在图3.5-17上机桨配合工作点沿系泊工况推进特性线0上升至 a 点，柴油机在部分负荷外特性线4上运转，转速迅速升至 n_1，在 a 点主机带动螺旋桨所产生的推力，暂时与船舶静止时的阻力相平衡。此后在螺旋桨推动下逐渐克服船舶惯性，使航速逐渐提高，在新的航行条件下，λ_p 增加，推进曲线逐渐变平坦，曲线由 O 向Ⅰ缓慢地过渡。在过渡

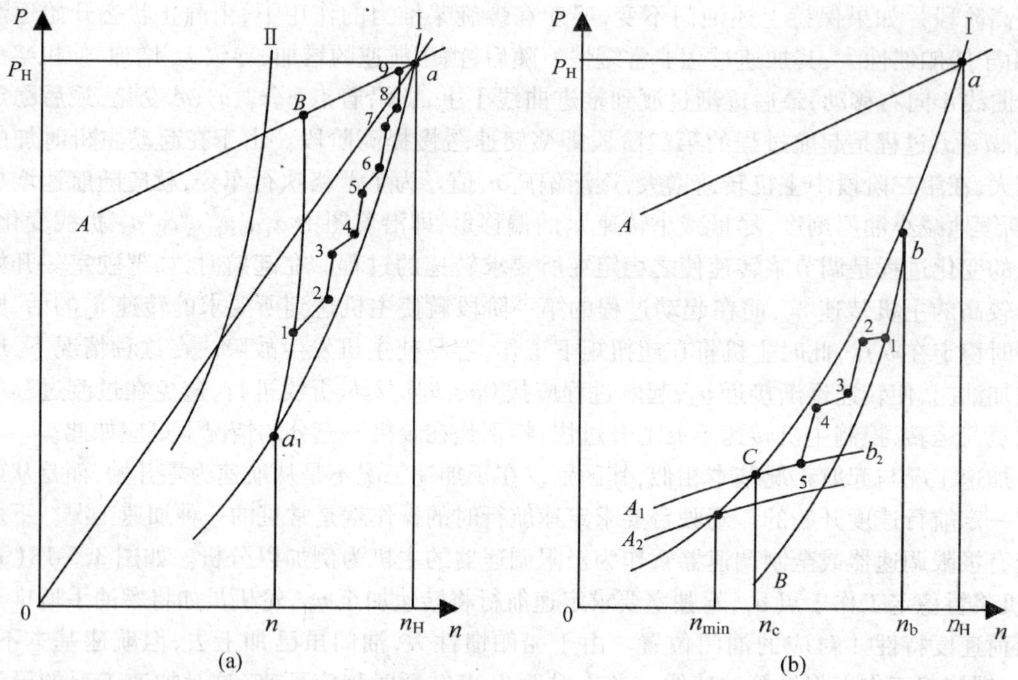

图 3.5-18　加速工况

过程中因船舶阻力下降，航速提高，使主机负荷变轻，转速提高，但在调速器的控制下，相应减小油门，不会使转速提高，主机是沿调速特性 $aa'a''a_3'$ 工作，保持所要求的转速 n_1，主机油门则按曲线 4、4′、4″4‴等部分负荷特性所对应的油量变化。

加速（包括定速航行操作）时，这种全制式调速器接受遥控系统的程序控制，程序控制不仅体现了轮机员的操纵经验，而且油量调节的分级操作更加细微。一个良好的控制程序，可使柴油机负荷和转速的变化过程与推进特性的过渡过程相吻合。

3. 船舶转向时的工况配合特性

船舶转向时，舵要偏转一个角度，使船舶在斜水流中前进，因此，船舶阻力要比直线航行时有所增加，航速降低，进程比 λ_p 减小，螺旋桨特性曲线变陡。在这种情况下，当主机油门格数固定不变时，主机转速自动降低，而当转向过程结束后，转速又恢复至原来数值。所以船舶在转向时，若发现主机转速降低，这是必然的。而且对于主机装有全制式调速器的，在此情况下调速器还会自动加油，这时要注意观察实际负荷的大小，必要时要适当减小油门格数，以防止超负荷。当船舶采用双机双桨推进时，一般右桨为右旋桨，左桨为左旋桨，船转向时由于船舶横移和偏转，两个桨都处在斜水流中。但是，由于两个桨所处的位置及回转方向不同，致使两个桨和水流之间的相互作用状况发生了不同的变化，改变了它们的水动力特性，从而使两桨之间的负荷分配产生了差异。内桨负荷比外桨负荷增加的大，内桨的转速因此下降的也多，而外桨在转向开始时负荷变轻，很快又逐渐增加，所以外桨转速开始时升高，而后又下降。而且，航速越快、舵角越大，桨的负荷（尤其是内桨）增加越厉害，带动内桨的主机容易超负荷。

为了保护主机，对于双桨船舶在转向时应将双桨油门都适当减小，如只降内桨油门，负荷会立即转移到外桨，使其也超负荷。非紧迫情况下，应避免在高航速时用大舵角转向。

4. 船舶拖曳作业时工况配合特性

船舶进行拖曳作业时，螺旋桨的推力除用于克服船舶阻力外，还要负担全部拖曳负荷，即

$$T_e = R + Z \tag{3.5-7}$$

式中，T_e为螺旋桨的有效推力；R 为船体阻力；Z 为拖曳力（或顶推力）。

在无拖曳负荷时，桨的有效推力等于船舶的阻力；在有拖曳负荷时，拖曳力随船速的提高而增加；而船速不变时，拖曳负荷越大，所需拖曳力也越大。图 3.5-19 为船舶进行拖曳作业时的工况配合特性。曲线Ⅰ为无拖曳负荷（自航）时的功率特性曲线，曲线Ⅱ为有拖曳负荷时的功率特性曲线；曲线 A 为自航时的推力特性线，曲线 B 为有拖曳负荷的推力特性线；曲线 1 为柴油机的额定外特性线，曲线 2 为柴油机的等额定扭矩线；点 a 与点 b 为自航与拖曳作业时工作点；T_z、P_z 分别为牵引力与牵引功率，T_R、P_R分别为用于船舶本身的推力和消耗的功率。由图中可看出，当主机喷油量为额定值时，船舶的航速为 v_a时，螺旋桨的有效推力只能克服自航时的船舶阻力，不能进行拖曳。只有航速小于 v_a时才能进行拖曳作业，航速越低，船舶的拖曳量越大。对于阻力变化范围较大的船舶，如拖船、渔船、破冰船等都具有自航和拖曳作业两种工况，若按自航选桨，对拖曳作业来说，重桨易超负荷；若按拖曳作业选桨，自航又显得太轻，自航时不能利用全部功率。因此要优选一个两者平均效率高、总体经济效益好的桨，其工况必定在两者之间，故在使用时应注意其使用工况及工况的变化。如在拖曳工况时，为防止柴油机处于超负荷状态下工作，应适当减少油门、限制排温，在保证滑油温度和压力正常的前提下，可适当提高冷却水温度，以减少机件的热应力。另外，还要注意拖曳的拖带方式、编队（有利于减小阻力及靠离码头作业方便）及拖曳的安全等。在自航工况时应适当减小油门，防止轻载时主机超转速，应限制其转速。对多工况的船舶可采用双速、多速齿轮箱及采用调距桨，可获得较明显的效益。

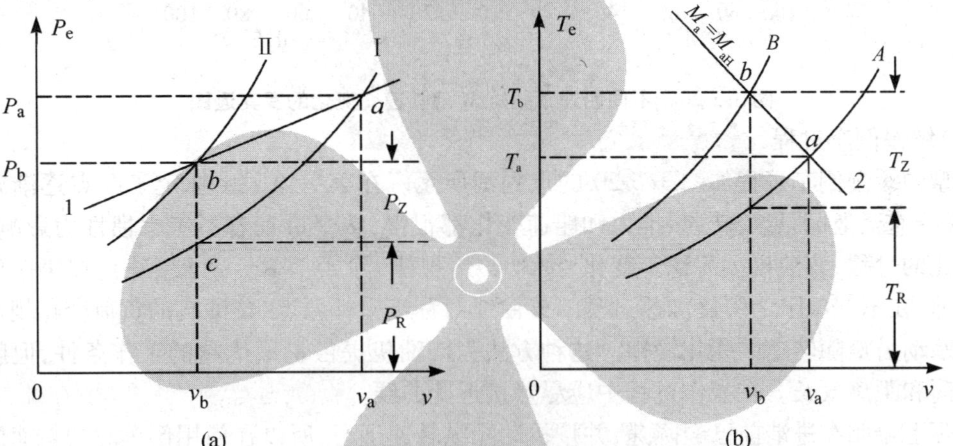

图 3.5-19　船舶进行拖曳作业时的工况配合特性

5. 船舶倒航工况

船舶在港内航行、靠离码头或者遇到避碰等紧急情况时，常需前进的船舶迅速停止下来，或改为倒航。从船舶动力装置的机动性来说要求船舶能迅速从高速航行状态转为停止状态，且应有尽可能短的滑行时间和滑行距离；而柴油机的工作条件则要求负荷变化不要太剧烈，以防止热负荷和机械负荷变化过于剧烈而导致工作不可靠。所以，只有掌握倒车工况过渡过程机桨的输出扭矩随转速变化规律，才能对它们进行合理的操作与管理。

倒车工况机桨配合推进特性的过渡过程常用扭矩－转速的罗宾逊图表示，如图 3.5-20 所示，它是增压柴油机直接驱动固定螺距螺旋桨，在不同航速下扭矩 M 随转速 n 变化的规律。

图中纵、横坐标分别为转矩 M 和转速 n 的百分数，曲线 O 为航速等于 0 的系泊工况，进程比 $\lambda_p=0$，曲线通过坐标原点；曲线 100 为航速为 100% 标定航速的等航速螺旋桨推进特性；其他曲线 25、25、50、75 分别为相应航速下的推进特性。图中还画出增压柴油机的工作范围和油门为 100%、75%、50%、25% 的全负荷速度特性和部分负荷速度特性，并假设柴油机的正、倒车工作范围相同；螺旋桨的正、倒车水动力特性相同；船体的正、倒航阻力特性相同。低速时柴油机输出的扭矩大小与增压度有关。根据经验，最低转速时的最大扭矩等于标定转速下标定扭矩乘以增压度。

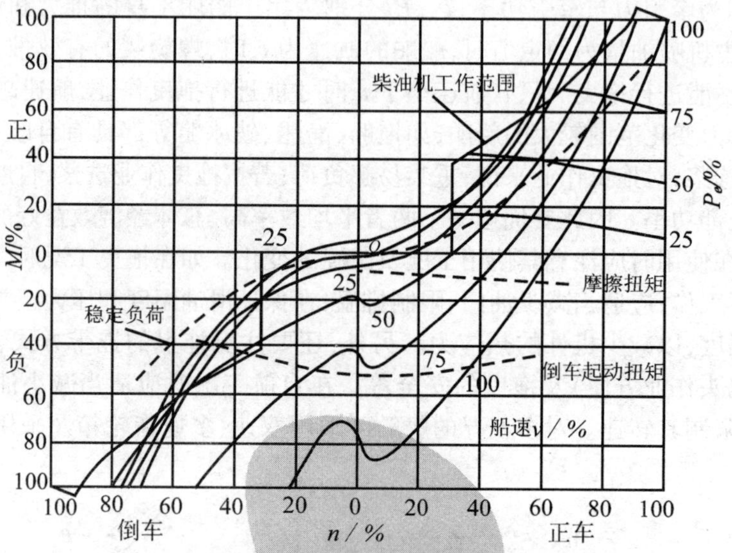

图 3.5-20　不同船速下扭矩 M 随转速 n 变化的罗宾逊图

(1)缓慢倒车过程

典型的缓慢倒车过程如图 3.5-20 的点划线所示。在第一象限由标定工况点逐渐减小油门，缓慢降速至坐标原点，转速、推力和船速变化都很慢，整个过程若不考虑惯性力影响，则是等进速比的过程，柴油机负荷稳定变化，按 $M=cn^2$ 规律(除 $n_{min}\to 0\to -n_{min}$ 外)，在第一象限为缓慢减速，在第三象限为缓慢加速过程。该曲线对称于坐标原点，柴油机的负荷变化规律就是螺旋桨水动力矩随转速的变化规律。这种方法为柴油机提供了最优越的工作条件，但船舶的滑行时间和距离太长。在操作过程中应尽量接近此曲线。

实际上船舶在进港前已经降速，并按机动操纵转速运行，所以在使用倒车时的航速已经很低，在实施倒车时也基本上是沿缓慢倒车的过程变化。

(2)紧急倒车过程

在船舶全速前进时施行紧急倒车操纵，将引起主机热负荷和机械负荷剧烈变化，还会产生增压器喘振。除非船舶航行遇到十分危险情况，一般是不会轻易施行紧急倒车操纵的。

图 3.5-20 所示罗宾逊图是研究全速前进至全速后退过程的工具。主机和螺旋桨在标定配合工况点工作时航速为 100%，当接到紧急倒车车令后，首先停止主机供油，主机扭矩迅速为零，转速也迅速下降，而螺旋桨的转矩沿等船速线下降，故进程比 λ_p 逐渐增大，螺旋桨的敞水效率 η_0、推力系数 k_t 和扭矩系数 k_q 等逐渐减小，在第一象限内首先出现零推，继之出现零矩(转速为 60% ~70% n_{eh})，负推力开始阻止船舶前进，此为紧急倒车过程的第一阶段。在第一阶段，柴油机油门突然为零，要求柴油机的调速特性有足够好的动态稳定性，而且对增压柴油

机来说，在急减速时会产生增压器的喘振，因此通常不宜采用这种方法而采取分段减速法。

在第二象限内是倒车工况的第二阶段，也称为“水涡轮”工作阶段。此阶段螺旋桨转速降至低于60%，但由于船舶仍在全速前进，使 λ_p 继续增加，螺旋桨被船舶前进时的水流冲击产生负转矩，象水涡轮一样带动主机曲轴使柴油机仍按正车方向运转。螺旋桨的“水涡轮”作用，使轴系转速下降变慢。螺旋桨的转矩仍按等航速线变化，当螺旋桨转速下降到接近10%时，负转矩达到最大值。转速再继续下降，由于作用在螺旋桨上的水流离开了产生最大负转矩的最佳方向，使螺旋桨的负转矩逐渐减小。为了提高机动性能，增压柴油机一般用设置的制动功能进行制动。当螺旋桨的负转矩小于制动转矩与柴油机摩擦转矩之和时，轴系转速下降为零。

第三阶段为轴系停转后，如立即反向起动成功，在第三象限螺旋桨就开始倒车。但如果船速还很高，螺旋桨负转矩过大则不能反向起动，也就是说虽然轴系转速 $n=0$ 后，还不能立即倒车起动，而是应等待一段时间（由柴油机起动性能、发火转速和机桨配合特性决定），使航速在螺旋桨负推力和船舶阻力作用下有明显降低之后，即沿等转速线 $n=0$ 向坐标原点移动一段距离后，再进行倒车起动。由于水流冲击在螺旋桨叶背上产生负转矩和负推力，此时倒车工况曲线较陡，应防止盲目加速而超负荷。

其他航速下的倒车工况推进特性与上述100%航速的变化规律基本相同，只是航速越低，其特性曲线越向坐标原点靠近，而且因为航速下降，在水涡轮阶段作用于桨叶上的水流速度下降，负转矩的最大值也越小。当在航速为0时，螺旋桨没有水涡轮工作阶段，而通过坐标原点。罗宾逊图上绘出柴油机的（正车）倒车起动扭矩曲线（约为 $-50\% M_H$），则前进航速超过 $75\% v_H$ 时柴油机不可能倒车起动，即不可能制动成功。从图中还可清楚地看到，当前进航速超过 $50\% v_H$ 时倒车也是没有意义的，因为超过 $50\% v_H$ 的各倒车工况扭矩线没有穿过柴油机倒车工作范围。图上还绘出柴油机和轴系的摩擦扭矩曲线，当切断燃油供应后，柴油机输出扭矩立即为零，但在转动惯性作用下立即提供摩擦扭矩（约为 $-10\% M_H$），它可确定停油后螺旋桨的转速和（负）扭矩以及负推力和停船力。在一般情况下，当船舶全速前进时，是不准紧急倒车的，但在特殊的紧急情况下，船长决定采取紧急倒车措施时，应意识到为了船舶安全而可能损伤主机和轴系，并尽量避免在船速较高时进行倒车操作。

参考文献

[1] 中国海事服务中心. 主推进动力装置. 大连:大连海事大学出版社;北京:人民交通出版社,2008
[2] 中国海事服务中心. 轮机长业务. 大连:大连海事大学出版社;北京:人民交通出版社,2008
[3] 李斌. 船舶柴油机. 大连:大连海事大学出版社,2008
[4] 李世臣. 海上轮机实习. 大连:大连海事大学出版社,2010
[5] 章学来,梅国梁,曹红奋. 轮机工程基础. 北京:人民交通出版社,2009
[6] 毕艳丽,魏海军,任福安. 轮机工程基(上、下册). 大连:大连海事大学出版社,2009
[7] 中国海事服务中心. 轮机工程基础(上、下册). 大连:大连海事大学出版社,2008
[8] 李心宏,等. 理论力学. 大连:大连理工大学出版社,2008
[9] 刘鸿文. 材料力学(第4版). 北京:高等教育出版社,2004
[10] 黄平,朱文坚. 机械设计基础. 广州:华南理工大学出版社,2003
[11] Dr Denis Friffiths. Marine low Speed Diesel Engines. IMarEST June 2006
[12] Pounder's Marine Diesel Engines and Gas Turbines. Eighth edition 2004
[13] 中国船级社. 钢质海船入级规范. 2006
[14] IMO. Second IMO GHG Study 2009. International Maritime Organization 2009
[15] MAN Diesel. How to Influence CO_2. 25/08/2010.
[16] MAN Diesel. Tier III Compliance-Low Speed Engines. 25/08/2010
[17] MAN Diesel. Service Experience 2010. 25/08/2010
[18] MAN Diesel. SFOC Optmisation Methods. 04/10/2010
[19] MAN Diesel. Exhaust Gas Emission Control Today and Tomorrow
[20] MAN Diesel. Improved Efficiency and Reduced CO_2. 15/06/2009
[21] MAN Diesel. Propulsion Trends in Bulk Carriers. 22/12/2010
[22] MAN Diesel. Shaft Generators for MC and ME engines. 16/03/2006
[23] MAN Diesel. Thermo Efficiency System. 19/07/2005
[24] Alfa Laval. SA Separation System Instruction Book. Alfa Laval Tumba AB. 2005
[25] 满一新. 轮机工程材料. 大连:大连海事大学出版社,1996
[26] 满一新. 轮机工程材料. 大连:大连海事大学出版社,2008
[27] 于永泗,齐民. 机械工程材料. 大连:大连理工大学出版社,2007

[28] 何世禹，金晓鸥. 机械工程材料. 黑龙江：哈尔滨工业大学出版社，2006
[29] 冯旻，刘艳杰，高郁. 机械工程材料及热加工. 哈尔滨：哈尔滨工业大学出版社，2005
[30] 朱张校. 工程材料. 北京：清华大学出版社，2001
[31] 朱征. 机械工程材料. 北京：国防工业出版社，2007
[32] 付廷龙，陈凌. 程材料与机加工概论. 北京：北京理工大学出版社，2007
[33] 王忠. 机械工程材料. 北京：清华大学出版社，2005
[34] 徐自立. 工程材料. 武汉：华中科技大学出版社，2003
[35] 付广艳. 工程材料. 北京：中国石化出版社，2007
[36] 闫康平. 工程材料. 北京：化学工业出版社，2008
[37] 王爱珍. 工程材料及成形技术. 北京：机械工业出版社，2003
[38] 束德林. 工程材料力学性能. 北京：机械工业出版社，2003
[39] 汪传生，刘春廷. 工程材料及应用. 西安：西安电子科技大学出版社，2008
[40] 申荣华，丁旭. 工程材料及其成形技术基础. 北京：北京大学出版社，2008
[41] 刘云. 工程材料应用基础. 北京：国防工业出版社，2008
[42] 戈晓岚，许晓静. 工程材料与应用. 西安：西安电子科技大学出版社，2007
[43] 李春胜，黄德彬. 机械工程材料手册. 北京：电子工业出版社，2007
[44] 姜锡瑞. 船舶与海洋工程材料. 哈尔滨：哈尔滨工程大学出版社，2000
[45] 崔占全，邱平善. 工程材料. 哈尔滨：哈尔滨工程大学出版社，2001
[46] 满一新. 船机维修技术. 大连:大连海事大学出版社,1999